判例教材刑法

Ⅰ 総論

奥村正雄　松原久利
十河太朗　川崎友巳

成文堂

は し が き

本書は、法科大学院や法学部・法学研究科において、刑法総論を学習する者や司法試験受験生および予備試験受験生が、法律学の学習にとって不可欠である「生きた法」としての判例を学ぶための判例教材資料として編集したものである。これまで、優れた判例解説書や判例演習書は数多く出版されてきているが、それらは判例の意義や射程範囲に関する解説やコメントを付することに主眼が置かれている。しかし、解説等を読むだけで判例の法理を理解したことにはならない。大事なことは、判例が、個々の事件において争点となった問題について、合理的妥当な解決を導くために、具体的な事実関係に基づいてどのように事実認定を行い、どのような法理を展開しているかを、虚心坦懐に自分の目で確かめることである。同じ事案について、１審と２審、さらに最高裁の判断が異なることは少なくない。その場合、上級審が原審の判断を認めなかった理由は、事実認定が異なるためか、それとも法理が異なるためかを把握する必要がある。また、「判決理由」（ratio decidendi）と「傍論」（obiter dictum）の区別も見分ける必要がある。編者らは、とくに法科大学院の授業を行う中で、これらの必要性に応える判例教材資料が学習上有用であることを認識してきた。

こうして、刊行することになった本書は、大審院から2011年までの間で、学習上重要と思われる刑法総論に関する判例を体系的、時系列的に選び、配列したものであるが、以下の点に留意した。

第１に、刑法総論の体系に従い、論点ごとに判例を整理し、判例理論を学ぶ上で必要な340件を取り上げ、「事実の概要」を具体的に説明し、「裁判の経過」において、１審や２審の判断を示した上で、上告審の判決理由を掲げている。

第２に、１審や２審の判断が最高裁の判断と異なるなど、判例理論の展開上重要なものと思われるものは、長文にわたるものも含め、相当詳細に判決理由を掲げることにより、判例理論の理解が深まるようにしている。

本書の出版にあたっては、成文堂の阿部耕一社長、土子三男取締役、編集部の飯村晃弘氏に、大変お世話になった。とくに土子氏には、企画の段階から多くのご教示をいただき、感謝申し上げる。

本書が、刑法の判例の学習に役立てられることを願ってやまない。

2012（平成24）年12月１日

奥村　正雄
松原　久利
十河　太朗
川崎　友巳

目　次

はしがき

第１章　罪刑法定主義

第１節　罪刑法定主義 …… *1*

1 法律主義 …… *1*
(1)　法律による命令への包括的委任（猿払事件）(*1*)
(2)　条例への罰則の委任 (*2*)
2 明確性の原則 …… *3*
(1)　刑罰法規の明確性（徳島市公安条例事件）(*3*)
(2)　過度の広汎性（福岡県青少年保護育成条例事件）(*6*)
3 刑罰法規の適正 …… *7*
刑罰法規の解釈の明確性（全農林警職法事件）(*7*)
4 類推解釈の禁止 …… *9*
(1)　「汽車」の意義 (*9*)
(2)　「捕獲」の意義（鳥獣保護事件）(*9*)

第２節　刑法の適用範囲 …… *10*

1 刑法の時間的適用範囲 …… *10*
(1)　執行猶予の条件変更と刑の変更 (*10*)
(2)　刑の変更と廃止 (*11*)
(3)　判例の不遡及的変更（岩手教組同盟罷業事件第２次上告審判決）(*12*)
2 刑法の場所的適用範囲 …… *13*
共犯行為と国外犯 (*13*)

第２章　構成要件該当性

第１節　構成要件の意義 …… *15*

1 行為の主体 …… *15*

(1) 法人の犯罪能力（*15*）
(2) 両罰規定と業務主処罰の根拠①（自然人事業主の場合）—過失推定説（*16*）
(3) 両罰規定と業務主処罰の根拠②（法人事業主への推及）—過失推定説（*17*）
2 行為・実行行為 ……… *18*
(1) 行為性の否定（*18*）
(2) 実行行為の意義①（ベランダ事件）（*18*）
(3) 実行行為の意義②（クロロホルム事件）（*20*）

第2節 不作為犯 ……… *23*

1 不作為犯の態様 ……… *23*
(1) 不作為による放火（火鉢事件）（*23*）
(2) 救護の途中放棄①—車内での死亡（*25*）
(3) 救護の途中放棄②—山中への置き去り（*26*）
(4) 医療措置の懈怠（シャクティパット治療事件）（*28*）
2 不作為の因果関係 ……… *31*
(1) 交通事故被害者の救護可能性（*31*）
(2) 結果回避の確実性（覚せい剤注射事件）（*32*）
(3) 保護責任者遺棄と救命可能性（*36*）

第3節 間接正犯 ……… *38*

(1) 刑事未成年者の利用と間接正犯（*38*）
(2) 刑事未成年者の利用と共同正犯（*39*）
(3) 医師の正当行為の利用（*40*）
(4) コントロールド・デリバリーと間接正犯（*40*）
(5) 被害者の行為の利用と殺人罪の間接正犯（*42*）

第4節 故　意 ……… *45*

1 未必の故意—盗品性の認識 ……… *45*
2 条件付故意 ……… *45*
殺人を一定の事態の発生にかからせていた場合（*45*）
3 故意の認識対象・意味の認識 ……… *47*
(1) メタノールの認識（*47*）
(2) 覚せい剤の認識（*48*）
(3) トルエンを含有するシンナーの認識（*49*）

(4)　公務員の認識（50）
(5)　駐車制限時間超過の認識（51）
(6)　大型自動車の認識（52）
4 具体的事実の錯誤 ……53
(1)　客体の錯誤（53）
(2)　因果関係の錯誤（54）
(3)　方法の錯誤①（55）
(4)　方法の錯誤②（55）
(5)　方法の錯誤③（56）
(6)　誤想防衛と方法の錯誤（57）
(7)　早すぎた結果発生①（58）
(8)　早すぎた結果発生②（58）
5 抽象的事実の錯誤 ……58
(1)　ヘロインと覚せい剤（58）
(2)　覚せい剤とコカイン（59）
(3)　嘱託殺人と殺人（60）

第5節　過　失 ……61

1 明文なき過失犯処罰—油による海水汚濁 ……61
2 因果関係・結果回避可能性 ……63
(1)　トラックが自転車を追い越す際の注意義務（63）
(2)　結果回避可能性と因果関係（64）
(3)　結果回避可能性と注意義務（65）
(4)　結果回避可能性（66）
3 結果的加重犯と過失 ……67
4 予見可能性 ……68
(1)　予見可能性の対象①（68）
(2)　予見可能性の対象②（有楽サウナ事件）（69）
(3)　予見可能性の対象③（70）
(4)　予見可能性の対象④（生駒トンネル火災事件）（71）
(5)　予見可能性の程度①（森永ドライミルク事件2審判決）（72）
(6)　予見可能性の程度②（森永ドライミルク事件差戻後1審判決）（74）
(7)　予見可能性の程度③（北大電気メス事件）（77）
(8)　予見可能性の程度④（ハイドロプレーニング現象）（79）

(9)　構造型過失と予見可能性（熊本水俣病事件第 2 審判決）(80)
(10)　砂浜陥没の予見可能性（明石砂浜陥没事件）(81)
(11)　雑踏事故発生の予見可能性（明石市花火大会歩道橋事故）(83)
5　結果回避義務……88
(1)　同乗者の行為と運転者の注意義務（88）
(2)　建設工事請負契約の注文者側担当者の管理過失（松戸トンネル流水事件）(89)
(3)　注意義務の基準①（エイズ帝京大事件）(92)
(4)　注意義務の基準②（エイズ厚生省事件）(94)
6　信頼の原則……97
(1)　交通法規を無視する車両に対する注意義務（97）
(2)　交通法規違反と信頼の原則（98）
(3)　チーム医療と信頼の原則（99）
(4)　対向車両の対面信号と信頼の原則（100）
(5)　患者の同一性確認義務（患者取り違え事件）(101)
7　管理・監督過失……106
(1)　管理・監督過失と信頼の原則①（白石中央病院事件）(106)
(2)　管理・監督過失と信頼の原則②（北ガス事件）(110)
(3)　実質的管理者の義務（川治プリンスホテル事件）(113)
(4)　防火管理者・管理権原者の義務（千日デパート事件）(117)
(5)　管理権原者の義務と防火管理者・火元責任者の義務（大洋デパート事件）(120)
(6)　実質管理権原者の義務（ホテル・ニュージャパン事件）(123)
(7)　医師の監督過失（126）
8　その他―業務上過失致死傷罪における「業務」の意義……129
第 6 節　因果関係……132
1　実行行為時の特殊事情……132
(1)　被害者の特殊事情①（老女布団むし事件）(132)
(2)　被害者の特殊事情②（デラフォア潰瘍事件）(134)
2　実行行為後の介在事情……135
(1)　行為者の行為の介入①―因果関係の錯誤（135）
(2)　行為者の行為の介入②（熊撃ち誤射事件）(136)
(3)　被害者の行為の介入①（137）

(4)　被害者の行為の介入②（柔道整復師事件）(*139*)
(5)　被害者の行為の介入③（夜間潜水事件）(*142*)
(6)　被害者の行為の介入④（高速道路進入事件）(*144*)
(7)　被害者の行為の介入⑤―被害者の治療拒絶（*147*）
(8)　第三者の行為の介入①（米兵ひき逃げ事件）(*148*)
(9)　第三者の行為の介入②（大阪南港事件）(*149*)
(10)　第三者の行為の介入③（高速道路停車事件）(*151*)
(11)　第三者の行為の介入④（トランク追突死事件）(*154*)

第３章　違法性阻却

第１節　正当行為 …… *156*

1　違法の相対性―国家公務員の争議行為（名古屋中郵事件） …… *156*
2　違法の絶対的軽微性 …… *159*
地方公務員の争議行為（岩手県教組事件）(*159*)
3　違法の相対的軽微性 …… *163*
(1)　たばこの買い置き（*163*）
(2)　争議行為（久留米駅事件）(*164*)
(3)　労働組合活動（光文社事件）(*166*)
(4)　マジックホンの設置（マジックホン事件）(*168*)
(5)　反戦ビラの配布（防衛庁立川宿舎立ち入り事件）(*170*)
4　法令行為 …… *172*
(1)　警察官の拳銃使用と傷害致死罪（*172*）
(2)　私人の現行犯逮捕（*173*）
(3)　争議行為（札幌市電事件）(*175*)
5　正当業務行為 …… *177*
(1)　医療行為（ブルーボーイ事件）(*177*)
(2)　牧師による犯人隠避（*179*）
(3)　弁護活動（丸正事件）(*180*)
(4)　報道（外務省秘密漏えい事件）(*182*)
6　超法規的違法性阻却事由―舞鶴事件 …… *185*
7　自救行為 …… *188*
(1)　境界紛争①（*188*）

(2)　境界紛争②（*189*）

8 被害者の同意 …… *190*

(1)　同意の意義（*190*）

(2)　保険金詐欺目的の同意の効果（*191*）

(3)　指づめと同意の効果（*192*）

(4)　空手練習と同意の効果（*193*）

(5)　無免許の医療行為（豊胸手術）（*194*）

(6)　児童ポルノの被写体と同意の効果（*194*）

(7)　幼児の同意能力（*195*）

(8)　同意の時期・有無（*196*）

9 危険の引受け …… *199*

(1)　危険の引受けと過失犯の成否①（坂東三津五郎事件）（*199*）

(2)　危険の引受けと過失犯の成否②（ダートトライアル事件）（*199*）

10 安楽死・尊厳死・治療中止 …… *201*

(1)　安楽死の要件①（*201*）

(2)　安楽死の要件②（東海大学病院事件）（*203*）

(3)　治療中止の法律上の許容要件（川崎共同病院事件）（*205*）

第 2 節　正当防衛 …… *211*

1 急迫性 …… *211*

(1)　急迫性の意義（*211*）

(2)　侵害を予期していた場合の急迫性（*212*）

(3)　侵害の予期と防衛の意思（*213*）

(4)　積極的加害意思と急迫性（*216*）

(5)　喧嘩と正当防衛①（*218*）

(6)　喧嘩と正当防衛②（*219*）

(7)　自招侵害と急迫性（*220*）

(8)　急迫不正の侵害の終了時（*222*）

(9)　急迫不正の侵害終了の判断要素（*223*）

2 不正―自招侵害と「不正」…… *225*

3 自己または他人の権利―財産的権利の防衛 …… *226*

4 防衛の意思 …… *228*

(1)　憤激と防衛の意思（*228*）

(2)　加害意思と防衛の意思の併存（*229*）

(3) 加害意思と防衛の意思（*231*）
(4) 加害意思と防衛の意思の併存（*233*）
(5) 過剰結果の意思と防衛の意思（*234*）
5 相当性 ……………………………………………………………………………*237*
(1) 相当性の判断方法①（*237*）
(2) 相当性の判断方法②（*238*）
(3) 相当性の程度（*238*）
(4) 相当性の判断対象（西船橋駅ホーム転落事件）（*240*）
6 自ら招いた正当防衛状況 ……………………………………………………*243*
(1) 自ら招いた正当防衛状況と急迫性（*243*）
(2) 自ら招いた正当防衛状況と相当性（*244*）
(3) 自ら招いた正当防衛状況と「正対不正」の構造（*246*）
7 過剰防衛 ……………………………………………………………………*247*
(1) 過剰の判断対象・過剰性の認識（*247*）
(2) 相当性の判断対象（*247*）
(3) 質的過剰と過剰防衛（*249*）
(4) 相当性の判断対象（*249*）
(5) 防衛の意思と量的過剰（*251*）
(6) 量的過剰防衛（*253*）
8 誤想防衛 ……………………………………………………………………*254*
9 誤想過剰防衛 ………………………………………………………………*256*
(1) 誤想過剰防衛①（*256*）
(2) 誤想過剰防衛②（英国騎士道事件）（*257*）

第 3 節　緊急避難 ……………………………………………………………*262*

1 現在の危難 …………………………………………………………………*262*
(1) 強盗の脅迫による恐怖心と現在の危難（*262*）
(2) 吊り橋の老朽化と現在の危難（吊り橋爆破事件）（*262*）
(3) 亡命と現在の危難（*264*）
2 やむを得ずにした行為 ……………………………………………………*266*
(1) 対向車との接触回避（*266*）
(2) 急患の運搬（*267*）
3 強要による緊急避難 ………………………………………………………*268*
4 法益の権衡 …………………………………………………………………*272*

5 過剰避難 ……273
(1) 酒気帯び運転 (273)
(2) スピード違反 (273)
6 誤想過剰避難 ……274

第4章 責任阻却

第1節 責任能力 ……276

1 責任能力 ……276
(1) 責任能力の意義 (276)
(2) 鑑定と責任能力判断 (277)
(3) 統合失調症の鑑定の評価 (278)
(4) 責任能力の存在時期 (279)
(5) 鑑定の評価 (280)
(6) 統合失調症 (281)
(7) 覚せい剤中毒 (282)
(8) 精神医学者の鑑定意見と裁判所の判断 (284)
(9) 鑑定の信用性 (286)
(10) 精神鑑定意見の一部採用 (287)
2 原因において自由な行為 ……290
(1) 過失犯と原因において自由な行為 (290)
(2) 傷害致死罪と原因において自由な行為 (290)
(3) 心神耗弱と原因において自由な行為① (292)
(4) 心神耗弱と原因において自由な行為② (292)
(5) 心神耗弱後の故意と原因において自由な行為 (293)
(6) 故意犯と原因において自由な行為 (295)
3 実行行為開始後の責任能力低下 ……297
(1) 実行行為開始後の心神耗弱① (297)
(2) 実行行為開始後の心神耗弱② (298)
(3) 継続犯の実行行為継続中の責任能力低下 (298)

第2節 違法性の意識 ……301

1 違法性の錯誤 ……301

(1)　違法性の意識不要説（*301*）
(2)　現行犯人逮捕と違法性の錯誤（*301*）
(3)　法定刑の錯誤（吊り橋爆破事件）（*302*）
(4)　違法性の意識の存否（羽田空港デモ事件）（*304*）
2　相当の理由 ……………………………………………………………… *306*
(1)　映倫審査通過への信頼（映画「黒い雪」事件）（*306*）
(2)　行政指導への協力（石油ヤミカルテル事件）（*307*）
(3)　警察官の黙認（百円札模造事件）（*308*）
(4)　輸入販売元担当者の説明への信頼（「πウェーブ」事件）（*311*）
(5)　警察の指示を上回る加工をした拳銃部品輸入と相当の理由（*312*）
3　事実の錯誤と違法性の錯誤 ……………………………………………… *315*
(1)　事実の錯誤と違法性の錯誤の区別①（むささび・もま事件）（*315*）
(2)　事実の錯誤と違法性の錯誤の区別②（たぬき・むじな事件）（*315*）
(3)　差押の効力の錯誤（封印破棄事件）（*316*）
(4)　メチルアルコールとメタノール（*317*）
(5)　寺院規則の効力の錯誤（寺院規則事件）（*318*）
(6)　警察規則の誤解（無鑑札犬撲殺事件）（*319*）
(7)　追い越し禁止区域の不知（*320*）
(8)　わいせつ性の錯誤（チャタレイ事件）（*320*）
(9)　差押標示の有効性の錯誤（封印破棄事件）（*321*）
(10)　物品税法上の無申告製造罪の故意（*323*）
(11)　狩猟禁止区域の不知（*324*）
(12)　サンダル履きの運転の故意（*324*）
(13)　許可申請事項変更届の受理と無許可営業罪の故意
（公衆浴場無許可営業事件）（*325*）

第３節　期待可能性 ……………………………………………………… *327*

(1)　定員を著しく超過する乗客の搭載と期待可能性（第５柏島丸事件）（*327*）
(2)　労働争議と期待可能性（*328*）
(3)　失業保険の保険料不納付と期待可能性（*329*）

第5章　未　遂　犯

第1節　実行の着手時期 ……………… 331

1 窃盗罪における実行の着手 ……………… 331

(1)　財物の物色（331）

(2)　家屋への侵入（331）

(3)　土蔵への侵入（332）

(4)　煙草売場への接近（333）

2 強姦罪における実行の着手 ……………… 334

(1)　ダンプカーへの引きずり込み（334）

(2)　ホテルへの連れ込み（335）

(3)　共犯者の非協力的な行動（336）

3 殺人罪における実行の着手 ……………… 338

(1)　ベランダからの転落（ベランダ事件）（338）

(2)　クロロホルムの吸引（クロロホルム事件）（338）

(3)　自動車での衝突（338）

4 放火罪における実行の着手 ……………… 340

(1)　ガソリンの散布（ガソリン散布事件）（340）

(2)　灯油の散布と新聞紙への着火（341）

5 禁制品輸入罪・覚せい剤輸入罪における実行の着手 ……………… 341

(1)　大麻を携帯して上陸審査を受ける行為（341）

(2)　覚せい剤の海上への投下（343）

6 離隔犯・間接正犯における実行の着手 ……………… 345

(1)　毒物の送付（345）

(2)　毒入りジュースの放置（345）

第2節　不能犯 ……………… 347

1 方法の不能 ……………… 347

(1)　飲食物への硫黄の混入による殺人（347）

(2)　空ピストルによる殺人（348）

(3)　空気の注射による殺人（348）

(4)　欠陥のある爆発物の使用（349）

(5)　天然ガスの漏出による殺人（351）

2 客体の不能 ……352
(1) 空ポケットと強盗（*352*）
(2) 死体への攻撃と殺人（*352*）

第3節 中止犯 ……354

1 中止行為の任意性 ……354
(1) 犯行の発覚を恐れたことによる中止（*354*）
(2) 驚愕恐怖による中止（*354*）
(3) 欲情減退による中止（*355*）
(4) 驚愕と悔悟、反省の情による中止（*356*）
(5) 哀願に基づく中止（*357*）
2 中止行為 ……358
(1) 消火の依頼（「よろしく頼む」事件）（*358*）
(2) 攻撃の中止と病院への搬送（*359*）
(3) 攻撃の中止（*360*）
3 結果防止行為の「真摯な努力」……361
(1) 警察官の協力による救命（*361*）
(2) 病院への搬送（*362*）
4 予備の中止 ……364

第6章　共　犯

第1節 共犯の意義 ……365

1 必要的共犯—非弁活動の依頼 ……365

第2節 共同正犯 ……366

1 過失犯の共同正犯 ……366
(1) 有毒飲食物の販売（メタノール事件）（*366*）
(2) 観光船の無断運航（*366*）
(3) 喫煙による失火（*367*）
(4) 踏切遮断機の閉鎖の懈怠（*368*）
(5) トーチランプの消火確認（世田谷ケーブル事件）（*369*）
2 結果的加重犯の共同正犯—強盗の機会における共犯者による殺人 ……371

3 承継的共同正犯（承継的幇助犯を含む）……372
(1) 殺害後の財物奪取への関与（*372*）
(2) 傷害結果発生後の財物奪取への関与（*372*）
(3) 暴行・強迫後の財物取得への関与（*373*）
(4) 暴行・強迫後の財物奪取への関与（*374*）
(5) 傷害結果発生後の暴行への関与（*375*）
(6) 途中からの暴行への関与（傷害結果との因果関係が不明な場合）（*377*）
(7) 傷害罪の承継的共同正犯と同時傷害の特例（*379*）
4 片面的共同正犯……380
5 予備罪の共同正犯……380
6 共謀共同正犯……382
(1) 強盗罪の共謀共同正犯（*382*）
(2) 傷害致死罪の共謀共同正犯（練馬事件）（*383*）
7 黙示の共謀……385
(1) 暗黙の共謀（*385*）
(2) 夫婦間における暗黙の共謀（*386*）
(3) 黙示的な意思連絡に基づく共謀（スワット事件）（*387*）
(4) 黙示的な共謀の認定（*390*）
(5) 未必の故意による共謀共同正犯（*391*）
8 共同正犯と幇助犯の区別……393
(1) 大麻の輸入（共同正犯）（*393*）
(2) 実子に対する強盗の指示（共同正犯）（*395*）
(3) けん銃の輸入（幇助犯）（*395*）
(4) 強盗殺人への関与（幇助犯）（*396*）
(5) ナイフの貸与（無罪）（*398*）
(6) 覚せい剤の所持（無罪）（*399*）
9 見張りと共同正犯……400
(1) 強盗の見張り（共同正犯）（*400*）
(2) 殺人の見張り（幇助犯）（*401*）
10 共謀の射程……402
(1) 場所の移動（*402*）
(2) 予想外の強盗（*404*）
11 共同正犯と違法性……405
(1) 共同正犯と過剰防衛（*405*）

(2)　共同正犯と量的過剰防衛（409）
(3)　共同正犯と過剰防衛、誤想防衛（412）

第3節　教唆犯 ……………………………………………………………………415

1 教唆行為の意義―正犯者の決意の喚起 ……………………………………415
2 過失犯に対する教唆 …………………………………………………………416
3 結果的加重犯に対する教唆―傷害致死罪の教唆犯 …………………………416
4 再間接教唆―脅迫の再間接教唆……………………………………………417

第4節　幇助犯 ……………………………………………………………………417

1 幇助行為の意義 ………………………………………………………………417
(1)　鳥打帽子の交付（417）
(2)　精神的幇助（418）
2 過失犯に対する幇助―重過失致死罪に対する幇助犯 ………………………418
3 片面的幇助犯―けん銃密輸入の援助 …………………………………………419
4 予備罪の幇助―通貨偽造準備の幇助 …………………………………………420
5 幇助の因果関係 ………………………………………………………………421
(1)　強盗の幇助（無罪）（421）
(2)　目張り行為と追従行為（宝石商殺害事件）（422）
6 中立的行為と幇助……………………………………………………………423
(1)　売春の宣伝用ちらしの販売と広告の掲載（423）
(2)　売春の宣伝用ちらしの印刷（424）
(3)　ファイル共有ソフトの提供（ウィニー著作権法違反幇助事件）（425）
7 間接幇助―わいせつ物公然陳列の間接幇助 …………………………………428
8 教唆犯と幇助犯の区別 ………………………………………………………429
(1)　正犯者へ助言（429）
(2)　正犯者からの証拠偽造の提案（430）

第5節　共犯と身分 ………………………………………………………………431

1 身分の意義―横領罪における占有者 …………………………………………431
2 主観的要素と身分……………………………………………………………431
(1)　営利目的麻薬輸入罪における営利の目的（431）
(2)　営利目的大麻輸入罪における営利の目的（432）
3 刑法65条の１項と２項の関係 ………………………………………………433

(1)　非常習者による常習賭博への加功（*433*）
(2)　卑属による尊属殺人への加功（*433*）
(3)　女性による強姦への加功（*434*）
4　複合的身分犯の共犯—業務上横領罪の共犯 ……… *435*
5　事後強盗罪と共犯 ……… *435*
(1)　窃盗犯人でない者による事後強盗への加功①（*435*）
(2)　窃盗犯人でない者による事後強盗への加功②（*436*）
(3)　窃盗犯人でない者による事後強盗への加功③（*437*）
6　刑法65条１項にいう「共犯」の意義 ……… *438*
(1)　刑法65条と教唆犯（*438*）
(2)　刑法65条と共同正犯（*438*）
7　非身分者の身分者への加功—常習者による非常習者の賭博への加功 ……… *439*

第６節　不作為と共犯 ……… *440*

1　犯罪の不阻止と共同正犯 ……… *440*
2　不作為の幇助 ……… *442*
(1)　投票干渉の放置（*442*）
(2)　ストリップの不阻止（*442*）
(3)　殺害現場からの離脱（*443*）
(4)　従業員による強盗の不阻止（*444*）
(5)　内縁の夫による実子への暴行の不阻止（*447*）

第７節　共犯と錯誤 ……… *450*

1　狭義の共犯と錯誤 ……… *450*
(1)　虚偽公文書作成を教唆したところ正犯者が公文書偽造を行った事例（*450*）
(2)　窃盗を教唆したところ正犯者が強盗を実行した事例（*451*）
2　共同正犯と錯誤 ……… *453*
(1)　傷害を共謀したところ共謀者の１人が殺人を実行した事例（*453*）
(2)　殺意のある者と殺意のない者が被害者を放置した事例（シャクティパット治療事件）（*454*）
3　関与形式間の錯誤—間接正犯と教唆犯の錯誤 ……… *454*

第８節　共犯関係からの離脱、共犯の中止犯 …… *454*

1 共犯関係からの離脱 …… *454*

(1) 首謀者の離脱（*454*）

(2) 着手後における現場からの立去り（*456*）

(3) 警察への捜査協力（*458*）

(4) 共犯者の暴行による失神、放置（*459*）

(5) 着手前における現場からの立去り（*460*）

2 共犯と中止犯 …… *461*

(1) 共犯者各人における中止犯の成否（*461*）

(2) 共謀者の実行の阻止（*462*）

第７章　罪　数

第１節　包括一罪 …… *463*

1 集合犯 …… *463*

(1) 常習犯（*463*）

(2) 営業犯（*463*）

2 狭義の包括一罪 …… *465*

(1) 同一場所・同一機会における窃盗（*465*）

(2) 数か月間にわたる麻薬の施用（*465*）

(3) 近接した場所における速度違反（*466*）

3 異質的包括一罪 …… *468*

(1) 通帳の窃取と預金の引出し（*468*）

(2) 窃盗・１項詐欺と２項強盗（*469*）

(3) 常習累犯窃盗と侵入具携帯（*470*）

(4) 暴行と脅迫（*472*）

第２節　科刑上一罪 …… *473*

1 観念的競合 …… *473*

(1) 酒酔い運転と業務上過失傷害（*473*）

(2) 覚せい剤輸入と無許可輸入（*474*）

2 牽連犯 …… *475*

(1)　虚偽公文書行使と詐欺（*475*）
(2)　住居侵入と窃盗（*476*）
(3)　監禁と恐喝（*476*）
3 科刑上一罪の諸問題 ……………………………………………………*477*
(1)　傷害・暴行の共同正犯（*477*）
(2)　覚せい剤輸入の幇助（*478*）
(3)　不作為犯の罪数（*479*）
(4)　牽連犯とかすがい現象（*480*）

第３節　併合罪 …………………………………………………………………*481*

(1)　身の代金目的拐取・身の代金要求と監禁（*481*）
(2)　刑法47条の法意（*482*）

凡　例

【判例略語】

大　判　大審院判決
大連判　大審院連合部判決
最判（決）　最高裁判所判決（決定）
最大判　最高裁判所大法廷判決
高　判　高等裁判所判決
地　判　地方裁判所判決
支　判　支部判決
簡　判　簡易裁判所判決

【判例集・雑誌略語】

刑　録　大審院刑事判決録
刑　集　大審院刑事判例集・最高裁判所刑事判例集
裁判集刑　最高裁判所裁判集　刑事
高刑集　高等裁判所刑事判例集
判　特　高等裁判所刑事判決特報
裁　特　高等裁判所刑事裁判特報
東高刑時報　東京高等裁判所判決特報　刑事
裁　時　裁判所時報
下刑集　下級裁判所刑事裁判例集
新　聞　法律新聞
刊　月　刑事裁判月報
判　時　判例時報
判　タ　判例タイムズ

【文献略語】

百　選　刑法判例百選
重判解　重要判例解説
最判解　最高裁判所判例解説
判例講議　判例講議刑法

第１章　罪刑法定主義

第１節　罪刑法定主義

1　法律主義

(1)　法律による命令への包括的委任（猿払事件）

1 最大判昭和49年11月６日刑集28巻９号393頁、判時757号33頁

【事実の概要】

被告人Xは、北海道宗谷郡猿払村の甲郵便局に勤務する郵政事務官で、猿払地区労働組合協議会事務局長を勤めていたものであるが、昭和42年１月８日告示の第31回衆議院議員選挙に際し、前記協議会の決定にしたがい、特定の政党を支持する目的をもって、同日同党公認候補者の選挙用ポスター６枚を自ら公営掲示場に掲示したほか、その頃４回にわたり、前記ポスター合計約184枚の掲示方を他に依頼して配布した。

国家公務員法（以下「国公法」という。）102条１項は、一般職の国家公務員（以下「公務員」という。）に関し、「職員は、政党又は政治的目的のために、寄附金その他の利益を求め、若しくは受領し、又は何らの方法を以てするを問わず、これらの行為に関与し、あるいは選挙権の行使を除く外、人事院規則で定める政治的行為をしてはならない。」と規定し、この委任に基づき人事院規則14-7（政治的行為）（以下「規則」という。）は、前記条項の禁止する「政治的行為」の具体的内容を定めており、前記条項の禁止に違反した者に対しては、国公法110条１項19号が３年以下の懲役又は10万円以下（当事。現行は100万円）の罰金を科する旨を規定していた。Xの前記行為は、規則５項３号、６項13号の特定の政党を支持することを目的とする文書すなわち政治的目的を有する文書の掲示又は配布という政治的行為にあたるものであるから、国公法110条１項19号の罰則が適用されるべきであるとして、起訴されたものである。

【裁判の経過】

１審：旭川地判昭和43年３月25日下級刑栽集10巻３号293頁（無罪）

「非管理職である現業公務員で、その職務内容が機械的労務の提供に止まるものが、勤務時間外に、国の施設を利用することなく、かつ職務を利用し、若しくはその公正を害する意図なしで行った人事院規則14-７、６項13号の行為で且つ労働組合活動の一環として行われたと認められる所為に刑事罰を加えることをその適用の範囲内に予定している国公法110条１項19号は、このような行為に適用される限度において、行為に対する制裁としては、合理的にして必要最小限の域を超えたものと断ぜざるを得ない。同号は同法102条１項に規定する政治的行為の制限に違反した者という文字を使っており、制限解釈を加える余地は全く存しないのみならず、同法102条１項をうけている人事院規則14-７は、全ての一般職に属する職員にこの規定の適用があることを明示している以上、当裁判所としては、本件被告人の所為に、国公法110条１項19号が適用される限度において、同号が憲法21条および31条に違反するもので、これを被告人に適用することができないと云わざるを得ない。よって本件被告事件は罪とならないから刑事訴訟法336条前段により無罪の言渡をすることとし、主文のとおり判決する」。

２審：札幌高判昭和44年６月24日刑集28巻

9号688頁（控訴棄却）

「凡そ民主政はその自らの政治過程の裡に前記の如き柔軟な復元機能を喪うことなく保持する限りにおいて生存しうるという意味において、言論の自由ないし政治活動の自由こそがまさに民主政の中核としてその死命を制する根本原理というべきであるから、如何なる理由原因によるにせよひとたび右の自由が制約されるにおいてはそれ丈右の復元機能は柔軟性を喪い、民主主義政治過程に本質的な是正修復の方途を喪い果は麻痺硬塞という事態を招来することもありうるという重要性の故に、言論の自由ないし政治活動の自由をめぐる司法審査については立法府の広汎な裁量を前提とする合理性の基準は必ずしも適切でないとの配慮に基くと理解されるのである。原判決がかかる思考方法に立脚して、国家公務員法第102条、人事院規則14−7、同法第110条第１項第19号をめぐる具体的詳細な立法事実を検討したうえ、被告人の本件所為の如きにまで３年以下の懲役又は10万円以下の罰金という刑事罰を加えることを予定することは必要最小限の域を超えるものと評価し、国家公務員法第110条第１項第19号が本件所為に適用される限度において憲法第21条および第31条に違反するから適用することができないと判断したのは、まことに相当ということができるのであって、原判決にはなんら所論主張の如き憲法解釈の誤は存せず、論理は理由がない」。

【判　旨】破棄自判（有罪）

「なお、政治的行為の定めを人事院規則に委任する国公法102条１項が、公務員の政治的中立性を損うおそれのある行動類型に属する政治的行為を具体的に定めることを委任するものであることは、同条項の合理的な解釈により理解しうるところである。そして、このような政治的行為が、公務員組織の内部秩序を維持する見地から課される懲戒処分を根拠づけるに足りるものであるとともに、国民全体の共同利益を擁護する見地から科される刑罰を根拠づける違法性を帯びるものであることは、すでに述べたとおりであるから、右条項は、それが同法82条による懲戒処分及び同法110条１項19号による刑罰の対象となる政治的行為の定めを一様に委任するものであるからといって、そのことの故に、憲法の許容する委任の限度を超えることになるものではない」。

なお、国公法102条１項が公務員の義務としての禁止と罰則の対象となる禁止とを区別することなく、一律一体として人事院規則に罰則を委任することは違憲無効であるとする４名の裁判官の反対意見がある。

【参考文献】

大谷實・判例講義Ⅰ19頁、中義勝・昭和49年度重判解131頁、香城敏麿・最判解刑事篇昭和49年度165頁

(2)　条例への罰則の委任

2 最大判昭和37年５月30日刑集16巻５号577頁、判時303号２頁

【事実の概要】

被告人Xは、大阪市内において売春目的で通行人を誘った行為について、「売春の目的で街路その他公の場所において他人の身辺につきまとい又は誘う行為」をした者に5,000円以下の罰金または拘留を科すと規定する、街路等における売春勧誘行為等の取締条例（昭和25年大阪市条例68号）２条１項に違反するとして起訴された。

【裁判の経過】

１審：大阪簡判昭和31年３月15日刑集16巻５号601頁（有罪・街路等における売春勧誘行為等罪）

１審の骨子は、地方自治法２条３項１号から22号までの例示（当時）を見るに、通常予想される地方公共団体の事務を網羅しているものと言うべく、これに類する事務であって右例示にないものについて条例が制定され又は全然新しい事務について条例が制定された場合には慎重に検討されるべきであるが、本件大阪市条例は、憲法94条、地方自治法２条３項７号等明文を以って示された事務処理上制定されたものであるから、何等無効というべき点はないということにある。被告人は、有罪判決を言い渡された。

２審：大阪高判昭和31年10月18日刑集16巻５号605頁（控訴棄却）

２審の骨子は、条例は直接に憲法94条によって認められた地方公共団体の立法形式であっ

て、同条によりその制定権に「法律の範囲内において」という制約が付せられているほか、条例を以って規定し得る事項について憲法上特段の制限がなく、もっぱら法律の定めるところに委ねられているのであるから、法律に準拠して条例が罰則を設けることは何等違憲ではなく、憲法31条もこれを禁止する趣旨のものとは解されないというものである。２審は、これを理由に控訴を棄却した。

【判　旨】上告棄却

「論旨は、右地方自治法14条１項、５項が法令に特別の定があるものを除く外、その条例中に条例違反者に対し前示の如き刑を科する旨の規定を設けることができるとしたのは、その授権の範囲が不特定かつ抽象的で具体的に特定されていない結果一般に条例でいかなる事項についても罰則を付することが可能となり罪刑法定主義を定めた憲法31条に違反する、と主張する。

しかし、憲法31条はかならずしも刑罰がすべて法律そのもので定められなければならないとするものでなく、法律の授権によってそれ以下の法令によって定めることもできると解すべきで、このことは憲法73条６号但書によっても明らかである。ただ、法律の授権が不特定な一般的の白紙委任的なものであってはならないことは、いうまでもない。ところで、地方自治法２条に規定された事項のうちで、本件に関係のあるのは３項７号及び１号に挙げられた事項であるが、これらの事項は相当に具体的な内容のものであるし、同法14条５項による罰則の範囲も限定されている。しかも、条例は、法律以下の法令といっても、上述のように、公選の議員をもって組織する地方公共団体の議会の議決を経て制定される自治立法であって、行政府の制定する命令等とは性質を異にし、むしろ国民の公選した議員をもって組織する国会の議決を経て制定される法律に類するものであるから、条例によって刑罰を定める場合には、法律の授権が相当な程度に具体的であり、限定されておればたりると解するのが正当である。そうしてみれば、地方自治法２条３項７号及び１号のように相当に具体的な内容の事項につき、同法14条５項のように限定された刑罰の範囲内において、条例をもって罰則を定めることができるとしたのは、憲法31条の意味において法律の定める手続によって刑罰を科するものということができるのであって、所論のように同条に違反するとはいえない。従って地方自治法14条５項に基づく本件条例の右条項も憲法同条に違反するものということができない」。

【参考文献】

脇田忠・最判解刑事篇昭和37年度151頁、西浦公・憲法判例百選Ⅱ〔第５版〕488頁、高橋雅夫・行政法判例百選Ⅰ〔第５版〕228頁

2　明確性の原則

(1)　刑罰法規の明確性（徳島市公安条例事件）

3　最大判昭和50年９月10日刑集29巻８号489頁、判時787号24頁

【事実の概要】

被告人Xは、昭和43年12月10日、徳島市内において、反戦の集団示威行進に参加したが、先頭集団数十名とともに①自らもだ行進をし、また②所携の笛を吹いたり両手を上げて前後に振って集団行進者にだ行進をさせるよう刺激を与えたが、①につき道路交通法77条３項に、②につき徳島市公安条例3条3号にそれぞれ該当するとして起訴された。なお、被告人自らもだ行進した行為については、道路交通法77条１項及び119条１項13号に違反するとして有罪になっている。

【裁判の経過】

１審：徳島地判昭和47年４月20日刑集29巻８号552頁（無罪）

「市条例３条は、『集団行進又は集団示威運動を行おうとする者は、集団行進又は集団示威運動の秩序を保ち公共の安寧を保持するため、次の事項を守らなければならない』とし、その３号で『交通秩序を維持すること』と規定し、４条において『徳島市警察署長は…第３条の規定…に違反して行われた集団行進又は集団示威運

動の参加者に対して公共の秩序を維持するため、警告を発し、その行為を制止し、その他違反行為を是正するにつき必要な限度において、所要の措置をとることができる。』とし、5条で『…第3の規定…に違反して行われた集団行進又は集団示威運動の主催者、指導者又は煽動者はこれを1年以下の懲役若しくは禁錮又は5万円以下の罰金に処する。』旨規定している。

右条例においては、その3条3号に規定する『交通秩序を維持すること』の違反は、一方では4条により警告、違反是正措置すなわち即時強制権限の発動の要件となり、他方では5条によりその主催者、指導者又は煽動者を処罰する犯罪構成要件となるのである。

ここで特に注意すべきことは市条例の規定それ自体においては、他の多くの地方公共団体のいわゆる公安条例の場合と異なり、委任規定をもって『交通秩序維持に関する事項』についてさらにその都度条件を設定するなどの方法でその内容を具体的に補充する余地は全く残されていないのである。したがって、『交通秩序を維持すること』に違反することの内容が一義的に明確でないときは、一方集団行動を行おうとする者において、右条例ではいかなる行為が許容され、いかなる行為が禁止されているかの判断に苦しみ不安定な状況に置かれ自らの統制のもとに自由闊達になされて然るべき集団行動がいたずらに萎縮することになりかねないし、他方警察当局側においてもこれが判断を誤り、許容されるべき集団行動の自由まで制限したり、極端な場合には違法にその主催者、指導者、煽動者を検挙するおそれを包蔵することになり、これでは集団行動を含め表現の自由を最大限に保障せんがため、昭和27年に右条例を従来の許可制から現行の届出制に改めた趣旨にもとるであろう。そこで、『交通秩序を維持すること』という規定の内包する意味内容が明らかであるとともに、その外延もまた明確であることが要請されるのである。けだし、集団行動に関する規制は基本的人権の中でも特に重要な表現の自由に直接かかわりをもつだけに、そのことは国民全体の重大な関心事であり、それだけにきめの細かい扱いが必要とされるからである。

以上の前提に立って、市条例3条3号の『交通秩序を維持すること』という規定の内容を検討してみると、結論的にいえば右の規定は一般的、抽象的、多義的であってその内包する意味内容が明確でないばかりか、その外延もまた不明確であって、これを種々の観点から合理的に限定して解釈することも困難である。したがって、右規定は4条の即時強制権限発動の根拠規定としては濫用の危険があり、5条によって処罰の対象とされている犯罪構成要件としては明確性を要請する罪刑法定主義の原則に背馳し、憲法31条の趣旨に反するものと判断せざるを得ないのである」。

2審：高松高判昭和48年2月19日刑集29巻8号570頁（控訴棄却・無罪）

「被告人は原判示県道宮倉徳島線上で行われた集団示威行進に参加し、先頭隊列の直前付近で被告人からだ行進をしたり、笛を吹いたり手で合図することによって、右先頭隊列から数十名の行進者らがだ行進をしたり一時路上に停止したりしたこと、このため折柄、同県道を北進中の乗用自動車、バス合計約10台の車両が右だ行進等の通過するまで約1分ないし4分間程度の停車を余儀なくされたことがそれぞれ認められる。しかしながら右程度のだ行進等による交通の阻害は道路交通法令により取締のみによっても十分に規制できることが明らかであるうえ、これが本条例の制定目的ある公共の安寧保持に対し危険な状態を惹起するおそれがある程の可罰的行為類型であると断定しうるか否かは必ずしも明白でないから本条例3条3号、5条を本件に適用する限りにおいて何ら明確を欠くところはないと言いきれるか疑問というべきである（略）。以上の次第で、原判決が本条例3条3号の規定が刑罰法令の内容となるに足る明白性を欠き、罪刑法定主義の原則に背馳し憲法31条に違反するとして、同条例5条の罰則を被告人の所為に適用できないとした判断に過誤はなく、したがって論旨は採用することができない」。

【判　旨】破棄自判（有罪・道路使用許可条件違反の罪）

「刑罰法規の定める犯罪構成要件があいまい不明確のゆえに憲法31条に違反し無効であるとされるのは、その規定が通常の判断能力を有する一般人に対して、禁止される行為とそうでない行為とを識別するための基準を示すところがなく、そのため、その適用を受ける国民に対して刑罰の対象となる行為をあらかじめ告知する機能を果たさず、また、その運用がこれを適用する国又は地方公共団体の機関の主観的判断にゆだねられて恣意に流れる等、重大な弊害を生ずるからであると考えられる。しかし、一般に法規は、規定の文言の表現力に限界があるばかりでなく、その性質上多かれ少なかれ抽象性を有し、刑罰法規もその例外をなすものではないから、禁止される行為とそうでない行為との識別を可能ならしめる基準といっても、必ずしも常に絶対的なそれを要求することはできず、合理的な判断を必要とする場合があることを免れない。それゆえ、ある刑罰法規があいまい不明確のゆえに憲法31条に違反するものと認めるべきかどうかは、通常の判断能力を有する一般人の理解において、具体的場合に当該行為がその適用を受けるものかどうかの判断を可能ならしめるような基準が読みとれるかどうかによってこれを決定すべきである。

そもそも、道路における集団行進等は、多数人が集団となって継続的に道路の一部を占拠し歩行その他の形態においてこれを使用するものであるから、このような行動が行われない場合における交通秩序を必然的に何程か侵害する可能性を有することを免れないものである。本条例は、集団行進等が表現の一態様として憲法上保障されるべき要素を有することにかんがみ、届出制を採用し、集団行進等の形態が交通秩序に不可避的にもたらす障害が生じても、なおこれを忍ぶべきものとして許容しているのであるから、本条例3条3号の規定が禁止する交通秩序の侵害は、当該集団行進等に不可避的に随伴するものを指すものでないことは、極めて明らかである。ところが、思想表現行為としての集団行進等は、前述のように、これに参加する多数の者が、行進その他の一体的行動によってその共通の主張、要求、観念等を一般公衆等に強く印象づけるために行うものであり、専らこのような一体的行動によってこれを示すところにその本質的な意義と価値があるものであるから、これに対して、それが秩序正しく平穏に行われて不必要に地方公共の安寧と秩序を脅かすような行動にわたらないことを要求しても、それは、右のような思想表現行為としての集団行進等の本質的な意義と価値を失わしめ憲法上保障されている表現の自由を不当に制限することにはならないのである。そうすると本条例3条が、集団行進等を行おうとする者が、集団行進等の秩序を保ち、公共の安寧を保持するために守らなければならない事項の一つとして、その3号に『交通秩序を維持すること』を掲げているのは、道路における集団行進等が一般的に秩序正しく平穏に行われる場合にこれに随伴する交通秩序阻害の程度を超えた、殊更な交通秩序の阻害をもたらすような行為を避止すべきことを命じているものと解されるのである。そして、通常の判断能力を有する一般人が、具体的場合において、自己がしようとする行為が右条項による禁止に触れるものであるかどうかを判断するにあたっては、その行為が秩序正しく平穏に行われる集団行進等に伴う交通秩序の阻害を生ずるにとどまるものか、あるいは殊更な交通秩序の阻害をもたらすようなものであるかを考えることにより、通常その判断にさほどの困難を感じることはないはずであり、例えば各地における道路上の集団行進等に際して往々みられるだ行進、うず巻行進、すわり込み、道路一杯を占拠するいわゆるフランスデモ等の行為が、秩序正しく平穏な集団行進等に随伴する交通秩序阻害の程度を超えて、殊更な交通秩序の阻害をもたらすような行為にあたるものと容易に想到することができるというべきである。

さらに、前述のように、このような殊更な交通秩序の阻害をもたらすような行為は、思想表現行為としての集団行進等に不可欠な要素ではなく、したがって、これを禁止しても国民の憲法上の権利の正当な行使を制限することにはならず、また、殊更な交通秩序の阻害をもたらすような行為であるかどうかは、通常さほどの困難なしに判断しうることであるから、本条例3条3号の規定により、国民の憲法上の権利の正当な行使が阻害されるおそれがあるとか、国又は地方公共団体の機関による恣意的な運用を許すおそれがあるとは、ほとんど考えられないのである（なお、記録上あらわれた本条例の運用の実態をみても、本条例3条3号の規定が、国民の憲法上の権利の正当な行使を阻害したとか、国又は地方公共団体の機関の恣意的な運用を許したとかいう弊害を生じた形跡は、全く認められない。)。

このように見てくると、本条例3条3号の規定は、確かにその文言が抽象的であるとのそしりを免れないとはいえ、集団行進等における道路交通の秩序遵守についての基準を読みとることが可能であり、犯罪構成要件の内容をなすものとして明確性を欠き憲法31条に違反するものとはいえないから、これと異なる見解に立つ原判決及びその維持する第1審判決は、憲法31条の解釈適用を誤ったものというべく、論旨は理由がある」。

なお、4名の裁判官の補足意見と1名の裁判官の少数意見がある。

【参考文献】

大谷實・判例講義Ⅰ20頁、竹内正・昭和50年度重判解144頁、小田健司・最判解刑事篇昭和50年度156頁

(2)　過度の広汎性（福岡県青少年保護育成条例事件）

4 最大判昭和60年10月23日刑集39巻6号413頁、判時1170号3頁、判タ571号25頁

【事実の概要】

被告人Xは、被害者であるV女（当時16歳）を18歳未満であることを知りながら、ホテル客室内において性交したとして、福岡県青少年保護育成条例10条1項、16条1項違反で起訴された。同法10条1項は、「何人も、青少年に対し、淫行又はわいせつの行為をしてはならない」とし、その違反者に対して、16条1項は「2年以下の懲役又は10万円以下の罰金に処する」と規定している。弁護側は、18歳未満の者に淫行した者を処罰する本条項は不明確性、広汎性の他、青少年の意思によらない淫行のみ規制する児童福祉法に対して、本条例はその意思の如何を問わない点で法律の範囲を超えており、さらに法律による規制のない事柄に対する条例による処罰を正当化するのは合理性を欠き、憲法94条に違反すると主張した。

【裁判の経過】

1審：小倉簡判昭和56年12月14日刑集39巻6号461頁（淫行の罪・福岡県青少年保護育成条例10条1項）

被告人Xは、Vが18歳に満たない青少年であることを知りながら、ホテルの客室において、Vと性交し、もって青少年に対し淫行をした。

2審：福岡高判昭和57年3月29日刑集39巻6号462頁（控訴棄却）

「確に被告人は、原審及び当審の各公判ではVと結婚することを前提として交際していたなどと、所論にそう弁明をしているが、他の証拠によれば、被告人は、昭和56年3月下旬ころ、未だ中学を卒業したばかりの初対面の同女を、それと知りながらドライブに誘い、海岸で駐車させた自動車の中で『俺の女にならんか。』と言って、いきなり性交をしたのを手始めに、本件までに少なくとも15回以上も、主に車の中、ときに被告人方で同女と性交を重ねていること、しかも2人が会っている間は専ら性交に終始しており、結婚の話などしたことは全くなかったこと、本件の場合も同様であり、その後も5、6回性交していること、本件当時Vは高校1年に在学中のやっと16歳になったばかりの少女であったこと等の事情が認められるのであって、以上の事情に徴すれば、被告人は、同女を単なる自己の性欲の対象としてしか扱っていなかったものと認めるほかはなく、被告人の弁明は措信し難い。この様な態様での性交が青少年を傷つけ、その健全な育成を図るうえで重大な障害となることは明らかであり、本件性交が本条例10条1項にいう『淫行』に該当すると認めるのが相当である。所論は憲法違反を言うが、本条例10条1項、16条1項が満18歳未満の青少年に対し淫行をした者を処罰しているのは、児童福祉法2条が地方公共団体に対して児童を健全に育成する責務を負わせている法意に則り、児童のより一層の保護を目的としたものと思われ（本条例1条参照）、未だ心身の未成熟な青少年に対して淫行が悪影響を与えることが多いことに鑑みると、地方公共団体がその地域の実情に応じて、条例で右淫行を禁止し罰することが必要でないとはいえないから、本条例10条1項、16条1項は憲法11条、13条、14条、19条、21条、94条に違反しない。

【判　旨】上告棄却

「本条例10条1項の規定にいう『淫行』とは、広く青少年に対する性行為一般をいうものと解すべきではなく、青少年を誘惑し、威迫し、欺罔し又は困惑させる等その心身の未成熟に乗じた不当な手段により行う性交又は性交類似行為のほか、青少年を単に自己の性的欲望を満足させるための対象として扱っているとしか認められないような性交又は性交類似行為をいうものと解するのが相当である。けだし、右の『淫行』を広く青少年に対する性行為一般を指すものと解するときは、『淫らな』性行為を指す『淫行』の用語自体の意義に添わないばかりでなく、例えば婚約中の青少年又はこれに準ずる真摯な交際関係にある青少年との間で行われる性行為等、社会通念上およそ処罰の対象として考え難いものをも含むこととなって、その解釈は広きに失することが明らかであり、また、前記『淫行』を目して単に反倫理的あるいは不純な性行為と解するのでは、犯罪の構成要件として不明確であるとの批判を免れないのであって、前記の規定の文理から合理的に導き出され得る解釈の範囲内で、前叙のように限定して解するのを相当とする。このような解釈は通常の判断能力を有する一般人の理解にも適うものであり、『淫行』の意義を右のように解釈するときは、同規定につき処罰の範囲が不当に広過ぎるとも不明確であるともいえないから、本件各規定が憲法31条の規定に違反するものとはいえず、憲法11条、13条、19条、21条違反をいう所論も前提を欠くに帰し、すべて採用することができない。

なお、本件につき原判決認定の事実関係に基づいて検討するのに、被告人と少女との間には本件行為までに相当期間にわたって一応付合いと見られるような関係があったようであるが、当時における両者のそれぞれの年齢、性交渉に至る経緯、その他両者の付合いの態様等の諸事情に照らすと、本件は、被告人において当該少女を単に自己の性的欲望を満足させるための対象として扱っているとしか認められないような性行為をした場合に該当するものというほかないから、本件行為が本条例10条1項にいう『淫行』に当たるとした原判断は正当である」。

【参考文献】

大谷實・判例講義Ⅰ総論21頁、萩原滋・百選Ⅰ〔第6版〕6頁、高橋省吾・最判解刑事篇昭和60年度201頁

3 刑罰法規の適正

刑罰法規の解釈の明確性（全農林警職法事件）

5 最大判昭和48年4月25日刑集27巻4号547頁、判時699号22頁

【事実の概要】

被告人Xら労組幹部は、昭和33年の総評による警職法改正案の国会提出への反対統一行動に加わるに際して、同労組の各県本部宛に「警職法改悪反対のため所属長の承諾がなくても11月5日は正午出勤の行動に入れ」等の命令を発し、さらに午前9時頃から農林省庁舎入口にピケを張り、同職員らに対し職場参加を呼び掛けた。Xらの行為は、国公法110条1項17号にいう禁止された争議行為の遂行をあおる者にあたるとして起訴された。

【裁判の経過】

1審：東京地判昭和38年4月19日刑集27巻4号1047頁（無罪）

「被告人らが他の中央執行委員らと謀議のうえ、Aをして文書による指令第6号を作成、発送せしめた点についてはすでに認定したとおり、中央委員会において11月5日正午出勤を原則とする統一行動を行う旨決議したので被告人ら執行部の者は、この決議機関の決定を執行すべき職責上これを行ったものである。そして労働者の団体において争議行為を行う場合、執行部より下部機関に対し指令を発して統一的行動をとるよう命ずるのは通常行われる措置であって、争議行為に不可分な随伴的行為といわなければならない。また指令第六号の内容も前示のとおりであって、中央委員会の決議の趣旨に忠実に添ったものであり、指令として必要な表現の程度を超え、人の自由にして理性的な意思活動を誤まらしめるおそれを生ずるような激越な内容を含むものとは認められない。従って被告人らの右行為は、その属する団体の意思に添ったものであり、その内容も争議行為に際して発せられる指令としては通常のものというべきであるから、さきに挙げた強度の違法性を帯びるとされるいずれの範疇にも属せず、法第110条第1項第17号に規定する争議行為の遂行を『あおることを企てた』行為には該当しないというべきである。

また11月5日農林省正面玄関前において、いわゆる5者共催による職場大会を開催した際、被告人らが現実にとった行動についてもすでに認定したところである。そして被告人らがとった右職場大会開催の伝達なり参加方の慫慂、あるいは職場大会の司会、警職法改正反対行動に関する趣旨の説明という一連の行動は、いずれも争議行為の一態様として行われる職場大会にあっては、これと不可分な随伴的行為と見ることができ、かつその手段も通常の方法であって

ことさら人の自由な意思活動を誤まらしめるおそれを生ずるような激越なものであったとは認められない。このことは証拠によって認められる農林省裏玄関附近に居合せた職員のうち、すくなくとも2、30名の者が被告人らの説得、慫慂にもかかわらず職場大会に参加しなかつた事実からも窺えるのである。また農林省の庁舎各入口には、20名ないし50名位づつで二重又は三重に立ち並んでピケットを張っていたのであるが、しかし証拠によれば右ピケットも職員の自由意思による通行を阻止するものではなく、現に職場大会に参加しなかった職員はとり立てた妨害も受けず自由に入口から庁舎内へ出入していた事実が窺われるので、ピケットを張ったことをとらえて直ちにその手段が激越であるとはいえない。従って被告人らのこの行為も前と同様、さきに挙げた強度の違法性を帯びるとされるいずれの範疇にも属せず、同条に規定する争議行為を『あおる』行為には該当しないものといわなければならない。

以上の次第で被告人らの本件各行為は、弁護人の抵抗権の行使乃至超法規的違法阻却事由に基く無罪の主張等について判断するまでもなく結局罪とならないものであるから刑事訴訟法第336条前段により、いずれも無罪の言渡をすべきものである」。

2審：東京高判昭和43年9月30日高刑集21巻5号365頁（破棄自判・争議行為のあおりの罪）

2審は、以下の判決要旨を掲げ、本件行為は争議行為のあおりの罪にあたるとした。

「昭和40年法律第69号による改正前の国家公務員法第110条第1項第17号にいわゆる「あおり」行為とは、争議行為を遂行させる目的をもって、文書若しくは図画又は言動により、不特定又は多数人に対し、その行為を実行する決意を生ぜしめ又は既に生じている決意を助長させるような勢いのある刺激を与えることを指称し、又、あおりを「企てる」行為とは、あおりの実行行為を計画することを指称する。そして、右のいずれの場合においても、その目的、規模、手段方法、その他一切の附随的事情に照らし、刑罰法規一般の予定する程度の違法性及び刑罰を科するに足りる程度の反社会性、反規範性を具有していることを必要とすると解すべきである。

現業の国家公務員の組織する団体ないし組合の中央執行部の役員が、警察官職務執行法（以下、警職法と略称）改正案に反対する目的をもって、当局側の管理意思に反し、全国の下部組織に対し、一せいに正午出勤の行動に入れなる旨の指令を発することは、前記あおり行為を企てた場合にあたる。

前記役員が、前記同一の目的をもって、当局側の管理意思に反し、本省庁舎の各入口に人垣を築いてピケットを張り、一部の入口の扉を旗竿等をもって縛りつけ、又一部の入口の内部に机、椅子等を積み重ねるなどした状況のもとに、ほとんど全部の職員約2,500名を入庁させないようにしむけたうえ、傘下組合員なる国家公務員に対し、勤務時間内2時間を目標とする職場大会に直ちに参加するように反覆申し向けて説得、慫慂することは、前記あおり行為にあたる」。

【判　旨】上告棄却

「国公法98条5項、110条1項17号の解釈に関して、公務員の争議行為等禁止の措置が違憲ではなく、また、争議行為をあおる等の行為に高度の反社会性があるとして罰則を設けることの合理性を肯認できることは前述のとおりであるから、公務員の行なう争議行為のうち、同法によって違法とされるものとそうでないものとの区別を認め、さらに違法とされる争議行為にも違法性の強いものと弱いものとの区別を立て、あおり行為等の罪として刑事制裁を科されるのはそのうち違法性の強い争議行為に対するものに限るとし、あるいはまた、あおり行為等につき、争議行為の企画、共謀、説得、慫慂、指令等を争議行為にいわゆる通常随伴するものとして、国公法上不処罰とされる争議行為自体と同一視し、かかるあおり等の行為自体の違法性の強弱または社会的許容性の有無を論ずることは、いずれも、とうてい是認することができない。けだし、いま、もし、国公法110条1項17号が、違法性の強い争議行為を違法性の強いまたは社会的許容性のない行為によりあおる等した場合に限ってこれに刑事制裁を科すべき趣旨であると解するときは、いうところの違法性の強弱の区別が元来はなはだ曖昧であるから刑事制裁を科しうる場合と科しえない場合との限界がすこぶる明確性を欠くこととなり、また同条項が争議行為に「通常随伴」し、これと同一視できる一体不可分のあおり等の行為を処罰の対象としていない趣旨と解することは、一般に争議行為が争議指導者の指令により開始され、打ち切られる現実を無視するばかりでなく、何ら労働基本権の保障を受けない第三者がした、このようなあおり等の行為までが処罰の対象から除外される結果となり、さらに、もしかかる第三者のしたあおり等の行為は、争議行為に「通常随伴」するものでないとしてその態様のいかんを問わずこれを処罰の対象とするものと解するときは、同一形態のあおり等をしながら公務員のしたものと第三者のしたものとの間に処罰上の差別を認めることとなって、ただに法文の「何人たるを問わず」と規定するところに反するばかりでなく、衡平を失するものといわざるをえないからである。いずれにしても、このように不明確な限定解釈は、かえって犯罪構成要件の保障的機能を失わせることとなり、その明確性を要請する憲法31条に違反する疑いすら存するものといわなければならない」。

【参考文献】

大谷實・判例講義Ⅰ総論24頁、向井哲二郎・最判解刑事篇昭和48年度305頁

4 類推解釈の禁止

(1) 「汽車」の意義

6 大判昭和15年 8 月22日刑集19巻540頁

【事実の概要】

被告人Xは、鉄道会社の乗務機関士であったが、定員50名乗りのガソリンカーに乗客90余名を乗車させ定刻より 6 分遅れで駅を発車したが、遅延の回復を急ぐため、曲線区間を制限速度超過により進入したため、同車を脱線転覆させ、乗客 2 名を死亡させ、80数名に重軽傷を負わせた。

【裁判の経過】

1 審：安濃津区判（年月日不明）

2 審：安濃津地判刑集19巻541頁業務上過失列車転覆破壊罪（年月日不明）

2 審は、業務上過失致死傷罪（刑211条）および業務上過失列車転覆破壊罪（刑129条 2 項）の成立を認めた。

【判　旨】上告棄却

「刑法第129条には其の犯罪の客体を汽車、電車又は艦船と明記しあり而も汽車なる用語は蒸気機関車を以て列車を牽引したるものを指称するを通常とするも同条に定むる汽車とは汽車は勿論本件の如き汽車代用の『ガソリンカー』をも包含する趣旨なりと解するを相当とす。蓋し刑法第124条乃至第129条の規定を設けたる所以のものは交通機関に依る交通往来の安全を維持するが為め之が防害と為るべき行為を禁じ以て危害の発生を防止せんとするに在ること勿論なれば汽車のみを該犯罪の客体と為し汽車代用の『ガソリンカー』を除外する理由なきのみならず右両者は単に其の動力の種類を異にする点に於て重なる差異あるに過きずして共に鉄道線路上を運転し多数の貨客を迅速安全且つ容易に運輸する陸上交通機関なる点に於て全然其の揆を一にし現に国有鉄道運転規定軌道建設規程等に於ても汽動車は蒸気機関車及客車に準じて之を取扱ひ居れる事実に徴するも之が取締に付ても亦両者間何等の差等を設くべき理拠あることなく又均しく交通機関たるも航空機及自動車の如く前記法条所定の目的物に包含するものと解するを得ざるものに付ては夫々特別法を設け航空法第52条自動車交通事業法第57条に於て刑法第129条と同趣旨の罰則を定め居る事実に徴するも前記解釈の相当なることを了知するを得べければなり。然らば原判決が右と同趣旨の解釈の下に判示所為に対し同法条を以て問擬したるは正当にして所論の如く擬律錯誤の違法あるものと謂うべからず論旨理由なし」。

(2) 「捕獲」の意義（鳥獣保護事件）

7 最判平成 8 年 2 月 8 日刑集50巻 2 号221頁、判時1558号143頁、判タ902号59頁

【事実の概要】

被告人Xは、食用目的で洋弓銃（クロスボウ）を使用して、マガモまたはカルガモを狙

い、矢を４本発射したが、全て命中しなかった。同行為が鳥獣保護及狩猟ニ関スル法律１条の４第３項（当時。平成14年の全面改正による現行法は「鳥獣の保護及び狩猟の適正化に関する法律」12条１項）及びこれを受けた昭和53年環境庁告示43号３号リ「弓矢を使用する方法」による狩猟鳥獣の捕獲の禁止（当時。現行は平14法88施行規則10条３項12号）により禁止された猟法である「弓矢を使用する方法」で捕獲したとして起訴された。

【裁判の経過】

１審：沼津簡判平成６年９月30日刑集50巻２号226頁（有罪・捕獲罪）

１審は、狩猟鳥獣の保護繁殖という立法目的に照らして「捕獲」は捕獲行為も含むとした。

２審：東京高判平成７年４月13日刑集50巻２号230頁（控訴棄却）

２審は、狩猟鳥獣を狙ってクロスボウで矢を射かける行為はたとえ殺傷しなくとも、狙った鳥ばかりでなくその周辺の鳥類を驚かすことになるのであり、鳥獣保護法１条の４第３項の禁止、制限の委任の趣旨及び告示43号の目的である狩猟鳥獣の保護繁殖を実質的に阻害するものである点では同様であるから、同法１条の４第３項を受けた告示43号３項リが禁止する捕獲にあたるとして、控訴を棄却した。

なお、現行法には、「捕獲等」の行為につき未遂犯処罰規定（84条２項）が置かれている。

【判　旨】上告棄却

「なお、食用とする目的で狩猟鳥獣であるマガモ又はカルガモをねらい洋弓銃（クロスボウ）で矢を射かけた行為について、矢が外れたため鳥獣を自己の実力支配内に入れられず、かつ、殺傷するに至らなくても、鳥獣保護及狩猟ニ関スル法律１条の４第３項を受けた同告示３号リが禁止する弓矢を使用する方法による捕獲に当たるとした原判断は、正当である（最高裁昭和52年（あ）第740号同53年２月３日第３小法廷決定・刑集32巻１号23頁、最高裁昭和54年（あ）第365号同年７月31日第３小法廷決定・刑集33巻５号494頁参照）」。

【参考文献】

大谷實・判例講義Ⅰ総論23頁、平川宗信・百選Ⅰ〔第６版〕４頁、中谷雄二郎・最判解刑事篇平成８年度52頁

第２節　刑法の適用範囲

1　刑法の時間的適用範囲

（1）　執行猶予の条件変更と刑の変更

8　最判昭和23年６月22日刑集２巻７号694頁

【事実の概要】

被告人Xは、相被告人Y、Zとともに、Vと格闘し日本刀で数回切り付け死亡させた傷害致死罪事件について、Xが懲役２年６月、YとZが懲役２年に処せられたため、上告していたところ、その間に刑法一部改正があり、執行猶予の条件が「２年以下の懲役又は禁錮」から「３年以下の懲役又は禁錮」に変更された。刑法６条は、「犯罪後の法律によって刑の変更があったときは、その軽いものによる。」と規定していることから、本件について、執行猶予の条件変更が「刑の変更」に当たるとすれば、Xにも執行猶予が認められるかが争点になった。

【裁判の経過】

１審：横浜地判（年月日不明）（有罪・傷害致死罪）

２審：東京高判刑集２巻７号709頁（年月日不明）（有罪）

【判　旨】上告棄却

「刑法第６条は「犯罪後の法律によって刑の変更があったときは、その軽いものによる。」と定めている。従って、同条が適用されるには、犯罪の制裁である刑が犯罪時と裁判時の中間において法律の改正によって変更され、その間に軽重の差を生じたことを前提としている。そして、犯罪の制裁である刑の変更は、刑罰法令の各本条で定めている刑が改正されるときに生ずるのが典型的な場合であるが、なお刑法の総則等に規定する刑の加重減軽に関する規定が改正された結果、刑罰法令の各本条に定める刑が影響を受ける場合にも生ずるであらう。いずれにしても、特定の犯罪を処罰する刑そのものに変更を生ずるのでなければならない。また、刑の軽重は刑法第10条によって刑の種類又は量の変更を標準として判断されるのである。されば、刑法第６条は特定の犯罪を処罰する刑の種類又は量が法律の改正によって犯罪時と裁判時とにおいて差異を生じた場合でなければ適用されない規定である。しかるに、本件で問題となっている刑の執行猶予の条件に関する規定の変更は、特定の犯罪を処罰する刑の種類又は量を変更するものではないから、刑法第６条の刑の変更に当らない」。

【参考文献】

川本哲郎・判例講義Ⅰ165頁、藤尾彰・百選Ⅰ〔第２版〕24頁

(2)　刑の変更と廃止

9 最判平成８年11月28日刑集50巻10号828頁

【事実の概要】

被告人Xは、先に預けていた金員の一部を費消されたものと思い激昂し、実の母親に暴行を加え、これを死に至らしめ、同棲していた女性に右犯行を察知されるや、自己の犯行を隠蔽するために、同女を殺害し、その死体を遺棄した。

Xは、尊属傷害致死罪で起訴された。

【裁判の経過】

１審：長崎地判平成５年２月５日刑集50巻10号868頁（有罪・尊属傷害致死罪）

１審は、本件行為につき尊属傷害致死等の罪を認めた。

２審：福岡高判平成６年８月24日刑集50巻10号899頁（控訴棄却）

２審も、１審を支持し、控訴を棄却した。控訴審判決後、平成７年の刑法の一部改正が行われたことにより、刑法（平成７年法律第91号による改正前のもの）205条２項の尊属傷害致死罪の成立を認めた控訴審判決言渡し後に施行された刑法の一部を改正する法律（平成７年法律第91号）によって尊属傷害致死罪が廃止されたときは、刑訴法411条５号にいう「刑の変更」に当たるかが問われた。

【判　旨】上告棄却

「なお、改正法による刑法の改正と本件における法令の適用との関係について、職権をもって判断する。

１　原判決言渡し後の平成７年６月１日施行された改正法は、傷害致死罪を定めた旧法205条１項に相応する規定として205条のみを置き、その加重類型である尊属傷害致死罪については、旧法205条２項に相応する規定を置いていない。そして、改正法附則２条１項ただし書は、旧法205条２項の適用について、改正法施行前にした行為の処罰についてなお従前の例によるとした同附則２条１項本文を適用しないと定めているから、改正法は、傷害致死罪の加重類型である尊属傷害致死罪を廃止して、これを傷害致死罪に統合することにより、実質的に、尊属傷害致死の行為に対する刑を変更したものと解するのが相当である。

２　これを本件についてみるに、第１審判決は、罪となるべき事実の第１として、尊属である被告人の実母に対する傷害致死の事実を認定した上、これに旧法205条２項を適用しており、原判決も、右の事実認定及び法令の適用を是認しているところから、本件は、刑訴法411条５

号にいう原判決後の刑の変更に当たる場合というべきである。しかしながら、本件においては、尊属傷害致死罪について、改正法による改正後の傷害致死罪の法定刑にない無期懲役刑ではなく、有期懲役刑を選択し、かつ、右罪と併合罪の関係にある殺人罪につき選択した無期懲役刑を処断刑としているのであって、右刑の変更が量刑に与える影響は大きくないことに加え、本件各犯行の動機、犯行の手段方法の悪質さ、結果の重大性、犯行後の情状等にかんがみれば、被告人を無期懲役に処した第1審判決を維持した原判決の量刑は、右刑の変更の点を考慮しても相当であるから、原判決を破棄しなければ著しく正義に反するものとは認められない」。

【参考文献】

中谷雄二郎・最判解刑事篇平成8年度171頁

(3) 判例の不遡及的変更（岩手教組同盟罷業事件第2次上告審判決）

10 最判平成8年11月18日刑集50巻10号745頁、判時1587号148頁、判タ926号153頁

【事実の概要】

被告人Xは、岩手県教職員組合の中央執行委員長であったが、昭和49年の春闘において、日教組本部役員らと共謀のうえ、傘下組合員である公立小、中学校職員をして、賃金の大幅引き上げ等の要求実現を目的とする同盟罷業を行わせるため、地方公務員に対し、同盟罷業の遂行をあおることを企てるなどした行為について、地方公務員法にいう争議行為のあおりとその企てにあたるとして起訴された。

公務員による争議行為のあおり等の処罰規定は、最大判昭和44年4月2日刑集23巻5号305頁（都教組事件）と、最大判昭和44年4月2日刑集23巻5号685頁（全司法仙台事件）がそれぞれ地公法、国公法上のあおり罪の成立につき「二重のしぼり論」で限定解釈をしていた。しかし、全農林警職法事件（第1節 3 事件5）が国公法上のあおり罪の解釈につき「二重のしぼり論」をとらず、判例変更した。一方、Xの行為後、地公法上のあおり罪の解釈についても最大判昭和51年5月21日刑集30巻5号1178頁（岩手教組事件）において判例変更が行われた。このように、本件行為当時は、地公法上の解釈に関しては「二重のしぼり論」は明示的には否定されていなかった。

【裁判の経過】

1審：盛岡地判昭和57年6月11日刑集43巻13号1326頁、判時1060号42頁（無罪）

「地公法61条4号の『あおり』『あおりの企て』等は、それ自体で客観的に見て同法の禁止する争議行為の実行に対し、現実に影響を及ぼすおそれがあるもの、すなわち、それ自体において真に右争議の原動力となり、現実にその実行を誘発する危険があると認められる真剣さないし迫力を有するものであることを要し、また、その者が当該行為に対し現実に原動力となるような役割を果すことを要する。」としたうえで、本件行為につき、オルグ配置決定は、直接組合員に向けてストあおりの具体的方針を決めたとか、これを積極的に行うことを予定したものとは認められないし、現実に何らかのオルグ活動がどのように行われたかを認めるに足りる証拠もなく、「担当オルグ配置」決定自体を「あおりの企て」と認めるには極めて不十分である等とし、無罪を言渡した。

2審：仙台高判昭和61年10月24日高刑集39巻4号397頁（控訴棄却）

2審は、1審を支持した。

第1次上告審：最判平成元年12月18日刑集43巻13号1223頁

第1次上告審は2審に差し戻した。

第2次控訴審：仙台高判平成5年5月27日刑集50巻10号783頁

第2次控訴審は、あおりとあおりの企てについて、地公法37条・61条の違憲性を否定し、またスト当時の判例によれば無罪となるべき行為であったとしてもこれを処罰することは憲法に違反しないと判示した。

【判　旨】上告棄却

「行為当時の最高裁判所の判例の示す法解釈に従えば無罪となるべき行為を処罰することが憲法39条に違反する旨をいう点は、そのような行為であっても、これを処罰することが憲法の右規定に違反しないことは、当裁判所の判例（最高裁昭和23年（れ）第2124号同25年4月26日大法廷判決・刑集4巻4号700頁、最高裁昭和29年（あ）第1056号同33年5月28日大法廷判決・刑集12巻8号1718頁、最高裁昭和47年（あ）第1896号同49年5月29日大法廷判決・刑集28巻4号114頁）の趣旨に徴して明らかであり、判例違反をいう点は、所論引用の判例は所論のような趣旨を判示したものではないから、前提を欠き、その余は、違憲をいう点を含め、実質は単なる法令違反、事実誤認の主張であって、刑訴法405条の上告理由に当たらない。

被告人本人の上告趣意のうち、地方公務員法37条、61条4号につき憲法28条違反をいう点は、その理由がないことは前記のとおりであり、その余は、事実誤認の主張であって、刑訴法405条の上告理由に当たらない」。

裁判官河合伸一の補足意見は、次のとおりである。

「私は、被告人の行為が、行為当時の判例の示す法解釈に従えば無罪となるべきものであったとしても、そのような行為を処罰することが憲法に違反するものではないという法廷意見に同調するが、これに関連して、若干補足して述べておきたい。

判例、ことに最高裁判所が示した法解釈は、下級審裁判所に対し事実上の強い拘束力を及ぼしているのであり、国民も、それを前提として自己の行動を定めることが多いと思われる。この現実に照らすと、最高裁判所の判例を信頼し、適法であると信じて行為した者を、事情の如何を問わずすべて処罰するとすることには問題があるといわざるを得ない。しかし、そこで問題にすべきは、所論のいうような行為後の判例の『遡及的適用』の許否ではなく、行為時の判例に対する国民の信頼の保護如何である。私は、判例を信頼し、それゆえに自己の行為が適法であると信じたことに相当な理由のある者については、犯罪を行う意思、すなわち、故意を欠くと解する余地があると考える。もっとも、違法性の錯誤は故意を阻却しないというのが当審の判例であるが（最高裁昭和23年（れ）第202号同年7月14日大法廷判決・刑集2巻8号889頁、最高裁昭和24年（れ）第2276号同25年11月28日第3小法廷判決・刑集4巻12号2463頁等）、私は、少なくとも右に述べた範囲ではこれを再検討すべきであり、そうすることによって、個々の事案に応じた適切な処理も可能となると考えるのである。

この観点から本件をみると、被告人が犯行に及んだのは昭和49年3月であるが、当時、地方公務員法の分野ではいわゆる都教組事件に関する最高裁昭和41年（あ）第401号同44年4月2日大法廷判決・刑集23巻5号305頁が当審の判例となってはいたものの、国家公務員法の分野ではいわゆる全農林警職法事件に関する最高裁昭和43年（あ）第2780号同48年4月25日大法廷判決・刑集27巻4号547頁が出され、都教組事件判例の基本的な法理は明確に否定されて、同判例もいずれ変更されることが予想される状況にあったのであり、しかも、記録によれば、被告人は、このような事情を知ることができる状況にあり、かつ知った上であえて犯行に及んだものと認められるのである。したがって、本件は、被告人が故意を欠いていたと認める余地のない事案であるというべきである」。

【参考文献】

村井敏邦・平成8年度重判解142頁、今崎幸彦・最判解刑事篇平成8年度151頁

2　刑法の場所的適用範囲

共犯行為と国外犯

11 最決平成6年12月9日刑集48巻8号576頁、判時1519号148頁

【事実の概要】

被告人Xは、台湾に居住する台湾人であるが、日本人Yらが、法定の除外事由がないのに、営利の目的で、台湾から覚せい剤を密輸入しようと企て、平成3年7月29日、フェニルメチルアミノプロパン塩酸塩を含有する覚せい剤結晶合計約1,400グラムを入れたビニール袋3個を腹部及び背部に密着させたうえ、これらを胴体にビニールテープで固定し、これらを隠匿携帯して中正国際空港から大阪国際空港に到着し、同航空機から右覚

せい剤を取り降ろしてこれを本邦内に持ち込み、もって覚せい剤を輸入するとともに、同日午後6時10分ころ、前記覚せい剤を隠匿携帯したまま同空港内税関支署旅具検査場を通過し、輸入禁制品である覚せい剤を本邦内に輸入した際、Yらの犯行を知りながら、同月28日ころ、台北市内において、Yの依頼により高雄市近郊まで赴いて調達した右覚せい剤約1,400グラムを同人に手渡し、もって、同人らの犯行を容易にさせてこれを幇助した。被告人は、覚せい剤密輸入罪の幇助犯として起訴された。弁護人は、被告人の行為は日本国外で行われたから国外犯であり、国外犯処罰規定がない以上（当時。現在では国外犯処罰規定がある）、日本の刑法を適用できないと主張した。

【裁判の経過】

1審：大阪地判平成4年6月23日刑集48巻8号597頁（有罪・覚せい剤密輸入罪の幇助）

1審は、「刑法1条1項は、刑罰法規一般の場所的適用範囲について、属地主義をとることを明らかにしているところ、幇助犯は、自己の行為に基づき、正犯の行為を通じて発生した結果についてその罪責を問われるものであるから、幇助犯についての犯罪地は、幇助行為のなされた場所のほか、正犯の行為のなされた場所も含むものと解するのが相当である。」として、幇助犯の成立を認めた。

2審：大阪高判平成5年3月30日刑集48巻8号601頁

2審も原判決と同様の判断を示した。

【決定要旨】

「原判決の認定するところによれば、被告人は、Aらが日本国外から日本国内に覚せい剤を輸入し、覚せい剤取締法違反、関税法違反の各罪を犯した際、Yとともに、日本国外で右覚せい剤を調達してAに手渡し、同人らの右各犯行を容易にしてこれを幇助したというのである。右のように、日本国外で幇助行為をした者であっても、正犯が日本国内で実行行為をした場合には、刑法1条1項の『日本国内ニ於テ罪ヲ犯シタル者』に当たると解すべきであるから、同法8条、1条1項により、被告人の前記各幇助行為につき原判示の各刑罰法規を適用した原判決は、正当である」。

【参考文献】

川本哲郎・判例講義Ⅰ166頁、門田成人・平成6年度重判解140頁、大渕敏和・最判解刑事篇平成6年度230頁

第２章　構成要件該当性

第１節　構成要件の意義

1　行為の主体

(1)　法人の犯罪能力

12 大判昭和10年11月25日刑集14巻1217頁、判タ175号150頁

【事実の概要】

被告会社は、主務大臣の免許を受けないで昭和９年９月頃より昭和10年４月頃までの間前後数百回にわたりAほか四百数十名と１口30円の出資金契約を結び、300日間毎日金10銭宛を自己に払い込むときは７分の利子を給し、解約の際出資金は返還することを約束し、約旨の期間内に約旨のように金銭を受け入れ、もって貯蓄銀行業を営んだ。この行為につき、「主務大臣の免許を受けずして貯蓄銀行業を営みたる者」を罰金刑に処す貯蓄銀行法18条に違反するとして、起訴された。

【裁判の経過】

原判決は、「法人の行為を以て目すべき其の代表者の行為に付ても法人を処罰するには特に明治33年法律第52号の如き規定存する場合に限るべきに貯蓄銀行法第18条に該当する犯罪に付ては斯る規定存せず従て本件公訴事実は結局被告会社に付罪と為らず」無罪。

【判　旨】上告棄却

「法人に犯罪行為能力ありや否に付ては所論の如く見解の一致せざるところなりと雖も我現行法の解釈としては之を否定すべく若し法人の機関たる自然人が法人の名義に於て犯罪行為を為す場合に於ては其の自然人を処罰するを以て正当と為すべきこと夙に本院判例の宣明する所なり。蓋し我現行刑法が自然意思を有する責任能力者のみを以て刑罰を科せらるべき行為の主体なりと認むるは同法第38条乃至第41条の規定に徴するも疑を容れざるのみならず明治33年法律第52号其の他特別法令の罰則中法人を処罰する規定に在りても最も多くは法人自体の犯則行為を認めず従業者の犯則行為に付て罰則を法人に適用すべき趣旨を明示するに依りて之を考察するも我現行刑事制裁法令の大系は法人の犯罪行為能力を否定するものなることを知るに難からざるが故に叙上本院判例の趣旨は特に明白なる根拠の存するに非ざれば反対の解釈を容るるものに非ず。而して貯蓄銀行法第18条の規定は明治23年法律第73号貯蓄銀行条例９条の規定に対応するものにして法人を処罰せざることを明かにせざる点に於て後者と異なる所ありと雖も其の法文自体に依りて毫も法人の犯罪行為能力を認むる趣旨を明かにせざるのみならず其の他の規定に於ても此趣旨を啓示するものと認むるに足るべき所なきが故に同条の規定は刑法第８条本文に依り刑法総則の精神に従て之を解釈するを当然なりとす。乃ち同条の規定は自己の為にすると他人の為にするとを問わず免許を受けずして貯蓄銀行業を営む事実行為者を処罰するものにして法人の犯罪能力を認め之を処罰するの趣旨を含蓄するものに非ずと解すべきものなりとす。加之一定の業務に関し事犯ありたる場合に於て其の業務主を処罰すると代表者其の他の従業者を事実行為者として処罰すると何れか取締上最も有効なるかに付ては見解の岐るる所にして我現行の業務取締法令の罰則が此点に関し統一を欠けるも亦全く之が為に外ならず。而して刑罰は之を犯罪行為者に対して科すべく其の他に及ぼすこと無きは刑法上の根本原則なるが故に之が例外を認むるに付ては解釈上明白なる根拠無かるべからず彼の保険業法が其の第97

条に於て貯蓄銀行法第18条と同様なる規定を設けたるに拘らず尚後の改正法律を以て第100条の２を新設して明治33年法律第52号を準用するに至れるが如き又以て其の用意の存する所を窺知するに足るべし然るに貯蓄銀行法に在りては第18条に於て刑罰規定を存するに止り而も同条の規定に依りては事実行為者を罰することを得るに過ぎざること前点に説明したるが如くにして別に事実行為者以外の者を処罰すべき特別規定たるの趣旨を窺ふに足るべきものなきが故に之が解釈上叙上根本原則の例外を認むるに適せざるものとす」。

【参考文献】

西田典之・百選Ⅰ〔第６版〕８頁

(2)　両罰規定と業務主処罰の根拠①（自然人事業主の場合）—過失推定説

13 最大判昭和32年11月27日刑集11巻12号3113頁、判時134号12頁

【事実の概要】

被告人Xは、キャバレーKクラブを経営し、ダンサーや楽団を雇い、客から入場料を徴収してダンスをさせることを業としていた者であるが、同クラブの支配人であったYは、前支配人Z及び経理部長W等と共謀の上、同クラブの経営について本帳簿の外実際に徴収した毎月の入場料金の約３分の１を記載した税務帳簿を作成し、これに基いて所轄税務署に対し入場税額につき虚偽の申告をし、以て被告人の前記業務に関し不正の方法で入場税を逋脱しようと企て犯意継続の上、昭和22年２月分の正規の入場税額80,550円を翌月中所轄税務署に申告納税すべきであったにもかかわらずその税額26,850円と虚偽の金額を申告納税したに止まり、２月分の入場税中53,700円の納税を免れて之を逋脱した外、同様の方法により、同年３月分から10月分までの各納税を免れて之を逋脱し、以て入場税合計80万595円を逋脱し又は逋脱しようとした。Xは、昭和23年廃止前の入場税法16条の入場税逋脱の罪に当たるとして起訴された。

【裁判の経過】

１審：東京地判昭和24年９月10日刑集11巻12号3130頁（有罪・入場税逋脱罪）

１審は、Xは使用人であるA、B、Cが共謀して昭和23年廃止前の入場税法16条１項の罪を犯したことにつき、自然人事業主であるXを同法17条の３（両罰規定）により罰金400万2975円に処した。

２審：東京高判昭和26年３月９日刑集11巻12号3131頁（控訴棄却、有罪・入場税逋脱罪）

２審も、原判決と同様の判断を示した。

【判　旨】上告棄却

「所論は、廃止前の入場税法17条の３（但し昭和22年法律第142号による改正前の条文）のいわゆる両罰規定は、憲法39条に違反すると主張する。

しかし、同条は事業主たる、人の『代理人、使用人其の他の従業者』が入場税を逋脱しまたは逋脱せんとした行為に対し、事業主として右行為者らの選任、監督その他違反行為を防止するために必要な注意を尽さなかった過失の存在を推定した規定と解すべく、したがって事業主において右に関する注意を尽したことの証明がなされない限り、事業主もまた刑責を免れ得ないとする法意と解するを相当とする。それ故、両罰規定は故意過失もなき事業主をして他人の行為に対し刑責を負わしめたものであるとの前提に立脚して、これを憲法39条違反であるとする所論は、その前提を欠くものであって理由がない。

記録を調査するに、事業主たる被告人において、判示行為者らの判示違反行為につきこれを防止するために必要な注意を尽したことの主張立証の認められない本件において、被告人に所論両罰規定を適用した原判決は正当であるといわなければならない」。

【参考文献】

川崎友巳・判例講義Ⅰ25頁、岩田誠・最判解刑事篇昭和32年度596頁、樋口亮介・行政法判例百選Ⅰ〔第５版〕232頁

(3)　両罰規定と業務主処罰の根拠②（法人事業主への推及）―過失推定説

14 最判昭和40年３月26日刑集16巻２号83頁、判時418号66頁

【事実の概要】

いずれも貿易業を営む居住者である被告会社６社が、各被告会社の業務に関し、法定の除外事由がないのに、非居住者のためにする居住者に対する支払ないし支払の受領をなすなどしたという事案である。そのうちの１社の事案をあげておこう。被告会社Ｘは、大阪市内に事務所を置き貿易業を営んでいる居住者であるが、右会社の絹人織部職員Ｙ等は同会社の業務に関し、法定の除外事由もないのに、昭和31年12月17日頃から昭和32年２月13日頃迄の間前後５回に亘り甲銀行大阪支店に於て被告人Ｚから非居住者であるフイリツピン国乙商会及び丙商会のためにする支払として合計479万4,280円を受領し、以て非居住者のためにする居住者に対する支払の受領をなし、外国為替及び外国貿易管理法27条１項３号違反（当時。現行は外国為替及び外国貿易法26条）、被告会社Ｘは外為法73条（両罰規定・当時。現行は72条１）で起訴された。

【裁判の経過】

１審：東京地判昭和34年４月９日刑集19巻２号93頁（有罪）

１審は、両罰規定を適用して被告会社に罰金刑を言い渡した。

２審：東京高判昭和38年３月27日刑集19巻２号106頁（控訴棄却、有罪）

２審は、被告会社に罰金刑を言い渡した。弁護側は、外為法73の両罰規定について、従業者の違反行為に対する事業主の過失を推定したもので、事業主において従業者の選任、監督に過失がなかったことを立証すれば罪責を免れうる趣旨の規定であるとする見解があるけれども、右過失の推定自体、刑罰法における責任主義の原則に反するし、過失の立証は事実上不可能であって、結局事業主の無過失責任を認めるに帰するものであり、しかも、右過失推定についての明文を欠いているのであるから、右規定は、責任主義、罪刑法定主義を定めた憲法31条に違反するとして上告した。

【判　旨】上告棄却

「事業主が人である場合の両罰規定については、その代理人、使用人その他の従業者の違反行為に対し、事業主に右行為者らの選任、監督その他違反行為を防止するために必要な注意を尽さなかった過失の存在を推定したものであって、事業主において右に関する注意を尽したことの証明がなされない限り、事業主もまた刑責を免れ得ないとする法意と解するを相当とすることは、すでに当裁判所屡次の判例（昭和26年（れ）第1452号、同32年11月27日大法廷判決、刑集11巻12号3113頁、昭和28年（あ）第4356号、同33年２月７日第２小法廷判決、刑集12巻２号117頁、昭和37年（あ）第2341号、同38年２月26日第３小法廷判決、刑集17巻１号15頁各参照）の説示するところであり、右法意は、本件のように事業主が法人（株式会社）で、行為者が、その代表者でない、従業者である場合にも、当然推及されるべきであるから、この点の論旨は、違憲の主張としての前提を欠き理由がない」。

【参考文献】

江口三角・百選Ⅰ〔第４版〕10頁、藤井一雄・最判解刑事篇昭和40年度19頁

2 行為・実行行為

(1) 行為性の否定

15 大阪地判昭和37年7月24日下刑集4巻7＝8号696頁、判時309号4頁

【事実の概要】

被告人Xは、覚せい剤中毒の後遺症として妄想性被害念慮に捉われて心的混乱を招き、自宅で妻とともに就寝していたものの不安・焦燥を伴う心的緊張のため熟睡できず、浅眠状態にあったところ、3人ほどの男から絞首されそうになる夢を見たので、極度の恐怖感に襲われ、先制攻撃を加えるつもりで夢の中の男の首を半ば無意識的に絞め、窒息死させたが、それは実はそばに寝ていた妻Vの首を絞めて窒息死させたものである。

Xは、殺人罪で起訴された。

【判　旨】無罪

「被告人は夢から覚醒したものの意識は通常の状態にまで回復しないまま運動機能のみ完全に回復し、強度の恐怖観念を伴った不完全な意識で夢の中に現れた男の首を半ば無意識的にしめたところ妻のVの首をしめていたのであって、当時被告人は外界の現存する事実を確実に認識したうえ、それに基づいて意識的、自覚的に行動したとは言えないのであって、被告人は自己の所為について意思支配の自由をもたず、また自己の行動を判断、理解してこれを抑制しうる意識状態にはなかったことが認められる。」「刑罰の対象たる犯罪とは刑罰法規に規定された構成要件を充足する違法、有責の行為であり、右構成要件は違法、有責な行為を類型化した観念形象であって、刑罰法規において科刑の原由として概念的に規定されたものであるから、ある行為が犯罪として成立する為には、先づその行為が構成要件に該当しなければならない。そして行為者のある外部的挙動がその者の行為と評価され得るのは、その挙動が行為者の意思によって支配せられているからであって、右の意思支配が存しない場合には行為も存しないと言うべきであり、ある行為が刑罰法規の構成要件に該当するか否かは、右法規によって要求される規範に従って行為者が自らの行動を統制し得る意思の働らき即ち規範意識の活動に基ずいてなされた行為を対象としてなされるべきであって、行為者は自ら意識的自覚的になそうとする行動については、右の規範意識によってこれを統制し得る可能性を有しているが、右の如き任意の意思に支配されていない非自覚的な行動については、その規範意識も活動の余地がなく、これを統制し得る機会も持たないのであるから、かかる行動を刑罰の対象とすることはできず、右の任意の意思に基く支配可能な行動のみが、刑罰法規の規定された構成要件該当性の有無についての判断の対象とされるべきであって、右の任意の意思を欠く行動は、行為者についてその責任能力の有無を論ずるまでもなく、刑罰法規の対象たる行為そのものに該当しないと解すべきである」。

(2) 実行行為の意義①（ベランダ事件）

16 東京高判平成13年2月20日判時1756号162頁

【事実の概要】

被告人Xは、妻V子（当時二八歳）が他の男性と情交関係を結んでいるものと疑ってVを詰問するなどし、他方Vからも離婚したいなどと言われ、婚姻関係に亀裂が生じていたところ、平成11年10月11日午後8時ころ、千葉市内のX方において、Vから暗に交際する男性がいるがごとき発言をされたり、ヒモ呼ばわりされたり、あるいは家賃の負担もしていないので早く出て行けなどと罵られて激昂するとともに、もはや同女との関係修復を図るのは困難であると悟り、同女を他の男性に取られたり、最愛の長女A子を手放すくらいならいっそのことVを殺害して自らも死のうと決意し、殺意をもって、Vを床上に押し倒して馬乗りになった上、所携の洋出刃包丁（刃体の長さ約16.6センチメートル）でVの左胸部等を数回突き刺し、Vがベランダに逃げ出すやこれを追い掛け、ベランダの手すり伝いに隣家のベランダ内に逃げ込もうとしたVに掴みかかったところ、Vは、被告人方ベランダ手すり上から転落して約24.1メートル下の地上に激突し、よって、同日午後9時15分ころ、救急医療センターにおいて、背部並びに胸部打撲による外傷性ショックにより死亡した。

Xは、殺人罪で起訴された。

【裁判の経過】

1審：千葉地判平成12年9月20日判時1756号165頁（有罪・殺人罪）

1審は、以下のように判示して、Xの行為とVの死亡結果との間の因果関係を肯定した。

「本件における被害者の死因は、被告人方ベランダから落下して地面に激突したことにより生じた背部並びに胸部打撲による外傷性ショックであり、その原因は、ベランダの手すり伝いに隣家に逃げ込もうとして手すり上に逃げ出した同女を連れ戻そうとして被告人が同女に掴みかかった際に、被告人から逃げようとした同女がバランスを崩して地面に落下したことにあるので、被告人の行為と被害者の死亡との間の因果関係について付言するに、前述したとおり、被告人は確定的殺意をもって被害者の胸部等を本件包丁で突き刺し、その後も被害者がベランダから転落するまでこの殺意を継続させていたものであり、また、被害者も被告人のこのような意図を察知してベランダの手すり伝いに隣家に逃げ出そうとしていたものであるところ、被害者は手足に血液を付着させたままベランダの手すりの上に不安定な姿勢で立っていたのであるから、このような被害者に対して掴みかかれば、被害者がこれから逃れようとし、その際にバランスを崩すなどしてベランダから落下するであろうことは誰が考えても予想できることであり、そうなれば被害者が死亡するであろうこともまた当然予測できることであるから、被告人の行為と被害者の死亡との間に因果関係が存することは明らかである」。

【判　旨】控訴棄却（上告・後上告棄却）

「被告人は、右刺突行為後も、重傷を負った被害者が玄関から逃げ出そうとするのを捕まえて連れ戻し、同女に対する救護等の措置を全く講じないどころか、日頃から抱いていた不倫の疑いについて詰問したこと、同女がこれを認め謝ったので、それまでの疑問に思っていた気持が晴れ、同女は、このまま放っておいても暫くすれば死ぬだろうと思ったこと、同女がベランダに飛出し逃げて行ったので後を追い掛け、ベランダの手すり伝いに隣室へ逃げ込もうとしている同女を見て、部屋の中に連れ戻してガス中毒死させるという気持から、同女の腕を掴もうとして手を伸ばしたところ、同女が転落したこと、再度逃げ出しベランダ上で不安定な姿勢でいる同女に対し、更なる危害を加えない旨安心させるような声もかけずにいきなり掴みかかり、同女が転落した後も、救急車の手配や警察への通報等、同女の安否を気遣うような行動は一切なく、ベランダの仕切り板を壊した後、長女と無理心中を図ろうとしたことが認められる。

右認定事実を前提に検討すると、被告人は、刺突行為を終え、本件包丁を流しに戻した後も、被害者を自己の支配下に置いておけば出血多量により死に至るものと思っていたため、被害者が玄関から逃げようとするのを連れ戻し、また、ベランダから逃げようとした被害者を連れ戻してガス中毒死させようと考えて、掴まえようとしたものである。刺突行為により相当の出血をしている被害者が、地上からの高さが約24.1メートルもあるベランダの手すり伝いに逃げようとしたのも、このまま被告人の監視下にあれば死んでしまうと考え、命がけで行った行為と解される。

そうすると、被告人の犯意の内容は、刺突行為時には刺し殺そうというものであり、刺突行為後においては、自己の支配下に置いて出血死を待つ、更にはガス中毒死させるというものであり、その殺害方法は事態の進展に伴い変容しているものの、殺意としては同一といえ、刺突行為時から被害者を掴まえようとする行為の時まで殺意は継続していたものと解するのが相当である。

次に、ベランダの手すり上にいる被害者を掴まえようとする行為は、一般には暴行にとどまり、殺害行為とはいい難いが、本件においては、被告人としては、被害者を掴まえ、被告人方に連れ戻しガス中毒死させる意図であり、被害者としても、被告人に掴まえられれば死に至るのは必至と考え、転落の危険も省みず、手で振り払うなどして被告人から逃れようとしたものである。また、刺突行為から被害者を掴まえようとする行為は、一連の行為であり、被告人には具体的内容は異なるものの殺意が継続していたのである上、被害者を掴まえる行為は、ガス中毒死させるためには必要不可欠な行為であり、殺害行為の一部と解するのが相当であり、本件包丁を戻した時点で殺害行為が終了したものと解するのは相当でない。

更に、被告人の被害者を掴まえようとする行為と被害者の転落行為との間に因果関係が存することは原判決が判示するとおりである」。

(3) 実行行為の意義②（クロロホルム事件）

17 最決平成16年３月22日刑集58巻３号187頁、判時1856号158頁、判タ1148号185頁

【事実の概要】

被告人Xは、夫のVを事故死に見せ掛けて殺害し生命保険金を詐取しようと考え、被告人Yに殺害の実行を依頼し、Yは、報酬欲しさからこれを引受けた。そして、Yは、他の者に殺害を実行させようと考え、C、D、及びE（以下「実行犯３名」という。）を仲間に加えた。Xは、殺人の実行の方法についてはYらにゆだねていた。

Yは、実行犯３名の乗った自動車（以下「犯人使用車」という。）をVの運転する自動車（以下「V使用車」という。）に衝突させ、示談交渉を装ってVを犯人使用車に誘い込み、クロロホルムを使ってVを失神させた上、G川付近まで運びV使用車ごと崖から川に転落させてでき死させるという計画を立て、平成７年８月18日、実行犯３名にこれを実行するよう指示した。実行犯３名は、助手席側ドアを内側から開けることのできないように改造した犯人使用車にクロロホルム等を積んで出発したが、Vをでき死させる場所を自動車で１時間以上かかる当初の予定地から近くのH港に変更した。

同日夜、Yは、Xから、Vが自宅を出たとの連絡を受け、これを実行犯３名に電話で伝えた。実行犯３名は、宮城県H市内の路上において、計画どおり、犯人使用車をV使用車に追突させた上、示談交渉を装ってVを犯人使用車の助手席に誘い入れた。同日午後９時30分ころ、Dが、多量のクロロホルムを染み込ませてあるタオルをVの背後からその鼻口部に押し当て、Cもその腕を押さえるなどして、クロロホルムの吸引を続けさせてVを昏倒させた（以下、この行為を「第１行為」という。)。その後、実行犯３名は、Vを約２キロメートル離れたH港まで運んだが、Yを呼び寄せた上でVを海中に転落させることとし、Yに電話をかけてその旨伝えた。同日午後11時30分ころ、Yが到着したので、Y及び実行犯３名は、ぐったりとして動かないVをV使用車の運転席に運び入れた上、同車を岸壁から海中に転落させて沈めた（以下、この行為を「第２行為」という。)。

Vの死因は、でき水に基づく窒息であるか、そうでなければ、クロロホルム摂取に基づく呼吸停止、心停止、窒息、ショック又は肺機能不全であるが、いずれであるかは特定できない。Vは、第２行為の前の時点で、第１行為により死亡していた可能性がある。

Y及び実行犯３名は、第１行為自体によってVが死亡する可能性があるとの認識を有していなかった。しかし、客観的にみれば、第１行為は、人を死に至らしめる危険性の相当高い行為であった。

Xらは、殺人罪で起訴された。

【裁判の経過】

１審：仙台地判平成14年５月29日刑集58巻３号201頁（有罪・殺人罪）

「被告人５名は、上記経過のとおり、Ｖ（当時38歳）を殺害する旨共謀の上、平成７年８月18日午後９時30分ころ、宮城県内の路上に停止中の被告人車内において、示談交渉をしたいとの被告人Ｃの言葉を信用して助手席に座ったＶに対し、被告人Ｄが、殺意をもって、やにわに同人の背後から麻酔作用を有する薬物であるクロロホルムを浸したタオルを同人の鼻口部に押し当て、被告人ＣもＶの腕を押さえるなどして同人の抵抗を排し、同人にクロロホルムの吸入を続けさせて同人を昏倒させた上、被告人Eが V車を運転し、被告人C及び被告人DがVを乗せたままの被告人車で、共に石巻工業港中島埠頭まで移動し、被告人Cが他所で待機していた被告人Yに電話連絡して同被告人を上記中島埠頭に呼び寄せ、同被告人からV車を同所付近の海中に転落させる旨の了解を取り付け、同日午後11時30分ころ、被告人Xを除く4名の被告人で、Vを運転席に乗車させた状態にしたV車を発進させて同埠頭から同所先の海中に突入させてこれを沈め、よって、上記のとおりVが昏倒した後の経過の中で、同人をクロロホルム摂取に基づく呼吸停止、心停止、窒息、ショック若しくは肺機能不全又は溺水に基づく窒息により死亡させて殺害した」。

弁護側は控訴趣意で、第1行為の時点では殺意はなく、殺人の実行行為とはいえないから殺人罪は成立せず、傷害致死罪は成立するにとどまる等と主張した。

2審：仙台高判平成15年7月8日刑集58巻3号225頁（控訴棄却・殺人罪）

「(1) 原審及び当審で取り調べた証拠によれば、本件殺人の実行役であった被告人Y、同C、E、被告人Dの4名は、すでに被害者を殺害する意図を有した上、その殺害の方法として、事故死を装うため被害者を自動車に乗せたまま水中に転落させて溺死させる計画を立て、その転落させる前段階として、被害者を拉致して自動車に乗せ転落場所まで運ぶに当たって、被害者が抵抗できないようにするために、被害者にクロロホルムを吸引させて意識を失わせることを企てたこと、殺人実行の当日、被告人C、E、被告人Dの3名は、外出した被害者を待ち伏せして被害者の車への追突事故を起こし、示談交渉を装って被害者を自分達の車に招き入れて、車内でクロロホルムを染み込ませたタオルを背後からいきなり被害者の口に押し当て、引き続きしばらく押し付けてクロロホルムを吸引させ、被害者を失神させたこと、上記3名は、被害者を自動車ごと転落させる場所を、当初の山形県内のG川の河岸から近くの宮城県内のH港へ変更し、意識を失った状態でいる被害者を自動車に乗せて、拉致した場所から約2キロメートルほど離れたH港まで運んだこと、H港の埠頭において、駆けつけた被告人Yも加わって4名で、依然意識を失った状態にある被害者を自動車の運転席に座らせて、自動車を押して岸壁から海中に転落させたこと、クロロホルムの多量の吸引によって呼吸停止ないし心停止、窒息死、ショック死あるいは肺機能不全が引き起こされ、人が死亡する可能性があり、被害者の死因は、海中での溺死ないしクロロホルムの吸引に基づく上記による死亡のいずれかであるが、そのいずれであるかは特定できないこと、がそれぞれ認められる。

このように、クロロホルムを吸引させる行為によって被害者が死亡した可能性もあるところ、殺害の意図を有した上記被告人ら4名は、クロロホルムを吸引させる行為自体によって被害者を死亡させるという認識はなく、それによって死亡する可能性があるとの認識もなかったものである。

したがって、クロロホルムを吸引させる行為で被害者の死亡の結果をもたらしたとしたら、当該クロロホルムを吸引させる行為について、上記被告人ら4名に殺人の実行行為性の認識があったか否かが、殺人の故意の内容として問題となる。各論旨は、クロロホルムを吸引させる行為については、被告人ら4名には、それでもって被害者を死亡させるとの認識がなかったので、殺人の実行行為性の認識に欠ける、というのである。

(2) そこでまず、被害者を拉致し転落させる場所まで運んだ被告人C、E、被告人Dの3名（以下便宜「被告人ら3名」という。）のクロロホルム使用についての認識を考察する。クロロホルムを吸引させる行為は、被害者を拉致し自動車で転落させる場所まで運ぶのを、被害者の抵抗なしに容易にするための手段であったことは、被告人ら3名が供述するところである。しかし、被告人ら3名は死亡保険金を騙し取るため、被害者を事故死に見せかけて溺死させようとするのであるから、被害者を運転席に座らせた上で自動車を海中に転落させ、そのまま脱出できなくさせる必要があり、それには、被害者をおとなしくさせ抵抗できないようにし、転落後は脱出できなくすることが、重要な課題となることは明らかであり、そのためには、被告人ら3名の認識としては、被害者を失神させた状態を利用するのが最も良い方法であると考えるのが、自然であると認められる。そうすると、被告人ら3名としては、クロロホルムを吸引させる行為は、上記の被害者を拉致し自動車で転落させる場所まで運ぶのを容易にする手段にとどまらず、事故死と見せかけて溺死させるという予定した直接の殺害行為を容易にし、かつ確実に行うための手段にもなるとの考えを有していたものと、容易に推察できるといえる。現に、被告人ら3名は、拉致現場でクロロホルムを吸引させて被害者を失神させると、その後は、被害者が意識を失ったままの状態にあるのを承知しつつ、その状態を利用して予定した殺害行為の海中に転落させる行為を行っているのであり、しかも、クロロホルムを吸引させた場所と海中に転落させた場所は、自動車の走行距離で約２キロメートル余り、走行時間は数分程度しか離れておらず、比較的接近していることからして、被告人ら３名が上記考えを有していたものと推測される。

そうすると、クロロホルムを吸引させる行為は、単に、被害者を拉致し転落場所に運ぶためのみならず、自動車ごと海中に転落させて溺死させるという予定した直接の殺害行為に密着し、その成否を左右する重要な意味を有するものであって、被告人ら３名の予定した殺人の実行行為の一部をすでに成すとみなしうる行為であるということができる。なお、被害者にクロロホルムを吸引させた後、岸壁から海中に転落させるまで約２時間経過しているが、これは、被告人Ｙが駆けつけ加わってから転落行為を行おうとしたため、同被告人の到着を待っていたためであって、被告人ら３名は、クロロホルムを吸引させてから被害者を自動車で運んで間もなく転落させる場所に着き、被告人Ｙの到着を待っているが、その間、被告人ら３名の考えが変わることはなかったのであるから、上記認定が妨げられることはない。

したがって、被告人ら３名は、クロロホルムを吸引させる行為について、それが予定した殺害行為に密着し、それにとって重要な意味を有する行為であると認識しており、殺人の実行行為性の認識に欠けるところはないというべきであり、被告人ら３名がクロロホルムを吸引させる行為を行うことによって、殺人の実行行為があったものと認定することができる。なお、その後、被害者を海中に転落させる殺害行為に及んでいるが、すでにクロロホルムを吸引させる行為により死亡していたとしても、それはすでに実行行為が開始された後の結果発生に至る因果の流れに関する錯誤の問題に過ぎない。

(3) 被告人Ｙについては、その供述によれば、被告人ら３名が被害者にクロロホルムを吸引させて拉致するまでに、被害者を転落させる場所をＨ港に変更したことを知らされておらず、遠方の山形県内のＧ川の河岸まで運んで、そこで川に転落させるという認識でいたため、被害者にクロロホルムを吸引させて意識を失わせても、転落させる場所に着くまでには意識を回復する可能性があり、その場合には用意したロープで縛ることを考えていた、というのである。しかしながら、被告人Ｙは、川に転落させるとしても、ともかく被害者の意識を失わせる必要があると考えて、自ら自宅にあったクロロホルムを使うことを提案したのであって、意識を回復した場合にはロープで縛ることも考えていたとしても、そのロープを使うことが必然とまで考えていたわけではなく、むしろ、かなり多量のクロロホルムを被告人Ｃに渡しており、ロープを使うよりもクロロホルムを使用する方がたやすいことからしても、拉致して自動車で運ぶ途中に被害者が意識を回復すれば、再度クロロホルムを使用したり、さらには、自動車ごと転落させる際にも、被害者の抵抗を封じるために、改めてクロロホルムを使用することを予想していたものと、推察することができるといえる。そうすると、被告人Ｙもまた、クロロホルムを吸引させる行為が、予定した自動車ごと転落させるという殺害行為を容易かつ確実にさせる手段となるとの認識を有し、さらに、被害者が意識を回復してロープで縛ることになったとしても、自動車ごと転落させる際には再びクロロホルムを吸引させることを繰り返すつもりであったと認められる。

したがって、被告人Ｙについても、被告人ら３名と同様、クロロホルムを吸引させる行為は、自動車ごと転落させるという予定した殺害行為に密着し、それにとって重要な意味を有するものと認識していたと認められ、クロロホルムを吸引させる行為の殺人の実行行為性の認識に欠けるところはないというべきであり、クロロホルムを吸引させる行為を行っていないとしても、共謀による殺人の共同正犯が認定できる。

(4) 被告人Ｘについては、殺人の共謀共同正犯の責任を問われているものであり、殺人の共謀は十分に認められる上、その共謀の際、殺人の実行の方法については被告人Ｙら実行役の共犯者らに委ねていたのであるから、実行行為者らに殺人罪が成立する以上、被告人Ｘについても殺人の共同正犯が成立する。

(5) 以上のとおりで、本件では被害者の死亡の原因が、クロロホルム吸引によるものか、その後の海中転落による溺死であるか断定できないとしても、被害者の死亡原因がそのいずれかであることは明白であり、しかも、クロロホルムを吸引させる行為について殺人の実行行為性の認識があり、それをもって殺人の実行行為があったといえるから、被告人Ｘ、同Ｙ、同Ｃ、同Ｄについて、殺人罪の共同正犯の成立を認め、刑法60条、199条を適用した原判決の事実認定及び法令の適用に誤りはない。上記各弁護人の各論旨はいずれも理由がない」。

弁護側は、控訴趣意と同様の主張をして上告した。

【決定要旨】上告棄却

「認定事実によれば、実行犯３名の殺害計画は、クロロホルムを吸引させてＶを失神させた上、その失神状態を利用して、Ｖを港まで運び自動車ごと海中に転落させてでき死させるというものであって、第１行為は第２行為を確実かつ容易に行うために必要不可欠なものであったといえること、第１行為に成功した場合、それ以降の殺害計画を遂行する上で障害となるような特段の事情が存しなかったと認められることや、第１行為と第２行為との間の時間的場所的近接性などに照らすと、第１行為は第２行為に密接な行為であり、実行犯３名が第１行為を開始した時点で既に殺人に至る客観的な危険性が明らかに認められるから、その時点において殺人罪の実行の着手があったものと解するのが相当である。また、実行犯３名は、クロロホルムを吸引させてＶを失神させた上自動車ごと海中に転落させるという一連の殺人行為に着手して、その目的を遂げたのであるから、たとえ、実行犯３名の認識と異なり、第２行為の前の時点でＶが第１行為により死亡していたとしても、殺人の故意に欠けるところはなく、実行犯３名については殺人既遂の共同正犯が成立するものと認められる。そして、実行犯３名は被告人両名との共謀に基づいて上記殺人行為に及んだものであるから、被告人両名もまた殺人既遂の共同正犯の罪責を負うものといわねばならない。したがって、被告人両名について殺人罪の成立を認めた原判断は、正当である」。

【参考文献】

松原久利・判例講義Ⅰ総論〔追加〕３頁、塩見淳・百選Ⅰ〔第６版〕130頁、安田拓人・平成16年度重判解157頁、平木正洋・最判解刑事篇平成16年度155頁

第２節　不作為犯

1　不作為犯の態様

(1)　不作為による放火（火鉢事件）

18 最判昭和33年９月９日刑集12巻13号2882頁

【事実の概要】

被告人Ｘは、昭和21年４月から甲電力株式会社に入社し、昭和23年９月から乙営業所に勤務し、最初営業統計事務を執り、次で昭和28年９月から集金係の業務に従事していた。Ｘは、昭和29年12月15日頃上司の業務主任Ａより無断欠席、或は業務の渋滞なきよう種々叱責注意を受けたこともあり、また近く同社丙営業所から自己の関係業務につき指導に来る旨予定されていたので、同月20日午後５時頃から、未整理帳簿類の整理記帳等を為すべく右営業所事務室において残業中、同日午後11時過頃から同事務室に於て宿直員Ｂと共に約６合の酒を飲んだ。やがてＢは宿直室で就寝し、Ｘは、独り事務室内自席において原符37,000枚位をボール箱３個につめて机下に保管してある、四脚木机１個の下へ内側ブリキ張り木製火鉢１個に多量の木炭をついで股火鉢をしながら執務していたところ、翌21日午前２時頃に至り、火鉢の炭火は良く起り、先に飲んだ酒の為に気分悪く嘔吐感を覚えたので、右火鉢に大量の炭火が起り、そのまま放任すれば右炭火の過熱により周囲の可燃物に引火の危険が多分にあり、又そのことは容易に予見し得たにもかかわらず、何らこれを顧慮せず、右火鉢を机外の安全な場所に移すか、炭火を減弱せしめる等、その他容易に採り得る処置を行わず、不注意にもそのまま他に誰も居あわさない同所を離れ、同営業所内工務室において休憩仮睡した。その結果、同日午前３時45分頃、右炭火の過熱から前記ボール箱入原符に引火した。Ｘは、さらに自席の右机に延焼発燃し

ているのを、ふと仮睡から醒め自席にもどろうと事務室に入ったときに発見した。Xは、自から消火に当り、あるいは宿直員B、C、Dを呼び起しその協力を得るならば、火勢消火設備の関係から容易に消火できる状態であったにもかかわらず、このまま放置すれば火勢は拡大して前記営業所建物に延焼、焼燬（焼損）に至るべきことを認識しながら、自己の不注意の喚起した不慮の失火を目撃した驚きと、自己の失策の発覚を恐れ慮るの余り、あるいは右焼燬（焼損）の結果発生あるべきことを認容しつつ突嗟に自己のショルダーバックを肩にかけ、そのまま同営業所玄関より表に出て何等の処置をなさず同所を立去った。その結果、右発燃火はそのまま燃え拡って同日午前４時過頃に至り前記宿直員等の現在する営業所建物一棟が全焼した外、これに隣接する一般の現住木造家屋等も６棟全焼した。

Xは、現住建造物等放火罪で起訴された。

【裁判の経過】

１審：岐阜地判昭和31年４月20日刑集12巻13号2888頁（有罪・現住建造物等放火罪）

１審は、右失火は自己の重大な過失に基づくものであり、残業職員として当然消火すべき義務の存する処、何等の処置をなさず同所を立去ったとして、Xに現住建造物放火罪の成立を認めた。

２審：名古屋高判昭和31年10月４日刑集12巻13号2890頁（控訴棄却、現住建造物等放火罪）

２審も、被告人は、そのまま事態を放置すれば、営業所の建物はもとより、それに隣接する諸建物まで延焼、焼燬するに至るべきことを気付きながら、これを容認する心意のもとに、何等適当な処置をしないで漫然現場を逃げ出し、よって焼燬の結果を発生させたことが確認されるのであるから、被告人がその消火義務に違背した不作為に基づく焼燬につき放火罪の刑責を負うべきことは多言を要しないとし、控訴を棄却した。

【判　旨】上告棄却

「原判決が是認した第一審判決の認定事実のうち、被告人が判示日時判示営業所事務室内自席の判示木机１個の下に、右机と判示原符37,000枚位をつめたボール箱３個との距離が判示のとおり接近している位置に、大量の炭火がよくおこっている判示木製火鉢をおき、そのまま放任すれば右炭火の過熱により周囲の可燃物に引火する危険が多分にある状態であることを容易に予見しえたにかかわらず、何等これを顧慮せず、右炭火を机の外の安全場所に移すとか、炭火を減弱させる等その他容易に採りうる引火防止処置を採らず、そのまま他に誰も居合わさない同所を離れ同営業所内工務室において休憩仮睡した結果、右炭火の過熱から前記ボール箱入原符に引火し更に右木机に延焼発燃したという事実は、被告人の重大な過失によって右原符と木机との延焼という結果が発生したものというべきである。この場合、被告人は自己の過失行為により右物件を燃焼させた者（また、残業職員）として、これを消火するのは勿論、右物件の燃焼をそのまま放置すればその火勢が右物件の存する右建物にも燃え移りこれを焼燬するに至るべきことを認めた場合には建物に燃え移らないようこれを消火すべき義務あるものといわなければならない。

第１審判決認定事実によれば、被告人はふと右仮睡から醒め右事務室へ入り来って右炭火からボール箱入原符に引火し木机に延焼しているのを発見したところ、その際被告人が自ら消火に当りあるいは判示宿直員３名を呼び起こしその協力をえるなら火勢、消火設備の関係から容易に消火しうる状態であったのに、そのまま放置すれば火勢は拡大して判示営業所建物に延焼しこれを焼燬するに至るべきことを認識しながら自己の失策の発覚のおそれなどのため、あるいは右建物が焼燬すべきことを認容しつつそのまま同営業所玄関より表に出で何等建物への延焼防止処置をなさず同所を立ち去った結果、右発燃火は燃え拡がって右宿直員らの現在する営業所建物一棟ほか現住家屋六棟等を焼燬した、というのである。すなわち、被告人は自己の過失により右原符、木机等の物件が焼燬されつつあるのを現場において目撃しながら、その既発の火力により右建物が焼燬せられるべきことを認容する意思をもってあえて被告人の義務である必要かつ容易な消火措置をとらない不作為により建物についての放火行為をなし、よってこれを焼燬したものであるということができる。されば結局これと同趣旨により右所為を刑法108条の放火罪に当たるとした原判示は相当であり、引用の大審院判例の趣旨も本判決の趣旨と相容れないものではなく、原判決には右判例に違反するところはない。論旨は理由がない」。

【参考文献】

岩間康夫・百選Ⅰ〔第6版〕12頁、青柳文雄・最判解刑事篇昭和33年度590頁

(2) 救護の途中放棄①—車内での死亡

19 東京地判昭和40年9月30日下刑集7巻9号1828頁、判時429号13頁、判タ185号189頁

【事実の概要】

被告人Xは、普通乗用自動車を運転して道路上を時速60キロメートルで走行してカーブにさしかかり、いったんは前方約46メートルを右から左へ横断中のVの姿を認めたにもかかわらず、同人に接近した場合には、自己のハンドル操作によって危険を回避しうると過信し、かつハンドル操作に気を奪われてVの移動について注視しておらず、減速することなく同車の進行を続けた過失により、同車の前面右側ライト付近をVの左下腿部に激突させた。その結果、Vは同車のボンネット上に撥ね上げられ、路上に落下転倒して、骨盤骨複雑骨折および頭蓋骨骨折等の傷害を負った。その後、Xは、Vを救護するため最寄りの病院へ搬送しようとし、意識不明状態に陥っているVを自己の手で同車の助手席に同乗させ、事故現場を出発した。しかし、Xは、Vを搬送することにより、自らが刑事責任を問われることを恐れるあまり、その搬送の意図を放擲し、Vを適当な場所に遺棄するなどして逃走しようと企てると同時に、Vは当時重態であって病院に搬送して直ちに救護の措置を加えなければVが死亡するかもしれないことを十分予見しながら、それもやむを得ないと決意し、そうした決意のもとに、同所から約29キロメートルの間、何らの救護措置もとらずに走行した。その結果、Vは、Xの運転する自動車内において、前記傷害に基づく外傷性ショックのため、死亡した。

Xは、殺人罪で起訴された。

【判　旨】殺人罪

「同日午前11時頃、右傷害を負ったVを救護するため最寄りの病院へ搬送すべく、意識不明に陥っている同人を自己の手によって前記自動車助手席に同乗させて右同所を出発したところ、当時、右Vの容態は、直ちに最寄りの病院に搬送することにより救護すれば死の結果を防止することが充分に可能であり、かつ、被告人には、右Vを直ちに最寄りの病院に搬送して救護し、もってその生存を維持すべき義務があるにもかかわらず、同都新宿区四谷三丁目都電停留所附近にさしかかった際、同人を搬送することによって、自己が前記第二の犯人であることが発覚し、刑事責任を問われることをおそれるの余り、右搬送の意図を放擲し、同人を都内の適当な場所に遺棄するなどして逃走しようと企てると同時に、右Vは当時重態であって病院に搬送して即時救護の措置を加えなければ、同人が死亡するかもしれないことを充分予見しながら、それもやむを得ないと決意し、このような決意にもとに、同所から千葉県市川市所在の山林まで、約29キロメートルに間、何らの救護措置もとらずに走行したため、その間走行中の同車内において、同人を骨盤骨複雑骨折による出血および右傷害に基づく外傷性ショックにより死亡させ、もって同人を殺害し、(中略)たものである」。

【参考文献】

松原久利・判例講義Ⅰ総論29頁、大越義久・百選Ⅰ〔第4版〕16頁

(3)　救護の途中放棄②―山中への置き去り

20 前橋地高崎支判昭和46年９月17日判時646号105頁

【事実の概要】

被告人Xは、昭和45年11月29日、たまたま安中市内で、小児麻痺のため歩行不能の身体障害者であるV（当時69歳）と知り合い、同人から、正月にむしろなどを用意して遊びに来れば日本刀をやると言われたのを真に受け、昭和46年１月２日、むしろなどを用意のうえ、友人の自動車を運転して、V方に赴いた。Xは、Vを右自動車に乗車させて同人の指示する場所に連れて行ったのにかかわらず、同人が行先で仏像を買う交渉をするのみで、結局日本刀をくれなかったことから、同人を恨んでいた。Xは、同月４日、同市内においてパチンコをして所持金を使い果したしたため、女友達から金を借りようと考えて、同日夕刻、前からの遊び友達である被告人Yを誘い出し、Yの運転する普通乗用自動車に同乗して２、３の女友達を尋ねたが、金を借りることができなかったので、ここに、Vをだまして連れ出しその所持金を奪おうと企てるに至り、同日午後９時頃、その情を知らないYに右自動車を運転させて、V方に赴き、同人に対し「安中で仏像を買えるから一緒に行かないか」と嘘をつき、これを信じた同人が現金を手提鞄に入れて携えたのを確認したうえ、前記自動車の助手席に同人を、後部座席にYを同乗させ、仏像の持主方に案内する如く装いながら自ら同車を運転し、同日午後10時頃、人家からかなり離れ付近に全く人気のない山道に連行の上、同所でUターンして右山道を下ったが、この付近でVからその所持金をひったくったうえ、同人を山中に置き去りにして逃げようと決意した。Xは、約700メートル下ったところで右自動車を停車させ、自ら下車し同車後方にYを呼び出し、Yに対し、「このじいさんは刀をくれるなんて嘘を言って、俺は頭に来ているんだ。じいさんは２万円位もっているだろうから、これをとって大阪へ逃げるんだ。俺がじいさんから金をとるから、お前は車を運転してくれ」と情を打ち明けてその協力を求めた。厭がるYが「このじいさんは足がないから、こんな寒いところへ置いて行けば死んじゃうじゃないか」と言うのに対して、Xは、「俺は覚悟したんだから、何を言ったってだめだ」と強く協力を迫って、Yに協力を承諾させた。たまたまこのとき、尿意を催したVから車外へ出してくれるように依頼されたので、これを幸いとして、Yに対して、「ちょうどいい。俺がじいさんを車から降ろして金をとるから、お前運転台に乗ってエンジンをかけていてくれ」と指図して、Yを運転席に乗車させた。そこでXは、Vを助けて車外に降ろしたうえ、路傍にしゃがみ込んで排尿しているVから、同人が左脇にかかえていた現金20,000円在中の前記手提鞄一個をひったくって窃取した。Xは、犯行直後、同所付近は東側が山、西側が崖で下方に谷川があり、一部に積雪もある人家から離れた人気のない山中で、しかも厳寒期の深夜であるから、老令にして下半身不随、歩行不能の身体障害者であるVを同所に放置すれば、同人が凍死し若しくは川に転落して溺死するかも知れないことを認識しながら、同人を安全な場所まで再び連れ帰る義務があるにもかかわらず、犯行の発覚をおそれるのあまり、同人が死亡してもやむを得ないと決意して、同人を前記路傍に放置したまま、Yが発進の用意をしていた前記自動車の後部座席に飛び乗り、Yに同車を運転させて、同所より立ち去った。Vがひと晩中同所付近を這いずりまわり、翌５日午前７時頃、同所から約140メートル南東方の山小屋を発見して辿り着き、たまたま右山小屋に居合わせたTほか２名の者に救護されたため、Vに対し、加療約３週間を要する両膝、右手凍傷、右腰部、右上腕挫傷の傷害を負わせたにとどまり、同人を殺害するに至らなかった。Yは、Xから犯行をなすに際し、Vを前記山中に置き去りにする意図を明かされて協力を求められ、XがVの死亡する可能性を認識しかつこれを認容していることを知りながら、ことのなりゆき上これを容認し、前記のように、Xの指示に従いXがVを同所に置去りにしてすぐ立ち去れるように前記自動車の運転席に乗って発進の用意をし、XがVを車外に置き去りにし右自動車の後部座席に飛び乗ったとき、直ちに同車を発進し、Xの同乗する前記自動車を運転して、山中から立ち去り、もってXの殺人未遂の犯行を容易にした。
Xは殺人未遂罪で、Yは同罪の幇助犯で起訴された。

【判　旨】殺人未遂罪等

（1）Xの罪責

「Xは、判示のように、仏像を買えるVを欺罔してその住居から連れ出し、自らの運転する自動車に同乗させて、Vの生命に切迫した危険のある場所へ連れて来たのであるから、まさに自らの先行行為によってVの生命に危険を生じさせたものであって、当然Xには、その場所においてVの生命の危険を除去しまたはVを安全な場所まで連れ帰るべき法的義務（作為義務）がある。したがって、Xの前記不作為は右作為義務に違反する不作為である。そして、Xが右作為義務を果たすことが可能であったことは明らかである。

ところで、殺人（未遂）罪の構成要件は『人を殺す』という作為の形式で規定されているのであるが、自らが生命に切迫した危険のある場所まで連行した被害者をその場所に放置するという不作為の行為は、その場所に放置しないこと（作為義務を果たすこと）が可能であった以上は、作為によって人を殺す（又はその未遂）行為と構成要件的に同価値と評価し得るから、同被告人の前記の不作為は、殺人（未遂）の実行行為としての定型性を具備していると認定すべきである。したがって、Xの判示第一の（三）の（2）の所為は、不作為による殺人未遂であって、いわゆる不真正不作為犯に該当するものである。

なお、自動車を運転してその場から立ち去る（判示の如く実際に運転したのはY）行為自体は作為の行為であるが、被害者の生命侵害はその行為自体によってもたらされるのではなく、被害者を危険な場所に放置することによってもたらされるのであるから、自動車を運転してその場から立ち去る行為は、その行為によって、作為義務ある者が作為義務を果たさないことが明確になるという意味をもつに過ぎず、この行為自体を殺人未遂の実行行為と解することはできない。」「Xおよび弁護人は、XにはVを殺害する確定的故意は勿論、未必的故意もなかったと主張する。しかしながら、（証拠の標目）記載の前掲各証拠によれば、Vが放置された現場の場所的条件、時季的条件およびVの身体的条件は判示の如きものであったことが認められ、VがTらのいる山小屋に辿り着き得たのは、むしろ奇蹟的であるとさえいい得る（XY両名とも当時この山小屋の存在を認識しておらず、人家はこれよりはるかに離れたところにあると考えていたことが認められる）。前掲各証拠によれば、Xは、右の諸条件を十分認識しながら、YがV死亡の可能性を口にして翻意を促したにもかかわらず、あえてVを判示の山中に放置したものと認められるのであって、XはV死亡の結果を予見しかつこれを認容したことが明らかであり、Xが未必的な殺意を有していたことは疑いを容れる余地がない」。

（2）Yの罪責

「YがVを判示の山中に放置したことについて、Yに不作為による殺人未遂が成立するためには、Yが、Vをその場所に放置しない義務、すなわちその場所においてVの生命の危険を除去しないしはVを安全な場所まで連れ帰るべき作為義務を負っていなければならない。しかるところ、Yは、判示の如く、Xから意図を明かされることなくV同様仏像を買いに行くものと誤信してXの運転する自動車に同乗して判示の山中に至り、そこで初めてXから、Vの金員をひったくり被害者をその場所に置き去りにする意図を明かされたのであるに過ぎない。このような事情のもとにおいては、Yに、道徳上の観点からはともかくも、法律上前記のような作為義務があると認めることはできない。なお、保護責任者遺棄罪の関係において（単純遺棄罪は作為犯である）、YがVを保護する責任すなわち作為義務を負うか否かは困難な問題であるが、作為義務の有無は特定の構成要件との関連で認定されなければならないものであり、Yが保護責任者遺棄罪の関係で作為義務を負うか否かにかかわりなく、本件の訴因である殺人未遂罪の関係では、Yは作為義務を負わないといわねばならない。したがって、Yに前記のような作為義務がない以上は、Yは殺人未遂の正犯たり得ないのであり、たかだかその幇助犯となり得るに過ぎない。

Yは、判示のように、Xの指図に従い、Xの同乗する判示自動車を運転して、Vの現在する場所を立ち去ったのであるが、この行為は、Xがその負っている前記の作為義務を果たさないという不作為の行為を容易にし、その反面右の作為義務を果たすことを困難ならしめる行為であるから、まさに正犯たるXの不作為による殺人未遂の実行行為を幇助する行為であるということができる。もっとも、Y自身もVを放置しているのであるから、これを不作為による殺人未遂の実行行為と解することも考えられるが、前記のように、Yが作為義務を負っていない以上は、いずれにしろ、Yが殺人未遂の正犯となる余地はなく、幇助犯たるに止まるのほかない。」「Yおよび弁護人は、YにはVに対する殺意がなかったと主張する。しかしながら、幇助犯における故意とは、正犯の実行行為の認識とその認容および正犯を幇助する行為をなすの意思のことであって、本件において幇助犯たるY自身のVに対する殺意は、Yの幇助犯としての故意とは直接の関係がない。そして、(証拠の標目)記載の前掲各証拠によれば、判示のように、Yには殺人未遂の幇助犯としての故意があったことが認められる。」

【参考文献】

松原久利・判例講義Ⅰ29頁

(4) 医療措置の懈怠(シャクティパット治療事件)

21 最決平成17年7月4日刑集59巻6号403頁、判時1906号174頁、判タ1188号239頁

【事実の概要】

被告人Xは、手の平で患者の患部をたたいてエネルギーを患者に通すことにより自己治癒力を高めるという「シャクティパット」と称する独自の治療(以下「シャクティ治療」という。)を施す特別の能力を持つなどとして信奉者を集めていた。

Vは、被告人の信奉者であったが、脳内出血で倒れて兵庫県内の病院に入院し、意識障害のため痰の除去や水分の点滴等を要する状態にあり、生命に危険はないものの、数週間の治療を要し、回復後も後遺症が見込まれた。Vの息子Yは、やはり被告人の信奉者であったが、後遺症を残さずに回復できることを期待して、Vに対するシャクティ治療をXに依頼した。Xは、脳内出血等の重篤な患者につきシャクティ治療を施したことはなかったが、Yの依頼を受け、滞在中の千葉県内のホテルで同治療を行うとして、Vを退院させることはしばらく無理であるとする主治医の警告や、その許可を得てからVをXの下に運ぼうとするYら家族の意図を知りながら、「点滴治療は危険である。今日、明日が山場である。明日中にVを連れてくるように。」などとYらに指示して、なお点滴等の医療措置が必要な状態にあるVを入院中の病院から運び出させたため、Vの生命に危険性が生じた。

Xは、前記ホテルまで運び込まれたVに対するシャクティ治療をYらからゆだねられ、Vの容態を見て、そのままでは死亡する危険があることを認識したが、上記指示の誤りが露呈することを避ける必要などから、シャクティ治療をVに施すにとどまり、このまま治療を受けさせなければ死亡する危険があることを分かりながら、痰の除去や水分の点滴等Vの生命維持のために必要な医療措置を受けさせないままVを約1日の間放置した。その結果、Vは、痰による気道閉塞に基づく窒息により死亡した。

Xは殺人罪で起訴された。

【裁判の経過】

1審:千葉地判平成14年2月5日刑集59巻6号417頁(有罪・殺人罪)

1審は、殺人罪の実行行為性について、以下のように認定した。「本件においては、前記のとおり、Vは平成11年6月24日の発病時、高血圧性の脳内出血により左視床下部に約3センチないし4センチの血腫が存し、失語症と右片麻痺、意識障害の症状も見られたところ、甲病院の治療においては、再出血による血腫の増大と脳浮腫による脳ヘルニアの防止のため脳圧降下剤を継続的に投与するほか、消化器官に生じる合併症防止のため、胃の酸度を下げる薬剤を投与していたこと、Vは意識障害に伴う痰の排出不可能から窒息する危険や肺炎等の合併症の危険があり、かつVは痰が多く粘稠度も高かったため、痰の吸引除去を頻繁に行うとともに、痰の粘稠度を下げるために酸素マスクを通した加湿や去痰剤の投与等痰の粘稠度を下げる処置を行っていたこと、さらには脱水による血液の粘稠化による脳梗塞、心筋梗塞等の合併症の危険があり、水分の補給が生命維持にとって極めて重要であったこと、これら水分、栄養分の補給及び薬剤の投与はすべて点滴の方法によって行われていたこと等の事実が認められる。

そして、YらがVを連れ出した同年7月2日未明、あるいは1日の当時においても、Vは、入院後の治療により緩やかな改善傾向を示してはいたものの、依然として右のとおりの合併症や窒息等の危険が存したため、各種薬剤及び水分の補給をほぼすべて点滴によって行っていたほか、痰が多いが故の気道閉塞に伴う呼吸状態の悪化防止のため、酸素マスクが取り付けられていたものであること、そして、かかる病状からして、この時点でVに点滴、痰の除去等の措置を行わなくなった場合、水分補給を断たれることにより脱水症状が進行し、痰が粘稠化することにより痰の排出困難、窒息を引き起こし、肺炎も併発しかねず、血液も粘稠化することにより脳血栓、心筋梗塞を発生させかねないため、Vの生命にとって極めて危険な状況、致死的な結果を引き起こす可能性の極めて高い状況にあったものであり、最低でも7月2日からさらに10日ないし2週間は点滴を行うことが必要であったことが認められる。

以上の各事実からすると、同月2日当時において、甲病院のベッド上にいたVを、体につけられていた点滴装置及び酸素マスクを取り外し、病院外に連れ出すという行為は、それ自体、脳内出血の合併症や水分不足による窒息、脳血栓や心筋梗塞等を引き起こすことにつながる、Vの生命に対する重大な危険を孕んだ行為であることは疑いがない（なお弁護人は、連れ出す行為自体は無害行為である旨主張するが、右のとおりのVの病状等の事情からすれば、安全を保ったうえで甲病院と同レベルの医療設備を有する場所に連れて行くという特殊な場合でない限り、Vの死の危険を払拭しうるものではないと認められるから、少なくとも本件連れ出し行為自体がかかる危険性を有しない行為であるとは到底いえない）。

2　もっとも、O医師もその供述において述べているように、仮にVを甲病院より連れ出したとしても、その安全が保たれている等移動手段が適切であり、移動先が他の病院であるなど甲病院と同等以上の治療設備を備えているような場合には、Vが死に至る具体的な危険性があるとはいえないため、『点滴装置や酸素マスクを取り外し、Vを病院外に連れ出す』段階までの行為のみをもって、殺人の実行行為として十分なだけの、Vの死に対する具体的・現実的危険性が存するとまでは認められない。

そこで、Vを病院から連れ出して以降の所為について見るに、Yらは、看護婦の資格経験を有する者を同行させたのみで、救急車等、常時点滴や痰の除去等の処置を施すことが可能な手段によらず、自動車と航空機を利用して、成田市所在の何ら医療設備のないホテルにVを運び込み、その後も点滴による水分や薬剤の投与、痰の除去等Vの生存に必要な措置を一切行わずにおいたことが認められる。

そうすると、前記のような病状にあるVを、何ら医療設備のないホテルに運び込んだうえ、その生存に必要な措置をなんら講じなければ、Vの死という結果が生じる現実的具体的危険性は当然生じうるものであるから、前記のとおりの点滴装置及び酸素マスクを外したうえで病院外に連れ出す行為に伴う危険性をも併せ考えれば、これら一連の行為は、前記したVの生命に対する現実的具体的危険性を生じさせるに十分なものであると認められる。

よって、本件においては、Yらにおいて、甲病院にいたVを、Aらをしてその点滴装置を外し、酸素マスクを外させたうえで、ベッドから下ろして病院外に連れ出し、自動車及び航空機により何ら医療設備のないホテルに運び込み、そして同ホテルにおいて、被告人及びYらにおいて、その生存に必要な措置を何ら講じずにおくという一連の行為をもって、殺人罪の実行行為に該当するものというべきである。そして、点滴装置や酸素マスクを外し、病院から連れ出してホテルに連れ込むYらの行為は作為であり、同ホテルにおいて生存に必要な措置を講じなかった点については、被告人自身もYらもこれを行わなかったものであるから、被告人自身の不作為でもあるといえるものであって、前記本件一連の実行行為はこれら作為及び不作為の複合したものであるというべきである。

3　なお弁護人は、殺人罪の実行行為性について、連れ出し行為自体が外形的に無害であって、Yらも危険性を認識していない以上殺害行為としての外形的定型性を欠く旨主張するが、本件連れ出し行為自体の危険性は前述のとおりであり、外形的に実行行為性ありと判断がしうるか否かは、社会通念上『殺人行為』といえるか否かという定型的判断、及び行為者のこの点に関する認識、故意の範疇であるといえるところ、前者については、これまで述べ来たった点を総合すれば、社会通念に照らして十分『殺人』の構成要件を具備するといえ、精神障害等の特別事情の存しない被告人において右の認識を欠いていたとの形跡も全く存しない。

また弁護人は、連れ出し行為とその後の生存に必要な措置を行わなかったとの点を分け、後者を不作為による殺人の成否の問題としたうえで、Ｖが自力で死の結果を回避できない状況に置かれていたのは被告人の行為によるものではない旨も主張するが、本件実行行為をその一部のみをもって評価するのが適当でないのは既に述べたとおりであるところ、後述のとおりＹらが被告人の指示によってＶを甲病院から連れ出したことは明らかであるから、被告人の行為によるものではない旨の主張は妥当しない」。

１審は、以上のように殺人罪の実行行為性を認め、これとＶ死亡との間の因果関係について、「右同日に粘稠化した痰による気道閉塞により窒息死したこと、そしてこの窒息死という結果とＶを点滴装置・酸素マスクを外したうえで病院外に連れ出し、何ら医療設備のないホテルに運び込んでその生存に必要な措置を何ら講じずにおくという一連の実行行為との間に因果関係が存することは明らかである。」として、作為と不作為の複合した一連の行為を殺人罪の実行行為と認め、また、殺意の有無についても、「脳内出血により意識障害、麻痺等の症状が見られる患者を、医療設備のない場所に連れてゆくという行為態様自体からは、通常連れ出す者はそれにより病者に不測の事態の起こりうるであろうことの認識を有するものとの推認が働きうる」。として、これを認めた。

２審：東京高判平成15年６月26日刑集59巻６号450頁（控訴棄却、殺人罪）

２審は、以下のように判示して、本件ホテルにＶが運び込まれXが自らＶの容態を認識して以降について殺意が認められるとし、Ｖを病院から本件ホテルに運び込ませた先行行為に基づき、Ｖに直ちに医療措置を受けさせるべき作為義務を怠り死亡させたとし、XがＶの様子を自ら認識した以後の行為を不真正不作為犯としての殺人罪に当たるとして、１審判決を破棄した。

「原判決のいう上記一連の行為が、Ｖを死亡させる現実的危険性を十分に有していたことは明らかであり、（もちろん、その行為時点において、被告人に殺意とYとの共謀があったと認められることが前提となるが）これが殺人の実行行為に当たることはいうまでもない。なお、殺意発生時点に関する後記認定との関係で、上記一連の行為のうちの、被告人が、本件ホテルに運び込まれたＶの様子を自ら認識した以後において、Ｖに対し、その生命維持のために必要な医療措置を受けさせなかった行為に限ってその危険性について付言しておくと、これが、それ自体、Ｖを死亡させる現実的危険性を有する行為であることは明らかである」。

「被告人が本件ホテルに運び込まれたＶの様子を自ら認識した同年７月２日午前10時30分ころ以後においては、被告人に未必の殺意があったと認定できるが、それ以前においては被告人に殺意があったと認定することはできない。ところで、被告人は、Ｙらに指示してＶを甲病院から連れ出させ、本件ホテルに運び込ませたものであり、このような先行行為によって、本件ホテルに運び込まれたＶに対し、直ちにその生存のために必要な医療措置を受けさせるべき作為義務を負っていたものと解することができ、それにもかかわらず、未必の殺意をもって、上記作為義務を怠ってＶを死亡させたということができるのであるから、被告人が上記のとおりＶの様子を自ら認識した以後の行為は、いわゆる不真正不作為犯として、殺人罪に問擬されるべきであると考えられる。そして、本件公訴事実（原判示の罪となるべき事実と同旨）との関係についてみると、上記不真正不作為犯に係る事実は、被告人が本件ホテルに運び込まれたＶの様子を自ら認識する以前においても被告人に殺意があったかどうかという点で本件公訴事実と違いがあるだけであり、本件公訴事実についても、被告人が本件ホテルに運び込まれたＶに対して医師による医療行為、薬剤及び水分の供与や痰の除去などVの生存に必要な措置を何ら講じないまま放置したという点は、上記と同様の作為義務が存在することを前提としていること、弁護人も、本件公訴事実を前提とした上で、原審の弁論要旨の中で、被告人の作為義務の存否を争っていたことなどに照らせば、本件において、不真正不作為犯たる上記殺人の事実を認定する上で、訴因変更の手続を経る必要がないことは明らかである（なお、その場合、被告人がVに対する未必の殺意を抱いた時点で、直ちにＶに対してその生命維持のために必要な医療措置を受けさせたとしても、Ｖが死亡することが避けられなかったという合理的疑いがあるとすれば、被告人がＶに対してその生命維持のために必要な医療措置を受けさせなかったこととＶの死亡との間の因果関係が否定されることになるが、Ｖの死因は粘稠化した痰による気道閉塞に基づく窒息死であり、それ自体は直ちに痰を除去するなどすれば死亡等の重大な結果を回避することができるものである上に、被告人が未必の殺意を抱いてからそのような気道閉塞が生じる前に、Ｖに対してその生命維持のために必要な医療措置を受けさせる時間的余裕は優にあったと認められるのであるから、上記行為とVの死亡との間に因果関係があったことは明らかである。このほか、所論は、被告人とYとの間には共謀は成立しないこと、Vは病院から連れ出されて被告人のシャクティパット治療を受けることを承諾していたこと、Vの死因は不確定であることなどを主張しているが、共謀が成立しないという点は、殺意の存否と重複する点を除けば、共謀共同正犯に関する独自の法律見解を前提にするものであって、採用の限りでない。Vの承諾があったという点については、Vは、自己が遺棄されたり殺害されたりすることを承諾していたはずはないのであるから、上記主張は、違法性阻却事由としての被害者の承諾を主張するものにはなり得ない。また、関係証拠によれば、Vの死因は粘稠化した痰による気道閉塞に基づく窒息死であったと考えるのが最も合理的であり、その他の事由であったとみるべき合理的疑いはない上に、仮に所論がいうように誤嚥性肺炎などの疑いがあるとしても、被告人に殺人が成立することに違いはない)」。

【決定要旨】上告棄却

「以上の事実関係によれば、被告人は、自己の責めに帰すべき事由により患者の生命に具体的な危険を生じさせた上、患者が運び込まれたホテルにおいて、被告人を信奉する患者の親族から、重篤な患者に対する手当てを全面的にゆだねられた立場にあったものと認められる。その際、被告人は、患者の重篤な状態を認識し、これを自らが救命できるとする根拠はなかったのであるから、直ちに患者の生命を維持するために必要な医療措置を受けさせる義務を負っていたものというべきである。それにもかかわらず、未必的な殺意をもって、上記医療措置を受けさせないまま放置して患者を死亡させた被告人には、不作為による殺人罪が成立し、殺意のない患者の親族との間では保護責任者遺棄致死罪の限度で共同正犯となると解するのが相当である」。

【参考文献】

山中敬一・百選Ⅰ〔第6版〕14頁、塩見淳・平成17年度重判解160頁、藤井敏明・最判解刑事篇平成17年度184頁

2 不作為の因果関係

(1) 交通事故被害者の救護可能性

22 盛岡地判昭和44年4月16日刑月1巻4号434頁、判時582号110頁

【事実の概要】

被告人Xは、某日午後、被告人Yを自己の運転する普通乗用自動車に同乗させて盛岡市内に出かけ、同市内でYと一緒に飲酒、パチンコ等をして遊び、同日夕刻頃同市を発って帰途についたが、なお、その途中の飲食店2軒に立ち寄って飲酒し、同日午後11時過ぎ頃、再びYを助手席に同乗させて前記自動車を運転して同所を出発し、県道を時速約90キロメートルの高速で北進中、およそ自動車運転手たる者は法令に定められた最高速度（60キロメートル毎時）を守ることはもちろん、常に進路の安全を確認して進行し、もって歩行者等との衝突等による事故の発生を未然に防止すべき業務上の注意義務があり、しかもXは右進行中、いったんは道路前方左側約38メートルを同一方向に歩行中のVの姿を認めているにもかかわらず、Vに接近した場合には自己のハンドル操作によって、その右側を通過できるものと過信し、運転開始前に飲んだ酒の酔いの影響もあって何ら減速することなく、漫然前記自動車を疾走させた業務上の過失により、前方約18.8メートルの地点に至って、Vが道路中央寄りに出てくる素振りを示したことから初めて危険を感じ、とっさにハンドルを右に切ったが間に合わず、右自動車左前部をVに激突させて、Vを右自動車のボンネットの上面にはね上げたうえ、頭部をフロントガラスに突っ込ませ、さらに路上に落下転落させ、よってVに対し、頭部損傷、肝破裂等の傷害を負わせた。その後、Xは、直ちにVを前記自動車助手席に運び入れたうえ運転を継続してその場から逃走したが、走行中の自動車内においてVは死亡した。

Xは、業務上過失傷害罪、殺人罪を主たる訴因として起訴された。

【判　旨】

「本件はいわゆる不作為による殺人罪として起訴されたものと解されるが、講学上不真正不作為犯は行為者に結果発生を防止すべき法律上の作為義務があり、結果発生を防止することが可能であるのに、その防止のため相当な行為をなさなかったことによって、ある作為犯の構成要件が実現された場合に認められるものと解すべきところ、弁護人は事故後直ちに救護措置をとっても、Ｖの死の結果を防止することはできなかった旨主張するので、まず本件における被害者の救護可能性につき検討する。医師甲作成の鑑定書、同人の供述、Ｘ、Ｙの各供述調書を総合すれば、本件事故発生直後Ｖは頭部にかなり重大な損傷を受け、意識がなく、呻き声も出さないままであったこと、死因は脳損傷または外傷性ショックと考えられるが、そのいずれにしても、肝破裂の程度と腹腔内出血の量との勘案し、受傷後長時間、たとえば数時間も生存していたものとは思われず、短かくて数分、長くても数時間後に絶命したと認められ、右事実に照らせば、仮にＸがＶを事故後直ちに最寄りの病院に搬送して救護措置を受けたとしても、死の結果を回避することができたとは認めがたく（病院へ搬送しないという不作為と被害者の死の結果との間に因果関係が認められないことになる）、加えて前掲各証拠によって当時のＸのＶの容態に対する認識内容について検討してみても、Ｘが当時、Ｖを直ちに最寄りの病院に搬送すれば救護可能であると考えていたとは認め難く（検察官はこの点に関し、仮に本件不作為と被害者の死の結果との間に因果関係が認められないとしても、救護義務者たるＸがＶの死の結果を認容しながら、敢えて未だ生存しているＶを病院に搬送しないという不作為に出ることによりＸに殺人未遂罪が成立すると主張する。しかしながら本件において殺人未遂罪が成立するためには、Ｘにおいて、Ｖを病院へ搬送して治療を受ければ救護可能であると考えていながら、敢えてその意思を放棄し、病院に搬送しないという不作為に出ることを要するものと解されるので、検察官の右主張は採ることができない）、結局本件殺人の訴因については、因果関係、および故意につき証明がなく、これを積極に認定することができない」。

(2)　結果回避の確実性（覚せい剤注射事件）

23 最決平成元年12月15日刑集43巻13号879頁、判時1337号149頁、判タ718号77頁

【事実の概要】

被告人Xは、暴力団幹部構成員であり、年若い女性を相手として、覚せい剤を与えてはそれと引換えに性交渉を持つことに満足感を覚えていたものであるが、法定の除外事由がないのに、V（当時13歳）に覚せい剤を注射したうえで同女と性交渉を持とうと考え、同女を伴って、某日午後11時ころホテル甲の203号室に入り、同室内において、午後11時10分ころ同女の左腕部の血管内に覚せい剤約0.04グラムを含有する水溶液約0.25立方センチメートルを注射したところ、午後11時40分ころ、同女が頭痛、胸苦しさ及び吐き気等の症状を訴え始め、翌８日午前零時５分ころには更に強く同症状を訴えるようになり、午前零時25分ころになると被告人の問い掛けに対して正常な応答ができなくなり、ベッドに寝かせてもすぐふらふらと立ち上がることを繰り返すなどその言動にもそれまで以上に異常な点を現し始め、午前１時ころからは「熱くて死にそうだ。」などと言いながら着衣を脱ぎ捨てたり、風呂に入ると言いながら２階にある同室の窓を風呂のドアと間違えて開き、外に飛び出そうとしたり、全裸のまま陰部を被告人に向けて卑猥な言葉を口にするなど覚せい剤による幻覚症状とみられる顕著な錯乱状態を呈するに至り、午前１時40分ころには全裸でうつぶせに倒れたままうめき声をあげるなど、肉体的精神的健康を急速に失い、独力では正常な起居動作等をなしえないほどの重篤状態に陥ったが、その原因は、Y、Zらが、前日、Xから譲り受けた覚せい剤を同女にそれぞれ注射した旨を同人らから聞いていたのに加えて、更にXにおいても判示第一の四の事実を含め短時間に

二度にわたり多量の覚せい剤を注射したことによるものであると認識していたのであるから、医師による専門的診察・治療を受けさせるなどしてVの生命身体の安全のために必要な保護をなすべきであったにもかかわらず、医師の診察・治療等を求めず、またホテル従業員にVの重篤状態を知らせることもせず、Vを同室内に放置したまま、同日午前2時15分ころ同室から立ち去った。Vは、同日午前4時ごろまでの間に同室内において急性心不全のため死亡した。

Xは、保護責任者遺棄致死罪で起訴された。

【裁判の経過】

1審：札幌地判61年4月11日高刑集42巻1号52頁（有罪・保護責任者遺棄罪）

1審は、以下のように認定し、救命可能性が100パーセントでなかったことを理由に、XによるVの不保護とVの死亡結果との間の因果関係を否定し、保護責任者遺棄罪の限度で成立を認めた。

「1　Vが刑法218条1項にいう『病者』であること

以上の認定事実に徴すると、Vは、覚せい剤の使用による影響のため、遅くとも5月8日午前零時5分ころ入浴中の被告人に対し以前よりも強い調子で頭痛等を訴え始めた時点において、既に健康を害し身体の自由を失い他人の扶助を要する状態にあったと認められるから、刑法218条1項にいう『病者』であったというべく、その後その状態がますます悪化し、午前零時25分ころ異常な言動を現し始め、午前1時ころからは着衣を脱ぎ捨て、意味もなく部屋の中を活発に動き回り、全裸のまま卑わいな言葉を口にし、午前1時40分ころベッドのそばに倒れて身動きできなくなるに及んで同女の要保護性はもはや動かしがたいものとなり、被告人が午前2時15分ころ退室する時点においても、依然としてその生命身体に危険のある状態におかれていたものと認めることができる。

そして、鑑定証人Mの当公判廷における供述、同人に対する当裁判所の尋問調書及び同人作成の鑑定書（以下まとめて「M鑑定」という。）、鑑定証人Kの当公判廷における供述及び同人の検察官に対する供述調書（以下まとめて「K鑑定」という。）、検察官作成の「報告書」と題する書面二通並びに司法警察員S作成の捜査報告書によれば、Vの死因は、覚せい剤による急性心不全であり、死亡推定時刻は5月8日午前4時20分からさかのぼること12時間以内であって、被告人の退室後2時間程度の同日午前4時20分くらいまでしか生存していなかったことがうかがわれるものの、札幌市内には24時間体制で救急医療体制をとっている札幌医科大学付属病院をはじめ高度な医療機関が揃っていることに加え、本件以前から市内各病院が輪番で『災害当番病院』として24時間体制で重症患者を含む救急患者の受け入れに対応していたから、Vをして早期に医師の診察・治療を受けさせれば、医師において、呼吸、血圧、脈拍、体温、意識を確認し、補液により心臓循環系を維持しながら塩化アンモン等の利尿剤を投与して覚せい剤を体内から排せつさせる方法により治療を行うことが可能であったこと、同女は一度に多量の覚せい剤を体内に摂取したものではなく、時をおいて少なくとも3回以上に分けて使用していること、同女の血中覚せい剤濃度は178マイクログラムパー100ミリリットルであって直ちに急性中毒死を招くほどの量とはいえない（略）こと、同女は身長151センチメートル、体重47.5キログラムであって年齢の割には成人に近い体格をしており、中学校における健康診断でも何ら異常を認められず、健康体と判定されていたこと、同女の臓器、特に排せつ作用をつかさどる腎臓等には異常が認められず右治療による効果が十分期待でき、特に、前記K鑑定によると、5月8日午前1時40分の時点までなら十中八九の高率で同女を助けることができ、それ以後は、同女が身動きしなくなった原因が睡眠状態にあったことによるものか心臓機能が著しく低下したことによるものか分からないので、可能性の割合を断定できないものの、いずれにせよかなり高い割合で救命し得たのではないかとされており、M鑑定も同様に同女の救命可能性が大きなものであったとしていることを総合すると、同女は、被告人が立ち去った時点においてもなお、適切な救急医療措置を加えられることによって生命の危険を脱する可能性があったことを否定することができず、したがって、5月8日午前零時5分以降の同女は刑法218条1項により『病者』として法律上保護されるべき適格性を備えていたということができる。

2　被告人が保護責任者であること

そして、同女の右状態は、同女がその直前の

5月7日正午前後ころから同日午後11時10分ころまでの短時間内に少なくとも2回（略）自己の身体に覚せい剤水溶液を施用したことによって惹起されたものであると認められるところ、右施用に供された覚せい剤はいずれも被告人が提供したものであること、被告人自身は、Yだけではなく Zもホテル甲の客室において自己が同人に譲渡した覚せい剤を同女に使用しているとの認識のもとに、同女が体調の不良を訴えていたにもかかわらず、続けて2回、1回につき約0.04グラムという比較的多量の覚せい剤を同女に注射しており、被告人は、同女の健康状態の悪化に直接的にも間接的にも原因を与えていること、被告人は、前記同女の健康状態の悪化の一部始終をそのそばにいて目撃し、同女の異常な言動が覚せい剤の薬理作用によるものであることを十分に理解したうえ、当初は背中をさすり、声をかけ、濡れタオルで額を冷やしてやるなどして約2時間介護に努めていたこと、同女が前記のとおりの要保護状態に陥った場所は、被告人と同女が合意の下に赴いたラブホテルの一室であってその性質上当該利用者の要請のない限りホテル従業員はもちろんのこと他の者において立ち入ることのできない密室性の高いものであるところ、Vが要保護状態に陥ってから後は同室内には正常な判断力、行動力を有する者は被告人しかいなかったこと、その他同女は被告人と比べ明らかに体格の劣る年若い女性であったこと、前記のような同女の要保護状態等の本件事実関係の下では、条理ないし健全な社会通念に基づき、被告人には、遅くとも同女が自力で起居動作等を行う能力を失っていたとみられる5月8日午前零時25分ころ以降は医師の診察・治療を求めるなどして、同女の生命・身体の危険を除去し生存に必要な保護をなすべき法律上の義務が生じていたものであって、刑法218条1項にいう保護責任者の地位にあったと言わなければならない。そして、被告人は、同女が他人の扶助を要する状態にあり、かつ、何らかの適切な保護処置を講じるのでなければ同女の生命の危険は除去されず、更に同女がそのような状態に陥ったのは自己が同女に覚せい剤を注射したことが直接の原因であり、自己以外に同女のために医師の診察治療を求めるなどの必要な保護処置を講じうる者はないとの認識にも欠けるところがなかったものと認めることができる。

弁護人は、被告人はVとは親族関係にないこと、被告人は同女に覚せい剤を注射しておらず、またそもそも同女は覚せい剤を注射されることにつき同意しているのであるから、被告人には先行行為と目されるべき違法な行為がないこと、被告人は本件当日初めて同女と会ったものであり、同女は自己の自発的な自由意思に基づいて被告人とホテルに同行したものであるから、被告人が自らの一方的な意思・行為によってVを自己の支配下に置いたといういわゆる引受け行為をしたとか、同女が被告人の支配領域下にあったとかいうことはできないこと等の事情を主張して被告人の保護責任者たる身分の存在ないし発生を争うかのごとくであるが、刑法218条1項のいわゆる保護責任の根拠は法令の規定による場合に限られるものではなく、また被告人が同女に対し法律によって使用を禁じられている覚せい剤を注射するという違法行為をしていることは既に認定したとおりであるうえ、条理上保護責任が認められる前提となる先行行為は違法行為であることを要しないものであるから、被告人に違法な行為がないとの主張はその前提を欠くかそれ自体失当であり、更に保護責任の成立範囲を画すべき要素としてのいわゆる具体的な引き受け行為などの有無は、遺棄者と被遺棄者との関係、被害者が要保護状態に至った経緯・原因、それに対する遺棄者の関与の度合い等の具体的事由につき客観的に判断されるべきことであるところ、前記認定のような本件事実関係の下においては、右の点に関する弁護人の右主張も失当であって、採用の限りではない。また、弁護人は、被告人には自分が保護責任者であるとの認識がなかったと主張するが、被告人に保護責任の生ずる根拠事実についての完全な認識があったことは既に認定したとおりであり、それがある限り、自己が保護責任者ではないと誤信したとしても、それはいわゆる法律の錯誤にすぎず、故意を阻却するものではない。

3　被告人がVを遺棄したこと

被告人は、5月8日午前1時40分ころまでは被告人なりにVを介護し、ベッドのそばに倒れ込み身動きをやめた同女を見て、一応ホテルの管理人室に電話をしてメイドを呼んだものの、同女らを介して医師の診察・治療を求めるなどVの生存に必要な措置を何ら講じないうちに、Yが現れるや、自己の覚せい剤に関する犯罪の発覚を恐れて、直ちにメイドを引き取らせ、その後、ホテルの従業員には努めて平静を装い、『1時間くらいしたら帰ってくる。』旨言って、Vの健康状態を知らせないまま、午前2時15分ころホテルから立ち去ったものであるが、遺棄罪は遺棄行為によって被遺棄者の生命・身体に対する抽象的危険を生ぜしめることによって成立するものと解すべきところ、本件においては、被告人の遺棄行為によってその程度にとどまらずVの生命に対する具体的な危険を生ぜしめたと言うことができ、したがって、被告人は刑法218条１項の保護責任者遺棄の責任を免れないというべきである。弁護人は、被告人はホテルの管理人室に電話をしてメイドを２人呼んでいるから保護責任を尽くしており、それ以上に進んで医師の診察・治療を求めるのはホテル側の責任者のなすべきことであって被告人には医師の診察・治療を求めることにつき期待可能性がない旨主張するけれども、前記事実関係からも明らかなように、被告人は自ら又はホテル従業員に依頼して救急車の出動を求めるなどの方法により容易に医師の診察・治療を求めることができたのに、メイドを呼んだだけで、部屋の入り口まで来た同女らにVの実際の状態を伝えず、すぐに引き取らせているのであって到底保護責任を尽くしたとは言えず、この点に関する弁護人の主張はその前提を欠き、採用できない。

４　被告人の遺棄行為とAの死との間に因果関係が認められないこと

しかしながら、本件のように不作為による遺棄行為によってVを死に至らせた場合は、被告人の遺棄行為がなければVは確実に死ななかったこと、すなわち、被告人の遺棄行為と同女の死亡との間の因果関係が証明されなければ、同女の死亡の結果について被告人に刑事責任を問うことはできないと解すべきところ、前述のとおり、死体の鑑定結果によるとVは被告人の退室後２時間程度しか生存していなかったことがうかがえるうえ、司法警察員作成の検視調書、医師F作成の死亡診断書（死体検案書）によれば死亡推定時刻は午前３時ころとされていること、同女の死体が発見された際、死体の位置、姿勢は被告人らが立ち去った時とほとんど変化がなく、同女の額の上に乗せられた濡れタオルがずれ落ちておらず、かぶせられた浴衣もほとんど乱れていなかったこと等の事情が認められ、そうすると、同女は被告人らが立ち去った後すぐに死亡したのではないかとの疑いを払拭することができず、さらに、M鑑定及びK鑑定も、同女が適切な救急措置を受けておれば救命された可能性を否定することができないとはするものの、現実にどの時点で医師の診察・治療を求めておれば確実に救命することができたかについては、正確な意見を述べることはできず、逆に同女の死亡の可能性も否定できず、現実の救命可能性が100パーセントであったとはいうことができないともしており、そうすると、同女の死亡は被告人が遺棄行為によって与えた危険が現実に具体化した結果であるとは断定しがたく、被告人の遺棄行為がなく、同女の異常な言動が発生した後直ちに医師の診察・治療が求められたとしても同女は死亡したのではないかとの合理的な疑いが残るといわざるを得ない。

四　結論

そうすると、本件保護責任者遺棄致死の訴因のうち保護責任者遺棄の事実については証拠によってこれを肯認することができるものの、右遺棄行為とVの死亡との間の因果関係の存在については、その証明が十分でないと言わなければならず、被告人は保護責任者遺棄罪の限度で刑事責任を負うべきである」。

２審：札幌高判平成元年１月26日高刑集42巻１号１頁（破棄自判・保護責任者遺棄致死罪）

２審は、以下のように判示し、１審による鑑定の評価およびそれを前提とした不保護と致死の間の因果関係の判断は妥当でないとし、救急医療の措置をとれば「十中八、九」救命可能性があったとして、因果関係を肯定し、保護責任者遺棄致死罪の成立を認めた。

「Vの死因は、覚せい剤の使用による急性心不全であり（その死後の推定経過時間は、死体解剖の開始時刻である昭和58年５月８日午後４時ころまでにおよそ12時間ないし24時間と推定される。）、同女の血液中には血液100ミリリットル当たり178マイクログラムの覚せい剤フェニルメチルアミノプロパンの存在が認められるのであるが、本件の発生した昭和58年５月当時においても、札幌市内には24時間体制で救急医療を施す医療体制が確立されており、救急措置についての専門的訓練を受けた救急隊員が乗り組む救急用自動車（以下、救急車という。）約20台が各消防署とその出張所に配備されて常時出動可能な態勢にあり、市内から緊急電話（119番）で要請すれば、平均所要時間約６分で市内の現場に救急車が出動し、平均所要時間約14分で傷病者を救急医療機関に緊急搬送することが可能であって、その搬送途中においても、救急隊員が容態に応じて呼吸補助、心臓マッサージなどの救急措置をとりつつ専門医療機関へ急行することができたこと、本件の発生したホテル甲の場合であれば、救急車の到着までの所要時間は５ないし８分であることが認められる。したがって、本件の場合、ホテル甲の地理的位置関係（略）、本件の発生時間（略）なども併せ考えると、右ホテルから直ちに救急医療を要請しておれば、前記の平均所要時間（約20分）程度の時間内に救急車が出動して右Vに応急の措置を施しながら人的物的設備の整った24時間体制の救急医療機関に搬送することが可能であったと認められ（なお、Vに覚せい剤を注射して急性症状の原因を与えた被告人は、保護責任のある者として同女の救急医療を要請するにあたって、右症状の原因が覚せい剤による旨及び使用の時期、方法、分量など救急医療上参考となるべき知る限りの事柄を告知する義務があったというべきである。)、また、搬送を受けた医療機関においても、急性症状の原因が明確な本件の場合、原因解明の手間を省いて直ちに、呼吸補助の措置、心臓機能低下に対応する措置、さらには覚せい剤の体外排出促進の措置等、覚せい剤により重篤な急性症状を起こしたVの救命に必要かつ適切な医療措置を施すことが可能であったと認められる。

そして、Vは13歳11か月と若く、生命力が旺盛で、ことに、証拠上、心臓、腎臓等の循環器系統に特段の疾病がなかったと認められることなども併せ考えると、『Vが錯乱状態に陥り部屋の中で動きまわるなど活発に動作していた段階（これは、証拠上、8日午前零時半ころから被告人が管理人室に手伝いを求めた午前1時半ころまでの間であると認められる。）までに適切な救急医療を施しておれば、十中八、九救命は可能であり、その後体を活発に動かさなくなった段階（これは、証拠上、同日午前1時半ころ以降と認められる。）においても、救急医療を施すことにより救命できた可能性はかなり高い。』旨の、K鑑定結果（M鑑定結果も同旨。）は十分措信できるというべきである。

このように検討すると、5月7日午後11時すぎころ被告人がVに覚せい剤を注射して後、Vが頭痛、胸苦しさ、吐き気などを催し、それが次第に高進して、前記の錯乱状態に陥ったと認められる翌8日午前零時半ころ以降の時点において、同女は、覚せい剤の重篤な急性症状を起こして健康を害し身体の自由を失い、病者として緊急に適切な医療の措置を施すことが必要な状態にあったのであり、しかも、同女に覚せい剤を注射した被告人は、同女とともに203号室に居て、このような同女の容態を目撃し、症状の成り行きを十分認識していたのであるから、もはや一刻の猶予も許されず、躊躇することなく救急医療を要請すべき義務があったというべきであり、被告人が右の義務を十分尽くしておれば、同女を救命することができたと認めることができる。したがって、同女が錯乱状態に陥った5月8日午前零時半ころの時点において、直ちに救急医療の要請をおこなわずに、漫然同女を放置したまま立ち去った被告人は、同女の生存に必要な保護を行わなかったために、同女を死に致したものというべきである。その際、救急医療を要請すると被告人の覚せい剤使用等の事実が発覚する虞れがあったことは、被告人が救急医療の措置を要請しなかったことの正当な理由になり得ないことは言うまでもない」。

【決定要旨】上告棄却

「原判決の認定によれば、被害者の女性が被告人らによって注射された覚せい剤により錯乱状態に陥った午前零時半ころの時点において、直ちに被告人が救急医療を要請していれば、同女が年若く（当時13年)、生命力が旺盛で、特段の疾病がなかったことなどから、十中八九同女の救命が可能であったというのである。そうすると、同女の救命は合理的な疑いを超える程度に確実であったと認められるから、被告人がこのような措置をとることなく漫然同女をホテル客室に放置した行為と午前2時15分ころから午前4時ころまでの間に同女が同室で覚せい剤による急性心不全のため死亡した結果との間には、刑法上の因果関係があると認めるのが相当である。したがって、原判決がこれと同旨の判断に立ち、保護者遺棄致死罪の成立を認めたのは、正当である」。

【参考文献】

松原久利・判例講義Ⅰ総論27頁、平山幹子・百選Ⅰ〔第6版〕10頁、内田文明・平成2年度重判解144頁、原田國男・最判解刑事篇平成元年度378頁

(3) 保護責任者遺棄と救命可能性

24 札幌地判平成15年11月27日判タ1159号292頁

【事実の概要】

被告人Xは、Vと婚姻し、札幌市内の自宅において、実母のYとともに居住していたが、かねてVとYの不和に悩みを募らせていた。平成14年7月12日午前零時50分ころ、前記自

宅１階居間の階段付近において、Ｖ（当時39歳）がＹから頭部を階段の角等に打ち付けられるなどして外傷を負い、頭部から多量に出血し、その場に転倒していた。これを発見したＸは、医師等による治療が必要な状態であると認めたのであるから、直ちに止血の措置をとり、救急車の派遣を求めるなどしてＶの生存に必要な措置を講じる責任があったにもかかわらず、同女を放置して死亡させれば、ＶとＹとの間の諍いで思い悩むことはなくなる一方、救急車の派遣を求めれば、Ｙの犯行が発覚し、Ｙが逮捕されてしまうので、そのような事態を避けるため、Ｖに対し、その生存に必要な措置を講じることなくこれを放置することを決意し、救急車の派遣等の措置等を講じないでＶをそのまま放置して前記自宅２階の寝室に戻り、Ｖの生存に必要な保護をしなかった。その結果、Ｖは、同日午前１時ころから３時ころまでの間に失血死した。

Ｘは、保護責任者遺棄（不保護）致死罪で起訴された。なお、本件は控訴されたが、後に棄却されている。

【判　旨】保護責任者遺棄罪

「Ｖは、何らの止血措置も講じられていない状態でも、Ｙからエーテルを摂取させられる時点までは生存していたこと、被告人が救命措置を講じた場合、受傷後約30分ないし35分で不完全ではあるが止血措置が開始され、救急隊の到着後、救急隊員による適切な止血措置を施され、病院に搬送されて輸血等の本格的な救命措置を講じられること、Ｖは頭部に多数の傷を負い多量に出血しているが、このような状態であっても止血措置を施すことは十分に可能であること、Ｖは男性よりも出血に耐性を持つ女性で、受傷当時39歳とまだ若く、特段病気に罹患していなかったこと、出血性ショックのうち、重症に至っていない段階で救急医療が要請された場合には、救命可能性はかなり高いことなどに照らせば、被告人がＶの救命のために執るべき措置を施した場合、Ｖが救命された可能性は相当程度あったものと認められる。

しかし、被告人が速やかに救急医療を要請するなど執るべき救命措置を施したとしても、救急隊が被告人宅に到着した時点では、Ｖはすでに相当多量に出血し（この時点では、循環血液量の４割ないしそれ以上のものが流出していた可能性を排斥できない。）、何らの救命措置も施されなければ、その後数分から30分程度の短時間で死亡する状態になっていると考えられること、そのように多量に出血した後に止血措置を施してもそれだけでは全身状態の悪化を止めることはできないこと、救急車の車内では止血措置やリンゲル液の輸液等の措置を講じうるに過ぎず、輸血など本格的な救命措置は病院に搬送された後に初めてなし得ること、救急隊が被告人宅に到着してからＶが病院に搬送されるまでには約40分ないし45分間程度の時間を要することなどを総合すれば、被告人が執るべき救命措置を施したとしても、Ｖが救急車で病院に搬送される途中に死亡した可能性を否定することはできない。

7　救命可能性に関する被告人の認識

前記認定のとおり、被告人がＶを発見し、その容体を確認した時点においては、Ｖの出血性ショックの程度は中等症程度で、血圧が80以下に下がり、脈拍が取りにくく、出血の影響で皮膚冷感や四肢冷感等の症状が発生して、体を触ると冷たく感じる状態であったことは否定できないものの、他方で、Ｖがその後しばらくは生存していたもので、頭部の傷からは出血が続き、呼吸は促迫した状態にあったのであるから、間近でＶの容体や傷の状況を確認した被告人は、Ｖが現に出血し、呼吸をしていることを十分認識していたと認められるのであって、被告人の捜査段階の自白の信用性を検討するまでもなく、被告人においては、Ｖが現に生存していることを認識していたと優に認められる。

そして、被告人がＶの生存を認識していた以上、特段の事情のない限り、被告人は、救急車を要請するなどの措置を講ずれば、その可能性の大小はともかくとして、Ｖが救命される可能性が存在すると認識していたと認めるのが相当であるところ、被告人の供述によっても、前記特段の事情が存在していたとはいえないから、被告人は、Ｖの救命可能性を認識していたと認められる。

8　結論

(1)　被告人が保護責任者であること

被告人は、自宅１階居間の階段下で、妻であるＶがＹから暴行を受けて頭部から多量に出血して倒れているのを発見し、その時点でＶは、被告人がＹをＶから離し容体を見た後救急医療を要請するなどの適切な救命措置を講じていれば救命される可能性があったのであるから、被告人は保護責任者遺棄罪にいう保護責任者に当たるものと認められる。
(2) 被告人の不保護とVの死亡との間に因果関係が認められないこと
しかし、前記説示のとおり、被告人が執るべき救命措置を講じたとしても、Vが死亡した可能性は否定できないから、被告人がVに対する保護責任を果たさなかったことと、Vの死亡との間に因果関係を認めることについては、なお合理的な疑いが残る。
(3) 被告人が保護責任者遺棄罪の故意を有すること
前記認定のとおり、被告人は、Vの容体を確認した時点で、Vが現に生存し救命可能性がある状態であると認識していたのであるから、保護責任者遺棄罪の故意があると認められる。
(4) 以上のとおり、被告人の行為(不保護)と、Vの死亡との間に因果関係が認められないから保護責任者遺棄致死罪は成立しないが、被告人には、保護責任者遺棄罪の成立が認められる」。

第3節　間接正犯

(1)　刑事未成年者の利用と間接正犯

㉕ 最決昭和58年9月21日刑集37巻7号1070頁、判時1093号149頁、判タ509号126頁

【事実の概要】

被告人Xは、養女V(昭和44年5月3日生)を連れ、遍路姿で四国八十八ケ所札所および霊場めぐりの旅を続けていたものであるが、その宿泊費用などに窮した結果、Vを利用して巡礼先の寺などから金員を窃取しようと企て、盗みすることを嫌がるVの顔にタバコの火を押しつけたり、ドライバーでVの顔をこすったりして、Vに盗みを命じ、昭和57年2月上旬ころから同年4月19日ころまでの間、13回にわたり、刑事未成年者であるVを使用して、徳島県勝浦郡勝浦町の甲寺納経所ほか12か所において、Aほか13名所有の現金合計約78万7,750円および菓子缶等物品6点(時価合計約3,210円相当)を盗った。

Xは、窃盗罪で起訴された。

【裁判の経過】

1審:松山地判昭和57年9月30日刑集37巻7号1073頁(有罪・窃盗罪)

1審は、Xに窃盗罪の間接正犯を認めた。

2審:高松高判昭和58年3月17日刑集37巻7号1076頁(控訴棄却、窃盗罪)

2審も控訴を棄却した。

そこで、X側から上告趣意として、以下の主張がなされた。「Vは判示行為をした当時12歳9か月乃至11か月の少女で学校の成績も中以上、おませといわれる位だったのであるから、盗みが許されない悪事であることはよくわかっていたものである。またXは、嫌がるVの顔にタバコの火を押しつけたり、ドライバーで顔をこすったりしてVに盗みを命じたのではあるけれども、しかしそれは未だ絶対的強制というには到らず、Vはなお主体的に盗みという行為を行ったのである。したがってXは是非の弁別あるVに命じて盗みをさせたことになる。Vの行為は構成要件に該当し、違法なものであるが、Vが刑事未成年であるが故に犯罪が成立しないにすぎない。Vに盗みを命じたXの行為は窃盗の教唆になるのは格別、窃盗の正犯にはならないと解すべきである。しかるにXの行為を窃盗の正犯とした第一審判決を是認した原判決は判決に影響を及ぼすべき法令違反があり、これを破棄しなければ著しく正義に反するから破棄されるべきである」。

【決定要旨】上告棄却

「Xは、当時12歳の養女Vを連れて四国八十八ケ所札所等を巡礼中、日頃Xの言動に逆らう素振りを見せる都度顔面にタバコの火を押しつけたりドライバーで顔をこすったりするなどの暴行を加えて自己の意のままに従わせていたV

に対し、本件各窃盗を命じてこれを行わせたというのであり、これによれば、Xが、自己の日頃の言動に畏怖し意思を抑圧されているVを利用して右各窃盗を行つたと認められるのであるから、たとえ所論のように同女が是非善悪の判断能力を有する者であつたとしても、被告人については本件各窃盗の間接正犯が成立すると認めるべきである」。

【参考文献】

松原久利・判例講義Ⅰ総論31頁、川端博・百選Ⅰ〔第6版〕150頁、大越義久・昭和58年度重判解147頁、渡辺忠嗣・最判解刑事篇昭和58年度275頁

(2) 刑事未成年者の利用と共同正犯

26 最決平成13年10月25日刑集55巻6号519頁、判時1768号157頁

【事実の概要】

スナックのホステスであった被告人Xは、生活費に窮したため、同スナックの経営者V子から金品を強取しようと企て、自宅にいた長男Y（当時12歳10か月、中学1年生）に対し、「ママのところに行ってお金をとってきて。映画でやっているように、金だ、とか言って、モデルガンを見せなさい。」などと申し向け、覆面をしエアーガンを突き付けて脅迫するなどの方法により同女から金品を奪い取ってくるよう指示命令した。Yは嫌がっていたが、被告人は、「大丈夫。お前は、体も大きいから子供には見えないよ。」などと言って説得し、犯行に使用するためあらかじめ用意した覆面用のビニール袋、エアーガン等を交付した。これを承諾したYは、上記エアーガン等を携えて一人で同スナックに赴いた上、上記ビニール袋で覆面をして、被告人から指示された方法によりVを脅迫したほか、自己の判断により、同スナック出入口のシャッターを下ろしたり、「トイレに入れ。殺さないから入れ。」などと申し向けて脅迫し、同スナック内のトイレに閉じ込めたりするなどしてその反抗を抑圧し、V所有に係る現金約40万1,000円及びショルダーバッグ1個等を強取した。Xは、自宅に戻って来たYからそれらを受け取り、現金を生活費等に費消した。

Xは強盗罪で起訴された。

【裁判の経過】

1審：東京地判平成12年1月27日刑集55巻6号534頁（有罪・強盗罪）

1審は、YはXに抗しがたい状況下で本件実行に及んだものではなく、自らの自由な意思で実行行為に及んだと評価すべきであること等の事情にかんがみれば、本件は間接正犯が成立する事案ではなく、また、被告人が本件犯行の準備を行い、奪った金品を主体的に処分していること等の事情にかんがみれば、本件は教唆犯にとどまる事案ではなく、強盗罪の共同正犯が成立すると判示した。

2審：東京高判平成12年9月25日刑集55巻6号540頁（控訴棄却、強盗罪）

2審は、1審の事実認定を認め、控訴を棄却した。そこで、弁護側は、本件はXの単独犯行であるとともに、仮にYが強盗行為に及んだとしても、Xは強盗の間接正犯であると主張して上告した。

【決定要旨】上告棄却

「上記認定事実によれば、本件当時Yには是非弁別の能力があり、被告人の指示命令はYの意思を抑圧するに足る程度のものではなく、Yは自らの意思により本件強盗の実行を決意した上、臨機応変に対処して本件強盗を完遂したことなどが明らかである。これらの事情に照らすと、所論のように被告人につき本件強盗の間接正犯が成立するものとは、認められない。そして、被告人は、生活費欲しさから本件強盗を計画し、Yに対し犯行方法を教示するとともに犯行道具を与えるなどして本件強盗の実行を指示命令した上、Yが奪ってきた金品をすべて自ら領得したことなどからすると、被告人については本件強盗の教唆犯ではなく共同正犯が成立するものと認められる。したがって、これと同旨の第1審判決を維持した原判決の判断は、正当である」。

【参考文献】

島田聡一郎・平成13年度重判解156頁、平木正洋・最判解刑事篇平成13年度146頁

(3) 医師の正当行為の利用

27 大判大正10年5月7日刑録27輯257頁

【事実の概要】

被告人Xは、妊婦から堕胎の嘱託を受けて、自ら堕胎手段を施したため、堕胎の結果を生じないうちに妊婦の身体に異常をきたし、胎児を排出しなければ妊婦の生命に危険を及ぼす恐れが生じたので、Y医師に胎児の排出を求めた。Yは、妊婦の生命を守るため、やむなく緊急避難行為として、堕胎行為に及び、胎児を排出し、妊婦の生命を救った。Xは堕胎罪、Yは業務上堕胎罪でそれぞれ起訴された。

【裁判の経過】

2審：東京控訴院大正10年2月10日は、Yを緊急避難で無罪としたが、Xを堕胎罪の正犯とした。

【判　旨】上告棄却

「妊婦より堕胎の嘱託を受けたる者が自ら堕胎手段を施したる為め堕胎の結果を生じせさるに先ち妊婦の身体に異状を生じ医術に因り胎児を排出するにあらざれば妊婦の生命に危険を及ぼすべき虞あるに至らしめたるに乗じ堕胎を遂行せんが為め医師に対して胎児の排出を求め因て医師をして妊婦の生命に対する緊急避難の必要上已むことを得ずして胎児排出するに至らしめたる場合に於ては医師に対しては堕胎罪成立せざること勿論なりと雖も堕胎受託者は犯法行為たる自己の堕胎手段に因り叙上緊急危難の状態を発生せしめ其発生を機として医師に胎児の排出を求めたるものにして其行為と胎児の排出との間に因果関係あり換言すれば医師の前記正当業務行為を利用して堕胎を遂行したる者に外ならざるが故に堕胎罪の間接正犯を以て論ずべきものとす」。

(4) コントロールド・デリバリーと間接正犯

28 最決平成9年10月30日刑集51巻9号816頁、判時1620号152頁

【事実の概要】

被告人Xは、フィリピン人と共謀の上、輸入禁制品の大麻を輸入しようと企て、フィリピン共和国マニラ市内から本件大麻を隠匿した航空貨物を被告人が共同経営する東京都内の居酒屋あてに発送し、平成7年7月21日、右貨物が新東京国際空港に到着した後、情を知らない通関業者が輸入申告をし、同月24日税関検査が行われたが、その結果、大麻の隠匿が判明したことから、成田税関支署、千葉県警察本部生活安全部保安課及び新東京空港警察署の協議により、国際的な協力の下に規制薬物に係る不正行為を助長する行為等の防止を図るための麻薬及び向精神薬取締法等の特例等に関する法律4条等に基づいていわゆるコントロールド・デリバリーが実施されることになり、同月27日午前に税関長の輸入許可がされ、その後、捜査当局の監視の下、配送業者が、捜査当局と打合せの上、右貨物を受け取って前記居酒屋に配達し、同日午後に被告人がこれを受け取った。

Xは大麻輸入罪と関税法上の禁制品輸入罪で起訴された。

【裁判の経過】

1審：千葉地判平成8年3月5日刑集51巻9号832頁（有罪・大麻輸入罪、禁制品輸入罪）

「コントロールド・デリバリーにおいては、当該規制薬物を保税地域外に出すのは、捜査上これを必要とする場合であって、しかも当該規制薬物の散逸を防止するための十分な監視体制が確保されていることを要することは、国際的な協力の下に規制薬物に係る不正行為を助長する行為等の防止を図るための麻薬及び向精神薬取締法等の特例等に関する法律4条の規定からしても明白である。したがって、殆どの場合、当該規制薬物が保税地域を出て犯人の手に渡ったとしても、犯人において輸人の目的を達することがないまま当該規制薬物の押収を受けるに帰するであろうとはいえる。しかし、当該規制薬物は、あくまでも犯人の意図したところに従って保税地域を出て犯人の元に行っているのであり、捜査官は単にこれを監視しているに過ぎないのである。実際問題として、右のとおり、十分な監視体制の下に関税線を通過させ犯人の手に渡したとしても、場合によってはこれが散逸し、犯人によって処分されたり使用されたりすることもないとはいえない。また、捜査官が犯罪がなされていることを認知しており、未遂の段階で止め得たのにこれをしなかった場合には、犯人に既遂の責任を問い得ないというものでもない。よって、当該規制薬物がコントロールド・デリバリーによって保税地域外に出たとしても、これを関税法上の禁制品輸入罪の既遂に問うべきは明らかである（なお、弁護人は、大麻取締法上の大麻輸入罪についても、コントロールド・デリバリーの場合における未遂の主張をするが、大麻取締法上の大麻輸入罪はコントロールド・デリバリーを実施する以前に既遂となっているのであるから、この点において既に失当な主張である。）」。

2審：東京高裁平成8年6月24日刑集51巻9号843頁（控訴棄却、大麻輸入罪、禁制品輸入罪）

「コントロールドデリバリーは、国際的な協力の下に規制薬物に係る不正行為を助長する行為等の防止を図るための麻薬及び向精神薬取締法等の特例等に関する法律4条等に基づいて実施されるものであり、税関手続の特例についていえば、薬物犯罪の捜査に関し、犯人の検挙など捜査の必要から、検察官等の要請に基づき、当該規制薬物の散逸を防止するための十分な監視体制が確保されていると認められるときに、税関長は、規制薬物が隠匿されている貨物の輸入又は輸出の許可を行うことができるものとされている。そのため、コントロールドデリバリーが実施されると、捜査当局の監視の下、隠匿された規制薬物が関税線を突破することとなるが、これは捜査当局等が法律により許された行動をとった結果であるから、犯罪又は既遂の成否に影響を及ぼすことはなく、また、本件のように配送業者が情を知ったことによって犯人の道具である地位を失うこともないというべきである。したがって、配送業者が税関から貨物を受け取ることをもって関税線が突破され、禁制物輸入罪は既遂に達したものということができる。

以上のとおりであるから、本件犯行につき大麻輸入罪がその取りおろしにより、禁制物輸入罪が通関により、いずれも既遂に達しているとした原判決の判断に誤りはない。論旨は、理由がない」。

【決定要旨】上告棄却

「関税法上の輸入とは、外国から本邦に到着した貨物を本邦に（本件のように保税地域を経由するものについては、保税地域を経て本邦に）引き取ることをいうところ（同法2条1項1号)、その引取りは、申告、検査、関税の賦課徴収及び輸入許可という一連の行為を経て行われることが予定されたものである。そして、本件においては、情を知らない通関業者が輸入申告をし、申告に係る貨物についての税関長の輸入許可を経た後、配送業者が、捜査当局等から右貨物に大麻が隠匿されていることを知らされ、コントロールド・デリバリーによる捜査への協力要請を受けてこれを承諾し、捜査当局の監視下において右貨物を保税地域から本邦に引き取った上、捜査当局との間で配達の日時を打合わせ、被告人が貨物を受領すれば捜査当局において直ちに大麻所持の現行犯人として逮捕する態勢が整った後、右貨物を被告人に配達したことが明らかである。

右事実関係によれば、被告人らは、通関業者や配送業者が通常の業務の遂行として右貨物の輸入申告をし、保税地域から引き取って配達するであろうことを予期し、運送契約上の義務を履行する配送業者らを自己の犯罪実現のための道具として利用しようとしたものであり、他方、通関業者による申告はもとより、配送業者による引取り及び配達も、被告人らの依頼の趣旨に沿うものであって、配送業者が、捜査機関から事情を知らされ、捜査協力を要請されてその監視の下に置かれたからといって、それが被告人らからの依頼に基づく運送契約上の義務の履行としての性格を失うものということはできず、被告人らは、その意図したとおり、第三者の行為を自己の犯罪実現のための道具として利用したというに妨げないものと解される。そうすると、本件禁制品輸入罪は既遂に達したものと認めるのが相当であり、これと同趣旨の原判断は、正当である」。

裁判官遠藤光男の意見は、次のとおりである。

「私は、本件上告を棄却すべきものとする多数意見の結論には同調するが、その理由を異にし、本件禁制品輸入罪は未遂にとどまるものと解するので、この点についての私の考えを述べておくこととする。

一　輸入禁制品を輸入しようとする者が、自ら当該貨物を引き取ることなく、情を知らない配送業者をしてこれを引き取らせた場合、委託者が禁制品輸入罪につき刑事責任を負うのは、右業者が委託者の道具としてその行為を行うからにほかならない。したがって、禁制品輸入罪が既遂に達するためには、引取りの時点において、右業者が委託者の道具として当該行為を行ったことを要するものというべきである。

二　原判決が認定したところによると、税関検査の結果、本件貨物中に大麻が隠匿されていることが明らかとなったことから、税関及び捜査当局の協議により、コントロールド・デリバリーが実施されることになり、右貨物につき税関長の輸入許可がされた後、捜査当局の監視の下、配送業者が捜査当局と打合せの上、右貨物を受け取ってこれを被告人方に配送したというのであるから、右事実関係の下においては、配送業者は、既に委託者である被告人の道具としての地位を喪失したとみるのが相当である。けだし、配送業者の引取り行為は、委託者のため行われたものではなく、専ら捜査手続に協力することを目的として行われたものにすぎないからである。

三　本件の場合、配送業者が運送契約の履行という外形を保ちながら、本件貨物を引き取り、かつ、これを配送していることは、多数意見の述べるとおりである。しかしながら、配送業者としては、本件貨物中に大麻が隠匿されていることを告知された以上、捜査当局からの要請がない限り、いかに契約上の履行義務が残置していたとはいえ、これに応じてその引取り及び配送行為に及ぶことはあり得なかったはずである。けだし、右業者としては、その時点において、「情を知らない第三者」としての法的地位を失うことになるばかりでなく、あえてこれを強行したとすれば、業者自体の犯罪責任が問われることになるからである。なお、その反公序性からみても、配送業者が契約上の義務履行を適法に拒絶し得ることはいうまでもない。

そうであるとするならば、配送業者による引取り行為は、契約上の義務履行としてなされたとみるべきではなく、専ら捜査手続に協力するために行われたとみるのが相当であるから、右行為の外形に依拠して、右業者の道具性を認定することは困難であると考える。

四　被告人は、情を知らない通関業者を介して本件貨物につき輸入申請をしたものの、これを引き取るには至らなかったのであるから、本件禁制品輸入罪は未遂にとどまるものというほかない。したがって、同罪の既遂を認めた原判決には判決に影響を及ぼす法令違反がある。しかし、同罪が既遂に達しなかったのは、たまたま税関検査段階において大麻隠匿が発見されたことによるものであり、その罪質は、既遂罪の場合に比して決定的に異なるものと評価することができないことに加え、被告人は、本件禁制品輸入未遂罪と観念的競合関係にある営利目的による大麻輸入罪につき有罪の認定を受けているため、一罪として重い大麻取締法違反罪の刑により処断されるべき関係にあること、その他本件各犯行の罪質、態様、動機等の諸般の事情に照らせば、被告人に対する量刑は相当であるから、原判決を破棄しなければ著しく正義に反するとは認められず、結局、本件上告は棄却すべきものである」。

【参考文献】

松原久利・判例講義Ⅰ32頁、斎野彦弥・平成9年度重判解155頁、三好幹夫・最判解刑事篇平成9年度232頁

(5)　被害者の行為の利用と殺人罪の間接正犯

29 最決平成16年1月20日刑集58巻1号1頁、判時1850号142頁、判タ1146号226頁

【事実の概要】

被告人Xは、いわゆるホストクラブにおいてホストをしていたが、客であったVが数箇

月間にたまった遊興費を支払うことができなかったことから、Vに対し、激しい暴行、脅迫を加えて強い恐怖心を抱かせ、平成10年１月ころから、風俗店などで働くことを強いて、分割でこれを支払わせるようになった。

しかし、Xは、Vの少ない収入から上記のようにしてわずかずつ支払を受けることに飽き足りなくなり、Vに多額の生命保険を掛けた上で自殺させ、保険金を取得しようと企て、平成10年６月から平成11年８月までの間に、Vを合計13件の生命保険に加入させた上、同月２日、婚姻意思がないのにVと偽装結婚して、保険金の受取人を自己に変更させるなどした。

Xは、自らの借金の返済のため平成12年１月末ころまでにまとまった資金を用意する必要に迫られたことから、生命保険契約の締結から１年を経過した後にVを自殺させることにより保険金を取得するという当初の計画を変更し、Vに対し直ちに自殺を強いる一方、Vの死亡が自動車の海中転落事故に起因するものであるように見せ掛けて、災害死亡時の金額が合計で５億9800万円となる保険金を早期に取得しようと企てるに至った。そこでXは、自己の言いなりになっていたVに対し、平成12年１月９日午前零時過ぎころ、まとまった金が用意できなければ、死んで保険金で払えと迫った上、Vに車を運転させ、それを他の車を運転して追尾する形で、同日午前３時ころ、本件犯行現場の漁港まで行かせたが、付近に人気があったため、当日はVを海に飛び込ませることを断念した。

Xは、翌10日午前１時過ぎころ、Vに対し、事故を装って車ごと海に飛び込むという自殺の方法を具体的に指示し、同日午前１時30分ころ、本件漁港において、Vを運転席に乗車させて、車ごと海に飛び込むように命じた。Vは、死の恐怖のため飛び込むことができず、金を用意してもらえるかもしれないので父親の所に連れて行ってほしいなどと話した。Xは、父親には頼めないとしていたVが従前と異なる話を持ち出したことに激怒して、Vの顔面を平手で殴り、その腕を手拳で殴打するなどの暴行を加え、海に飛び込むように更に迫った。Vが「明日やるから。」などと言って哀願したところ、Xは、Vを助手席に座らせ、自ら運転席に乗車し、車を発進させて岸壁上から転落する直前で停止して見せ、自分の運転で海に飛び込む気勢を示した上、やはり１人で飛び込むようにと命じた。しかし、Vがなお哀願を繰り返し、夜も明けてきたことから、Xは、「絶対やれよ。やらなかったらおれがやってやる。」などと申し向けた上、翌日に実行を持ち越した。

Vは、Xの命令に応じて自殺する気持ちはなく、Xを殺害して死を免れることも考えたが、それでは家族らに迷惑が掛かる、逃げてもまた探し出されるなどと思い悩み、車ごと海に飛び込んで生き残る可能性にかけ、死亡を装ってXから身を隠そうと考えるに至った。

翌11日午前２時過ぎころ、Xは、Vを車に乗せて本件漁港に至り、運転席に乗車させたVに対し、「昨日言ったことを覚えているな。」などと申し向け、さらに、ドアをロックすること、窓を閉めること、シートベルトをすることなどを指示した上、車ごと海に飛び込むように命じた。Xは、Vの車から距離を置いて監視していたが、その場にいると、前日のようにVから哀願される可能性があると考え、もはや実行する外ないことをVに示すため、現場を離れた。

それから間もなく、Vは、脱出に備えて、シートベルトをせず、運転席ドアの窓ガラスを開けるなどした上、普通乗用自動車を運転して、本件漁港の岸壁上から海中に同車もろとも転落したが、車が水没する前に、運転席ドアの窓から脱出し、港内に停泊中の漁船に泳いでたどり着き、はい上がるなどして死亡を免れた。

本件現場の海は、当時、岸壁の上端から海面まで約1.9 m、水深約3.7 m、水温約11度という状況にあり、このような海に車ごと飛び込めば、脱出する意図が運転者にあった場合でも、飛び込んだ際の衝撃で負傷するなどして、車からの脱出に失敗する危険性は高く、また脱出に成功したとしても、冷水に触れて心臓まひを起こし、あるいは心臓や脳の機能障害、運動機能の低下を来して死亡する危険性は極めて高いものであった。

Xは、殺人未遂罪で起訴された。

【裁判の経過】

1審：名古屋地判平成13年5月30日刑集58巻1号8頁（有罪・殺人未遂罪）

「被害者Vは、Xに対する借金及びその返済を迫るXの脅しや暴力によって、服従関係にあり、返済の資金を用意することができず、逃げることもできず、家族に助けを求めることもできない状態にあったところ、本件犯行前、約3日間にわたり、Xから車ごと海に飛び込んで死ぬように執拗に迫られ、暴力も受けるなどしたことから、精神的に疲弊し、Xの指示に逆らうことができず、車ごと海に飛び込む以外の選択肢を選ぶことはできない状態に至っていたものであり、従って、車ごと海に飛び込んだVの行為は、Xにより強制された、意思決定の自由を欠くものであり、Xからみると、Vの行為を利用した殺人行為に該当するというべきである。」

2審：名古屋高判平成平成14年4月16日刑集58巻1号20頁（控訴棄却・殺人未遂罪）

「関係証拠によれば、Vは決して自己の自由な意思で車ごと海に飛び込んだものではなく、他の選択肢を選ぶことのできない心理状態において、Xから強制されて車ごと海に飛び込んだものと認められ、Xにおいても、そのようなVの状態を利用して、Vに対し車ごと海に飛び込むことを指示したものと認められる上、車ごと海に飛び込むVの行為には、その生命侵害の現実的危険性が認められるから、Xの殺害意思及び殺人の実行行為性は否定できない」。

【決定要旨】上告棄却

「上記認定事実によれば、Xは、事故を装いVを自殺させて多額の保険金を取得する目的で、自殺させる方法を考案し、それに使用する車等を準備した上、Xを極度に畏怖して服従していたVに対し、犯行前日に、漁港の現場で、暴行、脅迫を交えつつ、直ちに車ごと海中に転落して自殺することを執ように要求し、猶予を哀願するVに翌日に実行することを確約させるなどし、本件犯行当時、Vをして、Xの命令に応じて車ごと海中に飛び込む以外の行為を選択することができない精神状態に陥らせていたものということができる。

Xは、以上のような精神状態に陥っていたVに対して、本件当日、漁港の岸壁上から車ごと海中に転落するように命じ、Vをして、自らを死亡させる現実的危険性の高い行為に及ばせたものであるから、Vに命令して車ごと海に転落させたXの行為は、殺人罪の実行行為に当たるというべきである。

また、前記2のとおり、VにはXの命令に応じて自殺する気持ちはなかったものであって、この点はXの予期したところに反していたが、Vに対し死亡の現実的危険性の高い行為を強いたこと自体については、Xにおいて何ら認識に欠けるところはなかったのであるから、上記の点は、Xにつき殺人罪の故意を否定すべき事情にはならないというべきである。

したがって、本件が殺人未遂罪に当たるとした原判決の結論は、正当である」。

【参考文献】

林幹人・百選Ⅰ〔第6版〕148頁、伊東研祐・平成16年度重判解155頁、藤井敏明・最判解刑事篇平成16年度1頁

第4節　故　意

1　未必の故意―盗品性の認識

30 最判昭和23年3月16日刑集2巻3号227頁、判タ3号8頁

【事実の概要】

被告人Xは、Aから（1）衣類75点、（2）同じく45点を、Aが盗んできたものではないかと思いつつ買い受けた。Xは贓物故買罪（現在の盗品等有償譲受罪）で起訴された。

【裁判の経過】

1審：広島地庄原支判（年月日不明）

2審：広島高判（年月日不明）刑集2巻3号230頁（有罪・贓物故買罪）

「Xに対する司法警察官の録取書中の判示(1)の衣類はAが早く処置せねばいけんと云ったが、近頃衣類の盗難が各地であり、殊に売りに来たのが○○人であるから、Aが盗んで売りに来たもんでなかろうかと思った旨の供述記載…を綜合して」贓物故買罪（盗品等有償譲受罪）の成立を認めた。

これに対して、X側は、窃盗犯人あるいは売りに来た者から直接その衣類が盗品だと告げられたのなら格別、右程度の供述から故意を認めることは、証拠によらず有罪判決をした違法があると主張して上告した。

【判　旨】上告棄却

「贓物故買罪は贓物であることを知りながらこれを買受けることによって成立するものであるがその故意が成立する為めには必ずしも買受くべき物が贓物であることを確定的に知って居ることを必要としない或は贓物であるかも知れないと思いながらしかも敢てこれを買受ける意思（いわゆる未必の故意）があれば足りるものと解すべきである故にたとえ買受人が売渡人から贓物であることを明に告げられた事実が無くても苟くも買受物品の性質、数量、売渡人の属性、態度等諸般の事情から『或は贓物ではないか』との疑を持ちながらこれを買受けた事実が認められれば贓物故買罪が成立するものと見て差支ない……。本件に於て原審の引用したXに対する司法警察官の聴取書によればXは判示(一)の事実に付き『(1)衣類はAが早く処置せねばいけんといったが(2)近頃衣類の盗難が各地であり殊に(3)売りに来たのが○○人であるからA等が盗んで売りに来たのではなからうかと思った』旨自供したことがわかる右(1)乃至(3)の事実は充分人をして『贓物ではないか』との推量をなさしむるに足る事情であるから、Xがこれ等の事情によって『盗んで来たものではなかろうかと思った』旨供述して居る以上此供述により前記未必の故意を認定するのは相当である」。

【参考文献】

松原久利・判例講義Ⅰ35頁、斎野彦弥・百選Ⅰ〔第6版〕80頁

2　条件付故意

殺人を一定の事態の発生にかからせていた場合

31 最判昭和59年3月6日刑集38巻5号1961頁、判時1113号140頁、判タ525号103頁

【事実の概要】

被告人Xは、A組（組長A）の舎弟頭であるが、第1、同組舎弟Y、同組若頭Z、同組組員Wらとともに、かねて同組において貸し付けていた賭場開張資金の返済をめぐってト

ラブルを生じていたB組幹部Vといま一度話しあい、明確な回答が得られないときは、暴行・脅迫ないしは傷害などの手段に訴えてでも同人を車に乗せ、A組長の情婦方へ連行して右貸金問題についての結着をつけようと企てたが、右問題に対する同人のそれまでの態度に激しい憤りを感じていた右Y、Z、Wらが状況によっては一挙に同人を強制連行せんとし、これに対する同人の抵抗如何によっては同人の殺害という事態も生じかねないがそれもまたやむなしと意を決し、ここに右Y、Z、Wらと意思相通じ、昭和55年２月８日午後５時前頃、右Y、Z、Wらと連れ立って喫茶店「C」に赴き、右Yのみを伴なって店内で同人と話しあいをはじめようとするや、予想どおりZが店内に立ち来たって同人を店外に誘い出し、同人を同店前路上に停車中の普通乗用車に乗せんとするも、同人がこれを拒否して暴れたりしたため、右ZおよびWにおいて、殺意をもって、所携の刺身包丁（刃体の長さ約17.5センチメートル）で同人の左側胸部、左前胸部、左大腿部等をめった突きし、その場に転倒した同人を同車後部座席に押し込むなどして同車を発進させ、その後走行中の同車内においても、さらに右Wが前記包丁で同人の右大腿部を数回突き刺すなどし、よって間もなく同車内において、同人を前記左前胸部（心臓）刺創に基づく大出血により失血死させて殺害した。この行為が殺人罪で起訴された。

【裁判の経過】

１審：大阪地判昭和57年４月12日刑集38巻５号1972頁（有罪・傷害致死罪）

「Ｖに対する殺害行為は同人に対し個人的に激しい憤りを抱いていたＺとＺの意思を体したWの両名が抵抗する被害者Ｖを見てとっさに殺意を通じて犯したものであり、本件においてＸ人の意図するところは、弁護人が主張するようなＶとの間の話し合いをすることにとどまるものではなく、Ｖの強制連行でありその手段としては同人に対し暴行、脅迫を加えるだけではなく傷害を負わせることも辞さないとするものであると認めるのが相当であり、それ以上にＶを殺害することまで意図していたとすることについては疑いを抱かざるを得ない。

従って本件においてＸが本件犯行現場に至りＶと出会うまでの間においてＺやWとの間で検察官が主張するようにＶ殺害の共謀を遂げたとする点はＶの抵抗という条件付であることを含めてもその事実を肯認することは困難であり、…ＸがＺやWの間で事前に前認定のような共謀を遂げている以上右ＺやWにおいて殺意をもってＶを殺害するに至った本件においてもＸについて殺人罪の共同正犯と傷害致死罪の共同正犯の構成要件が重なり合う限度で軽い傷害致死罪の共同正犯が成立する」。

これに対して、検察官側は、Ｘは本件犯行現場に赴く以前からＶに対する殺意を抱き、Ｚ、W、Ｙらと同人殺害の共謀を遂げていたものであり、Ｘに殺人罪が成立すると主張して控訴した。

２審：大阪高判昭和58年３月15日刑集38巻５号1979頁（破棄自判、殺人罪）

「Ｘにおいても未必的な殺意のもとに、殺意を持って実行行為に及んだＹ、ＺならびにWらと共謀のうえ、Ｖを殺害したことが明白であり、Ｘの所為とＶの死亡との間に因果関係のあることも明白であるといわなければならない。」

これに対して、Ｘ側は、本件においては、事態が殺害にまで発展しないように話し合おうとするＸの行為が継続中に、他の実行正犯者らの別の計画が実行されてそれが殺害の結果を生じたのであるから、このような場合を右最高裁判例（最決昭和56年12月21日刑集35巻９号911頁）に言う「殺害計画を遂行しようとする被告人の意思そのものは確定的であった」とは言えず、またその意味で、Ｘが「Ｖの殺害の結果を認容していた」と言うこともできないのに、本件においても、被告人の殺害計画遂行の意思が確定的である右判例の場合にならってＸについて未必の故意をもってする殺人の共謀共同正犯の成立を認めた点において、原判決は、右最高裁判所判例と相反すると主張して上告した。

【判　旨】上告棄却

「所論引用の判例（最高裁昭和56年（あ）第1004号同年12月21日第１小法廷決定・刑集35巻９号911頁）は、殺害行為に関与しないいわゆる共謀共同正犯者としての殺意の成否につき、謀議の内容においては被害者の殺害を一定の事態の発生にかからせていたとしても、殺害計画を遂行しようとする意思が確定的であったときは、殺人の故意の成立に欠けるところはない旨判示しているにとどまり、犯意自体が未必的なものであるときに故意の成立を否定する趣旨のものではない。換言すれば、右判示は、共謀共同正犯者につき、謀議の内容においては被害者の殺害を一定の事態の発生にかからせており、犯意自体が未必的なものであったとしても、実行行為の意思が確定的であったときは、殺人の故意の成立に欠けるところはないものとする趣旨と解すべきである。しかるところ、原判決には、所論の指摘するとおり、Xは、本件殺人の共謀時においても、将来、Vといま一度話し合う余地があるとの意思を有しており、Vの殺害計画を遂行しようとする意思が確定的ではなかったものとみているかに解される部分もないではないが、原判決を仔細に検討すれば、それは共謀の当初の時期におけるXの意思を記述したにとどまることが明らかである。すなわち原判決は、Xは、Z、W及びYとの間で、Vから貸金問題について明確な回答が得られないときは、結着をつけるために、暴力的手段に訴えてでも同人を強制的に連行しようと企て、当初は、Vと貸金問題についていま一度話し合ってみる余地もあると考えていたものの、一方では、このような緩慢な態度に終始していると舎弟頭として最後の責任をとる羽目にもなりかねないとも考え、また、本件犯行現場に向かう自動車内等での白らの言動から、同人らがVの抵抗いかんによってはこれを殺害することも辞さないとの覚悟でいるのを察知しており、Zらとともに本件犯行現場に到着した際には、同人らに対し、Vの応対が悪いときは、その後の事態の進展を同人らの行動に委ねる旨の意思を表明していること、その後犯行現場においてZ及びWが刺身包丁でVの左前胸部等を突き刺したうえ転倒した同人を自動車後部座席に押し込む際、『早よ足を入れんかい』などと指示し、さらに右自動車内において、Wが刺身包丁でVの大腿部を突き刺したのに対してもなんら制止することなく容認していたこと等の事実を認定したうえで、これらの事情を総合して、Xは、未必の故意のもとに、実行行為者であるZらと共謀のうえ被害者を殺害した旨判示しているのである。右判示を全体としてみれば、原判決は、指揮者の地位にあったXが、犯行現場において事態の進展をZらの行動に委ねた時点までには、謀議の内容においてはZらによる殺害がVの抵抗という事態の発生にかかっていたにせよ、Zらによって実行行為を遂行させようというXの意思そのものは確定していたとして、Xにつき殺人の未必の故意を肯定したものであると理解することができる」。

【参考文献】

松原久利・判例講義Ｉ37頁、安達光治・百選Ｉ〔第５版〕76頁、濱野惺・最判解刑事篇昭和59年度209頁

3　故意の認識対象・意味の認識

(1)　メタノールの認識

32 最判昭和24年２月22日刑集３巻２号206頁

【事実の概要】

被告人Xは、昭和21年５月19日頃、Yら４名等と共同してAからドラム罐入メタノール7斗８升位を買受け、そのうち自己の分として３斗３升の分配を受けた上、右品物がメタノールであるとのはっきりした認識はなかったが、これを飲用に供すると身体に有害であるかも知れないと思ったにもかかわらず、いずれも飲用に供する目的で、(一)　同日頃から同月22日頃までの間右メタノールのうち４升９合位を自宅に蔵置して所持し、(二)　同年５月19日頃及び20日頃の２日間に11回にわたって右自宅等で前記メタノールをBら11名に対し各１升を代金１升につき240円から260円までの割合で販売した。

【裁判の経過】

１審：長崎地佐世保支判（年月日不明）

２審：福岡高判刑集３巻２号213頁（年月日不明）（有罪・有毒飲食物等取締令違反罪）

２審は、有毒飲食物等取締令違反罪の成立を認めた。これに対して、X側は、故意ありとはいい得ないと主張して上告した。

【判　旨】破棄差戻

「原判決は『右品物がメタノールであるとのはっきりした認識はなかったが、之を飲用に供すると身体に有害であるかも知れないと思ったにもかかわらずいずれも飲用に供する目的で』

メタノールを所持又は販売した旨を説示しているので、原審においてはＸはＡから買受けた本件物件がメタノールであるというはっきりした認識はなかったものと認定したと言わなければならない。しかしながら原判決はＸの本犯行を故意犯として処罰したのであるから、判示の『之を飲用に供すると身体に有害であるかも知れないと思った』事実を以てＸは本犯行について所謂未必の故意あるものと認定したものであると解せざるを得ない。しかしながら身体に有害であるかも知れないと思っただけで（メタノールであるかも知れないと思ったのではなく）はたして同令第１条違反の犯罪についての未必の故意があったと言い得るであらうか。何となれば身体に有害であるものは同令第１条に規定したメタノール又は４エチル鉛だけではなく他にも有害な物は沢山あるからである。従ってただ身体に有害であるかも知れないと思っただけで同令第１条違反の犯罪に対する未必の故意ありとはいい得ない道理であるから原判決はＸに故意があることの説示に欠くるところがあり、理由不備の違法があると言わざるを得ない」。

(2)　覚せい剤の認識

33 最決平成２年２月９日裁判集刑254号99頁、判時1341号157頁、判タ722号234頁

【事実の概要】

被告人Xは、覚せい剤約３kgを密輸入し、そのうち約２kgを都内のホテルで所持した。なお、これは昭和63年３月10日台湾においてAから、「ある物」を日本に運ぶように頼まれたもので、AからはXが運ぶべき品物は化粧品であると聞かされていた。Aは、中に入っている化粧品は日本に持ち込みができない商品だから税関に見つかれば逮捕はされないもののボンドしなさいと言われる品物だから、Xの身体に着けてわからないように税関を通過しなければならない、この品物は日本でボンドする訳にはいかず東京に必ず持って行かなければならないから身体に着けるようにと執拗に言い、Xはこれに従うことにした。Xがトイレに入ってバッグを開けてみると、バッグの中には、乳白色で不透明のビニール袋に包まれた、所々に脹らみがあって、外部から触った感触では粉状の物が詰まっていると思われる、長さ約90センチメートル、幅約25センチメートル、厚さ約１、２センチメートルで両端に３か所ずつ紐のついた白布製ベスト（私製腹巻）と、それを固定する２本のベルトが入っており、Xは着ていたワイシャツの下の方のボタンを外し、これを素肌に直接巻き付け、紐を縛って２本のベルトで締め、ワイシャツを元通りに着て、上からスーツを着てトイレを出ると、待っていたAはXの服装を見ながら手で触って点検し、これでよいと言って頷き、Xに座席に戻るよう指示した。やがて飛行機は新東京国際空港に到着したが、Xは何も咎められずに無事通関手続を済ませ、AとともにホテルNに宿泊することにし、Aとともに同ホテルの391号室に入った。部屋に入ってからXは直ちに身に着けていたベストを外しこれを持参してきたスーツケースの中に入れた。XはAからもう１日日本に残り、Bを手伝うよう言われ、Bは、854号室で、スーツケースの中に入っていた茶色の包装紙で包まれた物を取り出し、鋏で包装物を切り開き、中に入っていたビニール袋５袋から白色結晶を秤で計量しつつビニール袋３袋に移し替えていた。Xは、Bから「いい気分がするものだ」と言われて白色結晶を少しなめてみたが、苦い味がしてXの知っている薬物のコカインではないことがわかった。Xは、覚せい剤輸入罪・同所持罪で起訴された。Xは、覚せい剤について、それが覚せい剤であるとの認識がなかったものであるから故意がないと主張した。

【裁判の経過】

１審：東京地判昭和63年10月４日判時1309号157頁（有罪・覚せい剤輸入・同所持罪）

１審は、「過去にコカイン等の薬物を使用した経験を有するＸとしては、その形状や感触等から、少なくとも、それが、日本に持ち込むことを禁止されている違法な薬物である、との認識まで持ったものと認めざるを得ないのである。そして、Ｘが対象物に関する右の程度の認識の下に、現実に覚せい剤の隠匿されているべスト（私製腹巻）を着用して本邦に上陸し、覚せい剤を輸入した以上、Xに右薬物が覚せい剤取締法2条にいう覚せい剤に当たるとの明確な認識がなかったとしても、Xにおいて覚せい剤取締法違反（覚せい剤輸入）罪の故意の成立に欠けるところはない」とした。これに対して、X側は、Xには、運搬した品物が違法な薬物であるとの認識はなかったが、仮に、違法な薬物であるという認識があったものとして、その限度でXの故意を認定しようとするのであれば、輸入罪を有する各種の薬物のうち最も法定刑の軽い大麻輸入罪の限度でしか故意責任を問い得ないと主張して控訴した。

2審：東京高判平成元年7月31日判タ716号248頁（控訴棄却）

2審は、「覚せい剤輸入罪・所持罪が成立するためには、輸入・所持の対象物が覚せい剤であることを認識していることを要するが、その場合の対象物に対する認識は、その対象物が覚せい剤であることを確定的なものとして認識するまでの必要はなく、法規制の対象となっている違法有害な薬物として、覚せい剤を含む数種の薬物を認識予見したが、具体的には、その中のいずれの一種であるか不確定で、特定した薬物として認識することなく、確定すべきその対象物につき概括的認識予見を有するにとどまるものであっても足り、いわゆる概括的故意が成立する。したがって、行為者が、認識予見した数種の違法有害な薬物のうちの一種であるが、その中のいずれとも決し難い場合であっても、その概括的認識対象の中に覚せい剤が含まれている以上、これを認容した上、あえて対象物の輸入・所持の各行為に及んだときは、実際に輸入・所持された対象物の客観的な薬物の種類に従い、すなわち、それが覚せい剤であれば覚せい剤の輸入罪・所持罪が成立すると解するのが相当である。…Xには、…少なくとも覚せい剤取締法の規制対象である覚せい剤に対する概括的故意があったものと認めるのが相当である」として、控訴を棄却した。これに対して、X側が上告した。

【決定要旨】上告棄却

「Xは、本件物件を密輸入して所持した際、覚せい剤を含む身体に有害で違法な薬物類であるとの認識があったというのであるから、覚せい剤かもしれないし、その他の身体に有害で違法な薬物かもしれないとの認識はあったことに帰することになる。そうすると、覚せい剤輸入罪、同所持罪の故意に欠けるところはないから、これと同旨と解される原判決の判断は、正当である」。

【参考文献】

松原久利・判例講義Ⅰ38頁、長井長信・百選Ⅰ〔第6版〕78頁、小暮得雄・平成2年度重判解148頁

(3) トルエンを含有するシンナーの認識

34 東京地判平成3年12月19日判タ795号269頁

【事実の概要】

被告人Xは、平成3年7月20日午後8時25分ころ、道路上において、興奮、幻覚又は麻酔の作用を有する劇物であって、政令で定めるトルエンを含有するシンナー約265ミリリットルをみだりに吸入する目的で所持した。なお、Xは、本年の平成3年1月か2月ころ、シンナーを吸って警察に補導されたが、トルエンが入っていないということで帰され、トルエンの入っていないシンナーを吸えば、処罰されないことを知っていた。そこで、それ以来、トルエンの入っていないB社製のシンナーを選んで、吸っていた。トルエンが入っているものを吸うとおかしくなるが、トルエンが入っていないと、酒に酔ったくらいの感じにしかならず、問題を起こすこともないだろうし、酒よりも安いので、それにしていた。本件当日は、足の痛みがひどかったので、それを和らげるために、自転車で店を探し、本件シンナーには、シンナー乱用防止対策品と書いてあったので、これを買い、本件現場でこれを吸っていた。Xがこれまで吸っていたというB社製のシンナーの缶の側面下部には、「トルエン・酢酸エチル・メタノールは配合しておりません。」という表示があり、他方、本件シンナーは、C社製で、シンナー乱用防止対策品という表示が缶中央に表示されている。Xは、毒物及び劇物取締法24条の3、3条の3違反の罪で起訴された。

【判　旨】無罪（確定）

「主観的構成要件たる故意として、犯人において、その所持するシンナーがトルエンを含有していることの確定的な認識又はトルエンを含有しているかもしれないという未必的な認識を有していることが、必要であると解される。未必的な認識の場合には、さらにトルエンが含有していてもよいとする認容が必要である。

ところで、故意の成立を認めるには、その事実を認識していることが、当該行為が違法であり、してはならない行為であると認識する契機となりうることが必要であり、また、それで十分であるというべきである。そこで、トルエンを含有するシンナーについていえば、トルエンという劇物の名称を知らなくとも、身体に有害で違法な薬物を含有するシンナーであるとの確定的又は未必的な認識があれば、足りる。

Xは、過去の経験から、トルエンを含有しないシンナーを吸入し、又はその目的で所持しても、犯罪にならないことを知っていたというのであるから、当該シンナーにはトルエンが含有していないと思っていたとすれば、右の認識を欠き、故意がないことになり、吸入目的の所持罪が成立しないことは、明らかである」。

【参考文献】

松原久利・判例講義Ⅰ39頁

(4)　公務員の認識

㉟ 東京地判平成14年12月16日判時1841号158頁

【事実の概要】

被告人Xは、自動車販売修理業を営む有限会社甲の代表取締役であったもの、乙社は、国土交通省関東運輸局長から指定自動車整備事業の指定を受け、自動車の整備及び継続検査手続等の業務を行い、道路運送車両法により、自動車の継続検査に際し、これが提出された場合には、当該自動車が、国土交通大臣に提示されて保安基準に適合するとみなされる保安基準適合証の作成交付等の業務を行っていたもの、Aは、同会社の代表取締役として、同会社の業務全般を統括管理するとともに、同事業場の自動車検査員として、同事業場で整備された自動車が法定の保安基準に適合するかどうかを検査し、その結果これに適合すると認めるときは当該自動車が保安基準に適合する旨を証明する業務に従事し、法令により公務に従事する職員とみなされるものであったもの、Bは、自動車分解整備事業を営む有限会社丙の代表取締役であったものである。

Xは、Bと共謀の上、Aが、平成13年４月17日ころから同年８月６日ころまでの間、前後16回にわたり、いずれも上記乙社事務所において、実際には一覧表「車種及び自動車登録番号」欄記載の自動車16台について法定の整備・検査を全く行わず、その結果これらがいずれも保安基準に適合すると認めたときでないにもかかわらず、行使の目的をもって、ほしいままに、保安基準適合証用紙中の保安基準適合証明部分に上記各自動車の登録番号等を、「指定自動車整備事業者の氏名又は名称」欄に「乙社代表取締役A」とその名称及び代表者氏名を上記事務所備付けのパーソナルコンピュータを利用してそれぞれ印字し、「次の自動車が道路運送車両の保安基準に適合していることを証明する。」との不動文字の次の「検査の年月日」欄に同表「虚偽保安基準適合証の作成年月日」欄記載の各年月日を、「自動車検査員の氏名」欄に「A」とその氏名をそれぞれ記載し、上記乙株式会社名下に「乙株式会社」と刻した印鑑をA名下に「A印」と刻した印鑑をそれぞれ押なつし、もって、自動車検査員としての上記職務に関し、上記各自動車が保安基準に適合している旨の虚偽の証明をするとともに、指定自動車整備事業者の役員としての上記職務に関し、乙社代表取締役A作成名義に係る内容虚偽の有印公文書である保安基準適合証合計16通を作成した上、同表「左記文書行使年月日」欄記載のとおり、同年４月17日ころから同年８月６日ころまでの間、前後16回にわたり、いずれも関東運輸局東京陸運支局足立自動車検査登録事務所において、C子をして、同所係員に対し、内容虚偽の上記保安基準適合証16通をそれぞれ提出させて行使し、もって、公務に従事するものとみなされる自動車検査員及び指定自動車整備事業者の役員としての各職務に関し不正な行為をしたことに対する各報酬として、同年５月10日ころから同年９月10日ころまでの間、前後５回にわたり、いずれも上記乙社事務所において、Aに対し、小切手５通（金額合計2367,750円）を手交し、金額合計185,850円相当の利益を供与した。この行為が贈賄罪で起訴された。

弁護人は、〔1〕XはAがみなし公務員であることを知らなかったし、みなし公務員であることを基礎づける事実の認識すらなかった、また、〔2〕Xは、Bに支払った金のうちいくらがAに渡っていたのか知らず、Bに支払った金もあくまで正当な手数料であるという認識しかなかった、したがって、Xは贈賄の故意を欠いており無罪であると主張した。

【判　旨】有罪（贈賄罪）（確定）

「Ｘは、指定自動車整備事業場における車検の手順、すなわち、自動車検査員が保安基準適合証明をし、同事業場において保安基準適合証を作成・交付するという手順の詳細を具体的に認識していなかったものの、民間車検場において自動車の検査をした上で手続を踏んで車検証の交付を受けることになること、すなわち、民間車検場の職員が陸運局と同様の法的効果を生ずる検査を行っていることを認識していたものというべきであり、結局のところ、Ｘは、車検を受けるための自動車の検査について、民間車検場の職員等は陸運局の職員と同様の立場にあることを認識していたものにほかならないというべきである。そうすると、Ｘは、自動車検査員や指定自動車整備事業者（民間車検場）の役員が刑法の適用について公務員とみなされることを直接知らなかったとしても、その実質的根拠となる事実の認識はあったものというべきであり、そうした立場にあるＡに対して賄賂を供与することが賄賂罪を成立させることになるその違法の実質を基礎付ける事実の認識に欠けるところはないというべきであるから、この点において、Ｘにつき本件贈賄罪の故意責任は阻却されない。

…弁護人は、一般人からすれば車検の通らないような車両について通常の手数料より多額の金員を支払って車検を通してもらう場合には不正の報酬を供与しているとの認識を持ち得るが、Ｘは車検に通るだけの整備を施された車両につき通常よりも安い値段で車検を取得したのであるから、正当な手数料を支払っているとの認識しか持ち得ないはずであると主張する。

しかしながら、Ｘがペーパー車検が不正であることを認識していたことは前記のとおりであるから、Ｘが正当な手数料であったとの認識しか持ち得なかったとの弁護人の主張は採用できない」。

(5)　駐車制限時間超過の認識

㊱ 最判平成15年11月21日刑集57巻10号1043頁、判時1844号120頁、判タ1140号92頁

【事実の概要】

被告人Xは、法定の除外事由がないのに、夜間である平成14年５月23日午後８時ころから同月24日午前４時30分ころまでの約８時間30分の間、法令に定める適用地域である道路上に、普通乗用自動車１台を駐車させて置き、もって、自動車が夜間に道路上の同一の場所に引き続き８時間以上駐車することとなるような行為をした。この行為が自動車の保管場所の確保等に関する法律違反の罪で起訴された。

なお、Xは、平成14年５月23日午後７時過ぎころ、外出先から妻と本件自動車で帰宅した際、妻から、近くに買物に行きたいのでもう一度車を運転してほしいと頼まれたため、本件自動車を車庫に入れず、自宅前の道路上に駐車したままにして、同日午後８時ころ、妻に買物に行く旨声をかけたところ、妻から今日はやめると言われたのに、本件自動車を車庫に入れず、そのまま翌朝まで道路上に放置してしまった。

【裁判の経過】

１審：名古屋簡判平成14年９月９日刑集57巻10号1053頁（有罪）

１審は、自動車の保管場所の確保等に関する法律違反の罪の成立を認めた。これに対して、Ｘ側は、Ｘが本件自動車を車庫に入れ忘れた過失によるものであり故意はないと主張して控訴した。

２審：名古屋高判平成14年12月25日刑集57巻10号1054頁（控訴棄却）

２審は、「Ｘは、本件自動車を自宅前の道路上に駐車させた当初、駐車状態がほどなく解消されることを予測していたものの、Ｘが妻に買い物に行くかどうか尋ね、妻から止めたと言われた時点で、Ｘには、その日はもはや本件自動車を使用する予定がなくなったのに本件自動車を道路上に駐車させたままにしておくことの認識があったというべきであって、その後Ｘが道路上に本件自動車を駐車したままであることを失念したとしても、本件犯行の故意に欠けるところはないというべきである」として、控訴を棄却した。これに対してＸ側が上告した。

【判　旨】破棄自判（無罪）

「本罪の故意が成立するためには、行為者が、駐車開始時又はその後において、法定の制限時間を超えて駐車状態を続けることを、少なくとも未必的に認識することが必要であるというべきである。記録によれば、Ｘは、妻から買物に行くのをやめたと言われた時点においては、本件自動車を道路上に駐車させたままであることを失念していた旨を一貫して供述しているところ、本件自動車が駐車されていた場所は自宅車庫前の路上であり、車庫のシャッターは開けられたままであったこと、Ｘは日ごろは毎晩本件自動車を車庫に格納していたものと認められること等の本件における諸事情にかんがみれば、Ｘの上記弁解を排斥してＸに本罪の故意があったと認定するには、合理的な疑いがあるというべきである」。

【参考文献】

上田哲・最判解刑事篇平成15年度509頁

(6)　大型自動車の認識

37 最決平成18年２月27日刑集60巻２号53頁、判時1929号124頁、判タ1208号101頁

【事実の概要】

被告人Xは、長さ502cm、幅169cm、高さ219cmの自動車を普通自動車免許で運転した。なお、本件車両は、もともとは運転席及び座席が合計15人分設けられていたが、Xが勤務する建設会社において、かなり以前から、後方の６人分の座席を取り外して使用していたものであった。しかし、本件車両の自動車検査証には、本件運転当時においても、乗車定員が15人と記載されていた。

Xは、普通自動車と大型自動車とが区別され、自己が有する普通自動車免許で大型自動車を運転することが許されないことは知っていたものの、その区別を大型自動車は大きいという程度にしか考えていなかったため、上記のような本件車両の席の状況を認識しながら、その点や本件車両の乗車定員について格別の関心を抱くことがないまま、同社の上司から、人を乗せなければ普通自動車免許で本件車両を運転しても大丈夫である旨を聞いたことや、本件車両に備付けられた自動車検査証の自動車の種別欄に「普通」と記載されているのを見たこと等から、本件車両を普通自動車免許で運転することが許されると思い込み、本件運転に及んだものであった。この行為が道路交通法違反（無免許運転）の罪で起訴された。弁護人は、本件車両が大型乗用自動車に該当することの認識がなく、無免許運転の故意がなかったと主張した。

【裁判の経過】

１審：武生簡判平成17年３月23日刑集60巻２号262頁（有罪・無免許運転罪）

１審は、「Ｘも、…本件車両の座席の配置や座席撤去の状況を見るなどして、当初から、本件車両が大型乗用自動車に該当するのでないかという疑問を抱いていたことを自認している。…座席の取り外されていることが明らかな本件車両にあっては、本来の乗車定員が何人であるかが重要なのであって、Ｘは、自身の疑問から

自動車検査証を調べた際、自動車の種別欄のみならず、自動車登録番号欄及び乗車定員欄の各記載も当然に読みとって認識したはずであり、また、本件車両の運転者として、その前後に装着されたナンバープレートの２ナンバー表示を実際に見たうえで、なおこれを認識していなかったとも考え難い。そして、自動車登録番号の２ナンバーについては、日常的に自動車を運転する者にとって、少なくとも、３ナンバー、５ナンバー又は７ナンバーなどとは異なる意味をもつ乗用自動車であり、『乗車定員が11人以上の大型自動車』（道路交通法施行規則２条）との明確な意味の認識はなくとも、バスなどの乗用自動車を意味するものと理解できていることは明らかである。まして、Ｘにおいては、普通免許のほか、大型特殊免許を取得しており、免許の種類によって、運転操作できる車両関係に通じていたことが窺えるものである。してみると、…本件車両の自動車登録番号の２ナンバー表示を通じて、Ｘなりに本件車両を大型乗用自動車として理解するための前提となる必要にして十分な事実関係を認識していたものというべきである」として、無免許運転罪（道交法64条、117条の４第２号）の成立を認めた。これに対して、Ｘ側は、本件車両が大型乗用自動車であるとの認識を持ち得るだけの事実認識がなく、Ｘには無免許運転の故意はないと主張して控訴した。

２審：名古屋高金沢支判平成17年７月19日刑集60巻２号266頁（控訴棄却）

２審は、「本件車両の外観に加え、前３列の座席以外の座席が取り外されていることをＸも知っていたのであるから、Ｘに本件車両が大型乗用自動車であることの客観的事実の認識に欠けるところはなく、大型乗用自動車であるとの認識を持ち得たことも明らかである。そのことは、Ｘ自身、本件車両が大型乗用自動車ではないかという思いがあったことを認めていること…からも裏付けられる。そうすると、仮にＸが、本件犯行当時、本件車両を普通免許で運転できると考えたとしても、そのように考えたことについて相当な理由がなければ犯罪は成立するところ、Ｘは、会社では普通免許しかない者も工事現場内で本件車両を運転していたこと、会社の責任者から大型免許がないと運転できないと言われたことはないし、人を乗せなければ普通免許で運転できると言われたこと、自動車検査証の種別に『普通』と記載してあったことなどから、本件車両を普通免許で運転できると考えたとする。しかし、Ｘは、本件車両の自動車検査証の乗車定員を確認することなどにより、普通免許では本件車両を運転できないことを容易に知り得たものであるから、それらの事情は、未だ上記相当な理由に当たるとはいえない」として、控訴を棄却した。これに対して、Ｘ側は、本件車両が大型自動車であるとの認識を持ちうるだけの事実認識がなく、Ｘには無免許運転の故意がないと主張して上告した。

【決定要旨】上告棄却

「乗車定員が11人以上である大型自動車の座席の一部が取り外されて現実に存する席が10人分以下となった場合においても、乗車定員の変更につき国土交通大臣が行う自動車検査証の記入を受けていないときは、当該自動車はなお道路交通法上の大型自動車に当たるから、本件車両は同法上の大型自動車に該当するというべきである。そして、前記１の事実関係の下においては、本件車両の席の状況を認識しながらこれを普通自動車免許で運転したＸには、無免許運転の故意を認めることができるというべきである」。

【参考文献】
松原久利・平成18年度重判解159頁、上田哲・最判解刑事篇平成18年度143頁

4　具体的事実の錯誤

（1）　客体の錯誤

㊳ 大判大正11年２月４日刑集１巻32頁

【事実の概要】

被告人Xは、Yと共同してAを殺害しようと決意し、ともに境内藤棚の下に潜伏してAが来るのを待っていたところ、午前１時40分頃、夜警Vが棒を携え覆面をして右藤棚の下を覗き込んだことにより、X、YはVをAだと誤認し、Yは仕込み杖で切りつけ、Xは拳銃で

射撃し、よってVに対して治療約３週間を要する創傷を負わせたが、殺害の目的を遂げなかった。この行為が殺人未遂罪で起訴された。

【裁判の経過】

１審：京都地判（年月日不明）

２審：大阪控訴院判（年月日不明）（有罪・殺人未遂罪）

２審は殺人未遂罪の成立を認めた。これに対して、弁護人は、Ａに対する殺意の判示はあるがＶに対する殺意の判示はなく、Ａ殺害の意思でＶをＡと誤認したためＡに対する殺意をＶに対する殺意と解したものとすれば、その理由を説明すべきであり、Ｖに対する創傷の事実のみを捉えて殺人未遂に問擬したことは矛盾撞着があると主張して上告した。

【判　旨】上告棄却

「凡そ殺人の罪は故意に人を殺害するに因りて成立するものにして其の被害者の何人たるやは毫も其の成立に影響を及ぼすものに非ず。従て苟も殺意を以て人を殺傷したる以上は縦令被害者の何人たるやに付て誤認する所ありと雖殺人の犯意を阻却すべきものに非ず。而して原判決に於てはＸがＡを殺害せんと決意し之が実行行為に著手しＶをＡなりと誤認し之を傷害したる事実を認めＸを殺人未遂罪に問擬したる旨趣自ら明かなれば特に其の理由を説明するの要なく論旨は理由なし」。

(2)　因果関係の錯誤

39 大判大正12年４月30日刑集２巻378頁

【事実の概要】

被告人Xは、夫と先妻との間に生まれた長男Vと以前から情を通じていたが、Vの存在は家計に累を為し、私通が露見すれば甚だしく不面目の結果になると憂い、Vの殺害を決意し、熟睡中のAの頚部を麻縄で絞めた。Vが身動きしなくなったので、XはVが死亡したものと考え、犯行の発覚を防ぐ目的でVを背負い海岸砂上に運び、そこに放置して帰宅した。Vは頚部絞扼と砂末吸引とによって死亡した。この行為が殺人罪で起訴された。

【裁判の経過】

１審：青森地判（年月日不明）

２審：宮城控訴院判（年月日不明）（有罪・殺人罪）

２審は殺人罪の成立を認めた。これに対して、Ｘ側は、殺人既遂が成立するためには挙動と結果との因果関係の認識を必要とし、Ｘは因果関係の認識を欠くから殺人罪は成立せず、殺人未遂罪と過失致死罪との併合罪となると主張して上告した。

【判　旨】上告棄却

「Ｘの殺害の目的を以て為したる行為の後ＸがＶを既に死せるものと思惟して犯行発覚を防ぐ目的を以て海岸に運び去り砂上に放置したる行為ありたるものにして此の行為なきに於ては砂末吸引を惹起すことなきは勿論なれども本来前示の如き殺人の目的を以て為したる行為なきに於ては犯行発覚を防ぐ目的を以てする砂上の放置行為も亦発生せざりしことは勿論にして之を社会生活上の普通観念に照しＸの殺害の目的を以て為したる行為とＶの死との間に原因結果の関係あることを認むるを正当とすべくＸの誤認に因り死体遺棄の目的に出てたる行為は毫も前記の因果関係を遮断するものに非ざるを以てＸの行為は刑法第199條の殺人罪を構成するものと謂ふべく此の場合には殺人未遂罪と過失致死罪の併存を認むべきものに非ず」。

【参考文献】

川崎友巳・判例講義Ｉ63頁、葛原力三・百選Ｉ〔第６版〕34頁

(3) 方法の錯誤①

40 大判昭和８年８月30日刑集12巻1445頁

【事実の概要】

被告人Xは、家庭不和から、実母V1、妹V2、弟V3、叔母V4、祖母V5を殺害することを決意し、日本刀を持ち出し、V4宅に侵入し、女児を抱いたV4を十数回突刺しともに即死させ、逃げようとしたV5を突刺し即死させ、さらに物音に驚いて２階より降りてきたV6に切りつけ、治療94日を要する創傷を負わせた。この行為が尊属殺人罪、殺人罪、殺人未遂罪で起訴された。

【裁判の経過】

１審：岡山地判（年月日不明）

２審：広島控訴院判（年月日不明）（有罪・尊属殺人罪、殺人罪、殺人未遂罪）

２審は、V4および女児に対する殺人罪（観念的競合）、V5に対する尊属殺人罪、V6に対する殺人未遂罪の成立を認めた。これに対して、弁護人は、Ｘには女児を殺害する意思はないか失致死罪を以て論すへきに非ず。…然らばＸが殺意を以て為したる暴行の結果右女児を殺害するに至りたるものなるが故に前述の理由に依り ら殺人罪は成立しないと主張して上告した。

【判　旨】上告棄却

「人を殺害する意思を以て之に暴行を加へ因て人を殺害したる結果を惹起したる以上は縦令其の殺害の結果が犯人に於て毫も意識せざりし客体の上に生じたるときと雖暴行と殺害との間に因果の関係存すること明白なる以上犯人に於て殺人既遂の罪責を負ふべきこと勿論にして過同女児に対する殺人罪を構成すること明白なりとす」。

(4) 方法の錯誤②

41 東京高判昭和30年４月19日高刑集８巻４号505頁

【事実の概要】

被告人Xは、A女に敬慕の情をもっていたが、Aが元海軍士官V1と親しくなったことから、V1に対する嫉妬と憎悪の情を抱き、V1を殺害する目的をもつて、昭和28年10月17日農薬ホリドール乳剤を日本酒に混入した上、これをV1方の隣人を介してV1に供与したが、V1はこれを飲用せず自宅に放置しておいたところ、約半年を経過した昭和29年４月７日V1の妻は知人のV2が酒好きであるところから、V2に対し前記日本酒を毒酒と知らないで贈与したが、これを貰い受けたV2は同夜これを飲用したため、ホリドール服用による内因的窒息により死亡した。この行為が、V1に対する殺人未遂罪、V2に対する殺人罪で起訴された。

【裁判の経過】

１審：長野地判昭和29年８月23日高刑集８巻４号511頁（有罪・V2に対する殺人罪）

１審は、V2に対する殺人罪の成立のみを認めた。これに対して、Ｘ側は、ＸはV1を殺害する意思はもっていたが、V2を殺害する意思はなく、V2の死亡はひとえにV1の妻の行為に基因するものであるから、ＸはV1に対する殺人未遂罪の責任の他に、本件毒酒をV1以外の者が飲用するかも知れないということを認識しなかった点において過失致死の責任を負わねばならないのは格別、V2に対する殺人既遂罪の成立する余地はないと主張して控訴した。

【判　旨】破棄自判（量刑不当）

「およそ殺人の罪は故意に人を殺害するによって成立するものであって、その被害者の何人であるかは毫もその成立に影響を及ぼすものではないから、原判示のように、いやしくも人を殺害する意思をもって他人に毒酒を供与し、因ってこれを飲用した者を死亡せしめた以上は、仮令その飲用死亡者がXの意図した者と相違していたとしても、なおXに殺人罪の刑責の存することは論をまたないところである。…また原判示のような毒酒による殺人罪の実行行為は、これを相手方に提供することにより終了し、それ以後の経過、即ちこれを誰が飲用するかというようなことは、専ら犯人の意思以外の外的条件の推移によって決定されるものであるから、犯人が殺害しようと意図した者以外の者は絶対に飲用することがないというような特殊の事例の場合は、格別、本件のようにV1以外の者が飲用する可能性の多分に存する場合においては、Xの毒物提供の行為と、V2の飲酒死亡との間には因果関係の存するものと認めるのを相当とし、仮令その間にV2の妻の行為が介在したとしても、なお右の因果関係は中断されるものではないと解するのを相当とする。…Xの所為はXの目的には関わりなく、V2に対する殺人既遂罪であると解する以上、V1に対する殺人未遂罪の成立する余地は存在しない」。

(5) 方法の錯誤③

42 最判昭和53年7月28日刑集32巻5号1068頁、判時900号58頁、判タ366号165頁

【事実の概要】

被告人Xは、警ら中の警察官V1からけん銃を強取しようと決意してV1を追尾し、たまたま周囲に人影が見えなくなったとみて、V1を殺害するかも知れないことを認識し、かつ、あえてこれを認容し、建設用びょう打銃を改造しびょう1本を装てんした手製装薬銃1丁を構えてV1の背後約1メートルに接近し、V1の右肩部附近をねらい、ハンマーで右手製装薬銃の撃針後部をたたいて右びょうを発射させたが、V1に右側胸部貫通銃創を負わせたにとどまり、かつ、V1のけん銃を強取することができず、更に、V1の身体を貫通した右びょうをたまたまV1の約30メートル右前方の道路反対側の歩道上を通行中のV2の背部に命中させ、V2に腹部貫通銃創を負わせた。この行為が、V1、V2に対する強盗殺人未遂罪の観念的競合として起訴された。

【裁判の経過】

1審：東京地判昭和50年6月5日刑月7巻6号671頁（有罪・強盗傷人罪の観念的競合）

1審は、V1の右肩付近をねらったとの弁解を覆すに足りる証拠はなく、ねらった部位からそれて身体の枢要部等に命中する可能性のあることまで認識し、これを認容していたともいいがたいとして未必的殺意を否定し、強盗傷人罪の観念的競合とした。これに対して、検察官側は殺意を否定した点について事実誤認、X側はV2に対する傷害は、過失によるものと認定しながら、同過失傷害は、V1に対する強盗傷人の機会に発生したものであるから、強盗傷人罪に該当するとした点について法令の解釈適用の誤りを理由として控訴した。

2審：東京高判昭和52年3月8日高刑集30巻1号150頁（破棄自判・強盗殺人未遂罪の観念的競合）

2審は、本件装薬銃から発射したびょうが必ずしもV1の身体のねらった部位に確実に命中するとの自信を有していたとはいえないうえに、ねらった部位（V1の右肩）に適確に照準を定めることもなく発射したものであるとして、未必的殺意を肯定し、強盗殺人未遂罪の観念的競合とした。これに対して、X側は、V2に対する傷害の結果につきXの過失を認定したのみで、何らの理由も示さず故意犯である強盗殺人未遂罪の成立を認めたのは、240条の解釈を誤り判例に違反すると主張して上告した。

【判　旨】上告棄却

「犯罪の故意があるとするには、罪となるべき事実の認識を必要とするものであるが、犯人が認識した罪となるべき事実と現実に発生した事実とが必ずしも具体的に一致することを要するものではなく、両者が法定の範囲内において一致することをもって足りるものと解すべきである……から、人を殺す意思のもとに殺害行為に出た以上、犯人の認識しなかった人に対してその結果が発生した場合にも、右の結果について殺人の故意があるものというべきである。…Xが人を殺害する意思のもとに手製装薬銃を発射して殺害行為に出た結果、Xの意図した巡査V1に右側胸部貫通銃創を負わせたが殺害するに至らなかったのであるから、V1に対する殺人未遂罪が成立し、同時に、Xの予期しなかった通行人V2に対し腹部貫通銃創の結果が発生

し、かつ、右殺害行為とV2の傷害の結果との間に因果関係が認められるから、同人に対する殺人未遂罪もまた成立し……、しかも、Xの右殺人未遂の所為はV1に対する強盗の手段として行われたものであるから、強盗との結合犯として、XのV1に対する所為についてはもちろんのこと、V2に対する所為についても強盗殺人未遂罪が成立するというべきである」。

【参考文献】

松原久利・判例講義Ⅰ40頁、石井徹哉・百選Ⅰ〔第6版〕82頁、内田文昭・昭和53年度重判解165頁、新矢悦二・最判解刑事篇昭和53年度339頁

(6) 誤想防衛と方法の錯誤

43 大阪高判平成14年9月4日判タ1114号293頁

【事実の概要】

被告人Xは、顔見知りのAと些細なことから口論となり、Aに呼び出されたことなどから、Aの連れの男達と喧嘩になると予想して、実兄のV（当時21歳）らに加勢を求めた上、平成10年7月4日午前零時20分ころ、呼び出された場所に赴き、同所付近の歩道上において、V及び友人4名と共に、Aが加勢を求めたB及びC（当時17歳）ら10名の男女らと対峙した際、Cらから木刀等で攻撃を加えられたことで、自らは同所付近に停車させていた普通乗用自動車の運転席に逃げ込んだものの、同車後方の様子から、その付近でVがCから危害を加えられているものと考え、とっさに、Vを助けるため、Cに対し、同車をCに向けて急後退させる暴行を加えてCを追い払おうと決意し、直ちに同車を運転し、Cらのいる交差点横断歩道方向を目掛け、左転把して同車を時速約20キロメートルで約15.5メートル急後退させ、Cの右手に同車左後部を衝突させるとともに、Vに同車後部を衝突させVをその場に転倒させて同車で轢過した。その結果、Vは肝臓挫滅等の傷害を負い、同日午前1時51分ころ、肝臓挫滅に起因する出血性ショックにより死亡した。この行為がCに対する暴行罪、Vに対する傷害致死罪で起訴された。

【裁判の経過】

1審：大阪地堺支判平成13年7月19日判タ1114号297頁（有罪・傷害致死罪）

1審は、Cに対する暴行罪の成立を認めた上で、「その暴行の結果、意図していなかったとしても、実兄であるVにも本件車両を衝突させ、同人を轢過して死亡させたのであるから、本件については、Cに対する暴行罪のほか、Vに対する傷害致死罪が成立するのは明らかである」として、Vに対する傷害致死罪の成立を認めた。これに対して、X側は、Cに対する暴行の故意はないとして、事実誤認を理由として控訴した。

【判　旨】破棄自判（無罪）

「不正の侵害を全く行っていないVに対する侵害を客観的に正当防衛だとするのは妥当でなく、また、たまたま意外なVに衝突し轢過した行為は客観的に緊急行為性を欠く行為であり、しかも避難に向けられたとはいえないから緊急避難だとするのも相当でないが、Xが主観的には正当防衛だと認識して行為している以上、Vに本件車両を衝突させ轢過してしまった行為については、故意非難を向け得る主観的事情は存在しないというべきであるから、いわゆる誤想防衛の一種として、過失責任を問い得ることは格別、故意責任を肯定することはできないというべきである。…錯誤論の観点から考察しても、Vに対する傷害致死の刑責を問うことはできないと解するのが相当である。すなわち、一般に、人（A）に対して暴行行為を行ったが、予期せぬ別人（B）に傷害ないし死亡の結果が発生した場合は、いわゆる方法の錯誤の場面であるとして法定的符合説を適用し、Aに対する暴行の（構成要件的）故意が、同じ『人』であるBにも及ぶとされている。これは、犯人にとって、AとBは同じ『人』であり、構成要件的評価の観点からみて法的に同価値であることを根拠にしていると解される。しかしこれを本件についてみると、XにとってVは兄であり、共に相手方の襲撃から逃げようとしていた味方同士であって、暴行の故意を向けた相手方グループ員とでは構成要件的評価の観点からみて法的

に人として同価値であるとはいえず、暴行の故意を向ける相手方グループ員とは正反対の、むしろ相手方グループから救助すべき『人』であるから、自分がこの場合の『人』に含まれないのと同様に、およそ故意の符合を認める根拠に欠けると解するのが相当である」。

【参考文献】

奥村正雄・判例講義Ⅰ追加９頁、鈴木左斗志・百選Ⅰ〔第６版〕54頁

(7)　早すぎた結果発生①

44 横浜地判昭和58年７月20日判時1108号138頁

(8)　早すぎた結果発生②

最決平成16年３月22日刑集58巻３号187頁、判時1856号158頁、判タ1148号185頁
⇒第２章第１節 2 (3) 17 ・第５章第１節 3 (2) 事件

5　抽象的事実の錯誤

(1)　ヘロインと覚せい剤

45 最決昭和54年３月27日刑集33巻２号140頁、判時922号13頁、判タ392号63頁

【事実の概要】

被告人Xは、ほか２名と共謀のうえ、(1) 営利の目的で、麻薬であるジアセチルモルヒネの塩類である粉末を覚せい剤と誤認して本邦内に持ち込み、もって右麻薬を輸入し、(2) 税関長の許可を受けないで、前記麻薬を覚せい剤と誤認して輸入した。

弁護人は、Xらは本件の薬物を覚せい剤と誤認していたものであるから、麻薬の輸入、譲渡あるいは使用に関する故意がないと主張した。

【裁判の経過】

１審：新潟地判昭和51年６月29日刑集33巻２号148頁（有罪・麻薬輸入罪）

１審は、「麻薬と覚せい剤取締法所定の覚せい剤とはいずれも強烈な中毒性と習慣性のため人の心身を蝕み、ひいては社会の保健衛生に重大な危害を及ぼすことの多い薬物であるがゆえに、右の各法律においてその濫用を取締るべく酷似した各種の罰則がもうけられているものであることに照らして考えるならば、右の各罰則の対象となる行為は、必ずしも、当該薬物が麻薬であるか、あるいは覚せい剤であるか、そのいずれであるかの確定的な認識にもとづくものであることを要しないものと解するのが相当であるから、Xらが本件麻薬を覚せい剤と誤認したからといって、麻薬取締法違反の罪に関する故意を否定すべきいわれのないことは明らかである」とし、麻薬輸入罪を「犯情の軽い覚せい剤を輸入する意思で犯したものであるから、刑法38条２項、10条により」覚せい剤輸入罪の刑で処断する」とした。これに対して、X側は、Xらが本件麻薬を覚せい剤と誤認していたのに麻薬取締法違反の罪の成立を認めた原判決には法令の適用を誤った違法があり、かりに同法違反の罪と覚せい剤取締法違反の罪とが同じ罪質の罪であるとしても、本件は刑法38条２項により後者の罪の既遂をもって論ぜられるべきであると主張して控訴した。

２審：東京高判昭和52年３月30日刑集33巻２号152頁（控訴棄却）

２審は、「麻薬を覚せい剤と誤信した錯誤は、同質のいずれかの前記罰則によって処罰される行為の酷似した対象物のみについての錯誤であって、右のような性質のこの程度の事実の錯誤は、麻薬取締法違反の罪の構成要件を充足させる故意を阻却するものではな」く、「重い同法違反の罪が成立する」が、「行為者に対する刑は軽い覚せい剤取締法違反の罪に定める刑によ

るべきで重い麻薬取締法違反の罪の刑に従ってはならないという限度で刑法38条2項が適用をみるにすぎない。」として控訴を棄却した。これに対して、X側は、麻薬の方が覚せい剤よりはるかに害が大きく、犯意、刑とも軽い罪の限度で認定されるべきであると主張して上告した。

【決定要旨】上告棄却

「(1)　麻薬と覚せい剤とは、ともにその濫用による保健衛生上の危害を防止する必要上、麻薬取締法及び覚せい剤取締法による取締の対象とされているものであるところ、これらの取締は、実定法上は前記二つの取締法によって各別に行われているのであるが、両法は、その取締の目的において同一であり、かつ、取締の方式が極めて近似していて、輸入、輸出、製造、譲渡、譲受、所持等同じ態様の行為を犯罪としているうえ、それらが取締の対象とする麻薬と覚せい剤とは、ともに、その濫用によってこれに対する精神的ないし身体的依存（いわゆる慢性中毒）の状態を形成し、個人及び社会に対し重大な害悪をもたらすおそれのある薬物であって、外観上も類似したものが多いことなどにかんがみると、麻薬と覚せい剤との間には、実質的には同一の法律による規制に服しているとみうるような類似性があるというべきである。

…両罪は、その目的物が覚せい剤か麻薬かの差異があるだけで、その余の犯罪構成要件要素は同一であり、その法定刑も全く同一であるところ、前記のような麻薬と覚せい剤との類似性にかんがみると、この場合、両罪の構成要件は実質的に全く重なり合っているものとみるのが相当であるから、麻薬を覚せい剤と誤認した錯誤は、生じた結果である麻薬輸入の罪についての故意を阻却するものではないと解すべきである。してみると、Xの前記1（1）の所為については、麻薬取締法64条2項、1項、12条1項の麻薬輸入罪が成立し、これに対する刑も当然に同罪のそれによるものというべきである。…

(2)　次に、Xの前記1（2）の所為についてみるに、…密輸入にかかる貨物が覚せい剤か麻薬かによって関税法上その罰則の適用を異にするのは、覚せい剤が輸入制限物件（関税法118条3項）であるのに対し麻薬が輸入禁制品とされているというだけの理由によるものに過ぎないことにかんがみると、覚せい剤を無許可で輸入する罪と輸入禁制品である麻薬を輸入する罪とは、ともに通関手続を履行しないでした類似する貨物の密輸入行為を処罰の対象とする限度において、その犯罪構成要件は重なり合っているものと解するのが相当である。本件において、Xは、覚せい剤を無許可で輸入する罪を犯す意思であったというのであるから、輸入にかかる貨物が輸入禁制品たる麻薬であるという重い罪となるべき事実の認識がなく、輸入禁制品である麻薬を輸入する罪の故意を欠くものとして同罪の成立は認められないが、両罪の構成要件が重なり合う限度で軽い覚せい剤を無許可で輸入する罪の故意が成立し同罪が成立するものと解すべきである」。

【参考文献】

松原久利・判例講義Ⅰ41頁、川端博・百選Ⅰ〔第2版〕113頁、大谷實・昭和54年度重判解183頁、岡次郎・最判解刑事篇昭和54年度35頁

(2)　覚せい剤とコカイン

46 最決昭和61年度6月9日刑集40巻4号269頁、判時1198号157頁、判タ606号54頁

【事実の概要】

被告人Xは、覚せい剤であるフェニルメチルアミノプロパン塩酸塩を含有する粉末を麻薬であるコカインと誤認して所持した。

【裁判の経過】

1審：横浜地川崎支判昭和60年8月20日刑集40巻4号287頁（有罪・麻薬所持罪）

1審は、麻薬所持罪の成立を認め、覚せい剤取締法41条の6本文により覚せい剤を没収した。これに対して、X側は、量刑不当を主張して控訴した。

2審：東京高判昭和60年12月27日刑集40巻4号291頁（控訴棄却）

2審は、控訴を棄却した。これに対して、X側は、コカインと誤信して覚せい剤を所持した事実につき、何の説明も加えることなく、麻薬取締法を適用してXを処断したことは不当であり、また、麻薬取締法を適用するとしながら没

収に関してのみは覚せい剤取締法を適用するということは、構成要件の重なり合い理論から当然には導き出しえないと主張して上告した。

【決定要旨】上告棄却

「Xは、覚せい剤であるフェニルメチルアミノプロパン塩酸塩を含有する粉末を麻薬であるコカインと誤認して所持したというのであるから、麻薬取締法66条1項、28条1項の麻薬所持罪を犯す意思で、覚せい剤取締法41条の2第1項1号、14条1項の覚せい剤所持罪に当たる事実を実現したことになるが、両罪は、その目的物が麻薬か覚せい剤かの差異があり、後者につき前者に比し重い刑が定められているだけで、その余の犯罪構成要件要素は同一であるところ、麻薬と覚せい剤との類似性にかんがみると、この場合、両罪の構成要件は、軽い前者の罪の限度において、実質的に重なり合っているものと解するのが相当である。Xには、所持にかかる薬物が覚せい剤であるという重い罪となるべき事実の認識がないから、覚せい剤所持罪の故意を欠くものとして同罪の成立は認められないが、両罪の構成要件が実質的に重なり合う限度で軽い麻薬所持罪の故意が成立し同罪が成立するものと解すべきである。

…成立する犯罪は麻薬所持罪であるとはいえ、処罰の対象とされているのはあくまで覚せい剤を所持したという行為であり、この行為は、客観的には覚せい剤取締法41条の2第1項1号、14条1項に当たるのであるし、このような薬物の没収が目的物から生ずる社会的危険を防止するという保安処分的性格を有することをも考慮すると、この場合の没収は、覚せい剤取締法41条の6によるべきものと解するのが相当である」。

【参考文献】

松原久利・判例講義Ⅰ43頁、專田泰孝・百選Ⅰ〔第6版〕84頁、川端博・昭和61年度重判解149頁、安廣文夫・最判解刑事篇昭和61年度77頁

(3) 嘱託殺人と殺人

47 名古屋地判平成7年6月6日判時1541号144頁

【事実の概要】

被告人Xは、情交関係にあるVとの交際費等に充てた9,500万円あまりの借金の返済にいよいよ窮し、Vに窮状を打ち明けたが、Vは「困った」というばかりで、具体的な解決策を打ち出すかわりに、何度も死を仄めかすような言動をした。そこでXは、Vの解決策を聞くまではと、Vの単身赴任先のマンションに滞まったが、Vの死を仄めかす言動は相変わらず、依然として具体的な解決策についての返事はなく、最悪の場合はVがその気ならVと二人で死のうと考え、前日に引続き再び、寝るでもなく起きるでもなくの状態で一夜を過ごして朝を迎えた際、疲労困ぱいし、前途を思って動揺しているさ中、右V方居室において、ベットに仰向けに寝ていたVが、「僕が先だからね」「刺してもいいよ」と言って、掛けていた肌布団を足で蹴り上げて顔を覆い、腹部から下をむき出しにしたことから、ここに、Vの真意に基づく嘱託がないのに、これがあるものと誤信した末、Vを殺害して自分も後を追って死のうと決意し、果物ナイフで、殺意をもって、Vの腹部及び背部等を突き刺し、よって、そのころ、同所において、Vを腹部大動脈刺創により出血失血死させて殺害した。

なお、V自身の経済状態は悪くなく、夫婦仲も悪くなく、Aが悩んだり考え込んだりするような様子は認められなかった。また、Vは、Xに対してしばしば睡眠薬の購入を依頼しているが、Xの買い求めた薬品については、V自身これを服用した様子が認められない。さらに、遺書等も全く発見されておらず、Vの死体には、手の指や左前腕部に防御創と思われる創傷があったほか、背部にも刺創があった。

Xは殺人罪で起訴された。弁護人は、本件犯行はVの真意に基づく嘱託を受けて行われたもので、嘱託殺人罪で問擬されるべきであると主張した。

【判　旨】有罪（嘱託殺人罪）（確定）

「本件殺害につき、Ｖが、Ｘに対し、自己の殺害について真意に基づく嘱託をしたとは認められ」ないが、「Ｖが真摯に殺害に同意しているものと信じて犯行に及んだＸの心情は、当時の状況に照して通常人の立場からも納得でき、その供述は十分信用できる。…Ｘは、被害者Ｖの嘱託がないのにこれあるものと誤信して殺害行為に及んだことが明らかであるから、嘱託殺人の故意で殺人を犯したものとして、刑法38条２項により、改正前の刑法202条嘱託殺人罪の罪責を負うことになる」。

【参考文献】

松原久利・判例講義Ⅰ44頁、長井長信・平成７年度重判解137頁

第５節　過　失

1　明文なき過失犯処罰―油による海水汚濁

48 最決昭和57年４月２日刑集36巻４号503頁、判時1042号151頁、判タ470号129頁

【事実の概要】

被告人Ｘは、油送船に乗組み、３等機関士として同船に使用する燃料油の補給等の船務に従事していたが、燃料油の補給作業に際して、補給中の燃料油がタンクの容量を超過してタンクのアクセス・ハッチ等から甲板に溢出し海面に流下するのを防止すべき注意義務があるのに拘わらず、油面確認のための代わりの作業員を置かないで、アクセス・ハッチが開放したまま持場を離れた等の過失により、燃料油2.5キロリットルを蓋の開放されたアクセス・ハッチから右舷側海面に流出させ、もって本邦の海岸の基線から50浬以内の海域において油を排出した。

この行為が、「船舶の油による海水の汚濁の防止に関する法律」（以下「旧法」という）（昭和45年廃止）５条１項、36条により起訴された。

【裁判の経過】

１審：横浜地川崎支決昭和52年４月１日判時868号102頁（公訴棄却）

１審は、旧法36条は「過失の処罰までも欲していない」として公訴棄却の決定をした。これに対して、検察官側は特別抗告をした。抗告審（東京高決昭和52年５月９日高刑集30巻２号220頁）は、「本法が過失犯を処罰しないこと、ひいては本件控訴事実が罪とならないことが、口頭弁論を経ることを要しないほど至極明白であるとはいえない」として、原決定を取り消し、本件を原審裁判所に差し戻す決定をした。

差戻し後**１審：横浜地判昭和53年３月６日刑集36巻４号531頁（有罪）**

差戻し後１審は「油の『排出』には過失による場合を含むと解するのが相当である」として有罪とした。これに対して、Ｘ側は、旧法５条１項の「排出」には過失によるそれを含まず、かつ、36条も過失犯の処罰を定める特別の規定ではないと主張して控訴した。

差戻し後**２審：東京高判昭和54年９月20日高刑集32巻２号179頁（控訴棄却）**

２審は、「旧法５条１項は、…油の排出を一律に禁止する一方、同法７条１項２号においては、右５条１項を適用しない場合として、『船舶の損傷その他やむを得ない原因による油の排出。ただし、当該油の排出を防止し、又は減少させるための措置をとった場合に限る』と定められているものである。これによれば、右５条１項は、…およそ油が船体から離れ海上海中に滞留するという物理的状態の発生することを結果自体として一切禁止するものであって、その原因の如何を問わない法意であることが明らかであり、ひっきょう『排出』とは、原因の如何を問わずかかる結果を生ずることそれ自体を指す概念であると解される。…原因の如何を問わ

ないということは、『排出』の原因が人の行為にある場合に、その故意・過失の如何を問わないことをも含むものであり、右5条1項にいう『排出』にことさら人の過失に基づくものが含まれないと解すべきいわれはない。

（イ）…これと相まって一個の刑罰規定を構成する旧法36条は、その文理上、故意による油の排出に限らず、過失による油の排出をも処罰対象として含むものと解する余地がある。かような文理上の可能性があるときは、過失犯の処罰をも明記する文言が条文中に用いられていない場合であっても、当該法令全体の立法の趣旨目的及び関連法条との関連から特定の罰則規定が明らかに過失犯をも処罰する趣旨であると解されるかぎり、これをもって刑法38条1項にいう『特別の規定』にあたるものとして差支えなく、右のような明記文言の欠如の故に直ちに、故意犯のみを処罰する規定であると解さなければならないものではない。

（ロ）すすんで旧法の立法の経緯についてみると、船舶の油による海水の汚濁を防止することは、『1954年の油による海水の汚濁の防止のための国際条約』がわが国についても発効することに備え、これを誠実に遵守する義務の履行として立法化されたものであるところ、前記条約は、その文言自体から、油の排出についてはその原因の如何を問わずおよそ排出という物理的事実そのものを禁ずる趣旨であると解されるから、かかる趣旨の実現を国内法において刑罰をもって強制しようとするものである旧法36条が、故意の投棄のみを処罰対象とするものであるにおいては、国の憲法上の義務として前記条約を誠実に遵守するうえで、必ずしも十分でないものがあると認められる。

（ハ）次に…法案の委員会審議において、旧法案は過失による油の排出をも処罰対象とするものであって、かつ、右の趣旨が、主としては前記『排出』の概念を介し、また前記条約の趣旨を体して行うものであるところの規制の本旨を通じて、旧法の関連規定上明らかにされており、ことさら明文の規定をおくまでもないとする立案主務官庁の見解が明示されているのであり、各関連法条がなんらの修正もなく関係委員会の議決を経、本会議においても可決された以上は、過失による油の排出をも処罰することがまさしく立法府の意図するところであったものと解するに足りる。

（二）およそ行政取締法規は、行政目的の実現に資するという性格上、行政違反の客観的状態を事実そのものとして予防禁圧しようとし、それゆえ行政義務の履行を強制する手段としての行政罰則も多くは過失犯をも処罰対象とすることになるが、とくに問題の行政違反状態が通常は故意によってではなく、むしろ過失によって生ずることが多いような類のものである場合においてはなおさらのことであり、行政罰則の解釈においては、右の事理を考慮の外におくことはできない。…旧法が意図する立法目的を実現するうえには、故意の投棄の禁止のみを刑罰によって履行強制するにおいては、半ば実効を期しがたいものがあると認められる。

（ホ）昭和45年法律第136号海洋汚染防止法（以下単に新法という）において設けられた過失による船舶の油流出を処罰する旨の明文規定は、新法において新たに規制対象に組み込まれることとなったが1969年改正条約の規制外である船舶の廃棄物並びに海洋施設の油又は廃棄物の各排出等についてその過失犯を処罰しないこととの対比上、とくに確認的意味合いで設けられたものと解せられ…るから、…旧法において過失による油流出を処罰する趣旨の規定が欠如していたと解することの証左とするには足りないものである。

…諸点を総合していえば、旧法5条1項、36条により一体として構成される刑罰規定は、その内容自体において過失犯をも処罰する法意であることが同法の関連規定上明らかであり、かつ、こう解釈することが立法目的の実現にも資するものと解せられる。」として控訴を棄却した。

これに対して、X側は、過失行為を処罰する明文の規定なきに拘わらず上告人の過失による油の海洋への流出行為を処罰することは罪刑法定主義に反し憲法31条に違背すると主張して上告した。

【決定要旨】上告棄却

「船舶の油による海水の汚濁の防止に関する法律36条、5条1項は過失犯をも処罰する趣旨であると解した原審の判断は正当である…。」

【参考文献】

川本哲郎・判例講義Ⅰ45頁、川崎一夫・百選Ⅰ〔第6版〕100頁、田中利幸・昭和57年度重判解160頁、田中清・最判解刑事篇昭和57年度127頁

2 因果関係・結果回避可能性

(1) トラックが自転車を追い越す際の注意義務

49 最決昭和60年4月30日刑集39巻3号186頁、判時1174号150頁、判タ572号55頁

【事実の概要】

被告人Xは、大型貨物自動車を運転して本件道路を走行中、先行するV運転の自転車を追い抜こうとして警笛を吹鳴したのに対し、Vが道路左側の有蓋側溝上に避譲して走行したので、Vを追い抜くことができるものと思って追い抜きを始め、自車左側端とVの自転車の右ハンドルグリップとの間に60ないし70センチメートルの間隔をあけて、その右側を徐行し、かつ、Vの動向をサイドミラー等で確認しつつ、右自転車と並進したところ、Vは、自転車走行の安定を失い自転車もろとも転倒して、X車左後輪に轢圧されて死亡した。この行為が、業務上過失致死罪で起訴された。

なお、本件道路は大型貨物自動車の通行が禁止されている幅員4メートル弱の狭隘な道路であり、V走行の有蓋側溝に接して民家のブロック塀が設置されていて、道路左端からブロック塀までは約90センチメートルの間隔しかなく、側溝上は、蓋と蓋の間や側溝縁と蓋の間に隙間や高低差があって自転車の安全走行に適さない状況であり、Vは72歳の老人であったという事情があった。

【裁判の経過】

1審：徳島地川島支判昭和58年5月25日刑集39巻3号196頁（無罪）

1審は、一時追い抜きを差し控えなかった点、また、追い抜き方法についても過失は認められないとして無罪とした。これに対して、検察官側が控訴した。

2審：高松高判59年1月24日刑集39巻3号200頁（破棄自判・業務上過失致死罪）

2審は、「その付近は道路の幅員が狭く、有蓋側溝上に進路を変えて避譲したVが、自転車の安定を失って転倒する危険が十分に予測されたのであり、かつその約20メートル先には安全に避譲できる場所があったのであるから、自動車運転者としては、追い抜きを暫時差し控えるべき業務上の注意義務があったというべきであるところ、Xは、Vが転倒する危険を全く予測せず、あえて無理な追い抜きをしたために、側溝の蓋に自転車のハンドルをとられて運転の自由を失い、狼狽して自転車に乗ったまま路上に転倒したVを自車左後輪で轢圧し、その結果、Vを死亡させたというのであるから、Xの右業務上の注意義務違反による本件業務上過失致死の公訴事実は、優に肯認することができる」として破棄自判し、業務上過失致死罪の成立を認めた。これに対して、X側は、特に自動車に接触する危険の認むべき状況のない限り、一時追い越しを見合わせる注意義務はないなどと主張して上告した。

【決定要旨】上告棄却

「本件の状況下においては、X車が追い抜く際にVが走行の安定を失い転倒して事故に至る危険が大きいと認められるのであるから、たとえ、VがX車の警笛に応じ避譲して走行していた場合であっても、大型貨物自動車の運転者たるXとしては、V転倒による事故発生の危険を予測して、その追い抜きを差し控えるべき業務上の注意義務があったというべきであ」る。

【参考文献】

川本哲郎・判例講義Ⅰ46頁、渡邊忠嗣・最判解刑事篇昭和60年度76頁

(2) 結果回避可能性と因果関係

50 福岡高那覇支判昭和61年2月6日判時1184号158頁

【事実の概要】

被告人Xは、普通乗用自動車を運転中、友人の車両が進行方向右側の反対車線路側帯に駐車されているのを認め、該車両の後方に駐車するため転回しようと考え、後方を車内バックミラーで一瞥して確認したが、後続車両は見当たらなかったので、同地点でX車の速度は時速約30キロメートルに落ちていたが、自車の回転半径に比べ道路の幅員が狭かったため、一度には転回できないとして、更に減速しながらハンドルを一旦左に切り、自車を道路左側端まで寄せた上、改めてハンドルを右にいっぱい切って時速約10キロメートルで右折転回を始めたが、右転回を始めるにあたっては、Xは後方の安全を全く確認しなかった。一方、V1は、自動二輪車で走行中、本件事故現場の北方約150メートル付近のカーブを回り、直線道路に入ったころ前方X車を発見したが、同車が自車の進路上に出て来る様子であったため、時速約100キロメートルでその右側を追い越そうと考え、反対車線に入ったところ、思いがけずX車が同車線を横切る形で転回して来たため、衝突の危険を感じて急制動の措置をとった。Xは反対車線上を横切る形で一時停止直後、切り返して後退しようとした際、バランスを失い横倒しになったV1車が名護方面から滑走して来て、X車の右側面最後部付近に激突し、V1は傷害を負い、後部座席にいたV2が死亡した。この行為が、業務上過失致死傷罪で起訴された。

【裁判の経過】

1審：那覇地名護支判昭和58年10月6日未登載（有罪・業務上過失致死傷罪）

1審は、「Xは、右折転回しようとするにあたり、予め右折の合図をした上後続車両の有無・安全を確認して、右折転回すべき業務上の注意義務があるのにこれを怠り、右折の合図をなしただけで、後続車両の有無・安全を確認しないまま漫然と右折転回した」として、業務上過失致死傷罪の成立を認めた。これに対して、X側は、右折転回する自動車運転者として要求される業務上の注意義務を十分果たしており、本件事故は一に被害者とされるV1の異常な高速度運転及び前方注視義務違反によるものであると主張して控訴した。

【判　旨】破棄自判（無罪）（確定）

「全く自車の後方の安全を顧慮することなく転回を開始したXが、右注意義務に違反したことは明らかである。…しかしながら、…仮にXが…確認義務を果たしV1車が後方から進行して来るのを認めたとしても、その際の同車との距離関係によっては、転回するXとしては同車が交通法規に従い制限時速40キロメートルあるいはこれをある程度上回る速度（せいぜい60キロメートルくらいまでであろう。）で走行してくるものと信頼してよいのであって、特段の事情のない限り、同車の如く交通法規に違反し、時速約100キロメートルにも及ぶ高速度で疾走しX車を追い越そうとする車両のあり得ることまで予測し、それに備えて転回を差し控えるべき業務上の注意義務はないとしてよい場合があり得る。…仮にXが…後方の安全を確認したとしても、Xは、少なくとも86メートル以上後方を追従走行して来るV1車の前照燈を認め得るに止まり、時間帯も深夜で本件現場が暗かったことを考慮すると、同車が前認定のような高速度で疾走して来ることを認識するのは困難であったと考えられるところ、右V1車とX車との車間距離は、V1車が本件現場の制限速度である時速40キロメートルで走行して来る場合約7.7秒（前記のとおり、後方約110メートルとすると9.9秒、後方約98メートルとしても約8.8秒）を要する距離であり、また制限速度を20キロメートル超過した時速60キロメートルで走行して来る場合でも約5.2秒（後方約110メートルとすると6.6秒、後方約98メートルとしても約5.9秒）を要する距離であることを考えると、本件の場合、転回をする運転者たるXとしては、前記のとおり、後続車であるV1車において交通法規に従い追突等の事故を回避する適切な運転をするであろうと信頼し、転回を開始して差し支えない事案であったというべきである。…Xが…後方の安全を確認する注意義務を怠ったことは、本件事故と相当因果関係を有しないといわざるを得ない」。

【参考文献】

川本哲郎・判例講義Ⅰ54頁、佐久間修・百選Ⅰ〔第6版〕18頁

(3) 結果回避可能性と注意義務

51 最判平成4年7月10日判時1430号145頁、判タ795号96頁

【事実の概要】

被告人Xは、業務として普通乗用自動車（以下「X車」という。）を運転し、国道（直線の4車線道路）の左側部分第2通行帯を北方から南方に向かい時速約40キロメートルで進行中、X車が進行中の右第2通行帯を無灯火のまま対向進行して来たV（当時29歳）運転の普通乗用自動車（以下「V車」という。）を前方約7.9メートルに迫って初めて発見し、急制動の措置を講じたが及ばず、同車右前部に自車右前部を衝突させ、その結果、同日午後10時ころVを胸腔内大量出血に基づく呼吸循環不全により死亡させた。この行為が、業務上過失致死罪で起訴された。

【裁判の経過】

1審：沖縄簡判昭和61年4月14日未登載（有罪・業務上過失致死傷罪）

1審は、Xには前方不注視の過失があったとして、業務上過失致死罪の成立を認めた。

2審：福岡高那覇支判平成3年4月11日未登載（控訴棄却）

2審は、次の理由により、第1審判決を是認した。(1) Xは、第1通行帯への進路変更を予定して左前方に気を奪われ、前方注視を欠いていた。(2) V車は衝突地点から約4.01メートル南方の地点で既に中央線を越えてX車が進行中の右第2通行帯を進行しており、Xが前方を注視していれば、少なくともX車の前方約24.5メートルないし30メートルの地点にV車を発見できた。(3) V車の速度を、Xに最も有利に、時速35キロメートルとし、V車の速度を時速40キロメートル、Xがハンドルを進行方向左方に切って衝突を回避するのに必要な時間を0・9秒とすると、XがV車を確認して同車との衝突を避けるためには、両車両の間に少なくとも18・74メートルの距離が必要である。(4) 衝突時、V車はその進行方向に対しやや左方に向いていた上、事故当時現場付近のX車の進路左側の第1通行帯には走行中の車両や駐車車両がなかったことはXの自認するところであるから、Xにおいて前方を注視していたならば、V車がX車の前方18・74メートルに接近するまでにこれを発見し、進行方向左方へハンドルを切ることにより、V車との衝突を回避できたことは明らかである。これに対して、X側が上告した。

【判　旨】破棄自判（無罪）

「X車の時速は40キロメートル、V車の時速は35キロメートル、視認可能距離は約24・5メートルないし30メートルであったとするならば、視認可能となった時点から衝突までは約1.2秒ないし1.4秒しかなく、警音器を吹鳴するなどしてVの注意を喚起する時間的余裕のなかったことも明らかであって、結局、Xにおいて原判決が視認可能とする地点で直ちにV車を発見し、これを注視していたとしても、同車のその後の進路を予測することは困難であるというほかはない。まして、夜間、無灯火で自車の進行車線を逆行して来る車両があるなどということは通常の予測を超える異常事態であって、突如自車の進路上に対向車を発見した運転者の驚がく、ろうばいを考慮すれば、到底、右約1.2秒ないし1.4秒の間に回避が可能であるなどといえないことも、経験則上明らかである。もっとも、X車及びV車と同車種の車両を使用した原審鑑定人Kの実験結果によれば約59.9メートルの距離で対向車をはっきり視認できたというのであるが、その場合でも右速度で進行した場合の衝突までの時間は約2.9秒にすぎず、記録によればVは当時血液1ミリリットル当たり1.73ミリグラムという相当多量のアルコールを身体に保有していたことが認められ、同人に状況に応じた適切な措置を期待し難いことをも考慮すると、右距離でV車を発見してその動向を注視するとともに、警音器を吹鳴するなどVの注意を喚起する措置を併せて講じたとしても、必ずしもV車の進路の予測が可能となったとはいえず、Xにおいて本件事故を確実に回避する

ことができたとはいえない。…Ｘにおいて前方注視を怠っていなければ本件事故を回避することが可能であったとはいえず、また、他にＸに注意義務違反があったとも認められないから、本件事故につきＸに過失があったとはいえない」。

【参考文献】

川本哲郎・判例講義Ⅰ56頁

(4) 結果回避可能性

52 最判平成15年１月24日判時1806号157頁、判タ1110号134頁

【事実の概要】

被告人Xは、平成11年８月28日午前零時30分ころ、業務としてタクシーである普通乗用自動車を運転し、交通整理の行われていない交差点を直進するに当たり、同交差点は左右の見通しが利かない交差点であったことから、その手前において減速して徐行し、左右道路の交通の安全を確認せず、時速約30ないし40キロメートルの速度で同交差点に進入し、折から、左方道路より進行してきたV1運転の普通乗用自動車の前部に自車左後側部を衝突させて自車を同交差点前方右角にあるブロック塀に衝突させた上、自車後部座席に同乗のV2（当時44歳）を車外に放出させ、さらに自車助手席に同乗のV3（当時39歳）に対し、加療約60日間を要する頭蓋骨骨折、脳挫傷等の傷害を負わせ、V2は、同日午前１時24分ころ、病院において、前記放出に基づく両側血気胸、脳挫傷により死亡した。この行為が業務上過失致死傷罪で起訴された。

なお、本件事故現場は、X運転の車両（以下「X車」という。）が進行する幅員約8.7メートルの車道とV1運転の車両（以下「V1車」という。）が進行する幅員約7.3メートルの車道が交差する交差点であり、各進路には、それぞれ対面信号機が設置されているものの、本件事故当時は、X車の対面信号機は、他の交通に注意して進行することができることを意味する黄色灯火の点滅を表示し、V1車の対面信号機は、一時停止しなければならないことを意味する赤色灯火の点滅を表示していた。そして、いずれの道路にも、道路標識等による優先道路の指定はなく、それぞれの道路の指定最高速度は時速30キロメートルであり、X車の進行方向から見て、左右の交差道路の見通しは困難であった。また、V1は、酒気を帯び、指定最高速度である時速30キロメートルを大幅に超える時速約70キロメートルで、足元に落とした携帯電話を拾うため前方を注視せずに走行し、対面信号機が赤色灯火の点滅を表示しているにもかかわらず、そのまま交差点に進入してきたのであった。

【裁判の経過】

１審：広島簡判平成13年７月25日（不登載）（有罪・・業務上過失致死傷罪）

２審：広島高判平成13年12月25日（不登載）（控訴棄却）

１審、２審は、〔1〕Ｘ車が時速20キロメートルで走行していた場合については、衝突地点からＸ車が停止するのに必要な距離に相当する6.42メートル手前の地点においては、衝突地点から28.50メートルの地点にいるはずのV1車を直接視認することはできなかったこと、〔2〕Ｘ車が時速10キロメートルで走行していた場合については、同じく2.65メートル手前の地点において、衝突地点から22.30メートルの地点にいるはずのV1車を直接視認することが可能であったこと、〔3〕Ｘ車が時速15キロメートルで走行していた場合については、同じく4.40メートル手前の地点において、衝突地点から26.24メートルの地点にいるはずのV1車を直接視認することが可能であったことから、仮にＸ車が本件交差点手前で時速10ないし15キロメートルに減速徐行して交差道路の安全を確認していれば、V1車を直接確認することができ、制動の措置を講じてV1車との衝突を回避することが可能であったと認定して、業務上過失致死傷罪の成立を認めた。これに対してＸ側が上告した。

【判　旨】破棄自判（無罪）

「左右の見通しが利かない交差点に進入するに当たり、何ら徐行することなく、時速約30ないし40キロメートルの速度で進行を続けたXの行為は、道路交通法42条1号所定の徐行義務を怠ったものといわざるを得ず、また、業務上過失致死傷罪の観点からも危険な走行であったとみられるのであって、取り分けタクシーの運転手として乗客の安全を確保すべき立場にあるXが、上記のような態様で走行した点は、それ自体、非難に値するといわなければならない。

しかしながら、…対面信号機が黄色灯火の点滅を表示している際、交差道路から、一時停止も徐行もせず、時速約70キロメートルという高速で進入してくる車両があり得るとは、通常想定し難いものというべきである。しかも、当時は夜間であったから、たとえ相手方車両を視認したとしても、その速度を一瞬のうちに把握するのは困難であったと考えられる。こうした諸点にかんがみると、X車がV1車を視認可能な地点に達したとしても、Xにおいて、現実にV1車の存在を確認した上、衝突の危険を察知するまでには、若干の時間を要すると考えられるのであって、急制動の措置を講ずるのが遅れる可能性があることは、否定し難い。そうすると、上記〔2〕あるいは〔3〕の場合のように、Xが時速10ないし15キロメートルに減速して交差点内に進入していたとしても、上記の急制動の措置を講ずるまでの時間を考えると、X車が衝突地点の手前で停止することができ、衝突を回避することができたものと断定することは、困難であるといわざるを得ない。そして、他に特段の証拠がない本件においては、X車が本件交差点手前で時速10ないし15キロメートルに減速して交差道路の安全を確認していれば、V1車との衝突を回避することが可能であったという事実については、合理的な疑いを容れる余地がある…」。

【参考文献】

川本哲郎・判例講義Ⅰ追加6頁、小林憲太郎・百選Ⅰ〔第6版〕16頁。

3　結果的加重犯と過失

53 最判昭和32年2月26日刑集11巻2号906頁

【事実の概要】

被告人Xは、生来虚弱な体質で消極的な無口な温和な性格の持主であったのに反し、妻Vは身体も頑健で積極的な勝気な性格の持主であったため、夫婦間は性格的に和合を欠くことが多かったために口論の絶間がなく、夫婦間に離婚の話も持ち上っていたが、本件当日午前零時30分頃漸く帰宅したVは「死ぬより外に道はないと思って死場所を探しに行き子供を投げ込む場所と自分が死ぬ場所とを見付けて来た」とか「自分の生んだ子だから貴方のような人には預けられない、自分で連れて行く」等と放言し、XはVに対し繰返し子供を殺すことを思い止まらせようと努めたが、Vはこれを聞き入れず長女Aの腕を掴んだので、Xは遂に憤慨しVの後方から左腕をその首に廻してXの方へ引付けようとするやVはXの手を払いのけて起き上ろうとしたので、さらに左腕をVの首に巻付けVをその場に仰向けに引き倒し、Vの上に馬乗りとなり両手でVの頸部を圧迫したところ、心臓が肥大し、肝臓が高度の脂肪変性に陥り、特異体質であったVは即時同所においてショック死した。この行為が傷害致死罪で起訴された。

弁護人は、Xの所為は子供の生命を防衛するため已むを得ずなされたものであるから正当防衛または緊急避難に該当し無罪であると主張した。

【裁判の経過】

1審：東京地八王子支判昭和28年3月25日刑集11巻2号921頁（有罪・傷害致死罪）

1審は、傷害致死罪の成立を認めた。これに対して、X側は事実誤認を主張して控訴した。

2審：東京高判昭和29年8月9日刑集11巻2号925頁（控訴棄却）

2審は、Xの暴行とVのショック死との間に間接的ながら因果関係が認められ、結果的加重犯について結果に対する予見可能性までをも必要とするものではないとして、控訴を棄却した。これに対して、X側は、傷害致死罪が成立するためには致死結果に対する過失が必要であり、過失を欠くXには傷害致死罪は成立しないと主張して上告した。

【判　旨】上告棄却

「原判決は第1審判決挙示の…鑑定書によりXのVに対する頸部扼圧の暴行が間接的誘因となり同人のショック死を惹起した事実は明らかでその間に間接的ながら因果関係が認められると判示して第1審判決のこの点に関する判断を肯認したこと記録上明瞭である。そして、傷害罪（ママ）の成立には暴行と死亡との間に因果関係の存在を必要とするが、致死の結果についての予見を必要としないこと当裁判所の判例とするところであるから（昭和26年（れ）797号同年9月20日第1小法廷判決、集5巻10号1937頁）、原判示のような因果関係の存する以上Xにおいて致死の結果を予め認識することの可能性ある場合でなくてもXの判示所為が傷害致死罪を構成するこというまでもない」。

【参考文献】

川本哲郎・判例講義Ⅰ51頁、内田浩・百選Ⅰ〔第6版〕98頁、青柳文雄・最判解刑事篇昭和32年度151頁

4　予見可能性

(1)　予見可能性の対象①

54 福岡高宮崎支判昭和33年9月9日高裁特5巻9号393頁、判時169号30頁

【事実の概要】

被告人Xは、ブレーキの故障を補修しないまま、積載量（2トン）を超える3トンの木材を積載した自動3輪車を運転中、道路右側よりを進行したため、前車輪を道路に露出していた岩石に乗り上げ、操縦の自由を失って左側に寄れず、その上ブレーキも十分に利かず、さらに右側を進行したため積荷の重量によって道路の右肩が崩壊し、Xの運転する右自動3輪車を崖下に転落させた。その結果、同自動三輪車の荷台の上に乗車していたV1は傷害を負い、V2は崖下の町道に振り落とされ、頭蓋底骨折、鼻骨骨折のため死亡した。なお、V2はXに無断で乗車した者で、Xは乗車の事実を知らなかった。この行為が業務上過失致死傷罪で起訴された。

【裁判の経過】

1審：高千穂簡判（年月日不明）（無罪）

1審は、Xの業務上過失を荷台の上に乗車していた助手V1の傷害結果に対してのみ認め、V2の死亡についてはXの過失と法律上の因果関係がないことを理由に無罪とした。これに対して、検察官側が控訴した。

【判　旨】控訴棄却

「XはV2の乗車を知らなかったのであるから同人の死亡（結果）についての予見はなかったというべく、また、右認定の具体的状況においてはXにV2の乗車を予見し得べき状況にあったとは到底認められないから、その結果発生（死亡）についての予見可能性は存在しないといわざるを得ない。検察官は、V2なる特定人の乗車予見はないとしても助手V1が乗車していることを知っている以上「人」が乗車していることを予見しているものとしてV2の致死について当然刑責があると主張するけれども、責任要素である主観的予見可能性の有無はその具体的結果発生の予見の有無として考察すべきであるから検察官の主張は採用できない。…要するに、当該行為者にとって、一般には予見可能な結果の一部しか予見可能のないようなときは、その一部の結果の発生に対してのみ非難されることになる」。

(2) 予見可能性の対象②（有楽サウナ事件）

55 最決昭和54年11月19日刑集33巻7号728頁、判時951号132頁、判タ406号108頁

【事実の概要】

被告人Xらは、組立式サウナ風呂の研究開発および製作を行って来たが、木製ベンチ、電熱炉等を設置する構造の組立式サウナ風呂を製作することとなったが、木製ベンチ下部に電熱炉を設置することとし、さらに、その構造の耐火性につき適切な試験研究を行わず、その火災発生の危険性につきほとんど考慮を払うことなく、ただわずかにその電熱炉の周辺にあたる木製ベンチの内側に厚さ5ミリメートルの石綿板をはりつけただけで、そのベンチの木わくの部分には石綿板もはりつけず木部を露出したままとし、電熱炉とその上部の木製ベンチとの間隔がわずかに約7・5センチメートルと極めて狭いものとなるような構造で製作販売することを協議決定し、これに基づいて製作し、「有楽サウナ」に設置させ、同所において有楽サウナにこれを使用させたところ、木製ベンチが電熱炉の長期加熱により漸次炭化し無焔着火するに至り、よって「有楽サウナ」の店舗を焼燬し、その際同店舗に顧客として居合せたV1、V2、V3を、右火災に起因する一酸化炭素中毒により死亡させた。Xらは、業務上失火罪、業務上過失致死傷罪で起訴された。

【裁判の経過】

1審：東京地判昭和49年6月25日刑集33巻7号734頁（有罪・業務上失火罪、業務上過失致死傷罪）

1審は、「高温高熱を発する電熱炉を木製ベンチの下に設置する構造を有するもので、その構造自体出火の危険を伴う欠陥サウナであること、電熱炉を使用し、その上に設置するベンチとの間隔が狭く、防火上極めて危険であるのにXらにおいて何等耐火試験も行うことなく製作販売に供されたものであることが認められるから、…右構造を有する…サウナが販売据付け使用されると、そのサウナ風呂には火災発生の危険があることは当然予想し得た筈であり、…有楽サウナのC型サウナについても、…Xらにおいて、その出火の予見可能性があった」として、両罪の成立を認めた。これに対して、X側は、Xらには木製ベンチが漸次炭火して無焔着火する危険の予想もなければ、これを予想すべき可能性もなかったと主張して控訴した。

2審：東京高判昭和53年3月28日刑集33巻7号748頁（控訴棄却）

2審は、木製ベンチが長期間にわたる電熱炉の加熱により無焔着火する危険を予想する可能性は否定したが、木製ベンチ部分に火災が発生しうる危険があることにつき予見可能性があったとして、両罪の成立を認めた。これに対して、X側は、Xらが、その職務上火災の原因となつた火を直接取り扱う立場になかったことは言うまでもなく、また、その火による火災等の発見・防止の義務を負うべき保守・監理の立場にあったものということはできない、また火災発生の危険を予見することはできなかったと主張して上告した。

【決定要旨】上告棄却

「本件組立式サウナ風呂は、長期間使用するときは、電熱炉の加熱により木製ベンチ部分に火災が発生する危険があるのであり、Xらは、その開発及び製作の担当者として、その構造につき耐火性を検討・確保して火災を未然に防止する措置をとる業務上の注意義務があるというべきであるから、Xらが原判決の認定する経過で火を失した場合には、業務上失火罪に該当する…」。

【参考文献】

野村稔・昭和54年度重判解198頁、稲田輝明・最判解刑事篇昭和54年度348頁

(3)　予見可能性の対象③

56 最決平成元年３月14日刑集43巻３号262頁、判時1317号151頁、判タ702号85頁

【事実の概要】

被告人Xは、業務として普通貨物自動車（軽４輪）を運転中、最高速度が時速30キロメートルに指定されている道路を時速約65キロメートルの高速度で進行し、対向してきた車両を認めて狼狽し、ハンドルを左に急転把したことにより、道路左側のガードレールに衝突しそうになり、あわてて右に急転把し、自車の走行の自由を失わせて暴走させ、道路左側に設置してある信号柱に自車左側後部荷台を激突させ、その衝撃により、後部荷台に同乗していたV1およびV2の両名を死亡するに至らせ、更に助手席に同乗していたV3に対し全治約２週間の傷害を負わせた。なお、Xが自車の後部荷台に右両名が乗車している事実を認識していたとは認定できないという事情があった。この行為が業務上過失致死傷罪で起訴された。

【裁判の経過】

１審：東京地判昭和60年１月22日刑集43巻３号273頁（有罪・業務上過失致死傷罪）

１審は、「Xの過失及び事故態様は…それ自体単にX運転車両の荷台に乗っている者が死傷するかもしれない危険性だけではなく、助手席の同乗者更には歩行者、他の車両の運転者及びその同乗者等に対する死傷の結果をも生ぜしむるに十分な危険性を内包するものであって、現に本件においてはV3も負傷しているのである。仮にXが、わずかな転把や制動措置など荷台に乗車している者のみに対する危険性を有する行動をとった結果同人らの死傷の結果が生じたのであれば、XのV1、V2の同乗に関する事実認識の有無やその可能性の有無を明らかにした上でなければその注意義務や過失の存否を確定し得ない場合もあり得ると思われるが、本件の事故態様は判示の通りであるから、右の認識やその可能性の有無が、…注意義務や過失の有無の認定についてまで影響を与えることはない」として、V1、V2に対する業務上過失致死罪の成立を認めた。これに対して、X側は、V1、V2の同乗の事実の認識・認識可能性はなく、Xには右両名が転落して死亡することについて予見可能性も予見義務もないと主張して控訴した。

２審：東京高判昭和60年12月27日刑集43巻３号277頁（控訴棄却）

２審は、「自動車を運転走行させて自車を制御することができなくなり、これを暴走させて原判示のごとき衝突事故の発生した場合、自車の同乗者更には歩行者、他の車両の運転者及びその同乗者等に対する死傷の結果を惹起せしめる危険のあることは自動車運転者として当然認識しうべかりしところであるから、Xにおいて、たとえ原判示自動車後部荷台に原判示被害者の乗車している事実を認識していなかったとしても、Xが自己の運転する自動車の衝突により原判示死亡の結果を生ぜしめた以上、Xとしては右同乗者らに対する原判示過失致死の罪責を免れない」として、控訴を棄却した。これに対して、X側は、結果の発生についての予見可能性につき、荷台からの転落死という具体的な認識の可能性でなく、自動車の暴走というものに一般的に伴う漠然とした危険の認識で足りるとしたものであり、これは福岡高等裁判所宮崎支部昭和33年９月９日裁特５巻９号五393頁の判例に違反すると主張して上告した。

【決定要旨】上告棄却

「Xにおいて、右のような無謀ともいうべき自動車運転をすれば人の死傷を伴ういかなる事故を惹起するかもしれないことは、当然認識しえたものというべきであるから、たとえXが自車の後部荷台に前記両名が乗車している事実を認識していなかったとしても、右両名に関する業務上過失致死罪の成立を妨げない…」。

【参考文献】

川本哲郎・判例講義Ⅰ53頁、北川佳世子・百選Ⅰ104頁、大塚裕史・百選〔５版〕102頁、安廣文夫・最判解刑事篇平成元年度73頁

(4)　予見可能性の対象④（生駒トンネル火災事件）

57 最決平成12年12月20日刑集54巻９号1095頁、判時1735号142頁、判タ1051号274頁

【事実の概要】

K鉄道H線Iトンネル内における電力ケーブルの接続工事に際し、施工資格を有してその工事に当たった被告人Xが、ケーブルに特別高圧電流が流れる場合に発生する誘起電流を接地するための大小２種類の接地銅板のうちの１種類をY分岐接続器に取り付けるのを怠ったため、右誘起電流が、大地に流されずに、本来流れるべきでないY分岐接続器本体の半導電層部に流れて炭化導電路を形成し、長期間にわたり同部分に集中して流れ続けたことにより、本件火災が発生した。そして、Iトンネル西口から同トンネル内に進入してきたTの運転する同H線N駅午後発I駅行き下り列車（電車。６両編成。乗客約70名）を同トンネル西口起点約2735・5メートル東方のトンネル内に停止するに至らせ、同列車の乗客及び乗務員を同トンネル内に閉じ込め、その間、煙及び有毒ガスを多量に吸引させ、よって、乗客及び乗務員のうち、V1をその場で急性呼吸不全により死亡させたほか、V2ほか42名に対し、加療約６日間ないし89日間を要する低酸素血症、上気道炎等の傷害を負わせた。なお、本件火災の発生に至った炭化導電路の形成という現象は、本件以前には報告されたことのないものであった。Xは、業務上失火罪、業務上過失致死罪で起訴された。

【裁判の経過】

１審：大阪地判平成７年10月６日判タ893号87頁（無罪）

１審は、「本件火災が発生した原因が、本件Ｙ分岐接続器に接地銅板（小）が取り付けられていなかった結果、これに接続された各ケーブルに生じた誘起電流により、Ｙ分岐接続器本体に炭化導電路が形成されたことに基本的な原因がある…。Ｘが、作業手順書の了解を怠り、その部品一覧表による部品の点検を欠いたまま接続作業を施工した点、及び、その後前記のボルトの締め付け作業に際して作業手順書の記載を遵守しないで同作業を施工した点は、全体として、Ｘの前記注意義務に違反する作業方法であったものといえる。…本件Ｙ分岐接続器を設計、製造したＳ電工株式会社の担当者も、これまでに経験のない現象であり、こうした現象についての報告も存在せず、また、そもそも、本件Ｙ分岐接続器に接地銅板を取り付ける目的は、Ｙ分岐接続器本体への誘起電流の流れを防止するものではなく、ケーブル本体の発熱等を防止するものであるというのであるから、こうした事情のもとでは、右炭化導電路の形成現象に関する限り、Ｘのこれまでの電力ケーブル敷設工事の施工経験及びこれに伴いＸが取得し、または、取得しうべきである電力関係の知識、知見を前提としても、これを予見しうるものということはできないことは明らかである。…Ｘの過失行為から結果発生に至る因果経路の一部に、Ｘに予見しえない事情が存在したものというほかはない。…過失責任を基礎づけるべき予見可能性は本来結果発生についての予見可能性をいうものであるが、過失に基づく行為と結果の発生、すなわち本件についていえば、Ｘの本件Ｙ分岐接続器に関する接続工事の不備による本件火災の発生との間が複雑で、しかも相当の時間的幅のある因果経路で結ばれて発生したような場合においては、結果発生に対する予見可能性があるというためには、右の因果経路の基本的な部分に関しても予見可能性を必要とするものというべきである。…接地系統に不備がある場合に、場合によって、いわゆる短絡回路を形成する結果として、発火に至ることがありうべきことについては、少なくとも、Ｘのように電力ケーブルの接続工事に従事する者の立場においては、当然予見しうべきものであるといえる。…接地銅板（小）を取り付けないままで工事を施工した工事方法は、客観的にみて、注意義務違反があるとしても、本件火災の発生という結果は、右のような注意義務が発生する根拠となるべき危険な結果（すなわち、ケーブルに発生する誘起電流によるケーブルの発熱ないしはそれによる発火、あるいは感電等）以外の因果経路によって発生したものというべきである…本件の場合、右のように炭化導電路が形成されるという現象が火災発生に至る因果経過の端

緒部分となるものであり、前記のような長期にわたる炭化導電路の形成、灰化、周囲への拡大という過程を経て因果経路が進行するものであるとの事情をも考慮すると、本件において、Y分岐接続器に炭化導電路が形成されたという事実は、Y分岐接続器の接地銅板の取り付けの不備から本件火災発生に至る一連の因果経路の基本部分を構成するものというべきであり、右事実についての予見が不可能であるときは、本件火災発生の結果自体の予見が不可能である」として無罪とした。これに対して、検察官側は、事実誤認を理由として控訴した。

２審：大阪高判平成10年３月25日判タ991号86頁（破棄自判・業務上失火罪、業務上過失致死罪）

２審は、「Y分岐接続器に接地銅板を取り付ける目的は、ケーブルに生じた誘起電流の流れる遮へい銅テープを電気的に接続して接地系統が遮断されないようにするとともに、これと併せて、ケーブルの遮へい銅テープに生じた誘起電流がY分岐接続器本体の半導電層部に流れて同部が発熱するのを防止することにもある…何らの根拠を持たない漠然たる不安感、危惧感を持っていたとか、持ち得たというだけで予見可能性を肯定できないことはいうまでもないが、逆に、予見可能性を肯定するためには、事故発生に至るまでのプロセスにつきその細目にわたる全ての部分についてまで具体的な形で鮮明に予測し、ないし予測し得ることまで要求されるものではない…。これを本件に即していえば、本件火災事故発生に至る核心は、Xが接地銅板（小）の取り付けを怠ったことにより、ケーブルの遮へい銅テープに発生した誘起電流が長期間にわたり、本来流れてはいけないY分岐接続器本体の半導電層部に流れ続けたことにあるのであって、因果の経路の基本部分とは、まさに、そのこととそのことにより同部が発熱し発火に至るという最終的な結果とに尽きるのであって、これらのことを大筋において予見、認識できたと判断される以上、予見可能性があったとするに必要にして十分であり、半導電層部に流れ続けた誘起電流が招来した炭化導電路の形成、拡大、可燃性ガスの発生、アーク放電をきっかけとする火災発生というこの間のプロセスの細目までも具体的に予見、認識し得なかったからといって、予見可能性が否定されるべきいわれは全くない」として、業務上失火罪、業務上過失致死罪の成立を認めた。これに対してX側が上告した。

【決定要旨】上告棄却

「右事実関係の下においては、Xは、右のような炭化導電路が形成されるという経過を具体的に予見することはできなかったとしても、右誘起電流が大地に流されずに本来流れるべきでない部分に長期間にわたり流れ続けることによって火災の発生に至る可能性があることを予見することはできたものというべきである。したがって、本件火災発生の予見可能性を認めた原判決は、相当である」。

【参考文献】

川本哲郎・判例講義Ⅰ追加５頁、山口厚・百選Ⅰ〔第６版〕106頁、北川佳世子・平成12年度重判解143頁、朝山芳史・最判解刑事篇平成12年度291頁

(5)　予見可能性の程度①（森永ドライミルク事件2審判決）

58 高松高判昭和41年３月31日高刑集19巻２号136頁、判時447号３頁

【事実の概要】

被告人Xは、乳幼児用ドライミルク等の製造販売を業とするM社T工場工場長として、Yは、同工場の製造課長として、前記ドライミルクの製造及びこれに要する原材料の購入等の業務に従事してきたものであるが、X等は、右ドライミルクの製造にあたり、安定剤として牛乳に工業用第２燐酸ソーダとして取引された薬剤を購入し、混和使用していたところ、右工場において、X、Y両名は、昭和30年４月13日より同年５月31日迄の間前記成分規格のあるものを注文する等のことをなさず、漫然、K社より、S工場産出、M製薬株式会社再製にかかる工業用第２燐酸ソーダとして取引された薬剤４箱を購入し、その頃うち３箱の使用にあたり、右薬剤には人体に害を与える程度の砒素その他の有害物質を含有していないものと軽信し、前記化学的検査等をなすことなく、右薬剤を安定剤として牛乳に混和し、乳幼児用ドライミルク合計402,576缶（１缶450瓦入り）を自らもし

くはその監督下に製造し、Yは、昭和30年６月１日より同年８月23日迄の間前同様成分規格のあるものを注文する等のことをなさず、前記K社より右同様の工業用第２燐酸ソーダとして取引された薬剤１箱を購入し、その頃これを使用するにあたり、前同様化学的検査等をなすことなく、安定剤として牛乳に混和し、乳幼児用ドライミルク合計443,952缶（１缶450瓦入り）を自らもしくはその監督下に製造したが、右購入使用した薬剤に人体に害を与える程度の砒素を含有していたため、その頃N商事株式会社を介して販売された右乳幼児用ドライミルクのうち、７缶ないし20缶を飲用したV1を、９缶以上を飲用したV2他を、右ドライミルク飲用に基づく慢性砒素中毒によりそれぞれ死亡するに至らせ、あるいは中毒症に罹らせて傷害を与えた。X、Yが業務上過失致死傷罪で起訴された。

【裁判の経過】

１審：徳島地判昭和38年10月25日下刑集５巻９＝10号997頁（無罪）

１審は、「『第２りん酸ソーダを納入してもらいたい。』という意思が正確に売主側に伝達されれば、ひ素含有率が重量比で0.03パーセント以上の薬剤がこの注文に対応して納入されることは全く予期されえないのであり、このようにひ素含有率の高い薬剤がこの注文に基いて納入されたときにはそれはー注文者側から見ればー全く不測のないし偶然の事故であるに過ぎず従つてこの注文につき注文者側に落度があったことによるものとはいえない道理である。…正常薬剤は、検査すれば必ず合格する薬品であったから、本件工場の従業員らにこれを検査する義務はなく、M製剤についても、包装、容量、薬剤それ自体の外観上では正常薬剤とは差異はなく、また、本件工場とKとの間には長期に亘り大量の第２燐酸ソーダという薬剤の取引があり、かつ、Kは信用の高い業者であったから、右M製剤についても、Xらが相手方を信頼し、正常薬剤が納入されたと信ずるのが当然であるから、この場合も検査義務はない…M製剤については、これがそれまで納入されていた正常薬剤と同一品質のものであるという、法律的価値さえ備えた信頼感が生ずるのが当然であり、この信頼感を動揺させるに足る特別の事情、すなわち、このM製剤がこれまで既に納入された（又使用されてしまった）正常薬剤の外観と異っており、この差異が以上両者の間に品質上の差異があるかも知れないという疑問を生ぜしめる程度のものである、ということが判明しない以上は、この信頼感に従って行動することが是認されるのであつて、その上さらに進んで、M製剤につき、返品、化学的検査による同一性確認もしくは化学試験による無害検査等の処置をとらなければならないという義務の履行までも要求されるべき筋合いではない…」として無罪とした。

これに対して、検察官側は事実誤認および法令解釈の誤りを主張して控訴した。

【判　旨】破棄差戻

「もともと、食品として製造された物ではなく、他の用途のため製造された物については、学理的にはこれを飲食しても無害であるとされていても、我々は、その製造の由来や流通の過程を確かめない限り、これを飲食するには躊躇を感ずるであろう。この不安感こそまさに前記にいう危険の予見なのである。

…本来無害であるとされている物質を添加使用するにあたり、…その物質の添加使用につき些かでも不安感が伴う以上、そのままではもはやこれを使用してはならないのである。…もともと、食品添加用として製造されたものではなく、食品添加物以外の他の目的に使用されるために製造したものを、食品製造（加工）業者において、自己の業務達成の便宜上、これを食品に添加する場合も起り得るのである。第2燐酸ソーダがまさにそのような薬品である…。この場合において、右薬品を使用する者が一抹の不安を感ずるであろうことは、右（一）の後段において説示した場合と同様である筈である。この不安感こそ、まさに本件で問題になっている危険の予見に外ならないのである。…前記のような工業用第２燐酸ソーダの性状から判断すると、良識ある通常の社会人であるならば、当然右過誤（危険）はこれを予見し得たことであるといわなければならない。しかも、Xらは、食品を製造するM乳業株式会社の他の工場及び本件工場の従業員として、長期間に亘り食品製造の業務に従業しており、豊富な智識及び経験を有するのであるから、その立場において細心の注意を払えば、通常の一般人に比し、より一層右危険の予見が可能であったといわなければならない。…本件工場の従業員らは、乳児用調整粉乳を製造するにあたり、原料牛乳に安定剤として第２燐酸ソーダを添加使用するときには、M製剤の如き非第２燐酸ソーダの使用を避けるため、まず…規格品を発注購入して使用すべき業務上の注意義務があったのであり、右注意義務に違反して規格品外の工業用第２燐酸ソーダを使用するときには、Ｍ製剤使用防止のために、…適切な化学的検査を実施すべき業務上の注意義務があったと解するを相当とする。…Ｋは、仕入先から仕入れた薬品類を検査しないで、そのまま消費者に販売している小売業者であり、本件で問題になっているＭ製剤もＭ製薬から仕入れたまま本件工場へ単に取次ぎ販売していたに過ぎなく、薬剤の品質については保証していないのであるから、小売商のＫが信用できるから多分間違いのない商品を納入してくれるだろうという程度のことは考えられるとしても、それ以上に、Ｋが信用できるということを理由として、その納品に原判決のいうような高度の信頼感を持たせるということは、疑問であるといわなければならない。…Ｋから第10回目に工業用第２燐酸ソーダと称して納入されてくる薬剤につき、それが間違いなく第２燐酸ソーダであるか否かを確かめるための化学的検査義務が免除されることはないというべきである。…高速度交通機関の運転者と食品製造業者とでは、その置かれている立場は全く異っているし、他の交通機関や通行人が交通規則に従って行動するだろうということと薬品製造業者や販売業者が業界のルールに従って行動するだろうということとは必ずしも同一性格のものではなく、ことに、高速度交通機関の運転者の場合は、運転中に不法に自分の車の前に飛び出す自動車や通行人のあることを慮って、いつでも止まれる用意と注意とをもって、常に運転しなければならないということになると、高速度交通機関の迅速性は著しく阻害される結果を招く虞があることも考慮しなければならないのに反し、食品製造業者が、食品添加物として薬品を購入したり、これを食品に添加使用するにあたっては、前記のような事情の毫も存しないことに鑑みると、本件の場合に、信頼の原則が適用される余地は全くないといわなければならない」。

（最判昭和44年２月27日判時547号92頁（上告棄却））

【参考文献】

川本哲郎・判例講義Ⅰ48頁、中義勝・昭和48年度重判解136頁

(6)　予見可能性の程度②（森永ドライミルク事件差戻後1審判決）

59 徳島地判昭和48年11月28日刑月５巻11号1473頁、判時721号７頁、判タ302号123頁

【事実の概要】

4（2）56 参照。

【裁判の経過】

前掲（2）判決に対して、被告人Ｘ側は、原判決は、死傷の結果の発生について予見可能性が不要だと判示している点で判例に違反すると主張して上告した。

上告審：最判昭和44年２月27日判時547号92頁（上告棄却）

上告審は、「原判決は、死傷の結果の発生について予見可能性が不要だと判示しているのではなく、ドライミルク製造の過程で、砒素含有率0.03％以上の第２燐酸ソーダを所定割合で原乳に添加すれば死傷の結果が当然発生する関係にある本件において、単に第２燐酸ソーダという注文によっては、右砒素含有率の高い薬品がまぎれ込む危険の予見可能性があることを判示したものであ」るとして、上告を棄却した。

【判　旨】Ｘ無罪、Ｙ有罪（確定）

「弁護人は、Ｘらには予見可能性（義務）、結果回避義務がないと主張するが、『客観的注意義務』とは、個別的具体的な行為者の主観的能力を考慮しないが、現実の具体的状況の下における現実の平均人に向けて要求される注意義務であり、行為者の地位又は職業などが考慮されなければならない。刑法は保護すべき対象について精神力を集中し、法益侵害の結果を生じないように注意すべしとして注意義務を要求しているのであって、単に結果を予見すべき義務だけが注意義務なのではなく、むしろ結果回避義務が注意義務の中心でなければならない。したがって注意義務の本質は結果回避義務であるというべきである。

…結果の発生を回避するために適切な行動をとるためには、結果の発生が予見できなければ

ならないが、この予見可能性を予見義務にまで高めて結果回避義務と並存させる必要はなく、結果回避義務の前提として結果の予見可能性を考えるべきである。

…過失行為は何よりもまず被害発生をもたらした客観的な落度として把握されるべきである。落度があるというためには、加害行為の時点で加害者が必要と認められる負担を果たさなかったことが認められなければならないが、右負担の具体的内容を定めるのが結果回避義務であり、これを課する前提として結果予見の可能性が問題となるのである。

しかし、この場合の予見可能性は結果防止に向けられたなんらかの負担を課するのが合理的だということを裏付ける程度のものであればよく、この場合の予見可能性は具体的な因果関係を見とおすことの可能性である必要はなく、何事かは特定できないがある種の危険が絶無であるとして無視するわけにはゆかないという程度の危惧感であれば足りるのである。

もっとも、具体的に結果発生の可能性が予見できるような場合は重い結果回避義務を負担させられ、一般的な危惧感があるにとどまるときは結果回避義務も軽いものにとどめるのが相当であるといい得る。

しかし、一方では、その危険が具体化したときに予想される実害の質的な重大性の程度が考慮されるべきであって、万一にも発生する被害が特に重大なものであるとき、例えば大規模な爆発事故、列車事故、広範囲な中毒事故に発展するときなどには、結果回避措置の負担は荷重されざるを得ない。

…要するに、結果回避義務は、具体的には、(イ) 予想される危険の蓋然性、(ロ) 予想される危険の重大性、(ハ) 危険の原因となる行為の目的、性質とりわけ社会的効用などを考慮し、危険防止の責任をどこまで行為者に負担させるのが妥当であるかが判定されなければならない。

本件においては、砒素を有害な程度に含有する第2燐酸ソーダの粗悪類似品(具体的にはM製剤)が粉乳に混入することが防止できれば中毒事故は回避できたはずである。

そこで、このような粗悪有毒品の紛入を防止するためにはどのような措置をとることが可能であったかを検討するに、それは…、第1に成分規格が保証された局方品あるいは試薬、又は前示特別注文品等の規格品を発注使用することであり、第2に工業用薬品の場合には、その品が間違いなく第2燐酸ソーダであるかどうかを確かめるための化学的検査をすることである。

…右局方品、試薬の制度の性質、法律上の裏付け、社会的信頼度、あるいは特別注文品の性質、態様、信頼性などに照らし、これを表示どおりの薬品と信じて使用したとしても、それはやむを得ないところであり、その発生した結果についても不可抗力であるとしなければならない。

ところが、工業用薬品は、…局方品又は試薬に比し、一般に製造工程が粗雑で、純度が低く、不純物の含有量も多いことを免れない。そして製造業者も局方品や試薬についてのような保証はしていないものと認められる。…

したがって、規格品の薬品を注文した場合には、それが納入された後において、外観検査さえ確実に行えば、注文品以外のものが紛れ込む虞はないと考えてよいのに反し、非規格品(工業用)を注文した場合には、外観検査をしただけでは、なお注文品以外の品が紛れ込んでくる虞があるのを避け難いといわなければならないのである。

そこで第2に、工業用の薬品の場合には、それを原料牛乳に添加使用する前に、各容器ごとに、それが間違いなく第2燐酸ソーダであるかどうかを確認するため、適切な化学検査をすることである。

…昭和30年当時薬品製造業者によって製造された第2燐酸ソーダであれば、人体に有害な程度の砒素は含まれていないといい得るから、化学的検査をなすに当っても、工業用第2燐酸ソーダとして納入された薬剤について、それが果たして間違いなく第2燐酸ソーダであるかどうかを検査し、その結果まさしく第2燐酸ソーダであることさえ確定できれば、当該薬剤には人体に有害な程度の砒素は含まれていないということができるのである。したがって、工業用第2燐酸ソーダであるとして納入された場合には、それが間違いなく第2燐酸ソーダであるかどうかの化学的検査をなす必要があり、かつ、それで足りたわけである。

…次に、このような結果回避措置を命ずることが合理的であるかどうかを考察しなければならない。

…当裁判所の見解では、まず…結果発生を回避ならしめる措置は何であるかを考え、そのうえで、どの程度の措置ならば当該行為者に命じても妥当であるかを、特に絶対責任を課することにならないよう配慮して、論ずる前提としての予見可能性を考えるのである。

この場合念頭に置くべきことは、食品製造業者はその食品が人体に全く無害であり、安全であることを一般消費者に保証してこれを販売している立場にあり、したがって、そこで使用する原材料に不純物が混じっていないこと、及び、製造過程で有毒物が混入しないようにする一般的義務を負う立場にあるということである。

…化学薬品については、…商取引の常態として、局方品や試薬など、その成分規格が保証されたものでない限り、万が一にも未知の類似品の混入あるいは製造過程の過誤による粗悪品混入の可能性がないとはいい切れないところであるし、…第2燐酸ソーダは、本来清罐剤、洗滌剤などの原料として工業用に多く用いられ、食品用としての使用は極く少なかったもので、昭和30年当時においては、我が国の第2燐酸ソーダの製造業者のうち、…相当多数の者がこれ（食品に添加されること）を知らなかったのであり、薬品販売業者も第2燐酸ソーダを食品用として使用するについては、それが本来は清罐剤などに使用されるものであるという観念から、一抹の不安を拭い切れず、食品用に使用する場合には規格品（試薬1級）をすすめて販売し、工業用のものの注文を受けても、食品に使用することがわかっておれば、製造業者に食品に使用する旨を告げて特に品物を吟味して納入させたうえ、これを販売するなどして食品用の場合には特別の注意を払っており、食品製造業者は販売業者のすすめに従って規格品を購入する者が多かったことが認められるのであって、薬品販売業界、食品製造者間においても、第2燐酸ソーダを食品添加物に使用するに当っては、規格品でないものについては、食品用としての無害性に不安感を抱き、食品用に添加使用することに危惧感を持つものが多かったといい得るのである。

このように、薬品販売業者、食品製造業者にして、右のような不安感、危惧感を持つというのであれば、それが結果の予見可能性を意味し、したがってこの不安感を払拭するに足りる程度の回避措置を命ずることに合理性が認められるのである。

…したがって、単に第2燐酸ソーダというだけで、特に規格品を指定しないで注文しただけでは、非第2燐酸ソーダが、場合によっては人体に有害な物質例えば砒素含有率の高い品物が紛れ込む危険があり、かつ、その危険の予見可能性があるということができるのである。

であるから、その限りにおいて、弁護人がいうようなM製剤そのものの存在、及び、それが納入されることまでの予見可能性が要求されるわけではないのである。

もっとも、このような観点から結果の予見可能性をとらえることは、結果において結果責任を課すことになるのではないかとの非難が予想されないではないが、当裁判所のような見解によると、従来の考え方のように予見可能性があるからといって直ちに過失責任があるという結論には結びつくわけではなく、客観的注意義務違反の検討の段階で結果回避措置の合理的な枠付けを考え、許された危険（適度の危険）、信頼の原則などを考慮し、その注意義務の負担を合理的な限度にとどめるための検討がなされるわけであるし、また個人的な所謂主観的予見可能性、主観的結果回避可能性についても、非難可能性を論じる際に、別途考慮されるわけであるから、絶対責任を課するものであるとの非難は当たらない。

ただし、信頼の原則については…食品添加物としての第2燐酸ソーダを使用する場合、特にその成分規格が法律上も行政官庁の監督権などによって担保されている局方品又は試薬を用いるときは別として、例えば信用ある薬品販売業者から継続して購入使用しているというだけで、非規格品のそれについて化学的検査を省略して原料牛乳に添加することは許されないのである。

以上のとおりであるから、本件においては、有害物混入の危惧感は取立てていうほどは具体的ではなかったけれども、先に示した本件工場における粉乳の生産量（全国生産高の約1割）、販売地域（主として西日本一帯）、粉乳の飲用者が主として乳児であることに照らすと、万が一にも、そのような事態が発生した際には、極めて広い地域にわたる多数の乳児に中毒等の傷害を負わせることになり、その結果が甚だ重大であることは容易に考えられるところであり、しかも本件工場は前示のとおり食品製造業者として、その製造にかかる乳児用調整粉乳の消費者に対し保証者的立場にあるのであるから、前示の結果回避措置を命ずることは十分合理的であり、かくて本件工場側は有毒物の混入を避けるために、まず第1に規格品を発注使用すべき業務上の注意義務があり、これに違反して工業用第2燐酸ソーダを使用するときには、その使用前に容器ごとに、それが間違いなく第2燐酸ソーダであるかどうかを確認するため、適切な化学的検査を実施すべき業務上の注意義務があるといわなければならない。

そして、…本件工場側において第2燐酸ソーダを発注するに際して、規格品を納入するよう注文することももちろん可能であったし、また単に第2燐酸ソーダとのみいって発注したため非規格品が納入されてきた場合に、その薬剤が第２燐酸ソーダに間違いないかどうかを確認するための化学的検査を行うことも可能であったといわなければならない。

そうだとすると、本件工場側は有毒物が乳児用調製粉乳に混入することを防止することが可能であり、その防止に必要な前示客観的注意義務を負っているのに、右注意義務に違反して防止措置をとらなかったため、本件中毒事故を招来したものと断じなければならない」。

Ｘについては、Ｘは事務系統出身の工場長であり、調製粉乳製造の直接の業務それ自体がＸの職務に含まれていると認めることはできない。したがって、Ｘに、自ら若しくは製造課従業員を用いて第２燐酸ソーダの規格品を発注使用し、または前示化学的検査をなすべき注意義務を負担させることはできず、監督上の過失責任を負わせることはできないとして無罪とした。

(7)　予見可能性の程度③（北大電気メス事件）

60 札幌高判昭和51年３月18日高刑集29巻１号78頁、判時820号36頁、判タ336号172頁

【事実の概要】

被告人Xは、H大学医学部附属病院（以下単に附属病院と称する。）第２外科診療科研修生として医療業務に従事していたものであるが、附属病院手術部第１手術室において、看護婦である被告人Yらの介助を受け、電気手術器を使用してV（当時２年５月）の動脈管開存症の根治手術を行うにあたり、Yをして手術開始前に行わしめた各ケーブルと各出力側端子との接続に前記誤接続が生じたのにかかわらず、右誤接続に気づかないまま電気手術器を使用して右手術を行い、Yは右各ケーブルと各出力側端子とをたがいに誤接続したままこれを前記手術の用に供したため、同手術に併用していた心電計の接地電極及び電気手術器の対極板が、それぞれ装着されていたVの右下腿部に過大な高周波電流を流れさせて、右対極板の装着されたVの右足関節直上部に高周波電流を高密度に集中させ、同部に高熱を発生させた結果、Vに対し右足関節直上部に、右下腿切断を余儀なくさせる第３度熱傷の傷害を負わせた。

なお、電気手術器は、その本体に手術室などの電源から電流を取入れて本体内部に高周波電流を発生させ、これを出力端子—メス側ケーブル—メス先—患者の身体—対極板—対極板側ケーブル—対極端子という電気回路を通つて流通させ、右回路中メス先と患者の身体（もしくは出血箇所をはさんだ鉗子）の接触部分の電気抵抗が大きいことによつて同所に発生する高熱を利用して組織の凝固もしくは切開作用を行なうものである。本件手術では心電計が併用され、その接地電極の一つが患者の右下腿部に装着され、電気手術器本体の対極部と心電計の双方にアースが取り付けられて、右対極部と心電計の各接地電極がそれぞれ接地していた関係で、ケーブルを誤接続した場合、電気手術器本体の出力端子から対極板側ケーブル、対極板、患者の身体（右下腿部）、心電計の接地電極、心電計のアース、大地、電気手術器本体のアースを経て電気手術器本体の対極端子に至る新たな電気回路が形成され、正常接続時の回路に比しより強い電流が流れ、その結果右回路中での電気抵抗の大きい箇所である対極板と患者の身体の接触部分に電流の熱作用により多量の熱を発生し、同所に熱傷を生じたものである。もっとも、当初事故原因は不明であり、鑑定人の鑑定実験によってようやく原因が判明した。X、Yは業務上過失致傷罪で起訴された。

【裁判の経過】

１審：札幌地判昭和49年６月29日刑月６巻６号742頁（X無罪、Y有罪・業務上過失致死罪）

１審は、Ｙについては、「誤接続したままこれを手術の用に供した」過失があるとして有罪としたが、Ｘについては、(1) Ｘは本件電気手術器についてケーブルの誤接続の可能性について具体的な認識を持ちえなかった。(2) 電気手術器自体が内蔵する危険性から直ちにケーブルの接続についての点検確認義務は生じない。(3) 電気手術器のケーブルの接続は看護婦の業務内容であるから看護婦の責任である。(4) 電気手術器のケーブルの接続は看護婦に任せるという慣行があったものでそれに従ったXに責任はない。(5) 何らかの落度があれば直ちに刑事上過失責任を認めてよいとの論は排斥されるべきであるとしたうえ、これらを総合するとXについては注意義務の懈怠があったということはできず、犯罪の証明は十分でないとして無罪の言渡しをした。

これに対して、検察官側は、Yに対する量刑不当、Xの過失責任を否定することは誤りであると主張して控訴した。他方、Y側は、(1) 看護婦も医師たちも、電気メス器の原理を全く知らず、また知らされていなかったこと、(2) 電気メス器による本件のごとき事故は、世界の医療史上かつて存しなかったこと、(3) 誤接続をしただけでは、医療事故が起きる可能性は全くなく心電計接地極の接地という条件のもとで誤接続をした場合に発生するのであり、専門家もこれを予測していなかったであろうこと、(4) 本件事故当時、事故原因として誤接続を想定した者はいなかったことから、過失責任を肯定することは誤りであると主張して控訴した。

【判　旨】控訴棄却（確定）

「過失犯が成立するためには、その要件である注意義務違反の前提として結果の発生が予見可能であることを要し、結果の発生が予見できないときは注意義務違反を認める余地がない。ところで、内容の特定しない一般的・抽象的な危惧感ないし不安感を抱く程度で直ちに結果を予見し回避するための注意義務を課するのであれば、過失犯成立の範囲が無限定に流れるおそれがあり、責任主義の見地から相当であるとはいえない。右にいう結果発生の予見とは、内容の特定しない一般的・抽象的な危惧感ないし不安感を抱く程度では足りず、特定の構成要件的結果及びその結果の発生に至る因果関係の基本的部分の予見を意味するものと解すべきである。そして、この予見可能性の有無は、当該行為者の置かれた具体的状況に、これと同様の地位・状況に置かれた通常人をあてはめてみて判断すべきものである。

…本件においてYないしその立場には置かれた一般通常の間接介助看護婦にとって予見可能と認められるのは、上述したようにケーブルの誤接続をしたまま電気手術器を作動させるときは電気手術器の作用に変調を生じ、本体からケーブルを経て患者の身体に流入する電流の状態に異常を来し、その結果患者の身体に電流の作用による傷害を被らせるおそれがあることについてであって、その内容は、構成要件的結果及び結果発生に至る因果関係の基本的部分のいずれについても特定していると解される。従って、所論のように単なる一般的・抽象的な危惧感ないし不安感を抱く程度にとどまるものと解することはできない。もっとも、発生するかもしれない傷害の種類、態様及びケーブルの誤接続が電気手術器本体から患者の身体に流入する電流の状態に異常を生じさせる理化学的原因については予見可能の範囲外であったと考えられるけれども、過失犯成立のため必要とされる結果発生に対する予見内容の特定の程度としては、前記の限度で足りると解すべきである。

…以上の次第で、Yの場合、刑法上結果発生の予見可能性があったといえる」。

「チームワークによる手術の執刀医として危険性の高い重大な手術を誤りなく遂行すべき任務を負わされたXが、その執刀直前の時点において、極めて単純容易な補助的作業に属する電気手術器のケーブルの接続に関し、経験を積んだベテランの看護婦であるYの作業を信頼したのは当時の具体的状況に徴し無理からぬものであったことを否定できない。なおXを含め当時の外科手術の執刀医一般について電気手術器のケーブルの誤接続に起因する傷害事故の発生を予見しうる可能性が必ずしも高度のものでなかったことはさきに述べたとおりである。所論は、医師は人の信頼を受けて人の生命・健康を管理することを業とする者であるからその業務の性質に照らし人に危害が及ぶことを防止するがために最善の措置を尽すべき高度の義務を課せられていると主張する。確かに医師がその業務にかんがみ診療に伴う危険を防止するため高度の注意義務を負うことは抽象的には所論のとおりであるが、その義務が無制限に課せられてよいものではなく合理的な限界があるべきことも当然である。医師の行為が刑法上の制裁に値する義務違反にあたるか否かは、当該専門医として通常用いるべき注意義務の違反があるか否かに帰着すべく、結局当該行為をめぐる具体的事情に照らして判定される外ない。執刀医であるXにとって、前叙のとおりケーブルの誤接続のありうることについて具体的認識を欠いたことなどのため、右誤接続に起因する傷害事故発生の予見可能性が必ずしも高度のものではなく、手術開始直前に、ベテランの看護婦であるYを信頼し接続の正否を点検しなかったことが当時の具体的状況のもとで無理からぬものであったことにかんがみれば、Xがケーブルの誤接続による傷害事故発生を予見してこれを回避すべくケーブル接続の点検をする措置をとらなかったことをとらえ、執刀医として通常用いるべき注意義務の違反があったものということはできない。

…以上の次第で、Xが前記の具体的状況のもとにおいて、ケーブルの誤接続による傷害事故の発生を予見したうえその接続の点検による結果回避の措置をとらなかったことは、いまだ業務上過失傷害罪における過失にはあたらないものというべきである」。

【参考文献】

川本哲郎・判例講義Ⅰ50頁、古川伸彦・百選Ⅰ102頁、井田良・百選〔5版〕100頁

(8) 予見可能性の程度④(ハイドロプレーニング現象)

61 大阪高判昭和51年5月25日刑月8巻4=5号253頁、判時827号123頁、判タ341号147頁

【事実の概要】

被告人Xは、大型バスを運転して、直線、1000分の17の下り勾配で、強度2(強)の強い雨で路面がぬれていた名神高速道路上り車線を、ギアをオーバードライブ(第5速)に入れた状態で、ハンドルを直進に保持し、ブレーキ及びアクセルを踏み込むことなく、時速95、6キロメートルで右坂を下降走行中、突如車体が左方へ横滑りしたので、ハンドル操作によって進路を立て直そうとしたが果たせず、同車を約250メートル間にわたって蛇行させたうえ、進路右側の中央分離帯に乗り上げて横転させ、その衝撃により乗客1名が死亡したほか、6名の乗客及び車掌が傷害を負った。Xは業務上過失致死傷罪で起訴された。

【裁判の経過】

1審:京都地判昭和46年3月26日刑月3巻3号469頁(無罪)

1審は、本件事故はハイドロプレーニング現象というXには予見することのできなかった不可抗力な現象に起因するものであって、Xの過失によるものではないとして、無罪を言い渡した。これに対して、検察官側は、スリップ現象そのものについては、自動車運転者の知悉していたところであって、雨の日は滑り易いから高速で走行してはいけないということは、運転上の常識であったから、Xは横滑りが発生することは当然予見できたはずであると主張して控訴した。

【判 旨】控訴棄却(確定)

「問題は、湿潤路面を高速走行する場合にあっても、急ハンドル、急ブレーキ、急加速のいずれもせずに、単純に直線道路をほぼ均一の速度で直進するだけの状況下、通常の運転の際には殆ど影響力を無視してよいような小さな外乱により横滑りを生じさせ、しかもハンドル操作によって進路を立て直させることができないほどの極度の摩擦力の低下した状態、すなわち極度にすべり易い状態が生じうることを認識することができたか否かということである(以下これを第2の場合という。)。そして、この場合…一般的に自動車運転者ことに高速バス運転者が、本件当時に、認識し、あるいは認識し得たものでなければならないことはいうまでもない。…ハイドロプレーニング現象…が本件事故発生の約8か月前に、アメリカ自動車技術会会誌1965年(昭和40年)12月号に掲載され、本件当時わが国では自動車工学やタイヤメーカーの研究者等ごくわずかの専門家が右文献を読み、ハイドロプレーニング現象を知るに至っていたにとどまり、これが警察等の公的機関、日本道路公団、報道機関その他を通じて自動車運転者に周知徹底されるまでには至っていなかった。…当時としては、単に事故原因が未知の事柄であったというだけでなく、『第2の場合』のような極度にすべり易い状態の下での事故自体がそれまでにほとんど経験されたことのない稀有な事例に属するものであったと推察される。

以上を綜合して検討するとき、本件当時、Xのような立場におかれた自動車運転者、ことに高速バス運転者一般に、『第2の場合』のような極度にすべり易い事態までの予見可能性はなかったといわざるを得ない」。

(9) 構造型過失と予見可能性（熊本水俣病事件第2審判決）

62 福岡高判昭和57年９月６日高刑集35巻２号85頁、判時1059号17頁、判タ483号167頁

【事実の概要】

C社の代表取締役であった被告人Xと同会社M工場担当取締役兼同工場長であった被告人Yは、昭和32年９月初旬から昭和35年６月末ころまでの間、塩化メチル水銀を含有する排水をM川河口海域に排出させた業務上の過失により、V1をして昭和34年９月27日ころ成人水俣病に、V2をして昭和35年８月28日胎児性水俣病にそれぞれ罹患させ、昭和46年12月16日V1を水俣病に起因する嚥下性肺炎により、昭和48年６月10日V2を水俣病に起因する栄養失調脱水症によりいずれも死亡させ、その他多数を傷害に至らせた。X、Yは、V1ら７名の被害者について業務上過失致死傷罪で起訴された。

【裁判の経過】

１審：熊本地判昭和54年３月22日刑月11巻３号168頁（有罪・業務上過失致死罪）

１審は、「過失犯の構成要件的結果発生の予見が可能であるというのは、当該行為と結果発生との間の基本的な因果の経過が予見可能であればたりるのであって、水俣工場の工場排水中に含有する工場原料・製品・設備等から排出される何らかの化学物質が水俣病の原因となっており、このような工場排水が流出する周辺海域で捕獲した魚介類を摂食することによって、水俣病が発症するものであることを予見できれば十分である」とし、また、「水俣病の激甚な症状にかんがみ、妊婦が同じような魚介類を摂食することによって、その胎児も障害を受けて出生し、死に至る場合もあることは当然に予測できるところであるから、胎児性水俣病患者であつたV2の致死の結果についても予見できたもの」として、V1、V2について業務上過失致死罪の成立を認め、その他については公訴時効の完成を理由に免訴を言い渡した。

これに対して、X側は、本件において予見可能性を肯定するためには、一定の脳症状を呈する特定の化学物質が工場排水中に含有されていることを予見しえたことを要するところ、当時その予見可能性はなかったと主張して控訴した。

【判　旨】控訴棄却（上告）

「いわゆる構造型過失犯においても、右の予見の対象に関し内容的に特定しない一般的又は抽象的な危惧感ないし不安感を抱くだけでは足りないものである。このことは所論指摘のとおりであるが、しかし、行為者が特定の構成要件的結果及び当該結果の発生に至る因果関係の基本的部分に関する実質的予見を有すること、これを構造型過失犯に属すべき条件に即していえば、人がM工場の排水中に含有される有毒物質により汚染された魚介類を摂食することによって、水俣病に罹患し、死傷の結果を受けるおそれのあることの予見があれば、業務上過失致死傷罪の注意義務構成の予見可能性として欠くるところはなく、所論のようにその有毒物質が一定の脳症状を呈する特定の化学物質であることの予見までも要するものではない。けだし、右の程度の予見可能性がある以上、水俣病罹患に因る死傷の結果を防止する措置として、かかる工場廃水を企業施設外に排出すべきでないことを十分認識することができ、いわゆる結果回避義務の前提として不足はないからである。

…Ｘ及びＹはいずれも昭和33年７月中旬までに、同年６月24日参議院社会労働委員会において厚生省公衆衛生局環境衛生部長が、また、同年７月７日付で厚生省公衆衛生局長がそれぞれ、水俣病は水俣工場の廃棄物中に含有されるある種の化学物質により汚染された魚介類を摂食することによって生ずることが確定又は推定される旨指摘していることを知ったのであるから、本件過失行為の始った昭和33年８月ないし同年９月初旬当時、水俣工場の排水経路を水俣川河口海域に変更することに因り、河口住民をして右排水中に含有される有毒物質により新たに汚染された魚介類を摂食することから水俣病に羅患させ、死傷の結果を生ぜしめるおそれのあることを予見することが十分できたものといわなければならない。

…水俣病の激甚な症状にかんがみ、かつ右の罹患は有毒物の直接使用によるものではなく、汚染魚介類の摂食を介して発生するものであることを知る限り、同じような作用により、右の汚染魚介類を摂食せる妊婦を介してその胎児が障害を受けるであろうことは、誰にでも容易に推知できるところであると同時に、出生しても、水俣病のため死に至る場合もあろうことも当然に予見することができるものと認められ」る。

(10) 砂浜陥没の予見可能性（明石砂浜陥没事件）

63 最決平成21年12月７日刑集63巻11号2641頁、判時2067号159頁、判タ1316号150頁

【事　実】

被告人Xらは、本件事故現場である人工の砂浜の管理等の業務に従事していたものであるが、同砂浜は、東側及び南側がかぎ形の突堤に接して厚さ約2・５mの砂層を形成しており、全長約157 mの東側突堤及び全長約100 mの南側突堤は、いずれもコンクリート製のケーソンを並べて築造され、ケーソン間のすき間の目地に取り付けられたゴム製防砂板により、砂層の砂が海中に吸い出されるのを防止する構造になっていた。本件事故は、東側突堤中央付近のケーソン目地部の防砂板が破損して砂が海中に吸い出されることによって砂層内に発生し成長していた深さ約２m、直径約１mの空洞の上を、Vが小走りに移動中、その重みによる同空洞の崩壊のため生じた陥没孔に転落し、埋没したことにより発生したものである。そして、Xらは、本件事故以前から、南側突堤沿いの砂浜及び東側突堤沿い南端付近の砂浜において繰り返し発生していた陥没についてはこれを認識し、その原因が防砂板の破損による砂の吸い出しであると考えて、陥没を埋め戻したり、陥没が発生している区域への立ち入りを禁止するなどの対策を講じていた。しかし、本件事故現場を含む東側突堤沿い北方の砂浜では、砂浜の表面に異常が生じたとの報告がなされておらず、対策を講じていなかったところ、南側突堤と東側突堤とは、ケーソン目地部に防砂板を設置して砂の吸い出しを防ぐという基本的な構造は同一であり、本来耐用年数が約30年とされていた防砂板がわずか数年で破損していることが判明していたばかりでなく、実際には、本件事故以前から、東側突堤沿いの砂浜の南端付近だけでなく、これより北寄りの場所でも、複数の陥没様の異常な状態が生じていた。Xらは業務上過失致死罪で起訴された。

【裁判の経過】

１審：神戸地判平成18年７月７日刑集63巻11号2719頁（無罪）

１審は、「過失犯において結果発生の予見可能性が要求されるのは、予見できない結果については、注意を働かせてこれを回避することができず、刑罰を科すことによりその発生を防止することが不可能だからであると解される。すなわち、予見可能性は、結果回避措置を動機づけるための前提要件であると捉えることができる。したがって、一般人をして、結果回避措置を講ずることを動機づける程度の基本的な事実関係の予見が可能でなければ、業務上過失致死罪の成立に必要とされる予見可能性の要件を充足しないものと解するのが相当である。そして、結果発生の予見可能性とは、内容の特定しない一般的、抽象的な危惧感ないし不安感を抱く程度では足りず、特定の構成要件的結果及びその結果の発生に至る因果関係の基本的部分の予見可能性を意味するものと解すべきであるが、この予見可能性の有無は、当該行為者の置かれた具体的状況下に、これと同様の地位、状況に置かれた通常人を当てはめて判断すべきものである。…砂浜の表面に何の異常も認められない場所については、当該場所が危険であると判断する前提事実として、陥没すれば危険であると感じるような一定程度以上の大きさの空洞が砂層内に発生することが予見可能であるか否かという点は、極めて重要な要素になると言わなければならない。…砂浜表面に格別の異常がなくとも、地下において人が落ち込むような空洞が存在しているなどの異常が生じていることを窺わせるような特段の事情のない限り、砂浜の表面に現実に発生していた陥没の位置からして、Xらにおいて、本件事故現場付近にも同様に、それに落ち込めば人が死傷するに至る危険を感じるような陥没が発生する具体的な危険があると予見することができなかったとしてもやむをえないものと言わなければならない。…本件砂浜では、本件事故の相当以前から、南側突堤沿いのほぼ東側半分に位置する6番ないし10番ケーソン及び東側突堤沿いの南寄り部分の10番ないし12番ケーソン（10番ケーソンは南側突堤と東側突堤の角に位置している。）の範囲内で陥没が断続的に発生していたが、その発生の原因を究明する本格的な調査は実施されておらず、陥没発生の具体的なメカニズムは判然としていなかった。…本件事故前においては、本件事故の原因となったような深さ約2メートル、直径約1メートルもの大規模な空洞が砂層中に発生しているのに、その地表に何らの異常が見られないという現象が土木工学上よく知られた一般的な現象であるとされていたものとは認められず、本件事故前に現に陥没が発生していたと認められる前記範囲以外の区域においても、人の死傷の危険性についての予見可能性がＸらに認められると言うためには、Ｘらにおいて、前記範囲以外の区域において砂浜表面上に何らかの異常が発生していることについて認識することが可能である状況の存在が前提となると言うべきである。しかし、本件証拠上、そのような状況が存在したとは認められない。…現に陥没が発生していたものと認められる範囲に関しては、Ｘらにおいて、人の死傷についての予見可能性が認められるものの、それ以外の区域に関しては、そのような予見可能性は認められないと言わざるを得ない」として無罪とした。これに対して、検察官側は、Ｘには予見可能性が認められると主張して控訴した。

2審：大阪高判平成20年7月10日刑集63巻11号2794頁（破棄差戻）

2審は、「過失犯において行為者に過失責任を問うために予見可能性の存在を必要とする理由は、過失行為により当該被害結果を招来するに至ったことにつき、行為者に過失行為時、当該被害結果の発生を予見する可能性が存すれば、結果回避措置を講ずることを期待できることを問責の根拠とするものであるから、実際にたどった具体的な因果経過そのものについての予見可能性までを必要とするものではなく、結果発生に至る因果関係の基本的部分について予見可能であれば足りることは、過失犯の性質上、当然のことと解される。本件において予見可能性が要求される因果関係の基本的部分は、本件事故現場を含む東側突堤沿いの砂浜のどこかで、ケーソン目地部の防砂板が破損して砂が吸い出され陥没が発生するという一連の因果経過であり、これを予見の対象ととらえることが相当である。…本件事故時までに、本格的な調査が未了であったとはいえ、市海岸・治水課において、防砂板の破損による砂の吸出しが陥没の原因である可能性が高いと考えられており、Ｘ及びＹもその旨の報告等により陥没の原因をある程度認識していたことからすれば、原因究明の途上であったとしても、砂の吸出しによる陥没の発生を予見できなかったとはいえない。また、市海岸・治水課海岸係長のＺはＹに各突堤の防砂板の破損についての説明をしているが、南側突堤以外の防砂板（11—12番ケーソン目地部）の破損の可能性をも指摘しており、現に、東側突堤沿いの11—12番ケーソン目地部付近で陥没が発生していることは了知していたのであるから、Ｘ及びＹにおいて、東側突堤の防砂板の破損の可能性を予見することができなかったということはできない。…Ｘらには、いずれも、本件事故現場を含む東側突堤沿いの北方の砂浜において、防砂板の破損による砂の吸出しにより陥没が発生することについて、予見可能性があったというべきである。」として、破棄差戻しとした。これに対してＸ側が上告した。

【決定要旨】上告棄却

「Ｘらは、本件事故現場を含む東側突堤沿いの砂浜において、防砂板の破損による砂の吸い出しにより陥没が発生する可能性があることを予見することはできたものというべきである。したがって、本件事故発生の予見可能性を認めた原判決は、相当である」。

なお、本件事故発生以前の時期において、東側突堤北方の本件事故発生現場付近の砂浜で陥没があったことが認定できない以上、本件事故発生の予見可能性は認められないとの判断には合理的な根拠があるとする今井功裁判官の反対意見がある。

【参考文献】

塩谷毅・平成22年度重判解198頁

（11） 雑踏事故発生の予見可能性（明石市花火大会歩道橋事故）

64 最決平成22年５月31日刑集64巻４号447頁、判時2083号159頁、判タ1327号80頁

【事実の概要】

（1）平成13年７月20日及び同月21日の２日間にわたって兵庫県明石市において開催された第32回明石市民夏まつりの２日目に、午後７時45分ころから午後８時30分ころまでの間大蔵海岸公園で花火大会等が実施されたが、そこに参集した多数の観客が最寄りの西日本旅客鉄道株式会社朝霧駅と大蔵海岸公園とを結ぶ通称朝霧歩道橋に集中して過密な滞留状態となり、また、花火大会終了後朝霧駅から大蔵海岸公園へ向かう参集者と同公園から朝霧駅方面へ向かう参集者とが押し合うことなどにより、強度の群衆圧力が生じ、同日午後８時48分ないし49分ころ、歩道橋上において、多数の参集者が折り重なって転倒するいわゆる群衆なだれが発生し、その結果、11名が全身圧迫による呼吸窮迫症候群（圧死）等により死亡し、183名が傷害を負うという事故が発生した。

（2）被告人Xは、兵庫県明石警察署地域官として、本件夏まつりの雑踏警備計画の企画・立案を掌理するほか、本件夏まつりにおける現地警備本部指揮官として、現場において雑踏警戒班指揮官ら配下警察官を指揮して、参集者の安全を確保すべき業務に従事していたものである。本件当日、大蔵海岸公園及びその周辺には、管区機動隊員72人を含め総勢150人以上の警察官が配置され、Xは、雑踏警戒班を指揮するのみならず、機動隊についても、明石警察署長らを介し又は直接要請することにより、自己の判断でその出動を実現できる立場にあった。

被告人Yは、警備業を営む株式会社Aの大阪支社長であり、本件夏まつりの実質的主催者である明石市と株式会社Aとの契約に基づき、明石市の行う本件夏まつりの自主警備の実施についての委託を受けて、本件夏まつりの会場警備に従事する警備員の統括責任者として、明石市の担当者らとともに参集者の安全を確保する警備体制を構築するほか、これに基づく警備を実施すべき業務に従事していたものである。本件当日、Yは、総勢130人以上の警備員を統括していた。

（3）本件夏まつりに関しては、その当日に至るまでにも、以下のような雑踏事故の原因となり得る事情等があった。

ア　本件夏まつりの会場となった大蔵海岸公園は、朝霧駅の南方に位置し、同駅とは、本件歩道橋によって接続されており、朝霧駅を利用して集まってきた参集者を始め、多くの観客が歩道橋を通って大蔵海岸公園に参集することが予想されるものであった。

イ　本件歩道橋は、全長約103.65ｍ、歩行者有効幅員約６ｍであって、歩道橋南側は展望に適したテラス兼エレベーターホール（合計約69.9平方メートル）となっており、歩道橋南端部には、約80度に西向きに折れた幅約3.2ｍ、長さ約18ｍ、48段の階段（途中２か所に踊り場がある。）があり、これによって約7.2ｍ下の大蔵海岸公園を東西に走る市道大蔵町48号線の南側歩道に接しているが、歩道橋のこのような構造や、歩道橋南端部や南側階段は大蔵海岸東側の堤防から打ち上げられる花火の絶好の観覧場所となることから、その南端部付近や南側階段において参集者が滞留し、大混雑を生じることが容易に予想されるものであった。

ウ　本件夏まつりにおいては、180余の夜店が本件歩道橋南側階段下の市道大蔵町48号線の南北歩道上に出店することとなっていたことから、夜店周辺に参集者が密集して人の流れが滞り、また、歩道橋南側階段南西側の芝生広場（海峡広場）は花火を観覧するのに絶好の場所であることから、そこに参集者が集まって場所取りなどをすることにより、歩道橋南側階段からの参集者の流出が妨げられ、それらによっても、歩道橋南端部付近や南側階段において参集者が滞留することなどが予想されるものであった。

エ　本件夏まつりの花火大会は、平成13年７月21日午後７時45分に開始され、午後８

時30分に終了することが予定されていたため、花火大会の開始時刻に合わせて朝霧駅側から多数の参集者が本件歩道橋を通って大蔵海岸公園に集まってくること、また、花火大会終了前後からは、いち早く帰路につこうとする参集者が朝霧駅方面に向かうために歩道橋に殺到すること、それによって、歩道橋内において双方向に向かう参集者の流れがぶつかり、滞留が一層激しくなることが予想されるものであった。

オ　大蔵海岸公園においては、平成12年12月31日から翌平成13年１月１日にかけて、約５万5000人が参集したいわゆるカウントダウン花火大会が行われたが、その際、大蔵海岸公園に向かう参集者が本件歩道橋に集中して相当の混雑状態となり、特に午前０時10分の花火終了直後からは、歩道橋内を朝霧駅から大蔵海岸公園に向かう参集者と同公園から朝霧駅方面に向かう参集者とが歩道橋南端部付近や南側階段で押し合うなどして110番通報が多数されるほどの混雑密集状態となったため、花火大会終了後、歩道橋北側出入口付近において、警備員が流入規制をするとともに、歩道橋南側階段下において、警備員約10人と警察官数人が横に並んで人垣を作るなどして参集者の流入を規制し、歩道橋をう回させるために歩道橋南側階段から西側通路への誘導広報を徹底し、さらに、歩道橋南側階段下において、上に登ろうとする参集者を整列させて整理して、歩道橋上及び歩道橋南側階段上にいた参集者の混雑をいったん完全に解消させてから、同階段下から退場する参集者について歩道橋を北側に通行させる方法をとるなどして、辛うじて雑踏事故の発生を防止することができた状況であった。

カ　本件夏まつりは、従来からの会場を変更して、大蔵海岸公園において初めて行われたものであって、夏まつりについては同会場での雑踏警備の実績はなく、前記カウントダウン花火大会が参考になるものであったが、本件夏まつりには、カウントダウン花火大会をはるかに上回る10万人を超える参集者が見込まれた上、その行事の性質上、幼児を含む年少者や高齢者なども多数参集してくることが予想されるものであった。

キ　本件夏まつりに向けて、明石市、株式会社A及び明石警察署の三者により、雑踏警備計画策定に向けた検討が重ねられてきたが、そこでは、本件歩道橋における参集者の滞留による混雑防止のための有効な方策は講じられず、また、歩道橋の混雑状況をどのようにして監視するのか、そして、混雑してきた場合にどのような規制方法をとるのか、どのような事態になった場合に、警察による規制を要請するのか、その場合の主催者側と明石警察署との間の連携体制をどのようにするのかなどといった詳細について、具体的な計画は策定されていなかった。

(4) 本件当日においては、事前に予想されたとおり、午後６時ころから、朝霧駅側から多数の参集者が本件歩道橋に流入し始め、午後７時ころには、歩道橋に参集者が滞留し始め、次第に歩道橋の通行が困難になりつつあった上、午後７時45分の花火大会開始に向けて、更に多くの参集者が歩道橋に流入して滞留し、混雑が進行する状況になっていた。

(5) Xは、花火大会開始前において、前記 (3) アないしエ、カ及びキ並びに (4) のうち少なくとも客観的事実については認識しており、また、(3) オのカウントダウン花火大会の際に混雑が生じたことも担当者から説明を受けて知っていたものであるところ、さらに、本件当日午後８時ころまでには、Yから、本件歩道橋内の混雑を理由に歩道橋内への流入規制の打診を受け、また、雑踏警戒班の指揮官を務めていた配下警察官から、歩道橋内の非常な混雑状態及び今後更に混雑の度を増す不安を理由に、歩道橋内への流入規制のため会場周辺に配置されている管区機動隊の導入の検討を求める旨の報告を受けたことなどにより、遅くともその時点では、歩道橋内が流入規制等を必要とする過密な滞留状態に達していることを認識した。しかしXは、午後８時ころの時点において、直ちに、流入規制等を行うよう配下警察官を指揮するとともに機動隊の出動を明石警察署長らを介し又は直接要請する措置を講じなかった。

(6) Yは、花火大会開始前において、前記 (3) アないしエ、カ及びキ並びに (4) のうち少なくとも客観的事実については認識しており、また、(3) オのカウントダウン花火大会の際には、Yは、会場である大蔵海岸に設置された大蔵警備本部の管制責任者として警備業務に従事し、本件歩道橋の混雑状況やこれに対していかなる措置をとって転倒事故等の発生を防止したかなどについて認識していたものであるところ、さらに、本件当日午後８時ころまでには、本部直轄遊撃隊の警備員から、歩道橋内の非常な混雑状態を理由に警察官による歩道橋北側での流入規制の依頼を要請されたことなどにより、遅くともその時点では、歩道橋内が警察官による流入規制等を必要とする過密な滞留状態に達していることを認識した。しかし、Yは、午後８時直前ころの時点において、Xに対し、一度は「前が詰まってどうにもなりません。ストップしましょうか。」などの言い方で、歩道橋内の警察官による流入規制について打診をしたもののXの消極的な反応を受けてすぐに引き下がり、結局、Yは、明石市の担当者らに警察官の出動要請を進言し、又は自ら自主警備側を代表して警察官の出動を要請する措置を講じなかった。

(7) ところで、本件歩道橋の周辺には、朝霧駅北側及び夏まつり会場の西側に当たる大蔵海岸中交差点において、それぞれ相当数の機動隊員が配置されていたのであり、機動隊に対して遅くとも午後８時10分ころまでに出動指令があったならば、機動隊は、花火大会終了が予定される午後８時30分ころよりも前に歩道橋に到着し、歩道橋階段下から歩道橋内に流入する参集者の流れを阻止し、歩道橋南端部付近にいる参集者の北進を禁止する広報をし、階段上の参集者を階段下に誘導し、さらに、歩道橋北側からの参集者の流入を規制して北側への誘導を行うことなどにより、滞留自体の激化を防止し、これによって、群衆なだれによって多数の死傷者を生じさせた本件事故は、回避することができたと認められる。

この事故につき、X、Yの他、明石市職員３名（Z1、Z2、Z3）が業務上過失致死傷罪で起訴された。

【裁判の経過】

１審：神戸地判平成16年12月17日刑集64巻４号501頁（有罪・業務上過失致死傷罪）

「Z1は、前記のとおり、本件夏まつりの実質的主催者である明石市において、商工業、観光等に関する所管事務の基本計画及び執行方針を策定するとともにそれらの執行を統括する権限を有する市民経済部長として、また、本件夏まつりの開催本部統括副責任者として、市民経済部商工観光課が実務を担当した本件夏まつりの開催業務全般を統括する地位にあって、参集者の安全を確保する体制を構築して実施すべき業務に従事していたものであるが、前記のとおり、本件夏まつり当日に至る前から、本件歩道橋に参集者が殺到して滞留が起こり、雑踏事故が発生する危険が予見できたのであるから、本件夏まつり当日には、自ら又は部下職員ないしＹら警備員を通じ、本件歩道橋への参集者の流入・滞留状況や雑踏警備の実施状況を常時監視し、また、本件夏まつり当日の午後６時40分ころには、前記のとおり、本件歩道橋南端部展望デッキ付近に参集者が滞留する状況を実際に認識し、雑踏事故が発生する危険がより具体化しつつあることが予見できたのであるから、同監視を更に厳重にし、的確に状況を把握した上、午後７時30分ころまでに、部下職員ないしＹに指示して、参集者の迂回路への誘導や分断等により、本件歩道橋への流入規制を実施し、あるいは、午後８時すぎころまでに、自ら又は部下職員ないしＹを通じ、警察官の出動を要請することにより、同様に本件歩道橋への流入規制を実現し、もって、本件事故の発生を未然に防止すべき業務上の注意義務があったにもかかわらず、これを怠った結果、本件事故を発生させ、判示の各被害者を死傷させたものであるから、本件業務上過失致死傷罪の責任を免れない」。

「Z2は、前記のとおり、同じく市民経済部経済産業担当次長として、また、本件夏まつりの実施運営本部実施責任者として、Z1を補佐し、本件夏まつりの開催業務全般を掌理し、参集者の安全を確保する体制を構築して実施すべき業務に従事していたものであるが、前記のとおり、本件夏まつり当日に至る前から、本件歩道橋に参集者が殺到して滞留が起こり、雑踏事故が発生する危険が予見できたのであるから、本件夏まつり当日には、Z1を補佐して、自ら又は部下職員ないしＹら警備員を通じ、本件歩道橋への参集者の流入・滞留状況や雑踏警備の実施状況を常時監視し、また、本件夏まつり当日の午後７時ころには、前記のとおり、本件歩道橋に多数の参集者が参集する状況を実際に認識し、雑踏事故が発生する危険がより具体化しつつあることが予見できたのであるから、同監視を更に厳重にし、的確に状況を把握した上、午後７時30分ころまでに、Z1を補佐し、部下職員ないしＹに指示して、参集者の迂回路への誘導や分断等により、本件歩道橋への流入規制を実施し、更には、午後８時すぎころには、前記のとおり、Ｘから本件歩道橋内の混雑解消措置の必要性を指摘されたＦから相談を受けたことにより、歩道橋内が何らかの規制を実施しなければならない程度の過密な滞留状況に達していることを認識し、雑踏事故が発生する危険が現実化しつつあることが予見できたのであるから、Z1を補佐し、直ちに、自ら又は部下職員ないしＹを通じ、警察官の出動を要請することにより、同様に本件歩道橋への流入規制を実現し、もって、本件事故の発生を未然に防止すべき業務上の注意義務があったにもかかわらず、これを怠った結果、本件事故を発生させ、判示の各被害者を死傷させたものであるから、本件業務上過失致死傷罪の責任を免れない」。

「Z3は、前記のとおり、同じく市民経済部商工観光課長兼Ｚ観光協会事務局長として、また、本件夏まつりの実施運営本部実施副責任者として、Z1及びZ2を補佐し、本件夏まつりの企画及び警備計画の策定等の事務を掌理し、参集者の安全を確保する体制を構築して実施すべき業務に従事していたものであるが、前記のとおり、本件夏まつり当日に至る前から、本件歩道橋に参集者が殺到して滞留が起こり、雑踏事故が発生する危険が予見できたのであるから、本件夏まつり当日には、Z1及びZ2を補佐して、自ら又は部下職員ないしＹら警備員を通じ、本件歩道橋への参集者の流入・滞留状況や雑踏警備の実施状況を常時監視し、また、本件夏まつり当日の午後６時50分ないし午後７時ころには、前記のとおり、本件歩道橋南端部展望デッキ付近に参集者が滞留する状況を実際に認識し、雑踏事故が発生する危険がより具体化しつつあることが予見できたのであるから、同監視を更に厳重にし、的確に状況を把握した上、午後７時30分ころまでに、Z1及びZ2を補佐し、部下職員ないしＹに指示して、参集者の迂回路への誘導や分断等により、本件歩道橋への流入規制を実施し、更には、午後８時すぎころには、前記のとおり、Ｘから本件歩道橋内の混雑解消措置の必要性を指摘されたＦから相談を受けたことにより、歩道橋内が何らかの規制を実施しなければならない程度の過密な滞留状況に達していることを認識し、雑踏事故が発生する危険が現実化しつつあることが予見できたのであるから、Z1及びZ2を補佐して、直ちに、自ら又はＹを通じ、警察官の出動を要請することにより、同様に本件歩道橋への流入規制を実現し、もって、本件事故の発生を未然に防止すべき業務上の注意義務があったにもかかわらず、これを怠った結果、本件事故を発生させ、判示の各被害者を死傷させたものであるから、本件業務上過失致死傷罪の責任を免れない」。

「Ｙは、前記のとおり、警備業を営むA社の大阪支社長であり、A社が本件夏まつりの実質的主催者である明石市との契約に基づき、本件夏まつりの会場警備に従事した警備員の統括責任者として、参集者の安全を確保する警備体制を構築して実施すべき業務に従事していたものであるが、前記のとおり、本件夏まつり当日に至る前から、本件歩道橋に参集者が殺到して滞留が起こり、雑踏事故が発生する危険が予見できたのであるから、本件夏まつり当日には、自ら又は配下警備員をして、本件歩道橋への参集者の流入・滞留状況や雑踏警備の実施状況を常時監視し、また、本件夏まつり当日の午後７時ころまでには、前記のとおり、本件歩道橋に参集者が滞留する状況を実際に認識し、雑踏事故が発生する危険がより具体化しつつあることが予見できたのであるから、同監視を更に厳重にし、的確に状況を把握した上、午後７時30分ころまでに、自ら又は配下警備員らをして、参集者の迂回路への誘導や分断等により、本件歩道橋への流入規制を実施し、更には、午後８時すぎころまでには、前記のとおり、Ｘから本件歩道橋内の混雑解消措置の必要性を指摘されたＦから相談を受けたことなどにより、歩道橋内が警察官による規制を実施しなければならない程度の過密な滞留状況に達していることを認識し、雑踏事故が発生する危険が現実化しつつあることが予見できたのであるから、直ちに、Z1らに警察官の出動要請を進言し、あるいは自ら警察官の出動を要請することにより、同様に本件歩道橋への流入規制を実現し、もって、本件事故の発生を未然に防止すべき業務上の注意義務があったにもかかわらず、これを怠った結果、本件事故を発生させ、判示の各被害者を死傷させたものであるから、本件業務上過失致死傷罪の責任を免れない」。

「Ｘは、前記のとおり、明石警察署地域官として、本件夏まつりの雑踏警備計画の企画・立案を掌理し、また、本件夏まつりの現地警備本部指揮官として、雑踏警戒班指揮官ら配下警察官を指揮して、参集者の安全を確保すべき業務に従事していたものであるが、前記のとおり、本件夏まつり当日に至る前から、本件歩道橋に参集者が殺到して滞留が起こり、雑踏事故が発生する危険が予見できたのであるから、本件夏まつり当日には、自ら又は配下警察官をして、本件歩道橋への参集者の流入・滞留状況や雑踏警備の実施状況を常時監視し、また、本件夏まつり当日の午後6時45分ころまでには、前記のとおり、本件歩道橋に参集者が滞留する状況を実際に認識し、雑踏事故が発生する危険がより具体化しつつあることが予見できたのであるから、同監視を更に厳重にし、的確に状況を把握した上、午後7時30分ころまでに、配下警察官らを動員して、参集者の分断や迂回路への誘導等により、本件歩道橋への流入規制を実施し、更には、午後8時ころまでには、前記のとおり、配下警察官から報告を受けるなどして、歩道橋内が警察官による規制を実施しなければならない程度の過密な滞留状況に達していることを認識し、雑踏事故が発生する危険が現実化しつつあることが予見できたのであるから、直ちに、配下警察官を指揮するとともに、管区機動隊等の出動を明石署長を介しあるいは直接要請して動員指揮することにより、同様に本件歩道橋への流入規制を実現し、もって、本件事故の発生を未然に防止すべき業務上の注意義務があったにもかかわらず、これを怠った結果、本件事故を発生させ、判示の各被害者を死傷させたものであるから、本件業務上過失致死傷罪の責任を免れない」。

これに対して、X、Y、Z1、Z3が控訴した。

2審：大阪高判平成19年4月6日刑集64巻4号623頁（控訴棄却）

「Z1には、予見義務及び回避義務のいずれについてもその違反が認められ、かつ、その義務違反と本件事故の発生との因果関係も認められるから、Z1は、本件事故についての過失責任を免れない」。

「Z2には、本件事故について、7時ころ以後、8時ころまでの段階における注意義務違反に基づく業務上過失致死傷罪が成立することが認められる」。

「Yが階段からの逆流阻止のために警察官の出動を要請しなかったことは、回避義務の著しい懈怠であると認められる」。

「Xが、中交差点に待機していた機動隊を出動させなかったことが、回避義務に違反することは、優に認められる。

そして、8時ころの時点で自ら機動隊に出動を指示又は要請するか、P10又はP6にこれを要請していれば、8時15分より前に機動隊が待機場所から出動できたことは明らかであるから、この回避義務違反と事故発生との因果関係も、問題なく肯定できる」。

これに対して、X、Yは、予見可能性、結果回避可能性がないと主張して上告した。

【決定要旨】上告棄却

「Xは、明石警察署地域官かつ本件夏まつりの現地警備本部指揮官として、現場の警察官による雑踏警備を指揮する立場にあったもの、Yは、明石市との契約に基づく警備員の統括責任者として、現場の警備員による雑踏警備を統括する立場にあったものであり、本件当日、X、Y両名ともに、これらの立場に基づき、本件歩道橋における雑踏事故の発生を未然に防止し、参集者の安全を確保すべき業務に従事していたものである。しかるに、原判決の判示するように、遅くとも午後8時ころまでには、歩道橋上の混雑状態は、明石市職員及び警備員による自主警備によっては対処し得ない段階に達していたのであり、そのころまでには、前記各事情に照らしても、被告人両名ともに、直ちに機動隊の歩道橋への出動が要請され、これによって歩道橋内への流入規制等が実現することにならなければ、午後8時30分ころに予定される花火大会終了の前後から、歩道橋内において双方向に向かう参集者の流れがぶつかり、雑踏事故が発生することを容易に予見し得たものと認められる。そうすると、Xは、午後8時ころの時点において、直ちに、配下警察官を指揮するとともに、機動隊の出動を明石警察署長らを介し又は直接要請することにより、歩道橋内への流入規制等を実現して雑踏事故の発生を未然に防止すべき業務上の注意義務があったというべきであり、また、Yは、午後8時ころの時点において、直ちに、明石市の担当者らに警察官の出動要請を進言し、又は自ら自主警備側を代表して警察官の出動を要請することにより、歩道橋内への流入規制等を実現して雑踏事故の発生を未然に防止すべき業務上の注意義務があったというべきである。そして、前記のとおり、歩道橋周辺における機動隊員の配置状況等からは、午後8時10分ころまでにその出動指令があったならば、本件雑踏事故は回避できたと認められるところ、Xについては、前記のとおり、自己の判断により明石警察署長らを介し又は直接要請することにより機動隊の出動を実現できたものである。また、Yについては、原判決及び第1審判決が判示するように、明石市の担当者らに警察官の出動要請を進言でき、さらに、自らが自主警備側を代表して警察官の出動を要請することもできたのであって、明石市の担当者やYら自主警備側において、警察側に対して、単なる打診にとどまらず、自主警備によっては対処し得ない状態であることを理由として警察官の出動を要請した場合、警察側がこれに応じないことはなかったものと認められる。したがって、X、Y両名ともに、午後8時ころの時点において、上記各義務を履行していれば、歩道橋内に機動隊による流入規制等を実現して本件事故を回避することは可能であったということができる。

そうすると、雑踏事故はないものと軽信し、上記各注意義務を怠って結果を回避する措置を講じることなく漫然放置し、本件事故を発生させて多数の参集者に死傷の結果を生じさせたX、Y両名には、いずれも業務上過失致死傷罪が成立する」。

【参考文献】

甲斐克則・平成22年度重判解194頁

5 結果回避義務

(1) 同乗者の行為と運転者の注意義務

65 最決平成5年10月12日刑集47巻8号48頁、判時1479号153頁、判タ834号70頁

【事実の概要】

(1) 被告人Xは、普通乗用自動車に妻Aを同乗させて運転中、交差点から約50メートル手前の地点で信号待ちのために前車に追随して停止し、同所で妻Aを後部左側ドアから降車させようとした。(2) 同所付近は、交通頻繁な市街地域であり、かつ、X車と左側歩道との間には約1.7メートルの通行余地があった。(3) Xは、単に自車左側のフェンダーミラーを一べつしたのみで、後方から接近する車両はないものと考え、妻Aに対して降車の指示をし、これに従って同女が不用意に後部左側ドアを開けたところ、後方から走行してきたV運転の原動機付自転車がドア先端部に衝突し、Vが傷害を負った。

この行為が業務上過失致傷罪で起訴された。弁護人は、本件事故発生当時Xは左後方の安全を十分に確認し、かつ、同乗者の降車に際しては同人に対し必要な警告を発しており、本件事故はVの通行方法について交通ルール違反が重なったことによって生じたものである旨主張した。

【裁判の経過】

第1審：枚方簡判平成3年3月19日刑集47巻8号60頁（有罪・業務上過失致傷罪）

1審は、「(1) Xは、自車の左側フェンダーミラーによってその後方よりこれに近接してその左側を通過しようとする車両があることをたやすく確認できることは明らかであるから、XがV車の存在を認識しなかったとすれば、Xが後方確認を欠いたためにこれを的確に認識し得なかったものといわざるを得ない。(2) V車は、信号待ちの停止車両の左側約50センチメートルの近接した間隔をとって前記余地部分を制限速度一杯の約30キロメートル毎時で直進し、X車の左側を通過しようとしたものであるが、現時の交通事情のもとにおいては、このような運転をするものがあることは通常経験するところと考えられるから、右はXの予見義務の範囲内に属する」として、業務上過失致傷罪の成立を認めた。これに対して、X側は、本件事故は、Vの一方的過失によって起きたもの、すなわち、Vが原動機付自転車を運転し、前方をよく見ないでX車の左側面直近を高速で進行したことが本件事故発生の原因であり、Xは、左後方の安全を十分確認し、かつAに対してもドアを開けることについての必要な警告をしたから、注意義務違反はないと主張して控訴した。

2審：大阪高判平成3年11月7日刑集47巻8号64頁（控訴棄却）

2審は、「Aは、自動車の運転経験も、このような場所での降車経験もないうえ、日頃から車の乗り降りについては逐一Xの指示に従っていたことが認められるから、Xが『よっしゃ』と言って降車を指示したことで安心し、A自身の目で十分な安全確認をしないまま降車するおそれがあり、Xもそれを予測できたと思われる。したがって、Xとしては、フェンダーミラーで後方を確認しながらAに指示すべきであって、『ドアをバンと開けるな』と言うだけでは、自動車運転者に義務付けられた同乗者の行為による交通の危険発生防止のための必要な措置を講じたとはいい難い」として控訴を棄却した。これに対してX側が上告した。

【決定要旨】上告棄却

「右のような状況の下で停車した場合、自動車運転者は、同乗者が降車するに当たり、フェンダーミラー等を通じて左後方の安全を確認した上で、開扉を指示するなど適切な措置を採るべき注意義務を負うというべきであるところ、Xは、これを怠り、進行してくるV運転車両を看過し、そのため同乗者である妻Aに対して適切な指示を行わなかったものと認められる。この点に関してXは、公判廷において、妻Aに対して『ドアをばんと開けるな。』と言った旨供述するが、右の言辞が妻Aに左後方の安全を確認した上でドアを開けることを指示したものであるとしても、前記注意義務は、Xの自動車運転者としての立場に基づき発生するものと解されるから、同乗者にその履行を代行させることは許されないというべきであって、右のように告げただけでは、自己の注意義務を尽くしたものとはいえない」。

【参考文献】

川本哲郎・判例講義Ⅰ47頁、本間一也・百選Ⅰ〔第６版〕110頁、丸山治・平成５年度重判解169頁、大谷直人・最判解刑事篇平成５年度50頁

(2)　建設工事請負契約の注文者側担当者の管理過失（松戸トンネル流水事件）

66 最決平成13年２月７日刑集55巻１号１頁、判時1743号149頁、判タ1056号167頁

【事実の概要】

千葉県は、K川下流域の洪水防止を目的とした河川改修事業の一つとして、K川分水路建設を進め、その分水路の一部の約2500メートルのトンネル建設を、三つの区間に分けて建設業者に発注し、同中流区間をT建設が請け負って、トンネル掘削工事を行っており、トンネル上流部の水門建設をS建設が請け負い、同水門建設工事の一環として、トンネル坑口前には東西約87メートル、南北約70メートルの掘削地が作られていた。千葉県は、右K川分水路建設工事の監督等の業務を行うため、同県土木部の出先機関として、改修事務所を設けており、被告人Xは、平成２年４月から改修事務所K川建設課長の職にあった。トンネル坑口には、周辺河川からの溢水がトンネル内に流れ込むのを防止する目的で、H鋼と横矢板を主体にし、前面にジャンボ土嚢を積み上げた構造物（仮締切）が作られ、Xはその設計委託や建設施工に関与し、完成した仮締切は千葉県に引き渡されて、その管理は改修事務所K川建設課の所管になっていた。

平成３年９月19日は、台風が関東地方に接近し、朝から雨が降り続き、千葉県土木部河川課から水防指令が出され、改修事務所においても水防パトロールに当たり、Xも、同日午後同パトロールに出掛け、前記トンネル坑口の水門工事現場付近を見回った。同日午後４時すぎころから特に雨が激しくなり、前記掘削地東側の周辺では河川から水が氾濫し、溢れた水が掘削地内に流れ込むようになり、午後４時半ころからはその量が一層多くなり、午後４時52分ころ、S建設の現場作業所のLから、改修事務所にいたXに電話で、「W用水路側から水が入り、仮設道路を４、５メートルの幅でオーバーフローしてきた。水の勢いが強くて止められそうにありません。」旨の連絡があり、Xは、午後４時55分ころ、T建設の現場作業所にいる現場代理人のOに電話をし、「上流の水門工事現場の方で周りにある土手が崩れて、水門工事現場に水が流れ込んでいる。S建設の方が土嚢を積んでせき止めている。」旨伝え、さらに午後５時ころ、XはOに電話をし、「今後はS建設と直接連絡を取り合って欲しい。まだ、大丈夫ですから、切羽の吹き付けをして下さい。」旨伝えるなどした。同日午後５時18分ころ、掘削地に貯まった水の水圧で仮締切は決壊し、一挙に大量の水がトンネル内に流れ込んで、その濁流に呑み込まれるなどして、

トンネル内にいたT建設の社員及びその下請企業の作業員ら７名が溺れ死んだ。
　この行為について、Xは業務上過失致死罪で起訴された。弁護人は、Xは本件請負契約上の監督員には該当しないので請負契約約款上の指示権限を有しておらず、XがT建設のOに対して行った本件電話による「指示」（XのOに対する吹き付け・作業継続指示）はT建設に対して何らの拘束力がなく、単なるアドバイスに過ぎないと主張し、また、XのOに対する吹き付け・作業継続指示は、Oが受けたのみで、そのとき既に、W、Dらは改修事務所にはいなかったので分水路トンネル坑内に伝達されていない、仮にWがOから右指示を受けたとしてもWからDそして分水路トンネル坑内へと伝わった事実はないとして、Xの吹き付け・作業継続指示と結果発生との間の因果関係はない、請負契約の性質上、工事施工に関する災害防止義務は原則として請負人側・工事施工者側にあり、工事発注者側は工事に対する監督業務、災害防止義務を負担しない、本件T建設との間の工事請負契約書上は、発注者側の災害防止義務を定めた規定はないとして、Xの結果回避義務、災害防止義務としての緊急退避指示義務はない、本件事故は、台風の影響による大雨でW用水路から仮設道路を越えて、水が掘削地内に流入したが、掘削地内の水位の上昇は予想を超えた急激なものであり、また、Xは、右流入状況をLから電話により状況報告を受けていたのみで現実に右状況を目視したわけでなく、しかも流入状況を目撃していたO、R所長、Lらも仮締切の決壊までは予想できなかったのであるから、Xが、掘削地内が満水になり、それにより仮締切が決壊するに至ることを予見することはできなかったと主張した。

【裁判の経過】

１審：千葉地判平成８年10月29日判時1590号50頁（有罪・業務上過失致死罪）

「本件請負契約書によれば、その12条２項１号において、監督員は『請負契約の履行に関して乙（請負人）又は乙の現場代理人に対する指示、承諾又は協議』をする権限を有すると定める規定があり、しかも右『指示』の定義につき、土木工事標準仕様書102条（4）は、『指示とは、監督員が請負者に対し必要な事項（方針・基準・計画等を含む）を示し実施させることをいう。』と規定し、明らかに請負人側に対する拘束力を定めているのである。ところで、監督員の定めは、事務の能率を図るために設けられたに過ぎないのであるから、監督員の権限は、発注者側の権限、すなわちＫ川建設課の権限であって、そしてＸは、改修事務所Ｋ川建設課長であるから、本件ＸのＯに対する電話による指示（ＸのＣに対する吹き付け・作業継続指示）は単なるアドバイスであるということはできず、まさにＴ建設に対する指示であって、拘束力を有するものであるというべきである。…ＸのＯに対する吹き付け・作業継続指示を作業員に伝達したＤは他の作業員とともに午後５時12分ころ、バッテリーロコに乗って中間立坑に戻ってきた（Ｗ証言）のであるから、もし、Ｏの第１の作業中止指示が変更されることなく、分水路トンネル坑内に伝達されていたとすると、仮締切が決壊した午後５時18分ころまでには十分に作業員は中間立坑まで戻り、分水路トンネルの外へ脱出することが可能であったのである。そして、Ｄらが戻ってきたときに乗っていたバッテリーロコは、その当時分水路トンネル内部にいた作業員６名を乗せるのに十分なものであった（Ｗ証言）から、この時点で分水路トンネル内部の作業員の引上げは完了していたといえるのである。すなわち、Ｘの切羽吹き付け指示と結果発生との因果関係は十分に認められる。…Ｘが、Ｔ建設の中流工区を防護すべき仮締切の管理責任を負っていたことを考慮しなければならず、本件のごとき緊急状態下、すなわち仮締切が決壊に至る危険が発生した場合には、まさに右権限を行使して分水路トンネル坑内の作業を中止させ、作業員らを退避させるべきであった、つまり作業員らの緊急退避を指示すべき業務上の注意義務があったというべきである。…仮締切決壊という危険の発生が差し迫り、その結果分水路トンネル坑内で作業に従事している作業員の生命、身体にまで危険が及ぶような状況下においては、たとえ発注者側であっても、工事の安全施工を目指す立場に基づき適切に指示権限を行使して工事を中止させ作業員らを緊急退避させるべき注意義務を負担しているというべきである。そして、このことは、Ｘが以下に述べる仮締切の管理責任をも負担していたことによって裏付けられるというべきである。…Ｘには、Ｔ建設に対して請負契約上の指示監督権限を有する者として、かつ仮締切を管理する者として、仮締切の現状に注意を払い、仮締切決壊の危険が発生した場合には、分水路トンネル坑内の作業員らの生命、身体に対する危険を回避するために、当該危険の発生を中流工区の作業を担当するＴ建設に伝え、Ｔ建設に対して作業の中止を指示し、作業員らを緊急退避させるよう指示すべき業務上の注意義務があったというべきである。…Ｘは、請負契約に基づく指示監督権限を有し、かつ仮締切を管理する者として、掘削地内に貯留した水の圧力により仮締切が決壊する危険が発生したときには分水路トンネル坑内で作業中の作業員を退避させるべきことをＴ建設に対して指示すべき業務上の注意義務を負担すると認められるところ、Ｘは、仮締切が本件状況下においては決壊するに至るべきことについて十分予見が可能であったにもかかわらず、仮締切の強度を失念するなどして決壊の危険性に思いを致さず、漫然とＴ建設のＯ現場代理人に対して切羽吹き付け・作業継続指示を出したのであるから、Ｘの右行為は、結果回避義務、すなわち、分水路トンネルの坑内作業を中止させ、作業員の緊急退避を指示すべき業務上の注意義務に違反したものであり、そして、その結果、分水路トンネル坑内にいた作業員ら７名を死亡するに至らせたものであるから、Ｘには業務上過失致死罪の成立が認められる」。これに対して、Ｘ側が控訴した。

２審：東京高判平成10年４月27日高刑集51巻１号78頁（破棄自判、量刑不当）

「仮締切は、トンネル内での工事の施工の安全確保や災害防止のため発注者において設置し、管理支配も、トンネル内で工事を行う請負者に委ねられることはなく、発注者において行っていたと認められるのである。そうすると、発注者が、仮締切の設置・管理に当たって、工事施工上の安全確保に配慮すべき義務を有し、具体的状況として仮締切の決壊の危険があったのであるから、その決壊による大量の水の流入による溺死等の危険から免れさせるため、トンネル内で作業をする作業員らを緊急退避させる措置をとるべき義務（以下、「緊急退避措置義務」という。）が、発注者にあったものと認められる。そして、発注者である千葉県側において実際に仮締切の設置及び管理支配を担当していたのはＸであるから、右の緊急退避措置義務は、Ｘが負うものといえる。…仮締切が一旦決壊すれば、せき止めていた大量の水が一気にトンネル内に流れ込み、中で作業をする作業員らが、生命、身体の危険にさらされ死亡する可能性が非常に高いことは、何人にも容易に予見できたといえるので、結局、作業員らの死亡という結果発生の予見可能性の問題は、仮締切の決壊の予見可能性の問題に帰着するといえる。…Ｘ自身も、仮締切の設計段階及びその施工工事の途中において関与することによって、右の仮締切の強度の状況について、十分に認識できる立場にあったといえるのである。そうすると、掘削地内に流れ込む水が、やがてYP＋8・00メートルの水位を超えるまでに達し、仮締切がその水圧に耐えきれなくなって決壊する可能性があることは、Ｘに予見できたものと認められる…台風18号の影響による豪雨のため、Ｋ川から氾濫しあるいはW用水路から溢れた水が、右仮締切前記の水門等の建設工事現場である掘削地内に、その外周を取り囲む仮設道路を越えて流入し始め、同日午後４時52分ころ、前記改修事務所において、右水門等建設工事を施工していたＳ建設株式会社の作業所の工事担当者であるＬから、電話で、『仮設道路を越えて水が入ってきた。水の勢いが強くて簡単に止められない。』旨通報を受けたのであるから、右仮設道路を越えて流入した水が仮締切前面の掘削地内に大量に貯まり、その水圧によって仮締切が決壊し、大量の水が右トンネル内に流入して、トンネル内で掘削工事に従事している前記Ｔ建設株式会社及びその下請会社等の作業員らの生命に危険が及ぶことを予見し、直ちに、右Ｔ建設の現場事務所にいる現場代理人等に指示するなどして、右作業員らをトンネル内の工事現場から緊急退避させる措置をとるべき業務上の注意義務があるのに、これを怠り、掘削地内に水が流入しても仮締切が決壊することはないものと軽信して、右Ｌからの電話があった以後、右Ｔ建設の現場事務所の現場代理人であるＯに電話でもって、同日午後４時55分ころ、『上流の水門工事現場の方で周りにある土手が崩れて、水門工事現場に水が流れ込んでいる。』旨言い、また、同日午後５時ころ、『今後Ｓ建設と直接連絡を取り合って欲しい。まだ大丈夫ですから、切羽の吹き付けをして下さい。』旨言ったのみで、作業員らをトンネル内の作業現場から退避させる措置をとらずに過ごした過失により、同日午後５時18分ころ、仮締切が前面の掘削地内に流れ込んで大量に貯まった水の水圧で決壊し、一気に大量の水がトンネル内に流れ込んだため、トンネル内で作業をするなどしていた…７名を、そのころ溺死するに至らしめた」。これに対してＸ側が上告した。

【決定要旨】上告棄却

「Xは、仮締切の管理に関して、当時トンネル内で建設工事等に従事していた者の危険を回避すべき義務を負っていたと解される上、本件に際して仮締切の決壊を予見することができたというのであるから、Xには、仮締切の決壊による危険を回避するため、トンネル内で作業に従事するなどしていた請負人の作業員らを直ちに退避させる措置を採るべき注意義務があるとした原判断は、正当としてこれを是認することができる」。

【参考文献】

板倉宏・平成13年度重判解151頁、山口雅高・最判解刑事篇平成13年度1頁

(3) 注意義務の基準①(エイズ帝京大事件)

67 東京地判平成13年3月28日判時1763号17頁、判タ1076号96頁

【事実の概要】

被告人Xは、昭和46年9月1日から同62年3月31日までの間、帝京大学医学部附属病院(「帝京大学病院」)の第1内科長として同内科の業務を掌理し、同内科所属の医師その他の職員を指導監督するとともに、同内科血液研究室の主宰者として血友病治療の方針を定め、同内科所属の医師に指示するなどして、血友病治療の適正を確保し、これに伴う血友病患者に対する危害の発生を未然に防止する業務に従事していた者であるが、同内科では、かねてより同患者の止血治療のためアメリカ合衆国(米国)を始めとする外国で採取された人血液の血漿を原料とする外国由来の非加熱濃縮血液凝固因子製剤(非加熱製剤)であるクリオブリン等を多数の血友病患者に継続投与していたところ、昭和59年5月までに米国立ガン研究所(National Cancer Institute。以下「NCI」ともいう。)のギャロ博士によりヒト免疫不全ウイルス(HIV)が後天性免疫不全症候群(エイズ)の病原として同定されたため、エイズが血液等を媒介とするウイルス感染症であることなどが判明するとともに、抗体検査による同感染の有無の判定が可能となり、同検査結果により同国では血友病患者のHIV感染率が高率に及び、HIVにより汚染された非加熱製剤の投与にその原因があるものと認識されていた上、同年9月には自己がギャロ博士に依頼した同内科受診に係る血友病患者48名の抗体検査(ギャロ検査)の結果、約半数の23名が陽性であってHIVに感染していることが判明し、かつ、同国では血友病患者のエイズ発症例が次第に増加し、同発症率も高まりつつあったとともに、いったんこれを発症した場合はその死亡率が極めて高いことが明らかとなっており、現にギャロ博士による上記抗体検査結果が陽性であった者のうち2名が自己の診療中にエイズを発症して同年11月までに死亡しいた。しかし、Xは、外国由来の非加熱製剤の投与を控えたり、HIV感染及びこれに起因するエイズ発症・死亡を極力防止するなどの措置を講じることなくその投与を継続させ、同60年5月12日から同年6月7日までの間、3回にわたり、同病院において、同内科所属の医師をして、何ら生命に対する危険がない手首関節内出血症状を呈しているにすぎない血友病患者Vに対し、上記クリオブリン合計2000単位を投与させた。その結果、同人はHIVに感染し、平成3年10月ころまでにエイズの症状である悪性リンパ腫を発症し、同年、同病院において死亡した。この行為について、Xは同内科で使用してきた外国由来の非加熱製剤が少なからずHIVにより汚染されているため、その投与をなお継続すれば、同内科で受診するHIV未感染の血友病患者をして高い確率でHIVに感染させた上、その多くにエイズを発症させてこれを死亡させることを予見し得、かつ、生命に対する切迫した危険がないものについてはHIV感染の危険がないクリオ製剤による治療等で対処することが可能であったとして、業務上過失致死罪で起訴された。

【判　旨】無罪

「刑法上の過失の要件として注意義務の内容を検討する場合には、一般通常人の注意能力を基準にしてこれを検討すべきことは、動かし得ないというべきである。そして、ここでいう『一般通常人』とは、問題となる注意義務を負担すべき行為者の属性（医師という職業やその専門分野等）によって類型化されるものであると考えられる。…本件においては、このような行為者の属性を類型化した『通常の血友病専門医』の注意能力が基準になるものと考えられる。なお、ここでいう『血友病専門医』は、…大学病院や専門性の高い医療施設に所属して専門医としての立場から血友病の診療等を行うほか、その専門分野については自ら先端的研究を行って、医学雑誌に論文を発表するような医師であって、一般開業医を始めとする内科あるいは小児科の単なる臨床医よりも専門性が高いと考えられる医師の類型である。

…本件において刑事責任が認められるのは、通常の血友病専門医が本件当時のＸの立場に置かれれば、およそそのような判断はしないはずであるのに、利益に比して危険の大きい医療行為を選択してしまったような場合であると考えられる。そして、通常の血友病専門医が本件当時のＸの立場に置かれた場合の行動については、そのような能力を有するものが当該事情の下において合理性のある行動をとることを想定し、規範的な考察を加えて、認定判断すべきものと思料される。

…昭和60年６月ころの時点において通常の血友病専門医が有していた情報は、客観的に見れば、昭和59年11月ころにＸが有していた情報に比べても、むしろより広範で充実したものであったように思われる。それにもかかわらず、既に述べたとおり、昭和60年８月ころに加熱第８因子製剤が供給されるに至るまで、血友病Ａ患者の通常の出血に対して非加熱第８因子製剤を投与していた血友病専門医が、こうした情報を得た結果として同製剤の使用を中止したという例はほとんど見当たらない。…このような当時の実情に照らせば、帝京大学病院において、昭和59年11月ころの段階で、あるいはその後の本件第１投与行為に至るまでの間に、外国由来の非加熱製剤の継続投与を原則中止するという血友病治療方針の大転換の判断をしなかったことが刑法上の過失の要件たる注意義務違反に当たるとみることは、いかにも無理があるように思われる。

…本件における結果予見可能性の点についてみると、…本件当時、HIVの性質やその抗体陽性の意味については、なお不明の点が多々存在していたものであって、…本件当時、Ｘにおいて、抗体陽性者の『「多く』がエイズを発症すると予見し得たとは認められないし、非加熱製剤の投与が患者を『高い』確率でHIVに感染させるものであったという事実も認め難い。…Ｘには、エイズによる血友病患者の死亡という結果発生の予見可能性はあったが、その程度は低いものであったと認められる。このような予見可能性の程度を前提として、Ｘに結果回避義務違反があったと評価されるか否かが本件の帰趨を決することになる。

次に、結果回避義務違反の点についてみると、本件においては、非加熱製剤を投与することによる『治療上の効能、効果』と予見することが可能であった『エイズの危険性』との比較衡量、さらには『非加熱製剤の投与』という医療行為と『クリオ製剤による治療等』という他の選択肢との比較衡量が問題となる。刑事責任を問われるのは、通常の血友病専門医が本件当時のＸの立場に置かれれば、およそそのような判断はしないはずであるのに、利益に比して危険の大きい医療行為を選択してしまったような場合であると考えられる。…本件当時、我が国の大多数の血友病専門医は、各種の事情を比較衡量した結果として、血友病患者の通常の出血に対し非加熱製剤を投与していた。この治療方針は、帝京大学病院に固有の情報が広く知られるようになり、エイズの危険性に関する情報が共有化された後も、加熱製剤の承認供給に至るまで、基本的に変わることがなかった。…以上のような諸般の事情に照らせば、Ｘの本件行為をもって、『通常の血友病専門医が本件当時のＸの立場に置かれれば、およそ非加熱製剤の投与を継続することは考えないはずであるのに、利益に比して危険の大きい治療行為を選択してしまったもの』であると認めることはできないといわざるを得ない。Ｘが非加熱製剤の投与を原則的に中止しなかったことに結果回避義務違反があったと評価することはできない」。

【参考文献】

川本哲郎・判例講義Ｉ追加７頁、鎮目征樹・百選Ｉ〔第６版〕112頁、甲斐克則・平成13年度重判解153頁

(4) 注意義務の基準②（エイズ厚生省事件）

68 最決平成20年３月３日刑集62巻４号567頁、判時2004号158頁、判タ1268号127頁

【事実の概要】

被告人Xは、昭和59年７月16日から昭和61年６月29日までの間、公衆衛生の向上及び増進を図ることなどを任務とする厚生省の薬務局生物製剤課長として、同課所管に係る生物学的製剤の製造業・輸入販売業の許可、製造・輸入の承認、検定及び検査等に関する事務全般を統括していた者であった。

厚生省薬務局における医薬品等に関する行政事務の遂行は、薬務行政と称され、その基本法として薬事法が存在していた。薬事法（Xが生物製剤課長に在任していた当時のもの。以下同じ。）には、医薬品の品質、有効性及び安全性を確保するための諸規定が置かれ、厚生大臣には、同法74条の２第１項の承認取消し等を前提とする同法70条の回収命令の権限、同法69条の２の緊急命令の権限等が与えられていた。

血友病には根治療法は存在せず、患者に対しその欠乏する血液凝固因子を補充するいわゆる補充療法が行われるところ、その治療用血液製剤として、血液中の血液凝固第８因子又は同第９因子を抽出精製した濃縮血液凝固因子製剤が開発され、血友病A患者については濃縮血液凝固第８因子製剤（以下「第８因子製剤」という。）が、血友病B患者については濃縮血液凝固第９因子製剤（以下「第９因子製剤」という。）がそれぞれ使用されるようになり、我が国の医療施設でも、かねてより厚生大臣の承認を受けて製造又は輸入された米国等の外国での採取に係る人血液の血しょうを原料とする外国由来の非加熱第８因子製剤及び非加熱第９因子製剤が、血友病患者に投与されていた。また、非加熱第９因子製剤は、その承認事項である「効能又は効果」が「血液凝固第９因子欠乏症」などとされ、先天性のみならず、後天性の欠乏症にも適応があるとされており、特に、肝機能障害患者については、肝臓で産生される血液凝固因子が減少して出血しやすいことから、手術等に際して同製剤を投与することが広く行われていた。

ミドリ十字株式会社（以下「ミドリ十字」という。）は、米国から輸入した非加熱第９因子製剤であるクリスマシンを製造販売していたものであるが、昭和61年１月13日から同年２月10日までの間、商事会社に対して、上記クリスマシン合計160本を販売し、同商事会社は、同年３月27日及び同月29日、大阪医科大学附属病院に対し、これらのうち合計７本を販売した。同病院医師は、同年４月１日から同月３日までの間、同病院において、肝機能障害に伴う食道静脈りゅうの硬化術を受けた患者Vに対し、そのうちの合計３本（合計1200単位）を投与して、そのころ、Vをヒト免疫不全ウイルス（以下「HIV」という。）に感染させ、その結果、Vは、平成５年９月ころまでに後天性免疫不全症候群（以下「エイズ」という。）の症状である抗酸菌感染症等を発症して、平成７年12月、同病院において死亡した。

ア　昭和57年に米国において、エイズが血液等を媒介とするHIVの感染による疾病であり、血友病患者のエイズり患の原因が従来の血液製剤の投与にあると考えられることなどの知見が医学界に広く受入れられるようになった。そして、我が国においても、昭和60年３月21日には帝京大学病院の血友病患者からエイズ患者２名が発生した等の新聞報道がされ、厚生省保健医療局感染症対策課が運営するAIDS調査検討委員会においても、昭和60年５月30日には血友病患者３名（うち２名は帝京大学病院の上記患者）が、同年７月10日には血友病患者２名が、それぞれエイズ患者と認定され、うち４名は既に死亡しているという事態が生じていた。

イ　米国立衛生研究所及び米国防疫センターと国連世界保健機関（WHO）とが共同で企画したエイズに関する国際研究会議が、昭和60年４月15日から同月17日まで米国ジョージア州アトランタ市で開催され、同会議直後の同月19日、WHOは、加盟各国に対し、

血友病患者に使用する血液凝固因子製剤に関しては、加熱その他、ウイルスを殺す処置の施された製剤を使用するよう勧告し、同勧告を紹介した報告記事が、「日本医事新報」誌同年６月８日号に掲載された。また、同年11月、当時の厚生省薬務局長は、国会答弁で繰り返し「加熱第９因子製剤についても大急ぎで優先審査していること、年内には承認に至ること、そうなれば血友病患者に使用する血液凝固因子製剤はまず安全であること」等の認識にあることを表明していた。さらに、同年12月19日の中央薬事審議会血液製剤特別部会血液製剤調査会（第８回）において、委員の間から、「加熱製剤が承認されたときには、非加熱製剤は使用させないよう厚生省は指導すべきである」旨の意見が出されて、座長の要望により、調査会議事録にその旨の記載がされ、同月26日の血液製剤特別部会（第４回）においても、委員から同旨の意見が出され、厚生省の係官によって、議事録には「血液凝固因子については、加熱処理製剤を優先的に審査し、承認していることから、非加熱製剤は承認整理等を速やかに行うべきであり、また非加熱製剤のみの承認しかない業者には早急に加熱処理製剤を開発するよう指導するべきである」旨の意見としてまとめられ、Xにも、各議事録は供覧されていた。

ウ　Xは、昭和60年３月下旬ないし同年４月初めころ、生物製剤課長として、HIV不活化効果が報告され、当時臨床試験が行われていた加熱第８因子製剤の早期承認を図る方針を示し、その結果、同年７月には製薬会社５社の加熱第８因子製剤が承認された。さらに、Xが、同月、生物製剤課長として、加熱第９因子製剤についても、その承認を急ぐ方針を示した結果、同年12月、カッター・ジャパン株式会社（以下「カッター」という。）及びミドリ十字の加熱第９因子製剤が輸入承認され、昭和61年１月までにはこの２社による同製剤の販売が開始された。加えて、その当時、非加熱第９因子製剤中には、HIVが混入していないとされていた我が国の国内で採取された血しょうのみを原料とするもの及びHIV不活化効果が報告されていたエタノール処理がなされたものが存在していた。したがって、加熱第９因子製剤の供給が開始されるようになってからは、血液凝固第９因子の補充のためには本件加熱製剤等の投与で対処することが、我が国全体の供給量の面からも可能になっており、また、カッター及びミドリ十字においても、それぞれ従前の非加熱第９因子製剤の販売量を上回る量の加熱第９因子製剤の供給が可能であった。しかも、肝機能障害患者等に対する止血のためには、第９因子製剤の投与以外の手段による治療で対処することも可能であった。Xは、業務上過失致死罪で起訴された。

【裁判の経過】

第１審：東京地判平成13年９月28日判時1799号21頁（有罪・業務上過失致死罪）

Ｘは、昭和60年末ころまでには、我が国医療施設で使用されてきた本件非加熱製剤の投与を今後もなお継続させることによって、その投与を受けるHIV未感染の患者をしてHIVに感染させた上、エイズを発症させて死亡させるおそれがあることを予見することができ、同ウのような事情は、Ｘも現に認識していたか又は容易に認識することが可能なものであった。したがって、Ｘには、カッター及びミドリ十字の２社の加熱第９因子製剤の供給が可能となった時点において、自ら立案し必要があれば厚生省内の関係部局等と協議を遂げその権限行使を促すなどして、上記２社をして、非加熱第９因子製剤の販売を直ちに中止させるとともに、自社の加熱第９因子製剤と置き換える形で出庫済みの未使用非加熱第９因子製剤を可及的速やかに回収させ、さらに、第９因子製剤を使用しようとする医師をして、本件非加熱製剤の不要不急の投与を控えさせる措置を講ずることにより、本件非加熱製剤の投与によるHIV感染及びこれに起因するエイズ発症・死亡を極力防止すべき業務上の注意義務があった。しかるに、Ｘは、この義務を怠り、本件非加熱製剤の取扱いを製薬会社等に任せてその販売・投与等を漫然放任した過失によりＶを死亡させたとして、業務上過失致死罪の成立を認めた。これに対して、弁護人・検察官双方が控訴した。

第２審：東京高判平成17年３月25日刑集62巻４号1187頁（控訴棄却）

２審は控訴を棄却した。これに対してＸ側は、行政指導は、その性質上、任意の措置を促す事実上の措置であって、公務員がこれを義務付けられるものではないこと、薬品による被害の発生の防止は、第１次的にはこれを販売する製薬会社や処方する医師の責任であり、厚生省は、第２次的、後見的な立場にあるものであって、その権限の発動は、法律に定める要件に従って行わなければならず、また、民事的な国の損害賠償責任ではなく、公務員個人の刑事責任を問うためには、法律上の監督権限の発動が許容される場合であるなど、強度の作為義務が認められることが必要なところ、本件においては、そのような要件が充足されていないこと、本件において発動すべき薬事法上の監督権限の行使は生物製剤課の所管に属するものではないことなどを挙げて、Ｘには、刑事法上の過失を認めるべき作為義務が存在しないと主張して上告した。

【決定要旨】上告棄却

「確かに、行政指導自体は任意の措置を促す事実上の措置であって、これを行うことが法的に義務付けられるとはいえず、また、薬害発生の防止は、第１次的には製薬会社や医師の責任であり、国の監督権限は、第２次的、後見的なものであって、その発動については、公権力による介入であることから種々の要素を考慮して行う必要があることなどからすれば、これらの措置に関する不作為が公務員の服務上の責任や国の賠償責任を生じさせる場合があるとしても、これを超えて公務員に個人としての刑事法上の責任を直ちに生じさせるものではないというべきである。

しかしながら、前記事実関係によれば、本件非加熱製剤は、当時広範に使用されていたところ、同製剤中にはHIVに汚染されていたものが相当量含まれており、医学的には未解明の部分があったとしても、これを使用した場合、HIVに感染してエイズを発症する者が現に出現し、かつ、いったんエイズを発症すると、有効な治療の方法がなく、多数の者が高度のがい然性をもって死に至ること自体はほぼ必然的なものとして予測されたこと、当時は同製剤の危険性についての認識が関係者に必ずしも共有されていたとはいえず、かつ、医師及び患者が同製剤を使用する場合、これがHIVに汚染されたものかどうか見分けることも不可能であって、医師や患者においてHIV感染の結果を回避することは期待できなかったこと、同製剤は、国によって承認が与えられていたものであるところ、その危険性にかんがみれば、本来その販売、使用が中止され、又は、少なくとも、医療上やむを得ない場合以外は、使用が控えられるべきものであるにもかかわらず、国が明確な方針を示さなければ、引き続き、安易な、あるいはこれに乗じた販売や使用が行われるおそれがあり、それまでの経緯に照らしても、その取扱いを製薬会社等にゆだねれば、そのおそれが現実化する具体的な危険が存在していたことなどが認められる。

このような状況の下では、薬品による危害発生を防止するため、薬事法69条の２の緊急命令など、厚生大臣が薬事法上付与された各種の強制的な監督権限を行使することが許容される前提となるべき重大な危険の存在が認められ、薬務行政上、その防止のために必要かつ十分な措置を採るべき具体的義務が生じたといえるのみならず、刑事法上も、本件非加熱製剤の製造、使用や安全確保に係る薬務行政を担当する者には、社会生活上、薬品による危害発生の防止の業務に従事する者としての注意義務が生じたものというべきである。

そして、防止措置の中には、必ずしも法律上の強制監督措置だけではなく、任意の措置を促すことで防止の目的を達成することが合理的に期待できるときは、これを行政指導というかどうかはともかく、そのような措置も含まれるというべきであり、本件においては、厚生大臣が監督権限を有する製薬会社等に対する措置であることからすれば、そのような措置も防止措置として合理性を有するものと認められる。

Ｘは、エイズとの関連が問題となった本件非加熱製剤が、Ｘが課長である生物製剤課の所管に係る血液製剤であることから、厚生省における同製剤に係るエイズ対策に関して中心的な立場にあったものであり、厚生大臣を補佐して、薬品による危害の防止という薬務行政を一体的に遂行すべき立場にあったのであるから、Ｘには、必要に応じて他の部局等と協議して所要の措置を採ることを促すことを含め、薬務行政上必要かつ十分な対応を図るべき義務があったことも明らかであり、かつ、原判断指摘のような措置を採ることを不可能又は困難とするような重大な法律上又は事実上の支障も認められないのであって、本件Ｖの死亡について専らＸの責任に帰すべきものでないことはもとよりとしても、Ｘにおいてその責任を免れるものではない」。

【参考文献】

斉藤彰子・平成20年度重判解172頁、甲斐克則・医事法判例百選62頁

6 信頼の原則

(1) 交通法規を無視する車両に対する注意義務

69 最判昭和41年12月20日刑集20巻10号1212頁、判時467号16頁、判タ200号139頁

【事実の概要】

被告人Xは自動車運転の業務に従事する者であるが、昭和37年12月24日午前９時ごろ小型貨物自動車を運転して交通整理の行なわれていない交通頻繁な場所であるＩ市S通り３丁目I橋南端付近交差点を、Y海産横広場方向から進入して右折しようとしたところ、右広場前車道中央付近でエンジンが停止したので、再び始動して発車しようとしたが、その際左側方のみを注意して右側方に対する安全の確認を欠いたまま発車し、時速約５km で右折進行しかけたとき、右側方からV（当時31才）が第２種原動機付自転車を運転してＩ橋方面に進行してくるのを約５mの距離まで接近してから初めて気づき、直ちに急停車したが及ばず、自車の前部バンパーを右原動機付自転車の左側に衝突させて、その場に転倒させ、よって同人に対し、約100日の治療を要する左脛骨頭骨折、同大腿下腿圧挫創の傷害を与えた（本件交差点は、平素交通頻繁な場所であるけれども、本件事故当時は、むしろ閑散な状態であったことがうかがわれる。）。この行為につき、Xは業務上過失致傷罪で起訴された。

【裁判の経過】

１審：飯塚簡判昭和40年３月18日刑集20巻10号1229頁（有罪・業務上過失致傷罪）

「同所は国道200号線で自動車の交通頻繁な場所であるから自動車運転者としては左右側方の安全を確認して発車進行し、もって事故の発生を未然に防止すべき業務上の注意義務があるにもかかわらず、Ｘはこれを怠り左側方のみを注意して右側方に対する安全の確認を欠いたまま発車し時速約５kmで右折進行しようとした過失により、右側方よりＶ（当時31才）が第２種原動機付自転車を運転してＩ橋方面に進行してくるのを距離約５mに接近して始めて気付き直ちに急停車したが及ばず自車の前部バンパーを右Ｖの原動機付自転車左側に衝突させてその場に転倒させ、よって同人に対し治療約100日を要する左脛骨骨頭骨折、同大腿下腿圧挫創の傷害を与えたものである」。

これに対して、Ｘ側は、Ｘ運転の自動車がエンジン停止（いわゆるエンスト）を起したのは、車道の中央線を越えた個所においてである。しかも、およそ車両は左側通行すべきである。してみれば、Ｘにおいて再びエンジンを始動して発車する際、自車が車道の中央線を越えた個所にある以上、自車からみて右側方から来る車両は、左側通行を遵守するかぎり自車の進路に出る気遣いなく、左側通行困難なときは一時停止ないしは徐行等の措置をとるべきであるから、Ｘとしては、左側方のみを注意すれば足り、右側方に対する安全を確認する義務はないと主張して控訴した。

２審：福岡高判昭和40年７月12日刑集20巻10号1230頁（控訴棄却）

「右のような具体的状況のもとにおいては、右側方から来る車両において、Ｘの自動車が一時停止していて道路の左側部分を通行することができないか、もしくは甚だ困難なところから、道路の中央線を越え、右側部分にはみ出して進行する措置に出るおそれのあることは予想しえられないことではないのであるから、自動車運転者として、右側方に対する安全をも確認し、極力衝突を未然に防止するよう細心の注意をはらうべき義務あることは当然であって、所論のように、右側方から来る車両は左側通行の建前上当然一時停車または徐行するものとして、右側方の安全を確認することなく進行して差支えないものとはとうてい解しえない。そして本件において、Ｘが右側方に対する確認の義務を尽すにおいては、本件事故を容易に回避しえたことは十分看取しえられるところであるから、Ｘとしてこれが確認の義務を尽さなかった以上、過失の責任は免れえないものといわなければならない。もとより、Ｖにおいても、すでにＸの貨物自動車が本件交差点に入っていたのであるから、同車の動静を十分注視し、一時停車するか徐行してこれに進路を譲る措置に出ずべきであったにもかかわらず、軽卒にもXの自動車がVの原動機付自転車に進路を譲るため一時停止しているものと軽信し、漫然Xの自動車の前方を通過しようとしたものであって、このVの過失もまた本件事故発生の一因をなしていることは否み難いところであるが、それだからといって、Xに過失の責なしとはなし難く、本件事故はまさにXとVとの双方の過失の競合に基いて発生したものというべきである」。

これに対して、X側は、Xに右側方に対する安全確認義務はなく、本件事故はまったくVの一方的過失に基づいて発生したものであると主張して上告した。

【判　旨】破棄差戻し

「交通整理の行なわれていない交差点において、右折途中車道中央付近で一時エンジンの停止を起こした自動車が、再び始動して時速約5粁の低速（歩行者の速度）で発車進行しようとする際には、自動車運転者としては、特別な事情のないかぎり、右側方からくる他の車両が交通法規を守り自車との衝突を回避するため適切な行動に出ることを信頼して運転すれば足りるのであって、本件Vの車両のように、あえて交通法規に違反し、自車の前面を突破しようとする車両のありうることまでも予想して右側方に対する安全を確認し、もって事故の発生を未然に防止すべき業務上の注意義務はないものと解するのが相当であり、原判決が強調する、Xの車の一時停止のため、右側方からくる車両が道路の左側部分を通行することは困難な状況にあったとか、本件現場が交通頻繁な場所であることなどの事情は、かりにそれが認められるとしても、それだけでは、まだ前記の特別な事情にあたるものとは解されない」。

【参考文献】

柏木千秋・昭和41年度重判解89頁、鬼塚賢太郎・最判解刑事篇昭和41年度281頁

(2)　交通法規違反と信頼の原則

70 最判昭和42年10月13日刑集21巻8号1097頁、判時499号20頁、判タ211号210頁

【事実の概要】

被告人Xは、原動機付自転車の運転業務に従事するものであるところ、いまだ灯火の必要がない午後6時25分ごろ、第1種原動機付自転車を運転して、京都市下京区西洞院通を南進し、幅員約10メートルの一直線で見通しがよく、他に往来する車両のない同区M寺上るH町路上において、進路の右側にある幅員約2メートルの小路にはいるため、センターラインより若干左側を、右折の合図をしながら時速約20キロメートルで南進し、右折を始めたが、その際、右後方を瞥見しただけで、安全を十分確認しなかったため、Xの右後方約15メートルないし17.5メートルを、第2種原動機付自転車を時速約60キロメートルないし70キロメートルの高速度で運転して南進し、Xを追抜こうとしていたV（当時20年）を発見せず、危険はないものと軽信して右折し、センターラインを越えて斜めに約2メートル進行した地点で、同人をして、その自転車の左側をXの自転車の右側のペタルに接触させて転倒させ、よって、翌日に、同人を頭部外傷等により死亡するに至らせた。この行為が業務上過失致死罪で起訴された。

【裁判の経過】

1審：京都簡判昭和40年11月25日刑集21巻8号1110頁（有罪・業務上過失致死罪）

「原動機付自転車の運転者としては右折の合図をした上右後方を注意して自車の後方から直進接近して来る車輛を早期に発見し、これある時はその動向並びに彼我の距離速度の関係を的確に判断し、安全を確認して後進路を変えて右折し、事故の発生を未然に防止すべき業務上の注意義務があるのに拘らず右折の合図をして一応右後方を瞥見した丈けで危険はないものと軽信し、右後方の確認不十分のまま漫然前記速度で右折を開始した過失により、折からV（当時20年）が第2種原動機付自転車を運転して西洞院通を南進し追越そうとして自車の右後方に接近したのに気付かず、危険を感じた時には既に遅く、自車の右側をVの原動機付自転車左側に接触させて同人を転倒させ、同人をして頭部外傷等の傷害を負わせた後、翌日死亡するに至らしめた」。

これに対して、X側は、「Xは原判示場所で右折の合図をして後方を確認したうえ歩く程度の速度で右折しようとしたのであるから、自動車運転者として守るべき注意義務を十分尽くしているのである。しかるに、Vが制限速度を遥かに越える高速度で後方より驀進し、車間距離並びに追越しに関する道路交通法で定める規定に違反してXの車を追越そうとしたため自ら自車をXの車に接触させて転倒したのであるから、本件事故はまさしくVの一方的過失により起きたものというべきであり、Xがその責任を問われる理由はない」と主張して控訴した。

2審：大阪高判昭和41年6月24日刑集21巻8号1112頁（破棄自判・有罪［量刑不当］）

「Xが右折しようとした際南進又は北進する車両はXの近くになく、夕刻であったが、未だ前照燈の必要がない程明るく、しかもXが進行した道路は一直線で遥か後方まで見透し得る状況であったことが認められるから若しXが右折開始の直前に右後方を十分注意して見たならばVの単車を発見できた筈である。そしてその発見と同時にXにおいてVの動向並びに彼我の距離、速度等を的確に判断して右折の安全を確認する等原判示注意義務を尽くしておりさえすればVが前記の如く暴走して接近してきていることに気付き得た筈であるから、これとの衝突を避けるため右折を一時中止することにより本件事故の発生を防止し得たものと考えられるから、右注意義務違反と本件事故との間にも因果関係があるものといわねばならず、本件につきXの過失を全く否定することはできない」。

これに対して、X側は、本件事故の原因は全くVの無謀運転にあるものというべきであると主張して上告した。

【判　旨】破棄自判（無罪）

「車両の運転者は、互に他の運転者が交通法規に従って適切な行動に出るであろうことを信頼して運転すべきものであり、そのような信頼がなければ、一時といえども安心して運転をすることはできないものである。そして、すべての運転者が、交通法規に従って適切な行動に出るとともに、そのことを互に信頼し合って運転することになれば、事故の発生が未然に防止され、車両等の高速度交通機関の効用が十分に発揮されるに至るものと考えられる。したがって、車両の運転者の注意義務を考えるに当っては、この点を十分配慮しなければならないわけである。

このようにみてくると、本件Xのように、センターラインの若干左側から、右折の合図をしながら、右折を始めようとする原動機付自転車の運転者としては、後方からくる他の車両の運転者が、交通法規を守り、速度をおとして自車の右折を待って進行する等、安全な速度と方法で進行するであろうことを信頼して運転すれば足り、本件Vのように、あえて交通法規に違反して、高速度で、センターラインの右側にはみ出してまで自車を追越そうとする車両のありうることまでも予想して、右後方に対する安全を確認し、もって事故の発生を未然に防止すべき業務上の注意義務はないものと解するのが相当である（なお、本件当時の道路交通法34条3項によると、第1種原動機付自転車は、右折するときは、あらかじめその前からできる限り道路の左端に寄り、かつ、交差点の側端に沿って徐行しなければならなかったのにかかわらず、Xは、第1種原動機付自転車を運転して、センターラインの若干左側からそのまま右折を始めたのであるから、これが同条項に違反し、同121条1項5号の罪を構成するものであることはいうまでもないが、このことは、右注意義務の存否とは関係のないことである。）」。

【参考文献】

川本哲郎・判例講義Ⅰ52頁、深町晋也・百選Ⅰ〔第6版〕108頁、今井猛嘉・百選Ⅰ〔第5版〕106頁、坂本武志・最判解刑事篇昭和42年度271頁

(3)　チーム医療と信頼の原則

札幌高判昭和51年3月18日高刑集29巻1号78頁、判時820号36頁、判タ336号172頁
⇒第2章第5節 4 (7) 61 事件（ 4 (4) 57 参照）

【事実の概要】

4 (4) 57 参照。

(4)　対向車両の対面信号と信頼の原則

71 最決平成16年 7 月13日刑集58巻 5 号360頁、判時1887号152頁、判タ1167号146頁

【事実の概要】

被告人Xは、普通乗用自動車を運転し、時差式の標識のない時差式信号機が設置された交差点を右折するため、同交差点手前の片側 2 車線の幹線道路中央線寄り車線を進行中、停止線の手前約26.6メートルの地点で対面する同交差点の信号が青色表示から黄色表示に変わるのを認め、さらに、自車の前輪が同交差点の停止線を越えた辺りで同信号が赤色表示に変わるのを認めるとともに、対向車線上を時速約70ないし80 kmで進行してくるV運転の自動 2 輪車（以下「V車」という。）のライトを、前方50 m余りの地点に一瞬だけ見たが、対向車線の対面信号も赤色表示に変わっておりV車がこれに従って停止するものと即断し、V車の動静に注意することなく右折進行し、実際には対面する青色信号に従って進行してきたV車と衝突した。その結果、Vは肺挫傷により死亡した。

なお、本件交差点は、北方T方面から南方U方面に通ずる国道に東方H方面から西方S方面に通ずる一般市道がほぼ直角に交差し、信号機により交通整理が行われている十字路交差点であるが、本件国道の通行車両に対する信号は、X車が進行してきたU方面からT方面に向かう対面信号が青色69秒、黄色 3 秒、赤色48秒（うち、黄色に続く 3 秒は全赤色）であるのに対し、V車が進行してきたT方面からU方面に向かうXにとって対向車線の対面信号が青色80秒、黄色 3 秒、赤色37秒（うち、黄色に続く 3 秒は全赤色）と、青色が11秒長くなる時差式となっているが、時差式信号機である旨の標示板の設置はなされておらず、Xも時差式であることを知らなかった。この行為につき、Xは業務上過失致死罪で起訴された。

【裁判の経過】

1 審：横浜地横須賀支判平成11年 3 月30日刑集58巻 5 号459頁（無罪）

「Xの注意義務は、原則としてはV車両が直進するため交差点に進入してくることを予見すべきであるが、例外としてV車両が明らかに減速する等右折車に進路を譲る旨の意思表示があった場合は右折可能とするところ、右原則と例外は青信号の場合や交通整理の行われていない交差点には該当するが、本件のようなXの認識としての全赤信号である場合には原則と例外を逆にすべきであると考える。なぜなら、クリアランス時間としての全赤信号は、交差点に滞留している右折車両等が次の現示が始まるまでに交差点を出ることができるようにするためのものであるから、青信号の場合や交通整理の行われていない交差点の場合と同じような注意義務を右折車の運転手に課したのでは交差点を出ることが難しくなり、クリアランス時間としての全赤信号を設けた意味がなくなってしまうからである。したがって、当裁判所は、全赤信号の場合の右折車の運転手の注意義務としては直進車がその位置・速度等からして交差点（この場合の交差点とは、道路交通法２条１項５号の十字路等２以上の道路が交わる場合における当該２以上の道路の交わる部分を指す）に進入してくるものと認められる場合（認めるべきであった場合を含む）等特段の事情があるときを除いては、右折しても過失はないものと解する。本件ではV車が70ないし80キロメートル毎時の速度で走行して来たと認められるのに対し、Xが認識しうべきV車の速度は50ないし60キロメートル毎時であるから、右特段の事情は認められない」として無罪とした。

これに対して、検察官側は、本件事故は、Xが対向直進車に対する動静注視義務を怠ったことにより惹起されたものであると主張して控訴した。

2 審：東京高判平成11年12月27日刑集58巻 5 号466頁（破棄自判・業務上過失致死罪）

「道路交通法の趣旨に照らせば、青色から黄色信号に続く全赤色信号の場合に右折車に優先通行権が与えられているわけではなく、黄色に続く全赤色信号のクリアランス時間は、直進車であれ、右左折車であれ、交差点内外にある車両等を安全に交差点外に停止ないし排出するためのものであるから、右折するにあたっては、やはり対向直進車や右折方向の交通の安全を確

認しなければならないはずである。対向直進車にのみ赤色信号の遵守を求める原判決や弁護人の見解は一面的にすぎるというべきである。したがって、右折車運転者としても、対向直進車等の動静を注視する等、自動車運転者としての基本的注意義務を尽くす必要はやはりあるというべきであり、それを尽くした上で、対向車が赤色信号で停止することを信頼しても無理もない場合等特段の事情がある場合に過失が否定されるべきものである。…本件信号機は時差式であるが、その表示は、Xの認識においては、全赤色状態にあったというのであるが、この状態においても、対向直進車の通行が予想できない状況にあったわけではない。また、XがV車を発見した位置を、その供述するとおりとすると、前記のとおりV車の速度は70ないし80キロとなるが、右速度は、異常な高速ではなく、予想すべき速度であること、当時本件国道は閑散としており、並走していた４輪車も相前後して相当距離を走行しており、相互の速度にそれほどの差はなかったことが窺われること、V車が異常な高速ではなかったことから、…XがV車の動静に注意を払いさえすれば、その位置や、速度からみてV車が本件交差点に進入してくることを予見することは十分可能であるし、制動等の避譲行為をとることにより事故を回避することができたことも明らかなのである。本件事故のXの過失責任は明らかである。…本件の事故は標示板の設置云々以前に、Xの対向直進車に対する動静不注視に起因する」として控訴を棄却した。これに対してX側が上告した。

【決定要旨】上告棄却

「XはV車が本件交差点に進入してくると予見することが可能であり、その動静を注視すべき注意義務を負うとした原判断は、相当である。所論は、本件交差点に設置されていた信号機がいわゆる時差式信号機であるにもかかわらず、その旨の標示がなかったため、Xは、その対面信号と同時にV車の対面信号も赤色表示に変わりV車がこれに従って停止するものと信頼して右折進行したのであり、そう信頼したことに落ち度はなかったのであるから、Xには過失がないと主張する。しかし、自動車運転者が、本件のような交差点を右折進行するに当たり、自己の対面する信号機の表示を根拠として、対向車両の対面信号の表示を判断し、それに基づき対向車両の運転者がこれに従って運転すると信頼することは許されないものというべきである」。

【参考文献】

大野勝則・最判解刑事篇平成16年度312頁

(5)　患者の同一性確認義務（患者取り違え事件）

72 最決平成19年３月26日刑集61巻２号131頁

【事実の概要】

被告人X1は、Y大学医学部附属病院の麻酔科医師として、手術予定患者の麻酔管理等の業務に従事していたものである。同第１外科では、平成11年１月11日午前９時から、同時に３件の手術を開始することが予定されており、病棟の４階にある全12室の手術室のうち、３番手術室でV1の心臓手術が、12番手術室でV2の肺手術が予定されており、手術に関与する医師、看護師らは、いずれも同一時刻に複数の患者に対する手術が予定されているのを知っていた。

V1は、当時74歳、身長約166.5 cm、体重約54 kgであり、事前の経食道心エコー検査、心臓カテーテル検査等により、左心房と左心室との間にある僧帽弁の前尖、後尖が共に逸脱して腱索が断裂しており、左心室から左心房へ最も重い４度の血液の逆流状態が認められたため、僧帽弁の縫合による形成を試み、これが困難な場合には人工弁等に置き換える手術が予定されていた。他方、V2は、当時84歳、身長約165.5 cm、体重約47.3 kgであり、事前の気管支鏡検査等により、右肺上葉の支背側に約５cm大の腫りゅうが発見され、強く肺がんが疑われたが、確定診断が付かなかったため、開胸して検査し、がんであれば切除するという開胸生検、右肺上葉切除、リンパ節郭清の手術が予定されていた。

両名は、身長こそ大差がないものの、V1の髪型は、頭頂部が黒色で一部白髪が混じり、いわゆる職人刈りで、眉毛も濃くて黒かったのに対し、V2は、頭部の両脇に白髪が生え、額部から頭頂部にかけてはげ上がり、頭頂部に少し白髪が生え、眉毛も白色で、左ほほにあずき大のほくろがあるなど、顔付きや髪型等の外観はかなり異なっていた。

同月11日午前８時20分ころ、病棟の看護師であるX2は、１人で、病棟７階の病室から、V1とV2をそれぞれ乗せた２台のストレッチャーを引き、エレベーターを使い、４階の手術室入口の交換ホールに運び、手術室側では、看護師のX3がV1らの引渡しを受けた。X2は、X3に対し、患者両名の名前をひとまとめに伝えた後、まずV1を引き渡そうとし、X3からあいまいに患者の名前を尋ねられた際、次の患者の名前を尋ねられたものと誤解し、V2である旨を告げたため、X3は、V1をV2であると誤解して受け取り、肺手術担当の看護師に引渡した。X2は、V1の引渡しに引き続いてV1のカルテ等の引渡しをしようとしたが、X3の指示により、V1のカルテ等を引き渡すことなく、続けてV2を引き渡し、その際には、X2もX3も患者の氏名を確認しなかったため、X3はV1をV2であると誤解して受け取り、心臓手術担当の看護師に引き渡した。その後、２名分のカルテ等が引き渡されたため、患者両名の取り違えに気付く者はなかった。

X1は、同日午前８時40分ころ、医師として最初に３番手術室に入り、ヘアーキャップをかぶり体にタオルケットを掛け手術台に横たわっていたV2に、「V1さん、おはようございます。」、「点滴取りますよ。V1さん、ご飯を食べる手はどちらですか。右手ですよね。」などと声を掛けると、V2がいずれに対してもうなずいたため、それ以上には、その容ぼう等の身体的特徴や問診によって、意識的に患者がV1であるかを確認しなかった。X1は、その後入室したセカンド担当のAとともに、午前８時45分ころ、酸素吸入をしつつ、点滴により麻酔を開始したが、患者の口に気管内挿管の咽頭鏡を入れる際、V1から入れ歯があると聞いていたのに、患者の歯がそろっていたので、歯を引っ張ったり看護師に確認したりしたが、理由は分からず、それ以上の確認はしなかった。その後、X1は、患者の胸部を聴診したが、心雑音や胸毛の有無には注意せず、また、患者の両目にアイパッチをはり付けた際にも、眉毛の違いに気が付かなかった。居合わせた麻酔科の部長が、心臓手術であれば通常行われる陰毛や胸毛の剃毛がされていないのに気付き、看護師に剃毛を指示したが、このことはX1にとっても滅多にない経験であった。そして、X1は、カテーテル挿入のため首に当てていた紙を取り外した際、患者のヘアーキャップがずれ、患者の右側頭部の毛髪が見えたが、以前に見たV2の髪は年の割に黒々として若く見え、普通の長さであったのに、産毛のような白髪で短かったため、Aに、患者の髪が白くて短くないかと問い掛けたが、Aから明確な答えはなかった。さらに、X1は、患者の肺動脈圧を計測すると、13程度と正常値であることに驚き、Aに、肺動脈圧は普通であるが、その原因は、麻酔の影響なのか、少し状態が良くなったのかと質問すると、Aは否定しなかった。加えて、経食道心エコー検査の画面上では、僧帽弁逸脱や腱索断裂がなく、血液の逆流は、前尖と後尖との結合面からわずかに見られる程度であり、これは高齢者なら誰にでもある極く微量のもので、手術の必要のない状態であった。そのころまでに、第１助手で主治医のC、第２助手で主治医のDらが入室しており、Aらは、この結果を見て、肺動脈圧が下がっているから逆流が減ったのではないか、肺動脈圧が下がっているのは麻酔の影響も考えられるなどと話し合った。X1は、入れ歯や髪の差異、検査結果の著しい相違から、目の前の患者がV1ではないとの疑問を抱くに至り、Aにその旨を告げ、主治医のCやDにも、髪の毛が短く色も違うなどと言ったが、Dが、散髪にでも行ったのではないかと言った以上には、答えがなかった。

X1は、Aに、主治医らにもう１回見てもらうよう申し出て、これに応じたAは、Cらに、もう１回足下の方から患者をよく見るよう言ったが、明確な返答はなかった。X1は、同じ名前の患者がいることに注意をうながす張り紙があったことを思い出し、介助担当看護師をして病棟看護師に電話をさせたが、V1が手術室に降りていることが確認され、Dが、この胸の感じはV1であるなどと言ったことから、X1もそれ以上の確認はしなかった。なお、Aは、経食道心カテーテル検査の専門家であり、これまでに麻酔の影響で肺動脈圧がここまで劇的に低下した経験はなく、今回の事態を麻酔の影響だけでは説明できないと感じていたが、これを他の医師には告げなかった。
その後、CとDが患者の胸骨正中の切開を開始し、遅れて入室した執刀医のX4は、経食道心エコー検査等の結果を聞かされ、そのモニター画面も見て、経験したことのない所見の著変に疑問を持ったが、麻酔の影響等で説明が可能であると考えて手術を続行することとし、血液循環を人工心肺装置に切り替え、心臓の肥大等もなかったが、逸脱のない僧帽弁を２度にわたって縫合するなどし、極くわずかだった血液の逆流も止め、手術は、午後３時45分ころに終了した。
12番手術室では、ファーストの麻酔科医師であるX5が、午前８時40分ころ、医師として最初に手術室に入り、V1に「V2さん、おはようございます。」などと声を掛けると、V1は「おはようございます。」などと返答した。
X5は、３日前の術前回診でV2に会っていたが、意識的に患者の同一性の確認をすることなく、入れ替わりに気付かないまま、セカンドの麻酔科医師であるHとともに麻酔を開始した。X5は、V2の背中にフランドルテープが張付されていたが、カテーテル挿入に邪魔だと思い、何であるかも分からないままはがし、これをFらに伝えず、V2から背中に脊柱管狭窄症による手術こんがあると聞いていたが、Fに検査だけで手術はしなかったのではないかと言われただけでそれ以上深く考えなかった。
その後入室した執刀医兼主治医であるX6は、患者の同一性を確認をすることなく、右胸の開胸手術を開始し、途中、酸素飽和濃度等の状態がYの事前の検査時と異なり、事前のレントゲン等では見られなかった肺気腫等があるなど、患者の入れ違いに気付くべき状況があったが、それに思い至らず、腫りゅうの発見を先決と考え、第１助手の医師と共に触診等を重ね、結局は腫りゅうの発見に至らずに、肺の裏側にあったのう胞を切除して縫縮し、午後１時48分ころに手術を終えた。その結果、V1は全治まで約５週間を要する胸骨正中切開、心臓僧帽弁輪形成等の傷害を負い、V2は全治まで約２週間を要する右側胸部切創、右肺嚢胞一部切除縫縮、右第５肋骨欠損等の傷害を負った。
この行為について、X1ら６名が業務上過失致傷罪で起訴された。

【裁判の経過】

１審：横浜地判平成13年９月20日刑集61巻２号149頁（X1無罪、その他有罪・業務上過失致傷罪）

「X2、X3は、いずれも、患者両名を取り違えず、確実に引き渡し、また、引き受け、各担当手術室看護婦に引き渡す注意義務があった。…カルテ等を当該患者を引き渡して直ぐに引き渡さず、V1、V2を連続的に引き渡し、カルテ等も同様連続的に引き渡し、これにより過誤が生じやすい状況があって、このことも予測できたのであるから、カルテ等の引渡しにおいても、それがどの患者のものであるかを、単に姓を告げるだけでなく、何時引き渡した患者のものであるかを特定するなどして患者の同性に過誤が生じないようにする注意義務もあるところ、X2は、単に姓のみで特定して当該姓の手術室担当看護婦にカルテ等を引き渡している。
以上によれば、X2に判示のような注意義務違反があり、これが本件の一因となっていることは明らかである。
その後関与した医師や看護婦の過失行為がいずれもX3らが取り違えた患者について、その取り違えに気づくべきであったことによるものであることや、患者が取り違えられた後は、例えばV1がV2として扱われて手続が進められるが故に、その取り違えに気づくことがより困難性を増すことなどを考慮すると、同医師らの過失やこれによる患者両名の負傷もX3らの行為がなければ生じ得なかった事柄であり、当初の取り違えが大きく寄与していることも明らかである。したがって、X3の過失行為がV1、V2に与えた傷害の結果と因果関係があることは明らかである。因果関係がない旨のX3の弁護人の主張は採用できず、X3に業務上過失傷害罪が成立することは明らかである。
X4、X5両名は、執刀医あるいはファーストの麻酔科医師としてV1の手術を安全かつ円滑に行う注意義務があり、これら医療行為は、患者の生命、身体に関わるものであって、当該患者に対しなされてこそ価値があり、医療行為としての正当性が是認されるものであることに鑑みれば、患者を取り違えてはならないことは自明の理であるとともに、かりそめにもあってはならない事柄であり、医療に従事するものは、それが主たるものであれ、補助的なものであれ、その職務に内在する基本的かつ根本的な要請として、患者の同一性を確認した上で医療を施す注意義務があるというべきである。

もっとも、前記のとおりV1に対する手術はチーム医療としてなされており、診療担当者あるいはその補助者としてそれぞれが役割分担をしており、かつその分担を誠実に務めることが予定されている。そして、容貌等外見的特徴による患者の同一性確認は、高度の医療知識や技術等を要するものではなく、医師であれ看護婦であれ、その能力において特段の差異は認めがたいし、病棟からの患者搬出の当初から確認し、これを保持することが当然のこととして要求されているし、通常実践されており、なお、手術室入室前の方が、患者の確認がより容易であり、その確認に格別の困難性があるわけでもなく、他方、手術室に搬入されてしまうと、暗示性が強く、術前検査と術中検査等による所見の食い違いから患者取り違えに気づく契機があるにしても、取り違えられていることに気づくことはより困難性が増す。また、X3が、医師は手術に向けて自分の神経をそちらに集中させるから、看護婦が患者の代弁者でなければならないと常々思っていると供述しているとおり、手術室では全員手術に向け神経を集中しがちであることからしても、手術室入室段階では患者の確認がなされていなければならないし、されているのが通常である。

しかしながら、希とはいえ、検察官や関係者が指摘するとおり、全国的には、熊本市立市民病院事件といわき市の妊娠中絶事件の２例の患者取り違え事故が生じ、患者取り違え事故が起こりうることが報道等されている。さらに、患者確認バンドをつけた場合でさえ装着時のミス等の危険性が指摘されている。まして、Ｙ大病院では、各診療科の患者が手術室交換ホールを通して病棟側から手術室側に引き継がれており、それが同時刻に行われる場合があり、現に１月11日には第１外科だけで３名の手術が予定されでいたことや、手術室交換ホールでは、患者は着衣を取り、半透明の帽子を被り、下半身にタオルケットを掛けられるため、容貌等の個性が失われやすい状況になっており、その過程等において患者の同一性を誤る危険性を内包している。さらに、一旦取り違えが生じると、取り違えが気づかれないまま引き継がれる可能性がある。これらの点に鑑みれば、患者の手術室入室後においても、患者の確認を誤って入室している事態を予見する可能性は、程度は高くないとしてもあったというべきであるから、X4においてはもとより、麻酔科医師や主治医グループの入室後に入室しX6においても、やはり患者確認の義務が失われることはないというべきである」として、業務上過失傷害罪の成立を認めた。

X1については、「麻酔科医師の術前訪問は麻酔実施の支障の有無を中心に比較的短時間行われるのが通常であることに鑑みれば、外見的特徴の記憶などという不確かさを残すものより、声掛けやカルテ等により当該患者の同一性を確認することが劣るとはいえず、本件の場合、外見的特徴から同一性に気づかなかったことをもって、X1に注意義務違反があったとはいえない。

X1が提起した患者同一性に関する疑義を重大に受け止めず、同一性確認についてより豊富な情報量を有する立場にあり、あるいはX1を指導、補佐すべき立場にありながら、X1の疑問を排斥した他の在室者の罪が問われず、患者の同一性確認のため正当な問題提起をし、相応の努力をしたX1にさらに尽くすべき義務があるというのは過酷に過ぎて賛同できない。

X1としてはなすべき注意義務を尽くしたというべきである。

そもそも執刀医自身が麻酔導入前に入室する注意義務はないのであるから、その義務として、助手として関与する医師らを麻酔導入前に入室させ、これを介してまで同一性を確認する義務はなく、あえてこれを指示するか否かは裁量にかかわる事柄というべきである。これを義務とまで解するのは医師の業務の範囲を広く求め過ぎて医療の裁量の範囲を狭め、ひいては医療の停滞、萎縮にもつながりかねないものであり、相当とは思われない。

なお、本件において、主治医グループは、最も良くV1を確認できる立場にあった上、既に気管内挿管等により容貌に変化があったとはいえ、X1から、相応の根拠を踏まえた患者の同一性についての問題が提起され、これに真正面から直面させられて検討しながら、その判断を誤っているのであるが、その誤りについてまで、執刀医が負担すべきものとは言えない。また、このような点からみると、麻酔導入前に主治医グループの誰かが入室していたとしても、患者の取り違えに気づいたかははなはだ疑わしく、麻酔導入前の入室が患者取り違えに気づくことになるとの証明もない。

したがって、X4に、助手をしてAの胸骨正中切開をするまでの過程に注意義務違反があったとは認められない」として、無罪とした。

これに対して、(1) 検察官側は、〔1〕X1、X4、X5及びX6について、いずれも公訴事実と同旨の事実を認定すべきであるから、前記のとおり、X1を無罪とし、X4、X6及びX5につき過失等を縮小して認定した原判決には判決に影響を及ぼすことが明らかな事実誤認がある、〔2〕X4、X6、X5及びX2について、原判決の量刑は、いずれも禁錮刑ではなく罰金刑に処した点で軽過ぎて不当であると主張して控訴した。

（2）X側は、X4には過失があるとはいえない、X5は過失があるとはいえない、X3は「あいまいさを残したまま」患者両名の受け渡しをしたものではないと主張して控訴した。

2審：東京高判平成15年3月25日刑集61巻2号214頁（破棄自判、全員有罪）

心臓手術の麻酔科医師であったX1につき、麻酔導入前に患者の外見的特徴等や問診により患者の同一性を確認するのはもとより、麻酔導入後においても頭髪の色及び形状、歯の状況、手術室内での検査結果等が、いずれもV1のものと相違し、患者の同一性に疑念を抱いたのであるから、自ら又は手術を担当する他の医師や看護婦らをして病棟及び他の手術室に問い合わせるなどして患者の同一性を確認し、患者の取り違えが判明した場合は、V2に対する手術の続行を中止するとともに直ちに連絡してV1に対する誤った手術をも防止し、事故発生を未然に防止する義務があるのにこれを怠り、V2を、その同一性を確認することなくV1と軽信して麻酔を導入した上、外見的特徴や病状の相違などから、その同一性に疑念が生じた後も、他の医師らにその疑念を告げ、電話により介助担当看護婦をして病棟看護婦にV1が手術室に搬送されたか否かを問い合わせはしたが、他の医師からは取り合ってもらえず、病棟からV1を手術室に搬送した旨の電話回答を受けただけであるのに、その身体的特徴等を確認するなどの措置を採ることなく、患者をV1と軽信してV2に対する麻酔を継続するとともに、V1の現在する手術室に患者取り違えを連絡する機会を失わせた過失があると認め、X2らとの過失の競合により、V2とV1を麻酔状態に陥らせた上、V2に全治約5週間の胸骨正中切開等の傷害を負わせ、V1に全治約2週間の右側胸部切創等の傷害を負わせたものと認定した。

「Y大病院において、客観的な患者確認のためのシステムが構築され、執刀助手を務める主治医らが麻酔導入前に立ち会って問診や容貌等により確実に患者確認を尽くす体制が確立しており、かつ、X4もこの点を認識していたような場合には、その尽くすべき注意義務の具体的内容は異なってくる。本件においては、そのような体制が確立されておらず、むしろ、主治医らによる意識的な患者確認はなされていなかったし、X4がこのようなシステムが確立していると誤信していたとも認められないから、他の医師により適切な患者確認が行われているであろうと信頼するには、その前提が欠けているというほかない。

患者の同一性に疑問を抱いて以降のX1の行動については、仮に同人がそれ以降主体的に医療行為を行うべき立場になく、医療行為に関与しても他の医師らを補佐する従属的関与に過ぎなかったとすれば、上記の程度の手立てを講じていることで、辛うじて過失はないとする見方もあり得るとは思われるが、同人は引き続いてファーストの麻酔医すなわち麻酔部門の責任者として、患者に対する麻酔管理を行っているのであるし、また、患者に対する輸血（患者がV2であれば自己血であるが、V1であるから他人の血液を輸血したことになる。）をも担当しているのであるから（両名の血液型が違っていれば、V1の生命は危うかったのである。）、自己の分担する医療行為の前提としても、上記程度の手立てでは不十分であり、過失責任は免れないものというほかない。

結局、X1は、その過失の程度は軽いとはいえ、患者の同一性についての疑問を解消するだけの措置を講じないまま、V2に対して、麻酔を継続させた上、執刀医の手術中、麻酔管理を行ったというべきであるから、麻酔導入後においても、患者の同一性確認義務に違反した過失の存在は否定できない」。

これに対して、X1側が上告した。

【決定要旨】上告棄却

「医療行為において、対象となる患者の同一性を確認することは、当該医療行為を正当化する大前提であり、医療関係者の初歩的、基本的な注意義務であって、病院全体が組織的なシステムを構築し、医療を担当する医師や看護婦の間でも役割分担を取り決め、周知徹底し、患者の同一性確認を徹底することが望ましいところ、これらの状況を欠いていた本件の事実関係を前提にすると、手術に関与する医師、看護婦等の関係者は、他の関係者が上記確認を行っていると信頼し、自ら上記確認をする必要がないと判断することは許されず、各人の職責や持ち場に応じ、重畳的に、それぞれが責任を持って患者の同一性を確認する義務があり、この確認は、遅くとも患者の身体への侵襲である麻酔の導入前に行われなければならないものというべきであるし、また、麻酔導入後であっても、患者の同一性について疑念を生じさせる事情が生じたときは、手術を中止し又は中断することが困難な段階に至っている場合でない限り、手術の進行を止め、関係者それぞれが改めてその同一性を確認する義務があるというべきである。

これをX1についてみると、〔1〕麻酔導入前にあっては、患者への問い掛けや容ぼう等の外見的特徴の確認等、患者の状況に応じた適切な方法で、その同一性を確認する注意義務があるものというべきであるところ、上記の問い掛けに際し、患者の姓だけを呼び、更には姓にあいさつ等を加えて呼ぶなどの方法については、患者が手術を前に極度の不安や緊張状態に陥り、あるいは病状や前投薬の影響等により意識が清明でないため、異なった姓で呼び掛けられたことに気付かず、あるいは言い間違いと考えて言及しないなどの可能性があるから、上記の呼び掛け方法が同病院における従前からの慣行であったとしても、患者の同一性の確認の手立てとして不十分であったというほかなく、患者の容ぼうその他の外見的特徴などをも併せて確認をしなかった点において、〔2〕更に麻酔導入後にあっては、外見的特徴や経食道心エコー検査の所見等から患者の同一性について疑いを持つに至ったところ、他の関係者に対しても疑問を提起し、一定程度の確認のための措置は採ったものの、確実な確認措置を採らなかった点において、過失があるというべきである。

この点に関し、他の関係者がX1の疑問を真しに受け止めず、そのために確実な同一性確認措置が採られなかった事情が認められ、X1としては取り違え防止のため一応の努力をしたと評価することはできる。しかしながら、患者の同一性という最も基本的な事項に関して相当の根拠をもって疑いが生じた以上、たとえ上記事情があったとしても、なお、X1において注意義務を尽くしたということはできないといわざるを得ない」。

【参考文献】

平山幹子・平成19年度重判解167頁、大野勝則・最判解刑事篇平成19年度74頁

7　管理・監督過失

(1)　管理・監督過失と信頼の原則①（白石中央病院事件）

73 札幌高判昭和56年１月22日刑月13巻１＝２号12頁、判時994号129頁

【事実の概要】

S病院において、ボイラーマンZの過失により火災が発生し、旧館２階全部及び１階の一部が消失した。

１　本件火災の時旧館２階にいた本件病院当直看護婦Fは旧館２階看護婦詰所のすぐそばで階段から上ってくる煙を認めて本件火災の発生に気付いたが、その後旧館２階入院室の入口から入院患者らに対し避難を呼びかけたが、旧館２階非常口の開錠や旧館２階新生児室に収容中の新生児の救出については何ら思いを及ぼさず、ただ僅かに、助産婦Gが右非常口のそばで抱きかかえてきた新生児３名の屋外搬出に手を貸しただけにすぎなかった。

２　もしFが遅くとも入院患者らに避難を呼びかけている段階において前記非常口の開錠と前記新生児の救出とに思いを致したならば、この非常口の開扉のための鍵は、前記看護婦詰所内の窓枠に非常口の鍵である旨を表示した札に結びつけられて吊されており、また、新生児はすべて右詰所のすぐ隣りの新生児室に収容されており、同室には新生児搬出用担架（１個で新生児４名位を搬出しうるもの）が２個備付けられていたから、Fが右非常口を早期に開錠し、かつ、前述のG助産婦による救出活動と相俟って、当時旧館内にいた新生児６名全員を無事救出することができたことは確実であった。

３　そして、本件６名の死傷のうち、

（一）新生児V1、V2、V3の焼死は、右３名に対する救出活動が全く行われなかつたことによるものであり、

（二）入院患者V4の焼死と同女の付添人V5の負傷及び入院患者V6の負傷とは、いずれも、右３名が非常口のすぐそばまで辿りついたのに、その時点でも右非常口が依然とし

て閉鎖旋錠されたままであったことによるものであり、
（三）従って、F看護婦が前記２のとおりの行動をとっていたならば、すなわち同女が本件火災発生に気付いた直後ころ非常口開錠と新生児救出とに思いを致していたならば、本件死傷の結果は生じなかったはずであった。
（四）Fは本件火災の当時18歳の見習看護婦であり、本件火災発生当時、旧館２階には同女のほか前記当直助産婦Gが当直員として在勤していた。
（五）本件火災当時、本件病院の役員は、本件病院の経営管理事務の一切を掌理統括する最高責任者たる）理事長兼病院長である被告人X以下、常務理事である被告人Yの外常勤理事３名がおり、他に看護婦は、助産婦、准看護婦及び見習看護婦を含め29名（但し１名は夜間当直のみのアルバイト）が本件病院に勤務していた。
Xは、札幌市にある医療法人S病院の理事長兼病院長として、同病院の経営、管理を掌理総括し、消防法令などの定めるところにより、同病院の消防計画を作成し、これに基づいて、同病院従業者並びに付添人及び入院患者を指揮監督して、消火出火通報及び避難の各訓練を実施し、消防、出火警報及び避難に関する設備を維持、管理する業務に従事していたものであるが、同病院旧館（木造モルタル亜鉛メッキ鋼板一部２階建床面積1,098.18平方メートル）が老朽化した木造建築物である上、特に同館２階には新生児及び自力行動の困難な患者を含む入院患者が収容されており、更に右旧館内には右入院患者の付添人が在館しているのであり、万一右旧館に火災が発生した場合には、これらの新生児及び入院患者並びに付添人の生命、身体に対する危険の発生が予想されたので、平素から右旧館で火災が発生した場合にはすみやかに出火場所を同病院の従業者、入院患者及び付添人に通報し、新生児及び入院患者並びに付添人を迅速かつ安全確実に救出あるいは避難誘導できる対策をあらかじめ立案しておく、更に同病院従業者並びに入院患者及び付添人に対し右対策に基づく各訓練をあらかじめ実施しておく、また当直時（夜間や早朝）における出火に際しても右新生児及び入院患者並びに付添人を迅速かつ安全確実に救出あるいは避難誘導できるだけの人数の当直従業員をあらかじめ配置しておく、なお旧館２階に設置された非常口が屋内から南京錠で施錠されていて、鍵の所在が判明しない時は直ちに解錠しがたい設備であったから、屋内から鍵を用いないで解放できる設備にあらかじめ改善しておくとか病院従業者に常時右非常口の鍵を携行させておくとかの方法により旧館出火の場合には迅速確実に非常口を開扉しうるような措置をあらかじめ講じておかなかった結果、昭和52年２月６日早朝における同病院旧館の出火（同病院の汽罐士として同病院のボイラー及び暖房設備の操作、維持及び管理の業務に従事していた被告人Zが当直勤務中の昭和52年２月６日午前７時20分ころ、同病院旧館1階第1診療室を巡回した際、同室放熱器が放熱していないのを見て、同室南西側モルタル壁から戸外に約23センチメートル突出している暖房用ドレーンパイプ（排水用パイプ）内が凍結して蒸気の送風が妨げられたものと考え、携行していた圧電点火式トーチランプの炎を噴射して右パイプの凍結を融解させようとしたが、右トーチランプの炎は容易に可燃物を着火燃焼させるきわめて高熱なものであり、また同壁とパイプの周囲にはすき間が存し、かつ、同壁内側には乾燥した板壁などがあり、同壁に接近した箇所に炎を噴射させたときは、同すき間から壁内に炎が流入し、右板壁等に着火する危険が大であつたものである上、同パイプは同壁から約８センチメートル露出しているのみで、その先の部分は雪に覆われていたのであるから、凍結を融解させるにあたっては、熱湯を右パイプに注ぐなどの方法によることとし、やむなくトーチランプを使用する場合は、除雪するなどして炎を壁から離れた箇所に噴射して万が一にも右モルタル壁内に炎を流入させないよう配慮するとともに、作業終了後は同部位付近を点検しておくべきであったのに漫然右トーチランプの炎をモルタル壁近くのパイプ露出部分に噴射して前記すき間から炎をモルタル内部に流入させて板壁などに着火させ、かつ、同所の点検をしないでその場を立去ったため、間もなく同所壁から前記第１診療室の壁体、柱等に燃え移らせたのであるが、このようにして右第１診療室から出火したこと）の際、旧館２階当直看護婦や当直助産婦、夜警員が前記非常口施錠の解錠、新生児及び入院患者並びに付添人の救出あるいは避難誘導を迅速かつ安全確実に行うことができず、そのため、Xは旧館２階病室に入院中の患者のうちV4（当時53年）及び旧館２階新生児室に収容されていた新生児６名のうちV1とV2とV3との３名の新生児を焼死させ、旧館２階病室に入院中の患者のうちV6（当時29年）に対し全治まで約３週間を要する右足関節血腫の傷害を負わせ、更に前記V4の付添人V5（当時53年）に対し全治まで約２週間を要する両手挫傷、顔面火傷の傷害を負わせた。この行為について、X、Y、Zが業務上過失致死傷罪で起訴された。

【裁判の経過】

１審：札幌地判昭和54年11月28日判時971号130頁（全員有罪・業務上過失致死傷罪）

１審は、「Ｚは、…炎ないし炎による高熱が同室内に流入しないように配慮し、もって、火災の発生を未然に防止すべき業務上の注意義務があるのに、これを怠り、漫然、右トーチランプの炎をモルタル壁近くの同パイプ露出部分に約２分間に亘って噴射し、前記すき間から炎ないし炎による高熱を同壁内部に流入させて同壁内部の下地等に着火させた過失」、「防火防災面において、入院患者らを初め病院関係者の安全を確保するための万全の措置を講ずるべき職務を有するＸ及びＹとしては、火災発生の防止に努めるばかりではなく、何らかの理由による火災発生の場合に備え、右新生児、患者らを夜間宿直時における人員配置によっても安全確実に救出、避難誘導しうるよう、予め、火災報知ベル作動時における火災発生の有無、出火場所の確認、通報、火災発生の際における非常口の開錠、新生児の搬出、患者らの避難誘導等に関する具体的対策をたて、各従業員らが災害時において具体的に何をなすべきかの手順、役割分担を示す行動準則を定め、これを同病院の看護婦、夜警員その他関係従業員らに周知徹底させるとともに、これに基づき、右のものを指揮監督して十分な避難訓練を実施し、もって、火災により死傷者が生ずることがないよう未然に防止すべき業務上の注意義務があるのに、いずれもこれを怠った過失」があるとして、業務上過失致死傷罪の成立を認めた。

これに対して、Ｘ、Ｙ、Ｚ側が控訴した。

【判　旨】一部破棄自判（無罪）、一部破棄差戻

「本件死傷はＦ看護婦が前記２の行動に出なかったことによって生じたものであるところ、Ｆ看護婦が他に有効な救出活動、避難誘導又は消火活動に従事していたため前記２の行動に出ることができなかったという特段の事情がない限り（かかる特段の事情の存否については原判決は何ら触れていない。）、Ｆ看護婦の前記１の行動は同女が18歳の見習看護婦にすぎなかったことを考慮に入れても、不適切極まりないというべく、同女において当直看護婦としての自覚がありさえすれば、当然前記２の行動に出るに違いないと誰しも考えるところであり、従って、同女が右自覚に欠けていると考えるべき特段の事情がない限り、原判示の対策準則に基づく十分な訓練を同女にあらかじめ施しておかなければ同女が前記２の行動に出ないかもしれないという点についての予見可能性はなく、従ってまた予見義務もないというべく、このことは前述のとおり本件病院の経営管理事務につき責任を負うべきＸ、Ｙ両名についても同様である。のみならず、本件病院には、前述のとおり29名もの看護婦が勤務し、Ｆはそのうちの一見習看護婦であったことから考えると、Ｆ看護婦は、本件火災のときまで、上司（例えば看護婦長）から、非常の場合には何をさておいても、まず非常口開扉と新生児救出とを図るべきである旨の教導指示がなされていたと思われるが、かかる教導指示の有無についても原判決は何ら触れていないし、その他Ｆ看護婦の性格、能力、経験年数及び在勤年数の如何等、Ｘ、Ｙ両名がＦに対し、原判示の対策準則に基づく十分な訓練をしていなくても非常の場合にも前記非常口開扉や新生児救出を十分行いうるとの信頼を寄せることについての積極的又は消極的要因となるべき事情の有無について判断を加えないまま卒然Ｘ、Ｙ両名に対し原判示のような業務上の注意義務があるとした原判決は、本件死傷の結果発生（すなわちその原因となったＦ看護婦の不適切極まりない行動）についての予見可能性の存否についての判断（換言すればＦ看護婦に対する信頼の原則の適用）を誤っているといわざるを得ず、かかる刑法211条前段の解釈適用についての原判決の法令適用の誤りが判決に影響を及ぼすことが明らかであることはいうを俟たないところである。

…前記V4ら４名の焼死及びV6ら２名の負傷

は、本件火災発生後の本件病院側の救出活動という側面から見る限り、まず、前記当直看護婦Ｆが前記（3）に記載した行動をすることによってその発生を防止することができたのみならず、前記夜警員Ｔが前記（2）に記載した行動をすることによって一層確実にその発生を防止することができたものである。

…Ｘの地位及び職務内容は、前記（一）のとおりであり、従って、本件病院に派遣されていた夜警員Ｔが本件病院と警備会社との間の前記契約に基づく義務を誠実に履行してくれるものと期待し、その期待が許されたものである。すなわち、右Ｔが右契約に基づきその夜警員業務に従事する職責を担うばかりでなく、本件火災の発生を知った時に、前記（六）の（2）に記載した行動に出ることは、同人がその際になすべき最少限の極めて容易な職務行為であるから、前記公訴事実のような火災発生の場合に備えた具体的対策が定立されていなくても、これに基づく訓練が実施されていなくても、同人は職業人として当然右の行動に出るべきであり、かつ、それが十分可能であり、従って本件病院の理事長であるＸとしては、右Ｔが右の行動に出ることを当然に予見し、かつ期待することが許された（換言すれば、同人が右のような最少限の職務すら果さないで出火場所である第１診察室前を離れ、そのまま旧館から脱出してしまうかもしれないということについての予見可能性は肯認されない）というべきである。また、Ｘは、永年医師として看護婦に接してきた関係上、本件病院の産婦人科看護婦たるものすべてが、火災発生の場合何を措いてもまず第１に新生児搬出と前記非常口の開扉とを迅速確実に行ってくれるものと期待すること（前記Ｆに対してもそのように期待すること）が許された。すなわち、同女が、新生児及び単独歩行が困難な患者を含む入院患者並びにその付添人ら多数が在院している旧館２階の産婦人科看護婦の地位にあり、かつ、本件火災当時、その旧館２階看護婦詰所において当直勤務に従事していたのであるから、前記公訴事実のような火災発生に備えた具体的対策が定立されていなくても、更にはこれに基づく訓練を受けていなくても、同女が本件火災の発生を覚知した時に、職業人として当然前記（六）の（3）に記載した行動に出るべきであり、かつ、それが可能であったうえ、同女が右の行動に出ることについて本件病院においては総婦長、産婦人科責任者という上司看護婦が日常教導指示すべき組織となっていたものであるから、本件病院の理事長兼病院長であるＸとしては、Ｘがことさらに上司看護婦に注意を喚起するまでもなく、上司看護婦が右Ｆに右の行動に出るべきことについて日常教導指示していることを期待することが許されたし、更に右Ｆが右教導指示に基づき、あるいは職業人としての自覚（右教導指示がなくても当然に抱懐すべき自覚）により右の行動に出ることを予見し、期待することが許された（換言すれば、同女が右の行動に出ないかもしれないということについての予見可能性は肯認されない）というべきである。そして、Ｘが、前記Ｔや右Ｆに対し、右の期待を抱くことを不合理不自然であるとすべき特段の事情（性格、能力、経験年数及び在勤年数の如何等）は存在しなかった。

…Ｘに対する業務上の注意義務の存否について検討すると、Ｘは、本件当時、本件病院の理事長兼病院長として、本件病院の経営及び管理部門全体を統括し、診療部門全体を監督する職責を担っており、旧館出火の場合に備えて新生児及び入院患者並びに付添人の救出や避難誘導に関する職責をも当然負担していたといわざるを得ないけれども、本件病院の理事長ないし病院長としての立場から考えるとき、当直看護婦や夜警員が当然果してくれるものと予想されるような出火通報、非常口開扉及び新生児搬出などの救出活動ないし避難誘導活動が現実に実行されないであろうという場合までも考慮に入れて火災発生に備えた対策を定めなければならないとまでいうのは行過ぎといわざるを得ない。すなわち、検察官が本件死傷者６名の死傷事故につき理事長兼病院長であるＸの過失として捉えている注意義務は、出火の際の救出活動や避難誘導活動について人員の質（対策の定立とこれに基づく訓練の実施が経由されていること）及び量（当直人員の増員）の拡充と物的設備の改善（非常口扉の改造又は右の扉の鍵の携行）とに尽きるところ、かかる拡充改善の措置をすることを刑法上の業務上の注意義務として要求するには、既存の当直人員の質及び量並びに既存の物的設備の下で、従業員が当然に果すであろう救出活動ないし避難誘導活動によってもなお回避不能とみられる死傷事故に対する関係においてはじめて肯定されるべきものに過ぎないというべきであり（この意味において、Ｘに対する検察官主張の注意義務は、例えば、Ｚに求められている注意義務とかＹについての予備的訴因で主張されている注意義務、すなわち出火防止義務における予見義務の範囲とは、質的にも量的にも異るというべきである。）、そして、前認定のとおり、本件火災により発生した前記６名の死傷という結果については、当時の当直人員の質及び量並びに当時の物的設備の下で回避不能であったとは認められないから、Ｘについては、結果回避措置をあらかじめ講じておかなければならないとすることの前提となるべき客観的予見可能性が欠落し、従って同人に前記６名の死傷という具体的結果に対する予見義務を負わせることができない道理であり、結局本件死傷事故につき同被告人には業務上過失致死傷の責を問うことはできないと判断される」（Ｙは、差戻し後１審で無罪（札幌地判昭和57年12月８日判時1069号156頁））。

【参考文献】

船山泰範・百選Ｉ116頁

(2)　管理・監督過失と信頼の原則②（北ガス事件）

74 札幌地判昭和61年２月13日刑月18巻１＝２号68頁、判時1186号24頁、判タ592号54頁

【事実の概要】

被告人Xは、Kガス株式会社（以下単に「Kガス」と言う。）唯一の代表役員として、Kガスの平常業務を統括していたもの、被告人Yは、同部営業技術課長（トレーニングセンター課長併任）として、札幌において勤務していたもの、被告人Z1は、A社に入社し、B営業所営業課員として、主としてガス器具の販売を担当していたもの、被告人Z2は、ガス設備その他住宅の内部設備の販売、備付け等を業務とし、Kガスのサービス店に指定されていた札幌所在のB株式会社に入社し、ガス器具の販売、取付け等の仕事を担当していたものである。

Kガスは、昭和49年当時は、札幌、小樽及び函館の道内三都市においてガス供給事業を営んでいたが、同社では、札幌市内におけるガス供給効率の向上を図るため、かねてより同市内の需要家に供給するガスの熱量を増大させるいわゆる熱量変更を考慮し、昭和49年１月には、Xに委嘱されて熱量変更の実施時期等を検討してきた準備委員会から、「昭和50年10月１日を熱量変更の実施時期として速やかにその準備に着手すべきである。」旨の答申書が提出されていたところ、昭和49年２月、同年度の予算案を審議する過程において、高額の設備投資を必要とする導管敷設工事に代え、熱量変更を同年中に実施することによつて必要なガス供給能力を確保するとの計画案が急遽浮上し、昭和49年10月16日を期して札幌市内の需要家に供給する都市ガスの熱量を１立方メートル当たり3,600キロカロリーの4Cガスから同5,000キロカロリーの6Bガスに変更する旨の熱量変更計画が立案、実施される運びとなった。

１　X、Yは、各需要家の保有するガス器具を6Bガスに適合するよう調整する前記作業に調整欠落、調整不良などの調整過誤があるときは、熱量変更後需要家らが調整過誤に係るガス器具を使用した場合、ガスの不適合から不完全燃焼により多量の一酸化炭素が発生し、その結果右需要家らが一酸化炭素中毒により死傷するおそれがあったのであるから、右調整作業の立案、実施に際し、まず、調整作業開始前に各需要家の保有するガス器具につきその種類、型式、台数、必要部品等を調査するいわゆる器具の事前調査を行い、できる限り正確にあらかじめ作業対象を示し、現場で調整作業に従事する者が十分な準備のもとに効率的かつ円滑に作業を進められるよう配慮し、かつ、右事前調査によって各種ガス器具の数量とその分布状況等を知った上、各ガス器具ごとの調整に要する時間を適正に算出し、全体及び各地区の作業量、作業内容を的確に把握するとともに、Kガス社員、ガス事業関連会社からの派遣社員、学生アルバイト等種々の者から構成される現場作業員は大部分が調整作業の未経験者であってその作業能力等には相当のばらつきがあり得ることをも考慮し、余裕のある作業負荷を定めて必要な現場作業員を確保するなどし、現場作業員をして、終始十分な事前準備と適正な作業負荷に基づくゆとりのある状況下で確実に調整作業を行わせ、万が一にも、これら作業員が準備不足や負担過

重から定められた手順を外れた措置をとったり、杜撰な作業をして危険な調整過誤を惹き起こしたりすることのないような対策を講じ、あるいは、あり得べき現場作業員の調整過誤に備え、調整作業の際ないしその後6Bガス供給開始までの時点において、調整作業を直接担当した者以外のしかるべき係員をして、各需要家のガス器具につき調整過誤を発見、是正させるいわゆる事後点検の対策を講ずるなどし、もって、熱量変更後需要家らに対し調整過誤に係るガス器具を使用させて一酸化炭素中毒による死傷事故を発生させることがないよう万全の措置を講ずることなく、調整過誤は容易に生じ得るものではなく、仮に調整を担当する現場作業員が何らかの過誤を犯したとしても、それがそのまま看過されて熱量変更後一酸化炭素中毒による死傷事故等の大事を招来するような事態になることはなく、燃焼上若干の不具合が生ずるものが出る程度であり、したがって右万全の措置を講ずるまでの必要はなく、現場作業員に点火試験の励行等を指示するとともに、需要家らから燃焼上の不具合に関する苦情申し出などがあった場合にこれを受けて対処し、あるいは熱量変更後各需要家を巡回して異常の有無を尋ねることなどによって危険を防止し得るものと軽信して、昭和49年10月16日を期日とする熱量変更の実施を急ぐなどの余り、一般家庭の需要家につき器具の事前調査を行わず、Kガスが昭和48年1月から3月にかけて営業上の必要から行った概括的な器具調査の結果を基本とし、これにメーカーの器具販売台数、需要家の伸び率、器具の普及率等を参酌して器具数等を推計し、これをもって右事前調査に代え、調整を要する家庭用器具全体の大まかな数は把握し得たものの、調整作業に従事する現場作業員に対し、作業対象をあらかじめ的確に把握させることができず、しかも、個々の器具の調整に要する時間を適正に算出し、現場作業員の作業能力、事前調査を行わないことの作業効率に対する影響等を十分考慮した余裕のある作業負荷を採用せず、その結果、現場作業員をして、十分な準備どころか、現場に行ってみなければ何がどのくらいあるのかも分らないような状況下で、しかも連日残業をしなければ消化し得ない過重な負担を課すという、極めて調整過誤を誘発しやすいゆとりのない状況下で作業を行わせ、かつ、そのような状況下では当然あり得べき現場作業員の調整過誤につき、調整作業を直接担当した者以外のしかるべき係員をして、これを発見、是正させる事後点検も行わない調整作業計画を立案、実施したため、後記2のZ1による調整過誤を誘発するとともに、これを看過し、

2　Z1は、昭和49年9月20日ころ、札幌市のV1方において、同人方のガス用風呂釜の調整作業を担当した際、同風呂釜については、パイロットノズルを交換するほか、メインノズルに口径3.9ミリメートルのインサートを打ち込んでガスの噴出量を減少させるよう調整しなければ、熱量変更後需要家らがこれを使用した場合、ガスの不適合から不完全燃焼により多量の一酸化炭素が発生し、右需要家らが一酸化炭素中毒により死傷するおそれがあったのであるから、所定の方法により完全に調整を実施せず、メインノズルのあるバーナー部分を取り出そうとしたところ、バーナー下部にある2本のビスが堅く固着していて容易に取りはずすことができなかったため、メインノズルに所定のインサートを打ち込んでおらず、単にパイロットノズルを所定のものと交換しただけであったにもかかわらず、次の作業を急ぐ余り、調整を完了したものと思い込み、調整済みのシールを同風呂釜に貼付するとともに、所属の作業基地に作業結果を報告するためのガス器具調整（調査）カードにも、右V1方の器具調整は全て完了した旨の表示をし、適正に調整を行わなかったため、

3　それぞれ、熱量変更後の昭和49年10月17日午前零時過ぎころから同日午前3時ころまでの間、V1方において、事情を知らない同人（当時21歳）及びたまたま来訪していたV2（当時18歳）をして、調整過誤に係る前記風呂釜を使用するに至らせて、ガスの不完全燃焼により多量の一酸化炭素を発生させ、よって、そのころ、同所において、右両名をして、一酸化炭素中毒により各死亡するに至らしめるとともに、燃焼を続ける同風呂釜から発生して充満した一酸化炭素を階上に漏出させ、同日夕刻ころまでの間に、前

記P16マンション２階Ｘ号室に居住し前夜来在室していたV3（当時23歳）に対し加療約６日間を要する急性一酸化炭素中毒、同所へ同日午前10時ころから来訪していたV4（当時25歳）に対し加療約２日間を要する急性一酸化炭素中毒の各傷害を負わせ、

熱量変更後の昭和49年10月19日午前２時過ぎころから同日午前10時ころまでの間、前記V5方において、事情を知らない同人（当時29歳）及びたまたま来訪していたV6（当時26歳）をして、調整過誤に係る前記湯沸器を使用するに至らせて、ガスの不完全燃焼により多量の一酸化炭素を発生させ、よって、そのころ、同所において、右両名をして、一酸化炭素中毒により各死亡するに至らしめた。

この行為について、X、Y、Z1、Z2が業務上過失致死傷罪で起訴された。

弁護人は、本件死傷事故の原因は、判示V1方浴室の排気設備が極めて不良であったことにあり、あるいは、供給ガスの性状及び供給圧力が解明不十分であるなどとして、Z1による調整過誤と右死傷事故との間には因果関係がない、また、本件熱量変更は、Kガスの多数の社員がそれぞれの任務と責任に応じて企画立案し、遂行したものであって、Xは、これら社員の能力と専門性を信頼していたところ、右信頼は相当であること、本件各調整過誤は、単純な調整忘れではなく、予想を越える積極的な過誤であること、Xは、料金改定等他の懸案事項にも対処していたため、熱量変更には専従し得なかったことなどを理由として、予見義務を否定し、また、器具の事前調査の省略、現場作業員に対する教育の程度、現場作業員の所要人数の算出と本件各調整過誤との間に格別の関連はなく、事後点検によって調整過誤を発見是正することも不可能であると主張した。

【判　旨】有罪・業務上過失致死傷罪（確定）

「本件死傷事故がZ1による前記調整過誤に起因し、これがなければ本件死傷事故は発生しなかったとの条件関係を認めるに十分である。本件死傷事故が発生するについては、排気設備の能力不足が相当程度寄与していることは否定すべくもなく、Z1の調整過誤があっても排気設備が完全であれば勿論のこと、せめて排気筒に鳥の巣だけでも存在しなければ本件のような結果は発生しなかった蓋然性があるが、先に見たところから、Z1の調整過誤がそれ自体大量の一酸化炭素を発生させるものであり、排気不良のもとで浴室内にあふれ出した右一酸化炭素のため、極めて短時間のうちに浴室内空気の一酸化炭素濃度が生命にかかわる危険な値にまで飛躍的に増大したことも明らかであるから、排気設備の能力不足という事情の介在は、何ら右条件関係の存在に消長を及ぼすものではない。

そして、関係各証拠によれば、昭和49年当時の札幌地区においては気密性の高い家屋が増加して既に一般住宅の相当部分を占めるに至っており、しかもその中には排気設備に欠陥のあるものも少なからず含まれていたこと、更にこれらの事情は周知の事柄であり、とりわけガス事業にかかるＸらは右事情を知悉していたことが認められ、本件における排気設備の欠陥程度のことは、経験上通常予想し得ない事態ではなく、調整過誤に伴って発生する一酸化炭素がそれ自体極めて人体に対する危険性が高く、容易に死傷事故に結び付くものであることをも併せ考慮すれば、法律上の因果関係を否定すべき特段の事情は見出し得ず、因果関係の存在は明らかである」。

「本件調整作業に当たった現場作業員が、以上のような経験により、調整過誤を犯しやすく、そしてひとたび現場作業員が調整過誤を犯せばこれが発見、是正を期し難い状況下で作業を行っていることは、計画原案を自ら策定し、その後の要員算出状況を承知しており、また調整カードを作成し、基地内の業務分掌案を起案するなどして前述のとおり本件熱量変更に伴う調整作業システムの根幹を自ら構築し、かつ基地長会議にも常々出席するなどしていたＹはもとより、前記経過から本件調整作業システムの大綱を承知しており、部長会における審議を通じ、あるいは熱量変更推進部長らの報告により計画、実行の進行状況等を逐次把握していたＸも、これを認識し得る立場にあり、かつ本件計画が実行されれば、早晩右のような事態に陥るであろうことは、Ｘには、器具調整作業開始に至るまでに十分予想し得たはずである」。

「本件各調整過誤は、基本的にはいまだ調整を終えていない器具について調整が完了したものと思い込んだり、調整未了で後刻再訪して調整する必要がある器具があることを失念したりした点にあり、その余の過誤はこれに通常随伴し得る性質の過誤であり、およそ考えられない

ような過誤が何重にも重なったというほどのものではなく、本件各調整過誤の態様の故をもってXの予見可能性を否定し得るものではない。前示認定のとおり、本件各調整過誤は、ゆとりのない作業環境に誘発されたものであり、前述のとおり、現場作業員がそのような作業環境に置かれるであろうことを事前に十分予測することができ、かつ現にそのような環境下で作業が進められていることを認識し得る立場にあったXにとって、本件において見られたような各調整過誤の発生を予見することは、十分可能であったと言うべきである」。

「そして、調整欠落などの重大な調整過誤が生じたときは、熱量変更後その器具を使用した場合、不完全燃焼に基づく多量の一酸化炭素が発生すること、また札幌地区においては北国の特殊性からそのころ気密性の高い構造の建物が多く、しかも中には正規の排気設備が整っていないだけでなく、必要な排気設備を全く設けていない需要家すらある有様で、換気に甚だ問題のある需要家も少なからず存在したこと、更に需要家等のガスないしガス器具に対する知識や対応能力は千差万別であって、中には調整過誤に気付かないままその器具を使用し続ける者も十分あり得ることなどは、ガス事業に携るXも十分承知していたこと等関係各証拠によって明らかな事実に照らすと、本件において見られたような各調整過誤が発生すれば、それが一酸化炭素中毒による死傷事故につながる危険があることは、十分予見することができたものと言うべきである。

以上の次第であって、Xには、本件各調整過誤及び死傷事故並びにこれらに至る経過の基本部分について具体的な予見可能性が存在したことは明らかであり、Xの置かれていた立場と予見される結果の重大性等にかんがみれば、Xとしては、予見可能な右の事情を現実に予見する義務があったものと言うべきである」。

「本件熱量変更計画を立案、実施するに当たっては、現場作業員をして十分な事前準備と適正な作業負荷に基づきゆとりのある状況下で確実に調整作業を行わせること、調整作業の際ないしその後6Bガス供給開始までの時点において調整作業を担当した者以外のしかるべき係員をして事後点検を行わせることは、いずれも採用可能な調整過誤防止対策であったのであり、調整過誤のもたらす危険性等にかんがみれば、まず前者の対策を講ずべきであるし、仮にそこに難点があるときは、少なくとも後者の対策を講ずべきであり、そのような結果回避義務が存在したことは明らかである。

本件熱量変更計画の立案、実施過程には、実に多数のKガス役員、社員が関与しており、その関与の仕方も様々であるところ、本件各事故に関する刑事責任を負担すべき立場にある者がX、Yのみに限られるか否かについては、なお多分に微妙な点があるが、少なくともXがそのような立場にあったことは否定することができない。もとより、法は、人に不能を強いるものではない。死傷事故という結果の重大さに目を奪われるの余り、組織の最高責任者ないし実務段階の責任者に対し、発生した事故の結果責任を是非なく負担させ、同人らをして瑣事に釘付けし、大局を掌握して行うべき正当な組織体としての活動をいたずらに萎縮させるようなことがあってはならないことは、当然である。したがって、最高責任者がそれにふさわしい大きな視野から、実務の責任者がそれにふさわしい専門的な観点から、それぞれ果たすべき責めを果たしていたにもかかわらずなお事故が発生したような場合にまでその責任を追及するがごときは、厳に慎しまなければならない。しかし、本件においては、Xがこれらの責めを果たす上でそれぞれ欠けるところがあったものと考えざるを得ないのであって、管理者としての過失責任を問われるのは、まことにやむを得ないと言うべきである」。

【参考文献】

丸山雅夫・百選Ⅰ〔第６版〕118頁

(3) 実質的管理者の義務（川治プリンスホテル事件）

⑮ 最決平成２年11月16日刑集44巻８巻744頁、判時1374号33頁、判タ750号157頁

【事実の概要】

１（イ） 被告人Xは、旅館業等を目的とする有限会社川治プリンスホテルの取締役であり、代表取締役である夫のYと共同して川治プリンスホテルの経営に当たっていたが、被告人Yがホテル経営の意欲を失っていたこともあって、常時同ホテルにおいて執務し、

直接従業員を指揮監督して日常の業務を行うとともに、同ホテルの建物の維持管理はもちろん、新築、増改築を実行し、これらの業務と関連して防火防災管理の業務も行っていた。(ロ) 同ホテルでは、支配人（店長）が任命されていたが、同人は、日常の備品購入等少額の支出は別として、それ以上の支出をするには、経理を統括するXの承諾を要し、一般従業員の採用、給与の決定等についても最終的にはXの承諾が必要であり、防火防災管理の業務の面でも、その管理運営についてはその都度Xの指示を受けて処理していた。(ハ) 同ホテルでは、X及びY以外に、消防法８条１項にいう「防火対象物の管理について権原を有する者」に当たる者は存在せず、また、同項に規定する防火管理者の選任も行われておらず、支配人以下の従業員の中に実質的にその地位にあったと認められる者も存在しなかった。

２ 同ホテルは、鉄骨木造亜鉛メッキ鋼板葺一部陸屋根５階建の旧館と木造一部鉄骨亜鉛メッキ鋼板葺一部瓦葺２階建の新館とが接着し、新館と旧館の１階及び２階の各中央部が連絡通路によって結ばれた構造となっており、宿泊収容人員数は約250名である。

３ 昭和55年11月20日午後３時ころ、新館西側に接着する婦人風呂外側の旧露天風呂用地において、アセチレンガス切断機による鉄柵切断作業に従事していた建設会社の作業員が、不注意により、切断機の炎を婦人風呂外壁の間隙に流入させたため、同所付近から火災が発生し、火炎は、壁体内を上昇しながら婦人風呂屋根裏に達して天井に燃え移り、充満した火炎及び煙は、屋根裏に接着していた新館２階への階段の天井及び側壁を燃え抜けてフラッシュオーバー現象を起こし、これにより大量の煙が流出した。そして、煙は右階段部を上昇して、新館２階廊下を東方に進み、新館と旧館の接合部である連絡通路を経て旧館に流入し、さらに、旧館中央階段及び西側階段を上昇して、３階、４階に充満し、これに続いて火炎が広がっていった。ところで、同ホテルの新館と旧館との各連絡通路部分には防火戸の設置がなく、旧館２階ないし４階の中央及び西側の各階段部分は防火区画となっていなかったため、多量の煙や火炎が短時間に、しかも容易に旧館２階ないし４階の各階段、廊下、客室等に流入、充満した上、同ホテル従業員による適切な火災通報、避難誘導が全くされなかったため、婦人風呂及びこれに隣接する大浴場並びに旧館の２階ないし４階にいた宿泊客及び従業員の相当数は、外部に脱出することが困難となって逃げ場を失い、多量の煙、一酸化炭素等を吸入し、あるいは新館屋根等に飛び降りざるを得なくなり、その結果、老人会の団体客を含む宿泊客及び従業員のうち合計45名が死亡し、22名が傷害を負った。

４ 同ホテルにおいては、消防法によって要求されている防火管理者の選任及びその届出はもとより、火災発生時における宿泊客の避難誘導等に関する消防計画の作成及びその届出は一切行われておらず、消火、通報及び避難の訓練等は一度も実施されていなかった。また、同ホテルの旧館は、建築基準法令によって、各階段部分を防火区画とし、外壁の開口部である旧館１階、２階と新館１階、２階との各連絡通路にそれぞれ煙感知器連動式甲種防火戸を設置することを義務付けられており、Xは、旧館以外の建物部分から火災が発生した場合、これらの設備が設けてあれば、煙及び火炎の流入、拡大を防止し、旧館の宿泊客等の生命・身体の安全を確保できることを、所轄F町消防署及び栃木県土木建築課の改善勧告等により認識していたにもかかわらず、これらの設備を設けていなかった。なお、同ホテルにおいて、右の各設備を設けることを困難ならしめる事情は存在しなかった。

５ 本件火災については、同ホテルにおいて、あらかじめ消防計画を作成し、これに基づき避難訓練を実施して、従業員間に避難誘導の方法を周知徹底させるとともに、新館２階と旧館２階との連絡通路部分に煙感知器連動式甲種防火戸を設置し、かつ、旧館２階ないし４階の中央及び西側の各階段部分を防火区画としていたならば、右の防火戸及び防火区画の設置により、少なくとも約30分間は旧館内への煙の流入を阻止することができ、避難誘導時に若干の混乱が起こったとしても、訓練を受けた従業員の避難誘導により、旧館内の宿泊客及び従業員の全員は、右の30分間内に安全な場所に避難することができたと認められる。この行為について、X、Yは業務上過失致死傷罪で起訴された。

X、Yの弁護人はX、Y両名は有限会社川治プリンスホテルを含む、観光業、流通業を営む10の事業体からなるN観光事業社グループ全体の経営の指導及び統括を行い、各事業体には店長を置き同人をしてその経営に当たらせていたものであり、川治プリンスホテルにおいては支配人（店長）であるHにその経営全般を任せていたのであって、X、Y両名はホテルの経営には直接的に関与しておらず、特にYは本件火災当時は殆ど実質的なホテルの経営に関与していなかったもので消防法上の「管理権原者」に該当せず、Xはこれに該当するとしてもホテルの防火防災業務を一切Hに任せていたのであるから同人が実質的な「防火管理者」として本件火災につきその責任を負うべきであり、結局X、Y両名につき判示認定のような注意義務が課せられることはないと主張した。

【裁判の経過】

1審：宇都宮地判昭和60年5月15日刑月17巻5＝6号603頁（有罪・業務上過失致死傷罪）

「ＹはＮ観光事業社グループ全体を統括していたにとどまらず、川治プリンスホテルの代表取締役として同ホテルの経営、管理事務を掌理統括する最高責任者であり、昭和54年ころ以降は、同ホテルの経営に積極的でなくなり、Ｘにこれを任せ勝ちであったという事情はあるにせよ、そのことから直ちにＹが右の地位を去ったものとは到底認められず、またＸは取締役としてＹとともに同ホテルの最高責任者であり、特に昭和54年ころからはむしろＹより積極的に同ホテルの経営に携わってきたものと認められる。そして防火防災業務がホテルの経営管理の一分野であることはいうまでもないからＸ、Ｙ両名は消防法８条１項にいわゆる『管理権原者』に該当するのはもとより、同ホテルに宿泊する客や従業員ら多数の者の生命、身体の安全を確保するため防火防災の面で万全の対策を講ずべき一般的な義務を負うことは、条理上から言っても当然であり、右の義務は刑法上の注意義務であるということができる。そしてこの義務は消防法規の定める防火管理者の選任の有無とはかかわりないものである…第２の２の１の注意義務につき同ホテルにおいて消防計画の作成及び避難誘導訓練の実施がなされたことは一度もなく、同２の注意義務についても当該防火戸及び防火区画が設置されていなかったことは証拠上明らかであり、本件において右注意義務を履行するにつき特段支障となるべき事情も証拠上うかがわれず（証人Ｏの証言によれば、右防火戸及び防火区画の設置に要する費用は旧館１階と新館１階との接合部の防火戸の設置も含めて昭和56年ころで約600万円であると認められ、同ホテルの経営規模からみて支出できない金額ではない。）Ｘ、Ｙ両名が右注意義務を懈怠したものと認められる」。

これに対して、X側は、職務権限、予見可能性、結果回避可能性、因果関係がないと主張して控訴した。

2審：東京高判昭和62年2月12日刑集44巻8巻807頁（控訴棄却）

「Ｘは、Ｙと共に川治プリンスホテルの経営、管理業務を統轄掌理する最高の権限を有する者であるから、同ホテルの建物を管理し、防火防災業務を掌理する地位及び権限を有し、消防法にいう防火対象物の管理について権限を有する者にもあたる。しかも、Ｘは、実質的にも、直接従業員を指揮監督し、同ホテルの営業はもとより、防火防災を含めた管理業務を掌理していたのである。従って、Ｘは、自ら直接に、あるいは、店長のＨその他の従業員に命じて、同ホテルに宿泊する客や従業員ら多数の者の身体、生命の安全を確保するため、建築基準法、消防法その他関係法規上は勿論、一般的にも、防火対象物たる同ホテルの建物を管理し、防火防災面で万全の対策を講ずるべき義務を負う者であると認められる。…旅館・ホテルにおいては、施設を設け、そこにその施設の構造、配置、特に火災の際の避難方法やその経路に習熟しているとはいえないところの多数の客を宿泊させているのであるから、火災の発生の危険が常に存在し、かつ、一旦火災が起これぱその発見の遅れ、初期消火の失敗等から本格的火災に発展し、逃げ遅れた客に死傷の危険が及ぶ恐れがあることは、旅館を経営するものが等しく予見することのできるものであり、原判決がこれを見易い道理であるとし、刑法上の注意義務の根拠としての予見可能性は右の程度の危険の認識の可能性を以て足りると解したのは、まことに正当である。…川治プリンスホテルにおいては、旅館の建物の構造、配置は、防火、避難を困難にしているうえ、建築基準法の基準に達していないか、あるいは同法に違反した建物であり、消防法上も消火設備に不備、欠陥が認められ、加えて、不時の火災に備えての従業員等の避難訓練の無経験等から、防火に関しては極めて不備不十分な状況にあり、Xもそのことを認識していたことが認められる。してみると、旅館・ホテル営業に直接従事しているXとしては、同ホテルに火災が発生すれば、宿泊客等の身体・生命に対し危険が及ぶ蓋然性が極めて高いことを十分予見しうる可能性があったといわなければならない。…原判決は、本件においてXに要求される具体的な結果回避義務として、（イ）消防計画・避難誘導訓練の実施、及び（ロ）防火戸・防火区画の設置を挙げ、両者の関係については、両者が相俟って本件の結果の発生を回避し得るとしているが、後記認定のとおり、本件での具体的状況の下では、両者の注意義務が相俟って履行されることが必要不可欠であると認められるから、原判決の結果回避義務に関する認定は正当として是認でき、また、これらの結果回避義務の内容は右に述べた程度のものであるから、十分明確性を有していえるといえる。…旅館・ホテルにおける火災から宿泊客等の身体・生命に対する危険を回避するためには、火災を直ちに鎮火させるか、あるいは、宿泊客等を安全な場所に避難させることにあり、そして、本件においては、旧館内に防火戸・防火区画を設け、木造建築の風呂場・新館等の火災による火炎・煙等が旧館内に流入するのを一時的に防止し、その間に、平素訓練を受けている従業員によって、宿泊客等を適切に安全な場所に誘導することによって、はじめて宿泊客等の身体、生命に対する危険を回避することが可能であったのである。もちろん、防火戸・防火区画の設置のみで、旧館への火災等の蔓延が防げるか、または、訓練を受けた従業員による避難誘導のみで宿泊客等が安全な場所に避難できる時間的余裕があれば、一方の注意義務のみで結果が回避できるから、その注意義務のみを問題にすればよいが、一方の注意義務のみでは結果の回避が完全といえない本件にあっては、両者を併せた注意義務が要求されることは当然である。してみると、原判決の過失における注意義務の構成及びXの注意義務違反（過失）と各被害者に対する結果の発生との間の因果関係の認定に関し、刑法211条の解釈適用の誤りは認められない」。

これに対して、X側は、避難訓練実施義務は結果回避の実効性に乏しく、注意義務としての定型性に欠けるから、およそ注意義務たり得ない、また防火戸設置義務は、Xにおいて本件火災の拡大を初期段階で防止するに足りる消火栓を設置し、防火戸と同程度の防煙防火効果を発揮するに足る設備を設けて十分な回避措置を講じたから、Xは必要な注意義務を尽している、予見可能性に関する原判決の判示内容は、一般論としてもまた本件での具体的な事実認定としてもいずれも誤りであると言うべきである、そして本件では発見の困難な小屋裏火災であることに加えて、屋内消火栓の予期せざる不具合という一般人には容易に予見出来ない事情によって被害の発生・拡大が生じたのであるから、Xにはかかる事態についてまでその予見可能性はなかったと主張して上告した。

【決定要旨】上告棄却

「Xは、Yと共に川治プリンスホテルの経営管理業務を統括掌理する最高の権限を有し、同ホテルの建物に対する防火防災の管理業務を遂行すべき立場にあったことが明らかであるが、宿泊施設を設け、昼夜を問わず不特定多数の人に宿泊等の利便を提供する旅館・ホテルにおいては、火災発生の危険を常にはらんでいる上、Xは、同ホテルの防火防災対策が人的にも物的にも不備であることを認識していたのであるから、いったん火災が起これば、発見の遅れ、初期消火の失敗等により本格的な火災に発展し、建物の構造、避難経路等に不案内の宿泊客等に死傷の危険の及ぶ恐れがあることはこれを容易に予見できたものというべきである。ところで、Xは、同ホテルにおいては、防火管理者が選任されていなかったのであるから、必要と認められる消防計画を自ら作成し、あるいは幹部従業員に命じて作成させ、これに基づく避難誘導訓練を実施する義務を負っており、また、Xは、旧館2階ないし4階への煙及び火炎の流入、拡大を防止し、宿泊客等の生命、身体の安全を確保するため、建築基準法令に従い、自らの責任において、新館2階と旧館2階との連絡通路部分に煙感知器連動式甲種防火戸を設置し、旧館2階ないし4階の中央及び西側の各階段部分を防火区画とする義務を負っていたというべきである。そして、Xが右の義務を履行するため必要な措置をとることを困難ならしめる事情は存在しなかったところ、本件火災による宿泊客及び従業員の死傷の結果については、Xにおいて、あらかじめ消防計画を作成してこれに基づき避難誘導訓練を実施するとともに、右の防火戸・防火区画を設置していれば、双方の措置が相まって、本件火災による宿泊客等の死傷の結果を回避することができたものと認められる。

してみると、本件火災による宿泊客等の死傷の結果は、Xが右のような義務があるのにこれを怠ったことによるものであるから、Xには過失があり、Xに対し業務上過失致死、同傷害罪の成立を認めた原判決の判断は相当である」。

【参考文献】

吉本徹也・最判解刑事篇平成２年度216頁

(4)　防火管理者・管理権原者の義務（千日デパート事件）

76 最決平成２年11月29日刑集44巻８号871頁、判時1368号42頁、判タ744号94頁

【事実の概要】

（1）千日デパートビル（以下「本件ビル」という。）は、D観光株式会社（以下「D観光」という。）が所有・管理する地下１階、地上７階、塔屋３階建の建物であり、同社が直営する店舗と同社からの賃借人（いわゆる「テナント」）が経営する店舗とが混在する雑居ビルであって、同社が６階以下を「千日デパート」として使用し、同社の子会社であるS土地観光株式会社がD観光から７階の大部分を賃借して、キャバレー「プレイタウン」を経営していた。(2) D観光とテナントとの間の賃貸借契約等によれば、テナント側の当直は禁じられ、D観光が営業時間外のテナントの売場設置及び商品の警備を含む防火、防犯に関する業務を行うこととされ、右業務は、D観光の千日デパート管理部が担当していた。(3) 被告人Xは、同管理部管理課長として、本件ビルの維持管理を統括する同管理部次長M（第１審相被告人、第２審当時死亡）を補佐する立場にあるとともに、「千日デパート」の消防法８条１項（昭和49年法律第64号による改正前のもの）に規定する防火管理者（以下「防火管理者」という。）の地位にあった。(4) 被告人Yは、右S土地観光株式会社の代表取締役であって、「プレイタウン」の同項に規定する「管理について権原を有する者」（以下「管理権原者」という。）に当たり、被告人Zは、「プレイタウン」の支配人であって、同店の防火管理者の地位にあった。(5)「千日デパート」の各売場は、午後９時に閉店し、その後は多量の可燃物が置かれた各売場には従業員は全く不在になり、通常、千日デパート管理部保安係員の５名のみで防火、防犯等の保安管理に当たっており、７階の「プレイタウン」だけが午後11時まで営業し、多数の従業員や客が在店しているという状況にあった。(6)「千日デパート」の各売場内には防火区画シャッター及び防火扉（以下「防火区画シャッター等」という。）が設置されていたが、これらは閉店後閉鎖されておらず、また、その６階以下の全館に一斉通報のできる防災アンプが設置されていたが、７階の「プレイタウン」に通報する設備はなく、午後９時以降は１階の保安室から外線によって電話をする以外に同店に連絡する方法はなかった。(7) 本件ビルの構造上、「プレイタウン」のある７階より下の階から出火した場合、「千日デパート」の各売場から完全に遮断された安全な避難階段は、７階南側の「プレイタウン」専用エレベーター脇のクローク奥にある、平素は従業員が使用していた階段のみであったが、同階段を利用しての避難誘導訓練はもとより、階下からの出火を想定した訓練は一切行われていなかった。(8)「プレイタウン」に設置されている救助袋は１個であり、それも一部破損しており、また、これを利用した避難訓練も行われていなかった。(9) このような状況の下で、昭和47年５月13日午後10時25分ころ、当時本件ビル３階の大部分を賃借していた株式会社Nから電気工事を請け負っていた業者の従業員らが同階売場内で工事をしていた際に、その原因は不明であるが、本件火災が同階東側の右N寝具売場から発生し、２階ないし４階はほぼ全焼した上、火災の拡大による多量の煙が、「プレイタウン」専用の南側エレベーターの昇降路、E階段、F階段及び本件ビル北側の換気ダクトを通って上昇し、７階の「プレイタウン」店内に流入した。(10) 当夜本件ビルの宿直勤務についていた保安係員は、欠勤者が１名出たため、４名であったが、火煙の勢いが激しかったため、消火作業をすることができないまま全員避難せざるを得なかった。その際、

保安係員らは、いずれも「プレイタウン」に電話で火災の発生を通報することを全く失念しており、右通報をした者はいなかった。(11) Zは、右換気ダクトや南側エレベーターの7階乗降口から煙が流入してきた初期の段階で、従業員らを指揮し、客等を誘導して安全なB階段から避難させる機会があったのに、これを失し、また、救助袋が地上に投下されたのに、従業員が救助袋の入口を開ける方法を知らなかったため、結局それを利用することができなかった。(12) 本件火災の結果、一酸化炭素中毒や救助袋の外側を滑り降りる途中の転落等により、客及び従業員118名が死亡し、42名が傷害を負った。この行為について、X、Y、Zが業務上致死傷罪で起訴された。

弁護人らは、Xについて、6階以下の階で千日デパート閉店後に火災が発生した場合、公訴事実のような経路で煙がプレイタウン店内に侵入することは予見できないこと、防火区画シャッターを毎日閉店後閉鎖する義務がないこと、テナントが行う工事に同デパート管理部の保安係員が立ち会う義務がないと主張し、Y及びZについても、プレイタウンでは消防当局の指導の下に消防訓練をしていたこと、同店内に煙が急速に充満し、かつ、客らが恐慌状態に陥ったため、避難指導ができるような状態ではなかったこと、ホールからB階段に至る通路に煙が急速に充満したため、B階段へ行けば安全に避難できるとは判断できなかったこと、救助袋は、破損していたとはいえ使用可能であり、その入口枠を起こすことができなかったのは、従業員がその使用方法を知らなかったからではなく、救助袋の投下されたことを知った客らが我先に殺到したため、投下作業をしていた者らが脇へ押しやられるなどしたのが原因であると主張した。

【裁判の経過】

1審：大阪地判昭和59年5月16日判時1133号20頁（無罪）

Xについては、「同ビル6階以下で火災が発生した場合、プレイタウンが煙から完全に遮断されている旨確信することは到底できなかったことが明らかであり、むしろF階段や換気ダクトが同店への煙道になり、多量の煙が同店に流入することのありうることを十分予見することができたと認めるのが相当である。…工事中の喫煙については、所定の場所に予め水を入れた大きな容器を置き、そこで煙草を吸うよう要望しているから、右工事関係者の煙草の火の不始末等による火災の予防については、一応の対策を講じていたということができる。…上司であるI店長に対し、テナントがその売場で工事をする場合に、同管理部から立会うための人員を確保するための措置を進言していたとしても、それが容認されていたかは、甚だ疑問であるといわざるをえず、また、XやM次長に、右のような措置をとりうる独自の権限があったと認めるに足る証拠もない」。

Y、Zについては、「仮に6階以下の階で火災が発生した場合を想定して、避難路等について十分調査検討のうえ避難訓練を実施していたとしても、右の場合にZが立てたであろうと考えられる前記のような避難計画を前提とすれば、エレベーターの昇降路から多量の煙が噴き出して、クローク内を初め付近一帯に急速に充満しているという予想外の状況に直面して、煙の中を突っ切ってでもホール内にいる者らをB階段へ指導するほかないとの判断を寸刻の間になしえて、同階段への誘導を指示することが、Xと同様の立場にあるなにびとをその立場に立たせても、果たして可能であったか大いに疑問の存するところであり、また、仮に右誘導を指示していたとしても、本件死傷者の全員が無事B階段から脱出して、本件死傷の結果を回避しえたかは甚だ疑問であるといわざるをえない。…ホール窓際に来ていたと認められる前記67名の者全員が救助袋を正常に使用して無事に避難脱出できたとは到底考えられないことはもちろんのこと、本件で現に救助袋投下時その窓際にいた者、救助袋の外側を滑り降りようと試みた者らも、その全員が救助袋を使用して無事に避難脱出しえたかどうかは極めて疑わしいといわざるをえず、仮に使用しえた者が相当数あったとしても、その者が誰であるかを特定すべくもないのである。

以上の次第であるから、仮にY、Zがそれぞれ前記のような注意義務を尽して、救助袋の取替え若しくは補修をし、これを使用して、Yらに要求可能な程度の訓練をしていても、本件被害者らの死傷の結果が避けられたとの証明はないといわざるをえない」。

これに対して検察官は、事実誤認を主張して控訴した。

2審：大阪高判昭和62年9月28日判時1262

号45頁（破棄自判、業務上過失致死傷罪）

Xにつき、「上司に上申するなどして、Xを含めた千日デパート管理部においてその実行方の方針を立てさえすれば、実現が可能であったと認められる。…テナントの行う工事に保安係員を立ち会わせることは、さきに説示のとおり、防火管理上の注意義務から当然に派生してくる具体的な結果回避義務であるが、保安係の通常の勤務体制では宿直の保安係員は前記のとおり公休等をとる者1名を除いて5名であり、うち2名は出入口受付及び保安室勤務につき、残り2名は巡回をすることとして、1名は工事（本件では午前4時までの予定）に立ち会わせることができたものとうかがわれるけれども、5名では工事立会いの保安係員1名を割くことができないというのであるならば、臨時の当直員を置くなどして保安管理体制を維持しなければならないのであって、このような臨時の措置を講ずることは、いずれの企業組織でも常に行われていることであって、管理責任者においてこれをなし得るところであり、XやMにおいてもこのような措置をとることができる立場にあった者であるから、右注意義務を履行し得る可能性があったものというべきである。…店内にいた客や従業員181名全員は、Zらの適切な避難誘導とあいまって、B階段を利用することのみによって、あるいはB階段と救助袋を併用することによって、完全に避難し得たものと考えられ、本件死傷の結果を回避し得たことが認められるのである」。

Y、Zにつき、「Y及びZにおいて注意義務を尽くして、千日デパートビルの6階以下の階で火災が発生した場合には、通常は唯一安全な避難路であるB階段へ客らを速やかに避難誘導させるとともに、適正に維持管理された救助袋を使用するなどの方法により、『プレイタウン』店内に在店する客らの安全を確保するための消防避難計画を策定し、これによる避難訓練を実施していたならば、本件火災が発生して煙が『プレイタウン』店内に侵入した際に、同店内にいたZにおいて、平素の訓練の成果を発揮して、速やかにB階段への避難誘導、救助袋を使用しての避難等、危急に際しての適切な措置をとることができ、後に判断する更衣室にいた11を除いたその余の本件『プレイタウン』在店者全員は、B階段からの避難誘導に加え、救助袋による避難方法が併用されることによって、安全に避難し得たことが認められるから、右更衣室にいた11名を除くその余の本件被害者（死亡109名、受傷40名）の死傷の結果を回避し得たものと認められるのである」。

これに対して、X側は、D観光としては、防火区画シャッター等は、本来、火災の発生時に閉鎖できるようにしておけばよいのであって、閉店後に全部の防火区画シャッター等を閉鎖すべき法令上の根拠はなく、また、工事の際の立会いについても、工事をするテナント側で立会いを付けるべきであって、千日デパート管理部の保安係員を立ち会わせるべき義務はない、本件の前年の7月に1回行われた消防訓練の際にも、消防当局の係員からは、B階段からの避難が最も安全であるという指導はなく、それに沿う訓練も指示されていないし、Zとしては火の気のない6階以下からの出火を日常絶えず心配している必要はない、ZについてB階段を利用した避難誘導訓練をしておくべき注意義務はないから、Yについても、右の点の注意義務は認められないと主張して上告した。

【決定要旨】上告棄却

「閉店後の『千日デパート』内で火災が発生した場合、前記一（5）の状況の下では、容易にそれが拡大するおそれがあったから、D観光としては、火災の拡大を防止するため、法令上の規定の有無を問わず、可能な限り種々の措置を講ずべき注意義務があったことは、明らかである……。そして、そのための一つの措置として、平素から防火区画シャッター等を全面的に閉鎖することも十分考えられるところであるが、本件火災に限定して考えると、当夜工事の行われていた本件ビル3階の防火区画シャッター等（自動降下式のものを除く防火区画シャッター11枚及び防火扉2箇所）のうち、工事のため最小限開けておく必要のある南端の2枚の防火区画シャッターを除く、その余の全部の防火区画シャッター等を閉め、保安係員又はこれに代わる者を工事に立ち会わせ、出火に際して直ちに出火場所側の南端東側の防火区画シャッター1枚を閉める措置を講じさせるとともに、『プレイタウン』側に火災発生を連絡する体制を採っておきさえすれば、煙は、東西を区画する東側の防火区画シャッターによって区画された部分にほぼ封じ込められるため、ほとんど『プレイタウン』専用の南側エレベーターの昇降路からのみ上昇することになり、全面的な閉鎖の措置を採った場合と同様、『プレイタウン』への煙の流入を減少させることができたはずであり、保安係員又はこれに代わる者から一階の保安室を経由して『プレイタウン』側に火災発生の連絡がされることとあいまって、同店の客及び従業員を避難させることができたと認められるのである。そうすると、D観光としては、少なくとも右の限度において、注意義務を負っていたというべきであり、このことは、原判決も肯定しているところと解される。

そうであれば、D観光の千日デパート管理部管理課長であり、かつ、『千日デパート』の防火管理者であるXとしては、自らの権限により、あるいは上司である管理部次長のMの指示を求め、工事が行われる本件ビル3階の防火区画シャッター等を可能な範囲で閉鎖し、保安係員又はこれに代わる者を立ち会わせる措置を採るべき注意義務を履行すべき立場にあったというべきであり、右義務に違反し、本件結果を招来したXには過失責任がある」。

「Zにおいて、あらかじめ階下からの出火を想定し、避難のための適切な経路の点検を行ってさえいれば、B階段が安全確実に地上に避難することができる唯一の通路であるとの結論に到達することは十分可能であったと認められる。そして、Zは、建物の高層部で多数の遊興客等を扱う『プレイタウン』の防火管理者として、本件ビルの階下において火災が発生した場合、適切に客等を避難誘導できるように、平素から避難誘導訓練を実施しておくべき注意義務を負っていたというべきである。したがって、保安係員らがいずれも『プレイタウン』に火災の発生を通報することを全く失念していたという事情を考慮しても、右注意義務を怠ったZの過失は明らかである」。

「Zには、前述のとおり、避難誘導訓練をしておくべき注意義務があったと認められるところ、Yは、救助袋の修理又は取替えが放置されていたことなどから、適切な避難誘導訓練が平素から十分に実施されていないことを知っていたにもかかわらず、管理権原者として、防火管理者であるZが右の防火管理業務を適切に実施しているかどうかを具体的に監督すべき注意義務を果たしていなかったのであるから、この点のYの過失は明らかである」。

【参考文献】

原田國男・最判解刑事篇平成2年度247頁

(5) 管理権原者の義務と防火管理者・火元責任者の義務（大洋デパート事件）

77 最決平成3年11月14日刑集45巻8号221頁、判時1411号45頁、判タ778号65頁

【事実の概要】

（1）株式会社Tが経営していたTデパート本店店舗本館（以下「本舗本館」という。）は、本件火災当時、店舗本館北側に他の会社との共同ビルを建設するための増築工事と店舗本館の改築工事が行われていた。（2）Tにおいては、消防法令により、防火管理者を定めて店舗本館について消防計画を作成し、これに基づく消火、通報及び避難の訓練を実施し、その他防火管理上必要な業務を行うことを義務付けられ、右の各訓練は定期的に行い、避難訓練については年2回実施することが求められていたが、熊本市消防局から再三にわたり指摘を受けていたにもかかわらず、消防計画は作成されておらず、従業員に対する消火、通報及び避難の訓練が実施されたこともなかった。また、警報設備、避難設備等の消防用設備については、前記増改築工事に伴って店舗本館北側の非常階段が撤去されたが、これに代わる避難階段は設置されておらず、消防法令により設置が義務付けられていた非常警報設備、避難器具等も設置されていなかった。（3）以上の状況の下で、昭和48年11月29日午後1時10分ころ以後に、営業中の店舗本館南西隅にあるC号階段の2階から3階への上がり口付近において原因不明の火災が発生し、火炎はC号階段に切れ目なく積み重ねてあった寝具などの入ったダンボール箱を次々と焼いて3階店内に侵入し、更に3階から8階までの各階に燃え広がってそれらの階をほぼ全焼し、午後9時19分ころ鎮火した。（4）本件火災に際して、在館者に対し、従業員らによる火災の通報が全くされず、避難誘導もほとんど行われなかったため、多数の者が逃げ場を失い、あるいは店舗本館からの無理な脱出を余儀なくされるなどし、その結果、一酸化炭素中毒、避難中の転倒、窓から脱出した際の転落等により、従業員、客及び工事関係者104名が死亡し、67名が傷害を負った。（5）本件当時、被告人Xは、Tの取締役人事部長であり、被告人Yは、店舗本館3階の売場課長（同社営業部第三課長）であり、被告人Zは、同社営繕部営繕課の課員であって、同人を店舗本館の防火管理者とするTの代表取

締役社長A（本件につきXらと共に業務上過失致死傷罪で起訴されたが、第１審の公判審理前に死亡した。以下「A社長」という。）名義の選任届が昭和47年12月15日付けで熊本市消防長あてに提出されていた。この行為が、業務上過失致死傷罪で起訴された。

【裁判の経過】

１審：熊本地判昭和58年１月31日刑集45巻８号368頁（無罪）

１審は、消防計画を作成し、これに基づく消火等の訓練を実施する責務は防火管理者にあり、企業組織における取締役が人事部長であるというだけで直ちに右の責務が生じるものではないところ、Ｘは、管理権原者であったＡ社長から形式的にも実質的にも防火管理者に選任されたことはなく、同社長から店舗本館の維持、管理について委任を受けたこともなく、さらに、Ｔの人事部の所管業務の中に防火管理に関する業務は含まれておらず、実質的に防火管理業務に従事していたとも認められないとし、結局、Ｘは公訴事実にいうような注意義務を負う立場になかった旨を判示し、Ｘに過失はないとした。

(1) 消防法令に照らして企業の売場課長であることから直ちに防火管理の責務は生じないし、ＹがA社長から店舗本館３階の防火管理業務につき委任を受けていたとも認められない、(2) Ｙは、店舗本館３階の火元責任者であったが、火元責任者の責務は火気の取締りにあり、受持ち区域内における消火等の訓練を実施し、火災発生時に部下従業員を指揮して消火等をする責務があったとは認められないし、３階の自衛消防隊責任者として防火管理業務を委託又は命令されていたとも認められない、(3) 初期消火の点について、Ｙが第１発見者の従業員から火災発生を知らされて３階店内に延焼するまでの間に行った一連の消火活動は、当時の具体的な状況に照らして是認し得ないものではなく、消火栓の使用について思い至らなかったこと、即時Ｃ号階段の防火シャッターを降ろさなかったことに過失があるとはいえない、(4) そのほか、ＹにＣ号階段に商品などを放置させない注意義務があったとは認められないし、他の従業員が火災発生の事実を電話交換室に連絡していることなどからみて、Ｙが火災発生を全館に通報しなかったことを過失と認めることはできないとした。

Ｚは、店舗本館の防火管理者として選任届が提出されていたものであるが、防火管理者に適した地位にはなく、実質的にも防火管理業務の権限を与えられてその業務に従事していたともいえず、消防署との窓口的な役割を果たしていたにすぎないものであって、消防計画を作成し、これに基づく消火等の訓練を実施するなど公訴事実にいうような注意義務を負う立場にはなかった旨を判示し、Ｚに過失はないとした。

これに対して検察官は、事実誤認を主張して控訴した。

２審：福岡高判昭和63年６月28日刑集45巻８号459頁（破棄自判、業務上過失致死傷罪）

「店舗本館の管理権原者であるＡ社長が防火管理を怠り、店舗本館を危険な状態に放置していたところ、Ｘは、Ａ社長から店舗本館の管理権原について委任を受けていたとは認められないが、Ｔの取締役会の構成員の一員として、同社が従業員、客及び工事関係者に対して負う安全配慮義務あるいは安全確保義務としての消防計画の作成、同計画に基づく従業員に対する消火、通報及び避難誘導の訓練の実施等に関与すべき立場にあり、実際にも社内の防火管理につき関心をもってＺに助言や指導をしていたものであるから、取締役会において積極的に問題点を指摘して決議を促し、あるいＡ社長に直接意見を具申して同社長の統括的な義務履行を促すことにより、消防計画の作成等をすべき注意義務があるのに、これを怠った過失により本件死傷の結果を招来した」。

「Ｙは、店舗本館３階の売場課長及び火元責任者として、単に火気の取締りをするにとどまらず、平素から３階売場の部下従業員に対し消火、延焼防止等の訓練を実施すべき立場にあり、本件火災の発生に際しては、従業員から火災発生の知らせを受けたときに、Ｃ号階段３階の踊り場まで足を踏み入れて火災の程度を把握し、直ちにその場にいた部下従業員に対してＣ号階段の防火シャッターの閉鎖を命じることにより、３階店内への延焼を防止すべき注意義務があるのに、これを怠った過失により、Ｃ号階段から出火した火災を３階店内に延焼させ、３階から５階までの各階の在館者を死傷させた」。

「Ｚは、店舗本館の防火管理者として、消防計画案とこれに基づく避難誘導等の訓練の実施に関するりん議書を起案し、これをＡらの決裁に回すことにより、消防計画を作成し、これに基づく避難誘導等の訓練を実施すべき注意義務があるのに、これを怠った過失により本件死傷の結果を招来した」。

これに対してＸ・Ｙ・Ｚ側が上告した。

【決定要旨】破棄自判（無罪）

「多数人を収容する建物の火災を防止し、右の火災による被害を軽減するための防火管理上の注意義務は、消防法８条１項がこれを消防計画作成等の義務として具体的に定めているが、本来は同項に定める防火対象物を使用して活動する事業主が負う一般的な注意義務であると考えられる。そして、右の事業主が株式会社である場合に右義務を負うのは、一般には会社の業務執行権限を有する代表取締役であり、取締役会ではない。すなわち、株式会社にあっては、通常は代表取締役が会社のため自らの注意義務の履行として防火管理業務の執行に当たっているものとみるべきであり、取締役会が防火管理上の注意義務の主体として代表取締役に右義務を履行させているものとみるべきではない」。

「もっとも、取締役は、商法上、会社に対し、代表取締役の業務執行一般について監視し、必要があれば取締役会を通じて業務執行が適正に行われるようにする職責を有しており、会社の建物の防火管理も、右監視の対象となる業務執行に含まれるものである。

しかしながら、前記のとおり、一般に会社の建物について防火管理上の注意義務を負うのは取締役会ではなく、代表取締役であり、代表取締役が自らの注意義務の履行として防火管理業務の執行に当たっているものであることにかんがみると、たとえ取締役が代表取締役の右業務の執行につき取締役会において問題点を指摘し、必要な措置を採るべく決議を促さなかったとしても、そのことから直ちに右取締役が防火管理上の注意義務を怠ったものということはできない。取締役としては、取締役会において代表取締役を選任し、これに適正な防火管理業務を執行することができる権限を与えた以上は、代表取締役に右業務の遂行を期待することができないなどの特別の事情のない限り、代表取締役の不適正な業務執行から生じた死傷の結果について過失責任を問われることはないものというべきである。

これを本件についてみると、原判決の認定によれば、本件当時のＴの取締役は、Ａら合計13名であり、そのうち代表取締役社長がＡ、常務取締役がＢ（本件につきＸらと共に業務上過失致死傷罪で起訴されたが、第１審の公判審理中に死亡した。）ら５名、取締役がＸら７名であったところ、Ｔにおいては、代表取締役のＡが、同社の株式のほとんどを所有するいわゆるオーナー社長として、取締役の選任や従業員の人事配置について絶大な権限を有していた上、同社の経営管理業務の一切を統括掌理し、絶えず各取締役あるいは従業員に対し直接指揮、命令をするなどして同社の業務執行に当たっていたというのであり、店舗本館の防火管理についても、取締役会が特に決定権を留保していたなどの事実はなく、Ａ社長が包括的な権限を有し、これを履行する義務を負っていたものと認められる。他方、原判決の認定及び記録によっても、Ａ社長において適正な防火管理業務を遂行する能力に欠けていたとか、長期不在等のため右業務を遂行することができない状況にあったというような事情は認められず、実際にも、Ａ社長は、ほぼ毎日店舗本館内を巡視し、たばこの吸い殻を拾うなどして防火に注意し、あるいは本件当時施工中であった店舗本館の増改築に際しては、十分な防火防災設備の設置を予定していたという事情がある。

その他本件当時のＴの業務執行体制の実情、店舗本館の状態、Ｘら他の取締役が置かれていた立場など記録上明らかな本件の具体的な事情を総合しても、本件当時店舗本館の防火管理体制が不備のまま放置されていたのは、Ａ社長の代表取締役としての判断によるものであって、その責任は同社長にあるものとみるべきであり、本件においてＴの取締役会の構成員に過失責任を認めることを相当とする特別の事情があるとは認められない」。

「さらに、原判決がＸにＡ社長の防火管理上の注意義務の履行を促すよう同社長に直接意見を具申すべき注意義務があるとしたのも、首肯し得ない。

すなわち、ＸはＡ社長から防火管理者に選任されたことも、店舗本館の維持、管理について委任を受けたこともなく、また、人事部の所管業務の中に防火管理に関する業務は含まれておらず、Ｘが実質的に右業務に従事していたものでもなかった」。

「そうすると、Ｘが取締役という地位にあったこと、社内の防火管理につき関心をもって助言や指導をしていたことなど原判決が判示する事情を考慮しても、自ら防火管理上の注意義務を負っていなかったＸに、Ａ社長に対し意見を具申すべき注意義務があったとは認められない。…Ｘには原判決が判示するような注意義務はなかったというべきである」。

「Ｙは、店舗本館３階の売場課長であったが、売場課長であることから直ちに防火管理の職責を負うものとはいえない。…Ｙは、店舗本館３階の火元責任者であったが、消防法令の予定する火元責任者の主な職責は、防火管理者の指導監督の下で行う火気の使用及び取扱いであり…火元責任者であるからといって、当然に受持ち区域における消火、延焼防止等の訓練を実施する職責を負うものではなく、防火管理者からその点の業務の遂行を命じられていたなどの事情がなければ、右の職責を認めることができない。

原判決の認定によれば、Tにおいては、昭和36年10月31日付けで当時の営繕課長Kが店舗本館の防火管理者に選任された後、各課長をその担当課の火元責任者に選任し、各階ごとの消防編成表を作成するなどした上、各火元責任者に対しその任務を周知させるなどした経緯があるというのである。しかし、記録によれば、各火元責任者は、Kから防火管理業務の一部につきその遂行を命じられていたことが認められるものの、その範囲は各階の消防編成、火気の取締り、消火器の点検整備などにとどまり、それ以上に各階における消火、延焼防止等の訓練を実施する業務の遂行を命じられていたものとは認められない。…Yは、当時の状況の下においてできる限りの消火、延焼防止の努力をしていたと認められるのであり、事後的な判断に立ってYに過失があるということはできない」。

「Yに出火延焼の原因となる商品などを階段内に放置させない注意義務があったとは認められない…」。

「消防法施行令3条は、同法8条1項に定める防火管理者の資格として、所定の講習課程を修了したことなどのほか、『当該防火対象物において防火管理上必要な業務を適切に遂行することができる管理的又は監督的な地位にあるもの』という要件を定めているところ、右の管理的又は監督的な地位にあるものとは、その者が企業組織内において一般的に管理的又は監督的な地位にあるだけでなく、更に当該防火対象物における防火管理上必要な業務を適切に遂行することができる権限を有する地位にあるものをいう趣旨と解される。しかし、前記の事実関係に照らし、Zがそのような地位にあったとは認められず、消防計画を作成し、これに基づく避難誘導等の訓練を実施するための具体的な権限を与えられていたとも認められない。…Zが消防計画の作成等の主要な防火管理業務を遂行するためには、A社長や常務取締役らに対し、すべてそれらの者の職務権限の発動を求めるほかはなかったと認められるのであり、このような地位にしかなかったZに防火管理者としての責任を問うことはできない」。

【参考文献】

川本哲郎・判例講義Ⅰ58頁、板倉宏・百選Ⅰ〔第4版〕120頁、木村静子・平成3年度重判解146頁、出田孝一・最判解刑事篇平成3年度171頁

(6) 実質管理権原者の義務（ホテル・ニュージャパン事件）

78 最決平成5年11月25日刑集47巻9号242頁、判時1481号15頁、判タ835号54頁

【事実の概要】

（一）ホテル・ニュージャパン（以下「本件ホテル」という。）の建物は、いわゆるY字三差型の複雑な基本構造を有する鉄骨鉄筋コンクリート造り陸屋根、地下2階、地上10階、塔屋4階建の建物（延べ床面積約45,876平方メートル）であり、本件火災当時の客室数は4階から10階までを中心に約420室、宿泊定員は約782名であった。

（二）被告人Xは、本件建物を所有して本件ホテルを経営していた株式会社ホテルニュージャパン（以下「ニュージャパン」という。）の代表取締役社長として、本件ホテルの経営、管理事務を統括する地位にあり、従業員らを指揮監督し、防火、消防関係を含む本件建物の改修、諸設備の設置及び維持管理並びに従業員の配置、組織及び管理等の業務についてもこれを統括掌理する権限及び職責を有していた者で、消防法上の防火対象物である本件建物に関する同法17条1項の「関係者」及び同法8条1項の「管理について権原を有する者」でもあった。

また、支配人兼総務部長である被告人Yが、本件ホテルの業務全般にわたって、X及び副社長Aの下で従業員らの指揮監督に当たるとともに、消防法8条1項の防火管理者に選任されて、本件建物について同条項所定の防火管理業務に従事していた。

（三）消防法17条の2第2項4号、昭和49年法律第64号消防法の一部を改正する法律附則1項4号等の法令などにより、本件建物については、昭和54年3月31日までに地下

2階電気室等を除くほぼ全館にスプリンクラー設備を設置すべきものとされ、一定の防火区画（以下「代替防火区画」という。）を設けることによってこれに代えることもできることとなっていた（以下、スプリンクラー設備又は代替防火区画の設置に必要な工事を「そ及工事」という。）が、本件火災当時、主として客室、貸事務所として利用されていた4階から10階までの部分については、スプリンクラー設備は設置されておらず、4階及び7階に代替防火区画が設けられていただけで、右各階を除き、客室及び廊下の壁面及び天井にはベニヤ板や可燃性のクロスが使用され、大半の客室出入口扉は木製であったほか、隣室との境が一部木製板等で仕切られ、客室、廊下、パイプシャフトスペース等の区画及び既設の防火区画には、ブロック積み不完全、配管部分の埋め戻し不完全等による大小多数の貫通孔があった。加えて、防火戸及び非常放送設備については、Xが少額の支出に至るまで社長決裁を要求し、極端な支出削減方針を採っていたことなどから、専門業者による定期点検、整備、不良箇所の改修がされなかったため、防火戸は火災時に自動的に閉鎖しないものが多く、非常放送設備も故障等により一部使用不能の状態にあり、また、従業員の大幅な削減や配置転換を行ったにもかかわらず、これに即応した消防計画の変更、自衛消防隊の編成替えが行われず、Xの社長就任後は、消防当局の再三の指摘により昭和56年10月に形式的な訓練を行った以外は、消火、通報及び避難の訓練（以下「消防訓練」という。）も全く行われていなかった。

（四）消防当局においては、ほぼ半年に1回立入検査を実施し、その都度、Yらに対し、そ及工事未了、防火戸機能不良、パイプシャフトスペースや防火区画の配管貫通部周囲の埋め戻し不完全、感知器の感知障害、消防計画未修正、自衛消防隊編成の現状不適合、消防訓練の不十分ないし不実施、従業員への教育訓練不適等を指摘して、それらの改修、改善を求めていたほか、昭和54年7月以降は、毎月のようにそ及工事の促進を指導していたが、Xは、社長就任当時から本件建物についてそ及工事が完了していないことを認識していたほか、立入検査結果通知書の交付を含む消防当局の指導やYの報告等によって、右のように本件建物に防火用・消防用設備の不備その他の防火管理上の問題点が数多く存在することを十分に認識していたにもかかわらず、営利の追求を重視するあまり、防火管理には消極的な姿勢に終始し、資金的にもその実施が十分可能であったそ及工事を行わなかった上、前記のような防火管理体制の不備を放置していた。

（五）このような状態の中で、昭和57年2月8日午前3時16、7分ころ、9階938号室の宿泊客のたばこの不始末により同室ベッドから出火し、駆けつけた当直従業員が消火器を噴射したことによりベッド表層ではいったん火災が消失したが、約1分後に再燃し、同室ドアが開放されていたため火勢が拡大して、同3時24分ないし26分ころには、同室及びその前面の廊下でフラッシュオーバー現象が起こり、以後、フラッシュオーバー現象を繰り返しながら、9、10階の大部分の範囲にわたり、廊下、天井裏、客室壁面及びパイプシャフトスペースのすき間等を通じて、火煙が急速に伝走して延焼が拡大した。右出火は当直従業員らによって早期に発見されたが、当直従業員らは、自衛消防組織として編成されておらず、加えて、消防訓練等が不十分で、責任者も含めて火災発生時の心構えや対応措置をほとんど身につけていなかったため、組織的な対応ができなかった上、各個人の対応としても、初期消火活動や出火階、直上階での火事触れ、避難誘導等をほとんど行うことができず、非常ベルの鳴動操作、防火戸の閉鎖に思いつく者もなく、119番通報も大幅に遅れるなど、本件火災の拡大防止、被災者の救出のための効果的な行動を取ることができなかった。そのため、就寝中などの理由で逃げ遅れた9、10階を中心とする宿泊客らは、激しい火災や多量の煙を浴び若しくは吸引し、又は窓等から階下へ転落し若しくは飛び降りるなどのやむなきに至り、その結果、うち32名が火傷、一酸化炭素中毒、頭蓋骨骨折等により死亡し、24名が全治約3日間ないし全治不明の火傷、気道熱傷、骨折等の傷害を負った。この行為につき、X、Yは業務上過失致死傷罪で起訴された。

【裁判の経過】

1審：東京地判昭和62年5月20日刑集47巻9号913頁（有罪・業務上過失致死傷罪）

1審は、「本件建物にスプリンクラー設備が消防法令上の基準に従って設置されていれば、938号室で出火した炎が同室天井に沿って伝ぱし始めたころには、スプリンクラーが作動してその火を鎮圧し、特段の事情がない限り同室以外の区域に火災が拡大することはなかったものと認められる。また、代替防火区画が設置されていた場合には、9、10階客室は、100平方メートル以内ごとに耐火構造の壁、床又は防火戸で区画されて、出火室を含む3室程度が耐火構造で囲まれ、廊下との区画やパイプシャフトスペース、配管引込み部等の埋め戻しも完全にされるとともに、各室出入口扉は自動閉鎖式甲種防火戸（ドアチェック付鉄扉等）とされることとなり、廊下は、400平方メートル以内ごとに同様の耐火構造の壁等で区画されるとともに、その内装には難燃措置が施され、区画部分には煙感知器連動式甲種防火戸が設置されることとなるので、938号室の火が、廊下を通じて、同室と同一防火区画を形成することになると認められる940号室及び942号室に延焼する事態は起こり得ず、廊下を通じないで右両室に早期に延焼する蓋然性も低く、右両室に延焼した後もその火は当該防火区画内に閉じ込められ、本件において発生したような累次のフラッシュオーバー現象も生じないから、これらに基づくパイプシャフトスペースを通じての火炎の伝走による他階への延焼はなかったし、避難を全く困難にするような濃度の煙が廊下に流出することもなかったと認められるほか、窓からの火炎の吹き上げによる10階への延焼には相当時間を要し、10階に延焼した場合においても同階の代替防火区画が効果を発揮したと考えられる。そして、右スプリンクラー設備又は代替防火区画の設置に加えて、防火用・消防用設備等の点検、維持管理が適切に行われ、消防計画が作成され、これが従業員らに周知徹底されるとともに、右消防計画に基づく消防訓練が十分に行われていれば、従業員らによる適切な初期消火活動や宿泊客らに対する通報、避難誘導等の措置が容易となり、本件死傷の結果の発生を避けることができた蓋然性が高い」として、業務上過失致死傷罪の成立を認めた。

これに対して、X側が控訴した。

2審：東京高判平成2年8月15日高刑集43巻3号101頁（控訴棄却）

「Xは、ホテル・ニュージャパンの代表取締役社長就任以降、名実ともに同会社の代表者であったものであり、従って、前述の理により本件建物の管理権原者であったと見て少しも妨げないといわなければならず、なお、本件建物の、消防法17条1項にいう『関係者』である上に、同法17条の4にいう『関係者で権原を有するもの』であったと認められる。…Xは、ホテル・ニュージャパンの代表取締役社長として同ホテルの経営、管理事務を統括する地位にあり、従業員らを指揮監督し、同ホテルの営業自体についてはもとより、営業に伴う宿泊客等の生命、身体の安全確保のために、防火、消防関係を含む本件建物の改修、諸設備の設置及び維持管理並びに従業員の配置、組織及び管理等の業務についても、これを統括掌理する権限及び職責を有していた者であって、これを消防法令について見ると、…Xは、政令で定める防火対象物に属する本件建物について、消防法17条1項所定の『関係者』として、客室等に消防法令に定める基準に従った消防用設備等を設置する義務を負うとともに（しかも、同法17条の4所定の『関係者で権原を有する者』であった。）、同法8条1項所定の『管理について権原を有する者』として、防火管理者をして消防計画の作成、同計画に基づく消火、通報及び避難訓練の実施、消防用設備等の点検整備、防火上必要な構造及び設備の維持管理など防火管理上必要な業務を行わせる義務を負っていた者である。…本件建物は、…建物内から火災が発生した場合には、火煙が急速に建物内を伝走して火災が拡大し、適切な通報、避難誘導等を欠けば、多数の宿泊客らを安全に避難させることが困難な状態となってその生命、身体に危険を及ぼすおそれのあることが十分に予見された。…Xは数多くの問題点のあることを十分認識していたのであるから、本件建物の管理権原者として、消防署から直々に口頭で命令や指導を受け、あるいはYから改まって指示を求められることがなくても、平素から防火管理業務の実施状況の把握に努め、その早急な改善を期して、防火管理者のYを厳しく指揮監督すべきことは、当然のことであったといわなければならないのである。…Xのその余の注意義務及びYの注意義務が果たされていたならば、警報装置の作動、従業員の適切な救護活動によって右両室の宿泊客が無事救出された蓋然性が高い…」。これに対して、X側が上告した。

【決定要旨】上告棄却

「Xは、代表取締役社長として、本件ホテルの経営、管理事務を統括する地位にあり、その実質的権限を有していたのであるから、多数人を収容する本件建物の火災の発生を防止し、火災による被害を軽減するための防火管理上の注意義務を負っていたものであることは明らかであり、ニュージャパンにおいては、消防法８条１項の防火管理者であり、支配人兼総部部長の職にあったＹに同条項所定の防火管理業務を行わせることとしていたから、同人の権限に属さない措置についてはＸ自らこれを行うとともに、右防火管理業務についてはＹにおいて適切にこれを遂行するよう同人を指揮監督すべき立場にあったというべきである。そして、昼夜を問わず不特定多数の人に宿泊等の利便を提供するホテルにおいては火災発生の危険を常にはらんでいる上、Ｘは、昭和54年５月代表取締役社長に就任した当時から本件建物の９、10階等にはスプリンクラー設備も代替防火区画も設置されていないことを認識しており、また、本件火災の相当以前から、既存の防火区画が不完全である上、防火管理者であるＹが行うべき消防計画の作成、これに基づく消防訓練、防火用・消防用設備等の点検、維持管理その他の防火防災対策も不備であることを認識していたのであるから、自ら又はＹを指揮してこれらの防火管理体制の不備を解消しない限り、いったん火災が起これば、発見の遅れや従業員らによる初期消火の失敗等により本格的な火災に発展し、従業員らにおいて適切な通報や避難誘導を行うことができないまま、建物の構造、避難経路等に不案内の宿泊客らに死傷の危険の及ぶおそれがあることを容易に予見できたことが明らかである。したがって、Ｘは、本件ホテル内から出火した場合、早期にこれを消火し、又は火災の拡大を防止するとともに宿泊客らに対する適切な通報、避難誘導等を行うことにより、宿泊客らの死傷の結果を回避するため、消防法令上の基準に従って本件建物の９階及び10階にスプリンクラー設備又は代替防火区画を設置するとともに、防火管理者であるＹを指揮監督して、消防計画を作成させて、従業員らにこれを周知徹底させ、これに基づく消防訓練及び防火用・消防用設備等の点検、維持管理等を行わせるなどして、あらかじめ防火管理体制を確立しておくべき義務を負っていたというべきである。そして、Ｘがこれらの措置を採ることを困難にさせる事情はなかったのであるから、Ｘにおいて右義務を怠らなければ、これらの措置があいまって、本件火災による宿泊客らの死傷の結果を回避することができたということができる。

以上によれば、右義務を怠りこれらの措置を講じなかったＸに、本件火災による宿泊客らの死傷の結果について過失があることは明らかであり、Ｘに対し業務上過失致死傷罪の成立を認めた原判断は、正当である」。

【参考文献】

川本哲郎・判例講義Ⅰ60頁、橋爪隆・百選Ⅰ120頁、金谷暁・最判解刑事篇平成５年度174頁

(7)　医師の監督過失

79 最決平成17年11月15日刑集59巻９号1558頁、判時1916号154頁、判タ1197号127頁

【事実の概要】

（1）被告人Xは、S医科大学総合医療センター（以下「本センター」という。）の耳鼻咽喉科科長兼教授であり、同科の医療行為全般を統括し、同科の医師を指導監督して、診察、治療、手術等に従事させるとともに、自らも診察、治療、手術等の業務に従事していた。被告人Yは、本件当時、医師免許を取得して９年目の医師であり、S医科大学助手の地位にあって、Xの指導監督の下に、耳鼻咽喉科における医療チームのリーダー（指導医）として、同チームに属する医師を指導監督して、診察、治療、手術等に従事させるとともに、自らも診察、治療、手術等の業務に従事していた。被告人Zは、本件当時、医師免許を取得して５年目の医師であり、本センター病院助手の地位にあって、X及びYの指導監督の下に、耳鼻咽喉科における診察、治療、手術等の業務に従事していた。

（2）本センターの耳鼻咽喉科における診療は、日本耳鼻咽喉科学会が実施する耳鼻咽喉科専門医の試験に合格した医師を指導医として、主治医、研修医各１名の３名がチームを組んで当たるという態勢が採られていた。その職制上、指導医の指導の下に主治医が中心となって治療方針を立案し、指導医がこれを了承した後、科の治療方針等の最終的決定権を有する科長に報告をし、その承諾を得ることが必要とされていた。難しい症

例、まれな症例、重篤な症例等では、チームで治療方針を検討した結果を医局会議（カンファレンス）にかけて討議し、科長が最終的な判断を下していた。なお、耳鼻咽喉科では、原則として毎週木曜日、Xによる入院患者の回診（教授回診）が行われ、それに引き続いて医局でカンファレンスが開かれていた。

(3) Vは、平成12年８月23日、本センターで、Zの執刀により、右顎下部腫瘍の摘出手術を受け、術後の病理組織検査により、上記腫瘍は滑膜肉腫であり、再発の危険性はかなりあるという検査結果が出た。滑膜肉腫は、四肢大関節近傍に好発する悪性軟部腫瘍であり、頭頸部領域に発生することはまれで、予後不良の傾向が高く、多くは肺に転移して死に至る難病であり、確立された治療方法はなかった。９月７日、上記検査結果がカンファレンスで報告されたが、同科には、Xを始めとして滑膜肉腫の臨床経験のある医師はいなかった。Vの治療には、前記専門医の試験に合格しているYを指導医に、Zを主治医とし、これに研修医が加わった３名が当たることになった。

(4) その後、Vは、９月25日から再入院することとなった。９月18日か19日ころ、Zは、同科病院助手のA医師から、VAC療法が良いと言われ、同療法を実施すればよいものと考えた。VAC療法とは、横紋筋肉腫に対する効果的な化学療法と認められているもので、硫酸ビンクリスチン、アクチノマイシンD、シクロフォスファミドの３剤を投与するものである。硫酸ビンクリスチンの用法・用量、副作用、その他の特記事項は、同薬剤の添付文書に記載されているとおりであり、用法・用量として通常、成人については0.02～0.05 mg／kgを週１回静脈注射する、ただし、副作用を避けるため、１回量２mgを超えないものとするとされており、重要な基本的事項として骨髄機能抑制等の重篤な副作用が起こることがあるので、頻回に臨床検査（血液検査、肝機能・腎機能検査等）を行うなど、患者の状態を十分に観察すること、異常が認められた場合には、減量、休薬等の適切な処置を行うこととされ、本剤の過量投与により、重篤又は致死的な結果をもたらすとの報告があるとされていた。また、各種の文献においても、その用法・用量について、最大量２mgを週１回、ないしはそれ以上の間隔をおいて投与するものとされ、硫酸ビンクリスチンの過剰投与によって致死的な結果が生じた旨の医療過誤報告が少なからずなされていた。

(5) ９月18日か19日ころ、Zは、本センターの図書館で文献を調べ、整形外科の軟部腫瘍等に関する文献中にVAC療法のプロトコール（薬剤投与計画書）を見付けたが、そこに記載された「week」の文字を見落とし、同プロトコールが週単位で記載されているのを日単位と間違え、同プロトコールは硫酸ビンクリスチン２ミリグラムを12日間連日投与することを示しているものと誤解した。そのころ、Zは、Yに対し、上記プロトコールの写しを渡し、自ら誤解したところに基づき、硫酸ビンクリスチン２ミリグラムを12日間連日投与するなどの治療計画を説明して、その了承を求めたが、YもVAC療法についての文献や同療法に用いられる薬剤の添付文書を読まなかった上、上記プロトコールが週単位で記載されているのを見落とし、Zの上記治療計画を了承した。さらに、９月20日ころ、Zは、Xに、Vに対してVAC療法を行いたい旨報告し、Xはこれを了承した。Xは、その際、Zに対し、VAC療法の具体的内容やその注意点などについては説明を求めず、投与薬剤の副作用の知識や対応方法についても確認しなかった。

(6) ９月26日、Zは、医師注射指示伝票を作成するなどして、Vに硫酸ビンクリスチン２ミリグラムを９月27日から10月８日まで12日間連日投与するよう指示するなどし、９月27日からVへの硫酸ビンクリスチン２ミリグラムの連日投与が開始された。同日、Zは、看護師から硫酸ビンクリスチン等の使用薬剤の医薬品添付文書の写しを受け取ったが、Vの診療録（カルテ）につづっただけで、読むこともなかった。９月28日のカンファレンスにおいても、ZはVにVAC療法を行っている旨報告したのみで、具体的な治療計画は示さなかったが、Xはそのままこれを了承した。

(7) ９月27日から10月３日までの７日間、Vに硫酸ビンクリスチン２ミリグラムが連日投与され、10月１日には、歩行時にふらつき等の症状が生じ、10月２日には、起き上がれない、全身けん怠感、関節痛、手指のしびれ、口腔内痛、咽頭痛、摂食不良、顔色不良等が見られ、体温は38.2度であり、10月３日には、強度のけん怠感、手のしびれ、トイレは車椅子で誘導、口内の荒れ、咽頭痛、前頸部に点状出血などが認められ、血液検査の結果、血小板が急激かつ大幅に減少していることが判明した。そこで、同日、Zの判断により、血小板が輸血され、硫酸ビンクリスチンの投与は一時中止された。

（8）Xは、９月28日の教授回診の際、Vを診察し、10月初め（10月２、３日ころと認められる。）、病棟内でVが車いすに乗っているのを見かけ、抗がん剤の副作用で身体が弱ってきたと思い、10月４日にはVの様子を見て重篤な状態に陥っていることを知ったが、硫酸ビンクリスチンの過剰投与やその危険性には思い至らず、Zらに対し何らの指示も行わなかった。

（9）10月６日夕方、Y、Z、A医師が、Yが参考にしたプロトコールを再検討した結果、週単位を日単位と間違えて硫酸ビンクリスチンを過剰に投与していたことが判明した。Vは、10月７日午後１時35分、硫酸ビンクリスチンの過剰投与による多臓器不全により死亡した。

（10）症例として18歳の女性に誤って５日間連続して１日2ミリグラムのビンクリスチンを投与したものの生存した例があり、本センター救命救急センター教授Tは、10月１日の５倍投与の段階であれば、応援要請があれば救命の自信があり、10月４日までなら実際に治療してみないと分からないと供述している。この行為につき、X、Y、Zは業務上過失致死罪で起訴された。

【裁判の経過】

１審：さいたま地判平成15年３月20日刑集59巻９号1570頁（有罪・業務上過失致死罪）

Ｚに対し、誤った抗がん剤の投与計画を立てて連日硫酸ビンクリスチンを投与した過失及び高度の副作用が出ていたのに適切な対応をとらなかった過失、Ｙ及びＸに対し、〔1〕誤った投与計画を漫然と承認し過剰投与させた過失、〔2〕副作用に対する対応についてＺを事前に適切に指導しなかった過失をそれぞれ認定し、業務上過失致死罪の成立を認めた。これに対し、Ｘと検察官が控訴した。

２審：東京高判平成15年12月24日刑集59巻９号1582頁（破棄自判［量刑不当］）

Ｙ及びＸの〔1〕の各過失については、第１審判決の認定を是認したが、第１審判決が、副作用への対応に関し、訴因に記載されていた副作用への対処義務を認めず、〔2〕の指導上の過失のみを認めたことには、事実の誤認があるとして破棄自判し、Ｘに対する犯罪事実として、次のとおりの業務上の注意義務及び過失を認定した。

「⑴ 科長であり、患者に対する治療方針等の最終的な決定権者であるＸとしては、Ｚの治療計画の適否を具体的に検討し、誤りがあれば直ちにこれを是正すべき注意義務を負っていた。ところが、９月20日ころ、Ｚから前記化学療法計画について承認を求められた際、その策定の経緯、検討内容（副作用に関するものを含む。）の確認を怠り、前記化学療法を実施することのみの報告を受けて、具体的な薬剤投与計画を確認しなかったため、それが硫酸ビンクリスチン１日２mgを12日間連日投与するという誤ったものであることを見逃してこれを承認し、以後、Ｚらをして、前記薬剤の投与間隔の誤った化学療法計画に基づいて、硫酸ビンクリスチンを連日Ｖの体内に静脈注射させて過剰投与させた。

⑵ 前記化学療法を実施した際には、Ｖに対する治療状況、副作用の発現状況等を的確に把握し、高度な副作用が発現した場合には、速やかに適切な対症療法を施して、Ｖの死傷等重大な結果の発生を未然に防止しなければならない注意義務があったのに、これを怠り、９月28日に実施された科長回診の際に同女のカルテ内容の確認を怠るなどした」。これに対して、Ｘ側が上告した。

【決定要旨】上告棄却

「右顎下の滑膜肉腫は、耳鼻咽喉科領域では極めてまれな症例であり、本センターの耳鼻咽喉科においては過去に臨床実績がなく、同科に所属する医局員はもとよりＸですら同症例を扱った経験がなかった。また、Ｚが選択したＶＡＣ療法についても、Ｚ、Ｙはもちろん、Ｘ

も実施した経験がなかった。しかも、VAC療法に用いる硫酸ビンクリスチンには強力な細胞毒性及び神経毒性があり、使用法を誤れば重篤な副作用が発現し、重大な結果が生ずる可能性があり、現に過剰投与による死亡例も報告されていたが、Xを始めZらは、このようなことについての十分な知識はなかった。さらに、Zは、医師として研修医の期間を含めて4年余りの経験しかなく、Xは、本センターの耳鼻咽喉科に勤務する医師の水準から見て、平素から同人らに対して過誤防止のため適切に指導監督する必要を感じていたものである。このような事情の下では、Xは、主治医のZや指導医のYらが抗がん剤の投与計画の立案を誤り、その結果として抗がん剤が過剰投与されるに至る事態は予見し得たものと認められる。そうすると、Xとしては、自らも臨床例、文献、医薬品添付文書等を調査検討するなどし、VAC療法の適否とその用法・用量・副作用などについて把握した上で、抗がん剤の投与計画案の内容についても踏み込んで具体的に検討し、これに誤りがあれば是正すべき注意義務があったというべきである。しかも、Xは、ZからVAC療法の採用について承認を求められた9月20日ころから、抗がん剤の投与開始の翌日でカンファレンスが開催された9月28日ころまでの間に、Zから投与計画の詳細を報告させるなどして、投与計画の具体的内容を把握して上記注意義務を尽くすことは容易であったのである。ところが、Xは、これを怠り、投与計画の具体的内容を把握しその当否を検討することなく、VAC療法の選択の点のみに承認を与え、誤った投与計画を是正しなかった過失があるといわざるを得ない。したがって、これと同旨の原判断は正当である」。

「抗がん剤の投与計画が適正であっても、治療の実施過程で抗がん剤の使用量・方法を誤り、あるいは重篤な副作用が発現するなどして死傷の結果が生ずることも想定されるところ、Xはもとより Z、Yらチームに所属する医師らにVAC療法の経験がなく、副作用の発現及びその対応に関する十分な知識もなかったなどの前記事情の下では、Xとしては、Zらが副作用の発現の把握及び対応を誤ることにより、副作用に伴う死傷の結果を生じさせる事態をも予見し得たと認められる。そうすると、少なくとも、Xには、VAC療法の実施に当たり、自らもその副作用と対応方法について調査研究した上で、Zらの硫酸ビンクリスチンの副作用に関する知識を確かめ、副作用に的確に対応できるように事前に指導するとともに、懸念される副作用が発現した場合には直ちにXに報告するよう具体的に指示すべき注意義務があったというべきである。Xは、上記注意義務を尽くせば、遅くとも、硫酸ビンクリスチンの5倍投与（10月1日）の段階で強い副作用の発現を把握して対応措置を施すことにより、Vを救命し得たはずのものである。Xには、上記注意義務を怠った過失も認められる。

原判決が判示する副作用への対応についての注意義務が、Xに対して主治医と全く同一の立場で副作用の発現状況等を把握すべきであるとの趣旨であるとすれば過大な注意義務を課したものといわざるを得ないが、原判決の判示内容からは、上記の事前指導を含む注意義務、すなわち、主治医らに対し副作用への対応について事前に指導を行うとともに、自らも主治医等からの報告を受けるなどして副作用の発現等を的確に把握し、結果の発生を未然に防止すべき注意義務があるという趣旨のものとして判示したものと理解することができるから、原判決はその限りにおいて正当として是認することができる」。

【参考文献】

北川佳世子・平成17年度重判解163頁、多和田隆史・最判解刑事篇平成17年度547頁

8 その他―業務上過失致死傷罪における「業務」の意義

80 最決昭和60年10月21日刑集39巻6号362頁、判時1176号151頁、判タ575号41頁

【事実の概要】

1　被告人Xは、昭和43年1月ころ社団法人日本溶接協会からガス溶接技能講習修了証書を受けるなどしたうえ、鉄骨組立加工業を営むD鉄工株式会社に工事主任として勤務し、鉄骨組立工事等の施工及びこれに伴う電気溶接、ガス溶断等の業務に従事し、同会

社が請負ったSゴム株式会社本社工場の鉄骨造り３階建一部４階建建物内の資材運搬用簡易リフトの補修工事を担当していたものであり、被告人Yは、ウレタンフォームの加工販売業を営む右Sゴム株式会社の工場部門の責任者として、同社工場の機械設備の維持管理並びに易燃物であるウレタンフォームの取扱保管及びこれに伴う火災の防止等の業務に従事し、Xらの前記補修工事の施工に立会い、これを監視していたものである。

２　昭和54年５月21日午後２時ころ、人の現在する前記建物の４階東側リフト昇降用通路（縦、横各１メートル半程度）開孔部において、前記補修工事の一環として、リフト懸垂用ワイヤロープを懸ける滑車を大きいものに取替えるため、Xは、右滑車のフックを引っ掛ける鉄板の穴を新しい滑車のフックの太さに適合させるため酸素アセチレン火炎の出るガス切断器で拡大溶断しようとし、Yは右開孔部付近で右拡大溶断作業に立会いこれを監視していたのであるが、そのさい、同建物１階の右リフト昇降用通路の最下部には、縦、横各1.2、３メートルくらい、高さ約2.5メートルの、鉄骨で枠組みした箱型リフト用ケージが留めおかれ、右ケージは底部が板張りのほか高さ1.8メートルのベニア板で背面及び両側面の三方を板囲いしてあるだけであって、その三方の上部約70センチメートルの周囲は枠組のみで隙間が生じており、その西側正面は全く開放されているうえ、右リフト昇降用通路の１階部分も、西側は床面から高さ３メートル半ぐらいの天井部まで全く開放され、北側は床上約2.7メートルまで、南側は床上1.8メートルまでの部分がベニア板の壁となっているだけでその上方は右天井部まで空間となっており、しかも右１階には、右リフト昇降用通路に近接して、その西南方及び南方の床面や棚の上に大量の易燃性ウレタンフォームの原反及び同半製品等（以下ウレタンフォーム原反等という）が山積みされていて、右溶断作業に伴って発生する多量の火花（赤熱溶片）が４階作業現場から約10メートル下の右ケージ上部の梁や枠あるいは底部に落下して周囲に飛散し、これらウレタンフォーム原反等に接触着火して火災を発生させる危険があった。

３　Xは、右ウレタンフォーム原反等の大部分につき何かが存在するということを知っていたばかりでなく、右の溶断作業の開始にあたり、溶断火花が落下飛散する可能性のある範囲内に可燃物や易燃物がないかどうかを、自らまた立会のYに説明を求めて確認すべきが当然であるなど、右範囲内に易燃性のある大量のウレタンフォームが存在し、落下飛散する火花がこれに接触着火して火災になるかもしれないことを十分に予見することができた。このような場合Xには、右作業の開始に先立ち、Yに要請して右原反等を安全な場所に移動させしめ、あるいは自ら４階リフト昇降用通路の開孔部を歩み板等で覆いつくすなど、溶断作業に伴って発生する火花が右原反等に接触するおそれのない措置を講じなければならず、そのような措置が講じられていないままでは溶断作業を開始してはならない前記業務上の注意義務がある。

４　Yは、Xにおいて溶断作業を開始すれば多数の溶断火花（赤熱溶片）が落下飛散することを知っており、また、当時１階に存した易燃性のあるウレタンフォーム原反等の大部分につきその存在状況を把握していたばかりでなく、これに追加して納品のあることもわかっていたから右作業の開始にあたり今一度その存在状況を点検すべきは当然であるなど、落下飛散する火花が易燃性のある前記ウレタンフォーム原反等に接触着火して火災になるかもしれないことを十分に予見することができた。このような場合Yには、右原反等が易燃性のあるウレタンフォームであることをXに告げたうえ、その溶断作業開始に先立ち、自らこれを安全な場所に移動させるか、あるいはXに要請して４階リフト昇降用通路開孔部を歩み板等で覆いつくさせるなど、溶断作業に伴って発生する火花が右原反等に接触するおそれのない措置を講じなければならず、そのような措置が講じられていないままではXをして溶断作業を開始させてはならない前記業務上の注意義務がある。

５　しかるに、前記時刻ころ前記４階のリフト昇降用通路開孔部において、

(1) Xは、なんら同記載の措置を講じないまま、右開孔部に巾約30センチメートルの歩み板を足場用に２枚渡しただけの状況のもとに前記鉄板の穴の拡大溶断作業を開始、継

続した。
（2）Yは、なんら同記載の措置を講じないまま、Xが右状況のもとに右作業を開始、継続することを許容し、Xをしてこれを行なわさせた。
その結果、右作業で発生落下した多量の溶断火花（赤熱溶片）を１階リフト昇降用通路の周辺に飛散させその一部を同所にあった前記ウレタンフォーム原反等に接触着火させて急速に燃え広がらせ、さらにその火を岸上善治郎らが現在するSゴム株式会社所有の前記３階建一部４階建の建物に燃え移らせ、よって、右建物を全焼させてこれを焼燬するとともに、当時同建物内にいたV1（当時55歳）、V2（当時61歳）、V3（当時57歳）、V4（当時52歳）、V5（当時53歳）、V6（当時53歳）及びV7（当時43歳）の計７名を、いずれもそのころ同建物内２階で一酸化炭素中毒により死亡するに至らせた。X、Yは業務上失火罪、業務上過失致死罪で起訴された。

【裁判の経過】

１審：大阪地判昭和57年３月30日刑集39巻６号385頁（有罪・業務上失火罪・業務上過失致死罪）

１審は業務上失火罪および業務上過失致死罪の成立を認めた。これに対して、X側は、Xの職務は前記各罪にいう業務とはいえず、かつ、右各罪は身分犯であるから、その身分を有しないXについては業務上の過失犯は成立しないと主張して控訴した。

２審：大阪高判昭和58年３月22日刑集39巻６号396頁（一部破棄自判、一部控訴棄却）

「Xの会社内における地位、その職務内容、従前の行動等から推して、Xは、易燃物であるウレタンフォームを管理するうえで当然に伴う火災防止の職務をK社長とともに実質上担当していたことが認められるから、原判決には所論のような事実誤認はない。そして、右認定の事実から認められる前記原判示のYの業務は業務上失火罪及び業務上過失致死罪にいう業務に当ると解せられる」として控訴を棄却した。これに対してY側が上告した。

【決定要旨】上告棄却

「刑法117条の２前段にいう『業務』とは、職務として火気の安全に配慮すべき社会生活上の地位をいうと解するのが相当であり……、同法211条前段にいう『業務』には、人の生命・身体の危険を防止することを義務内容とする業務も含まれると解すべきであるところ、原判決の確定した事実によると、Xは、ウレタンフォームの加工販売業を営む会社の工場部門の責任者として、易燃物であるウレタンフォームを管理するうえで当然に伴う火災防止の職務に従事していたというのであるから、Xが第１審判決の認定する経過で火を失し、死者を伴う火災を発生させた場合には、業務上失火罪及び業務上過失致死罪に該当するものと解するのが相当である。」

裁判官谷口正孝の補足意見は次のとおりである。「業務上失火、業務上過失致死傷罪の加重類型は、重過失による加重類型が整備されている現在既にその存在意義を失ったものと考えるが、未だ右業務上過失の加重類型が明文として存在し、しかもわれわれとして過去の判例の集積を引きつぐ以上、右各規定にいう業務の意義については、法廷意見に示すとおりに解釈し、業務上の過失と重過失とを同趣旨に帰する規定として扱う方法を選ばざるをえないであろう」。

【参考文献】

川本哲郎・判例講義Ⅰ57頁、宮川基・百選Ⅰ〔第６版〕122頁、深町晋也・百選Ⅰ〔第５版〕120頁、松原久利・百選Ⅰ〔第４版〕122頁、木村静子・百選Ⅰ〔第３版〕126頁、安廣文夫・最判解刑事篇昭和60年度165頁

第６節　因果関係

1　実行行為時の特殊事情

(1)　被害者の特殊事情①（老女布団むし事件）

81 最判昭和46年６月17日刑集25巻４号567頁、判時636号91頁、判タ265号206頁

【事実の概要】

被告人Xは、昭和38年４月ころから東京都内のM方四畳半一間を賃借りしているうち、同40年４月ころにいたり、Mの妻Vとの折り合いが悪くなり、立ちのきを要求されて、同年10月16日ころ転出した。Xは、生活費等に窮していたところから、Vに対し、家主側からの立ちのき要求であったことを理由に、右要求があった後の支払い済みの部屋代等２万数千円を返還させようと企て、同月22日午後２時過ぎころ、前記M方におもむき、V（明治35年10月12日生）に対し、右金員の返還方を交渉したところ、強く反対されたばかりか、10月分の部屋代について日割計算による支払いを要求されて激昂し、このうえは同女に暴行を加えて金員を強取しようと決意し、やにわに同女の胸倉をつかんであおむけに倒し、左手で頸部を絞めつけ、右手で口部を押え、さらにその顔面を夏布団でおおい、鼻口部を圧迫するなどして、同女の反抗を抑圧したうえ、同女所有の現金240円およびM名義の甲銀行の普通預金通帳（預金残高98250円）一通を強取した。Vは、その際のXによる前記暴行により、同所において、鼻口部閉塞に基づく窒息により死亡した。

Xは、強盗致死罪で起訴された。

【裁判の経過】

１審：東京地判昭和43年12月19日高刑集23巻１号259頁（有罪・強盗致死罪）

「Ｖが死亡したのは、Ｘから口を押さえられて後方に倒れ、更に口や頸部附近を押さえられた後、夏掛布団を顔に被せられ、その上から口附近を押さえられていた時であるところ、このような状況下にあったＶが、Ｘのこれらの暴行と全く無関係に、偶然純粋の病死（心臓死）をしたとは到底認めることができず、上野鑑定とあわせ考えても、Ｖの死因は、Ｘの暴行によって誘発された急性心臓死であると認めるのがごく自然な結論である。

なお、また、前掲各証拠によれば、Ｖは当時64才の高齢であり、高血圧の持病で日頃から医者通いをし、坂道では時に立ち止まって休むこともあったのであり、Ｘはこれらの事実を知っていたことが認められるのであって、このような病弱な老人に、右のような暴行を加えれば、心臓死等死の結果を見るに至る場合のあることは通常予想できることであるから、被告人の暴行と同女の死亡との間には因果関係があると言うことができる。」として、強盗致死罪の成立を認めた。

２審：東京高判昭和45年４月16日高刑集23巻１号239頁（破棄自判、強盗罪）

２審は、以下のように認定して、Ｘの行為とＶの死亡との間の因果関係の存在を否定した。

「前記のとおり、被害者の死因が被告人の暴行によって誘発された急性心臓死であることは否定できないが、それだからといって、被告人の暴行と被害者の死亡との間に直ちに刑事責任を負わしめるべき因果関係があると断ずることはできない。本件において因果関係の有無を考えるに当っては、被告人の加害行為と被害者の死亡との間に、加害行為から死亡の結果の発生することが、経験上通常生ずるものと認められる関係にあることを要するものと解すべきである。その際この相当因果関係は、行為時および行為後の事情を通じて、行為の当時、平均的注意深さをもつ通常人が知り又は予見することができたであろう一般的事情および通常人には知り得なかった事情でも、行為者が現に知り又は予見していた特別事情を基礎として、これを考えるべきもの（折衷説）と、当裁判所は思料する。

(2)　相当因果関係の有無を判断すべき基礎となる事情としては、

1　被告人の本件暴行の態様について、原判決は、

被告人は、云々と申し向けて金員を要求し、これに驚いて大声をあげる同女の口を右手掌で塞ぎ、その勢いで同女が後方に倒れるや、上から両手でその頸部や口を押えつけ、さらに、傍らにあった夏掛ぶとんをその顔に被せて、その上から同女の口附近を押さえつけるなどの暴行を加えたと判示する。この点は原判決挙示の証拠により十分認め得るところである。右の証拠によって、なお付加すれば、その態様は、左手で頸部をしめつけ、「払ってくれますか」と２、３回（１回が２、30秒位）頸部をしめたり、ゆるめたり、また右手で口を押えたり放し気味にしたりしたところ、被害者はあゝ、あゝと割に大きな声を出すので、その声を消そうとして、左手を放し被害者の向側にあった夏掛ぶとんを掴んで被害者の顔の上、目の辺りまでかけた。そして口を押えていた右手も一旦放し、今度は布団の上から右手で口の附近を、左手で頸部を強く押えつけた。声を出されないように強く押えた時間は２、３分で、その中に被害者はぐったりなったという状況である。

2　つぎに、その暴行の程度について考えてみると、原判決は、量刑の理由の欄にではあるが、その暴行の程度も、高令の同女に対しては反抗抑圧の程度に達していたとはいえ、必ずしも通常死の結果を見るべきほどに強度のものではなく、たまたま同女に高度の心臓病変などがあったために、死への転帰をみるに至ったもので、云々と判示するが、前記の上野鑑定、および被害者の体に他殺を疑わしめる外部的損傷や表皮はく脱がない（略）という事情等からいって、暴行の程度に関する原判決の右認定は、正当なものと認められる。

3　なお、原判決は、前掲各証拠によれば、被害者は、当時63才（64才とあるのは、誤記と認める。）の高令であり、高血圧の持病で日頃から医者通いをし、坂道では時に立ち止まって休むこともあったのであり、被告人は、これらの事実を知っていたことが認められると判示するが、この認定も、その掲げる証拠に照らして正当と認める。しかし、同証拠および当審証人HとKの各供述によれば、被害者は、昭和35年以降、主として高血圧症でH医師の治療を受けており、当初血圧は200位であったが、降下剤やビタミン剤を服用して、死亡の１、２年前から130ないし140位となり、１ケ月に１回位診察を受けに同医師を訪ねた程度であり、原判示の坂道は被害者宅の近くの不動坂と思料されるが、この坂は健康な人でもいっきに登れば息がきれる位の坂であるから、これ等の点は格別重視できない。

4　次に被害者の心臓の病的素因であるが、原審および当審のU鑑定と当審証人U、同H、同Mの各供述によれば、被害者の心臓および循環系統には、相当高度の変化が存する。すなわち、心筋の著しい萎縮とともに心筋の筋原線維の変性、心筋の壊死によってできる小べんち組織の散在、同じ機転による左心室内膜の肥厚、その原因とみられる冠動脈の小さい枝の閉塞性変化が見られる。そのために被害者は、極めて軽微な外因、従ってこれらの素因なしには死を招来せしめ得ないもの、例えば口ぎたなくののしられるとか、強いせきをしたり、子供を叱るため大声を出して興奮するとか、テーブルスピーチをするため立ち上るとか、排便のため力きむ等の、極めて軽微な外因によって、突然心臓機能の障害を起こして心臓死に至るような心臓疾患の症状にあった。しかるに被害者は、その生前に、夫万次郎はじめ近親者にも、またかかりつけのH医師にも、心臓の発作その他の異状や徴候を訴えたこともなく、H医師は、死亡前４、５年にわたって主として高血圧症のため継続的に診断治療に当っていながら、被害者の心臓病変について何ら気づいていなかった。夫万次郎ら近親者も、これを知らず、恐らくは被害者自身もその心臓疾患を知らなかったのではないかと推認される。被告人が、被害者の右重篤な心臓疾患について知っていたことを認めるべき何らの証左なく、また多年かかりつけのH医師すら気づかなかった右疾患を被告人が知り得べき筋合いではない。

(3)　以上の具体的事情の下においては、因果関係について所謂条件説または相当因果関係に関する客観説の立場では、被告人の暴行と被害者の死亡との間に因果関係がありと解することもできようが、当裁判所の前記見解（折衷説）の下では、その間に必ずしも相当因果関係があるとはいい得ない。また本件は、被告人において、行為の当時被害者が死に至ることの結果を予見することができなかった場合にあたるから、致死の結果的加重犯として処断することを得ないといわなければならない。本件発生当時、直ちに被害者を司法解剖に付し慎重にその死因を究明する措置がとられていたとすれば、あるいは因果関係の存否が、より明確にされ得たであろうが、原審の記録および証拠物ならび

に当審の事実取調の結果による限りにおいては、未だ被告人の暴行と被害者の死亡との間に相当因果関係のあることを確認することができない」。

【判　旨】破棄差戻

「致死の原因たる暴行は、必らずしもそれが死亡の唯一の原因または直接の原因であることを要するものではなく、たまたま被害者の身体に高度の病変があったため、これとあいまって死亡の結果を生じた場合であっても、右暴行による致死の罪の成立を妨げないと解すべきことは所論引用の当裁判所判例（昭和22年（れ）第22号同年11月14日第三小法廷判決、刑集１巻６頁。昭和24年（れ）第2831号同25年３月31日第二小法廷判決、刑集４巻３号469頁。昭和31年（あ）第2778号同32年３月14日第一小法廷決定、刑集11巻３号1075頁。昭和35年（あ）第2042号同36年11月21日第三小法廷決定、刑集15巻10号1731頁。）の示すところであるから、たとい、原判示のように、被告人の本件暴行が、被害者の重篤な心臓疾患という特殊の事情さえなかったならば致死の結果を生じなかったであろうと認められ、しかも、被告人が行為当時その特殊事情のあることを知らず、また、致死の結果を予見することもできなかったものとしても、その暴行がその特殊事情とあいまって致死の結果を生ぜしめたものと認められる以上、その暴行と致死の結果との間に因果関係を認める余地があるといわなければならない。したがって、被害者Ｖの死因が被告人の暴行によって誘発された急性心臓死であることを是認しながら、両者の間に因果関係がないとして、強盗致死罪の成立を否定した原判決は、因果関係の解釈を誤り、所論引用の前示判例と相反する判断をしたものといわなければならず、論旨は理由がある」。

【参考文献】

川崎友巳・判例講義Ｉ61頁、林陽一・百選Ｉ〔第６版〕20頁、田尾勇・最判解刑事篇昭和46年度113頁

(2)　被害者の特殊事情②（デラフォア潰瘍事件）

82 札幌地判平成12年１月27日判タ1058号283頁

【事実の概要】

被告人Xは、Vと平成７年２月に婚姻し、一女をもうけるに至った。しかし、Xは、Vが高圧的で自分に愛情を示さず馬鹿にするなどとして不満を抱き、これを日々募らせ、次第に、Vに対し仕返しをしてやりたい、入院するほどの傷害を負わせてその看病を自分がすることでVに自分のことを見直させたいと考え、Vに害意を抱くようになった。

Xは、平成10年12月25日、親密な関係の被告人Yと会い、Yに対し、同月30日からVの実家に行くのが嫌なので、Vに手足の一本でも折って入院する程度の傷害を負わせてほしい旨依頼した。Yは、初めは取り合わなかったものの結局Xの望みを聞いてやることでXにいいところを見せ、その歓心を買おうと考え、金を払えば実行してくれる知り合いがいる旨述べて、知り合いに依頼しこれを実行することを約束した。

XとYは、Yが依頼し報酬目的で応じた他の３名の共犯者と共謀し、Vに対し、その３名の共犯者が、こもごもその頭部、顔面等を多数回手拳で殴打したり足蹴にしたりするなどの暴行を加え、Vに、頭蓋側頭骨骨折、急性硬膜外血腫及び脳挫傷等の傷害を負わせた。Vは、この傷害により多量の出血をし、一時意識レベル300の昏睡状態になるなど大変危険な状態に陥った。その後、Vは意識を回復したが、ほとんど瞬きでしか外界と意思疎通が出来ない状態にあり、精神的ストレスが相当蓄積していたが、受傷の約１ヶ月後、右傷害に起因するストレス性胃内損傷に基づく胃内出血による出血性ショックにより死亡した。

以上の事実について、Xらは傷害致死罪で起訴された。なお、解剖の結果、Vの胃には明らかな潰瘍痕は発見されず、デュラフォア潰瘍という非常に浅く小さな胃粘膜上皮の欠損の直下に血管の走行異常のために太い動脈血管があり、それが破綻して大量出血に至った可能性が高いことが明らかとなった。

【判　旨】傷害致死罪（確定）

「一般的に、被害者に重い傷害を負わせた場合、被害者が右傷害を直接の原因として死亡する場合に加え、右傷害に起因する合併症を原因として死亡する場合も考えられるのであるから、右合併症が医学上通常起こり得るものであり、かつ当初の傷害が死亡の危険性が高いものであれば、当初の傷害とこれに起因する合併症による死亡との間には、刑法上の因果関係を認めることができる。これは、本件のように、頭部外傷を負った者が、肉体的なあるいは精神的なストレスから消化性潰瘍を併発したり、急性粘膜病変等が起こり、これらから消化管出血が生じて死亡の危険が生じる場合があることが医学的な常識であり、臨床的にもよく見られる場合、頭部外傷を負わせるという行為自体に、これを直接の原因として死亡する危険性のみならず、胃などの消化器が病変を引き起こし、大量の出血が生じて、ひいては死に至らしめるということについての危険性も当然に内包していると認められるからである（したがって、本件の事実関係においては、例えば急性硬膜外血腫等の頭部外傷が直接の死因となった場合と本件とで刑法上の因果関係を考えるに当たって別異に考える必要はないのである。）。」

2　実行行為後の介在事情

(1)　行為者の行為の介入①—因果関係の錯誤

大判大正12年4月30日刑集2巻378頁⇒第2章第4節 4 (2) 39 事件

【事実の概要】

被告人Xは、20年余り前、先夫の子を懐妊中、Aの下に嫁いだ。Aは元来貧しく、Xは、同家の中枢となって農業に勤め一家の生活を支え、AとAの先妻との間に生まれた長男V（当時38歳）とXが産んだ先夫の子B、C、Dと同居していた。Xは、早くよりVと情を通じていたが、Vは10年ほど前からほとんど引き続き病に侵され、ことに近時は言語歩行の自由を欠き、家計困難に陥り、Vを忌むようになっていたが、VがXに情交を執ように求めてきた。Xは、従来の行き掛かり上その措置に困っていたところ、Vは某日の夜、Aが不在の時にXに情交を迫り拒絶され就寝した。Xは、Vの存在は家計の累をなすのみであると考え、ことにもし情を通じていることが暴露すればはなはだ不面目の結果にいたると憂い、ついにVを殺害するしかないと決意した。同夜午前2時ころ、同家の座敷神棚の上にあった細麻縄を切り取り、これをもって熟睡中のVの頸部を絞扼したところ、Vは身動きしないようになった。Xは、Vが既に死亡したものと思い、犯行の発覚を防ぐ目的で頸部の麻縄を解かないままVを背負い、近くの海岸の砂上に運び同所に放置して帰宅した。Vは、頸部の絞扼と砂末を吸引したことで死亡した。

Xは殺人罪で起訴された。

【裁判の経過】

1審の青森地判と2審の宮城控訴院は、Xを殺人罪で有罪とした。これに対し、弁護人は、以下のように主張して、上告した。すなわち、Xは最初の挙動が死の結果を生じなかったのに死の結果を既に生じたものと誤信し海岸に放置したため砂末吸引により死亡したというのであるから、Xがその現実に生じた死の結果については全然認識を欠いているのはもちろん、その挙動と因果関係の認識を欠いているため、殺人既遂として論ずることは許されない、すなわち殺人の手段としてとった挙動—絞扼—によってはいまだ死の結果を発生していないため殺人未遂に止まる。しかるに、Xの第2の挙動、すなわち死体遺棄の意思をもって海岸に放置してきたという予見できない行動のため砂末を吸引しついに死の結果を生じたとすれば、その予見できない結果については場合によって過失致死の問題が生ずる。したがって、本件は判示事実に従えば殺人未遂と過失致死との併合罪であることは疑う余地がない。これに対し、大審院は、上告を棄却し、以下のように判示した。

【判　旨】上告棄却

「原判決の認定したる事実に依れば被告はVを殺害する決意を為し細麻縄約8、9尺のものを以て熟睡中なるVの頸部を絞扼しVは身動せざるに至りしより被告はVは既に死亡したるものと思惟し其の犯行の発覚を防ぐ目的を以て頸部の麻縄をも解かずしてVを背負い十数町を距てたる海岸砂上に運び之を放置し帰宅したる為Vは砂末を吸引し遂に同人をして頸部絞扼と砂末吸引とに因り死亡するに至らしめ殺害の目的を遂げたるものとす。故に被告の殺害の目的を以て為したる行為の後被告がVを既に死せるものと思惟して犯行発覚を防ぐ目的を以て海岸に運び去り砂上に放置したる行為ありたるものにして此の行為なきに於ては砂末吸引を惹起すことなきは勿論なれども本来前示の如き殺人の目的を以て為したる行為なきに於ては犯行発覚を防ぐ目的を以てする砂上の放置行為も亦発生せざりしことは勿論にして之を社会生活上の普通観念に照し被告の殺害の目的を以て為したる行為とVの死との間に原因結果の関係あることを認むるを正当とすべく被告の誤認に因り死体遺棄の目的に出でたる行為は毫も前記の因果関係を遮断するものに非ざるを以て被告の行為は刑法第199条の殺人罪を構成するものと謂うべく此の場合には殺人未遂罪と過失致死罪の併存を認むべきものに非ず。故に被告の行為を刑法199条に問擬したる原判決の法律適用は洵に正当にして論旨は理由なし」。

【参考文献】

川崎友巳・判例講義Ⅰ63頁、井田良・百選Ⅰ〔第4版〕32頁

(2)　行為者の行為の介入②（熊撃ち誤射事件）

83 最決昭和53年3月22日刑集32巻2号381頁、判時885号172頁、判タ326号216頁

【事実の概要】

被告人Xは、かねてから乙種狩猟免許を有し、装薬銃砲を用い反覆継続して狩猟に従事していたところ、昭和45年10月20日午前3時ころ、VおよびAとともに夜明けころ出現する熊を射つ目的で、それぞれ猟銃を携えて電力会社の送電線に沿って走っている巡視路を進んで山中に入り、途中右送電線第10号鉄塔の下方約120メートル付近のグリ捨場において、同所を下山時の落ち合い場所と定めたうえ、同所にAを残してVとともに更に右巡視路を進み、右送電線第11号鉄塔付近の三差路に至ってVには指示して右巡視路を直進させ、自らは右の方向の山道にそれ、各自別々に右山林内で熊を探した。しかし、熊を発見できず鋭い寒気に耐え難くなったので、Xは、Vを誘って帰ろうと考え、前記三差路まで引き返し、そこから先に同人を行かせた路に沿って進みながら同人の姿を探したが、どこにも見当らなかったので同人が既に下山したものと思い自らも下山しようとした。Xは、この時左手に高い木の繁みを見い出し、熊がいるかもしれないと思ってその方向に通ずる山道を約25メートル進んだところ、約15メートル先に山小屋を発見し、同時に同小屋内から「カタン」という物音を聞きつけるや、とっさに右小屋内に熊が潜んでいるものと思い、同日午前4時40分ころ、これを射止めようと考え、所携の9粒弾5発を装塡してある猟銃を構え、足音を忍ばせながら右小屋に近づいていったのであるが、このような場合猟銃による狩猟を業としているXとしては、同所付近が先に自らが指示してVを熊探しに赴かせた地域内であり、しかも山小屋の中であるから、前記物音の主がVである可能性が考えられるので、同人か熊であるかを確かめるため、その姿態を十分に注視し、かけ声をかけるなどの方法により、その対象が熊であることを確認のうえ銃弾を発射すべきであるのにこれを怠り、漫然前記小屋の約3メートル手前まで接近し、そのとき右小屋入口付近の内部でVの黒い影が動くのを認めるや、即座にこれを熊であると速断して、同人目がけて前記猟銃により前記銃弾2発を続けて発射し（第1行為）、これを同人の下腹部および右下肢の鼠蹊部に命中させ、よって同人に対し右下腹部から腸および腸間膜を穿孔し、仙骨上端に達する銃創ならびに右鼠蹊部から右腎・胃・心臓等を損傷する銃創を負わせた。Xは、右銃弾発射により相手の倒れた様子がわかつたところから、

前記山小屋内に行き所携の懐中電燈で照らしてみてVを熊と間違えて射ったものであることに気づき、かつ、右銃創により同人が断末魔の苦痛に喘いでいる模様を直視するや、一瞬ぼう然とし、とまどいを感じたものの、腹部辺の銃創とVの苦悶状況等から既に瀕死の状態と考え、山中二人のみであったところから、むしろ同人を殺害して早く楽にさせたうえその場から逃走しようと決意し、右小屋内に仰向けに倒れていた同人の右胸部目がけて約1メートルの至近距離から重ねて前記銃弾一発を発射して（第2行為）、右胸部から腹腔に達し肝臓等を損傷する銃創を負わせた。その結果、Vは、即時同所において死亡した。

Xは、業務上過失致死罪と殺人罪で起訴された。

【裁判の経過】

1審：前橋地判昭和48年9月26日刑集32巻2号398頁（有罪・業務上過失傷害罪、殺人罪）

「医師I作成の鑑定書および第三回公判調書中の同鑑定証人の供述部分によると、Xの判示第一の所為によりVはもはや回復が不可能で数分ないし10数分以内に必ず死亡するに至るような傷害を受けたことが認められるが、判示のとおり、被害者は未だ右傷害によって死亡するに至る以前に、被告人の殺意に基づく判示第2の所為によって死亡させられたものであるから、第1の所為による因果の進行はこれにより断絶したものと評価せざるを得ず、結局被告人の判示第一の所為は業務上過失致傷を構成するにとどまるものと思料する。」として、業務上過失傷害罪と殺人罪の併合罪を認めた（懲役4年6月）。

2審：東京高判昭和50年5月26日刑集32巻2号402頁（控訴棄却、殺人罪）

「被告人の過失による傷害の結果が発生し、致死の結果が生じない時点で、被告人の殺人の故意による実行行為が開始され、既に生じていた傷害のほか、新たな傷害が加えられて死亡の結果を生じたものであって、殺人罪の構成要件を充足する行為があったものというべきである。そして殺人の実行行為が開始された時点までの被告人の犯罪行為は業務上過失傷害の程度にとどまり、殺人の実行行為が開始された時点以後は殺人罪の構成要件に該当する行為のみが存在したものというべきである。また以上の業務上過失傷害罪と殺人罪とは、同一被害者に対する連続した違法行為ではあるが、前者は過失犯、後者は故意犯であって、両者は責任条件を異にする関係上併合罪の関係にあるものと解すべきである。」として、1審判決を支持した。

弁護側は、本件の死因は第1行為にあり、業務上過失致死罪と殺人未遂罪が成立すること、本件のように同一機会と場所における同一客体に対する同一方法により時間的に接着して1個の死の結果を発生させた場合は、業務上過失致死罪は、重い殺人罪に吸収され、殺人未遂罪のみが成立するなどと主張して上告した。

【決定要旨】上告棄却

「なお、本件業務上過失傷害罪と殺人罪とは責任条件を異にする関係上併合罪の関係にあるものと解すべきである、とした原審の罪数判断は、その理由に首肯しえないところがあるが、結論においては正当である（当裁判所昭和47年（あ）第1896号同49年5月29日大法廷判決・刑集28巻4号114頁、昭和50年（あ）第15号同51年9月22日大法廷判決・刑集30巻8号1640頁参照）」。

【参考文献】

川崎友巳・判例講義I64頁、樋口亮介・百選I〔第6版〕22頁、磯部衛・最判解刑事篇昭和53年度113頁

(3) 被害者の行為の介入①

84 最決昭和59年7月6日刑集38巻8号2793頁、判時1128号149頁

【事実の概要】

被告人Xは、暴力団の若頭であるが、その経営する企業ミニ新聞社の従業員Vに同組組員Y所有の普通乗用自動車一台を貸与していたところ、Vが右自動車を返還しないまま姿

をくらますなどしたため、Y及び同組組員Zと共にその行方を探していた。Xは、昭和57年２月８日午前２時30分頃、某食堂においてVが飲食しているのを認めるや、Y及びZと共謀のうえ、まずY及びZがVを同店付近路上に連れ出し、Yが「おんどれ、人の車を乗り逃げしくさってどないけじめつけるんじゃ。」などと怒鳴りながらVの顔面を手拳で殴打したり腰部を蹴りつけたりしたところ、同人が「わしも極道をしとるんじゃ。」などと言い返した。Yからこれを聞いたXは激昂し、直ちに同所に赴くや、Vに対し「やくざだったら悪いことをしてもええのか。」と言いながら、Yらと共にこもごもVの顔面、腰部、大腿部を殴打、足蹴りするなどの暴行を加えたうえ、Yらに指示してVを自己らの自動車に乗せて、同日午前３時過ぎ頃、墓苑内に連れ込み、こもごも「お前はどこのやくざか知らんけど人の車を持ち逃げしおって。」「しゃあねえたたき直してやる。」などと言いながら同人の頭部、胸部、腹部、腰部等を殴打、足蹴りするなどの暴行を加えたところ、VはXらによる暴行から逃れようと墓苑内の池に落ち込み、その際に頭部擦過打撲傷が形成された。さらに同人を右自動車に乗せてホテル甲の室内に連れ込み、Xは、Vの腹部、胸部、腰部を足蹴りする暴行を加え、よって同人に頭部擦過打撲傷、全身打撲、肋骨骨折等の傷害を負わせた。Vは、同月15日午後８時49分頃、病院において、頭部擦過打撲傷に基づくくも膜下出血により死亡した。

Xは傷害致死罪で起訴された。

【裁判の経過】

１審：鳥取地判昭和57年９月３日刑集38巻８号2799頁（有罪・傷害致死罪）

「弁護人は、被告人らの本件行為と被害者Vの死の結果との間には因果関係がないと主張する。しかしながら前掲各証拠によれば、Vの死因は後頭上部正中の擦過打撲傷に基づくくも膜下出血であることが認められるところ、右擦過打撲傷の成因については、成程これが被告人らのうちの誰のどの具体的行為によって生じたものかについて詳細にこれを認定することはできないとしても、少なくとも被告人らの判示暴行のいずれかの時点あるいはVがこれから逃れようとした際（墓苑において同人が被告人らの暴行から免れようとして墓苑内の池に落ち込んだ際に生じた可能性はある。）に生じたことは明らかであり、判示認定のような暴行の程度、内容や該暴行の為された場所、時間等に照らせば、右擦過打撲傷は、仮に被告人らの暴行によって直接生じたものでないとしても、これと相当因果関係の範囲内にあることは優に認めることができる。」として、傷害致死罪の成立を認めた。

２審：広島高松江支判昭和58年10月18日刑集38巻８号2801頁（破棄自判、傷害致死罪）

２審は、以下のように認定して、因果関係を認めた。なお、２審は量刑不当の主張を認めて、原判決棄却した。

「記録によれば、被害者の死因は頭部擦過打撲傷（4.4センチメートル×4.3センチメートル、以下「本件傷害」という。）に基づくくも膜下出血であって、その傷害の成因は鈍体の衝突によるものであるというのである。そこで、被害者の頭部に暴行を加えたのがどの行為であるかを検討するに、原判示墓苑内で被害者を普通乗用自動車から降ろし、まず、Yが手拳で被害者の顔面を殴打し、更に転倒した同人の腰部等を10数回足蹴り、被告人とZも被害者を囲み同人の腰部等を10数回足蹴りしたものであって、午前３時過ぎの薄明りの中で、左右に転げまわる被害者を足蹴りしたのであるから、被害者の後頭上部正中を足蹴りした蓋然性は否定できず、XとZは頭部を足蹴りしたことはないと弁解しているが、Yは必ずしもこれを否定しているわけではなく、原判決が右墓苑内において被害者の胸部、腹部、腰部及び頭部に対し暴行を加えたと認定したことは相当である。所論は、被告人らの当時の履物で足蹴りしても本件傷害は生じないというのであるが、当時被告人はスニーカー、Y、Zはともにゴム長靴をそれぞれ履いていたところ、原審において証人Oは、サンダル履きの足で蹴っても本件傷害の成因となる旨供述していることに照らすと、スニーカーあるいはゴム長靴履きで蹴っても、同様、本件傷害の成因となると考えられる。そうすると、被告人らのうちの誰のどの行為によって本件傷害が生じたかを特定できないにしても、被告人らの暴行が本件傷害の成因となった蓋然性を否定できず、致死との因果関係を認めることができる。また仮に、弁護人所論のごとく被害者の本件成傷の原因が被害者が墓苑内の池に落込んだ際に生じた可能性が大きいとしても、前掲証拠によれば、被害者は被告人らから足蹴りされる等の暴行に耐えかね隙をみて逃げ出し斜面に岩石の露出している池に落込んだものでその際後頭上部正中を打撲したとすれば被告人らの加えた暴行と右打撲傷に基づく死亡との間には刑法上因果関係があると認めるのが相当であって、いずれにしても、原判示傷害致死の認定は相当である」。

そこで、弁護人は、Xらの暴行とVの死亡結果との間の因果関係は認められないとして、以下の上告趣意を示した。「被害者が被告人らの暴行を免れるために逃亡し池に落ち込んだ際の成傷が致命傷と認められるから、それが吾人の知識経験上当然予想し得られるところであるかどうかは、犯行当時の場所の地形、時刻、気象、気温の状況など具体的客観的状況によって判断しなければならない。時期は2月8日という山陰地方独得の積雪厳寒の候であり、時刻は午前3時過ぎという最も気温の低下している時間帯において、落ち込めば凍死するかも知れない危険な池があり、その池と現場の土手との間は約35度の傾斜面となりその間に針葉樹、広葉樹などの林立する場所において、池の方向に逃げるということは、又は逃げるかも知れないということは吾人の常識の域を脱する想像の及ばない行為であり、到底経験則上認識し得べきところではない。そうだとすれば被告人らが被害者に加えた暴行と被害者が自棄的に逃げて右池に落ち込んだ際の後頭上部正中の擦過傷との間に到底因果関係は認められないのに拘らず刑法上の因果関係ありとして右擦過傷に基づく傷害致死の罪責を認めた原判決は前掲各判例と相反する判断をし、重大な事実誤認および法令違反があるものにして判決に影響を及ぼすことが明らかであるから到底破棄を免れないと思料する」。

【決定要旨】上告棄却

「本件被害者の死因となったくも膜下出血の原因である頭部擦過打撲傷が、たとえ、被告人及び共犯者2名による足蹴り等の暴行に耐えかねた被害者が逃走しようとして池に落ち込み、露出した岩石に頭部を打ちつけたため生じたものであるとしても、被告人ら3名の右暴行と被害者の右受傷に基づく死亡との間に因果関係を認めるのを相当とした原判決の判断は、正当である」。

【参考文献】

松浦繁・最判解刑事篇昭和59年度365頁

(4) 被害者の行為の介入②（柔道整復師事件）

85 最決昭和63年5月11日刑集42巻5号807頁、判時1277号159頁

【事実の概要】

被告人Xは、医師の免許を受けていないのに治療行為を業としていた者であるが、昭和57年7月6日、V宅において、Vから風邪の症状を訴えられて同人を診察した際、同人の体温が37度前後もあって、風邪に罹患していると認め、自らはその適切な治療についての知識と技能がなく、その病状を悪化させ、場合によっては死に至らせるおそれがあったのであるから、このような場合、直ちにその治療を中止し、医師の診療を受けるよう指示するべきはもちろんのこと、治療の業務に従事する者として、患者の生命に危険を及ぼさないようその方法等に細心の注意を払うべき業務上の注意義務があるのに、これを怠り、体温の上昇によって雑菌を殺すとの誤った見解の下に、「熱が出てしまえば風邪は治る」などと発熱の促進方を指示し、さらに、

(1) 翌7日には、38度位の発熱と聞きながら、足湯と、手足などを直接風に当てないように布団を掛け、汗を出し、水分は余り取らず食事は「お粥」程度でよいと指示し、

(2) 翌8日も、2回にわたり、愉気を施したほか、体温を上げるため密閉した部屋で、布団を2枚敷き、タオルケット1枚と布団1枚を掛け、その足元を別の夏布団で包ませるなどし、

(3) 翌9日も、2回にわたり、39度ないし40度の高熱と聞きながら、右同様発熱促進の危険な治療行為を継続させたうえ、更に冬布団1枚を追加して掛けさせ、

(4) その間、Vの母親Bから西瓜を食べさせてよいかと尋ねられた際にも、「ちょっとならええ」と申し向けて水分の補給を制限し、

(5)　7月10日も、右治療法を継続させ、Vが高熱のため掛布団をはねのけようとするや、Vの妻A（内科医院の臨床検査技師）とBに命じてVの手足を布団で包んで押えさせ、熱を上げるためと称して愉気を継続するなどして危険な治療行為を継続した。その間、Vは、Aから医師の診察を勧められても「うん」と言うのみで受診するにいたらず、１日２回茶碗に半分程度の薄いお粥のようなものと少量の西瓜、少量の水しかとっていなかった。こうして、次第にVの病状は悪化し、Xは、同日午前11時ころVがけいれんを起こすに至って初めて医師の診療を受けさせたが、時既に遅く、Vは、同日午後０時30分、病院において、脱水症状・気管支肺炎に起因する心不全により、死亡した。

Xは、業務上過失致死罪で起訴された。

【裁判の経過】

１審：松江地決昭和60年７月３日刑集42巻５号815頁（無罪）

１審は、以下のように認定して、過失の存在を否定し、業務上過失致死罪の成立を否定した。

「本件における主たる争点は、このように施術中止義務に違反して施術ないし介護を継続した被告人に、患者の生命に危険を及ぼさないよう「治療」方法等に細心の注意を払うべき業務上の注意義務があったかどうか、及びこれを怠った過失があったかどうかである。

(一)　認定にかかる被告人の一連の施術、愉気及びその他布団を掛けるなどの介護等が、いずれもそれ自体としては、その手段、方法、程度、態様及び効果において一般的に危険な行為とは認められないこと、その際の発言も日常の雑談と認めうる程度のものであって、いわゆる「発熱促進措置の指示」とは認められないこと、そのための診察も、なしうる限度を逸脱したものとは認められないことなどは、既に医師法違反に関して述べたとおりであるけれども、もとより、被告人において施術ないし介護を継続したからには、この施術ないし介護が、それ自体として危険な行為でないというだけでは足りず、更に、Ｖの病状にとって適切を欠き同人を危険に陥れることのないよう注意を払うべき業務上の義務があったというべきである。

(二)　ところで、被告人の施術ないし介護がＶの病状にとって適切を欠いたことは、認定にかかる経過に照らし明らかであるから、次に、このように適切を欠いた点について、被告人において右注意義務に落度がないにもかかわらず他の何らかの事情により適切を欠く結果となったのか、それとも、被告人の責に帰すべき注意義務の違反、すなわち過失があったから適切を欠く結果となったのかについて検討すると、

(1)　まず、Ｖの容体、経過、睡眠、食生活などを知悉していたのは、起居を共にしていた妻のＡであり、また、７日の夜から仕事に出ることなくその看護にあたっていた母のＢであって、同女らは、適切な療養、看護をし、適切な治療を受けさせる義務を負うべき立場にあり、かつまた、その適切な対処を期待しうる十分な能力を有していたものであって、現に、Ａは、医院に勤務する者であり、７月７日Ｘに対し、風邪の場合のより適切な療養方法を具体的に話しており、Ｖに対しても、Ｎ医師の診療を受けるよう勧めていた。

従って、Ａらが、いかなる事情があったにせよ、適切な療養、看護を誤り、数日にわたって、高熱の続くＶに対し、十分な水分と栄養を補給せず、薬品を投与せず、医師の診療を求めないでいるというような、あるいはＶ自身これを求めないでいるような、はなはだ突飛な事情を、Ｘにおいて認識し、又は認識し得たとは認め難く、予見するべきであったともいい難い。

(2)　Ｘは、同女ら顧客から依頼を受けた柔道整復師にすぎず、Ｖの症状のうち、発熱の程度と経過の概略は知っていたと認められるものの、その睡眠及び飲食等の状況、投薬の有無など、その療養、看護の詳細を知っていたとは認められず、むしろ、もとよりＶが適切な療養、看護をも受けていると思っていたと認められるところ、Ｖは、その最期の直前まで意識が明らかで、会話もできていたのであるから、Ｘにおいて、右療養、看護の詳細を知らないまま他に適切な療養、看護を受けているものと思った点に、落度があったとは認め難く、更に、同人の病状がその生命にかかわる程に重いということに気付かないで依頼を受けるまま認定したような施術ないし介護等に終始したことについても、落度があったとはいい難い。

(3)　なお、ＡあるいはＢは、このようにＶの容体などを知悉し、また被告人の介護等にもほとんど立会うなどしてその全般を知り、若しくは知りうべきであったにもかかわらず、Ｖの病状がその生命にかかわる程に重く、また被告

人の介護が不適切で、より適切な診療が必要だということを明確に判断しえなかったのであって、そうとすれば、これに比し、被告人は、Ｖの病状、療養、看護等の一端しか知りえなかったのであるから、いかに業務上の注意義務があるとはいえ、医師として、あるいは医師と詐称して関与したのではなく、依頼を受けた柔道整復師として施術ないし介護をしたのであってみれば、より適切な対処を欠いたことについて落度があったとも認め難い。

というべきであり、結局、被告人に、Ｖの生命に危険が生じる結果となることを予見し、これを回避するべき業務上の注意義務を怠った過失があるとは認め難く、その立証はない。

（三）　なお、

検察官は、被告人が、Ｂから西瓜を食べさせてよいかと尋ねられた際、『ちょっとならええ』と申し向けて、水分の補給を制限したかにいうけれども、右をもってしては、水分補給を制限したものとまではいい難く、水分補給等を制限したと認めるに足る証拠はない。

Ｖの最期の直前、被告人らにおいてＶを布団に包んで押えていた点は、同人がけいれんを起こして暴れるのを防ぐためと認められること前述のとおりであって、その後直ちに医師に連絡したことなど併せ考えれば、この行為に過失ありということも難しい。

４　最後に、翻って、被告人の施術中止義務違反について検討すると、既に述べたとおり、その後の被告人の施術ないし介護に必ずしも落度があったとは認め難いところ、Ｖ自身はもちろんのこと、ＡとＢとの適切な対処があればＶの死亡という結果が回避できなかったものではないという見方も、否定しきれず、また、最も残念な点がＶ自身のはなはだ突飛な体力過信にあったと指摘しうるうえ、Ａらのはなはだ突飛な療養、看護の誤りを予見するべきであったとはいい難いこと前述のとおりであるから、結局、被告人の施術中止義務違反については、これがＡの死亡の原因になったとは認められない」。

２審：広島高松江支決昭和61年７月14日刑集42巻５号832頁（破棄自判、業務上過失致死罪）

２審は、以下のように判示して、原判決を破棄し、業務上過失致死罪の成立を認めた（懲役１年）。

「前記認定のとおり、被告人は、ＶやＢらが被告人が指示した治療方法を終始忠実に実行していることを往診の際見たり、Ｂから聞いて知っていたこと、ＶやＢは７月６日以降被告人に対し、Ｖの病状を逐一報告してＶの治療を求め、被告人もこれに応じて昼夜を問わずＶ方を訪れ、施術を行い、治療方法について指示するなどしていたこと、Ｖ方の家人が被告人を絶対的に信用していたことを被告人は知っていたこと等からしてＶやＢらは風邪の治療を専ら被告人に委ねており、医師の治療を受けているとは到底窺いえず、被告人もこのことは十分に認識していたことは明らかであり、そして被告人はＶから風邪の治療を依頼されてこれを承諾し、以後専ら治療について主導的立場のもとＶやその家族に対し治療方法の指示をしてきたものであって、これがたんなる日常の雑談や一般的介護方法の域を出ないものであるとは認めがたく、また高熱を発し体の抵抗力が著しく衰えている患者に対し、矯正や愉気を行うことは、患者の安静を妨げるものであって有害、危険ですらある。そして被告人はＶの症状に好転の兆しがなく、日を追って悪化しつつあることは、数回に亘って往診し、家族からもその状況を聞かされていたことから充分知悉し、被告人自身内心ではＶの経過が良くないことを心配し、余病の発生も懸念していたのであって、これを回避するために直ちに自己の治療を中止し、医師の診療を受けるように指示することは容易可能であったと認められる。原判決は、Ｖ自身はもちろんのこと、ＡとＢとの適切な対処があればＶの死亡という結果が回避できなかったものではないという見方も否定しきれず、また最も残念な点がＶ自身のはなはだ突飛な体力過信にあったと指摘しうるうえ、Ａらのはなはだ突飛な療養、看護の誤りを予見すべきであったとはいい難いので、被告人の施術中止義務違反についてはこれがＶの死亡の原因となったとは認められない旨判示する。なるほど、ＢやＡがＶに医師の診療を受けさせ、Ｖに対し水分や栄養を十分に補給し、解熱剤を投与するなどの措置を講じ、またＶ自身これらの措置を求めていたならば、Ｖの死亡という結果を回避できたと推測され、この点においてＢやＡらにもＶに対し適切な看護、療養を怠った落度のあることは否定できない。しかしながら、原判示の『Ａらのはなはだ突飛な療養、看護』は、先に認定したとおり、ほかならぬ被告人自身の誤った指示に基づいてなされたものであって、たとえＢらに落度があったにしても、被告人自身にＶの治療等につき前叙の過失がある以上、被告人の過失責任が否定されるいわれは全くないのである。要するに、原判決は、信ずべからざる被告人の原審公判廷における供述を過信し、Ｂ、Ａらの捜査段階及び原審公判廷における供述等を故なく排斥して被告人の過失を否定し、かつＢらの落度がVの死亡の一因をなしたことを過大に評価した上、これを理由に被告人の誤った治療及び指示とVの死亡との因果関係を否定したものにほかならず、原判決には事実の誤認があり、これが判決に影響を及ぼすことが明らかであるから、原判決は破棄を免れない。論旨は理由がある」。

【決定要旨】上告棄却

「原判決の認定によれば、被告人は、県知事の免許を受けて柔道整復業を営む一方、風邪等の症状を訴える患者に対しては、医師の資格がないにもかかわらず反復継続して治療としての施術等を行っていたものであるが、本件被害者から風邪ぎみであるとして診察治療を依頼されるや、これを承諾し、熱が上がれば体温により雑菌を殺す効果があって風邪は治るとの誤った考えから、熱を上げること、水分や食事を控えること、閉め切った部屋で布団をしっかり掛け汗を出すことなどを指示し、その後被害者の病状が次第に悪化しても、格別医師の診察治療を受けるよう勧めもしないまま、再三往診するなどして引き続き前同様の指示を繰り返していたところ、被害者は、これに忠実に従ったためその病状が悪化の一途をたどり、当初37度前後だつた体温が5日目には42度にも昇ってけいれんを起こすなどし、その時点で初めて医師に手当てを受けたものの、既に脱水症状に陥って危篤状態にあり、まもなく気管支肺炎に起因する心不全により死亡するに至ったというのである。右事実関係のもとにおいては、被告人の行為は、それ自体が被害者の病状を悪化させ、ひいては死亡の結果をも引き起こしかねない危険性を有していたものであるから、医師の診察治療を受けることなく被告人だけに依存した被害者側にも落度があったことは否定できないとしても、被告人の行為と被害者の死亡との間には因果関係があるというべきであり、これと同旨の見解のもとに、被告人につき業務上過失致死罪の成立を肯定した原判断は、正当である」。

【参考文献】

川崎友巳・判例講義刑法Ⅰ総論62頁、永井敏雄・最判解刑事篇昭和63年度356頁

(5) 被害者の行為の介入③(夜間潜水事件)

86 最決平成4年12月17日刑集46巻9号683頁、判時1451号160頁、判タ814号128頁

【事実の概要】

被告人Xは、スキューバダイビングの資格認定団体から認定を受けた潜水指導者として、潜水講習の受講生に対する潜水技術の指導業務に従事していた者であるが、昭和63年5月4日午後9時ころ、和歌山県K町の海岸近くの海中において、指導補助者3名を指揮しながら、本件被害者を含む6名の受講生に対して圧縮空気タンクなどのアクアラング機材を使用して行う夜間潜水の講習指導を実施した。当時海中は夜間であることやそれまでの降雨のため視界が悪く、海上では風速4メートル前後の風が吹き続けていた。Xは、受講生2名ごとに指導補助者1名を配して各担当の受講生を監視するように指示した上、一団となって潜水を開始し、100メートル余り前進した地点で魚を捕えて受講生らに見せた後、再び移動を開始したが、その際、受講生らがそのまま自分についてくるものと考え、指導補助者らにも特別の指示を与えることなく、後方を確認しないまま前進し、後ろを振り返ったところ、指導補助者2名しか追従していないことに気付き、移動開始地点に戻った。この間、他の指導補助者A1名と受講生6名は、逃げた魚に気をとられていたためXの移動に気付かずにその場に取り残され、海中のうねりのような流れにより沖の方に流された上、AがXを探し求めて沖に向かって水中移動を行い、受講生らもこれに追随したことから、移動開始地点に引き返したXは、受講生らの姿を発見できず、これを見失うに至った。Aは、受講生らと共に沖へ数十メートル水中移動を行い、Vの圧縮空気タンク内の空気残圧量が少なくなっていることを確認して、いったん海上に浮上したものの、風波のため水面移動が困難であるとして、受講生らに再び水中移動を指示し、これに従ったVは、水中移動中に空気を使い果たして恐慌状態に陥り、自ら適切な措置を採ることができないままに、でき死するに至った。

なお、右受講生6名は、いずれも前記資格認定団体における4回程度の潜水訓練と講義を受けることによって取得できる資格を有していて、潜水中圧縮空気タンク内の空気残圧量を頻繁に確認し、空気残圧量が少なくなったときは海上に浮上すべきこと等の注意事項は一応教えられてはいたが、まだ初心者の域にあって、潜水の知識、技術を常に生かせるとは限らず、ことに夜間潜水は、視界が悪く、不安感や恐怖感が助長されるため、圧縮空気タンク内の空気を通常より多量に消費し、指導者からの適切な指示、誘導がなければ、漫然と空気を消費してしまい、空気残圧がなくなった際に、単独では適切な措置を講ぜられないおそれがあった。特にVは、受講生らの中でも、潜水経験に乏しく技術が未熟であって、夜間潜水も初めてである上、潜水中の空気消費量が他の受講生より多く、このことは、Xもそれまでの講習指導を通じて認識していた。また、指導補助者らも、いずれもスキューバダイビングにおける上級者の資格を有するものの、更に上位の資格を取得するために本件講習に参加していたもので、指導補助者としての経験は極めて浅く、潜水指導の技能を十分習得しておらず、夜間潜水の経験も2、3回しかない上、Xからは、受講生と共に、海中ではぐれた場合には海上に浮上して待機するようにとの一般的注意を受けていた以外には、各担当の受講生2名を監視することを指示されていたのみで、それ以上に具体的な指示は与えられていなかった。

Xは業務上過失致死罪で起訴された。

【裁判の経過】

1審：大阪地判平成3年9月24日刑集46巻9号689頁（有罪・業務上過失致死罪）

「被告人が受講生のそばを離れて同人らを見失った過失と被害者の死亡との間の因果関係については、弁護人も指摘するように、その間にいろいろな事情が介在していることは否定できない、すなわち、以上に検討してきた事実からも明らかなように、お互いを見失った直後、Vを含む受講生らが突発的なうねりのような流れによって沖の方向に若干流されたうえ、Aや受講生らが決められた手順どおりの行動をとらず、Aが沖に向かって数十メートルも水中移動し、受講生らがこれに追随したことにより、ますます被告人と離れてしまったことや、指導補助者のAが、Vの空気残圧が60気圧（当初の40パーセント）しかないことを確認しながら、その後一旦浮上したけれども風波のため水面移動が困難であるとしてふたたび水中移動を指示し、V自身も自分の空気残圧をおそらく確認しないまま水中移動を続けたため、途中で空気を使い果たしてしまったこと等が認められるのであって、このように、被告人がVらを見失った後、AやV自身の過失が介在したため本件死亡事故に至ったことは否定できず、而もそれらの過失は本件事故に直結しているだけにその程度も重いものがあるといわざるをえない。しかし、被告人がVを含む受講生らを見失わなければ、Vが空気を使い果たすまでにV自身あるいは被告人もしくは指導補助者においてVの空気残量を確認したうえ、適切な措置を講ずることができ、本件のような死亡事故には至らなかったことは明らかであるというべきである。そして、夜間潜水においてインストラクターとはぐれてしまうことにより、前述したような、技術の未熟な者の過失が重なり本件のような事故に至ることは十分予見できるといわざるをえないのであって、他のダイバーの過失が重なったことをもって被告人の過失と本件事故との因果関係を否定することはできない。また、突発的なうねりのような流れにしても、被告人が受講生らの動静を注視することなく不用意に移動を開始しなければ、受講生らと離れること自体なかったわけであるし、少なくとも本件のように完全に見失ってしまうことはなかったと認められ、本件事故との因果関係には影響を及ぼさないと考える。

以上のとおりであって、被告人の過失と被害者の死亡との間の因果関係が存することは明らかである」。

2審：大阪高判平成4年3月11日刑集46巻9号697頁（控訴棄却）

2審は、以下のように認定して、Xの行為と被害者の死亡との間の因果関係を肯定した。

「所論は、原判決が被告人の過失行為と被害者Vの死亡との間の因果関係を肯認しているのに対し、①被告人がVら受講生を見失ったのは、前述の海中のうねりのような流れのせいで起こった異常事態であり、これが後のA及び受講生の過失を誘発したものである、②Aには、被告人とはぐれた直後に沖への水中移動を行い、さらにその後Vの空気残圧が少なくなっていることを確認していながら、水中移動で復路を戻ろうとした過失があり、これらは常識的に考えられない異常な行為である、③Ｖも、海中での空気残圧が零となるような状態を漫然と迎えた等の過失があり、初級者であってもダイバーとしての常識から逸脱したものである、との各点を指摘して、Ｖの死亡はこれらの異常な介在事情が重畳的に生じたために起こったものであって、被告人が受講生のそばを離れたことと本件事故との間の因果関係は存在しない、と主張する。

まず①の点については、被告人の移動開始の直後くらいに海中にうねりのような流れが生じて受講生６名及びＡが沖の方に若干流されたことは、前項でも述べたとおりであるが、関係証拠によれば、被告人が受講生らから離れた地点は外海の影響を比較的受け難い湾の中の入江付近であったとはいえ、そのような海域でも水面を吹く風や潮の干満などが原因となって水面下に潮流が生じ得ること、ことに本件当日は当該地域に大雨・洪水・雷・強風波浪注意報が出ていたのであって降雨が続き風速４メートル前後の風が吹き続けていたことの各事実が認められ、これらによれば、右地点付近でもダイバーが海中で潮流にまきこまれることは十分予測し得ることであったというべきであり、そうすると、受講生らがうねりによって流されたのは突発的ではあったものの決して異常な事態であったとはいえない。そして、そのような事態が起こり得るからこそ、指導者たる被告人は片時でも不用意に受講生のそばから離れてはならなかったのであり、被告人が受講生らを見失ったのは、右の不用意な行為が重要な原因となったものといわざるを得ない。

次に②及び③の点については、確かに、所論指摘のとおり、指導補助者Ａ及び被害者Ｖの各過失行為が介在し、それらが死亡事故の結果発生に直結していると認められるけれども、原判決が前記補足説明の第２項（及び第１項）で説示するように、夜間潜水で指導者とはぐれてしまうことにより、Ａ及びＶのようなそれぞれ指導補助者あるいは初級ダイバーとしての経験が不十分で技術の未熟な者の過失が生じることは十分あり得ることで、所論のいうように各過失行為が常識から逸脱した異常なものであるとはいえない。また、被告人と受講生らがはぐれたのは前述のとおり被告人が不用意に受講生らのそばを離れたことが重要な原因となっており、Ａ及びＶの各過失行為は結局は被告人の過失行為に誘発され連鎖的に生じたものということができる。そうすると、右両名の過失行為の介在も、被告人の過失行為とＶの死亡との因果関係の存在を否定する理由とはなし得ない」。

【決定要旨】上告棄却

「右事実関係の下においては、被告人が、夜間潜水の講習指導中、受講生らの動向に注意することなく不用意に移動して受講生らのそばから離れ、同人らを見失うに至った行為は、それ自体が、指導者らの適切な指示、誘導がなければ事態に適応した措置を講ずることができないおそれがあった被害者をして、海中で空気を使い果たし、ひいては適切な措置を講ずることもできないままに、でき死させる結果を引き起こしかねない危険性を持つものであり、被告人を見失った後の指導補助者及び被害者に適切を欠く行動があったことは否定できないが、それは被告人の右行為から誘発されたものであって、被告人の行為と被害者の死亡との間の因果関係を肯定するに妨げないというべきである。右因果関係を肯定し、被告人につき業務上過失致死罪の成立を認めた原判断は、正当として是認することができる」。

【参考文献】

曽根威彦・百選Ｉ〔第６版〕28頁、植田博・重判解平成５年度166頁、井上広通・最判解刑事篇平成４年度205頁

(6)　被害者の行為の介入④（高速道路進入事件）

87 最決平成15年７月16日刑集57巻７号950頁、判時1837号159頁、判タ1134号183頁

【事実の概要】

被告人Xら４名は、他の２名と共謀の上、Vに対し、公園（第１現場）において、深夜約２時間10分にわたり、間断なく極めて激しい暴行を繰り返し、引き続き、被告人Yのマンション居室（第２現場）に連行し、同所において、約45分間、断続的に同様の暴行を加えた。

Vは、すきをみて、上記マンション居室から靴下履きのまま逃走したが、Xらに対し極度の恐怖感を抱き、逃走を開始してから約10分後、Xらによる追跡から逃れるため、上記マンションから約763メートルないし約810メートル離れた高速道路に進入し、疾走してきた自動車に衝突され、後続の自動車にれき過されて、死亡した。
Xらは傷害致死罪で起訴された。

【裁判の経過】

1審：長野地松本支判平成14年4月10日刑集57巻7号973頁（有罪・傷害罪）

1審は、以下のように判示し、Xらの行為とVの死亡との間の因果関係を否定した。

「被告人らは、前記2のとおり、本件第2現場から逃走した本件被害者を追跡したもののすぐに見失い、引き続き付近を探索した、という事実は認められるけれども、それ以上に本件被害者を追跡したことは認められず、本件被害者がどのような経緯で事故現場となった高速道路に進入したか及びその時の被告人らとの位置関係はどのようなものであったか本件では不明であって、既にこの点からして、『本件被害者が本件高速道路本線上の本件事故現場に進入したのは、被告人らの追跡による』とする公訴事実の一部につき証明がないことになる。

また、前記2の状況によれば、本件被害者が本件第2現場から逃走した後の行き先については、現場の地理的な条件や被害者が逃走して探索されている状況下にあるという心理状態を考えても、選択の余地は多々あり、そういう中で本件被害者が本件事故現場となった本件高速道路本線上へ進入するしかない或いはその蓋然性が高いといえるような事情は見出せず、被告人らの暴行から逃れる目的があったとしても、本件被害者が本件高速道路本線上に進入するということは、通常の予想の範囲外といえる行動であったといえるもので、この点からすれば『被告人らが、本件被害者をして、本件高速道路本線上に進入することを余儀なくさせた』とする公訴事実の一部につき証明がないことになる。

なお、この点について、検察官は、本件被害者が本件第2現場から本件高速道路沿いの下道（本件高速道路側道）を逃走中、被告人らの追跡を知って、その追跡から逃れるために、やむなく本件高速道路を横切ることを決意し、そのまま本件事故現場付近で柵（金網）を乗越え土手を登り路側のガードレールを越え高速道路上り線を横断し中央分離帯のガードレール下をくぐるか遮光ネットを乗越えるかして下り線に至り横断中に事故に遭った、との主張を追加するけれども、これは一つの推論を示すものに過ぎず、本件では本件被害者が実際にその経路を通ったことの裏付証拠はもとよりその可能性を示唆する証拠もなく、却って、本件第2現場からほぼ一直線に本件事故現場まで逃走する経路であれば被告人らに発見され易いうえ、本件第2現場から本件事故現場までの距離（直線的には約800メートルの道のりよりは近くなる）を必死に逃走したにしては約10分と時間がかかっており、裸足で草木の茂る上記土手を登るようなことをすれば足の裏等に相当の傷を負うとみられるがそのような形跡も窺えず（ちなみに反対側の土手にはコンクリートの上を伝って登れる箇所がある（検証調書））、更には、本件被害者は事故に遭遇した際に体の右側を自動車に衝突したとみられるところ、中央分離帯から本件高速道路下り線を横断中に走行車線に至って急にまた追越車線に引き返すような行動がとれるか不自然である等、多々疑問の余地も存するところであって、この推論には相当の無理があるといわざるを得ない。

従って、本件では、本件被害者が本件高速道路本線上の本件事故現場で事故に遭遇したことは、被告人らの本件第1・第2現場での暴行から予期しうる範囲外の事態であって、当該暴行の危険性が形をかえて現実化したものであるとは到底いえず、被告人らの上記暴行と本件被害者の死亡との間に検察官の主張するような形での因果関係を認めることはできない」。

2審：東京高判平成14年11月14日東高刑時報53巻1＝12号102頁（破棄自判、傷害致死罪）

2審は、以下のように判示し、Xらの行為とVの死亡との間の因果関係を肯定した。

「関係証拠によると、本件は、被告人ら及び被害者が人材派遣会社から派遣されて長野県茅野市内の同じ会社で勤務していたが、被告人Xは被害者の上司に対する告げ口があったなどとして被害者に対する害意を形成させ、同じく被害者に悪感情を抱いていたその余の被告人らを糾合して敢行したいわゆる集団リンチの事案であって、第1現場における暴行態様は被告人らそれぞれによる殴打、足蹴りが2時間余りにわたって間断なく繰り返された極めて激しいものであったと認められる。そして、さらに、被告人らはこの暴行では不足であるとして、被害者を自動車に乗せて被告人Yの居室である第2現場に連行した上、被害者を監禁状態にしてその逃走を阻むため監視をしつつ時に椅子を用いるなどもしながら被告人X、Yらが前同様の暴行を約45分間にわたり断続的に加えたことも優に認められる。その後被害者は第2現場の隣人が物音に抗議に来た際、Yがこれに応対している隙にXによる阻止を振り切って、靴下履きのまま同現場から逃走したことが認められる。

これらの事実関係に照らすと、被害者の逃走行為は被告人らの執ようにして激しい暴行から逃れるための必死のものであったと認められ、このことはもとより被告人らにおいて暴行時つとに了解できていたものと解される上、被害者をして逃走するに任せてはおけないとの心理状態にあったと認められるのであって、現にその直後に被告人らが手分けをして被害者を捕捉するための行動（以下「追跡」という。）に出たことからも明らかである。

ところで、被害者は逃走後本件高速道路上で自動車に衝突、轢過されているが、被害者が同道路に立ち入った逃走経路は証拠上明らかではないところ、確かに、原判決認定のとおり、本件高速道路への立入りには同道路と側道との間の金網フェンスや上り線と下り線とを分かつガードレール及び遮光ネットで構成された中央分離帯等の障害物を越えなければならず、かつ、その頃における高速走行車の通行量も5分間で、上り線、下り線とも37台というのであるから、被害者のこの立入りは一見無謀な感がすることは否めない。

しかしながら、第2現場から轢過現場までの距離は経路のいかんにより約763メートルないし約810メートルであること、逃走開始から轢過されるまでの間が約10分という短時間であることに加え、被害者は被告人らに対し極度の恐怖感を抱いていたものと認められることにもかんがみると、被害者は被告人らの追跡を逃れる最も安全な方法として本件高速道路への立入りを即座に選択したと認めるのが相当である。そして、追跡する者が6名と複数人である上、2台の自動車を用いた徹底した追跡がなされるであろうことは被害者にとって自明であることはもとより被告人らにとっても必然のものとして観念されていたと認められることに照らせば、このような選択が被害者の現に置かれた状況からみて、やむにやまれないものとして通常人の目からも異常なものと評することはできず、したがって、被告人らにとってみても予見可能なものと認めるのが相当である。

この点、原判決は、被告人らは第2現場から逃走した被害者を追跡したもののすぐに見失い、引き続き付近を探索した事実は認められるが、それ以上に被害者を追跡したことは認められず、被害者がどのような経緯で本件高速道路に進入したか及びその時の被告人らとの位置関係はどのようなものであったか本件では不明であるとした上、被害者が第2現場から逃走した後の行き先については、現場の地理的な条件や被害者が逃走して探索されている状況下にあるという心理状態を考えても、選択の余地は多々あり、そういう中で被害者が本件高速道路へ進入するしかないあるいはその蓋然性が高いといえるような事情は見出せず、被告人らの暴行から逃れる目的があったとしても、被害者が本件高速道路に進入するということは、通常の予想の範囲外といえる行動であるとして、本件因果関係を否定している。

しかし、本件因果関係の存否は、必然のものとしての被告人らの追跡を前提とした場合における被害者の行動がどのようなものとなるのかの予見の問題に係るのであるから、現実になされた追跡状態を問題とする点において、この見解には賛同できず、のみならず、選択の余地が多々あるとする点も被害者に冷静な判断を求めることが期待できることを前提とする見解と解さざるを得ず、このような見解は前記認定の被害者の置かれた状況を等閑視するもので、これまた賛同することができない。

以上のとおりであって、被告人らの暴行と被害者の死亡との間の因果関係はこれを肯認することができるのであって、論旨は理由がある」。

【決定要旨】上告棄却

「被害者が逃走しようとして高速道路に進入したことは、それ自体極めて危険な行為であるというほかないが、被害者は、被告人らから長時間激しくかつ執ような暴行を受け、被告人らに対し極度の恐怖感を抱き、必死に逃走を図る過程で、とっさにそのような行動を選択したものと認められ、その行動が、被告人らの暴行から逃れる方法として、著しく不自然、不相当であったとはいえない。そうすると、被害者が高速道路に進入して死亡したのは、被告人らの暴行に起因するものと評価することができるから、被告人らの暴行と被害者の死亡との間の因果関係を肯定した原判決は、正当として是認することができる」。

【参考文献】

高橋則夫・百選Ⅰ〔第6版〕24頁、曽根威彦・重判解平成15年度156頁、山口雅高・最判解刑事篇平成15年度407頁

(7)　被害者の行為の介入⑤―被害者の治療拒絶

88 最決平成16年２月17日刑集58巻２号169頁、判時1854号158頁

【事実の概要】

被告人Xは、外数名と共謀の上、深夜、飲食店街の路上で、Vに対し、その頭部をビール瓶で殴打したり、足蹴にしたりするなどの暴行を加えた上、共犯者の１名が底の割れたビール瓶でVの後頸部等を突き刺すなどし、同人に左後頸部刺創による左後頸部血管損傷等の傷害を負わせた。Vの負った左後頸部刺創は、頸椎左後方に達し、深頸静脈、外椎骨静脈沿叢などを損傷し、多量の出血を来すものであった。Vは、受傷後直ちに知人の運転する車で病院に赴いて受診し、翌日未明までに止血のための緊急手術を受け、術後、いったんは容体が安定し、担当医は、加療期間について、良好に経過すれば、約３週間との見通しを持った。しかし、その日のうちに、Vの容体が急変し、他の病院に転院したが、事件の５日後に上記左後頸部刺創に基づく頭部循環障害による脳機能障害により死亡した。

Xは傷害致死罪で起訴された。

なお、Xは、原審公判廷において、上記容体急変の直前、被害者が無断退院しようとして、体から治療用の管を抜くなどして暴れ、それが原因で容体が悪化したと聞いている旨述べているところ、Vが医師の指示に従わず安静に努めなかったことが治療の効果を減殺した可能性があることは、記録上否定することができなかった。

【裁判の経過】

１審：大阪地判平成14年10月22日刑集58巻２号172頁（有罪・傷害致死罪）

１審では、因果関係の存否については争点とならず、傷害致死罪の成立を認めた。

２審：大阪高判平成15年７月10日刑集58巻２号178頁（控訴棄却・傷害致死罪）

２審は、以下のように判示して、Xの行為とVの死亡との間の因果関係を肯定した。

「関係証拠によれば、Vは、本件被害時に、割れたビール瓶で左後頚部を突き刺されたことにより、頚椎にまで達するような深い刺創を負わされ、左後頚部の血管が損傷したこと、その結果、脳内に大量の出血を来して脳の血液循環障害を引き起こし、脳機能障害（いわゆる脳死状態）に陥って死亡したことが認められるのであって、上記傷害とVの死亡との間に原因、結果の関係があるのは明らかである。

所論は、Vは病院で暴れたり、管を抜いたりしたために死亡したのであって、因果関係が断絶していると主張するが、上記傷害がVの死亡の結果の発生に重要な原因となっていることは明らかであるところ、同人が医師の指示に従わず、安静を保っていなかったことなどの事情は、傷害の被害者が死亡に至る経緯として通常予想し得る事態であるから、このことによって、刑法上の因果関係が否定されることはないというべきである」。

【決定要旨】上告棄却

「被告人らの行為により被害者の受けた前記の傷害は、それ自体死亡の結果をもたらし得る身体の損傷であって、仮に被害者の死亡の結果発生までの間に、上記のように被害者が医師の指示に従わず安静に努めなかったために治療の効果が上がらなかったという事情が介在していたとしても、被告人らの暴行による傷害と被害者の死亡との間には因果関係があるというべきであり、本件において傷害致死罪の成立を認めた原判断は、正当である」。

【参考文献】

林陽一・重判解平成16年度151頁、前田巌・最判解刑事篇平成16年度128頁

(8) 第三者の行為の介入①（米兵ひき逃げ事件）

89 最決昭和42年10月24日刑集21巻8号1116頁、判時501号104頁

【事実の概要】

被告人Xは、普通乗用自動車を運転中、過失により、Vが運転していた自転車に自車を衝突させてVをはね飛ばし、Vは、Xの運転する自動車の屋根にはね上げられ、意識を喪失するに至ったが、XはVを屋上に乗せていることに気づかず、そのまま自動車の運転を続けて疾走するうち、前記衝突地点から4キロメートル余をへだてた地点で、右自動車に同乗していたYがこれに気づき、時速約10キロメートルで走っている右自動車の屋上からVの身体をさかさまに引きずり降ろし、アスファルト舗装道路上に転落させ、Vは、Xの自動車車体との激突および舗装道路面または路上の物体との衝突によって、顔面、頭部の創傷、肋骨骨折その他全身にわたる多数の打撲傷等を負い、右頭部の打撲に基づく脳クモ膜下出血および脳実質内出血によって死亡した。

Xは、業務上過失致死罪で起訴された。

【裁判の経過】

1審：東京地八王子支判昭和41年7月9日刑集21巻8号1121頁（有罪・業務上過失致死罪）

1審は、死の結果と事件業務上過失との因果関係については、前掲各証拠特に鑑定人3名作成の鑑定書を検討するときは因果関係を認めるに十分である。」とし、理論的根拠を示すことなく、Xの行為とVの死亡との間の因果関係を肯定した。

2審：東京高判昭和41年10月26日刑集21巻8号1123頁（控訴棄却、業務上過失致死罪）

2審は、以下のように判示して、Xの行為とVの死亡との間の因果関係を肯定した。

「特定の行為に起因して特定の結果が発生した場合において、これを一般的に観察してその行為によってその結果を生ずるおそれのあることが、経験則上当然予想し得られるときは、たとえその行為が結果発生の単独且つ直接の原因ではなくその間他人の行為が介入してその結果の発生を促進助長したとしても、これによって因果関係は中断せられず、先の行為をなした者はその結果の発生に原因を与えたものとして責任を負うべきものであり、本件においてXの自動車の衝突による叙上の如き衝撃が被害者の死を招来することあるべきは経験則上当然予想し得られるところであるから、同乗車Yの行為の介入により死の結果の発生が助長されたからといつて、XはV致死の責を免るべき限りではない」。

【決定要旨】上告棄却

「右のように同乗者が進行中の自動車の屋根の上から被害者をさかさまに引きずり降ろし、アスファルト舗装道路上に転落させるというがごときことは、経験上、普通、予想しえられるところではなく、ことに、本件においては、被害者の死因となった頭部の傷害が最初の被告人の自動車との衝突の際に生じたものか、同乗者が被害者を自動車の屋根から引きずり降ろし路上に転落させた際に生じたものか確定しがたいというのであって、このような場合に被告人の前記過失行為から被害者の前記死の結果の発生することが、われわれの経験則上当然予想しえられるところであるとは到底いえない」。

【参考文献】

川崎友巳・判例講義Ⅰ65頁、大沼邦弘・百選Ⅰ〔第6版〕26頁、海老原震一・最判解刑事篇昭和42年度280頁。

(9) 第三者の行為の介入②（大阪南港事件）

90 最決平成２年11月20日刑集44巻８号837頁、判時1368号153頁、判タ744号84頁

【事実の概要】

被告人Xは、三重県内で土建業甲組を営んでいるものであるが、昭和56年１月15日午後８時ころ、現場の作業から戻って夕食をすませ入浴中、先に作業衣を洗濯しておくように指示してあった雇用中の人夫V（当時48歳）が、脱衣場の外にある洗濯場に洗濯に来たのを気配で察し、脱衣場の窓を開けて、Vに対し、仕事から帰ったらすぐその日着た作業衣を洗濯するようにと注意したところ、Vが契約期間内であるにもかかわらず、「帰らせてくれ」と甲組をやめたい旨をしつこく訴えてきたため、Vが前日にも無断で飯場から逃げ出そうとしたことも思い出して立腹し、いきなりプラスチック製の洗面器に風呂の湯を汲みVの顔めがけて浴びせかけ、さらに窓越しに右洗面器の底や皮バンドでVの頭部等を多数回殴打してVを洗濯場の土間のコンクリート上に転倒させ、なおも衣服を着て屋外に出た後右コンクリート土間等において、失神しているVに対し、右脇腹を足蹴にしたり、両頬を叩いたりしたほか、その頭部を頭髪をつかんで持ち上げては手を放して２、３回コンクリートの床に打ちつけるなどし、かつ、その間４、５回にわたって池の冷水をバケツに汲んできて顔や身体にかける等の暴行（第１暴行）を加え、同人に対し、内因性高血圧性橋脳出血を発生または拡大増悪させる傷害を負わせた。その後、Xは、Vを自車に乗せて大阪南港の資材置場まで運搬し、同所に放置した。翌16日未明ころ、Vは、同所において、右橋脳出血の進展拡大により死亡した。なお、Vは、同所においても角材で頭頂部を殴打された（第２暴行）形跡があるものの、これがXによる暴行であるか否かは証明されなかった。

Xは傷害致死罪で起訴された。

【裁判の経過】

１審：大阪地判昭和60年６月19日刑集44巻８号847頁（有罪・傷害致死罪）

１審は、以下のように判示して、Vの死亡との因果関係のある行為はXの第１暴行にあるとし、第２暴行それ自体についてはV死亡との因果関係を否定した。

「甲組飯場において被害者が意識消失した際に、既に内因性高血圧性橋脳出血が発生していたと認められることから、第一に甲組飯場における暴行が右出血に及ぼした影響が問題となる。そこで検討するに、K鑑定によると、被害者の橋脳に発生した大型出血は、中央部の空洞状、稍陳旧な軟化巣とその周囲の比較的新鮮な多中心性二次性小出血巣とから成ることから、右出血性変化は、右軟化巣の一部に原発性に小出血し、次いで周囲に新しく出血し、これが進展拡大して大出血に至ったものと認められる。そして、被害者は、洗濯をしに洗濯場に来たところを、被告人から風呂の湯や水道の水をかけられ、プラスチック製洗面器で頭部を殴打され、さらに皮バンドで頭部や手を殴られて転倒し、意識消失に至っており、右暴行以前に被害者が意識障害を有していたことを窺わせる事情も存しないことからすれば、右暴行が前記原発性小出血を誘発した疑いも強く存するが、橋脳部に出血が発生していてもそれが小出血であれば、その症状が現われない場合もある上に、前記軟化巣は発生後数時間から２ないし３日間経過したものであることから、甲組飯場における暴行以前に前記原発性小出血が発生していた可能性も否定し難く、いずれであるか確定することはできない。

しかしながら、仮に被告人に有利に右原発性小出血が甲組飯場における暴行以前に発生していたとみても、被害者の血圧上昇をもたらす様な外的刺激は右出血を拡大進展させる影響力を有するものとみるべきことからして、被害者が意識消失する以前に加えられた暴行が被害者に恐怖心等の心理的圧迫を与え、これに引き続く寒冷下に冷水をかける等の暴行と相まって、被害者の血圧を上昇させ、よって、右内因性高血圧性の橋脳出血を拡大進展させる結果になったことは容易に推測され、それが被害者の意識消

失に至る経緯にも合致するというべきである。
したがって、被害者が意識を消失するに至ったのは、そのとき前記原発性出血が橋脳部に発生をみたのか、あるいは、既に生じていた原発性小出血が拡大進展したものかそこまで詳細に本件橋脳出血の発生機序を確定することはできないにしてもいずれにせよ、被告人の暴行によってそのような橋脳部における病態の発生または悪化をもたらした結果意識を失ったものであることが認められる。またその後における冷水をかける等の行為は橋脳出血をさらに拡大させる誘因になったものと認められる。
次に、南港における角材殴打の右橋脳出血に対する影響につき検討するに、角材殴打時には被害者が全くの意識消失状態であったことからすると、右殴打によって惹起された恐怖心等のストレスが血圧上昇性に作用して前記出血の拡大に影響を及ぼしたというようなことはありえないものと思われ、また外力自体が外因的刺激となって右出血に与えた影響も明らかでないといわざるをえない。従って、右角材殴打行為が前記出血の拡大に影響を与えたことを認めるに足りる証拠はない。
以上に検討した如く、甲組飯場における一連の暴行は、被害者に内因性高血圧性橋脳出血を発生させ、あるいは少なくとも既に生じていた同出血を拡大進展させる形で被害者の死期を早めたものと認めることができ、被害者の死亡との間に因果関係を有するというべきであるが、南港における角材殴打行為は、被害者の死亡に対して因果関係を有しないものというべきである」。

2審：大阪高判昭和63年9月6日刑集44巻8号864頁（控訴棄却、傷害致死罪）

2審も、以下のように判示して、Xの第1暴行とVの死亡との間の因果関係を肯定した。
「所論は、南港における角材殴打が被害者の橋脳出血による死亡に対して影響を与えたことは否定できないところ、原判決が右殴打と被害者の死亡との間に因果関係は存しないとしたのは事実誤認であり、またその因果関係が存する可能性がある以上、被告人の飯場における暴行について被害者を死に致したことに対する傷害致死の責任を問うことはできない旨主張する。そこで問題は、被告人の飯場における暴行及び南港における角材殴打が、被害者の死亡に対してそれぞれいかなる影響を持ったか、という点にあるのであるが、原審で取り調べたK鑑定をはじめ関係各証拠によれば、被告人の飯場での暴行により既に死因となるに十分な程度の内因性高血圧性橋脳出血が被害者に惹起され、それのみによって近接した時間内に被害者は死に至ったものと認められるのであり、それに対し南港における角材殴打は、それによって頭蓋骨骨折や頭蓋内出血あるいは脳挫傷等の頭蓋内損傷が引き起こされていないことなどに照らすと、いまだ死に至る脳損傷をもたらす程度のものとは認められず、せいぜい既に発生していた右内因性高血圧性橋脳出血を拡大させ幾分か死期を早める影響を与えたにとどまると推認されるのであり、この点は、当審で取り調べたM作成の鑑定書によっても明らかである。そうすると、被告人の飯場における暴行が、死因である内因性高血圧性橋脳出血を惹起し被害者の死をもたらしたもので、被害者の死亡との因果関係を有することは明らかであるのに対し、南港における角材殴打は、被害者の右橋脳出血を拡大させ右のような程度の死期を早める影響を与えたことがあるだけであって、それが加わることによって被害者に死をもたらすような損傷を与えたものではなく、死因の惹起自体には関わりを持たないものであるから、被害者の死亡との間に因果関係を有しないものといえる」。

【決定要旨】上告棄却

「右の資材置場においてうつ伏せの状態で倒れていた被害者は、その生存中、何者かによって角材でその頭頂部を数回殴打されているが、その暴行は、既に発生していた内因性高血圧性橋脳出血を拡大させ、幾分か死期を早める影響を与えるものであった、というのである。
このように、犯人の暴行により被害者の死因となった傷害が形成された場合には、仮にその後第三者により加えられた暴行によって死期が早められたとしても、犯人の暴行と被害者の死亡との間の因果関係を肯定することができ、本件において傷害致死罪の成立を認めた原判断は、正当である」。

【参考文献】

川崎友巳・判例講義Ⅰ66頁、中森喜彦・百選Ⅰ〔第6版〕32頁、山中敬一・重判解平成2年度142頁、大谷直人・最判解刑事篇平成2年度232頁

(10) 第三者の行為の介入③（高速道路停車事件）

91 最決平成16年10月19日刑集58巻7号645頁、判時1879号150頁

【事実の概要】

被告人Xは、平成14年1月12日午前6時少し前ころ、知人女性を助手席に乗せ、普通乗用自動車（以下「X車」という。）を運転して、高速自動車国道常磐自動車道下り線（片側3車線道路）を谷和原方面から水戸方面に向けて走行していたが、大型トレーラー（以下「Y車」という。）を運転し、同方向に進行していたYの運転態度に立腹し、Y車を停止させてYに文句を言い、自分や同乗女性に謝罪させようと考えた。

(2) Xは、パッシングをしたり、ウィンカーを点滅させたり、Y車と併走しながら幅寄せをしたり、窓から右手を出したり、Y車の前方に進入して速度を落としたりして、Yに停止するよう求めた。これに対し、Yは、当初は車線変更をするなどしてXと争いになるのを避けようとしていたものの、Xが執ように停止を求めてくるので、相手から話を聞こうと考えるに至り、X車の減速に合わせて減速し、午前6時ころ、Xが同道路三郷起点28.8キロポスト付近の第3通行帯に自車を停止させると、YもX車の後方約5.5メートルの地点に自車を停止させた。なお、当時は夜明け前で、現場付近は照明設備のない暗い場所であり、相応の交通量があった。

(3) Xは、降車してY車まで歩いて行き、同車の運転席ドア付近で、「トレーラーの運転手のくせに。謝れ。」などと怒鳴った。Yが、運転席ドアを少し開けたところ、Xは、ドアを開けてステップに上がり、エンジンキーに手を伸ばしたり、ドアの内側に入ってYの顔面を手けんで殴打したりしたため、Yは、Xにエンジンキーを取上げられることを恐れ、これを自車のキーボックスから抜いて、ズボンのポケットに入れた。

(4) それから、Xは、「女に謝れ。」と言って、Yを運転席から路上に引きずり降ろし、X車まで引っ張って行った。Yが、X車の同乗女性に謝罪の言葉を言うと、Xは、Yの腰部等を足げりし、更に殴りかかってきたので、Yは、Xに対し、顔面に頭突きをしたり、鼻の上辺りを殴打したりするなどの反撃を加えた。

(5) Xが上記暴行を加えていた午前6時7分ころ、本件現場付近道路の第3通行帯を進行していたW運転の普通乗用自動車（以下「W車」という。）及びZ運転の普通乗用自動車（以下「Z車」という。）は、Y車を避けようとして第2通行帯に車線変更したが、Z車がY車に追突したため、Z車は第3通行帯上のY車の前方約17.4メートルの地点に、W車はZ車の前方約4.9メートルの地点に、それぞれ停止した。

(6) Z車から同乗者のA及びB（以下「Aら」という。）が降車したので、Xは、暴行をやめて携帯電話で友人に電話をかけ、Yは、自車に戻って携帯電話でXに殴られたこと等を110番通報した。

(7) それから、Xは、Aらに近づいて声を掛け、Y車の所に共に歩いて行ったが、Yは、AらをXの仲間と思い、Aらから声を掛けられても無言で運転席に座っていた。

(8) Xは、午前6時17、18分ころ、同乗女性に自車を運転させ、第2通行帯に車線変更して、本件現場から走り去った。

(9) Yは、自車を発車させようとしたものの、エンジンキーが見付からなかったため、暴行を受けた際にXに投棄されたものと勘違いして、再び110番通報したり、再度近付いてきたAらと共に付近を捜したりしたが、結局、それが自分のズボンのポケットに入っていたのを発見し、自車のエンジンを始動させた。

(10) ところが、Yは、前方にZ車とW車が停止していたため、自車を第3通行帯で十分に加速し、安全に発進させることができないと判断し、Z車とW車に進路を空けるよう依頼しようとして、再び自車から降車し、Z車に向かって歩き始めた午前6時25分ころ、停止中のY車後部に、同通行帯を谷和原方面から水戸方面に向け進行してきたV運転の普通乗用自動車（以下「V車」という。）が衝突し、V車の運転者及び同乗者３名が死亡し、同乗者１名が全治約３か月の重傷を負うという本件事故が発生した。
　Xは、業務上過失致死傷罪で起訴された。

【裁判の経過】

１審：水戸地土浦支判平成15年１月10日刑集58巻７号654頁（有罪・業務上過失致死傷罪）

「関係各証拠によると、本件現場は、片側３車線の高速自動車国道の追越車線に当たる第３通行帯で、本件当時、夜明け前で周囲には照明灯は設置されていなかったこと、本件事故直前の午前６時15分から25分までの間、本件現場の手前約3.7キロメートル地点である25.1キロポストにおける交通量は、第１通行帯が52台、第２通行帯が163台、第３通行帯が115台であることが認められるところ、これらの客観的な状況のもとで、被告人は、Ｙに文句を言い、被告人や女性同乗者に謝罪させるためにＹ車を停止させたものである。そのような場合、その目的のため車外に出ることをＹが求められるなどして、Ｙ車がある程度の時間継続してその場に停止することになることは当然予想されるところ、高速道路の追越車線を走行する自動車は、通常停止車両がないことを前提に走行しているのであるから、前記のような状況であれば、停止車両の確認が遅れがちとなり、その結果、Ｙ車の後続車が、衝突を回避する措置を取ることが遅れたために追突する危険性がかなりあることは被告人に十分に予見可能であったということができ、被告人がＹ車を停止させたことにより、このような事故発生の危険性を惹起したものであるから、被告人の上記行為に過失があったと認められる。

　また、被告人車が本件現場付近を離れてから約７、８分後に本件事故が発生したこと、Ｙは、被告人車が本件現場を離れた後、直ちにＹ車を発進させず、また、同車の停止後事故発生までの間、後続車の追突防止のための措置を講じなかったことが認められるが、それは、同人が被告人から暴行を受けた際に、エンジンキーを被告人に投棄され紛失したものと勘違いしたため、数分間、Ｙ車の周囲を探すなどしたほか、Ｙ車の前方の第３通行帯上に、停止していたＹ車を避けようとして追突事故を起こしたＺ車及びＷ車が停止していたため、Ｙ車を同通行帯で十分に加速し、安全に発進させることができないと判断し、Ｚ車及びＷ車に進路を空けてもらうよう依頼しようとしていたためであり、これらは、被告人がＹに文句を言い謝罪させるために停止させて、暴行を加えたことに誘発されて生じたものであって、被告人の行為との関係では予想外のものということはできず、また、本件事故は、被告人がＹ車を停止させたことによって生じた事故発生の危険性が現実化したにすぎないというべきものであるから、前記のような事情が介在したからといって、被告人がＹ車を停止させたことと本件事故との間の因果関係が否定されることにはならない」。

２審：東京高判平成15年５月26日刑集58巻７号670頁（控訴棄却、業務上過失致死傷罪）

「所論は、仮に被告人がＹ車を第３通行帯上に停止させたとしても、本件事故の原因は、Ｙが第３通行帯にあえてＹ車を停め、被告人車が走り去った後も、第３通行帯にＹ車を停止させ続けたことにあるのであって、午前６時ころの停止行為にあるのではなく、その停止させた行為と本件事故との間には因果関係がないし、停止させた段階では、被告人にはＹ車が本件のように長時間停止し続けることは予見できなかったから、本件事故についての予見可能性がないと主張する。確かに、被告人車が本件事故現場付近を離れてから約７、８分後に本件事故が発生したこと、Ｙは、Ｙ車の停止後事故発生までの間、後続車の追突防止のための措置を講じず、また、被告人車が本件事故現場付近を離れた後、直ちにＹ車を発進させなかったことなどの事実が認められるが、原判決も指摘するとおり、Ｙ車の停止後すぐに被告人がＹ車のもとに来てＹに文句を言い、暴行を加えるなどし、被告人が現場付近を離れた後にＹはＹ車を発進させようとしたものの、Ｙが被告人から暴行を受けた際に、エンジンキーを被告人に投棄され紛失したものと勘違いしたため、Ｙ車の周囲を探すなどしたほか、Ｙ車の前方の第３通行帯上に、Ｙ車を避けようとして追突事故を起こしたＺ車とＷ車が停止していたため、安全に発進させることができないと考え、Ｚ車及びＷ車に進路を空けてもらうよう依頼しようとしていたため、停止がなお継続していたものであり、これら一連の経過は、被告人がＹに文句を言い謝罪させるために停止させて、暴行を加えたことに誘発されて生じたものであって、被告人がＹ車を停止させた行為との関係では予想外のものということはできず（Yの行動が特別に異常なものであったともいえない。）、こうした事情が介在したからといって、被告人がY車を停止させたことと本件事故との間の因果関係が否定されることにはならないし、予見可能性が否定されるものでもない。

なお、所論は、高速道路の第３通行帯にY車を停止させることも、後続車の追突防止のために措置を取らなかったことも、安易に危険な場所に大型トレーラーを停止させ続け、直ちにこれを発進させなかったことも、全て、Yの高速道路を走行する大型車両運転者としての交通法規遵守の意識の欠如に起因しているとし、それを前提にして、被告人の行為に誘発されたものとは到底認められないと主張するが、これまで検討してきた事実関係からすると、全てYの責任とするその前提自体が失当である。そして、前記のような事実関係からは、前記のとおり、被告人がYに文句を言い謝罪させるためにY車を本件事故現場に停止させたもので、Y車の停止が継続する状況になったのも、被告人がY車を停止させた後にYに暴行を加えるなどしたことに誘発されて生じたものと評価できるから、所論は採用の限りではない。また、所論は、当裁判所も正当として是認する先のような原判決の論理が正しければ、仮にY車が30分あるいは１時間以上停止し続けた場合も、その一因を作ったのは被告人であるとしてその過失責任を問い得ることになってその限界が不明確であるなどとも主張するが、原判決は、予見可能性や因果関係の有無について、被告人がY車を停止させてから事故発生までの時間の長さだけで判断しているわけではなく、被告人がY車を停止させた状況、Y車停止後の被告人とYの状況、Y車が停止し続けることになった事情とそれへの被告人のかかわりの程度、本件事故発生の状況などを具体的に考慮して判断しているのであって、所論の主張自体が当を得ないものであるし、基準が不明確になるとの非難も当たらない。所論は採用できない。

さらに、所論は、仮に被告人がY車を第３通行帯に停止させたとしても、Y車の停止時間として予想できるのは、本件現場の道路上で口論、喧嘩となり、これが収まって停止目的が終了し、被告人が現場を離れるとともに、その後通常、大型トレーラーが現場から発進するのに要する時間、遅くとも６時20分ころまでというべきであり、それまでに発生する事故については予想可能であったといえるが、自らが現場を離れ、停止目的が終了してしまった後、約７、８分も、Y車が極めて危険な第３通行帯に停止し続けることは、場所が高速道路の第３通行帯であること、Y車には何ら故障はなく、車両自体に発進の支障となるものがないこと、前方に停止する２台の乗用車との距離は十分な間隔があって、発進や車線変更上の支障も何ら認められないこと等に照らせば、予測しがたいものであり、被告人が現場を離れてから７、８分も経過してからの事故発生は被告人には予見できず、被告人が現場を離れた後の事故の回避可能性も被告人にはない旨主張する。しかし、本件起訴にかかる被告人の過失は、V車を第３通行帯に停止させた行為であり、その行為と本件事故との因果関係やその時点での結果の予見可能性と回避可能性が問題とされるべきであり、この点については、これまで縷々述べてきたとおり、因果関係も予見可能性や回避可能性も肯定されるのであって、所論の指摘は、被告人が本件事故現場を離れた時点における予見可能性と結果回避可能性を問題としている点で失当である」。

弁護側は、事実誤認、法令違反等を理由に、上告した。

【決定要旨】上告棄却

「以上によれば、Yに文句を言い謝罪させるため、夜明け前の暗い高速道路の第３通行帯上に自車及びY車を停止させたという被告人の本件過失行為は、それ自体において後続車の追突等による人身事故につながる重大な危険性を有していたというべきである。そして、本件事故は、被告人の上記過失行為の後、Yが、自らエンジンキーをズボンのポケットに入れたことを失念し周囲を捜すなどして、被告人車が本件現場を走り去ってから７、８分後まで、危険な本件現場に自車を停止させ続けたことなど、少なからぬ他人の行動等が介在して発生したものであるが、それらは被告人の上記過失行為及びこれと密接に関連してされた一連の暴行等に誘発されたものであったといえる。そうすると、被告人の過失行為と被害者らの死傷との間には因果関係があるというべきであるから、これと同旨の原判断は正当である」。

【参考文献】

山中敬一・重判解平成16年度153頁、上田哲・最判解刑事篇平成16年度454頁

(11)　第三者の行為の介入④（トランク追突死事件）

92 最決平成18年３月27日刑集60巻３号382頁、判時1930号172頁、判タ1209号98頁

【事実の概要】

被告人Xは、マンションの一室でゲーム機賭博場を開こうとした際、Vから部屋の新規契約のために必要であるなどと言われて、Vに現金15万円を渡したが、その後、部屋を新規契約することができなくなったにもかかわらずVが15万円を返還しないなどとして、Vに対する不満を募らせるようになった。

(2) 平成16年３月６日、Xは、被告人Zを通じて、Vを「b店」駐車場に呼び出した上、被告人Yの運転する自動車でZと共に同所に赴き、Vに対して15万円の返還を求めたが、Vはこれに応じようとしなかった。そこで、Xが、Vに対し、Yの自動車に乗るよう求めたところ、Vは特に抵抗することなく同車に乗り込んだものの、Yが自動車を発進させると、大声を出すなどしたため、Xが、「おとなしくせい。」などと言いながら、Vの顔面を手拳で数回殴打した。その後も、XとVが車内でもめていたため、Yは、一度停車することとし、「c店」駐車場内に入った。

(3) Xは、Vを自動車のトランクに乗せることを思いつき、Vに対し、その旨を申し向けたところ、Vは一応同意するかのような返事をしていたが、自動車の外に出た直後、走って逃げ出した。Y及びZは、XとVとの間のもめ事について利害関係はなかったものの、このころにはVの態度が不誠実であると感じたことなどから、Xに協力しようという気持ちになり、Xと一緒にVを追跡し、Yが捕まえたVの身体を３人がかりでつかんで、上記車のトランク内に押し込んだ。

(4) 被告人らは、再び自動車に乗り込んで「c店」駐車場を出発し、Vを人気のない山中に連行し、そこで、Vを脅して15万円の返還を求めることにした。そして、Y及びXは、被害者を脅すためには人数が多い方がよいと考え、F及びGに電話をかけて、同人らを大阪府某市所在の「h」に呼び出した。被告人らも、「h」に向かったが、同所の前を通過した際、Fの自動車が見当たらなかったことから、Yは、同所付近の道路上に停車してFらを待つことにした。

(5) Yが停車させた道路は、車道の幅員が約7.5メートルの片側１車線のほぼ直線の見通しのよい道路であるところ、停車して数分後、後方からZが運転する自動車が走行してきたが、同人は前方不注意のために、停車していたYの自動車に至近距離に至るまで気付かず、同車のほぼ真後ろから時速約60キロメートル近くの速度でその後部に追突した。これによって同車後部のトランクは、その中央部がへこみ、トランク内に押し込まれていたVは、第２・第３頸髄挫傷の傷害を負って、間もなく同傷害により死亡した。

X、Y、Zは、逮捕監禁致死罪で起訴された。

１審：大阪地判平成16年12月24日刑集60巻３号394頁（有罪・逮捕監禁致死罪）

「被告人らの逮捕監禁行為と被害者の死亡との間の因果関係を検討するに、本件において、被害者が死亡する直接的な原因となったのは、Ｖの運転する自動車が、同人の前方不注意のために、Ｙの自動車に追突したことであることは否定できない。しかし、自動車で走行中、交通事故に巻き込まれることは日常的に起こり得る出来事であり、その中には停止中の車両に後方から走行して来た車両が追突するという事故もしばしば見られるところ、自動車のトランクは、人が入ることを想定して設計・製作されたものではないため、その中に人を入れた場合には、車内に乗る場合に比べてはるかに危険性が高く、したがって被害者を自動車のトランク内に監禁した上で道路上を走行したこと自体、非常に危険な行為であったと評価することができる。そうすると、本件のように、第三者の前方不注意という過失によって、道路上に停車していた自動車に、後方から走行してきた自動車が追突し、これによって追突された自動車のトラ

ンク内に押し込まれていた人間が死亡するということは、経験則上、十分に予測し得るところであるといわなければならない」。

2審：大阪高判平成17年9月13日刑集60巻3号401頁（控訴棄却、逮捕監禁致死罪）

「被害者の死亡原因となった、Vの追突事故は、路上に停止中の車に後方から走行してきた車両が衝突するというものであって、後続車の運転者が脇見運転し、前方を注視しなかったことにより、停止中の前車の後部に衝突するという事故態様は、路上における交通事故としてなんら特異な事態ではない。そして、このような事故の結果、前車に乗車中の者は、どのような形態で乗車する場合であっても、衝突の衝撃により死傷に至ることは、十分あり得るところであり、本件のように車の後部トランク内に監禁されている場合も異なるところはない。したがって、被告人らの逮捕監禁行為と被害者の死亡との間に因果関係が存することは優に認めることができる」。

弁護側は、第三者の異常な介在行為によりXらの行為とVの死亡結果との間の因果関係が否定されるとして、上告した。

【決定要旨】上告棄却

「以上の事実関係の下においては、被害者の死亡原因が直接的には追突事故を起こした第三者の甚だしい過失行為にあるとしても、道路上で停車中の普通乗用自動車後部のトランク内に被害者を監禁した本件監禁行為と被害者の死亡との間の因果関係を肯定することができる。したがって、本件において逮捕監禁致死罪の成立を認めた原判断は、正当である」。

【参考文献】

井田良・百選Ⅰ〔第6版〕30頁、島田聡一郎・平成18年度重判解157頁

第３章　違法性阻却

第１節　正当行為

1　違法の相対性―国家公務員の争議行為（名古屋中郵事件）

93 最大判昭和52年５月４日刑集31巻３号182頁、判時848号21頁

【事実の概要】

（被告人らの身分及び本件発生に至る経過）

郵政省の職員で、全逓信労働組合（以下全逓と略称する）の中央執行委員であったX及び全逓愛知地区本部執行委員であったY、Z、Uは、A、B、Cらと共謀し、昭和33年３月20日午前５時45分頃、名古屋中央郵便局東側地下第一食堂で、Dら９名が、それぞれ集配課外務員としての職場を放棄して、全逓名古屋中郵支部の時間内職場大会に参加し、速達便については午前７時30分から午前９時30分まで、著名者配達普通常便については午前８時から午前９時30分まで、それぞれその担当していた第１号郵便物の配達をしなかつた際、Yが「東京中央郵便局でも午前２時職場大会に参加したから皆さんもすぐ職場大会に参加して下さい」、「東京中央局では只今脱出に成功したという電話があったから皆さんも職大に行って下さい」、「組合が責任を持つから出て行って下さい」などと、Dらに申し向け、Xも同人らに対し「東京中郵でも職場大会が行われて参加しているから職大に出て欲しい」旨を申し向け、被告人ZとUも「出て下さい」「出て下さい」などと申し向けた。

これに対して、管理者側は、名古屋中央郵便局長名義で、時間内職場大会参加が郵便法79条に違反するとの理由で、参加者は刑事処分を受けるおそれがある旨の警告文を同局正面玄関に掲示し、同月19日には同局正面玄関及び北門入口に立入禁止のビラを貼付するなどして、組合員の職場大会参加を阻止しようとしていたが、Xら４名は、同日時午前５時45分ごろに、当時名古屋中央郵便局長であったVの管理していた同局東側地下第一食堂へ、職場大会開催の目的で、X、Y、Uは同局正面玄関口から、Zは同局北通用門入口から侵入し、さらに、午前７時30分ごろ、Y、Z、Uは宿直勤務者で未だ前記職場大会に参加していない者を同大会に参加させる任務を帯びた約20名の組合員の指導者となって卒先して、Vの管理していた同局作業棟三階普通郵便課、続いて同二階小包郵便課作業室に、同局正面玄関口から侵入した。Xらは、郵便法79条１項前段違反の罪および建造物侵入罪で起訴された。

【裁判の経過】

１審：名古屋地判39年２月20日刑集31巻３号517頁（一部有罪・一部無罪）

「弁護人らは、公共企業体等労働関係法17条は憲法に違反し、仮りにそうでないとしても、同法条違反の行為についても労働組合法１条２項の適用があり違法性が阻却される旨主張するが、公共企業体の国民経済及び国民生活に対して有する重要性にかんがみ、その職員が一般民間の労働者と異なって、労働運動につき同法条に規定されるような争議行為禁止の制限を受けても、憲法28条に違反するものではないし、公共企業体等の職員はこのように争議行為を禁止され争議権自体を否定されているのであるから、もはや争議行為であることを理由に直ちにそれが正当行為に該るものとは云うことが出来ず、労働組合法１条２項の適用はなく、他に相当の事情がない限り違法性を阻却されないものと解すべきである。そうしてDら本犯とされる９名及び被告人らの判示各所為は、前記認定のような当時の状況を前提としても、このような行為に出ることが緊急真に止むを得ないものであって全法律秩序の精神に照らしてもはや非難を加えるべきものでないとは認められず、超法規的に違法性を阻却されるべき行為と云うことが出来ないから、弁護人のこの点に関する主張は採用することが出来ない」。

「弁護人らは郵便法は本来事業法の性格を有し、労働関係を規律することを目的として制定されたものではないから、同法79条は個別的職務違背に基く郵便不取扱いに対して適用されるもので、集団的争議行為にまで適用されるものではない旨主張するが、郵便法は、事業法として郵便業務の円滑な運営を確保することを主要な目的の一つとするものであるから、郵政職員が争議行為として郵便の取扱いをしない場合においても、それが郵便業務の円滑な運営を阻害し、同法の法益を侵害する以上、他の理由によって右争議行為が正当な行為として違法性を阻却されない限りにおいてはこれに対する罰則の適用を受けるものであると云わなければならない。従ってこの点に関する弁護人らの主張も採用することはできない」。

「弁護人らは建造物侵入の点について、被告人らの各局舎立入行為は正当な組合活動に基づくものであり、同人らのとった手段、方法も相当なもので、何ら局舎の施設や局員の執務に対し障害を与えていないのであるから、建造物侵入罪を構成しないと主張するが」、被告人らが、各庁舎立入行為に出た目的は、「主として郵便法79条１項前段違反の幇助行為ないしは教唆行為に該る行為をすることにあったと認められ、その立入の目的において違法と評価されるものであるから、被告人らの各所為はもはや正当な組合活動であるとは云い得ず、同被告人らが管理者側の局舎立入禁止の意思に反して局舎にそれぞれ立入っている以上、建造物侵入罪を構成するものと云わなければならない。従ってこの点についての弁護人らの主張も採用することが出来ない」。

２審：名古屋高判昭和44年10月29日刑集31巻３号528頁（破棄自判・無罪）

最高裁判所判決（最高裁判所昭和41年10月26日大法廷判決）によると、「公共企業体等の職員の行なう争議行為については、それが労組法第１条第１項の目的を達成するものであって、該争議行為がいわゆる（一）政治目的のために行なわれたような場合とか、（二）暴力を伴う場合とか、あるいは（三）社会の通念に照らして、不当に長期に及ぶときのように国民生活に重大な障害をもたらす場合のような不当性を伴わないかぎり、右の争議行為についても、労組法第１条第２項の適用があり、刑事裁判の対象とはならないと解するのが相当であるというのであり、当裁判所も、最高裁判所の右見解を維持するものである」。

「本件争議行為がさきの最高裁判所大法廷判決において示された（一）の政治目的のために行なわれた場合にあたらないことは明らかである」。「被告人らが本件争議当日全逓労組員のみでなく、多数の支援団体の労組員の応援を得て、名古屋中央郵便局の正面玄関を初め、北通用門、地下道などの各出入口附近に相当強力なピケを張り、全逓労組に所属する従業員の入局を阻止し、また局舎内に多人数で立入り、同局舎内に残留していた他の労組員を説得誘導して、局舎外に連れ出し、同人らを前記職場大会に参加させたからといって、ただそれだけで、本件争議行為が暴力を伴った違法な争議行為であるというわけにはいかない。したがって、本件争議行為が、前記最高裁判所大法廷判決において示された（二）の暴力を伴う場合にもあたらないこともまた明らかである」。「そこで更に進んで、右の大法廷判決において示された前記（三）の社会の通念に照らして不当に長期に及ぶときのように、国民生活に重大な障害をもたらす場合にあたるか否かについて考察するに、（中略）該各郵便物の配達遅延は、せいぜい1時間30分ないし５時間程度に過ぎなかったと認められるから、本件争議行為が、さきの最高裁判所大法廷判決において示された前記（三）の社会の通念に照らして、不当に長期に及ぶときのように国民生活に重大な障害をもたらした場合にも該当しないことが明らかである」。

「本件争議行為が、形式上、郵便法第79条第１項前段違反の罪の構成要件に該当することは明らかであるが、以上検討したとおり、該争議行為は、さきの最高裁判所大法廷判決において示された三つの例外的場合のいずれにも該当しないことが明白であるから、本件争議行為による郵便法第79条第１項前段違反の罪は、結局公労法第３条、労組法第１条第２項本文、刑法第35条の趣旨により、罪とならないものというべきである」。

建造物侵入に関する被告人４名の各所為は、「その目的および態様において、なお社会的に相当なものとして是認せられるべきものと認められるから、局側の管理者において、特別の事情のないかぎり（本件においては、かかる特別の事情は認められない）、未だ建造物侵入の罪を構成しないと解するのが相当である」。

【判旨】一部棄却・一部破棄自判

「公労法17条１項による争議行為の禁止が憲法28条に違反しておらず、その禁止違反の争議行為はもはや同法条による権利として保障されるものではないと解する以上、民事法又は刑事法が、正当性を有しない争議行為であると評価して、これに一定の不利益を課することとしても、その不利益が不合理なものでない限り同法条に牴触することはない」。

「刑事法上の効果についてみると、（中略）刑事法上に限り公労法17条１項違反の争議行為を正当なものと評価して当然に労組法１条２項の適用を認めるべき特段の憲法上の根拠は、見出しがたい。かりに、争議行為が憲法28条によって保障される権利の行使又は正当な行為であることの故に、これに対し刑罰を科することが許されず、労組法１条２項による違法性阻却を認めるほかないものとすれば、これに対し民事責任を問うことも原則として許されないはずであって、そのような争議行為の理解は、公労法17条１項が憲法28条に違反しないとしたところにそぐわないものというべきである」。東京中郵事件判決の判示は、「刑事法上の違法性の存否ないし程度を考える場合に考慮すべきことを一般的に説くにとどまるのであって、具体的な刑罰の合憲性と行為の違法性については、それぞれの罰則と行為に即して具体的に検討しなければならないのである。結局、憲法28条の趣旨からいって当然に労組法１条２項の適用を認めるべきであるとする見解は、これを支持することができない」。

「公労法は明文をもって労組法１条２項の適用を除外しているわけではないが、それは、公労法17条１項違反の争議行為を刑事法上正当なものと認める意味をもつものではな。さらに、もともと労組法１条２項が、刑法35条の規定は労働組合の団体交渉その他の行為であって労組法１条１項に掲げる目的を達成するためにした正当なものについて適用があるとしているのは、東京中郵事件判決も説くように、右の行為が憲法28条の保障する権利の行使であることからくる当然の結論を注意的に規定したものと解すべきであるから、前述のように憲法28条に違反しないとされる公労法17条１項によっていっさい禁止されている争議行為に対しては、特別の事情のない限り、労組法１条２項の適用を認めえないのがむしろ当然であって、同条項の適用を除外する旨の明文の規定がないことにことさらな意味付けをするのは、相当でない」。

「刑罰を科するための違法性は、一般に行政処分や民事責任を課する程度のものでは足りず、一般と強度のものでなければならないとし、公労法17条１項違反の争議行為には右の強度の違法性がないことを前提に、労組法１条２項の適用があると解すべきである、とする見解がある。確かに、刑罰は国家が科する最も峻厳な制裁であるから、それにふさわしい違法性の存在が要求されることは当然であろう。しかし、その違法性の存否は、ここに繰り返すまでもなく、それぞれの罰則と行為に即して検討されるべきものであって、およそ争議行為として行われたときは公労法17条１項に違反する行為であっても刑事法上の違法性を帯びることがないと断定するのは、相当でない。特に、この条項は、前記のとおり、五現業及び三公社の職員に関する勤務条件の決定過程が歪められたり、国民が重大な生活上の支障を受けることを防止するために規定されたものであって、その禁止に違反する争議行為は、国民全体の共同利益を損なうおそれのあるものというほかないのであるから、これが罰則に触れる場合にその違法性の阻却を認めえないとすることは、決して不合理ではないのである。してみると、公労法において禁止された争議行為が合理的に定められた他の罰則の構成要件を充足している場合にその罰則を適用するにあたり、かかる争議行為とは無関係に行われた同種の違法行為を処罰する通常の場合に比して、より強度の違法性が存在することを要求するのは、当をえないものといわなければならない。なお、郵便法79条１項が公共性の強い郵便業務を保護するための罰則であって不合理なものといえないことは、東京中郵事件判決が説示するとおりである」。

「公労法17条１項違反の争議行為についても労組法１条２項の適用があり、原則としてその刑事法上の違法性が阻却されるとした点において、東京中郵事件判決は、変更を免れないこととなるのである」。

「公労法17条１項に違反する争議行為が郵便法79条１項などの罰則の構成要件に該当する場合に労組法１条２項の適用がないことは、上述したとおりであるが、そのことから直ちに、原則としてその行為を処罰するのが法律秩序全体の趣旨であると結論づけるのは、早計に失する。すなわち、罰則の構成要件に該当し、違法性があり、責任もある行為は、これを処罰するのが刑事法上の原則であるが、公労法の制定に至る立法経過とそこに表れている立法意思を仔細に検討するならば、たとい同法17条１項違反の争議行為が他の法規の罰則の構成要件を充たすことがあっても、それが同盟罷業、怠業その他単なる労務不提供のような不作為を内容とする争議行為である場合には、それを違法としながらも後に判示するような限度で単純参加者についてはこれを刑罰から解放して指導的行為に出た者のみを処罰する趣旨のものであると解するのが、相当である」。

「国公法の罰則があおり、そそのかしなどの指導的行為に処罰対象を絞っているのは、東京中郵事件判決が指摘するとおり、同盟罷業、怠業その他単なる労務不提供のような不作為を内容とする争議行為に対する刑事制裁をいかにするかを念頭に置いてのことであるので、単純参加行為に対する処罰の阻却も、そのような不作為的行為についてのみその事由があるとしなければならない。ここで単純参加行為に対する処罰の阻却を肯定するのは、もとよりその行為を適法、正当なものと認めるからではなく、違法性を阻却しないけれども、右に述べた諸般の考慮から刑事法上不処罰とするのが相当であると解されるからなのである。

さらに、この場合の処罰の阻却は、その根拠となる立法経過からみるとき、公労法17条１項の争議行為の禁止規定が存在しなければ正当な争議行為として処罰を受けることのないような行為に限定される。けだし、政令第201号が施行される以前においては、前述のとおり、現業公務員の争議行為は許されていたが、その当時においても、違法な争議行為に対しては、それが単純参加行為であっても、争議行為として行われたものでない一般の行為に対するのと同様に、郵便法79条１項その他の罰則が適用されていたのであるから、争議行為が禁止されるようになって、かえってその処罰が阻却されることになったと解するのは、明らかに不合理であるからである」。

「Dら９名の行為は、郵便の遅延を招くおそれのある業務の不取扱いであって、郵便法79条１項に該当するものというほかはなく、かつ、これを幇助した被告人らの行為は、国公法の罰則における『あおり』に該当するような指導的行為であるから（全農林事件判決及び岩手県教組事件判決における『あおり』の定義を参照)、処罰を免れない」。

「右のように、公労法17条１項に違反する争議行為が刑法その他の罰則の構成要件に該当する場合には、労組法１条２項の適用はなく、他の特段の違法性阻却事由が存在しない限り、刑事法上これを違法と評価すべきものであるが、そのことと、右の争議行為に際しこれに付随して行われた犯罪構成要件該当行為についての違法性阻却事由の有無の判断とは、区別をしなければならない。すなわち、このような付随的な行為は、直接公労法17条１項に違反するものではないから、その違法性阻却事由の有無の判断は、争議行為そのものについての違法性阻却事由の有無の判断とは別に行うべきであって、これを判断するにあたっては、その行為が同条項違反の争議行為に際し付随して行われたものであるという事実を含めて、行為の具体的状況その他諸般の事情を考慮に入れ、それが法秩序全体の見地から許容されるべきものであるか否かを考察しなければならないのである」。

「これを本件における建造物侵入の行為についてみると、被告人らは、公労法17条１項に違反する争議行為への参加を呼びかけるため、すなわち、それ自体同条項に違反するあおり行為を行うため、立入りを禁止された建造物にあえて立ち入つたものであって、その目的も、手段も、共に違法というほかないのであるから、右の行為は、結局、法秩序全体の見地からみて許容される余地のないものと解さざるをえない」。

【参考文献】

前田雅英・百選Ｉ〔第２版〕58頁、京藤哲久・百選Ｉ〔第４版〕38頁、田中利幸・百選Ｉ〔第５版〕34頁、香城敏麿・最判解刑事篇昭和52年度93頁

2　違法の絶対的軽微性

地方公務員の争議行為（岩手県教組事件）

94 最大判昭和51年５月21日刑集30巻５号1178頁、判時814号73頁

【事実の概要】

岩手県内学校教職員をもって組織する岩手県教員組合（以下「岩手教組」という。）の

中央執行委員長であったX、同組合書記長のY及び同組合中央執行委員であったZ、S、T、U、Wの5人は、岩手県下の各市町村教育委員会（以下「市町村教委」という。）がその管理する各市町村立中学校第2、3学年生徒に対する昭和36年度全国中学校一せい学力調査を実施するにあたり、その実施に反対し、同組合傘下組合員である市町村立中学校教員をして、これが実施を阻止する争議行為を行わせるため、具体的に以下の活動を行った。

①Xら7名は、他の同組合本部役員らと共謀のうえ、被告人らにおいて、昭和36年10月13日ころより同月20日ころまでの間に、同組合西磐井支部長Aら各支部長あて、岩手教組中央闘争委員長X名義の、「10月26日学力調査を行う場合は、全組織力を傾注して阻止せよ。テスト責任者、補助員任命は完全に返上せよ。当日全組合員休暇届を提出し、午前8時30分より中学校区単位の措置要求大会に参加せよ。9時50分から10時の間に学校に到着して授業を行え。」等、全組合員相結束して右調査の実施に関する職務の遂行を拒否しその調査の実施を阻止すべき旨を記載した指令書（指令第6号）及び「テスト責任者、テスト補助員等の任命を絶対に返上せよ。当日全組合員午前7時中学校区単位に集結し、教育委員会の行動に対応できる体制を確立されたい。早朝テスト実施の任務をもつて来校し、テストに入ろうとする者がある場合には中学校の担任は直ちに生徒を掌握し、授業の体制にうつり教室を防衛する。外来人が教室に入ることを断乎阻止せよ。特に生徒の扱いについては、テストが事実上不可能な状態におくこと。休暇届は一括分会長保管とする。」等と記載した右指令の内容を敷衍強調する指示書（指示第7号）を発出し、右各支部、支会、分会の役員らを介し、そのころ岩手県一関市ほか同県各市町村において、傘下組合員である小野寺明治外岩手県下の市町村立中学校教職員約4,300名に対し、右指令、指示の趣旨を伝達してその趣旨の実行方を慫慂した。

②Zは、同年10月19日ころ、花巻市宮野目中学校において、前記組合員である同中学校長Aに対し、「校長も組合員の一人であるから、組合の方針に従つてテストを実施しないことに協力してくれ。テスト責任者を命ぜられてもこれを返上するようにしてくれ。」等と説得強調して右指令の趣旨の実行方を慫慂し、同月24日ころ、同市稗貫教育会館において、前記組合員であるB他約40名の小、中学校長に対し、「校長も組合員だから、組織の決定に従つてテスト責任者を返上し、テスト拒否にふみ切つて貰いたい。」等と力説強調して右指令の趣旨の実行方を慫慂し、同月26日、同市矢沢中学校において、前記組合員である同中学校長宮沢吉太郎に対し、「テストは反対である。テストはやめるように。」等と説得強調して右指令の趣旨の実行方を慫慂した。

③Tは、同年10月25日、久慈市九戸教育会館において、前記組合員であるCほか約50名の小、中学校長に対し、「組合の方針はあくまでテストを阻止するので、校長はテスト責任者を返上して貰いたい。」等と力説強調して右指令の趣旨の実行方を慫慂し、同月26日、同市夏井中学校において、前記組合員である同中学校長Dに対し、「テストはこのままやめて貰いたい。」等と説得強調して右指令の趣旨の実行方を慫慂した。

④Uは、同年10月16日ころ、前記九戸教育会館において、前記組合員である高橋祐平外約50名の小、中学校長に対し、「今度の学力テスト阻止闘争は指令6号によつてやつて貰いたい。テスト責任者を返上しテスト補助員を任命するな。」等と力説強調して右指令の趣旨の実行方を慫慂した。Xら7名は地方公務員法61条4号違反の罪で起訴された。

【裁判の経過】

1審：盛岡地判昭和41年7月22日刑集30巻5号1508頁（有罪・地方公務員法違反の罪）

「本件統一行動においては、組合の最高の決議機関により、その基本方針が決定された上、正当な中央委員会などの手続を経て、指令第6号及び指示第7号が発出されたので、被告人らとしては、組合組織内における正規の手段により、各組合員を本件統一行動に動員しようとしたものであり、また、相当数の組合員は、組合組織内の統制に服従し、本件統一行動に出ようとしたものであることは、否定できない」。

「被告人らの本件指令第６号及び指示第７号の発出伝達及びその疑旨の伝達行為は、組合員の違法行為実行の原動力となり、その実行の決意に影響力のある刺戟を与えるに足りるものであることが明らかであるので、ある組合員に対しては、争議行為実行の決意を生じさせ、また、ある組合員に対しては、すでに生じている決意を助長するような勢いのある刺戟を与える行為であるというべきであるから、地公法第61条第４号に規定する争議行為の遂行をあおる行為に該当するものといわなければならない」。

「本件学力調査は、教育行政権の行使との関係、教育政策的な関係、法律的手続の関係で多くの問題を包含していることは、否定できないが、決して、違法なものではなく、憲法や教育基本法に違反せず、教育に対し、不当な支配を及ぼそうとしたものでもないから、かかる学力調査を阻止することが超法規的違法性阻却事由における正当目的に該当するものということはできない。そして、本件学力調査の目的がすでに判示したとおり、正当であると認められる以上、本件統一行動は、その余の点について、判断するまでもなく、もはや、超法規的違法性阻却事由が存するものと認める余地はない」。

「なるほど岩教組においては、本件統一行動のため、児童、生徒の学習に混乱が生じないように、本件統一行動当日は、平常授業または予め計画された自習を行うなどの配慮をしていたことは、………各事実の認定に供した各証拠に徴して、認められるところであるが、右目的達成のための手段として、本件統一行動のような手段が相当なものとは認めることができない。すなわち、地方公務員である教職員は、現行法上、争議行為が認められないから、争議行為として、本件統一行動をすることは、許容されず、したがって、本件学力調査に右のような問題または欠陥を包含し、ひいては、被告人及び弁護人らの指摘するような弊害を生ずることが予測されたとしても、これらを是正するためには、話合い、協議（地公法第55条にいわゆる交渉）その他合法的なすべての手段によるべきであるから、本件統一行動が右のように児童、生徒に混乱のないように配慮した事実があっても、正当な行為ないし社会的相当行為として、容認されるべきものということはできない」。

２審：仙台高判昭和44年２月19日刑集30巻５号1564頁（破棄自判、無罪）

労働争議「権を保障した憲法第28条および刑罰の威嚇をもって労働の強制を禁止したものと解される同法第18条、争議権を制限するには最小必要限度にとどめなければならず、まして、単純な労務放棄の不作為に対しては民事的制裁を課するにとどめ、刑罰を科せられないのが原則であり、争議行為禁止の違反行為に対して刑罰の制裁をもって臨むのは必要やむを得ない場合でなければならないこと、その他争議行為の犯罪からの解放という世界労働運動の歴史と刑事制裁緩和という労働法制の変遷等を彼此総合考察するときは、地方公務員法第61条第４号において可罰的違法性ありとして処罰の対象とされる行為は、前記一般的定義において同号所定の行為に該当するものとみられるすべての行為を含む趣旨ではなく、そのうち争議行為に必要不可欠かまたは通常随伴する行為であって、その手段、態様において正当性の限界を超えないものと認められるもの、換言すれば、争議行為の遂行と同等の評価を受ける行為は、可罰的違法性がないものとしてこれを除外すべく、独立犯罪類型たる『共謀』『あおり』『そそのかし』等の行為それ自体が、その手段、態様において右の限界を逸脱し、もはや法律上の保護に値せず、刑事制裁を科するもやむを得ないと認められる程度に強度の違法性を帯びる行為に限り、これを処罰すべきものと解するのが相当である」。

本件についてこれをみるに、さきに本件学力調査反対闘争の経過についての事実誤認の主張に対する判断において説示したとおり、本件学力調査反対闘争は、被告人らを含む岩教組執行部の企画、立案にかかり、その積極的指導によって遂行されたものであることは否定し難いけれども、前示の経緯を経て、十分な職場討議を重ねる過程で組合員の意思を結集し、大多数の組合の支持賛成を得て次第に強化、確立され、実行されるに至ったものであり、闘争戦術もそれぞれ正規の決議機関に提案討議の上決定され、組織体の団結意思の形成およびその執行として本件指令第６号、指示第７号が発出、伝達されたものであり、また、被告人Z、同T、同Uは、正規の機関決定に基づき、組織の内部規律に従い、組織体の団結意思の執行として原判示の各説得慫慂行為を行なったものであって、中央執行委員の立場にある者としてその職責上通常行なうべき行為であり、かつ右指令、指示の内容および趣旨の伝達ならびに説得慫慂行為も通常の範囲を逸脱する程に激越なものでもない。そして、本件学力調査反対闘争の目的をみるに、現在わが国におけるテスト偏重教育のもたらす弊害については何人もこれを否定することができぬ程に明瞭な事実であって、殊に文部省の全国一斉学力調査の強行に対しては、教育関係者のみならず言論界も極めて批判的であったところ、被告らを含む岩教組の大多数の組合員は、自らの教育実践を通じて、つとに学力テスト体制のもたらす弊害、すなわちテスト準備教育の強化、点取りのための競争、成績主義的傾向の助長、形式的な詰込み教育、児童生徒の人間性の破壊、教育の荒廃等々を認識しており、かかる非教育的な学力テストに反対し、教育を守ることこそ教師に与えられた義務であるとして自らの意思により本件学力調査阻止の統一行動に出たものであって、政府の文教政策に対する価値判断の当否はともかくとして、少なくとも本件のような形での学力調査を強行実施することは、教師自身はもとより、その組織にとつても極めて直接的な重大問題であってみれば、これを阻止すべく本件反対闘争に出たことは、その目的において単なる政治目的に過ぎないものということはできず、その態様も、職場を放棄したのではなく、いわば教師本来の職務たる平常授業を行ない、ただ本件学力調査のためのテストを実施しなかったという不作為に止まり、その結果文部省の企図した学力調査の目的を遂げ得なかったとはいえ、長期にわたり岩手県の県民生活全体に重大な障害をもたらしたわけでもなく、また、岩教組以外の第三者が参加したものでもなく、その手段、方法としても何ら暴力の行使その他不当性を伴わないことに鑑みると、本件学力調査反対闘争は、地方公務員法第37条第1項前段の争議行為として民事的制裁は免れないとしても、その限界を逸脱し、刑事制裁を科さなければならないとする程に強度の違法性があるものとは認められない。してみると、被告人らの本件指令、指示の発出、伝達ならびにZ、T、同Uの説得慫慂行為は、前説示の如く、同法第61条第4号の争議行為の『あおり』または『そそのかし』に一応あてはまるとしても、争議行為の遂行と同等に評価するのが相当であり、右程度では可罰的違法性はなく、結局同条同号の『あおり』『そそのかし』罪は成立しないものといわなければならない。それゆえ、原判決が被告人らの本件各所為をそれぞれ同法第61条第4号の『あおり』または『そそのかし』に該当するものとして、被告人らを有罪としたのは、同条同号の解釈適用を誤ったものというべく、かつ右誤りは判決に影響を及ぼすことが明らかであるから、原判決はこの点でも破棄を免れない。論旨は理由がある」。

【判旨】破棄自判（有罪・争議行為のあおり等の罪）

「国公法や地公法の上記各規定にいう争議行為の遂行の共謀、そそのかし、あおり等の行為は、将来における抽象的、不確定的な争議行為についてのそれではなく、具体的、現実的な争議行為に直接結びつき、このような争議行為の具体的危険性を生ぜしめるそれを指すのであって、このような共謀、そそのかし、あおり等の行為こそが一般的に法の禁止する争議行為の遂行を現実化させる直接の働きをするものなのであるから、これを刑罰の制裁をもって阻止することには、なんら原判決のいうような不当はないのである」。

「組合の内部規約上の義務の履行としてされているかどうかは、当然にはそそのかし、あおり等の行為者の刑事責任の有無に影響すべきものではなく、右の議論は、ひっきょう、労働組合という組織体における通常の意思決定手続に基づいて決定、遂行される違法な争議行為については、実際上、当該組合の何人に対しても個人的な責任を問うことができないということに帰着するのであって、とうてい容認することのできないところといわなければならない」。

「地公法61条4号の規定の解釈につき、争議行為に違法性の強いものと弱いものとを区別して、前者のみが同条同号にいう争議行為にあたるものとし、更にまた、右争議行為の遂行を共謀し、そそのかし、又はあおる等の行為についても、いわゆる争議行為に通常随伴する行為は単なる争議参加行為と同じく可罰性を有しないものとして右規定の適用外に置かれるべきであると解しなければならない理由はなく、このような解釈を是認することはできないのである。いわゆる都教組事件についての当裁判所の判決………は、上記判示と抵触する限度において、変更すべきものである」。

「原判決において被告人らがその実行方を慫慂したという行為の内容は、岩教組の組合員である校長や教員らにおいて市町村教委又は校長から命ぜられた本件学力調査実施当日におけるテスト責任者又は補助者としての職務の遂行を拒否すること、及びテストが実施されようとする場合には、担当教師において生徒を掌握し、平常授業の体制をとって教室を占拠し、テスト実施を阻止することであるところ、右学力調査及びその一環としてされた市町村教委等の職務命令が適法であることは、当裁判所………昭和51年5月21日大法廷判決の示すところであるから、右の慫慂にかかる行為は、校長や教員らによる地公法37条1項の禁止する同盟罷業又はその他の争議行為の遂行にあたるものといわなければならない。この点につき、原判決は、右行為が争議行為にあたることを肯定しながらも、その目的が単なる政治的目的にすぎないものとはいえず、その手段、態様も、職場放棄というよりはむしろ教師本来の職務である平常授業を行い、ただ本件学力調査のためのテストを実施しないという消極的な不作為にとどまるものであるとして、そそのかし、あおり行為が違法性を有しないものと認めるべき理由の一つとしているが、それが地公法37条１項の禁止する争議行為である以上、そのそそのかし、あおり行為が違法性を欠くものとすることができないことはさきに述べたとおりである。のみならず、前記争議行為は、その目的が文部大臣の文教政策に対する反対という政治的性格のものであり、また、市町村教委の管理運営に関する事項に属する学力調査の実施に対する反対の主張の貫徹をはかるためのものである点において、あるいはまた、その手段、態様が、市町村教委の管理意思を排除して、テスト実施場所である教室を占拠し、テスト対象者である生徒を掌握して、テストの実施を事実上不可能ならしめるという積極的な妨害を行うものである点において、それ自体としても、正当な争議権の行使として憲法上保障される限りではなく、たとえ右行動が主観的には被告人らをはじめとする組合員の教育をまもるという信念から発したものであるとしても、その故に原判決のいうように被告人らの行為が法的に正当化されるものではない」。

【参考文献】

反町宏・最判解刑事篇昭和51年度244頁

3　違法の相対的軽微性

(1)　たばこの買い置き

95 最判昭和32年３月28日刑集11巻３号1275頁、判時107号１頁

【事実の概要】

（罪となるべき事実）

被告人Xは、温泉旅館を経営していたが、日本専売公社の指定した製造たばこの小売人でないのに、①昭和27年８月18日頃、右旅館で宿泊客Aに対し製造たばこ光10本入５個を代金150円で販売し、②同年同月20日頃、同所で宿泊客Bに対し製造たばこ光10本入２個を代金60円で販売し、③同年同月21日同所で定価で販売する目的を以て製造たばこ光10本入９個、ゴールデンバット20本入１個を硝子壜に入れて所持し、販売の準備をしていた。Xは、当時のたばこ専売法29条２項の罪（販売罪）および71条５号の罪（販売準備罪）で起訴された。

【裁判の経過】

１審：鶴岡簡判昭和28年９月17日刑集11巻３号1280頁（有罪・たばこ専売法違反の罪）

２審：仙台高秋田支判昭和28年12月15日刑集11巻３号1281頁（破棄自判、有罪・たばこ専売法違反の罪）

「本件記録によってその犯情を調査すると、被告人は旅館業を営み宿泊客等から煙草を需められるや、自宅から500、600メートル離れた小売商に女中を遣わしていたのであるが、夜間その他多忙な場合を予想し即時宿泊客等の需めに応ずるのは営業上のサービスで、かかる所為は法の禁止するところではないと考えていたものと認められ、この種行為が旅館、料理店においてかなり行われていると思われる点などの事情を考慮すると、原審の量刑（罰金5,000円）は重過ぎるものといわざるを得ない」。

【判旨】破棄自判（無罪）

「被告人は、予てから旅館業を営み、宿泊客等から煙草の購入方を依頼されたときは、その都度自宅から500、600メートル離れた居村にただ一軒しかない煙草小売人A方に女中を遣わしていたのであるが、同小売店は、午後10時過以後は閉店することがあって、客の依頼に応じ得ないこともあり、且つ、多忙の場合には女中等の手数も少くないので、そのような不便を避けるために必要な限度内において客の依頼を予想して比較的需要の多い光10本入、ゴールデンバット20本入等取り混ぜ約20個づつを一括して予め右柴山方から定価で買入れ、これを帳場の押入内の硝子壜に入れて保管し置き、客の現実の依頼の都度その所要個数を取出し客に交付し、即時又は宿泊料支払の際定価に相当する額の金銭だけを受取っていたものであることを窺知することができる」。本件の「事実も、前記小売人以外の者より入手し又は売店若しくは店頭に陳列して一般人に譲渡したものではなく、全く前記のごとき経緯の下に判示のごとき小量の煙草を判示宿泊客に交付したものであり、また、原判示第二の事実は、右のごとき目的で帳場の押入内の硝子壜に入れて置いたに過ぎないものであることを窺知するに充分である。されば、当裁判所は、右のごとき交付又は所持は、たばこ専売法制定の趣旨、目的に反するものではなく、社会共同生活の上において許容さるべき行為であると考える。従って、同法29条2項にいわゆる販売又は同法71条5号後段にいわゆる販売の準備に当るものとは解することができない」。

【参考文献】

松尾浩也・百選Ⅰ〔初版〕10頁、高田義文・最判解刑事篇昭和32年度202頁

(2)　争議行為（久留米駅事件）

96 最大判昭和48年4月25日刑集27巻3号418頁、判時699号107頁、判タ292号199頁

【事実の概要】

本件当時、被告人Xは、国鉄労働組合（以下単に国労と略称する）の組合員であって、国労門司地方本部長崎支部肥前山口分会の執行委員長、Yは、同支部長崎分会の執行委員長、被告人Zは国労門司地方本部の業務部担当の執行委員であった。昭和37年2月国鉄労働組合は国鉄当局に対し年度末手当の増額支給等を要求して団体交渉に入り、数度に亘り折衝を重ねたが妥結するに至らず、交渉は行きづまりの状態であった。ところが、同年3月27日に至り、同様に交渉中であった少数組合の「国鉄動力車労働組合」等において年度末手当について国鉄当局と妥結がなされるや、国労はこれを多数組合の団交権の否認であるとして従来の闘争方針を強化し、各地方本部に対し同月30日午後10時以降翌31日午前8時までの間に、運輸・運転関係の職場を指定し、勤務時間内2時間の時限ストを実施すべき旨の指令第24号を発し、これに基き、国労門司地方本部では、久留米駅を闘争処点に指定し3月31日始発から2時間の勤務時間内職場集会をひらくことを指令した上、鳥栖支部、長崎支部、志免支部の組合員150名の動員を指令した。被告人等はいずれも右指令に応じ同月30日夕刻までに久留米駅に争議遂行の目的で参集したのであるが、同駅における闘争の責任者として門司地方本部より派遣されていた同本部書記長Aは、闘争を効果あらしめるため、久留米駅の東、西両てこ扱所にそれぞれ数十名の組合員を配置し、これにピケをはることを指示したため、同日午後6時過ぎ頃には本件東てこ扱所の室内に十数名、階段及びその周辺に20名余の組合員がピケをはり、同てこ扱所の管理者である国鉄久留米駅長Bの管理を排除してこれを占拠するに至った。その際、被告人等はいずれも右ピケに参加し、Yは同日午後6時過ぎ頃、Xは同日午後8時頃、Zは翌31日午前0時頃、それぞれ右東てこ扱所に立入り、もっていずれも人の看守する建造物に故なく侵入した。Xらは建造物侵入罪および公務執行妨害罪で起訴された。

【裁判の経過】

1審：福岡地久留米支判昭和41年12月14日刑集27巻3号521頁（有罪・建造物侵入罪／無罪・公務執行妨害罪）

「成程、国鉄労組の幹部が組合活動のため、組合員の勤務している職場に立入ることは、それが平穏にして且つ勤務の支障を来さない方法において行われる限り、偶々職場の管理権者の意思に反することがあっても尚許容さるべきものと解される。蓋し、右のような形での職場の立入りは組合活動のためという正当な目的を有し、且つ職場に対する管理権者の支配権を極度に侵害する程のものでもないからである。しかしながら、前掲各証拠によれば、本件においてはさして広くもないてこ扱所に労組員十数名が入り込み、てこ扱所へ通ずる階段には約20名が間げきもない程に坐り込み、右職場と外部との交通を全く遮断した状態において、しかも相当長時間に亘ってこれを占拠していたことが認められるから、管理責任者である久留米駅長の右職場に対する管理権は完全に排除されていたものというべきである。被告人等はいずれもこの

ような事態の下で、多数の占拠者の一員として東てこ扱所に立入ったものであるから、仮に、被告人等が組合活動の目的を有していたとしても正当な行為として許容されるいわれはなく、住居侵入罪を構成するものと解すべきであるから、弁護人等の右主張は理由がない」。

2 審：福岡高判昭和43年 3 月26日刑集27巻 3 号527頁、判時516号25頁（破棄自判、無罪）

「もとより公共企業体等労働関係法第17条は国鉄職員及びその組合が同盟罷業等業務の正常な運営を阻害する一切の行為をなすことを禁じており、本件争議は久留米駅を拠点として 2 時間程度の時限ストでその間職場集会を開くというのであって、これに対する補助手段としてその実効性を確保するため同駅東てこ扱所にピケットが配置されたものであるから右禁止条項に触れるものであるが、同条違反の争議行為であっても法制の沿革、同法第 3 条が刑事免責に関する労働組合法第 1 条第 2 項の適用を排除していないことなどにより、うかがえる憲法第28条に基く基本的な法の規制態度に鑑みるときは、そのことだけで争議行為が犯罪とされるのではなく、争議行為が労働組合法第 1 条第 1 項の目的を達成するためのものであって、それが政治目的のために行われたとか暴行を伴う場合とか社会通念に照らして不当に長期に及ぶときのように国民生活に重大な障害をもたらす場合のような不当性を伴わない限りそれは刑事制裁の対象とはならないと解すべきである。ところで本件争議は国鉄に背信行為、労働基本権侵害があるとして争議方法が強化されたが基本的には、なお年度末手当要求という経済的理由に出たものであることは上記のとおりであり、政治目的のため行われたことを認むべき証拠はなく、またピケットの立入り行為についても前記のとおりで勤務員から格別差しとめられるとか、強暴な手段方法を用いてはおらず、当初一時的に 2 階信号所の扉の取手を針金で縛って容易に扉が開けられぬようにしたとしても間もなく開放されているのであって、ただ前示の如く勤務員を休憩室に押し入れるとか、信号所入口の扉を釘付けにするなどの行為や鉄道公安職員に対し水を浴びせかけるが如き行為が認められるけれども、これはいずれも後記検察官の控訴趣意について判断しているとおり、鉄道公安職員のいわれなき実力行使を契機としてはじめてとられたもので鉄道公安職員の実力行使等の行動がなかったならば組合側もかかる行為に出ることはなかったであろうと認められるのであり、このような鉄道公安職員の実力行使等に対抗し、これを制止せんとするものであって、その手段方法程度において鉄道公安職員の組合員に加えた実力行使のもつ意義及びその行使の態様、程度と比較衡量するときは一義的に右組合員の行為を目して暴力の行使と評価することは差しひかえるべきであり、団結権擁護のためにする行為として必ずしも違法というをえない」。

「本件においては組合側のピケットによって一時的には東てこ扱所と運転室との連絡がとだえ、列車が 2 本信号機外に停車したことがあったにしても、それは上記の如く第一義的には鉄道公安職員の実力行使がその因をなしているのであり、しかも一時間もたたぬうちに列車の運行は開始されている状況であるから、てこ扱所内外のピケットによって現実に列車運行に支障を来し、具体的危険の発生切迫の事態を招いたとは認められず特に久留米駅長は31日午前 0 時55分からポイントの鎖錠をしており、このような措置は、これまた争議中における列車の運行に危険の及ぶことをおそれての安全確保の方法としてなされたものとして肯けないことはないが、組合側としては職場集会の時刻まで勤務員の正常な勤務を保障して国鉄業務の正常な運営を阻害しないよう留意したうえでの本件オルグ等派遣、ピケット配置であり、現にピケット等のため信号所の機能にいささかの支障があったとは認められず、かえって駅当局自ら構内のポイントを鎖錠することによって東てこ扱所の機能を停止させ、列車の安全運転を確保しているのであるから、特にてこ扱所内の信号転轍関係の重要な機器設備を破損するおそれのある状況も認められない本件においては、東てこ扱所内外に多数の組合員が立ち廻ることがあっても列車の運行に重大な影響は起りえないと認められる。

以上のとおりであるから本件国鉄労働組合の争議の中における被告人等の久留米駅東てこ扱所信号所への立入り行為が刑事制裁をもって臨むに足りる程度にまで達していたものとは到底認められないのである。

すると、原審が国鉄労働組合員によって東てこ扱所が占拠され久留米駅長の右職場に対する管理権は完全に排除されていたと認定しこのような事態の下で被告人等は多数の占拠者の一員として東てこ扱所に立入ったものとして、その所為が住居侵入罪に該当するとしたのは、証拠の取捨価値判断を誤って事実を誤認しまた法令の解釈適用を誤ったものというべきであって、これらの誤はいずれも判決に影響を及ぼすこと明らかであるから原判決中被告人等の有罪部分は破棄を免れない。論旨は理由がある」。

【判旨】破棄差戻

「勤労者の組織的集団行動としての争議行為に際して行なわれた犯罪構成要件該当行為について刑法上の違法性阻却事由の有無を判断するにあたっては、その行為が争議行為に際して行なわれたものであるという事実をも含めて、当該行為の具体的状況その他諸般の事情を考慮に入れ、それが法秩序全体の見地から許容されるべきものであるか否かを判定しなければならないのである。

これを本件について見るに、信号所は、いうまでもなく、列車の正常かつ安全な運行を確保するうえで極めて重要な施設であるところ（それゆえ、国鉄の「安全の確保に関する規程」（昭和26年6月28日総裁達第307号。現在は昭和39年4月1日総裁達第151号）15条にも、従事員はみだりに信号所に他人を立ち入らせてはならない旨が明記されている。）、原判決の判示するところによれば、被告人山下は、当局側の警告を無視し、勧誘、説得のためであるとはいえ、前記のような状況のもとに、かかる重要施設である久留米駅東てこ扱所2階の信号所の勤務員3名をして、寸時もおろそかにできないその勤務を放棄させ、勤務時間内の職場集会に参加させる意図をもって、あえて同駅長の禁止に反して同信号所に侵入したものであり、また、被告人吉木および同牛嶋は、労働組合員ら多数が同信号所を占拠し、同所に対する久留米駅長の管理を事実上排除した際に、これに加わり、それぞれ同所に侵入したものであって、このような被告人ら3名の各侵入行為は、いずれも刑法上違法性を欠くものでないことが明らかであり、また、このように解して被告人ら3名の刑事責任を問うことは、なんら憲法28条に違反するものではない」。

【参考文献】

山口厚・百選Ⅰ〔第2版〕50頁、平川宗信・百選Ⅰ〔第4版〕34頁、鈴木茂嗣・百選Ⅰ〔第5版〕32頁、振津隆行・百選Ⅰ〔第6版〕36頁、大久保太郎・最判解刑事篇昭和48年度168頁

(3)　労働組合活動（光文社事件）

97 最判昭和50年11月25日刑集29巻10号928頁

【事実の概要】

被告人Xは、昭和46年2月4日午前7時40分ころ、株式会社甲社前付近路上において、出勤してきたVを認めたので、同人が第二組合に加入した理由を問いただし、また会社が警備員として暴力団員を雇っていることおよび第一組合に解雇者が出ていることに関して話合い、同人から意見を徴するとともにこれらに反対の意思を表明することを求めて同人を説得しようと考えたが、前記警備員による妨害を免れるため、ほか5名の労働組合員と共謀のうえ、右Vをその場から他所に連行しようと企て、歩道上を歩いてきた同人に近寄り、いきなり同人を取り囲み、うち2名において両側からそれぞれ同人の腕をつかまえ、Xにおいて、「実力ピケだぞ、あんたは会社に入れないんだ、どうしてこんなに早く来るのだ」と申し向け、同人が「入れないんだったら帰ればいいんでしょう」といって引き返そうとするや、前記の2名においてそれぞれ同人の脇下に手をさし入れて同人を抱え上げながら前方に引っ張り、ほか1名において同人を後方から押し、同人が両足を前方につき出し、腰を低く落として連行されまいと抵抗するのも構わず、同所から約30メートルひきずったあと、さらに同人の両脇下に手をさし入れたまま引っ張り、後方から押すなどして同所から小路に入り、200メートル余の距離にある歩道上まで強いて同人を連行し、その間同人の身体の自由を拘束した」。Xは逮捕罪で起訴された。

【裁判の経過】

1審：東京地判昭和47年4月3日刑集29巻10号962頁（有罪・逮捕罪）

「本件のような個人の自由の侵害も、他の具体的な事情により違法性が阻却されることはありうる。弁護人は本件行為が緊急不可避であったと主張するが、なるほど労働組合の正当な利益に対する急迫した侵害を避けるため、他に方法がなく、やむを得ないでしたような場合に、違法性が阻却されることは考えられる。しか

し、本件についてみると、Vに対するピケッティングに際し、この時機をのがせば同人に対する説得の機会が失われるというほど緊急な事情はなかったと認めるべきであるから、本件のような逮捕行為までがやむを得ない手段として正当化されるものではなく、しかも、前掲証拠によれば、被告人らが本件行為に着手した際、甲社社屋内に前記警備員が待機していたことは認められるけれども、まだそれが出てきて排除にあたる状況にはなかったことが明らかであるから、被告人らは城井に対し、まず同行を求め、促すべきであったといわなければならない。よって前記の事由によって違法性が阻却されるということはできない」。

2審：東京高判昭和48年4月26日刑集29巻10号976頁（破棄自判、無罪）

「被告人らのVに対する有形力の行使は、同人に対する説得を有効に実施するための場所の選定に伴うきわめて短時間のものにすぎず、しかも、Vの身体に対し殴打、足げりなどの暴行を加えていないのはもちろん、その着衣その他に対しても何ら損傷を与えていない程度のものである。逮捕罪とは、人の身体を直接に拘束する手段を講じ、その行動の自由を現実に奪うことで、通常その手段は、社会的常軌を逸した暴行または脅迫によると解されるが、これまで説いたところから明らかなように、本件が午前7時40分ころの公道上のきわめて短時間の、しかも緊迫した特殊な事態のもとでの偶発的な出来事と思われること、被告人らには、右のような暴行脅迫を加える意思も、そのような行動に出た形跡もなかったとみられること等の状況に徴すれば、本件は、―なお外形的には、逮捕罪にあたるようにみえるが、―被告人らの守ろうとした利益とその侵害した法益との権衡、労働組合法、刑法を含む法全体の精神からみて、果して危険な反社会的行為、特に刑法上の犯罪としなければならないほど常軌を逸したものといえるかどうか頗る疑わしく、………結局本件は、同法220条1項の「不法に人を逮捕」したという犯罪として処罰するに足りる実質的違法性をいまだ備えていないと解するのが相当である」。

【判旨】破棄自判（有罪）

「第一審判決は、被告人の本件所為をもって可罰的違法性を阻却するものであるとか、正当な争議行為にあたるとか主張する弁護人の所論に対し、本件争議における会社側の態度をも適切に批判するとともに、法秩序全体の見地から実質的、具体的に判断して、人の身体及び行動の自由が最大限に尊重されるべき法益であることを説き、本件のような逮捕行為までがやむをえない手段として正当化されるものではないゆえんを明示しているのである。これに対して原判決は、一方において身体及び行動の自由の最大限の尊重をいい、また、目的が必ずしも手段を正当化するものでないことに言及し、第一審判決が本件につき逮捕罪の成立を認めた判断に一理なしとはいえないとして、被告人らの行為の不穏当を指摘しつつも、（イ）城井が会社の付近まで来ながら被告人らの待機している状況を見て引き返しかけたことから警備員の妨害の及ばない場所で同人を説得しようと考えた結果の連行行為であること、（ロ）同人に対する有形力の行使はその場所の選定に伴うきわめて短時間のことであり、身体に対する殴打、足げりなどの暴行はなく、その着衣その他に対してもなんら損傷を与えていない程度のものであること、などの点に着目した上、本件公道上の偶発的な出来事と思われるとして、これが果して危険な反社会的行為、特に刑法上の犯罪としなければならないほど常軌を逸したものといえるかどうか、すこぶる疑わしいと説くのである。しかしながら、これらの指摘は、本件が、労働争議に際し、不法にも実力をもって人の身体及び行動の自由を奪い、正当な就労の権利を侵害したものであることの実質を洞察しないで、外形的な手順の現象観察にとらわれたことを示すものであって、本件所為に対する可罰性の有無を決するに足る契機とすることはできない。原判決は、すでに第一審判決がこれらの点を考慮の上特に周到に当初の逮捕行為とこれに続く連行行為における態様とを区別したのに反して、本件所為の全過程を貫きうる違法性阻却の事由が存するかのように解するのであるが、これは本件における被害法益の評価及び行為の緊急性その他相当性の有無等に対する認識の相違に基づく異見といわざるをえないのである」。

【参考文献】

本吉邦夫・最判解刑事篇昭和50年度272頁

(4)　マジックホンの設置（マジックホン事件）

98 最決昭和61年 6 月24日刑集40巻 4 号292頁

【事実の概要】

被告人Xは、当時の日本電信電話公社から架設を受けている有限会社甲商会事務所内の加入電話回線に、同回線電話（受信側）の自動交換装置から、その通話先電話（発信側）の自動交換装置内度数計器を作動させるために発信されるべき応答信号を妨害する機能を有する「マジックホン」と称する電気機器を取付け使用して公社の通信を妨害するとともに、電信電話公社の右度数計器作動に基づく発信側電話に対する通話料金の適正な計算課金業務を不能にさせてこれを妨害しようと企て、昭和55年10月 1 日ころ、甲商会事務所に設置された公社の加入電話である横浜西電報電話局の電話回線に右「マジックホン」を取付け使用して、この電話に他の電話（発信側）から通話の着信があった際の通信の送出を妨げるとともに、右度数計器の作動を不能にし、もって、電信電話公社の有線電気通信を妨害するとともに、偽計を用いて公社の通話先電話（発信側）に対する通話料金課金業務を妨害した。Xは有線電気通信法違反の罪および偽計業務妨害罪で起訴された。

【裁判の経過】

1 審：横浜簡判昭和57年 3 月16日刑集40巻 4 号325頁（無罪）

「以上一連の事実から、本件における被告人の所為をどう評価すべきであろう。これを法的に評価すれば、被告人の本件所為は外形的、形式的にみれば、刑法の偽計業務妨害罪と同時に特別法である有線電気通信法第21条に違反することとなり、これらは刑法第54条の観念的競合の関係に立つものと考える。しかし、本件における被告人の主観的意図（犯意）を考えてみるとかなり問題がある。すなわち、被告人は本件所為に及ぶ際、本件機器をとりつけ使用すると電話料金が無償になるということにつき概括的な認識を有していたに過ぎないこと。その機能を確認する目的でテストとしてなされたこと。その使用もそのとき 1 回限りで以後 1 回も使用したことがないこと。テストの結果、電話料金が無償になる性能を有することを確認し、これを使用することにつき一抹の不安を覚え、直ちに自社の法律顧問たる佐藤弁護士にその意見を徴していること。そしてその意見に従い直ちに使用を中止し、機器そのものを取り外していること。この被告人の態度は違法精神に欠けるものではなく、むしろ一般人としては極めて慎重な態度と評価しうること。そうすると、このテストとしてなされた行為は、刑法上の故意とは明らかに異質なものであり、また、未必の故意としての評価も躊躇せざるを得ない程軽微な故意と言えよう。しかも、本件所為により電々公社に与えた実害は僅かに10円に過ぎず、この額は、今日の貨幣価値からみれば、取るに足らず、殊に厖大な利潤をあげている電々公社の実態に着目すれば、まさに九牛の一毛に過ぎないこと。また、有線電気通信法違反の罪にしても、世上一般の通信（隔地者間における情報伝達として機能するもの）という観念からみれば、私人と電々公社の交換手との通信（これは専ら電々公社の課金業務遂行のため必要とされる通信）としての実態を有する「応答信号」への障害（隔地者間の人間同志の意思の伝達としての通信には、格別の支障はない。）が、右法条により、取り締りの対象となるという認識は殆んどなく、法の不知は恕せずという考え方をとることは、これ亦被告人にとって極めて酷な見方としか言い様がない。………かりに、被告人の本件所為が、それぞれの構成要件に該当するとしても、刑罰を以て臨むことは相当でなく、結局、本件被告人の所為は、可罰的違法性を欠き、違法性そのものを阻却するものとの結論を導いた次第である」。

2 審：東京高判昭和58年 3 月31日刑集40巻 4 号333頁（破棄自判・有罪、有線電気通信法違反の罪、偽計業務妨害罪）

「有線電気通信法（第21条）違反の罪及び偽計業務妨害罪はいずれもいわゆる危険犯であり、現実に有線電気通信または業務遂行が妨害されることは必要でなく、これらに対する妨害の結果を発生させるおそれのある行為があれば足りると解すべきであるから………、被告人が本件マジックホンを前記加入電話回線に取付けたことは、同回線電話（受信側）の自動交換装置から通話先電話（発信側）の自動交換装置内度数計器を作動させるために発信されるべき応答信号の送出………または公社の課金業務の遂行を妨害するおそれのある行為に該当し、これにより犯罪が成立するから、被告人がその後のテストののちマジックホンの使用に不安を感じ弁護士に相談のうえその意見に従いこれを取外したこと、本件による実害額が僅少であることなどは、被告人の捜査官に対する協力行為とともに、いずれも犯行後の情状に関する事項である。また、被告人が本件犯行前にマジックホンの取付け使用により電話料金が無償となることについて概括的認識に止まっていたか否かなどの点は、被告人の犯意が確定的か否かに関する問題であり、その他前記本件犯行前後の経緯にてらし、被告人の本件所為につき違法性を否定すべき事情を見出すことはできない。

したがって、被告人の本件所為が起訴状記載の各罰条に該当するとしたうえで、原判示のような事由に基づきその可罰的違法性ないし違法性が阻却されるとして被告人に対し無罪を言渡した原判決は、違法性阻却事由に関する事実を誤認しひいては法令の解釈適用を誤ったものというべきであり、その誤りが判決に影響を及ぼすことは明らかである」。

【決定要旨】上告棄却

「被告人がマジックホンと称する電気機器１台を加入電話の回線に取り付けた本件行為につき、たとえ被告人がただ1回通話を試みただけで同機器を取り外した等の事情があったにせよ、それ故に、行為の違法性が否定されるものではないとして、有線電気通信妨害罪、偽計業務妨害罪の成立を認めた原判決の判断は、相当として是認できる」。

裁判官大内恒夫の補足意見

「マジックホンは、要するに、『電話料金がただになる機械』であり、このような機器を電話回線に取り付けることが許されないことは、国民一般にとって容易に認識しうるところである。しかも、有線電気通信妨害罪及び偽計業務妨害罪は、有線電気通信または業務に対する妨害の結果を発生させるおそれのある行為がなされることによって成立する。そうだとすれば、反対意見がその立論の前提とされる前記諸事情は、仮にそのような事実関係が認められるとしても、これが被告人の本件マジックホン取り付け行為についての処罰相当性を否定すべきものとは到底考えられない。

また、反対意見において引用されている「一厘事件」（大審院明治43年10月11日判決・刑録16輯1620頁）、「旅館たばこ買い置き事件」（最高裁昭和32年３月28日第１小法廷判決・刑集11巻３号1275頁）等の判例は、あまりにも被害法益が軽微であるため社会に及ぼす害が小さいか、あるいは社会共同生活上、許容されてもよいような行為であり、しかもその情況のもとでは一般人としても犯しかねない零細な反法行為に関するものであって、本件とは全く事案の趣を異にし、先例として適切なものとは思われない」。

裁判官谷口正孝の反対意見

「もちろん、可罰的違法性の概念が判断基準として明確性を欠くとの非難は免れないとしても、違法性及び責任性が極めて低いという判断は裁判所として当然可能であり、また判断すべきことである。そして、その判断の結果、被告人の行為について違法性・責任性が極めて低い場合、被告人の当該行為について処罰に値しないとして無罪の裁判をすることは、よしそれが限られた場合にせよ、刑事事件の終局的な判断者として裁判所の法政策的機能に属するものと考えてよいであろう」。「私は被告人の本件所為は、昭和59年法律第87号改正前の有線電気通信法21条、刑法233条に当たる罪を構成するものとしては、処罰相当性を欠き右各罪の構成要件該当性がないものと考える。多数意見に賛成することを躊躇するゆえんである」。

【参考文献】

町野朔・百選Ⅰ〔第4版〕38頁、丹羽正夫・百選Ⅰ〔第５版〕36頁、田中利幸・百選Ⅰ〔第６版〕38頁、井上廣道・最判解刑事篇昭和61年度124頁

(5) 反戦ビラの配布（防衛庁立川宿舎立ち入り事件）

99 最判平成20年4月11日刑集62巻5号1217頁

【事実の概要】

反戦団体甲に所属する被告人X、Y及びZは、共謀の上、「自衛隊のイラク派兵反対！」などと記載したビラを防衛庁立川宿舎（以下「立川宿舎」という。）各室玄関ドア新聞受けに投函する目的で、管理者及び居住者の承諾を得ないで、平成16年1月17日午前11時過ぎころから同日午後0時ころまでの間、陸上自衛隊東立川駐屯地業務隊長Vらが管理し、Aらが居住する立川宿舎の敷地に立ち入った上、同宿舎の3号棟東側階段、同棟中央階段、5号棟東側階段、6号棟東側階段及び7号棟西側階段の各階段1階出入口から4階の各室玄関前まで立ち入った。Xらは住居等侵入罪で起訴された。

【裁判の経過】

1審：東京地八王子支判平成16年12月16日刑集62巻5号1337頁（無罪）

「一般に、社会通念上の違法有責行為類型たる構成要件に該当する行為は、それ自体、違法性の存在が推定されるというべきである。しかし、構成要件に該当する行為であっても、その行為に至る動機の正当性、行為態様の相当性、結果として生じた被害の程度等諸般の事情を考慮し、法秩序全体の見地からして、刑事罰に処するに値する程度の違法性を備えるに至っておらず、犯罪が成立しないものもあり得るというべきである」。「被告人らの立ち入り行為は、暴力や騒音を伴うものではないのはもちろん、社会で一般にみられる、居室の玄関先まで訪れるのみならずインターホンを鳴らすなどして居住者を呼び出し、面談を求めるいわゆる訪問販売や各種勧誘行為、いきなり個々人に架電して応答を促す電話による勧誘等に比して、居住者に被らせる迷惑は少ないといってよい。加えて、前述のとおりF構成員が暴行、破壊活動等危険性の高い行為におよんだことはなく、立川宿舎居住者も過去にF構成員がかかる行動をしたという認識は抱いていないと認められること、ビラの内容に脅迫的言辞や応答の要求、個々の自衛官に対する誹謗、中傷は見られないことをも併せ考えれば、被告人らの立ち入り行為の態様自体は、立川宿舎の正常な管理及びその居住者の日常生活にほとんど実害をもたらさない、穏当なものといえる」。「被告人らの本件立ち入り行為が居住者のプライバシーを侵害する程度は相当に低いものとみるべきである」。

「禁止事項の貼り札は、外見上、立ち入り禁止につきさほど強い警告を与えるものとはいえず（現に、前述のとおり、部外者が宗教の勧誘のために玄関ドアまで来たのは貼り札が貼られた後のことである。）、この貼り札の存在が、被告人らに対して、直ちに、ビラ投函のための立ち入り行為が許されないとの認識を与えるものとはいえない」。「平成16年1月17日の時点で、被告人らにおいて、立川宿舎の居住者らがビラ投函の打ち切りを求めているのであれば直接に抗議の連絡がくるはずであるから、それまでは様子を見ながらビラ投函を続けようと考え、前記のとおり立川宿舎の共用部分にのみ立ち入ったことは、あながち間違った判断とは言い切れない」。「以上で検討してきたところによれば、本件立ち入り行為の態様について、相当性の範囲を逸脱したものとはいえない」。

「Xらは、居住者及び管理者の意思に反して立川宿舎に立ち入ったものであり、その結果、居住者、管理者ら立川宿舎関係者のうち、少なからぬ者が、ビラの内容が自衛官らに不安を与えるなどとして、ビラの投函に不快感を抱くに至ったと思料される」。

しかしながら、本件で被告人らが投函しようとしたビラ（別紙5、6）の見解自体は、当時、自衛隊のイラク派遣に関して国論が二分していた状況においてメディア等で日々目にする種々の反対意見に比して、内容面のみならず表現面でもさして過激なものではなく、それゆえ、本件ビラがこれら反対意見とさほど異なるような不安感を与えるとも考え難い」。「ビラの記載内容は、自衛隊そのものに対する批判ではなく、直接には自衛隊のイラク派遣という政府の政策を批判するものであるから、甲の活動歴等を考慮してもなお、当該ビラが自衛官に対する嫌がらせ等、不当な意図を有していると解することは根拠に乏しい」。「以上で検討してきたところによれば、検察官が指摘するとおり同宿舎関係者の被害感情が強いことを考慮しても、被告人らが同宿舎に立ち入ったことにより生じた居住者及び管理者の法益の侵害は極めて軽微なものというべきである」。

「被告人らが立川宿舎に立ち入った動機は正当なものといえ、その態様も相当性を逸脱したものとはいえない。結果として生じた居住者及び管理者の法益の侵害も極めて軽微なものに過ぎない。

さらに、被告人らによるビラの投函自体は、憲法21条1項の保障する政治的表現活動の一態様であり、民主主義社会の根幹を成すものとして、同法22条1項により保障されると解される営業活動の一類型である商業的宣伝ビラの投函に比して、いわゆる優越的地位が認められている。そして、立川宿舎への商業的宣伝ビラの投函に伴う立ち入り行為が何ら刑事責任を問われずに放置されていることに照らすと、被告人らの各立ち入り行為につき、従前長きにわたり同種の行為を不問に付してきた経緯がありながら、防衛庁ないし自衛隊又は警察から甲に対する正式な抗議や警告といった事前連絡なしに、いきなり検挙して刑事責任を問うことは、憲法21条1項の趣旨に照らして疑問の余地なしとしない。以上、諸般の事情に照らせば、被告人らが立川宿舎に立ち入った行為は、法秩序全体の見地からして、刑事罰に処するに値する程度の違法性があるものとは認められないというべきである。

2審：東京高判平成17年12月9日刑集62巻5号1376頁（破棄自判・有罪、住居等侵入罪）

「表現の自由が尊重されるべきことはそのとおりであるにしても、そのために直ちに他人の権利を侵害してよいことにはならないことはもとよりである。本件のビラの投函行為は、自衛官に対しイラク派遣命令を拒否するよう促す、いわゆる自衛官工作の意味を持つものであることは、ビラの文面からも明らかであるが、ビラによる政治的意見の表明が言論の自由により保障されるとしても、これを投函するために、管理権者の意思に反して邸宅、建造物等に立ち入ってよいということにはならないのである。つまり、検察官の所論が主張するように、何人も、他人が管理する場所に無断で侵入して勝手に自己の政治的意見等を発表する権利はないというべきである。したがって、本件各立入り行為について刑法130条を適用してこれを処罰しても憲法21条に違反するということにもならないと解される」。「平成15年12月の自衛隊イラク派遣の閣議決定以降、さらには、同年12月13日ころになされたテント村関係者による立川宿舎へのビラの投函を受けて、これを防止するためなどに防衛庁の宿舎管理者らが様々の対策を取り、禁止事項表示板・表示物を設置・掲示し、居住者にも注意を喚起したことは、前述のとおりであること、いずれの場合にあっても、被告人らは、立川宿舎の敷地に立ち入った上、各号棟の階段を1階出入口から4階の各室玄関前まで立ち入って、各室玄関ドア新聞受けにビラを投函したこと、また、平成16年1月17日においては、被告人らが、居住者らからのビラ回収の指示及びビラ投函が禁止されていることの抗議等を受けながら、その日、その居住者の目の届かないところで、引き続きビラの投函を続行し、居住者からこのような抗議等を受けた事実を被告人3名とも認識するに至っていたのに、さらに、同年2月22日にも、同じ行為を繰り返していることなどに照らすと」、原審の判断は是認できない。

「被告人らの本件各立入り行為の目的・態様、これに対して居住者らがとった対応及び受けた不快感が上記のとおりであったことのほか、テント村関係者によるビラ投函のための立川宿舎敷地等への立入りが本件に先立つ平成15年10月から月1回のペースで反復して行われていて、これに対して管理権者らが上記のとおりの措置をとっていたことなどの事情にも照らすと、被告人らの本件各立入り行為によって生じた管理権者らの法益侵害の程度が極めて軽微なものであったということはできない」。「以上によれば、検察官の所論は、いずれの点でも理由があり、前記のとおり邸宅侵入罪の構成要件に該当する被告人らの各立入り行為が、いわゆる可罰的違法性を欠くとして違法性が阻却されるとはいえない」。

【判旨】上告棄却

「本件被告人らの立入りの態様、程度は前記1の事実関係のとおりであって、管理者からその都度被害届が提出されていることなどに照らすと、所論のように法益侵害の程度が極めて軽微なものであったなどということもできない」。

【参考文献】

関哲夫・平成20年度重判解186頁

4 法令行為

(1) 警察官の拳銃使用と傷害致死罪

100 福岡高判平成7年3月23日判タ896号246頁

【事実の概要】

福岡県警の機動捜査隊員であった被告人Xは、昭和51年5月20日6時ごろ、別れた妻に対する度重なる暴力、刃物の所持、覚せい剤使用の疑いなどで、職務質問をしようとした警察官から逃走したVを発見し、Aら5名の警察官とともに、警察手帳を示しながら傷害容疑により任意同行を求めた。しかし、Vは、突然「警察が何か、貴様ぶっ殺すぞ。」と叫びながら、いきなりナイフでAに切り付け、同人は身体を捻ってよけたが右額部に約5日間の安静加療を要する切創を受けた。これを現認したXらは、Vを殺人未遂又は傷害、公務執行妨害等の現行犯人として逮捕しようとしたが、Vは、警察官らに対しナイフを振るいながら、付近の甲タクシー株式会社営業所車庫に逃げ込み、駐車中のタクシー6号車の傍らにいた同車の運転手Bに「退け退け。」と怒鳴りながらナイフを突き付けて同車の運転席に乗り込んだ。警察官らは、運転席ドアから警杖を差し込んでVの顔面や胸部を5、6回突いたり、特殊警棒でVの左手を叩くなどしたが、Vは、まったく怯むことなく、ナイフを振るって抵抗し、さらに、エンジンを激しく噴かせて発進しようとしたので、Aは、Vをこの場で制圧逮捕するために所携のけん銃を構えて、「止まれ、止まらんと撃つぞ。」と大声で数回警告したが、Vがこれに応じる気配も見せなかったため、同車の左前輪を狙って合計3発撃った。しかし、Vは、発砲を意に介することなく、猛スピードで逃走した。Xは、道路脇に駐車していた甲タクシーの2号車の運転手Cに追跡を頼み、自らはその助手席に乗車した。この間、Xは、追跡中タクシー無線でVの乗った6号車を追跡中であること及び同車の逃走方向を3回繰り返したが、応答はなく、右通報が受信されたかどうかは確認できなかった。6号車は、車庫から約670メートル走行し、歩道に通行人もおり、車道には間断なく車両の通行があった乙中央病院玄関前辺りの車道上でスリップしたように左に滑りながら歩道の縁石すれすれの位置に停車した。6号車の停車の原因はAの射撃によって左前輪タイヤがパンクしたためと思われるが、Xはそうとは考えず、Vが車外への逃走を図って停車したものと即断し、Cに2号車を6号車の後方中央線寄りに止めるよう指示すると共に、応援の連絡を依頼して、6号車の5、6メートル後方の地点で2号車から降り、6号車に駆け寄った。

Xは、2号車の運転席ドア近くに駆け寄ったところ、Vが「貴様ぶっ殺すぞ。」と怒鳴りながら、右手に持ったナイフを全開した窓越しにXの胸部めがけて突き出したので、少し退いてこれを避けた。Xは、交通頻繁な現場の状況、それまでの経緯及びVの行動からして、Vが車外に逃走すると、一般市民にまで危害を加える蓋然性が極めて高いと考え、所携のけん銃を示しながら、Vのナイフを避ける一方、開きかけたドアを右足で押し返したりしたが、Vが相変わらず車内からドアを開けようとして押しながら、窓越しにナイフを繰り出すので、Xは、その都度、飛びのいたり前進したりを繰り返していた。Xは、未だ応援の到着もなく、このままでは、Vの逃走を防ぐことは困難と考え、Vに対し、「抵抗するな。抵抗すると撃つぞ。刃物を捨てろ。」と数回警告したが、Vがそれでも全く怯むことなく、車外への逃走を図ろうとして、押し開けたドアと車体の間からナイフを繰り出して攻撃してきたので、右手にけん銃を構えたままVの動きに応じて、後退、前進を何度か繰り返した。Xは、Vが押し開けたドアと車体の間からナイフを繰り出して更に一段と激しく攻撃してきたので、このままでは自分が負傷してVが逃走し、第三者にいかなる危害を加えるかもしれず、これを防止し、Vを制圧逮捕するには、同人の右腕を狙って発砲するしか方法はないと考え、30センチメートル位の距離から被告人の胸元に突き出された甲の右腕の肘関節部分に狙いを付け、銃口の延長線を運転席床に向けて弾丸１発を発射した。Vは右上腕部を貫通して左胸部に至る盲管射創の傷害を負い、外傷性出血により死亡した。Xは傷害致死罪で起訴された。

【裁判の経過】

１審：福岡地判平成５年４月７日公刊物未登載（無罪）

【判旨】控訴棄却

「警察官には、その職責上けん銃の携帯、使用が許されているが、けん銃の武器としての危険性にかんがみ、安易な使用が許されないのは当然であり、その使用は、武器使用の要件を定めた警職法７条及びその具体的な使用及び取扱方法を定めた『警察官けん銃警棒等使用および取扱い規範』に適合するのみならず、当該警察権行使の目的のため必要最小限度の手段と認められる場合に限り、正当な職務行為として刑法35条により違法性が阻却されるものと解すべきことは原判決が説示するとおりである。

警職法７条によれば、『警察官は、犯人の逮捕若しくは逃走の防止、自己若しくは他人に対する防護又は公務執行に対する抵抗の抑止のため必要であると認める相当な理由のある場合においては、その事態に応じ合理的に必要と判断される限度において、武器を使用することができる。』とされ、『死刑又は無期若しくは長期３年以上の懲役若しくは禁こにあたる兇悪な罪を現に犯し、若しくは既に犯したと疑うに足りる充分な理由のある者がその者に対する警察官の職務の執行に対して抵抗し、若しくは逃亡しようとするとき、これを防ぎ、又は逮捕するために他に手段がないと警察官において信ずるに足りる相当な理由のある場合。』は、人に危害を加えることも止むを得ないものとされている。

そこで、本件発砲行為が警職法７条の要件に該当するかどうか検討を加える。『まず、被告人が、警察官として、被疑者であるVの抵抗及び逃走を防ぎ、同人を逮捕するために本件発砲行為をしたことは明らかで疑いを入れる余地がない」。

「所論は、客体の要件としては、単に形式的に所定の法定刑以上の罪にあたる行為をなしたものというだけでは足りず、実質的にも、危害発生を伴うけん銃の使用が是認される程度に凶悪な犯罪に該当する場合であることを要するところ、本件におけるVの各行為は、すべて警察官による制圧、逮捕行為から免れるためのものであり、一般人に対して、その生命、身体に重大な危害を加えようとしたこともないから、凶悪犯人に該当しないというのである。

確かに、所定の法定刑以上の罪にあたる犯罪を犯したからといって、直ちに警職法７条にいう凶悪犯人に該当するものではないことは所論のとおりであるが、Vは、ナイフを持って警察官のみならず、一般市民であるCやDにもナイフを突き付けて脅し、自転車やタクシーを強奪したものであるから、Vが同条にいう凶悪犯人に該当することは明らかである」。

本件「のような事実関係の下において、一般市民への危険を防ぎ、逮捕行為を完遂するためには、より威嚇力、攻撃力の強いけん銃を使用するほか方法がないと被告人が判断したことは相当と認められる」。

「被告人の本件発砲行為は、警職法７条にいう凶悪犯人であるVが、警察官の職務の執行に抵抗し、逃亡しようとしたので、市民に対する危険性もあって、これを防ぎ、逮捕するための必要かつ相当な職務行為と認められるので、警職法７条の要件を満たす適法な武器使用と認められ、刑法35条に定める正当な職務行為として違法性が阻却されるから、原判決の判断に誤りはない」。

(2) 私人の現行犯逮捕

[101] 東京高判平成10年３月11日判時1660号155頁

【事実の概要】

平成８年10月16日午後９時すぎころ、信号機により交通整理の行われているＴ字路交差点に、V運転の原動機付自転車、これに続く数台の原動機付自転車、被告人X運転の普通乗用自動車が赤信号に従って順次停車したが、その際、Xは降車して、V車の後方にいた原付車の運転者らに対して、Xの車の前方を集団で蛇行運転したのは危険であると大声で文句を言い、再び乗車して、進路前方の信号が青に変わったのち、右折進行するため道路中央付近に進出して対向車の通過待ちをしていたところ、並進位置にいたVが、原付車に乗車したまま、右足でXの車の左側助手席ドア付近を蹴りつけた上、Uターンして反対方向に逃走した。Xは、Vに自車が損傷させられたと考え、UターンしてVを追い掛け、約1.5キロメートル追跡してA方の庭先に追い詰めた。Vは、右庭先で反転し、原付車に乗ったまま、Xの車の左側を走り抜けて逃走しようとした。そこで、XはVの身体をつかまえ、つかみ合いになったが、その過程で、Vの顔面・頭部を手拳及び付近にあった太さ約4センチ、長さ約53センチの木の棒で殴打するなどの暴行を加え、Vに加療約2週間を要する頭部打撲等の傷害を負わせ、結局、XがVを制圧し、Vはその場に倒れた。なお、Xの車は、左側ドア部分が凹損し、その修理には約15万円を要した。また、XもVとの抗争で、全治約２週間を要する顔面打撲、左膝打撲、右下腿打撲、左V趾捻挫及び全治約５日間を要する頭部打撲の傷害を負った。Xは傷害罪で起訴された。

【裁判の経過】

１審：平塚簡判（年月日不明）（有罪・傷害罪）

【判旨】破棄自判（無罪）

「被告人の本件行為は、現行犯人逮捕のため許される限度内のもので、刑法35条にいう正当行為に該当するというべきである」。「Vは、後続の原付車と共同して走っていたわけではないとしながら、自分が被告人から文句を言われたわけでもないのに、X運転車両のドア付近をことさら足蹴にして凹損させ、いわば器物損壊行為に及んで挑発した上で逃走したことが明らかである。一方、Xは、Vを現行犯逮捕し、損害の賠償をさせるべくこれを追跡の上、本件行為に及んだものであり、そのことは、Xが本件直後に、現場に現れたAに対して、直ちに110番通報することを依頼していることなどに照らしても明らかである。ところで、現行犯逮捕をしようとする場合において、現行犯人から抵抗を受けたときは、逮捕しようとする者は、警察官であると私人であるとを問わず、その際の状況からみて社会通念上逮捕のために必要かつ相当であると認められる限度内の実力を行使することが許され、たとえその実力の行使が外形上は刑罰法令に触れていても、刑法35条により罰せられないものと解するのが相当である。これを、本件についてみると、Vは、A方庭先に追い詰められるや、原付車を加速してXと石垣の間を突破しようとするなど、かなり危険な方法で逃走しようとした上、横から同人をつかまえにきたXに対して、顔面を殴打し、ヘルメットをぶつけ、石垣に押し付けて攻撃し、これに対して、Xは、右抵抗を排除しようとして本件行為に及んだものであることが明らかである。そして、右のようなVの抵抗の態様やXがその過程において自らも前記のような傷害を負わされていることなどに照らすと、Xが、手探りでつかんだ前記木の棒でVを殴打したことや、同人に前記のような傷害を負わせたこともやむを得なかったというべきであり、右の行為は、社会通念上逮捕をするために必要かつ相当な限度内にとどまるものと認められる。なお、Xは、Vを殴り倒したのちも、何回かその頭部、腹部等を足蹴にする等の暴行を加えたが、右暴行はVが倒れた直後、まだ同人に反撃意思を喪失しているか否か分からない段階で、その意思を制圧するために加えられたものと認められるから、いまだ右の許容範囲を超えるものとまではいえない。原判決は、Xが憤激してVの追跡を開始したことをもって、正当行為を否定する根拠の１つとしているが、被害者が犯人逮捕の意思と並んで、報復感情や懲罰感情を抱くことはむしろ自然なことであり、そのような感情を一部に抱いていても、そのことから直ちに逮捕行為全体が違法性を帯びるということはできない。

そうすると、XのVに対する本件行為は、現行犯逮捕にともなう適法な実力行使と認め得るから、刑法35条により罪とならないものというべきである」。

(3) 争議行為（札幌市電事件）

102 最決昭和45年 6 月23日刑集24巻 6 号311頁

【事実の概要】

被告人X、同Yは、札幌市交通局電車部整備課従業員で、かつ同従業員等をもって組織する札幌市役所関係労働組合連合会傘下の札幌交通労働組合所属の組合員であり、また被告人Zは札幌市建設局土木部工事第二課車輛事業所の従業員で、かつ同従業員等をもって組織する札幌市役所関係労働組合連合会傘下の札幌市役所労働組合所属の組合員であって、昭和37年 6 月15日早朝から行なわれたいわゆる札幌市電ストに際し同日午前10時ごろ、同市交通局中央車庫において、電車運行確保のため同交通局長大刀豊の業務命令により先頭車第222号電車等が出庫しようとして運行を始めた折から、同市労連傘下組合員A他約40名と共謀のうえ、右電車の運行を阻止しようと企て、同日午前10時ごろから10時34分ごろまで右組合員約40名と共に同市吏員Bが右業務命令により運転業務に従事中の第222号電車の前部に接着して結集し、スクラムを組むなどしてその前面に立ち塞がり労働歌を高唱し、「ワッショイ、ワッショイ」と掛声をかけ、「降りろ、降りろ」「さがれ、さがれ」等と怒号しながら、同電車をゆさぶり、或は同車の前部を前より押したり、それにぶらさがるなどして同人が運転していた電車の運行を阻止した。Xは威力業務妨害罪で起訴された。

【裁判の経過】

1 審：札幌地判昭和41年 5 月 2 日刑集24巻6号367頁（無罪）

「地公労法11条 1 項は地方公営企業の職員等に対し争議行為を禁止しており、それにもかかわらずなされた争議行為は同条項に違反する違法なものであるが、その違法は違反者を企業外へ放逐することができるなどという意味で民事法ないし労働法上違法であるにとどまり、これらの違法と刑法上の違法は同一のものではないから、この違反をもって右の争議行為が刑法上違法を帯びているものということはできないのである。この違法概念の相対性は、スポーツにおいて、禁止された反則を犯した場合に、規則上の罰則が科せられるのみで、刑事上の処罰はまた別の確点から考えなければならないのとある程度似たような関係にあるということができるであろう」。

本件争議行為の「目的は給与、手当の改善、有給休暇20日の復活などでいずれも純粋に札幌市職員の勤労条件の是正を図り、その経済的地位の向上を求めるものであり、しかもこの要求が市当局に無理難題を強いたものでないことは、本件闘争後いくばくもなく交渉が妥結し、多かれ少なかれ全てその実施をみたことに徴して明白であるといわなければならない」。「本件争議行為は時あたかも札幌神社大礼祭のうちの一日に行われたものであるが、これは市労連が故意にこの日をねらって争議行為に入つたものでないことは、………明らかである」。被告人らの222号電車前でしたピケッテイングの正当性は、ピケットの対象、態様などの諸般の事情から具体的に判断しなければならない」。「本件ピケットの対象は、組合の指令に反し当局側に従って組合の統制をみだし、ピケットを突破しようとした市労連組合員（札幌交通労働組合員）Bに対するものである」。「ピケットの態様をみると、そのピケットはB運転の222号車の前面で、同人に対し『電車から降りろ、降りて下さい。』などと組合の指示どおり降車するよう呼びかけながら立ち塞がり、判示のようにスクラムを組み、労働歌を歌って気勢をあげたものであるが、BおよびDの身体に対し直接手を下すなどの暴行に及んだり、脅迫的言辞や罵声を浴せかけたり、同人らを威圧するために車体を叩いたりしたことはなく、また同人の乗車していた222号車に乗り込もうとしたり、同車を押し戻し、故意にゆさぶろうとしたようなことも全く認められない。そして、引抜き行為が行われた際、当局側との間にもみ合いの状態を生じたが、それは、当局側が腕力で組合員を引抜こうとしたのに対し、組合員側が引抜かれまいとしてこれに抵抗したことによるものであって、この行動はBに向けられたものではないから、この場合にも同人に対して示されている威力が引抜きのない小休止の状態の際に比較し、より高度の威力に転じたものと評価することは誤りである」。「右ピケット行為は、突発的、非計画的なものであって、整備課員は本間課長が同じ組合員に対し腕力を用いて排除することを命じたのみならず、一部の組合員を率いて実際に引抜きをはじめたのを目撃し、にわかに組合意識にかられて合流したものであること、また、右ピケット中、組合員側の者は相手方に対し、殴る、突くなど積極的な反撃にでた者は全くなく、引き抜かれまいとして消極的な抵抗に終始したものであり、警察官が入るに及んでは、これに抵抗せず、自発的に電車の前面から退去した状況で、殺気立った雰囲気は全くみられなかったことが認められる」。「右ピケットにより約30分間、12台の電車の出庫が阻止されたにとどまり、一般市民に与えた影響は判示のとおり、さほど大きいものではなかったし、当局が蒙った損失も同様軽徴といわざるをえない」。「以上のような諸般の事情を考慮すると、被告人らの行動は、正当な争議行為の限界を超えるものとはいい難く、刑法上違法な行為であるとはいえない」。

2審：札幌高判昭和42年4月27日高刑集20巻2号194頁（控訴棄却）

「はじめに明らかにしておかなければならない点は、本件において争議行為としての正当性が問題とされる行為は、当然のことながら右所為すなわち被告人3名を含む市労連組合員約40名の中央車庫門扉附近における222号車およびその後続車両に対する約30分間のピケ行為（以下「本件ピケ行為」という。）に限られるということである。いわゆる「全体としての争議行為」………は、判断の対象ではない（それは、全体としての争議行為を、本件ピケ行為の正当性判断の資料として一切用いてはならないということを意味しない。）」。「本件ピケ行為は、直接には争議脱落者の就労から組合の団結を守り、同盟罷業行為の効果減殺を防止することを目的とし、究極においては、同盟罷業によって労使の実質的平等が確保された団体交渉の場において組合の正当な経済的要求の実現を図ることを目的とするものというべく、かかる目的は争議行為の目的としてまさに正当なものと認められる」。「ピケ行為の実情をみるならば、(一)まず、原判決の指摘する如く、それが組合員でありながら闘争指令に反し、当局側の指示に従つてピケラインを突破しようとした222号車の運転要員Bに対するものである点に留意しなければならない………。かかる争議脱落者による就労は、憲法に保障された組合の団結権に対する直接の脅威であるばかりか、争議参加者に与える心理的影響（連鎖的に争議脱落者の続出する危険すら含まれる。）の甚大なことは、役職者等の非組合員または部外者による就労の比ではなく、同盟罷業の実効性を損う程度はきわめて深刻である。しかも、争議脱落者によって提供される労働力は、同盟罷業行為の開始によって使用者側においてほんらい利用し得ないものとなったのであつて、これが就労を阻止されたからといって、同盟罷業の開始によって労使間に形成された勢力の均衡が破られることは全くないのである。されば、組合側としては、争議脱落者に翻意を求めるための説得活動は、他の者を対象とする場合に比しある程度強力にこれを行ない得るものと解すべく、場合によっては、暴力の行使に亘らず、説得の手段として社会通念上相当と考えられる範囲において、説得の機会を得るために相手方を物理的に阻止することも許されるものといわなければならない」。「一般に、相手方が高速度交通機関に搭乗し、かつ、そのこと自体によって就労の意思を表明している場合には、単に口頭で説得のための停止を呼びかけることは殆どその効果を期待し得ないから、その前方に立ち塞がる等の方法によってこれを一時停止させることは、前記説得の手段として相当な範囲を越えるものとは認められない」。「阻止行為がなされたのは、222号車が営業路線に出る前の車庫内であって、同車に乗客はなく、また、組合員らの行為が一般道路交通の障害となるようなこともなかったし、その人数からみてもBらに恐怖を覚えさせるような多数………ではなかった」。「ところが、市労組合員らが説得のため222号車の前面に立ち塞がるや、殆ど説得行為に出る暇もないうちに、本間課長らが実力による引き抜きを開始したのであるから………、ピケ側がこれに抵抗して引き抜かれまいとしたのは当然のことであって、引き抜き側に対する積極的加害行動に出ることなく、消極的抵抗に終始したものである以上………、これを違法視するに当らない」。「右説得活動は、引き抜きに対抗しての揉み合いの時間を含めても前後約30分間………に過ぎず、不当に長時間に及ぶものということもできない」。「同様に一般市民に与えた影響も、本件ピケ行為自体によるものとしては殆ど考えられず、全体としての争議行為の影響も、本件争議行為を違法ならしめる程重大であったとは認められない」。「以上を綜合して判断すれば本件ピケ行為は、その態様の面においても、正当性の限界を逸脱するものとは認められない」。

【決定要旨】上告棄却

本件「行為は、被告人らの所属する札幌市役所関係労働組合連合会が、昭和35年10月ごろから、札幌市職員の給与、手当、有給休暇その他の勤労条件の改善等、職員の正当な経済的地位の向上を目ざした団体交渉の要求を続け、かつ、この要求について早期解決を図るべき旨の北海道地方労働委員会の調停や札幌市議会総務委員会の勧告があったのにかかわらず、札幌市当局が不当に団体交渉の拒否や引延しをはかったため、1年有余の長期間をむだに過させられたのみならず、かえって、当局の者から、ストをやるというのであればやれ、などと誠意のない返答をされるに至ったので、やむなく昭和37年6月15日午前6時ごろ、団体交渉における労使の実質的対等を確保するため、交通部門における市電、市バスの乗務員の乗車拒否を主眼とする同盟罷業に踏み切ったものであるところ、その同盟罷業中の同日午前10時ごろ、突然、同じ組合員であるBらが、同盟罷業から脱落し、当局側の業務命令に従って市電の運転を始めるため、車庫内に格納されていた市電を運転して車庫外に出ようとしたので、被告人らが他の約40名の組合員らとともに、組合の団結がみだされ同盟罷業がその実効性を失うのを防ぐ目的で、とっさに市電の前に立ちふさがり、口ぐちに、組合の指令に従って市電を出さないように叫んで翻意を促し、これを腕力で排除しようとした当局側の者ともみ合ったというのであって、このような行為に出たいきさつおよび目的が人をなっとくさせるに足りるものであり、その時間も、もみ合った時間を含めて約30分であったというのであって、必ずしも不当に長時間にわたるものとはいえないうえに、その間直接暴力に訴えるというようなことはなく、しかも、実質的に私企業とあまり変わりのない札幌市電の乗客のいない車庫内でのできごとであったというのであるから、このような事情のもとでは、これを正当な行為として罪とならないとした原判断は、相当として維持することができる」。

裁判官下村三郎の反対意見

「公営企業労働関係法11条1項は、争議行為を禁止しているのであるから、これに違反してなされた争議行為は、すべて違法であって、正当な争議行為というものはありえない。したがって、このような争議行為には、労働組合法1条2項の準用ないし適用はないものと解すべきである」。

裁判官松本正雄の反対意見

「わたくしは、本件争議行為には労組法1条2項の適用はないと考える。すなわち、公共企業体に対する争議行為に関する………昭和41年10月26日大法廷判決（刑集20巻8号901頁、いわゆる中郵事件判決）における反対意見を正しいと考えるものである。また、仮に、右判決の多数意見のごとく、本件争議行為にも労組法1条2項の適用があるとしても、被告人らの本件行為は、正当性の範囲を逸脱した違法のものであり、正当行為とは評価できないと考える」。

【参考文献】

白井駿・続刑法百選82頁、坂本武志・最判解刑事篇昭和45年度107頁

5　正当業務行為

(1)　医療行為（ブルーボーイ事件）

103 東京高判昭和45年11月11日高刑集23巻4号759頁

【事実の概要】

被告人Xは、甲医科大学を卒業後、同大学産婦人科教室の助手となり、昭和32年から右産婦人科教室の講師を勤めていたが、そのかたわら実兄一郎が開設した診療所乙病院において産婦人科の担当医として診療に従事していたが、乙病院において、男娼から睾丸摘出、陰茎切除、造膣等一連のいわゆる性転換手術を求められるやこれに応じ、法定の除外事由がないのに故なく生殖を不能にすることを目的として、3人に対して、睾丸全摘出手術をした。

【裁判の経過】

1審：東京地判昭和44年2月15日刑月1巻2号133頁（有罪・優生保護法違反の罪）

「性転向症者に対する性転換手術は次第に医学的にも治療行為としての意義を認められつゝあるが、性転換手術は異常な精神的欲求に合わせるために正常な肉体を外科的に変更しようとするものであり、生物学的には男女いずれでもない人間を現出させる不可逆的な手術であるというその性格上それはある一定の厳しい前提条件ないし適応基準が設定されていなければならない筈であって、こうした基準を逸脱している場合には現段階においてはやはり治療行為としての正当性を持ち得ないと考える」。「ところで、現在日本においては、性転換手術に関する医学的研究も十分でなく、医学的な前提条件ないしは適用基準はもちろん法的な基準や措置も明確でないが、性転換手術が法的にも正当な医療行為として評価され得るためには少なくとも次のような条件が必要であると考える」。「(イ)『手術前には精神医学ないし心理学的な検査と一定期間にわたる観察を行うべきである』」。「(ロ)『当該患者の家族関係、生活史や将来の生活環境に関する調査が行われるべきである』」。「(ハ)『手術の適応は、精神科医を混えた専門を異にする複数の医師により検討されたうえで決定され、能力のある医師により実施さるべきである』」。「(ニ)『診療録はもちろん調査、検査結果等の資料が作成され、保存さるべきである』」。「(ホ)『性転換手術の限界と危険性を十分理解しうる能力のある患者に対してのみ手術を行うべきであり、その際手術に関し本人の同意は勿論、配偶者のある場合は配偶者の、未成年者については一定の保護者の同意を得るべきである』」。

「性転換手術が正当な医療行為として許容されるための前記の条件に照らしてみるに、本件各手術は以下のとおり多くの点で条件に適合していない」。「(イ) 被告人は手術前に精神医学ないし心理学的な検査を全く行っていないし、一定期間観察を続けていたこともない」。「(ロ) 被告人は本件被手術者らの家族関係、生活史等に関し問診をせず、調査、確認が全くなされていない」。「(ハ) 被告人は全く単独で手術に踏みきることを決定し、精神科医等の検査、診断を仰ぐこともなく、他の専門科医等と協議、検討をすることもしていない」。「(ニ) また被告人は正規の診療録も作成せず、被手術者から同意書をとるなどのこともせず、極めて安易に手術を行っている」。

「従って被告人が本件手術に際し、より慎重に医学の他の分野からの検討をも受ける等して厳格な手続を進めていたとすれば、これを正当な医療行為と見うる余地があったかもしれないが、格別差迫った緊急の必要もないのに右の如く自己の判断のみに基いて、依頼されるや十分な検査、調査もしないで手術を行ったことはなんとしても軽卒の謗りを免れないのであって、現在の医学常識から見てこれを正当な医療行為として容認することはできない」。

【判旨】控訴棄却

「被告人は、産婦人科専門医師に過ぎず、本件手術当時においては、いわゆる性転向症者に対する治療行為、特に本件のような手術の必要性（医学的適応性）及び方法の医学的承認（医術的正当性）について、深い学識、考慮及び経験があったとは認めがたい上、原判示のように、本件手術前被手術者等に対し、自ら及び精神科医等に協力を求めて、精神医学乃至心理学的な検査、一定期間の観察及び問診等による家族関係、生活史等の調査、確認をすることもなく、又正規の診療録の作成及び被手術者等の同意書の徴収をもしておらず、又性転向症者に対する性転換手術を医療行為として肯定しない医学上の諸見解があることが認められ、これ等の事実とその他被告人の捜査官に対する供述調書等諸般の関係証拠とを総合考察すると、被告人が技術的に性転換手術を施行する能力のある医師であり、一応性転向症者であると推認しうる被手術者等の積極的な依頼に基き、性転換手術の一段階として本件手術をしたものであり、性転向症者に対する性転換手術が次第に医学的にも治療行為としての意義を認められつつあるのであって、本件手術が表見的には治療行為としての形態を備えていることを否定できない旨の原判示は、これを概ね肯認できること及び所論の縷説するところを考慮しても、被告人に被手術者等に対する性転向症治療の目的があり、被手術者等に真に本件手術を右治療のため行う必要があって、且本件手術が右治療の方法として医学上一般に承認されているといいうるかについては、甚だ疑問の存するところであり、未だ本件手術を正当な医療行為と断定するに足らない」。

【参考文献】

宮野彬・百選Ⅰ〔初版〕76頁、田中圭二・医事法百選86頁

(2) 牧師による犯人隠避

104 神戸簡判昭和50年2月20日刑月7巻2号104頁

【事実の概要】

キリスト教系の甲教団乙教会の牧師である被告人Xは、同教団丙教会牧師Yと共謀のうえ、兵庫県立丁高等学校生徒であるAおよびBが、先に同高等学校において発生した建造物侵入、凶器準備集合、暴力行為等処罰に関する法律違反および窃盗事件の犯人として、現に所轄兵庫県尼崎中央警察署が捜査中のものであることを知りながら、昭和45年10月20日右両名を甲教団丙教会に同行し、同月28日まで同教会教育館に宿泊させてこれを蔵匿した。Xらは犯罪隠避罪で起訴された。

【判旨】無罪

「被告人の所為は、自己を頼って来た迷える二少年の魂の救済のためになされたものであるから、牧師の牧会活動に該当し、被告人の業務に属するものであったことは明らかである」。「ところで、それが正当な業務行為として違法性を阻却するためには、業務そのものが正当であるとともに、行為そのものが正当な範囲に属することを要するところ、牧会活動は、もともとあまねくキリスト教教師（牧師）の職として公認されているところであり、かつその目的は個人の魂への配慮を通じて社会へ奉仕することにあるのであるから、それ自体は公共の福祉に沿うもので、業務そのものの正当性に疑を差しはさむ余地はない。一方、その行為が正当な牧会活動の範囲に属したかどうかは、社会共同生活の秩序と社会正義の理念に照らし、具体的実質的に評価決定すべきものであって、それが具体的諸事情に照らし、目的において相当な範囲にとどまり、手段方法において相当であるかぎり、正当な業務行為として違法性を阻却すると解すべきものである」。

「確かに、形式上刑罰法規に触れる行為は、一応反社会的なもので公共の福祉に反し違法であるとの推定を受けるであろうが、その行為が宗教行為でありかつ公共の福祉に奉仕する牧会活動であるとき、同じく公共の福祉を窮極の目標としながらも、直接には国家自身の法益の保護（本件の刑法103条の保護法益は正にこれに当る。）を目的とする刑罰法規との間において、その行為が後者に触れるとき、公共の福祉的価値において、常に後者が前者に優越し、その行為は公共の福祉に反する（従ってその自由も制約を受け、引いては違法性を帯びる）ものと解するのは、余りに観念的かつ性急に過ぎる論であって採ることができない。後者は外面的力に関係し、前者は内面的心の確信に関係する。両者は本来社会的機能において相重なることがなく、かつ相互に侵すことのできない領域を有し、性格を全く異にしながら公共の福祉において相互に補完し合うもので、同時的又は順位的に両立しうる関係にある」。「而して、牧会活動の目的が通常正当なものであることは前述のとおりであるから、具体的牧会活動が目的において相当な範囲にとどまったか否かは、それが専ら自己を頼って来た個人の魂への配慮としてなされたものであるか否かによって決すべきものであり、その手段方法の相当性は、右憲法上の要請を踏まえた上で、その行為の性質上必要と認められる学問上慣習上の諸条件を遵守し、かつ相当の範囲を超えなかったか否か、それらのためには法益の均衡、行為の緊急性および補充性等の諸事情を比較検討することによって具体的綜合的に判定すべきものである」。「これを本件についてみると、17歳前後のA、Bの二少年が同年輩の他の数名の少年と共に学校封鎖を目的として前記建造物侵入等の過激な犯行を敢行しながらも学校封鎖に至ることができず、その直後の敗北と挫折感に打ちひしがれ、思いつめた心理状態にあり、特にA少年にとって被告人は父親代りの立場にあったこともあって、両少年が被告人に何らかの救済を求めた（それが少年達にとっては、主に逃亡を志向したものであったにしても、幾分かの心の救いを求めるものであったことは間違いない。）のに対し、被告人は牧師としてこれに対処し、彼等が右犯罪行為（窃盗罪該当の事実を除く）をなした者であるとの認識を有したものの、彼等の人間としての救済に魂を凝結し、彼等の将来に思いをめぐらして、何よりも先ず彼等の不安定な心を静め、自己に対する反省と肉体的労働を通じて健全な人間性を取り戻させ、爾後自己の責任において対処せしめるのを最良の道と考え、そのためには彼等が手の届かない所へ逃亡することと他の過激なグループと接触することを予防しながら、労働せしめかつ礼拝への参加、教義の伝道等を通じて地道な自己省察をなさしめるため地元尼崎市から監督と指導に適当なC教会に一時隔離することを緊急事とし、Y牧師と相談の上その処置を採ったものであり、その結果両少年は8日後には心の落着きを取戻し、自己の行為を反省して自主的に所轄警察署に出頭したものであった。

従って、それは専ら被告人を頼って来た両少年の魂への配慮に出た行為というべく、被告人の採った右牧会活動は目的において相当な範囲にとどまったものである」。

「次に、両少年を取巻く前記諸般の事情を考え、彼等の将来に思いを致せば、第三者的傍観者はいざ知らず、その渦中に身を投じ彼等と共に真摯に悩む神ならぬ通常人にとっては、被告人の採った右処置以外に適当な方途を見出すことは至難の業であったであろうし、それは正に緊急を要する事態でもあったのである。

しかも、その間にあっても、右高校封鎖事犯の捜査は、他の少年達の出頭等によって取立てていう程の遅滞もなく進展していたし、両少年も8日後には牧会が効を奏し、自己の責任を反省し自ら責任をとるべく任意に警察に出頭したことではあるし、右程度の捜査の支障は、前述の憲法上の要請を考え、かつ、その後大きくは彼等が人間として救済されたこと、小さくは彼等の行動の正常化による捜査の容易化等の利益と比較衡量するとき、被告人の右牧会活動は、国民一般の法感情として社会的大局的に許容しうるものであると認めるのを相当とし、それが宗教行為の自由を明らかに逸脱したものとは到底解することができない。本件の場合、国家は信教の自由を保障した憲法の趣旨に照らし、右牧会活動の前に一歩踏み止まるべきものであったのである。

これを要するに、被告人の本件牧会活動は手段方法においても相当であったのであり、むしろ両少年に対する宗教家としての献身は称賛されるべきであった」。

「以上を綜合して、被告人の本件所為を判断するとき、それは全体として法秩序の理念に反するところがなく、正当な業務行為として罪とならないものということができる」。

【参考文献】

大谷實・昭和50年度重判解123頁。

(3) 弁護活動（丸正事件）

105 最決昭和51年3月23日刑集30巻2号229頁

【事実の概要】

昭和30年5月12日静岡県三島市甲運送店洋服部において、同運送店の経営者Vが絞殺死体となって発見されたが、右事件については同月30日に、同店出入りの乙株式会社のトラック運転手Aとその助手Bがその犯人として検挙され、強盗殺人罪として静岡地方裁判所沼津支部に起訴された。そして昭和32年10月31日同裁判所において同罪によりAは無期懲役に、Bは懲役15年に処せられた。両名はこれを不服として東京高等裁判所に控訴したが、同裁判所は昭和33年12月9日右各控訴を棄却した。右両名とその弁護人であった被告人Xは、この控訴棄却の判決を不服として、それぞれ上告したが、最高裁判所は昭和35年7月19日決定をもって上告を棄却したため同月24日AとBの有罪は確定した。

被告人XはAら両名の控訴審及び上告審の弁護人であり、被告人Yは上告審係属中の同年3月28日より右被告事件の弁護人となったものであるが、XとYの両名は、事件が上告審に繋属中である昭和35年3月下旬連名で「Vは右両名によって殺害されたものではなく、同女は同店階下六畳の寝室において就寝中、その兄C及びその妻D又はそのほか同夫婦と意思を通じた者によって絞殺されたものであり、更にその死体は同人等によって犯行現場偽装のため洋服部の店先に運ばれたのである」旨の事実を記載した上告趣意補充書を作成し、これを同月28日最高裁判所第三小法廷に提出したが、その頃同補充書の内容を社会に公表することを企て、被告人両名共謀の上、同月末日頃司法記者クラブ幹事に対し、前記事件に関し翌4月1日重大発表をする旨あらかじめ通知しておき、同日最高裁判所内司法記者クラブ室に赴き同所において、約20名の各社の新聞記者に対し右上告趣意補充書の内容をこもごも説明するなどした。
　A及びBに対する有罪判決確定後、XとYは、丙社編集局長兼第一出版部Fらと共謀の上、前記Vの殺害事件につき「告発」－「犯人は別にいる」－と題し、「V殺害の真犯人はA、Bではなく、同女の兄C、同妻D及びAの弟Eの３名である。右３名は甲運送店の経営の実権及び同女の財産等を奪取する目的を以て共謀して昭和30年５月11日午後11時頃同店階下六畳間において就寝中の同女を絞殺し、これを同店出入りの乙株式会社のトラック運転手らの犯行であるかのように偽装するためその死体を同店内洋服部の店先に運び出す等の偽装工作を施したものである。」旨を内容とする原稿を共同して執筆し、これを昭和35年10月20日付単行本として丙社より7,000部出版し、うち約4,000部をその頃同都内その他において発売頒布した。XとYは名誉毀損罪で起訴された。

【裁判の経過】

１審：東京地判昭和40年５月22日刑集30巻２号338頁（有罪・名誉棄損罪）

「刑事事件の弁護人となった者は被告人の利益を擁護する訴訟上の権限を有するからその権限に基づいてした行為の結果他人の名誉を毀損したとしても、それは正当な業務行為として違法性を阻却するものと解すべきである。しかし、被告人の利益擁護のためにした行為であっても、それが弁護人としての訴訟上の権限に基ずく行為によるものでないかぎり、それは正当な弁護権の行使ということはできないから、名誉毀損罪の違法性を阻却する理由とはならない。そこでこれを本件についてみるに、被告人両名がなした前判示の各名誉毀損行為はＡら両名の寃罪を晴らすための救済活動の一環として、当該事件の審理の場を離れ訴訟外においてなされたものであることは前記認定のとおりであって、訴訟上の権限に基ずいてなされたものではないから、正当な弁護権の行使の範囲を超えるものといわなければならない」。

「もとより捜査権の行使や再審制度が適正に行われなければならないことはいうまでもないところ、本件において、被告人両名が前示のようなCらを真犯人とする正式の告発手続またはＡら両名に対する再審の申立手続をしていないことは被告人両名の当公判廷における各供述に照らし明らかであり」、また記者に対する説明「に及ぶ以前に、被告人両名が最高検察庁に対し再捜査の申入をしたのにかかわらず、検察官において職権の発動をしなかったからとて、それは、Ｂら両名に対する上告審が係属中のことであったから、直ちにこれを不当視することはできない。なお、現在わが国の再審制度の在り方についてこれを批判する見解があり、その運用に当を得ないところがあるにしても、その違法性が明白である場合を除いては須く法定の手続を履んで救済を求めなければならない筋合であるから、従って一般的に捜査機関の捜査権の運用や再審制度の運営の実情について被告人両名の意に充たない点があるからといって、本件名誉毀損の手段に敢えて出でたことは、手段としての正当性を欠くもので、正当行為として許されるべきでない」。

２審：東京高判昭和46年２月20日高刑集24巻１号97頁（控訴棄却）

「刑事事件において弁護人は、被告人の利益を擁護する訴訟上の権限を有するものであるから、その権限に基づいて行なう訴訟上の行為は、たまたま人の名誉を毀損することがあっても、正当行為としてその違法性を阻却されるものと解すべきであるが、たとえ被告人のためであっても、弁護人が訴訟手続の場以外の場においてなす行為は、その訴訟手続の場における弁護人の行為とは区別して評価すべきものであって、前者の行為がなんらかの刑罰法令に触れる場合は、訴訟手続の場におけるものとは異なり、弁護人において被告人の利益擁護のためなしたものであるからといって、その罪責を免れうるものと解することはできない。刑事訴訟法において一定の訴訟手続が定められている以上、弁護人は、その手続内において被告人の利益の保護を図るべきであって、その手続を離れてなした行為は、それが禁止されていない場合は格別、本件のように他人の名誉を毀損するような場合は、所論のように上告審において十分な審理を受け、検察庁の捜査を促し、または再審の請求をするについて必要な新証拠の発見が困難であって、これが収集に一般社会の協力を得るため必要であるというような理由があったとしても、正当行為としてその違法性を阻却されるものとはいうことができ」ない。

【判旨】上告棄却

「名誉毀損罪などの構成要件にあたる行為をした場合であっても、それが自己が弁護人となった刑事被告人の利益を擁護するためにした正当な弁護活動であると認められるときは、刑法35条の適用を受け、罰せられないことは、いうまでもない。しかしながら、刑法35条の適用を受けるためには、その行為が弁護活動のために行われたものであるだけでは足りず、行為の具体的状況その他諸般の事情を考慮して、それが法秩序全体の見地から許容されるべきものと認められなければならないのであり、かつ、右の判断をするにあたっては、それが法令上の根拠をもつ職務活動であるかどうか、弁護目的の達成との間にどのような関連性をもつか、弁護を受ける刑事被告人自身がこれを行った場合に刑法上の違法性阻却を認めるべきかどうかという諸点を考慮に入れるのが相当である。

（二）　これを本件についてみると、弁護人が弁護活動のために名誉毀損罪にあたる事実を公表することを許容している法令上の具体的な定めが存在しないことは、いうまでもない。

また、原判決及びその是認する第一審判決の認定によると、被告人らは、Cら三名が真犯人であることを広く社会に報道して、世論を喚起し、Aら両名を無罪とするための証拠の収集につき協力を求め、かつ、最高裁判所の職権発動による原判決破棄ないしは再審請求の途をひらくため本件行為に出たものであって、Aらの無罪を得るために当該被告事件の訴訟手続内において行ったものではないから、訴訟活動の一環としてその正当性を基礎づける余地もない。すなわち、その行為は、訴訟外の救援活動に属するものであり、弁護目的との関連性も著しく間接的であり、正当な弁護活動の範囲を起えるものというほかはないのである。

さらに、既に判示したとおり、被告人らの摘示した事実は、真実であるとは認められず、また、これを真実と誤信するに足りる確実な資料、根拠があるとも認められないから、たとえAら自身がこれを公表した場合であっても、名誉毀損罪にあたる違法な行為というほかはなく、同一の行為が弁護人によってなされたからといって、違法性の阻却を認めるべきいわれはない。

その他、本件行為の具体的状況など諸般の事情を考慮しても、これを法秩序全体の見地から許容されるべきものということはできない」。

【参考文献】

小田中聰樹・百選Ⅰ（初版）72頁、香城敏麿・最判解刑事篇昭和51年度90頁

(4)　報道（外務省秘密漏えい事件）

106 最決昭和53年５月31日刑集32巻３号457頁、判時887号17頁、判タ363号96頁

【事実の概要】

被告人Xは、昭和39年４月１日外務事務官に任官し、昭和45年７月27日大臣官房（外務審議官室）に配置換えされ、以後昭和47年４月５日免職されるまでの間A外務審議官付事務官として一般的秘書業務に従事し、その一環として、同審議官に回付又は配付される文書の授受、整理及び保管という職務を担当し、これにより右文書の内容を職務上知ることのできる地位にあった者であるが、甲新聞社政治部記者として昭和46年２月から昭和47年２月までの間「琉球諸島及び大東諸島に関する日本国とアメリカ合衆国との間の協定」（沖縄返還協定）の締結のための日本国政府とアメリカ合衆国政府との間の交渉を中心とする外交全般に関する取材活動に従事していた被告人Yから昭和46年５月22日「安川審議官のところへ回ってくる書類を見せてくれないか。」という趣旨の申し入れ及び「沖縄返還交渉と中国代表権問題とに関する書類を安川審議官のところから持ち出してきて見せてもらいたい。」という趣旨の依頼を受け、右申入れと依頼とに応じ、その後同月24日から同年６月12日ころまでの間十数回にわたり同被告人のために沖縄返還交渉に関する書類を同審議官のところから持ち出して同被告人に見せていたが、その一環として、①沖縄返還交渉の一環として同年５月28日外務大臣と駐日米国大使との間で行われた会談の概要が記載されている同日付電信案（昭和46年７月17日の改正の前の昭和45年外務省訓令第５号「秘密保全に関する規則」に従い外務省アメリカ局北米第一課長が極秘（無期限）の指定をし、右指定が行われた旨の標記の付してあるもの〔1034号電文〕）がまだ同審議官に届けられないまま外務省内A審議官室次室（秘書室）に置いてあ

ったのに乗じ、これを秘書室から持ち出し外務省内でコピーを作成した上、同コピーを同月3日東京都港区赤坂所在の甲ビル5階にあるB政策研究所事務所でYに交付した。②同年6月10日、沖縄返還交渉の一環として同月9日外務省条約局長と駐日米国大使館公使との間で行われた会談の内容が電信案（前記「秘密保全に関する規則」に従い外務省アメリカ局北米第一課長が極秘（無期限）の指定をし、右指定が行われた旨の標記の付してあるもの〔559号電文〕）が外務省官房長からA審議官に回付されるに際し、被告人Xが前記秘書室で外務省アメリカ局北米第一課所属職員から同電文を受領した後まだA審議官に届けていないのに乗じ、秘書室から持ち出し外務省内でコピーを作成した上、右コピーを同年同月12日に東京都渋谷区所在の「ホテル乙」でYに交付した。③沖縄返還交渉の一環として同月9日外務大臣と米国国務長官との間で行われた会談の内容が記載されている（外務大臣が在仏大使から受電した受信文の写しで、前記「秘密保全に関する規則」に従い在仏大使が極秘の指定をし、右指定が行われた旨の標記の付してあるもの〔877号電文〕）がA審議官に配付された後同審議官が焼却処分に付すためXに交付したのに乗じ、秘書室から持ち出し外務省内でコピーを作成した上、右コピーを同年同月12日に東京都渋谷区所在の「ホテル乙」でYに交付した。Xは国家公務員法違反の罪（秘密漏示罪）で起訴された。

【裁判の経過】

1審：東京地判昭和49年1月31日刑月6巻1号37頁（一部有罪・国家公務員法違反の罪、一部無罪）

「取材協力行為は取材行為の反面を構成し、それ故取材の自由及び報道の自由に貢献し、報道機関の後記公共的使命に奉仕することになり、従ってその限度において取材の自由に対する保障に準ずる保障を受け得るものといえよう。しかし、これが国家公務員の秘密漏示罪に該当する場合について考えてみると、公務員の秘密保持義務は国民に対する義務であり、この義務に違反して秘密を漏示した場合には、ときとして国民全体の重大な利益を損なうことがあることも考慮しなければならない。従って、このような秘密漏示行為が正当行為性を具備するものとしては社会通念上許容されるためには、当該行為が報道機関の公共的使命に奉仕して公益を図るという積極的意図の下に行われたものでなければならず（このことは刑法230条の2第1項の名誉毀損罪の免責規定から推しても是認されよう。）単に取材者に対し好意を抱いたことによりなされた場合、あるいは取材者の歓心を買うためとか、自己の売名のためとかいうような私益を図る目的をもってなされた場合には、目的の正当性を欠き、従って当該行為が手段方法の点で相当性に欠けるか否か、当該行為が結果的に報道機関の公共的使命に奉仕することになるか否かを判断するまでもなく正当行為でないというべきである」。「被告人Xは、被告人Yと肉体関係を結んだ直後にYからの前記申し入れを受けた際『外務省や安川審議官にはもちろん、君にも絶対に迷惑を掛けない。そのままの形で記事にすることは絶対にしない。自分の頭の中に入れておいて記事を書くときの参考にするだけだ。』と言われ、その際右申し入れを拒否すれば被告人Yとの肉体関係が明るみに出されるかもしれないということを有夫の女性として危ぐし、他面、取材に行き詰まっているという同被告人の立場に同情して情にほだされ、更に同被告人に対して好意を抱いていたので、右のような危ぐ感と同情心と好意との結果、即日右申し入れを受諾してしまったことが認められる」。しかも、………被告人Xは勤勉で実直な事務官であることが認められ、………被告人Xは政治や外交問題にはほとんど関心を持っていなかったことが認められ、このような被告人Xの勤務態度や政治意識を考えると、被告人Xが報道機関の公共的使命に奉仕して公益を図るという積極的な意図の下に本件3通の電文を持ち出したものではなかったことが明らかであり、むしろ右電文に基づく報道がなされないことをひそかに念じていたことがうかがわれる」。「被告人Xは、被告人Yの『外務省やA審議官には迷惑を掛けないし、自分の頭の中に入れておいて記事を書くときの参考にするだけだ。』という言辞を信じて本件3通の電文の漏示をするに至ったものであると認められ、一応公務の阻害に対する配慮もうかがわれないではないが、………その持ち出しの態様は、部内の連絡文書をその重要性を何ら判断しないで持ち出していること、及び本件3通の電文の漏示はいずれもリコピーによる漏示であって文書自体の持ち出しとほとんど差のない方法によっており、又、被告人Yがこれらリコピーを持ち帰ることさえ許容していることが認められるのであって、秘密保持義務を負う国家公務員の取材協力行為としては、著しく軽卒且つ不用意であったといわざるを得ない」。「してみると被告人Xの右漏示行為の動機・目的と方法とを考えるとたとえ本件3通の電文の持っている秘密保護の必要性（これが余り高度であったといえないことは前述した通りである。）が取材の利益に対する保護の必要性よりも優越していないとしても、被告人Xの行為は正当行為でないというべきである」。

2審：東京高判昭和51年7月20日高刑集29巻3号429頁（破棄自判、有罪・国家公務員法違反の罪）

「国公法111条所定の同109条12号の行為の『そそのかし』罪にいう『そそのかし』の意味を限定的に解釈し、これを、目的において正当な報道機関の取材活動としての、秘密漏示のしようよう行為にあてはめ、右の『そそのかし』罪に当たるしょうよう行為を限定したのであるが、その限定によれば、弁護人のいう常態としての取材活動として、正当業務行為の範疇に入ると主張されているものである秘密漏示のしょうよう行為は、その秘密保護の必要性の程度の高低を問わず、構成要件的に、右の『そそのかし』罪に該当しないこととなるのであり、『そそのかし』罪の構成要件に該当する秘密漏示のしょうよう行為の範囲は、検察官がいう「相手方の意思決定に不当な心理的影響を与えるような方法を用いる場合」よりも、より限定的なものであって、弁護人のいう『取材対象者の自由意思を否定する取材』の類型の秘密漏示のしょうよう行為だけが、右の『そそのかし』罪の構成要件に当たるものであるから、この構成要件に該当する行為については、違法性が阻却される余地は、後述する特段の個別的事情が加わらない限り存在しないものと解せられる。……本件の罪となるべき事実欄掲記の犯罪事実について、正当業務行為として違法性が阻却されないことについては、既に判断を示した通りである」。

【判旨】上告棄却

「報道機関の国政に関する報道は、民主主義社会において、国民が国政に関与するにつき、重要な判断の資料を提供し、いわゆる国民の知る権利に奉仕するものであるから、報道の自由は、憲法21条が保障する表現の自由のうちでも特に重要なものであり、また、このような報道が正しい内容をもつためには、報道のための取材の自由もまた、憲法21条の精神に照らし、十分尊重に値するものといわなければならない………。そして、報道機関の国政に関する取材行為は、国家秘密の探知という点で公務員の守秘義務と対立拮抗するものであり、時としては誘導・唆誘的性質を伴うものであるから、報道機関が取材の目的で公務員に対し秘密を漏示するようにそそのかしたからといって、そのことだけで、直ちに当該行為の違法性が推定されるものと解するのは相当ではなく、報道機関が公務員に対し根気強く執拗に説得ないし要請を続けることは、それが真に報道の目的からでたものであり、その手段・方法が法秩序全体の精神に照らし相当なものとして社会観念上是認されるものである限りは、実質的に違法性を欠き正当な業務行為というべきである。しかしながら、報道機関といえども、取材に関し他人の権利・自由を不当に侵害することのできる特権を有するものでないことはいうまでもなく、取材の手段・方法が贈賄、脅迫、強要等の一般の刑罰法令に触れる行為を伴う場合は勿論、その手段・方法が一般の刑罰法令に触れないものであっても、取材対象者の個人としての人格の尊厳を著しく蹂躙する等法秩序全体の精神に照らし社会観念上是認することのできない態様のものである場合にも、正当な取材活動の範囲を逸脱し違法性を帯びるものといわなければならない。これを本件についてみると原判決及び記録によれば、Yは、昭和46年5月18日頃、従前それほど親交のあったわけでもなく、また愛情を寄せていたものでない前記Xをはじめて誘って一夕の酒食を共にしたうえ、かなり強引に同女と肉体関係をもち、さらに、同月22日原判示「ホテル乙」に誘って再び肉体関係をもった直後に、前記のように秘密文書の持出しを依頼して懇願し、同女の一応の受諾を得、さらに、電話でその決断を促し、その後も同女との関係を継続して、同女が被告人との右関係のため、その依頼を拒み難い心理状態になったのに乗じ、以後十数回にわたり秘密文書の持出しをさせていたもので、本件そそのかし行為もその一環としてなされたものであるところ、同年6月17日いわゆる沖縄返還協定が締結され、もはや取材の必要がなくなり、同月28日被告人が渡米して八月上旬帰国した後は、同女に対する態度を急変して他人行儀となり、同女との関係も立消えとなり、加えて、Yは、本件第1034号電信文案については、その情報源が外務省内部の特定の者にあることが容易に判明するようなその写を国会議員に交付していることなどが認められる。そのようなYの一連の行為を通じてみるに、Yは、当初から秘密文書を入手するための手段として利用する意図で右Xと肉体関係を持ち、同女が右関係のためYの依頼を拒み難い心理状態に陥ったことに乗じて秘密文書を持ち出させたが、同女を利用する必要がなくなるや、同女との右関係を消滅させてその後は同女を顧みなくなったものであって、取材対象者であるXの個人としての人格の尊厳を著しく蹂躙したものといわざるをえず、このようなYの取材行為は、その手段・方法において法秩序全体の精神に照らし社会観念上、到底是認することのできない不相当なものであるから、正当な取材活動の範囲を逸脱しているものというべきである」。

【参考文献】

内田文昭・百選Ⅰ〔第3版〕42頁、恒光徹・百選Ⅰ〔第5版〕38頁、前田雅英・百選Ⅰ〔第6版〕40頁、米田泰邦・昭和53年度重判解186頁、堀籠幸男・最判解刑事篇昭和53年度129頁

6 超法規的違法性阻却事由—舞鶴事件

107 最決昭和39年12月3日刑集18巻10号698頁

【事実の概要】

被告人X、Y両名は中国からの集団引き上げ問題に取り組む民間団体の派遣員として、昭和28年5月15日舞鶴に入港した第三次帰国船興安丸乗船の帰国者を出迎えるため、舞鶴引揚援護局に赴き、同月17日午後7時から開催予定の帰国者大会に来賓として招待され出席した。同大会は帰国者の政府に対する要望につき帰国者代表が行った交渉の経過報告、帰国者の当面する生活上の諸問題の討議を目的とし、同日午後7時30分頃から援護局内において帰国者約700名が参加し、公開のまま開始されたが、午後8時30分頃帰国者等の要望により司会者が大会を非公開で行うことを宣言し、帰国者および来賓以外の者の退場を求めたので傍聴していた援護局々員十数名は会場を立去った。ところが、援護局非常勤職員であったVは退場しないでいるうち、帰国者に発見され、身分や退場しない理由を詰問されたが、逃げ出そうとしたため捕えられた。すると、帰国者の中から、Vが同夜会場でメモを取っていたこと、Vが屡々援護局員を表示する腕章をして同局内を徘徊し、時には寮内で帰国者の談話を筆記していたこと等の発言がなされたため会衆は次第にVの身分、行動等に疑惑を深め騒然となった。そこで司会者らは、Vにその姓名、身分、退場しなかった理由等を尋ね、メモした用紙の提出を求めたが、Vは全く返答せず、再三要求された末漸く紙片、メモ帖等を取出した。また、YはVの上衣やズボンのポケットを調べ、腕章、紙片等を引出した。これらのメモ帖、紙片には、中国に抑留されている戦犯者や帰国を延期された者の氏名等を調査したと認められる種々の記載があり、腕章は援護局職員であることと表示するものであったために、大会帰国者はVが政府当局のスパイと確信して激昂しVを徹底的に調査すべきであるとして、大会場に隣接する食堂において、帰国者の代表約十名および被告人両名ならびに乗船代表らによって行われることになった。Xらは、Vを促して食堂に導き、午後9時過頃から尋問を開始した。しかしVの態度は変らず午後12時を過ぎてしまったので、XがVに腕時計を示し、繰返し説得した結果、ようやく援護局相談室勤務の同僚に依頼され大会場に潜入した旨を述べるに至ったが、大会場以外の場所で記入したと認められる戦犯者の調査等に関するメモについてはやはり黙り続けていた。しかし、その頃隣室における大会が解散したため、調査は中止されることとなった。調査員の解散後、Vは暫く数名の帰国者と共に食堂に残されていたが、帰国者の中から翌朝の援護局との折衝にVを立会わせたいとの意見も出たため、第二寮階下6区室附近で帰国者数名らと共謀のうえ、Vを右6区室の帰国者宿泊所に宿泊させ翌朝まで引続き抑留しようと考え、午前1時過頃XはVの手を引き、帰国者数名がこれを取囲むようにし、第二寮中央階段を通って同女を階下6区室内に連れ込んだが、同室の板敷中央廊下を挟んで両側に敷いてある各百畳位の畳上には多数の帰国者が就寝していた

ので同室西側出入口に寄った南側畳上に毛布を敷き同女を同所に寝かせようとしたが、同女がこれに応ぜず、中央廊下と畳敷との間の踏み板に腰掛けたのでそのまま放置し、Yらがその後方に横になり、北側畳上には帰国者数名が座ってVを監視し、なお同女が間もなく東側便所に赴こうとした際にもY及び帰国者の一人がその両腕を取って誘導する等し、午前2時頃Vを捜し求めて同室に入って来た同局相談室勤務非常勤職員A、給養課長B、同課員CがVを発見し庁舎に連れ帰るためVの腕を抱えるまで、Vを抑留した。Xらは監禁罪で起訴された。

【裁判の経過】

1審：東京地判昭和31年5月14日刑集18巻10号887頁（一部無罪、一部刑の免除）

「既に述べたとおり帰国者数名が同夜8時30分過頃第2寮2区室の大会場においてVを捕えた事実は逮捕の構成要件を充足し、更に同女の身分、不退去の理由を調査するため演壇前に突き出し同所で調査した後大多数の大会参加者の同意の下にその調査を十数名の調査員によって食堂で行わせることとし、同室における調査の間及びその後階下6区室においてA等がVを発見しこれを連れ戻すまで同女を抑留した事実及び被告人両名が右食堂における抑留に加担し、更に被告人Yがその後の抑留にも加担した事実は一連の監禁の構成要件に該当し形式的に違法性の存在を推認せしめるものであることは明らかである。しかし行為の違法性はこれを実質的に理解し、社会共同生活の秩序と社会正義の理念に照し、その行為が法律秩序の精神に違反するかどうかの見地から評価決定すべきものであって若し右行為が健全な社会の通念に照し、その動機目的において正当であり、そのための手段方法として相当とされ、又その内容においても行為により保護しようとする法益と行為の結果侵害さるべき法益とを対比して均衡を失わない等相当と認められ、行為全体として社会共同生活の秩序と社会正義の理念に適応し法律秩序の精神に照して是認できる限りは、仮令正当防衛、緊急避難、ないし自救行為の要件を充さない場合であっても、なお超法規的に行為の形式的違法の推定を打破し犯罪の成立を阻却するものと解するのが相当である。本件につき考察すると前示のとおり当夜帰国者大会が開始された後司会者が非公開を宣言して帰国者及び来賓を除く部外者の退席を命じ、現にそれらの者は退場したに拘らずなお大会場に残留してメモをとっていたVに対し、その身分、不退去の理由を問い、同女が逃げ出そうとしたのに不審を抱いてこれを捕え、司会者の前に突き出し司会者等が更に右の事情を尋ねる行為、及び同女がこれらの質問に全く返答しないばかりかズボンポケットに両手を入れ紙片を揉み破るような仕草を続け、再三要求されて漸く自発的に出したメモ帳に大会経過の内容のみならず、他に種々不審な記載があり、更に被告人Yが取出した腕章には援護局職員であることの表示が認められる等外形上同女が援護局職員として帰国者の行動を監視しその思想行動を調査しているものとの疑惑が深められた結果引続き右の不審な行為を質問する行為、そして大会場においてその本来の議事を進行させ同時にVに対する質問を比較的平穏な方法で効果あらしめるため隣室食堂で小数の調査員を以て行う行為は、その目的が帰国者の思想表現の自由に対しなされた侵害を回復する手段を発見し、併せて将来予想される同種の侵害を防止する対策を講ずるため不審の点をただして疑惑を闡明しようとするものであり（この点は判示の如きVに対する調査究明行為の経過及び翌日次長室において交渉した事実に徴し明らかである）且その手段としての質問は終始説得的で暴力を振うことなく、ただVが右いずれの場所においても殆んど自発的な応答をしなかったため抑留の時間が延引し、しかもVが同僚から依頼されて大会場に残留し且メモをしていた旨述べて後間もなく調査を打切った事実の経過を併せ考えるならば、その目的において正当であり、手段方法も亦相当と認められ、その内容としての抑留もそれによりVに対し加えられた身体の自由の侵害は、同女によって帰国者等が受けた集会、結社、思想、表現等の自由の侵害の程度に比較し未だその程度を越えるものとは認め難く全体として相当と認められるから前に弁護人等の主張に対する判断の際に述べた如く、右の行為は正当防衛、緊急避難ないし自救行為のいずれにも該当しないけれども前記実質的違法性判断の基準に照し現在の法律秩序の精神に違反せず是認される行為と認められ右の限度において帰国者等及び被告人両名の行為の違法性を阻却するものと解すべきであってその根拠は窮極するところ刑法第35条にこれを求めるのが相当である。

しかし右の如く不十分ながら一応調査の効果

を挙げた以上は、直ちにVを解放すべきであり、特に深夜であり、又同女が援護局々員であることを考えれば、次長以下の職員に同女の身柄を託し帰宅させる等適宜の処置を取るべきであったと認められるから、その後同女を更に6区室に連行し同所に抑留し続ける行為は前記許容される相当の程度を超え、法律秩序の精神に違反して実質的にも違法性を具有するに至ったものと解すべきである。そして被告人Xについては前示の如くVを6区室に移動させ同所に抑留した行為について被告人Y、D等と共謀した事実はこれを認めるに足る証拠がないのであるから同被告人の罪責については同被告人がVに対する調査を打切ったまでの行為について論ずるの他なく、従ってその行為は前示の如く実質的に違法性を欠くものと判断される。又被告人Yの行為も右の限度においては同様に解すべきであるが、同被告人が更に帰国者等と共謀しVを食堂より6区室に連行し、午前2時頃まで同所に抑留した行為は右違法阻却事由の過剰行為と認めるのが相当である」。

2審：東京高判昭和35年12月27日刑集18巻10号909頁（破棄自判・有罪・逮捕監禁罪）

「按ずるに刑罰法上構成要件該当行為であって、刑法第35条前段の法令による行為、第36条の正当防衛、第37条の緊急避難に該当しない場合においても、刑法第35条の趣旨に照らし正当行為とせられる場合の存することはこれを認めなければならないのであるが、如何なる場合にその行為の違法性を阻却せられ実質的に正当と認め得るかは、個々の行為につき一切の情況を審にした上、その行為により達せんとした目的、その目的のための手段方法の相当性特に当該の具体的情況に照らしその行為に出ること以外に、他に手段方法がなかったか否か、防衛をうける法益と防衛行為によって侵害せられる法益につき、その性質、価値、侵害の程度等を具体的に比較検討の上、両者の間に権衡を失しないか否か等諸般の事項を個々の行為の情況に即し、その必要とせられるものについて考慮し、法秩序全体の精神に基づいて是認せられるか否かにより決する外はないのであるが、畢竟個々の行為を離れて画一的にその要件を挙示することはできない」。「原判決が前記判断の基準として健全なる社会の通念に照らし、その動機、目的において正当であり、そのための手段方法として相当とされ、又その内容においても行為により保護しようとする法益と行為の結果侵害さるべき法益とを対比して均衡を失わない等相当と認められることの3個の基準を挙げていることは行為の実質的違法性阻却事由の有無を判断するについて考慮することを要する極めて有力な不可欠的基準を示したものであり、右の基準によって違法阻却事由の存在することを説明し得る場合の存することはこれを否定し得ないとしても、かかる基準に適合する限り、たとえ正当防衛、緊急避難ないし自救行為の要件を充さない場合においても、なお超法規的に行為の形式的違法の推定を打破し、犯罪の成立を阻却するものと解するのが相当であるとしている点については、にわかにこれを是認し得ないのである。蓋し、急迫不正の侵害又は生命、身体自由等に対する現在の危難の存する場合においてさえ、これに対する防衛又は避難行為が正当防衛又は緊急避難として違法性を阻却されるためには、その行為が已むことを得ざるに出でたる等厳密な要件の定められていることは、刑法第36条、第37条の規定に徴し明らかであり、しかもこれらの規定が緊急已むことを得ない場合の例外規定であることを併せ考えると、たとえその態様において正当防衛又は緊急避難に近似する場合においても、急迫の侵害又は現在の危難というが如き緊急性の要件を欠く場合に、これに対し実力行動によりなされた防衛的又は避難的行為につき違法性の阻却される場合を認め得るとしても、それは極めて特殊例外の場合であって濫りにこれを認め得ないことは勿論、そのための要件は正当防衛又は緊急避難の場合に比し、一層厳格なものを要するものと解すべきは当然であって、その行為の目的の正当性、法益権衡等の要件を具備する外特にその行為に出ることがその際における情況に照らし緊急を要する已むを得ないものであり、他にこれに代る手段方法を見出すことが不可能若しくは著しく困難であることを要するものと解するのが相当である。ところで原判決の手段方法の相当とするものの内実を観るに、原判決が本件において、食堂における監禁行為自体についてその必要性の有無を判断することなく、単に監禁中に行われた調査質問行為についてのみ相当性の有無を判断している点から推すと、原判決の手段方法の相当とするものには前説示の如き手段方法自体の必要性ないし情況上の相当性は考慮せられていないものと認めざるを得ないのである。してみると、原判決説示の如き基準に適合することをもっては未だ正当防衛又は緊急避難等の要件を充さない行為につき、違法阻却事由の存するものとは認め難く、従ってまたかかる基準に適合するのみではその行為が法律秩序の精神に適合するか否かをも判定し難いものというの外なく、畢竟原判決はこの点において所論の如く実質的違法性の判断に関する解釈を誤っているものといわねばならない」。

【判旨】上告棄却

「弁護人青柳盛雄の被告人阿部行蔵に関する上告趣意について。

原判決が、憲法19条、21条について、これらの規定は、公共の福祉に反しない限り、立法その他官憲の国務に関する行為により、国民の思想、集会、結社、言論、その他表現の自由等の抑圧、制限、禁止等をなし得ない趣旨を定めたものであって、一私人の行為による右自由権の侵害に対する保障を含むものではない旨の解釈を示すとともに、Vの本件行為は、一私人としての立場において非公開の帰国者大会を傍聴したに過ぎない旨の事実を認定していることは、所論のとおりである。しかし、原判決は、さらにVが本件当時舞鶴引揚援護局非常勤職員という公務員たる身分を有していたが故に、同女の本件行為が、仮に官憲の国務に関する行為として帰国者等の右のような憲法上の自由権を侵害したものというべきであるとしても、なおその侵害の程度は、被告人等が同女に加えた身体の自由の侵害の程度に比して軽微なものと認められるから被告人等の本件行為の違法性を阻却する事由とはならない旨判示しているのである。従って、原判決の前記憲法解釈の正否は、原判決によれば本件の違法性に関する原判決の結論に影響しないことが判示自体において明らかであって、所論違憲の主張は原判決の結論に影響のない憲法解釈を非難するものであるから適法な上告理由とならない。

原判決が、Vに対する前記援護局第２寮２階食堂及び階下６区室における各抑留は終極的には同一の目的遂行のために同一の客体に対して継続して行われた一個の監禁罪の各部分をなすものであって、これを分割して観察すべきものではないとして、包括的に全体として一個の監禁罪を構成するものと判断したこと、並びに被告人Xが本件犯行のすべてについて共謀した事実及びVが政府当局の命を受けて帰国者の思想ないし動静を探査していたいわゆる官憲のスパイではないという事実を認定したことは、いずれも相当であると認められる。されば、帰国者大会が非公開とせられた後も秘かに会場内に残留してこれを傍聴した原判示の如きVの行為が、仮に所論の如く帰国者等の集会、思想、表現等の自由を侵害し、憲法19条、21条等の規定に違反するものであるとしても、右法益に対してなされた侵害を回復し、かつ将来における同種の法益の侵害を予防しようとしてなされた原判示の如き被告人等の同女に対する行為は、本件における原判示の如き具体的事態の下において社会通念上許容される限度を超えるものであって、刑法35条の正当の行為として違法性が阻却されるものとは認め難い」。

【参考文献】

金澤文雄・百選Ⅰ〔初版〕56頁、堀江一夫・最判解刑事篇昭和39年度158頁

7 自救行為

(1) 境界紛争①

108 最判昭和30年11月11日刑集９巻12号2438頁

【事実の概要】

被告人XとVの間には以前から借地の境界につき争いがあったが、Xは昭和26年11月３日付でVに対し「境界一杯に塀囲いを建てるから境界から出ている部分を切ってくれ、そうでなければ自分の方で撤去工事をする」という内容の書面を出し、これに対しVは同月５日付書面で「切ってくれという家は昭和12年に建てたもので、しかも許可を得てあるものだからお断りする」という旨の回答をなしたところ、更にXは同月７日付書面で右Vに対し、拙者が使用権を有する土地内に侵入せる建物を撤去しなければ貴殿の諾否を必要としないから実力を行使してもやるという趣旨の通知をしたうえで、同月10日Xに命じられてV方を訪れたAは、Vが不在のためVの妻と息子に会い「前もって連絡があったそうですが、家を建てるのですけれど庇が邪魔になるから切取って下さい。もし手が足りなくてやれないようでしたら私が取除いてもよいです」と告げたところ、Vの妻は「主人が間もなく帰ってくるでしょうから、後でご返事致します」と挨拶をしたが、Aは、その返

事をまたずに同日V所有に係る住家の南側に面した玄関の軒先を間口八尺奥行一尺に亘って切取った。Xは建造物損壊罪で起訴された。

【裁判の経過】

1審：函館地判昭和27年11月26日刑集9巻12号2453頁（有罪・建造物損壊罪）

「たとえ、被告人が判示所為をなすことが法律上許されたと信じたとしても、それは正当の理由を欠き、本件犯行についての責任を阻却するにたりない」。

2審：札幌高函館支判昭和28年11月10日刑集9巻12号2456頁（控訴棄却）

「本件被告人の所為がVの承諾なきことを認識しながらなしたものであり又同人が承諾したものでもないことは前説示のとおりであり、かかる行為が他人の財産権を侵害するものであって公序良俗に反することは言を待たないところである。被告人の切断した本件Vの玄関が被告人の借地内に突出していたことは本件記録により認め得られるが、仮にこれが所論のようにVの無許可の不法建築であっても、その侵害を排除するため法の救済によらずして自ら実力を用いることは法秩序を破壊し社会の平和を乱し、その弊害たるや甚しく現在の国家形態においては到底認容せらるべき権利保護の方法ではない。正当防衛又は緊急避難の要件を具備する場合は格別、漫りに明文のない自救行為の如きは許さるべきものではないのである。そして本件記録及び原裁判所で取調べた証拠によると、被告人は増築を設計する当初からV所有の建物の玄関庇が突出していることが判っているにかかわらず被告人の意のままに設計増築し原判示所為に出たるものでその被告人の所為が正当防衛又は緊急避難の要件を具備していないことが明かである。その増築は倒産の危機を突破するためやむなくなしたものでありVの損害は僅少で増築による被告人の受ける利益は多大であるというが如きは未だ法の保護を求めるいとまがなく且即時にこれを為すに非ざれば請求権の実現を不可能若しくは著しく困難にする虞がある場合に該当するとは認めることはできない、それゆえ、法律上の手続によらず自らの実力行使に出たる被告人の行為は違法という外なく従って被告人の原判示所為を刑法第260条の建造物損壊罪に問擬した原判決には所論のような理由不備等の違法は存在しない」。

【判旨】上告棄却

「所論自救行為に関する原判決の判断は正当である」。

【参考文献】

中山研一・百選Ⅰ〔第3版〕44頁、橋田久・百選Ⅰ〔第4版〕42頁、上嶌一高・百選Ⅰ〔第5版〕40頁、南由介・百選Ⅰ〔第6版〕42頁、戸田弘・最判解刑事篇昭和30年度325頁

(2) 境界紛争②

109 岐阜地判昭和44年11月26日刑月1巻11号1075頁

【事実の概要】

被告人Xは株式会社甲建設の代表取締役であるが同社がAから同人所有地に鉄筋コンクリート4階建の建築工事を請負い、昭和43年11月23日ごろ工事に着手したが、右土地の北側に隣接するV所有の木造瓦葺2階建工場があり、同建物の南側庇が境界線を越えてA所有地にはみだしており建築工事の支障となったことから、そのはみだし部分を切りとろうと企て、昭和44年1月8日午後4時ごろ、情を知らない従業員のB、Cの両名に命じて右V所有建物の南側庇の花瓦を取り外して椻25本の先端を10センチメートルそれぞれ切り取らせ、以って建造物を損壊した。Xは建造物損壊罪で起訴された。

【判旨】無罪

「本件はV所有の建物の庇の一部が、境界線を越えてA所有の土地上に突き出しており、これが被告人（正確には被告人が代表取締役である会社）がAから請負って右土地上に鉄筋コンクリート4階建ビルを建てることを妨害していたのであるから、右庇の突出によって被告人権利が不法に侵害されていたということができ

る」。

「昭和44年１月８日ごろの時点においては、ただちに本件右障害を除去し、それまで進めてきた工事を続行しなければ、被告人のような小規模な業者にあっては事業の継続上回復すべからざる損害を蒙るおそれがおおきかった、とみるのが相当であって、まさに緊急の措置を要する事態にあったということもいえる。

もとよりかかる障害は本来当事者間の話合いによって、あるいは強行手段によるとしても適法な手段によって除去することが望ましいのはもちろんであるが、………Vの態度からみて、本件においては早急に話合いが成立することは期待できなかったし、また、適法な強行手段といっても現状においてはその迅速性において期待にそいえないことが明らかであったから、本件において被告人がかかる実力行使に出たことにも無理からぬ面もあるといえよう。

そして被告人のとった手段たるや、公訴事実のとおり本件境界をこえて突出している部分の庇の棰25本の先端をそれぞれ約10センチメートル切りとり、その部分の花瓦をとりはずしたに止まるもので、自己の権利実現のために必要な程度をこえてはおらず、被害者たるVに対してもかかる行為をしなかった場合に蒙るであろう被告人の損害に比してはるかに軽微な損害しか与えておらないし、また切った後には………修復措置をとっているのであるから、終局的に被害者長瀬の蒙った損害は更に軽微となる。

しかもVは当然同意すべき庇の切りとりに同意せず、かえって………種々被告人の工事を妨害する行動に出ていた。

以上を総合すれば本件公訴事実の被告人の行為は不法かつ緊急な侵害から自己の権利を守るためなした行為であって、その目的や手段からみても相当であり、その他諸般の事情をも考慮すれば自救行為として社会正義上許されるものというべく、従つて刑法35条によって違法性が阻却されるものということができる」。

8　被害者の同意

(1)　同意の意義

110 福岡高判昭和45年２月14日高刑集23巻１号156頁

【事実の概要】

長崎県佐世保市にAが所有していた二階家店舗を、昭和40年４月27日に、Bが期間の定めなく、賃料月額5000円で賃借し、その後同年６月８日被告人Xが代表者代表取締役である有限会社甲不動産（いわゆる個人会社）がAの同意を得てこの賃借権を譲受け、爾来Xは同店舗でバナナやちり紙等の販売をしていたが、同年12月下旬本件店舗の隣で履物販売をしていたCから同店舗の賃借方の申込みを受けるに及んで、これを一応拒絶したうえ新たに同人との間に約定をなして本件店舗で同人と共同で履物販売業をはじめ、以後同人と共同でこれを占有していた。この店舗には、右賃借権設定前の昭和39年２月13日、既に乙商事株式会社に抵当権が設定されており、これは同40年６月26日抵当権の実行に着手され、同41年２月７日Dが競落許可決定を経て同年３月４日所有権取得登記をなした。そこでDは、本件店舗をCが前記のように使用しているのをみて、同人を相手に明渡請求の訴を起し、同年11月16日勝訴したので、Cもわずらわしくなって判決の確定をまつまでもなく本件店舗における右営業を廃止することに定め、Xと協議したところXもこれに応じ、CがXの商品を引きとって清算することになった。その後Cは商品引揚げを同月26日と定めてこれをXに通知し、同日本件店舗からXの商品を運び出してこれを空にしたのであるが、このときCとしては本件店舗をめぐる紛争からのがれたい一心でその占有を積極的にXないしはDのどちらにも譲渡する意思はなく、これを放棄する意思であり、従って、本件店舗のシャッタードアの内外錠の鍵を壁に掛けたままにしておいたのであるが、これを右荷物引揚完了後間もなく同店舗を訪れたDが勝手に使用して右ドアに施錠して戸締りを完了し、もって本件店舗の占有を取得した。Dが占有を取得したときから４日後に、Xは前記賃借権およびこれに基く占有を確保するため、シャッタードアの内外錠を損壊してその取り替えをなし、同日自動車の格納をしたうえ新たに施錠して戸締りした。さらに2日程してシャッタードアに「丙不動産」と白ペンキで表示した。Xは器物損壊罪および不動産侵奪罪で起訴された。

【裁判の経過】

1審：長崎地佐世保支判昭和44年10月31日高刑集23巻1号167頁（有罪・器物損壊罪、不動産侵奪罪）

【判旨】破棄自判（無罪）

「被告人は前記履物販売業を経営していた当時、Cと本件店舗の共同占有者であったことは明らかであるから、他の共同占有者である同人と、その占有の根拠である本件店舗における履物業を廃止することおよび同人が同店舗から引揚げることを約したと同時に同人からその占有簡易の引渡しを受けたものと解すべきであり、仮にこのとき簡易の引渡がなかったとしても、前叙のようにCが店舗から引揚げたとき、その占有を放棄する意思であったのであるから、共同占有の性質上当然にこの時点において同人の占有は被告人にいわば復帰するから、いずれにしても本件店舗の占有は、Dがこれを前叙のようにして取得する以前に被告人の単独占有に帰したものと認めざるを得ない（なお仮に、被告人が右履物業を営業中、本件店舗をCを占有代理人として占有していたものと解しても、Cとの間に前叙右営業廃止の約定がなされたときないしは同人がこの約に従い本件店舗から引揚げたときに矢張り被告人は本件店舗の直接占有を取得したといえる。）。そして、Dの前叙占有の取得による被告人の前叙単独直接占有の喪失は、被告人の意思にもとずかずになされたことは明らかであるから、被告人はDによって占有を侵奪されたことになる。

しかして、被告人はDに対し、右占有の回収を得るための占有訴権を有することは多言を要しないところ、………Dが本件店舗の占有を取得したとき以降、前叙被告人がシャッタードアーの内外錠を取り替えたときまで、本件店舗内には被告人の陳列棚が3脚程残置されていたことが認められ、また前叙のようにDの占有が戸締りをすることによってなされたものであり、他方………Dは右占有取得前から被告人が前記賃借権にもとづく占有の存在およびその継続の意思を主張していることを知悉していたことが認められるうえに、被告人が本件店舗の前叙錠を取り替えるまでにはDの右占有取得後4日しか経過していないのであるから、結局、Dの本件建物に対する右占有は、被告人との関係において、被告人の右錠取り替えのときまでに、未だ安定した生活秩序として確立していなかったものと認めるのが相当である。

そして、平和秩序維持のため物に対する事実的支配の外形を保護せんとする占有制度の趣旨および作用からいって、占有侵奪者であるDの占有が前叙のように未だ平静に帰して新しい事実秩序を形成する前である限り、被侵奪者である被告人の喪失した占有は未だ法の保護の対象となっているものと解すべく、従って、被告人はDの右占有を実力によって排除ないしは駆逐して、自己の右占有を回収（奪回）することが法律上許容されるものと解される。（いわゆる自救行為として）。

してみると、被告人の前叙シャッタードアーの内外錠の取り替えならびに自動車の格納は、その目的は何であれ、ともかく本件店舗に対する前記賃借権の存続を前提とするものであり、しかも右賃借権は、Dが本件店舗の所有権を取得した当時なお被告人の本件店舗に対する占有は継続しており、右賃借権はDの所有権に対し対抗力を有していたことが明らかであるから、その後被告人が右の様に一時的に占有を喪失してもDに対して対抗力を失うべき理はないので、これに基く従前からの占有を確保するために、Dから本件店舗の占有を奪回する手段方法として為されたものであることは、………明らかである」。

(2)　保険金詐欺目的の同意の効果

[111] 最決昭和55年11月13日刑集34巻6号396頁、判時991号53頁、判タ433号93頁

【事実の概要】

被告人（再審請求人）Xは、昭和47年1月17日、W、Y、Zと共謀して、Xが運転する軽

乗用自動車を、Yが運転し、W、Zが同乗する普通貨物自動車（ライトバン）に故意に追突させ（出来得れば、一層本物の事故に見せかけるため、両車間に他人の車を入れた玉突き事故にして）、これをXの過失により生じた交通事故であるかの如く装って、保険金名下に金員を騙取し、同時に、身体障害者であったYに入院治療の機会を得させようと企て、同日午後６時半過頃、Xの自動車、10分位遅れて、Y、Zが同乗し、W運転の自動車が、それぞれ出発し、途中、W運転の自動車が先行し、XがWの車を見失わない様に追尾しながら、交差点にさしかかった際、赤信号でW運転の自動車が停止し、続いてV運転の軽自動車、その後にXの自動車が相次いで停止したが、Xは、突嗟に、同所において前記共謀にかかる交通事故を惹起させようと考え、直ちに自車を発進させてVの自動車後部に追突させ、その勢いで同車を前方に押出して、W運転の自動車後部に追突させ、よって、Vに対して、頸椎捻挫のため、右事故の約１週間後から約２か月の入院加療を要する傷害を負わせ、W、Y、Zにも、長期間入院加療を要しない程度の軽微な障害を負わせた。Xは傷害罪で起訴された。

【裁判の経過】

１審：岡山地津山支決昭和55年３月25日刑集34巻６号402頁（再審請求棄却）

「請求人のW、Y、Zに対する傷害は被害者の承諾にもとづく行為であるから違法性が阻却されると解する余地があるにしても、Vに対しては傷害罪が成立するのであるから、………請求人につき、無罪または原判決において認めた罪より軽い罪を認めるべき明らかな証拠があるということはできない」。

２審：広島高岡山支決昭和55年６月25日刑集34巻６号406頁（抗告棄却）

「Vの傷害は、請求人のVに対する、傷害の未必的故意、少なくとも故意による暴行に基づいて生じたものであるから、請求人について、何れにしても傷害罪が成立するのはいうまでもない」。

【決定要旨】抗告棄却

「被害者が身体傷害を承諾したばあいに傷害罪が成立するか否かは、単に承諾が存在するという事実だけでなく、右承諾を得た動機、目的、身体傷害の手段、方法、損傷の部位、程度など諸般の事情を照らし合せて決すべきものであるが、本件のように、過失による自動車衝突事故であるかのように装い保険金を騙取する目的をもって、被害者の承諾を得てその者に故意に自己の運転する自動車を衝突させて傷害を負わせたばあいには、右承諾は、保険金を騙取するという違法な目的に利用するために得られた違法なものであって、これによって当該傷害行為の違法性を阻却するものではないと解するのが相当である」。

【参考文献】

浅田和茂・百選Ⅰ〔第４版〕46頁、林陽一・百選Ⅰ〔第５版〕44頁、辰井聡子・百選Ⅰ〔第６版〕46頁、木村静子・昭和56年度重判解152頁、神作良二・最判解刑事篇昭和55年度235頁。

(3)　指づめと同意の効果

112 仙台地石巻支判昭和62年２月18日判時1249号145頁

【事実の概要】

「被告人Xは、昭和59年３月31日午後８時ころ、宮城県石巻市のA方において、同人の左手小指第一関節部に出刃包丁を当てた上、右包丁の峰を金づちで数回叩き、よって、同人に入院加療約20日間を要する左第五指末節切断の傷害を負わせた。Aが指をつめることを決意するにいたった動機について、Aは、それまで同人が交際のあった甲一家のBから不義理を理由にケジメをつけるように言われたため、詫料として提供する金もなかったことから謝罪のしるしに指をつめるより仕方がないと決意してXに依頼した旨述べたが、捜査段階では、被告人からBとの交際を理由に250万円を出すか指をつめろと難詰されて止むなくXの言いなりに指をつめて貰った旨供述しており、被告人が強いて指をつめるよう命じて行わせたのではないかという疑いが認められた（本件の動機がAの自発的な依頼すなわち同人の承諾によるという疑問は合理的な疑いの段階に達していた）。Xは傷害罪で起訴された。

【判旨】有罪・傷害罪

「Aの承諾があったとしても、被告人の行為は、公序良俗に反するとしかいいようのない指つめにかかわるものであり、その方法も医学的な知識に裏付けされた消毒等適切な措置を講じたうえで行われたものではなく、全く野蛮で無残な方法であり、このような態様の行為が社会的に相当な行為として違法性が失なわれると解することはできない」。

(4)　空手練習と同意の効果

113 大阪地判昭和62年４月21日判時1238号160頁

【事実の概要】

被告人Xは、同51年３月頃からは住居地において単身で生活するようになり、また同年６月ころ被告人と同様単身で暮らしていたVと知合い、以来いっしょにハイキングに行ったり、アパートを訪ね合うなど親しく交際し、また、永年独習で空手の技を身につけていたので、同人にもこれを教え、しばしば同人を相手としてその練習をしたりもしていた。Xは、V（当時44歳）といわゆる「寸止」（相手の身体に当たる寸前に技を止めるもの）ではなく、相手を現に殴打、足蹴りする方法で、練習として空手の技を掛け合っていた際、同人が攻撃してくるのに対応するうち、興奮のあまり、同人に対し、一方的にその胸部・腹部・背部等を数十回にわたり手拳で殴打したり、皮製ブーツを着用した足で足蹴りして転倒させるなどの暴行を加え、よって同人に対し、頭部・顔面・胸部・背部・左右上下肢の皮下出血及び表皮剥脱、胸背部筋肉内出血、多数肋骨骨折等の傷害を負わせ、同人をして肋骨骨折に基づく出血失血により死亡するに至らせた。Xは傷害致死罪で起訴された。

【判旨】有罪・傷害致死罪

「そもそも、スポーツの練習中の加害行為が被害者の承諾に基づく行為としてその違法性が阻却されるには、特に「空手」という危険な格闘技においては、単に練習中であったというだけでは足りず、その危険性に鑑みて、練習の方法、程度が、社会的に相当であると是認するに足りる態様のものでなければならないのであるところ、………被害者の主たる受傷は、頭部・顔面・胸部・背部・左右上下肢の皮下出血及び表皮剥脱、胸背部筋肉内出血、多数肋骨骨折（前面右側７本、同左側９本、背面右側７本、同左側２本)、左右胸腔内に約700ミリリットルの出血血液貯留、諸臓器乏血状であり、死因は右肋骨骨折による出血失血であること、被告人は、練習経験・実力の点からしても被害者を指導すべき立場にありながら、同人に対し、その胸部・腹部・背部等を皮製ブーツを着用した足で多数回足蹴りし、手拳で数十回にわたり殴打したこと、被告人らが空手をしていたのは、深夜人通りの少ない墓地脇の路上であることの各事実が認められ、これらの事実に徴すると、練習場所としては不相当な場所でなんら正規のルールに従うことなくかかる危険な方法、態様の練習をすることが右社会的相当行為の範囲内に含まれないことは明らかであって、被告人の本件行為は違法なものであるといわなければならないうえ、被告人においても、自己の行為の危険性は認識していたことが証拠上十分認められる。被告人は、当公判廷において、空手の練習としては本件行為の如きも許されると思っていたという趣旨の供述をしているが、そのように思っていたとしても、それは単に被告人において行為の違法性の評価を誤っていたにすぎないのであるから、暴行の故意に欠けるところはない」。

(5)　無免許の医療行為（豊胸手術）

114 東京高判平成９年８月４日判時1626号151頁

【事実の概要】

フィリピン人であるXは、医師免許を有していないにもかかわらず、千葉県内のパブで稼働していたホステスの女性Vに対して美容整形手術と称して、隆鼻手術と豊胸手術を行い、豊胸手術を受けたVを手術侵襲と麻酔薬注入によるアレルギー反応によりショック死させた。Xは傷害致死罪で起訴された。

【裁判の経過】

１審：東京地裁平成９年２月12日（公刊物未登載）（有罪・傷害致死罪）

【判旨】控訴棄却

「被害者が身体侵害を承諾した場合に、傷害罪が成立するか否かは、単に承諾が存在するという事実だけでなく、右承諾を得た動機、目的、身体傷害の手段・方法、損傷の部位、程度など諸般の事情を総合して判断すべきところ………（1）Ａは、本件豊胸手術を受けるに当たり、被告人がフィリピン共和国における医師免許を有していないのに、これを有しているものと受取って承諾したものであること、(2) 一般的に、豊胸手術を行うに当たっては、(a) 麻酔前に、血液・尿検査、生化学的検査、胸部レントゲン撮影、心電図等の全身的検査をし、問診によって、既往疾患・特異体質の有無の確認をすること、(b) 手術中の循環動態や呼吸状態の変化に対応するために、予め、静脈ラインを確保し、人工呼吸器等を備えること、(c) 手術は滅菌管理下の医療設備のある場所で行うこと、(d) 手術は、医師または看護師の監視下で循環動態、呼吸状態をモニターでチェックしながら行うこと、(e) 手術後は、鎮痛剤と雑菌による感染防止のための抗生物質を投与すること、などの措置をとることが必要とされているところ、被告人は、右 (a)、(b)、(d) 及び (e) の各措置を全くとっておらず、また、(c) の措置についても、滅菌管理の全くないアパートの一室で手術等を行ったものであること、(3) 被告人は、Ａの鼻部と左右乳房周囲に麻酔薬を注射し、メス等で鼻部及び右乳房下部を皮切し、右各部位にシリコンを注入するという医行為を行ったものであること、などの事実が認められ、右各事実に徴すると、被告人がＡに対して行った医行為は、身体に対する重大な損傷、さらには生命に対する危難を招来しかねない極めて無謀かつ危険な行為であって、社会的通念上許容される範囲・程度を超えて、社会的相当性を欠くものであり、たとえＡの承諾があるとしても、もとより違法性を阻却しないことは明らかであるといわなければならないから、論旨は採用することができない」。

(6)　児童ポルノの被写体と同意の効果

115 最決平成18年２月20日刑集60巻２号216頁

【事実の概要】

被告人Xは、(1) ①平成15年12月８日ころから平成16年４月30日ころまでの間、前後３回にわたり、Aほか２名に対し、石川県金沢市所在の上記A方ほか２か所に郵送する方法により、男女の性交場面等を露骨に撮影した写真が印刷されたわいせつ図画である写真集合計５冊を代金合計6400円で販売し、②販売の目的で、平成16年９月14日午前６時20分ころ、大阪府池田市のX方において、男女の性交場面等を露骨に撮影した画像データ等62個及び動画データ55個を記憶・蔵置したパーソナルコンピューターのハードディスクを所持し、(2) 平成16年８月６日、大阪市（中略）所在のホテル甲客室において、Bが18歳に満たない児童であることを知りながら、①同女に対し、現金５万円を対償として供与する約束をして、同女と性交するなどし、もって児童買春をし、②上記性交の場面をデジタルビデオカメラで撮影するとともにデジタルカメラで撮影することにより、児童を相手方とする性交又は性交類似行為に係る児童の姿態等を視覚により認識することができる方法により描写した児童ポルノであるミニディスク３本及びメモリースティック３本を製造し、さらに、同日、前記被告人方において、上記メモリースティック３本に記憶させた画像データ127個をパーソナルコンピューターのハードディスクに記憶させることにより、上記同様の児童ポルノであるハードディスクを製造した。Xは児童買春、児童ポルノに係る行為等の処罰及び児童の保護等に関する法律７条３項違反の罪（児童ポルノ製造罪）で起訴された。

【裁判の経過】

１審：金沢地判平成17年１月11日刑集60巻２号229頁（有罪・児童買春、児童ポルノに係る行為等の処罰及び児童の保護等に関する法律違反の罪等）

２審：名古屋高金沢支判平成17年６月９日刑集60巻２号232頁（控訴棄却）

「所論は、原判示第２の２の児童ポルノ製造罪について、被害児童の真摯な承諾・積極的関与があり、違法性を阻却するのに、児童ポルノ製造罪を認定したのは法令適用の誤りであるとする。しかし、法７条３項は、児童に法２条３項各号のいずれかに掲げる姿態をとらせ、これを写真等に描写することにより児童ポルノを製造した者を罰する旨規定しており、その文言からしても、強制的に上記姿態をとらせることは要せず、被害児童が上記姿態をとること等に同意している場合を予定していると解されるし、上記の態様によって児童ポルノを製造することが、当該児童の心身に有害な影響を与える性的搾取行為にほかならないとして児童ポルノ製造罪が創設された趣旨からしても、被害児童の同意によって、違法性が阻却されるとは解されない。また、記録を検討しても、被害児童に、違法性を阻却するほどの真摯な承諾、積極的関与があったとも認められない」。

【決定要旨】

「法２条３項各号のいずれかに掲げる姿態を児童にとらせ、これを電磁的記録に係る記録媒体に記録した者が、当該電磁的記録を別の記録媒体に記憶させて児童ポルノを製造する行為は、法７条３項の児童ポルノ製造罪に当たると解すべきであるから、これと同旨の原判断は正当として是認できる」。

(7)　幼児の同意能力

116 大判昭和９年８月27日刑集13巻1086頁

【事実の概要】

被告人Xは、亡Aの養子で、昭和２年中に妻Bと結婚して、同人との間に長男C（昭和3年２月12日生）、二男D恭二（昭和４年11月30日生）長女E佳代子（昭和６年11月19日生）を儲け、さらに昭和８年中には三男F（昭和９年１月２日生）をも懐胎させたが、同年７月頃から同年８、９月頃までの間にAの後妻で継母のG（当時41歳）と私通し、同人をも妊娠させてしまい、その処置に窮して、同年12月中妻Bにこのことを打明けたところ、Bは深く憤り、実家に帰ってしまった。Xはその後、自ら再三にわたって、Bの実家に立ち寄り、BとBの父に陳謝してBの帰還を求め、さらに自らの親戚であるH、I、Jに依頼して、Bの父に対し、Bの帰還方法を交渉させたが、同人等は容易にこれに応じないばかりか、かえって離婚慰謝料を請求するような口ぶりを漏らしたため、Xは深く前記不倫行為を恥じ、かつ愛児の将来を思い、苦悩苦慮の末、C、D、Eの三児を殺害して、自らも自殺することを決意し、昭和９年１月20日夜遺書を認め置いたが、翌21日に至り、なお一応妻Bに面会し、その最後の意思を確めようと、同日午前９時頃Bの実家にBを訪れ、自己の非行を詫び、ただ帰還を求めたが、その様子もなかったため、遂に前夜の決意を実行しようとして、なお当時すでに出生し、Bの傍にいたFも一緒に殺害しようと決意し、これを抱いて、Xの住居に立戻り、同日午前10時過頃、同家納家２階５畳の間において、犯意を継続して短刀で順次C、D、E、Fの各咽喉部を突刺し、よって4人を死亡させ、自己もまたその場において自殺しようとして咽喉部に短刀を突き刺したが、その目的を果たせなかった。Xは殺人罪で起訴された。

【裁判の経過】
1審：安濃津地判（年月日不明）
2審：名古屋控判（年月日不明）

【判旨】上告棄却

「上告人の長男Cに対する上告人の殺害行為に付刑法第199条普通殺人罪の適用を為せりと雖右被害者に対しては上告人は特に上告人と共に死すべき旨を懇諭し其の承諾を得たるのみならず上告人が其の殺害行為に着手するに当り上告人は子に対する情愛の切なるものあり。其の実行を躊躇し居たりたるに被害者Cは上告人に対し「早く死すべき」旨を催促したるは公判調書に明なり。上告人の当該行為は嘱託若くは承諾殺人罪を構成するものと云はざるべからず。然らば原判決は重大なる事実の誤認乃至擬律の錯誤に陥りたるものと信ずと云ふに在れども原判示に依れば本件被告人の犯罪当時Cは僅に5年11月の幼児に過ぎざること明白にして未だ自殺の何たるかを理解するの能力を有せず従て自己を殺害することを嘱託し又は殺害を承諾するの適格なきものと認むべきを以てCに於て本件殺害行為を嘱託し又は之を承諾したるものとは到底之を認むるを得ず。此の点に於て所論の如く原判決に重大なる事実の誤認あることを疑ふに足るべき顕著なる事由なきを以て論旨は理由なし」。

(8)　同意の時期・有無

117 東京高判昭和58年8月10日判時1104号147頁

【事実の概要】

被告人Xは、Aと結婚後、長女B子と長男Cを儲け、保母住宅である甲寮において、世田谷区役所や同区立砧図書館に勤める傍ら同寮の管理人を兼務するAの補助として、寮生の世話に当っていた。しかし、Aに内緒でサラリーマン金融業者や寮生から借金を重ね、寮生D子から委託された金員の管理や寮生の電気代の徴収金額等について寮生の間に疑惑が高まり、その噂が相当広まっていることを知るに及び、当初は自殺を、次いで一家心中を決意するに至った。Xは、昭和58年2月13日午後1時ころから午後3時40分ころまでの間、喫茶店でE子と会談した後、自殺を決意し、帰途、催眠作用のある鎮静薬リスロンS30錠入りおよび文化庖丁1丁を購入して午後4時ころ帰宅したが、午後6時30分ころ、寮生のF子から、寮生が同月15日夜、Aを交えてXと話合いを持ちたい旨伝えられるや、最早寮生間の疑惑がAに露見する事態は避けられず、このうえはAや子供達を道連れに一家心中する以外にないと思い詰め、冷蔵庫の中味や下着類を始末するなどして身辺を整理する傍ら、子供達に前記鎮静薬を飲むよう勧めたが、B子はこれを断り、Cは、明日の遠足で興奮して腹痛を起さないための薬だと説明されて午後9時ころ8錠を服用し、目覚時計を午前5時に合わせて就寝した。Xは、同月13日午後11時30分ころ、寝室においてAに対し、E子から委託された金員や電気代のことで疑惑を招き、寮生会議に夫妻で出席するよう申入れられたこと、寮生やサラ金業者に多額の借金があることなど、一部始終を告白した。これを聞いたAは、顔色も蒼ざめて震え出し、B子の病気やAの多趣味で出費が嵩み、借金を重ねるようになったとの被告人の弁明に「そうか」と溜息まじりに答え、「もう駄目だな。こんな噂が役所に知れると、俺も勤めをこちらから辞めなければいけないし、前から言っていたとおり、お金のことでは一家で死ぬより仕方がないんじゃないかなあ。」と言った。Xは、わっと泣き伏してAに詫び、「どうして打たないの。」と訊ねたが、Aに「打っても仕方がないだろう。」と言われて、ますます激しく号泣した。Aが、「そんなに泣くとCが起きるぞ。」と言うのに対し、被告人がCには既に薬を飲ませて眠らせてあること、新しい庖丁を買って来たことを説明し、枕元の布団の中に忍ばせてあった庖丁を示した。Aは、眠っているCの姿を見ながら「Cは俺になついているから、俺がやる。B子はお前がやれ。お前はB子と一緒に行け。」と言い、被告人が自分の下着を始末したことを話すと、「俺も少しずつ準備をしなくちゃ。汚いものは整理しよう。」と6畳間の箪笥から自分の下着類を出して来て、Xに捨てて来るよう命じた。その際、Aは、台所からステンレス製の庖丁を持参し、無言で枕元の畳の上に置いた。Xが下着を捨てて8畳間に戻ると、Aは布団の上に坐り、じっとCを見ていた。夫妻は、それから30分位、一緒になったときのこととか、B子の登校拒否で苦労したことなど、思い出話を交わしていたが、Aは、翌14日午前1時を過ぎるころになると、Cの顔をさもいとおしそうにじっと見つめ、黙り込むようになった。その様子を見たXは、AがCを殺すのを躊躇していると感ずるとともに、今度のことはもともと自分のルーズな金銭管理から出たことであって、そのため、AにCを殺すような辛いことをさせたり、死んだ後まで子殺しをしたと後指をさされるようなことをさせてはならないとの思いが募り咄嗟に、今、Aに薬を飲ませて、眠ったら直ぐAを殺してしまおう、そうしないと、結局、AがCに手を下すようなことになるとひそかに決意するに至り、台所へ行って前記鎮静薬12錠と水を用意し、興奮して身体を震わせているAに対し、催眠作用のあることを秘し、興奮を鎮める薬だからと言ってこれを服用させた。その後、夫妻は、サラリーマン金融業者や寮生に対する借金の細かい内訳などについて語り合ったが、約1時間経過した午前2時ころになると、話しているAの舌がもつれるようになり、同人は、「何か身体がおかしいな。だるくなった。」と言って、そのまま自分の枕のところに横になり、Xに対し、「起こせよ。お前1人でやるなよ。」と言いながら眠り込んでしまった。

Xは、暫らくAの寝姿を見ていたが、眠っているうちにやらなくてはと気を取り直し、布団の間から庖丁を取り出して両手で握り、Aの左胸部付近に突き立てようとしたが、どうしても刺すことができず、何度かそのようなことを繰り返し、時間だけが過ぎ去り、頭の中も朦朧として来たころ、Cのかけておいた目覚時計のベルがけたたましく鳴り響き、午前5時を告げた。Xは、咄嗟に、Aが目を覚ますと思い、ベルを止めに行ったが、その際、箪笥の上に置いてあったAのネクタイに偶然手が触れたため、早くしないとAや寮生達が起き出して来るという思いに急き立てられるまま、右ネクタイで、就寝しているAおよびCを順次絞殺した。Xは殺人罪で起訴された。

【裁判の経過】

1審：東京地判昭和58年5月30日（公刊物不登載）

【判旨】控訴棄却

「本来、刑法202条所定の被殺者の承諾は、事理弁識能力を有する被殺者の任意かつ真意に出たものであることを要するとともに、それが殺害の実行行為時に存することを必要とするところ、前示のとおり、本件の被殺者Aは、殺害の実行行為の時点においては、被告人に飲まされた鎮静薬の作用により熟睡中であって、右の承諾をなし得るような心神の状況にはなかったのである。

そして、Aが最後に意識を有していた同月14日午前2時ころから殺害行為の行われた午前5時ころまでの間に3時間を経過しているのであるから、この間、Aが就寝することなく被告人と一夜を語り明かした場合、あるいは、一旦就寝したとしても、犯行直前に被告人がAを起こして一家心中の話を持ちかけた場合、犯行時点におけるAの心境が就寝直前のそれと全く変るところがなかったであろうか否かは、今となっては知るすべもないところである。冷静な第三者の立場からすれば、被告人夫妻が罪のない子女2名を道連れにして一家心中を決行しなければならない客観的必然性に乏しいと見られる本件の場合、深夜突然被告人の告白を聞かされて動顛したAが、鎮静薬や庖丁まで用意した被告人の固い決意に動かされて、一家心中に同調するような行動に出たとしても、右の失なわれた3時間の中で、幾分なりとも冷静な判断力を取り戻し、一家心中の決意を鈍らせるか、少くともその決行時期を再考する可能性が全くなかったとは言い切れないものがある」。

「しかし、このような仮定の論議のみで、犯行時点におけるAの承諾が認められないと断定するのは、被告人に対して酷であろう。そこで、就寝直前の時点で、Aに殺害されることの承諾が認められるか否かについて、次ぎに検討することとする。

Aは、昭和54年11月ころ、被告人が約2年前から同人に内緒でサラリーマン金融業者から借金を重ねていたことを知って被告人を厳しく叱責し、その後は、再びこのような金銭問題を起こして役所に知れ渡れば一家心中するほかないと口癖のように言っていたものであり、それは、一面において、被告人に対する強い警告であるとともに、他面、尋常小学校しか出ておらず、都営のトロリーバスの車掌から世田谷区役所の職員に採用され、その職に強い誇りを持ち、役所への体面に神経質なまでに気を使うAの本心でもあったと思われる。

そこで、被告人から突然金銭上の不始末を告白され、身体が震えるほどに動顛したAが、かねての考えどおり、一家心中するしかないと思い詰め、被告人にその用意があることを知って、自らも下着を始末したり、庖丁を用意するなど、被告人に同調するような行動に出ていることも首肯できるのであって、これらの事情から、当時、Aの念頭に一家心中という考えが浮んでいたことは確かである。

しかし、原判決の指摘するように、Aが被告人に対して一家心中する時期や方法などについて提案、相談したことは全くないうえ、庖丁を手にするような挙動をも示していないことからすれば、当時、Aの胸中に一家心中という漠たる思いはあったにせよ、その具体的実現についてはなお決断がつきかねるまま、遅疑逡巡していたものとみられ（台所から庖丁を持参したのも、被告人から庖丁を用意していることを示され、惑乱した心境でこれに同調する挙動に出たに過ぎず、庖丁による刺殺という手段を確定的に選択した行動とは認め難い。）、仮りに、その決意がより具体的、強固なものであったとしても、一家心中するとの決意が、直ちに殺害されることの承諾に結びつくものとは、到底言い得ないのである。すなわち、一家心中の合意は、家族の中に自殺の意義を理解できず、あるいはその能力を有しない子女が含まれる場合には、親がこれを手にかけて殺害するということは含まれるにせよ、成人相互の間にあっては、基本的には、同時に自殺を決行することの合意である。もとより、その方法としては、成人の一方が他方を殺害した後に自殺を遂げるとか、刺し違えのように、相互に相手を殺害するという手段によることも可能であり、かかる手段が選択された場合には、被殺者の承諾があったものと考える余地は認められる。しかし、そのためには、当事者間において、そのような手段を選択し、一方が他方を、あるいは相互に相手を殺害することについての具体的な合意の存することが必要であるが、本件にあっては、かかる事実は何ら認めるに由ないところである。Aは、「Cは俺がやる。B子はお前がやれ。」と子女殺害の役割分担は指示しているが、夫妻の自殺する方法については、何らの指示もしていない。被告人に対し、「お前はB子と一緒に行け。」と言っているが、その趣旨は、B子の跡を追って自殺せよということか、Aが被告人を殺害するということか、判然としない。いずれにせよ、子女を手にかけた後、Aが被告人に殺害されることを承諾した趣旨と解されるような発言や挙動は一切認められないのである。

しかも、Aは、それと知らずに飲まれさた鎮静薬の作用で入眠するに際し、被告人に「起こせよ。一人でやるなよ。」と命じているのであるから、一家の首長として、一家心中の実行を自らの決断と指示にかからせる意思を表明したものと見られるのであって、睡眠中に被告人によって殺害されることは、Aの最も予想しない事態であったものと言わざるを得ない。

叙上縷説のとおりであって、本件殺害行為の時点においてはもとより、就寝直前の時点においても、Aに刑法202条所定の承諾があったものとは認められない」。

9 危険の引受け

(1) 危険の引受けと過失犯の成否①（坂東三津五郎事件）

118 大阪高判昭和54年３月23日判時934号135頁

【事実の概要】

被告人Xは、京都府知事からふぐ処理士並びに調理師の各免許を受け、昭和41年ごろから京都市中京区所在の料理店「甲」において、ふぐなどを調理し同店の来客に提供する業務に従事していたものであるが、昭和五50年１月15日、同店に客として訪れたVに対し、とらふぐの刺身などのふぐ料理を提供した際、毒物であるテトロドトキシンが多量に含まれている場合があることから、調理が禁じられているとらふぐの肝臓数切れ（重量10数グラム）を調理してVに提供して食べさせ、Vをふぐ中毒に基づく呼吸筋麻痺により窒息死させた。Xは業務上過失致死罪および京都府ふぐ取扱条例違反の罪で起訴された。

【裁判の経過】

１審：京都地判昭和53年５月26日刑月10巻４＝５号1004頁（有罪・業務上過失致死罪、京都府ふぐ取扱条例違反の罪）

「弁護人は、被害者はいわゆる食通であり、ふぐの肝臓（以下単に肝ともいう）が危険であることを十分知っていながら敢て食したのであるから本人の責任であって被告人の過失責任は中断される旨主張し、なるほど証拠によれば当夜同席した芸妓もみ鶴が被害者に対し、「肝はこわいもんどすやろ。」と言ったところ、被害者は「そんなん大丈夫ですよ。こんなおいしいものをどうして食べないの。」と言ってすすめている状況が認められ、被害者は肝が肝であることを十分承知し、しかも或る程度肝についての知識を持って食していることがうかがわれるが、いかに被害者が食通であったとはいえ、あくまでも客であって、京都において現に長年ふぐ料理を商売としている被告人の調理を信頼し、提供された肝を食するのは当然の成り行きというべく、また被害者が肝を特に強く希望したとも認め難い本件にあっては、右弁護人の主張は、情状としては十分考慮すべき点ではあるけれども、被告人の過失責任を否定する論拠とはなし得ない」。

２審：大阪高判昭和54年３月23日刑月11巻３号109頁（控訴棄却）

「なるほど、当夜被害者はふぐの肝料理が出されていることを十分承知し、しかも、ある程度までふぐ毒についての知識をもってこれを食したことが認められるけれども、本件の場合、被害者はあくまでも客であるから、料理店で料理として出されるものを安全に調理されていると信頼して食するのは当然のことといわなければならず、所論はとうてい採用できない。原判決には所論のような法令の解釈適用の誤と事実の誤認もなく、論旨は理由がない」。

【決定要旨】上告棄却

「原判決が、近時解明されてきたふぐの毒性、京都府におけるふぐ取扱いについての規制、府の行政指導に基づくふぐ料理組合における講習等その判示する諸事情に徴し、京都府のふぐ処理士資格をもつ被告人には本件とらふぐの肝料理を提供することによって客がふぐ中毒症状を起こすことにつき予見可能性があった旨判断したのは相当であ」る。

【参考文献】

前田雅英・昭和55年度重判解166頁、佐藤文哉・最判解刑事篇昭和55年度75頁

(2) 危険の引受けと過失犯の成否②（ダートトライアル事件）

119 千葉地判平成７年12月13日判時1565号144頁

【事実の概要】

被告人Xは、平成５年５月27日、「株式会社スポーツランド甲」ダートトライアル場内

見学台前付近のコースにおいて、ダートトライアル用車両を運転して走行中、左回りに進行するにあたり、同所は前方の見通しが困難な、左に鋭く湾曲する下り急勾配の非舗装路面のコースであり、かつ、Xはダートトライアル走行の経験が浅く、運転技術が未熟であったため、同下り急勾配のカーブを曲がり切れず、コース右側に寄り過ぎて狼狽し、左右に急転把・急制動の措置を講じたが、走行の自由を失い、自車を左右に蛇行させた上、右前方に暴走させてコース右側に設置してあった丸太の防護柵に激突・転覆させ、その際、自車に同乗中のVの頸部および胸部等を自車内部に突き刺さった右防護支柱の丸太で挟圧するに至らさせ、よって同人を胸部圧迫により窒息死させた。Xは業務上過失致死罪で起訴された。

【判旨】無罪

「本件における車両の暴走の原因は、被告人が自己の運転技術（旋回技術や危急時の対応能力）を超えて、高速のまま下り坂の急カーブに入ったことにあると考えられ、同乗者がいる以上、被告人は同乗者の死傷を回避するために速度の調節等を行うべきであったとする検察官の主張にも理由があるように思われる。

しかしながら、………被告人の本件走行はモータースポーツであるダートトライアル競技の練習過程であり、………この側面から考察する必要もある。ダートトライアル競技には、運転技術等を駆使してスピードを競うという競技の性質上、転倒や衝突等によって乗員の生命、身体に重大な損害が生じる危険が内在している。その練習においても、技術の向上のために、競技に準じた走行をしたり、技術の限界に近い運転を試み、あるいは一段上の技術に挑戦する場合があり、その過程で競技時と同様の危険が伴うことは否定できない。

ところで、練習走行に同乗する場合としては、〔1〕上級者が初心者の運転を指導する、〔2〕上級者がより高度な技術を修得するために更に上級の者に運転を指導してもらう、〔3〕初心者が上級者の運転を見学する、〔4〕未経験者が同乗して走行を体験する等、様々な場合があるようである………。

これらのうち、少なくとも、〔1〕〔2〕のような場合では、同乗者の側で、ダートトライアル走行の前記危険性についての知識を有しており、技術の向上を目指す運転者が自己の技術の限界に近い、あるいはこれをある程度上回る運転を試みて、暴走、転倒等の一定の危険を冒すことを予見していることもある。また、そのような同乗者には、運転者への助言を通じて一定限度でその危険を制御する機会もある。

したがって、このような認識、予見等の事情の下で同乗していた者については、運転者が右予見の範囲内にある運転方法をとることを容認した上で（技術と隔絶した運転をしたり、走行上の基本的ルールに反すること—前車との間隔を開けずにスタートして追突、逆走して衝突等—は容認していない。）、それに伴う危険（ダートトライアル走行では死亡の危険も含む）を自己の危険として引受けたとみることができ、右危険が現実化した事態については違法性の阻却を認める根拠がある。もっとも、そのような同乗者でも、死亡や重大な傷害についての意識は薄いかもしれないが、それはコースや車両に対する信頼から死亡等には至らないと期待しているにすぎず、直接的な原因となる転倒や衝突を予測しているのであれば、死亡等の結果発生の危険をも引き受けたものと認めうる。（なお、例えば野球のデッドボールについては、打者が万一の場合としか考えていないとしても、死亡や重大な傷害が生じることはあり、かつ、そこに投手の「落ち度」を見い出せることもあるが、通常は（業務上）過失致死傷の責任は認め難い。危険を内在しながらも勝負を争う競技は、相手が一定の危険を冒すことを容認することによって成り立っており、打者は、デッドボールが一定限度までの「落ち度」によるものであれば、それによる死傷の危険は引き受けている。練習においても、競技に向けて技術の向上を図るために、互いにこうした危険を容認している場合がある。この点、競争の契機がないゲレンデスキーは、たまたま同じ場所でスキーを楽しむために危険が生じているもので、安全を最優先させてもスポーツが成り立つ。）」。

「被害者は7年くらいのダートトライアル経験があり、同乗に伴う一般的な危険は認識しており、その上で自らもヘルメット等を着用し、シートベルトを装着して同乗したものと考えられる。

そして、被害者は、半年余り前に本件コースで被告人の運転に同乗したことがあり、当日は、スタート前に被告人に何速まで入れるか尋ねられて自分は3速で走ると答え、スタート後も、２速、３速へのギアチェンジ、次いでブレーキ操作を指示している点………。被害者において被告人が３速に入れるのが初めてであることを知っていたかは不明であるが、右事実からすれば、少なくとも、被害者には、被告人は初心者のレベルにあり、本件コースにおける………３速での高速走行に不慣れであるという認識はあったと認められる。そうすると、被害者は、同所において被告人が自己の技術を上回りうる３速での高速走行を試みて、一定の危険を冒すことを容認していたものと認められ、他方、右運転方法が被告人の技術と隔絶したものとまでは認められない。

したがって、被害者は、３速での高速走行の結果生じうる事態、すなわち、その後の対応が上中級者からみれば不手際と評価しうる運転操作となり、転倒や衝突、そして死傷の結果が生ずることについては、被告人の重大な落ち度による場合を除き、自己の危険として引き受けた上で同乗していたと認めることができる。そして、３速走行に入った後の被告人は、………減速措置が足りなかったことも一因となって、ハンドルの自由を失って暴走し、本件事故を引き起こしているが、この経過は被害者が引き受けていた危険の範囲内にあり、他方、その過程に被告人の重大な落ち度があったとまではいえない」。

「ダートトライアル競技は既に社会的に定着したモータースポーツで、JAFが定めた安全確保に関する諸ルールに従って実施されており、被告人の走行を含む本件走行会も一面右競技の練習過程として、JAF公認のコースにおいて、車両、走行方法及び服装もJAFの定めたルールに準じて行われていたものである。そして、同乗については、競技においては認められておらず、その当否に議論のありうるところではあるが、他面、競技においても公道上を走るいわゆる「ラリー」では同乗者が存在しており（E証言）、また、ダートトライアル走行の練習においては、指導としての意味があることから他のコースも含めてかなり一般的に行われ、容認されてきた実情がある。競技に準じた形態でヘルメット着用等をした上で同乗する限り、他のスポーツに比べて格段に危険性が高いものともいえない。また、スポーツ活動においては、引き受けた危険の中に死亡や重大な傷害が含まれていても、必ずしも相当性を否定することはできない。

これらの点によれば、被害者を同乗させた本件走行は、社会的相当性を欠くものではないといえる」。

「本件事故の原因となった被告人の運転方法及びこれによる被害者の死亡の結果は、同乗した被害者が引き受けていた危険の現実化というべき事態であり、また、社会的相当性を欠くものではないといえるから、被告人の本件走行は違法性が阻却されることになる」。

【参考文献】

小林憲太郎・百選Ⅰ〔第５版〕112頁、島田聡一郎・百選Ⅰ〔第６版〕114頁、荒川雅行・平成８年度重判解147頁

10 安楽死・尊厳死・治療中止

（1） 安楽死の要件①

120 名古屋高判昭和37年12月22日高刑集15巻９号674頁、判時324号11頁、判タ144号175頁

【事実の概要】

被告人Xは父V、母A間の長男として生れ、昭和32年３月高校を卒業するとすぐ家業の農業に従事し、父母によく仕え、弟妹を慈しみ、部落の青年団長を勤めたこともある真面目な青年であるが、Vが昭和31年10月頃脳溢血でたおれ、一時少康を得たこともあったけれども、昭和34年10月再発してからは全身不随となり、それ以来臥褥のままとなっていたところ、昭和36年７月初め頃から食欲が著しく減退し、ために衰弱はなはだしく、上下肢は曲げたまま、少しでも動かすと激痛を訴えるようになり、その上しばしば「しゃくり」の発作におそわれ、息も絶えんばかりに悶え苦しみ、「早く死にたい」「殺してくれ」などと叫ぶ父の声を耳にし、またその言語に絶した苦悶の有様を見るにつけ、子として堪えられない気持になり、また医師Bからももはや施す術もない旨を告げられたの

で、ついに同月10日頃むしろVの願を容れ父を病苦から免れさせることこそ、父親に対する最後の孝養であると考え、その依頼に応じて同人を殺害しようと決意するにいたり、同月26日午前５時頃居宅水小屋において、当日早朝配達されていた牛乳180cc入１本に自家用のつかい残りの有機燐殺虫剤少量を混入した上、もとどおり栓をして右小屋にさしおき、同日午前７時30分頃情を知らないBがVの求めにより同人に右牛乳を飲ませ、同人を有機燐中毒により死亡させた。Xは殺人罪で起訴された。

【裁判の経過】

１審：名古屋地一宮支判昭和37年７月４日（公刊物未登載）

【判旨】破棄自判

「ところで所論のように行為の違法性を阻却すべき場合の一として、いわゆる安楽死を認めるべきか否かについては、論議の存するところであるが、それはなんといっても、人為的に至尊なるべき人命を絶つのであるから、つぎのような厳しい要件のもとにのみ、これを是認しうるにとどまるであろう。

(1) 病者が現代医学の知識と技術からみて不治の病に冒され、しかもその死が目前に迫っていること、

(2) 病者の苦痛が甚しく、何人も真にこれを見るに忍びない程度のものなること、

(3) もっぱら病者の死苦の緩和の目的でなされたこと、

(4) 病者の意識がなお明瞭であって意思を表明できる場合には、本人の真摯な嘱託又は承諾のあること、

(5) 医師の手によることを本則とし、これにより得ない場合には医師によりえない首肯するに足る特別な事情があること、

(6) その方法が倫理的にも妥当なものとして認容しうるものなること。

これらの要件がすべて充されるのでなければ、安楽死としてその行為の違法性までも否定しうるものではないと解すべきであろう。

本件についてこれをみるに、前にのべたように、被告人の父Ｖは不治の病に冒され命脈すでに旦夕に迫つていたと認められること。Ｖは身体を動かすたびに襲われる激痛と、しゃくりの発作で死にまさる苦しみに喘いでおり、真に見るに忍びないものであったこと。被告人の本件所為は父Ｖをその苦しみからすくうためになされたことはすべて前記のとおりであるから、安楽死の右（1）ないし（3）の要件を充足していることは疑ないが、(4）の点はしばらくおくとしても、医師の手によることを得なかったなんら首肯するに足る特別の事情が認められないことと、その手段として採られたのが病人に飲ませる牛乳に有機燐殺虫剤を混入するというような、倫理的に認容しがたい方法なることの２点において、右の（5)、(6）の要件を欠如し、被告人の本件所為が安楽死として違法性を阻却するに足るものでないことは多言を要しない。しかしながら、被告人の父Ｖが死にまさるかようなひどい苦しみのなかから、「殺してくれ」「早く楽にしてくれ」などと口走っていたことは前記のとおりであるから、それが果して原判決説示のように同人の真意に基くものでないか否かについては、なお検討すべきものがあるであろう。原判決はＶが右のようなことを口走るにいたったのは同人の容態の急激に悪化した昭和37年７月初旬以後のことであって、身体を動かすたびに襲われる激痛としゃくりの苦しみに堪えかねて発した言葉であるから、同人の真意にいでたものとは認めがたいというのであるが、………右７月初旬頃にはＶは５年有余のながきにわたる病苦のためにすでに精根をつかい果していたとはいえ、意識はまだ明瞭であって、しかもその頃から病状は日に日に急激に悪化してきたので、Ｖもいよいよ死期の迫ったことを自覚し、どうせ助からぬものなら、こんなひどい苦しみを続けているよりは、一刻もはやく死んで楽になりたいと希っていたことを推認するに難くないのであるから、Ｖの発した右の「殺してくれ」「早く楽にしてくれ」という言葉は、むしろ同人の自由なそして真意にいでたものと認めるのが相当であって、原判決がＶは当時52才であって現代時においてはむしろ働き盛りであったとか、同人が平静時に死をのぞんでいたことが認められないというようなことから、その言葉が真意に基くものではないと認定したことは事実を誤認し、ひいては法律の適用を誤ったもので判決に影響することは明である。論旨は理由があるものといわねばならない」。

【参考文献】

大塚仁・百選Ｉ〔新版〕78頁、内田博文・百選Ｉ〔第３版〕46頁、武藤眞朗・医事法判例百選91頁

(2)　安楽死の要件②（東海大学病院事件）

[121] 横浜地判平成７年３月28日判時1530号28頁、判タ877号148頁

【事実の概要】

被告人Xは、平成３年４月13日神奈川県所在の甲大学医学部付属病院の本館６階14号室に赴いて、多発性骨髄腫で入院していたV（当時58歳）に対し、患者がすでに末期状態にあり死が迫っていたものの、苦しそうな呼吸をしている様子を見た長男Aから、その苦しそうな状態から解放してやるためすぐに息を引き取らせるようにしてほしいと強く要請されて、患者に息を引き取らせることを決意し、殺意をもって、徐脈、一過性心停止等の副作用のある不整脈治療剤である塩酸ベラパミル製剤の通常の２倍の使用量に当たる２アンプル４ミリリットルを患者の左腕に静脈注射をし、患者の脈拍等に変化もみられなかったことから、続いて、心臓伝導障害の副作用があり、希釈しないで使用すれば心停止を引き起こす作用のある塩化カリウム製剤の１アンプル20ミリリットルを、希釈することなく患者の左腕に静脈注射をし、途中患者の心電図モニターに異常を発見した看護士Bが、心電図モニターを病室に運んで来て、「心室細動が出ています。」と声を掛けたが、そのまま注射を続けて打ち終え、まもなく心電図モニターで心停止するのを確認し、心音や脈拍、瞳孔等を調べて、Aに「ご臨終です。」と告げ、よって、同日午後８時46分ころ、右病室において、患者を急性高カリウム血症に基づく心停止により死亡させた。Xは殺人罪で起訴された。

【判旨】有罪・殺人罪

「末期医療においては患者の苦痛の除去・緩和ということが大きな問題となり、前記のような治療行為の中止がなされつつも、あるいはそれがなされても患者に苦痛があるとき、その苦痛の除去・緩和のための措置が最も求められるところであるが、時としてそうした措置が患者の死に影響を及ぼすことがあり、あるいは苦痛から逃れるため死に致すことを望まれることがあるかもしれない。そこで、いわゆる安楽死の問題が生じるのであり、本件でも被告人は、治療行為を中止した後、家族からの『苦しそうなので、何とかして欲しい。』『早く楽にさせて欲しい。』との言葉を入れて、まずホリゾン及びセレネースを注射して、家族のいう苦痛の除去・緩和の措置を施し、さらにワソラン及びKCLを注射して、同じく家族のいう苦痛から逃れさせる措置として患者を死に致したのであって、外形的には安楽死に当たるとも見えるので、安楽死が許容されるための一般的要件について考察してみる。

回復の見込みがなく死が避けられない状態にある末期患者が、なおも激しい苦痛に苦しむとき、その苦痛を除去・緩和するため死期に影響するような措置をし、さらにはその苦痛から免れさせるため積極的に死を迎えさせる措置を施すことが許されるかということであるが、これは、古くからいわゆる安楽死の問題として議論されてきたところである。しかし、現代医療をめぐる諸問題の中で、生命の質を問い、あるいは自然死、人間らしい尊厳ある死を求める意見が出され、生命及び死に対する国民一般の認識も変化しつつあり、安楽死に関しても新思潮が生まれるようにもうかがわれるのであって、こうした生命及び死に対する国民の認識の変化あるいは将来の状況を見通しつつ、確立された不変なものとして安楽死の一般的許容要件を示すことは、困難なところといわねばならない。そこでここでは、今日の段階において安楽死が許容されるための要件を考察することとする。

一　まず、患者に耐えがたい激しい肉体的苦痛が存在することが必要である。

患者を耐えがたい苦痛から解放しあるいはその苦痛を除去・緩和するという目的のためにこそ、死を迎えさせあるいは死に影響する手段をとるという、安楽死における目的と手段の関係からして、解放のあるいは除去・緩和の対象として、患者に耐えがたい苦痛が存在しなければならない。そして、この苦痛の存在ということは、現に存在するか、または生じることが確実に予想される場合も含まれると解される。

この苦痛について弁護士は、安楽死によって免れることの許される対象としては、肉体的苦痛のみならず精神的苦痛をも考慮すべきである

と主張する。なるほど、末期患者には症状としての肉体的苦痛以外に、不安、恐怖、絶望感等による精神的苦痛が存在し、この二つの苦痛は互いに関連し影響し合うということがいわれ、精神的苦痛が末期患者にとって大きな負担となり、それが高まって死を願望することもあり得ることは否定できないが、安楽死の対象となるのは、現段階においてはやはり症状として現れている肉体的苦痛に限られると解すべきであろう。苦痛については客観的な判定、評価は難しいといわれるが、精神的苦痛はなお一層、その有無、程度の評価が一方的な主観的訴えに頼らざるを得ず、客観的な症状として現れる肉体的苦痛に比して、生命の短縮の可否を考える前提とするのは、自殺の容認へとつながり、生命軽視の危険な坂道へと発展しかねないので、現段階では安楽死の対象からは除かれるべきであると解される。もちろん精神的苦痛は、前記の治療行為の中止に関連しては、患者がそれを望む動機として大きな比重を占めるであろうし、それを理由に治療行為の中止を拒む根拠にはならない。

二　次に、患者について死が避けられず、かつ死期が迫っていることが必要である。

苦痛を除去・緩和するための措置であるが、それが死に影響しあるいは死そのものをもたらすものであるため、苦痛の除去・緩和の利益と生命短縮の不利益との均衡からして、死が避けられず死期が切迫している状況ではじめて、苦痛を除去・緩和するため死をもたらす措置の許容性が問題となり得るといえるのである。

ただ、この死期の切迫性の程度については、後述する安楽死の方法との関係である程度相対的なものといえよう。すなわち、直ちに死を迎えさせる積極的安楽死については、死期の切迫性は高度のものが要求されるが、間接的安楽死については、それよりも低いものでも足りるということがいえよう。

三　さらに、患者の意思表示が必要である。

末期状態にある患者が耐えがたい苦痛にさいなまれるとき、その苦痛に耐えながら生命の存続を望むか、生命の短縮があっても苦痛からの解放を望むか、その選択を患者自身に委ねるべきであるという患者の自己決定権の理論が、安楽死を許容する一つの根拠であるから、安楽死のためには患者の意思表示が必要である。こうした安楽死のための患者の意思表示は、明示のものでなければならないか、あるいは患者の推定的意思によるのでもよいかは、安楽死の方法との関連で後に再度検討する。

四　そこで、安楽死の方法としては、どのような方法が許されるかである。

従来安楽死の方法といわれているものとしては、苦しむのを長引かせないため、延命治療を中止して死期を早める不作為型の消極的安楽死といわれるもの、苦痛を除去・緩和するための措置を取るが、それが同時に死を早める可能性がある治療型の間接的安楽死といわれるもの、苦痛から免れさせるため意図的積極的に死を招く措置をとる積極的安楽死といわれるものがある。このうち消極的安楽死といわれる方法は、前記治療行為の中止の範疇に入る行為で、動機、目的が肉体的苦痛から逃れることにある場合であると解されるので、治療行為の中止としてその許容性を考えれば足りる。

間接的安楽死といわれる方法は、死期の迫った患者がなお激しい肉体的苦痛に苦しむとき、その苦痛の除去・緩和を目的とした行為を、副次的効果として生命を短縮する可能性があるにもかかわらず行うという場合であるが、こうした行為は、主目的が苦痛の除去・緩和にある医学的適正性をもった治療行為の範囲内の行為とみなし得ることと、たとえ生命の短縮の危険があったとしても苦痛の除去を選択するという患者の自己決定権を根拠に、許容されるものと考えられる。

間接的安楽死の場合、前記要件としての患者の意思表示は、明示のものはもとより、この間接的安楽死が客観的に医学的適正性をもった治療行為の範囲内の行為として行われると考えられることから、治療行為の中止のところで述べた患者の推定的意思（家族の意思表示から推定される意思も含む。）でも足りると解される。

積極的安楽死といわれる方法は、苦痛から解放してやるためとはいえ、直接生命を絶つことを目的とするので、その許容性についてはなお慎重に検討を加える。末期医療の実際において医師が苦痛か死かの積極的安楽死の選択を迫られるような場面に直面することがあるとしても、そうした場面は唐突に訪れるということはまずなく、末期患者に対してはその苦痛の除去・緩和のために種々な医療手段を講じ、時には間接的安楽死に当たる行為さえ試みるなど手段を尽くすであろうし、そうした様々な手段を尽くしながらなお耐えがたい苦痛を除くことができずに、最終的な方法として積極的安楽死の選択を迫られることになるものと考えられる。ところで、積極的安楽死が許容されるための要件を示したと解される名古屋高裁昭和37年12月22日判決・高刑集15巻９号674頁は、その要件の一つとして原則として医師の手によることを要求している。そこで、その趣旨を敷衍して、右のような末期医療の実際に合わせて考えると、一つには、前記の肉体的苦痛の存在や死期の切迫性の認定が医師により確実に行われなければならないということであり、さらにより重要なことは、積極的安楽死が行われるには、医師により苦痛の除去・緩和のため容認される医療上の他の手段が尽くされ、他に代替手段がない事態に至っていることが必要であるということである。そうすると、右の名古屋高裁判決の原則として医師の手によるとの要件は、苦痛の除去・緩和のため他に医療上の代替手段がないときという要件に変えられるべきであり、医師による末期患者に対する積極的安楽死が許容されるのは、苦痛の除去・緩和のため他の医療上の代替手段がないときであるといえる。そして、それは、苦痛から免れるため他に代替手段がなく生命を犠牲にすることの選択も許されてよいという緊急避難の法理と、その選択を患者の自己決定に委ねるという自己決定権の理論を根拠に、認められるものといえる。

この積極的安楽死が許されるための患者の自己決定権の行使としての意思表示は、生命の短縮に直結する選択であるだけに、それを行う時点での明示の意思表示が要求され、間接的容楽死の場合と異なり、前記の推定的意思では足りないというべきである。

なお、右の名古屋高裁判決は、医師の手によることを原則としつつ、もっぱら病者の死苦の緩和の目的でなされること、その方法が倫理的にも妥当なものとして認容しうるものであることを、それぞれ要件として挙げているが、末期医療において医師により積極的安楽死が行われる限りでは、もっぱら苦痛除去の目的で、外形的にも治療行為の形態で行われ、方法も、例えばより苦痛の少ないといった、目的に相応しい方法が選択されるのが当然であろうから、特に右の二つを要件として要求する必要はないと解される。

したがって、本件で起訴の対象となっているような医師による末期患者に対する致死行為が、積極的安楽死として許容されるための要件をまとめてみると、〔1〕患者が耐えがたい肉体的苦痛に苦しんでいること、〔2〕患者は死が避けられず、その死期が迫っていること、〔3〕患者の肉体的苦痛を除去・緩和するために方法を尽くし他に代替手段がないこと、〔4〕生命の短縮を承諾する患者の明示の意思表示があること、ということになる」。

【参考文献】

内田博文・百選Ⅰ〔第４版〕44頁、佐伯仁志・百選Ⅰ〔第６版〕44頁、甲斐克則・平成７年度重判解134頁。

(3)　治療中止の法律上の許容要件（川崎共同病院事件）

122 最決平成21年12月７日刑集63巻11号1894頁、判時2066号159頁

【事実の概要】

被告人Xは、平成６年５月から川崎市所在の甲病院の呼吸器内科部長に就任し、医師として同病院の患者の診療等に従事していた者であるが、昭和60年ころから主治医として担当していたV（昭和15年１月18日生）が、平成10年11月２日から気管支喘息重積発作に伴う低酸素性脳損傷で意識が回復しないまま入院し、治療中のVについて、延命を続けることでその肉体が細菌に冒されるなどして汚れていく前に、Vにとって異物である気道確保のため鼻から気管内に挿入されているチューブを取り去って出来る限り自然なかたちで息を引き取らせて看取りたいとの気持ちをいだき、同月16日午後６時ころ、同病院南２階病棟228号室において、Vに対し、前記気管内チューブを抜き取り呼吸確保の措置を取らなければVが死亡することを認識しながら、あえてそのチューブを抜き取り、呼吸を確保する処置を取らずに死亡するのを待った。ところが、予期に反して、Vが「ぜいぜい」などと音を出しながら身体を海老のように反り返らせるなどして苦しそうに見える呼吸を繰り返し、鎮静剤を多量に投与してもその呼吸を鎮めることができなかったことから、そのような状態を在室していた幼児を含むその家族らに見せ続けることは好ましくないと考え、このうえは、筋弛緩剤で呼吸筋を弛緩させて窒息死させようと決意し、同日午後７時ころ、事情を知らない准看護婦A（当時24歳）に命じて、注射器に詰められた非脱分極性筋弛緩薬である臭化パンクロニウム注射液３アンプル（１アンプル２ミリ

リットル・4ミリグラム含有）を、Vの中心静脈に挿入されたカテーテルの点滴管の途中にある三方活栓から同静脈に注入させて、まもなくその呼吸を停止させ、同日午後7時11分ころ、同室において、Vを呼吸筋弛緩に基づく窒息により死亡させて殺害した。Xは殺人罪で起訴された。

【裁判の経過】

1審：横浜地判平成17年3月25日刑集63巻11号2057頁（有罪・殺人罪）

「末期医療において患者の死に直結し得る治療中止の許容性について検討してみると、このような治療中止は、患者の自己決定の尊重と医学的判断に基づく治療義務の限界を根拠として認められるものと考えられる。

生命が尊貴であり、生命への権利・生命の最大限の保護がその担い手の生存期間の長短、健康、老若、社会的な評価等において段階付けられることなく保障されなければならないことはいうまでもない。とりわけ、医療において、生命が最大限尊重され、その救助・保護・維持が可能な限り追求されるべきであることは論を待たない。しかしながら、既に指摘されているように、近時の高度な延命医療技術発展の結果、過去の医療水準であれば人間の自然な寿命が尽きたと思われる後も、種々の医療機器等の活用によって生物学的には延命が可能な場合が生じ、過剰医療との批判も生じてきている。そのような状況が、患者に、自己の生の終わりをどのような形にするか、自己の生き方の最後の選択として、死の迎え方、死に方を選ぶという余地を与えるとともに、医師の側には、実行可能な医療行為のすべてを行うことが望ましいとは必ずしもいえないという問題を生ぜしめて来ているものと思われる。この前者が患者の終末期における自己決定の問題であり、後者が治療義務の限界の問題である。

したがって、末期、とりわけその終末期における患者の自己決定の尊重は、自殺や死ぬ権利を認めるというものではなく、あくまでも人間の尊厳、幸福追求権の発露として、各人が人間存在としての自己の生き方、生き様を自分で決め、それを実行していくことを貫徹し、全うする結果、最後の生き方、すなわち死の迎え方を自分で決めることができるということのいわば反射的なものとして位置付けられるべきである。そうすると、その自己決定には、回復の見込みがなく死が目前に迫っていること、それを患者が正確に理解し判断能力を保持しているということが、その不可欠の前提となるというべきである。回復不能でその死期が切迫していることについては、医学的に行うべき治療や検査等を尽くし、他の医師の意見等も徴して確定的な診断がなされるべきであって、あくまでも「疑わしきは生命の利益に」という原則の下に慎重な判断が下されなければならない。また、そのような死の迎え方を決定するのは、いうまでもなく患者本人でなければならず、その自己決定の前提として十分な情報（病状、考えられる治療・対処法、死期の見通し等）が提供され、それについての十分な説明がなされていること、患者の任意かつ真意に基づいた意思の表明がなされていることが必要である。もっとも、末期医療における治療中止においては、その決定時に、病状の進行、容体の悪化等から、患者本人の任意な自己決定及びその意思の表明や真意の直接の確認ができない場合も少なくないと思われる。このような場合には、前記自己決定の趣旨にできるだけ沿い、これを尊重できるように、患者の真意を探求していくほかない。この点について、直接、本人からの確認ができない限り治療中止を認めないという考え方によれば解決の基準は明確になる。しかし、その結果は、そのまま、患者の意に反するかもしれない治療が継続されるか、結局、医師の裁量に委ねられるという事態を招き、かえって患者の自己決定尊重とは背馳する結果すら招来しかねないと思われる。そこで、患者本人の自己決定の趣旨に、より沿う方向性を追求するため、その真意の探求を行う方が望ましいと思われる。その真意探求に当たっては、本人の事前の意思が記録化されているもの（リビング・ウイル等）や同居している家族等、患者の生き方・考え方等を良く知る者による患者の意思の推測等もその確認の有力な手がかりとなると思われる。そして、その探求にもかかわらず真意が不明であれば、「疑わしきは生命の利益に」医師は患者の生命保護を優先させ、医学的に最も適応した諸措置を継続すべきである。

治療義務の限界については、前述のように、医師が可能な限りの適切な治療を尽くし医学的に有効な治療が限界に達している状況に至れば、患者が望んでいる場合であっても、それが医学的にみて有害あるいは意味がないと判断される治療については、医師においてその治療を続ける義務、あるいは、それを行う義務は法的にはないというべきであり、この場合にもその限度での治療の中止が許容されることになる(実際には、医師が、患者や家族の納得などのためそのような治療を続ける場合もあり得るがそれは法的義務ではないというべきである。)。なお、この際の医師の判断はあくまでも医学的な治療の有効性等に限られるべきである。医師があるべき死の迎え方を患者に助言することはもちろん許されるが、それはあくまでも参考意見に止めるべきであって、本人の死に方に関する価値判断を医師が患者に代わって行うことは、相当ではないといわざるを得ない。もちろん、患者が医師を全面的に信頼し全てを任せるということも自己決定の一つとしてあり得る。さらに、医師と患者・家族の揺るぎない信頼関係が確立され、死に方の問題も医師の判断・英知に委ねるのが最も良い解決法であるとの確信が一般化しているような状況があれば(それは終末医療の一つの理想ともいえよう。)、医師の裁量に委ねることは望ましいことともいえよう。しかし、残念ながら、そのような状況にあるとはいえない現状であることは大方の異論のないところであろう」。

「被告人は、被害者の脳波等の検査すら実施していないため、被害者の余命等について鑑定を嘱託されたY教授が、被害者の余命を事後的に推定するために必要な臨床的情報が揃っておらず発症から未だ2週間の時点であることからも幅をもたせた推定しかできないと指摘している………。したがって、本件においては、被害者の回復の可能性や死期切迫の程度を判断する十分な検査等が尽くされていないことが明らかである。また、本件病院は川崎市所在の病床数200を超える総合病院で、被告人は当時19年余の臨床経験を有し、その呼吸器内科の長であったこと、本件抜管行為を緊急に実施すべき事情も何ら認められないことから、被告人が脳神経外科医等他の医師の意見等を徴して被害者の病状について慎重に検討を加えることは容易に可能であったというべきである。また、治療中止の前提としての死期切迫等を検討する場合には、既に述べたように「疑わしきは生命の利益に」判断すべきであるところ、本件においては、この点も問題である。すなわち、Y鑑定等によれば、被害者の余命は、〔1〕昏睡が脱却できない場合(およそ50パーセント程度の確率)、短くて約1週間、長くて約3か月程度、〔2〕昏睡から脱却して植物状態(完全に自己と周囲についての認識を喪失すること)が持続する場合(同40パーセント)、最大数年、〔3〕昏睡・植物状態から脱却できた場合(同10パーセント程度)、介護の継続性及びその程度により生存年数は異なるとされていること、当時本件病院の同僚医師であったC及びWも、被害者については、入院2週間しか経過しておらず、未だ回復を待つべき段階にあった旨供述していること………などに照らせば、被害者に対しては、まずは昏睡から脱却することを目標に最善を尽くし、昏睡から脱却した場合にはさらに植物状態から脱却することを目標に最善を尽くして治療を続けるべきであったというべきであって、到底、前述の「回復不可能で死期が切迫している場合」に当たると解することはできない」。

「本件においては、患者の意識が回復していないので、前記のように他の資料からその意思を探求していくほかない場合といえるが、本件において、被告人は、患者を最も良く知ると思われる家族らに対しても、患者本人の意思について確認していないのみならず、その前提となる家族らに対する患者の病状・余命、本件抜管行為の意味等の説明すら十分にしていなかったことは、既に認定説示したとおりである。すなわち、被告人は、突然の被害者の入院、心肺停止、蘇生、昏睡等によって精神的に相当不安定となり医学的知識もない妻らに、9割9分植物状態になる、9割9分9厘脳死状態などという不正確で、家族らの理解能力、精神状態等への配慮を欠いた不十分かつ不適切な説明しかしておらず、結局、本件抜管の意味さえ正確には伝えられていなかったのである。家族らにおいても、患者本人の治療中止に関する意思を検討する前提となる情報を欠いていたことは明らかというほかない。なお、前記認定のように、被告人としては本件の家族らが治療中止を了解しているものと誤信していたが、この誤解も、被告人の説明等が不十分であること、患者本人の真意の探求を尽くしていないことの顕れというべきである。結局、本件においては、被告人が診療の際に受けた患者本人の印象と前記のような家族らの誤解に基づく了承以外には、患者本人に治療中止の意思があったことを窺わせるような事情はなく、前記要件をみたしていないことは明らかである」。

「被害者が本件病院に搬送されてからの病状並びに医師及び看護婦による処置の内容等は既に認定したとおりであるが、2日に心肺停止状態で本件病院に搬送されて必死の救命措置により蘇生され、集中治療室に搬送されて以降適切な医療・看護が施され、自発呼吸が出てきたことから、気道確保のために気管内チューブを残したまま人工呼吸器を離脱させて酸素を供給する装置を接続し、10日及び11日には脳の機能回復を目標に高気圧酸素療法が試みられ、12日に一般病棟に移った後もナースステーションに向き合う個室において本件抜管行為の直前まで適切な医療措置が行われていたものと認めることができる（Ｙ鑑定等）。しかし、本件抜管の時点においては、前述のように、被害者には未だ昏睡からの回復、さらには植物状態からの回復という可能性も前述のような確率で残されていたのであるから、医師としては、本件患者の昏睡等の脱却を目標に最善を尽くして治療を続けるべきであったというべきである。そうすると、被告人の本件抜管行為は、治療義務の限界を論じるほど治療を尽くしていない時点でなされたもので、早すぎる治療中止として非難を免れないというべきである。本件においては、この観点からの治療中止も許容されないことが明らかである」。

２審：東京高判平成19年２月28日刑集63巻11号2135頁（破棄自判、殺人罪）

「（ア）いわゆる尊厳死について、終末期の患者の生命を短縮させる治療中止行為（以下、単に「治療中止」という。）がいかなる要件の下で適法なものと解し得るかを巡って、現在さまざまな議論がなされている。治療中止を適法とする根拠としては、患者の自己決定権と医師の治療義務の限界が挙げられる。

（イ）まず、患者の自己決定権からのアプローチの場合、終末期において患者自身が治療方針を決定することは、憲法上保障された自己決定権といえるかという基本的な問題がある。通常の治療行為においては患者の自己決定権が最大限尊重されており、終末期においても患者の自己決定が配慮されなければならないとはいえるが、患者が一旦治療中止を決定したならば、医師といえども直ちにその決定に拘束されるとまでいえるのかというと疑問がある。また、権利性について実定法上説明ができたとしても、尊厳死を許容する法律（以下「尊厳死法」という。）がない状況で、治療中止を適法と認める場合には、どうしても刑法202条により自殺関与行為及び同意殺人行為が違法とされていることとの矛盾のない説明が必要となる。そこで、治療中止についての自己決定権は、死を選ぶ権利ではなく、治療を拒否する権利であり、医師は治療行為を中止するだけで、患者の死亡自体を認容しているわけではないという解釈が採られているが、それはやや形式論であって、実質的な答えにはなっていないように思われる。さらに、自己決定権説によれば、本件患者のように急に意識を失った者については、元々自己決定ができないことになるから、家族による自己決定の代行か家族の意見等による患者の意思推定かのいずれかによることになる。前者については、代行は認められないと解するのが普通であるし、代行ではなく、代諾にすぎないといっても、その実体にそう違いがあるとも思われない。そして、家族の意思を重視することは必要であるけれども、そこには終末期医療に伴う家族の経済的・精神的な負担等の回避という患者本人の気持ちには必ずしも沿わない思惑が入り込む危険性がつきまとう。なお、このような思惑の介入は、終末期医療の段階で一概に不当なものとして否定すべきであるというのではない。一定の要件の下で法律にこれを取り入れることは立法政策として十分あり得るところである。ここで言いたいのは、自己決定権という権利行使により治療中止を適法とするのであれば、そのような事情の介入は、患者による自己決定ではなく、家族による自己決定にほかならないことになってしまうから否定せざるを得ないということである。後者については、現実的な意思（現在の推定的意思）の確認といってもフィクションにならざるを得ない面がある。患者の生前の片言隻句を根拠にするのはおかしいともいえる。意識を失う前の日常生活上の発言等は、そのような状況に至っていない段階での気楽なものととる余地が十分ある。本件のように被告人である医師が患者の長い期間にわたる主治医であるような場合ですら、急に訪れた終末期状態において、果たして患者が本当に死を望んでいたかは不明というのが正直なところであろう。このように、自己決定権による解釈だけで、治療中止を適法とすることには限界があるというべきである。

（ウ）他方、治療義務の限界からのアプローチは、医師には無意味な治療や無価値な治療を行うべき義務がないというものであって、それなりに分かりやすい論理である。しかし、それが適用されるのは、かなり終末期の状態であり、医療の意味がないような限定的な場合であって、これを広く適用することには解釈上無理がある。しかも、どの段階を無意味な治療と見るのか問題がある。結果回避可能性のない段階、すなわち、救命の可能性がない段階という時点を設定しても、救命の可能性というものが、常に少しはある、例えば、10％あるときは、どうなのか、それとも０％でなければならないのかという問題がつきまとう。例えば、脳死に近い不可逆的な状況ということになれば、その適用の余地はかなり限定され、尊厳死が問うている全般的局面を十分カバーしていないことになる。少しでも助かる可能性があれば、医師には治療を継続すべき義務があるのではないかという疑問も実は克服されていない。医師として十中八、九助からないと判断していても、最後まで最善を尽くすべきであるという考え方は、単なる職業倫理上の要請にすぎないといえるのかなお検討の余地がある。しかも、治療義務限界説によれば、治療中止を原則として不作為と解することが前提となる点でも、必ずしも終末期医療を十全に捉えているとはいい難い。本件でも、ミオブロックの投与行為は、明らかに作為というべきで、これもまた治療行為を中止する不作為に含めて評価するのは、作為か不作為かという刑法理論上の局面に限れば、無理があるといわざるを得ない。

（エ）こうしてみると、いずれのアプローチにも解釈上の限界があり、尊厳死の問題を抜本的に解決するには、尊厳死法の制定ないしこれに代わり得るガイドラインの策定が必要であろう。すなわち、尊厳死の問題は、より広い視野の下で、国民的な合意の形成を図るべき事柄であり、その成果を法律ないしこれに代わり得るガイドラインに結実させるべきなのである。そのためには、幅広い国民の意識や意見の聴取はもとより、終末期医療に関わる医師、看護師等の医療関係者の意見等の聴取もすこぶる重要である。世論形成に責任のあるマスコミの役割も大きい。これに対して、裁判所は、当該刑事事件の限られた記録の中でのみ検討を行わざるを得ない。むろん、尊厳死に関する一般的な文献や鑑定的な学術意見等を参照することはできるが、いくら頑張ってみてもそれ以上のことはできないのである。しかも、尊厳死を適法とする場合でも、単なる実体的な要件のみが必要なのではなく、必然的にその手続的な要件も欠かせない。例えば、家族の同意が一要件になるとしても、同意書の要否やその様式等も当然に視野に入れなければならない。医師側の判断手続やその主体をどうするかも重要であろう。このように手続全般を構築しなければ、適切な尊厳死の実現は困難である。そういう意味でも法律ないしこれに代わり得るガイドラインの策定が肝要なのであり、この問題は、国を挙げて議論・検討すべきものであって、司法が抜本的な解決を図るような問題ではないのである。

（オ）他方、国家機関としての裁判所が当該治療中止が殺人に当たると認める以上は、その合理的な理由を示さなければならない。その場合でも、まず一般的な要件を定立して、具体的な事案をこれに当てはめて結論を示すのではなく、具体的な事案の解決に必要な範囲で要件を仮定して検討することも許されるというべきである。つまり、前記の二つのアプローチ、すなわち患者の自己決定権と治療義務の限界の双方の観点から、当該治療中止をいずれにおいても適法とすることができなければ、殺人罪の成立を認めざるを得ないことになる。ここで重要なのは、いずれのアプローチが適切・妥当かということを前提とするのではなく、単に仮定しているということである。いずれかのアプローチによれば、もちろん、双方によってでもよいが、適法とするにふさわしい事案に直面したときにはじめて、裁判所としてその要件の是非を判断すべきである。ことに本件については、以下に述べるように、いずれのアプローチによっても適法とはなし得ないと判断されるのである。そうすると、尊厳死の要件を仮に定立したとしても、それは、結局は、本件において結論を導き出すための不可欠の要件ではない傍論にすぎないのであって、傍論として示すのは却って不適切とさえいえよう」。

「そこで、上記二つのアプローチから本件を検討することとし、まず、患者の自己決定権によるアプローチからみることにする。すなわち、本件抜管がVの意思に基づくものかどうかについて検討するに、Vが自分自身の終末期における治療の受け方についてどのような考え方を持っていたのかを推測する手掛かりとなる資料は、証拠上、全く不明である。同人の人生観、死生観、宗教観を探る資料もないし、同人が終末期医療について意思を表明していたかどうか、表明していたとしてもどのような内容であったのかということも分からない。家族の意思は、同人の意思を探求するための大きな手掛かりではあるが、手掛かりの一つにすぎず、家族の意思のみをもって同人の意思と同視することはもとよりできない。なお、家族の意思が表明された場合は特段の事情がない限り患者本人の意思と同視すべきという見解もあり得るが、前述したように、これでは家族による患者本人の意思決定の代行を認めることと同じことになるし、代諾といってみても、その実体にそう違いがあるとはいえない。しかも、その見解によっても、患者が終末期状態であることが前提であるから、後述のようにVの死期が切迫していたとは認められない本件については、そもそも当てはまらないものといえるし、家族からの要請の有無についても、本件では、原審と当審では判断を異にするような一種微妙な証拠判断にかかるものであって、その見解が予定していると思われる家族の明確な意思表示があったとまでは認められないから、やはり、同見解によっても、適法とはされない事案であると考えられる。

したがって、本件抜管がVの意思に基づいていたと認めることはできない」。

「次に、治療義務の限界によるアプローチからみることにする。すなわち、Vの余命についてどうみるかである。この点については、南野鑑定………は、脳波や画像といった余命を推定するために必要な臨床的情報が揃っておらず、発症から未だ2週間の時点であることからも幅をもたせた推定しかできないと指摘した上で、Vの余命は、〔1〕昏睡から脱却できない場合、短くて約1週間、長くて約3か月程度、〔2〕昏睡から脱却して植物状態（完全に自己と周囲についての認識を喪失すること）が持続する場合、最大数年、〔3〕昏睡・植物状態から脱却できた場合、介護の継続性及びその程度により生存年数は異なるとする。これに対して、北野鑑定は、脳幹機能障害と全身状態の重篤さに加え、呼吸器系の感染症に基づく喀痰の増加とその排出能の低下から気道閉鎖が起こる可能性も高く、余命はもっと短いとするが、結局、北野鑑定によっても、南野鑑定が推定する余命よりは短いという限度しかいえない。したがって、16日の時点で、Vが約1週間後に死に至るのは不可避であったとはいえず、同人の死期が切迫していたとは認められない。

所論は、Vは、心肺停止により広範な大脳皮質障害に加えて脳幹機能障害も認められる重篤な低酸素性脳損傷を負い、そのため、その後、感染症が重篤化し、16日時点においては、ペニシリン耐性肺炎球菌、セラチア菌、緑膿菌等複数菌かつ多剤耐性菌による重篤な気道感染症及び敗血症を合併していたのであり、治療は不可能で、既に予後1週間と判断される致死的段階にあったという。しかし、南野鑑定も北野鑑定も、治療が困難であることは認めながらも、16日以降の治療が医学的におよそ意味がないとは述べていないのであって、治療義務が限界に達していたと認めることはできない」。

「最後に、本件におけるミオブロックの投与行為の評価について検討するに、当該行為が本件抜管と並んで殺人行為を構成するものであるところ、筋弛緩剤である同剤の投与こそ直接の死因を形成するものであって、適法化できない最大の要因とみる余地があるが、被告人としては、患者の苦悶様呼吸がどのような手段でも止まらないことから、ミオブロックの投与に及んだものであって、これだけを取上げて違法性が強いとみるべきではなく、本件抜管と併せて全体として治療中止行為の違法性を判断すべきものである」。

「以上のように、いずれのアプローチからしても、本件医療中止行為は法的には許容されないものであって、殺人罪の成立が認められるといわざるを得ない」。

【決定要旨】上告棄却

「被害者が気管支ぜん息の重積発作を起こして入院した後、本件抜管時までに、同人の余命等を判断するために必要とされる脳波等の検査は実施されておらず、発症からいまだ2週間の時点でもあり、その回復可能性や余命について的確な判断を下せる状況にはなかったものと認められる。そして、被害者は、本件時、こん睡状態にあったものであるところ、本件気管内チューブの抜管は、被害者の回復をあきらめた家族からの要請に基づき行われたものであるが、その要請は上記の状況から認められるとおり被害者の病状等について適切な情報が伝えられた上でされたものではなく、上記抜管行為が被害者の推定的意思に基づくということもできない。以上によれば、上記抜管行為は、法律上許容される治療中止には当たらないというべきである。

そうすると、本件における気管内チューブの抜管行為をミオブロックの投与行為と併せ殺人行為を構成するとした原判断は、正当である」。

【参考文献】

橋爪隆・平成19年度重判解169頁

第２節　正当防衛

1　急迫性

(1)　急迫性の意義

123 最判昭和24年８月18日刑集３巻９号1465頁

【事実の概要】

被告人Xほか１名は、昭和22年１月18日全官公共同闘争委員会が２月１日を期して官公庁職員各労働組合総罷業を決行すべき旨のいわゆる２・１ゼネスト突入宣言を発表し、翌19日朝の東京都下各新聞がその報道をなすや、罷業の中止を勧告するため産別会議議長Aを訪れたが不在で面会を得ず、さらに翌20日同人を訪れ押問答の末両人が予め携えて行った肉切庖丁や刺身庖丁を振るってAに傷害を負わせた。Xは傷害罪で起訴された。

【裁判の経過】

２審：東京高判（判決日時不明）刑集３巻９号1473頁（有罪・傷害罪）

２審は、「被告人等の本件傷害の犯行当時は単に前記共同闘争委員会がその総罷業の準備をしてその計画と実行とを発表したに止まり、未だ罷業は実行されていなかったのであって、従って罷業実行による社会の安寧秩序の紊乱乃至国民生活の窮迫という事態は発生していなかったものであるから、国民の自由又は生活に対する現実の侵害は未だなかった」、「共同闘争委員会が発表した所謂ゼネスト突入宣言の国民全体に与えた影響自体は未だ以て正当防衛における所謂権利に対する急迫な侵害又は緊急避難における所謂身体生命、自由財産に対する現在の危難に該当する程度には達していなかった」。

【決定要旨】上告棄却

「刑法36条にいわゆる急迫の侵害における『急迫』とは、法益の侵害が間近に押し迫ったことすなわち法益侵害の危険が緊迫したことを意味するのであって、被害の現在性を意味するものではない。けだし、被害の緊迫した危険にある者は、加害者が現に被害を与えるに至るまで、正当防衛をすることを待たねばならぬ道理はないからである」。「急迫な侵害又は現在の危難は、前述のように被害の現在性を意味するものではないから、原判決が現実の侵害がないという理由をもって急迫な侵害又は現在の危難がないとした判断の誤まっていることは、論旨の正確に指摘するとおりである。しかしながら（一）本件の主張は、個人的法益の防衛行為ではなく、国民の安全利福の防衛に関するものである。かかる公益ないし国家的法益の防衛が正当防衛として認められ得るか否かについては、これを否定する学説見解もないではないが、公共の福祉を最高の指導原理とする新憲法の理念から言っても、公共の福祉をも含めてすべての法益は防衛せらるべきであるとする刑法の理念から言っても、国家的、国民的、公共的法益についても正当防衛の許さるべき場合が存することを認むべきである。だがしかし、本来国家的、公共的法益を保全防衛することは、国家又は公共団体の公的機関の本来の任務に属する事柄であって、これをた易く自由に私人又は私的団体の行動に委すことは却って秩序を乱し事態を悪化せしむる危険を伴う虞がある。それ故、かかる公益のための正当防衛等は、国家公共の機関の有効な公的活動を期待し得ない極めて緊迫した場合においてのみ例外的に許容さるべきものと解するを相当とする。そこで、原判決の判示した前述の具体的な客観的事態情勢は、国家公共の機関（連合国の占領下にある現状においては、占領軍機関をも含めての有効な公的活動を期待し得ない極めて緊迫した場合に該当するに至ったものとは到底認めることができない。従って、かかる事態の下においては、被告人の行動を正当防衛又は緊急避難として寛恕するを得ないものと言わねばならぬ。さらに、（二）刑法第36条及び第37条にいわゆる『已むことを得ざるに出でたる行為』という観点から眺めるならば、一層容易にかつ明白に同じ結論に達することが理解されるであろう。防衛行為が已むことを得ないとは、当該具体的事態の下において当時の社会通念が防衛行為として当然性、妥当性を認め得るものを言うのである。そして、殊に前述のごとく国家的、公共的法益に対する侵害等を私人が防衛する場合に、已むことを得ざるものとして当然許容さるべき範囲は、整備せる現代国家の機構組織の下においては、必然的に比較的極めて狭少な局限されたものたるべきことは国家理論の帰結として何人も承認しなければならぬところである。さて、本件においては、総罷業に突入の危機に際し、一私人たる被告人等が『この総罷業は、産別の指導によるものであるから、同会議の指導者である同会議議長聴濤克己に交渉し罷業中止方を勧告することとし、但し当時の一般状勢より見て聴濤克巳に左様な勧告をしても、同人が之に応ずるかどうか疑問であり、又たとえ同人が承諾しても同人独りの力を以てしては今更罷業を中止させることは至難であろうから、若し聴濤が罷業中止の勧告に応じなかったならば一面同人が指導者として事茲に到らしめた責任に対する制裁として、又他面同人を傷けることによって社会的センセイションを捲き起し、総罷業計画団体を動揺させるため同人に対し暴行傷害を加え』るに至ったものである。そもそも暴力は野蛮の遺風であり、暴力沙汰は文化国民として恥ずべきものであることは言うを俟たない。かかる事態においても、かかる暴力の行使は、現代国家生活における法律秩序と社会平和をかき乱す以外の何ものでもないことは、健全な常識に照らし、寸毫も疑念をさしはさむ余地がない。かかる暴力の行使は、やがて暴力の専制的支配を是認する思想に通ずるものであって、立憲国家においては厳に排斥しなければならぬところのものである。従って、社会通念は、かかる行動を当然として是認し許容するはずがないことは、極めて明白であって、かかる行為は正当防衛又は緊急避難として寛恕さるべきものではない」。

【参考文献】

瀧川春雄・ジュリ臨時増刊307－２号28頁。

(2)　侵害を予期していた場合の急迫性

124 最判昭和30年10月25日刑集９巻11号2295頁

【事実の概要】

被告人Xは、昭和24年８月29日午後11時頃、飲食店「タロー」ことAから金員借用の相談を受けていたのを思い出し、酒気を帯びてA方に立寄りAとビールを飲みながら談合していた際、付近で「タロー」の顧客であるB（当時26歳位）とその弟Cが飲酒の上兄弟喧嘩を始めたので、Aから頼まれAと共にその仲裁に入ったところ、B兄弟はXらの仲裁が気に入らず、よって共同で之に立ち向い、弟Cは庖丁をとってAの鼻を傷けると言う様な始末であったので、Xも一応その場から逃げ出し尚自己の自転車を「タロー」の出入口に置いたまま帰宅の途についたが、その途中Dと出会いDから訊かれるまま以上の顚末を話したところDから「そんな馬鹿なことはない、私が行って謝らせ自転車を取返してやる。そうしないと見苦しい」旨申し向けられたので、Dと共に再び「タロー」前まで引返したところ、Bが居合せ出刃庖丁を以てXに斬りかかり之を制止しようとしたDがその左指に傷を負うに至ったので、再び同所から逃げ出し帰宅したものの、B兄弟の仕打に痛く憤激した結果、B等を威嚇して謝罪させ尚相手が攻撃して来たら之に応じ立ち向うため、自宅座敷の洋服箪笥から日本刀一振を取出しこれを抜身のまま携えて先に帰宅の途中一緒になったEと共に翌30日午前２時頃「タロー」付近に赴き、その近くの飲食店「梅太郎」の脇の道路上で叢に身をひそめ様子を窺ううち、「タロー」の向い側からBが出て来てX等を認めるや「X」と言うなり矢庭に出刃庖丁を以てXに突きかかって来たので、Eが携えて来ていたステッキを振ってBの頭部を殴ったが、ステッキは折れBは続いて突きかかって来たので、直ちに飛び退がって叢の中から日本刀を取り反撃し、尚相手の攻撃に応じ日本刀を以て数回斬りかかり、よってBに対し心臓部刺創並びに左顳顬部左側胸部右肩胛関節部前面切創等の傷害を負わせ、心臓部刺創に基づく出血多量により死亡させた。Xは傷害致死罪で起訴された。

【裁判の経過】

1審：熊本地判昭和27年7月9日刑集9巻11号2307頁（有罪・傷害致死罪）

「弁護人等は『被告人の本件判示第二の行為はBが出刄庖丁を以て斬りかかって来た急迫不正の侵害に対し自己の生命身体を防衛するため已むを得ず反撃に出でたものであって、その結果被害者田中を死に至らしめたことは、その防衛の程度を超えたいわゆる過剰防衛行為である』旨主張するが、既に判示によつて明かな如く、弁護人主張の如き急迫不正の侵害と目し得るものなく、従って被告人の行為を侵害に対する自己防衛のための反撃行為とは認め難いのみならず、又錯誤に基くいわゆる誤想防衛行為とも認め得ないので、右主張は採用し難い」。

2審：福岡高判昭和28年10月26日刑集9巻11号2309頁（破棄自判・有罪・障害致死罪）

「尚弁護人等は判示第二の所為は刑法第36条の正当防衛乃至過剰防衛又は誤想防衛に該当する旨主張するので、この点について判断するのに、被告人の右所為をその犯行時における経過のみに着目して観察すれば右主張の何れかに該当するものと認める余地があるけれども、既に判示している通り被告人が一旦帰宅した後単なる謝罪要求の目的のみでなく場合により相手方から攻撃を受けることがあるかも知れないことを予期し之に応ずる目的を以て抜身の日本刀を携え犯行現場に赴きその結果判示の様な闘争が行われ本件の傷害致死を惹起するに至った事情を全体的に考察すれば、被告人の右所為を以て所論の様な正当防衛乃至過剰防衛又は誤想防衛に該当するものと目することはできないから、右主張は採用し難い」。

【決定要旨】上告棄却

「原判決認定事実第二によれば、被告人は判示29日午後11時頃判示飲食店『タロー』附近でB兄弟より立ち向つて来られ判示Aは傷けられ被告人は逃げたが、又『タロー』前に引返したところ被告人は再びBより斬りかかって来られたというのであるから、これによれば、被告人が数時間内に更にBらと対面するにおいては更に攻撃を受ける蓋然性が多い状況にあったものというべく、しかも右事実認定によれば、被告人はBらに対面して謝罪させ相手が攻撃して来たらこれに立ち向うため即ち単なる受働的防衛のためでなく敏速有力にこれに反撃を加えるため日本刀一振を抜身のまま携えEと共に進んで翌30日午前2時頃『タロー』附近に赴きその近くの道路上で叢に身をひそめ傍に日本刀を置いて様子を窺ううちBが出て来て被告人らを認めるや『X』というなり矢庭に出刄庖丁をもって被告人に突きかかって来たという事実関係が示されているから、結局、被告人が右の叢に身をひそめ様子を窺ううちBが出て来て矢庭に出刄庖丁をもって被告人に突きかかって来た際においては、被告人はこのBの不正の侵害については早くから、充分の予期を持ち且つこれに応じて立ち向い敏速有力な反撃の傷害を加え得べき充分の用意を整えて進んでBと対面すべく右叢附近に赴き彼の様子を窺っていた訳であるから、Bのこの不正の侵害は被告人にとっては急迫のものというべからざるものであり、又被告人がBに加えた判示傷害行為は権利防衛のため止むを得ざるに出でたものというべからざるものである。

であるから、被告人の判示第二の所為は正当防衛とならないのは勿論、所論の過剰防衛（防衛の程度を超えた行為）を構成することもなく、誤想防衛（急迫不正の侵害がないのに拘らずかような侵害があると誤想してなされた防衛行為）にも当らず刑法205条1項に当るものである。

原判決が右正当防衛等の主張を排斥して原判示第二の所為を傷害致死に当るとした趣旨も畢竟以上説示したところと同趣旨に帰すると解するのを相当とする」。

【参考文献】

三井明・最判解刑事篇昭和30年度299頁

(3) 侵害の予期と防衛の意思

125 最判昭和46年11月16日刑集25巻8号996頁、判時652号3頁、判タ271号264頁

【事実の概要】

被告人Xは、「甲旅館」ことW方に宿泊し、パチンコの稼ぎで生活を立てていたものであるが、昭和44年9月20日の夕方、同じ旅館の宿泊客であるV（当時31歳）と些細なことで口論となり、Vから「お前居直る気か、やる気か、手前出てゆけ、手前なんかぶっ殺

してしまう。」などとどなられ、その言動からして旅館にいることが危険であると感じ、またそのとき「俺が気にいらないなら、出てゆく。」と言ってしまった手前もあって、いったん旅館を出て行き、近くの居酒屋等において飲酒していたが、そのうちVに謝って元通り旅館に泊めてもらおうという気になり、酒の勢いにのって、午後10時10分頃同旅館に赴き、玄関を上がったところ、同旅館帳場に寝そべっていたVの姿が見えたので、その帳場の南隣りにある広間（八畳の間）に入り、同室と帳場とを仕切る開き戸のあたりに立つと、いち早くこれに気づいたVから「X、われはまたきたのか。」などと絡まれた末、Vから立ち上りざま手拳で2回くらい顔面を殴打され、さらにVが立ち向かってきたので、後退りして同帳場南隣りの八畳間に入り、Vから押されて背中を同八畳間西側の障子にぶつけた。これに逆上したXは、かねて同障子の鴨居の上にくり小刀を隠くしてあったことを思い出して、とっさにくり小刀を取り出し、Vを死に至らしめるかも知れないがやむをえないとして殴りかかってきたVの左胸部を突き刺し、よってVに心臓右心室大動脈貫通の刺創を負わせ死亡させた。このため、Xは殺人罪で起訴された。

【裁判の経過】

1審：静岡地沼津支判昭和45年3月6日刑集25巻8号1015頁（有罪・殺人罪）

Xの本件行為は、Vの「理由のない暴行に憤慨して同人を死に至らしめるかも知れないがやむをえないとして、自己の身体を防衛するためその必要な程度を超え」て行われたものである。

2審：東京高判昭和45年11月24日刑集25巻8号1017頁（破棄自判・有罪、殺人罪）

「被告人は昭和44年9月20日午後7時30分頃原判示旅館内の一室においてテレビを見ていた際、被害者から『一人でテレビを見ていてなんだ。』と文句をいわれたうえ、同室出入口の鍵をかけられてしまったことがあったので、その後同人と同旅館内で出会い、同人から『扇風機を知らないか。』ととがめられた際、ついそのことが口に出てしまい、『鍵までしめておきながら、扇風機をもってこいということはないじゃないか。』とやりかえしたことから、同人に『お前居直る気か、やる気か。』とからまれ、あとを追うようにして、『手前出てゆけ、手前なんかぶっ殺してしまう。』などとどなられ、その言動からして旅館内にいることが危険であると感ぜられたばかりでなく、そのとき『俺が気にいらないなら、出てゆく。』といってしまった手前もあって、いっそ旅館を出てゆき、もはや旅館には戻ってこない考えとなり、こっそり同旅館をぬけ出し、同日午後8時頃から午後10時頃までの間に、近くの居酒屋、ついで焼そば屋において、その頃としては珍しい程の量である酒約4合程を飲んで、酩酊し、当面の落ち着き先などをあれこれと思い迷っていたが、そのうち旅館の主人が中風で寝たきりのままでおり、その主人に挨拶もしないで出てきてしまったことを思い出し、旅館に戻って世話になった礼を述べるとともに、その機会に被害者にあやまり、仲直りができれば、元通りに泊めてもらおうという考えを起し、酒の勢いにのって、同旅館に赴き、玄関から廊下に上ったところ、帳場（四畳半の部屋、茶の間ともいう。）に被害者がねそべっているのが見えたので、その帳場のすぐ奥につづく広間（八畳の部屋、布団部屋ともいう。）に入り、同広間と帳場とを仕切る開き戸のあたりに立つと、被害者がいち早くこれに気づいて、『V、われはまたきたのか。』などとからみ、果ては立ち上りざま手拳で2回位被告人の顔面を殴打してので、被告人は逆上し、同広間に後退したうえ、同広間西側障子鴨居の上にかくしておいたくり小刀一本………を取出し、向ってくる被害者の左胸部を突き刺してしまったという経過にあって、ふだんおとなしい被告人、ことに被害者には昭和44年8月頃すなわち本件の約1箇月前頃パチンコ店において、黙ってパチンコをやりにきたことを理由に足げりにされたことがあり、またふだん同人の胸や腕に入れ墨があることを見ていて、同人を恐わしく思い、何事も同人のいうままに行動して、反抗したことのなかった被告人が、その恐ろしく思っている被害者に立ち向っていることから考えると、被告人は被害者から殴打されたことが余程腹にすえかねたものと思われ、その憤激の情が酒の酔いのため一時に高められ、相手がいつもこわがっている被害者であることなどは意に介しないで、つぎの行動に移ったものと考えられるので、被告人が被害者から殴打されて逆上したときに、反撃の意図が形成され、被害者に報復を加える意思が固まったものと思われ、おそくとも前記広間西側障子鴨居の上からくり小刀を取り出そうとした頃には、防衛の意思などは全くなくなっていたことが認められるばかりでなく、被告人が旅館を出ていった前記経緯からすると、若し被告人が再び旅館に戻ってくるようなことがあると、必ずや被害者との間にひと悶着があり、場合によつては被害者から手荒な仕打ちをうけることがあるかもしれない位のことは、十分に予測されたことであり、被告人としてもそのことを覚悟したうえで、酒の勢いにのり、旅館に戻ったものと考えられるので、たとえ被害者から立上りざま手拳で殴打されるということがあり、その後被害者が被告人に向ってゆく体勢をとることがあったとしても、そのことは被告人の全く予期しないことではなかったのであり、その他証拠によって認められるその殴打がなされる直前に、扇風機のことなどで、旅館の若主人と被害者との間にはげしい言葉のやりとりがかわされていて、その殴打が全く意表をついてなされたというものではなかったこと、被告人本人がその気になりさえすれば、前記広間の四周にある障子を押し倒してでも脱出することができる状況にあったこと、近くの帳場には泊り客が一人おり、またその近くに旅館の若主人もいて、救いを求めることもできたことや、被害者のなした前記殴打の態様、回数などの点をも総合、勘案すると、被害者による法益の侵害が切迫しており、急迫性があったものとは、とうてい認められないのであり、またそのような状況ないし経過のもとにおいて、くり小刀をもち出し、被害者を突き刺した被告人の本件行為、防衛上已むことをえざるに出でた行為であったとは、とうてい考えられないのである。以上の次第であって、本件においては、被害者による不正の侵害に急迫性があることも、被告人に防衛の意思があったことも、また被告人の行為が防衛上已むことをえざるものであったことも認められない」。

【判旨】破棄差戻

「刑法36条にいう『急迫』とは、法益の侵害が現に存在しているか、または間近に押し迫っていることを意味し、その侵害があらかじめ予期されていたものであるとしても、そのことからただちに急迫性を失うものと解すべきではない。これを本件についてみると、被告人はAと口論の末いったん止宿先の旅館を立ち退いたが、同人にあやまって仲直りをしようと思い、旅館に戻ってきたところ、Aは被告人に対し、『X、われはまたきたのか。』などとからみ、立ち上がりざま手拳で2回ぐらい被告人の顔面を殴打し、後退する被告人に更に立ち向かったことは原判決も認めているところであり、その際Aは被告人に対し、加療10日間を要する顔面挫傷および右結膜下出血の傷害を負わせたうえ、更に殴りかかったものであることが記録上うかがわれるから、もしそうであるとすれば、このAの加害行為が被告人の身体にとつて『急迫不正ノ侵害』にあたることはいうまでもない」。

「被告人が………Vから手荒な仕打ちを受けるかもしれないことを覚悟のうえで戻ったとか、殴打される直前に扇風機のことなどで旅館の若主人………とVとの間にはげしい言葉のやりとりがかわされていたとの部分は、記録中の全証拠に照らし必ずしも首肯しがたいが、かりにそのような事実関係があり、Vの侵害行為が被告人にとってある程度予期されていたものであったとしても、そのことからただちに右侵害が急迫性を失うものと解すべきでない」。

「本件広間（八畳間）の四周に障子があったのではなく、北側には帳場との間に板の開き戸があっただけであり、東側には廊下との間に四枚の唐紙、南側には2枚のガラス障子があるので、以上の北、東、南三方はともかく出入りが可能であるが、被告人がAと向き合ったまま後退し、いわば追いつめられた地点である西側には、ガラス障子をへだてて当時物置となっていた廊下があり、ここに衣類、スーツケース等の物品がうず高く積まれていたため、とうてい『脱出することができる状況』ではなかったこと、近くの帳場（四畳半）にはたしかに『泊り客の一人』である渡辺馨（51才）がいたが、同人はV、被告人両名と知り合いの仲でありながら、眼前でVが被告人を殴るのを制止しようともしなかったこと、まだ、右帳場と勝手場との境付近に『旅館の若主人』………もいたが、女性である同人が荒っぽいVを制して被告人を助けることを期待するのは困難であったことがうかがわれるから、原判決の前記判示中、被告人が脱出できる状況にあったとか、近くの者に救いを求めることもできたとの部分は、いずれも首肯しがたいが、かりにそのような事実関係であったとしても、法益に対する侵害を避けるため他にとるべき方法があったかどうかは、防衛行為としてやむをえないものであるかどうかの問題であり、侵害が『急迫』であるかどうかの問題ではない。したがって、Aの侵害行為に急迫性がなかったとする原判決の判断は、法令の解釈適用を誤ったか、または理由不備の違法があるものといわなければならない」。

「刑法36条の防衛行為は、防衛の意思をもってなされることが必要であるが、相手の加害行為に対し憤激または逆上して反撃を加えたからといって、ただちに防衛の意思を欠くものと解すべきではない。これを本件についてみると、前記説示のとおり、被告人は旅館に戻ってくるやVから一方的に手拳で顔面を殴打され、加療10日間を要する傷害を負わされたうえ、更に本件広間西側に追いつめられて殴打されようとしたのに対し、くり小刀をもって同人の左胸部を突き刺したものである（この小刀は、以前被告人が自室の壁に穴を開けてのぞき見する目的で買い、右広間西側障子の鴨居の上にかくしておいたもので、被告人は、たまたまその下に追いつめられ、この小刀のことを思い出し、とっさに手に取ったもののようである。）ことが記録上うかがわれるから、そうであるとすれば、かねてから被告人がVに対し憎悪の念をもち攻撃を受けたのに乗じ積極的な加害行為に出たなどの特別な事情が認められないかぎり、被告人の反撃行為は防衛の意思をもってなされたものと認めるのが相当である」。

「被告人がVから殴打され逆上して反撃に転じたからといって、ただちに防衛の意思を欠くものとはいえないのみならず、本件は、被告人がVから殴られ、追われ、隣室の広間に入り、西側障子のところで同人を突き刺すまで、一分にもみたないほどの突発的なことがらであったことが記録上うかがわれるから、原判決の判示するような経過で被告人の防衛の意思が消滅したと認定することは、いちじるしく合理性を欠き、重大な事実誤認のあることの顕著な疑いがあるものといわなければならない」。

「Vの加害行為は手拳で殴打する程度のものであったのに対し、被告人はくり小刀を用い、しかも、相手の左胸部を突き刺したのであるから、被告人の行為が防衛行為として必要な程度を超えたものであり、刑法36条の防衛上やむをえない行為にあたらないことはいうまでもない」。

【参考文献】

大越義久・百選Ⅰ〔初版〕82頁、鬼塚賢太郎・最判解刑事篇昭和46年度242頁

(4)　積極的加害意思と急迫性

126 最判昭和52年7月21日刑集31巻4号747頁、判時863号33頁、判タ354号310頁

【事実の概要】

マルクス主義学生同盟中核派（以下中核派と称する。）に所属する被告人X、Yら6名は、昭和46年12月18日、福岡県教育会館3階大ホールにおいて、「12・18中核派大政治集会」と称する政治集会を開くことを企画し、同集会においては、中核派とかねてから主義主張をめぐり対立抗争関係にあった日本マルクス主義学生同盟革命的マルクス主義派（以下「革マル派」という。）の糾弾も重要な目的として掲げていた。12月18日11時半過ぎごろ、X、Yらは中核派所属の者とともに、白ヘルメット数個、木刀1本、ホッケースティック5本、鍬の柄4本、鉄パイプ約10本位を風呂敷や毛布等で包み目立たないようにして、これらを携え上記教育会館に向かい、同日正午過ぎころ同教育会館に到着して、同会館3階大ホールに到着したX、Yらは、毛布等に包んで携えて来た木刀1本、ホッケースティック5本、鍬の柄4本、鉄パイプ約10本位を同ホールの演壇の付近にむき出しにして置いて、旗を立てたり、幕を張ったり、額を飾るなどして会場の準備を進めていた。

すると、同日午後1時10分ころ、同会館1階入口付近で見張りに立っていた中核派の者が、革マル派所属の者ないしその同調者10数名が同会館に押しかけて来たのを見つけ、急きょ南側階段伝いに駆け上り、3階大ホールに至ってX、Yらに対し、大声で「革マルが来た」と知らせたので、X、Yらは、手に手に演壇の付近に置いてあった木刀、ホッケースティック、鉄パイプ等を握って、同ホールの南側入口から階段伝いに、わーっと大声で喊声を上げながら駆け出で、そのころ既に2階から3階に通ずる南側階段付近まで迫っていた革マル派の者達に向かって行き、Xらは同会館2階廊下において革マル派に属する氏名不詳の男1人に対し、各自手にしていた木刀、鉄パイプ等で同人の頭部、肩、腕等を滅多打ちして仮借のない攻撃を加えたが、遂に同人から逃げ去られ、Yらは革マル派の者らを追って1階まで駆け降りて行ったが、これもまた同様革マル派の者らに逃げ

られたので、それ以上追うのをやめ、いずれも3階大ホールに引き返えした。

このように、一度は革マル派の来襲を撃退したものの、同派の者らが態勢を調えて再び襲撃して来ることは必至と考えたX、Yらを始めその場に居た中核派の者全員は、3階大ホールの入口にバリケードを築くこととし、先ず南側入口扉の内側に、ホールに備え付けの長机や長椅子を運んで積み重ねているうち、早くも革マル派の者らが南側入口に押しかけて来たので、さらに長机や長椅子を積み重ねてバリケードを強化し、西側入口にもバリケードが必要と考えて各自自発的に二手に分れ、西側入口も扉を閉めてその内側に同じく長机や長椅子を積み重ねているうち、南側入口付近にまで迫って来ていた革マル派の者が居なくなったが、西側入口に革マル派の者らが押しかけて来て、扉を破ったり、その片側を開いてバリケードの隙間等から鉄パイプを投げ込んだり、工事用の長さ2メートル余りの鉄棒を突き出したり投げ込んだりするので、Yらもバリケード越しに鉄パイプを投げたり、投げ込まれた工事用の鉄棒で突き返すなどして応戦しているとき、駆けつけた警察官によって逮捕された。X、Yらは凶器準備集合罪および暴力行為等処罰法違反で起訴された。

【裁判の経過】

1審：福岡地判昭和49年10月15日刑月6巻10号1077頁（X：有罪・Y：無罪、凶器準備集合罪・暴力行為等処罰法違反の罪）

「右革マル派の者らの本件行動は、右教育会館に押しかけて来たこと自体すでに右のような被告人らの3階大ホールを使用して平穏に集会を開く権利に対する不正の侵害であることが明らかであり、そのような全体的な行為の違法性に照らせば、被告人らに対し足場用鉄パイプ等で突きかかるなどした行為も被告人らの身体に対する不正の侵害と目しうることもいうまでもない」。「刑法36条にいう『急迫』とは、法益の侵害が現に存在しているか、または間近に押し迫っていることを意味し、その侵害があらかじめ予期されたものであるとしても、そのことからただちに急迫性を失うものではないと解される………ところ、本件の場合も、右のように被告人らが革マル派の者達の押しかけて来る態様、時刻、人数等について具体的に知っていたのではなく、ただ漠然とそのような事態のありうべきことを知っていたというだけであるから、前記のように本件革マル派の者らが鉄パイプ等を携行して押しかけて来たことの急迫性が右予期の故に失われるものとは認められない。また、右のような対抗措置をとる準備を備えていたことも、防衛意思およびいわゆる相当性の要件の検討にあたっては十分考慮を要することではあるが、これが本件侵害行為の急迫性を失わせるものではない。」。「被告人Xを除くその他の被告人らの外形的行動からみると、これが防衛意思に基づいてした行為であると考えられないものではなく、一方、被告人らに積極的な攻撃意思のあったことを認定するには、本件全証拠によるもなお合理的な疑いが残る」。「行為は被告人らの本件集会を平穏に開くという法益に対する侵害行為でもあるから、これに対応する防衛行為も許容されるというべきであり、とくに前述のような本件集会の会場が被告人らの排他的な使用の許される場所いいかえると集会開催という目的に即している限り第三者に対しては自己の住居にあると同様の権利を主張できる場所であることを考えると、右革マル派の者らを本件程度の実力をもってその場から追い払うということも防衛行為としての必要性および相当性を欠くものとはいいがたい」。「以上から結局、本件においては、被告人らが現実に本件革マル派の者らに対しとった行動が正当防衛の要件を備えていると認めうる一応の根拠があり、本件全証拠によるもその要件の欠けることを積極的に認定しうるだけの資料はないというべきである」。

2審：福岡高判昭和51年2月9日刑集31巻4号788頁（破棄差戻）

「被告人らに積極的攻撃ないし加害の意思はなく、専ら防衛意思のみであったとは、到底認め難いところであって、寧ろ、明白に積極的攻撃、闘争、加害の意図を肯認し得るところであり、かつ、革マル派の第二の攻撃は被告人らが当然に予想していたところであって、不正の侵害であっても、急迫性はなかったものといわねばならない。原審において取り調べた証拠によっては勿論、当審における事実取り調べの結果を参照しても右認定を覆し得る証拠はない。

しかるときは、被告人Yらが、革マル派………の攻撃に対し、鉄パイプを投げ、工事用鉄パイプで突き返す等の攻撃行為について、社会的相当性すなわち已むを得ざるに出でた行為であるか否かを論ずる余地はなく、正当防衛の成立を否定するのが相当というべく、右行為は、数人共同して他人に暴行を加えた場合に当るので、暴力行為等処罰に関する法律一条の罪が成立することは否定し得ないところといわねばならない。

しかるときは、原判決が、被告人Yの右行為について、証拠上正当防衛行為とならないことが合理的な疑いを超えて証明されないから、刑法36条１項を適用して罪とならないものとして取り扱うほかはなく、結局、犯罪の証明がないに帰するとして、無罪を言い渡したのは、採証の法則を誤った結果事実を誤認し、ひいては法令の適用をも誤ったものというべく、右誤りは判決に影響を及ぼすことが明かといわねばならない」。

【決定要旨】〈上告棄却〉

「刑法36条が正当防衛について侵害の急迫性を要件としているのは、予期された侵害を避けるべき義務を課する趣旨ではないから、当然又はほとんど確実に侵害が予期されたとしても、そのことからただちに侵害の急迫性が失われるわけではないと解するのが相当であり、これと異なる原判断は、その限度において違法というほかはない。しかし、同条が侵害の急迫性を要件としている趣旨から考えて、単に予期された侵害を避けなかったというにとどまらず、その機会を利用し積極的に相手に対して加害行為をする意思で侵害に臨んだときは、もはや侵害の急迫性の要件を充たさないものと解するのが相当である。そうして、原判決によると、被告人Yは、相手の攻撃を当然に予想しながら、単なる防衛の意図ではなく、積極的攻撃、闘争、加害の意図をもって臨んだというのであるから、これを前提とする限り、侵害の急迫性の要件を充たさないものというべきであって、その旨の原判断は、結論において正当である」。

【参考文献】

大越義久・百選Ⅰ〔第２版〕72頁、西田典之・百選Ⅰ〔第４版〕48頁、曽根威彦・百選Ⅰ〔第５版〕46頁、松宮孝明・百選Ⅰ〔第６版〕48頁、香城敏麿・最判解刑事篇昭和52年度235頁

(5)　喧嘩と正当防衛①

127 最判昭和32年１月22日刑集11巻１号31頁

【事実の概要】

昭和27年６月15日早暁、熊本市の特殊飲食店主等を組合員とする甲会ないし同会会長Aに敵意を抱いていたVが、甲会の会員であるBを飲食店で目撃するや同伴していた輩下と共にBを殴打し、なお輩下を連れてAの住居する甲会事務所に押し掛けたが、Aが在宅しなかったので、他の甲会会員の自宅に押し掛けることにし、C宅に押し掛けCに対し暴行を加えた。Aの輩下で甲会の事務員であった被告人Xは、この事態を聞きつけAと共にC宅へ駆けつけて仲裁に入ったが、Vが刺身包丁をもってAに突きかかったので制止しようとしたところ、Vに足蹴り等の暴行を加えられため、激昂し、その場にあった鋏をもってVの背部を突き刺した。Xは、Vを鋏で突き刺すとその場から逃げ去ったが、なお前記刺身包丁をもったVの追跡を受けていたところ、道路上の水溜りに足を滑らせ転倒し、またVも同所の水溜りに足を滑らせて転倒したため、その隙にVから前記刺身包丁を奪い取ってVの胸部等を突き刺し、Vを失血のため死亡させた。Xは傷害致死罪で起訴された。

１審：熊本地判昭和28年７月17日刑集11巻１号44頁（無罪）

「被告人がVの臀部を鋏を以て刺した行為はV急迫不正の侵害に対しAの生命身体を防衛するため已むことを得ざるに出でた正当防衛行為に該当すること縷説を要しない」。「被告人はVから右刺身庖丁を奪い取ってはいるが、然しながら他に救いを求め得べくもない暗夜交通の杜絶えた大通りにおいて、而も一旦奪い取ったとは云え前記認定の情況事実から推測すればVから奪還される虞が多分に存し、而も刺身庖丁を奪い取るや否や両名殆んど同時に立ち上っているので被告人が刺身庖丁を奪い取った一事を以て右認定の急迫不正の侵害の存在を否定すべきではない。更に被告人のその当時の心情につき警察の取調以来当公廷においても『その時夢中でしたので何も判りませんでした』旨供述しているが、右供述に依ると被告人の自己の生命に

対する危難を排除する防衛意思を否定すべきでなく寧ろその存在を肯認すべくなお且つ右刺身庖丁で突き刺す以外に他にとり得べき手段を期待すべき事情にあるとは認め難いので已むを得ない行為として右の所為も亦同法第36条第１項所定の要件を充足する。これを要するに被告人の本件所為は正当防衛行為として罪とならないものである」。

２審：福岡高判昭和29年４月21日刑集11巻１号47頁（破棄自判・有罪）

「被告人とＶとの間には後者が前者を蹴り前者が後者の臀部を刺したことによって喧嘩闘争は既に開始されＶの追跡、被告人のＶ刺殺は右闘争の延長でありその一部をなす攻撃防禦であって原判決の様にその一部を他から切り離して論ずることは事の真相に徹しないものと云わねばならない。そうだとすれば被告人の本件所為は喧嘩闘争の一駒であり、これを組成する一攻撃に過ぎないものと云うべく素より正当防衛の観念を容るる余地がない」。

【判旨】破棄差戻

「所論引用の大法廷の判例の趣旨とするところは、いわゆる喧嘩は、闘争者双方が攻撃及び防禦を繰り返す一団の連続的闘争行為であるから、闘争のある瞬間においては、闘争者の一方がもつぱら防禦に終始し、正当防衛を行う観を呈することがあっても、闘争の全般からみては、刑法36条の正当防衛の観念を容れる余地がない場合があるというのであるから、法律判断として、まず喧嘩闘争はこれを全般的に観察することを要し、闘争行為中の瞬間的な部分の攻防の態様によって事を判断してはならないということと、喧嘩闘争においてもなお正当防衛が成立する場合があり得るという両面を含むものと解することができる」。

「原審はＶと被告人との間に判示のある特定の段階において喧嘩闘争が成立したものと認定し、喧嘩闘争なるがゆえに正当防衛の観念を容るる余地がないと判断したことが認められるから、その結果として正当防衛はもとより、従ってまた過剰防衛の観念もまた全く成立すべくもないとしてこのことに触れなかったものと認められるのである。このような原審判断は、喧嘩闘争と正当防衛との関係について、ひっきょう喧嘩闘争を認めるにつき一場面をのみ見て闘争の全般を観察しなかったか、または喧嘩闘争には、常に全く正当防衛の観念を容れる余地はないとの前提にたったか、いずれにしても結局前記判例の趣旨に反するというそしりを免れないのである。従ってかような判断に基く限り、本件につき少くとも過剰防衛の有無ないし量刑についても影響あること論をまたないところであって、右判断は判決に影響を及ぼすこと明らかであるから論旨は理由があり、原判決はこの点において破棄を免がれない」。

【参考文献】

名和鐵郎・百選Ⅰ〔初版〕90頁、高橋幹男・最判解刑事篇昭和32年度５頁

(6)　喧嘩と正当防衛②

128 大阪高判平成11年３月31日判時1681号159頁

【事実の概要】

被告人Xは、運転する原付車で自宅のあるマンションに向かうため右折しようとして約20メートル手前から指示器を出して減速し、道路中央寄りから右へ進路を変えつつ右折しようとしたところ、その右側を対向車線に大きくはみ出して追い越そうとしたVの普通乗用自動車と接触しそうになり、その場で２台は急制動をかけて停車した。２人は下車し、先にVが「お前、危ないやろ」という趣旨のことを言い、Xも「危ないのはお前やろ」と言い返して口論になったが、後にアルバイトを控えており、自宅近くの路上でもあったことから、Xは、穏やかな口調で先に「おれが悪かった。事故にもならんことやったし、ええやん。ごめん。」と述べた。ところが、Vは、これに対し、「ええことあるかえ。何がええんや。」と言い、同人の車の中で話をつけようとして、Xの左手首をつかんで引っ張ったことから、Xがこれを振り払ったが、なおも「車に乗らんかい、話をつけようや。」と言い、Xの頭髪をつかんで自車内に連れ込もうとしたため、XはVの胸倉をつかんで抵抗し、その後互いに胸ぐらをつかみ合う形になった。次いで、XはVからブロック塀ないしV車に体を押し付けられ、その際に同人の右大腿部を１回膝蹴りにしたが、その直

後にバランスを崩して路上に仰向けに倒れ、Vがそのまま Xの上に馬乗りになった。
　Vは、Xに馬乗りになった状態のまま Xの首を手で力を込めて締めつけ、一方、Xはあごを強く引いてVの手が直接首に入るのを防いでいたが、その間、Vから「車のなかにええもん積んどるのや」と告げられた。その後、Xは、機を見て一気に体を反転させて起き上がり、同様に起き上がってきたVの顔面を左右の正拳で各１回程度ずつ計２回程度殴り、次いで、Vの左足ふくらはぎを蹴り、それによって体勢を崩し膝まづいたVの顔面を１回足蹴にし、よって同人に加療約１か月を要する左眼外傷性網膜剥離等の傷害を負わせた。Xは傷害罪で起訴された。

【裁判の経過】

１審：不明（有罪・傷害罪）

「被告人がＶの右大腿部を膝蹴りしたときは、互いに相手の胸倉をつかんでもみ合っている喧嘩の状態にあり、Ｖからの急迫不正の侵害があったとはいえず、また、その後、被告人がＶの顔面を殴る蹴るしたときは、Ｖは既に喧嘩の意思を放棄しており、同人による急迫不正の侵害は認められないうえ、被告人の右暴行も防衛のためということもできない」。

【判旨】破棄自判

「被告人は、路上での口論を穏便に収めようとしたにもかかわず、Ｖから手首を引っ張られたり、頭髪をつかまれるなどしてＶ車に連れ込まれようとされ、これに抵抗するためにＶの胸倉をつかんだのであり、また、その後、Ｖの右大腿部を１回膝蹴りにしたのも、ブロック塀等に押し付けられるなどされ、同人の攻撃をかわすために行われたものと認められ、これらの被告人の行為はいずれもＶによる急迫不正の侵害に対する防衛行為として行われ、かつその程度も相当といえる範囲にあって、いわゆる攻撃防御を繰り返す喧嘩闘争の一場面として捉えるべきものではない。また、その直後、被告人が転倒した後のＶによる首の締めつけや凶器の存在をほのめかす脅迫行為も、それに先立って行われた同人の侵害行為と一体をなすものであり、被告人が反転して起き上がった後も、Ｖにおいて攻撃の意思を放棄したとの事情が窺えない以上、被告人はなお急迫不正の侵害を受ける状況にあったと認めるべきものである。そして、被告人のＶの顔面に向けられた前記暴行は、このようなＶの攻撃に対応してなされたものであり、被告人がＶの行為に腹を立てていた形跡は窺われるとはいえ、右攻撃に乗じて積極的に加害行為に出たと認めるに足りる証拠はないから、被告人の前記行為は、Ｖの攻撃から自己の身体を防衛する意思のもとになされた反撃行為と見るのが相当である。

　しかしながら、被告人の供述によれば、被告人には空手の心得があったことが認められ、手加減せずにＶの顔面を正拳で２回程度殴打し、更に同人の左足ふくらはぎを足蹴にして体勢を崩し、膝から崩れ落ちた被告人の顔面を強く足蹴にしたものであるから、その攻撃の態様、程度は防衛に必要な程度を逸脱したものであって、被告人の攻撃は過剰防衛に該当するというべきである。

　したがって、原判示の一連の被告人の暴行行為全体について正当防衛を主張する所論は採用できないが、原判決には、Ｖの胸倉をつかんでその右大腿部を一回膝蹴りにした点について正当防衛を認めなかった点及び同人の顔面等に対してなされた殴打及び足蹴について過剰防衛の成立を認めなかった点において判決に影響を及ぼすことが明らかな事実誤認があるといわざるを得ない」。

(7)　自招侵害と急迫性

129 福岡高判昭和60年７月８日刑月17巻７＝８号635頁、判タ566号317頁

【事実の概要】

　被告人Xは、Vと親しく近所付き合いをしていたが、昭和59年５月11日の夜、Xの妻Aが酒に酔ってV方を訪れ、Vに対し酔余悪口雑言を述べたてたため、Vは、立腹の余り、Aの後を追って、同日午後10時過ぎころ、X宅に上り込み、Xに対し文句を言ったところ、かえって、Xから、人の嫁のことに口出しをするななどと怒鳴り返され、押入れの襖に押しつけられたうえ、無抵抗な状態でその右胸部を手拳で殴打され、かつ、同部に激しく２回膝蹴りを加えられた。Vは、上記暴行を加えられて、そのまま自宅に逃げ帰ったものの、憤懣やる方なく、Xに謝罪させるため、万一の用意に自宅から包丁を持ち出して、同日午後10時20分ころ、X宅に引き返したが、Xは、Vが出て行った雰囲気からVが引き返してくることを察知して、玄関戸に施錠しておいたため、Vは、これを開けることができず、包丁を右手に持って下げたまま、玄関外側から「開けろ」「開けんかこの野郎」「２人で俺を馬鹿にしやがって」などと怒鳴りながら、玄関戸をさかんに足蹴にし、これに対し、Xは、玄関内から「うるさいから帰れ」「たいがい分にして帰らんか」などと怒鳴り返して応酬していたが、Vは、５分ないし10分間にわたり、上記行為を続けていた。Xは、Vの上記行為に立腹の度を深め、玄関脇の風呂場からサッシ窓を開けてVの様子を秘かに窺っていたところ、Vが包丁を手にしていることに気づいたが、さしあたり、Vが上記行為以上の行為に及ぶような気配はなく、かつ、屋内にいるXらに対し包丁で危害を加えるような可能性もなく、そのまま放置しておけば、間もなく諦めて帰宅することが十分予想される状況にあり、自らもその認識を有していたにもかかわらず、風呂場からVに対し攻撃を加えてうっ憤を晴らすとともに、Vを追い払うことにより侵害を排除しようと決意して、８畳の床間に置いてあつた竹棒１本（長さ約86・５センチメートル）を手にして風呂場に戻り、浴槽の縁に足をのせて立ち、サッシ窓をあけて竹棒を構え、玄関先から後に下がったV目がけていきなり竹棒を突き出し、これをVの左前頭部に突き当てる暴行を加え、よってBに対し、加療約10日間を要する左前頭部挫裂創の傷害を負わせた。Xは傷害罪で起訴された。

【裁判の経過】

１審：佐賀地判昭和59年10月24日公刊物未搭載（無罪）

【判旨】破棄自判・有罪・傷害罪

「刑法36条にいう権利の侵害とは、広く法律上保護に値する利益に対する侵害を含むものと解されるところ、Ｖが、被告人宅の玄関戸を５分ないし10分間にわたって足蹴りするなどした行為は、原判示のとおり、住居の平穏を侵害する行為にあたり、その行為に正当性を認めることはできないから、右は不正の侵害に該当するものと解すべきである。しかし、相手方の不正の侵害行為が、これに先行する自己の相手方に対する不正の侵害行為により直接かつ時間的に接着して惹起された場合において、相手方の侵害行為が、自己の先行行為との関係で通常予期される態様及び程度にとどまるものであって、少なくともその侵害が軽度にとどまる限りにおいては、もはや相手方の行為を急迫の侵害とみることはできないものと解すべきであるとともに、そのような場合に積極的に対抗行為をすることは、先行する自己の侵害行為の不法性との均衡上許されないものというべきであるから、これをもって防衛のための已むを得ない行為（防衛行為）にあたるとすることもできないものと解するのが相当である。これを右各認定事実について見ると、Ｖの行為に先行する被告人の行為が理不尽かつ相当強い暴行、すなわち身体に対する侵害であるのに対し、それに対するＶの行為は、屋内にいる被告人に向けて、屋外から住居の平穏を害する行為を５分ないし10分間にわたって続けたに過ぎないものであって、Ｖにおいて包丁を所持していたとはいえ、未だ、それによって被告人らの身体等に危害が及ぶという危険が切迫した状態にもなかったことを考慮すると、Ｖの右行為については、未だこれを被告人に対する急迫の侵害にあたるものと認めることはできないし、右状況の下で、Ｖの身体に対し竹棒で突くという、傷害を負わせる危険性の高い暴行を加えて対抗することは、Ｖの行為を排除する目的を併せ有するものであることを考慮しても、自己の先行行為のもつ不法性との均衡上、これを防衛のための已むを得ない行為（防衛行為）にあたるものと評価することもできない（従って、過剰防衛にもあたらない。）」。

(8) 急迫不正の侵害の終了時

130 最判平成9年6月16日刑集51巻5号435頁、判時1607号140頁

【事実の概要】

被告人Xは、肩書住居の文化住宅甲荘2階の1室に居住していたものであり、甲荘2階の別室に居住するVと日ごろから折り合いが悪かったところ、平成8年5月30日午後2時13分ころ、甲荘2階の北側奥にある共同便所で小用を足していた際、突然背後からVに長さ約81センチメートル、重さ約2キログラムの鉄パイプで頭部を1回殴打された。続けて鉄パイプを振りかぶったVに対し、Xは、それを取り上げようとしてつかみ掛かり、Vともみ合いになったまま、甲荘2階の通路に移動し、その間2回にわたり大声で助けを求めたが、だれも現れなかった。その直後に、Xは、Vから鉄パイプを取り上げたが、Vが両手を前に出して向かってきたため、その頭部を鉄パイプで1回殴打した。そして、再度もみ合いになって、Vが、Xから鉄パイプを取り戻し、それを振り上げてXを殴打しようとしたため、Xは、同通路の南側にある1階に通じる階段の方へ向かって逃げ出した。Xは、階段上の踊り場まで至った際、背後で風を切る気配がしたので振り返ったところ、Vは、通路南端に設置されていた転落防止用の手すりの外側に勢い余って上半身を前のめりに乗り出した姿勢になっていた。しかし、Vがなおも鉄パイプを手に握っているのを見て、Xは、Vに近づいてその左足を持ち上げ、Vを手すりの外側に追い落とし、その結果、Vは、1階のひさしに当たった後、手すり上端から約4メートル下のコンクリート道路上に転落した。Vは、Xの右一連の暴行により、入院加療約3箇月間を要する前頭、頭頂部打撲挫創、第二及び第四腰椎圧迫骨折等の傷害を負った。Xは傷害罪で起訴された。

【裁判の経過】

1審：大阪地判平成8年9月10日刑集51巻5号447頁（有罪・傷害罪）

「被告人は、被害者と判示のとおり抗争中、被告人から鉄パイプを取り返して被告人を殴ろうとした被害者が勢い余って同通路南側の手すりの外側へ上半身を前のめりに乗り出させてしまい、足を宙に浮かせているのを認めるや、その片足を持ち上げて被害者を同所から約4メートル下の道路上に転落させたものであり、なお、その際、被告人には被害者が右転落により傷害を被るとの認識もあったことは優に認められる。この事実によると、被告人が被害者に対しその片足を持ち上げて地上に転落させる行為に及ぶ当時、被害者の被告人に対する攻撃は止んだ状態にあって、被告人としては無難にその場を立ち去ることもできたものといえるのみならず、被告人の右行為は被害者を専ら攻撃する意思に基づいたものといえるから、本件は、正当防衛ないし過剰防衛の成立要件である被害者の『急迫不正の侵害』や被告人の『防衛の意思』を欠くことが明らかである。」

2審：大阪高判平成8年12月25日刑集51巻5号449頁（控訴棄却）

「第一の暴行の点について検討するに、………被害者の被告人に対する暴行は急迫不正の侵害と言うことができ、第一の暴行は、一旦被告人が取り上げた鉄パイプを被害者が取り戻そうとしてきたため、これを阻止するためになされたものであって、右のような状況に照らすと、被告人には防衛の意思があったと認めるのが相当である。しかしながら、被害者は素手で被告人に向かってきたものであるから、被告人がこれに対し鉄パイプで攻撃したのは防衛の程度を超えたものと解すべきである。次に、第二の暴行の点について検討するに、………被害者が手すりの外側に上半身を乗り出した状態になり、容易には元に戻りにくい姿勢となっていたのであって、被告人は自由にその場から逃げ出すことができる状況にあったと言うべきであるから、右時点で被害者の被告人に対する急迫不正の侵害は終了するとともに、被告人の防衛の意思も消失したと解するのが相当である。そうすると、被告人が被害者の左足を持ち上げて階下の路上に転落させた行為は、正当防衛若しくは過剰防衛の要件を満たすものではない。ところで、本件のように第一の暴行については過剰防衛としての性質を肯定できるものの、第二の暴

行については正当防衛若しくは過剰防衛を認めることはできないが、右各暴行は同一機会における一連のものであり、しかも、第二の暴行による傷害の方が第一の暴行による傷害よりも重大かつ主要な部分を占める場合には、全体として一個の傷害罪が成立し、過剰防衛を認める余地はないと解するのが相当であるから、結局、被告人は、原判示のとおりの傷害罪の責任を負うべきである」。

【判旨】破棄自判（過剰防衛肯定）

「原判決及びその是認する第一審判決は、被告人がVに対しその片足を持ち上げて地上に転落させる行為に及んだ当時、同人が手すりの外側に上半身を乗り出した状態になり、容易には元に戻りにくい姿勢となっていたのであって、被告人は自由にその場から逃げ出すことができる状況にあったというべきであるから、その時点でVの急迫不正の侵害は終了するとともに、被告人の防衛の意思も消失したとして、被告人の行為が正当防衛にも過剰防衛にも当たらないとの判断を示している。

しかしながら、前記一の事実関係に即して検討するに、Vは、被告人に対し執ような攻撃に及び、その挙げ句に勢い余って手すりの外側に上半身を乗り出してしまったものであり、しかも、その姿勢でなおも鉄パイプを握り続けていたことに照らすと、同人の被告人に対する加害の意欲は、おう盛かつ強固であり、被告人がその片足を持ち上げて同人を地上に転落させる行為に及んだ当時も存続していたと認めるのが相当である。また、Vは、右の姿勢のため、直ちに手すりの内側に上半身を戻すことは困難であったものの、被告人の右行為がなければ、間もなく態勢を立て直した上、被告人に追い付き、再度の攻撃に及ぶことが可能であったものと認められる。そうすると、Vの被告人に対する急迫不正の侵害は、被告人が右行為に及んだ当時もなお継続していたといわなければならない。さらに、それまでの一連の経緯に照らすと、被告人の右行為が防衛の意思をもってされたことも明らかというべきである。したがって、被告人が右行為に及んだ当時、Vの急迫不正の侵害は終了し、被告人の防衛の意思も消失していたとする原判決及びその是認する第一審判決の判断は、是認することができない。

以上によれば、被告人がVに対しその片足を持ち上げて地上に転落させる行為に及んだ当時、同人の急迫不正の侵害及び被告人の防衛の意思はいずれも存していたと認めるのが相当である。また、被告人がもみ合いの最中にVの頭部を鉄パイプで1回殴打した行為についても、急迫不正の侵害及び防衛の意思の存在が認められることは明らかである。しかしながら、Vの被告人に対する不正の侵害は、鉄パイプでその頭部を1回殴打した上、引き続きそれで殴り掛かろうとしたというものであり、同人が手すりに上半身を乗り出した時点では、その攻撃力はかなり減弱していたといわなければならず、他方、被告人の同人に対する暴行のうち、その片足を持ち上げて約4メートル下のコンクリート道路上に転落させた行為は、一歩間違えば同人の死亡の結果すら発生しかねない危険なものであったことに照らすと、鉄パイプで同人の頭部を1回殴打した行為を含む被告人の一連の暴行は、全体として防衛のためにやむを得ない程度を超えたものであったといわざるを得ない。

そうすると、被告人の暴行は、Vによる急迫不正の侵害に対し自己の生命、身体を防衛するためその防衛の程度を超えてされた過剰防衛に当たるというべきであるから、右暴行について過剰防衛の成立を否定した原判決及びその是認する第一審判決は、いずれも事実を誤認し、刑法36条の解釈適用を誤ったものといわなければならない」。

【参考文献】

今井猛嘉・百選Ⅰ〔第6版〕180頁、小川正持・最判解刑事篇平成4年度29頁

(9) 急迫不正の侵害終了の判断要素

131 大阪高判平成16年7月23日高刑速平成16年154頁

【事実の概要】

被告人Xは、知人の紹介でVと知り合ったが、平成15年7月25日、翌日に返すなどとうまく言いくるめられて、10万円をVに貸し付けたところ、Vは、翌日になっても、8月2日になっても返済しないばかりか、ギャンブルですったなどと述べ、やがて連絡が付かなくなるなどして、返済の姿勢さえ示さなくなった。他方、Vと付き合っていたAは、V

がXから10万円を借りたまま返さないということを伝え聞き、自分がVに代わって返済しようと考え、同年８月13日、Xと会い、同年９月15日までに10万円を返済するという約束をした。Xは、９月15日が過ぎてもVはもとよりAからも何の連絡もなかったことから、Vが借金をうやむやにしようとしていると憤りを深めていた。他方、Vは、Aから、Xと支払いの約束をしたことを聞き、その際、XがAを花火大会に誘った上、「家に遊びに来て」などと言ったと聞いて腹を立てていた。平成15年９月19日午前２時40分ころ、VはX方を訪れ、玄関ドアを何度も叩き、Xに玄関ドアを開けさせ、X方に入ると直ちに玄関ドアの鍵を内側から閉めて、Xより先にX方の４畳半の部屋に入った。Xは、借金を返済しに来たのかもしれないと考え、「今まで何をしてたんや。」と声を掛けたところ、Vは、こたつ台を蹴り上げてひっくり返し、「お前、何俺の女いろうたんや。」「お前も病院に入れてやるわ。」などと言ってXを怒鳴りつけ、「何言うてんのや。」と言い返すXに対し、「今、外に３人男待たしとるんや。」と怒鳴った。そして正座しているXの腹部付近を蹴り、「おまえが俺の女いろうたんじゃ。」と怒鳴り散らしながら、左顔面を拳で殴った。さらに、Vは、双方の知合いのBに電話して、Xと話をさせたり、上記Aに電話したりした後、Xの顔面に頭突きをし、その胸倉を掴んで押入れのふすまに押し付けるなどした。このため、Xは鼻血を出した。Xは、親切に10万円を貸してやったのにこれを返さないばかりかいわれのないことを言うVに怒りが弾け、このままVの好き勝手にさせているとAの件で因縁をつけられて金を要求されるのではないか、などとも考え、V殺害を決意し、X方の６畳の部屋のたんすの上に置いてあった切り出しナイフを手に取り、タバコを吸うためにXに背を向けていたVの脇腹を同ナイフでいきなり突き刺し、さらに腹部や胸部、背部を何度も刺した。Xは殺人未遂罪で起訴された（変更後の訴因は殺人罪）。

【裁判の経過】

１審：奈良地判（年月日不明）（有罪）

【判旨】破棄自判（有罪・過剰防衛）

「本件は、被害者において、深夜、いきなり被告人の家に上がり込み、被告人に対し、いわれのない因縁をつけて、怒鳴り散らしたり、暴行に及んだりしたことから、被告人が切り出しナイフで被害者を刺突したものであって、被告人に対する被害者の急迫不正の侵害があったことは否定できない。

１審判決は、被告人が刺突した際、被害者は被告人に背を向けてタバコを吸っていたこと、暴行が比較的軽微であること、被害者においてさらに暴行脅迫を行う意思を有していたことはうかがわれないことなどから、刺突行為の時点で、被害者が被告人に更に暴行を加えるおそれがあったとは認められないと認定し、侵害の急迫性がなかったとしている」が、「本件においては、被害者が被告人方に上がり込んでから、被害者が刺されるまでの時間は約15分間と短く、被害者による現実の暴行脅迫と被告人による刺突行為は時間的に非常に接着している上、被害者が被告人に背を向けてタバコを吸っていたとはいえ、被告人方を出ていこうとしていたわけでなく、被害者が被告人に対する暴行脅迫の意思を放棄したと思われるような行動をとっていたわけではない。深夜因縁をつけるために被告人方に押し掛けてきたとしか思われない被害者が、何らの決着も付かないまま途中で因縁をつけることを止めなければならない事情は全くうかがわれない。以上の事実に、被告人は当時64歳、身長約168Bm、体重約67kgの中肉中背であるのに対し、被害者は当時44歳、身長約178Bm、体重約87kgのがっしりとした体格の男性であったこと、本件犯行当時の被告人と被害者の位置関係によれば、被告人が屋外に脱出するためには被害者のすぐそばを通る必要があったことを考え合わせると、本件犯行の時点において、客観的に暴行脅迫がなおも継続される可能性が高く、被告人にとって侵害の急迫性が失われたとまで評価できない。

もっとも、被告人は、（中略）刺突した理由が主として、被害者に対する怒りや憤りにあり、被害者の好き勝手にさせないため、積極的に攻撃する意思で刺突行為に及んだとも供述している。（中略）しかし、本件は、被害者が被告人方を深夜いきなり訪れて暴行脅迫に及んだという事案であって、被告人が侵害行為を予期しながら積極的加害意思により、この機会を利用して犯行に及んだ事案でないから、主として積極的に攻撃する意思で犯行に及んだことをもって侵害の急迫性を否定できない」し「また、攻撃の意思と防衛の意思は併存するから、主として積極的に攻撃する意思で犯行に及んだからといって、防衛の意思が欠けるとはいえない。（中略）侵害行為が比較的軽微であるとの点も通常は防衛行為の相当性の問題に過ぎないし、鼻血が出るほど暴行されているのであるから侵害が軽微であるとはいえない。

そうすると、本件刺突行為が、防衛行為の性格を帯びていることは否定できないというべきである。一審判決には、過剰防衛を認定しなかった点で事実誤認があり、これが判決に影響を及ぼすことは明らかである。」

【参考文献】

橋爪隆・ジュリ1154号133頁、前田雅英・最重判250刑法（第7版）56頁、亀井源太郎・判プラI 212頁。

2 不正―自招侵害と「不正」

132 東京地判昭和63年4月5日判タ668号223頁

【事実の概要】

被告人Xは、昭和62年当時、Vに合計約14万5000円の借金をしており、Vからその棒引きを断られたので、借金を踏み倒すつもりで行方をくらましたが、同年12月中旬、Vが被告人の所在等をつきとめ、Xの勤め先の所長であるAらに再三電話をして、当時さら約19万円になっていたXの借金を給料から差し引いてくれるよう要請してくるようになった。電話ことをAの妻から聞いたXは、同月22日ころ、Vに電話をかけ、借金の棒引きを迫ったが受け付けてもらえなかったので同月28日の夜にVの家に行くと約束しておいたが、同月26日、Aらから、借金が解決しないで苦情の止まない間は仕事をさせないと通告されたので、このままでは会社を首になるかもしれないと思い、Vの行動にひどく立腹し、何としてもVと話をつけなければならないと思って、翌27日夜、Vに電話をして19万円はとても払えないなどと強い口調で言ったところ、Vが15万円まで金額を譲ってきたが、多少の支払いは覚悟していたものの、Vを脅してでも借金を棒引きにさせようと考えるようになり、翌28日夜Vの自宅等の様子を窺い、翌29日午前0時15分ころになってVが自宅に一人でいるのを見定めてから、V宅を訪れた。Xは、V方において、Vに対し「今日来ると言っていたのに、何で会社の方に電話なんかしたんだ。…俺は辞めろと言われている。足を引張られたうえで、どうして15万円なんか払えるんだ」、「ごちゃごちゃ言うな。俺は首になる寸前だ。何で銭を返さなければならないんだ」、「俺は首と同じなんだから明日から生活できないんだ。その分金を出してくれ」などと怒鳴りつけ、Vの上着の襟元を利き手である左手で掴み、肘でVの首を押し上げるようにしたうえ、「何だこの野郎、叩きつけてやろうか」と怒鳴りながらVを突き飛ばして転倒させたところ、Vが傍らにあった置物の石塊大小2個を続けざまに投げつけてきてこれらがXの頭部に当たったことに激高し、右石塊のうち大きい方の1個（長さ約17センチメートル、幅約7センチメートル、高さ約11センチメートル、重量1、2ないし1、3キログラム位）を左手に掴み、Vの首を右腕でねじるようにして抱え込んでその頭部を4、5回思い切り殴りつけ、Vの頭部から出血したのを見るや、「こうなった以上、殺してやれ」と決意し、悲鳴を上げ逃げようとするVに馬乗りになるなどしてその頭部及び顔面部を右石塊や同所にあったラジオカセット（硬質プラスチック製、長さ45、9センチメートル、幅11、6センチメートル、高さ13、2センチメートル、重量電池とも3、14キログラム）であわせて約20回にわたり殴打し、さらにとどめをさすべく、Vに馬乗りになったまま、Vの頸部を左手で握りつぶすようにしたうえ体重を預けるようにして締めつけ、よって、頭部、顔面打撲による失血に伴う急性循環不全により死亡させた。Xは殺人罪で起訴された。

【判旨】有罪・殺人罪

「弁護人は、被告人の判示第一の所為は、Vが置物の石塊を頭頂部に、続いて小型の石を右側頭部に投げつけ、さらにラジオカセットを両手に持って立ち向かってきたことに対する過剰防衛である旨主張するので、この点について判断する。

なるほど、被告人がVを殺害するに至った過程に同人の投石行為が存したことは判示のとおりであり、その後も被告人がVから投げつけられた石塊を持って同人に向かって行った際同人がラジオカセットを持っていた旨の被告人の供述（但し、被告人も甲野が立ち向かってきたとまでは供述していない。）を排斥するに足る証拠はない。

しかしながら、Vの被告人に対するこれらの侵害行為は、Vに対し被告人が判示のとおりの脅迫や暴行を加えたことに対して、直接惹起された反撃行為であることは明らかである。Vは、被告人に対しあらかじめ敵対心を抱いていたわけではなく、深夜一人でいるところで、何の落度もないのに思いもかけず、一方的に脅迫されたうえかなり強い暴行を受けたのであるから、被告人に対して反撃行為に出るのは無理もないところである。また、その態様や程度も、被告人の受傷状況や被告人自身Vが自分をやっつけるとか殺すとかいう感じは受けなかった旨供述していることからみても、被告人がそれまで加えていた暴行脅迫の程度と比較して過剰なものではなく、投石という手段によるかどうかはともかく、被告人の先行行為に対して通常予想される範囲内のものであるにとどまる。そうすると、Vから受けた侵害は、被告人自らの故意による違法な行為から生じた相応の結果として自らが作り出した状況とみなければならず、被告人が防衛行為に出ることを正当化するほどの違法性をもたないというべきである。

したがって、Vの侵害は、違法な先行行為をした被告人との関係においては、刑法36条における『不正』の要件を欠き、これに対しては正当防衛はもとより過剰防衛も成立する余地はないと解するのが相当であり、弁護人の主張は採用できない」。

3 自己または他人の権利―財産的権利の防衛

133 最判平成21年7月16日刑集63巻6号711頁

【事実の概要】

被告人X（本件当時74歳で、身長約149センチメートルの女性）およびその夫Aは、AがAの父から相続した不動産（建物と敷地）を甲不動産と共有していた。この建物と敷地については、平成3年にXが代表者をつとめる乙宅建が賃借人の地位を取得し、Xは、平成17年9月に、それまで他の会社に転貸されていた本件建物の明渡しを受けたのを機に、Aとともに、その一部に居住し、乙宅建の事務所としても使用するようになった。そして、乙宅建は、同年10月ころ、建設会社に本件建物の原状回復および改修の工事を請け負わせたが、建設業者は、甲不動産関の従業者であるV（本件当時48歳で、身長約175センチメートルの男性）らによるさまざまな妨害を受けて、工事を中止した。さらに、甲不動産は、その工事が続行されないように、本件建物の周囲に残っていた工事用足場を丙名義で買い取った上、本件建物の入口付近に鉄パイプを何本も取り付けて出入り困難な状態とし、「足場使用厳禁」等と記載した看板を取り付けるなどした。その後も、甲不動産関係者は、本件建物の前に車を止めて、乙宅建を訪れる客に対して立入禁止である旨を告げるなどした。また、甲不動産は、同年1月ころ以降、建設業者が本件建物に立ち入らないようにするため、その立入りを禁止する旨表示した看板を本件建物の壁面等に取り付けたところ、Xらに外されたりしたため、その都度、同様の看板を本件建物に取り付けることを7、8回繰り返した。

その一方で、甲不動産は、平成17年11月、本件建物の2分の1の共有持分権に基づく妨害排除請求権を被保全権利として、A、Xおよび乙宅建を相手方として、本件建物の増改築工事の中止および続行禁止ならびに明渡し断行を求める仮処分を申し立てたが、却下され、即時抗告も棄却され、これが確定していた。

Vは、平成18年12月20日に本件建物の壁に取り付けた立入禁止の看板の一部が同月21日朝にはがされたりちぎられたりし、同日夜にはなくなっているのを発見したので、同月22日午後７時10分ころ、立入禁止の看板３枚を本件建物に取り付けるため、看板製作・取付会社の取締役であるBおよび同社従業員のCらとともに本件建物前に行った。Vの依頼により、BおよびCは、立入禁止の看板1枚を自動車から下ろし、その裏面全面に接着剤であるコーキングを付け、はしごを本件建物西側の壁面に立て掛けるなど、本件看板を取り付ける作業を開始した。そのとき、Xが、何をするんだなどと大声で怒鳴り、Bの持っていた本件看板を強引に引っ張って取り上げ、裏面を下にして地面へ投げ付け、その上に乗って踏み付けた。Vは、Xが本件看板から降りた後、これを持ち上げ、コーキングの付いた裏面を自らの方に向け、その体から前へ10センチメートルないし15センチメートル離して本件看板を両手で持ち、付けてくれと言ってこれをBに渡そうとした。そこで、Xは、これを阻止するため、Vに対し、上記市道の車道の方に向かって、その胸部を両手で約10回にわたり押したところ、Vは約２メートル後退し、最後にXがVの体を右手で突いた際、本件看板を左前方に落として、背中から落ちるように転倒した。Xは傷害罪で起訴された。

なお、VがXに押されて後退し、転倒したのは、Xの力のみによるものではなく、Vが大げさに後退したことと本件看板を持っていたこととがあいまって、バランスを崩したためである可能性が否定できなかった。また、Xは、本件以前に受けた手術の影響による右上肢運動障害のほか、左肩関節運動障害や左肩鎖関節の脱臼を有し、要介護１の認定を受けていた。

【裁判の経過】

１審：広島地判平成20年１月18日刑集63巻６号726頁（有罪・傷害罪）

「信用性の認められるＡ及びＢの各供述を含む関係証拠を総合すると、被告人がＡに判示の暴行を加えて傷害を負わせたことを優に認めることができる」。

２審：広島高判平成20年９月４日刑集63巻６号741頁（破棄自判、有罪・暴行罪）

「被告人が、原判示の日時場所において、Ａに対し、原判示の暴行を加えて同人を転倒させた事実は認定できるものの、原判示の傷害を負わせた事実については、その証明がないといわざるを得ない。したがって、被告人について傷害罪が成立するとした原判決は、事実を誤認したものであり、これが判決に影響を及ぼすことは明らかである」。

【判旨】破棄自判

正当防衛の成否について検討するに、「Ｖらが立入禁止等と記載した本件看板を本件建物に設置することは、被告人らの本件建物に対する………共有持分権、賃借権等を侵害するとともに、Ｆ宅建の業務を妨害し、被告人らの名誉を害するものといわなければならない。そして、Ｖの依頼を受けたＢらは、本件建物のすぐ前において本件看板を取り付ける作業を開始し、被告人がこれを取り上げて踏み付けた後も、Ｖがこれを持ち上げ、付けてくれと言ってＢに渡そうとしていたのであるから、本件暴行の際、Ｖらはなおも本件看板を本件建物に取り付けようとしていたものと認められ、その行為は、被告人らの上記権利や業務、名誉に対する急迫不正の侵害に当たるというべきである。

そして、被告人は、ＶがＢに対して本件看板を渡そうとしたのに対し、これを阻止しようとして本件暴行に及び、Ａを本件建物から遠ざける方向に押したのであるから、Ａらによる上記侵害から被告人らの上記権利等を防衛するために本件暴行を行ったものと認められる。

さらに、Ｖらは、………本件建物のガラスを割ったり作業員を威圧したりすることによって被告人らが請け負わせた本件建物の原状回復等の工事を中止に追い込んだ上、本件建物への第三者の出入りを妨害し、………即時抗告棄却決定の後においても、立入禁止等と記載した看板を本件建物に設置するなど、本件以前から継続的に被告人らの本件建物に対する権利等を実力で侵害する行為を繰り返しており、本件における上記不正の侵害はその一環をなすものである。一方、被告人とＡとの間には………体格差等があることや、………Ａが後退して転倒したのは被告人の力のみによるものとは認め難いことなどからすれば、本件暴行の程度は軽微なものであったというべきである。そうすると、本件暴行は、被告人らの主として財産的権利を防衛するためにＡの身体の安全を侵害したものであることを考慮しても、いまだＡらによる上記侵害に対する防衛手段としての相当性の範囲を超えたものということはできない」。「以上によれば、本件暴行については、刑法36条１項の正当防衛として違法性が阻却されるから、これに正当防衛の成立を認めなかった原判決は、事実を誤認したか、同項の解釈適用を誤ったものといわざるを得ない」。

【参考文献】

井上宜裕・平成21年度重判解175頁

4　防衛の意思

(1)　憤激と防衛の意思

134 最決昭和33年２月24日刑集12巻２号297頁

【事実の概要】

被告人Xは、V（死亡当時41歳）に自己の長女Aを縁づけていたが昭和20年頃V夫妻はその子女と共にX方に疎開し同居するようになり、精米、製材業を営んでいる中、昭和28年５月10日、Aが死亡するに及んで、Vのかねてよりの飲酒は増々度を加え酔余、Xを始め、その家族に対し、煩さく因縁をつけ、或は器物を投げつけ、障子、硝子等を損壊し、果ては殺してやる、火をつけて家を焼いてやる等と怒号し、乱暴な振舞に出ることがしばしばあって、X等家族の者はその処置に窮していたところ、昭和29年６月27日午後11時30分頃、同家台所の間において、折から朝より飲酒し続けていたVが、Xに対し「おじい殺してやる、火をつけて家を焼いてやる」等と暴言したことから口論となり、Vが付近にあった七輪、五徳、鍋等をXに投げつけ、更に小鍋を以てその頭部を殴打するに及んだため、Xは平素の鬱憤を抑えかね憤激の余り、とっさにVを殺害することを決意し、台所板の間にあった手斧を掴んで振上げ、V人の頭部を２回強打し、更にその場に昏倒したVの頭部を２回強打して頭蓋骨骨折を伴う傷害を加えた上、Vの頸部をタオルで覆い両手にて強圧し、即時同所においてVを窒息死させた。Xは殺人罪で起訴された。

【裁判の経過】

１審：鳥取地判昭和30年３月16日刑集12巻２号312頁（有罪・殺人罪）

「被害者Ｖの暴行は、まさに被告人等に対する急迫不正の侵害であるけれども、被告人はこの暴行から逃避しようとすれば（その義務はないにしても）容易にこれを果しうべく、又家族に急を告げようとすれば、一室を隔てたところに成人した被告人の子供達がいたのに敢てことここにもいでなかったこと、被告人は老令で、被害者は頑丈な体格の壮年者であるとはいえ、被害者は僅かの距離で被告人に物を投げても命中しない位泥酔していたことが認められる。

更に被害者においては曾て被告人方居宅の火災復旧に金員を出捐したことを念頭におき、被告人等においては被害者等家族の生活費等の出費、被害者の工場建物についての出捐を念頭におき、相互に感情的対立が潜在していたことが推認できる。以上によれば被告人の判示所為は被害者の暴行に対する防衛のためにしたものでなく、むしろ判示のように日頃の忿懣を爆発させたものというべく、その措置また已むことをえざるに出でたものとも認められないから、正当防衛の主張は採用できない。従って防衛行為が程度を超えたものとする過剰防衛の主張も理由がない」。

２審：広島高松江支判昭和30年９月７日刑集12巻２号314頁（控訴棄却）

「被害者Ｖの暴行が被告人に対する急迫不正の侵害であることは、所論を俟つまでもなく明らかであるけれども、被告人において暴行から逃避せんとすれば、容易にこれをなし得る状況に在ったことは、これ亦諸般の証拠によって明らかであって、被告人の本件所為を目し、已むを得ざるに出でたものということはできない」。

【決定要旨】上告棄却

「所論はいずれも事実誤認の主張、即ち原判決が被告人の本件所為を被害者Vの暴行に対する自己の権利防衛のために已むことを得ざるに出でた正当防衛若しくは防衛の程度を超えた過剰防衛であると認定しなかったことを非難するものであって、適法な上告理由に当らない。(なお原判決は措辞適切でないところがあるけれども判文全体の趣旨からすれば、被告人は第一審判決の判示する被害者の急迫不正の侵害から容易に逃避し得る状況にあったのであるから被告人の本件所為は已むことを得ざるに出でたものということはできないと認めるというにあるのではなく、第一審判決が判示するように、被告人が容易に逃避可能であったこと、成人した被告人の子供達が一室を隔てたところにいたのにこれに救援を求めようとしなかったこと、被害者は泥酔していたこと、他方被害者と被告人とはかねて感情的に対立していた諸事情からすれば、被告人の本件所為は被害者の急迫不正の侵害に対する自己の権利防衛のためにしたものではなく、むしろ右暴行により日頃の忿懣を爆発させ憤激の余り咄嗟に右被害者を殺害せんことを決意してなしたものであり、その措置も已むことを得ざるに出でたものとは認められない。従って正当防衛行為ではなく、又防衛の程度を超えた過剰防衛行為でもない旨を判示した第一審の判断を肯認したものであること明らかであり、被告人の本件所為が右認定の如く急迫不正の侵害に対し権利防衛に出でたものでない以上、正当防衛乃至過剰防衛の観念を容れる余地はないものと解すべきであるから、原判決の右判断は相当である。)」。

【参考文献】

秋山哲治・刑法百選30頁、田原義衛・最判解刑事篇昭和33年度75頁

(2) 加害意思と防衛の意思の併存

[135] 最判昭和50年11月28日刑集29巻10号983頁、判時802号115頁、判タ333号322頁

【事実の概要】

被告人Xは、昭和48年７月９日午後７時45分ころ、友人Sとともに、愛知県西尾市内を乗用車で走行中、たまたま同所で花火に興じていたV（当時34歳）、B、Dらのうちの１名を友人と人違いして声を掛けたことから、Vら3名に、「人違いをしてすみませんですむと思うか。」、「海に放り込んでやろうか。」などと因縁をつけられ、そのあげく酒肴を強要されて飲食店でVらに酒肴を馳走した後、同日午後10時過ぎころ、Sの運転する乗用車でVらを西尾市のE方付近まで送り届けた。ところが、下車すると、Vらは、一斉にVに飛びかかり、無抵抗のSに対し、顔面、腹部等を殴る、蹴るの暴行を執拗に加えたため、Xは、このまま放置しておけば、Sの生命が危いと思い、Sを助け出そうとして、同所から約130メートル離れた自宅に駆け戻り、実弟F所有の散弾銃に実包４発を装てんし、安全装置をはずしたうえ、予備実包１発をワイシャツの胸ポケットに入れ、銃を抱えて再びE方前付近に駆け戻った。しかしながら、VもAらも見当たらなかったため、Xは、Sが既にどこかにら致されたものと考え、同所付近を探索中、同所から約30メートル離れた同市寺津町観音東一番地付近路上において、Vの妻Gを認めたので、Sの所在を聞き出そうとしてGの腕を引っ張ったところ、Gが叫び声をあげ、これを聞いて駆けつけたVが「このやろう。殺してやる。」などと言ってXを追いかけてきた。そこで、Xは、「近寄るな。」などと叫びながら西方へ約11、２メートル逃げたが、同所二番地付近路上で、Vに追いつかれそうに感じ、Vが死亡するかも知れないことを認識しながら、あえて、右散弾銃を腰付近に構え、振り向きざま、約５、２メートルに接近してVに向けて１発発砲し、散弾をVの左股部付近に命中させ、加療約４か月を要する腹部銃創及び左股部盲管銃創の傷害を負わせた。Xは傷害罪で起訴された。

１審：名古屋地岡崎支判昭和49年２月19日刑集29巻10号997頁

「たしかにVの追跡行為は『急迫不正の侵害』に該り、かつ被告人は『自己の権利を防衛す

る』意思を有していたものと認められるが、(なお、被告人は散弾銃を取出す際『Sが殺されちゃう、銃を出せ』と家人にいい、散弾銃を手にしてからも犯行に至るまでの間被害者方などでD、Gらと顔を合わせたにも拘らず発砲していないのであるから、被告人が散弾銃を取出し発砲したのは報復のためとは認め難い)、前掲証拠によればVは素手で被告人を追跡していたことが認められるのであるから、たとえそれまでのいきさつを考慮したとしても、なお被告人の所為は『防衛の程度を超えた』との誹を免れない」。

2審：名古屋高判昭和49年10月21日刑集29巻10号1000頁

「被告人が銃を発射する直前に、Vから『殺してやる』といわれ、追いかけられたことが、その局面に限ると、Vの被告人に対する『急迫不正の侵害』の如く見えるけれども、本件被告人の行為を、被告人が銃を持ち出してから発砲するまで、全体的に考察し、当時の客観的状況を併せ考えると、それが権利防衛のためにしたものであるとは、到底認められない。先に認定したとおり、被告人がVらに対し猟銃発射をもって対抗しようと決意したのは、E方付近路上でVがAら3名に一方的に暴行されているのを目撃したときであり、この時から既に、被告人においてVらに対する攻撃の意図があったことは、被告人の『相手が殺す気なら、俺の方でも殺してやろう、といった考えを起こして、銃を取りに戻ったのですから、相手を撃ち殺してやろう、と言った考えは、家に銃を取りに来て、銃に弾をつめる時に思ったのではなく、銃を取りに戻る前から此のような事を思っていたのです。ですから、弟Fの銃を思い出して取りに戻ったのです』………といった供述記載や、『弟の妻のまさえさんに無理にロッカーを開けさせて、私が銃1丁と散弾5発を持ち出したわけであります。このとき、私は相当頭に来ており、何が何でも銃を持ち出して、射ってやろうと思い、持ち出したわけです』………との供述記載から、明らかに認められるところであって、被告人は、Vらから酒肴の強要を受けたり、帰りの車でいやがらせなどをされたうえに、友人のSが一方的に乱暴をされたため、ひどく憤激するとともに、Sを助け出そうとして、Vらに対し、対抗的攻撃の意思を生じたことを充分肯認することができ、その後、被告人が先に認定したようにVから追跡された時点において、同人の攻撃に対する防禦を目的として、急に反撃意図が生じたものとは認められない。また、前記E方付近は、人家の密集したところであり、時刻も、さほど遅くはなかったのであるから、被告人がVらのSに対する行動を見て、大声で騒ぐなり、あるいは、近隣の家に飛び込んで救助を求めるとか、警察に急報するなど、他にとりうる手段、方法があったことが認められ、とりわけ、帰宅の際は、警察へ連絡することも容易であったのに、これらの措置に出ることなく、銃を自宅から持ち出すに至り、しかも、銃を携行して、前記E方付近へ来たときは、事態は平静になっていたにも拘らず、Vの妻の腕を掴んで引張るなどの暴行を加えたあげく、その叫び声を聞いてかけつけ、素手で立ち向かって来たVに対し、右銃を発射するに及んでいること、これら事情に照らすと、本件では、被告人が猟銃を持ち出して発射することを正当化すべき程の理由は、もともと存しなかったといわねばならない。なお、原判決は、被告人が本件犯行前、被害者方などでD、Gらと顔を合わせたにも拘らず、発砲していないことを理由に、被告人の発砲は報復のためとは認め難いと説示しているが、………撃つきっかけがなかったからであり、また、Gからは、何の迷惑も蒙っていないし、女性であることと相まって、同女に発砲しなかったのは、当然のことといえるので、この点を理由に、被告人の報復ないし攻撃目的を否定してしまうことはできない。加えるに、被告人が殺傷力の極めて強力な4連発散弾銃を、これに散弾4発を装填したうえ、予備散弾をも所持し、かつ、安全装置をはずして携行したことを併せ考えると、被告人の対抗的攻撃意図は明らかであり、被告人の本件所為は、Vの急迫不正の侵害に対する自己の権利防衛のためにしたものではなく、むしろ、Vらに対する対抗闘争行為の一環としてなされてたものであり、その措置も、已むことを得ざるに出たものとは到底認められない。結局、被告人の本件所為には、正当防衛の観念をいれる余地はないといわねばならない。そして、被告人の行為が正当防衛行為に該らないとする以上、防衛の程度を超えたかどうかを問題とする過剰防衛行為が成立し得ないことは、いうまでもないところである」。

【判旨】破棄差戻

「急迫不正の侵害に対し自己又は他人の権利を防衛するためにした行為と認められる限り、その行為は、同時に侵害者に対する攻撃的な意思に出たものであっても、正当防衛のためにした行為にあたると判断するのが、相当である。すなわち、防衛に名を借りて侵害者に対し積極的に攻撃を加える行為は、防衛の意思を欠く結果、正当防衛のための行為と認めることはできないが、防衛の意思と攻撃の意思とが併存している場合の行為は、防衛の意思を欠くものではないので、これを正当防衛のための行為と評価することができるからである。

しかるに、原判決は、他人の生命を救うために被告人が銃を持ち出すなどの行為に出たものと認定しながら、侵害者に対する攻撃の意思があったことを理由として、これを正当防衛のための行為にあたらないと判断し、ひいては被告人の本件行為を正当防衛のためのものにあたらないと評価して、過剰防衛行為にあたるとした第一審判決を破棄したものであつて、刑法36条の解釈を誤ったものというべきである」。

【参考文献】

曽根威彦・百選Ⅰ〔初版〕86頁、山本輝之・百選Ⅰ〔第４版〕50頁、安田拓人・百選Ⅰ〔第６版〕50頁、香城敏麿・最高裁判所判例解説刑事篇昭和50年度281頁。

(3) 加害意思と防衛の意思

136 最決昭和60年９月12日刑集39巻６号275頁、判時1174号151頁

【事実の概要】

被告人Xは、スナック甲を営んでいる妻Vが自己に冷淡になり、外泊を重ねたりしていることからVがAと情交関係を持っているのではないかと強く疑っていたところ、昭和58年２月28日午前0時ころ、自己の経営するスナック乙に、Aが女性１名を伴って客として訪れ、酒を注文して飲み始めた。Xは、Aが同店内から、スナック甲に電話をかけ、Aに対してスナック乙に来るよう繰り返し誘いかけているのを聞き、そのなれなれしい会話の調子からいよいよ疑いを深め一層不快の念を募らせていた。同月28日午前２時ころ、Vがスナック乙に入って来たのを認めるや、Xは、来るはずがないと思っていたVがAの誘いに応じてやって来たことに激怒し、Vに対しその場にあったウィスキーの空びんを持って振り上げ、「お前はなんで来たんや」と怒鳴りつけた。すると、AはXから右空びんを取上げたうえ、Xに掴みかかって、カウンターの奥に押しやり、左手でそのネクタイのあたりを掴み、右手拳で頭部、顔面を繰り返し殴打し、首を締めつけるなどのかなり激しい暴行を加えた。Xはその間全く無抵抗でされるがままになっていたが、VがAに対し、「あんた、やめて」と呼んで制止しているのを聞き、Vのこの言葉遣いから、VとAとは情交関係を持っていると確信するに至り、右両名に対し言い知れない腹立ちを覚えたものの、まもなく右暴行をやめてカウンター内から出て元の席に戻ったAからウィスキーの水割りを注文されたので、3人分のウイスキーの水割りをつくって差し出し、「なんで殴られなあかんのかなあ」などと思わず小声でつぶやいた。すると、またもや、Aは「お前まだぶつぶつ言っているのか」と言うなり、手許の右ウィスキー水割りの入ったガラスコップのほか灰皿、小鉢などを次々にカウンター内にいるXに投げつけ始めた。ここに至り、Xは、同日午前２時25分ころ、「なぜこんなにまでされねばならないのか。女房を取りやがって」と、それまで抱いていたAに対する憤まんや不快感を一気に募らせ、Aに対する憎悪と怒りから、調理場にあった文化包丁一丁を持ち出し、ことと次第によってはAの殺害という結果に至ることがあるかもしれないがそれもまたやむをえないと決意を固め、Aに向かって「表に出てこい」と申し向け、カウンターを出て通路を出入口の方へ行こうとしたところ、Aからなおも客席にあった金属製の譜面台（高さ約１、2メートル）を投げつけられ、更には「お前、逃げる気か。文句があるなら面と向かって話しせえ」などと怒鳴りながら後を追ってこられ、背後から肩を掴まれるなどしたため、Vから更にいかなる仕打ちを受けるかもしれない、かくなるうえは機先を制して攻撃しようという気持から振り向きざまに、右手に持った文化包丁でVの右胸部を一突きし、Vを大動脈起始部切破による心嚢血液タンポナーデにより死亡させた。Xは傷害致死罪で起訴された。

【裁判の経過】

1審：大阪地判昭和58年10月3日刑集39巻6号350頁（有罪・傷害致死罪〔過剰防衛〕）

「被告人は、前記Ｖから頭部、顔面をかなり激しく殴打され、首を絞めつけられたばかりかグラス、灰皿等を殴げつけられ、さらに文化包丁を持って通路を通って外へ出ようとした際にも金属製の歌唱用譜面台を投げつけられ、背後から肩を掴まれるという一連の暴行を受けたわけであるが、歌唱用譜面台は被告人に当ったわけではなく、これら一連の被告人に対する攻撃は、危険な兇器を使用してのものではなく、むしろ素手による攻撃ないしこれに準じるものと考えて差支えのないものであって、被告人の生命に対する侵害ないし侵害の危険性があったものとまでは認められず、被告人の身体に対する攻撃に帰着するものと考えられるから、これに対し文化包丁で右Ｖの胸部を突き刺し心臓に達する刺創を与えて同人を死亡させる所為に出たことは、侵害の程度に比して防衛行為の程度が著しく大きく、防衛の程度を超えたものといわなければならず、被告人の本件所為は、正当防衛ではなく、過剰防衛にあたるものといわなければならない」。

2審：大阪高判昭和59年8月23日刑集39巻6号356頁（破棄自判・有罪）

「被告人の本件所為は、前示のとおり、Ｖから………攻撃を受けるに及んで、それまで抱いていた同人に対する憤懣や不快の念を一気に爆発させ、憎悪と怒りから、とっさに原判示文化包丁を持ち出し、ことと次第によっては同人の殺害というような結果に至ってもやむをえないと決意し、『表に出てこい』と申し向けたところ、同人がなおも………挑戦してきたので、かくなるうえは機先を制して攻撃しようという気持から………手にした文化包丁で同人の胸部を一突きするに及んだものと認められるところであるから、被告人においてはＶに対する憎悪や怒りから、かつまた機先を制して攻撃しようという気持から本件所為に及んだものであって、自己の生命・身体を防衛せんとする意思に出でたものではないといわなければならない………。そうしてみると、被告人の本件所為については過剰防衛の成否を論じる余地もない」。

【判旨】破棄差戻

「刑法36条の防衛のための行為というためには、防衛の意思をもってなされることが必要であるが、急迫不正の侵害に対し自己又は他人の権利を防衛するためにした行為と認められる限り、たとえ、同時に侵害者に対し憎悪や怒りの念を抱き攻撃的な意思に出たものであっても、その行為は防衛のための行為に当たると解するのが相当であるところ………、原判決が認定した前記事実自体から、被告人の本件行為が、Ｖから第三暴行に引続き更に暴行を加えられることを防ぐためのものでもあったことは明らかであると思われるし、原判決が指摘する被告人のＶに対する憎悪、怒り、攻撃の意思は、それだけで直ちに本件行為を防衛のための行為とみる妨げになるものでない」。「もっとも、原判決は、………被告人が本件行為に先立って『表に出てこい』などと言って挑発した旨認定判示しており………、被告人の右言葉をかなり重視しているようにうかがわれ、更に、被告人が『機先を制して攻撃しようという気持』から本件行為に出た旨判示していることに照らすと、原判決は、被告人の右言葉から、被告人は包丁を手にしてＶを店外に呼び出して攻撃するつもりで自分から先に店外に出ようとしていたところ、たまたま、店外に出る前にＶから追いつかれたため、本件行為に及んだものである旨推認し、本件行為は専ら攻撃の意思に出たものとみているように理解されないでもない。しかしながら、挑発という点についてみると、原判決の認定するところによっても、Ｖは『お前、逃げる気か。文句があるなら面と向かって話しせえ』などと怒鳴りながら、被告人を追いかけたというのであるから、そもそもＶに被告人が発した『表に出てこい』などという言葉が聞こえているのか否かさえ定かではないというべきであるし………、少なくとも当時Ａは被告人が逃げ始めたと思って追跡したとみられるのであって、被告人の右言葉がＡによる第三暴行を招いたものとは認めがたい。また、いずれも記録からうかがわれるＡにより全く一方的になされた第一ないし第三暴行の状況、包丁を手にした後も直ちにＡに背を向けて出入口に向かったという被告人の本件行為直前の行動、包丁でＶの右胸部を一突きしたのみで更に攻撃を加えることなく直ちに店外に飛び出したという被告人の本件行為及びその直後の行動等に照らすと、被告人の『表に出てこい』などという言葉は、せいぜい、防衛の意思と併存しうる程度の攻撃の意思を推認せしめるにとどまり、右言葉の故をもって、本件行為が専ら攻撃の意思に出たものと認めることは相当でないというべきである」。

【参考文献】

安廣文夫・最判解刑事篇昭和60年度132頁。

(4) 加害意思と防衛の意思の併存

137 大阪高判平成７年３月31日判タ887号259頁

【事実の概要】

被告人Xは、平成５年12月12日夜、中学の後輩又は同級生のA、B、C及びDと飲酒した後、飲んだ店のあるビル前で、通りがかりのV、Wの本件各被害者のほか、R、S、T及びUのグループに対し、「こらガキ。ええかっこしやがって。くそガキ」などと罵声を浴びせたところ、立腹したVら６名全員が引き返してきた。最初に、RとAが胸倉を掴み合っての喧嘩になり、さらに、引き返してきたW、S、T、Uを交えて、道路東側の駐車場内において無抵抗となったAに対し殴る、蹴るの暴行を加えたため、Xは、これを止めさせようとWらに「すいません、止めてください」などと言って謝罪したが、Wは、Xの首の付け根や背中の辺りを殴り、更に、謝り続けるXに「のけ、こら」と怒鳴り、首の付け根や左膝を殴ったり、蹴ったりし、またAも、Xの口元を手拳で殴りつけ、「すいませんでした。許して下さい。勘弁して下さい」と謝るXに対し、一方的に、後頭部から首の辺り、太股、膝などを連続的に回し蹴りで蹴ったりした。Xは、こうなった以上警察に連絡するほかないと考え、公衆電話を探していたところ、負傷したCが「X、頭をやられた」、「このままだとAが殺されてしまう」などと言ったため、Xは、付近にあったビールケースから空のビール中瓶2本を取出し、両手に１本ずつ瓶の口の方を握り、道路中央付近で瓶の底を叩きつけて割り、先がぎざぎざに鋭く尖った状態とした上、Vがいると思われる駐車場に向かって、「われ、こら」と怒鳴りながら小走りに走って行き、駐車場に至る途中、ビール瓶の割れる音で道路上に出てきたVと対面し、ボクシングスタイルで身構えながら、1、２歩近づいてきたVに対し、ビール瓶を持った右手を大きく右斜め上に振りかぶって、Vの顔付近に向けて振り下ろし、瓶の先をVの左顔面に当てて全治約14日間を要する左前額部、左頬部、左下顎部刺創の傷害を負わせた。さらに、Xは、近づいてきたWに対し、左手のビール瓶をWの首付近に向けてほぼ水平に振り回し、瓶の先をWの首の右側に突き刺し、同人に右内頚動静脈切損等の傷害を負わせ、失血死させた。Xは傷害致死罪で起訴された。

【裁判の経過】

１審：判決年月日不明

【判決要旨】破棄自判

「(一) 急迫不正の侵害の点は、前記のとおり、Aは、引き返してきたR、W、S、T、Uらから、駐車場内で殴る、蹴るなどの激しい暴行を受けたものであり、これは急迫不正の侵害に当たる。原判決も説示するように、本件の発端は、被告人が挑発的な罵声を発したことにあるが、その後の経緯、特に右のRら相手方の暴行がVや被告人らの予期、予測を遥かに超える激しいものであったことなどを考えると、Aに対する急迫不正の侵害があったと認めることができる。そして、原判決も認めるように、被告人がV、Wに対する本件行為に及んだ時点でも、駐車場内でのAに対する暴行は終わっていなかったと認められる。また、被告人の認識をみても、被告人は、駐車場を出てからは、Aが具体的にどのような暴行を受けているかは知らなかったとみられるが、駐車場を出る際、相手方が『指つめてまえ』、『さろうてまえ』などと叫ぶのを聞いたり、駐車場中央辺りで誰か仲間(後にBと判明)が倒れているのを見たりしていること、駐車場を出た後、警察に電話連絡しようとし、頭から出血しているCの様子を目にし、さらに、同人から『このままだとAが殺されてしまう』と言われたりしていることなどに照らし、被告人は、本件行為の時点でも、なおAら仲間に対する暴行が続いているのではないかと懸念していたと認められる」。

「(二) 防衛意思の点は、前記のとおり、被告人は、自分の罵声が原因で相手方の攻撃を招いたという気持ちもあって、当初はひたすら謝罪してAらに対する暴行を止めさせようとし、自分がWやVから暴行を受けても、一切抵抗をしなかったが、それでも相手方の攻撃は執拗で一向に止む様子がなく、しかも、激しかった。そのため被告人は、警察へ電話連絡をしようとし、その連絡を焼き鳥屋の主人に依頼したが断られ、そのころＢが頭から血を流しながら、『甲、頭をやられた』『このままだとＶが殺されてしまう』などと言ってきた経過がある。この経過に徴すると、被告人がビール瓶を手にして駐車場の方に向かったのは、駐車場で暴行を受けていると思われるＶに対するそれ以上の暴行を阻止するためであり、ア及びイに対する本件行為も、同人らが行く手を遮るようにして現れ、被告人に向かってくるような態度を示したので、同人らを排除するためにした行為であって、Ｖを救い出すための防衛行為であったとみることができる」。

「確かに、原判決が指摘するように、被告人に、謝罪しても一向に暴行を止めない相手方への強い怒りや憤激の情があったことは否定できないが、原判決が上げる点を考慮しても………、それは前記の防衛意思と併存し得るほどのものであって、本件行為を防衛のための行為とみる妨げとなるものではない。したがって、原判決が本件行為を専ら憤激の情による攻撃意思に出たものと認めたのは、誤りである」。

「(三) 行為の相当性の点は、Ａに対する相手方の暴行は、人数や当初の勢いが勝っていたこともあって、相当激しく、極めて執拗なものであったほか、相手はブロック片（オ）やほうき（エ）などの凶器を手にしたり、後の仕返しを恐れて、『連れて行こう、連れて行って海にはめてしまえ』などと叫んでいたり（オ）していたことなどに照らすと、単にＡの身体に対する攻撃にとどまらず、生命に対する危険をもはらむ攻撃とみ得るものであったと考えられる。しかし、他方、本件ビール瓶は、底を路上に打ちつけて割り、先がぎざぎざに尖ったもので、首を一突きされたイがほとんど即死の状態で失血死したことが示すように、殺傷力が殊の外高いものであったこと、そして、被告人が反撃した当の相手は、現にＶを攻撃中の者ではなく、ＡがいるR駐車場に行く途中で出会ったＶとＷであり、同人らは、何も凶器を手にしておらず、素手のままで被告人に対して身構えたり、一、二歩近寄ろうとしただけであったこと、これに対し、被告人は、相手の顔や首付近を目がけて右ビール瓶を振り回し、それぞれ一撃の下にＶ、Ｗを傷つけたことが明らかである。このような本件の具体的な事実関係に徴すると、前記ビール瓶でＶ、Ｗに反撃した被告人の本件行為は、防衛手段としての相当性を超えるものであったといわざるをえない。

このようにみると、Ｖ、Ｗ対する本件行為は、急迫不正の侵害に対し、Ａの権利を防衛するためのものであるが、いわゆる相当性を欠くため、正当防衛は成立しないが、過剰防衛は成立するものと認められる」。

【参考文献】

山本輝之・平成７年度重判解132頁

(5)　過剰結果の意思と防衛の意思

138 東京高判平成14年６月４日東高刑時報53巻１～12号66頁、判時1825号153頁

【事実の概要】

被告人Xは、Aが経営するカウンターバーに赴き、同店北側出入口に最も近い椅子に座り飲酒していた。同店内には、Xのほか、客として同店の一番奥の椅子から数えて２番目の椅子にVが、椅子一つ置いて同じく４番目の椅子にBがそれぞれ座り、また、カウンター内にCがいた。CとBは、AがB所有するビルへの出店計画が頓挫している件について話し合いをしており、Xは、側から時々アドバイスをしていたところ、既に相当酒に酔っていたVが自席から大声で茶々を入れてきたりしていたので、Bらが何度も制止したもののVが一向にやめないため、Xが注意すると、Vは、普段からXのことを快く思っていなかったこともあって、「お前は離婚した。デザイナーの仲間では評判だ。お前のデザインは駄目だ」などと激しい言葉でXを罵倒したため、Xも自席から、Vが裏金を貰って仕事をしていることをなじった。Vは、しばらく黙っていたものの、やがて不意に自席から立ち上がり、Xが座っていた椅子の左後ろに立ち、Xに対し、「馬鹿野郎。ふざけんな」と怒鳴ってXの右目を右手拳で１回強く殴りつけた。Xは、一瞬呆然としたものの、直ぐに我に返って立ち上がり、Vを後ろの壁に押さえ付け、Bらに向かって「殴っていい。殴っていい」

と言ったが、Cらから宥められたため、Vを殴り返すことはせず、XとVとの間に入ってきたBが、Vを後ろから抱きかかえ、暴れるAを押さえながら店の出入口付近まで連れていった（Xは、Vから以上のとおり右目を強打された結果、加療約107日間を要する右目裂孔原性網膜剥離の傷害を負った）。ところが、憤まんが収まらなかったVは、出入口付近で強い力でBを押し戻し、Xの方に戻ってきた。そのときのXは、右横にいたCから両手で脇腹付近を抱きかかえるようにして押さえられおり、そのような状態で、XとVは罵声を浴びせ合っていたが、そのうちVが右足でXの左脛を２、３回蹴り、更に暴行を加えるような気勢を示したため、Xは、Vを押さえていたBの右肩越しに、左手拳（利き腕ではない。）でVの右頬に向けて１、２回殴りかかり、そのうちの1発がVの右頬に当たり、その結果、Vは、全治まで約40日間を要する右頬骨骨折、下眼窩神経麻痺の傷害を負った。Xは傷害罪で起訴された。

【裁判の経過】

１審：東京地判平成14年１月31日判時1825号157頁（有罪・傷害罪）

「被告人がAに対して判示暴行に及ぶ直前、同人は、被告人に再び暴行を加える気勢を示して迫ってきていただけでなく、実際にも被告人の左足脛を右足で蹴る暴行も加えていたと言うべきであって、Vのそれらの行為が急迫不正の侵害に当たることは明らかである。

「そこで、被告人がVに加えた判示暴行が自己の身体を防衛する意思でやむを得ずにした防衛行為に当たるかどうかについてみると、被告人は、公判廷において『左手の手の平でAの頭を押したのは、左足脛を蹴ってくるVを止めさせる意味もあった。Aを積極的に痛めつける考えはなかった。』旨供述する一方で、『Vとは過去に色々あって、もういい加減にしてくれという破れかぶれの感じだった。』とも供述している。そして、関係各証拠によると、Vは本件以前にも酒に酔っては被告人に絡むなどの行為に及んでおり、被告人もVを嫌っていたことが認められる。しかも、被告人は、Vから右目を殴打された直後、大声で『殴ってもいいね。』と２、３回繰り返して問いかけていたのをCから宥められていた上、VがBを押し戻しながら近づいてきた際には、その場から退避するような姿勢を示すことなくVとお互いに罵声を浴びせあっていただけでなく、その後、右横にいたCから両手で脇腹付近を抱えられ制止するようにして押さえられていた中で手拳で１、２回Vに殴りかかり、そのうちの１回がVの右顔面に当たったことが認められる。そして、その結果、Vが負った判示傷害は、10日後に医師の診察を受けた同人が右頬骨部から右上口唇周囲の疼痛や痺れ感を訴えていただけでなく、レントゲン検査では右上頬骨部に軽度のひびを推測させる所見があって圧痛点を伴っていたことが認められる。さらに、Bの上記供述等によれば、Vは被告人から判示暴行を受けた直後一瞬ちょっと膝を折ったような格好になったことも認められるのであって、このような状況からすれば、被告人がVに加えた打撃は相当大きかったと考えられる。これら本件前後の状況、被告人がAに加えた打撃力の大きさ、更にはそれまでの被告人とVとの関係等に照らして考えると、被告人は、単にVから左足脛を蹴られたのを止めさせようとの気持ちからというよりは、それまでVの振舞いに我慢してきたものの、もはや我慢できなくなって、この機会に同人に対して積極的に攻撃を加えようとする意思に基づき判示暴行に及んだと考えられるのであって、被告人のそのような行為をもって自己の身体を防衛する意思でやむを得ずにした防衛行為に当たると言うことはできない」。

【判旨】破棄自判・無罪

「原判決の趣旨は要するに、被告人の本件行為の際、Vからの被告人の身体に対する急迫不正の侵害行為は認められるが、被告人には防衛の意思が欠けていたから、被告人の本件行為は正当防衛に該当しないというものである。

しかし、上記認定事実によれば、被告人が本件行為に及んだときは、VがBが制止するのを押し切って被告人に向かってきたばかりか、足で被告人の左脛を２、３回蹴り、更に攻撃を加える気勢を示していたのであり、かかるVの行為が急迫不正の侵害に当たることは原判決が説示するとおりである。そして、被告人は、Vのこのような行為に対応して、Vを制止しているBの肩越しにVの右顔面を左手拳で１回殴打したものであり、そのような一連の経緯及び本件行為の態様から見れば、被告人の本件行為は、まさに防衛意思と攻撃意思が併存する状態においてなされたものと認めることができる。確かに、被告人は、Vから悪態をつかれて言い返したほか、同人から殴打されて、Bらに向かって『殴っていい』などと言ったが、同人らに宥められて我慢し、殴り返さなかったという経緯が認められる。しかし、被告人は、本件行為に先立って、Vから右目付近を強打され（前記のとおり重傷を負っている。）、更に左脛を蹴られる暴行を受け、更に襲いかかってくるような気勢を示されているのであって、このような状況下にある被告人が憤激の感情ないし報復したいとの気持ちを抱くのは、人の心情としてはむしろ当然というべきであろう。被告人がこのような感情を抱いて本件行為に及んだからといって、そのことから直ちに本件行為が専ら攻撃意思（報復意思）に出たものとはいえず、防衛意思が並存していることが否定されるものではない。なお、被告人は、前記のとおり『殴っていい』と言うなどしたが、BやCらに宥められ、あるいは被告人とVの間に入られて制止され、VがBから出入口方向に押されていった後も自席にとどまっていたのであって、特に追いかけるような仕草は見せていないのであり、また、被告人が自席に位置していたのに、Vが出入口方向から更にBを店内に押し込むようにして被告人の方向にきて、被告人の左脛を蹴ってきたという経緯が認められる。この間、被告人は、Vと罵り合ってはいるものの、自ら暴行を加えようとするような態度には出ていない（被告人が後退していないことは検察官が指摘するとおりであるが、Vに向かって前進もしていないのである。）。このような経緯に徴すれば、被告人がVが戻ってくるのを待ち受け、Vが更に暴行を加えてくる機会を利用して積極的に加害する意思で本件行為に及んだものとして、Aからの侵害の『急迫性』が否定されるものと評価することもできない。

原判決が防衛の意思を否定する根拠として掲げる点について検討すると、………被告人が、『Vとは過去に色々あって、もういい加減にしてくれという破れかぶれの感じだった』との心理状態であるからといって、直ちに防衛の意思が否定されるわけではない。また、………被告人がVから殴打された直後、大声で『殴っていい』と2、3回繰り返して問いかけていたのをBから宥められていたことや、VがBを押し戻しながら近づいてきた際には、その場から退避するような姿勢を示すことなくVとお互いに罵声を浴びせあっていたことは認められるが、だからといって防衛の意思が否定されるものではない。もともと急迫不正の侵害に対し、その場から退避しなかったからといって正当防衛が否定されるものではない上、被告人が立っていた場所から退避しようとすれば、店内の奥の方に逃げるほかないが、同所は行き止まりの狭い空間であって、退避することが容易な状況にあったとはいえない。………被告人がVに加えた本件行為の衝撃やVの負った傷害の程度等に関する原判決の説示について見ると、被告人の攻撃は左手拳で2回程度殴りかかったものであり、そのうち1回がAの顔面に当たったにすぎない。また、Vの負った傷害は全治まで約40日間を要する右頬骨骨折、下眼窩神経麻痺であるとはいうものの、右頬骨骨折は自然治癒に任せることが可能な程度のものであり、下眼窩神経麻痺も日常生活を営む上で大きな障害のない程度のものと認められる」。「これに対し、被告人の負った傷害は加療約107日間を要する右目裂孔原性網膜剥離であり、しかも平成12年9月26日から同年10月3日まで入院し、その間の同年9月27日には右目の手術（右網膜復臼術）が施されているのであり、傷害の程度は遥かに被告人のそれが重いことは明らかである」。「なお、被告人は医師の診断・治療を受けていないものの左脛にも傷を負っている。被告人の本件行為は、Vの先行する強烈な殴打や足蹴りの行為及びVが更にこのような攻撃を続ける気勢を示していたことに照らすと、防衛の程度を超えたものとは認められない。いわんや、被告人の本件行為が防衛意思の存在を否定せしめるほどの意図的な過剰行為であるなどとは到底認められない。

以上のとおり、被告人の本件行為は、Vからの自己の身体への急迫不正の侵害に対して、自己の権利を防衛するためにやむを得ずにしたものと認められるのであり、そこに被告人のAに対する憤り、憎悪の念が並存していたとしても、そのことだけで直ちに被告人の防衛の意思が否定されるわけではなく、本件においては、他に被告人の防衛の意思を否定せしめるような状況は存しない。

そうすると、被告人の本件行為につき、防衛の意思を欠くとして、被告人に対し正当防衛の成立を否定した原判決は、事実を誤認したか、又は刑法36条の解釈適用を誤ったものであり、これが判決に影響を及ぼすことが明らかである」。

5 相当性

(1) 相当性の判断方法①

139 最判昭和44年12月 4 日刑集23巻12号1573頁、判時581号82頁、判タ243号260頁

【事実の概要】

被告人Xは、東京都板橋区の株式会社甲の経理担当者であるが、昭和42年 6 月16日午後 4 時過ぎごろ、同社に訪ねてきたVと同人所有の貨物自動車の買戻しの件について 2、3 応答の末、Vが「社長が帰ってくるまで待たせてくれ」と言って、執拗に同会社事務所内に入ろうとするのを、Xが「社長の帰りがおそいから、きょうは帰ってくれ」などと言って繰り返えしVを事務所の外へ押し出したりしたのち、右事務所入口付近でなおも押し問答を続けていたところ、Vが突然Xの左手の中指および薬指をつかんで逆にねじあげたので、Xは、痛さのあまりこれをふりほどこうとして右手でVの胸の辺を 1 回強く突き飛ばし、Vを抑向けに倒してその後頭部をたまたま付近に駐車していたVの自動車の車体（後部バンバー）に打ちつけさせ、よってVに対し、治療約45日間を要する頭部打撲症の傷害を負わせた。Xは傷害罪で起訴された。

【裁判の経過】

1 審：豊島簡判昭和43年 8 月30日刑集23巻12号1579頁（有罪・傷害罪）

被告人の行為は「Vの被告人に対する急迫不正の侵害に対し、これを防衛するために止むことを得ざるに出でた行為であるから、所謂正当防衛であると主張するのであるが」、前記当公廷における証人らの「各供述によれば、正当防衛行為とは認められ」ない。

2 審：東京高判昭和44年 3 月13日刑集23巻12号1580頁（破棄自判・有罪、傷害罪〔過剰防衛〕）

「被告人のVに対する本件所為は、その因って生じた傷害の結果にかんがみ防衛の程度を超えたいわゆる過剰防衛と見られること前記のとおりである」。

【判旨】破棄差戻

「刑法36条 1 項にいう「已ムコトヲ得サルニ出テタル行為」とは、急迫不正の侵害に対する反撃行為が、自己または他人の権利を防衛する手段として必要最小限度のものであること、すなわち反撃行為が侵害に対する防衛手段として相当性を有するものであることを意味するのであって、反撃行為が右の限度を超えず、したがって侵害に対する防衛手段として相当性を有する以上、その反撃行為により生じた結果がたまたま侵害されようとした法益より大であっても、その反撃行為が正当防衛行為でなくなるものではないと解すべきである。本件で被告人が右Vの侵害に対し自己の身体を防衛するためとった行動は、痛さのあまりこれをふりほどこうとして、素手でVの胸の辺を一回強く突いただけであり、被告人のこの動作によって、被告人の指をつかんでいた手をふりほどかれたVが仰向けに倒れたところに、たまたま運悪く自動車の車体があったため、Vは思いがけぬ判示傷害を蒙ったというのである。してみれば、被告人の右行為が正当防衛行為にあたるか否かは被告人の右行為がVの侵害に対する防衛手段として前示限度を超えたか否かを審究すべきであるのに、たまたま生じた右傷害の結果にとらわれ、たやすく被告人の本件行為をもって、そのよって生じた傷害の結果の大きさにかんがみ防衛の程度を超えたいわゆる過剰防衛であるとした原判決は、法令の解釈適用をあやまった結果、審理不尽の違法があるものというべく、右違法は判決に影響を及ぼすことが明らかであり、かつ、これを破棄しなければ著しく正義に反するものと認める」。

【参考文献】

奥村正雄・判例講義Ⅰ80頁、林幹人・百選〔第 3 版〕54頁、海老原震一・最判判刑事篇昭和44年度号452頁。

(2)　相当性の判断方法②

140 東京地八王子支判昭和62年９月18日判時1256号120頁

【事実の概要】

　被告人Xは、昭和62年１月30日午後８時ころから奥多摩駅付近で飲酒しての帰途、翌31日になって南氷川橋南詰の路上に差しかかった際、同様酔って通りかかったVに「どこの者だ」などと因縁をつけたうえ、襟首を掴む、手拳で頭部を１回殴打する等の暴行を加え、さらに上半身裸の喧嘩姿となってなおも執拗に絡んでくる態勢を示したことから、これに激怒すると共に、暴力をもってでもこれを排除し自己の行動の自由及び身の安全を図ろうと決意し、自らも上半身裸となって威を示しつつVと口論を繰り返した挙句、午前１時50分過ぎころ、ガードレールを背にした状態で靴を持った右手を振り上げて殴りかかってきたVに対し、胸部付近を右手拳で力一杯突き飛ばす暴行を加え、Vを約40メートル下方の多摩川の河川敷に転落させて頭蓋内損傷、くも膜下出血、硬膜下出血、左肋骨々折、腸間膜出血等の傷害を負わせ、その場で右頭蓋内損傷等により死亡させた。Xは傷害致死罪で起訴された。

【判旨】（有罪・傷害致死罪〔過剰防衛〕）

「被告人が行なった反撃の態様・程度を具体的に見ると（ちなみに、刑法36条１項にいう『行為』とは、それについて正当防衛という違法性阻却事由の存否が判断される対象を指称する概念であって、すなわち構成要件に該当すべき所為を意味するから、狭義の行為すなわち動作だけではなく、故意犯における結果と同様に結果的加重犯における結果を含むものと解しなければならず、いわゆる『相当性』の有無も、狭義の反撃行為だけではなくその結果をも包めた全体について判断されるべきものである。）、被告人は、上半身裸のＶが片手に下足を振り上げて迫ってきたので機先を制して胸元を一回強く手拳で突いたところ、同人は数歩後ろ寄りによろめいた勢いでほぼ仰向けにガードレール越しに橋下に転落していったと言うのであるから、それならば、その時のＶは深い谷底を控えたガードレールを背に、かつ、これにかなり近接した場所に位置していたということになる。してみると、終始一貫して前認定程度のものであったＶの侵害行為に対するに、被告人の加えた反撃たるや、その動作自体においても状況上Ｖの橋下転落とひいてはその死亡さえ招きかねない高度に危険な態様のものだったのであり（そのことは被告人も容易に認識し得た筈のものである。）、果たして結果においてもこの上ない重大な法益侵害を生じてしまったものなのである。これがいわゆる相当性の範囲を逸脱する明らかに過剰なものであったことはとうてい否定できない」。

(3)　相当性の程度

141 最判平成元年11月13日刑集43巻10号823頁、判時1330号147頁、判タ713号72頁

【事実の概要】

　被告人Xは、運転してきた軽貨物自動車を空地前の道路に駐車して商談のため近くの甲薬局に赴いたが、まもなく貨物自動車（いわゆるダンプカー）を運転して同所に来たVが、車を空地に入れようとしてX車が邪魔になり、数回警笛を吹鳴したので、商談を中断し、薬局を出てX車を数メートル前方に移動させたうえ、再び薬局に戻った。ところが、それでも思うように自車を空地に入れることができなかったVは、車内から薬局内のXに対し「邪魔になるから、どかんか。」などと怒号したので、Xは、再び薬局を出て自車を空地内に移動させたが、Vの粗暴な言動が腹に据えかねたため、Vに対し「言葉遣いに気をつけろ。」と言ったところ、Vは、空地内に自車を駐車してXと相前後して降車して来たのち、空地前の道路上において、薬局に向かおうとしていたXに対し、「お前、殴られたいのか。」と言って手拳を前に突き出し、足を蹴り上げる動作をしながら近づいて来た。そのため、Xは、年齢も若く体格にも優れたVから本当に殴られるかも知れないと思って恐くなり、空地に停めていたX車の方へ後ずさりしたところ、Vがさらに目前まで追ってくるので、後に向きを変えてX車の傍らを走って逃げようとしたが、その際ふとX車運転席前のコンソールボックス上に平素果物の皮むきなどに用いている菜切包丁を置いていることを思い出し、とっさに、これでVを脅してその接近を防ぎ、Vからの危害を免れようと考え、X車のまわりをほぼ一周して運転席付近に至るや、開けていたドアの窓から手を入れて刃体の長さ約17.7センチメートルの菜切包丁を取り出し、右手で腰のあたりに構えたうえ、約3メートル離れて対峙しているVに対し「殴れるのなら殴ってみい。」と言い、これに動じないで「刺すんやったら刺してみい。」と言いながら2、3歩近づいてきたVに対し、さらに「切られたいんか。」と申し向けて脅迫した。Xは①暴力行為等処罰に関する法律1条違反の罪および②銃砲刀剣類所持等取締法22条違反の罪で起訴された。

【裁判の経過】

1審：尼崎簡判昭和60年12月16日刑集43巻10号832頁（有罪・①暴力行為等処罰に関する法律1条違反の罪・②銃砲刀剣類所持等取締法22条違反の罪）

「Vは、被告人の挑発に応じて向かって行ったが、被告人が包丁を取り出すまでは素手であって、その時点で被告人が緊迫した危険を感じるような状態に陥っていたとは到底考えられず、反って被告人が喧嘩を予想して自己が優位に立たんがために包丁を手にして先制行為に出たものと認められる。

したがって、被告人の判示第一の所為は急迫不正の侵害に対し自己又は他人の権利を防衛するためやむことを得ざるに出でたものとは認められず、また、判示第二の所為についても正当な理由があったとは認められないので弁護人らの右各主張はいずれも採用することができない」。

2審：大阪高判昭和61年6月13日刑集43巻10号835頁（破棄自判、有罪〔①につき過剰防衛〕）

「Vは今にも暴行に及ぼうとする言動をもって被告人の目前に迫ってきたのであるから、被告人の身体に対する侵害が間近に押し迫った状況にあったものというべく、被告人の原判示脅迫の所為は、このような急迫不正の侵害に対し、右暴行を免れて自己の身体を防衛する意思に出たものと認められるが、素手で殴打或いは足蹴の動作を示していたにすぎないVに対し、殺傷能力のある刃体の長さ約17.7センチメートルの菜切包丁を構えて立ち向かい、原判示のとおり脅迫したことは、防衛の手段としての相当性の範囲を逸脱したものというべきである」。

「被告人は、原判示脅迫行為に及ぶ以前には、『言葉遣いに気をつけろ』と言ったほかには格別Vを刺激するような言動に及んでおらず、また右言辞をもってVの侵害を挑発したとまでは証拠上認めがたく、前記認定事実に照らして、被告人が予め同人に対する積極的な加害意思を有していたとも認められないうえ、前示のとおり、被告人が包丁を取り出した際には、その身体に対する侵害が間近に押し迫った状況にあったというべきであるから、原判決の右認定は事実を誤認したものというべきである（なお、原判決の右説示中、Vが素手であったことを理由に侵害の急迫性を否定する点は、防衛行為の相当性を判断するに際して考慮すべき事情を、急迫性の判断資料に用いたもので、首肯しがたいというほかない。）。

そうすると、被告人の原判示第一の脅迫の所為は、刑法36条2項にいう防衛の程度を超えた行為、すなわち過剰防衛行為として問擬すべきものであって、所論の正当防衛の主張は理由がなく、したがって、右所為は違法であることを免れないから、原判示第二の包丁の携帯につき正当な理由があるとの所論も採用のかぎりではない。

以上のとおり、原判示第二の包丁携帯の事実についての原判決の認定は、結局正当であって、所論のような事実誤認は存在せず、この点の論旨は理由がないが、原判示第一の脅迫の所為について、侵害の急迫性の要件を欠くとした結果、正当防衛のみならず過剰防衛の成立をも否定したと解される原判決には、この点で判決に影響を及ぼすことの明らかな事実の誤認があるというべきであって、論旨は右限度で理由がある」。

【判旨】破棄自判・無罪

「正当防衛の成否に関する原判決の法令の解釈適用について検討すると、右の事実関係のもとにおいては、被告人がVに対し本件菜切包丁を示した行為は、今にも身体に対し危害を加えようとする言動をもって被告人の目前に迫ってきたVからの急迫不正の侵害に対し、自己の身体を防衛する意思に出たものとみるのが相当であり、この点の原判断は正当である。

しかし、原判決が、素手で殴打しあるいは足蹴りの動作を示していたにすぎないVに対し、被告人が殺傷能力のある菜切包丁を構えて脅迫したのは、防衛手段としての相当性の範囲を逸脱したものであると判断したのは、刑法36条1項の「已ムコトヲ得サルニ出テタル行為」の解釈適用を誤ったものといわざるを得ない。すなわち、右の認定事実によれば、被告人は、年齢も若く体力にも優れたVから、『お前、殴られたいのか。』と言って手拳を前に突き出し、足を蹴り上げる動作を示されながら近づかれ、さらに後ずさりするのを追いかけられて目前に迫られたため、その接近を防ぎ、同人からの危害を免れるため、やむなく本件菜切包丁を手に取ったうえ腰のあたりに構え、『切られたいんか。』などと言ったというものであって、Vからの危害を避けるための防御的な行動に終始していたものであるから、その行為をもって防衛手段としての相当性の範囲を超えたものということはできない。

そうすると、被告人の第一の所為は刑法36条1項の正当防衛として違法性が阻却されるから、暴力行為等処罰に関する法律1条違反の罪の成立を認めた原判決には、法令の解釈適用を誤った違法があるといわざるを得ない」。

「次に、被告人の第二の所為について検討すると、その公訴事実は、Vを脅迫する際に刃体の長さ約17.7センチメートルの菜切包丁を携帯したというものであるところ、右行為は、Vの急迫不正の侵害に対する正当防衛行為の一部を構成し、併せてその違法性も阻却されるものと解するのが相当であるから、銃砲刀剣類所持等取締法22条違反の罪は成立しないというべきである。

そうすると、同法違反の成立を認めた原判決には、法令の解釈適用を誤った違法があるといわざるを得ない」。

「以上のとおり、各公訴事実につき被告人を有罪とした原判決及び第一審判決は、いずれも判決に影響を及ぼすべき法令違反があり、これを破棄しなければ著しく正義に反するものと認められる。そして、本件については、第一、二審において必要と思われる審理は尽くされているので、当審において自判するのが相当であり、被告人に対し無罪の言渡をすべきものである」。

【参考文献】

林幹人・百選I〔第4版〕52頁、高橋則夫・百選I〔第5版〕50頁、日高義博・判評377号228頁、高山佳奈子・百選I〔第6版〕号52頁、大越義久・平成元年度重判151頁、川口宰護・最判解刑事篇平成元年度329頁

(4) 相当性の判断対象（西船橋駅ホーム転落事件）

142 千葉地判昭和62年9月17日判時1256号3頁、判タ654号109頁

【事実の概要】

被告人Xは、千葉県船橋市所在の旧日本国有鉄道西船橋駅4番線ホーム上において、高度の酒酔い状態にあったVから執拗に絡まれ、小突かれたり、足蹴にされそうになったり、また馬鹿女など侮辱的言葉を言われたりし、それに対して、Xは、時には無視する態度をとり、時には言い返し或はVの手を払うなどしていた。また、Xは、周りの者らにVを制止してもらおうと助けを求めたが、笑うなどするのみで誰1人として応じてくれる者もいなかった。このような状況の下、3番線側ベンチ前の千葉寄り付近にいたXは、左斜め後ろあたりにいたVに背後から後頭部を突かれたため前のめりになったが、これまでにも増して後頭部を突かれるという仕打ちを受けたことに対し、むかっとすると共に、このままではこのうえ何をされるかわからないとの思いから、Vを遠ざけようとして、両手に提げていた紙袋をそばの3番線側ベンチの上に置き、近くにいたVを手で突いたところ、Vは4番線ホームの方に行く感じになっていたのが、突かれてよろけた後、Xの方に戻りXと向き合う形となった。すると、VがXの着ていたコートの襟のあたりを手でつか

みこれを離そうとしないため、これに対しXが離してくれるように言ってVともみ合ううち、4番線側ベンチの千葉寄り付近ないし右ベンチとその千葉寄りにある柱との間のあたりにおいて、Vにつかまれたまま、このうえどのような危害を加えられるかも知れないと考えたXは、Vを我が身から離して目前の危難からのがれようとし、かつそれまで執拗に絡んで来たVに対する立腹の情も加わって、曲げた両腕を、右手に左手を添える形で、手のひらを拡げ、前に突き出して、Vの右肩のあたりを突き、その勢いでVはXから離されて後ずさりし始め、ホーム下の電車軌道敷内に転落した。そしてVは駅に進入して来た総武線上り電車の車体右側とホームとの間にはさまれ胸腹部圧迫による大動脈離断により死亡した。Xは傷害致死罪で起訴された。

【判旨】無罪

「当時の状況のもとにおいて、被告人がVから右の如く胸から首筋のあたりを手でつかまれる状態になるという更に強い絡みを受け、これからのがれるための手立てとして同人を両手で突く所為に出たことは、自制心を欠いたかの如き酒酔いの者にいわれもなくふらふらと近寄られ、更には手をかけられたときに生じる気味の悪さ、嫌らしさ、どのようなことをされるかも知れないという不安ないしは恐怖にも通じる気持が日常生活上において経験し理解され得るところであることをもあわせ考えると、差し迫った危害に対するやむを得ない行為であったといわなければならず、またその態様も、前叙の如く被告人に手をかける状態になっているVに対し、これを離させるため、曲げた両腕を前にのばし、その際右手に左手を添える形で、手のひらで突いたというもので、………つかんでいる相手方を離すという所為としてみるとき、女性にとって相応の形態で、かつ通常とられる手立てとして首肯し得る態様のものであり、しかもつかんでいるVを離すため一回突いたにとどまっていること、前叙したようにベンチの背合わせ付近から4番線ホームの線路際までは3メートル前後の間隔が存していること、突いた力も、………目撃状況から考えると、被告人がVを突いた力は、同人をその場に突き倒すほどの強いものでなかったことが明らかであるばかりでなく、Vが当時酔っていて足もとのふらつく状態にありながら、被告人に突かれたことによって体のバランスをある程度失うことになったものの、その付近において倒れるまでに至ることなく、ホームの線路際まで3メートル前後の間を、しかも斜めの方向で後ずさりして行っているのに徴すれば、………その言葉どおりの強い力であったことの証左であるとはたやすくいえないこと、………被告人は身長約167センチ、体重約65.6キログラムで、他方Vは、司法警察員作成の死体解剖鑑定立会結果報告書に明らかなように身長約165.5センチ、体重約56キログラムであるところ、K子の検察官に対する供述調書によれば、夫のVは日本体育大学を卒業した後、本件当時高等学校で体育の教諭として勤務していた者であり、これに対して被告人は40歳になろうとする女性であって、必ずしも被告人が体力的に優っているとはいえないうえ、………Vは血液1ミリリットル中に2.5ミリグラムのアルコールを含有して、かなり高度の酒酔いとみられる状態にあったものの、前叙した一連の経過によると、Vが酒に酔っている者によく見られるところの、自制心が働かず、その行動が制御されずに相手方に立ち向かうような状況にあったことが看取され、従ってそのようなVから離れるためには被告人なりに力を入れて突く必要があったとみられること、これらの諸事情に照らせば、被告人のVを突いた所為が被告人自身からVを離すに必要にして相応な程度を越えていたとは到底いえないところである」。

被告人が、Vに死ねばいいといった類の言葉を放った点については、「その言葉の具体的内容については必ずしも確定できないものが存するうえ、更に右のように被告人が言ったというのは、前叙の如き被告人がVに執拗に絡まれ、小突かれたり足蹴にされようとしたり、この若造がとか、馬鹿女とか、更にはやるのかやらないのかとか言われたりした挙句の経過の中のものであり、被告人がVを突く所為に出る直前にも、………女の人は馬鹿女という男の人の言葉にショックを受けたみたいだということがあり、………男の人が女の人に対してこの世に生きる価値がないというような趣旨のことを言ったということのあるほか、右当時4番線に電車が入るという案内放送があったものの、各証人らはいずれもベンチから立ち上がるなどの電車の到来に対応する動きを示すまでに至っておらず、………Vは線路上に落ちた後起き上がり、ホームの上からは、あっち（5番線の線路の方）へ行け、という声があったが、4番線ホームの方に寄って来てホーム上にはい上がろうとし、これに対してVの転落したのを見たA、BがVの手をつかみ、更に売店の近くに居たCもその場に駆け寄って行って手伝い、3人してVをホームの上に助け上げようとして胸から腹の付近まで引張り上げたところに千葉方向から電車が入って来た、という状況にあって、被告人が電車進入の直前であると意識してVを突く所為に出たとまではいえないこと、そのほか前叙の如き被告人がVを突いた態様及びその力の程度、突いた地点から4番線ホームの線路際までの距離などをあわせ考えると、右の被告人の言葉をもって、被告人が一方的かつ積極的な害意をもってVを突いた証左であるとまでいうことはできないものであり、右の被告人の言は、それまでVから種々な態様で執拗に絡まれて来たうえに、なおも馬鹿女とかの人格を否定する趣旨の言葉を浴びせられ、更には突然後方から後頭部を押されるまでされたことに対する立腹の情から出たものとみられるところである。そして被告人がVを突いた所為には右の心情から出た側面が存するとはいえ、この故をもって前叙の状況のもとにおける被告人の所為につき、防衛のためになされたものであること及びやむを得ないものであったこと自体を左右し得る事情があるとまでいうこともできない」。

「被告人は、3番線側ベンチ前の千葉寄り付近に居たところ、左斜め後ろあたりに居たVに背後から後頭部を突かれて前のめりになった際、それまでに、階段からホームに下りて以降、同人に執拗に絡まれ、小突かれたり、足蹴にされそうになったり、また馬鹿女とかの侮辱的言葉をいわれたりして、それに対し、時には無視する態度をとり、時には言い返し或はVの手を払うなどして来たうえ、周りの者らにVを制止して貰おうと助けを求めても、笑うなどするのみで誰一人として応じてくれる者もいなかった中で、前示のようにこれまでにも増して後頭部を突かれるという仕打ちを受けたことに対し、むかっとすると共に、このままではこのうえ何をされるかわからないとの思いから、Vを遠ざけようとして、両手に提げていた紙袋をそばの3番線側ベンチの上に置き、近くに居た同人を手で突いたところ、Vは4番線ホームの方に行く感じになっていたのが、突かれてよろけた後、被告人の方に戻る形となって被告人と向き合い、被告人の着ていたコートの襟のあたりを手でつかんで離そうとせず、これに対し被告人が離してくれるように言ってVともみ合ううち、4番線側ベンチの千葉寄り付近ないし右ベンチとその千葉寄りにある柱との間のあたりにおいて、Vにつかまれたまま、このうえどのような危害を加えられるかも知れないと考えた被告人は、同人を我が身から離して目前の危難からのがれようとし、かつそれまで執拗に絡んで来た同人に対する立腹の情も加わって、曲げた両腕を、右手に左手を添える形で、手のひらを拡げ、前に突き出して、Vの右肩のあたりを突き、その勢いでVは被告人から離されて後ずさりし始めたものと認められるところである。そして右にみられるような差し迫った状況に置かれた被告人にとって、執拗に絡んでくるVから自らの力でのがれようとして同人を突いたことにやむを得ざるものがあったうえ、その方法も相当なものであったことにつき、前叙したところを左右し得るような事情は見出せない。

この場合、被告人として他にどのようなとり得る方法があったかを問うとき、そのような酔余の者に絡まれたからには、かかわり合いにならないようにホームの別の場所に逃げればよかったではないかとか、駅員に通報して保護を求めるなどの方法があったのではないかとかのたぐいのことを、はた目には言うことができるとしても、電車に乗ろうとして階段からホームに下りて来た被告人が、思いもかけず公衆の面前で酔余のVに絡まれたうえ、侮辱的言辞まで受け、剰え周囲の者に助けを求めても、笑うなどするのみで誰一人としてこれに応じてくれず、また被告人の供述するところによれば、当時被告人は買い求めてあった食料品などを2個の紙袋に入れ両手に提げていて、思うように動ける状態にあったともみられないなかで、そのような被告人に対して、それでもなお自らの困惑した事態をのがれようとするのであれば、その場から立ち去る動きに出て然るべきであったかのようにいうのは、相手がかかる酔余者であることをも考え、事を荒立てずに済ませるような処置をとるのがよかったのではないかという、いわば、ただただ被告人に対してのみ然るべき対処を余儀なくさせるという片面的観点からの論であるといわざるを得ず、公共の場でそのような状態に追い込んで来た相手方の行動に関しての視点を欠く嫌いのあるものであって、右の如き論は被告人に対し一方的にそのような屈辱を甘受せよと無理強いし、また嫌がらせを受けながらもその場から逃げ去るくやしさ、みじめさを耐え忍べよというに等しく、他方、駅のホームという公共の場にそぐわない行動をとる酔余者に対しては、その行動を放任する結果になることから、徒らに同人の右の動きを助長する傾きのあるのを否めないところであり、結局において電車に乗ろうとして駅ホームでその来るのを待っていた被告人の、一市民としての立場をないがしろにするものであって、到底与することができない。被告人が前叙の如く酔余のVから執拗に絡まれ、馬鹿女などといわれ、更には手出しまでされたのに対して、時には無視する態度をとり、時には言い返し、時には手出しされるのを払いのけ或はやり返すなどし、かつ周囲の者らに助けを求めても笑うなどするばかりで、誰一人としてこれに応じてくれないなかでも、自らの方からは積極的な行動に出たという形跡の窺えない経過の中においてVを突く事態にまで至ったことにつき、それもなお被告人の対処の仕方にその刑責を問う余地があるかの如くにいうのは、酒に酔って公衆に迷惑をかける行為の防止等に関する法律4条をまつまでもなく、公共の場における日常生活上の法理に悖ることとなるものといわざるを得ず、前示いうところの論によって、被告人の所為が相当性を有し、またやむを得ないものであったことが左右され得るものではない。

また被告人がVを突き、その後Vが線路上に落ちて死亡するまでに至っていることを捉え、被告人の所為によってVの死亡という重大な結果を招来したからには、その行為に相当性はなく、被告人の刑責が問われざるを得ないものであるかのようにいうのは、Vを自らの身から離そうとして突いた被告人の所為が、やむを得ないもので、かつ相応な態様のものであったのを当時の状況のもとにおいてもなお否定しようとすることに帰するが、この間の状況を被告人自身の自らの行為に対する認識の点から考えてみても、その行為がVから手による侵害を受けたのに対し、同じく手によってこれを防御したに過ぎず、そのほか前叙の如き右行為の態様、程度、その際の両者の位置、状況などに照らすと、被告人はもとより死の結果の発生を認識したうえでそれでもなお右の所為に及んだというものでは全くなく（本件の訴因も殺人ではなく傷害致死であり）、他方、Vもまた、駅のホームという場所で被告人のコートの襟のあたりを手でつかむ所為に出るときは、これに対して被告人の方からこれを離すため現に被告人によってなされた態様、程度の反撃が返ってくるのを酔余であるとはいえ十分に予測し得る状況にあったとみられるのに、それでもなお被告人に対して右の所為に出ているという事情も存するのであり、事態の推移に対する彼此のこのような認識の状況にも拘らず、それでもなおVの死亡という事態の生じているが故に前示の如く被告人の所為についてこれがやむを得ないもので、かつ相応な態様のものであったということを否定しようとするとき、それならば被告人としては、Vの行為に対し如何なる手立てをとったらよかったのかということにつき、その対処の余地を見出し難い立場に置かれることになる。このことは畢竟、Vの所為に対して被告人自らは同人を離す所為に出るべきではなかったのではないかということになり、或は遡って、それ以前において逃げればよかったではないかなどの前示の論にまたも必然的に遭遇せざるを得なくなるところ、これらが前叙した一連の経過にそぐわず、到底容れられないものであることは先に判示したところに照らして明らかであり、以上によれば、Vが死亡しているの故をもってしても、前示一連の経過の中での被告人の行為にやむを得ざるものであったことを否定し去ったり、或は被告人の行為が防衛の程度を超えていたとするの余地は見出せないものであって、右の論も採ることができない。

然らば、被告人がVを突いた所為は、刑法36条1項にいう急迫不正の侵害に対して自らの身の安全を守るためやむことを得ずに出た所為と認められ、それ故に右所為は処罰されず、本件は罪とならないものである」。

6 自ら招いた正当防衛状況

(1) 自ら招いた正当防衛状況と急迫性

143 東京高判平成8年2月7日判時1568号145頁

【事実の概要】

被告人Xは、平成6年9月19日午前8時20分ころ、JR秋葉原駅の5番線ホームから3・4番線ホームへと通ずる階段の左側部分を下りの表示に従って下って行ったところ、同部分を逆行してきたV（当時23歳）と衝突した。Xは、Vが謝罪しないで立ち去ろうとしたことから、階段を駆け上がって行くVに途中の踊り場で追いつき、左手でVの右上腕を強くつかんだ上、「ちょっと待て、謝れ。」などと言って謝罪を求め、Vがこれに応じないとみるや、「駅長室に行こう。」などと言って同行を求めた。Vは、急に腕を強くつかまれたことに対する反発心に加え、出勤途上で先を急いでいたことや、この程度のことで駅長室へ行く必要はないと感じたことなどから、同行を拒み、「放せ、放せ。」などと言いながら、力を込めて右腕を前後に振り、Xの手を振りほどこうとしたが、Xは、あくまでもVを駅長室へ連行しようとして、Vの右上腕をつかんでいた左手に更に力を加えて引っ張るなどし、放そうとしなかった。Vは、Xがどうしても手を放さないので、これを振りほどくため、平手でXの左右顔面を押すように数回たたいたが、その際、Xの眼鏡が飛び、Xは全治5日間程度を要する顔面打撲の傷害を負った。これに対し、Xは、Vが着用していたポロシャツの右袖口付近をつかんで引っ張り、このためVはその場に転倒し、その際、ポロシャツの襟の後ろ付け根部分が長さ約8センチメートルにわたって破れた。Xは暴行罪で起訴された。

【裁判の経過】

1審：判決年月日不明

【判旨】 破棄自判

本件「のような経緯があった場合、被告人がVを呼び止め、あるいはせいぜい肩に手をかける程度の有形力を行使して謝罪を求め、駅長室への同行を求めるのは、社会通念上許容される範囲内の行為と認めるべきであるが、被告人は、その限度に止まらず、………最初からVの右上腕部を強くつかみ、次いで、………Vが駅長室への同行を明瞭に拒んで被告人の手を振りほどこうとしたにもかかわらず、あくまでもVに非を認めさせるため駅長室へ連行しようとし、同人の右上腕をつかんでいた左手に更に力を加えて引っ張るなどし、放そうとしなかったものである。………Vの非が軽微なものであることも考慮すると、被告人の右行為は、もはや社会通念上許容される範囲内の行為であるとは認められず、暴行罪が成立するものといわざるを得ない。

次に、正当防衛の成否についてみると、Vが………被告人の左右顔面を平手でたたいて反撃したのは、若干行過ぎであるが、これに対し、被告人が………ポロシャツをつかんで引っ張るなどした行為についても、暴行罪が成立するものといわざるを得ない。前記認定の事実経過によれば、被告人がVに対し違法な暴行を開始して継続中、これから逃れるためVが防衛の程度をわずかに超えて素手で反撃したが、被告人が違法な暴行を中止しさえすればVによる反撃が直ちに止むという関係のあったことが明らかである。このような場合には、更に反撃に出なくても被告人が暴行を中止しさえすればVによる反撃は直ちに止むのであるから、被告人がVに新たな暴行を加える行為は、防衛のためやむを得ずにした行為とは認められないばかりでなく、Vによる反撃は、自ら違法に招いたもので通常予想される範囲内にとどまるから、急迫性にも欠けると解するのが相当である。したがって、被告人が………暴行に及んだ行為は、正当防衛に当たらず、また過剰防衛にも当たらないというべきである」。

(2) 自ら招いた正当防衛状況と相当性

144 大阪高判平成12年6月22日判タ1067号276頁

【事実の概要】

被告人Xは、平成10年7月13日午後9時30分ころから、Aが経営する大阪府吹田市所在のパブ甲店内のカウンター席中央の椅子に座って飲酒していた。同店内では、先客のV（当時49歳）がいたが、同人は、同日午後10時過ぎころ一旦同店を出て行き、翌14日午前0時前ころに再び同店に戻って来て、Xの右側にある木製椅子二脚を隔てたカウンター席に座ってビールを飲み始めた。Aは、Vが再度来店する直前に、氏名不詳者から、今から店に行くので、店を開けておいて欲しい旨の電話を受けたことから、右電話をかけたのがVであるかどうか尋ねたところ、Vが「かけた。」「いや、かけていない。」などと答えて、はっきりした返事をしなかった。そこで、Xも、Vに対し電話をかけたか否か尋ねたところ、Vは、前同様に答えた。Xは、かようにVが電話をかけたと言ったかと思えば、またこれを否定するなど、言を左右にしていることや、顎をしゃくり上げるなどしながら話すVの態度を見て、小馬鹿にされたと感じるとともに、いらいらが募って立腹し、「男だったら、はっきりせんかい。」などと大声で言いながら、自己の右隣の椅子を、Vに向けて強く蹴り付け、Aとの間の椅子二脚を倒したが、「酔っているから、相手にせんと帰り。」とのVの勧めに従って帰宅することとし、Vに対する不快感を抱いたまま、同店から出て行こうとして、出入口の方に向かって歩いて行ったが、Xは、店内側出入口付近において、背後から迫って来る人の気配を感じて振り向いたところ、Xの後を追って来たAが、身体をやや前屈みにした体勢で、左手拳を同人の肩の上辺りまで上げてXに向けて力無く突き出し、Xを殴打しようとしているのを認め、こんな奴に殴られてたまるかという思いから、その攻撃を避けるとともに、反撃することを決意するや、身体を右に捻ってVの手拳をかわすとともに、Vの顔面に向けて、左掌を強く突き出してVの顔面に打ち当てる暴行を加え、Vに尻餅をつかせた上、Vを仰向けに転倒させて、その頭部を同店内出入口付近のレンガ製床面などに強く打ち付けさせ、よってVに硬膜血腫を伴う脳挫傷、外傷性クモ膜下出血等の傷害を負わせ、Vを脳挫傷に基づく脳腫脹による脳幹部圧迫により死亡させた。Xは傷害致死罪で起訴された。

【裁判の経緯】

1審：判決年月日不明

【判旨】破棄自判（有罪・傷害致死罪〔過剰防衛〕）

「Vは、身長こそ約177センチメートルあったものの、胃を殆ど摘出していたため、体重が約48.4キログラムしかなかったに対し、被告人は、身長約165センチメートル、体重約87キログラムのがっしりした体格で、柔道５段位を有していて、体格及び攻撃防衛能力の点において、Vをはるかに凌いでおり、しかも、被告人はそのことを十分認識していたと認められる。加えて被告人は、前記のようなAの話し方などからして、また、『（Vは）酔っているから、相手にせんと帰り。』というAの言葉を聞き入れて退店しようとしたのであるから、そのことからしても、事件当時、Vがかなり酩酊していたことを十分認識していたと認められる」。「Aは、やや前屈みの体勢で、左腕を曲げて拳を肩の上辺りに上げ、その拳を力無く前方に突き出してきたのであるから、その攻撃は弱いものであったと認められ、実際、被告人は、身体を捻って、Vが突き出してきた手拳を、耳許をかすめる程度の距離で容易に回避したと認められる」。「甲店内の出入口付近は、………レンガ製の壁面や床面に囲まれた狭隘な場所であって、長身のVが後ろ向きに転倒すれば、壁面や床面に頭部等を打ち付ける危険性が高かったことが認められ、………被告人が本件以前から同店の客であったことをも併せると、被告人が、右のような現場の状況を認識していたことも優に認められる」。

「左掌でAの顔面を狙って突いた際、被告人には、Vの攻撃を避けるというだけではなく、立腹の余りVに対し反撃を加えるという意思もあったと認められる」。「レンガ製の壁面や床面に囲まれた狭隘な場所で、至近距離から、酩酊している相手方の顔面を狙って左掌を強く突き出す行為は、それにより相手方を転倒させ、その頭部等を囲い顔面や床面に打ち付けさせて負傷させる危険性の高い行為であることが明らかであり、しかも、被告人は、前記のとおり、Vに比べ、体格及び攻撃防衛能力において格段に勝っていた上、被告人がVから受けた攻撃は弱いものであったから、これを容易に回避することができたのに、手加減を加えることもなく、同人をかなり強く突き倒したものである。したがって、被告人の右行為は、防衛行為としての相当性を欠いていることが明らかというべきである。なお、本件においては、前記説示のとおり、被告人がすでに退店しようとしていた際に起こった事件であるという特段の経緯、事情があることなどから、急迫性などの正当防衛状況がなかったとまでは断定できないとしても、被告人を殴打しようとしたVの行為が、これより先に被告人がVに向けて椅子を蹴り付けた行為により誘発されたものであることは動かし難い事実であるから、被告人の反撃について、防衛行為としての相当性の有無を判断するに当たっては、本件事案を全体として見た上での保護法益の均衡という視点から、右のような誘発行為の存しない場合に比し、相当性が認められる範囲がより限定されるものと考えられるので、そのことをも勘案すると、右の結論は、より一層肯定されるというべきである」。

(3) 自ら招いた正当防衛状況と「正対不正」の構造

145 最判平成20年5月20日刑集62巻6号1786頁、判時2024号159頁

【事実の概要】

> 被告人Xは、本件当日午後7時30分ころ、勤務を終えて帰宅するため私鉄駅に向かう途中、歩道を歩いていた際、前方に、自転車にまたがったまま歩道上に設置されたごみ集積所にごみを捨てていたV（当時51歳）の姿を見掛け不審に感じ、集積所の瓶用と缶用の容器付近で、Vの様子を凝視した上、ゴミ捨てについて声を掛けたところ、Vが、Xについて付近住民でない者がゴミを捨てると受け止めたことから、両名は言い争いとなった。こうした中、Xは、いきなりVの左頬を右拳で1回殴打し、その直後に走って立ち去ったため、Vは、腹を立て、やられたらやり返すとの気持ちから、「待て」などと声を出して、自転車でXを追い掛け始めた。そして、Vは、上記殴打現場から約26.5メートル先を左折して約60メートル進んだ歩道上で、Xに追い付き、自転車に乗ったまま、プロレスのラリアット技のように右腕を地面と水平に挙げて後方から前に出してXの背中の上部又は首付近を強く殴打したため、Xは前方に倒れ、弾みでVの自転車も倒れた。Xは、まもなく起き上がり、自転車を起こそうとしていたVに向かって行き、つかみ合う恰好になる中で、護身用に携帯していた特殊警棒を衣服から取り出し、Vの顔面や防御しようとした左手を数回殴打する暴行を加え、よって、同人に加療約3週間を要する顔面挫創、左手小指中節骨骨折の傷害を負わせた。このため、Xは傷害罪で起訴された。

【裁判の経過】

1審：東京地八王子支判平成18年7月19日刑集62巻6号1794頁（有罪・傷害罪）

「被告人は、自分が先に手を出して逃走中に殴打されたものであり、被告人自身もVが追いかけてくる可能性を認識していたものと推認されるから、たとえ、本件集積所と本件犯行現場が約90メートル離れていたとしても、全体的にみると、本件は一連の喧嘩闘争というべきである。したがって、原則的に正当防衛の観念を入れる余地はない。そして、Vの攻撃が強烈なものであったとしても、素手での攻撃に過ぎず、これに対し、被告人は、いわゆる武器である特殊警棒を用いているのであるから、この点からも正当防衛を論ずることはできない」。

2審：東京高判平成18年11月29日刑集62巻6号1802頁（破棄自判・有罪）

「被告人は、本件集積所でVとの間で言い争いを起こす中で、Vに対して第1暴行を加え、その直後、走って立ち去ったのであって、被告人からVに対して挑発的な有形力を行使したと認められる。また、Vに暴行を加えた際にはもちろん、走り去る途中でも、Vが被告人の挑発を受けて報復攻撃に出ることを十分予期していたものと推認できる。実際、Vは、被告人から暴行を加えられたため、やられたらやり返すとの思いから、被告人を直ぐさま自転車で追い掛けて行き、約90メートル先で追い付いて、第2暴行を加えており、Vの被告人に対する第2暴行は、被告人がVに対して第1暴行を加えたことによって招いたものといわざるを得ない。加えて、第2暴行は、第1暴行と時間的にも場所的にも接着しており、事態にも継続性があり、第2暴行の内容も、相当強烈であったものの、素手による1回限りの殴打に過ぎず、第1暴行との関係で通常予想される範囲を超えるとまでは言い難いものである。結局、Vによる第2暴行は不正な侵害であるにしても、これが被告人にとって急迫性のある侵害とは認めることはできない。したがって、これに対応した被告人の本件特殊警棒による殴打行為について正当防衛は成立しないといわなければならない」。

【決定要旨】上告棄却

「前記の事実関係によれば、被告人は、Vから攻撃されるに先立ち、Vに対して暴行を加えているのであって、Vの攻撃は、被告人の暴行

に触発された、その直後における近接した場所での一連、一体の事態ということができ、被告人は不正の行為により自ら侵害を招いたものといえるから、Vの攻撃が被告人の前記暴行の程度を大きく超えるものでないなどの本件の事実関係の下においては、被告人の本件傷害行為は、被告人において何らかの反撃行為に出ることが正当とされる状況における行為とはいえないというべきである。そうすると、正当防衛の成立を否定した原判断は、結論において正当である」。

7 過剰防衛

(1) 過剰の判断対象・過剰性の認識

146 最判昭和24年4月5日刑集3巻4号421頁

【事実の概要】

被告人Xは、V（当時74歳）の長男であるが、X方居宅付近には隠居田があり、この田の耕作をXとVのどちらが行うかについて争いが生じていたところ、昭和22年4月15日、Xがこの田を馬耕で掘り起こしていたため、Vは「おれの田にてをつけるな」と言ってXを叱り、Xの耕耘を妨げたりし、両者は口論となった。Xは、Vに胸倉を掴まれるなどしたため、自宅に逃げ帰ったが、VがXを追って勝手居間に入り、棒様のものを手にしてXに打ちかかってきたところ、逃げ場を失ったXは、その場にあった斧を斧とは気づかず何か棒様のものと思い、これを手にして斧の峯および刃でVの頭部を数回殴りつけ、Vを死亡させた。Xは尊属傷害致死罪（旧205条2項）で起訴された。

【裁判の経過】

1審：福島地平支判（年月日不明）

2審：仙台高判（年月日不明）

【決定要旨】上告棄却

「原審は斧とは気付かず棒様のものと思ったと認定しただけでたゞの木の棒と思ったと認定したのではない、斧はたゞの木の棒とは比べものにならない重量の有るものだからいくら昂奮して居たからといってもこれを手に持って殴打する為め振り上げればそれ相応の重量は手に感じる筈である、当時74歳（原審認定）の老父（原審は被害者が実父Vであることの認識があったと認定して居るのである）が棒を持って打ってかゝつて来たのに対し斧だけの重量のある棒様のもので頭部を原審認定の様に乱打した事実はたとえ斧とは気付かなかったとしてもこれを以て過剰防衛と認めることは違法とはいえない」。

【参考文献】

小田直樹・百選Ⅰ〔第5版〕52頁、橋田久・百選Ⅰ〔第6版〕56頁

(2) 相当性の判断対象

147 最判昭和34年2月5日刑集13巻1号1頁

【事実の概要】

被告人Xは、昭和31年10月31日夜、V（当時41年）等と共に飲酒していたが、Vは、かねがね酒癖が悪く、同夜8時頃にはA方おいてBと口論の末、唐鍬でBの肩をなぐり、Aや騒ぎを聞きつけ同所に来たXらに仲裁されたが、なおもBの家へ殴り込みに行くと称してでかけたのでAに引止められたところ、Vは、Aに所持していた棒でなぐりかかったが、Aから数回なぐりかえされたため、余憤やる方なく、同夜8時40分頃、自宅より屋根鋏をもち出し「誰も居ねえのか、野郎殺しちゃうから」等と怒鳴りながらX方庭先を通ってA

方に赴き、更に引返してX方土間に入ったが、Xは姿を隠していたためVには見つからず、Vは誰の姿も見えなかったのでX方を立ち去った。Vの動静をひそかに見守っていたXは、もはやVは自宅の方へ帰ったものと思い、X方奥八畳間に恐怖の余りふるえていた同人の母D等を安心させようと「Vちゃんはもう来ねいよ、大したことねえから大丈夫だ」と告げたところ、これを戸外で聞きつけたVは再びX方に戻るなり、土間に侵入してXに対し「大したことねえちゃ何だ、この野郎、表に出ろ」と怒鳴りつけ、Xの左手を掴んで土間入口まで引きずり、出入口付近に置いてあった屋根鋏を両手に持ちXに立ち向かい、刃先をXの首近く突きつけ2、3回チョキチョキと音を立てて鋏を開閉しながら「この野郎殺してしまうぞ」と申し向けて威嚇しつつ土間の一隅に追い詰めたので、Xはじりじりと後退するうちつまづいてよろめき右手が付近の腰掛の上にあった鉈に触ったので、このままではVに殺されてしまうと考え自己の生命身体に対する危険を除排するため、とっさにその鉈を右手に掴み左手で目前の屋根鋏を払いのけ、鉈でVの左頭部辺をめがけ斬りつけて一撃を加え、ついでよろけながら屋根鋏を落したVの同部を追い討ちに殴りつけ、その場にVを横倒しにさせ、さらに鉈を振って、Vの頭部、腕等を3、4回斬りつけ、よってVを頭部切創による左大脳損傷により即死させた。Xは殺人罪で起訴された。

【裁判の経過】

1審：水戸地土浦支判昭和32年7月1日刑集13巻1号12頁（無罪）

「被告人のＶ殺害の事情が右に認定した通りであるから、従って右Ｖが横転する迄の被告人の反撃行為は、Ｖの急迫不正の侵害に対し自己の生命身体を防衛するため已むなく行ったものであって、刑法第36条第１項にいわゆる正当防衛行為と解するを相当とすべく、又Ｖが横転した後の被告人の追撃行為は、自己の生命身体に対する同項にいわゆる急迫不正の侵害乃至は盗犯等ノ防止及処分ニ関スル法律第１条に所謂現在の危険が既に去った後に於て行われたものと認むべきものではあるが、右は、兇器たる屋根鋏を携え夜間故なく被告人方住居に侵入したＶの不法行為とこれに基因した異常の出来事により甚しく恐怖、驚愕、興奮且つ狼狽した余り、既に危険が去ったことの認識を欠き、その現場に於て、前記正当防衛行為に引続き一瞬のうちに継続した防衛の為の追撃行為であって、これは同時に不法侵入者たるＶを排斥せんとする行為に外ならないから前記法条第２項第１項第３号に該当する行為と解するを相当とする」。

2審：東京高判昭和33年2月24日刑集13巻1号15頁（破棄自判・有罪・殺人罪）

「そもそも、同一の機会における同一人の所為を可分し、趣旨を異にする二つの法律を別々に適用するがごときことは、立法の目的に副わない措置であって、とうてい許されない所である。被告人はＶの急迫不正の侵害に対し、自己の生命身体を防衛するため、鉈をもって反撃的態度に出たのであるが、最初の一撃によって同人が横転し、そのため同人の被告人に対する侵害的態勢が崩れ去ったわけであるのに、被告人は異常の出来事により、甚だしく恐怖、驚愕、興奮且つ狼狽したあまりとはいえ、引きつづき３、４回に亘り追撃的行為に出たのであるから、被告人のこの一連の行為は、それ自体が全体として、その際の情況に照らして、刑法第３６条第１項にいわゆる『已ムコトヲ得ザルニ出デタル行為』とはいえないのであって、これは却って同法条第２項にいわゆる『防衛ノ程度ヲ超エタル行為』に該るものといわなくてはならない。果して然りとするならば、被告人に対しては無罪の言渡をすべき筋合ではない」。

【決定要旨】〈上告棄却〉

「原審の是認した第一審の認定にかかる被告人の本件一連の行為は、それ自体が全体として、その際の情況に照らして、刑法36条１項にいわゆる『已ムコトヲ得サルニ出テタル行為』とはいえないのであって、却って同条２項にいわゆる『防衛ノ程度ヲ超エタル行為』に該るとして、これを有罪とした原審の判断は正当である」。

【参考文献】

寺尾正二・最判解刑事篇昭和34年度１頁

(3) 質的過剰と過剰防衛

最決平成４年６月５日刑集46巻４号245頁、判時1428号144頁、判タ792号88頁
⇒第6章第２節 11 (1) 278 事件

(4) 相当性の判断対象

148 東京高判平成６年５月31日判時1534号141頁

【事実の概要】

被告人Xは、次男Vと同居していた、。Vは、昭和56年頃からXのもとに身を寄せ、Xの年金を当てにして無為徒食し、酒浸りの生活を送っていたが、粗暴であるうえ酒癖が甚だ悪く、日頃飲酒してはXに対し殴る、蹴るなどの暴行を振っていた。

Vは、本件当日昼頃から水割りにした焼酎を飲み始め、それがなくなるとXに一升瓶入りの焼酎を買って来させ、更に、焼酎を飲み続けていた。午後４時過ぎ頃、Xは、X方の茶の間において、こたつに入りテレビを見ており、Vも同じこたつに入ってXの斜め右に座り飲酒していたところ、酔っ払ったVは、Xに対し、「おやじ、なに突張っているんだ。」などと絡み始め、飲みかけの焼酎をXの顔にかけ、「てめえなんか殴り殺せるんだぞ。」などと怒鳴り、Xの右顔面を手拳で殴打するなどした。そこで、XがVの手が届かない対面する位置に移ると、Vは、ガラス製灰皿をXに向けて投げつけてきたが、右灰皿はXの身体には当たらず、後方のガラス窓に当たって一枚ガラスの一部が割れた。XはVの暴行から逃れるため、Vの右脇を通り抜け茶の間に続く廊下から家の外に出ようとしたが、VはXを追いかけてきて、右廊下において、Xの腰付近を掴み、Xと揉み合い両名は隣の八畳の座敷にもつれ込んだ。右座敷においてXとVが、互いに襟首を掴んだ状態でいるとき、XはVから、「じいさん、先が短いのだから俺が殺してやる。」などと言われ、咄嗟に同人の左くるぶし付近を右足で蹴って足払いをかけ同人を転倒させた。Xは、右のようにしてVを転倒させた後、俯せの状態になったV背中に馬乗りになり、Vの背後からその前頸部に自己の右腕を回し、自分の右頬部をVの左頭部に押しつけ、左手で相手の首に回した右腕を掴み自分の方に引きつけながら、殺意をもって、両腕に力を込めてVの頸部を締め続けた。その間、VもXの左手の甲を引っ掻いて傷を負わせたり、両足をばたばた動かしたりしていたものの、その頃、同所において、頸部圧迫により窒息死させた。Xは殺人罪で起訴された。

【裁判の経過】

１審：千葉地判（年月日不明）

【判旨】破棄自判

「原判示の鑑定書によれば、Vの当時の血中アルコール濃度は血液１ミリリットル中に2.7ミリグラムでその数値からみても、同人は、当時多量のアルコールを摂取していたことが明らかであり、当時既に64歳の被告人において、壮年のVと互いに襟首を掴んで相対峙いていた状態で、同人に足払いをかけ容易に同人を転倒させることができたことなどを考えると、本件の際、Vの運動能力は、飲酒の影響により、かなりの程度低下していたことは否定し得ないところである」。

「しかしながら、………Vは、被告人から馬乗りになられる直前の段階まで、被告人に対し、前記茶の間において、被告人に対し、飲みかけの焼酎を顔にかけ、ガラス製灰皿を投げつけ、顔面を殴打するなど一方的な暴行を加え、更に茶の間から廊下へ逃れた被告人の後を追い、廊下において被告人の腰付近を掴んで被告人と揉み合い、両者が右廊下続きの座敷にもつれ込んだ後も被告人の襟首を掴んで、脅し文句であるにせよ、被告人に対し、「殺してやる。」などという言辞を述べるなど攻撃的な行動に出ているのであり、当時Vの運動能力がかなり低下していたとしても、なお、Vは右時点まで相当の攻撃能力を有していたと推認されるところである。そして、Vが被告人に馬乗りになられた段階で、にわかにその直前まで有していた運動能力を失ったとは認めがたく、現に、同人は、苦し紛れの行動と解する余地が大きいにせよ、その段階においても、前記のように、被告人の左手の甲を引っ掻いて傷を負わせたり、両足をばたばた動かしたりしていたのであるから、それなりの攻撃能力を保持していたと推認するのが、むしろ合理的であり、右段階において、被告人がVに対し、その背後から馬乗りになるという優位な体勢にあったとしても、被告人においてVの攻撃を完全に制圧していたとまでは断じがたい」。

「そして、そもそも本件が、Vの一方的な暴行に端を発したものであること、同人は常々飲酒して被告人に暴力を振るっていたもので粗暴な性癖を有すること、被告人が背後からVに馬乗りになった以降においても、同人の日頃の粗暴癖から考えて、その行動が自由になれば、同人において、被告人から反撃されたことに激昂して、被告人に対し更に強力な攻撃を加える危惧がなかったとはいえないこと」、本件の「経過は、短時間のうちに生じた一連の出来事であり、本件において、被告人がV馬乗りになった………段階の行為のみをその直前のものと分断して考察するのは必ずしも適切とは思われないことなどを考えると、被告人が、Vを転倒させ背後から馬乗りになった後においても、Vの被告人に対する急迫不正の侵害が終了したと速断することはできない」。

「したがって、被告人が、V馬乗りになった段階においても、同人による被告人の身体に対する侵害の急迫性が存続していたものと認めるのが相当である。

「被告人は、本件に及んだときの自己の気持ちについて、『Vとの生活にはもうくたびれてしまった。もうこりごりだ。自分を親とも思わないようなできの悪い息子はもう許すことができないので、今日こそ、この機会に、Vの首を締めて殺してやろう、と思った。』………などと述べており、その他の関係証拠をも合わせると、被告人は、本件の際、Vから前記のような攻撃を受けたことに加え、日頃Vから殴る蹴るの暴行を受けていたことに対する憤激の念に駆られて、この機会にVを殺してしまおうという気持ちを抱いていたことが認められるけれども、前に述べたように、Vは被告人から馬乗りになられた後も、その行動が自由になれば、被告人を攻撃する危惧がなかったとはいえず、被告人も前記のようにVに対する怒りの気持ちについて供述するとともに、『(Vを)締めなければこちらが締められてしまうと思った。』(被告人の公判供述)、『(Vを)離せば自分がやられてしまうと思い、無我夢中で10分位圧迫していたように感じた』(被告人の平成5年2月25日付員面調書)『首を締め始めた以上、途中でやめると今度は自分が殺されるとと思い…』(被告人の平成5年3月1日付、同月6日付検面調書等)などと述べ、Vの攻撃から身を守るために、同人の頸部を締めるなどの行動に及んだ旨供述しているのであって、被告人の右供述は、そこに至る経緯に照らしても格別不自然ではなく首肯することができるものであるから、被告人がVの頸部を締めた段階においても、被告人は、Vに対する憤激の念からこの機会に同人を殺害してしまおうという気持ちとともに、Vから、更に、手酷い暴行を加えられることを恐れ、これから自己の身体を防衛する意思をも合わせ有していたものと合理的に推認することができる。

したがって、被告人の本件行為は、Vの急迫不正の侵害に対し、被告人が自己の身体を防衛する意思をもってした行為であるという一面を有することを否定し去ることはできないというべきである。

しかしながら、被告人がVに馬乗りになった以後の段階においては、少なくとも同人は、被告人に対し、その手を引っ掻いて受傷させるなどしたものの、右は頸部を締められたVの苦し紛れの行動と解する余地が大きく、同人による積極的で強力な加害行為はなされておらず、被告人とVとの体勢からいっても、同人が被告人に対し、強力な侵害行為に及ぶことは困難な状況にあったことが明らかであり(被告人は公判においては、Vに馬乗りになった後も、同人から2、3回振り落とされて揉み合ったと述べるけれども、被告人の右公判供述は関係証拠に照らし信用することができない。)、被告人は、右当時、防衛の意思を併有していたとはいえ、同時にこの機会にVを殺害しようという意思を抱き、前記のように、Vの背後からその前頸部に自己の右腕を回し、自分の左頬部をVの左頭部に押しつけてVが首を動かすことができないように固定し、左手で相手の首に回した右腕を掴み自分の方に引きつけながら、両腕に力を込めて頸部を締め続けて同人を扼殺したもので、右のような被告人の行為が全体として著しく相当性を欠くものであることは明らかであり、これが防衛の程度を著しく超えたものであることに疑いはなく、被告人の行為は過剰防衛に当たるというべきである」。

(5) 防衛の意思と量的過剰

149 最決平成20年6月25日刑集62巻6号1859頁、判時2009号149頁

【事実の概要】

被告人X（当時64歳）は、本件当日、「甲プラザ」の屋外喫煙所の外階段下で喫煙し、屋内に戻ろうとしたところ、V（当時76歳）が、その知人であるA及びBと一緒におり、Vは、「ちょっと待て。話がある。」とXに呼び掛けた。Xは、以前にもVから因縁を付けられて暴行を加えられたことがあり、今回も因縁を付けられて殴られるのではないかと考えたものの、Vの呼び掛けに応じて、共に上記屋外喫煙所の外階段西側へ移動した。Xは、同所において、Vからいきなり殴り掛かられ、これをかわしたものの、腰付近を持たれて付近のフェンスまで押し込まれた。Vは、更にXを自己の体とフェンスとの間に挟むようにして両手でフェンスをつかみ、Xをフェンスに押し付けながら、ひざや足で数回けったため、XもVの体を抱えながら足を絡めたり、けり返したりした。そのころ、二人がもみ合っている現場にA及びBが近付くなどしたため、Xは、1対3の関係にならないように、Aらに対し「おれはやくざだ。」などと述べて威嚇した。そして、Xをフェンスに押さえ付けていたVを離すようにしながら、その顔面を1回殴打した。すると、Vは、その場にあったアルミ製灰皿（直径19cm、高さ60cmの円柱形をしたもの）を持ち上げ、Xに向けて投げ付けた。Xは、投げ付けられた同灰皿を避けながら、同灰皿を投げ付けた反動で体勢を崩したVの顔面を右手で殴打すると、Vは、頭部から落ちるように転倒して、後頭部をタイルの敷き詰められた地面に打ち付け、仰向けに倒れたまま意識を失ったように動かなくなった。Xは、憤激の余り、意識を失ったように動かなくなって仰向けに倒れているVに対し、その状況を十分に認識しながら、「おれを甘く見ているな。おれに勝てるつもりでいるのか。」などと言い、その腹部等を足げにしたり、足で踏み付けたりし、さらに、腹部にひざをぶつけるなどの暴行を加えたが、Vは、第2暴行により、肋骨骨折、脾臓挫滅、腸間膜挫滅等の傷害を負った。Vは、甲プラザから付近の病院へ救急車で搬送されたものの、6時間余り後に、頭部打撲による頭蓋骨骨折に伴うクモ膜下出血によって死亡したが、この死因となる傷害は第1暴行によって生じたものであった。Xは傷害致死罪で起訴された。

【裁判の経過】

1審：静岡地沼津支判平成19年8月7日刑集62巻6号1866頁（有罪・傷害致死罪）

「被告人の行為は、当初は急迫不正の侵害に対して防衛の意思をもってした正当防衛の性質を有するものとして始まったものの、Vが転倒した以降は、急迫不正の侵害が終了し、被告人においても専ら加害の意思で足蹴り等の暴行を加えており、この段階に至っては、正当防衛ないし過剰防衛の成立する基盤はなくなっていたというべきである。

そこで検討するに、被告人の上記各行為は、さほどの時間的間隔をおかない同一機会に、同一場所において、同一の被害者に対し、灰皿を投げ付けられたことなどに起因する同根の暴行の故意に基づき、数分間という短時間で連続的に行われたのであって、急迫不正の侵害に対する反撃行為に比して、その侵害が去った後の暴行行為が質的・量的に著しく変化したり、死の結果発生への寄与度が高いなどの事情が認められない限り、上記各行為を分断せずに一体のものとして評価することが自然である。

そこで、そのような事情の有無についてみると、本件においては、前記認定のとおり、Vが転倒する前の殴打行為と、転倒した後の足蹴り等の行為は、質的・量的に著しい変化があるわけでもなく、また、Vは、被告人が灰皿を投げ付けられた直後の殴打により、後方へ転倒して頭部を地面に打ち付けており、それにより頭蓋骨骨折による外傷性クモ膜下出血が生じ、他方で、Vが転倒した後の被告人による腹部等への足蹴り等の行為により、肋骨骨折、脾臓挫滅及び腸間膜挫滅等の傷害が生じており、腹部損傷の程度も高度で死の危険を生じさせるものでは

あるが、Vの直接の死因は頭部打撲による外傷性クモ膜下出血と認められることから、Vが転倒する直前の被告人の殴打行為の方が、その後の足蹴り等の行為よりも、Vの死の結果発生への寄与度が高いことが認められる。

そうすると、Vの転倒直前の被告人の殴打行為と、Vの転倒直後の足蹴り等の行為は、分断して評価せずにVの侵害に対する一連の反撃行為とみることが自然であり、これらの行為を全体的に観察して正当防衛ないし過剰防衛の成否を判断するのが相当である。

そして、本件においては、Vの転倒前に殴打した行為については、前記のとおり正当防衛が成立する状況下にあったが、Vの転倒後に引き続いてなされた足蹴り等の暴行は、無抵抗のVに対して執拗に加えられたもので、脾臓挫滅等の高度な傷害を負わせており、被告人による反撃行為全体をみると、防衛に必要な程度を逸脱し、防衛手段としての相当性を欠くものというべきである。

したがって、被告人の行為については、全体として１個の過剰防衛が成立する。」

２審：東京高判平成19年12月25日刑集62巻6号1879頁（破棄自判・傷害罪）

「第１の暴行と第２の暴行は、時間的、場所的には連続しているものの、第２の暴行の際には、外観上、侵害が終了していることが明らかであり、被告人もそれを認識した上、攻撃の意思のみに基づいて第２の暴行に及んでいる。第１の暴行と第２の暴行は、被害者からの侵害の継続性及び被告人の防衛の意思という点において、明らかに性質を異にし、その間に断絶があるというべきであって、急迫不正の侵害に対して反撃を継続するうちに、その反撃が量的に過剰になったものとは認められない。一般的に侵害現在時及び侵害終了後の一連の行為を全体として考察し、防衛行為としての相当性を検討するべきである、といわれているが、本件のような場合においては、第１の暴行と第２の暴行を一体のものとして全体として考察する基礎を欠いているというべきであり、第１の暴行と第２の暴行を分けてその点を検討するべきである。そして、死亡の結果は、正当防衛の範囲にとどまっている第１の暴行によって生じたものである。

そうなると、第１の暴行については、正当防衛が成立するのに対し、第２の暴行については、正当防衛ないし過剰防衛が成立する余地はない。なお、死亡の結果は第１の暴行によって生じたものであって、第２の暴行は被害者の死の結果への因果関係がないのであるから、被告人は、第２の暴行によって生じた傷害の限度で責任を負うというべきである。

原判決は、第２の暴行については、その時点で被害者からの侵害は既に終了しているとするとともに、被告人に防衛の意思は認められないとし、その段階では、正当防衛ないし過剰防衛の成立する基盤はなくなっているとしながら、第１の暴行と第２の暴行を一体のものとして評価するべきであるとして、全体について過剰防衛による傷害致死罪の成立を認めているが、この判断は是認することができない」。

【決定要旨】上告棄却

「所論は、第１暴行と第２暴行は、分断せず一体のものとして評価すべきであって、前者について正当防衛が成立する以上、全体につき正当防衛を認めて無罪とすべきであるなどと主張する。

しかしながら、前記の事実関係の下では、第１暴行により転倒したＡが、被告人に対し更なる侵害行為に出る可能性はなかったのであり、被告人は、そのことを認識した上で、専ら攻撃の意思に基づいて第２暴行に及んでいるのであるから、第２暴行が正当防衛の要件を満たさないことは明らかである。そして、両暴行は、時間的、場所的には連続しているものの、Ｖによる侵害の継続性及び被告人の防衛の意思の有無という点で、明らかに性質を異にし、被告人が前記発言をした上で抵抗不能の状態にあるＡに対して相当に激しい態様の第２暴行に及んでいることにもかんがみると、その間には断絶があるというべきであって、急迫不正の侵害に対して反撃を継続するうちに、その反撃が量的に過剰になったものとは認められない。そうすると、両暴行を全体的に考察して、１個の過剰防衛の成立を認めるのは相当でなく、正当防衛に当たる第１暴行については、罪に問うことはできないが、第２暴行については、正当防衛はもとより過剰防衛を論ずる余地もないのであって、これによりＶに負わせた傷害につき、被告人は傷害罪の責任を負うというべきである。以上と同旨の原判断は正当である」。

【参考文献】

松田俊哉・最判解刑事篇平成20年度488頁。

(6) 量的過剰防衛

150 最決平成21年２月24日刑集63巻２号１頁、判時2035号160頁

【事実の概要】

被告人Xは、本件当時、覚せい剤取締法違反の罪で起訴され、大阪拘置所に勾留されていた者であるが、大阪拘置所第２舎２階203室において、同房者のVが共同で購入した石けんを使ってタオルを洗っていたことに対して、石けんの使用を控えるように言ったところ、Vが反論し、口論となった。Xが、Vに対して、「お前、この部屋から出て行けや」などと言ったところ、Vが、室内に置かれていた長机をXに向けて押し倒してきたため、Xは、その長机を腰付近まで上げた左足と両手で受け止め、これをVに向けて押し返し（以下、「第１暴行」という。)、Vは同机に当たって押し倒され、居室南側の腰高窓下の壁に上半身をもたれ、下半身付近に同机が覆い被さる状態になった。さらに、Xはそのような状態のVに向かっていき、中腰でまたがって、Vの顔面を手けんで数回殴打した（以下「第２暴行」という。)。Vは、加療約3週間を要する左中指腱断裂及び左中指挫創の傷害を負ったが、これは、Xの第１暴行により、長机が左手に当たったことから生じた傷害であった。Xは傷害罪で起訴された。

【裁判の経過】

１審：大阪地判平成20年６月16日刑集63巻２号８頁（有罪・傷害罪）

「Ｖが被告人に向けて長机をひっくり返すという行為をした以上に、さらに被告人に暴行を加える可能性は、相当低かった。にもかかわらず、被告人は、Ｖの様子を確認することもなく、Ｖに対し、長机を押し当てる暴行に及んだ上、Ｖに馬乗りになって暴行を加えているのである。

そうすると、被告人が暴行に及んだ際には、既にＶの行為は終わっており、さらに被告人の身体に対する急迫した侵害があったとは認め難いところである。また、被告人は、すぐさま長机で反撃行為に及び、引き続き暴行を振るっていることからすれば、Ｖの行った『かかって来いや』と言い長机を倒すという挑発的言動に応じて、攻撃に出たものであること、すなわち、もっぱら攻撃の意図で判示行為に及んだものと推認され、防衛の意思を欠いている。被告人は、Ｖに殺されるんじゃないかと思ったと供述するが、そうした危険性のある状況はなかったのは前記のとおりであって、信用することはできない。

よって、正当防衛は成立しないというべきである」る。

２審：大阪高判平成20年10月14日刑集63巻２号15頁（破棄自判・傷害罪）

「被告人とＶは、Ｖのせっけんの使用方法を巡り言い争いになり、被告人がＶに『お前、この部屋から出て行けや。』などと相当強い言葉を言ったことはあるが、この段階ではいまだ口げんかにすぎないものであるし、被告人においてＶが暴行に及ぶよう挑発したものとも認められない。しかるに、Ｖは被告人に対し、『やるんか、こらー、かかって来いや。』などと言いながら、被告人に向けて本件机を持ち上げ、ひっくり返すように押し倒し、現に被告人の左足に当たったと認められるから、この行為が被告人に対する急迫不正の侵害に当たることは明らかである」。「確かに、Ｖは、第１暴行により本件机の脚部がその左手に当たり、そのまま本件机に押し倒され、居室南側の腰高窓下の壁に上半身をもたれ、下半身付近に本件机が覆い被さる状態になっており、このような状態からＶが被告人に反撃するのはやや困難であって、実際にも被告人に対し全く反撃をしていないにもかかわらず、被告人はそのような状態のＶに向かっていき、中腰でまたがって、手けんでその顔面を数回殴打して、第２暴行に及んだことが認められる。しかしながら、Ｖは、本件机を被告人に向けて押し倒すというそれなりに強度の暴行を先に行ったのであるから、Ｖが第1暴行によって本件机に押し倒されて上記のような状態になったことから直ちに被告人に対する攻撃意思を失ったとはいえないし、被告人による第２暴行がなければ、間もなく態勢を立て直して再度の攻撃に、及ぶことも客観的に可能であったと認められる。したがって、第２暴行の時点においても、Ｖの急迫不正の侵害が終了したとは認められない」。

「被告人は、Ｖが本件机を自分に向けて押し

倒したことに対し、立腹して反撃に出た一面があるが、上記のとおり、Ｖの被告人に対する急迫不正の侵害は終了しておらず、本件各暴行はこれに対する反撃としてＶになされたものであって、被告人がかねてからＶに対し憎悪の念を持ち、攻撃を受けたのに乗じて積極的な加害行為に出たなどの特別な事情も認められないから、本件各暴行はいずれも防衛の意思を持ってなされたと認めるのが相当である」。

「第１暴行は、Ａが『勢いよく押し返した』と供述していることに照らせば、相当な強さをもってなされたことは否定できないものの、その基本的な態様は、Ｖが本件机を自分に向けて押し倒したのに対し、これを受け止めて、Ｖに向けて単に押し返すにとどまっているから、それ自体として見れば、急迫不正の侵害に対する防衛手段として相当性が認められる。しかしながら、Ｖによる暴行は、本件机の押し倒し１回にとどまっており、決して執ようなものではなく、その後は第１暴行により押し倒されて、反撃がやや困難な状態に陥っているのであり、第２暴行の時点ではＶによる侵害はさほど切迫した状態にあったとはいえないのに、被告人は、攻撃に有利な体勢から、ある程度暴行を継続する意思の下に、一方的に第2暴行に及んでいるのであって、この時点では防衛手段としての相当性の範囲を逸脱したものであることは明らかである」。

「なお、第１暴行と第２暴行は、Ｖによる急迫不正の侵害に対し、時間的・場所的に接着してなされた一連一体の行為であるから、正当防衛に当たるか過剰防衛に当たるかについては全体として判断すべきであって、それぞれ分断して評価すべきではない。そうすると、本件各暴行は、全体として防衛のためにやむを得ない程度を超えたものであったといわざるを得ないから、これを１個の過剰防衛行為として評価すべきである」。

【決定要旨】上告棄却

「所被告人が被害者に対して加えた暴行は、急迫不正の侵害に対する一連一体のものであり、同一の防衛の意思に基づく１個の行為と認めることができるから、全体的に考察して１個の過剰防衛としての傷害罪の成立を認めるのが相当であり、所論指摘の点は、有利な情状として考慮すれば足りるというべきである。以上と同旨の原判断は正当である」。

【参考文献】

深町晋也・重判解平成21年度177頁

8　誤想防衛

151 盛岡地一関支判昭和36年３月15日下刑集３巻３＝４号252頁、判時254号35頁

【事実の概要】

被告人Xは、２階建長屋の階下に妻Aと居住していたが、その階上にはV（当時28歳）がその母Bと住んでいた。Vは酒癖が悪く、泥酔して理由もないのに近隣の家に暴れこむこともしばしばあり、以前にはX方に短刀を携えて入り込み、理由もなくXにこれを突きつけて脅迫したことがあった。

本件当日、XはAと共に就寝したが、泥酔して帰宅したVが２階の居間で茶碗を投げつけたりして暴れている物音に目を覚ましたところ、間もなくVその居室に通ずる階段とX方の台所を仕切っている羽目板を壊す音がしたので、Aと共に慌てて起き上がり、玄関から外へ逃れようとした。しかし、時既に遅く、Vは何等理由もないのに厚さ1.2センチメートルの右羽目板を破壊したうえ、そこからX方居室に侵入し、鉄製の火挟みを構え、「野郎」などと怒鳴りながらXに追いついてきたため、Xはやむなく部屋の出入口付近でVと向き合うに至った。そしてXはVに対しおとなしく帰るように言いきかせたが、Vがこれをきき入れず前示火挟みを突きつけて立ち向かってきたので、Xとしては、Vが前回同様短刀を持って来たものと考え、自己及び妻Aの生命、身体を防衛するためVを取り押さえるべく、咄嗟にVの手首を掴み、足払いをかけて転倒させ、自らも横になってVの背後から両腕をVの両腋下に入れてその両腕をかかえこみ、いわゆる羽交い絞めの体勢をとった。ところがVはなおも身体をそらせ、手足を激しく動かしてXを突いたり蹴ったりしようとして乱暴を働くので、Xは妻Aに命じてVの両腕を腰紐で縛らせたうえ、Aをしてその

左腕を、又心配して駆けつけたVの母Bをしてその右腕をそれぞれ押さえさせ、隣家のDを呼んで警察官に通報方を依頼した。その後Xは抱きかかえていた腕の力を少しゆるめたところ、いきなりVから両手の第２指、第３指を逆にとられてひどく痛めつけられたので、年齢、体格共に劣るXとして、この程度の押え方では到底Vを警察官の到着するまで制止しておくことはできないと考え、両足でVの胴を締め、且つ右腕をVの背後からその頸部にまわし、左手で自己の右腕をひいてVの頸部を絞める体勢をとった。そして妻Aの注意もあってあまり強く絞めすぎないように気を配ってはいたものの、腕の力をゆるめるとVが暴れ出すので、警察官が到着するまでの十数分間、腕の力をゆるめたり入れたり数回くりかえしているうち、しらずしらず誤ってこれを強く絞め過ぎたため、Vを頸部圧迫による窒息のため死亡させるに至った。しかしXは勿論のこと、妻A、Vの母BもVの死亡に全く気付かず、警察官が到着してXらの手を離させた結果、初めてこれがわかったのであった。Xは傷害致死罪で起訴された。

【判旨】

「本件は被告人が夜間羽目板を破壊して暴れ込んで来たVから、自己及び妻Aの生命、身体を防衛するため、同女及びVの母Ｂと共々同人を取り押さえているうちに惹起されたものであって、前示のようなVの乱暴ぶりとその平素の行動からすれば、被告人が同人を取り押さえるために足払いをかけてこれを転倒させたうえ羽交い絞めにし、なおも押さえきれずに右腕を同人の頸部にまわし、死に致さない程度に絞めた行為までは、正に防衛のための相当な行為であると認め得る。そしてその後被告人がVを死に致す程度まで強くその頸部を扼し、その結果同人を死亡させたことは前認定のとおりである。そこで右の行為に関する被告人の認識についてみるに、前掲各証拠からすれば、被告人は防衛に相当な行為、即ちＶを死に致さない程度にその頸部を扼する行為をするつもりでいたものであって、そのためによもやＡの死を来すようなことはないだろうと考えていたことが認められ、死に致す程度まで強く絞めることについての認識を有していたと認むべき証拠はない。従って被告人には右の行為につき暴行又は傷害の犯意が存しなかったものといわざるを得ず、結局被告人に対し傷害致死の刑責を負わせることはできないのである。検察官は被告人の所為をもって、過剰防衛行為とみるべきものと主張する。結果犯たる傷害致死罪についても、過剰防衛を認め得ることはいうまでもないが、ただ結果犯においては行為者に結果の認識がないことは勿論であるから、行為の過剰性は結果自体からのみではなく、結果を齎らした行為についても論じなければならない。而して結果に対する故意責任を問うためには、それを齎らした過剰と目される行為について行為者の認識、即ち故意を必要する。本件において被告人がＶの頸部を扼したことを直ちに過剰即ち違法といえないことは前示のとおりであり、本件で過剰と目すべき行為は被告人がＶの頸部を扼しているうち、たまたま死に致す程度まで強く絞めたことにある。従って前示のように被告人がこの点についての認識を欠いていたと認めべき以上、検察官の所論は失当である。被告人は防衛のため相当な行為をするつもりで誤ってその程度を超えたものであって、いわゆる防衛行為の誤認に外ならず、急迫不正の侵害事実についての誤認と同様に、講学上は誤想防衛の一場合として論ぜられるところのものである。従って被告人に防衛の程度を超えて死の結果を齎らしたことについての過失責任を問うことは格別、これをもって結果に対する故意責任を問うことはできない」。

9 誤想過剰防衛

(1) 誤想過剰防衛①

152 最決昭和41年7月7日刑集20巻6号554頁、判時456号83頁、判タ195号110頁

【事実の概要】

被告人Xは、昭和36年9月1日午後9時過頃、長男Aが、傷害致死、傷害、恐喝等の前科を有しかねてより無法者との噂のあるVから呼出を受けて出掛けて行ったのを知り、直ぐ警察に連絡して保護を求めた結果、Aは、間もなく警察官の保護を受けて帰宅したものの、同日午後10時頃、今度はVからXに対して呼び出しの電話があり、Xは、Vの言動に憤慨してVとの間で激しい言葉のやりとりをした末、Vに対し「用事があるならお前の方から出て来い。」と言ったところ、Vから出て行くから待っておれとの返事を受けたため、場合によってはVから危害を加えられることになるかもしれないと考え、そのような場合にはVの侵害を排除するため、Xの所有している猟銃を使用する心積りにして自宅で待機していた。すると、同日午後10時20分頃、Vが野菜庖丁を携帯し、自転車でX方主屋西側の自動車々庫前の道路上に進行してきたので、屋外で様子を見に出ていたAは、Vに対し機先を制して所携の自転車チェンでVを2、3回殴りつけて攻撃したが、Vから追いつめられて悲鳴をあげたので、それを聞いたXは、直ぐ床の間に置いていた猟銃を手にして表道路に飛び出したところ、約5.35メートル前方で、Vが庖丁を擬しながらAと対峙しているのを認めたので、Vに向かって所携の猟銃を発砲して、散弾10発をVの前頸部に命中させ、よってVに対し前頸部貫通銃創、右前胸部左側胸部右季肋部、背部打撲擦過傷等通院加療約1ケ月を要する傷害を負わせた。Xは傷害罪で起訴された。

【裁判の経過】

1審:宮崎地都城支判昭和37年3月28日刑集20巻6号560頁(有罪・傷害罪、銃砲刀剣類等所持取締法違反)

「一連の行為はその全般を仔細に観察すれば、被告人並びに長男Aが共同してVに当った一種の喧嘩闘争であって、全体として法律秩序に反するものと思料されるので、その攻防行為の瞬間的な部分をとらえて正当防衛の行為と目することは当を得ないところであるから、刑法第36条第1項にいわゆる急迫不正の侵害に対して止むを得ずなした正当防衛とはいい得ないことになる」。「屋外における被告人の攻撃的態度及び意思、並びに行為の場所的状況等に照らして、被告人の右発砲行為は、未だ盗犯等ノ防止及処分ニ関スル法律第1条第1項第2号若くは同条第2項に該当するものとは到底認めることができない」。

2審:福岡高宮崎支判昭和40年6月22日刑集20巻6号562頁(破棄自判・有罪・殺人未遂罪、銃砲刀剣類等所持取締法違反の罪)

「被害者Vは、傷害致死、傷害、恐喝等の前科を有し、無法者の噂が高く、被告人も昭和36年1月頃からVのそのような人柄を知っていたこと、本件当日も、午後9時過頃被告人の長男AがVに呼び出されて出掛けて行ったのを知り、直ぐ警察に連絡して保護を求めた結果、間もなくAが帰って来たのであるが、同日午後10時頃今度はVから被告人に対して呼び出しの電話があり、被告人がVの言動に憤慨して同人との間で激しい言葉のやりとりをした末同人に対し『用事があるならお前の方から出て来い。』と言ってVが被告人宅にやって来るようになったこと、被告人はVの無法者であることを知っていたため、直ぐ妻Bに警察に連絡して保護を依頼するよう指示し、Aに対しても『Vが何か持って来るかもしれないから用心しとけ。』と注意するとともに、自らも、Vが加害行為に出れば猟銃で対抗することも止むを得ないと決意し、その心積りをして6帖居間でVの来るのを待っていたこと、同日午後10時20分頃屋外に様子を見に出ていたAが『父ちゃん何か持って来たぞ』と大声で叫んだのを聞き、大変だと思って直ぐ床の間に置いてあった猟銃を手に取って表道路に飛び出したところ、前方約5.35メートル付近で、庖丁を擬し、Aと対峙しているVの姿を認め、Vの侵害からAを防衛する意思で、猟銃を発射したこと、が認められる」。「被告人がＶに向けて右猟銃を発射したのは約5.35メートルという至近距離からであったことが認められるし、又被告人が発射に際し弾がＶに当らないよう殊更留意した形跡はなく、むしろ立ったまま銃を腰に構えて発射し、現に散弾粒の若干がＶの右頸部前面鎖骨上部に命中していること等から、銃口をＶの上半身の方に向けたままで発射したと推認できること等を総合すると、猟銃の発射に当り被告人にはいわゆる未必的殺意があったと認めるのが相当であり、これを認めなかった原判決には事実誤認の違法があ」る。

「原判決は、被告人の原判示第一の所為は、被告人並びにＶが共同してＶに当った一種の喧嘩闘争で、全体として法律秩序に反する旨認定判示している。なるほど被告人は、Ｖの性格や同人との電話のやりとりの状況から、Ｖが被告人や家族に対し侵害行為に出る蓋然性のあることを予知し、同人に対し猟銃を使用するも止むを得ない意思であったことが認められる。しかし被告人にとつてＡの叫び声を聞くまで銃の使用は未だ心積りの域を出ていなかったのであって、被告人が床の間に置いてあった猟銃を持ち出し積極的に使用できるよう準備していたとか、その他場合によっては被告人の方からＶに対し制圧的攻撃を加えることをも辞さない考えであったことまで認められず、却って、被告人が妻Ｂに対し警察に保護を依頼するよう指示していることや、Ｖは無法者として評判が悪いのに比べ、被告人には社会的信用も資産もあり、Ｖを相手に闘争することが得策と思われない立場にあったこと等を考え合せると、被告人にＶと喧嘩闘争する意思があったとまで認めることはできず、むしろ被告人には防衛のためやむなく反撃に出る意思しかなかったと認めるのが相当である。しかし、Ａは、被告人と異なり、Ｖが被告人方車庫の前付近まで来るや、同人が何等の侵害行為に出ていないのに、同人に対し所携のチェン………で殴りかかり、被告人が表道路に飛出したときにも、なお攻撃を加えることを辞さない意思で、Ｖと対峙していたことが認められるから、そのようなＡに対するＶの反撃は、Ａに対する急迫不正の侵害とはいえず、したがって被告人の………所為を正当防衛と認めることはできないのである。しかし被告人は右の如き事情を知らず、Ａの叫び声を聞き表に飛び出した瞬間、庖丁を擬しＡと対峙しているＶの姿を見て、ＡがＶから攻撃を受けるものと誤信し、猟銃を発射したことが認められるから、被告人の所為は誤想防衛と認めるべきところ、Ｖの侵害が未だ庖丁を擬する程度に止っていたこと前叙のとおりであるから、その程度の侵害を排除するために猟銃の銃口をＶに向けて発射し、散弾の一部を同人の右頸部前面鎖骨上部に命中させるようなことまでする必要があったとは認められず、被告人の所為は防衛の程度を超えていたと認めるのが相当である。又被告人が原判示第一の所為に出たのはＡが被告人の住居へ不法に侵入するのを防止しようとしたためでないこと明らかであり、恐怖、驚愕、興奮又は狼狽のためであったとも認められないから、原判決が被告人の原判示第一の所為を盗犯等ノ防止及処分ニ関スル法律第１条第１項第２号の防衛行為又は同条第２項に該当するとしなかったのは正当である」。

【決定要旨】上告棄却

「被告人の長男ＡがＶに対し、同人がまだなんらの侵害行為に出ていないのに、これに対し所携のチエーンで殴りかかり、なお攻撃を加えることを辞さない意思で庖丁を擬したＶと対峙していた際に、Ａの叫び声を聞いて表道路に飛出した被告人は、右のごとき事情を知らず、ＡがＶから一方的に攻撃を受けているものと誤信し、その侵害を排除するためＶに対し猟銃を発射し、散弾の一部を同人の右頸部前面鎖骨上部に命中させたものであること、その他原判決認定の事情のもとにおいては、原判決が被告人の本件所為につき、誤想防衛であるがその防衛の程度を超えたものであるとし、刑法36条２項により処断したのは相当である」。

【参考文献】

香川達夫・百選Ⅰ〔第２版〕82頁、船田三雄・最判解刑事篇昭和41年度105頁。

(2)　誤想過剰防衛②（英国騎士道事件）

153 最決昭和62年３月26日刑集41巻２号182頁、判時1261号131頁

【事実の概要】

被害者Ｖは、昭和56年７月５日午後６時ころから、自宅において、同人の妻、親しい友人であるA及びAの夫らとともに飲食し、更に午後8時ころからは、スナックに右の全員で出向いて飲酒していたが、A夫婦がかなり酩酊してしまい、些細な事で他の客と揉め事を起こし、特にAは酒癖が悪く、喧嘩を始めそうになったため、Vは、午後10時ころ、A夫婦を店から連れ出して帰宅することとし、同店を出た。ところが、Aは、まだ店に残りたい言動を示して大声で喚き散らしていたので、Vは、酔っているから帰ろうとたしなめ、Aを抱えるようにして店の前の道路を横切り、向い側の倉庫前のコンクリート舗装された敷地上まで連れて行ったが、Aは、同女の夫が再びスナック内に戻ってしまったのに気付いて怒り出し、「V、てめえ出て来い。」「こうなったのもてめえのせいだ。」などと大声で喚き散らして暴れ出したため、Vは、再三「酔っているからもう帰ろう。」などと言いAの腕を手で掴むなどしてAをたしなめた。しかし、Aはこれを聞き入れようとせず、かえって、Vに対しても「うるせえ、V。放せ、この野郎。」などと喚きながら一層暴れるに至り、両者は同所で揉み合う状態となったが、そのうちAは倉庫のシャッターに頭を打ちつけて大きな音をたて、コンクリート面に尻もちをつくようにして転倒した。

被告人Xは、英国人であり、昭和48年に日本女性と結婚し、まもなく妻とともに来日して日本に住むようになり、英会話を教えるかたわら、空手、柔道等を習っていたものであるが、日本語に対する理解力は未だ十分とはいえない状態にあった。そんな昭和56年7月5日午後10時20分ころ、Xは、映画を見ての帰途自転車に乗りスナックの手前あたりに来た際、スナックの入口付近に3、4人の者が群がっているのを認め、前記倉庫前付近において、VとAが揉み合っているのに気付き、スナックの手前で止まって見ていると、VがAの肩や腕に手をかけ、Aの体を引いたり押したりしている様子であり、これに対し、Aは何か声を出しながらそれから逃れようとしているように見えたが、その直後、VがAの腕を引っ張ったように見えた途端、Aが倉庫のシャッターにぶつかって大きな音をたて、コンクリート面に倒れるのを目撃し、同時にAが「助けて」と叫ぶ声を聞いた。そこで、Xは、AがVから暴行を受けているものと思い込み、Aを助けなければならないと考え、その場で自転車から降りながら、Vの方に向かって「やめなさい、女ですよ。」と叫び、直ちにAの側まで歩み寄って、Vに背を向ける形で二人の間に割り込み、両手でAの両腕を掴んで「大丈夫ですか。」と尋ねて、Aを助け起こそうとしたけれども、Aは起き上がれるようではなかったので、Aから手を放したが、その際、Aは、Xに対し、初め「助けて」と言い、その後「助けて」にあたる英語で「ヘルプミー、ヘルプミー。」と繰り返してXに助けを求めた。そこで、Xは、体を右に回転させてVの方に向きを変え、Aに対して更に攻撃を加えることはやめるようにという意味で両手を胸の前に上げ、その掌をVに向ける仕種をしたところ、Vは左足を右足よりやや前に出し、胸の前で両手を拳に握って左手を前に右手をやや後に構える、いわゆるボクシングのファイテングポーズのような姿勢をとったので、VがAに対して暴行を加えていたものと思い込んでいたXは、これを見て、更にVがAのみならず自分に対しても殴りかかってくるものととっさに判断し、A及び自己の身体を守るため、殴られまいとしてVの右顔面付近を左足で回し蹴りにしたところ、Vはその場に転倒し、その際、コンクリート面に左側頭部を打ちつけて、頭蓋骨骨折等の傷害を負い、そのためVは、8日後に同傷害による脳硬膜外出血及び脳挫滅により死亡した。Xは傷害致死罪で起訴された。

【裁判の経過】

1審：千葉地判昭和59年2月7日刑集41巻2号214頁（無罪）

「Vは、酩酊して酒癖の悪いAをたしなめながら、帰宅させようとして同女の体を抱え、それから逃れようと反発する同女との間で揉み合いとなり、そのうち弾みで同女を転倒させてしまったものであり、親しい間柄にある同女に対し殊更危害を加えようとの意図はなかったものと認められ、またその場に来た被告人に対しても、もとより積極的に攻撃を加える意図まではなかったものと認められるから、被告人が見たところのVの両手を拳に握って構えた姿勢というのは、突如その場に現われた被告人に対する

Vのむしろ防禦的な身構えの姿勢に過ぎなかったものと認めるのが相当である。してみると、Vが、A及び被告人に対して急迫不正の侵害をなしていた事実は存在しないのであるから、被告人のVに対する左回し蹴りの所為を正当防衛行為ということはできない」。「被告人は、VがAに対してシャッターにぶつけるような転倒をさせるという暴行を加え、更に同女のみならず、これを助けようとした自己に対してまで手拳で殴りかかってくるものと誤想し、防衛のため左回し蹴りで反撃したところ、同人はその場に転倒し、コンクリート面に左側頭部を打ちつけて、脳挫滅により死亡したものである」。「被告人は、剛柔流の空手3段であり、左利きで左回し蹴りが得意技であること、空手技による反撃方法としては、『急所蹴り』、『足払い』なども可能であったが、これらはいずれも相手の急所に打撃を与えたり、相手を即転倒させて地面に頭部等を強打する危険性の高いものであること、そして、回し蹴りには、足の親指爪先裏付け根の堅い部分、即ち虎趾の部分で相手を打ち強力な打撃を与えるものと、足の甲の部分で相手を打ちそれ程強度な打撃を与えないものとの2種類があり、比喩的に言えば、前者は手拳打程度の、後者は平手打ち程度の、強さに差があり、即ち後者は手拳で殴打する『正拳突き』よりも威力が劣ること、本件で被告人が使った左回し蹴りは、足の甲の部分で打ったものであり、通常は打たれた者において簡単に倒れる程強力なものではないこと、従って、現に本件においては、左回し蹴りの当たったVの右顔面付近には何らの損傷も生じていないのであって、このことは被告人の左回し蹴りによる打撃の程度がそれ程強烈なものではなかったことを推認させること、ただ偶々当時Vは相当酔っており、しかも同人にとっては不意打ちであったことから、被告人の左回し蹴りを受けて転倒してしまい、更にはコンクリート面での打ち所が悪かったことなども重なって脳挫滅により死亡したこと、しかし、本件はとっさの出来事であって、当時被告人は、Vが酩酊していたことは知らなかったし、また、同人を回し蹴りしたのは、それにより同人をひるませて攻撃の阻止を企図したもので、同人をコンクリート面に転倒させることまで意図したものではなく、まして、Vがコンクリート面に左側頭部を打ちつけ脳挫滅により死亡するということに至っては、被告人にとって全く予想外の結果であったことが認められる」。「Vの行為についての前記被告人の誤想を前提とする限り、その反撃として被告人がVに対して左回し蹴りに及んだ行為は、相互の行為の性質、程度その他当時の具体的な客観的事情に照らして考察するならば、A及び被告人の身体を防衛するためにやむことを得なかつたものと言うべく、防衛手段としては相当性を有するものであって、防衛の程度を超えた行為ということはできない。確かに、反撃行為により生じた結果は重大であるが、反撃行為により生じた結果が偶々侵害されようとした法益より大であっても、その反撃行為そのものが防衛の程度を超えていないものである以上、過剰防衛となるものでないことは論を俟たない」。「当時日本語の理解力が十分でなく、英国人である被告人が、誤想したことについて過失があったものと認めることもできない」。「被告人の本件行為は、誤想防衛に該当して、故意が阻却され、またその誤想したことについて過失は認められないので、結局被告人の本件行為は罪とならないものと言わなければならない」。

2審：東京高判昭和59年11月22日高刑集37巻3号414頁（有罪・傷害致死罪）

「被害者は、Aに悪意を抱いて暴行を加えていたものではなく、同女に対しては勿論、被告人に対しても暴行を加えるべき動機・原因は全くなく、またそのような雰囲気もなかったものであって、被害者は、被告人が両手を前に出して近寄って来たため反射的に両手を胸の前辺りにあげて防禦の姿勢をとったものであつて、被告人やAに対し攻撃を加える意図で右の姿勢をとったものではないと推認するのが相当であり、これに対し、被告人は、Aが尻もちをついて倒れるに至った経緯を全く知らず、そのため自己が目撃した外形状況から同女が被害者から不法な暴行を受けているものと速断して同女を不法な暴行から救うべく同女と被害者との間に割って入って行ったものであり、被害者が両手を胸の辺りに上げたのがファイティングポーズの姿勢のように見え、被告人やAに攻撃を加えようとしたものと誤認し、自己及びAの身体を守るため、とっさに回し蹴りの行為に出たものと認めるのが相当である。」

「本件においては急迫不正の侵害が存在したものとはいえないけれども、右の如く急迫不正の侵害があるものと誤認して防衛行為を行った場合に、右防衛行為が相当であったときは、いわゆる誤想防衛として事実の錯誤により故意が阻却され、犯罪は成立しないものと解するのが相当である。しかし、防衛行為が相当性を欠き、過剰にわたるものであるときは、少なくとも後記のように防衛行為の相当性を基礎づける事実につき錯誤の存しない本件の如き場合においては、事実の錯誤として故意の阻却は認められないものと解するのが相当である。ただこの場合においては正当防衛との均衡上、過剰防衛に関する刑法36条２項の規定に準拠して、刑の軽減又は免除をなし得るものと解するのが相当である」。「誤想防衛が事実の錯誤の一場合であることから当然の帰結であると言わざるを得ず、前記最高裁判例も右の趣旨に出たものと解するのが相当であると考える」。

「被害者は空手を習得したことがあるものとは窺われず、また当時何らの兇器も所持せず素手であったものであり、前記認定のように、同人が防禦のため両手を胸の前辺りにあげたのを、ファイティングポーズのような姿勢をとり、暴行を加えようとしたものと誤信した空手３段の腕前を有する被告人が、防衛のため、得意技である左回し蹴りを加えて被害者の右顔面付近に命中させ、転倒させて死亡するに至らせたものであるが、そもそも空手の回し蹴りは、一撃必殺ともいわれる空手の攻撃技の一つであって、身体の枢要部である頭部、顔面を狙うものであるうえ、制御しにくい足技であるだけに、命中すれば場合によってはその打撃により直接頭部等に損傷を与え、あるいは相手を転倒させる可能性も十分にあり、その際、打ちどころによっては重大な傷害や死の結果も発生しかねない危険なものであり、かつて全日本空手道連盟においてこれを禁止しようとする動きがあったこと………に徴しても、急所蹴り、足払いに較べ危険性の低いものであるとは必らずしもいいがたいように思われる。被告人は、相手を転倒させるつもりはなく、相手を驚ろかす目的で足の甲で最低の力で蹴った旨供述するけれども………、単に驚ろかせてひるませるのが目的であったのであれば３段の腕前をもってすれば、相手の顔面に蹴りを命中させることなく、その直前でこれを止めること等で十分に目的を達することが出来たものと考えられるのに、顔面付近をねらって左回し蹴りを行って命中させていること、被告人はとっさに自己の得意技である左回し蹴りを行ったものであること、回し蹴りを受けた被害者は前記のように尻もちをつくような形ではなく、『電信柱が倒れるように』『鉛筆が倒れるように』後方に倒れ、左側頭部をコンクリートの路面に強打し、致命的傷害を負ったこと、当時被害者は飲酒した後であったとはいえ、さほど酩酊している状態ではなく、Ａをなだめるなど同行者の中ではしっかりしていた方であり………、わずかの衝撃を受けて転倒するほどは酩酊していなかったものと認められること、被告人は、身長が約180センチメートル………、体重も80キログラムをこえるという巨漢であったから、空手の技を用い足で蹴る以上、ある程度力を加減したとしても、身長約160センチメートル、体重約60キログラムの被害者に対してはなお相当の衝撃を与えることになると思われること、被害者の右顔面付近に挫傷、皮下出血等の怪我が存在したとは証拠上認められないものの、担当医師は当時被害者の救命措置に必死だったため細部まで外傷の確認ができなかった事情があり、被害者の右顔面に何らの損傷もないことが確認されたものではない事情があること………、回し蹴りが前記のように顔面・頭部という身体の枢要部を蹴るものであるのに制御がむずかしく、絶えず相手を転倒させる危険性を伴う危険な技である以上、よほどの熟達者でなければ相手を転倒させない程度に確実に自己の力を制御することはきわめて困難であると思われることなどの事情に徴すると、被害者が前記のような構えをしていたにもかかわらず、全く不意を突かれたように蹴りを受けて転倒し致命的傷害を負ったことは、いかに足の甲の部分で打ったとはいえ、被告人の蹴りが敏速であり、かつ、相当の衝撃力、威力を伴っていたことを示すものと言わざるを得ず、相手を驚ろかす目的で最低の力で蹴ったとの被告人の供述部分をそのまま信用することはできない。原判決は、足の甲で打った回し蹴りでは相手は簡単には倒れない旨及び本件の結果は予期せざる意外な結果であつた旨説示するけれども、足の甲で蹴った場合であっても、体重が加わったり、あるいは技量のある者が足の虎趾を使うのと同じように強いインパクトを相手に与えたような時には相当の威力を有するのであって、足の甲で蹴った方が虎趾よりも威力が劣るとは必らずしもいいがたいし（原審証人並木知徳、当審証人高木房次郎の各証言）、本件は、空手３段の腕前を有する被告人が、空手について素養があるとは窺えない被害者に対してとっさに空手技の中でも危険な回し蹴りを用い、しかも相手の顔面付近に命中させたものであり、以上のように蹴った者の技量、彼我の体格、蹴られた部位、その時の相手方の状況等によっては、本件のように転倒することのあり得ることは容易に肯認し得るところであり、また、被告人も、場合によれば被害者が転倒する可能性のあることも当然認識していたと認めるほかない。

また、被告人は、当時の状況において回し蹴りをする以外に方法がなかったとも供述するけれども………、そもそも空手の技は危険なものであって社会一般の生活において容易に用いるべきものではないのであり、本件において相手方は兇器を所持していたわけでもなく素手であったものであって、前記のようにファイティングポーズのような姿勢をとったに過ぎないのであり、また、被告人は体力的にもはるかに勝り、しかも空手等の武道の修練を積んでいたのであって、被害者に対し優位にあったことが窺われるのであり、相手に対し警告の声を発するなり、腕を引き続きさし出すなり、回し蹴りをするにしても相手の身体に当てないようにするなりして相手の殴打行為を押し止め、あるいは相手が殴打してきた段階でその腕を払うなり、つかまえるなり、もしくは身を引くなり、防衛のためには採るべき方法はいくらでもあったと考えられ、回し蹴りの空手技を用いる以外に方法がなかったものとは到底認めることができない」。「被告人の本件行為は、明らかに防衛行為としての必要かつ相当の限度を超えたものというべく、相当性を欠くものであることは明らかである。そしてまた、防衛行為としての相当性を基礎づける事実、すなわち、前記のような回し蹴りを行うことについては被告人の認識に錯誤の存しないことも明らかであり、従って少なくとも右のような事情のもとにおいては、本件行為については誤想防衛は成立せず、いわゆる誤想過剰防衛が成立するに過ぎないものといわなければならない」。

【決定要旨】上告棄却

「原判決の認定によれば、空手３段の腕前を有する被告人は、夜間帰宅途中の路上で、酩酊したＡとこれをなだめていたＶとが揉み合ううち同女が倉庫の鉄製シヤツターにぶつかって尻もちをついたのを目撃して、ＡがＶに暴行を加えているものと誤解し、同女を助けるべく両者の間に割って入った上、同女を助け起こそうとし、次いでＶの方を振り向き両手を差し出して同人の方に近づいたところ、同人がこれを見て防御するため手を握って胸の前辺りにあげたのをボクシングのファイティングポーズのような姿勢をとり自分に殴りかかってくるものと誤信し、自己及び同女の身体を防衛しようと考え、とっさにＶの顔面付近に当てるべく空手技である回し蹴りをして、左足を同人の右顔面付近に当て、同人を路上に転倒させて頭蓋骨骨折等の傷害を負わせ、8日後に右傷害による脳硬膜外出血及び脳挫滅により死亡させたというのである。右事実関係のもとにおいて、本件回し蹴り行為は、被告人が誤信したＶによる急迫不正の侵害に対する防衛手段として相当性を逸脱していることが明らかであるとし、被告人の所為について傷害致死罪が成立し、いわゆる誤想過剰防衛に当たるとして刑法36条2項により刑を減軽した原判断は、正当である」。

【参考文献】

奥村正雄・判例講義Ⅰ84頁、須之内克彦・百選Ⅰ〔第４版〕56頁、山本輝之・百選Ⅰ〔第５版〕54頁、小名木明宏・百選Ⅰ〔第６版〕58頁、佐久間修・重判解62年度153頁、岩瀬徹・最判解刑事篇昭和62年度100頁。

第３節　緊急避難

1　現在の危難

(1)　強盗の脅迫による恐怖心と現在の危難

154 最判昭和24年10月13日刑集３巻10号1655頁

【事実の概要】

被告人Xは、YおよびZと強盗をしようと相談の上、各々顔に鍋墨を塗りつけ、Zは空気銃をXとYは鳶口の柄で作った長さ三、四尺位の棍棒を１本づつ携え、昭和21年４月20日午後11時頃兵庫県姫路市の甲株式会社の購買会事務所に出かけ、同所宿直員V1およびV2の両名に対しZは右空気銃をX等はそれぞれ右棍棒を突付けて「騒ぐとぶっ放すぞ声を立てると命がないぞ」等と言って脅迫し、両名を同購買会倉庫の西側に連れ出し、空気銃を突付けながら附近にあった荒縄で後手に縛り上げ猿轡をはめ、更に右倉庫内に連れ行き、そこの陳列棚の柱に縛りつけたりして暴行を加え、両名の反抗を抑圧した上、同倉庫内にあった前記会社所有の衣類雑品合計469点を強取するなどした。Xは強盗罪で起訴された。

【裁判の経過】

１審：神戸地姫路支判（年月日不明）

２審：大阪高判昭和24年２月12日刑集３巻10号1658頁（有罪・強盗罪）

【判旨】上告棄却

「被告人は原審公判廷で「Ｙが一か八か行こうといゝ出したので、私はとめましたが、きいて呉れず行かなければ殺すぞと脅かしますので仕方なくついて行ったのである。」との供述をしたことは、その公判調書によって明らかではあるが、前記判示事実に照し右供述を以て被告人の判示行為が所論のように自己の生命、身体に対する現在の危難を避くるため已むことを得ざるに出でた行為であるとの緊急避難行為の主張をしたものとは解し得られない。従って原審がこれに対し判断を示さなかったからといって違法であるということはできない。また、仮りに被告人がＹから右被告人の供述するがごとき脅迫を受けたとしてもそれが被告人の生命、身体に対する現在の危難であるともいえないし、また鍋墨を顔に塗りつけ、棍棒を携えその他原判示のごとき被告人の強盗行為が巻野の脅迫行為を避くるため止むことを得ない行為又はその程度を超えた行為ともいうことができない。されば原審がそれらの点につき審理をせず又は刑法37条１項本文若しくは但書を適用しなかったからといって毫も違法であるといえない」。

(2)　吊り橋の老朽化と現在の危難（吊り橋爆破事件）

155 最判昭和35年２月４日刑集14巻１号61頁、判時219号６頁

【事実の概要】

被告人XとYは、山形県東田川郡本郷村の早田川に架けてある同村所有の堰根橋（関根橋）が腐朽し車馬の通行が危険となったところから、本郷村当局に対し再三架替を要請したがその実現の運びに至らず、日常著しく不便を感じていた。このまま漫然と日を送っただけでは何時橋の架替ができるかも分らないところから人工を加えて橋を落下させ、表面は雪害によって落橋したように装い災害補償金の交付を受ければ、前記木橋の架替

も容易であろうと考え、ダイナマイトをもって同橋を爆破落下させようと思いたち、Z、W、Uらと共謀し、同橋を落下させる目的をもって昭和28年2月21日同橋に至り、同日午後1時ころから同3時過ころまでの間に被告人Y、Z、W及びUにおいて南岸橋脚4本、中央の補強橋脚1本及び南岸の橋桁4本にボート錐をもってそれぞれ穿孔し、岩石破壊用ダイナマイト15本を数回にわたり装填爆発させて同橋を損壊し、川中に落下させた。Xは往来妨害罪等で起訴された。

【裁判の経過】

1審：山形地鶴岡支判昭和29年4月9日刑集14巻1号75頁（有罪・爆発物取締罰則違反の罪、往来妨害罪）

2審：仙台高秋田支判昭和30年1月27日刑集11巻10号2671頁（破棄自判）

上告審：最判昭和32年10月18日刑集11巻10号2663頁（破棄差戻⇒第4章第2節 **1**（3）参照）

差戻控訴審：仙台高秋田支判昭和34年4月1日刑集14巻1号77頁（破棄自判・過剰防衛）

「先づ本件において果して『現在の危難』が存在したかどうかの点につき審究するに訴訟記録並に原審及び当審において取調べた証拠に現われた事実によると本件の堰根橋は本郷村の事業として早田川林道の開発に当り両岸が約12米の断崖をなす峻嶮な早田川渓流に昭和12年頃架設された全長約20米、幅約3米の木造の吊橋で唯一の橋梁であるがこれが年月の経過と共に次第に腐朽の度を増し右林道の維持管理の衝に当った受益部落の同村上、下両名川部落では昭和23年頃両岸に4本宛補強方杖を打込み左右の橋桁の中央部に8番鉄線を取付けて両岸に固定させ又昭和26年には川床に6本の補強方杖を建てて橋桁を支えるなどの応急的な補強工事を両三度に亘り施こし少しでも通行の際の動揺を尠くして落下の危険を未然に防止して来たのであるが、村当局においては早期に架替えの必要を十分に認めながら昭和27年秋頃僅かに重量制限の立札を建てて車馬の通行を禁止する措置を講じたに過ぎなかった。ところで本件により破壊される直前までの右橋の状況は両部落約200戸の部落民による製炭並に稼職場の往来等の利用で最盛期の夏から秋にかけて1日平均2、30人、積雪期の冬から春にかけても1日平均2、3人を数える有様で両三度に亘る補強にも拘らず利用の都度、橋は激しく動揺し、いつ落下するかも計り知れない様な極めて危険な状態を呈していたことが明かであって部落民全体は昭和28年中にはどうしても架替えなければならないことを強く要望していた事実が認められる。これによれば堰根橋の前説示の構造、経過年数、腐朽度等に鑑み通行の際の激しい動揺はまさに通行者の生命、身体等に対し直接切迫した危険を及ぼしていたもの即ち通行者は『現在の危難』に直面していたと認定するのが相当である。ところで記録によれば右林道を管理する上、下両名川部落においては部落毎に2名計4名の道路委員を選出し、毎年部落連合会において予算を組み、林道の維持補修等に当って来たこと及び被告人Xは昭和23年4月より道路委員長を、被告人Yは下名川部落の相談員を夫々勤め堰根橋の補修並に危険防止等に対しては直接の責任ある職務を分担していたことが明かであるからして被告人等が堰根橋の切迫した危険を認め事故防止の万全を期するために右橋の架替えをも含めた意味で工事に着工することは固より当然の処置というべく、その工事の程度は兎も角として工事を施す以外に危険を防止すべき方法は他に存在しないのであるから被告人等が架替えの工事を進める段階としてこれを破壊したことは広い意味の工事に着手したという趣旨において並に早田川に架せられた唯一の橋梁が斯る危険状態に現在していたという点についてまさに『已むをえざるに出た行為』ということができるのである。更に進んで法益の秤量即ち本件においては通行の際の橋の動揺を避けるために架替えの工事に着手したことが法益の均衡上果して妥当なものであったかどうかの点につき審究するに橋の動揺を避ける程度であれば過去両三度に亘る補強の方法に鑑み新たな方杖の打込み、或は支線の張替、強化等一般に補強程度の工事で一応その危険を防止しうると思料されるにも拘らず記録によれば昭和28年2月初旬頃下名川部落渡辺仲治方に参集した道路委員、水路委員、協議委員被告人両名を含む部落役員は居部落の極く一部の反対者の存在を警戒して部落連合会に諮ることをせず明かに越権と認められる全面的に新たる架替えの実現を期して役員のみでその実行を協議し、且つその実行に当っては予め本橋梁が早田川に架せられた唯一の橋梁であるから特に仮橋を設置するなど利用者の往来に支障を来さないよう万全の措置を講ずべきであったにも拘らず雪害を装う前説示の動機の故にかかる用意は全く度外視され、そのため林道は被告人等の行為により本件の個所において通行を遮断された事実が明かであるから、これら諸般の状況に鑑みれば被告人等がダイナマイトを使用して堰根橋を破壊した行為はそれにより発生した害の程度をはるかに超越したものと認定するのが相当である」。

【判旨】破棄差戻

「原審は、本件吊橋を利用する者は夏から秋にかけて１日平均約２、30人、冬から春にかけても一日平均２、３人を数える有様であったところ、右吊橋は腐朽甚しく、両三度に亘る補強にも拘らず通行の都度激しく動揺し、いつ落下するかも知れないような極めて危険な状態を呈していたとの事実を認定し、その動揺により通行者の生命、身体等に対し直接切迫した危険を及ぼしていたもの、すなわち通行者は刑法37条１項にいわゆる『現在の危難』に直面していたと判断しているのである。しかし、記録によれば、右吊橋は200貫ないし300貫の荷馬車が通る場合には極めて危険であったが、人の通行には差支えなく………、しかも右の荷馬車も、村当局の重量制限を犯して時に通行する者があった程度であったことが窺える………のであって、果してしからば、本件吊橋の動揺による危険は、少くとも本件犯行当時たる昭和28年２月21日頃の冬期においては原審の認定する程に切迫したものではなかったのではないかと考えられる。更に、また原審は、被告人等の本件所為は右危険を防止するためやむことを得ざるに出でた行為であって、ただその程度を超えたものであると判断するのであるが、仮に本件吊橋が原審認定のように切迫した危険な状態にあったとしても、その危険を防止するためには、通行制限の強化その他適当な手段、方法を講ずる余地のないことはなく、本件におけるようにダイナマイトを使用してこれを爆破しなければ右危険を防止しえないものであったとは到底認められない。しからば被告人等の本件所為については、緊急避難を認める余地なく、従ってまた過剰避難も成立しえないものといわなければならない」。

【参考文献】

木村静子・百選Ⅰ〔第２版〕86頁、江藤孝・百選Ⅰ〔第４版〕60頁、橋田久・百選Ⅰ〔第５版〕56頁、小田直樹・百選Ⅰ〔第６版〕60頁、脇田忠・最判解刑事篇昭和35年度33頁

(3)　亡命と現在の危難

156 広島高松江支判平成13年10月17日判時1766号152頁

【事実の概要】

被告人Xは、中華人民共和国の国籍を有する外国人であるが、有効な旅券又は乗員手帳を所持しないで、平成10年２月上旬ころ、同国福建省から船に乗って出航し、同月19日に島根県八束郡鹿島町の恵曇漁港岸壁に上陸し、もって不法に日本に入国した。

Xの入国目的は、Xが中国の一人っ子政策に反する計画外妊娠をしたため、中国に留まった場合、その事実が村役場の役人に発覚すれば、強制的に中絶手術を受けさせられる危険があったから、その危険を避け、妊娠中の胎児を日本で安全に産むためであったと主張した。ただし、今回Xと一緒に中国から集団密入国した者の目的は、日本で働いて金を稼ぐことであったことであり、Xも、密入国の目的の１つが日本で働いて金を稼ぐことであったことを認めた。Xは出入国管理及び難民認定法違反の罪で起訴された。

【裁判の経過】

１審：松江地判平成10年７月22日判時1653号156頁（出入国管理及び難民認定法違反の罪〔過剰避難・刑の免除〕）

被告人の密入国行為は、「被告人の妊娠中の胎児の生命及び被告人自身の身体の安全に対する現在の危難を避けるためにした行為ではあるが、その程度が右危難を避けるためにやむを得ない行為としての程度を超えたものである」。「中国国内において一子政策を中心とした計画出産政策が強力に推進されて出産管理が徹底して行われ、計画出産に従う場合には各種優遇措置を与える一方、計画外出産に対しては規制や経済的処罰を課すという、いわば『飴と鞭』の方策が用いられていることは先に認定したとおりである」。

「被告人が本件密入国のために中国を出国した1998年２月上旬当時は、被告人は、計画外出産にかかる本件妊娠をしていて、同月中に予定されていた定期の妊娠検査を間近に控えていた状況にあったのであるから、右当時、被告人は、被告人の承諾なくして行われる強制的な妊娠中絶手術により本件妊娠にかかる胎児の生命を奪われるとともに、被告人自身の身体に対する不法な侵害を受ける差し迫った危険に身を置いていたものというべきであり、したがって、本件妊娠にかかる胎児の生命及び被告人の身体の安全に対する現在の危難（以下「本件危難」という。）が存在したことになる。

なお、弁護人は、被告人が本件妊娠にかかる出産をした場合には被告人に対して罰金等が科されること及び生まれた子供について戸籍が与えられず、予防接種や就学等の公的なサービスが受けられないことも、被告人もしくは妊娠中の胎児に対する現在の危難に当たると主張するようであるが、本件密入国は、妊娠初期の段階で行われたのであって、出産にはなお相当の期間があり、しかも、無事出産されるか否かも不明な段階にあったのであるから、弁護人主張のような事柄は、到底、被告人もしくは妊娠中の胎児に対する現在の危難には当たるものではない」。

「被告人が本件危難を免れるために本件密入国に及んだことは、被告人が捜査段階から一貫して供述するところであり、本件密入国が本件危難を避ける意思に基づく行為であることは明らかである。

なお、被告人が、付随的に、我が国に入国後、我が国において稼働する意図を有していたとしても、本件密入国が本件危難を避ける意思に基づく行為であると判断する妨げとなるものではない」。

「被告については、本件危難を避けるため、被告人が居住する地（福建省福州市連江県）を離れて出産までの間身を隠しておく必要があったことは肯認できるけれども、その方途としては、被告人あるいはＣの親戚又は福建省以外の中国の他の地に身を隠して本件危難から逃れる方途がなかったわけではなく、また、本件密入国に伴う流産の危険を考慮すると、本件密入国がその方途として相当であったとも言い難い面があるのであるから、結局のところ、本件密入国は本件危難を避けるための行為ではあるが、そのために許容される、やむを得ない行為としての程度を超えたものであるといわざるを得ない」。

「本件密入国によって侵害された法益は、我が国の出入国管理に関する法秩序であり、被告人の本件密入国が、他の同国人多数とともに集団でしたものであることも考えると、本件密入国によって侵害された我が国の出入国管理に関する法秩序を内容とする法益は軽々にこれを軽視することはできないが、被告人が本件密入国によって避けようとした本件危難にかかわる法益は、本件妊娠にかかる胎児の生命及び被告人の身体に対する安全であるから、本件密入国によって生じた法益侵害が避けようとした法益侵害の程度を超える場合には当たらない。

以上の次第で、本件密入国は、被告人が妊娠中の胎児の生命及び被告人自身の身体の安全に対する現在の危難を避けるためにした行為ではあるが、右危難を避けるために許容される、やむを得ない行為としての程度を超え、過剰避難に該当するところ、後記量刑の理由欄に説示した情状により、被告人に対し刑を免除することとする」。

【判旨】破棄自判

「被告人は、本件密入国の目的を、被告人が中国の一人っ子政策に反する計画外妊娠をしたため、中国に留まった場合、その事実が村役場の役人に発覚すれば、強制的に中絶手術を受けさせられる危険があったから、その危険を避け、妊娠中の胎児を日本で安全に産むためであった旨供述し、原判決もその旨認定している」。

「しかしながら、今回被告人と一緒に中国から集団密入国した者の目的は、日本で働いて金を稼ぐことであったことが認められる。被告人も、密入国の目的の一つが日本で働いて金を稼ぐことであったことを認めている………。

被告人は、密入国の目的として、子供を産むことを強調しているが、中国から日本への集団密入国者は漁船等により劣悪な条件のもとで輸送されてくるため、妊娠中の者は流産の危険が極めて高い。しかも、被告人は、妊娠初期で流産しやすい時期に、密入国を決行している。更に、無事に密入国したとしても、密入国者は、発見され次第、中国に強制送還されるので、密入国後も、不法入国者として隠れた生活を余儀なくされるのであって、日本に来ても安心して子供を産めるとは限らない。中国でも計画外妊娠が発覚したからといってみな強制中絶させられるとは限らないし、地方に隠れる等の方法で計画外の子を出産する例も少なくなく、現に被告人も第一子を地方に隠れて出産したことが認められる。このような方法が残されているにもかかわらず、敢えて密入国の道を選んだのは、子供の出産以上の大きな目的があったからであるといわざるを得ない。

被告人は、今回の密入国を妊娠中の胎児の安全な出産とその子の幸せを望んでのことと言いながら、中国で生んだ第一子（本件当時６歳の女児）の育児の手当てもせず国を出ている。そして、原判決後………にはその女児を残したまま行方をくらましている。かかる被告人の行動は、身勝手この上ないものであり、真に子供を産みたくて密入国を敢行したものの行動とは到底考えられない」。

「以上の諸事実に徴すると、被告人の密入国の目的は、日本で働いて金を稼ぐためであったと認めるのが相当である。その際、被告人に日本で安全に子供を産みたいと思う気持ちが全くなかったとはいえないが、それはあくまで付随的なものにすぎず、そのために密入国したとみることはできない。

右のとおり、被告人が妊娠中の胎児の生命及び自分の身体の安全に対する危難を避けるため密入国したとは認めることができないから、その余について判断するまでもなく、緊急避難はもとより、過剰避難を認めることはできない」。

2 やむを得ずにした行為

(1) 対向車との接触回避

157 大阪高判昭和45年５月１日高刑集23巻２号367頁

【事実の概要】

被告人Xは自動車の運転を業とするものであるが、普通貨物自動車を運転し時速55キロメートル位で北進中道路中央線を右にこえて南進してくる普通乗用自動車を前方30メートル位で認め、これとの接触を避けるため進路を左に変更しようとしたが、50キロメートル位に減速したのみで60センチメートル位左に進路を変えたことで、折から後方から進行してきていたVの自動二輪車が８メートル位の位置に接近していたのに気付かず自車左後部に同車を衝突させ、よって同人に対し加療３週間の右第三中指骨皸骨折右中指示指表皮剥離創等の傷害を負わせた。Xは業務上過失致死傷罪で起訴された。

【裁判の経過】

１審：和歌山簡判（年月日不明）

【判旨】破棄自判（無罪）

「被告人が本件現場において左にハンドルを切り約１メートル左に寄って進行したのは、道路中央線を超えて対向する自動車を認めてこれとの衝突をさけるためにやむを得ざるに出た行為と認むべきである。なるほど被告人車は中央線から約1.6メートル離れて進行していたものであり、対向車（普通乗用車）の車体の半分乃至８割が中央線を超えていたとしても、計数上はそのまま直進してすれ違い得る如くであるが、本件の場合の如く双方の車が高速である場合（被告人車は時速約55キロであるから秒速約15.3メートルとなり、対向車は時速約70ないし75キロであるから秒速約19.4メートルとなつて、車両が１秒間に接近する距離は約34.7メートルとなる）前記の如き間隔のまますれ違うことは危険であるし、車を運転する者としては、このような状況の下では、自車を左に寄せて接触を避けんとすることは当然の措置と考えられる。たゞ本件の場合、被告人が左に進路を変えるにあたり、法定の進路変更の合図をし、又左バックミラーで後方の安全を確認しているか否かは、原判決の説示のとおり疑問であるから、………本件が通常の状況の下に発生したものならば、後続車Vの車の操作に遺憾の点があったとしても、被告人は進路変更につき安全措置をとらず且後方の安全確認を怠ったため本件事故を惹起したものとして過失責任を問われることは免れないところであろう。しかしながら本件にあっては、前記説明のとおり、被告人は３、40メートル前方に中央線を超えて高速度で対向して来る車を発見し（前記計算の如く、両車がこの距離を走行するに要する時間は１秒前後であり、又対向車は被告人の車との距離約15.6メートルに接近した際自車線に復帰したことは原判決の認定するところであるが、この際の両車の距離は約0.5秒の走行時間に過ぎない）これと衝突の危険を感ずる状態になったのであるから、正に自己の生命身体に対する現在の危険な状態にあったものという外はなく（このような状態に達するまでの間に被告人側に過失と認むべきものはない。）、この衝突の危険を避けんとして把手を左に切り、約１メートル左に寄った被告人の行動は、現在の危難を避けるため已むことを得ない行為といわざるを得ない。

その際多少減速した点は対向車との衝突を避けるためには不必要な処置かも知れないが、高速で進行したまま把手を操作すること自体危険な措置であるから、その際被告人が咄嗟に原判決の認める程度の減速をしたこともまたやむを得ぬ処置と解すべきである。しかも被告人のとった右行為により、後続する被害者Ｖ運転の自動二輪車と衝突したことによって同人に被らしめた損害が、前記対向車との正面衝突により発生すべき損害を越えるものとは考えられないから、本件は刑法第37条第１項前段に所謂緊急避難行為であるといわなければならない。本件公訴事実中、本件の場合の注意義務として、対向車を認めて進路を左に変更しようとする際は左後方を追進してくる車両が危険な距離にある場合は直ちにブレーキをかける等して後車との衝突を防止しなければならない業務上の注意義務があるというのであるが、本件の場合にかかる注意義務を科することが不当であることは原判決の説明するとおりであり、更に原判決は、かかる場合、進路を変えることなく直進するか、あるいは進路をかえるにしても、その速度、寄る距離等を考えて進路を変えるなりして後続車の進路を妨げることのないよう適切な運転をする業務上の注意義務があるというのであるけれども、進路を変えずそのままの速度で直進すること自体、道路中央線を突破して対向してくる車両との衝突の危険があるから無謀というの外はなく、しかも対向車両は70ないし75キロメートルの時速であったのであるから危険の切迫している際に、その速度、寄る距離を考えて進路を変えることを要求することは不可能を強いるものといわなければならないから、左後方の確認をすることなく、且法定の時間進路変更の指示することなく、約１メートル………左に寄った行為を、たやすく被告人の過失と認定した原判決には、本件行為当時の緊急状態の認定を誤った点において判決に影響すること明らかな事実の誤認があるといわなければならない」。

(2)　急患の運搬

158 東京高判昭和46年５月24日東高刑時報22巻５号182頁

【事実の概要】

被告人Xは、夜、同人方住込みの人夫Vが胃けいれんにより苦しみ出したため、他の人夫一同からの強い要請により、Vを自動車で約10キロメートル離れた御殿場市内の御殿場中央病院に運送しようとして、無免許運転をした。Xは道交法64条違反で起訴された。

【裁判の経過】

１審：静岡地沼津支判（年月日不明）

【判旨】破棄自判

「本件の場合、Ｖの症状が原判決のいうように必ずしも重篤なものではなかったとは直ちに断言しがたい（原判決のいうように被告人が警察官に発見された際、警察官に対し急病人のことを告げていないこと及び救急車の出動を要請していないことが直ちにＶの症状が重篤ではなかったことを認めしめる資料となるとすることは、いさゝか牽強の嫌いがある。）のであるが、いずれにせよ、Ｖが病気で苦しんでいたことは間違いないところと認められるので、同人を医師に診療させる必要のあったことは、これを是認せざるを得ないのである。この場合、被告人としては、本件のような無免許運転をしなくても、被告人方近所に聖マリヤ病院その他数ケ所の病院があるので、これら病院の医師の来診を求めるとか、あるいは被告人方飯場にある電話で近くのタクシーを呼ぶとか消防署に対し救急車の出動を要請するとか他の有効、適切な措置を講じ得たのではないかということが考えられるのであるが、被告人は原審公判以来当審公判を通じて、近くの病院へ誰かが電話連絡したが医師不在と断わられた、近くのタクシーも若衆が電話したが、出払ってすぐ来られないとのことであった、救急車のことは全く念頭になかったという趣旨の弁明をしているのであって、この近くの病院およびタクシーの件については、被告人の弁明を虚偽として排斥するだけの資料もないので、一応これを措信するとしても、胃けいれんのような案件でも救急車が出動することは記録上明らかであるから、被告人としては、救急車の出動を要請すべきであったといわれても、致し方がないところである。してみると、本件の場合、本件運転のみがVの危難を避ける唯一の手段、方法であったとはいいがたいので、緊急避難を認める余地はなく、従って過剰避難も成立しえないし、また、本件被告人の年齢、地位その他諸般の具体的事情の下においては、本件について期待可能性がなかったものとも認めることはできない」。

3 強要による緊急避難

159 東京地判平成8年6月26日判時1578号39頁

【事実の概要】

被告人Xは、反社会的活動を行っていた教団の元信者であったが、病気の治療のためとして、教団施設に収容されている母親Aを連れ出すため、元信者のVとともに、施設内に忍び込んだが、間もなく、信者らに発見され、手錠をかけられるなどして、別の教団施設に連行された後、教団代表者Yや教団幹部Zらの前に連れ出された。

Yは、Xに対し、VがAを連れ出そうとした理由について尋ねたが、Xが分からないと答えたことから、予定どおりXをしてVを殺害させようと考え、VはAと関係を持っていたなどとVおよびAのことを悪し様に述べ立てたうえ、Xに対し、お前はVの言うことを信じて大きな悪業を積んだなどと言った後、「お前はちゃんと家に帰してやるから、心配するな。大丈夫だ。」「ただ、それには条件がある。」「お前がVを殺すことだ。それができなければ、お前もここで殺す。できるか。」などと言って、Xを解放する条件としてVを殺害するように言った。さらに、Yは、黙っているXに対し、「Vはお前のお袋さんを巻き込んで戒律を破ったばかりではなく、お前を騙して、お前にも大きな悪業を積ませた。だからポアしなければならない。分かるな。」などと言って、V殺害の教義上の正当性を説明し、時間稼ぎをしようとするXに対して、V殺害を決意するように促した。この時点では、Yは、Xに対し、Vを殺害するように説得している状態であり、Xがそれを拒んだとしても、ただちにXが殺害される危険性まではなかったものの、Xの教団施設への侵入行為が教団破壊行為であったことから、XがあくまでもV殺害を拒否し続けたならば、X自身も殺害される危険性のある状態であったほか、前述のとおり、Xは、Yらに身体を拘束されている状態であった。

このような状態下において、Xは、Yの指示を拒否してもただちに自己が殺害されることはないと思いつつも、Vを殺害しさえすれば、自分は無事にこの場から解放されて自宅に戻れるものと考え、Yに対し、本当に自宅に帰れるのかどうかの念を押し、Yから約束する旨の回答を得たことから、Vの殺害を決意した。そして、Yに対して、「それじゃあ分かりました。」と言って、Vの殺害を承諾する旨の返事をした。Xは、Zら教団幹部が準備したビニールシート上に前手錠を掛けられて座らされていたVに対し、同じくZが準備したガムテープを顔面に張り付けて目隠しをし、頭部にビニール袋を被せたうえ、幹部の指示により、ビニール袋内に催涙スプレーを噴射し、さらに、Zらにより身体を拘束され、被告人の対応いかんによっては被告人自身も殺害される危険性もあり得る状況下で、苦しがって暴れるVの身体をその場にいた教団幹部が押さえ付ける中、Zの指示により、教団幹部が準備したロープをVの頸部に巻き付けたうえ、殺意をもって、前手錠をされた両手で締め付け、続いて、ロープの一方に右足をかけ、他方を両手で引っ張るなどしてVの頸部を絞め続け、よって、そのころ、同所において、Vを窒息死させて殺害した。

【判旨】有罪・殺人罪（過剰避難）

「被告人は、教団の施設である第二サティアン内『尊師の部屋』において、両手に前手錠をされたうえ、Yの面前において、その周囲を10名近くの教団幹部に囲まれた状態で、YからVを殺害するよう命ぜられてこれを決意し、その後、同室内で、同様に教団幹部が周囲にいる中、前手錠をされたままの状態でV殺害行為に及んでいることが認められる。したがって、被告人は、Yらに不法に監禁された状態下で、Vの殺害を決意し、その殺害行為に及んだものであるから、右時点において、少なくとも、被告人の身体の自由に対する現在の危難が存在したことは明らかである」。

「右時点で被告人のおかれた客観的な状況をみるに、前記のとおり、被告人は、外部と遮断された教団施設内で手錠を掛けられ、周囲を教団幹部に囲まれるなど監禁された状態にあったことが認められるほか、被告人を取り囲んでいた教団幹部は、いわゆる教祖であるYを絶対視し、その命令を絶対のものと受け止めて行動するYの信者であったこと、このような状態下で、被告人は、YからVを殺害するように命ぜられ、それができなければ被告人自身を殺すと言われたこと、また、室内の入り口方向には、被告人、Vが教団施設内に立ち入る際に所持してきた品物が並べられており、その中には、Vが持参したサバイバルナイフ様の刃物等もあったことなどが認められる。

また、………Vと被告人が教団施設内に立ち入ってAを連れ出そうとした行為、及び教団の信者らに取り押さえられた際、持参した催涙スプレーを噴射するなどして抵抗した行為は、教団破壊行為であり、教団内においては、いわゆる五逆の大罪といわれるものの一つに該当する極めて大きな悪業であって、このような悪業を積んだ者は殺害しても本人の利益になるという教えがあること、被告人を囲んでいた教団幹部は、この教えを信じており、実際にこの教えを実践した者もいたこと、本件当時、第二サティアンの地下室には、マイクロ波を用いた死体焼却設備が設置されていたことなどの事実が認められる。

これらの事実関係に、………第六サティアンから第二サティアンに移動する車中で、YがBに対し、『今から処刑を行う。』と言っていること、また、第二サティアン３階の『尊師の部屋』において、Yが、その場に集まった教団幹部に対し、Vと被告人の二人とも殺害するほかないかという趣旨のことを述べて幹部らの意見を徴していることなどを考慮すると、Yの意思いかんによっては、被告人も殺害される可能性があったことは否定できない」。「しかしながら、………Yは、その場に集まった教団幹部の意見を徴した後、自ら教団の教えであるカルマの法則を持ち出し、被告人がVとAとの関係を知らないとするなら被告人もVに騙された被害者であるから、カルマからいって被告人がVを殺すべきであるとし、先に入室させた被告人に対し、VとAの関係を知っているか否かを確認したところ、被告人が分からない旨を答えているのであるから、Yとしても、この時点においては、被告人を殺害するのではなく、被告人をしてVを殺害させようとの意図であったと推認することができる。実際にも、前記第二で認定したとおり、被告人が分からないと答えた後、Yは、VがAと関係を持っているなどとVやAのことを悪し様に言い、さらに、そのようなVの言うことを信用して被告人がこのように大きな悪業を積んだなどと言っており、Vの行動に対して立腹するよう被告人に話をしていること、その後、Yは、『お前はちゃんと家に帰してやるから心配するな。』などと言って被告人を安心させたうえ、その条件としてV殺害を持ち出していること、前記認定のとおり、Yは、被告人に対し、Vを殺害するように言ったほか、『できなければ、お前も殺す。』と言ったことは認められるが、それに続けて、『なぜなら、Vはお前のお袋さんを巻き込んで戒律を破ったばかりではなく、お前を騙して、お前にも大きな悪業を積ませた。だから、ポア（この場合は、殺害を意味する。）しなければいけない。分かるな。』などと言って、被告人がVを殺害しなければならない理由、教義上の正当性を説いて聞かせていることなどが認められるのである。そして、関係証拠によれば、被告人の周囲にいた教団幹部も、被告人がVとAの関係を知らないと言ってからは、殺害されるのはVだけであり、被告人が殺害されることはないとの認識で、被告人がVを殺害する準備等をしていたことが認められる。

これらの事実関係に照らすと、確かに、被告人やVの行為は教団に敵対する行動であり、前記教団の論理からすると、被告人があくまでVを殺害するように説得するYの言葉に逆らい、V殺害を強硬に拒否し続けたとすれば、被告人自身も殺害される可能性が存したとはいい得るが、被告人がV殺害を決意した時点では、右のとおり、Yは、被告人をしてVを殺害させることにより事態の収拾を図ろうとして、被告人に対し、被告人がVを殺害しなければならない所以を諄々と説いて聞かせているのであり、この時点でのYの意思として、被告人がV殺害を拒否した場合には、ただちにその場で被告人の殺害行為に移ろうということまで意図していたとは認められないというべきである。してみれば、『できなければお前も殺す。』というYの言葉も、被告人にV殺害を決意させるための脅し文句の一種と理解すべきものである」。

「被告人がVの殺害を決意し、殺害行為に及ぶ時点においては、被告人は、教団施設内で両手に前手錠をされ、周囲を教団幹部に囲まれたうえで、YからVを殺害するように言われ、それができなければ被告人を殺すなどと言われたことは認められる。しかし、この時点でも、Yは、被告人に対し、被告人がむしろVに騙された被害者であるといった論調で話をし、被告人を家に帰す条件としてVの殺害を命じてからも、被告人がVを殺害する理由、教義上の正当性を被告人に説いて聞かせ、被告人が自らそれを承諾するように説得している状態であり、Yが、Vを殺害できなければ被告人を殺害すると言ったという点も、言葉による脅しに過ぎず、実際に、Yないしは周囲にいる教団幹部が、被告人に対し凶器を突き付けるなどしてVの殺害を迫ったという事実は認められないことに加え、………Yは、被告人に対し、Vを殺害するよう命じた後、被告人が明確な答えをせず、時間を稼いでいる間に、被告人が乗車して来た車に関して質問をするなどしているのであって、Yが絶え間なく被告人にVの殺害を迫っていたわけでもないこと、さらに、被告人がVの殺害を決意したのは、右車に関する会話の後、2度目にVを殺すように言われた時点であること、被告人がVの殺害を決意するまでの間に被告人がVの殺害を拒絶したり、命乞いをするなどして事態が緊迫化するということもなかったことなどの事実が認められるのである」。

「ところで、緊急避難における『現在の危難』とは、法益の侵害が現に存在しているか、または間近に押し迫っていることをいうのであり、近い将来侵害を加えられる蓋然性が高かったとしても、それだけでは侵害が間近に押し迫っているとはいえない。また、本件のように、生命対生命という緊急避難の場合には、その成立要件について、より厳格な解釈をする必要があるというべきである。これを本件についてみるに、右に認定した状況からすると、被告人があくまでもVの殺害を拒否し続けた場合には、被告人自身が殺害された可能性も否定できないが、被告人がV殺害を決意し、その実行に及ぶ時点では、被告人は、Yから口頭でVを殺害するように説得されていたに過ぎず、被告人の生命に対する差し迫った危険があったとは認められないし、また、この時点で、仮に被告人がV殺害を拒否しても、ただちに被告人が殺害されるという具体的な危険性も高かったとは認められないのであるから、被告人の生命に対する現在の危難は存在しなかったというべきである。したがって、被告人の行為は緊急避難行為には該当しない」。

「なお、被告人は、当公判廷において、V殺害を断れば、すぐその場で殺されると思った旨供述している。しかしながら、関係証拠によれば、被告人は、………被告人が入室してからVの殺害を決意するまでの客観的状況、特に、YがV及びAを悪し様に言い、被告人をVに騙された被害者だという見方をしていること、被告人に対してVを殺害するように言ってから、その理由、教義上の正当性を説明して被告人を説得していることなどをすべて認識把握していることが認められるほか、Aは、教団に入信してから本件当時までの間に、約4500万円のいわゆるお布施を行っているところ、被告人も、本件当時、Vから話を聞くなどして、Aが多額のお布施をしていることは知っていたこと、被告人が第六サティアンで教団信者らに捕まった時点で、信者らに対し、自分達が帰らなければ警察が来ることになっているなどと言っていること、また、この時点では、被告人は、Aの息子であり、息子が母親を取戻しにきたのであるから、そうひどい目に遭わされることはないであろうと思っていたこと、被告人は、平成4年ころ教団を脱会してからは教団とのかかわりを断っており、本件当時、教団によって殺害された者がいるとか、教団内でリンチ的な行為が行われているということは知らなかったこと、したがって、第二サティアン3階の『尊師の部屋』に入れられた後も、YからVを殺害するように言われ、それができなければ被告人を殺すと言われるまでは、被告人自身が殺されるということは全く考えていなかったこと、Yから右のように言われた後、被告人が乗車してきた車の話が出るや、同乗してきた父親や弟の身に危険が及ぶ可能性があったにもかかわらず、父親が同行して来ていることを明らかにしていることなどの事実が認められるのであり、これらの事実関係に照らすと、被告人自身、あくまでYの命令に逆らい、Vの殺害を拒否し続ければ自己の生命も危うくなるという認識は有していたとしても、Yが被告人にVを殺害させようとして説得している状態であったことからして、その時点で、Vの殺害を断っても、ただちに被告人が殺害されるような状態にはなかったことは十分に認識し得たというべきである。これを否定する被告人の公判供述は信用できない。してみると、被告人も、自己の生命に対する侵害が差し迫っているという認識までは有していなかったと認められるから、この点について被告人に誤想はなかったというべきであり、誤想避難も成立しない」。

「(1) 補充性の要件についていえば、被告人が避難行為に出る以前にどれだけの行為をしたかということが重要なのではなく、客観的にみて、現在の危難を避け得る現実的な可能性をもった方法が当該避難行為以外にも存在したか否かという点が重要なのであり、この観点からすれば、前述のとおり、被告人は、外部と隔絶された教団施設内で、両手に前手錠を掛けられたうえ、Ｙの面前で10名近い教団幹部に取り囲まれている状況にあったのであり、被告人が自力でこの拘束状態から脱出することや、外部に連絡して官憲の救助を求めることは不可能な状態にあったといってよい。また、前記のとおり、被告人やＶの行った行為が教団破壊行為であり、教祖であるＹが、教団の教義に基づき、被告人をしてＶを殺害させることによって事態を収拾しようと考え、その旨を周囲にいた教団幹部に話している以上、被告人にＹの翻意を促す説得行為を要求してみたところで、被告人の身体の拘束が解かれる現実的な可能性はほとんどないといわざるを得ない（現に、被告人は、Ｙから家に帰してやる条件はなんだと思うかという趣旨の質問を受け、教団に戻って一生懸命修行する旨回答しているが、Ｙからは、それもあると言われただけで、結局、修行をすることに加えてＶを殺害するように命ぜられているのである。）。このような状況からすると、被告人は、Ｙの意思によって身体の拘束を解かれる以外に監禁状態から脱するすべはなく、Ｙの意思によって身体の拘束を解かれるためには、Ｖを殺害しなければならないということに帰するのであって、結局、被告人が身体拘束状態から解放されるためには、Ｖを殺害するという方法しかとり得る方法がなかったものと認めざるを得ない。

(2) 次に、相当性の要件について検討するに、本件では、侵害されている法益が被告人の身体の自由であり、避難行為によって侵害される法益がＶの生命であることから、これを単純に比較すれば、当初より法益の均衡を著しく失しているともいえ、自己の身体の拘束状態を脱するために他人の生命を奪う行為に出るということは、条理上これを肯定することができないというべきであるから、その点からすると、避難行為の相当性を欠くとの検察官の主張もあながち理解できないわけではない。しかしながら、前述のとおり、被告人が現に直面している危難は被告人の身体の自由に対する侵害であるが、被告人に対する侵害そのものはこれにとどまるものではなく、危難の現在性は認められないとはいえ、被告人があくまでもこれを拒否すれば被告人自身の生命に対しても侵害が及びかねない状況も他方では認められるのであり（現に、被告人は、Ｙから脅し文句の一つとはいえ、Ｖを殺せないのならば被告人も殺すと言われており、また、前記第二で認定したとおり、被告人がＶ殺害行為に着手した後のことではあるが、被告人がなかなかＶを殺害できないでいるときにも、Ｙから「これでＶを殺せなかったら、お前のカルマだから諦めろ。」とも言われている。）、当面被告人が避けようとした危難が被告人の身体の自由に対する侵害であったとしても、その背後には、危難の現在性はないとはいえ、被告人の生命に対する侵害の可能性もなお存在したといい得るのであるから、このような状態下で、被告人の身体の自由に対する侵害を免れるためにＶの殺害行為に出たとしても、このような行為に出ることが条理上首定できないとまではいえない。したがって、被告人のＶ殺害行為について、避難行為の相当性も認められるというべきである」。

「被告人のＶ殺害行為は、被告人の身体の自由に対する現在の危難を避けるために、已むことを得ざるに出でたる行為とは認められるが、他方、被告人は、自己の身体の自由に対する危難から逃れるために、Ｖを殺害したのであって、法益の均衡を失していることも明らかであるから、結局、被告人の行為には、過剰避難が成立するといわなければならない」。

【参考文献】

大嶋一泰・平成８年度重判解144頁

4 法益の権衡

160 大判昭和12年11月６日裁判例（11）刑87頁

【事実の概要】

　被告人Xは、自らの所有する猟犬（英セッター種・牡４歳・体重約19キログラム・価格600円相当）を連れてV方の前の道路にさしかかったところ、V所有の番犬（土佐雑種・牡4.5歳・体重49キログラム・価格150円相当）が俄かにXの猟犬に迫ってきて、これを咬み伏せた、Xは大いに驚き、V方家主に番犬の制止を求めた。しかし、家人らはこれに応じずそのまま放置したため、Xは、猟銃に火薬散弾を装填し、番犬を狙撃し、これに銃創を負わせた。Xは器物損壊罪等で起訴された。

【裁判の経過】

１審：判例年月日不明

２審：前橋地判昭和12年４月１日（公刊物未登載）

【判旨】破棄自判（無罪）

「右両犬の種類大小性質等を比照し両犬が叙上の如き状況の下に在りたることを彼此考量すれば其の儘之を放置するに於ては被告人所有の猟犬はＶ所有の番犬の為に甚しき咬傷を受くるに至り其の結果或は死に至ることあるべく少くとも爾後猟犬としての用を充たすこと能はず殆と無價値のものとなるべきこと明白にして被告人が当公廷に於て供述するが如く其の際自己所有の猟犬に対する被害を思うて速に応急の措置に出づべきものと做したるは毫も不当なる判断と云うを得ざるべき而も右猟犬に対し叙上の如き危難あるに当り之を避けむが為Ｖ方家人に対し番犬の制止方を求めたるも同人等に於て之に応ぜざりし為前叙の如く其の場に於て直に狩猟用火薬並散弾を装填したるに連銃を以て右番犬を狙撃して其の活動を阻止するの外他に右危難を避くるに足る適当の手段方策なかりしことは被告人の当公廷に於ける供述に依り明白なるが故に被告人が策盡きて遂に前示行為に及びたるは其の所有猟犬に対する現在の危難を避くる為已むことを得ざるに出でたるものと認めざるを得ず又一方被告人が叙上の如き状況の下に於て狩猟用火薬を所轄警察官署の許可を受けずして狩猟以外の用途に充てたるは是全く被告人が当時銃砲火薬類取締法施行規則25条の規定するところに従ひ所轄警察官署の許可を受けんと欲するも到底之を受くるの遑なく若進むて其の許可を受けんとするに於ては必ずや自己所有の猟犬に対する危難を避くること能はざるに至るが為にして斯る場合被告人が右許可なくして前示火薬類を狩猟以外の用に供したればとて其の措置を不相当なるとして被告人を非難し得ざるのみならず被告人に対し其の許可を受くべきことを強要し危難を忍容すべしと為すが如きは不能を強ゆるものと云うべきを以て他に特別なる事由の存せざる限り被告人が叙上の許可を受けずして前示狩猟用火薬類を狩猟以外の用途に充てたる行為も亦自己の財産に対する現在の危難を避くる為已むを得ざるに出でたる行為に外ならざるものと云ふべし而も右番犬及猟犬の当時に於ける価格は前叙の如くなるを以てＶ所有の番犬を損傷したるが為同人の蒙る損害としては右価格以上に出でざるものと云うべく之に反し若被告人にして其の所有に係る猟犬が番犬の為咬付かれたる儘放置せられ之に対し何等の措置を執らざりしとせば被告人の蒙るべかりし損害は其の猟犬の價格に相当するものと認むるを妥当とすべく尚刑法第261条銃砲火薬類取締法施行規則第25条第45条等の規定するところを參酌し被告人の前示行為に因りて生ぜしめたる害は其の避けんとしたる害の程度を超えざるものと認む以上説明するところに依れば被告人の叙上行為は正に刑法第37条第１項所定の緊急避難に該当し其の行為の違法性を阻却するものと云うべきを以て犯罪を構成せず」。

5 過剰避難

(1) 酒気帯び運転

161 東京高判昭和57年11月29日刑月14巻11＝12号804頁、判時1071号149頁

【事実の概要】

被告人Xは、昭和56年８月24日午後６時ごろ、群馬県沼田市甲警察署付近道路において、酒気を帯び、呼気1リットルにつき0.25ミリグラム以上のアルコールを身体に保有する状態で普通貨物自動車を運転したものであるが、それは、兼ねて不仲であり酒乱で粗暴癖のあるXの弟AがX方へ飲酒酩酊のうえ鎌を持って暴れ込み、これを避けて自宅前に駐車してあった前記貨物自動車に逃げ込んでいたXを、更に普通乗用自動車に乗って追いかけようとしたため、Xが右貨物自動車を運転して逃げ出し、約6.15キロメートル運転を継続し、甲警察署まで来て助けを求めたものであった。Xは道交法65条の酒気帯び運転の罪で起訴された。

【裁判の経過】

１審：沼田簡判昭和57年３月16日（公刊物未登載）

【判旨】破棄自判

「被告人が甲署に到着するまでの間は、被告人の生命、身体に対する危険の現に切迫した客観的状況が継続していたものと認められ、被告人が自ら右危難を招いたものということもできず、右危難を避けるためには身を隠していた自動車を運転して逃げ出すほかに途はなく、被告人が自宅の前から酒気帯び運転の行為に出たことは、まことにやむを得ない方法であって、かかる行為に出たことは条理上肯定しうるところ、その行為から生じた害は、避けようとした害の程度を超えないものであったと認められる。しかしながら、β橋を渡って市街地に入った後は、Ａ車の追跡の有無を確かめることは困難ではあるが不可能ではなく、適当な場所で運転をやめ、電話連絡等の方法で警察の助けを求めることが不可能ではなかったと考えられる。この点で被告人の一連の避難行為が一部過剰なものを含むことは否定できないところであるが、前記一連の行為状況に鑑みれば、本件行為をかく然たる一線をもって前後に分断し、各行為の刑責の有無を決するのは相当とは考えられないのであって、全体としての刑責の有無を決すべきものである。このような見地から被告人の行為を全体として見ると、自己の生命、身体に対する現在の危難を避けるためやむを得ず行なったものではあるが、その程度を超えたものと認めるのが相当である。従って、『被告人の身上に対する危険は直接、切迫した状態にあったと認めることが出来るも、……本件運転行為のみが被告人にとって危難を避けるための唯一の手段、方法であったとはいい難い』として緊急避難を認めず、過剰避難の成立をも否定した原判決は、事実を誤認し、法令の適用を誤ったものというべきであ」る。

【参考文献】

振津隆行・百選Ⅰ〔第４版〕62頁、小名木明宏・百選Ⅰ〔第５版〕58頁、山本輝之・百選Ⅰ〔第６版〕62頁

(2) スピード違反

162 堺簡判昭和61年８月27日判タ618号181頁

【事実の概要】

被告人Xは、昭和59年９月23日、自己の普通乗用自動車を運転して和歌山県勝浦町へ墓参に赴き、翌24日午後３時ころ、同自動車の助手席に次男Ａ（当時13歳）を、その後部座席に長女Ｂ（当時16歳）を、運転席後部座席に次女Ｃ（当時８歳で、乗車するとき体

に異常はなかった。）をそれぞれ同乗させ、Xが運転して勝浦町を出発し、新宮市、奈良県十津川村、五条、河内長野市を経て堺市泉北地区道路上を、堺市平岡町の自宅に向かって走行中、後部座席のBの膝の方に頭を向けて寝ていたCが、しんどそうであり、ぐったりして汗をすごくかいており、「体がだるい。」と言ったので、BがCの額に手をあてたところ、熱いので、Xに対し、「お父さんCが熱があるみたい。」と告げた。Xは、さっそく自動車を道路際に寄せて停車し、Cの様子をみると、同女はBのみたとおりの状態であり、Cの額を手で押えると熱がかなり高く、一刻も早く医師の手当を必要とする状態であった。Xは救急車を呼ぶことも考えたが、Cの掛り付けの甲病院がそこから左程遠くないところにあるので、同病院で手当をうけようと、急いで運転を再開し、あと 7、8 分くらい運転すれば同病院に着くころの、同日午後 8 時59分ころ、道路標識によって最高速度を50キロメートル毎時と定めた道路において、最高速度を超える時速88キロメートルの速度で自動車を運転した。Xは道交法118条 1 項 2 号、22条の最高速度数で起訴された。

【判旨】有罪・道路交通法違反（過剰避難）

「被告人が本件行為に及ぶに至った経緯及びＣの病状については判示のとおりであって、Ｃの右病状は、同人の身体に対する現在の危難があったというに妨げないこと、本件行為は、右の危難を避けるためになしたものであることがそれぞれ認められる。また右行為によって害される法益が、これによって保全されるＣの身体に対する危難の程度より重いということはできない。しかしながら、緊急避難には自ら手段の面で制約があるところ、判示の如き現在の危難を避けるためには、甲病院まで左程遠くない（本件場所からは、自動車で７、８分ぐらいである。）のであるから、許されるスピード（当時の速度違反の検挙は、毎時15キロメートル以上超過しているものであった。）で運転すれば足るものであって、本件行為の如きは判示危難を避くるため、やむことを得ざるに出でたる行為としての程度を超えたものであるといわねばならない」。

6 誤想過剰避難

163 大阪簡判昭和60年12月11日判時1204号161頁

【事実の概要】

被告人Xは、昭和60年 9 月13日、大阪市天王寺区の天王寺ステーションビル 1 階国鉄天王寺駅構内中央コンコースの 2 階に上る階段に座っていたところ、やくざ風の50歳ぐらいの男Aから「仕事を探しているなら俺に任せておけ。一緒に飲もう」と言われ、午後 1 時半から午後 7 時20分ごろまで、同所に座ったまま、Aの奢りで、酒を飲ませてもらった。そこに35歳ぐらいのやくざ風の男Bが来て、「仕事のことはおっさんに任せておけ。駅は 9 時に閉まるから外に出よう」と言われ、手を引っ張られたが、蛸部屋のような飯場にでも連れて行かれるのではないかと不安になり、「もうちょっとここにいる」と言って立ち上がらなかったところ、Bから頭を小突かれたりした。Aらは、「また戻ってくるから、そこにいろ」と言ってその場から立ち去り、コンコース内をうろうろしているのが見えたがそのうちに見失った。Xは、その後コンコース内をぶらぶら歩くうち、2 日前に西成方面で数人の男から殴られて所持金 3 万円位を奪われ、前歯を折られる等の負傷をしたことがあったためこのことを思い合わせ、先ほどの 2 人の男が怖ろしくなり早く逃げ出さねばと考えたが、2 人の男が午後 9 時までには戻ってくるが、コンコース内のどこかにおり、みられてる感じがし、逃げ出すのが見つかれば 2 人の男から殴られたり蹴られたりするに違いないと思いこみコンコースからそのまま外へ出ることができなかった。そこで、Xは、コンコース内の階段から走って地下 1 階に下り、護身用にビール瓶等を探したが、見つからなかったところ、甲利用室内にあった散髪ばさみをガラス越しに見て、とっさにこれを護身用にしようと思い、これを持ち出してコンコースの方に逃げたが、同店の従業員らに追跡され、鉄道公安職員に逮捕された。Xは窃盗罪で起訴された。

【判旨】有罪（窃盗罪）

「被告人は、前記のようにコンコース内から地下１階に下り、被告人がコンコース内のどこかにいると思った２人の男から身を隠くした形になってからアベノ地下街に入っているのであり、同地下街には多数の店舗があるほか、地下鉄谷町線へ下る入口が４ケ所、コンコースのある前記天王寺駅ステーションビルから相当離れた地上に出る階段が７ケ所（そのうちすぐ目につくのは２ケ所）あり、右の階段から地上に出て２人の男から逃避することができるばかりでなく、危難を怖れるのであれば同地下街の店の人に頼んで電話で警察に連絡して貰って救助を求める余裕もあったものと認められる。ただ被告人は、本件の４日前に大阪に出て来たものであり、地理が判らないことや誤想に基づく当時の被告人の心情を考慮すると、被告人に右のような方法をとることを現実に期待することは困難な面があったとみられる。それ故右のような状況下でなされた被告人の本件所為は現在の危難の誤想に基づく避難行為といえても止むを得ない程度をこえた過剰避難であるといわざるを得ない。被告人は当公判廷において前記地下街の階段からコンコースを相当離れた地上に出ても２人の男に発見されるかも知れず、大阪市内のどこへいっても２人の男から探し出されて捕るから逃げ切れないと思った旨の弁解をしているけれども、右弁解は到底首肯できるものではなく、前記証拠殊に被告人の捜査段階から公判廷に至る供述を綜合すれば、被告人は、前記のように地下１階に下りてからは２人の男から逃避可能な方法を見出そうとせず、専ら護身用具を探がしていたもので、他に避難の方法がないと思って本件所為に出たものではないと認められる」。

【参考文献】

吉田敏雄・百選Ⅰ〔第４版〕66頁、岩間康夫・百選Ⅰ〔第５版〕62頁、塩谷毅・百選Ⅰ〔第６版〕66頁。

第４章　責任阻却

第１節　責任能力

1　責任能力

(1)　責任能力の意義

164 大判昭和６年12月３日刑集10巻682頁

【事実の概要】

被告人Xは、自己が借り受けて耕作する田の隣地所有者V1と土地境界を争い、日ごろよりV1との折り合いが悪く、田の草刈に赴いた際、V1が昼食のため帰宅しようとして草刈をやめ田の畦づたいにXの耕作する田付近に登るのを見て、V1が同所の草刈をしていたものと誤信し、日頃の反感が一時に激発して、突如V1の背後から所携の芝刈鎌でV1の頭部を数回強打し、次いでV1の叫び声に驚いて駆けつけたV1の長男V2の頭部等を鎌で数回強打し、V1に全治100日を要する傷害、V2に全治10日を要する傷害を負わせた。Xは、傷害罪で起訴された。

【裁判の経過】

１審：魚津区判（年月日不明）

２審：富山地判（年月日不明）

２審は、傷害罪の成立を認め、なおXは犯行当時心神耗弱の状態にあったとした。

X側は、Xは心神喪失であると主張して上告した。

【判　旨】上告棄却

「心神喪失と心神耗弱とは孰れも精神障害の態様に属するものなりと雖其の程度を異にするものにして即ち前者は精神の障害に因り事物の理非善悪を弁識するの能力なく又は此の弁識に従て行動する能力なき状態を指称し後者は精神の障害未だ上叙の能力を欠如する程度に達せざるも其の能力著しく減退せる状態を指称するものなりとす。所論鑑定人Ｅの鑑定書にはＸの犯行当時に於ける心神障害の程度の是非弁別判断能力の欠如せる状態にありたるとは認められず精神稍興奮状態にあり妄覚ありて妄想に近き被害的念慮を懐き知覚及判断力の不充分の状態にあり感情刺戟性にして瑣事に異常に反応して激昂し衝動性行為に近き乃至は常軌を逸する暴行に出づるが如き感情の障害の症状存したりとの趣旨の記載ありて右に依れば本件犯行当時に於けるＸの心神障害の程度は普通人の有する程度の精神作用を全然欠如せるものにはあらず。唯其の程度に比し著しく減退せるものなりと謂うにあるが故に其の精神状態は刑法に所謂心神耗弱の程度にありと認むべきものにして所論の如く心神喪失の程度にありと認むべからざるものとす。果して然らば所論の鑑定の結論は相当にして又原判決が右鑑定書の記載を引用してＸが本件犯行当時心神耗弱の状況にありたりと判断したるは正当なりと謂うべく記録を精査するも此の点に付原判決に重大なる事実の誤認あることを疑うに足るべき顕著なる事由を見ざるを以て論旨は理由なし」。

【参考文献】

川本哲郎・判例講義Ｉ91頁、金澤文雄・百選Ｉ〔第４版〕68頁

(2) 鑑定と責任能力判断

165 最決昭和33年２月11日刑集12巻２号168頁

【事実の概要】

被告人Xは、多少精神病質の遺伝的負因を有し生来小心で偏執的なまでに几帳面な異常性格であったところへ失職と病苦、生活難さらにはその打開策の計画の挫折と次々に衝撃を受け、そのため神経衰弱気味となり些細なことにも誇大に危虞憂慮し、生に対する希望も自信も喪って次第に厭世的な考えに傾き、むしろ死を望み妻Vに対し頻りに自殺を口にするに至った。VはXの心情を察し努めてその意に逆らうことを避けこれに添うごとく応対していた。ところでXは自宅階下茶の間においてVに対し又もや自殺の決意を打明け行動を共にすることを執拗に求めたところ、Vより「死ぬ死ぬと何遍もしつこい。そんなにわからぬことをいうのならM病院に行かねばらちあかん。」と申向けられ、ここにおいてVの真意を知り、むしろVを殺害して自殺を遂げようと決意し、秘かに台所より出刃庖丁を取り来り、Vの隙を見てやにわにその前頸部に１回突刺し、更に左側顎下部に数回切りつけ、因ってVの前頸部に胸腔を穿孔して肺尖部に達する刺切創並びに左側顎下部に頭蓋骨損傷を伴う割創等数個の創傷を負わせ、右前頸部の刺切創に因る多量の出血のためVを即死させた。Xは、殺人罪で起訴された。なお、鑑定人S及びMの各精神鑑定書によれば、いずれにもXは判示犯行の当時心神喪失の状態にあった旨の意見の記載が存する。Xの弁護人は、Xは心神喪失であったと主張した。

【裁判の経過】

１審：金沢地判昭和30年５月26日刑集12巻２号180頁（有罪・殺人罪［心神耗弱］）

「Xは判示犯行の当時是非善悪を弁識しそれに従って行動する能力を全く欠如した状態にはなかったことを充分に認めることができるから弁護人の右主張はこれを採らない。鑑定人S及びMの各精神鑑定書によればいずれにもXは判示犯行の当時心神喪失の状態にあった旨の意見の記載が存するが前掲各証拠に照していずれもこれを採用できない」。これに対して、X側は心神喪失であると主張して控訴した。

２審：名古屋高裁金沢支判昭和30年12月13日刑集12巻２号182頁（破棄自判［量刑不当］）

「右各鑑定書全体の記載内容、論旨Xの各供述調書によれば、Xは犯行時及び犯行前後の事実を詳細に記憶し理路整然と明確に述べている点からしてXは少くとも本件犯行当時の行為の大部分を追想し得たものと認められること、原審第10回公判期日におけるTの供述並に原判決挙示の証拠を綜合すればXは本件犯行当時精神の障害により事物の理非善悪を弁識する能力を欠如し又はこの弁識によって行動する能力を欠如していたものとは到底認めることができないそれゆえ前示各鑑定の結果は、にわかに採用できないがXは本件犯行当時その能力著しく減退していたものと認められいわゆる心神耗弱状態にあったものと認められる。…原判決挙示の証拠を綜合すれば原判決認定のようにXは本件犯行当時心神耗弱状態にあったものと認められ心神喪失状態にあったものとは認められない」。

これに対して、X側は、Xが本件犯行当時心神喪失の状態にあったことは鑑定人SおよびMの各精神鑑定書とも全く一致しているのに、専門的知識に乏しい裁判官が、科学者の一致した結論を、他に合理的理由もないのに軽がるしく否定し、本件犯行当時、Xが心神喪失の状態にあったものと認められないとの原判決の認定は、科学の法則を無視し、従って実験則にも違反すると主張して上告した。

【決定要旨】上告棄却

「第１審判決が所論精神鑑定の結論の部分を採用せず鑑定書全体の記載内容とその他判決挙示の証拠を綜合して心神耗弱の事実を認定しても経験則に反するというに足りず、これを是認した原判決の証拠説明に所論の違法があるとはいえない」。

【参考文献】

寺尾正二・最判解刑事篇昭和33年度39頁

(3) 統合失調症の鑑定の評価

166 最判昭和53年3月24日刑集32巻2号408頁、判時889号103頁、判タ364号203頁

【事実の概要】

被告人Xは、友人のTの妹Nに好意を抱き、同女に結婚を申し込んだが断わられ、さらには同家を訪れた際、Tらと思想的に対立し不快な思いをしたことなどから右一家を深くうらみ、遂にはT、Nともどもその家族をも殺害してその意趣を晴らそうと決意するに至り、当時勤務していた会社現場から長さ約80.4センチメートル、幅約3.6センチメートル、厚さ約1.3センチメートルの棒様鉄片を持ち出してこれに茶色の紙テープを巻きつけ、木片に偽装してこれを携え、T方に赴いたところ、T、Nの実姉V1(当時33歳)から冷たくあしらわれ、帰宅を促されてV2(当時24歳)運転の車を呼び乗車させられたため犯行の機会を失して一旦はN市に向ったが、憤まんやるかたなく、途中11時50分ごろ、再び一家を殺害すべくV2運転手にT方へ引返すことを強要してT方に引返し、V2を下車させてT方玄関四畳の間まで連行し、翌1月4日午前0時20分ごろ、まずV2の隙をみてその場で携行していた前記鉄棒で殺意をもって同人の頭部を殴打したのを始めとして、奥六畳の間において、就寝中のV1の長女V3(当時7歳)、次女V4(当時5歳)、三女V5(当時1歳)の各頭部を、さらに玄関四畳の間で、かけつけて来た近所のV6(当時52歳)の頭部を、また玄関において、V1および悲鳴を聞いてかけつけた前記V6の長男V7(当時20歳)の各頭部をそれぞれ右鉄棒で殺意をもって殴打し、よってV1を頭蓋骨骨折による脳出血により、V7を頭蓋骨骨折、脳挫滅による脳機能障害により各即死させ、V3を血管破裂を伴う頭蓋骨骨折などにより死亡させ、V4を頭蓋骨骨折、脳挫滅により死亡させ、V6を頭蓋骨骨折、脳出血、脳挫滅により死亡させてそれぞれ殺害の目的を遂げ、V5に対し、全治期間不明の側頭部打撲傷、脳挫傷の傷害を、V2に対し、全治約2ケ月間を要する後頭部挫創、脳震盪、頭蓋内血腫疑の傷害を各負わせた。しかし、Xのいる前でV2の手当をしたり駐在所への連絡に外出しようとしたNの父Kに対しては何ら手出しをしなかった。

Xは、この犯行中電話線を切断し、犯行後、Xが被害者宅近くにおかれていた他人の自転車を使って、約4キロメートルN市寄りの実姉宅まで戻り、姉夫婦らには犯行を感得されず就寝していた。

なお、Xは、昭和42年6月ころ医師から精神分裂病と診断され、同年7月下旬国立K病院精神科に入院し、同43年1月下旬に軽快・退院したのちも、工員として働きながら同年10月下旬(本件犯行の約2か月前)まで通院治療を受けていた。

Xは、殺人罪、殺人未遂罪で起訴された。弁護人は、Xは本件犯行当時心神喪失ないし耗弱の状態にあったと主張した。

【裁判の経過】

1審:高知地判昭和45年4月24日刑集32巻2号416頁(有罪・殺人罪[死刑])

「Xは過去に精神分裂病で入院した経歴を有し、犯行当時、右病気により通常人の健全な人格に比し多少劣るところがあった(精神分裂病の欠陥状態にあった)けれども、本件犯行は、精神病にいわゆる幻聴や妄想ないし作為的体験といった病的体験と直接のつながりがないのみならず、判示のように、Xは周到な準備のもとに現場に臨んでおり、犯行直前一旦は判示T方を立去ったけれども再び同所に引返したものであること、犯行中電話線を切断し、逃走に際しては、犯行に使用した鉄棒を海岸砂中にうめ、着ていたコートを別の場所に投棄するなど証拠いんめつを計っていることなどが認められるので、当時理非善悪の弁識力、右弁識に従って行動する能力に大いなる欠陥がなかった」。

2審:高松高判昭和50年4月30日刑集32巻2号419頁(控訴棄却)

「Xには精神分裂病(破瓜型)の病歴があるとはいえ、右病症はすでに寛解していて、犯行時におけるXの心神状態に著しい欠陥や障害はなかったものと認められ、当審における事実取調べの結果、とくに鑑定人I作成の鑑定書及び当裁判所の鑑定証人Iに対する尋問調書によって、右認定が一層裏付けられたものと認められる」。これに対して、X側が上告した。

【判　旨】破棄差戻

「第1審の鑑定人K作成の鑑定書及び原審の鑑定人I作成の鑑定書（同人に対する原審の証人尋問調書を含む。以下「I鑑定」という。）には、いずれも、本件犯行がXの精神分裂病に基づく妄想などの病的体験に支配された行動ではなく、Xは是非善悪の判断が可能な精神状態にあった旨の意見が記載されている。しかし、両鑑定は、本件犯行時にXが精神分裂病（破瓜型）の欠陥状態（人格水準低下、感情鈍麻）にあったこと、破瓜型の精神的分裂病は予後が悪く、軽快を示しても一過性のもので、次第に人格の荒廃状態に陥っている例が多いこと及び各鑑定当時でもXに精神分裂病の症状が認められることを指摘しており、さらに、I鑑定は、本件犯行を決意するに至る動機には精神分裂病に基づく妄想が関与していたこと及び公判段階におけるXの奇異な言動は詐病ではなく精神分裂病の症状の現われであることを肯定している。

右のような、Xの病歴、犯行態様にみられる奇異な行動及び犯行以後の病状などを総合考察すると、Xは本件犯行時に精神分裂病の影響により、行為の是非善悪を弁識する能力又はその弁識に従って行動する能力が著しく減退していたとの疑いを抱かざるをえない。

ところが、原判決は、本件犯行がXの精神分裂病の寛解期になされたことのほか、犯行の動機の存在、右犯行が病的体験と直接のつながりをもたず周到な準備のもとに計画的に行われたこと及び犯行後の証拠隠滅工作を含む一連の行動を重視し、I鑑定を裏付けとして、Xの精神状態の著しい欠陥、障害はなかったものと認定している。

そうすると、原判決は、Xの限定責任能力を認めなかった点において判決に影響を及ぼすべき重大な事実誤認の疑いがあり、これを破棄しなければ著しく正義に反するものと認められる」。

【参考文献】

浅田和茂・昭和53年度重判解162頁、松本光雄・最判解刑事篇昭和53年度118頁

(4)　責任能力の存在時期

167 大阪地判昭和58年3月18日判時1086号158頁

【事実の概要】

被告人Xは、昭和57年5月15日前刑を終えて大阪刑務所を出所し、その後大阪市内の簡易宿泊所等で寝泊りをしながら、所持金がなくなると日雇労務者として働くといったその日暮しの生活を送り、同年10月初旬ころからは、建築現場で作業中に腰を痛めたのを機会に、大阪市の天王寺公園内の茶臼山に来て、Aや同人の友人のV（当時42歳）らと知り合うようになり、茶臼山北側空地で野宿をしながら、血液を売って得た金等で酒を飲むなどして浮浪者生活を送っていたが、Vとは気が合わず、同人が時折、Xを馬鹿にしたような態度を示すことなどもあって、日頃からVを余りこころよく思っていなかったところ、同年11月6日午前8時過ぎころ、同空地で、VやAほか4・5名の浮浪者と、Xが近くの酒屋で買い求めて来た焼酎を飲み交わしていた際、Aが、たまたまその場に来合わせた、かつて同人の持ち物を盗んだり、X人から柿を取上げて食べたりしたことのあるBに対し、Xに何ら断わりもなく焼酎を振舞ったことから、これに腹を立ててAと口論をしたが、その際、VがXに対し、「そんなもんええやないか」などといって、Aの肩をもち、口論に口出しをしたことに激高し、同日午前8時30分ころ、同空地において、いきなりVに頭突きをかけ、手拳で同人の顔面を殴打し、その胸部や腹部を足蹴にし、更に、同所の金網のフェンス付近に倒れた同人の頭部や腹部などを頭突いたり足蹴にした後、同人を路上に引きずり回し、その顔面及び胸腹部などを殴打足蹴にするなど多数回にわたって暴行を加え、同人に頭部・顔面・胸腹部打撲傷等の傷害を負わせ、よって、同日午前9時50分ころ、同所において、右胸腹部打撲に基づく肝臓挫滅による出血失血のため、同人を死亡するに至らせた。この行為が傷害致死罪で起訴された。X側は、本件犯行途中から酒の酔いのために錯乱状態に陥っていたと主張した。

【判　旨】有罪・傷害致死罪（確定）

「Ｘは、本件犯行に着手した時点においてはもとより、犯行の前半部分にあたる、金網のフェンス付近に転倒したＶに暴行を加えた段階においては、その責任能力に疑いはなかったものであるところ、その段階においてＶに加えた暴行は、優に致死の結果をもたらしうるものと認められるうえ、その後のＸの錯乱状態は、Ｘ自らの飲酒及びそれに先き立つ暴行等の行動によって招かれたものであり、かつ、右状態で行われた暴行は、前段階におけるそれと態様を異にするものでもないから、本件におけるＸの暴行は、その全部を一体として評価すべきであり、仮りに犯行の後半部分において、Ｘがその責任能力に何らかの影響を及ぼすべき精神状態に陥っていたとしても、刑法39条１項又は２項は適用されないものと解すべきである」。

【参考文献】

川本哲郎・判例講義Ｉ93頁、岩井宜子・百選Ｉ〔第３版〕76頁

(5)　鑑定の評価

168 最決昭和58年９月13日判時1100号156頁、判タ513号168頁

【事実の概要】

被告人Xは、前後３回にわたり、いずれも家人がたまたま不在中の３軒の家において現金合計約18,500円を窃取した。Xは窃盗罪で起訴された。Xの供述内容が異常であり、飛び降り自殺を図るなどの異常行動に出たことから、２審において鑑定が実施され、鑑定人Oは、「Xは幻聴に襲われ、これに支配された状態で各犯行を行ったと考えられる。…Xは覚せい剤中毒の被害妄想の苦しみから逃れようと、幻聴の指示するままに27万円を棄てたことを背景に、これを返却するとの幻聴を信じて窃盗行為に至った」ものであり、「本件各犯行時には、正常人の是非善悪の判断能力を欠いていたものと判断される」との趣旨の鑑定をしている。また、鑑定人Sも、Xが本件各犯行当時覚せい剤中毒にり患しており、犯行前、鑑定人Oが述べているのとほぼ同様に幻聴に襲われ、その強い影響の下に本件各犯行を行ったものと考えられるが、Xが幻聴を聞いた際、盗みに入ることは悪いことであると考えていたことが明らかであるから、Xには是非善悪を弁別する能力はあったが、これに従って行動する能力は減弱していたと考えられるとの趣旨の鑑定をしている。

【裁判の経過】

１審：旭川地名寄支判昭和57年６月10日（有罪・窃盗罪）

１審は窃盗罪の成立を認めた。これに対して、Ｘ側は、Ｘは本件各犯行当時心神喪失又は心神耗弱の状態にあったと主張して控訴した。

２審：札幌高判昭和58年４月19日判タ496号169頁（控訴棄却）

「右両鑑定人の各鑑定書の記載のほか、両鑑定人の当公判廷における供述を含め関係各証拠をし細に検討すると、…本件各犯行当時、真実Ｘが原審及び当審公判廷で述べ又は前記鑑定人に対して述べているような幻聴に襲われ、これに支配され又はこれに強い影響を受けて本件各犯行に出たとは認め難いものである。…覚せい剤中毒による精神障害は、人格が破壊され病的体験が全人格を支配する精神分裂病とは異なり、人格を深く支配するものではないとされていること等を総合すると、本件犯行当時Ｘが是非善悪を弁別し又はこれに従って行動する能力を欠いて心神喪失の状態にあったとか、又はこれらの能力が著しく減弱し心神耗弱の状態にあったとは認められないといわなければならない」。これに対して、Ｘ側は、Ｘの犯行当時の精神状態に関する鑑定結果を否定しＸの刑事責任能力を肯定したことは重大な事実誤認であると主張して上告した。

【決定要旨】上告棄却

「Ｘの精神状態が刑法39条にいう心神喪失又は心神耗弱に該当するかどうかは法律判断であって専ら裁判所に委ねられるべき問題であることはもとより、その前提となる生物学的、心理学的要素についても、右法律判断との関係で究極的には裁判所の評価に委ねられるべき問題であるところ、記録によれば、本件犯行当時Ｘがその述べているような幻聴に襲われたというこ

とは甚だ疑わしいとしてその刑事責任能力を肯定した原審の判断は、正当として是認することができる」。

(6) 統合失調症

169 最決昭和59年7月3日刑集38巻8号2783頁、判時1128号38頁、判タ535号204頁

【事実の概要】1 (3) 169 参照

差し戻し後の2審において、2度にわたって被告人Xの精神鑑定が行われ、鑑定人H作成の鑑定書によれば、(1) Xは精神分裂病を発症している、病型は緊張型と呼ばれる症状を示すが、著しい人格欠陥におち入る定型的のものではない、現在人格欠陥を露呈しているが著しいとはいえない、(2) 本件犯行当時、治療中の寛解状態にあって、社会生活が可能であり、病状が増悪していたとは認められないという意見であり、その病状の程度は、本件犯行当時、Xの社会に対する適応能力がやや低下していたことは否定できないものの、通常の社会生活が可能であり、一応の判断能力を備えていたとされている。

また鑑定人T作成の鑑定書によれば、「本件犯行時におけるXの精神状態は、緊張病の一旦寛解した状態であったが、本件犯行の動機が妄想の基盤の上に形成された了解不能なものであること、犯行が衝動的に着手され、その経過中、精神活動停止と精神運動興奮が現われたと推測され、犯行後無感動状態であったとみられること、逮捕後の取調べ中に供述の無意味な変動が認められたことからみて、本件犯行には分裂病の強い影響の存在を認めるべきであり、従って行為の不法性を認識し、この認識に従って意思を統禦することは、まったく不可能であったと認められる」という意見であった。

【裁判の経過】1 (3) 169 参照

差戻後控訴審：高松高判昭和58年11月2日刑集38巻8号2790頁（破棄自判、心神耗弱［無期懲役]）

T鑑定の「心神喪失の意見は、分裂病者は原則として責任無能力であるとする精神医学上の学説の立場からのものであって、必ずしも裁判実務上承認された考え方とはいえないし、そして同鑑定人の診るところでも当時の病状としては、Xは良好な寛解状態にあったとされるとともに、本件は直接幻覚、幻聴、妄想などの作為体験に基く犯行ではないとされておるのであり、かつ証拠によると、その当時、Xは工員として会社に勤務し、普通に社会生活を営んでいたのであり、診断の結果、必要とされる薬は引続き服用しており、Xと接触した親族や知人らも、その行動に格別異常な様子を感じなかったというのであるから、本件犯行態様や動機などに奇異な面のあることを考慮しても、心神喪失とする結論は採用できない。

しかしながら、これらの鑑定書及び記録により認められるXの当時の病状や、犯行態様などを総合考察すると、Xは、本件犯行時に精神分裂病の影響により、行為の是非善悪を弁識する能力又はその弁識に従って行動する能力が著しく減退した状態にあったものというべきであり、従って、原判決は、心神喪失の主張を排斥した点において相当であるが、心神耗弱の主張を排斥した点において、判決に影響を及ぼすべき事実誤認があり破棄を免れない」。これに対して、X側は、心神喪失が認められるべきであると主張して上告した。

【決定要旨】上告棄却

「Xの精神状態が刑法39条にいう心神喪失又は心神耗弱に該当するかどうかは法律判断であるから専ら裁判所の判断に委ねられているのであって、原判決が、所論精神鑑定書（鑑定人に対する証人尋問調書を含む。）の結論の部分にXが犯行当時心神喪失の情況にあった旨の記載があるのにその部分を採用せず、右鑑定書全体の記載内容とその余の精神鑑定の結果、並びに記録により認められるXの犯行当時の病状、犯行前の生活状態、犯行の動機・態様等を総合して、Xが本件犯行当時精神分裂病の影響により心神耗弱の状態にあったと認定したのは、正当として是認することができる」。

【参考文献】

川本哲郎・判例講義Ⅰ92頁、林美月子・百選Ⅰ〔第6版〕68頁、安田拓人・百選Ⅰ〔第5

版〕64頁、岩井宜子・昭和59年度重判解166頁、高橋省吾・最判解刑事篇昭和59年度347頁

(7) 覚せい剤中毒

170 東京高判昭和59年11月27日判時1158号249頁

【事実の概要】

(1) 被告人Xは、昭和55年3月中旬A子と同棲後間もなく、舎弟分であるEとA子との関係を深く疑って、A子に暴行するようになり、同年4月4日A子に買ってやった洋服を引き裂くなどのことがあり、Eに対しても強く詰問した。その結果同月中旬、十数年間行動をともにしてきたEが姿をくらました。

(2) Xは、そのころ、誰もいないのに「今、横をおばあさんが通った」、「風呂場の方に人がいる」などと口走ったり、居室の玄関を施錠し、チェーンを針金で固定した上にロープで縛りつけたりし、また同年3月30日救急車で病院に搬送された際には「死神が来た、お墓が見える」などと口走った。

(3) 同年6月5日ころからA子の入院に付き添って病院で寝泊りしたときにも、「誰か来た」、「警察が病院の周りを包囲してバリケードを作っている」などと口走って窓をシーツや毛布で隠し、病室の扉を椅子とテーブルを置いて開かないようにし、義弟のFが訪れたとき「警察を連れて来た」などと言ったり、A子に「警察やEに包囲されているので死ぬかも知れない」などと言ったりした。

(4) 同月22日午前2時30分ころ、病院で就寝中足音が聞こえたため廊下に出た際、A子のライターと煙草が置いてあったことから、同女とEが密会していたと思い込んで、同女の顔面を手拳で殴打し、さらにEを捜すためA子を自動車に同乗させてX方へ向かう途中、車内において散弾銃で同女の身体を突くなどして同女の右腕・右大腿・脇腹などに出血を伴う大怪我をさせ、X方でEを捜す間も、同女を自動車のトランク内に閉じ込め、Eがいないことを確認すると、同女に「痛かった、ごめんね」と謝り、病院の玄関にいた男を警察官だと言って同病院には帰らなかった。

(5) 同日の晩A子をK医院に連れて行き入院させたが、同院でも、病室のドアのノブとベッドの足をロープで結ぶなどしたほか、A子を呼ぶ男の声や口笛の音が聞こえたと訴え、GことHの妻がEからの連絡の手紙をA子に渡したと疑い、さらに朝方灰皿の中にEの愛用の煙草の吸殻を見てEが来たと疑ったあげく、同月24日、A子がレントゲン室から戻るのが遅かったことから、A子が傷害事件を両親や警察に通報したと考えて一人逃走し、Y市内をぶらつき同夜は野宿した。

(6) 翌6月25日、Dとともに帰る途中、洋品店でずぼんを求め、その直しを頼んでそば屋で昼食したが、その直しが遅いのを「お巡りに電話したんじゃないか」と言って怒り、ずぼんを受け取らないで、また警察が追跡していると言って立ち去った。

(7) Xは、同日午後5時ころ覚せい剤を使用した後、午後8時30分ころ、すし屋でいあわせたアベック客の男を警察官と思い込んだり、別の店でも店主の妻に「お前さっきの客にサツに連絡するような手紙を渡したか」と言って疑った。

(8) 翌26日明け方近く、河原で1時間ほど眠った際、Dが何かXのことを言ったように聞こえたり、その後B子の勤めるR醸造へ向かう途中、タクシーが警察の車に見えたりした。

(9) 同日昼ころ、J理容所でA子あてに同女とEに関係があったことを前提として「許してあげます。Eをうらみます」との文言を含む手紙を書き、車内に戻った際、同店のKがXの車の中に首を突っ込み車内をのぞき込んだのを、同人がXの様子を探りに来たと疑って「警察に電話したんだろう」と怒鳴り、その後同人が店内の電話機の前に坐っているのを見て、「今電話したな、今に来る、来ればわかる、お母ちゃんだってわかっているだ

ろう、変なことをすると後家になるぞ」、と怒号しながら、同人やその妻に散弾銃をつきつけた。

（10）その後A子の妹B子を車内に監禁して運転中、他の走行車両を警察の車と思って、銃を窓から出しては構えるなどの動作を繰り返した。さらに給油所で、給油を申し込んだのに、すぐに警察官が来るという不安にかられて「スペアーキーがないからだめだ」と給油を断り立ち去った。

（11）病院で、心臓の薬を待つ間、EとA子とに肉体関係ができたものと信じて「その前夜２時半頃Eと通じあった事実が判明し」とB子に口述し筆記させたり、同病院の係員の持って来た薬がいつもと違うところから時間稼ぎをしていると疑って怒ったりした。

（12）ガソリンスタンドで、同店従業員Sが足止めのため鞄を返還しないものと疑って、散弾銃を一発発射した。

（13）無免許運転をして逃走中、追跡するパトカーに向け散弾銃を発射し、さらに追跡するパトカーの上方への発砲を続けるなどした。

（14）スナック前で、警部Vの説得にも警察はだまして捕まえるつもりだと疑って応ぜず、また料理店の前の道路脇の植込みに警察官が隠れていると思い「あそこから狙われている、木の茂みから狙っている」などと言ったり、油断すると撃たれると考え、その間しばしば死ぬことを口にした。

（15）O方前で、V刑事課長らの説得を前後約４時間にわたって断続的に受けながらこれに応じないまま、同日午後10時ころ、さきに病院で受け取った錠剤のうち２錠はいつもの薬と違っているとして飲まず、他の２錠を服用したところ、突然吐き気を感じ心臓が苦しくなり、目まいや冷汗が出て吐いたことから（薬に毒など入っていないのに）「あ、この薬は違うわ、青酸カリをお巡りが看護婦にすり替えさせたな」と口走ったうえ、Dに「お前が毒を入れたんだろう」と怒鳴って同人の顔面を殴打し、胃に入った毒を吐き出すと言って警察官に要求してB子が受け取った水を「毒が入っているからよせ」と外に投げ捨て、警察が毒を入れたと疑ってV刑事課長を呼んでこれを問い質したところ、同人が笑みを浮かべながら応答したのに対して、「俺が捕まると思って笑っている」と怒鳴って散弾銃を同人に向けて発射し、Vに命中させ、Vは死亡した。

（16）さらにXは、本件犯行後においても、検察官送致のため検察庁へ行く車中で、Dに対し「お前本当に薬替えなかったんだろうな」と疑って尋ねた。

（17）また、S医師の鑑定に際して、「警察が酌んで来てくれた水も事件のときと同じ色で同じ匂いがした、自分の吐いた物の中に毒物が混っていなかったかどうか調べてもらいたい」などと述べて服用した薬に毒が入っていたと疑い、「警察にいたら毒を盛られて殺されてしまう」と言って不安にかられていた。

Xは殺人罪、監禁罪、公務執行妨害罪、脅迫罪等で起訴された。

【裁判の経過】

１審：静岡地沼津支判昭和57年５月10日（有罪・殺人罪他［完全責任能力］）

「Ｘは本件犯行当時、覚せい剤中毒による幻覚症の状態にあった。（なお、幻覚症状態は真の中毒性精神状態であり、そのときに行われた犯行については全般的責任無能力を認定すべきである。）」としたＮ鑑定を採用せず、Ｘの本件犯行当時の責任能力を肯認し、心神耗弱をも認めなかった。これに対して、Ｘ側は、Ｘは覚せい剤使用により心神喪失の状態にあったと主張して控訴した。

【判　旨】破棄自判（心神耗弱）（確定）

「本件犯行を通じ、Ｘは前記のとおり妄想や幻覚の現れた異常な精神状態にあったが、なおＸは、自己の行為の意味やその反規範性を認識する能力、他人に対する配慮をし、事態に応じ自己の意思により行為する能力をある程度保持していたと認められ、Ｘの人格が妄想や幻覚に完全に支配されていたとは認められない。そしてＸは、前記のとおり精神病質の傾向があり、疑り深く物事に拘泥したり一方的に邪推しやすく、自信に欠け敏感で傷つきやすく被害妄想を持ちやすい、しかも些細なことで激昂し暴力行為に及びやすいなどの性格の持主であることがうかがわれるのであるから、本件犯行は、６月22日以来のめまぐるしい行動による心身の疲労のもとで生じたこのようなＸの本来の性格の現れとして理解できる面も多いように思われ、妄想幻覚に支配された平素とは全く異なる錯乱状態における行動とは認められないのである。したがって、Ｘは、本件犯行当時、是非を弁別する能力及びこれに従って行動する能力をいまだ失ってはいなかったものと認められる。とはいえ、Ｘは前記のとおりその当時覚せい剤使用の影響により異常な精神状態に陥っており、妄想幻覚に影響された異常な行動も多かったのであるから、本件犯行当時、Ｘは是非を弁別する能力及びこれに従って行動する能力が著しく減弱した心神耗弱の状態にあったものと認めるのが相当である」。

【参考文献】

川本哲郎・判例講義Ｉ94頁、加藤久雄・百選Ｉ〔第４版〕72頁

(8)　精神医学者の鑑定意見と裁判所の判断

171 最判平成20年４月25日刑集62巻５号1559頁、判時2013号156頁、判タ1274号84頁

【事実の概要】

１（1）被告人Xは、発症時期が平成８年４月ころにさかのぼると見られる統合失調症により、平成14年２月ころからは、人のイメージが頭の中に出てきてそれがものを言うという幻視・幻聴や、頭の中で考えていることを他人に知られていると感じるなどの症状が現れるようになった。そのような異常体験の中でも、Xが平成３年11月から平成６年４月まで稼働していた塗装店の経営者Vが「ばかをからかってると楽しいな。」などとXをからかったり、「仕事で使ってやるから電話しろ。」などと話しかけてくる幻視・幻聴が特に頻繁に現れ、これに対し、Xが、その呼び掛けに応じてVに電話をして再就職を申し出ると、同人からそれを断られ、またそのすぐ後に電話しろという声が聞こえたことから電話を掛けるということを繰り返すなどしたことがあった。Xは、このような幻視・幻聴が続く中で、Vが自分のことをばかにしていると憤りを覚えるようになり、平成15年１月か２月ころには、酔った上、交際相手の女性の前で、Vを殴りに行くなどと言い出し、同女にたしなめられて思いとどまったということがあった。

（2）Xは、平成15年６月24日、朝から「仕事に来い。電話をくれ。」と言うVの声が聞こえ、新しく決まったアルバイト先に初めて出勤するために地下鉄に乗った際にも、頭の中にVの顔が現れ、何度も「こいつは仕事に行きたくねえんだ。」などと話す声が聞こえたため、VがXの仕事に行くのを邪魔しようとしていると腹を立て、Vを殴って脅かしてやろうと思い、前記塗装店に向かった。しかし、Xは、同店付近でVが現れるのを待っていたところ、頭の中に昔の知合いのホステスが出てきて、「純ちゃんが怒ってるから早く出てきなさいよ。」などとVに声を掛けている幻聴が聞こえるなどしたため、自分の行動が人に見られていると感じてその日はVを殴るのをやめ、そのまま帰宅した。その後、Xは、本件当日である同月27日までの間、Vや今まで働いた職場の者らが頭の中に頻繁に出てくる幻視・幻聴に混乱し、仕事に行く気になれず、自宅にこもっていた。

（3）同月27日も、Vが頭の中に現れ、「仕事に来い。電話しろ。」と前記塗装店での仕事を誘う声が聞こえ、同塗装店に電話を掛けて呼出し音を１回させてからすぐ切るということを２回ほどしたが、Vに対する腹立ちが収まらず、Vを２、３発殴って脅し、自分をばかにするのをやめさせようなどと考え、同日午後６時ころ、自転車で自宅を出発し、上記塗装店から徒歩で約５分の距離にあって、Xがパチンコに行く際に自転車をとめる場所で自転車を降り、そこから歩いて同塗装店に向かった。

（4）Xが同塗装店の通用口から店内に入り、作業場、事務室を経て社長室に至ると、Xを見たVがどうしたのかという感じでへらへら笑っているように思え、Xは、Vの顔面等を数発殴った上、店外に逃げ出したVを追い掛け、路上で更にその顔面を１発殴った。そ

して、あお向けに倒れたVを見て、ふざけてたぬき寝入りをしているのだと思い、その太もも付近を足で突くようにけった。しかし、通行人が来たのでそれ以上の暴行を加えることなく、その場を立ち去った。Vは、Xによる上記一連の暴行により頭部を同店備品、路面等に打ち付け、よって、外傷性くも膜下出血により死亡した。

(5) Xは、本件行為後、交際相手の女性の家に行き、一緒に食事を取るなどした後、自宅に戻ったが、同年6月28日、Vが重体であるという新聞記事を見るなどして怖くなり、自首した。

(6) なお、Xは、精神科医の診療を受けていたが、統合失調症と診断されたことはなく、Xの同居の実母、交際相手も、Xが統合失調症等の精神疾患にり患していると疑ったことはなかった。

2 Xの本件行為当時の精神状態については、原審までに、以下のような鑑定人ないし専門家の意見が証拠として取り調べられている。

(1) 捜査段階でいわゆる簡易精神鑑定を担当した医師Sは、その作成に係る精神衛生診断書（以下「S鑑定」という。）において、Xは、本件行為当時、統合失調症による幻覚妄想状態の増悪期にあり、心神喪失の可能性は否定できないが、本件行為に至る行動経過は合目的的であり、かつ、著明な残遺性変化がないことなどから、是非弁別能力と行動制御能力を完全に喪失していたとはいい得ないとして、心神耗弱相当であるとの所見を示している。

(2) 他方、第1審で裁判所からXの精神鑑定を命じられた医師Mは、その作成に係る鑑定書及び公判廷における証言（以下「M鑑定」という。）において、Xは、本件行為当時、統合失調症の激しい幻覚妄想状態にあり、直接その影響下にあって本件行為に及んだもので、心神喪失の状態にあったとする。そして、Xが、一方で現実生活をそれなりにこなし、本件行為の前後において合理的に見える行動をしている点は、精神医学では「二重見当識」等と呼ばれる現象として珍しくはなく、本件行為に至る過程で、Xが一定の合理的な行動を取っていたこととXが統合失調症による幻覚妄想状態の直接の影響下で本件行為に及んだことは矛盾しないという。

(3) また、原審で、医師Hは、上記(1)(2)を含む検察官から提供された一件記録を検討した意見として、原審公判廷における証言及びその意見書（以下「H意見」という。）において、Xの本件行為当時の症状は統合失調症が慢性化して重篤化した状態ではなく、心神耗弱にとどまるとの所見を示している。

(4) さらに、原審で裁判所からXの精神鑑定を命じられた医師Fは、上記(1)ないし(3)の各鑑定及び意見を踏まえ、さらに、Xに対する診察や諸検査を行った上、その作成に係る鑑定書及び公判廷における証言（以下「F鑑定」という。）において、次のように述べている。すなわち、Xは統合失調症にり患しており、急性期の異常体験が活発に生じる中で次第にVを「中心的迫害者」とする妄想が構築され、VはXに対し様々なひぼう中傷や就職活動の妨害を働く存在として認識されるようになり、Xにおいて、それらの妨害的な行為を中止させるため攻撃を加えたことにより本件行為は生じたと考えられ、幻覚妄想に直接支配された行為とはいえないが、統合失調症が介在しなければ本件行為は引き起こされなかったことは自明である。Xは、一方では「人に対して暴力を振るいけがさせたり、殺したりすることは悪いこと」との認識を有していたが、他方では異常体験に基づいて本件暴行を加えており、事物の理非善悪を弁識する能力があったということは困難であり、仮にこれがあったとしても、この弁識に従って行動する能力は全く欠けていたと判断される。Xは傷害致死罪で起訴された。

弁護人は、Xが本件犯行当時統合失調症に基づく幻覚妄想に支配されて本件犯行に及んだものであるから心神喪失の状態にあったと主張したのに対し、検察官は、Xが本件犯行当時統合失調症による幻覚妄想状態（増悪期）にあったものの心神耗弱の状態にあったにすぎないと主張した。

【裁判の経過】

1審：東京地判平成16年10月29日刑集62巻5号1592頁（無罪）

1審は、上記M鑑定に依拠し、本件行為は激しい幻覚妄想に直接支配されたものであり、Xは本件行為当時心神喪失の状態にあったとしてXに無罪を言い渡した。これに対し、検察官が控訴した。

2審：東京高判平成18年3月23日刑集62巻5号1604頁（破棄自判、傷害致死罪［心神耗弱］）

2審は、Xは心神耗弱にとどまるとして、第1審判決を事実誤認を理由に破棄し、Xに対し懲役3年を言い渡した。「Vを2、3発殴って脅し、自分をばかにするのをやめさせようなどと考えたという動機の形成、犯行に至るまでの行動経過、こぶしで数発殴ったという犯行態様、あるいは、通行人が来たことから犯行現場からすぐに立ち去ったという経緯には、特別異常とされる点がなく、これらは、了解が十分に可能である。そして、『電話しろ。』という作為体験はあっても、『殴り付けろ。』という作為体験はなく、幻聴や幻覚が犯行に直接結び付いているとまではいえない。しかも、Xは、本件犯行及びその前後の状況について、詳細に記憶しており、当時の意識はほぼ清明であるということができる上に、本件犯行が犯罪であることも認識していたと認められる。そして、犯行後にXが自首していること、Xがそれなりの社会生活を送り、仕事をしようとする意欲もあったことなどの諸事情にも照らすと、Xは、本件犯行時、統合失調症にり患していたにしても、それに基づく心神喪失の状態にあったとは認められず、せいぜい心神耗弱の状態にあったものというべきである。M鑑定及びF鑑定は、いずれも採用することができない」。これに対して、X側が上告した。

【判　旨】破棄差戻

「Xの精神状態が刑法39条にいう心神喪失又は心神耗弱に該当するかどうかは法律判断であって専ら裁判所にゆだねられるべき問題であることはもとより、その前提となる生物学的、心理学的要素についても、上記法律判断との関係で究極的には裁判所の評価にゆだねられるべき問題である……。しかしながら、生物学的要素である精神障害の有無及び程度並びにこれが心理学的要素に与えた影響の有無及び程度については、その診断が臨床精神医学の本分であることにかんがみれば、専門家たる精神医学者の意見が鑑定等として証拠となっている場合には、鑑定人の公正さや能力に疑いが生じたり、鑑定の前提条件に問題があったりするなど、これを採用し得ない合理的な事情が認められるのでない限り、その意見を十分に尊重して認定すべきものというべきである」。

差戻後控訴審：東京高等判平成21年5月25日高刑集62巻2号1頁（→(9)）

【参考文献】

安田拓人・平成20年度重判解178頁、前田巌・最判解刑事篇平成20年度346頁

(9)　鑑定の信用性

172 東京高判平成21年5月25日高刑集62巻2号1頁、判時2049号150頁、判タ1318号269頁

【事実の概要】

(8) 171 参照

差戻後控訴審

【判　旨】破棄自判、傷害致死罪（心神耗弱）

「M鑑定及びF鑑定が前提としている、『統合失調症にり患した者の病的体験の影響下にある認識、判断ないし行動は、一方で認められる正常な精神作用により補完ないし制御することは不可能である』とする立場は、現在の精神医学的知見の現状から見て、必ずしも一般的であるとはいい難い。同〔2〕については、『二重見当識』の用語概念は、統合失調症患者には、病的な体験と正常な精神作用が色々なバランスで総合的に現れるということを意味するだけであって、その機序等を説明するものではなく、いわば静的な状態説明概念にすぎない。したがって、そもそも『二重見当識』をもって説明できるものではなく、また説明すること自体その使用方法として適当ではない。同〔3〕については、同〔1〕、〔2〕と関連するものではあるが、M鑑定及びF鑑定は、そもそも本件行為後程な

い時点で正常な判断能力を備えていたと見られる事情についても、その立脚する立場から、これを考慮要素とはせず、Xの責任能力について心神喪失状態にあったとの所見を打ち出している。しかし、関係各証拠によると、Xの統合失調症の病型である妄想型においては、臨床的にも、行為時に強い幻覚、妄想状態にありながら、その後程なくして正常な判断能力を回復することは考えられないと認められる。してみると、『二重見当識』で説明できるというだけで、当該事情を全く考慮しないM鑑定にはその推論過程に大きな問題があるというべきであり、また、前記昭和59年最高裁決定（⇒（6）172 参照）の立場であるいわゆる総合判定とも齟齬するといわざるを得ない。また、同様の批判は、差戻前控訴審におけるF鑑定にも当てはまると考えられる。したがって、両鑑定については、その信用性に問題がある。

本件犯行時のXについては、統合失調症のため、病的異常体験のただ中にあり、自らの置かれた状況や周囲の状況を正しく認識する能力に著しい障害が存在していたが、命令性の幻聴や作為体験のような自らの行動を支配するような性質の精神症状は存在しておらず、周囲の状況を全く認識できないほどではなかったから、Xの精神症状は『重篤で正常な精神作用が残されていない』ということはできない。それまでの統合失調症の症状の程度は比較的軽微で、本件犯行前後の行動を見ても、その社会生活機能にはほとんど障害は窺えず、他方、Xには本件行為時において違法性の認識があったと見られること等の事情を加味して判断すると、本件犯行時のXの精神状態は、統合失調症の被害妄想に強く影響されており、Xの善悪の判断能力及びその判断に従って行動する能力は著しく障害されていたが、善悪の判断能力及びその判断に従って行動する能力は、全くない状態ではなかったと認められ、本件当時の責任能力については、心神喪失ではなく、心神耗弱の状態に止まるとするのが相当である」。

（10） 精神鑑定意見の一部採用

173 最決平成21年12月8日刑集63巻11号2829頁、判時2070号156頁、判タ1318号100頁

【事実の概要】

（1）ア　被告人Xは、両親方で生活していたところ、平成12年11月ころ、階下の住民とのトラブルから自宅に引きこもるようになった。平成14年夏ころから、窓から通行人めがけてエアガンの弾を発射するようになり、平成15年2月、統合失調症の疑いと診断され、措置入院となった。主治医は、Xを「特定不能の広汎性発達障害」と診断し、同年3月に措置解除となって退院した。Xは、同年5月、自宅から近所の女性をねらってエアガンの弾を撃ち、同女の右大腿部に命中させるなどして逮捕され、同年6月から8月まで措置入院となったが、これに先立つ精神保健指定医2名の診断は、「1　主たる精神障害反社会的行為、2　従たる精神障害広汎性発達障害の疑い」、「1　主たる精神障害人格障害、2　従たる精神障害『妄想』の疑い」というものであった。主治医は、1回目の入院時と同じで、Xを「広汎性発達障害」と診断した。

イ　Xは、2回目の退院後、同年9月から、祖母方で母親と3人で生活するようになり、しばらくは落ち着いていたが、平成16年3月ころから再び精神状態が悪化し、隣家に住むVの長男がXがドライブから帰ってきたら「チェッ」と言っていた、上記長男が盗聴し、家の中をのぞきに来ているなどと言い出し、V方の家族から嫌がらせを受けていると思い込んで悪感情を抱くようになり、無断でV方2階に上がり込んだり、V方の玄関ドアを金属バットでたたいたりしたことがあり、その際、Vからしっ責され、通報を受けて臨場した警察官の聴取を受けるなどした。

ウ　その後、祖母方から両親方に戻って生活するようになったXは、友人とドライブをした際、同人から、V方に上がり込んだ時に手を出したのかと尋ねられると、「手は出していない。そういうことをしたら捕まってしまう」と答えた。

同年6月1日午後10時過ぎころ、Xが金属バットを振り上げてV方に向かって来たため、Vの妻が警察に通報する一方、Vが玄関ドアを開け、Xに対しなだめるように話しかけると、Xは、金属バットを下ろし、自動車に乗って走り去った。Xは、同月２日午前１時45分ころから上記友人とドライブをしたが、その途中、V方近くにしばらく自動車をとめてたばこを吸うなどした。

Xは、同日午前３時45分ころ、上記友人と別れ、午前４時過ぎころ、金属バットとサバイバルナイフを持ってV方に向かい、Vとその妻が在室する１階寝室の無施錠のサッシ窓を開けて、淡々とした低い声で「お前が警察に言うたんか」と言いながら、同室の中に入り、Vの頭部を金属バットで殴り付けた後、２階に逃げたVを追いかけ、同所において、Vの二男の右頸部を上記ナイフで切り付けるなどし、さらに、Vの頭部、顔面を同ナイフで多数回にわたって切り付け、その胸部等を突き刺すなどして同人を殺害した。

Xは、V方に駆け付けた母親に連れられて祖母方に戻り、自首するように言われたが、母親が電話で警察に通報している間に、上記ナイフとは別のサバイバルナイフを持って逃走し、約１キロメートルほど離れた路上で警察官らに見つかり、「散歩ですか」と声を掛けられると、同ナイフを腰の辺りに構えて警察官らを威嚇し、「おれは人を刺してきたんや。おれはもうどうなってもいいんや」「けん銃で撃ってくれ。殺してくれ」などと言って、同ナイフを振り回すなどしたものの、警察官らに制圧され、同日午前４時56分、本件犯行等により現行犯逮捕された。Xは、殺人罪、殺人未遂罪で起訴された。

（2）捜査段階で精神鑑定を担当した医師Nは、その作成に係る精神鑑定書及び第１審公判廷における証言（以下「N鑑定」という）において、Xを人格障害の一種である統合失調型障害であり、広汎性発達障害でも統合失調症でもないとした上で、Xは本件犯行当時に是非弁別能力と行動制御能力を有しており、その否定ないし著しい減弱を考えさせる所見はなかったが、心神耗弱とみることに異議は述べないとする。

原審で裁判所からXの精神鑑定を命じられた医師Sは、その作成に係る精神鑑定書及び原審公判廷における証言（以下「S鑑定」という）において、Xは、本件犯行時、妄想型統合失調症にり患しており、鑑定時には残遺型統合失調症の病型に進展しつつある旨診断した。そして、Xには、平成16年３月ころから妄想型統合失調症の病的体験が再燃し、同年４月中旬ころから同年５月ころにかけてV方がその対象となって次第に増悪し、犯行時には一過性に急性増悪しており、本件犯行は統合失調症の病的体験に直接支配されて引き起こされたものであり、Xは、本件犯行当時、是非弁別能力及び行動制御能力をいずれも喪失していたとする。

【裁判の経過】

１審：京都地判平成18年２月27日刑集63巻11号2848頁（有罪・殺人罪［完全責任能力］）

１審は、Ｎ鑑定を基本的に信頼できるとしながらも、統合失調型障害とまでは断定できないとして、Ｘは、統合失調症の周辺領域の精神障害にり患し、本件犯行時、是非弁別能力及び行動制御能力がある程度減退していたが、それらが著しくは減退していなかったことが明白であるとして完全責任能力を認め、Ｘに対し懲役18年を言い渡した。

２審：大阪高判平成20年７月23日刑集63巻11号2873頁（破棄自判、殺人罪［心神耗弱］）

２審は、Ｘは是非弁別能力ないし行動制御能力が著しく減退する心神耗弱の状態にあったとして、第１審判決を事実誤認を理由に破棄し、Ｘに対し懲役12年を言い渡した。

「Ｎ鑑定は、統合失調症かどうかの判断の基礎となる十分な資料を収集できていないため、同鑑定からＸが統合失調症にり患していなかったと断ずることはできないが、Ｓ鑑定は、十分な診察等を経た上で本件犯行当時にＸが統合失調症にり患していたと診断したものであることなどからすると、Ｘは本件犯行当時、統合失調症にり患していたと認められる。そして、Ｓ鑑定は、本件犯行の前から、Ｘの注察妄想、被害妄想と幻聴が顕在化・行動化し、病的体験がＶ方に向けられるようになり、犯行時にはそれが一過性に急性増悪し、本件犯行は、統合失調症の病的体験に直接支配されて引き起こされているとする。しかしながら、Ｓ鑑定は、状況を正しく認識していることをうかがわせる本件犯行前後のＸの言動についての検討が十分でない上、犯行の直前及び直後にはその症状はむしろ改善しているように見受けられるとしているのに、本件犯行時に一過性に幻覚妄想が増悪しそれが本件犯行を直接支配して引き起こさせたという機序について十分納得できる説明をしていない。また、Xの幻覚妄想の内容は、Vの長男からテレパシーでおちょくられるなどしていたというものであって、通常相手方を殺傷しようと思うような非常に切迫したものとまではいえず、前記の『お前が警察に言うたんか。』との発言等に照らすと、Xが幻覚妄想の内容のままに本件犯行に及んだかどうかにも疑問の余地がある。そして、これらの諸点に加え、Xの統合失調症の病状の程度、Xの公判供述から認められる本件犯行の動機、従前の生活状況から推認されるXの人格傾向等の諸事情を総合考慮すると、本件犯行は暴力容認的なXの本来の人格傾向から全くかい離したものではなく、Xは、本件当日、Vの長男の幻声（テレパシーで『おれはやくざだ。』、『やったるで。』、『金属バット持って上がってこい。』などと語りかけてくるものであったという。）が聴こえ、V方への侵入を敢行し、その病的体験と上記のようなXの人格傾向に、以前に警察を呼ぶなどしたV方に対する怒りが加わり、本件犯行に及んだものであって、本件犯行は、統合失調症による病的体験に犯行の動機や態様を直接に支配されるなどして犯されたものではなく、Xは是非弁別能力ないし行動制御能力を完全に失っておらず、心神喪失の状態にはなかったものの、本件犯行がXの病的体験に強い影響を受けたことにより犯されたものであることは間違いなく、その能力が著しく減退する心神耗弱の状態にあったと認められる。」これに対してX側は、責任能力判断の前提である生物学的要素である精神障害の有無・程度のみならず、これが心理学的要素に与えた影響の有無・程度についても、専門家であるS鑑定の意見に従って、本件犯行当時、Xは責任能力を欠いていたと判断すべきであると主張して上告した。

【決定要旨】上告棄却

「責任能力の有無・程度の判断は、法律判断であって、専ら裁判所にゆだねられるべき問題であり、その前提となる生物学的、心理学的要素についても、上記法律判断との関係で究極的には裁判所の評価にゆだねられるべき問題である。したがって、専門家たる精神医学者の精神鑑定等が証拠となっている場合においても、鑑定の前提条件に問題があるなど、合理的な事情が認められれば、裁判所は、その意見を採用せずに、責任能力の有無・程度について、Xの犯行当時の病状、犯行前の生活状態、犯行の動機・態様等を総合して判定することができる……。そうすると、裁判所は、特定の精神鑑定の意見の一部を採用した場合においても、責任能力の有無・程度について、当該意見の他の部分に事実上拘束されることなく、上記事情等を総合して判定することができるというべきである。原判決が、前記のとおり、S鑑定について、責任能力判断のための重要な前提資料であるXの本件犯行前後における言動についての検討が十分でなく、本件犯行時に一過性に増悪した幻覚妄想が本件犯行を直接支配して引き起こさせたという機序について十分納得できる説明がされていないなど、鑑定の前提資料や結論を導く推論過程に疑問があるとして、Xが本件犯行時に心神喪失の状態にあったとする意見は採用せず、責任能力の有無・程度については、上記意見部分以外の点ではS鑑定等をも参考にしつつ、犯行当時の病状、幻覚妄想の内容、Xの本件犯行前後の言動や犯行動機、従前の生活状態から推認されるXの人格傾向等を総合考慮して、病的体験が犯行を直接支配する関係にあったのか、あるいは影響を及ぼす程度の関係であったのかなど統合失調症による病的体験と犯行との関係、Xの本来の人格傾向と犯行との関連性の程度等を検討し、Xは本件犯行当時是非弁別能力ないし行動制御能力が著しく減退する心神耗弱の状態にあったと認定したのは、その判断手法に誤りはなく、また、事案に照らし、その結論も相当であって、是認することができる」。

【参考文献】

林美月子・平成22年度重判解202頁

2 原因において自由な行為

(1) 過失犯と原因において自由な行為

174 最大判昭和26年1月17日刑集5巻1号20頁、判タ10号56頁

【事実の概要】

被告人Xは函館市の飲食店T方に於て、同家使用人Vと飲食を共にし、午後2時頃同家調理場において同家女給Mより「いい気嫌だね」と言われるや、同女の左肩に手をかけXの顔を同女の顔に近よせたのに、同女よりすげなく拒絶せられたため、同女を殴打するや、居合せたV及び料理人K等より制止せられて憤慨し、突嗟に傍にあった肉切庖丁でVの左そけいじん帯中央下部を突刺し、よって左股動脈切断による出血により、その場に即死させた。この行為が殺人罪で起訴された。

【裁判の経過】

1審：函館地裁（年月日不明）

2審：札幌高函館支判昭和25年1月13日刑集5巻1号40頁（無罪）

「Xには精神病の遺伝的素質が潜在すると共に、著しい回帰性精神病者的顕在症状を有するため、犯時甚しく多量に飲酒したことによつて病的酩酊に陥り、ついに心神喪失の状態において右殺人の犯罪を行ったことが認められる」。

これに対して、検察官は、「殺人を訴因とする公訴事実中には、これと犯罪の日時場所及び被害者を同一とする過失致死の訴因をも潜在せしめているものと認むべきことは条理上当然に首肯せられねばならないところに属する。然るに原判決が前示の通り殺人を訴因とする本件公訴事実中犯意の点を除くその余の事実を認め、且Xが犯時酩酊により心神喪失状態にあった事実を認定しながら、本件公訴に係る犯罪事実の範囲を依然として前示殺人を訴因とする犯罪事実のみに局限し該公訴の内容には、右過失致死の点も包含されていることを看過してこの点をも審査する態度に出でなかったことは、審理不尽の廉あるものといわねばならない。酩酊中他人に暴行を加える習癖がある者が自ら招いた酩酊により心神喪失となっている間に人を殺傷した場合は、酩酊前すでに殺傷の故意を有してその酩酊状態を利用した場合を除き、これに過失致死罪の責任を認む可きものである」と主張して上告した。

【判　旨】破棄差戻

「多量に飲酒するときは病的酩酊に陥り、因って心神喪失の状態において他人に犯罪の害悪を及ぼす危険ある素質を有する者は居常右心神喪失の原因となる飲酒を抑止又は制限する等前示危険の発生を未然に防止するよう注意する義務あるものといわねばならない。しからば、たとえ原判決認定のように、本件殺人の所為はXの心神喪失時の所為であったとしても（イ）Xにして既に前示のような已れの素質を自覚していたものであり且つ（ロ）本件事前の飲酒につき前示注意義務を怠ったがためであるとするならば、Xは過失致死の罪責を免れ得ないものといわねばならない。そして、本件殺人の公訴事実中には過失致死の事実をも包含するものと解するを至当とすべきである」。

（斎藤悠輔裁判官による反対意見が付されている。）

【参考文献】

川本哲郎・判例講義Ⅰ95頁、成瀬幸典・百選Ⅰ〔第6版〕72頁、田中圭二・百選Ⅰ〔第5版〕68頁、川崎一夫・百選Ⅰ〔第4版〕76頁、西原春夫・百選〔初版〕106頁

(2) 傷害致死罪と原因において自由な行為

178 名古屋高判昭和31年4月19日高刑集9巻5号411頁

【事実の概要】

被告人Xは、中学校を中途退学してから自宅に於て農業の手伝をしていたが、その頃不

良の徒と交友し、昭和28年２月頃からヒロポンの施用を覚え、同年８月頃その中毒患者となり幻覚妄想等の症状を呈するようになったので医療を受け、且ヒロポンの施用を中止した結果一旦治癒したが、生来忍耐性乏しく同29年３月頃家出をして名古屋市に到り、叔父の営む製函業を手伝っていたが永続せず、同年５月12日頃津市に赴き刃渡約13センチメートルの白鞘短刀一口を買求め之を携帯して諸所を転々の上、同月22、３日頃姉V（当時30歳）の結婚先であるM方に到り農業の手伝をして暫く同家に寄寓中、同年６月５日頃ヒロポンを施用する時は再び幻覚妄想等の中毒症状を起し、あるいは所携の前記短刀で他人に暴行等危害を加へることがあるかも知れないことを予想しながら敢てこれを容認して、同地で入手した塩酸エフェドリン粉末0.25グラム位を水溶液として３回に分けて自己の身体に注射した結果、中枢神経の過度の興奮を招来し、そのためヒロポンの残遺症状を急激に誘発して幻覚妄想等を起こし、Xの一家が世間より怨まれて復讐されるが如き幻覚妄想に捉われ極度の厭生観に陥り自由なる意思決定をなす能力を喪失した意識状態の下に、先づ姉Vを殺害し自己もまた自殺しようと決意し、同月７日午前１時30分頃同女の居室に這入り、所携の自己所有の前記短刀で就寝中のVの頭部背部等を数回突刺し同女をして胸部の貫通切創を伴う刺創により間もなく同所に於て死亡させた。この行為が殺人罪で起訴された。

弁護人は、Xは本件犯行当時心神喪失の状況にあったものであるから無罪であると主張した。IおよびNの鑑定は、いずれも心神喪失の状態にあったとするものであった。

【裁判の経過】

１審：津地判昭和30年２月14日高刑集９巻５号420頁（有罪・傷害致死罪［心神耗弱］）

「鑑定人Ｍの鑑定書の記載と証人Ｌの証言、司法警察員作成の自首調書、Ｘの司法警察員及び検察官に対する各供述調書の各記載、Ｘの公判廷における供述の挙止態度等を綜合すれば、Ｘは…心神耗弱の状況にあったとは認め得るが全く行為の是非弁別能力を失ったものとは認め難い…」。これに対して、Ｘ側は、Ｘは本件犯行当時心神喪失の状態にあったから本件は心神喪失者の行為として無罪であると主張して控訴した。

【判　旨】破棄自判（傷害致死罪［完全責任能力］）

「原審鑑定人医師Ｉ同Ｎ当審鑑定人医師Ｍ各作成名義の鑑定書並原審証人Ｉ同Ｎに対する各証人尋問調書の各記載を綜合すればＸは生来異常性格者でヒロポン中毒の為その変質の度を増し本件行為当時は薬剤注射により症候性精神病を発しおり本件犯行は該病の部分現象である妄想の推進下に遂行されたものであって通常人としての自由なる意思決定をすることが全く不能であったことを認めることが出来るし以上の各証拠を信用出来ない事由は一として存在しないのでＸの本件犯行の殺意の点については法律上心神喪失の状態に於て決意されたものと認めざるを得ない。果して然らば本件犯行を心神喪失者の行為として刑法第39条第１項により無罪の言渡を為すべきか否かにつき更に審究するに薬物注射により症候性精神病を発しそれに基く妄想を起し心神喪失の状態に陥り他人に対し暴行傷害を加へ死に至らしめた場合に於て注射を為すに先だち薬物注射をすれば精神異常を招来して幻覚妄想を起し或は他人に暴行を加へることがあるかも知れないことを予想しながら敢て之を容認して薬物注射を為した時は暴行の未必の故意が成立するものと解するを相当とする。…Ｘは平素素行悪く昭和28年１月頃からヒロポンを施用したが精神状態の異常を招来し如何なる事態となり又如何なる暴行をなすやも知れざりし為に同年８月以降之が施用を中止した処翌29年６月５日頃原判示Ｎ方に於て薬剤エフェドリンを買受け之が水溶液を自己の身体に注射したのであるが其の際該薬物を注射するときは精神上の不安と妄想を招来し所携の短刀を以って他人に暴行等如何なる危害を加へるかも知れなかったので之を懸念し乍ら敢て之を容認して右薬剤を自己の身体に注射し其の結果原判示の如き幻覚妄想に捉われて同判示日時前記短刀を以て前記Ｖを突刺し因て同女を死亡するに至らしめた事実を認めることが出来るからＸは本件につき暴行の未必の故意を以てＶを原判示短刀で突刺し死に至らしめたものと謂うべく従って傷害致死の罪責を免れ得ないものと謂わなければならない」。

(3)　心神耗弱と原因において自由な行為①

176 東京高判昭和40年６月14日高刑集18巻４号370頁、判時427号20頁、判タ180号116頁

【事実の概要】

米海軍１等兵曹である被告人Xは、横須賀市内のバーで飲酒する目的で、自家用普通自動車を運転して、飲酒後再び自動車を運転しようとの意図をもち、かつ飲酒により酩酊するであろう事を認識しながら飲酒した結果、高度の酩酊状態に陥り正常な運転ができない状態（心神耗弱状態）となって自動車を運転した。この行為が酒気帯び運転（道路交通法65条、118条１項２号）の罪で起訴された。

【裁判の経過】

１審：横浜地横須賀支判昭和40年１月22日高刑集18巻４号374頁（有罪・酒気帯び運転の罪［完全責任能力］）

１審はXの行為は心神耗弱の状態において犯されたものであると認定し、道路交通法第65条のいわゆる酒気帯び運転の点は、原因において自由な行為として処罰するのであって、刑法39条２項の規定はこれを適用しないとした。これに対してX側は、故意犯である酒気帯び運転について、それが酩酊により心神耗弱と認むべき状態において犯されたことを認定しながら原因において自由な行為の理論により刑法第39条２項の適用を排除して処断したことをもって法令の解釈適用を誤ったものと主張して控訴した。

【判　旨】控訴棄却

「同（原因において自由な行為の）理論は過失犯の場合には故意犯の場合に比して適用が容易であり、従って過失犯の場合にその適用を見る実例が多いことは否定し難いところであるけれども、理論的には同理論の適用は過失犯の場合にのみ限定されるものではなく、改正刑法準備草案の規定をまつまでもなく、現行刑法の解釈論としても、要件さえ具われば故意犯の場合にも適用があるべきものであり……、しかもこの理論は、心神喪失中の犯行のみにとどまらず、心神耗弱中になされた犯行についてもその適用を排すべきでないと解されるから、原判決が、故意犯である本件酒気帯び運転（正確には、酒酔い運転。以下、同じ。）について、飲酒後自動車を運転しようとの意図をもちかつ飲酒により酩酊するであろうことを認識しながら飲酒した結果高度の酩酊状態に陥り正常な運転ができない状態となって自動車を運転したものとして、犯行時酩酊により心神耗弱と認むべき状態にあったことを認定しながら、原因において自由な行為の理論を適用して刑法第39条第２項による刑の減軽をしなかったことをもって違法な措置とすることは当らないといわなければならない（ことに、本件のように酩酊状態における自動車の運転自体が罪とされる場合において、酩酊のうえ自動車を運転すべき意図認識の下に飲酒をあえてした結果犯行に及んだとき、酩酊により精神障害を生じたとして刑事責任の減軽を認めるようなことは、その罪の性質にかんがみとうてい合理的であるとは考えられない。）」。

(4)　心神耗弱と原因において自由な行為②

177 最決昭和43年２月27日刑集22巻２号67頁、判時513号83頁、判タ219号136頁

【事実の概要】

被告人Xは、個人で名刺、葉書、封筒等の印刷を業としているものであるが、昭和39年７月24日前夜夜業をして仕上げた印刷物を自己所有の自動車を運転して配達を終えてから、バーで飲酒（３～４時間位）し、自己の自動車駐車場所に引返そうとしたが、第１、前示の日の午後11時頃、道路上に駐車してあった軽４輪貨物兼乗用自動車１台（時価10万円相当）を乗り出して窃取し、第２、前示日時、前示場所付近道路上において血液１ミリリットルについて0.5ミリグラム以上のアルコールを身体に保有しその影響により正常な運転ができないおそれがある状態で前示軽４輪自動車を運転し、第３、前示の頃右自動車を乗り廻しているうち、はしご酒をして歩いていたSから停車を求められ、その指定する飲食店附近に着き同所で右Sに対し乗車料金として金2,000円を要求し、拒否されるや同人に対し「俺は普通の運転手じやない新宿歌舞伎町のヤクザだ」等と申し向け、自動車キイ等の束を同人の右股辺に突きつけ、ポケット等を捜検し、同人の生命身体にどのような危害を加えるかも知れないような態度気勢を示して同人を畏怖させ、同人所有の現金700円ほか雑品在中の茶革製手提鞄１個（時価合計450円相当）を交付させてこれを喝取した。なお、当時Xは心身耗弱の状態にあった。

Xは恐喝罪、道路交通法違反（酒酔い運転）の罪で起訴された。弁護人は、本件各所為はXが飲酒（３—４時間のうちに20本近いビールを飲酒）した後のことで心神喪失然らずとするも心神耗弱の状態でなしたものであると主張した。

【裁判の経過】

１審：東京地八王子支判昭和41年10月15日刑集22巻２号70頁（有罪・酒酔い運転の罪［心神耗弱］）

「Ｘは飲酒直後判示自動車を3,000米余りも運転していること、その運転経路、経路にあたる道路の状況、最終駐車場所附近の街路道路の状況、恐喝被害者Ｓの停車合図を認めて停車し右Ｓを乗車させていること、乗車後における右Ｓとの応答の状況態度、犯行後間もなく連行されたＴ警察署において、落ちた自動車のキイを足で踏んでかくそうとし、その理由を問われて酔って自動車を運転したからとのべたり、顔を床にすりつけて傷をつけようとし、明日弁護士に警察で傷つけられたというと云っていること、鑑定人Ｎ作成の鑑定書、鑑定証人Ｍの当公判廷の供述、Ｘの当公判廷の供述の態度を総合して考えると、当時Ｘは飲酒によって自制力がいくらか弛緩し、その意識野も狭まっていたことは認められるが、未だに、是非善悪を弁別し、この弁別に従って行為する能力がいくらか減弱していて心神耗弱の状態にあったとは認められるが、また心神喪失の程度に至っていたとは認められない」。これに対して、Ｘ側は、心神喪失であると主張して控訴した。

２審：東京高判昭和42年６月23日刑集22巻２号74頁（破棄自判［完全責任能力］）

「原審における鑑定の結果によれば、Ｘの犯行時の精神状態は、いわゆる病的酩酊と普通酩酊との中間的酩酊、即ち異常酩酊と推定され、平素の人格と異質な状態ではないが、普通酩酊より量的に高度なもので後日の追想が困難であるというのであって、これと一件記録中に現われているＸの言動とを総合すれば、原判決がＸは本件犯行時心神耗弱の状態にあったと認定したのは相当である。…Ｘは、心神に異状のない時に酒酔い運転の意思があり、それによって結局酒酔い運転をしているのであるから、運転時には心神耗弱の状態にあったにせよ、刑法第39条第２項を適用する限りではない」。これに対してＸ側は心神耗弱を主張して上告した。

【決定要旨】上告棄却

「本件のように、酒酔い運転の行為当時に飲酒酩酊により心神耗弱の状態にあったとしても、飲酒の際酒酔い運転の意思が認められる場合には、刑法39条２項を適用して刑の減軽をすべきではないと解するのが相当である」。

【参考文献】

川本哲郎・判例講義Ⅰ97頁、上嶌一高・百選Ⅰ〔第６版〕76頁、林幹人・百選Ⅰ〔第５版〕72頁、長井圓・百選Ⅰ〔第２版〕100頁、桑田連平・最判解刑事篇昭和43年度14頁

(5)　心神耗弱後の故意と原因において自由な行為

178 高松高判昭和44年11月27日高刑集22巻６号901頁、判時595号100頁、判タ244号251頁

【事実の概要】

被告人Xは、友人と共に徳島市内の洋酒喫茶店等で多量のビールや清酒を飲んだため、したたか酩酊して心神耗弱の状態に陥り、眠気を催したので、たまたま実弟が運転して

来た普通貨物自動車が飲酒先付近の路上に駐車してあるのを奇貨とし、これに乗りこみ一休みしているうち、酔余俄かにこの自動車の運転を思い立ち、自動車の運転に及んだ。この行為が酒酔い運転（道路交通法117条の2）の罪で起訴された。

【裁判の経過】

1審：徳島地判昭和43年9月24日（有罪・酒酔い運転の罪［心神耗弱］）

1審は、酒酔い運転の罪、業務上過失致死傷罪についてそれぞれ刑法39条2項を適用した。これに対して、検察官は、道路交通法117条の2にいう酒酔い運転の罪及び同法122条により酒気帯び加重の対象となる同法118条1項1号、64条の無免許運転の罪については、その罪質の特異性に鑑み、飲酒酩酊による心神耗弱を理由に刑法39条2項を適用する余地はない、また酒酔い運転の結果業務上過失致死傷の交通事故を発生せしめた場合、その酒酔い運転自体が過失の内容となっているときも同様であると主張して控訴した。

【判　旨】控訴棄却

「酒酔い運転の罪は、なるほど酒酔い状態を犯罪構成上の要素とするものではあるが、ここにいう『酒酔い』とは、正常な自動車運転ができないおそれのある程度（もっとも政令で定める程度以上のアルコールを身体に保有することを要する）に達すれば足りるのであって、もとより完全責任能力のある場合を包含するものである。ところで刑法にいう心神耗弱とは是非善悪の弁識能力を著しく欠く精神状態をいい、心神喪失とはその能力を全く失っている状態をいうのであるが、このような状態は酒酔いの極限又はそれに近い状態にほかならないものと解され、通常一般の酒酔い運転の多くはこの埒外にあるものと考えられるのであって、酒酔い運転を処罰する道路交通法117条の2の規定が、飲酒酩酊により心神耗弱乃至喪失の状態に陥った者の運転行為を特に処罰するために設けられたとは解されない。

また酒酔い運転の罪について刑法39条の適用を認めると、さきにも述べたような一見奇異な結果を招来することを否定し得ないが、その反面、この罪について同法条の適用を排除すると、飲酒時には全く自動車の運転を予想しなかった者が、その後酩酊して心神耗弱乃至喪失の状態に陥り、このような限定責任能力乃至責任無能力の段階で始めて自動車の運転を思い立ってその実行に及んだ場合にも無条件に全面的な罪責が追求されるという一種の結果責任を肯認せざるを得ないこととなる。然しおよそ犯罪が成立し、刑事責任が生じ得るためには、その者が行為時にその負荷にふさわしい責任能力を具備していることが必要であって、その所謂『行為と責任の同時存在』の原則は近代刑法における基本原理である。飲酒者が飲酒開始の時点において既に後刻自ら自動車を運転することを決意し又は予見しているような場合には、たとえその者が後刻心神耗弱乃至喪失に陥って自動車を運転しても、所謂原因において自由なる行為の理論によって完全な罪責を問うことが可能であり（なお、この理論は刑法39条の不適用を前提とするものではなく、むしろ同条が適用されることによって生ずる実際上の不都合を補正しようとする機能を有するものと解される）、それによって行為と責任の同時存在の原則が侵されたことにはならないであろうが、心神耗弱乃至喪失の状態に陥ったのち始めて自動車運転の決意を生じてその実行に及んだ場合に刑法39条の適用を排除することは、右の責任原理を放棄し、さらにはまた飲酒による酩酊それ自体を有責視することに帰するものといわざるを得ない。刑法8条にいう『特別の規定』が必らずしも明文の規定たることを要しないとはいえ、ただ単に法令の趣旨とか取締の目的とかいう漠然とした理由から解釈上たやすくこのような責任原理に反する結論を導くことは、罪刑法定主義の趣旨にもそぐわないおそれがあり、俄かに賛同することができない。そしてこの理は刑法211条（業務上過失致死傷罪）についても同様であつて、以上を要するに、酒酔い運転の罪及び業務上過失致死傷罪については解釈上刑法39条の適用を排除し得べき十分な理由を肯認し難いものといわなければならない。…Xは、飲酒開始の時点においては自動車の運転を全く予期しておらず、その後酩酊して心神耗弱の状態に陥った段階で始めてその意思を生じ、これを実行するに至ったものであって、本件については、所謂原因において自由なる行為の理論を適用すべき余地はなく、さきに判示したところに照らし刑法39条2項を適用してその刑責を減軽せざるを得ないものである」。

(6) 故意犯と原因において自由な行為

[179] 大阪地判昭和51年３月４日判時822号109頁、判タ341号320頁

【事実の概要】

被告人Xは、酒に耽溺しアルコール嗜癖に陥って、飲酒すればこれを押え難くなり、清酒に換算して5、6合以上飲酒すれば他人に対し暴力を振うに至ったことが多く、既に離別した内妻や母、弟、雇主らから酔醒め後その狼藉を告げられる等して、その非を知ることが屡々であり、殊に昭和48年２月６日大阪地方裁判所で窃盗、住居侵入及び刃物による脅迫、暴行を手段とする強盗未遂各罪により、各犯行当時被告人が飲酒による複雑酩酊のため心神耗弱の状態にあったと認定された上、懲役２年６月、４年間執行猶予、付保護観察の判決言渡を受け（同月21日確定）、かつ、裁判官から特別遵守事項として禁酒を命ぜられたほどであるから、飲酒すればその誘惑から自己規制が困難となり、杯を重ねて異常酩酊のための精神障害により是非弁別能力又は是非の弁別に従って行動する能力（以下「行動制禦能力」）が少くとも著しく減低する状態になって他人に暴行脅迫を加えるかもしれないことを認識予見しながらこれを認容し、昭和49年６月８日午後５時過頃から仕事先で１級清酒2、3合を飲み、当時宿泊していたK組飯場に戻り２級清酒２合を飲み、更に外出して午後８時頃までにあえて１級清酒3、4合を飲み、その結果病的酩酊に陥り、意識は多少あるが是非弁別能力及び行動制禦能力を欠如する状態を招き、同夜遅く牛刀を携えて前記飯場を出、同市内を徘徊中、翌９日午前１時10分頃路上でV（当時44歳）の運転するタクシーを停めて乗車しO市方面へ走行させ、T市H町付近道路に到った際、ハンドル操作中の同人の左手首を左手で掴んで後に引張り、右手で刃体の一部を風呂敷で巻いた前記牛刀を同人の右肩越しに示し同人の身体等に危害を加うべき体勢を示して脅迫し、前記牛刀の刃以外の刃体をもって同人の頸筋等を叩く暴行を加え、もって兇器を示して人に暴行脅迫を加えた。

この行為が強盗未遂罪で起訴された。弁護人は、本件犯行当時Xが心神喪失の状態にあったと主張した。

【判　旨】有罪・示凶器脅迫罪

「いわゆる原因において自由な行為の成否…に関しては種々の見解が存するが、当裁判所は、行為者が責任能力のある状態のもとで、（イ）自らを精神障害に基づく責任無能力ないし減低責任能力の状態にして犯罪を実行する意思で、右各状態を招く行為（以下「原因設定行為」）に出、罪となるべき事実を生ぜしめること、（ロ）若しくは右各状態において犯罪の実行をするかもしれないことを認識予見しながらあえて原因設定行為に出、罪となるべき事実を生ぜしめること、（ハ）又は右各状態において罪となるべき事実を惹起させるであろうということの認識予見が可能であるのに不注意によってこれを認識予見しないで原因設定行為に出、罪となるべき事実を惹起させることをいうと解するが、右の責任無能力又は減低責任能力の状態は、行為者が積極的に右各状態に置こうとしてその状態になった場合に限らず、責任無能力状態に至るべきことを予見しながら減低責任能力状態に止まった場合や減低責任能力状態に至るべきことを予見したが、責任無能力状態にまで至った場合も含むこと勿論である。原因設定行為の際、責任無能力又は減低責任能力の状態において犯罪実行又はその可能性の認識予見があるときは故意行為であり、右各状態において罪となるべき事実惹起に至る認識予見の可能性があり、かつ、不注意があれば過失行為となるのであるから（この点精神障害の招来が過失によればよいとの見解があるが採らない。）、右の故意過失なしに、たまたま飲酒、薬物注射等により右各状態に陥り、右各状態で罪となるべき事実を生ぜしめた場合は、これに該当しないのは当然である。

そして、いわゆる原因において自由な行為としての故意犯（右（イ）（ロ））においては、行為者が責任能力のある状態で、自ら招いた精神障害による責任無能力又はは減低責任能力の状態を犯罪の実行に利用しようという積極的意思があるから、その意思は犯罪実行の時にも作用

しているというべきであって、犯罪実行時の行為者は、責任無能力者としての道具（間接正犯における被利用者について犯罪の成立が否定される場合に対比することができ、罪責を問われない道具という意味で、以下『単純道具』）又は減低責任能力者としての道具（被利用者自身も罪責を免れないという点で、正犯意思を欠くため正犯としての責は負わないが、幇助意思のみをもって罪となるべき事実を生ぜしめた故に幇助犯としての責を負う『故意のある幇助的道具』に対比することができ、罪責を問われる道具という意味で、以下『負罪道具』）であると同時に、責任能力のある間接正犯たる地位も持つ。一方過失犯（右（ハ））の場合は、原因設定行為時における責任能力のある状態での前記不注意という心的状態が事故惹起時にも作用しているので、この時点における行為者は、前述の単純道具又は負罪道具であるばかりでなく、責任能力のある不注意な行為者でもあると解せざるをえない。従って、故意犯についてはその実行行為時に、過失犯については事故惹起時に、それぞれ責任能力のある間接正犯としての行為の法的定型性の具備、行為と責任の同時存在を共に認めることができるのである。

…Xは、本件犯行前飲酒を始めるに当っては、積極的に責任無能力の状態において犯罪の実行をしようと決意して飲酒したとは認められないから、確定的故意のある作為犯とはいえないけれども、右飲酒を始めた際は責任能力のある状態にあり、自ら任意に飲酒を始め、継続したことが認められ、他方飲酒しなければ死に勝る苦痛に襲われ飲酒せざるをえない特殊な状態にあったとは認められず、前叙認定したようにXは、その酒歴、酒癖、粗暴歴ないし犯歴、前記判決時裁判官から特別遵守事項として禁酒を命ぜられたことをすべて自覚していたと認められるので、偶々の飲酒とはいえないのみならず、右飲酒時における責任能力のある状態のもとでの注意欠如どころか、積極的に右禁酒義務に背き、かつ、飲酒を重ねるときは異常酩酊に陥り、少くとも減低責任能力の状態において他人に暴行脅迫を加えるかもしれないことを認識予見しながら、あえて飲酒を続けたことを裕に推断することができるから、暴行脅迫の未必の故意あるものといわざるをえない。そして、自ら招いた単純道具状態における故意犯の犯意は、責任能力のある状態のもとで認識予見し、認容した範囲に限定され、単純道具において知覚し意思を生じたものは人格の発現と認められないので否定されるべきものと解すべきところ（但し、自ら招いた負罪道具状態における故意犯については負罪道具たる自己の犯意に影響され、間接正犯たる自己の当初の犯意は、逆戻作用を受ける。）、Xは、前記飲酒開始から飲酒継続中を通じて強盗をする意思のあったことを認むべき一片の証拠すらなく、前述のように同人は、清酒7ないし9合を飲み終えた判示8日午後8時頃からは病的酩酊に陥り始め、熊本の姉に電話を掛けたが目的を達しないまま牛刀を携えて飯場を出た同日午後10時過ないし11時頃には、病的酩酊の最中であったと認められるので、意思能力、断片的意識は認められるけれども、人格の発現とみられる強盗の目的意識を推持して右牛刀を手にしたとは、到底肯認し難く、前記電話も意のままならず、金員にも窮する等の事情が重なり、鬱憤晴しの気持で漠然と牛刀を携帯したと認めるのが相当である。更に、判示Vに対し『金を出せ。』と申し向けた外形事実は動かし難いものではあるけれども、Vが『金は渡します。』と返答した事実の記憶はXにはなく、Vの右言辞にXは応えずに牛刀でVの頸筋等をぴちゃぴちゃ叩きながら『真直ぐ走れ。』と言ったのみであって、これは畢竟XがVの右返答を知覚しなかったためと思われ、判示暴行脅迫後XはVに金を要求せず、同人が隙をみて車外に逃げ出すと、Xは助手席にあった金員入り革製大型がま口を容易に奪取しうる状況にあったのにこれをしないで現場から離脱している等の事実に鑑みると、Xが負罪道具以上に人格を回復した状態において金品強取を表象認容し判示所為に出たとは認め難く、右所為当時も依然病的酩酊中であったと認めざるをえないのであって、前述犯意の逆戻作用は否定されるべきものであり、本件を強盗未遂に問擬することは到底できず、認定しうる犯罪事実は、判示範囲に止まらざるをえない」。

【参考文献】

川本哲郎・判例講義Ⅰ96頁、中空壽雅・百選Ⅰ〔第6版〕74頁、岩井宜子・百選Ⅰ〔第5版〕70頁、林美月子・百選Ⅰ〔第4版〕78頁、大谷實・昭和51年度重判解150頁。

3　実行行為開始後の責任能力低下

（1）　実行行為開始後の心神耗弱①

180　東京高判昭和54年５月15日判時937号123頁、判タ394号161頁

【事実の概要】

被告人Xは、薄暗い室内のベッドに横臥中のVに対し、その後方からいきなりブランデーの空瓶を揮って頭部を２、３回殴打するという先制的加害を行った。これに対し、VがXの右手を払いのけて同空瓶を払い落とすとともに強く突きとばし、「精神病だ、医者にみてもらえ」などと怒鳴りながら、床上に尻もちをついて仰向けになったXに近づき、その頸部を左手で掴み圧迫を加えた。Xは、洋鋏を右手にもって相手方の身体を滅多突きにし、頭部、顔面、頸部、胸部、背部等に合計約150余個所、とくにうち約10個所は深さにおいて４センチメートル以上、また創傷の程度でいえば肝臓、脾臓、腎臓並びに肺臓に各損傷を生ぜしめる刺切創を負わせ、これによって相手方を失血死させた。この行為が殺人罪で起訴された。

【裁判の経過】

１審：東京地判昭和53年11月６日判タ375号153頁（有罪・殺人罪［完全責任能力］）

（イ）ＸはＶから頸部を圧迫されるや恐怖、狼狽のあまりこのままでは殺されてしまうものと誤想し、防衛行為に出たものである、（ロ）しかし右誤想を前提としても、素手でしかも片手で頸部を圧迫する行為が始まったばかりの段階で、これに対抗するに直ちに鋭利な洋鋏で躯幹部を力任せに刺突し、かつ鋏をもぎ取ろうと抵抗する同人がついに力尽きて床上に倒れ無抵抗状態となるまでの間刺切を継続した行為は、防衛の程度を超えるものである、（ハ）そしてその後の、相手方が身動きしない状態となったあとの刺切は誤想防衛にもあたらない、（ニ）しかし、結局Ｘの行為は全体として誤想過剰防衛として刑法36条２項の適用をうける旨判示し、右法条によって刑を減軽した

なお、原認定は、鑑定人Ｎの鑑定結果等を参酌し、Ｘは犯行開始後その中途において情動性朦朧状態となり、その段階で心神耗弱の状態に転じたが、少なくとも実行開始時において責任能力に欠けるところがない以上は刑法39条２項を適用すべきものではない旨判示した。これに対して、Ｘ側は、心神耗弱状態にあったと主張して控訴した。

【判　旨】破棄自判（誤想過剰防衛否定）（確定）

「Ｘが犯行開始後その中途において心神耗弱の状態におちいったものの、いまだ心神喪失にはいたらなかった旨の原認定は、前記鑑定結果にも沿うものであって、これを肯認することができる。そしてまた、かかる場合に刑法39条２項が適用されない旨の原判断も、本件の具体的事案に即してなおこれを是認すべきものであると考える。即ち、本件事実関係に見るＸの実行開始時の行為は、鋭利な洋鋏をもって相手方の上体部等を数回連続してそれもかなりの力で突き刺すというものであり、当然その加害の程度も重大である。すなわち、Ｘはその責任能力に特段の減弱のない状態において既に未必的殺意をもって積極的に重大な加害行為に及んだものであって、以後の実行行為は右殺意のおのずからなる継続発展として、かつ主としては右と同じ態様の加害行為をひたすら反覆継続したという関係なのである。本件犯行行為中右開始当初の部分が、Ｘに対する本件行為全体の非難可能性の有無、程度を判定するうえに無視して差支えないほどの、或は見るべき意味をもたない程の軽微僅少なものであるとはとうていいえない。そしてまた、Ｘが行為中途でおちいった情動性朦朧状態も、それはＸが相手方に対して意図的に右のような重大な加害を開始してしまったことによる激しい精神的昂奮が少なからず起因しているものであることは容易に窺知できるところであり、それならば、その精神的昂奮状態はＸにおいて自ら招いた面が多いという関係もそこに認められるのである。Ｘに対し非難可能性の減弱を認めるべき実質的根拠はますます薄弱とならざるを得ない」。

(2)　実行行為開始後の心神耗弱②

181 長崎地判平成４年１月14日判時1415号142頁、判タ795号266頁

【事実の概要】

被告人Xは、契約者及び被保険者がX、保険金受取人が妻Vとなっている簡易保険の生存剰余金の引き出しをめぐってVと口論となり、腹だたしく思いつつ台所で焼酎を生でたてつづけに飲み始めた。同日午後２時ころVが台所のXのもとにやってきて、執拗に生存剰余金の引き出しを主張したため、これに立腹し、同女に対し、手拳で頭部・顔面等を殴打したが、なおも、剰余金を引き出すと言いはる同女に対し、その後同日午後11時ころまでの間、腹立ちまぎれに焼酎を飲んで酩酊の度を強めながら、数次にわたり、手拳で頭部・顔面等を殴打し、背部等を足蹴にする暴行を加えたうえ、居間に向かって押し倒し、同間にうつ伏せに倒れた同女をなおも叩こうと同間に入ろうとした際、敷居につまずき、同間東側アルミサッシガラス戸に頭を強打したことから、一層激昂し、同女の背部・臀部等を足で踏みつけ、肩たたき棒で頭部等を滅多打ちするなどの暴行を加え、よって、同女に頭部・顔面及び胸背部打撲による皮下出血、筋肉内出血並びに胸骨及び肋骨骨折による胸腔内出血等の傷害を負わせ、同日午後11時ころ、同女を同傷害に基づく外傷性ショックにより死亡させた。この行為が傷害致死罪で起訴された。

なお、Xは、酩酊に至るに充分な量の酒を飲んでおり、同飲酒によって、本件犯行の初めの時期には単純酩酊の状態にあったが、その後、本件犯行の中核的な行為を行った時期には複雑酩酊の状態になっていたものであって、犯行途中より心神耗弱の状態になった。弁護人は、本件犯行当時、Xは多量の飲酒のため、Vに致命傷を与えた最終段階においては心神耗弱の状態にあったから、刑法39条２項に基づいて刑の減軽をすべきであると主張した。

【判　旨】有罪（傷害致死罪［完全責任能力］確定）

「本件は、同一の機会に同一の意思の発動にでたもので、実行行為は継続的あるいは断続的に行われたものであるところ、Xは、心神耗弱下において犯行を開始したのではなく、犯行開始時において責任能力に問題はなかったが、犯行を開始した後に更に自ら飲酒を継続したために、その実行行為の途中において複雑酩酊となり心神耗弱の状態に陥ったにすぎないものであるから、このような場合に、右事情を量刑上斟酌すべきことは格別、被告人に対し非難可能性の減弱を認め、その刑を必要的に減軽すべき実質的根拠があるとは言いがたい。そうすると、刑法39条２項を適用すべきではないと解するのが相当である」。

【参考文献】

伊東研祐・百選Ⅰ〔第６版〕70頁、前田雅英・百選Ⅰ〔第５版〕66頁、岩井宜子・平成４年度重判解168頁

(3)　継続犯の実行行為継続中の責任能力低下

185 東京高判平成６年７月12日判時1518号148頁

【事実の概要】

(1) 新聞拡張員として働いていた被告人Xは、平成５年１月１日、年末年始に仕事が休みになることから、いわゆるアルバイトをして金を稼ごうと考え、同日午後６時ころ、麻雀店「乙山」で、アルバイト店員として、そのころから午後10時ころまで、お茶汲み、

掃除などをして働いた。

（2）Xは、同日午後10時半ころ、同店の店員Aに案内されて、同店の寮に行き、しばらくAや居合わせたもう１人の店員と世間話などした後、翌２日午前１時ころ、同室内のベッドに入って就寝した。

（3）Xは、同日午前６時ころ、目を覚ましたが、ベッドの上に座り込んで、ぶつぶつ独り言を言ったり、大声を出したりし、これに気付いたAから「何を言っているんだ。どうしたんだ」などと声をかけられた際には、一瞬静かになったものの、目が吊り上がったような顔付きになったりし、２時間ばかり独り言を繰り返したりしていた。

（4）Xは、同日午前９時30分ころ、Aから「そろそろ店に行くぞ」などと声をかけられたが、「あとから行くから、先に行ってくれ」などと言って、そのままベッドの上に留まっていた。

（5）Xは、その際、ビニール袋入りの覚せい剤１袋と注射器一式を隠し持っており、Aが出かけた後、間もなく、ズボンのポケットから右覚せい剤１袋と注射器を取り出し、覚せい剤0.05グラム位を注射筒に入れ、台所に行って水道の水を注射器で吸い上げて、1ccの注射器の４分の１位の量の覚せい剤の水溶液を作ったが、注射はせず、注射筒の中の覚せい剤の水溶液を口に注ぎ込んで、これを飲み干した。

（6）警視庁S警察署S派出所勤務のM巡査らは、同日午前11時35分ころ、同駅ビルの地下１階で男が暴れている旨の連絡を受けて、JRS東口M地下１階の現場に赴いたところ、Xが腕を振り回して暴れていた。

（7）Xは、M巡査らに「どうしたんだ」などと質問されたのに対しても、「殺される。日本は滅びる」などと意味不明のことを大声で叫んだりするだけであったため、M巡査らから、精神の錯乱した状態にあるものと考えられて、Xの両腕を押さえられるなどして、S派出所まで同行され、さらに、同派出所内でも、Xが両手を振り回したり、机などを蹴るなどして暴れたことから、手錠や保護バンドで保護拘束を受け、いわゆるパトカーでS警察署に同行された。

（8）Xは、同日午後０時13分ころ、同警察署内において、警察官らによる所持品検査を受け、その際、Xの着用するスエットパンツの左ポケット内に入れていたビニール袋入りの覚せい剤１袋（塩酸フェニルメチルアミノプロパンの結晶約4.349グラム）を見付けられ、また、ズボンの右後ろポケットから財布の中に入れた注射器一式を発見され、その後間もなく、M巡査らによって、覚せい剤所持の現行犯人として逮捕された。

（9）Xは、同月３日午後３時10分ころ、警察官らの求めに応じて任意に尿を提出し、その後、警視庁科学捜査研究所の技官の鑑定によって、尿中からフェニルメチルアミノプロパンが検出された。

なお、Xは、平成元年ころから覚せい剤の使用を始め、その後覚せい剤を頻繁に乱用したため、平成３年10月ころから覚せい剤中毒の精神症状が出現し、本件各犯行当時も、覚せい剤の慢性中毒症状が続いている状況にあった。Xは覚せい剤使用・所持罪で起訴された。

【裁判の経過】

１審：東京地判平成６年１月24日判時1518号152頁（有罪・覚せい剤使用・所持罪［完全責任能力］）

「Ｘの判示第１、第２の犯行は、いずれも、Ｘの当初の犯意が継続実現されたものである。したがって、本件各犯行につき、刑法39条が適用されるためには、当然のことながら、判示認定の各犯行時点に、心神喪失あるいは心神耗弱状態にあったというだけでは足りず、各犯行前においても犯意の形成以降終始右状態にあったことが肯定されなければならない。…Ｘは、判示第１の犯行前12月29日の犯意形成以降、間断なく心神喪失ないし心神耗弱の状態にあったということはできないのである。…判示第１の犯行については、そもそもその犯行時点において心神喪失あるいは心神耗弱の状態にあったとはいえない上、右犯行前において12月29日の犯意形成以降終始心神喪失ないし心神耗弱の状態にあったともいえず、また、判示第２の犯行についても、その犯行時点においては心神耗弱の状態にあったことを否定できないものの、右犯行前において12月29日の犯意形成以降終始心神喪失ないし心神耗弱の状態にあったとはいえないのであるから、いずれも刑法39条を適用することはできないのである」。これに対して、Ｘ側は、心神喪失または心神耗弱を主張して控訴した。

【判　旨】控訴棄却（確定）

「Ｘの本件覚せい剤の使用は、覚せい剤の慢性中毒症状と一定範囲で結び付いたものであり、その意味で、Ｘは、覚せい剤の使用につき通常人に比し多少抑制力の劣った状態にあったことは否定できないものの、右使用もＸの平素の人格と乖離したものではなく、したがって、その際、事理善悪を弁別し、その弁別に従って行為する能力を完全に失った状態になかったことはもとより、これらの能力が通常人に比し著しく減退した状態にもなかったものと認められるのである。すなわち、Ｘが、原判示第１の犯行に際し、心神喪失ないし心神耗弱の状態になかった」。

「覚せい剤の所持は、いわゆる継続犯であって、訴因には一定時点のものとして掲げられたときは、罪となるべき事実としても、訴因に掲げられた時点におけるものとして認定されることになるものの、法的評価としてはその所持が続いていると認められる限り、全体にわたって考慮することを要するものと考えられる。すなわち、覚せい剤の所持は継続している間各別の時点で別罪を構成するものではなく、ある時点について裁判を経たときは、他の時点における所持にも既判力が及び、再度起訴することもできなくなるのであるから、本件におけるように、覚せい剤を所持した者が責任能力を有するかどうかについては、所持が継続していると認められる間全体にわたって考えなければならないというべきである。ある時点においては心神喪失ないし心神耗弱の状態にあったとしても、その時点に至る前には完全な責任能力があると認められるような場合、責任能力のあった間の所持につき刑事責任を問うことができるのはいうまでもない。しかし、いったん心神喪失ないし心神耗弱の状態にあったとの判断を行ったときは、それが最終の時点における所持のみに係る判断であっても、一罪の関係に立つその時点以前の所持につき起訴することもできず、結局、全体としてみれば所持罪を構成する行為について正当な法的評価ができなくなることになるのである。

そして、これを本件についてみると、本件覚せい剤の所持が開始した時点、すなわち、Ｘが麻雀店の寮で覚せい剤を使用した直後、本件覚せい剤をズボンのポケットに入れて寮の外に立ち出た時点においては、意識障害ないし精神錯乱状態になかったことは、前記（一）認定のとおりである。すなわち、Ｘは、当初の時点では、本件覚せい剤の所持につき、これが覚せい剤の慢性中毒症状と一定範囲で結び付いたものという意味で、通常人に比し多少抑制力の劣った状態にあったことは否定できないものの、このように本件覚せい剤を所持するに至ったのもＸの平素の人格と乖離したものではなく、したがって、その際、事理善悪を弁別し、その弁別に従って行為する能力を完全に失った状態になかったことはもとより、これらの能力が通常人に比し著しく減退した状態にもなかったものと認められるのである。したがって、Ｘの本件覚せい剤の所持が、右時点からＳ警察署で所持品検査を受けるまで継続しているものであることは、前記認定のとおりであるから、本件所持を全体として実質的にみると、Ｓ警察署においてはＸが精神的に混乱を来たし、錯乱状態を呈していたことを考慮しても、Ｘは、本件所持に当たり、心神喪失の状態になかったことはもとより心神耗弱の状態にもなかったと考えられるのである。すなわち、Ｘは、原判示第２の本件覚せい剤所持の犯行についても、完全に責任能力があるものと認められる」。

【参考文献】

川本哲郎・判例講義Ｉ98頁

第２節　違法性の意識

1　違法性の錯誤

(1)　違法性の意識不要説

183 最判昭和25年11月28日刑集４巻12号2463頁

【事実の概要】

　被告人Xは、公に認められた場合でないのに、連合国占領軍の財産である夏ズボン20着、シャツ14着、冬シャツ６着を所持していた。この行為が昭和22年政令第165号違反の罪で起訴された。
　X側は、判示衣類が連合国占領軍の財産であることを知らないで、行李詰のまま通称Yから預って運搬中であったと主張した。

【裁判の経過】

１審：神戸地判（年月日不明）

２審：大阪高判昭和24年６月17日刑集４巻12号2467頁（有罪）

　２審は、昭和22年政令第165号違反の罪の成立を認めた。これに対して、X側は、行政犯には違法の認識がなければならず、原審判決にはこの証拠が示されていないと主張して上告した。

【判　旨】上告棄却

「所謂自然犯たると行政犯たるとを問わず、犯意の成立に違法の認識を必要としないことは当裁判所の判例とするところである……。従ってXが所論のように判示進駐軍物資を運搬所持することが法律上許された行為であると誤信したとしてもそのような事情は未だ犯意を阻却する事由とはなしがたい。原判決の認定したところによれば、Xは判示物件を進駐軍物資と知りながら運搬所持したというのであるから本犯罪の成立をさまたげるものではない。論旨は原判決はXは進駐軍物資を運搬することは許されないものであることの認識があったことの証拠を示さない違法があると主張するのであるが、所謂行政犯たる本件犯罪の成立に違法の認識を要しないこと前述の通りであるから所論のような証拠を示す必要はない」。

(2)　現行犯人逮捕と違法性の錯誤

184 東京高判昭和27年12月26日高刑集５巻13号2645頁

【事実の概要】

　被告人Xは、こんにゃく畑を所有耕作していたところ、何者かに同畑の成熟したこんにゃくだま約15貫を窃取された。そこで、X方では、夜は一家の者がかわるがわる同畑の見張をすることとなり、Xの実妹A及び義弟Bの両名に先に見張をさせ、Xがこれと交替して自ら同畑の東側で見張を始めた。同畑の北方約30間の箇所を幅員約８尺の里道が東西に通じ、該里道の南側は一帯の畑地で、同里道からこれとほぼ垂直に幅員約１尺の畑道が南に向かい、延びてX方の同こんにゃく畑の西側に接着しており、同こんにゃく畑の西北端近くの畑道西側路傍に榎の木立があるが、AとBがXと交替し、同榎の傍まで来てたたずんでいたところ、同村のVが同こんにゃく畑のこんにゃくだまを窃取する目的でかます、ざる及びこんにゃくだまを掘るためのつくい棒をいれた籠を背負って同里道の方向から同畑道を南に進んで来た。AとBは、かかる深夜このように人の近づいて来たのを知って不審に思い、様子をうかがっていたところ、Vは、同こんにゃく畑に数間の地点まで来た際、付近に人の居るのを知って逆行して逃げ出したので、既に同人がこんにゃくだまを盗みに来たものであることを知った両名は「泥棒、泥棒」と連呼しながらこれを追い、畑道の上でVを掴んだが、この騒ぎを知ったXも直ちに駆けつけてVを取り押さえ、同人の背負っていた籠につけてあった藁縄で同人の手足を縛り、直ちにXの実弟Cに連絡して同村巡査駐在所に逮捕の旨を届け出させたが、駐在巡査がS地区警察署留置場の看守に赴いていて不在であったので、同巡査の妻から同郡I町の警部補派出所へ電話で知らせてもらったが、更に念のためCを直接岩井町の同警部補派出所まで赴かせて逮捕の事実を届け出させ、そのまま警官の来場するまで現場でこれを待ち受けていたものであって、Xは、Vが窃盗の現行犯人たることを信じてこれを逮捕し、自己の行為を法律上許されたものと信じていた。この行為が逮捕致傷罪で起訴された。

【裁判の経過】

1審：水戸地下妻支判昭和27年1月30日高刑集5巻13号2667頁（有罪・逮捕致傷罪）

1審は、Vにこんにゃくだま窃取の意図のあったことについては一応疑われる程度のものと解し、XがVをこんにゃくだまを盗みに来たものと即断して不法に逮捕し、これにより同人の治療約1箇月を要する右上膊捻挫傷等を負わせたものと認定し、Xの本件所為については犯意を阻却しないとして、逮捕致傷罪の成立を認めた。これに対してX側は、準現行犯の逮捕に相当するのであってなんら不法はない、法律の錯誤があったとしても法律の錯誤につき過失なく、錯誤につき相当な理由がある場合であり逮捕についての故意は阻却されると主張して控訴した。

【判　旨】破棄自判（無罪）

「Vは、右こんにやく畑のこんにゃくだまを窃取する目的で、そのための用具を携え、前記畑道を右こんにゃく畑に向かって数間の地点まで進んで来ていたものであるとは言え、右畑道は、Vにとっては附近に同人方の畑もなくなんら通行の要のない道ではあっても、X方の右畑に限らずひろく附近一帯の畑地の共用の小道であり、また他の通路にも通じているものであるから、Vが前記逃走直前まで右畑道の上を進んでいたものと認められる以上は、未だ同人が右畑のこんにゃくだまに対するXの事実上の支配を侵すにつき密接な行為をしたものとは解し得ないのであって、Vの行為は、窃盗の実行の著手には達せず、その予備の段階にあるものと言わなければならない。そして、窃盗の予備は、犯罪とはされていないのであるから、Xの本件逮捕行為は、現行犯の逮捕と解することはできない。しかしながら、犯罪の実行の著手をいかに解するかは、極めて困難な問題であって、専門家の間においても説が分かれ、本件のような事案についてかかる著手の有無を判断するにあたっては、当然に相反する見解の生ずることが考えられるものであるから、たとえXの現認した事実が前説示によれば未だ窃盗の実行の著手とは解し得ないものであったとしても、普通人たるXが、前記のような経過のもとに自己の畑のこんにゃくだまの盗難を防ぐため見張中、深夜右こんにゃくだま窃取の目的でその用具を携えて右畑に近づき、人の姿を認めて逃げ出したVを前叙のように窃盗の現行犯人と信じて逮捕し、直ちにその旨を警察署に通報して警官の来場を待ち、自分の行為を法律上許されたものと信じていたことについては、相当の理由があるものと解されるのであって、Xの右所為は、罪を犯すの意に出たものと言うことはできない」。

(3)　法定刑の錯誤（吊り橋爆破事件）

185 最判昭和32年10月18日刑集11巻10号2663頁

【事実の概要】

被告人Xは下名川部落の道路委員、被告人Yは同部落の相談員の役務についていた者であるが、山形県東田川郡本郷村の早田川に架けてある同村所有の堰根橋が腐朽し車馬の通行が危険となったところから、H村当局に対し再三架替を要請したがその実現の運びに至らず、日常著しく不便を感じていた。そこで人工を加えて橋を落下させ、表面は雪害によって落橋したように装い災害補償金の交付を受ければ、前記木橋の架替も容易であろうと考え、ダイナマイトをもって同橋を爆破落下させようと思いたちZ、W、U、T、S、R、Q等と共謀し、同橋を落下させる目的をもってY、W、Uにおいて南岸橋脚４本、中央の補強橋脚１本及び南岸の橋桁４本にボート錐をもってそれぞれ穿孔し、岩石破壊用ダイナマイト15本を数回にわたり装填爆発させて同橋を損壊し、川中に落下させた。この行為が爆発物取締罰則１条違反の罪で起訴された。

なお、Xは、裁判長の「ダイナマイトを勝手に使うことが悪いことであることであることは判っていたか」との問に対し「悪いこととは思っていましたが、こういう重罪ではなく罰金位ですむものと思っていました」と答えており、死刑または無期もしくは７年以上の懲役または禁錮に処せらるべき爆発物取締罰則第１条を知らなかった。

弁護人は、本件橋は普通に荷を積んだ車馬が通行すると必然的に落ちなければならない程朽廃しており、且つ、橋の下は深い断崖の底で若しも車馬の通行中に落橋すれば人畜共に助かり得ないような処であったから、X等は起きるであろう事故を未然に防ぐために為したもので緊急避難的行為であると主張した。

【裁判の経過】

１審：山形地鶴岡支判昭和29年４月９日刑集11巻10号2669頁（有罪）

「車馬通行の際の落橋によって人畜の生命に被害が及ぶ如き事態の発生することを避けるには、例えば該橋の車馬通行を禁止した上、まず仮橋を設けて、架替工事をする等ダイナマイトで該橋を爆破する以外の方法を採ることができたのであって、Ｘ等がダイナマイトを用いて該橋を爆破したことが人畜の生命の危難を避けるため已むことを得ない行為であったということはできない…」。（懲役３年６月）これに対して、Ｘ側は、弁護人はＸ等は法律（爆発物取扱罰則）を知らなかったものであり、減軽さるべき情状があると主張して控訴した。

２審：仙台高秋田支判昭和30年１月27日刑集11巻10号2671頁（破棄自判［法の不知による刑の減軽］）

「刑法第38条第３項但書により刑を減軽すべき情状について考察するに、原判決も示しているとおり、Ｘ等は腐朽により車馬の往来が危険となった堰根橋について本郷村当局に再三その架替を要請したが、実現に至らずその早期実現を企図して本件の誤った行為に出でたものであり、…Ｘ、Ｙ両名とも善良な部落民であり、Ｘは村会議員の経歴も有し、非常に正直でかつ真面目であって、部落のためによくつくして信用を得ており、Ｙも真面目な性格で部落民から信用されている事実が認められる。以上のようなＸ、Ｙ等の本件犯行の動機、性格、素行などを考えるときはＸ、Ｙ両名について所論のように刑を減軽すべき情状があるものと認むべきである」。（懲役２年、執行猶予３年）これに対して、検察官は、原判決はこの点につき第１に記載したようにＸ等の法定刑の不知に関する情状については、何等判断することなくただ本件犯行の動機、Ｘ等の性格、素行等を説示し、これのみを基礎としてＸ、Ｙ等に刑法第38条第３項但書を適用してその刑を減軽すべき情状があるものとしているもので、明らかに同条項但書の解釈適用を誤った違法があると主張して上告した。

【判　旨】破棄差戻

「刑法38条３項但書は、自己の行為が刑罰法令により処罰さるべきことを知らず、これがためその行為の違法であることを意識しなかったにかかわらず、それが故意犯として処罰される場合において、右違法の意識を欠くことにつき斟酌または宥恕すべき事由があるときは、刑の減軽をなし得べきことを認めたものと解するを相当とする。従って自己の行為に適用される具体的な刑罰法令の規定ないし法定刑の寛厳の程度を知らなかったとしても、その行為の違法であることを意識している場合は、故意の成否につき同項本文の規定をまつまでもなく、また前記のような事由による科刑上の寛典を考慮する余地はあり得ないのであるから、同項但書により刑の減軽をなし得べきものでないことはいうまでもない。

しかるに原判決は、Ｘ等が共謀して昭和28年２月21日山形県東田川郡本郷村所在の村有の橋を岩石破壊用ダイナマイト15本を使用爆発させて損壊した本件事案につき、Ｘの第１審公判における、ダイナマイトを使ってこんなことをすると罪が重いということを知らなかった旨の供述、Ｙの原審第３回公判における、ダナマイトを勝手に使うことが悪いこととは思っていたが、こういう重罪ではなく罰金位ですむものと思っていた旨の供述を引用して、『X等のこれらの供述によれば、X等は死刑または無期もしくは7年以上の懲役または禁錮に処せらるべき爆発物取締罰則1条を知らなかったものというべきである』と判示し、X等の犯行の動機、性格、素行などを参酌して刑法38条3項但書により刑の減軽をなしているものである。これによればX等は右本件所為が違法であることはこれを意識していたものであり、ただその罰条または法定刑の程度を知らなかったというに過ぎないものであるにかかわらず、一般の量刑事情を挙げて刑法38条3項但書を適用しているのである。

されば原判決は刑法38条3項但書の解釈適用を誤ったものであつて、右違法は判決に影響を及ぼすこと明かであり、原判決を破棄しなければ著しく正義に反するものと認めなければならない」。

差戻後控訴審：仙台高秋田支判昭和34年4月1日刑集14巻1号77頁（過剰避難肯定―懲役2年、執行猶予3年）

差戻後第1次上告審：最判昭和35年2月4日刑集14巻1号61頁（破棄差戻⇒第3章第3節 **1** (2) 158 参照）

差戻後第2次上告審：最判昭和37年9月18日判時320号30頁（上告棄却）

【参考文献】

松原久利・判例講義Ⅰ99頁、斉藤信宰・百選Ⅰ〔第6版〕96頁、斉藤誠二・百選Ⅰ〔第4版〕102頁、福田平・百選Ⅰ〔第2版〕124頁、城富次・最判解刑事篇昭和32年度549頁

(4) 違法性の意識の存否（羽田空港デモ事件）

186 最判昭和53年6月29日刑集32巻4号967頁、判時892号20頁、判タ365号71頁

【事実の概要】

被告人Xは、昭和42年11月12日午後2時40分ころから同3時5分ころまでの間、東京国際空港ターミナル・ビルディングの国際線出発ロビーにおいて、日本中国友好協会の関係者ら約300名が集合し、東京都公安委員会の許可を受けないで、「佐藤首相の訪米阻止」、「蔣経国の来日阻止」等のシュプレヒコールなどをして気勢をあげたうえ、約5列になってスクラムを組み、「わっしょい、わっしょい」とかけ声をかけながらかけ足行進して集団示威運動をした際、Aほか数名と共謀のうえ、集団中央部の台上より右シュプレヒコールの音頭をとり、煽動演説を行い、かつ、同集団に相対して右手をあげ、「ただいまから行動を開始する」旨指示し、スクラムを組ませて行進を開始させ、もって右無許可の集団示威運動を指導した。この行為が昭和25年東京都条例第44号集会・集団行進及び集団示威運動に関する条例1条、5条違反の罪で起訴された。

【裁判の経過】

1審：東京地判昭44年12月18日刑集29巻9号842頁（無罪）

1審は、空港ビル内での本件集団の動きはあとに予定された別の場所での集団示威運動に突き進む手前の予備的段階における勢ぞろい的な行動にすぎないとし、証拠上、その集団の行動が勢いのおもむくところ暴力的な行動にまで発展する具体的な危険性を帯有したものであったとも、空港ビル側や一般公衆などに対して不当な妨害や迷惑を与えたとも認められないから、いまだ本条例が刑罰による規制の対象として予想している集団示威運動の定型的行為に該当しない、と判断して無罪の言渡しをした。これに対して、検察官が控訴した。

2審：東京高判昭和46年2月15日刑集29巻9号848頁（控訴棄却）

本件集団行動が本条例1条に違反してなされた無許可の集団示威運動に当たることは、諸般の証拠上これを否定することができないとしながら、「本件集団の行動は、集団示威運動としては、寧ろ比較的に犯情の軽微なものであった部類に属し、そこに公共の安寧に対する直接且つ明白な危険があったものとは考えられない」ことを主たる理由として、「本件においては集団示威運動の可罰的な違法性が未だ明確であったとまではいえない」とし、また「本件の集団示威運動には、決して、右判例にいう『暴

力に発展する危険性のある物理的力を内包している』ものとは考えられず、これを以って可罰的な違法性を具備した集団示威運動に当たるものとは到底いうことができない」として、本件は可罰的な違法性がない場合とみるのが相当であり、本条例5条の構成要件を欠くから、Xは結局無罪たるべきものであるとした。これに対して、検察官は、同判決は、最高裁判所の判例と相反する判断をし、また、可罰的違法性がない故をもって犯罪の成否を否定したことは、本条例1条、5条並びに違法性阻却事由に関する刑法35条ないし37条の解釈と適用に重大な誤りを犯していると主張して上告した。

上告審：最判昭和50年10月24日刑集29巻7号777頁（破棄差戻）

「Xらの指導した本件無許可の集団示威運動はそれ自体なんら実質的違法性を欠くものではないのに、原判決が、『たとえ無許可の集団示威運動を指導したとしても、そこに公共の安寧に対する直接且つ明白な危険がなく、可罰的な違法性が認められない限り、その者に対しては敢えて右のような重い刑罰を以て臨むべきではない』との解釈を前提として、Xらが本件無許可の集団示威運動を指導した点につき、本条例5条の構成要体を欠くとしたのは、本条例1条、5条の解釈適用を誤ったものというべく、原判決の右違法は、判決に影響を及ぼし、かつ、これを破棄しなければ著しく正義に反するものと認められる」。

差戻後2審：東京高判昭和51年6月1日高刑集29巻2号301頁（控訴棄却）

2審は、Xは単独で無許可の本件集団示威運動を指導したことになるから、一応昭和25年東京都条例第44号集会、集団行進及び集団示威運動に関する条例（以下、本条例という。）5条に違反する場合にあたるとしながら、進んでXの違法性の意識について検討を加え、Xは行為当時本件集団示威運動は法律上許されないものであるとは考えなかったと認められるとしたうえ、「無許可の集団示威運動の指導者が、右集団示威運動に対し公安委員会の許可が与えられていないことを知っている場合でも、その集団示威運動が法律上許されないものであるとは考えなかった場合に、かく考えるについて相当の理由があるときは、右指導者の意識に非難すべき点はないのであるから、右相当の理由に基づく違法性の錯誤は犯罪の成立を阻却する」との法律判断を示し、これを本件についてみると、「Xが行為当時の意識において、本件の集団示威運動は、従来の慣例からいっても法律上許されないものであるとまでは考えなかったのも無理からぬところであり、かように誤信するについては相当の理由があって一概に非難することができない場合であるから、右違法性の錯誤は犯罪の成立を阻却する」とした。これに対して、検察官は、原判決は、故意と法律の錯誤に関する刑法38条の解釈適用につき最高裁判所の判例と相反する判断をし、また、本条例5条の罪の実質的違法性に関する判断並びに違法性の錯誤に関する刑法38条の解釈適用に重大な誤りを犯していると主張して上告した。

【判　旨】破棄差戻

「Xの言動及び記録によって認められるXの経歴、知識、経験に照らすと、Xは東京都内において集団示威運動を行おうとするときは場所のいかんを問わず本条例に基づき東京都公安委員会の許可を受けなければならないことを知っていたことが明らかであるうえ、終始みずからの意思と行動で本件集団を指導、煽動していたことにより、本件集団の行動が示威運動の性質を帯びていることを認識していたことも明らかであるから、Xは行為当時本件集団示威運動が法律上許されないものであることを認識していたと認めるのが相当である。原判決が…指摘している事情は、いまだ右の認定を左右するに足りるものではなく、また、本件集団示威運動が比較的平穏なものであったとの点も、原判決の認定している前記各事実に照らし必ずしも首肯することができないから、右の結論に影響を及ぼすものではない。

以上によれば、Xは行為当時本件集団示威運動が法律上許されないものであることを認識していたと認められるから、Xはそれが法律上許されないものであるとは考えなかったと認定した原判決は、事実を誤認したものであり、この誤りは判決に影響を及ぼし、原判決を破棄しなければ著しく正義に反すると認められる」。

（差戻後控訴審：東京高判昭和54年6月14日高刑集32巻2号146頁（破棄自判・有罪）
（差戻後上告審：最判昭和昭55年7月4日判時977号41頁（上告棄却））

【参考文献】

神山敏雄・百選Ⅰ〔第2版〕122頁、佐藤文哉・最判解刑事篇昭和53年度268頁

2 相当の理由

(1) 映倫審査通過への信頼(映画「黒い雪」事件)

187 東京高判昭和44年9月17日高刑集22巻4号595頁、判時571号19頁、判タ240号115頁

【事実の概要】

被告人Xは、日活株式会社取締役配給部長として、同会社における映画の買い入れ、配給等の業務を担当しているもの、Yは、映画の製作、監督等を業とするものであるところ、X、Y両名は、Zほか数名のものと共謀のうえ、3回にわたり、日活株式会社直営の東京都新宿区所在新宿日活劇場において、たとえば、(1) 売春宿の一室で、裸の黒人兵と売春婦ユリとが同きんする場面、(2) 売春宿の一室で、外国人の男が売春婦となった皆子の水揚げを行なう場面、(3) 映画館内の客席において、次郎が静江の下半身に手をふれ、静江が目をとじ、首を左右に振りながら、長くあえぎもだえる場面、(4) 売春宿の一室で、次郎の友人黒瀬に犯された静江が半狂乱となり、全裸のままで戸外に飛び出し、基地周辺を走る場面、(5) 次郎、黒瀬、山脇の三人の男が次郎の叔母由美の経営するバーを襲って、同女を犯す場面、(6) 売春宿の一室で、売春婦英子が次郎に乳首を吸わせる場面など、男女の性交および性戯の姿態を連想させる場面や女性身体の裸像を露骨に撮影した猥褻映画「黒い雪」(全9巻) を映写して、これをDなど約2,711名の観客に観覧させた。この行為が、わいせつ物公然陳列罪で起訴された。

【裁判の経過】

1審:東京地判昭和42年7月19日判時490号16頁(無罪)

「本件劇映画『黒い雪』は—右映画が芸術作品、思想作品として高く評価されるものかどうか、また、それとして成功したものといえるかどうかは別として—その上映を刑法上の処罰の対象としなければならないほどの猥褻性をもつものではないというべきである」。

これに対して検察官が控訴した。

【判 旨】控訴棄却(確定)

「刑法第175条の罪の犯意については、前記最高裁判所が猥褻の文書について判示するところであり、これによれば『問題となる記載の存在の認識とこれを頒布、販売することの認識があれば足り、かかる記載のある文書が同条所定の猥褻性を具備するかどうかの認識まで必要としているものではない』ことおよび『かりに、主観的には刑法第175条の猥褻文書にあたらないものと信じてある文書を販売しても、それが客観的に猥褻性を有するならば法律の錯誤として犯意を阻却しないもの』とされている。これを本件についてみれば、本件映画の上映が客観的には同法条に定める猥褻性を具備する図画と解すべきことは前記のとおりであり、Xらは、いずれも問題となる場面の存在を認識し、これを上映(陳列)することの認識を有していたことは記録上明らかであるから、同人らに刑法第175条の罪の犯意ありとするに十分のごとくでもある。しかし、前記判例といえども、Xらのごとき映画の上映者において、該映画の上映が同条所定の猥褻性を具備しないものと信ずるにつき、いかに相当の理由がある場合でも、その一切につき犯意を阻却しないものとして処罰する趣旨とは解しがたいのみならず、ここでも、映画の上映における特殊性、すなわち、文書その他の物の場合とは異なる規制機関の存在、しかも、それは、前記のごとく、憲法の改正に伴ない、日本国憲法の精神に合致する制度として発足し、国家もまたそれを是認している制度であることを考慮せざるをえない。かかる観点に立って、Xらの本件行為に対する責任について按ずれば、Xらはいずれも映倫管理委員会の審査の意義を認めて本件映画をその審査に付し、その間、Xは、もとより製作者として主張すべき点は主張して審査員との間に論議を重ねたとはいえ、結局は審査員の勧告に応じ、一部修正、削除して右審査の通過に協力し、本件映画は原判示のように、昭和40年6月4日いわゆる確認審査を経て映倫管理委員会の審査を通過したものであり、X、Y両名等本件映画の公開関係者は、右審査の通過によって、本件映画の上映が刑法上の猥褻性を帯びるものであるなどとは全く予想せず、社会的に是認され、法律上許容されたものと信じて公然これを上映したものであることは一件記録に照らして明白であり、映倫管理委員会制度発足の趣旨、これに対する社会的評価並びに同委員会の審査を受ける製作者その他の上映関係者の心情等、前叙のごとき諸般の事情にかんがみれば、X、Yらにおいて、本件映画の上映もまた刑法上の猥褻性を有するものではなく、法律上許容されたものと信ずるにつき相当の理由があったものというべきであり、前記最高裁判所判例が犯意について説示するところは当裁判所においても十分これを忖度し、尊重するとしても、前記のごとく映倫審査制度発足以来16年にして、多数の映画の中からはじめて公訴を提起されたという極めて特殊な事情にある本件においても、なおこれを単なる情状と解し、Xらの犯意は阻却しないものとするのはまことに酷に失するものといわざるをえない。してみれば、X、Yらは、本件所為につき、いずれも刑法第175条の罪の犯意を欠くものと解するのが相当である。記録並びに当裁判所における事実取調の結果に徴するも、他にXらの犯意を肯認するに足る証拠はない」。

【参考文献】

大野真義・昭和44年度重判解130頁、田中久智・百選〔新版〕59頁

(2) 行政指導への協力（石油ヤミカルテル事件）

188 東京高判昭和55年9月26日高刑集33巻5号359頁、判時983号22頁、判タ434号86頁

【事実の概要】

石油連盟は、石油精製会社及び石油製品元売会社を会員とし、その会員である石油精製会社24社及び会員である共同石油株式会社の系列下にある石油精製会社で、原油処理計画について同会社の事実上の統制に服しているアジア共石株式会社の合計25社の原油処理量は、沖縄県を除くわが国における原油処理量の約97パーセントを占めているものであり、被告人Xは、同石油連盟の会長としてその業務全般を統轄掌理していたもの、被告人Yは、同連盟の需給委員会委員長として同委員会の所掌する石油製品の需給計画等に関する業務を統括していたものであるが、X及びYは、前記需給委員会の副委員長Zらと共謀のうえ、同連盟において右石油精製会社25社の原油処理量の調整を行うことを企て、石油連盟の業務に関し、

第1　昭和47年10月31日石油連盟本部事務所において、同連盟の需給委員会を開催し、前記石油精製会社25社が沖縄県を除く国内で行う同年下期6箇月分（同年10月から翌48年3月まで）の一般内需用輸入原油の処理について、その処理総量を92,408,000キロリットルとしたうえ、これを販売実績、原油処理能力等を勘案して按分し、いずれも右連盟の会員である日本石油株式会社、日本石油精製株式会社及び興亜石油株式会社を構成員とする日本石油グループ、同様の日本鉱業株式会社、東亜石油株式会社、鹿島石油株式会社、富士石油株式会社及びアジア石油株式会社並びに同連盟の会員でない前記アジア共石株式会社を構成員とする共同石油グループ、いずれも同連盟の会員である丸善石油株式会社及び関西石油株式会社を構成員とする丸善石油グループ、同様の昭和石油株式会社、昭和四日市石油株式会社及び西部石油株式会社を構成員とするシェル石油グループ、同様の三菱石油株式会社及び東北石油株式会社を構成員とする三菱石油グループの5グループ並びにいずれも同連盟の会員である出光興産株式会社、大協石油株式会社、太陽石油株式会社、ゼネラル石油精製株式会社、日網石油精製株式会社、東亜燃料工業株式会社、極東石油工業株式会社、九州石油株式会社及び日本海石油株式会社の9社に対し、各グループないし各社が処理しうる原油量を割り当て、即時その効力を発生させ、

第2　昭和48年4月9日前記石油連盟本部事務所において、同連盟の需給委員会を開催し、前記石油精製会社25社が沖縄県を除く国内で行う同年上期6箇月分（同年4月から同年9月まで）の一般内需用輸入原油の処理について、その処理総量を87,435,000キロリットルとしたうえ、これを前記同様の方法で按分し、前記5グループ及び9社に対し、各グループないし各社が処理しうる原油量を割り当て、即時その効力を発生させた。

この行為が独占禁止法８条１号、89条１項違反の罪で起訴された。
弁護人らは、X、Yには違法性の意識及びその可能性がなかったと主張した。

【判　旨】無罪（確定）

「『犯意があるとするためには犯罪構成要件に該当する具体的事実を認識すれば足り、その行為の違法を認識することを要しない』とする法律判断が最高裁判所の判例として定着しているから、犯罪の成否の問題としては右事実について判断する必要がないという見解もありうる。しかしながら、右の趣旨の判例は、違法であることを知らなかったとの被告人の主張は通常顧慮することを要しないという一般原則を示したものであるか、あるいは当該事件においてはその主張に理由がないとするものであって、行為者が行為の違法性を意識せず、しかもそのことについて相当の理由があって行為者を非難することができないような特殊な場合についてまで言及したものではないと解する余地もないではない。そうして、右の特殊な場合には行為者は故意を欠き、責任が阻却されると解するのが、責任を重視する刑法の精神に沿い、『罪ヲ犯ス意ナキ行為ハ之ヲ罰セス』という刑法38条１項本文の文言にも合致する至当な解釈であると考える。

…Ｙは、本件のような生産調整は、業界が通産省に無断で行なう場合には独占禁止法違反になるが、Ｙらは通産省に報告し、その意向に沿ってこれを行なっており、通産省の行政に協力しているのであるから、この場合には同法に違反しないと思っていたことが認められる。これを法律的に言えば、Ｙは、自己らの行為については違法性が阻却されると誤信していたため、違法性の意識を欠いていたものと認められる。

そうして、前記３の諸事実を検討すると、Ｙが右のように信じたのも無理からぬことであると思わせる事実が多く存在するのであるから、Ｙが違法性を意識しなかったことには相当の理由があるというべきである。

前記全事実によれば、Ｙは、石油業法の下で、あるいは通産省の直接指導により、あるいは通産省の指導、要請に基づく石油連盟の協力措置として実施されてきた生産調整の歴史の流れの中で、需給委員長に選任され、生産調整を正当な職務と信じ、何ら違法感をもたずに、誠実にその職務を遂行してきたものと認められるのであって、その違法性を意識しなかったことには右のとおり相当の理由があるのであるから、Ｙが本件各行為に及んだことを刑法上非難し、Ｙにその責任を帰することはできない。したがって、Ｙにはこの点において故意即ち『罪ヲ犯ス意』がなかったと認められる。

…Ｘも、Ｙと同様に、自己らの行為について違法性が阻却されると誤信していたため、違法性の意識を欠いていたものと認められ、また、その違法性を意識しなかったことには相当の理由があるというべきである。そうである以上、Ｘが前記のとおり石油連盟会長として、同会長に就任前から同連盟で行なわれていた生産調整を違法とは思わず、本件の各場合にもこれを行なうことに賛同、関与し、これをやめさせなかったからといって、それを刑法上非難し、Ｘにその責任を帰することはできない。したがって、Ｘにはこの点において故意がなかったと認められる」。

【参考文献】

髙山佳奈子・独禁法審決・判例百選〔第６版〕256頁

(3)　警察官の黙認（百円札模造事件）

189 最決昭和62年７月16日刑集41巻５号237頁、判時1251号137頁、判タ647号124頁

【事実の概要】

被告人Xは、自己の経営する飲食店「五十三次」の宣伝に供するため、写真製版所に依頼し、まず、表面は、写真製版の方法により日本銀行発行の百円紙幣と同寸大、同図案かつほぼ同色のデザインとしたうえ、上下二か所に小さく「サービス券」と赤い文字で記載し、裏面は広告を記載したサービス券（第１、１のサービス券）を印刷させ、次いで、表面は、前記と同じデザインとしたうえ、上下二か所にある紙幣番号を「五十三次」

の電話番号に、中央上部にある「日本銀行券」の表示を「五十三次券」の表示に変え、裏面は広告を記載したサービス券（同第１、２のサービス券）を印刷させて、それぞれ百円紙幣に紛らわしい外観を有するものを作成した。ところで、Xは、前記第１、１のサービス券の作成前に、製版所側から片面が百円紙幣の表面とほぼ同一のサービス券を作成することはまずいのではないかなどと言われたため、北海道警察本部札幌方面西警察署防犯課保安係に勤務している知合いの巡査を訪ね、同人及びその場にいた同課防犯係長に相談したところ、同人らから通貨及証券模造取締法の条文を示されたうえ、紙幣と紛らわしいものを作ることは同法に違反することを告げられ、サービス券の寸法を真券より大きくしたり、「見本」、「サービス券」などの文字を入れたりして誰が見ても紛らわしくないようにすればよいのではないかなどと助言された。しかし、Xとしては、その際の警察官らの態度が好意的であり、前記助言も必ずそうしなければいけないというような断言的なものとは受け取れなかったことや、取引銀行の支店長代理に前記サービス券の頒布計画を打ち明け、サービス券に銀行の帯封を巻いてほしい旨を依頼したのに対し、支店長代理が簡単にこれを承諾したということもあってか、前記助言を重大視せず、当時百円紙幣が市中に流通することは全くないし、表面の印刷が百円紙幣と紛らわしいものであるとしても、裏面には広告文言を印刷するのであるから、表裏を全体として見るならば問題にならないのではないかと考え、なお、写真原版の製作後、製版所側からの忠告により、表面に「サービス券」の文字を入れたこともあり、第１、１のサービス券を作成しても処罰されるようなことはあるまいと楽観し、前記警察官らの助言に従わずに第１、１のサービス券の作成に及んだ。次いで、Xは、取引銀行でこれに銀行名の入つた帯封をかけてもらったうえ、そのころ、帯封をかけたサービス券一束約100枚を西警察署に持参し、助言を受けた前記防犯係長らに差出したところ、格別の注意も警告も受けず、かえって前記巡査が珍しいものがあるとして同室者らにそのサービス券を配付してくれたりしたので、ますます安心し、更に、第１、２のサービス券の印刷を依頼してこれを作成した。

しかし、前記サービス券の警察署への持参行為は、署員の来店を促す宣伝活動の点に主たる狙いがあり、サービス券の適否について改めて判断を仰いだ趣旨のものではなかった。一方、被告人Yは、Xが作成した前記第１、１のサービス券を見て、自分が営業に関与している飲食店「大黒家」でも、同様のサービス券を作成したいと考え、Xに話を持ちかけ、その承諾を得て、前記写真製版所に依頼し、表面は、第１の各サービス券と同じデザインとしたうえ、上下二か所にある紙幣番号を「大黒家」の電話番号に、中央上部にある「日本銀行券」の表示を「大黒家券」の表示に変え、裏面は広告を記載したサービス券（第２のサービス券）を印刷させて百円紙幣に紛らわしい外観を有するものを作成した。その作成に当たっては、Yは、Xから、このサービス券は百円札に似ているが警察では問題ないと言っており、現に警察に配付してから相当日時が経過しているが別になんの話もない、帯封は銀行で巻いてもらったなどと聞かされ、近時一般にほとんど流通していない百円紙幣に関することでもあり、格別の不安を感ずることもなく、サービス券の作成に及んだ。しかし、Yとしては、自ら作成しようとするサービス券が問題のないものであるか否かにつき独自に調査検討をしたことは全くなく、専ら先行するXの話を全面的に信頼したにすぎなかった。

これらの行為につき、X、Yは通貨証券模造取締法１条違反の罪で起訴された。

弁護人は、Xらは、通貨及証券模造取締法の特殊性、百円紙幣の流通状況、警察署及び銀行と事前に相談した際に得た感触などから、本件行為が違法であるとの認識を欠いていたものであり、かつそのような認識を欠いていたことにつき相当の理由が存在したと言うべきであるから、犯罪の故意を欠き罪とならないと主張した。

【裁判の経過】

1審：札幌地判昭和59年9月3日刑月16巻9=10号701頁（有罪）

「違法性の錯誤につき相当の理由があるときは犯罪が成立しない旨の見解を是認するとしても、違法性の錯誤につき相当の理由があると言い得るためには、確定した判例や所管官庁の指示に従って行動した場合ないしこれに準ずる場合のように、自己の行為が適法であると誤信したことについて行為者を非難することができないと認められる特段の事情が存在することが必要であると解されるところ、前記認定事実によれば、本件においては、いまだそのような特段の事情が存在したとは言うことができない。

すなわち、まず、Xの判示第1の1の事実について見ると、Xは、西警察署のN係長らから、六法全書の該当部分を示された上、通貨及証券模造取締法により銀行紙幣に紛らわしいものの製造が禁止されていることを明瞭に指摘されるとともに、同寸大で片面が真券と同じものは同法に触れるおそれがあるので、サービス券の寸法を真券より大きくしたり『見本』『サービス券』などの文字を入れたりしてだれが見ても紛らわしくないようにすればよいのではないかなどと、ある程度具体的な助言まで得たにもかかわらず、サービス券の宣伝効果の追求に急であったことに、自らの希望的観測も加わって、当初右助言を全く無視し、S写真製版所に対しては、西警察署で問題はない旨の確認を取ってきたなどと虚偽を述べ、あえて片面が真券と同じサービス券の作成を依頼しているのであり、また、その後S写真製版所側から、せめて『サービス券』の文字を入れたほうがよいのではないかとの申し出を受けた際にも、これに同意こそしたものの、真券との紛らわしさを避けるに足る『サービス券』の文字の配置や大きさなどに関して格別の指示を与えることもなく、N係長らの助言に無関心な態度をとり続けたものと言わざるを得ないのである。

次に、Xの第1の2の事実について見ると、Xは、第1の1のサービス券を西警察署に持参した際、N係長らからそれが法に触れたものである旨の指摘が特になく、その後も格別のことがなく約2週間が経過したため、右サービス券は既に警察によって許容されたものと理解していたというのであるが、本件は、警察側に対しでき上がったサービス券の可否を真摯に尋ね、警察側の明確な了解を得た上で次の製造行為に及んだというような場合とは、おのずから事案を異にし、違法性の錯誤に関する相当の理由ありとするには、いかにしても足りないものが残る。すなわち、Xが右サービス券を西警察署に持参した時期は、単に若干の試作品を作ってみたというような準備段階ではなく、既に1万枚にも及ぶ大量のサービス券を作成し帯封も終えた後であって、持参の趣旨は、でき上がった現物を示して警察側の判断を更に仰ぐという色彩は極めて薄く、むしろ、警察側から文句を言われることはまずあるまいと楽観した上、Xも自認するように、これを配付して署員の来店を促す宣伝活動の点に主眼があったと見られるのであり、それゆえに、XからN係長らに対し改めて右サービス券の可否につき判断を求める具体的な相談はなされていない。そして、N係長らが、先に、六法全書を開いた上ある程度具体的にほぼ適切な助言を与え、Nに対し、この種のサービス券が通貨及証券模造取締法との関係で微妙な問題をはらんでいることをかなり明瞭な形で告げていたことは、前記のとおりである。そうしてみると、既に刷り上がってしまっている右サービス券の現物を突然客寄せのために持ち込まれた形の西警察署が、そのころ明示の警告をしなかったという一事をもって、同警察署がXに対し事実上右サービス券を許容するいわゆるお墨付きを与えたものであるなどと評価することはできない。…N係長らがXに対し誤って積極的に右サービス券を許可容認したというような事情は全く存在しないのであって、単に積極的な警告を発するに至らなかったというのにとどまるものであるから、右のような警告がなかったことをもって直ちに警察の了承をとりつけたものとは言い難いのみならず、とりわけ当初の段階においてあらかじめほぼ適切な助言が現に行われていた事実関係の下にあっては、黙示的にせよ警察の許しを得たものなどと見ることはできないと言うべきである。…

Yの判示第2の事実について見ると、Yとしては、自ら作成しようとするサービス券が問題のないものであるか否かにつき独自に調査検討したことはなく、専ら先行していたXの話を全面的に信頼していたものであるところ、既に述べたとおり、Xの関係において違法性の錯誤につき相当の理由が認められず、他にYがXの話を信頼するのも無理からぬものがあると思わせるような格別な事情の存在もうかがわれないから、Yについても右相当の理由を認める余地はないものと考えられる」。これに対して、X、Y側は、違法の意識を欠き、これを欠くことについて相当な理由があったと主張して控訴した。

2審：札幌高判昭和60年3月12日判タ554号304頁（控訴棄却）

「特別の事情が存在し、その行為者においてその行為が許されたものであると信じ、かつそのように信ずるについて全く無理もないと考えられるような場合には、刑法の責任主義の原則に従い、もはや法的非難の可能性はないとして、例外的に犯罪の成立が否定されると解すべきである。それでは、どのような特別の事情が存在した場合、この例外的な判断を下すべきかが問題であるが、本件についていうならば、本件の刑罰法規に関し確立していると考えられる判例や所管官庁の公式の見解又は刑罰法規の解釈運用の職責のある公務員の公の言明などに従って行動した場合ないしこれに準ずる場合などに限られると解するのが相当である。そうすると、本件において、Xが、第1、1のサービス券の製造前に西警察署を訪ね、知人の警察官やその場にいた警察官に相談し、種々助言を受け、その際の助言内容や警察官の言動、態度などから考え、第1、1のようなサービス券を作成しても処罰されることになることはないと考えたとか、また、それを製造した後、その一部を持参して再び右警察官らに会い、警察官らにこれを示したが格別の注意、警告を受けなかったので安心して第1、2のサービス券を作成することにしたとか、あるいは、Xが日頃から百円紙幣が市中に流通することがなく、また第1、1、2程度の模造紙幣が頒布されているのに警察問題にされることなく放任されているので、このようなサービス券を作成しても問題にならないであろうと考えたというような事情だけでは、前記の例外的な判断を下すべき特別の事情が存在するというに足りない、というべきである」。これに対して、X、Y側は、違法性の意識の欠如につき相当の理由があると主張して上告した。

【決定要旨】上告棄却

「Xが第1審判示第1の各行為の、また、Yが同第2の行為の各違法性の意識を欠いていたとしても、それにつきいずれも相当の理由がある場合には当たらないとした原判決の判断は、これを是認することができるから、この際、行為の違法性の意識を欠くにつき相当の理由があれば犯罪は成立しないとの見解の採否についての立ち入った検討をまつまでもなく、本件各行為を有罪とした原判決の結論に誤りはない」。

【参考文献】

松原久利・判例講義Ⅰ100頁、吉田宣之・百選Ⅰ〔第6版〕94頁、阿部純二・昭和62年度重判解155頁、仙波厚・最判解刑事篇昭和62年度138頁

(4) 輸入販売元担当者の説明への信頼(「πウェーブ」事件)

190 東京地判平成14年10月30日判時1816号164頁

【事実の概要】

被告人X、Y両名は、サロン「乙山」を夫婦で経営するものであるが、従業員C子、同D子及び同E子と共謀の上、医師でないのに、同店内において、業として、F子、G子、H子、I子ほか多数の者に対し、多数回にわたり、店内に設置したレーザー脱毛機器を使用して、その手甲、膝、口、脇等の皮膚にレーザー光線を照射して体毛の毛根部を破壊する方法による脱毛行為を行った。なお、X、Yらは「πウェーブ」によるレーザー脱毛の営業を行うに当たり、「πウェーブ」の輸入販売元側の担当者から医師法には違反しない旨の説明を受け、この説明を信じて上記営業を開始し、継続していた。この行為が医師法31条1項1号、17条違反の罪で起訴された。

X、Yは、レーザー脱毛機器「πウェーブ」による脱毛の営業が違法であるとは思わなかったと主張した。

【判　旨】有罪・医師法31条・17条違反の罪(確定)

「『πウェーブ』による脱毛も、そのレーザー照射により真皮、皮下組織等に膠原線維変性等の影響が生じうるもので、火傷等の皮膚障害が発生する危険性を有し、レーザー脱毛の施術に当たっては、被施術者の体調、皮膚の色、毛の太さ等を考慮して照射量、照射時間等を決定し、施術後に問題が生じれば消炎剤、抗生物質等の薬剤投与が必要となるなど、医学の専門知

識及び技能がなければ、保健衛生上人体に危害を及ぼすおそれがあると認められるから、医行為に該当すると解されるところ、『πウェーブ』理論テキスト等の『乙山』から押収された冊子類の記載内容や、『乙山』のホームページの記載内容などに照らせば、X、Yにおいても、『πウェーブ』によるレーザー脱毛が医行為に該当することを基礎付ける事実自体の認識は、あったものと認められる。

この点に加え、X、Yに対し医師法に違反しない旨説明したという『πウェーブ』の輸入販売元側の担当者は単なる私人にすぎず、X、Yは厚生省等の関係機関に問い合わせをしなかったこと、当時、既に、厚生省がレーザー脱毛は医療行為に当たるとの見解を都道府県等に通知した旨の新聞報道がなされていたことなどからすれば、少なくとも、X、Yにおいて、違法性の意識を欠いていたことについて相当な理由があったということはできない。…したがって、Xらが違法性の意識を欠いていたからといって、故意が阻却されることはなく、Xらに対し判示の医師法違反の罪が成立する」。

(5) 警察の指示を上回る加工をした拳銃部品輸入と相当の理由

191 大阪高判平成21年1月20日判タ1300号302頁

【事実の概要】

1〔1〕被告人Xは、けん銃加工品の輸入事業を開始するに先立ち、大阪府警察本部生活安全課の警察官に、けん銃加工品を無可動銃として合法的に日本に輸入するための方法を相談しに行き、担当警察官から、けん銃の各部品をどのように加工すればよいかなどを口頭で教えられて、それを書き写した。

〔2〕上記の際、担当警察官がXに教示した加工方法は、平成9年12月に、警視庁生活安全局銃器対策課長、警察庁刑事局鑑識課長の連名で、各管区の警察局保安部長等に対して発出された、「無可動銃の認定基準について」と題する書類に示された内容とほぼ同一であり、機関部体に関連する措置に関する限り、差異のないものであった。

〔3〕Xは、上記警察官から、輸入の際に引き金と撃鉄との連動を外しても、後で連動する部品を入れると模擬銃器（銃刀法22条の3）になる可能性があることなどを指摘されたため、警視庁の銃器対策課に電話をし、その担当警察官に、模擬銃器に当たる場合、アメリカから直接顧客に送る方法なら罪に問われないのかどうかを尋ね、後刻また電話をして、その方法であれば罰せられない旨の回答を得た。

〔4〕さらに、Xは、関西国際空港（以下「関空」という。）の税関に出向いて、税関と警察の係官に対し、予定していた加工の方法を説明し、また、これとは別に、大阪府警察の銃器対策課にも電話をして、引き金と撃鉄を連動させる部品の輸入が違法かどうかを問合せ、違法でないことを確認した。

〔5〕この間、Xは、警察での指導内容を参考に、それよりも復旧が難しい加工を行うこととし、アメリカにおいて、連邦の資格を有する銃器工であるガンスミスの協力を得て加工方法を検討した。

2〔1〕Xは、遅くとも平成13年内には、けん銃加工品の輸入事業を始めた。

〔2〕Xは、けん銃加工品の輸入の際は、毎回、銃身、スライド（又は弾倉）及び機関部体にそれぞれ相当する部分を、別個に気泡緩衝材で包んだ上、それらを一つの袋に入れ、税関と警察に宛てて、加工の方法を説明した書面と、実際に加工を手掛けた前記ガンスミスが撮影した、加工前及び加工後の各写真を添付していた。

〔3〕Xは、機関部体の加工については、けん銃加工品の輸入開始後、当初の段階では、これを前後に二つに切断する方法を用いていたが、その後、これと並んで、同種加工品の輸入も行うようになり、平成14年4月ころまでには、同種加工品の輸入も相当回数繰り返していた。

〔4〕Xがけん銃加工品の輸入に関して、税関ないし警察から注意ないし指摘を受けた事項やその指摘に対応した行動としては、次の各事実があるが、これら以外には、本件各

輸入行為までに、税関や警察からの注意ないし指摘はなかった。
〔a〕同種加工品を含むけん銃加工品の銃身について、その先端の銃口部分が5ミリメートル程度凹んでいたため、これを完全に埋めるように指示され、Xの依頼を受けたHや他の知人が、合計4回にわたり、大阪税関大阪外郵出張所に出向き、ハンマーで鉛を打ち込んで銃身を閉塞する処理をした。
〔b〕総理府令が無可動銃の要件として規定する白又は金色の塗色が薄かったため、以後気を付けるよう注意を受けたが、当該けん銃加工品については、是正措置を求められることなく通関が認められた。
〔c〕銃身にもう一つ穴を開けるように指示され、公安委員会から許可を受けている知人に、その措置をしてもらった。
〔d〕1「1」の銃をいったん輸入しようとした際、引き金と撃鉄が連動していると指摘され、連動を外せば通関できると言われたが、受取人は遠方の人なので、関空の税関まで出向かせることはできず、連動を解くためアメリカに返送してもらい、連動を解いて送り直した。
Xは、本件各輸入に先立ち、警察官の指導を仰ぐなどして、その指導に従うばかりか、真正けん銃の機関部体に、指導の内容を上回る加工をするなどして、その発射機能を破壊した無可動銃の輸入のビジネスを開始し、その後も、税関から本件各部品と同様の輸入品について、その違法性を指摘されることは全くなかった。この行為が銃刀法31条の11第1項2号違反（けん銃部品輸入）の罪で起訴された。

【裁判の経過】

1審：神戸地判平成20年2月22日（有罪・けん銃部品輸入罪）

1審は、違法な行為であることの意識があったか、少なくとも、そのことを十分意識できたから、故意は阻却されないとして、各けん銃部品輸入罪の成立を認めた。

X側は、Xには、その輸入行為について違法性の意識がなく、そのことに相当の理由もあったと主張して控訴した。

【判　旨】破棄自判（無罪）（一部確定、一部上告（後上告取下））

「(ア) 警察に対する問合せ等

Xは、けん銃加工品を合法的に輸入するための方策について、主体的に、警察の専門部署の警察官から詳細な助言を受け、それを参考に考案した加工方法を、警察及び税関の担当係官に説明して、その合法性を確認したことが認められる。

(イ) 加工の方法

また、Xが、本件各部品を含め、けん銃加工品の輸入に際して行った加工は、次のとおり、警察での指導内容を相当大幅に上回るもので、このことに照らすと、Xは、けん銃部品性のないものの輸入を心掛けたと認めるのが相当である。

まず、機関部体については、『無可動銃の認定基準』には、それ自体のけん銃部品性を失わせる措置は、特に規定されていないのに対し、Xが実践した措置は、本件加工又は機関部体を前後に二つに切断するというもので、後者はもとより、前者も、けん銃部品としての完全性を相当強く害することは明らかであり、また、ガイドレールを切除する割合も、スライドを機関部体に組み込むことと両立する範囲内で、可及的に耐久性を落とすため、ガンスミスと相談して決めたものであり、左右のガイドレールがそれぞれ数箇所に分かれている物については、その各箇所に対し、残すことなく切除を施していることも認められる。また、銃身については、薬室の側面等に警察での指導を上回る大きさの穴を開け、金属棒を入れて銃口から薬室までを埋めた上、薬室内で溶接し、銃口付近に硬質ピンを打ち込んで、大型の工作機械がなければこのピンを取り除けないようにしたこと、スライドについては、撃針が通る穴自体を溶接して埋め、グラインダーで穴を開けられないように、撃針が入る部分にピンを2、3本打ち込んで、通常の方法では取り除けないようにしたことなどが認められる。

(ウ) 同種輸入行為の際の措置

また、Xがけん銃加工品の輸入の際に行っていた上記イ（イ）〔2〕の措置は、税関における担当者の検査の便宜を図った措置であったと認めるのが相当である。

なお、この点、原審検察官は、これとは逆に、Xが、けん銃加工品の各構成部分を分解して国内の仲介者に送っていたことを、違法性の意識を示す事実であると評価するが、具体的根拠を欠く偏見というほかない。また、原審検察官は、上記書面に、『連動部分を除去し、その上にスティール棒を溶接し完全に再生できないようにしています。』という、真実と異なる記載があるとして、これは、再生不能を強調して、税関の目を欺こうとしたもので、違法性の意識を示す事実であると評価するところ、確かに、当該書面には、Xが当該種類のけん銃に対して行っていたと述べる内容とは異なる加工方法が記載されている。しかし、Xは、当該文面は、検察官が主張するものとは別の型式のけん銃に対する加工を示すもので、その形式の場合は、スティール棒を機関部体内に溶接しないと、装填、排莢のエジェクターが使えないため、そのような加工をしてそれを説明する書面を入れたと述べており、この供述の信用性を排斥するのは困難である上、何よりも、Xは、けん銃加工品を部品ごとに分解してその書面と同じ梱包内に入れているのであり、また、税関から前記イ（イ）〔4〕のような対応を受ける過程で、輸入しようとするけん銃加工品を税関において細部まで検査されることも熟知していたと考えられるのであって、現物を見れば一目でその虚偽性が発覚するような書面を、わざわざ税関の目を欺くために書き添えるということ自体が不自然である。したがって、この書面を、違法性の意識を示すものと見ることはできない。

（エ）対象物の用途に関する想定

以上の具体的な事実経過のほか、そもそも、本件各輸入行為は、銃器関係品のマニアが専ら観賞用あるいは装飾品として用いることを予定したもので、Xが、本件押収物又はその一部である本件各部品が凶器として用いられ、あるいは取引される事態を、全く意図も想定もしていなかったことは明らかであって、この点も、本件各輸入行為の基本的な性格として軽視できない。

…よって、Xに違法性の意識があったと認めることはできない。

…違法性の意識を欠いたことについて相当の理由があったかどうかは、違法性を認識するために必要な思考自体の複雑困難さの程度のみによって決すべきものではなく、具体的局面に即し、その立場に置かれた者に対して、客観的・論理的に適正な思考を求めることが酷でないかどうかを、社会通念に照らし、常識的観点から判断することも必要である…。Xに、違法性の意識を欠いたことについて相当な理由があるといえるためには、Xが、本件各部品を上記のような状態にしたと認識し、かつ、そう認識することについて過失がなかったことを要すると考えるのが、最も正当である。…Xは、前記イ（ア）〔1〕ないし〔4〕のとおり、けん銃加工品の輸入事業開始に先立ち、合法的な輸入を行うために必要とされる加工の方法等を警察官や税関職員から確認しているが、…Xが、その指導や回答の内容について、それが警察や税関の内部、ひいては、銃器に関する実務全般に、公的に通用している合法性の基準であると考えるのは、やむを得ないところである。

加えて、Xは、警察で教示された基準を、けん銃部品性を否定する法的な十分条件として鵜呑みにすることなく、この基準ではなお不十分であると判断して、各部品に対する破壊度を同基準より更に高め、けん銃部品性を確実に失わせようと、積極的に努力していた。…これと異なる見解をとることは、Xに対して、その指示を守れば適法な輸入ができるという趣旨で、しかも、担当警察官個人の見解ではなく、警察内部の公的な基準に基づいて、客観的には不十分な指導しかしなかった捜査機関自身の落ち度を、その指導内容を上回る実践をしたXに、刑事責任という重大な不利益を負わせるという形で転嫁することにほかならず、こうした社会的正義の観点も、可能な限り、法的評価に反映させるのが相当である。

税関の担当者は、上記指導に際し、正に本件各部品の一つをつぶさに見分していると考えられるのに、何ら機関部体自体に関する指摘をしていなかったことが明らかである。…そのような経験を重ねる中で、Xが、同種加工品は、銃刀法上も機関部体に当たらないという確信を更に強めたとしても、何ら不自然ではなく、そのようなXに対し、一度も実質的機会を与えないまま、本件各輸入行為に際して、その適法性に関する客観的かつ冷静な判断を求めることには、実際上、過度の困難を強いる面がある。

Xには、本件各部品の輸入がけん銃部品輸入罪の構成要件に該当する違法な行為である旨の意識がなく、かつ、その意識を欠いたことについて相当な理由があったといえるから、けん銃部品輸入罪の故意を認めることはできず、Xに同罪は成立しない」。

3 事実の錯誤と違法性の錯誤

(1) 事実の錯誤と違法性の錯誤の区別①(むささび・もま事件)

192 大判大正13年4月25日刑集3巻364頁

【事実の概要】

被告人Xは、大正13年11月6日高知県高岡郡長者村部落竹谷の日吉神社の付近の同神社境外地において狩猟禁止期間内にもかかわらず鼯鼠《むささび》(俗称もま)3匹を捕獲したとして起訴された。

【裁判の経過】

1審:須崎区判(年月日不明)

2審:高知地判(年月日不明)(有罪)

第2審はこの事実を認め、狩猟法第5条第5項同法施行規則第2条第2項狩猟法第22条第1号に問擬し「Xは本件犯行当時法律に規定する鼯鼠なることを知らざりしと主張し責任なき旨弁疏すれどもXが右『もま』と鼯鼠とが同一なることを知らざりしは結局法律を知らざることに帰するを以て刑法第38条3項の規定に依り罪を犯すの意なしと為すを得ざる」として有罪とした。これに対して、X側は、Xが捕獲した動物が鼡であることを認識しなかったことは事実の錯誤であって法律の不知ではないと主張して上告した。

【判 旨】上告棄却

「刑法第38条第1項に所謂罪を犯す意なき行為とは罪と為るべき事実を認識せざる行為の謂にして罪と為るべき事実は即ち犯罪の構成に必要なる事実なるを以て捕獲を禁ぜられたる鼯鼠を斯る禁制なき他の動物なりと観念するは明に犯罪構成事実に関する錯誤にして此の観念に基く鼯鼠の捕獲は犯意なき行為なること勿論なれども所論判示弁疏の如く鼯鼠と『もま』とは同一の物なるに拘らず単に其の同一なることを知らず『もま』は之を捕獲するも罪と為らずと信じて捕獲したるに過ぎざる場合に於ては法律を以て捕獲を禁じたる鼯鼠即ち『もま』を『もま』と知りて捕獲したるものにして犯罪構成に必要なる事実の認識に何等の欠缺あることなく唯其の行為の違法なることを知らざるに止るものなるが故に右弁疏は畢竟同条第3項に所謂法律の不知を主張するものになるに外ならざれは原判決に於てXが『もま』と鼯鼠とが同一なることを知らざりしは結局法律を知らざることに帰するを以て罪を犯すの意なしと為すを得ざる旨判示したるは正当にして論旨は理由なし」。

(2) 事実の錯誤と違法性の錯誤の区別②(たぬき・むじな事件)

193 大判大正14年6月9日刑集4巻378頁

【事実の概要】

被告人Xは、狩猟免許を受けていたが、狸の狩猟期間外である大正13年2月29日、栃木県上都賀郡東大芦村大字深岩山林内において狸2頭を発見し、村田銃で射撃し、逃げて付近の岩窟中に潜匿したのを追跡し、石塊で該岩窟の入口を閉塞し、狸の他に逸走することができないように施設を為して帰宅した。Xは、その後同年3月3日再び前同所に到り、窟口を塞いでいた石塊を除去し、猟犬を駆使し且村田銃を発射して、遂に猟犬に狸2頭を咬殺させた。

Xは、狸と貉《むじな》とは全然種類を異にし、貒《まみ》に該当する獣を狸と誤信して、本件の獣類は十文字の斑点を有し、Xの地方において通俗十文字貉と称するもので、狩猟禁止の目的たる狸ではないと確言してこれを捕獲した。この行為が狩猟法1条違反の罪で起訴された。

【裁判の経過】

1審：宇都宮区判（年月日不明）

2審：宇都宮地判（年月日不明）（有罪）

2審は、狩猟法1条違反の罪の成立を認めた。これに対して、X側が上告した。

【判　旨】破棄自判（無罪）

「Xは自然の岩窟を利用し狸に封して事実上の支配力を獲得し確実に之を先占したるものにして此の事実は狩猟法に所謂捕獲に外ならずと解すべく而して右捕獲は前段説明の如く大正13年2月29日に完了したるものなるを以て狩猟法施行規則第2条第2項に定むる狸の狩猟期間中の行為にして毫も違法にあらず。従て狩猟禁止期間中なる大正13年3月3日に至りXが銃器及猟犬を使用し遂に猟犬をして狸を咬殺せしめたる所為は其の時に於て狸の捕獲行為を完了したるものにあらずして寧ろ適法なる捕獲行為完了後に於ける狸の処分行為の事実に係るものと断定するを妥当なりとするが故にXが狸の狩猟禁止期間中之を捕獲したりとの公訴事実に付ては結局其の証明なきに帰着するものと謂わざるべからず。…Xは狸と狢とは全然種類を異にし猫に該当する獣を以て狸なりと誤信し延て本件の獣類は十文字の斑点を有しXの地方に於て通俗十文字狢と称するものにして狩猟禁止の目的たる狸に非ずと確言し之を捕獲したるものなることは原審第1回公判調書中Xの其の旨の供述記載と前顕鑑定人Kの鑑定書中狸及猫に関する説明とに依り疑を容るるの余地なし。然らばXの狩猟法に於て捕獲を禁ずる狸中に俚俗に所謂狢をも包含することを意識せず従て十文字狢は禁止獣たる狸と別物なりとの信念の下に之を捕獲したるものなれば狩猟法の禁止せる狸を捕獲するの認識を欠如したるや明かなり。蓋し学問上の見地よりするときは狢は狸と同一物なりとするも斯の如きは動物学上の知識を有する者にして甫めて之を知ることを得べく却て狸狢の名称は古来並存し我国の習俗亦此の二者を区別し毫も怪まざる所なるを以て狩猟法中に於て狸なる名称中には狢をも包含することを明にし国民をして適帰する所を知らしむるの注意を取るを当然とすべく単に狸なる名称を掲げて其の内に当然狢を包含せしめ我国古来の習俗上の観念に従ひ狢を以て狸と別物なりと思惟し之を捕獲したる者に対し刑罰の制裁を以て之を臨むが如きは決して其の当を得たるものと謂うを得ず。故に本件の場合に於ては法律に捕獲を禁ずる狸なるの認識を欠缺したるXに対しては犯意を阻却するものとして其の行為を不問に付するは固より当然なりと謂わざるべからず」。

【参考文献】

松原久利・判例講義102頁、内山良雄・百選Ⅰ〔第6版〕88頁、大沼邦弘・百選Ⅰ〔第5版〕86頁

(3)　差押の効力の錯誤（封印破棄事件）

194 大判大正15年2月22日刑集5巻97頁

【事実の概要】

被告人Xは、情婦であるY女外1名と連帯してAに対し250円の金銭債務を負担していたが、債務を弁済しなかったために、Aは債権保全のため玉島区裁判所に債務者であるXならびにY所有の有体動産に仮差押の申請をなし、大正14年3月3日、同裁判所より同日付大正14年（ト）第46号有体動産仮差押決定正本の交付を受け、執達吏OはAの委任により同月4日前記債務名義に基きY居宅において同人所有の重半間台所戸棚重間箪笥重水屋蓄音機風呂釜各1個、鏡付鏡台1組等に差押の標示を女単衣編女単衣女浴衣白半もすの4点並びにX所有の男浴衣男単衣各1枚及花莚5本に封印を各施して仮差押をなした上、Y、Xに対する前記差押物件中各自所有の分につき、その保管を命じたところ、Xは前示差押にかかる各物件を自己に領得する意思をもって、(1) 同年5月中前示Y居宅において犯意継続の上該物件に施された封印並びに差押の標示を順次剥離して損壊し、(2) Y保管にかかる前記差押物件について、これを窃取し、(3) 自己の保管する前記花莚5本は、その頃ほしいままにこれを代金40円で他人に売却した。この行為が封印破棄罪等で起訴された。

Xは、本件差押事件につき仲裁の労をとったOより同人が債権者Aに本件債務を弁済したから、差押物件の封印を剥離してもよいといったために本件封印及標示を剥離したも

のであり、本件行為については犯意がないと主張した。

【裁判の経過】

1審：岡山区判（年月日不明）

2審：岡山地判（年月日不明）

2審は、封印並びに差押の標示損壊罪の故意及判示物件の窃盗及横領罪の故意ありと認定した。その理由は、前段認定の事実によりXの犯意を認めるのに充分であり、右は畢竟法律の不知に帰するものであるとする。これに対して、X側は、事実の錯誤であり故意を阻却すると主張して上告した。

【判　旨】破棄自判（無罪）

「刑法第38条第3項に於て法律を知らざるを以て罪を犯す意なしと為すことを得ずと規定したるは犯罪の違法性の錯誤は犯意を阻却せざるの趣旨を明にしたるものにして現行刑法は犯罪行為の一般違法性の錯誤と犯罪行為自体の構成要素たる事実の錯誤とを区別し独り後者の存する場合に於てのみ犯意なしと為すものなること洵に明瞭なりとす。蓋し犯罪行為に対する一般の違法性と犯罪行為自体に属する構成要素とは厳に之を甄別すべく之に関する錯誤も亦其の効果を異にするを至当と為せばなり。然れども法律の規定を知らず又は之が適用を誤りたる結果犯罪行為自体の構成要素たる事実の錯誤を生じ即ち或は犯罪構成要素の存在せざることを誤信し或は構成要素たる事実を実行するの権利を有すと誤認する場合の存することあり。此の如き場合に於ては其の錯誤は固より犯罪行為の一般違法性とは何等の関係なきものにして却て犯罪行為自体の構成要素に対する認識を缺くに至るべきを以て犯意の存在を否定せざるべからず。蓋し刑法は或種の犯罪に付其の構成要素を定むるに当り其の内容を民法又は公法の規定に委付し民法又は公法の規定に於て其の行為を目して権利の実行なりと為し又は刑法正条に定むる法律上の行為が其の効力を失うものと為す場合に於ては刑法に於ても亦犯罪行為は其の外観のみを具備して其の実質に於ては犯罪構成要素を充さざるものと為すべく此の如き場合に於ては刑法第38条第3項を適用すべきものに非ざればなり。而して刑法第96条の罪は実に上述の場合に該当し同条の規定は封印又は差押の標示が効力を失わざる前に於て権利なくして之を損壊し又は其の他の方法を以て封印又は標示を無効たらしめたる行為を其の構成要素と為したるの趣旨にして民事訴訟法其の他公法の規定に依り差押の効力なきに至りたるものと解すべき場合又は封印等の形式存するも之を損壊するの権利ありと認めたる場合に於ては本罪の構成要素を欠くものなりと解するを至当とす。従て民事訴訟法其の他の公法の解釈を誤りXが差押の効力なきに至りたる為差押存せずと錯誤し又は封印等を損壊するの権利ありと誤信したる場合に於ては本罪の犯意を阻却するものなりと謂わざるべからず。本件に付原判決の説明する所に依ればXは原審公判に於て本件差押事件に付仲裁の労を採りたる者より同人が債権者へ本件債務を弁済したるに因り差押物件の封印を剥離して可なりと云はれたる故封印及標示を剥離したることを主張したるを以て原裁判所は須らく右Xの弁解に対しXは仲裁人の弁済に因りて差押は効力なきに至り差押なしと誤信したるか又は封印及標示を剥離するの権利ありと誤信したるや否の事実を審究し以て其の錯誤は本件犯罪の構成要素に関連するが為犯意なきに帰著すべきや否を確定せざるべからず。然るに原判決は右必要なる事実の確定を為さずして単にXは法律の不知を主張するものなりと為し有罪を言渡したるは犯意に関し必要なる事実を確定せずして犯罪を認定したる不法ありて本論旨は理由あり。原判決は全部破棄を免れざるものとす」。

(4)　メチルアルコールとメタノール

195 最判昭和23年7月14日刑集2巻8号889頁

【事実の概要】

被告人Xは、飲用に供する目的で、メチルアルコール約8升ないし5升を所持し、そのうち約2合5勺をAに譲渡し、約4合をBに譲渡した。この行為が有毒飲食物等取締令1条2項、4条1項違反の罪で起訴された。

【裁判の経過】

1審：前橋地判（年月日不明）

2審：東京高判（年月日不明）（有罪）

2審は、Xがメタノールであることを認識して飲用に供する目的で所持し、かつ譲渡したと認定した。これに対して、X側は、Xはメタノールとメチルアルコールとが同一のものであることは知らなかったと主張して上告した。

【判　旨】上告棄却

「『メチルアルコール』であることを知って之を飲用に供する目的で所持し又は譲渡した以上は、仮令『メチルアルコール』が法律上その所持又は譲渡を禁ぜられている『メタノール』と同一のものであることを知らなかったとしても、それは単なる法律の不知に過ぎないのであって、犯罪構成に必要な事実の認識に何等欠くるところがないから、犯意があったものと認むるに妨げない。而して本件にあってはXが法律に謂う『メタノール』即ち『メチルアルコール』を『メチルアルコール』と知って之を飲用の目的で所持し且つその一部を譲渡したと云う原判決認定の事実は、原判決挙示の証拠によって優に証明されるから、Xの犯意を証拠によらずして認定したと云う非難は当らない」。

(5)　寺院規則の効力の錯誤（寺院規則事件）

196 最判昭和26年7月10日刑集5巻8号1411頁

【事実の概要】

被告人Xは、昭和19年4月14日に日蓮宗所属法華経寺の住職となったが、年来日蓮宗々務院と布教上の教義について深刻な意見の対立を来していたところから、昭和21年3月初旬頃新宗派中山妙宗を樹立し、右法華経寺を日蓮宗から離脱させて中山妙宗に所属させようとしたが、同寺はその寺院規則第5条においてその所属宗派は日蓮宗と規定され、しかも、これを変更するには宗教法人令第6条の定める所により同寺の檀信徒総代の同意を必要としたところ、檀信徒総代であるA、B、C、D、Eの同意を得ることは従来の同人等の立場上到底不可能な状態にあったので、同寺院規則第56条を無視し、同年3月12日にA他4名には何等連絡するところなく、新らたに総代としてF、G、H、I、Jを選任し、これら新総代の同意の下に従来の寺院規則の廃止、新寺院規則の制定を決議させた上、4月20日、関係書類と共に寺院表示登記申請書を提出し、恰も従来の寺院規則が適式に変更された結果、これが変更の登記をするもののごとく、登記官吏を誤信させ、同出張所備付の寺院登記簿中、法華経寺の所属宗派として「日蓮宗」とあつたのを「中山妙宗」に、教義の大要を変更登記させた。

なお、Xは、昭和20年10月4日附連合国最高司令部の日本政府に対する覚書「政治的、社会的及び宗教的自由に対する制限除去の件」によって、宗教の自由に対する制限を設定し又は維持しようとする一切の法律、勅令、命令、条例、規則のすべての条項は廃止され、その適用が停止されたので宗教団体法は勿論のこと、同法に基づく寺院規則、殊に右第56条の規定のごときは明らかに右覚書の趣旨に照らし、その効力を失ったものと解したので、F他4名の新総代を選任するに当り、右規定の手続によらなかった。

この行為が公正証書原本不実記載・同行使罪で起訴された。

【裁判の経過】

1審：千葉地判（年月日不明）

2審：東京高判昭和25年11月29日刑集5巻8号1417頁（無罪）

「右規則がXの解したところと異り、連合国最高司令部の前記覚書によって直ちには効力を失わず、日本政府が宗教団体法廃止の措置に出ずるまでは、この法律と共に依然効力を有するものとするならば、Xは右規則の適用を誤った結果、刑法第157条第1項の罪の構成要素たる事実の錯誤を生じたものであって、同条に規定する犯罪行為の外観のみを具備し、その実質は犯罪構成要件を充足しない場合であるから、この場合に刑法第38条第3項を適用して、Xに故意があつたとすることはできない」。これに対して、検察官が上告した。

【判　旨】上告棄却

「刑法157条1項の罪は、故意犯であるから同項の罪の成立するがためには、行為者において公務員に対し申立てて権利義務に関する公正証書の原本に記載させた事項が虚偽不実であることを認識していたことを要件とすることは言うまでもないことである。…本件は昭和20年12月28日勅令719号宗教法人令施行後の事件である。然るに右勅令は前記連合国最高司令部の覚書に則り制定公布されたものであるが同勅令に依れば同勅令施行の際現に効力を有する寺院規則は同勅令に依る規則と看做されるわけで（附則２項）あるから、本件法華経寺々院規則も亦有効に存続するものと解すべきである。従って、ＸのしたＦ外４名の檀信徒総代の選任行為は右規則56条に牴触し、無効であるからこれら新総代によって決議制定された新寺院規則も亦無効のものであって本件の変更登記事項は客観的には虚偽不実であるというべきである。然るに、…Ｘは右寺院規則の適用を誤り同規則が効力を失ったものと解釈し、右規定の手続によらないでＦ外４名の新総代を選任し、原判示のように『これら新総代によって従来の寺院規則の廃止、新寺院規則の制定を決議させ、これにもとづいて同月20日（昭和21年３月20日）松戸区裁判所市川出張所備付の寺院登記簿中、法華経寺の所属宗派並びに教義の大要を夫々公訴事実中に指摘するごとく変更登記させた』というのであるから、本件の変更登記事項がたとえ虚偽不実であっても、Ｘはその認識を欠いたことにおいて刑法157条１項の罪の構成要素たる事実の錯誤を生じたものと原審は判断しているのである。されば、かかる事実に立脚する以上、Ｘが右錯誤したことについて相当の理由の有無を問わず犯意を阻却するものというべきである…」。

(6)　警察規則の誤解（無鑑札犬撲殺事件）

197 最判昭和26年８月17日刑集５巻９号1789頁

【事実の概要】

被告人Xは、養鶏、養兎のかたわら鳥獣の標本製作業に従事していたが、野犬による被害のため養鶏を中止するにいたり、飼兎も野犬に殺傷されるので、その防止策として罠を仕掛けたところ、その罠に、首環はつけていたが鑑札をつけていないポインター種の犬が挟まった。Xは、無鑑札の犬は他人の飼い犬であっても無主犬をみなされるものと信じて、この犬を撲殺して皮を剥いでなめしてしまった。この行為が器物毀棄罪と窃盗罪で起訴された。

【裁判の経過】

１審：大分地判（年月日不明）

２審：福岡高判昭和25年５月24日刑集５巻９号1796頁（有罪・器物毀棄罪・窃盗罪）

２審は、器物毀棄罪と窃盗罪の成立を認めた。これに対して、Ｘ側は、Ｘは他人の飼犬であることを知らなかったものであって、無鑑札の犬は無主犬とのみ信じ切っていたもので毀棄・窃盗の故意はなかったと主張して上告した。

【判　旨】破棄差戻

「Ｘは本件犯行当時判示の犬が首環はつけていたが鑑札はつけていなかったところからそれが他人の飼犬ではあっても無主の犬と看做されるものであると信じてこれを撲殺するにいたった旨弁解していることが窺知できる。そして明治34年５月14日大分県令第27号飼犬取締規則第１条には飼犬証票なく且つ飼主分明ならざる犬は無主犬と看做す旨の規定があるが同条は同令第７条の警察官吏又は町村長は獣疫其の他危害予防の為必要の時期に於て無主犬の撲殺を行う旨の規定との関係上設けられたに過ぎないものであって同規則においても私人が擅に前記無主犬と看做される犬を撲殺することを容認していたものではないがＸの前記供述によれば同人は右警察規則等を誤解した結果鑑札をつけていない犬はたとい他人の飼犬であっても直ちに無主犬と看做されるものと誤信していたというのであるから、本件はＸにおいて右錯誤の結果判示の犬が他人所有に属する事実について認識を欠いていたものと認むべき場合であったかも知れない。されば原判決がＸの判示の犬が他人の飼犬であることは判っていた旨の供述をもって直ちにＸは判示の犬が他人の所有に属することを認識しており本件について犯意があったものと断定したことは結局刑法38条１項の解釈適用を誤つた結果犯意を認定するについて審理不尽の違法があるものとはいわざるを得ない」。

【参考文献】
松原久利・判例講義Ⅰ103頁、丹羽正夫・百選Ⅰ〔第6版〕86頁、中空壽雅・百選Ⅰ〔第5版〕84頁

(7)　追い越し禁止区域の不知

198 東京高判昭和30年4月18日高刑集8巻3号325頁

【事実の概要】

被告人Xは、普通乗用車を運転中、東京都公安委員会が追越禁止の場所と指定した道路において前方進行中の3輪自動車を追い越した。なお、Xは、追い越し禁止区域であることの認識はなかった。
この行為が、道路交通取締令同令第21条及び第57条第2号違反の罪で起訴された。

【裁判の経過】
1審：東京中野簡判昭和29年6月14日高刑集8巻3号335頁（有罪）
「本件追越行為も…追越禁止区域内の追越の認識なく過失により追越したものと認定する。之を法律に照らすに道路交通取締令違反行為は人命を危険並秩序維持の為め罰する行政罰であって故意ある場合は勿論過失により違反行為ありたる場合と雖も処罰せらるるものである」。これに対して、X側は、本来故意犯のみに適用される同令の解釈を誤って適用した違法な処置であると主張して控訴した。
【判　旨】破棄自判（無罪）
「同令第21条第1項第57条第2号違反の罪に関する限り、その処罰の対象は、刑罰法規の原則である故意犯のみであり過失犯はこれに包含されないものと解するのが相当と思料されるのである。…犯意ありということ、すなわち、罪となるべき事実を認識するということは、道路交通取締令第21条第1項、第57条第2号の罪においては、…単に他の自動車を追い越すという認識だけでは足らず、公安委員会の定める場所、すなわち、追越禁止区域内で他の自動車を追い越すという認識を意味するものと解するのが相当である。…そして右公安委員会が何日如何なる法令で右追越禁止区域を指定したかを知る必要はなく…この指定法令の不知こそまさにいわゆる法令の不知といわれるものに該当すると解しなければならない。…原判決の事実認定にして以上の如くなりとすれば、故意犯としても勿論本件犯罪は成立しないものとしなければならない筋合である。…本件追越は、原判決の認定どおり全くXにおいて追越禁止区域内であるという認識（未必的な認識を含めて）なくしてなした追越行為であり、しかもXにのみ追越禁止区域であることを知らない点の責を負わすことのできないものと認定しなければならない。…未だXには前記法条違反の犯罪の成立に必要な犯意の存在を肯認し得ないのである」。

(8)　わいせつ性の錯誤（チャタレイ事件）

199 最大判昭和32年3月13日刑集11巻3号997頁、判時105号26頁、判タ68号114頁

【事実の概要】

被告人Xは、出版社の社長として出版販売等一切の業務を統轄していたものであるが、D・H・ロレンスの著作なる「チャタレイ夫人の恋人」の翻訳出版を企図し、Yにその翻訳を依頼し、その日本訳を得た上、その内容に性的描写記述のあることを知りながら、これを上、下2巻に分冊して出版し、上巻80,029冊、下巻69,545冊を販売した。X、Yは、わいせつ文書販売罪で起訴された。

【裁判の経過】
1審：東京地判昭和27年1月18日判時105号7頁（X有罪・わいせつ文書販売罪、Y無罪）
1審は、本件訳書はわいせつ文書に該当する

とし、Xを有罪、Yについては共犯の成立を否定して無罪とした。これに対して、X側、検察官双方が控訴した。

2審：東京高判昭和27年12月10日高刑集5巻13号2429頁（破棄自判・XY共同正犯）

「刑法第175条の猥褻文書販売罪における犯意の成立については、当該文書の内容たる記載のあることを認識し、且つこれを販売することの認識あるをもって足り、右文書の内容たる記載の猥褻性に関する価値判断についての認識、即ち、右文書の内容たる記載あるが故に当該文書が『猥褻文書』に該当することの認識はこれを必要としないものと解すべきである。即ち、性交等性的行為に関する記載あるが故に猥褻文書販売罪が成立する場合においては、当該性的行為に関する記載のあることを認識し且つこれを販売することの認識あるをもって足り、右性的行為に関する記載の猥褻性に関する価値判断についての認識即ち、右性的行為に関する記載あるが故に当該文書が『猥褻文書』に該当することの認識はこれは必要としないものというべきである。尤も、客観的には、右性的行為に関する記載あるが故に当該文書が『猥褻文書』に該当するも、主観的には『猥褻文書』に該当しないものと信じて、当該文書を販売する場合もあり得べく、かような場合には、『猥褻文書』に該当することを知りながら販売した場合に比し、情状軽きものと考えられることは否定できないけれども、右の場合は、法律的評価の錯誤即ち法律の錯誤あるものとして刑法第38条第3項但書によってその刑を減軽し得るに止まり、犯意を阻却しないものというべきである。…Y（Xについても同様であると解せられる）において、本件訳書が『猥褻文書』に該当することについて、前記説明の未必的な認識程度の認識があったことも充分これを認定することができるのである」。これに対して、X側は、本件訳書の出版は「警世的意図」に出たもので犯意はないと主張して上告した。

【判　旨】上告棄却

「刑法175条の罪における犯意の成立については問題となる記載の存在の認識とこれを頒布販売することの認識があれば足り、かかる記載のある文書が同条所定の猥褻性を具備するかどうかの認識まで必要としているものでない。かりに主観的には刑法175条の猥褻文書にあたらないものと信じてある文書を販売しても、それが客観的に猥褻性を有するならば、法律の錯誤として犯意を阻却しないものといわなければならない。猥褻性に関し完全な認識があったか、未必の認識があったのにとどまっていたか、または全く認識がなかったかは刑法38条3項但書の情状の問題にすぎず、犯意の成立には関係がない」。

【参考文献】

松原久利・判例講義Ⅰ36頁、杉本一敏・百選Ⅰ〔第6版〕92頁、石井徹哉・百選Ⅰ〔第5版〕90頁、田中利幸・百選Ⅰ〔第4版〕98頁、振津隆行・百選Ⅰ〔第2版〕120頁、松本勝夫・最判解刑事篇昭和32年度163頁

(9)　差押標示の有効性の錯誤（封印破棄事件）

200 最判昭和32年10月3日刑集11巻10号2413頁

【事実の概要】

被告人Xは函館地方裁判所所属の執行吏であるが、（一）債権者有限会社A商会右代表者Bがその債務者Cに対する約束手形金15万円の債権につき同裁判所有体動産仮差押決定正本に基き右債権者Bよりの執行委任を受け前記債務者Cにおいて同人所有の動産物件百数点につき仮差押を為し、次いで（二）債権者Bより同人の債務者Cに対する前記債権についての仮執行宣言付確定判決の執行力ある判決正本に基く強制執行の委任を受け、前同所において前記C所有の（一）の動産並びにモーニング他7点を追加した動産物件に対して強制執行を為したのであるが、函館市においてはこれより先（イ）前記Cに対する固定資産税およびこれに対する延滞金加算金合計金49,000円につき滞納者C所有の前記（一）の当時仮差押中の動産物件の内40数点を含めた動産300数点につき、又（ロ）前記Cに対する市民税、汚物処理料並びに固定資産税合計金6170円につき前記（イ）以外の動産30数点につき夫々滞納処分による差押を了し、各前同日函館市収税吏Dにおいて滞納者Cをして前記（イ）（ロ）の物件全部を同人方に保管せしめ該差押物件については各箇に函館

市に於て滞納処分による差押を為す旨を表示する封印を施し、もって前記差押物件に対しては函館市の滞納処分による差押を明白に表示していたのに拘らず、その後Xに於て更に前記債権者Bより同人の前記債務者Cに対する別口債権である金655,000余円の内金20万円につき同裁判所約束手形金請求事件の執行力ある判決正本に基く強制執行の委任を受け、前記C方に赴いた際同日同所に於て市収税吏Eが現に制止するのを肯せず、故なく前記（イ）（ロ）の市収税吏Dの為したる前記滞納処分による差押に係る動産物件中の行李詰衣類15個、箱詰衣類８個及び茶箱詰衣類1個、並びに行李詰衣類５個につき夫々施されていた函館市の差押の表示たる封印を当日現場にXに随伴していた執行吏役場事務員Fに命じて悉く之を除去せしめ、前記各差押物件につき函館市収税吏により適法に施されていた差押表示たる封印を破棄した。この行為が封印破棄罪で起訴された。

X側は、事実の錯誤であり故意を阻却すると主張した。

１審：函館地判昭和30年７月21日刑集11巻10号2424頁（有罪・封印破棄罪）

「Ｘに於ては本件行為当時少くとも前記差押物件については市の滞納処分による差押が適法に為されて居り右差押が解除されない限り右物件につき有効な封印が為されている事実を認識していたものと認めることができるのであるが仮に然らずしてＸに於て本件行為当時錯誤があったとしても右錯誤は罪となるべき事実の誤認に在るのではなくして本来法律上許容され得ざる自己の行為を許容され得べきものと誤信したに過ぎない点に在ることが窺はれるので結局右錯誤は法律の錯誤に帰着し犯意を阻却せざるもの」として、封印破棄罪の成立を認めた。これに対してＸ側が控訴した。

２審：札幌高判昭和31年８月21日刑集11巻10号2431頁（破棄自判、無罪）

「刑罰法規が或る罪につき構成要件を定めるに当ってその内容を民法等の非刑罰法規に委付している場合に、行為者において右法規を誤解し、刑罰法規の禁止する行為を実行する権利あるものと信じてこれを犯したときは、すなわち罪となるべき事実に錯誤あるものとして犯意を阻却すると解すべきところ、…Ｘは、法律上前示封印は無効であると誤信した結果本件所為におよんだものであるから、刑法が保護の対象とした封印又は差押の標示を損壊する認識を欠いたものというべく、以上諸般の事情からみれば、Ｘが右のように誤信したのはまことにやむを得ないものと認められ、これに対して刑罰の制裁を科するは酷に失するので、Ｘに対しては、犯意を阻却するものとして、その刑事責任を問い得ないものと解する」。これに対して、検察官側が上告した。

【判　旨】破棄差戻

「刑法96条の公務員の施した差押の標示を損壊する故意ありとするには、差押の標示が公務員の施したものであること並びにこれを損壊することの認識あるを以て足りるものであるから、原判決が認定したように、函館市収税吏員によって法律上有効になされた本件滞納処分による差押の標示を仮りにＸが法律上無効であると誤信してこれを損壊したとしても、それはいわゆる法律の錯誤であって、原判決の説示するように差押の標示を損壊する認識を欠いたものということのできないこと多言を要しない。されば、原判決には判決に影響を及ぼすべき法令違反ありとなさざるをえない。

しかのみならず、原判決は、Ｘが本件差押の標示は無効であると信じたことを認めた理由の一として所論（へ）の事実、すなわち、有限会社Ａ商会がＣらに対して有する債務名義に基いてＸが昭和29年５月27日強制執行を施行するに際し函館市徴収吏員に対して本件滞納税金を代納することを申立てたが（本件１審判決によれば代納申立の日は本件差押の標示を破棄した日の３日前頃である同年同月24日頃）同吏員はこれを拒絶した事実を認定している。しかし、Ｘのかかる代納の申出は、特別の事情の認められない限り、滞納処分従って差押の標示を法律上有効であると信じたが故になされたものとなさざるを得ない」。

【参考文献】

高橋幹男・最判解刑事篇昭和32年度474頁

(10) 物品税法上の無申告製造罪の故意

201 最判昭和34年２月27日刑集13巻２号250頁

【事実の概要】

株式会社S社は、木工類の製造販売業を営んでいるものであるが、S社代表取締役である被告人Xは、S社の業務に関し、政府に申告しないで、物品税課税物品である遊戯具ブランコ67台、歩行器2,857台、押車765五台、トラック854台を製造した。この行為が、物品税法18条１項１号違反（無申告製造罪）で起訴された。

【裁判の経過】

１審：大阪地判昭和29年３月１日刑集13巻２号268頁（無罪）

「Ｓ社が本件物品の無申告製造に関し右物品税法の罰条による責任を負うためにはその行為者たる右代表者Ｘその他の従業者において当該物品が物品税の課税物品であることを認識しながらその製造申告をしないでこれを製造した場合に限られるのであって、この場合本件物品が課税物品であることについての認識は、恰も窃盗罪において窃取の目的たる財物が他人の所有に属することを認識することと同様、犯罪事実そのものの認識であり、これを欠く以上、故意なきものとして行為者たる右代表者その他の従業者自身物品税法第18条の刑責を負わない」。これに対して、検察官が控訴した。

２審：大阪高判昭和30年４月30日刑集13巻２号271頁（破棄差戻）

「Ｓ社の代表者Ｘその他の従業者は本件物品製造当時右各物品がいずれも物品税の課税物品であること従ってその製造につき政府に製造申告をしなければならないことを知らなかったというだけであって右物品を製造すること自体につきその認識のあったことは極めて明らかである。ところで本件製造物品が物品税課税物品であるかどうか従ってその製造につき政府に製造申告をしなければならないかどうかは物品税法上の問題であるから右代表者等において課税物品であり製造申告を要することを知らなかったとしてもそれは単に物品税法に関する法令の不知換言すれば法律の錯誤として取り上げるべきものであって原判決のいうように犯罪事実自体に対する認識の欠如すなわち構成要件に該当する事実そのものの錯誤として取上げるべきものでない。…自然犯であるとはたまた法定犯であるとを問わず犯意の成立には違法の認識を要しないのであって刑罰法規は勿論その他の法律の不知ないし法律の錯誤が犯意を阻却しない…Ｓ社代表者Ｘその他の従業者において本件物品製造につきその認識のあった以上無申告製造事犯についての犯意あるものと認むべきであってこれを認めなかった原判決は畢竟刑法第38条の解釈を誤ったものというべきである」。これに対して、Ｘ側は、物品税法18条１項１号所定の無申告製造罪が成立するためには、行為者において当該製造にかかる物品が同法による物品税の課税物品であることを認識していることが必要であり、この認識は犯罪構成要件たる事実そのものの認識であって、これを欠くときは故意を阻却すると主張して上告した。

【判　旨】上告棄却

「本件製造物品が物品税の課税物品であること従ってその製造につき政府に製造申告をしなければならぬかどうかは物品税法上の問題であり、そして行為者において、単に、その課税物品であり製造申告を要することを知らなかったとの一事は、物品税法に関する法令の不知に過ぎないものであって、犯罪事実自体に関する認識の欠如、すなわち事実の錯誤となるものではない旨の原判決の判断は正当である。…本件原判決によれば、単に、本件製造物品が物品税課税物件であること従ってその製造につき政府申告を必要とすることを知らなかったという事実が認められるだけであって、Ｓ社代表者Ｘその他の従業者において本件物品製造の認識自体についてはなんら欠くるところがないというのであるから、本件は事実の錯誤をもって論ずべき場合に当らない…」。

（「法定犯については、法の不知は、これを知らざるにつき相当の理由のある場合は犯罪の成立を阻却するものと考える。…Ｓ社代表者その他の従業員について、右法の不知につき過失の有無その他法の不知が右の者らの責に帰すべき理由に基いている場合であるかどうかを審査して、しかるのちに、Ｓ社の罪責の有無を決すべきもの」とする藤田八郎裁判官の補足意見が付されている。）

【参考文献】

足立勝義・最判解刑事篇昭和34年度83頁

(11) 狩猟禁止区域の不知

202 東京高判昭和35年5月24日高刑集13巻4号335頁、判時232号33頁

【事実の概要】

被告人Xは、昭和5年警視庁告示第315号により設定された銃猟禁止区域内において銃猟した。

なお、当時Xにおいて右場所が銃猟禁止区域内であることを知って銃猟したと認めるべき明確な証拠は存しない。また、当時現場付近にその場所が銃猟禁止区域であることを表示する標識が設置されていたと信じるべき確かな証拠はなかった。この行為が狩猟法21条1項2号違反の罪で起訴された。

【裁判の経過】

1審：台東簡判昭和34年7月31日高刑集13巻4号346頁（有罪）

「Xにおいて本件銃猟の場所が銃猟禁止区域に属することを知らなかったことは、いわゆる事実の錯誤に基くものではなくして法の不知に帰するから、犯意を阻却するものではない」として有罪とした。これに対して、X側は、Xは本件銃猟の場所が銃猟禁止区域であることの認識を欠いていたのであるから、故意がないと主張して控訴した。

【判　旨】破棄自判（無罪）（確定）

「Xにおいて本件銃猟の場所が銃猟禁止区域に属することを知らなかったことは、狩猟法第21条第1項第2号に定める『銃猟禁止区域において銃猟した』罪を構成する事実の認識を欠いたものというべきで、刑法第38条第3項にいわゆる法の不知の場合にはあたらないと解されるから、本件は故意を阻却するものといわなければならない。…本件において、当時法令により必要とされた銃猟禁止区域を表示する適切な標識を欠いていたばかりでなく、右標識の設置管理についての責任権限が当初の警視庁から東京都に移管され、さらに都から地元の区役所にこれが実施事務を委嘱するにおよんで、いつしか末端の行政取締当局者側においても、本件銃猟の場所が告示所定の銃猟禁止区域に含まれていないかのような誤解を生じその誤解の下に事務が取り扱われていた疑が十分に存し、また現に銃猟監視委員の職にある者の中にも、右場所が銃猟禁止区域に属しないと信じていた者もあるというのであるから、かような特殊の状況の下において、Xが本件銃猟の場所が銃猟禁止区域に属することの認識を欠いていたとしても、これに対し、不注意により確認の責務を怠り銃猟禁止区域において銃猟したとして過失の責を負わせることは当を失するものといわなければならない」。

(12) サンダル履きの運転の故意

203 東京高判昭和38年12月11日高刑集16巻9号787頁、判時359号73頁

【事実の概要】

被告人Xは、福島県内の道路において、運転の妨げとなるようなサンダルをはいて普通自動車を運転した。この行為が、「運転の妨げとなるような服装をし、又は下駄、スリッパ、サンダルその他これらに類するものをはいて自動車又は原動機付自転車を運転しないこと」と規定している昭和35年福島県公安委員会第14号福島県道路交通規則第11条第3号、道路交通法第71条第7号違反で起訴された。

なお、Xは福島県下において自動車等の運転をしたのは本件が最初であり、Xの住居及

び勤務先の所在する茨城県並びに運転免許を受けた東京都においては、サンダルをはいて自動車等を運転することが何等禁止されていない（道路交通法第71条第７号に基づき公安委員会が定めるべき運転者の遵守事項について定められている茨城県道路交通規則並びに東京都道路交通規則中にはいずれも福島県道路交通規則第11条第３号に相応する規定がない。）こともあって、福島県においてそれが禁止されていることに少しも気付かず、当然それが許されているものと誤信し、本件に至ったものである。

【裁判の経過】

１審：土浦簡判昭和38年２月25日下刑集５巻１＝２号105頁（無罪）

「刑法第38条第３項は、すべての場合に、故意の成立に違法性の認識が不要である、と解することはできない。犯罪とされる行為自体が、社会倫理的意味において無色であって、それが刑罰法規で禁じられたことにより、法規違反としてはじめて反社会性を取得するようなものについては、行為者においてそれが法によって処罰されるものであることを認識していない以上、故意の成立がないものと解釈せねばならない。…自動車の運転者に禁止されている事項が、その禁止事項の内容性質から見て、運転者一般に対し、それが法によって禁止されていることを承知してない限り、特に当該禁止事項の行為に出ないことが期待されないような場合には、行為を為すことの認識だけでは故意ありとは言えず、更に法によって禁止されているとの認識が必要である。

…Ｘは、福島県において、サンダルをはいて自動車等を運転することが、同県道路交通規則により違法とされている点についての認識を有しなかったから、Ｘには、故意がなかったものという外はない」。これに対して、検察官が控訴した。

【判　旨】破棄自判（有罪）（確定）

「違法の認識が犯意成立の要件でないことについては、従来大審院の判例としたところであったが、新憲法施行後においても最高裁判所は、刑法第38条第３項の解釈として有毒飲食物等取締令違反被告事件につき、犯罪の構成に必要な事実の認識に欠けるところがなければ、その事実が法律上禁ぜられていることを知らなかったとしても、犯意の成立を妨げるものではない旨の説示をして、従前の判例を維持し……、その後も同裁判所は、『自然犯たると法定犯たるとを問わず、犯意の成立には、違法の認識を必要としない。』とし……『犯意があるとするためには、犯罪構成要件に該当する具体的事実を認識すれば足り、その行為の違法を認識することを要しないし、またその違法の認識を欠いたことにつき過失の有無を要しない。』として……、右大法廷判例の趣旨に従った判決をしており、当裁判所も、右各判例の見解に従うのが正当であると思料する。…Ｘは、昭和37年９月13日午後４時40分頃福島県内道路において、サンダルをはいて普通自動車を運転した事実を認識しており、ただ、右規則第11条第３号の規定を知らなかったにすぎないものであることが認められるから、右各判例の趣旨に徴しＸの本件所為は、刑法第38条第３項にいわゆる法の不知に該当し、その犯意を欠くものではないといわなければならない」。

(13)　許可申請事項変更届の受理と無許可営業罪の故意（公衆浴場無許可営業事件）

204 最判平成元年７月18日刑集43巻７号752頁、判時1329号190頁、判タ713号91頁

【事実の概要】

Ｉ社は、昭和41年６月６日設立された有限会社Ｉビルを昭和47年１月５日株式会社に組織変更し、右有限会社Ｉビルがその設立当初から営んでいた特殊公衆浴場「T」（以下「本件浴場」という。）の営業を承継して昭和56年４月26日まで引き続き右浴場を経営していたもの、被告人Xは、右有限会社Ｉビル及びＩ社の各代表取締役等としてその経営全般を掌理するとともに、本件浴場従業員等を指揮監督していたものであるが、Xにおいて、Ｉ社の右業務に関し、静岡県知事の許可を受けないで、昭和41年６月６日から昭和

56年４月26日までの間、本件浴場で、所定の料金を徴収して、多数の公衆を入浴させるなどし、もって、業として公衆浴場を経営したものである。
なお、本件浴場については、昭和41年３月12日にXの実父Aが静岡県知事の公衆浴場法２条１項の許可（以下「営業許可」という。）を受けており、I社の代表者であったXが昭和47年11月18日付で右許可の申請者をAからI社に変更する旨の静岡県知事あての公衆浴場業営業許可申請事項変更届（以下「変更届」という。）を静岡市南保健所に提出し、同保健所は同年12月９日にこれを受け付け、同月12日に静岡県知事に進達し、同日同知事により変更届が受理され（以下「変更届受理」という。）、その結果公衆浴場台帳の記載がその旨訂正されている。Xは、昭和47年になりAの健康が悪化したことから、本件浴場につきI社名義の営業許可を得たい旨を静岡県議会議員Bを通じて静岡県衛生部に陳情し、同部公衆衛生課長補Cから変更届及びこれに添付する書類の書き方などの教示を受けてこれらを作成し、静岡市南保健所に提出したのであるが、その受理前から、C及び同保健所長Dらから県がこれを受理する方針である旨を聞いており、受理後直ちにそのことがB県議を通じて連絡されたので、Xとしては、この変更届受理によりI社に対する営業許可がなされたものと認識していた。変更届受理の前後を問わず、XらI社関係者において、本件浴場を営業しているのがI社であることを秘匿しようとしたことはなかったが、昭和56年３月に静岡市議会で変更届受理が問題になり新聞等で報道されるようになるまでは、本件浴場の定期的検査などを行ってきた静岡市南保健所からはもちろん誰からもI社の営業許可を問題とされたことがなかった。昭和56年５月19日に静岡県知事からI社に対して変更届ないしその受理が無効である旨の通知がなされているところ、I社はそれ以前の同年４月26日に自発的に本件浴場の経営を中止している。
Xは、公衆浴場法２条１項、８条１号、11条違反の罪（無許可営業罪）で起訴された。
弁護人は、Xには無許可営業の認識がない、違法性の意識を欠き、その可能性もなかったと主張した。

【裁判の経過】

１審：静岡地判昭和59年８月28日刑集43巻７号768頁（有罪・無許可営業罪）

「本件変更は、許可の撤回と新たな許可を為すべきところを許可申請事項の変更という手続で行ったものであり、その瑕疵は重大かつ明白と言わざるを得ず、無効な行政処分であると思料する。行政行為が無効であれば行政行為は何ら法律上の効果を生じないから、法律上の効果という点では行政行為の不存在と何ら異なるところはない。従って、Ｉ社は無許可で営業を行ったものと認められ…Ｘが本件許可名義人変更当時、右変更は許可申請事項変更という形式では法律上為し得ず、右変更が無効である旨の認識を有していた事実が認められ、…そもそも故意の成立には違法性の意識を必要としない」。

２審：東京高判昭和60年11月１日刑集43巻７号773頁（破棄自判）

「静岡県知事がした本件変更届の受理（及びそれに基づく許可台帳の記載の訂正）には明白かつ重大な瑕疵があり、これは行政行為として無効であってその内容に応じた効力を有する余地のないものであり、したがって右変更届が受理されたことによって、Ｉ社が公衆浴場法２条１項の許可を受けたものとは到底いえないのであり、Ｉ社の本件特殊公衆浴場の営業は、その受理前はもちろんその受理後も、同法８条１号に該当するといわなくてはならないのである。…ＸはＩ社が公衆浴場法２条１項の許可を受けていないことを認識しながらＩ社の業務に関し業として公衆浴場を経営したことが明らかであり、無許可営業の事実についての認識としては右の程度で十分であって欠けるところはなく、…（仮に、Ｘにおいて保健所及び警察署の行政指導を受けた事実があったとしても、保健所及び警察署の関係者が公衆浴場法の解釈について私人が信頼してよいような権威を持つものとは到底いえない。）…右変更届が無効であることについてＸは認識を有していたものと認められる。…担当行政庁、警察、検察庁の関係者から無許可営業であると指摘されたことはなかったこと、昭和47年12月に右許可の名義人をＡからＩ社に変更する旨の変更届が受理されていることなど関係証拠により認められる諸事情を考慮に入れても、ＸにとってＩ社の本件営業が無許可であって違法であることの認識の可能性がなかったといえないことが明らかである」。

これに対して、X側は、XはI社の本件営業が無許可であって、違法であるとの認識は全くなかったし、したがって、違法であることの認識の可能性も全くなかったと主張して上告した。

【判　旨】破棄自判（無罪）

「Xが変更届受理によってI社に対する営業許可があったとの認識のもとに本件浴場の経営を担当していたことは明らかというべきである。…してみると、本件公訴事実中変更届受理後の昭和47年12月12日から昭和56年4月26日までの本件浴場の営業については、Xには『無許可』営業の故意が認められないことになり、X及びI社につき、公衆浴場法上の無許可営業罪は成立しない」。

【参考文献】

松原久利・判例講義I 104頁、重井輝忠・百選I〔第6版〕90頁、阿部純二・百選I〔第3版〕96頁、同・平成元年度重判解96頁、香城敏麿・最判解刑事篇平成元年度254頁

第3節　期待可能性

(1)　定員を著しく超過する乗客の搭載と期待可能性（第5柏島丸事件）

205 大判昭和8年11月21日刑集12巻2072頁

【事実の概要】

被告人Xは、Aに雇われ、同人所有の発動機船の船長として旅客運搬をなし、同船の修繕中その代用船第5柏島丸（9トン）の船長として同上業務を継続従事していたところ、第5柏島丸の乗客定員が24名であり、該定員を著しく超過する乗客搭載航行した場合には吃水が深くなり沈没する危険があることを知悉していたにもかかわらず、隠渡港において定員の5倍以上の乗客127名を同船に満載して同港を出発したため、同船が鍋港に向かい航行中の沖合にさしかかった際、後方から航行してきた約8間を隔てて右横を通り追越した発動機船第2新栄丸（14トン）の追波を受け、その飛沫を避けようとして乗客の一部が右舷より左舷に移動し船体稍左方に傾き、前記のように定員を著しく超過して多数の乗客を搭載していたため船尾の吃水が益々深くなり、船尾より海水が浸入し即時同所において第5柏島丸は覆没し、その結果、V1他乗船者127名が溺死し、7名が溺水のため各全治数日間を要する頭痛腹痛等の疾病の傷害を負った。Xは、業務上過失致死傷罪で起訴された。

【裁判の経過】

1審：広島地呉支判（年月日不明）

2審：広島控訴院判（年月日不明）（有罪）

2審は、業務上船舶覆没、業務上過失致死傷罪の成立を認めた。これに対して、X側が上告した。

【判　旨】破棄自判（量刑不当・罰金300円）

「Xの判示所為中業務上過失に因り機船を覆没せしめたる点は刑法第129条第2項に人を死傷に致したる点は各同第211条に該当するところ右は1個の行為にして数個の罪名に触るるを以て同第54条第1項前段第10条に依り最も重きV1に対する業務上過失致死の刑に従い処断すべきものとす。而してXの過失に因り本件の如き重大なる悲惨事を生ぜしめたるものなるを以て原審が之に禁錮刑を科したるは相当なるが如しと雖Xの当公廷に於ける供述及本院の取調べたる証拠に徴すれば本件発生当時判示音戸町及其の付近村落より呉市海軍工廠に通勤する職工夥しく多数なるに反し交通機関たる船舶少く職工は孰れも出勤時刻に遅るるを厭い先を争いて乗船し船員の制止を肯せざるは勿論之が取締の任にある警官亦出航時刻の励行のみに専念し定員に対する乗客数の取締は職工通勤の関係上寛に失せざるを得ざりし事情ありたるに加え第5柏島丸の運航経費は定員に数倍する乗客の賃金を以てして漸く其の収支を償うの実情なりしが

故に船主たるAは船長たるXの再三の注意も更に之を用ゆるところなく多数の乗客を搭載せしめたる事実を認め得べく従て定員に数倍する乗客搭載の為本件惨事を惹起したるはXに責任あること固より言を俟たずと雖一面又Xのみの責任なりとして之に厳罰を加うるに付ては大に考慮の余地あり。且Xは昭和4年5月中銃砲火薬取締法違反脅迫罪に因り呉区裁判所に於て罰金30円懲役1年5年間懲役刑の執行猶予の判決を受け目下猶予中に在りて本件犯罪に付禁錮刑を選択処断せられんが執行猶予を取消され併せて懲役1年の実刑を科せらるる境遇に在り。此の結果は法規上止を得ずとするも然も先の犯罪と全然其の罪質を異にする過失犯の為に此の結果を受けしむるが如きは酷に失すべし。本院は是等諸般の事情を斟酌し前記法条中罰金刑を選択しXの資産乏しく収入僅少なる事情に鑑み罰金額を300円と量定し之を完納すること能はざるときは刑法第18条第1項第4項に則り主文の如く労役場留置期間を定め訴訟費用は刑事訴訟法第237条第1項に依りXをして負担せしむべきものとし主文の如く判決す」。

(2) 労働争議と期待可能性

206 福岡高判昭和30年6月14日刑集12巻15号3496頁、判時61号28頁

【事実の概要】

被告人Xは労働組合の組合長、被告人Yは同組合の労働部長であるところ、労働争議に際し、会社側幹部が姿を見せなかったので、X、Y両名は同幹部の逃避的態度に強く不満を抱きその行方を探索することとし直ちに自動3輪車を駆って直方市に赴いた。一方新入砿業所所長V1、同副長V2、同勤労課長V3等は九州事務所部長Aと争議対策協議のため新入砿業所御館山クラブ次いで遠賀川堤防に赴き職員クラブに帰来した。ところがX、Y両名は同クラブ外数箇所を探索したが発見し得ず組合からの連絡により急遽引返して職員クラブに赴いたところ、折柄同所には既に砿業所幹部の逃避的態度に憤慨した他の組合幹部や多数の一般組合員及び日本炭砿主婦協議会員が押し寄せていた。そこで、第1、X、Y両名は砿業所幹部に対し多衆の面前において争議行為の通告書を手交し且つ同人等が所在を晦ましたことを詰問して謝罪させようと企図し、勤労課長V3が拒否するにも拘らず他の組合幹部や一般組合員数十名と共に同クラブ玄関から屋内に乱入した上、Yは十数名と共に奥六畳の間に立入り休憩中の副長V2の腕を掴み他の組合員と共に同人が峻拒するのも聞かず強いて一般組合員等百数十名が闖入して待機する同クラブ38畳の大広間に拉致して組合員多衆の面前に坐らせ、多数と共同して同人に対し暴行を加え、Xは大声で砿業所幹部に「出て来い」と怒号し組合員等が所長V1、勤労課長V3及び同砿業所所長附課長V4を強いて拉致し来って同大広間の多衆の面前に副長V2と共に一列に坐らせるや他の組合幹部数名と共にこれに相対峙して座を占めた上、一般組合員が罵詈雑言を浴せて喧噪する裡に争議通告書を所長V1に手交した上、「何処に行っていたか」と尋ねたるも返答がなかったので、組合員に対し「所長は居眠りしているから皆立って駈足してくれ」と云い、Yを除き全員一斉に立上って数分間畳の上でワッショワッショの掛け声諸共強烈に足踏をなし、そのために床がひどく上下に動揺して坐っている砿業所幹部4名に危険を感じさせる程の強い上下動を与えて暴行した後、更に鋭くその行方を追及したが満足な回答を得られなかったので、一般組合員等において再び罵詈雑言を浴せ「7坑に連れて行け」、「洗心館に連行せよ」と叫び、Xはこれに呼応して他の組合員と共に所長V1の腕を掴み強いて玄関まで連れ出し、多衆と共同して所長V1外同砿業所幹部3名に対し暴行を加えた。この行為が、暴力行為等処罰に関する法律1条1項違反の罪で起訴された。X側は、違法性阻却、期待可能性の欠如を主張した。

【裁判の経過】

1審：福岡地判昭和29年12月13日刑集12巻15号3488頁（有罪）

「原則として砿業所職員のみの集会、慰安の場所である職員クラブに管理者の意思に反して多衆が乱入し、休憩中の砿業所幹部の腕を掴んで強いて引立て百数十名の闖入者の面前に拉致し来つて坐らせた上、全員一斉に立上って数分間畳の上でワッショイの掛声諸共強烈に足踏をなし右幹部に危険を感ぜしむる程の上下動を与えた後、更に腕を掴んで強いて玄関に連れ出すが如き行為は社会通念上許容される限度を超えたものであって団体行動の正当な範囲を遥かに逸脱した違法行為と謂わねばならない。…当時の客観状勢を考慮に入れてもこれに対し暴力を以て戦わねばならない程急迫した事情があったものとは認められないのみならず、又暴力が已むを得ざる唯一の対抗手段であったとも到底考えられない」。これに対して、X側は、故意がなく期待可能性がないと主張して控訴した。

【判　旨】破棄自判（暴力行為等処罰に関する法律違反について無罪）

「本件所為のうち判示第１の各行為により相手方に加えた危害及び自由抑圧の程度が左程に高度のものとはいえないことがいずれも明らかであり、右の諸事情に加えて、一般に労働組合の白熱化した争議中においては、組合員が興奮し、感情の激し、勢の赴くところ、それはもとより好ましからざる不幸なことではあるが、ある程度の暴力沙汰は往々にして起り勝ちのことであること等を参酌して、X、Y両名の職員クラブ内における行為を判断すれば前叙の如き主観的客観的諸条件の下にX、Yに対し、また之と同様の立場における何人に対しても右のごとき所為に出でないことを期待することは可能であるとは認め難く、X、Yに責任を負わしめることは相当でないと解するので、判示第１の各所為につきその責任を阻却すべき事由があるものと認める。…第１の各所為について暴力行為等処罰に関する法律第１条第１項の罪の成立を肯定しX、Yの有罪を認定したのは、結局責任阻却事由の存することを看過した誤りがあることに帰着し、その違法は判決に影響を及ぼすこと明らかであるから、論旨は理由があり、原判決は此の点において破棄を免れない」。

本判決に対して、X・検察官双方から上告がなされた。最判昭和33年11月４日刑集12巻15号3439頁（破棄差戻）

(3)　失業保険の保険料不納付と期待可能性

207 最判昭和33年７月10日刑集12巻11号2471頁、判時155号８頁

【事実の概要】

T社は、電気機械、器具、電球等の製造事業を経営し、被告人Xは同社K工場の工場長として、同工場の管理に当っていたものであるが、T社は、失業保険法所定の保険料の納付義務者であるところ、Xは同法に所謂法人の代理人として同会社の業務に関して、昭和23年９月中に、K工場における失業被保険者526名の賃金から前同法第33条の規定により控除された同月分保険料26,793円、同年10月中に前同様にして控除された失業被保険者443名の同月分保険料24,255円、同年11月中に前同様にして控除された前同被保険者433名の同月分保険料24,255円を何れも同法所定の納付期日である各翌月末日までに納付しなかった。この行為が失業保険法53条２号違反の罪で起訴された。

【裁判の経過】

１審：長野地諏訪支判昭和25年５月30日（無罪）

１審は、本社からの資金送付がない以上、Xの責任においてこれを納付する義務はないとして無罪とした。

２審：東京高判昭和25年12月19日（破棄差戻）

２審は、Xに納付義務があるとして破棄差戻とした。

差戻後１審：長野地判昭和27年12月27日刑集12巻11号2484頁（有罪）

「未だ以て、右納付について、必要な経理上為し得る有効適切な手段を尽して、余す所がないとは認め得ない。…本件違反に出でざる期待の不可能なる故を主張して責任を免れ得ないものと断定せざるを得ない」。

差戻後２審：東京高判昭和28年10月29日高刑集６巻11号1536頁（破棄自判、無罪）

「Xに対し本件失業保険料納付義務の履行を期待することは不可能であったと見るのが相当である。…Xは該不履行につき故意がなかったものとするの外なく、従ってXに対し失業保険法所定の刑責を負わせることができない」。これに対して、検察官は判例違反を主張して上告した。

【判　旨】上告棄却

「引用の諸判例は、いずれも、その挙示の証拠により、犯罪事実を認定するに当り、情状の斟酌、法令の解釈その他に関し必要な説示、判断を示したに止まり、判文中期待可能性の文字を使用したとしても、いまだ期待可能性の理論を肯定又は否定する判断を示したものとは認められない。…失業保険法（昭和24年法律87号による改正前のもの）32条は『事業主は、その雇用する被保険者の負担する保険料を納付しなければならない』と規定し、同条の規定に違反した者に対する罰則規定として、同法53条は、事業主が同条２号の『第32条の規定に違反して被保険者の賃金から控除した保険料をその納付期日に納付しなかった場合』に該当するときは、６箇月以下の懲役又は１万円以下の罰金に処することを定め、同法55条は、法人の代表者又は法人若しくは人の代理人、使用人その他の従業者が、その法人又は人の事業に関し、前記の違反行為をしたときは、行為者を罰するの外、その法人又は人に対し、前記本条の罰金刑を科する旨を定めている。そして、右53条が、右55条により本件のごとき法人又は人の代理人、使用人その他の従業者に適用せられる場合の法意を考えてみるに、53条２号に『被保険者の賃金から控除した保険料をその納付期日に納付しなかった場合』というのは、法人又は人の代理人、使用人その他の従業者が、事業主から保険料の納付期日までに被保険者に支払うべき賃金を受けとり、その中から保険料を控除したか、又はすくなくとも事業主が保険料の納付期日までに、右代理人等に、納付すべき保険料を交付する等、事業主において、右代理人等が納付期日に保険料を現実に納付しうる状態に置いたに拘わらず、これをその納付期日に納付しなかった場合をいうものと解するを相当とし、そのような事実の認められない以上は、事業主本人、事業主が法人であるときはその代表者が、53条２号、55条により32条違反の刑責を負う場合のあるのは格別、その代理人、使用人その他の従業者については、前記53条に規定する犯罪の構成要件を欠くものというべきである。…Ｔ社は、その代理人たるＸに、本件保険料を、その納付期日までに交付したことも認められず、その他Ｔ社においてＸが、右保険料を納付期日に現実に納付しうる状態に置いたことも認められない。しからば、Ｘが本件保険料をその納付期日までに納付しなかったとしても、それが失業保険法32条違反として、同法53条２号、55条に該当するものと認められないことは、既に説示した同条項の法意に照らし明らかであって、Ｘは、犯罪構成要件を欠き無罪たるべきものであり、行為者たるＸが無罪である以上、Ｔ社も同法55条の適用を受くべき限りでなく、これまた無罪たるべきものである」。

【参考文献】

松原久利・判例講義Ⅰ105頁、立石二六・百選Ⅰ〔第６版〕124頁、宮澤浩一・百選Ⅰ〔第４版〕124頁、吉川由己夫・最判解刑事篇昭和33年度497頁

第５章　未　遂　犯

第１節　実行の着手時期

1　窃盗罪における実行の着手

(1)　財物の物色

208 最判昭和23年４月17日刑集２巻４号399頁

【事実の概要】

被告人Xらは、共謀の上、馬鈴薯その他食料品を窃取しようと企て、V方養蚕室に侵入し、懐中電燈を利用して、食料品等を物色中、警察官等に発見されて、その目的を遂げなかった。Xは、窃盗未遂罪で起訴された。

【裁判の経過】

１審：鳥取地判（年月日不明）

２審：広島高判（年月日不明）刑集２巻４号404頁（有罪・窃盗未遂罪の共同正犯）

２審は、窃盗未遂罪の共同正犯の成立を認めた。弁護人は、目的物が特定されている場合、それに実力を及ぼさなければ実行の着手は認められないとして、上告した。

【判　旨】上告棄却

「原判決の認定するところによれば、被告人等は、共謀の上馬鈴薯その他食料品を窃取しようと企て、V方養蚕室に侵入し、懐中電燈を利用して、食料品等を物色中、警察官等に発見せられて、その目的を遂げなかったというのであって、被告人等は、窃盗の目的で他人の屋内に侵入し、財物を物色したというのであるから、このとき既に、窃盗の着手があったとみるのは当然である。従って、如上判示の事実をもって、住居侵入、窃盗未遂の罪にあたると判断した原判決は正当である」。

(2)　家屋への侵入

209 東京高判昭和24年12月10日高刑集２巻３号292頁

【事実の概要】

被告人Xは、昭和24年１月29日午後11時頃、窃盗の目的でV方に赴き、同家北側の窓に足を掛け屋根に登り、屋根伝いに２階南側の雨戸の開いていた箇所から同居宅に侵入したところ、同家２階六畳間に就寝中のVがその物音に目覚めて起き上り飛び掛って来たので、その逮捕を免れるため、矢庭に同人を力委せに突き倒して其の後頭部を後方の障子に打ちつけ、よって同人をしてショックによる心臓麻痺のため即死するに至らしめた。Xは、強盗致死罪で起訴された。

【裁判の経過】

１審：静岡地浜松支判昭和24年３月30日高刑集２巻３号296頁（有罪・強盗致死罪）

１審は、（事後）強盗致死罪の成立を認めた。これに対し、弁護人は、窃盗が着手するに至らないときにVが突然飛びかかってきたため、X

は無意識に被害者を突き飛ばしたにすぎないので、事後強盗罪に該当しないと主張して、控訴した。

【判　旨】破棄自判（傷害致死罪）

「刑法第238条の窃盗が逮捕を免れるため暴行脅迫を加えたという準強盗罪の成立には犯人が少くとも窃盗の実行行為に着手したことを要するのである。しかして窃盗の目的で他人の家に侵入してもこれだけでは窃盗の実行着手ではない。其の着手というがためには侵入後金品物色の行為がなければならない。原判決が認定した事実は被告人は昭和24年1月29日午後11時頃判示のような事情から窃盗の目的で判示V方に赴き同家北側の窓に足を掛け屋根に登り屋根伝いに2階南側の雨戸の開いていた箇所から同居宅に侵入した折柄同家2階六畳間に就寝中の前記Vが其の物音に目覚めて起き上り飛び掛って来たので其の逮捕を免れる為矢庭に同人を力委せに突き倒して其の後頭部を後方の障子に打ちつけ因って同人をして右ショックに因る心臓麻痺のため即死するに至らしめたのである。而して右事実（死因の点を包含する）は記録並びに原審の取調べた証拠（殊に死因については鑑定書）によっても誤認がないのである。なお被害者に所論のように心臓疾患があったとしても右事情は普通あり得る事情であるから被告人の行為の因果関係を中断することはない。故に因果関係中断に関する論旨は理由ないのであるが右の様にV方に侵入しただけでは未だ窃盗の実行行為の着手とは認められない。従って右事実は準強盗でなく従ってVを現場で死に致しても強盗致死罪の成立がない。単に傷害致死罪の成立があるだけである」。

(3)　土蔵への侵入

210 名古屋高判昭和25年11月14日高刑集3巻4号748頁

【事実の概要】

被告人Xらは、共謀の上、窃盗の目的で、V1方の土蔵に侵入しようとして、同家の邸宅内に入り土蔵の壁の一部を破壊したが、家人に発見せられて逃走した。また、被告人は、共謀の上、V2方の土蔵に侵入しようとして、同家の邸宅内に入り、土蔵の扉の南京錠を破壊し外扉を開いたが、夜が明けて家人に発見せられることをおそれ、逃走した。Xは、窃盗未遂罪で起訴された。

【裁判の経過】

1審：名古屋地半田支判（年月日不明）（有罪・窃盗未遂罪の共同正犯）

1審は、Xらが共謀した上、土蔵内に侵入して物色したとして、窃盗未遂罪の共同正犯の成立を認めた。これに対し、弁護人は、Xらが土蔵内に侵入して物色したとしたとは認められないとして、控訴した。

【判　旨】控訴棄却

「被告人等は窃盗の目的で、V1方の土蔵に侵入しようとして、同家の邸宅内に入り土蔵の壁の一部を破壊したが、家人に発見せられて逃走したこと、V2方の土蔵に侵入しようとして、同家の邸宅内に入り、土蔵の扉の南京錠を破壊し外扉を開いたが、夜が明けて家人に発見せられることを虞れ逃走したことが認められ、土蔵内に侵入して物色したことを認めることはできない。本件記録を精査するも、前記の被告人等の自白を除いては、土蔵内に侵入したことを認むるに足る証拠はない。従って、右の自白は、土蔵内に侵入したことに関しては、被告人等が法律知識に乏しく不用意に為したものとして証明力がなく、原判決が判示第22及び第23において土蔵内に侵入して物色したと認定したのは、事実を誤認したことになる。然れども、一般に窃盗の目的で、他人の住家に侵入しようとしたときは、窃盗の着手があったものと認むることはできないけれども、土蔵内の品物を窃取しようと思って、土蔵に侵入しようとしたときは、窃盗の着手があったものと解すべきである。『実行の着手』について、主観説をとるときは、何れの場合にも着手があったものと解することができるが、主観説即ち他人の財物の事実上の支配を侵すにつき、密接せる程度に達せる場合には、着手があるものと解するときは、住家の場合は、被告人の主観を除けば、窃盗するのか暴行するのか姦淫するのか客観的には判明しないので、窃盗の着手をしたものと認めることはできないが、土蔵の場合には、通常窃取すべき財物のみがあって人が住んでいないのが通常であるから、これに侵入しようとすれば、右の財物を窃取しようと企てていることが客観的にも看取することができる。これは、たんすの中の物を取る積りで、抽斗に手を掛けて開きかけた場合や、トランクの中の物を取る積りで、その錠を破壊して開きかけた場合に窃盗の着手があったものと解するのと全く同様であると解すべきである。従って本件において被告人等が窃盗の目的で土蔵に侵入しようとして土蔵の壁の一部を破壊したり、又は外扉の錠を破壊してこれを開いたことは、窃盗の着手をしたものと解すべきである」。

(4) 煙草売場への接近

211 最決昭和40年3月9日刑集19巻2号69頁、判時407号63頁、判タ175号150頁

【事実の概要】

被告人Xは、昭和38年11月27日午前0時40分頃、電気器具商V1方表店舗内において、窃盗の目的で、小型懐中電燈を使用して現金が置いてあると思われる同店舗内東側隅の煙草売場に近づき、金員を物色しようとしていた際、たまたま銭湯に行っていたV1が帰宅して来たため、いったん前記煙草売場後側の陳列棚のかげに身を隠したが、同人が出入口のガラス戸の一部が破られているのに気付き、不審に思い、奥の間より妻V2を伴って引き返し、ひそんでいたXを発見し「泥棒や」と騒ぎ出したので、Xは逮捕を免れるため、所携の果物ナイフを取り出すやXを取り押えようとしていた同人の左前胸部4個所を突き刺し、更にV2の顔面を手拳で強打する等の暴行を加え、格闘の末同家奥の裏庭から塀を越えて逃走したが、前記暴行によりV1を間もなく同所において出血失血死するに至らしめ、V2に対しては治療約2週間を要する歯牙動揺の傷害を負わせた。Xは、(事後)強盗致死傷罪で起訴された。

【裁判の経過】

1審:大阪地判昭和39年3月30日刑集19巻2号75頁(有罪・強盗致死傷罪)

「弁護人は、判示第6の事実は窃盗の着手行為が認められないから傷害並びに傷害致死罪である旨主張するので検討するに、被告人は当公廷において、被害者V1方に侵入した際には、店舗入口から2歩位店内に足を踏み入れたままの状態で、時間にすると10秒ないし、2、30秒経過してすぐ被害者が帰宅した旨供述するけれども、前掲司法警察員作成の検証調書によると、被害者方は、東西に走っている総巾員約15米の直線道路に面した街中の商店であって、道路の両側には常夜灯の水銀灯が約25米おきに連なり、相当の距離を隔てても右道路上から店舗出入口の見通が可能であると認められるところ、被告人の昭和38年12月2日附司法警察員に対する供述調書によると、被告人は深夜右道路上に通行人のいないことを確めたうえ、表出入口から侵入したというのであるから、その直後極めて短時間のうちに、いい換えると被告人に続くような状態で被害者が帰宅したと考えるのは著しく不自然であり、被告人の昭和38年12月6日附検察官に対する供述調書、殊に該調書中検察官の『君が懐中電燈で店の間を照らしていた時間はどの位か』との問に対し『1分もなかったと思います。精々30秒位と思いますが、何処に金があるだろうかと思って懐中電燈で店の中を一渡り照らして眺め渡し、電気器具等が置いてあるのを見、更に煙草売場が判りましたので、その方に行きかけたのです。』との供述部分に対比して考えると、前記記述はそのまま措信することはできない。

そして被告人が金員窃取の目的を有している以上、判示のように懐中電燈で店内を探り、現金を置いてあると思われる煙草売場の所在を確め、これに近づく行為は、仮りに所謂物色に該当しないとしても、被告人の意図する金員窃取に極めて密接な行為であって、窃取の実行の着手があったものと認めるのが相当である。

従って、その後被告人が逮捕を免れるため、被害者らを死傷するに至らしめた本件においては、準強盗の身分を有するものが人を死傷した場合なのであり、単なる傷害若しくは傷害致死罪であるとはいい得ない」。

2審:大阪高判昭和39年9月7日刑集19巻2号80頁(控訴棄却)

「窃盗の目的で他人の家屋に侵入し懐中電燈

で屋内を見廻し、現金のおいてあると思われる場所を確かめてその方へ近づく行為は窃盗行為に密接な行為であって、犯罪の実行の着手であったものと解するのを相当とするところ、右証拠、特に被告人の司法警察職員に対する昭和38年12月３日附供述調書には『懐中電燈を照らして店内を見廻していると左側の方に煙草売場のあるのが目について、そこで現金がその売場にあるものと思ってその方へ行きかけると表の硝子戸があいて家の人が帰って来た』旨の供述記載があり、同人の検察官に対する供述調書には『店内へ入ると真暗であったので懐中電燈で店内を照らして見ると、電気器具類が積んであり電気屋だと判ったが、自分はなるべく金を盗りたいので左側の方が煙草売場になっていることが判ったのでその方へ行っていると表から人が帰って来た』旨の供述記載があるから、既に窃盗の着手行為があったものと認らめれる。被告人の原審並びに当審公判廷における『自分が家の中へ入って直ぐその家の主人が帰って来たのであって、自分は懐中電灯もつけていない』旨の供述は措信し難く、その他右の認定を左右するに足る証拠はない。そして原判示のV1（当時38年）及びその妻V2（当時39年）に発見されて『泥棒や』と騒ぎ出され、被告人は逮捕を免れるため原判示の経緯から所携の果物ナイフで右V1の前胸部４箇所を突き刺して死亡させ右V2の顔面を手拳で強打して同人に治療約２週間の原判示の如き傷害を蒙らしめた事実が認められるから被告人の所為が強盗致死傷罪を構成することは勿論であって各所論は到底採用の限りではない。したがって原判決には何等事実の誤認及び法令の適用の誤はないから論旨はいずれも理由がない」。これに対し、弁護人は、原判決の判文では近づく行為があったかどうかが明らかではないとして、上告した。

【決定要旨】上告棄却

「被告人は昭和38年11月27日午前０時40分頃電気器具商たる本件被害者方店舗内において、所携の懐中電燈により真暗な店内を照らしたところ、電気器具類が積んであることが判ったが、なるべく金を盗りたいので自己の左側に認めた煙草売場の方に行きかけた際、本件被害者らが帰宅した事実が認められるというのであるから、原判決が被告人に窃盗の着手行為があったものと認め、刑法238条の『窃盗』犯人にあたるものと判断したのは相当である」。

【参考文献】

佐藤拓磨・百選Ⅰ〔第６版〕126頁、藤井一雄・最判解刑事篇昭和40年度14頁

2　強姦罪における実行の着手

(1)　ダンプカーへの引きずり込み

212 最決昭和45年７月28日刑集24巻７号585頁、判時599号98頁、判タ251号271頁

【事実の概要】

被告人Xは、昭和43年１月26日午後７時30分頃、ダンプカーに友人のYを同乗させ、ともに女性を物色して情交を結ぼうとの意図のもとに防府市内を徘徊走行中、同市八王寺１丁目付近にさしかかった際、一人で通行中のV女を認め、「車に乗せてやろう」等と声をかけながら約100メートル尾行したものの、相手にされないことにいら立ったYが下車して、Vに近づいて行くのを認めると、付近の空地に車をとめて待ち受け、YがVを背後から抱きすくめてダンプカーの助手席前まで連行して来るや、YがVを強いて姦淫する意思を有することを察知し、ここにYと強姦の意思を相通じたうえ、必死に抵抗するVをXとともに運転席に引きずり込み、発進して同所より約5.000メートル西方にある佐波川大橋の北方約800メートルの護岸工事現場に至り、同所において、運転席内でVの反抗を抑圧してY、Xの順に姦淫したが、前記ダンプカー運転席にVを引きずり込む際の暴行により、Vに全治まで約10日間を要した左膝蓋部打撲症等の傷害を負わせた。Xは、強姦致傷罪で起訴された。

【裁判の経過】

1審：山口地判昭和44年1月22日刑集24巻7号590頁（有罪・強姦致傷罪）

「被告人の判示所為は刑法第60条、第181条（第177条前段）に該当する」。

2審：広島高判昭和45年3月3日刑集24巻7号591頁（控訴棄却）

「原判決の挙示する各証拠を総合すれば、原判決も認定するように、被告人は、原判示の赤間交差点西側の空地にダンプカーを停め、下車した共犯者の甲を待っていた際、同人が附近を通行中の原判示Vを背後から抱きかかえるようにしてダンプカーの助手席のドアーの側まで連行して来たのを認め、同人が同女を強いて姦淫する意思を有することを察知し、Yがそのつもりならやむをえない、自分も同女を強姦しようと考え、ここに同人と同女強姦の意思を相通じたうえ、必死に抵抗する同女を同人とともにダンプカーの運転席に引きずり込んで、同所から原判示佐波川の護岸工事現場まで走行して停車したうえ、同所において、Y、被告人の順に原判示のようなダンプカーの運転席で同女を強姦したこと、及び同女をダンプカーの運転席に引きずり込む際、同女に原判示の傷害を負わせたことが認められる。記録を精査するも、右認定を左右するに足りる証拠は存しない。以上の認定から明らかなように、被告人らが共謀のうえ、本件強姦行為に着手した時点は、Vを、ダンプカーの運転席に引きずり込もうとした時であり、また、その際、同女に原判示の傷害を負わせたものである以上、右傷害は被告人らが強姦行為に着手した以後に生じたものというべきであるから、原判決が被告人らの本件所為を強姦致傷罪に問擬したのは正当であ」る。これに対し、弁護人は、強姦の犯意が成立してこれに着手した時点は佐波川原におり立った後であるから、Vの負傷がダンプカー乗車の時に受けたもので、強姦罪着手前の負傷であるから強姦罪と傷害罪との併合罪をもって処断すべきであると主張した。

【決定要旨】上告棄却

「かかる事実関係のもとにおいては、被告人が同女をダンプカーの運転席に引きずり込もうとした段階においてすでに強姦に至る客観的な危険性が明らかに認められるから、その時点において強姦行為の着手があったと解するのが相当であり、また、Vに負わせた右打撲症等は、傷害に該当すること明らかであって……、以上と同趣旨の見解のもとに被告人の所為を強姦致傷罪にあたるとした原判断は、相当である」。

【参照文献】

奥村正雄・判例講義Ⅰ106頁、関哲夫・百選Ⅰ〔第6版〕128頁、大久保太郎・最判解刑事篇昭和45年度245頁

(2) ホテルへの連れ込み

213 東京高判昭和57年9月21日判タ489号130頁

【事実の概要】

被告人Xは、V女らと飲食した後、Vとタクシーに乗車した際、この機会にVを口説いて肉体関係を結ぼうと考え、タクシーをホテルに向けて走らせた。同所に着いて下車したVは、そこがいわゆるラブ・ホテルの前であるのに気付き、とっさにXの意図を察知し、身の危険を避けるためその場から走って逃げ出した。これを見たXは、諦めるどころか、ここまで来たうえは力づくでもそのホテルに連れ込んで無理矢理に肉体関係を結ぼうと決意し、逃げるVを追いかけ、人通りのほとんどない路上で後方から両腕で抱きつき、大声で助けを求めて抵抗するVを抱き上げ引きずるようにして、同ホテル裏手出入口門から敷地内に引っ張り込んだ。同所はくぐり門の内側で表通りからは死角となっているうえ薄暗い場所で、Vはそこに引っ張り込まれる際、門壁の角にしがみつき、座り込むなどして懸命に抵抗するうちに、その場に押し倒されたが、ホテル内に連れ込まれたら最後だと思い、大声で助けを求め手足をばたつかせて必死に抵抗したものの、これに対してXは、Vの腹の上に馬乗りになり、肩を押えつけ、「騒ぐな」「騒いでもホテルの中だから誰も助けに来てくれない」「やらせろ」などと繰り返して怒号しながら、手拳でその顔面を数回殴打する暴行を加え、更に強引にキスすれば抵抗を断念するだろうと思い、Vの着用して

いたブラウスの胸元に手を入れてボタンを引きちぎって前部を開き、ブラジャーをずらして乳房をつかんでもみ、その頭髪を両手で押え込んでその唇にキスするなどの行為に及んだ。しかし、Vがなおも泣き叫んで助けを求めるうち、たまたま付近を警ら中の警察官が叫び声を聞きつけて犯行現場に駆けつけ、馬乗りになっているXを引き離して被害者を救出したため、Xはその目的を遂げることができなかったが、Xの暴行によりVは全治約１週間を要する傷害を負った。Xは、強姦致傷罪で起訴された。

【裁判の経過】

１審：東京地判昭和57年３月19日（有罪・強姦致傷罪）

１審は、XがVと肉体関係を結ぼうとして拒否されたことから、ホテル南側の出入口付近の敷地内で暴行を加えて同ホテル内に引きずり込もうとした所為をもって強姦の実行の着手にあたるとして、Xを強姦致傷罪に問擬した。これに対し、弁護人は、Xの所為は強姦の準備的・予備的行為にすぎず、いまだ実行の着手があったとはいいがたいとして、控訴した。

【判　旨】破棄自判（確定）

「右の事実関係に徴すると、被告人は被害者が逃げ出すのを見るや、力づくでホテル内の一室に連れ込んで強姦しようと決意し、右犯意に基づき、同女を路上からホテルの裏門内に引っ張り込み、同所において、大声で泣き叫んで助けを求めて強く抵抗する同女に対し、前叙のような強力かつ執拗な暴行を加えて、遮二無二同女に抵抗を断念させようとしたものであって、被告人にはあくまでも強姦の目的を遂げようとする強固な犯意のあったことは明らかであり、しかも、被告人の前示暴行は、強姦のための反抗抑圧の手段たる行為として定型性に欠けるところはなく、強姦罪の実行の着手があったと認めるのになんら妨げがないものといわなければならない。もっとも、本件は、被告人においてその場で姦淫に及ぼうとしたのではなく、ホテル内の一室に連れ込んだうえ、その目的を遂げる意図であったから、右の暴行は直接姦淫行為の一部に属するものではなく、また、暴行を加えた場所からホテル内の一室に至るには、若干の時間的・場所的な間隔があり、この間従業員に顔を合わすことなども避けられないであろうことは所論のとおりである。しかしながら、被害者が暴行を受けた場所は、右ホテルの敷地内であり、右場所からホテルの裏口自動扉までは僅か５メートルしかないうえ、被告人が被害者に加えた暴行脅迫が極めて強力かつ執拗であったことからすると、もしもそのような状況がいま少し継続していれば、被害者の抗拒が著しく困難な状態に陥り、諦めの心境も加わって被告人によってホテル内に連れ込まれる事態に至る蓋然性が高く、そうであれば、同ホテルが普通のホテルではなく、従業員らにおいて顧客の男女関係について容喙を差し控えるであろうラブ・ホテルであることとあいまち、密室同然のホテルの一室で強姦の結果が発生する客観的危険性が高度に存在していたと認めるのが相当である。

してみると、被告人が原判示暴行を加えた段階においてすでに強姦行為の着手があったと解するのが相当であり、原判決が被告人の本件所為を強姦致傷罪に問擬したのは正当というべきである」。

(3)　共犯者の非協力的な行動

214 大阪地判平成15年４月11日判タ1126号284頁

【事実の概要】

被告人Xは、平成13年10月23日夜、遊び仲間であるY、Z及びWと共に、自動車で走行中、前方に、自転車で乗っているV女を発見した。Xは、Vから金品を奪った上で、Vを強姦しようと考え、Y、Z及びWに対し、「あれいこか」などと言った。Y、Z及びWは、Xが強盗の犯意を有していることを認識した上で、Xの言葉に賛同する態度を示したが、Xが強姦の犯意を有していることについては、確定的な認識を持っていなかった。Xは、同月24日午前２時５分ころ、路上において、自動車の前部をVが乗っていた自転車の後部に衝突させ、Vをその場に自転車ごと転倒させた。Xは、Vの東側に車を止めると、自動車の運転席から降り、自動車の前を通って、Vの方へ向かった。そして、Vを自動車に連れ込むために、Vの腕や服をつかんで、Vを引っ張った。Vは、助けを求めて叫んだり、自動車の方へ連れて行かれまいとして抵抗したが、Xは、Vの服や腕をつかんだまま、自動車の前を通り、Vを自動車の運転席ドア付近まで引っ張ってきた。Xは、抵抗するVを一人で車内に連れ込むことが困難であったことから、自動車をたたいて、車内にいたYらに対して、「お前ら、出てきて手伝えよ」などと言い、Yらの助力を求めた。しかし、Y、Z及びWは、もともと積極的に強姦に荷担する意思はなかった上、必死で抵抗するVを見て、ますますその気持ちを強くして、Xの呼びかけを無視したまま前を向いていた。なお、X及びVが運転席ドア付近にいる間、自動車のドアが開くことはなかった。

X及びVは、しばらく自動車の運転席ドア付近でもみ合っていたが、Vは、Xの手を振りほどき、正雀一津屋線を西側に横断して、同市東別府所在の駐車場内に逃げ込んだ。Xは、Vを追いかけて、道路を横断し、駐車場内で、再びVの腕や服をつかみ、自動車の方へ引っ張ろうとしたが、Vがそれに抵抗したため、もみ合いとなった。その際、Xは、Vの顔面を1、2回殴打し、もみ合っている最中に、Vが右肩にかけていた手提げバッグが地面に落ちた。Xは、駐車場内において、なおも、車内にいるYらに対し、「降りてこい。手伝え」などと言って、Yらの助力を求めた。

Vが抵抗をやめず、また、Y、Z及びWの手助けも期待できそうになかったので、Xは、Vを自動車に連れ込もうとするのをあきらめ、地面に落ちた手提げバッグをとろうとした。しかし、Vが、手提げバッグを持って行かれまいとして、手提げバッグの柄をつかんだので、XとVの間で手提げバッグの引っ張り合いとなった。結局、Vが手提げバッグから手を離し、Xが、それを奪った。

検察官は、Xを強盗強姦未遂罪で起訴した。

これに対し、弁護人は、Xには強姦の犯意及び実行の着手がなかったと主張した。

【判　旨】有罪・強盗致傷罪

「本件において、被告人が強姦の犯意をもって、Vを自動車に連れ込もうとし、同女の服や腕をつかんで引っ張ったり、同女の顔面を殴打するなどの暴行を加えていること、被告人が実際に同女を自動車の近くまで引っ張ってきていること、本件犯行が行われたのが午前2時5分という時間帯であり、周囲にVを助けてくれる人物はいなかったこと、共犯者らにおいては、積極的に強姦に荷担する意思はなかったものの、被告人を止めようとする気まではなく、Yにおいては、仮にVが自動車に連れ込まれていたら、自分もVを強姦していたかもしれない旨供述していること等の事情にかんがみれば、被告人の暴行によって、強姦に至る一定程度の客観的危険性が生じていたことは否定できない。

しかし、他方、被告人が独力で、抵抗するVを車内に連れ込むことは困難であったところ、共犯者らにおいては、Vを自動車に連れ込むことについては、全く協力する気がなかったこと、また、さらに、Vを車内に連れ込んだ上、自動車を人目につかない場所に移動させて、車内等で同女を強姦するためにも、共犯者らの協力が重要であったと考えられるところ、その点についても、確実に共犯者らの協力が得られる見込みがあったとは考え難いこと、そして、Vを自動車に連れ込むにしても、共犯者らが協力をしなければ、そのスペースの確保も容易ではないこと、被告人とVが自動車付近にいた時間はそれほど長い時間ではなく、その間、自動車のドアが開くことはなかったこと、被告人は被害者を自動車に連れ込もうとして同女の腕等をつかんで自動車付近まで引っ張るなどし、さらに、顔面を1、2回殴打する等の暴行を加えているものの、被害者の抵抗を封じるためにそれ以上の暴行を加えることはなかったこと等は被害者が強姦される危険性の程度の判断において消極方向で考慮すべき事情である。さらに、被告人の強姦の犯意の強弱という観点からみても、当初、自動車内で輪姦の話が出た後も被告人は男性1名の被害者を襲っており、被告人が必ずしも強姦にこだわっていたわけではないこと、被告人は、Vを発見した際も、『あれいこか。』という程度で具体的な強姦の意図を明らかにしていないことなど強姦の犯意が強いとまではいえないこと等に徴すれば、被告人の強姦に向けた犯行意欲が強固なものであったとまではいえない。

以上の諸点を総合すれば、本件事実関係のもとにおいては、結局、被告人が、Vを自動車内に連れ込もうとして加えた暴行につき、『暴行又は脅迫を用いて姦淫した』といい得るだけの姦淫の結果への直接的危険性があったとまでは評価することができず、本件においては、強姦行為の実行の着手はなかったといわざるを得ない。

よって、被告人には強盗強姦未遂罪は成立せず、強盗致傷罪が成立する」。

3 殺人罪における実行の着手

(1) ベランダからの転落（ベランダ事件）

東京高判平成13年２月20日判時1756号162頁⇒第２章第１節 2 (2) 16 事件

(2) クロロホルムの吸引（クロロホルム事件）

最決平成16年３月22日刑集58巻３号187頁、判時1856号158頁、判タ1148号185頁⇒第２章第１節 2 (3) 17 ・第４節 4 (8) 事件

(3) 自動車での衝突

215 名古屋高判平成19年２月16日判タ1247号342頁

【事実の概要】

被告人Xは、かねてV女に対して一方的に思いを寄せていたところ、Xが罹患していた妄想型の統合失調症の影響により、Vとは相思相愛の間柄であるにもかかわらず、売春組織が２人の仲を裂くために同女に男を近付けようとしているとの妄想を抱くようになり、Vを他の男に渡すことなく、自分がVと一緒に居続けるためには、Vを刃物で刺し殺し、その場で自分も死ぬしかない、などと考えてVの殺害を決意した。その上で、Xは、身のこなしが速いVの動きを止めるために、路上を歩行中のVに低速の自動車を衝突させてVを路上に転倒させ、刃物でその身体を突き刺して殺害するとの計画を立て、これに用いるため、平成16年５月10日午後１時14分ころ、百貨店で包丁１本を購入し、同日午後２時15分ころ、レンタカーショップにおいて、普通乗用自動車１台を借り受けるなどの準備を整えた上、Vの後をつけ回し、遅くとも同日午後６時ころからは、Vが子を預けている保育園付近路上に上記普通乗用自動車を停め、同車内でVが現れるのを待ち受けた。Xは、平成16年５月10日午後６時20分ころ、歩行中のVを発見し、Vに低速の自動車を衝突させて転倒させた上で所携の包丁でその身体を突き刺して殺害するとの意図の下に、歩行中のVの右斜め後方からX運転の自動車前部を時速約20キロメートルで衝突させて、Vを同車のボンネット上に跳ね上げてVの後頭部を同車フロントガラス付近に打ち付け、路上に落下させるなどし、その衝撃によって、Vに加療約50日間を要する頭部挫傷、右肩挫傷、右下腿挫傷の傷害を負わせた。しかし、Xは、意外にもVがボンネットに跳ね上げられて、路上に落下し、立ち上がろうとするその顔を見て、急にVを殺すことはできないとの考えを生じ、刃物で突き刺すことを翻意して中止した。Xは、殺人未遂罪で起訴された。

【裁判の経過】

１審：名古屋地判平成17年６月１日（有罪・傷害罪）

１審は、被告人XはVを刃物で刺して自分もその隣で死のうと考え、まず、自動車を同女に衝突させ、転倒させて動きを止め、その上で刃物で同女を刺すという計画を立てて、実際に、同女の後方から自動車を衝突させて同女をボンネットに跳ね上げたことを認定した上、自動車の速度等の観点から、被告人が同女に自動車を衝突させた行為は、死の結果を当然予見できるほど危険性が高いものではなかったと結論付け、被告人は、自動車を衝突させる行為は、刺す行為の準備に過ぎないと捉えていたとして、その時点での殺意は認められず、被告人は傷害罪の限度で責任を負うと認定した。

これに対し、検察官は、①原判決は、被告人の計画を自動車による衝突とその後の刃物による刺突とに分断し、後者の段階に至って初めて殺人の実行の着手が認められると判断しているが、被告人の計画は一連のものであって、被告人が自動車による衝突行為に着手した段階で殺人の実行行為の着手を認めるべきである、②原判決は、本件での自動車による衝突行為には死の結果を生じさせる具体的危険がなかったというが、過去の交通事故死亡例等に照らせば、時速20キロメートルほどの速度であったとしても、自動車が人に衝突した場合には死亡の危険が存することは明らかで、原判決の認定には誤りがある、と主張した。

【判　旨】破棄自判（殺人未遂罪）

「被告人は、自動車を被害者に衝突させて同女を転倒させ、その場で同女を刃物で刺し殺すという計画を立てていたところ、その計画によれば、自動車を同女に衝突させる行為は、同女に逃げられることなく刃物で刺すために必要であり、そして、被告人の思惑どおりに自動車を衝突させて同女を転倒させた場合、それ以降の計画を遂行する上で障害となるような特段の事情はなく、自動車を衝突させる行為と刃物による刺突行為は引き続き行われることになっていたのであって、そこには同時、同所といってもいいほどの時間的場所的近接性が認められることなどにも照らすと、自動車を同女に衝突させる行為と刺突行為とは密接な関連を有する一連の行為というべきであり、被告人が自動車を同女に衝突させた時点で殺人に至る客観的な現実的危険性も認められるから、その時点で殺人罪の実行の着手があったものと認めるのが相当である。

この点につき、原判決は、自動車を衝突させた時点で、その行為自体によって殺害の結果が発生し得ることを認識していなければ、自動車を衝突させる行為を殺人の実行行為と認めることができない、と解しているようであるが、それは一面的な見方というべきである。すなわち、被害者を殺害するために連続して行われるべき第1の行為と第2の行為との間に時間的場所的に近接性が認められ、第1の行為の時点で殺害の結果発生に至る客観的、現実的危険性が認められる場合、第1の行為自体において、殺害の結果が発生せず、被告人においても第1の行為自体での殺害の結果発生を意図していなくとも、第1の行為時に殺人の実行行為に着手したものと認めるのが相当であり（最1小決平成16年3月22日刑集58巻3号187頁参照）、これは予定されていた第2の行為に及んでいないとしても、同様と考えられる」。

「原判決は、被告人が自動車を被害者に衝突させた行為は、死の結果を通常予測させるほど危険性の高いものであるとはいえず、あくまで同女の抵抗を困難にするという目的でなされた準備行為であり、被告人が事後に被害者を刺し殺すつもりであった事情は、自動車を衝突させる行為自体の危険性を高めるものではないから、この時点で被告人に殺意を認めることはできない、ともいう。

しかし、本件では、被告人は四輪自動車を時速約20キロメートルで被害者の背後から衝突させているところ、この行為自体で被害者を死亡に至らせることがあることは経験則上明らかであり、このことを軽くみている原判断は相当ではない。

また、被告人が、まず被害者に自動車を衝突させることにしたのは、同女を刃物で刺し殺す前提として、身のこなしの速い同女に逃げられないよう、その動きを止めるというにあり、被告人の計画では、2つの行為が連続して行われ、密接な関連を持つことが明らかで、統合的に評価すべきであるから、この2つを分断して、自動車を衝突させる行為を準備行為に過ぎないとする前提自体が誤っている。このことは、犯罪実行の着手について、構成要件に該当する行為（本件では被害者を包丁で刺す行為）のみにとどまらず、これに接着あるいは密接なる行為をも含めて理解すべきことからも明らかである」。

4　放火罪における実行の着手

(1)　ガソリンの散布（ガソリン散布事件）

横浜地判昭和58年７月20日判時1108号138頁⇒第２章第３節 4 (7) 事件 44

【事実の概要】

被告人Xは、昭和58年４月10日午後11時半ころ、自宅家屋を燃やすとともに焼身自殺しようと決意し、自宅前の路上に駐車中の自己所有の自動車からガソリンを抜き取って青色ポリ容器に移し入れ、本件家屋の六畳及び四畳半の各和室の床並びに廊下などに右ガソリン約6.4リットルを撒布してガソリンの蒸気を発生せしめ、翌11日午前０時５分ころ、廊下でタバコを吸うためにつけたライターの火を蒸気に引火爆発させ、もって被告人の妻V子が現に住居に使用する本件家屋に火を放ち、これを全焼させた。検察官は、Xを現住建造物等放火罪として起訴した。

弁護人は、Xは本件家屋に火を放つ意思で部屋中にガソリンを撒いているものの、これだけでは出火しないから、これは放火の準備段階であって放火の着手があったとは言えず、その後、Xは心を落ちつけるためライターでタバコに火をつけようとしたところ、Xの撒いたガソリンが気化していてこれに引火したものであり、タバコに火をつける行為も放火を意図したものではないから、放火の着手があるとは言えず、結局Xは放火行為そのものをしていないから放火予備罪を構成するにすぎないと主張した。

【判　旨】有罪・現住建造物等放火罪（確定）

「なるほど関係各証拠によれば、被告人は本件家屋を焼燬するとともに焼身自殺しようと考え、本件家屋内にガソリンを撒布したこと、被告人は撒布後すぐには火を放とうとせず、妻V子から帰宅を知らせる電話があるかも知れないと思い、しばらく廊下の電話台の近くに立っていたこと、しかし電話がかかってこないので、被告人はガソリンに火をつけて家を燃やしその炎に包まれて死のうと覚悟を決め、死ぬ前に最後のタバコを吸おうと思い、口にくわえたタバコにライターで点火したこと、その際右ライターの火が撒布したガソリンの蒸気に引火し、大音響を立てて爆発し、本件火災に至ったものであること、右爆風を強く感じた被告人は、ふりむくと玄関の戸が吹き飛ばされてなくなっていたので、急に恐ろしくなって本件家屋から飛出して車で本件現場から離れ、約15分後には派出所に自首していることが認められ、弁護人が主張するように、被告人がライターを点火した直接の動機は、本件家屋を焼燬するためではないことは認められる。

しかしながら、関係各証拠によれば、本件家屋は木造平家建であり、内部も特に不燃性の材料が用いられているとは見受けられず、和室にはカーペットが敷かれていたこと、本件犯行当時、本件家屋は雨戸や窓が全部閉められ密閉された状態にあったこと、被告人によって撒布されたガソリンの量は、約6.4リットルに達し、しかも六畳及び四畳半の各和室、廊下、台所、便所など本件家屋の床面の大部分に満遍無く撒布されたこと、右撒布の結果、ガソリンの臭気が室内に充満し、被告人は鼻が痛くなり、目もまばたきしなければ開けていられないほどであったことが認められるのであり、ガソリンの強い引火性を考慮すると、そこに何らかの火気が発すれば本件家屋に撒布されたガソリンに引火し、火災が起こることは必定の状況にあったのであるから、被告人はガソリンを撒布することによって放火について企図したところの大半を終えたものといってよく、この段階において法益の侵害即ち本件家屋の焼燬を惹起する切迫した危険が生じるに至ったものと認められるから、右行為により放火罪の実行の着手があったものと解するのが相当である。

よって、右の点に関する弁護人の主張は採用できない。

（なお、前記のとおり本件焼燬の結果は被告人自身がタバコを吸おうとして点火したライターの火に引火して生じたものではあるが、前記の状況の下でライターを点火すれば引火するであろうことは一般人に容易に理解されるところであって予想し得ないような事柄ではなく、被告人はライターを点火する時に本件家屋を焼燬する意思を翻したわけでもないから、右のような経緯で引火したことにより本件の結果が生じたからといって因果関係が否定されるものではなく、被告人は放火既遂罪の刑責を免れない。)」。

(2) 灯油の散布と新聞紙への着火

216 千葉地判平成16年5月25日判タ1188号347頁

【事実の概要】

被告人Xは、千葉県長生郡所在の実父V方においてVらと居住していたものであるが、金銭が紛失したこと等をめぐってVと口論となり、Vから罵られたことなどに憤激し、Vが所有しVらが現に住居に使用している上記所在の木造瓦葺（現況）平屋建居宅（登記簿上の床面積129.91平方メートル）に放火して同居宅を焼損しようと企て、平成15年12月11日午後8時25分ころ、同居宅北西側4.5畳間和室の畳上、同室から玄関に至る中廊下及び玄関板張り床上に灯油を散布した上、同玄関前の屋外において、所携の新聞紙に所携のライターで着火した。検察官は、Xを現住建造物等放火未遂罪で起訴した。

これに対し、弁護人は、現住建造物等放火の実行の着手がなく、現住建造物等放火予備罪が成立するにすぎないと主張した。

【判　旨】有罪・現住建造物等放火予備罪（確定）

「本件で使用されたのはガソリン等と比べて揮発性が低い灯油であった上、被告人の行為以外により本件居宅内に散布された灯油に引火する可能性が存したことを認める証拠もないことからすると、本件居宅内に灯油を散布しただけでは、いまだ本件居宅を焼損する具体的危険性が発生したとはいえない。

次に、被告人は、本件居宅内に灯油を散布後、屋外で新聞紙にライターで着火してふりかざしたのであるから、この時点において灯油を散布した以上の危険が生じたことは否定できない。しかしながら、灯油を散布した玄関板張り廊下と新聞紙に着火した屋外の場所とは2.5メートル以上離れていたため、そのままでは新聞紙の火を散布した灯油に着火できる位置関係にはなく、灯油に着火するには、一度ある程度の距離を引き返すか、あるいは新聞紙を後ろに放り投げるなどの新たな挙動に出る必要があるところ、被告人は、玄関から屋外に出た後、終始本件居宅に背を向けて立ち、上記の廊下に散布した灯油に着火するような挙動に出ないうちに、被告人を取り巻いていた近隣住民の1人に新聞紙を叩き落とされたほか、犯行当時小雨が降り風向きも被告人の背後である自宅方向から吹いていたという気象状況……をも併せ考えると、被告人の新聞紙への着火行為により本件居宅焼損に向けた具体的危険が発生したと認めるのは困難である」。

「以上によれば、被告人の判示行為が現住建造物等放火の予備行為に当たることは認められるが、それ以上に現住建造物等放火の実行の着手があったと認定することはできないというべきである」。

5 禁制品輸入罪・覚せい剤輸入罪における実行の着手

(1) 大麻を携帯して上陸審査を受ける行為

217 最決平成11年9月28日刑集53巻7号621頁、判時1697号122頁

【事実の概要】

被告人Xは、Yと共謀の上、大麻を密輸入しようと企て、シンガポール共和国チャンギ国際空港から日本に向かう航空機に搭乗する際に、機内預託手荷物とした黒色スーツケース内と自ら携帯した紺色スーツケース内にそれぞれ大麻を隠匿しておいた上、平成８年12月31日午後１時30分ころ、同機で新東京国際空港に到着した。黒色スーツケースは、空港作業員によって航空機から取り降ろされ、同日午後２時ころまでの間に、旅具検査場内に搬入された。そのころ、Xは、紺色スーツケースを自ら携帯し、航空機を降りて上陸審査場に赴き、上陸審査を受けたが、同日午後３時30分ころ、入国審査官から、出入国管理及び難民認定法７条１項２号の条件に適合していない旨の通知を受け、不服申立てをしなかったため、直ちに本邦からの退去を命じられた。そこで、Xは、当日シンガポールに向け出発する航空機に搭乗することとし、待機していたところ、税関職員の指示に従った航空会社の職員から、税関検査を受けるように求められたため、それに応じて旅具検査場に赴いた。被告人は、同所において、黒色スーツケースを受け取り、自ら携帯していた紺色スーツケースとともに、税関職員による検査を受け、輸入禁制品は所持していないと答えたが、エックス線検査により、隠匿されていた大麻が発見された。

【裁判の経過】

１審：千葉地判平成９年６月３日刑集53巻７号630頁（有罪・禁制品輸入未遂罪の共同正犯）

「１　保税地域を経由しないで通関手続を経て貨物を輸入しようとする場合には、輸入とは、口頭又は書面で輸入申告して輸入することになるが、この場合の輸入とは、通関線たる旅具検査場を突破して貨物を日本国内に引き取る行為を意味すると考えられる。したがって、関税法上の輸入は、通関線たる旅具検査場を突破することで既遂に達する。したがって、関税法上の輸入の着手時期は、通関線たる旅具検査場を突破する現実的危険性のある行為が開始されたときと理解するのが相当である。そうすると、航空機で外国から入国する場合には、特段の事情がない限り、日本国内に着陸した航空機から降り立った以上は、入国審査を経て、税関検査に至るのが通常であり、その時点で、日本国内に貨物が流通する現実的な可能性も飛躍的に高まる。そして、貨物を携帯して輸入する場合には、貨物を携帯して航空機を降り立った時点で、通関線たる旅具検査場を突破する現実的危険性のある行為が開始されたと認められる。また、航空機に機内預託手荷物として預けた場合には、目的空港に到着すれば貨物は自動的に空港作業員等によって取り降ろされることになり、入国する者もそのことを当然認識しているから、空港作業員等によって貨物の取り降ろし作業が開始されれば、通関線たる旅具検査場に搬入されることになり、通関線たる旅具検査場を突破する現実的危険性のある行為が開始されたと認められる。

２　関係証拠によれば、被告人は、シンガポール共和国チャンギ国際空港において、ノースウエスト航空第８便に搭乗する際、黒色スーツケースについては、航空会社従業員に対し、千葉県成田市の新東京国際空港までの受託手荷物として運送を委託して、事情を知らないノースウエスト航空会社の社員らがノースウエスト航空第８便で新東京国際空港に運送し、同日午後１時30分ころ、事情を知らない新東京国際空港関係作業員らが機外に搬出し、かつ、紺色小型スーツケースについては、被告人が携帯して航空機から降り立ち、上陸審査を受けるため、紺色小型スーツケースを携帯して東京入国管理局成田空港支局第１旅客ターミナルビル上陸審査場に赴き、そのころ、黒色スーツケースについては、空港関係作業員らが航空機から取り降ろした上、東京税関成田税関支署第１旅客ターミナルビル南棟旅具検査場内のターンテーブルまで運送したが、税関職員に大麻を発見されたことが認められる。

３　２によれば、紺色小型スーツケースについては、被告人が携帯して航空機から降り立ち、黒色スーツケースについては、空港関係作業員らが航空機から取り降ろした上、東京税関成田税関支署第１旅客ターミナルビル南棟旅具検査場内のターンテーブルまで運送したと認められるから、いずれの大麻樹脂についても、関税法上の輸入の着手があったことは明らかである」。

２審：東京高判平成９年10月27日刑集53巻７号636頁（控訴棄却）

「関税法109条の輸入とは、外国から本邦に到着した貨物を本邦に引き取ることをいうと定義されているところ（同法２条１項１号）、関税空港において通関線を通過する形態の輸入においては、空港内の通関線を突破した時点で同罪の既遂が成立すると解せられることに照らすと、輸入禁制品輸入罪の実行の着手時期は、通関線の突破に向けられた現実的危険性のある状態が生じた時点をいうものと解するのが相当である。そして、被告人は、大麻を隠匿した黒色スーツケースを空港作業員をして通関線である旅具検査場に搬出させ、また、大麻を隠匿した紺色小型スーツケースを自ら携帯して上陸審査場で審査を受け、その時点において、二つのスーツケースに大麻を隠匿していることを官憲に告げるなどして密輸入を断念することなく、上陸許可を受けた後、すぐ先の旅具検査場を大麻を隠匿したまま通過する意思であったのであるから、この時点においては、いずれの大麻についても通関線の突破に向けられた現実的危険性のある状態が生じていたものと認められる」。これに対し、弁護人は、憲法31条違反などを理由に上告した。

【決定要旨】上告棄却

「以上のような事実関係の下では、被告人は、入国審査官により本邦からの退去を命じられて、即日シンガポールに向け出発する航空機に搭乗することとした時点において、本件大麻を通関線を突破して本邦に輸入しようとする意思を放棄したものと認められるけれども、それまでに、大麻が隠匿された黒色スーツケースは空港作業員により旅具検査場内に搬入させ、大麻が隠匿された紺色スーツケースは被告人が自ら携帯して上陸審査場に赴いて上陸審査を受けるまでに至っていたのであるから、この時点においては被告人の輸入しようとした大麻全部について禁制品輸入罪の実行の着手が既にあったものと認められる。したがって、同罪の未遂罪の成立を認めた原審の判断は正当である」。

【参考文献】

奥村正雄・判例講義Ⅰ108頁、野村稔・平成11年度重判解148頁、後藤眞理子・最判解刑事篇平成11年度135頁

(2) 覚せい剤の海上への投下

218 最判平成20年3月4日刑集62巻3号123頁、判時2003号159頁、判タ1266号140頁

【事実の概要】

被告人Xらは、北朝鮮において覚せい剤を密輸船に積み込んだ上、本邦近海まで航行させ、同船から海上に投下した覚せい剤を小型船舶で回収して本邦に陸揚げするという方法で覚せい剤を輸入することを計画し、平成14年6月及び同年10月の2回にわたり、美保関灯台から北北東約25キロメートルの日本海海上において覚せい剤を投下してこれを回収、陸揚げし、覚せい剤を輸入していた。Xらは、再び上記方法で覚せい剤を輸入することを企て、同年11月25日、覚せい剤を積み込んだ密輸船を北朝鮮から出港させ、一方で、日本側の回収担当者において、同月26日から同月28日までの間に陸揚げを実行するよう準備した。上記密輸船は、同月27日、島根県沖に到達したが、同日は荒天で風波が激しかったことから、Xらは、日本側の回収担当者と密輸船側の関係者との間で連絡を取り、覚せい剤の投下地点を、当初予定していた前同様の日本海海上から、より陸地に近い内海の美保関灯台から南西約2.7キロメートルの美保湾内海上に変更し、遅くとも同日午前7時ころ、1個約30キログラムの覚せい剤の包み8個を、ロープでつなぎ、目印のブイを付けた上、簡単に流されないよう重しを付けるなどして、密輸船から海上に投下した。回収担当者は、投下地点等の連絡を受けたものの、悪天候のため、GPS（衛星航法装置）を備えた回収のための小型船舶を原判示境港中野岸壁から出港させることができず、同日午後3時過ぎころ、いったんは出港したものの、同岸壁と投下地点との中間辺りまでしかたどり着けず、覚せい剤を発見できないまま、同岸壁に引き返し、結局、同日、再度出港することはできなかった。密輸船から投下された覚せい剤8個のうちの4個は、遅くとも翌28日午前5時30分ころまでに、上記投下地点から20キロメートル程度東方に位置する美保湾東岸に漂着し、さらに、その余のうち3個が、同日午前11時ころまでに、同海岸に漂着し、これらすべてが、そのころ、通行人に発見されて警察に押収された。一方、回収担当者は、そのことを知らないまま、同日午後、覚せい剤を回収するため、再度、上記境港中野岸壁から小型船舶で出港したが、海上保安庁の船舶がしょう戒するなどしていたことから、覚せい剤の発見、回収を断念して港に戻った。その

後、Xらは、同日中に、本件覚せい剤の一部が上記のとおり海岸に漂着して警察に発見されたことを知って、最終的に犯行を断念した。同年12月27日、前記覚せい剤の包みのうちの最後の１個が、美保湾東岸に漂着しているのが通行人によって発見され、警察に押収された。

【裁判の経過】

１審：東京地判平成19年３月13日刑集62巻３号142頁（有罪・覚せい剤輸入未遂罪の共同正犯、禁制品輸入未遂罪の共同正犯）

「（覚せい剤輸入罪と禁制品輸入罪の）実行の着手時期は、本邦外にある物品が本邦領土内に陸揚げされる現実的な危険を生じさせたとき、すなわち、本邦領土内へ陸揚げする行為を開始したとき又はそれに密接する行為を行い陸揚げの現実的危険性のある状態が生じたときであると解するのが相当である」。「被告人らは、覚せい剤を密輸目的で本邦外から本邦領海内に持ち込んだだけでなく、これを海上に投下することで、それを積載していた外国籍貨物船内といういわば閉ざされた区域から放出するとともに、瀬取り船に積み替えて陸揚げする意思を客観的に明確にし、かつ、瀬取り船を用いることによって本邦内の港等での陸揚げをより自由かつ秘密裡に行うことを可能ならしめたと認められる。そして、被告人らは、ツルボン１に乗り込んだ共犯者と携帯電話等で連絡を取り合い、かつ、GPS（衛星航法装置）に後述する当初の予定から変更された投下ポイントの情報を入力するなどして、覚せい剤が実際に投下されたポイントを正確に把握しながら第八若丸で、覚せい剤が投下された11月27日、投下の連絡を受けるや間もなくしてそのポイント付近に向かい（……）、覚せい剤の回収を現に図ろうとしているのであるから、この段階に至っては、陸揚げに密接した行為が行われたというべきであり、その覚せい剤が本邦領土内に陸揚げされる現実的な危険性が生じているものと認めるのが、相当である」。

２審：東京高判平成19年８月８日刑集62巻３号160頁（破棄自判、覚せい剤輸入予備罪の共同正犯、禁制品輸入予備罪の共同正犯）

「保税地域を経由しない方法で輸入を図った場合のうち、本件のような瀬取り船を利用した場合については、瀬取り船に乗り込んだ行為者が覚せい剤等の違法薬物をその実力的支配の下に置き、陸揚げするために瀬取り船で陸地への接岸を図る行為あるいはこれと同視できる行為に及ぶなど、社会通念に照らして、覚せい剤等の違法薬物の陸揚げに至ることが確実視される状況に立ち至ったときに、本邦外にある物品が本邦領土内に陸揚げされる現実的な危険を生じさせたというべきである。このような陸揚げに密接する行為を行い陸揚げの現実的な危険を生じさせたときに輸入罪の実行に着手したと認めるのが相当である」。「これを本件についてみると、覚せい剤が海上に投下された11月27日が荒天であったことは明らかであるが、それでも被告人らにおいて、Xが共犯者らと携帯電話等で連絡を取り合い、かつ、GPSに変更された原判示投下地点を入力するなどして把握しながら、荷物を投下したとの連絡を受けた後、被告人が操船する瀬取り船で同地点に向けて出港し、投下された覚せい剤の回収に向かったものの、境港中野岸壁から予定の投下地点の中間付近に至ったのみで予定の投下地点には到達できなかったため、結局海上で荷物を発見できず、その後、被告人らは上陸して美保関灯台付近から海上を確認してみたがなお発見できなかった上、翌日午後再度出港して投下地点付近を探してみたものの荷物を発見することはできなかったのであって、被告人らは最後まで覚せい剤の入った荷物の所在を把握できなかったものである。」「加えて、本件では、被告人をはじめとする瀬取り船に乗り組んだ者らは、覚せい剤を直接支配したことがなかったことはもちろん、投下された物自体を確認すらできなかったのであるから、被告人が操船する遊漁船が備えたGPSにより投下地点を把握し、覚せい剤の入った荷物に近づく方策をとっていたことや、同荷物自体にも流されないような工夫が施されていたこと、あるいは、投下地点が天候を考慮してそれまでよりも陸地に近い美保湾内とれさたことなどの事情を考え合わせても、なおこの段階で陸揚げに至ることが確実視される状況に立ち至ったとは言えず、結局、陸揚げに密接した行為が行われ、覚せい剤が本邦領土内に陸揚げされる現実的な危険が生じたものと認めることはできない」。これに対し、検察官は、覚せい剤輸入罪の実行の着手は陸揚げに至る現実的ないし具体的危険性のある状態が生じさえすれば足りるのであって、２審の判断はその要件をことさらに厳しく解するものであるとして、上告した。

【判　旨】上告棄却

「以上の事実関係に照らせば、本件においては、回収担当者が覚せい剤をその実力的支配の下に置いていないばかりか、その可能性にも乏しく、覚せい剤が陸揚げされる客観的な危険性が発生したとはいえないから、本件各輸入罪の実行の着手があったものとは解されない。これと同旨の原判断は相当であり、所論は理由がない」。

【参考文献】

松澤伸・平成20年度重判解180頁

6 離隔犯・間接正犯における実行の着手

(1) 毒物の送付

219 大判大正７年11月16日刑録24輯1352頁

【事実の概要】

被告人Xは、Vを殺害するため、猛毒の昇汞約450グラムを白砂糖１斤に混入し、歳暮の贈品である白砂糖であるように装って、小包郵便でVに送付した。Vは、これを本物の砂糖であると思って受領した後、調味のためその１さじを薩摩煮に入れたが、毒薬が混入されていることを発見したため、Vとその家族は、これを食べるには至らなかった。Xは、殺人未遂罪で起訴された。

【裁判の経過】

１審：岡山地判（年月日不明）

２審：広島控判（年月日不明）（有罪・殺人未遂罪）

２審は、殺人未遂罪の成立を認めた。これに対し、弁護人は、毒物を混入した砂糖を郵送しただけでは被害者が食用に供するかどうかは不確実であるので、砂糖を郵送した行為をもって殺人罪の実行に着手したとはいえないとして、上告した。

【判　旨】上告棄却

「他人が食用の結果中毒死に至ることあるべきを予見しながら毒物を其飲食し得べき状態に置きたる事実あるときは是れ毒殺行為に着手したるものに外ならざるものとす。原判示に依れば被告は毒薬混入の砂糖をＶに送付するときはＶ又は其家族に於て之を純粋の砂糖なりと誤信して之を食用し中毒死に至ることあるを予見せしに拘らず猛毒薬昇汞１封度を白砂糖１斤に混し其１匙（10グラム）は人の致死量15倍以上の効力あるものと為し歳暮の贈品たる白砂糖なるが如く装い小包郵便に付して之をＶに送付し同人は之を純粋の砂糖なりと思惟し受領したる後調味の為め其１匙を薩摩煮に投じたる際毒薬の混入し居ることを発見したる為め同人及其家族は之を食するに至らざりし事実なるを以て右毒薬混入の砂糖はＶが之を受領したる時に於て同人又は其家族の食用し得べき状態の下に置かれたるものにして既に毒殺行為の着手ありたるものと云うを得べきこと上文説明の趣旨に照し寸毫も疑なき所なりとす故に原審が判示事実に対し刑法第199条第203条を適用したるは正当なり」。

【参考文献】

奥村正雄・判例講義Ⅰ109頁、松原芳博・百選Ⅰ〔第６版〕132頁

(2) 毒入りジュースの放置

220 宇都宮地判昭和40年12月９日下刑集７巻12号2189頁、判時437号62頁

【事実の概要】

被告人Xは、かねてから父V1が短気、粗暴な性格に加えて身体の故障もあり、Xら家族を酷使するばかりか、気にいらないことがあると強く叱責したり暴行を加え、また些細

なことで町内の近隣者らとも反目抗争し、次第に近隣者からもうとまれるに至ったため、いたく家庭生活の将来を悲観し、V1および家族弟妹らの日常通行する農道の道端に毒入りジュースを置き、同人らに拾得飲用せしめてこれを殺害し自らも同ジュースを飲用して自殺するいわゆる一家心中を企て、昭和37年4月5日午後9時頃前記自宅付近農道の道端等3箇所（（い）居宅西北方約23メートルの農道傍、（ろ）同じく南方約161メートル農道傍、（は）同じく南西方約400メートルの五叉路、奈坪橋付近）に予め毒物である農薬用テップ（有機燐剤日曹テップ）を注射器で注入したポリエチレン製袋入ジュース各2本宛合計6本を分散配置した。翌6日午前6時30分頃、（い）（ろ）の箇所を順次に通行したV2（当時34歳）において同所に在ったジュース入袋を発見しそのうち（い）の箇所の2本を拾得して自宅に持ち帰り、さらに同人より（ろ）にも同様のジュースがあった旨聞きつけた同人の長男V3（当時9歳）および次男V4（当時7歳）の両名においても同所に赴き前記2本を拾得して持帰り自宅で前記V3、V4およびV2の長女V5（当時4歳）において毒入りジュースを飲用した結果、同日午前7時40分頃、同市の病院においてV3、V4、V5は、死亡した。Xは、殺人罪で起訴された。

弁護人は、Xは本件被害者らを殺害する意図は有しなかったのであるから本件においては単なる過失致死罪の成立あるに過ぎないなどと主張した。

【判　旨】有罪・殺人既遂罪、尊属殺人予備罪（確定）

「まず被告人が父親および母親を含む家族全員を殺害せんとして毒薬入りジュースの袋を判示のように道路に分散配置した行為は尊属殺よび普通殺人罪の単なる予備行為に過ぎないのかそれとも実行の着手まで進んだといい得るかの問題がある。もし実行の着手があったものとするならば未遂犯となるから尊属殺については検察官が予備に止まるものと主張する以上あらたに訴因の追加を命じなければならないこととなる。

実行の着手については従来学説上種々の対立があり判例また学説と必ずしも軌を一にしないけれども、当裁判所としては、行為が結果発生のおそれある客観的状態に至った場合、換言すれば保護客体を直接危険ならしめるような法益侵害に対する現実的危険性を発生せしめた場合をもって実行の着手があったと解するもので、この考えは殺人罪における実行の着手に関する左記諸判例から必然的に帰納されたものである」。

「ところで『実行の着手』なる概念については行為が犯罪構成要件の一部を実現することであるとし、また法益侵害の一般的、抽象的な危険の発生をもって実行の着手があるとする説もある。かような見地からすれば本件の場合は被告人が毒入りジュースを農道に分散配置した時において既に犯罪の実行の着手ありとすることになろうしまた常識も一般的にこれを肯認するであろう。しかしながら、農道に単に食品が配置されたというだけではそれが直ちに他人の食用に供されたといえないことは明らかである。すなわち農村においては野ねずみ、害虫等の駆除のため毒物混入の食品を農道に配置することもあるであろうし、道に棄てた物を必ずしも人が食用に供するとは限らないからである。尤も本件のようにビニール袋入りのジュースではこれを他人が発見した場合右のような目的に使用された毒物混入食品とは思わないであろうから比較的に拾得飲用される危険は成人はともかく幼児などについては相当大きいといわなければならない。被告人は自分の家族なればこそ以前に他人の棄てた食品を拾得して食用に供した経験があるからこれを拾得するだろうが自分の家族以外の他人がかようなことをするはずはないと述べるけれども本件毒物を配置した場所は自分の居宅敷地内ではなく道路であり、前記（い）、（ろ）の箇所こそ居宅の付近であるが（は）の箇所は弟妹らが平素よく遊びに出掛ける箇所であるとはいえ居宅から約400米も離れておりまた以上いずれの箇所も他人が通行する場所であるのだから他人にも拾得される危険の存することは論をまたないところである。ただ左様な危険の存するからといってただちに本件被告人の行為をもって犯罪実行の着手と認めることができないのは前示のとおりであるばかりでなく前記引用の諸判例に示された法律上の見解からすればなおさら本件被告人の行為をもって他人の食用に供されたと見ることはできないからである。

以上の次第で本件においては毒入りジュースの配置をもって尊属殺および普通殺人の各予備行為と解し（しかる以上は尊属殺につき検察官

に対し訴因の追加を命ずる必要もない)、ただ本件被害者らによって右ジュースが拾得飲用される直前に普通殺人について実行の着手があり(被害者らの祖母が味を試すため口をつけた点は未遂罪となるが本件では訴因となっていない)、殺害によって普通殺人罪が既遂に達しこれと尊属殺人の予備罪とは観念的競合となると解する」。

第2節　不能犯

1　方法の不能

(1)　飲食物への硫黄の混入による殺人

221 大判大正6年9月10日刑録23輯999頁

【事実の概要】

被告人Xは、Vを殺害しようとYと共謀し、大正5年12月20日、V宅において、硫黄粉末を汁鍋中に投じ、夕食の際にYがこれをVに供して飲ませ、3日後、V宅において、硫黄粉末を混入した水薬をVに飲ませたが、疾苦を増したのみで、殺害するに至らなかった。翌日、Xは、意を決し、Vを絞殺し、その殺害の目的を達した。Xは、傷害罪、殺人罪で起訴された。

【裁判の経過】

1審：札幌地判(年月日不明)

2審：函館控判(年月日不明)(有罪・傷害罪、殺人罪)

2審は、傷害罪と殺人罪の成立を認めた。これに対し、弁護人は、殺人罪と別に傷害罪の成立まで認めるべきではないと主張した。

【判　旨】上告棄却

「殺意を以て2箇の異なれる殺害方法を他人に施したる処第1の方法を以てしては殺害の結果を惹起すること絶対に不能にして単た他人を傷害したるに止まり第2の方法を用い始めて殺害の目的を達したるときは右2箇の行為が孰れも同一の殺意に出でたりとするも第1の方法に依る行為が殺人罪として純然たる不能犯に属する場合に於ては殺人罪に問擬すべからざるは勿論にして若し又該行為の結果が傷害罪に該当するに於ては殺人罪としては不能犯なるも傷害罪を以て之を処断すべく第2の方法に依る殺人罪の既遂と連続犯の関係を有する殺人罪の未遂を以て論ずべきに非ず。今原判決の認定せる事実を其証拠説明に対照し之を按ずるに被告両名は殺害の意思を以て2回に硫黄紛末を飲食物中若くは水薬中に混和し之をYの内縁夫たるVに服用せしめ之を毒殺せんと為したるも其方法が絶対に殺害の結果を惹起するに足らず目的を達する能はざるに因り更に当初の殺意を遂行するが為に被告Xは被告Yの教唆に応じVを絞殺したりと云うに在り。1箇の殺意を継続実行したる事実なるも第1の方法が殺害の目的を達するに付き絶対不能にして第1の行為が殺人罪として不能に属する以上は其結果たる傷害罪のみを論ずる場合に於て右傷害罪は罪名を異にせる第2の方法に依りて行いたる殺人罪とは全然連続犯の関係を有せざるものと謂わさるべからず。故に原判決に於て最初2回に連続して硫黄粉末を施用しVを殺害せんとしたるも其方法絶対不能に属し単た之を傷害したるに止りたる事実を認め之を原判示殺人既遂罪の連続行為の一部たる殺人未遂罪と為さず別に其結果たる傷害罪の事実に対して刑法第204条第55条を適用処断したるは相当にして所論の如く擬律錯誤の違法たるものにあらず」。

(2)　空ピストルによる殺人

222 福岡高判昭和28年11月10日判特26号58頁

【事実の概要】

被告人Xは、昭和28年４月３日午前２時40分頃、道路上で、巡査Vから、公務執行妨害の嫌疑で緊急逮捕されるに際し、逃走しようとしてVと格闘したが、Vからねじ伏せられて手錠を掛けられそうになるや突嗟にVを殺害して逃走するほかないと決意し、隙を窺って、Vが右腰に着装していた拳銃を奪取し、直ちに同所においてVの右脇腹に銃口を当て、２回にわたり引き金を引いたが、たまたま実弾が装てんしてなかったので、殺害の目的を遂げなかった。Xは、殺人未遂罪で起訴された。

【裁判の経過】

１審：福岡地判（年月日不明）（有罪・殺人未遂罪）

１審は、殺人未遂罪の成立を認めた。

【判　旨】控訴棄却

「案ずるに、制服を着用した警察官が勤務中、右腰に着装している拳銃には、常時たまが装てんされているべきものであることは一般社会に認められていることであるから、勤務中の警察官から右拳銃を奪取し、苟しくも殺害の目的で、これを人に向けて発射するためその引鉄を引く行為は、その殺害の結果を発生する可能性を有するものであって実害を生ずる危険があるので右行為の当時、たまたまその拳銃にたまが装てんされていなかったとしても、殺人未遂罪の成立に影響なく、これを以て不能犯ということはできない」。

「被告人が自分を緊急逮捕しようとした警察官から奪取した判示拳銃で、同警察官を射殺するためにした判示所為は、前段説明したところにより、その行為の性質上、殺害の結果発生の危険は十分あったことが明らかであり、殺害の目的を遂げなかったのは、証拠によると判示Ｖ巡査が多忙のためたまたま当夜に限り、たまを拳銃に装てんすることを忘却していたことに因るもので、それは右の行為の危険性に何等の消長を及ぼすものではなく、従って被告人の右所為は殺人罪の実行に着手したものとみるのが相当であるから、原判決が被告人の本件所為を殺人未遂罪に問擬処断したのは、まことに正当であるといわねばならぬ」。

(3)　空気の注射による殺人

223 最判昭和37年３月23日刑集16巻３号305頁、判時292号６頁

【事実の概要】

被告人Xは、生命保険を掛けた姪のVを殺害して保険金を騙し取ろうと考え、当初は自動車で轢き殺す計画であったが、Vの静脈内に空気を注射していわゆる空気栓塞を起こさせて殺害することに計画を変更し、昭和34年５月７日午前11時ころ、Vを騙してその両腕の静脈内に水５ccとともに空気30 ccないし40 ccを注射した。しかし、致死量に足りなかったため、殺害目的を遂げなかった。Xは、殺人未遂罪で起訴された。

【裁判の経過】

１審：前橋地判昭和35年７月13日高刑集14巻４号257頁（有罪・殺人未遂罪）

１審は、注射された空気の量が致死量以下の場合であっても、被注射者の身体的条件その他の事情のいかんによっては死の結果発生の危険性が絶対にないとはいえないから、被告人の行為は不能犯ではないとした。

２審：東京高判昭和36年７月18日高刑集14巻４号250頁（控訴棄却）

「人体の静脈に空気を注射することはその量の多少に拘らず人を死に致すに足る極めて危険な行為であるとするのが、社会通念であったというべきである。してみれば被告人等は一般

に社会通念上は人を殺すに足るものとされている人の静脈に空気を注入する行為を敢行したものであって、被告人等の本件行為が刑法第199条にいう『人を殺す』行為に該当することは論をまたないのみならず、右の行為が医学的科学的に見て人の死を来すことができないものであったからといって直ちに被告人等の行為を以って不能犯であるということはできない。そればかりでなく、静脈内に注射した空気の量が致死量以下であったとしても注射された相手方の健康状態の如何によっては、死亡することもあり得ることも亦……認め得るところであるから、被告人等の行為をもって所論のいうような『丑の時詣り』と同視すべき迷信犯ということはできず、本件は不能犯であるとの所論は採るを得ない」。これに対し、弁護人は、空気注射による殺人は絶対に不可能であるから、殺人未遂罪は成立しないとして、上告した。

【判　旨】

「所論は、人体に空気を注射し、いわゆる空気栓塞による殺人は絶対に不可能であるというが、原判決並びにその是認する第１審判決は、本件のように静脈内に注射された空気の量が致死量以下であっても被注射者の身体的条件その他の事情の如何によっては死の結果発生の危険が絶対にないとはいえないと判示しており、右判断は、原判示挙示の各鑑定書に照らし肯認するに十分であるから、結局、この点に関する所論原判示は、相当であるというべきである」。

【参考文献】

奥村正雄・判例講義Ⅰ117頁、伊藤渉・百選Ⅰ〔第６版〕134頁、藤井一雄・最判解刑事篇昭和37年度72頁

(4)　欠陥のある爆発物の使用

224 最判昭和51年３月16日刑集30巻２号146頁

【事実の概要】

被告人Xは、ほか数名と共謀のうえ、治安を妨げ、かつ、人の身体・財産を害する目的をもって、昭和44年10月24日午後７時ごろ、東京都新宿区の警視庁第８機動隊・同第９機動隊正門前路上において、煙草ピース空缶にダイナマイトなどを充填し、これに工業用雷管および導火線を結合した手製爆弾1個を導火線に点火して、機動隊正門に向けて投てきし、もって、爆発物を使用した。検察官は、「被告人は、ほか数名と共謀のうえ、治安を妨げ、かつ、人の身体・財産を害する目的をもって、昭和44年10月24日午後７時ごろ、東京都新宿区若松町95番地警視庁第８機動隊・同第９機動隊正門前路上において、煙草ピース空缶にダイナマイトなどを充填し、これに工業用雷管および導火線を結合した手製爆弾１個を右導火線に点火して前記機動隊正門に向けて投てきし、もって、爆発物を使用した」として、爆発物取締罰則１条の罪で起訴した。

【裁判の経過】

１審：東京地判昭和48年10月23日高刑集27巻５号472頁（有罪・爆発物使用共謀罪）

１審は、Ｘらが公訴事実どおりの構造をもつ手製爆弾を同記載のとおり投てきしたが爆発しなかったこと、その爆発しなかった原因について、本件爆弾は、導火線を雷管に固定させる方法として、導火線の末端部分に接着剤をつけてこれを雷管に差し込み、雷管の底面ないし内壁に接着させようとした結果、接着剤が導火線の末端から約４ミリメートルの部分の黒色火薬にしみ込み、それによってその部分の黒色火薬が湿りあるいは固化して燃焼しなくなり、導火線の燃焼がこの部分で中断したためであることなどを認定した上、本件爆弾は爆発物取締罰則にいう爆発物にあたるとし、かつ、同罰則１条にいう「使用」の意義につき「爆発物を爆発すべき状態におくことをいい、現実に爆発することは必要でない」との立場をとりながら、「本件ピースかん爆弾は、前記のとおり、導火線に欠陥があったため、導火線に点火して投げつけるという方法では爆発しないものであり、その不爆発は、もとより点火の方法が相当でなかったとか、投げつけ方が悪かったとかというようなことによるものではなく、いかにうまく点火して投げつけても、また、行為者を変え、時と所とを変えてしても、いわば絶対的に爆発しないものであったのであるから」、Ｘらが「本件ピースかん爆弾を爆発すべき状態においたものとはとうていいえない」と判示して、同罰則１条

の爆発物使用罪の成立を否定し、同罰則4条の爆発物使用の共謀罪の規定を適用するにとどめた。これに対し、検察官から控訴の申立があり、第1審判決には爆発物使用罪の成立を否定した点において事実誤認ないし法令の解釈適用の誤りがある旨の主張がされた。

2審：東京高判昭和49年10月24日高刑集27巻5号455頁（控訴棄却）

2審は、本件爆弾の構造、爆発しなかった原因、被告人らの行動などにつき第1審判決と同一の事実を認定し、爆発物取締罰則1条にいう爆発物の「使用」の意義についても、第1審判決と同様に解する旨を述べたうえ、本件爆弾は同条にいう爆発物にあたると解することができるとしながら、「本件爆弾は、起爆装置の構造に欠陥があったため、そのままでは導火線に点火して投てきしても、絶対に爆発を起こす危険性のないものであったのであるから、被告人らが本件爆弾の導火線に点火して投てきした行為は、これを爆発可能の状態においたもの、すなわち使用したものということはできない」として、控訴を棄却した。これに対し、検察官は、法的・規範的に観察すれば、Xの行為は結果発生の可能性をそなえており、「使用」の実行行為に当たると主張して、上告した。

【判　旨】破棄差戻

「本件記録によると、本件爆弾の構造、性質については、原判示のとおり、『導火線の先端に点火すると、その中心にある黒色火薬が徐々に燃焼して末端に及び、その切口から吹き出した炎が、これと接する雷管内の起爆薬及び添装薬を順次爆発させ、それによって生じる熱及び衝撃によって爆弾全体が爆発するはずのものであった』というのであるから、その構造上なんら不合理な点は認められないうえ、使用されたダイナマイト、工業用雷管及び導火線は、いずれも正常な性能を有していたと認められるので、本件爆弾が、導火線に点火すれば燃焼して工業用雷管を爆発させ、これがダイナマイトを起爆させて爆弾全体が爆発すべき基本的構造、性質を有していたことは明らかであるところ、たまたま、導火線を工業用雷管に取り付け固定するのに際して塗布された接着剤が導火線内の黒色火薬にしみ込み、それによって右部分の黒色火薬が湿りあるいは固化して燃焼しなくなり、導火線の燃焼がこの部分で中断したため爆発しなかったというのである。そして、……鑑定書によれば、導火線を工業用雷管に取り付け固定するのに接着剤を塗布することは通常の方法とはいえないとしても、これを塗布したすべての場合に導火線の燃焼と工業用雷管の爆発が妨げられるものではないことがうかがわれ、更に、記録によると、本件行為当時、被告人は、導火線を工業用雷管に取り付けるに際して接着剤を使用することが燃焼中断、不爆発の原因となるとは全く予想しておらず、かえって接着剤によって導火線が雷管に一層強度に固定され、したがって、導火線に点火すれば確実に爆発する構造、性質を有する爆弾であると信じており、また、一般人においてもそのように信ずるのが当然であると認められる状況にあったことがうかがえるのである。

ところで、爆発物取締罰則1条にいう爆発物の使用とは、一般的に治安を妨げ、又は犯人以外の人の身体若しくは財産を害するおそれのある状況の下において、爆発物を爆発すべき状態におくことをいい、現実に爆発することを要しないものと解すべきところ……、被告人らの本件行為が、同条の構成要件的行為である爆発物の使用、すなわち『爆発の可能性を有する物件』を『爆発すべき状態におく』ことに該当するかどうかは、単に物理的な爆発可能性の観点のみから判断されるべきではなく、本条の立法趣旨、罪質及び保護法益を考慮しつつ、『使用』についての前記解釈をとり、本件爆弾の構造上、性質上の危険性と導火線に点火して投げつける行為の危険性の両面から、法的な意味において、右構成要件を実現する危険性があったと評価できるかどうかが判断されなければならない。

これを本件についてみると、前記説示の事実関係を前提とすれば、本件爆弾には原判示のような欠陥はあったものの、これは基本的構造上のものではなく、単に爆発物の本体に付属する使用上の装置の欠陥にとどまるものであるから、法的評価の面からみれば、導火線に点火して投げつけるという方法により爆発を惹起する高度の危険性を有するものと認められ、したがって、被告人らが爆発物取締罰則1条所定の目的で、本件爆弾の本来の用法に従い、これを爆発させようとして導火線に点火して、警察官らが立番中の第8・第9機動隊の正門にめがけて投げつけた行為は、結果として爆発しなかったとしても、爆発物を爆発すべき状態においたものであり、同条にいう『爆発物ヲ使用シタル者』にあたると解すべきである。しかるに、原判決は、本件爆弾の導火線に補修を施さない限り、そのままでは点火して投てきしても物理的な爆発可能の状態におくことができないものであった点をとらえて、第1審判決が被告人らの本件行為は同条にいう『使用』に該当しないとした判断をたやすく是認しているのである。してみると、原判決は、右の点において判決に影響を及ぼすべき法令の解釈適用を誤った違法があるもので、これを破棄しなければ著しく正義に反するものと認められる」。

(5) 天然ガスの漏出による殺人

225 岐阜地判昭和62年10月15日判タ654号261頁

【事実の概要】

被告人Xは、無言電話や嫌がらせ電話などを苦にして、自殺するしかないと思い詰めるに至ったが、自分一人で死んでしまえば、残された娘達を託すことのできる親族がいないため、娘達が施設に入れられることとなり、それも不憫であるとの気持ちがわき、いっそ、長女V1（当時10歳）及び次女V2（当時９歳）を殺害して自らも死のうと決意し、昭和62年３月29日午後５時ころ、被告人方において、V1、V2を部屋の中で寝かしつけたうえ、ガス元栓が開放状態になっているガスコンロのゴムホースを引き抜き、さらに、玄関ドア及び奥六畳間出入口のガラス戸の隙間をガムテープで目張りするなどして締め切り、都市ガスを室内に充満させ、V1、V2を殺害しようとしたが、Xを訪ねて来た友人に発見されたため、その目的を遂げなかった。検察官は、Xを殺人未遂罪で起訴した。

これに対し、弁護人は、Xが漏出させた都市ガスは天然ガスであり、天然ガスは人体に無害であって、これを吸引しても人が死に至ることはなく、本件は不能犯であると主張した。

【判　旨】有罪・殺人未遂罪（確定）

「弁護人は、被告人が漏出させた都市ガスは、天然ガスであり、天然ガスは人体に無害であって、これを吸引しても人が死に至ることはなく、本件は不能犯であると主張する。そこで、この点について検討してみるに、……本件で被告人が漏出させた都市ガスは天然ガスであり、天然ガスには一酸化炭素が含まれていないから、これによる中毒死のおそれはないことが認められるけれども、他方、前掲証拠によれば、この都市ガスの漏出によって室内の空気中のガス濃度が4・7パーセントから13・5パーセントの範囲内にあった際には、冷蔵庫のサーモスタットなどの電気器具や衣類などから発する静電気を引火源としてガス爆発事故が発生する可能性があったのであり、さらにガス濃度が高まれば、室内の空気が都市ガスに置換されることにより酸素濃度が低下して酸素欠乏症となること、すなわち空気中の酸素濃度が16パーセント以下になれば、人体に脈拍、呼吸数増加、頭痛などの症状が現われ、酸素濃度が10パーセントから６パーセントを持続するか、またはそれ以下になれば、６分ないし８分後には窒息死するに至ることが認められるのであるから、約４時間50分にわたって都市ガスが漏出させられて室内に充満した本件においては、ガス爆発事故や酸素欠乏症により室内における人の死の結果発生の危険が十分生じうるものであることは明らかである。そのうえ、本件において被告人自身が自殺の用に都市ガスを供したこと、判示犯行の発見者であるAは、ドアなどに内側から目張りがされているのを見、さらに、被告人ら親子３人が室内で川の字に寝ているということを聞いたとき、被告人がガス自殺を図ったものと思ったと供述し、被告人宅の家主であるBは室内に入った後、親子３人の中のいずれかの頭部付近が少し動いたのを見て、まだ死んでいないなと思ったと供述していることなどに照らすと、一般人はそれが天然ガスの場合であっても、都市ガスを判示のような態様をもって漏出させることは、その室内に寝ている者を死に致すに足りる極めて危険な行為であると認識しているものと認められ、従って社会通念上右のような行為は人を死に致すに足りる危険な行為であると評価されているものと解するのが相当である。さすれば、被告人の判示所為は、到底不能犯であるということはできないから、この点についての弁護人の主張は採用できない」。

【参考文献】

奥村正雄・判例講義Ⅰ118頁、木村光江・百選Ⅰ〔第６版〕138頁

2 客体の不能

(1) 空ポケットと強盗

226 大判大正３年７月24日刑録20輯1546頁

【事実の概要】

被告人Xは、青山墓地を通行していたVを引き倒し、その懐中物を奪取しようとしたが、その目的を遂げなかった。なお、Vが懐中物を所持していたかどうかは明らかではない。Xは、強盗未遂罪で起訴された。

【裁判の経過】

１審：東京地判（年月日不明）

２審：東京控判（年月日不明）（有罪・強盗未遂罪）

２審は、強盗未遂罪の成立を認めた。

弁護人は、原判決はVが懐中物を所持していた点を示しておらず、証拠によらずに事実を認定した違法があるとして、上告した。

【判　旨】上告棄却

「原院は被告が市内青山墓地を通行せるVを引倒し其懐中物を奪取せんとしたる事実を認めながらVが懐中物を所持し居りたる事実の証拠を示さざること寔に所論の如し然れども通行人が懐中物を所持するが如きは普通予想し得べき事実なれば之を奪取せんとする行為は其結果を発生する可能性を有するものにして実害を生ずる危険あるを以て行為の当時偶々被害者が懐中物を所持せざりしが為め犯人が其奪取の目的を達する能はざりしとするも玕は犯人意外の障礙に因り其着手したる行為が予想の結果を生ぜざりしに過ぎずして未遂犯を以て処断するに妨げなきものなるを以て本件に於て被害者Vが懐中物を所持し居りたると否とは強盗未遂犯の構成に何等影響を及ぼすものに非ず」。

(2) 死体への攻撃と殺人

227 広島高判昭和36年７月10日高刑集14巻５号310頁、判時269号17頁、判タ121号136頁

【事実の概要】

暴力団員である被告人X、Yは、かねてより同じ組に属する一派の首領Vに対し不快の念を抱いていたが、昭和33年12月24日午後８時過ぎころ、V方に組の会長の荷物をとりに行き、Vに同人の広告宣伝車で組事務所前まで送ってもらった際、XがVに対し「たー坊すまんじゃったのお」と言ったところ、Vから「ちんぴらが何をたれやがるか、甲斐性があるならかかってこい」と言われて、１回手拳で殴られたのに憤激して、Xは、とっさにVを殺害しようと決意し、事務所玄関上り口に置いてあった拳銃を持ち出し、事務所前道路上において前記広告宣伝車から降りて逃げ出そうとするVめがけて１発発射し、Vの左側胸部に命中させ、Vに対し胸腹部貫通右上腕盲貫銃創を負わしめ、なお必死に逃亡するVを追跡して同所から約30メートル離れたM歯科医院前に逃げ込んだ同人に対し更に第２弾、第３弾を続いて発射し、Vの背部等にそれぞれ命中させ、Vに対し頭部貫通銃創、背部貫通銃創を負わしめ、Vをして間もなく同所において死亡せしめ殺害の目的を遂げた。Yは、拳銃の発射音を前記事務所玄関において聞き、即座にXを応援加勢するため、玄関の下駄箱裏に置いてあった刃渡り約60センチメートルの日本刀を携えて前記医院前に至り、殺意をもって、上向きに倒れていたVの左右腹部、右前腕部、前胸部を日本刀で突き刺し、Vに対し背面に達する上腹部刺創２箇、前胸部切創、右前腕部刺創各１箇を負わせたが、VがXによって加えられた前記銃創により、その寸前死亡していたため殺害の目的を遂げなかった。XとYは、殺人罪で起訴された。

【裁判の経過】

１審：山口地判昭和34年７月８日（有罪・殺人罪）

１審は、Ｖの死亡はＸの与えた銃創と被告人Ｙの与えた刺創とによるものであると認定し、Ｙに殺人既遂罪の成立を認めた。これに対し、弁護人は、ＹはＶの死体に対し損傷を加えたに過ぎないから、その所為は死体損壊罪に該当すると主張した。

【判　旨】破棄自判（殺人未遂罪）

「原審が被害者Ｖの死亡が被告人Ｘの与えた銃創と、被告人Ｙの与えた刺創とに因るものであると認定したのは事実の誤認であるというの外なく、右誤認は同被告人の判決に影響を及ぼすこと明らかであるから原判決中同被告人に関する部分は爾余の点につき判断を俟つまでもなく此の点において破棄を免がれない。論旨は理由がある。（尤も論旨は被告人ＹはＶの死体に対し損傷を加えたに過ぎないから、その所為は死体損壊罪に該当すると主張するのである。なるほど同被告人がＶに対し原判示傷害を加えたときには同人は既に死亡していたものであることは前認定のとおりであるが、原判決挙示の証拠によれば、被告人Ｙは原判示A組事務所玄関に荷物を運び入れていた際屋外で拳銃音がしたので、被告人ＸがＶを銃撃したものと直感し、玄関外に出てみたところ、被告人ＸがＶを追いかけており、次いで両名が同事務所東北方約30米のところに所在するＭ歯科医院邸内に飛び込んだ途端２発の銃声が聞えたが、被告人Ｘの銃撃が急所を外れている場合を慮り、同被告人に加勢してＶにいわゆる止めを刺そうと企て、即座に右玄関付近にあつた日本刀を携えて右医院に急行し、被告人Ｘの銃撃により同医院玄関前に倒れていたＶに対し同人がまだ生命を保っているものと信じ殺意を以てその左右腹部、前胸部その他を日本刀で突き刺したものであることが認められる。そして原審鑑定人Ｂの鑑定書によれば『Ｖの直接の死因は頭部貫通銃創による脳挫創であるが、通常同種創傷の受傷者は意識が消失しても文字どおり即死するものでなく、真死に至るまでには少くとも数分ないし十数分を要し、時によってはそれより稍長い時間を要することがあり、Ｖの身体に存する刺、切創は死後のものとは認め難く生前の頻死時近くに発生したものと推測される』旨の記載があり、一方当審鑑定人Ｃの鑑定書によれば『Ｖの死因はＭ歯科医院前で加えられた第２弾による頭部貫通銃創であり、その後受傷した刺、切創には単なる細胞の生的反応は認められるとしても、いわゆる生活反応が認め難いから、これら創傷の加えられたときには同人は死に一歩踏み入れていたもの即ち医学的には既に死亡していたものと認める』旨の記載があり、当裁判所が後者の鑑定を採用したものであることは前に記述したとおりである。

このように、Ｖの生死については専門家の間においても見解が岐れる程医学的にも生死の限界が微妙な案件であるから、単に被告人Ｙが加害当時被害者の生存を信じていたという丈けでなく、一般人も亦当時その死亡を知り得なかったであろうこと、従って又被告人Ｙの前記のような加害行為によりＶが死亡するであろうとの危険を感ずるであろうことはいづれも極めて当然というべく、かかる場合において被告人Ｙの加害行為の寸前にＶが死亡していたとしても、それは意外の障害により予期の結果を生ぜしめ得なかったに止り、行為の性質上結果発生の危険がないとは云えないから、同被告人の所為は殺人の不能犯と解すべきでなく、その未遂罪を以て論ずるのが相当である。この点に関する論旨には賛同し難い。）」。

【参考文献】

奥村正雄・判例講義Ⅰ120頁、和田俊憲・百選Ⅰ〔第６版〕136頁

第3節　中止犯

1　中止行為の任意性

(1)　犯行の発覚を恐れたことによる中止

228 大判昭和12年9月21日刑集16巻1303頁

【事実の概要】

　被告人Xは、家人に秘して自己所有の住居等に火災保険契約を締結したことを奇貨として、同住居を焼損して保険金を獲得しようと企て、被告人Yと共謀の上、前記住居に延焼させる目的をもって、昭和11年10月22日午前5時半ころ、前記住居の北側に隣接するV所有の薪小屋内に充満堆積する枯割木に石油入り竹筒を立てかけ、その上端にこれと割木の間に線香1束を中途より折半したものを架け、線香に点火したが、放火の時刻が遅かったため、犯行の発覚を恐れて、前記媒介物を取り除いて消火した。Xは、現住建造物放火未遂罪で起訴された。

【裁判の経過】

1審：長崎地判（年月日不明）

2審：長崎控判（年月日不明）

　2審は、放火罪の障害未遂とした。弁護人は、Xに中止犯が成立するとして、上告した。

【判　旨】上告棄却

「原判決挙示の証拠に徴すれば原判示の如く被告人Xが放火の媒介物を取除き之を消止めたるは放火の時刻遅く発火払暁に及ぶ虞ありし為犯罪の発覚を恐れたるに因るものなることを認むるに足るべく犯罪の発覚を恐るることは経験上一般に犯罪の遂行を妨ぐるの事情たり得べきものなるを以て右被告人の所為は障礙未遂にして之を任意中止を以て目すべきものにあらず」。

(2)　驚愕恐怖による中止

229 最決昭和32年9月10日刑集11巻9号2202頁

【事実の概要】

　被告人Xは、かねて賭博等にふけって借財がかさんだ結果、実母Vや姉A等にも一方ならず心配をかけているので、苦悩の末、服毒自殺を決意すると共に、自己の亡き後に悲観しながら生き残るであらう母親の行末が不憫であるから、むしろ同時に母親をも殺害して同女の現世の苦悩を除いてやるに如かずと考え、昭和28年10月18日午前0時頃、自宅六畳間において電燈を消して就寝中のVの頭部を野球用バットで力強く1回殴打した。すると、Vがうーんと呻き声をあげたので、被告人は、Vが早くも死亡したものと思い、バットをその場に置いたまま自己が就寝していた隣室三畳間に入った。しかし、間もなくVが自己の名を呼ぶ声を聞き、Xは、再び六畳間に戻り、Vの頭部を手探ぐりし電燈をつけて見ると、Vが頭部より血を流し痛苦していたので、その姿を見て、にわかに驚愕恐怖し、その後の殺害行為を続行することができず、所期の殺害の目的を遂げなかった。Xは、尊属殺人未遂罪で起訴された。

【裁判の経過】

1審：横浜地判昭和29年4月27日刑集11巻9号2209頁（有罪・殺人未遂罪、中止犯成立）

1審は、被告人XはVを殺害しようとしたが、Vが負傷したのを見て驚き、自ら殺害行為をなすことを中止したとして、中止未遂の成立を認めた。

2審：東京高判昭和30年3月22日刑集11巻9号2210頁（破棄自判、中止犯不成立）

2審は、被告人Xの殺害行為中絶は被告人の自由意思に基づく中止未遂というのは正当でなく、単に自己の予定行動の中間的事態の発生に早くも自ら驚愕恐怖に襲われ、既遂に至らしめる意力を抑圧された結果であって、無形の心理的強制ともいうべき客観的障碍による未遂の一態様であるとして、中止犯の成立を否定した。これに対し、弁護人は、本件のような犯行に及ぶ者は被害者の流血を見たとしても犯行を継続遂行するのが一般通例であり、本件においては中止犯が成立すると主張した。

【決定要旨】上告棄却

「被告人は母に対し何ら怨恨等の害悪的感情をいだいていたものではなく、いわば憐憫の情から自殺の道伴れとして殺害しようとしたものであり、従ってその殺害方法も実母にできるだけ痛苦の念を感ぜしめないようにと意図し、その熟睡中を見計い前記のように強打したものであると認められる。しかるに、母は右打撃のため間もなく眠りからさめ意識も判然として被告人の名を続けて呼び、被告人はその母の流血痛苦している姿を眼前に目撃したのであって、このような事態は被告人の全く予期しなかったところであり、いわんや、これ以上更に殺害行為を続行し母に痛苦を与えることは自己当初の意図にも反するところであるから、所論のように被告人において更に殺害行為を継続するのがむしろ一般の通例であるというわけにはいかない。すなわち被告人は、原判決認定のように、前記母の流血痛苦の様子を見て今さらの如く事の重大性に驚愕恐怖するとともに、自己当初の意図どおりに実母殺害の実行完遂ができないことを知り、これらのため殺害行為続行の意力を抑圧せられ、他面事態をそのままにしておけば、当然犯人は自己であることが直に発覚することを怖れ、原判示のように、ことさらに便所の戸や高窓を開いたり等して外部からの侵入者の犯行であるかのように偽装することに努めたものと認めるのが相当である。右意力の抑圧が論旨主張のように被告人の良心の回復又は悔悟の念に出でたものであることは原判決の認定しないところであるのみならず、前記のような被告人の偽造行為に徴しても首肯し難い。そして右のような事情原因の下に被告人が犯行完成の意力を抑圧せしめられて本件犯行を中止した場合は、犯罪の完成を妨害するに足る性質の障がいに基くものと認むべきであって、刑法43条但書にいわゆる自己の意思により犯行を止めたる場合に当らないものと解するを相当とする。されば、原判決が本件被告人の所為を中止未遂ではなく障がい未遂であるとしたのは、以上と理由を異にするが、結論においては正当である」。

【参考文献】

足立勝義・最判解刑事篇昭和32年度437頁

(3) 欲情減退による中止

230 東京高判昭和39年8月5日高刑集17巻6号557頁、判タ166号145頁

【事実の概要】

被告人Xは、昭和39年1月28日午後4時30分ころ、小雪の降るなかを、下校途中のV女を認め、Vを強いて姦淫する目的で松林の中に連れ込み、Vの下着を脱がせたうえ、その場に仰向けに倒し同女の陰部に手指を押入する等して、やがてVを姦淫しようとしたが、Vの露出した肌が寒気のため鳥肌たっているのを見て慾情が減退したため、その行為を止めるにいたった。Xは、強姦未遂罪で起訴された。

【裁判の経過】

1審：甲府地判昭和39年5月20日高刑集17巻6号561頁（有罪・強姦未遂罪、中止犯不成立）

「被告人は、被害者Vの露出したはだが寒気のため鳥はだたっているのを見て慾情が減退し、結局強姦の目的を遂げるに至らなかったものであるから、外部的障碍により犯罪の遂行に至らなかったものというべく、中止未遂とはいえない」。これに対し、弁護人は、被告人は自

己の意思によりその犯行を中止したものであって中止未遂というべきであると主張した。

【判　旨】控訴棄却（確定）

「被告人が姦淫行為を中止するに至った右の如き事情は、一般の経験上、この種の行為においては、行為者の意思決定に相当強度の支配力を及ぼすべき外部的事情が存したものというべく、そのため被告人は性慾が減退して姦淫行為に出ることを止めたというのであるから、この場合、犯行中止について、被告人の任意性を欠くものであって、原判決が本件は外部的障碍により犯罪の遂行に至らなかったものである、として中止未遂の主張を容れなかったことは洵に相当である」。

(4)　驚愕と悔悟、反省の情による中止

231 福岡高判昭和61年３月６日高刑集39巻１号１頁、判時1193号152頁、判タ600号143頁

【事実の概要】

被告人Xは、パブの店内において、V女の頸部を果物ナイフで１回突き刺した直後、同女が大量の血を口から吐き出し、呼吸のたびに血が流れ出るのを見て、驚愕すると同時に大変なことをしたと思い、直ちにタオルを同女の頸部に当てて血が吹き出ないようにしたり、同女に「動くな、じっとしとけ」と声をかけたりなどしたうえ、店内から消防署に架電し、傷害事件を起こした旨告げて救急車の派遣と警察署への通報を依頼した。Xは、その後「救急車がきよるけん心配せんでいいよ」とVを励ましたりしながら救急車の到着を待ち、救急車が到着するや、一階出入口のシャッターの内側から鍵を差出して消防署員にシャッターを開けてもらい、消防署員とともにVを担架に乗せて救急車に運び込み、そのころ駆け付けた警察官に「別れ話がこじれてVの首筋をナイフで刺した」旨自ら告げてその場で現行犯逮捕された。Vは、直ちにA外科医院に搬送されて昇圧剤の投与を受けたのち、午前７時すぎころB医院に転送されて医師により手術を受け、加療約８週間を要する頸部刺傷等の傷害を負うにとどまった。なお、Vの頸部刺傷は深さ約5センチメートルで気管内に達し、多量の出血と皮下気腫を伴うもので、出血多量による失血死や出血が気道内に入って窒息死する危険があった。

Xは、殺人未遂罪で起訴された。

【裁判の経過】

１審：福岡地判昭和60年11月６日（有罪・殺人未遂罪、中止犯不成立）

１審は、殺人未遂罪の成立を認めたが、中止未遂による刑の必要的減軽を行わなかった。

【判　旨】破棄自判（中止犯成立）（確定）

「中止未遂における中止行為は、実行行為終了前のいわゆる着手未遂においては、実行行為を中止すること自体で足りるが、実行行為終了後のいわゆる実行未遂においては、自己の行為もしくはこれと同視できる程度の真摯な行為によって結果の発生を防止することを要すると解すべきところ、本件犯行は、Ｖの頸部にナイフを突きつけて同女を脅していた際、一時的な激情にかられて未必的殺意を生じ、とっさに右ナイフで同女の頸部を１回突き刺したというものであって、２度、３度と続けて攻撃を加えることを意図していたものではなく、右の一撃によって同女に失血死、窒息死の危険を生じさせていることに照らすと、本件は実行未遂の事案というべきである。そして、前記認定事実によれば、被告人が、本件犯行後、Ｖが死に至ることを防止すべく、消防署に架電して救急車の派遣を要請し、Ｖの頸部にタオルを当てて出血を多少でもくい止めようと試みるなどの真摯な努力を払い、これが消防署員や医師らによる早期かつ適切な措置とあいまってＶの死の結果を回避せしめたことは疑いないところであり、したがって、被告人の犯行後における前記所為は中止未遂にいう中止行為に当たるとみることができる。

次に、中止未遂における中止行為は『自己ノ意思ニ因リ』（刑法43条但書）なされることを要するが、右の『自己ノ意思ニ因リ』とは、外部的障碍によってではなく、犯人の任意の意思によってなされることをいうと解すべきとこ

ろ、本件において、被告人が中止行為に出た契機が、Ｖの口から多量の血が吐き出されるのを目のあたりにして驚愕したことにあることは前記認定のとおりであるが、中止行為が流血等の外部的事実の表象を契機とする場合のすべてについて、いわゆる外部的障碍によるものとして中止未遂の成立を否定するのは相当ではなく、外部的事実の表象が中止行為の契機となっている場合であっても、犯人がその表象によって必ずしも中止行為に出るとは限らない場合に敢えて中止行為に出たときには、任意の意思によるものとみるべきである。これを本件についてみるに、本件犯行が早朝、第三者のいない飲食店内でなされたものであることに徴すると、被告人が自己の罪責を免れるために、Ｖを放置したまま犯行現場から逃走することも十分に考えられ、通常人であれば、本件の如き流血のさまを見ると、被告人の前記中止行為と同様の措置をとるとは限らないというべきであり、また、前記認定のとおり、被告人は、Ｖの流血を目のあたりにして、驚愕すると同時に、『大変なことをした。』との思いから、同女の死の結果を回避すべく中止行為に出たものであるが、本件犯行直後から逮捕されるまでにおける被告人の真摯な行動やＶに対する言葉などに照らして考察すると、『大変なことをした。』との思いには、本件犯行に対する反省、悔悟の情が込められていると考えられ、以上によると、本件の中止行為は、流血という外部的事実の表象を契機としつつも、犯行に対する反省、悔悟の情などから、任意の意思に基づいてなされたと認めるのが相当である。

以上の次第で、本件については中止未遂の成立を認めるのが相当であり、原判決は中止未遂を障碍未遂と誤認し、その結果刑法43条但書、68条３号を適用しなかったもので、これらの誤りが判決に影響を及ぼすことは明らかであるから、破棄を免れない」。

【参考文献】

奥村正雄・判例講義Ｉ112頁、奥村正雄・百選Ｉ〔第６版〕140頁

(5) 哀願に基づく中止

232 浦和地判平成４年２月27日判タ795号263頁

【事実の概要】

被告人Xは、平成３年11月５日午前１時ころ、勤務を終えてバイクで帰宅途中、路上を自転車で単身走行中のV女を認め、当初は興味本位でそのあとを追尾してみたところ、同女が、暗く人通りのない場所へ入っていくのを認めたことから、次第に劣情を催しVを強姦しようと決意したものの、その追尾に気付いたVがいち早く付近の民家に逃げ込んだため、一旦犯行を断念した。しかし、被告人は、その後間もなく、同所付近から立ち去りかけた際、追尾者が立ち去ったものと安心して再び自転車で自宅に向かったVを発見し、またも追尾し始め、これに気付いたVが、警察に通報しようとして自転車を降り、小学校敷地内の公衆電話ボックスに向かったのを認めるや、付近が田圃の広がる人気の全くない場所であったことから、同所付近でVを強姦しようと決意し、自らもバイクを降りて徒歩で前記電話ボックスに向かった。Xは、同日午前２時ころ、公衆電話ボックス内のVに対し、いきなり背後から抱きついて引きずり出し、「顔に傷をつけられたくなかったら静かにしろ」などと言いながら、これを引きずって、付近のコンクリート製階段の上部に押し倒し、着衣を脱がせて下半身を完全に裸にするなどの暴行・脅迫を加えてその犯行を抑圧し、強いてVを姦淫しようとしたが、Vから「やめて下さい」などと哀願されたのを契機として、姦淫を止め、未遂に止まった。

検察官は、被告人Xを強姦未遂罪で起訴した上、被告人が姦淫を断念した主たる動機は、被害者の抵抗にあい、これを強いて姦淫すれば被害申告されて自己の犯行が発覚することを恐れたことにあったのであり、被告人は犯行を任意に中止したものではないから中止未遂は成立しないと主張した。

【判　旨】有罪・強姦未遂罪、中止犯成立（確定）

「被告人は、判示認定のとおり、被害者から『やめて下さい。』などと哀願されたことを契機として、姦淫の遂行を断念したことが明らかであるが、右断念の際の被告人の気持ちとして、被告人は、①同女がまだ20歳位で若く、かわいそうになったことと、②強姦までしてしまうと警察に被害を申告されて捕まってしまうのがこわかったということの２点を挙げ、右②が主たる理由であるとしている。従って、中止未遂の成立要件である中止の任意性につき、主観的な反省・悔悟の情を重視する立場からは、右の点だけからでも、中止未遂の成立は否定されることとなろう」。

「しかし、ひるがえって、本件犯行当時の状況を証拠によってみると、①本件は、周囲に田圃が広がり、かつ、民家もなく、しかも付近の人通りの全くない深夜の小学校敷地内における犯行であり、右犯行が通行人や付近の住民に発見されて未遂に終わる等の蓋然性は、まず存在しない状況であったこと（換言すれば、本件については、犯行を未遂に導くような客観的、物理的ないし実質的障害事由は存在しなかったこと）、②被告人は、被害者に哀願された時点では、既に、判示のような暴行・脅迫により被害者の反抗を抑圧した上、下半身の着衣を全て脱がせた状態にまでしてしまっていたこと、③被害者は、当初は悲鳴をあげて必死に抵抗したが、下半身裸にされたのちにおいては、大声をあげることもなく、ただ、『やめて下さい。』などと哀願しながら、姦淫を嫌がっていただけであることが明らかである。そして、右のような状況のもとにおいては、25歳の屈強の若者である被告人が、17歳の少女である被害者を強いて姦淫することは、比較的容易なことであったと認められる。その上、強姦罪は、男性の性的本能に基づく犯罪であるため、一旦これを決意して実行に着手した者は、客観的ないし物理的障害に遭遇しない限り、犯意を放棄しないのが通常であるから、右認定のような状況のもとに被害者の反抗を抑圧した強姦犯人が、被害者から『やめて下さい。』などと哀願されたからといって、犯行を断念するのはむしろ稀有の事例と思われる」。

「そして、右のように、一旦犯罪の実行に着手した犯人が、犯罪遂行の実質的障害となる事情に遭遇したわけではなく、通常であればこれを継続して所期の目的を達したであろうと考えられる場合において、犯人が、被害者の態度に触発されたとはいえ、自己の意思で犯罪の遂行を中止したときは、障害未遂ではなく中止未遂が成立すると解するのが相当であり、右中止の際の犯人の主観が、憐憫の情にあったか犯行の発覚を怖れた点にあったかによって、中止未遂の成否が左右されるという見解は、当裁判所の採らないところである（のみならず、本件においては、被告人の犯行中止の動機の中に、従たるものとしてではあっても、被害者に対する憐憫の情ないし反省・悔悟の情の存したことは、前認定のとおりである。）。なお、付言するに、判例・学説上、『犯罪の発覚を怖れて犯行を中止しても中止未遂は成立しない。』と説かれるのが一般であるが、右は、犯罪の遂行中、第三者に発見されそうになったことを犯人が認識し、これを怖れた場合のように、犯罪の遂行上実質的な障害となる事由を犯人が認識した場合に関する議論と解すべきであり、本件のように、外部的障害事由は何ら発生しておらず、また、犯人もこれを認識していないのに、犯人が、単に、被害者の哀願の態度に触発されて、にわかに、後刻の被害申告等の事態に思い至って中止したというような場合を念頭に置いたものではないと解するのが相当である」。

「従って、本件につき中止未遂の成立を否定する検察官の主張には、賛同することができない」。

【参考文献】

奥村正雄・判例講義Ｉ114頁

2　中止行為

(1)　消火の依頼（「よろしく頼む」事件）

233 大判昭和12年６月25日刑集16巻998頁

【事実の概要】

被告人Xは、父Vに借金を申し込んだが、Vは、これに応ずる様子がないばかりか、Xの暴力を恐れて近隣の被告人の叔父A方に逃避するなどしたことから憤慨し、Vが所有して現に住居に使用する家屋に放火して恨みを晴らそうと決意し、昭和11年12月25日午後10時30分頃、家人の不在に乗じ、同家台所土間等に松枝束を積み重ね、これに点火し、すぐに立ち去った。Xは、V方の裏手のB方門前に差しかかった際、屋内から炎上する火勢を認めて急に恐怖心が生じ、Bに対し、「放火したので、よろしく頼む。」と叫びながら走り去った。Bがすぐに現場に駆け付け、消火したため、Xは、焼損の目的を遂げなかった。Xは、現住建造物放火未遂罪で起訴された。

【裁判の経過】

1審：岡山地判（年月日不明）

2審：広島控判（年月日不明）

2審は、中止犯の成立を認めなかった。これに対し、弁護人は、他人の助力によって結果を防止した場合でも中止犯は成立しうると主張した。

【判　旨】上告棄却

「刑法第43条但書に所謂中止犯は犯人が犯罪の実行に着手したる後其の継続中任意に之を中止し若は結果の発生を防止するに由り成立するものにして結果発生に付ての防止は必ずしも犯人単独にて之に当るの要なきこと勿論なりと雖其の自ら之に当らざる場合は少くとも犯人自身之が防止に当りたると同視するに足るべき程度の努力を払うの要あるものとす。今本件を観るに原判決の確定したる事実に依れば被告人は本件放火の実行に着手後逃走の際火勢を認め遽に恐怖心を生じ判示Bに対し放火したるに依り宜敷頼むと叫びなから走り去りたりと云うに在るを以て被告人に於て放火の結果発生の防止に付自ら之に当りたると同視するに足るべき努力を尽したるものと認むるを得ざるが故に被告人の逃走後該B等の消火行為に依り放火の結果発生を防止し得たりとするも被告人の前示行為を以て本件犯罪の中止犯なりと認むるを得ず」。

(2)　攻撃の中止と病院への搬送

234 東京高判昭和62年７月16日判時1247号140頁、判タ653号205頁

【事実の概要】

暴力団の構成員である被告人Xは、昭和61年９月11日夜、自宅において飲酒中、東京都墨田区江東橋のMハイムでミュージックパブCを経営するVから、かつて暴力団関係者であるとの理由で店への出入りを断られた一件を思い起こし、同行者の手前メンツをつぶされる思いをさせられたことや、その後この件で再三Vに電話してもVから無視されたことなどを、かれこれ考えているうちに、次第にVに対する憤慨の念が高まり、ついに翌12日午前３時ころ、Vを殺害しようと決意したうえ、自宅の台所から刃渡り約29.3センチメートルの牛刀１丁を持ち出して、Cに赴いた。Xは、同日午前３時30分ころ、VをMハイム前路上に連れ出して、「この野郎、殺してやる」などと怒号しながら牛刀を振り上げ、身の危険を感じて逃げ出したVを追い掛けて、同区江東橋の路上に至った際、転倒して起き上がろうとしていたVの左側頭部付近を目掛け、右手に持った牛刀を振り下ろして切りつけたが、とっさにこれを左腕で防いだVから、両腰付近に抱きつくように取りすがられ、「勘弁して下さい。私が悪かった。命だけは助けて下さい」などと哀願され、憐憫の情を催すとともに、後悔の念も加わって、犯行を止めた。そのため、Xは、Vに全治約２週間の左前腕切傷を負わせたにとどまり、殺害するには至らなかった。Xは、殺人未遂罪で起訴された。

【裁判の経過】

1審：東京地判昭和62年３月17日（有罪・殺人未遂罪、中止犯不成立）

1審は、殺人未遂罪の成立を認め、刑法43条但書及び68条３号を適用せず、障害未遂とした。

【判　旨】破棄自判（中止犯成立）（確定）

「被告人の捜査段階における供述にもあるように、被告人は、Ｖを右牛刀でぶった切り、あるいはめった切りにして殺害する意図を有していたものであって、最初の一撃で殺害の目的が達せられなかった場合には、その目的を完遂するため、更に、二撃、三撃というふうに追撃に及ぶ意図が被告人にあったことが明らかであるから、原判示のように、被告人が同牛刀でＶに一撃を加えたものの、その殺害に奏功しなかったという段階では、いまだ殺人の実行行為は終了しておらず、従って、本件はいわゆる着手未遂に該当する事案であるといわねばならない。

そして、いわゆる着手未遂の事案にあっては、犯人がそれ以上の実行行為をせずに犯行を中止し、かつ、その中止が犯人の任意に出たと認められる場合には、中止未遂が成立することになるので、この観点から、原判決の掲げる証拠に当審における被告人質問の結果なども参酌して、本件を考察すると、原判示のように、被告人は確定的殺意のもとに、Ｖの左側頭部付近を目掛けて、右牛刀で一撃し、これを左腕で防いだ同人に左前腕切傷の傷害を負わせたが、その直後に、同人から両腰付近に抱きつくように取りすがられて、『勘弁して下さい。私が悪かった。命だけは助けて下さい。』などと何度も哀願されたため、かわいそうとのれんびんの情を催して、同牛刀で更に二撃、三撃というふうに追撃に及んで、殺害の目的を遂げることも決して困難ではなかったのに、そのような行為には出ずに犯行を中止したうえ、自らも本件の所為について同人に謝罪し、受傷した同人に治療を受けさせるため、通り掛かりのタクシーを呼び止めて、同人を病院に運んだことなどの事実が明らかである。

右によると、たしかに、Ｖが被告人の一撃を防御したうえ、被告人に取りすがって謝罪し、助命を哀願したことが、被告人が殺人の実行行為を中止した契機にはなっているけれども、一般的にみて、そのような契機があったからといって、被告人のように強固な確定的殺意を有する犯人が、その実行行為を中止するものとは必ずしもいえず、殺害行為を更に継続するのがむしろ通例であるとも考えられる。

ところが、被告人は前記のように、Ｖの哀願にれんびんの情を催して、あえて殺人の実行行為を中止したものであり、加えて、被告人が前記のように、自らもＶに謝罪して、同人を病院に運び込んだ行為には、本件所為に対する被告人の反省、後悔の念も作用していたことが看取されるのである。

以上によると、本件殺人が未遂に終ったのは、被告人が任意に、すなわち自己の意思によって、その実行行為をやめたことによるものであるから、右の未遂は、中止未遂に当たるといわねばならない」。

【参考文献】

奥村正雄・判例講義Ⅰ110頁、斎藤信治・百選Ⅰ〔第６版〕142頁

(3)　攻撃の中止

235 福岡高判平成11年９月７日判時1691号156頁

【事実の概要】

被告人Xは、Xの暴力等を嫌って実家に逃げ出したV（当時Xの妻）に対し、執拗に復縁を迫ったものの、これを断られたことから、激昂の余り、殺害を決意し、自動車内において、運転席に座っていたVに対し、助手席から、両手でいきなり頸部をその意識が薄らぐ程度まで力一杯絞め、一旦逃げ出したVを連れ戻したのち、更に左手で体重をかけて力任せに頸部を絞め、Vがぐったりとなり気を失ったのちも約30秒間絞め続けた。しかし、Xは、Vの頸部を絞め続けている途中、急に我に返り、Vが死亡することをおそれて、これを止めたが、Vを病院に連れて行くなどの救助活動はしなかった。Xは、殺人未遂罪で起訴された。

【裁判の経過】

１審：長崎地判平成11年４月９日（有罪・殺人未遂罪、中止犯不成立）

１審は、被告人Ｘが被害者を病院に連れて行くなどの救助活動をしなかったことを理由として、中止未遂の成立を否定した。これに対し、弁護人は、中止未遂の成否に関し、Ｘは実行行為を終える前に自らの意思で被害者の頸部を絞

める行為を止めたのであるから、それ以上、結果発生を防止するための積極的な行為は要求されていないのに、原判決が、Xにおいて被害者を病院に連れて行くなどの救助活動をしなかったことを理由として中止未遂の成立を否定したのは不当であると主張した。

【判　旨】控訴棄却

「被告人は、被害者の頸部を絞め続けている途中、翻然我に返り、被害者が死亡することをおそれてこれを中止したというのであるが、その際は、前示のとおり、客観的にみて、既に被害者の生命に対する現実的な危険性が生じていたと認められる（医師Aの警察官調書によれば、生命に非常に危険な状態に陥ったものとされている。）うえ、被告人においても、このような危険を生じさせた自己の行為、少なくとも、被害者が気を失ったのちも約30秒間その頸部を力任せに絞め続けたことを認識していたものとみ得るから、その時点において、本件の実行行為は終了していたものと解され、被告人に中止犯が認められるためには、原判決が説示するとおり、被害者の救護等結果発生を防止するための積極的な行為が必要とされるというべきであり、被告人がそのような行為に及んでいない本件において、中止犯の成立を認めなかった原判決は、正当というべきである」。

【参考文献】

奥村正雄・判例講義Ｉ115頁、塩見淳・平成11年度重判解150頁

3　結果防止行為の「真摯な努力」

(1)　警察官の協力による救命

236 東京地判昭和37年３月17日下刑集４巻３＝４号224頁、判時298号32頁

【事実の概要】

被告人Xは、A、その妻B、長男V（2歳７か月）の３人家族のA方に住込みの家事手伝いとして働いていた。昭和36年12月８日午後２時頃、Xは、Vと二人でA方において留守番していた際、Vがはさみを持って遊んでいたので、危ないと思って取り上げたが、Vから「ばか」「おうちへかえれ」などと言われ、かっとなり、とっさにVを殺害しようと決意し、たまたまA方の薬品箱内にあった「アモルバビタール錠」（イソミタール）10錠（1錠中0.1グラム含有）を風邪薬であると言って、水を用いて２錠ずつVに嚥下させた。嚥下後10分位して、Vが眠そうにしてきたので、Xは、Vを２階に寝かせたが、そのうちVが口から泡を吹き始め、脈も非常に速くなってきた。Xは、その様子に驚き、２階に上がったり下がったり、うろうろしていたが、大変なことをしたと悟り、Vの致死の結果を防止しようと焦慮した結果、独力ではいかんともしがたいので、警察官に頼んで病院に収容してもらおうと警察署派出所を探し回ったものの、見当たらなかった。そこで、Xは、急ぎ帰宅の上、同日午後３時45分頃、110番電話をもって警察官に通報し、駆け付けた警察官の助力を得て、すでに意識不明の状態に陥っていたVを直ちに付近の病院に収容し、解毒等の医療手当を加えたため、Vは、一命を取り止め、治療約15日を要する睡眠薬中毒傷害を負わせたにとどまった。

Xは、殺人未遂罪で起訴された。検察官は、Vが死の結果を免れ得たのは、被告人自身の行為によるものではなく、警察官の手によりVが病院に収容され、医師の手当てを受けた結果であり、したがって、被告人以外の第三者の行為が介入したことによってVの死の結果が防止されているのであるから、本件においては、中止犯の成立の必要な真摯性を欠き、障碍未遂であると主張した。

【判　旨】有罪・殺人未遂罪、中止犯成立（確定）

「いわゆる実行中止による中止未遂の成立要件とされる結果発生の防止は、必ずしも犯人単独で、これに当る必要はないのであって、結果発生の防止について他人の助力を受けても、犯

人自身が防止に当ったと同視するに足る程度の真摯な努力が払われたと認められる場合は、やはり、中止未遂の成立が認められるのである（大判昭和12年６月25日刑集16巻998頁）。ところで、本件においては、被告人は、判示のように、Ｖを殺害しようとして、一たん睡眠薬を飲ませたものの、間もなく大変な事をしたと悟り、そのまま放置すれば、Ｖが当然死に至るべきを、自らその結果を防止しようと、あれこれ焦慮したのであるが、Ｖの苦悶の様相を見て、もはや独力では、いかんともし難いと観念した被告人は、警察官に自ら犯行を告げ、その助力を得てＶを病院に収容するほかＶの生命を助ける手段はないものと考え、付近の警察署派出所を探し回ったが、見当たらなかったので、判示のように緊急電話をもって事態を警察官に通報連絡した結果、直ちにＶは病院に収容され、医療処置が講ぜられたことにより、Ｖの一命を取り止めたのである。Ｖは、当時既に睡眠薬中毒のため生死の境にあったのであって、もとより、かような場合における医療知識のない被告人に応急の救護処置を期待し得べくもなく、Ｖの生命を助けるため、被告人が右のような処置採ったのは、被告人として精一杯の努力を尽くしたものというべきであり、その処置は、当時の差し迫った状況下において、被告人として採り得べき最も適切な善後処置であったといわなければならない。

もっとも、前記の警察官に対する緊急電話による通報が犯行時より約１時間後になされているが、それは、日常留守勝ちなＡ家の家庭内にとどまって、ほとんど外出する機会もなかったため付近の地理にも不案内な被告人が、前記のように警察署派出所を探し回ったことなどのため時間を経過したことによるのであって、被告人の結果防止の努力の真摯性を失わせるものではない。……駆けつけた警察官に対しても、被告人は率直に自己の犯行を告げてＶを寝かせた２階に案内するなど、速やかにＶに対する救護処置が講ぜられるよう必死になって協力していたことがうかがわれ、被告人が前記の応急処置を採った前後における被告人の態度もまた極めて真摯であったことなど諸般の事情を総合考慮すれば、本件の場合、被害者Ｖが死の結果を免れ得たのは、警察官及び医師の協力を得たことによるのではあるけれども、被告人としては、Ｖの死の結果を防止するため、被告人自身その防止に当ったと同視するに足るべき程度の真摯な努力を払ったものというべきであり、被告人の判示所為は、殺人の中止未遂と認めるのが相当である」。

(2)　病院への搬送

237 大阪高判昭和44年10月17日判タ244号290頁

【事実の概要】

被告人Xは、犯行直前に未必の故意を生じ、刺身包丁でVの左腹部を１回突き刺し、肝臓に達する深さ約12センチメートルの刺創を負わせた。さらにXは、Vと包丁の取り合いをした後、Vが痛いと泣き叫び病院に連れて行くよう懇願したので、Vを自己の運転する自動車で近くの病院に連れて行き医師の治療を受けさせ、Vは一命を取り止めた。Xは、殺人未遂罪で起訴された。

【裁判の経過】

1審：大津地判（年月日不明）（有罪・殺人未遂罪、中止犯不成立）

１審は、殺人未遂罪の成立を認め、中止未遂とは認定しなかった。これに対し、弁護人は、Ｘが被害者を殺害するに至らなかったのは、傷がＶの急所を外れたためではなく、Ｘが犯行後直ちに悔悟憐憫の情を起こし、Ｖを救助するため、自発的に自動車に乗せて、病院に運び込み、医師の協力を得て被害者の一命を取り止めるに至ったものであるのに、第１審判決はこの点を無視して中止未遂と認定せず、刑法43条但書を適用しなかったのは、事実を誤認し法令の適用を誤ったものであると主張した。

【判　旨】控訴棄却（確定）

「よって考察すると、被告人は、計画的に被害者を殺害しようという意図を抱いていたのではなく、犯行直前突嗟の間に未必の殺意を生じたのであるから、刺身包丁で被害者を何回も突き刺そうなどという予謀はあったとは到底考えられず、刺突行為は事実上１回で終了しているのみでなく、その刺突行為たるや、被害者の左腹部をめがけて突刺し、肝臓に達する深さ約12センチメートルの刺創を負わせたものであって、右１回の刺突行為それ自体において殺害の結果を発生せしめる可能性を有するものである。従ってそれだけで被告人の実行行為は終了したものというべく、被告人の本件殺人未遂の所為はいわゆる実行未遂の類型に属するものと解するのが相当である。

ところで、被害者が腹部を突き刺され包丁の取り合いをした後腹部の激痛に耐えかね、『痛い痛い』と言って泣きながら『病院へ連れて行ってくれ』と哀願したので、被告人は被害者に対する憐憫の情を発すると共に今更ながら事の重大さに恐怖驚愕して被害者の死亡の結果が発生するのを食い止めるため出血しつつある同人を自己運転の自動車に抱き入れて直ちに近くのＴ町所在のＴ病院に連れて行き医師の手に引渡した事実は原判決引用の被害者Ｖ及び被告人の各供述調書により明らかである。そこで進んで被告人が右のように未必の故意であったにせよ殺害の意図を放擲し被害者救助の行動に出でたのが、いわゆる外部的障がいの原因によるものと解すべきか、あるいは内部的原因により任意に結果発生を防止したものと評価すべきであるかを考えると、被害者の流血痛苦の状態を目前にして憐憫の情を催しかつ事の重大性に驚愕恐怖し殺害意思を抑圧せられたことは外部的障がいに基くものといい得るであろうが、この点はいずれにしても実行未遂である本件において実行行為終了後の不作為は問題ではなく、むしろ殺意の放棄に随伴して被害者の一命を取り止めるための救助活動を開始した点は、被告人がその内心の意思により任意に結果の発生を防止するに努めたものと評価してこの点に着目する必要があると思われる。そして右のように外部的障がいと任意の内部的原因とが微妙に交錯しているとはいえ、被告人の任意による爾後の救助活動が存在する以上、直ちに中止未遂にあたらないものと断定し去るのは、いささか早計に過ぎるであろう。

然しながら、本件のように実行行為終了後重傷に呻吟する被害者をそのまま放置すれば致死の結果が発生する可能性はきわめて大きいのであるから、被告人の爾後の救助活動が中止未遂としての認定を受けるためには、死亡の結果発生を防止するため被告人が真摯な努力を傾注したと評価しうることを必要とするものと解すべきである。そこで救助の段階における被告人の言動を検討すると、被害者の捜査段階における司法警察職員及び検察官に対する供述によると、被害者をＴ病院へ運ぶ途中自動車内において、被告人は被害者に対し『わしに刺されたといわんようにしてくれ』と言ったところ、被害者はそれを断ってはまた刺されて殺されると思い、かつ一刻も早く病院へ運んでほしかったので、『お前のよいように言うておけ』と返事した、というのであり、被告人の司法警察職員に対する自供によると、被害者を病院へ担ぎこんだ時同人が被告人に『お前がやったと警察へは言うなよ』と言ったのでその好意に甘えた、というのであって、その動機は何れとも断定しがたいが、被告人が被害者を病院へ担ぎ込み、医師の手術施行中病院に居た間に被告人、被害者の共通の友人数名や被害者の母等に犯人は自分ではなく、被害者が誰か判らないが他の者に刺されていたと嘘言を弄していたこと及び病院に到着する直前に兇器を川に投げ捨てて犯跡を隠蔽しようとしたことは動かし得ない事実であって、被告人が被害者を病院へ運び入れた際、その病院の医師に対し、犯人が自分であることを打明けいつどこでどのような兇器でどのように突刺したとか及び医師の手術、治療等に対し自己が経済的負担を約するとかの救助のための万全の行動を採ったものとはいいがたく、単に被害者を病院へ運ぶという一応の努力をしたに過ぎないものであって、この程度の行動では、未だ以て結果発生防止のため被告人が真摯な努力をしたものと認めるに足りないものといわなければならない。

従って本件が中止未遂にあたるとする所論は採用するに由なく本論旨は失当である」。

【参考文献】

奥村正雄・判例講義Ｉ111頁、名和鐵郎・百選Ｉ〔第６版〕144頁

4 予備の中止

238 最大判昭和29年1月20日刑集8巻1号41頁、判時20号22頁

【事実の概要】

被告人X、Yら3名は、Zと相談して、V方で強盗をしようと企て、昭和23年2月19日午後8時30分頃、Xは出刃包丁を、Yは縄を携えて、4名でV方に赴いた。Xらは、強盗予備罪で起訴された。

【裁判の経過】

1審：大阪地判（年月日不明）

2審：大阪高判昭和23年12月13日刑集8巻1号49頁（有罪・強盗予備罪）

2審は、被告人らに強盗予備罪の成立を認めた。

【判　旨】破棄自判

「原判決挙示の証拠によれば、被告人が強盗をしようとして原審相被告人等と共に原判決第四摘示の強盗予備の行為をした事実は十分これを認めることができる。故に強盗の意思がなかったとの主張は理由がなく、又予備罪には中止未遂の観念を容れる余地のないものであるから、被告人の所為は中止未遂であるとの主張も亦採ることを得ない」。

【参考文献】

奥村正雄・判例講義Ⅰ116頁、金澤真理・百選Ⅰ〔第6版〕146頁

第6章　共　犯

第1節　共犯の意義

1　必要的共犯――非弁活動の依頼

239 最判昭和43年12月24日刑集22巻13号1625頁、判時547号93頁

【事実の概要】

被告人Xは、昭和40年2月ころ、自動車工業株式会社から中古パワーショベルを230万円で買い受け、その代金として現金80万円と中古ブルドーザー1台を150万円と見積もって引き渡した上、同パワーショベルを使用していたところ、その性能が悪いことを理由として前記会社に他のブルドーザーとの交換または買戻しの交渉をしたが、応じてもらえなかったことから、同年9月下旬ころ、被告人Y及び同Zに報酬を支払う約束で示談解決を依頼し、Yらに示談契約の交渉をさせ、報酬として現金35万円を支払い、弁護士でないYらに一般的な法律事件に関し法律事務を取り扱うに至らせた。Xは、弁護士法違反の罪の教唆犯で起訴された。

【裁判の経過】

1審：静岡地沼津支判昭和41年5月20日刑集22巻13号1637頁（有罪・弁護士法違反の罪の教唆犯）

1審は、Xを弁護士法違反の罪の教唆犯とした。

2審：東京高判昭和42年6月14日刑集22巻13号1641頁（破棄自判）

2審も、1審の結論を維持した。これに対し、弁護人は、自ら正犯になり得ない者がその教唆犯や従犯になり得ないなどと主張した。

【判決要旨】破棄自判

「弁護士法72条は、弁護士でない者が、報酬を得る目的で、一般の法律事件に関して法律事務を取り扱うことを禁止し、これに違反した者を、同法77条によって処罰することにしているのであるが、同法は、自己の法律事件をみずから取り扱うことまで禁じているものとは解されないから、これは、当然、他人の法律事件を取り扱う場合のことを規定しているものと見るべきであり、同法72条の規定は、法律事件の解決を依頼する者が存在し、この者が、弁護士でない者に報酬を与える行為もしくはこれを与えることを約束する行為を当然予想しているものということができ、この他人の関与行為なくしては、同罪は成立し得ないものと解すべきである。ところが、同法は、右のように報酬を与える等の行為をした者について、これを処罰する趣旨の規定をおいていないのである。このように、ある犯罪が成立するについて当然予想され、むしろそのために欠くことができない関与行為について、これを処罰する規定がない以上、これを、関与を受けた側の可罰的な行為の教唆もしくは幇助として処罰することは、原則として、法の意図しないところと解すべきである。

そうすると、弁護士でない者に、自己の法律事件の示談解決を依頼し、これに、報酬を与えもしくは与えることを約束した者を、弁護士法72条、77条違反の罪の教唆犯として処罰することはできないものといわなければならない。しかるに、本件において、被告人らにつき、弁護士法違反教唆の罪の成立を認めた原判決には、法令の解釈適用をあやまった違法があり、右違法は、判決に影響を及ぼすことが明らかであって、原判決を破棄しなければ著しく正義に反するものと認める」。

【参考文献】
十河太朗・判例講義Ⅰ121頁、京藤哲久・百選Ⅰ〔第6版〕200頁、海老原震一・最判解刑事篇昭和43年度458頁

第2節　共同正犯

1 過失犯の共同正犯

(1)　有毒飲食物の販売（メタノール事件）

240 最判昭和28年1月23日刑集7巻1号30頁

【事実の概要】

被告人X、Yは、共同して飲食店を営んでいたものであるが、昭和21年9月15日ころ、飲食店Zから仕入れた「ウイスキー」と称する液体に「メタノール」（メチルアルコール）を含有する可能性があったにもかかわらず、何ら検査をせず、意思を連絡して、本件液体を客に販売した。X、Yは、有毒飲食物等取締令違反として起訴された。

【裁判の経過】

1審：千葉地判（年月日不明）

2審：東京高判昭和25年9月12日刑集7巻1号38頁（有罪）

2審は、被告人らを有毒飲食物等取締令4条1項後段の罪の共同正犯とした。

【判　旨】上告棄却

「被告人両名の共同経営にかかる飲食店で、右のごとき出所の不確かな液体を客に販売するには『メタノール』を含有するか否かを十分に検査した上で、販売しなければならない義務のあることを判示し、被告人等はいずれも不注意にもこの義務を懈り、必要な検査もしないで、原判示液体は法定の除外量以上の『メタノール』を含有しないものと軽信してこれを客に販売した点において有毒飲食物等取締令4条1項後段にいわゆる『過失ニ因リ違反シタル』ものと認めたものであることは原判文上明らかである。しかして、原判決の確定したところによれば、右飲食店は、被告人両名の共同経営にかかるものであり、右の液体の販売についても、被告人等は、その意思を連絡して販売をしたというのであるから、此点において被告人両名の間に共犯関係の成立を認めるのを相当とするのであって原判決がこれに対し刑法60条を適用したのは正当であって、所論のような違法ありとすることはできない」。

(2)　観光船の無断運航

241 佐世保簡裁略式命令昭和36年8月3日下刑集3巻7＝8号816頁

【事実の概要】

被告人X、Yは、米海軍佐世保基地米国海兵隊所属の海兵隊員であるが、昭和36年6月25日午前5時ころ、観光桟橋に繋留中の観光船を認めるや、ともにこの種の船舶運航の技能や経験がないにもかかわらず、酔余好奇心からこれを運航しようと企て、同船に乗り込んだ。Xは同船の操縦を、Yはその機関部の操作をなして、同船を運航したところ、その操舵を誤り、前記桟橋より西方約200メートルの対岸に衝突座礁させ、同船を破壊した。X、Yは、過失往来妨害罪で起訴された。

【判　旨】有罪・過失往来妨害罪の共同正犯

「被告人両名はいずれも米海軍佐世保基地米国海兵隊所属の海兵隊員であるが、昭和36年６月25日午前５時頃佐世保市……観光桟橋に繋留中の佐世保市企業局交通部所属のデゼルエンジン付観光船第二西海丸（43.76トン）を認めるや酔余好奇心からこれを運航しようと企て共に同船に乗込んだのであるが両名共この種船舶運航の技能も経験もなく、且つ同所附近は屈曲の多い海岸線のある危険海面でもあるので、衝突、座礁等の事故発生が充分予想されたのであるから自らこれを運航すべきでないのに拘らず、不注意にも被告人Ｘは同船の操縦を、同Ｙはその機関部の操作をなし両名共同して同船を運航した過失によりその操舵を誤り、同船を右桟橋より西方約200米の対岸に衝突座礁させ、前記無謀操舵並びに衝突により同船に対しダリンドメピンの脱落、キール包板船首在下部金物の各破損船体のひずみ等を生ぜしめて以て一時航行を不能ならしめて同船を破壊したものである。」

(3)　喫煙による失火

242 秋田地判昭和40年３月31日下刑集７巻３号536頁

【事実の概要】

被告人Xは、A工務店の工事責任者として、昭和32年８月10日以来、秋田県庁庁舎の正面玄関に続く広間の屋根のトタン板葺替工事に従事し、Y、Zら４名を指揮監督し、同人らとともに工事をしていた。同県庁庁舎は木造で、その屋根は下葺の柾板が露出したままになり、また、連日の晴天、高温続きで柾板などが乾燥しており、風速６メートルの風も伴っていたが、被告人は、同月10日以来、Yらに対し屋上での喫煙を禁止せず。自らも屋上で度々喫煙していた。同月12日午前９時30分頃には、Yが中央棟北面付近で喫煙し、同日午前10時30分頃には、Zが中央棟付近で喫煙しているのを現認しながらこれを制止せず、また、X自身も、同時刻頃、同所等で喫煙した。その結果、３名いずれかの喫煙による煙草の吸い殻または破片の一部が風のため下葺の柾板に達して着火し、同日午前11時頃より午後０時50分頃までに、秋田県庁庁舎及び県議会議事堂の一部を焼損した。Xは、重失火罪で起訴された。

【判　旨】有罪・重失火罪（確定）

「本件火災の発生が被告人自身の喫煙に起因するか、或いは前記従業員２名の喫煙に起因するかは遂に不明であるが、本件のような気象条件、木造建物の屋上工事の際中においては、被告人自身率先して喫煙などを慎むべき注意義務を有するとともに、配下の従業員に対しても喫煙などを避けしめるように措置すべき注意義務を有していたのに拘らず、被告人が同時に右２個の注意義務を怠り、その結果、被告人自身を含む３名のいずれかの喫煙により火を失して、他人の現在する建造物を焼燬したものであり、しかも当時の状況に照し右２個の注意義務違反はいずれも刑法にいう重過失と評価するのが相当であるからいずれにしても被告人は刑法第117条の２後段、罰金等臨時措置法第２条第３条所定の罪を犯したものといわなければならない。（なお検察官は、被告人はＹ及びＺと意思を通じ、同人等と共同して喫煙した重大な過失により本件火災を惹起したものであって、被告人等３名について過失の共同正犯が成立するという見解をとっているが、被告人と右Ｙらとの間に屋上工事についての共同目的ないし共同行為関係というものは存したが、喫煙については、たんに時と場所を同じくしたという偶然な関係があるにすぎなく、これらの者が喫煙について意思を通じ合ったとか、共同の目的で喫煙したというような関係があったとみることはできなく、本件について、過失の共同正犯の理論を適用するのは相当でない。）」。

(4) 踏切遮断機の閉鎖の懈怠

243 京都地判昭和40年5月10日下刑集7巻5号855頁、判時436号64頁

【事実の概要】

被告人Xは、日本国有鉄道職員として京都保線区二条線路分区に所属し、踏切保安係として、昭和33年8月頃から京都市中京区四条通千本西入る所在の山陰線四条踏切に勤務し、踏切警手の業務を担当していたもの、被告人Yは、同鉄道職員として同線路分区に所属し、同37年5月頃から線路工手のかたわら、同線路分区長の指示によりしばしば踏切保安係代務者の任務につき、前記四条踏切における踏切警手の業務を担当していたものであるが、同踏切においては、本番及び相番と称する2人の係員が協力してその業務を担当し、相番は、踏切道における列車予定時刻の約5分前から踏切道に立ち出で列車の接近を確認することにつとめ、本番は、踏切西寄り北側に設けてある保安係詰所内で、列車が踏切に接近すると電灯が消えブザーが鳴る仕組になっている列車接近表示器や、反射用鏡等により列車の接近を確認することにつとめ、それぞれ列車の接近を確認したときは、たがいに手笛等でその旨を通知し合い、且つ、本番は相番の合図により、踏切道に設置してある四条通に対する交通信号灯を青色から黄色を経て赤色に切りかえた後、踏切道の遮断機を閉鎖する措置を講ずることになっていた。

昭和37年12月9日午後4時30分頃から、Xが相番として、Yが本番として同踏切警手の業務に携わり、ともに徹夜の上翌10日朝に及んだが、同日午前7時47分に山陰線二条駅を発車し、約2分30秒後に同踏切を通過する予定の梅小路行上り第362号列車が、その時刻を経ても通過しないので、何時同踏切に接近してくるかも知れない状況下にあったばかりでなく、同踏切附近が折からの濃霧のためかなり視界を妨げられ、しかも、同詰所内設置の列車接近表示器が、従来再々故障を来し鳴動等の役を果さない例があったのであるから、このような場合に、およそ踏切警手としてその業務に従事する者は、すでに列車通過の予定時刻を経過していることや、列車接近表示器の故障等のことを考慮し、相番は踏切道において、また本番は列車接近表示器の作動に注意するかたわら、前記反射用鏡を介し、もしくは直視する等して、それぞれ二条駅方面の線路上を注視するとともに、列車の警笛の聴取につとめ、列車の接近をできるだけ早期に発見し、もしくは覚知して、交通信号灯の切りかえと、遮断機の閉鎖を全うし、もって事故の発生を未然に防止すべき業務上の注意義務があるにもかかわらず、それぞれその義務を怠り、不注意にも、Xにおいて、同日午前7時45分頃踏切道に立ち出たが、前記第362号列車の先行上り列車が約6分遅れて通過したので、第362号列車の通過もまた相当遅延するものと考え、二条駅方面を注視するかたわら、線路と交叉する四条通の交通状態を眺め廻したり、同詰所内に設置してある列車接近表示器を確めに行ったり、同詰所南側附近の路上に撒水したり等して、同列車に対する注意警戒はもちろん、その警笛にすら注意を欠き、またYにおいて、列車接近表示器が正常に作動するものと軽信し、その作動のみに気を奪われて二条駅方面の注視を怠り、且つ同列車の警笛にすら注意を欠いた各過失により、同列車が、予定時刻より約2分30秒遅れて二条駅を発車し、時速約50キロメートルで南進し、同踏切手前約150メートルの地点から断続的に警笛を吹鳴したのに、これに気づかず、同日午前7時52分頃、同列車が更に同踏切手前数十メートルに接近したとき、Xがはじめてこれを発見したため、交通信号灯の切りかえや遮断機の閉鎖等を講ずるいとまもなく、折から、V1、V2を後部座席に乗せて運転し、同踏切の東西進めの交通信号に従って東方から同踏切道に進入してきた普通四輪乗用車の右側面に、前記第362号列車の機関車前部を激突させ、よって、V1を脳挫創により同月11日午後2時ころ死亡させ、V2を頭蓋骨開放性粉砕骨折により、同月10日午前8時30分ころ死亡させたものである。

X、Yは、業務上過失致死罪で起訴された。

【判　旨】業務上過失致死罪の共同正犯

「そもそも共同正犯を定めた刑法第60条は、必ずしも故意犯のみを前提としているものとは解せられない。のみならず、共同者がそれぞれその目的とする一つの結果に到達するために、他の者の行為を利用しようとする意思を有し、または、他の者の行為に自己の行為を補充しようとする意思を有しておれば、そこには、消極論者がいわれるような共同正犯の綜合的意思であり、その独自の特徴とせられるところの決意も、共同者相互に存在するとみられ得るのであるから、これ等の決意にもとづく行為が共同者の相互的意識のもとになされるかぎり、それが構成要件的に重要な部分でないとしても、ここに過失犯の共同正犯が成立する余地を存するものと解するのが相当である。最高裁判所昭和28年１月23日第二小法廷判決が、過失犯に共同正犯の成立を認めたのも、これを忖度すれば、右とその趣旨を同じくするものと思われる。

そこで本件についてみるに、すでに縷述したように、被告人Ｘは、相番として列車接近の確認につとめ、これを確認したときは本番である被告人Ｙにその旨を合図し、且つ、交通信号灯の切りかえや遮断機閉鎖の時期をも合図によって知らせること等を分担し、被告人Ｙは、本番として列車接近表示器の作動を見守り、または相番からの合図によって列車接近の確認につとめ、これを確認したときは相番である被告人Ｘにその旨を合図し、且つ被告人Ｘからの合図によって、交通信号灯の切りかえや遮断機閉鎖の措置を講ずること等を分担し、もって、被告人両名が相互に協力して踏切道における交通の安全を確保することにつとめていたのであるから、被告人両名のそれぞれの注意義務をつくすことによって一つの結果到達に寄与すべき行為の或る部分が、相互的意識のもとに共同でなされたものであることは、優にこれを認めることができる。

従って、本件はこの点において、被告人両名の過失犯について共同正犯の成立を肯定すべきである」。

(5)　トーチランプの消火確認（世田谷ケーブル事件）

244 東京地判平成４年１月23日判時1419号133頁

【事実の概要】

被告人X、Yは、いずれも通信線路工事の設計施工等を目的とするA通信工業株式会社の線路部門担当作業員として、電話ケーブルの接続部を被覆している鉛管をトーチランプの炎により溶解開披して行う断線探索作業等の業務に従事していた者であるが、昭和59年11月16日午前11時30分ころ、東京都世田谷区所在の日本電信電話公社（現日本電信電話株式会社）世田谷電話局第三棟局舎の地下から約130メートル三軒茶屋交差点寄り地点にある地下洞道（同公社所有、コンクリート造、幅員約2.65メートル、高さ約2.35メートル、床面中央部に幅員約0.82メートルの通路、壁面北側に８段24条、南側に７段18条、合計42条の電話ケーブル設置）において、電話ケーブルの断線探索作業に共同して従事し、壁面北側の下から４段目に並列して設置された３本の電話ケーブルのうち通路寄りの１本（IYケーブル）につき断線を探索した際、その下段の電話ケーブル上に布製防護シートを掛け、通路上に垂らして覆い、点火したトーチランプ各１個を各自が使用し、鉛管を溶解開披する作業中、断線箇所を発見し、その修理方法等を検討するため、一時、洞道外に退出するに当たり、２個のトーチランプの炎が確実に消火しているか否かにつき何ら相互の確認をすることなく、トーチランプを前記防護シートの近接位置に置いたまま、被告人両名共に同所を立ち去った過失により、２個のトーチランプのうちとろ火で点火されたままの状態にあった１個のトーチランプから炎を前記防護シート等に着火させ、更に前記電話ケーブル等に延焼させ、よって、同公社所有の電話ケーブル合計104条（加入電話回線等23万3800回線、総延長１万4600メートル）及び洞道壁面225メートルを焼燬させ、これにより、前記世田谷電話局第三棟局舎に延焼するおそれのある状態を発生させ、もって、公共の危険を生じさせた。

X、Yは、業務上失火罪で起訴された。

【判　旨】有罪・業務上失火罪の共同正犯

「まず、前記本件各洞道の構造、洞道内における可燃性電話ケーブルの敷設状況等に照らして、このような洞道内で火災事故が一旦発生すれば、消火活動が困難であり、電話ケーブルが焼損して電話回線が不通となり、多数の電話加入権者を含む一般市民の電話使用が不能となって、社会生活上重大な影響の惹起されることは、一般的に容易に予見し得るところである。

そして、かかる事態の発生を未然に防止する見地から、関係証拠によれば、日本電信電話公社においては、洞道内の火器使用上の注意として、『火器使用に当たっては、周囲の可燃物に対し適切な措置を行う。作業場を離れる時は、火気のないことを確認する。』旨を定め（電気通信技術標準実施方法C811・030「とう道の保守」（基準、標準）〔第1版・改定書第1号・昭和59年8月24日改定、同年10月20日実施〕中の9の3「とう道入出者の遵守事項」参照。）、同公社東京電気通信局長から電気通信設備請負工事施工会社宛に、既設洞道内での火災事故防止として『トーチランプを使用するときは、作業現場を整理し、可燃物等は付近におかないこと。』旨を指示し（昭和54年4月24日付「とう道内火災事故防止について」第2参照。）、これに従い、被告人両名所属のA通信の元請企業であるB電話においても、『とう道内作業時の事故防止対策』（昭和58年4月改定）を定めて、『火気使用に当たっては、周囲の加熱物に対し適切な措置を行う。』『作業現場を離れるときは、火気のないことを確認する。』旨を一般的に規定するほか、その遵守を徹底するため、B電話の社員のみならず、A通信等の下請会社の作業員に対しても、日頃から始業前のミーティング、安全対策会議等を通じて、『トーチランプの作業が終わったら火は必ず消すこと。作業現場から離れるときは、その場に置いておくトーチランプの火が消えているかどうかを確認し、その際には自己の使用したランプだけではなく、一緒に作業した者のランプについても確認すること。特に、その確認に当たっては、トーチランプを指差し、消火の有無を呼称して確認すること。』などの指示が繰り返し行われていたことが認められるとともに、殊に、本件の解鉛作業の場合等のように、数名の作業員が数個のトーチランプを使用して共同作業を行い、一時、作業を中断して現場から立ち去るときには、作業慣行としても、各作業員が自己の使用したランプのみならず共同作業に従事した者が使用した全てのランプにつき、相互に指差し呼称して確実に消火した点を確認し合わなければならない業務上の注意義務が、共同作業者全員に課せられていたことが認められるのであって、右の事実に徴すると、本件のように共同解鉛作業中、一時現場を離れるに当たり、共同作業者においては、トーチランプにつき相互に指差し呼称確認を行うことは容易なことであるとともに、これを行うことによりトーチランプの火による他の可燃物への燃焼を未然に防止し得ることも明らかであるから、本件の共同作業者に対して右のごとき内容の注意義務を課することは、なんら無理を強いるものではなく、極めて合理的かつ常識的な作業慣行であるものと思料される。

したがって、本件の被告人両名においては、第2現場でトーチランプを使用して解鉛作業を行い、断線箇所を発見した後、その修理方法等につき上司の指示を仰ぐべく、第三棟局舎へ赴くために第2現場を立ち去るに当たり、被告人両名が各使用した2個のトーチランプの火が完全に消火しているか否かにつき、相互に指差し呼称して確認し合うべき業務上の注意義務があり、被告人両名がこの点を十分認識していたものであることは、両名の作業経験等に徴して明らかである。

しかるに、被告人両名は、右の断線箇所を発見した後、その修理方法等を検討するため、一時、第2現場を立ち去るに当たり、被告人Xにおいて、前回の探索の際に断線箇所を発見できなかった責任を感じ、精神的に動揺した状態にあったとはいえ、なお被告人両名においては、冷静に前記共同の注意義務を履行すべき立場に置かれていたにも拘らず、これを怠り、前記2個のトーチランプの火が完全に消火しているか否かにつき、なんら相互の確認をすることなく、トーチランプをIYケーブルの下段の電話ケーブルを保護するための防護シートに近接する位置に置いたまま、被告人両名が共に同所を立ち去ったものであり、この点において、被告人両名が過失行為を共同して行ったことが明らかであるといわなければならない。

以上の理由により、もとよりいわゆる過失犯の共同正犯の成否等に関しては議論の存するところであるが、本件のごとく、社会生活上危険かつ重大な結果の発生することが予想される場合においては、相互利用・補充による共同の注意義務を負う共同作業者が現に存在するところであり、しかもその共同作業者間において、その注意義務を怠った共同の行為があると認められる場合には、その共同作業者全員に対し過失犯の共同正犯の成立を認めた上、発生した結果全体につき共同正犯者としての刑事責任を負わしめることは、なんら刑法上の責任主義に反するものではないと思料する」。

【参考文献】
十河太朗・判例講義Ⅰ122頁、内海朋子・百選Ⅰ〔第6版〕164頁、高橋則夫・平成4年度重判解170頁

2 結果的加重犯の共同正犯—強盗の機会における共犯者による殺人

245 最判昭和26年3月27日刑集5巻4号686頁

【事実の概要】

被告人X、Y、Zら4名は、共謀の上、強盗の目的をもって、昭和23年1月9日午後5時30分頃、V1方に至り、Xは同家西側の新橋演舞場に通ずる道路上で、Yは同家から約100メートル離れた新橋演舞場付近で各見張を担当し、Z、Wの両名は、Xが予め作成して置いたガーゼのマスクで各覆面し、Zはけん銃1挺を、Wは前記新橋演舞場附近でXから手渡された鰻包丁1挺をそれぞれ携えて、Z、Wの順序で同家勝手口から屋内に侵入した。折柄、V1の妻V2は勝手口で炊事をしていたが、これに驚いて同家奥六畳間に逃込んだので、Zは同人の後を迫って六畳間の入口に至り、同六畳間で食卓を囲んでいたV1の父V3、母V4、長女V5、長男V6及びV2に対してけん銃を擬して「静かにしろ。」「金を出せ。」等と言って脅迫した。V1は、恐怖のあまり缶に入れた現金を提出した。しかし、Zは、その金額に不満で、所携の前記けん銃をWに手渡し、Wに同家二畳間から家人等を監視させ、自らはWから前記鰻包丁を受取り屋内の物色を始めようとした。たまたま同家店の間の表入口に来客があり、V1は来客に応待するため表入口に出たので、ZはV1を追尾して店の間に行ったところ、V1と来客の話が長引いたため、来客を屋内に引入れるべく同人と二、三押問答をした。一方、Wは、前記のごとくZに命じられて単独で家人を監視していたが、身に不安を感じて様子を窺いに店の間の方に降りて行った。そのとき、V3が予て盗難除けのために装置してあった非常ベルを鳴らしたので、Wが急ぎ前記六畳間に引返したところ、V2も六畳間の窓から屋外に逃走しようとしたため、事の発覚を怖れ狼狽して突如前記けん銃を両名の方に向けて2発発射し、1弾をV3の腹部に命中させ、同人に腹部貫通射創を負わせた。被告人ら4名は、一物をも得ずに逃走し、Z、Wの両名は、V1らに泥棒々々と連呼されて追跡されながら、同家から約100メートル離れた新橋演舞場脇に差掛った際、たまたま同所を通り掛った警察官V7、V8に発見されて、Wはその場でV8に逮捕された。Zは、なおも逃走し、同所附近から約40メートル離れた道路上でV7に追いつかれてまさに逮捕されようとした際、逮捕を免れるため、やにわら所携の前記鰻包丁でV7の頸部及び項部等に数回切り付け、V7の左側頸部項部等に刺創を負わせ、V7は、左外頸動脈損傷による失血のため、同日午後6時頃死亡した。Xは、強盗致死罪で起訴された。

【裁判の経過】

1審：東京地判（年月日不明）

2審：東京高判昭和24年8月22日刑集5巻4号691頁（有罪・強盗致死罪の共同正犯）

2審は、刑法240条の罪の共同正犯とした。弁護人は、共謀行為終了後に場所を異にして行われた予見しえない共犯者の単独行為についてまで被告人Xに責任を負わせるべきではないと主張した。

【判 旨】上告棄却

「原審の認定した事実によれば相被告人Zは被告人と共謀の上原判示の如く強盗に着手した後、家人に騒がれて逃走し、なお泥棒、泥棒と連呼追跡されて逃走中、警視庁巡査に発見され追付かれて将に逮捕されようとした際、逮捕を免れるため同巡査に数回切りつけ遂に死に至らしめたものである。されば右Zの傷害致死行為は強盗の機会において為されたものといわなければならないのであって、強盗について共謀し

た共犯者等はその一人が強盗の機会において為した行為については他の共犯者も責任を負うべきものであること当裁判所の判例とする処である……。それ故相被告人Ｚの行為について被告人も責任を負わなければならないのであって論旨は理由がない。」

【参考文献】

十河太朗・判例講義Ⅰ124頁、園田寿・百選Ⅰ162頁

3 承継的共同正犯（承継的幇助犯を含む）

(1) 殺害後の財物奪取への関与

246 大判昭和13年11月18日刑集17巻21号839頁

【事実の概要】

被告人Xは、昭和８年10月５日午後11時過ぎ頃、夫Yが地下足袋をはき、長さ約３尺の杉製の棒を携えて自宅を出て行ったことから、その行動を憂慮してその後を追い、V1方に至ったところ、V1方住宅と納屋との間でYに会い、Yから、金員を強取するためV1の妻V2を殺害したと告げられた。Xは、Yから、さらに金員を強取するにあたり協力を求められ、やむなくこれを承諾し、屋内に入り、点火したろうそくを手にしてYを照らし、Yが金品を強取するのを容易にした。

【裁判の経過】

１審：名古屋地判（年月日不明）

２審：名古屋控判（年月日不明）（有罪・強盗罪の幇助犯）

２審は、Ｘを強盗罪の幇助犯とした。

【判　旨】破棄自判（強盗殺人幇助罪）

「刑法第240条後段の罪は強盗罪と殺人罪若は傷害致死罪より組成せられ右各罪種が結合せられて単純一罪を構成するものなるを以て他人が強盗の目的を以て人を殺害したる事実を知悉し其の企図する犯行を容易ならしむる意思の下に該強盗殺人罪の一部たる強取行為に加担し之を幇助したるときは其の所為に対しては強盗殺人罪の従犯を以て問擬するを相当とし之を以て単に強盗罪若は窃盗罪の従犯を構成するに止まるものと為すべきにあらず」。

「右Ｙの金品強取を容易ならしめたる被告人Ｘの所為は冒頭説示の理由に依り強盗殺人罪の従犯を構成するものと謂わざる可からず。然らば右被告人Ｘの所為を刑法第236条第１項強盗の罪の従犯に問擬したる原判決は違法にして論旨結局理由あり」。

【参考文献】

十河太朗・判例講義Ⅰ125頁

(2) 傷害結果発生後の財物奪取への関与

247 福岡地判昭和40年２月24日下刑集７巻２号227頁

【事実の概要】

被告人Xは、昭和39年11月３日午前３時ころ、YがVの居室において、Vに対し「俺は某新聞社から頼まれて君を消しにきた。自分は使いの者だが金をもらえば話はつく。5000円出せ」などと申し向け、Vが要求を断ると、「図太い野郎だ」「刺身包丁で殺してしまえ」などと怒号してVの頭髪をつかんで頭部を床柱に数回打ちつけ、さらに、その場にあった陶器製灰皿をもってVの前額部を１回殴打し、足で頤部、肩部を蹴るなどの暴行を加え、もってVの反抗を抑圧した上、Vよりその所有の金品を強取しようとした際、Xは、Yの暴行脅迫によりVが反抗を抑圧されていることを知りながら、Yと共謀の上、V所有の

腕時計1個、背広上下1着、現金約100円在中の小財布1個を強取した。Vは、Yの暴行により治療約10日間を要する前額部挫切創等の傷害を負った。Xは、強盗致傷罪で起訴された。

【判 旨】有罪・強盗罪の共同正犯（確定）

「先行者の行為の途中に後行者が加わった場合については当裁判所は後行者の責任についてはそれ自体独立に判断すべきであって後行者は先行者の責任を承継しないと解するのが相当であると考えるので……被告人に対しては、判示腕時計等の奪取行為前におけるYの行為については責任がなく強盗罪として問擬すべきものと考える」。

(3) 暴行・強迫後の財物取得への関与

248 横浜地判昭和56年7月17日判時1011号142頁

【事実の概要】

Y、Z、W並びにUが、Yの斡旋した新聞販売店の仕事を一方的に反古にしたVに対し、これをたねに金員を喝取しようと共謀し、昭和56年3月3日午前0時30分ころから同日午前5時ころまでの間、U方において、Vに対し、Yが「お前が仕事をことわったことで俺は信用をなくした。お前には50万円の費用がかかっている。損害をどうしてくれる。その分弁償してもらおうか。お前に貸してある5万円をすぐ返せ」などと申し向け、Zが手拳及び皮バンドをもってその頭部、顔面、背部等を多数回にわたり殴打し、あるいは足蹴にするなどの暴行を加え、Wが電話受話機でその頭部を1回殴打する暴行を加え、同日午前5時ころ現場に来て合流したUがその場にあったコカコーラの空びんをもってその頭部、肩部、背部等を多数回にわたり殴打し、あるいは足蹴するなどして暴行を加えて金員を要求し、その要求に応じないときはさらにいかなる危害を加えるかもしれないような気勢を示して脅迫し、Vを畏怖させていたところ、被告人Xは、同日午前5時すぎころ現場に行きあわせ、Y、Uに金員を取りに行くよう指示されてその情を知ってこれを承諾し、Yらのため金員を取りに行くべくVを同行のうえ同日午前11時ころ、A銀行B支店駐車場に赴き、V人からVの義父Cを介して現金5万円の交付を受けた。検察官は、被告人Xを恐喝・傷害の共同正犯とした。

【判 旨】有罪・恐喝罪の幇助犯（確定）

「当裁判所は、後述するように、被告人につき検察官主張の恐喝・傷害の共同正犯を認めず、恐喝幇助犯の成立のみを認めたが、いわゆる承継的共同正犯と承継的従犯とでは、いずれも先行行為者が特定の犯罪の実行に着手し、まだその全部を終了しないうちに、後行行為者がその事情を知りながらこれに介入し、先行行為者と意思を通じて、じごの行為をする点では同じであり、ただ後行行為者が行う行為が残りの実行行為を分担するものである場合が共同正犯、実行行為そのものを行うのではなくそれ以外の行為をもって実行行為を容易にする場合が幇助犯とされるにすぎず、共同正犯か幇助犯かという差はあるにせよ、その責任の及ぶ犯罪の範囲については異なった取扱いをする実質的理由はないので、以下においては承継的共同正犯を基本として検討することとする。

従来、承継的共同正犯の責任の及ぶ範囲については、問題となっている犯罪が単純一罪か、行為の分割可能な罪であるかどうかということが重要なきめてとされており、それによれば強盗致傷罪は結果的加重犯として単純一罪を構成するので分割不可能であり、後行行為者は先行行為者の行なった強盗及び傷害の全部について共同正犯者としての責任を負うが、恐喝・傷害の各罪は科刑上一罪として実質上数罪であるから分割可能であり、暴行・傷害行為に加担していない後行行為者は恐喝についてのみ責任を負うとする結論が導かれよう。しかし、検察官が指摘するように、強盗致傷と恐喝・傷害は、行為の実態を重視してこれを統一的にみるとき、両者は暴行の程度が反抗を抑圧するに足るほどの強力なものであったか否かが異なるだけであって、単に当該犯罪が一罪かどうかという理由だけで責任の及ぶ範囲に差異をもうけようとする考え方は説得力不十分と思料されるが、さればといって、後行行為者が先行行為による介入前の犯罪行為を認識して、じごなんらかの実行行為を分担した以上は、その認識した全範囲についての共同正犯の責任を負うと解すべきかどうかについてはさらに検討を要しよう。

いうまでもなく共同正犯の成立には、共同実行の意思とその事実が必要であり（幇助犯にあっては、正犯を幇助する意思と正犯を幇助する行為)、承継的共同正犯において、じごに犯行に加担した者に、それ以前の先行行為者の行為についてまで責任を負担させることができる理由は、先行行為者の行為及び生じさせた結果・状態を単に認識・容認したというにとどまらず、これを自己の犯行の手段として積極的に利用すべく自己の犯罪行為の内容に取入れて、残りの実行行為を他の共犯者と分担して行うことにあり、この場合の後行行為者の共同実行の意思の内容及び共同実行の事実は、介入後の後行行為者の行為を通じて明確となるわけである。すなわち、後行行為者が先行行為者の行為なり、生じさせた結果・状態の拡大に寄与する行為を行うところに介入前後を通じての共同実行の意思とその事実を認めることができるとともに、かかる寄与行為を行わないとすれば、後行行為者においてそれに相応する先行部分の共同実行の意思やその事実を有しないか、すくなくともこれらの存在は客観的には明確でなく、結局これらの存在を断定することはできない。

本件においては、被告人は被害者ＶがＹらの先行行為により畏怖状態にあることを認識・認容して金員受領行為に加担しているので、これによって恐喝罪の実現に協力したと評価することができるが、傷害の結果を生じさせることやその拡大につながるような暴行等の寄与行為はなんらしていないから、傷害については共同実行の意思及びその事実の存在を認めることはできず、結局、本件については恐喝罪の限度で承継的共犯の成立を認めることができるが、傷害についてはこれを認め得ない（この理は、先行行為者の行為が強盗致傷にあたる場合でも同様であると思料される。)」。

「本件は、暴行を加えて財物の交付を受けようとする恐喝罪の正犯が先行しているところ、被告人はその財物の交付を受ける行為のみを、情を知ってなした者であり、かつ、これを自らの犯罪遂行としてなしたのではなく、Ｙ、Ｕに指示され、それらの者のために加担したものであって、恐喝の正犯意思を有していたとまでは認め難いから、恐喝の共同正犯の成立は認定できず、恐喝幇助犯の限度で認定することとした」。

【参考文献】

十河太朗・判例講義Ｉ127頁、只木誠・百選Ｉ170頁

(4)　暴行・強迫後の財物奪取への関与

249 東京高判昭和57年７月13日判時1082号141頁

【事実の概要】

Ｙは、Ｖに対しその顔面や頭部を手掌で10回程度殴打し、更に「騒ぐと殺すぞ」と申し向けながらその背部や腰部を数回足蹴りにするなどの暴行、脅迫を加えて、Ｖの胸ポケットから現金3500円、Ｖの左腕から腕時計１個を奪い取り、かつ、Ｖをしてタクシー料金4110円の支払請求を一応断念させるとともに、傷害を負わせた。その後、被告人Ｘは、Ｙに命じられるまま、Ｖの着衣を脱がせて裸にしたり、ナイロン製のひもで両手を縛ったり、更に、ＹとともにＶの身体に布団を巻きつけたうえ、Ｘがナイロン製のひもで布団の上から縛りあげ、次いで、すててこで両足を縛る暴行に及び、傷害を負わせた。Ｘは、強盗傷人罪で起訴された。

【裁判の経過】

１審：横浜地判昭和57年１月27日（有罪・強盗傷人罪の共同正犯）

１審は、ＸにＹとの現場共謀による強盗傷人罪の共同正犯の成立を認めた。これに対し、弁護人は、強盗についてＹとの間に暗黙の意思連

絡さえなかったのであるから、監禁の共同正犯に問われるなら格別、強盗傷人罪に問われるいわれはないなどと主張した。

【判　旨】控訴棄却

「犯行現場は、白昼とはいえいわゆるドヤ街の中にある人気のない簡易宿泊所の三畳間であって、本件がいわば密室内における犯行であり、被告人は、Yが前示の暴行脅迫に及んで金品を強取するとともに、その暴行によって被害者の入歯が飛ばされ、その顔面から血が出ていることなど事の子細を逐一眼前に目撃していながら、Yが金品を強取したまさにその直後に、Yに命じられるまま、被害者を裸にしたり、手足を縛ったり、いわゆる布団蒸しにしたりしたうえ、Yとともにその場から逃げ出したものであって、このような犯行の一連の流れを全体的に観察し、特に金品強取とその直後に被告人も加わって行った暴行との場所的同一性と時間的接着性、更にその暴行の具体的態様等に徴すると、被告人が加担した以後の暴行は、自己の逃走を容易にする目的のほか、強取した財物を確保し、タクシー料金の支払を免れるという利益の取得を決定的に確実なものにするための手段としても行われたものと認めるのが相当である。そして、Yが強盗の実行行為に着手してから、被害者を布団蒸しにするまでの間の一連の所為を包括的にとらえて、これを不可分の関係にある1個の強盗行為とみるのが実体に即するというべきであるから、前記財物及び財産上の利益の取得を確保するという行為は、1個の強盗行為の一部を組成するものであり、したがって、被告人は強盗の実行行為の一部を分担したものといわなければならない。このように、被告人がYの行った1個の犯罪の一部に共同正犯として承継加担した以上、自己の直接関与することのなかったYの先行行為を含め、同人につき成立すべき犯罪の全体につき同一の罪責を免れないことは当然というべきであって、被告人につき監禁罪の成立をいう所論は、本件強盗行為のうちYの単独犯行による前段部分と被告人が加功した後段部分を可分なものと考え、Yの金品強取をもって強盗行為は終了したとする見解を前提とするものであって、採用できない。そして、前示の事実関係、特に、本件は終始共犯者のYの主導のもとに犯行が遂行され、被告人は、Yから命じられて犯行に加わったとはいえ、その後は積極的に前示のとおりの強烈な暴行に及んで強盗の実行行為の一部を分担し、Yと一体となって犯行を推進している事実に徴してみても、それまで気後れして加担をちゅうちょしていた被告人が、Yに促されて翻然意を決し、Yとその意思を通じ合い、Yの行った強盗の実行行為とその結果を認容してこれに承継加担するに至ったものであることが明らかであって、被告人が強盗を実行するについてYとの間に暗黙の意思の連絡さえなかったということは到底できず、また、被告人が強盗の実行行為の一部を組成する暴行に及んでいることに加えて、その加功の程度など（被害者が両手首に負った擦過傷は、被告人の緊縛行為によるものであることが証拠上明らかである。）に徴し、所論にいう従犯にあたらないことも明白であって、被告人が強盗傷人の共同正犯の罪責を負うことに疑問の余地はない。」

(5)　傷害結果発生後の暴行への関与

250 大阪高判昭和62年7月10日高刑集40巻3号720頁、判時1261号132頁、判タ652号254頁

【事実の概要】

Yは、Vが、Zと情交関係のあったAにアパート代を支払わせたり、金30万円を更生資金名下に出捐させた旨をZから聞き及び、Zと共謀の上、昭和60年2月23日午前2時ころ、V方で、Zにおいて、Vの顔面を1回殴打し、続いて暴力団B組事務所に連行するタクシーの中で2回ほどVの顔面を殴打する暴行を加え、引き続いて同日午前4時30分ころまでの間、同組事務所において、組員であるWとも共謀の上、Vに対し、こもごもその顔面、頭部を数回にわたって手拳、木刀及びガラス製灰皿で殴打し、あるいは、その下腿部を足蹴りにする暴行を加えた。そのころ、飲酒の上、同組事務所3階で寝ていた被告人Xは、折からの階下の物音で目をさまして応接間に現われたのち、Zらに殴打されてすでに頭部や顔面から血を流しているVの姿やAの説明などから、いち早く事態の成行きを察知し、ZらがVに対し暴行を加えてVを負傷させた事実を認識・認容しながら、Wの慫慂に従い、自らもこれに共同して加担する意思で、Vの顎を手で2、3回突き上げる暴行を加えた。その後更に、Yも、Vの顔面を1回手拳で殴打した。Vは、加療約8日間を要する顔面打撲、頭頂部挫創、右下腿打撲の傷害を負った。Xは、傷害罪で起訴された。

【裁判の経過】

1審：大阪地判昭和61年9月26日（有罪・傷害罪の共同正犯）

1審は、Xについても傷害罪の共同正犯の成立を認めた。これに対し、弁護人は、傷害はXの行為前に生じていたものであるから、いわゆる承継的共同正犯の理論によっても、Xに傷害罪の刑責を負わせることはできないと主張した。

【判　旨】破棄自判（暴行罪の共同正犯）（確定）

「一般に、先行者の犯罪にその途中から共謀加担した後行者に対し加担前の先行者の行為及びこれによって生じた結果（以下、「先行者の行為等」という。）をも含めた当該犯罪全体につき共同正犯の刑責を問い得るのかどうかについては、これをすべて否定する見解（所論及び弁護人の当審弁論は、この見解を採る。以下「全面否定説」という。）や、後行者において、先行者の行為等を認識・認容して一罪の一部に途中から共謀加担した以上常に全体につき共同正犯の刑責を免れないとする見解（検察官の当審弁論の見解であり、原判決もこれによると思われる。以下「全面肯定説」という。）もあるが、当裁判所としては、右いずれの見解にも賛同し難い。右のうち、全面否定説は、刑法における個人責任の原則を重視する見解として注目に値するが、後行者において、先行者の行為等を認識・認容するに止まらず、積極的にこれを自己の犯罪遂行の手段として利用したと認められる場合には、先行者の行為等を実質上後行者の行為と同視し得るというべきであるのに、このような場合まで承継的共同正犯の成立を否定する見解は、妥当でないと考えられる。他方、全面肯定説は、実体法上の一罪は、分割不可能な1個の犯罪であるから、このような犯罪に後行者が共謀加担したものである以上、加担前の先行者の行為等を含む不可分的全体につき当然に共同正犯の成立を認めるほかないとする点に論拠を有すると考えられる。右見解が、承継的共同正犯の成立を実体法上の一罪に限定する点は正当であり、また、実体法上の一罪の中に分割不可能なものの存することも明らかなところであるが、実体法上一罪とされるものの中にも、これを構成する個々の行為自体が、形式的にはそれぞれ1個の構成要件を充足するものであるけれども、実質的にみてその全体を1個の構成要件により1回的に評価すれば足りるとして一罪とされるもの（接続犯、包括一罪等）があることを考えると、実体法上の一罪のすべてが絶対に分割不可能であるということは、独断であるといわなければならない。しかも、右見解においては、たとえ分割不可能な狭義の単純一罪に加担した場合であっても、後行者が先行者の行為等を認識・認容していたに止まるのであれば、何故に、先行者の行為による結果についてまで後行者に刑責を問い得るのかについての納得し得る説明がなされていない。

思うに、先行者の犯罪遂行の途中からこれに共謀加担した後行者に対し先行者の行為等を含む当該犯罪の全体につき共同正犯の成立を認め得る実質的根拠は、後行者において、先行者の行為等を自己の犯罪遂行の手段として積極的に利用したということにあり、これ以外には根拠はないと考えられる。従って、いわゆる承継的共同正犯が成立するのは、後行者において、先行者の行為及びこれによって生じた結果を認識・認容するに止まらず、これを自己の犯罪遂行の手段として積極的に利用する意思のもとに、実体法上の一罪（狭義の単純一罪に限らない。）を構成する先行者の犯罪に途中から共謀加担し、右行為等を現にそのような手段として利用した場合に限られると解するのが相当である。

もっとも、例えば、『暴行又ハ脅迫』により被害者の反抗を抑圧した状態に置き、その所持する財物を『強取スル』ことによって成立する強盗罪のように、一罪であっても一連の行為により一定の結果を発生させる犯罪（強姦、殺人等についても同様である。）については、後行者が、先行者の行為等を認識・認容して犯行に共謀加担すれば（例えば、先行者が強盗目的で暴行中、自らも同様の目的で右暴行に加わり、あるいは、反抗抑圧の結果を生じた段階でこれに加わって、自ら金品を強取するなど）、多くの場合、先行者の行為等を自己の犯罪遂行の手段として積極的に利用したと認めるのが相当であるといい得るから、これらの犯罪については、当裁判所の見解によっても、全面肯定説によった場合と（特異な場合を除き）おおむね結論を異にしないと考えられる。しかし、例えば、先行者が遂行中の一連の暴行に、後行者がやはり暴行の故意をもって途中から共謀加担したような場合には、１個の暴行行為がもともと１個の犯罪を構成するもので、後行者は１個の暴行そのものに加担するのではない上に、後行者には、被害者に暴行を加えること以外の目的はないのであるから、後行者が先行者の行為等を認識・認容していても、他に特段の事情のない限り、先行者の暴行を、自己の犯罪遂行の手段として積極的に利用したものと認めることができず、このような場合、当裁判所の見解によれば、共謀加担後の行為についてのみ共同正犯の成立を認めるべきこととなり、全面肯定説とは結論を異にすることになる。なお、検察官の当審弁論の援用する各判例は、おおむね、後行者において、先行者の行為等を自己の犯罪遂行の手段として積極的に利用する意思で加担し、現にこれをそのようなものとして利用していると認め得る事案に関するものであり、当裁判所の見解と正面から対立するものではない」。

「ところで、前示の認定によれば、被告人は、Ｂ組事務所一階応接室へ現われた段階で、同室内におけるＺらの行動や被害者Ｖの受傷状況、更にはＡの説明などにより、事態の成行きを理解し、同室内におけるＺらのＶへの暴行及びこれによる同人の受傷の事実を認識・認容しながら、これに途中から共謀加担したものといい得る。しかし、前示のような暴行罪そのものの性質、並びに被告人がＶに対し現実にはその顎を２、３回突き上げる程度の暴行しか行っていないことからみて、被告人が先行者たるＺらの行為等を自己の犯罪遂行の手段として利用する意思であったとか、これを現実にそのようなものとして利用したと認めることは困難である。従って、本件において、被告人に対しては、Ｚらとの共謀成立後の行為に対して共同正犯の成立を認め得るに止まり、右共謀成立前の先行者の行為等を含む犯罪全体につき、承継的共同正犯の刑責を問うことはできないといわざるを得ない。

しかして、本件においては、被害者Ｖの原判示各傷害は、同人方居室内、タクシー内及びＢ組事務所内におけるＺ、Ｙ、Ｗらによる一連の暴行によって生じたものではあるが、一連の暴行のうち、被告人の共謀加担後に行われたと証拠上認定し得るものは、被告人による顎の突き上げ（２、３回）及びＹによる顔面殴打（１回）のみであって、Ｖの受傷の少なくとも大部分は、被告人の共謀加担前に生じていたことが明らかであり、右加担後の暴行（特にＹの顔面殴打）によって生じたと認め得る傷害は存在しない。そうすると、被告人に対しては、暴行罪の共同正犯が成立するに止まり、傷害罪の共同正犯の刑責を問うことはできない」。

【参考文献】

十河太朗・判例講義Ⅰ126頁、堀内捷三・百選Ⅰ〔第６版〕168頁

(6)　途中からの暴行への関与（傷害結果との因果関係が不明な場合）

251 東京高判平成８年８月７日東高刑時報47巻１～12号103頁

【事実の概要】

平成６年11月30日午前１時30分ころ、東京都江戸川区の駐車場において、ＹがＶに対し、その顔面、頭部等を手拳で数回殴打し、その顔面、背部、左腕等を傘で多数回殴打し、その顔面等を足蹴にするなどの暴行を加えたところ、被告人Ｘは、「俺にやらせろ」などと言い、Ｙと意思を相通じ、共謀の上、Ｘにおいて、Ｖの顔面等を数回足蹴にし、その顔面等を木の棒で数回殴打するなどの暴行を加え、各暴行により、Ｖに加療約６週間を要する胸部・背部打撲、左肩胛骨骨折、加療約２週間を要する左眼瞼打撲傷、結膜下出血、加療約10日間を要する頭部・顔面打撲、左上腕・前腕挫傷等の傷害を負わせた。いずれの傷害においても、Ｘ自身がＶに対して傷害を生じさせるに足りるだけの暴行に及んでいることは認められるものの、Ｘ自身の暴行によって形成された傷害の質および量は不明であり、ＹがＸと共謀する前のものを含む暴行と渾然一体となってＶの傷害を形成したものである。Ｘは、傷害罪で起訴された。

【裁判の経過】

1審：東京地判平成8年3月4日（有罪・傷害罪の共同正犯）

1審は、Vに生じた全部の傷害について被告人Xに傷害罪の成立を認めた。これに対し、弁護人は、Xが「俺にやらせろ」などと言った時点で共謀が成立しているところ、Vの受傷はすべて共謀の以前にYの暴行によって生じたものであるから、Xは暴行罪の限度でしか責任を負わないと主張した。

【判　旨】控訴棄却

「先行行為者の犯行に途中から後行行為者が共謀加担した場合、その後行行為者に対して、加担前に先行行為者が行った行為及びこれによって生じた結果を含む当該犯罪についての共同正犯としての刑責をどの限度まで問うことができるかについては、考え方が分かれている。先行行為者の行為等を認識・認容して一罪の一部に途中から共謀加担した以上、常に全体につき共同正犯の刑責を免れないとする見解や、逆にこれをすべて否定する見解、さらには中間的な考え方として、後行行為者は、原則として共謀加担したとき以後の行為についてのみ刑責を負うが、後行行為者が先行行為者の行為等を自己の犯罪遂行の手段として利用したと評価すべき関係にある場合には、その限度で加担前の行為等について刑責を問われてもやむを得ないとする考え等がある。理念上どのように考えるべきかは大問題であるが、本件のような傷害事犯についてこれを考えるに当たっては、その前にまず、途中加担後の行為とされるものがどの範囲の行為とこれによる結果等を指しているかについてみておかなければならない。

例えば、本件のごとく、先行行為者が傷害行為に及んでいるところへ、後行行為者が途中から共謀加担し、自らも暴行を加えて傷害を負わせたという場合、先行行為者の暴行行為等及びこれによって生じた傷害等の結果と後行行為者のそれとが証拠上明確に区別できるときは、刑責帰属について、前述した理念上の問題を別とすれば、実際上困難な問題はそれほどない。しかし、途中加担後の行為といっても、その範囲が常に明白とは限らない。

例えば、後行行為者によって加えられた暴行行為それ自体は特定・識別することができたとしても、それが、結果として単純暴行にとどまったのか、あるいはなんらかの傷害を生じさせたのかの特定・識別は、具体的事案においては案外容易ではない場合がある。また、先行行為者が負傷させた箇所に後行行為者の暴行が重複して加えられ、それが先行行為による傷害の結果を思いのほか悪化させて、後行行為がその行為によって通常独自に生じさせそうな傷害よりもはるかに大きな診断結果となってあらわれる例が実務上みられるが、そうなると、診断書等によって被害者の身に現実に生じたと認められる傷害が、後行行為者の暴行のみによって生じたものなのか、あるいは先行行為者が生じさせていた傷害に後行行為者の暴行による傷害が付加して生じたものなのかの識別が必要となるのに、この識別はかなり困難となる。さらには、共謀加担前及び加担後の双方の暴行が競合し合ってある治療期間を要する傷害を生じたと認められる場合、その中で後行行為者の暴行によって生じた傷害の程度や治療期間をどの範囲と認定すべきかとなるとなおさら困難である。こうしてみると、一口に加担後の行為といっても、その範囲の確定は必ずしも容易ではないときがあるのであって、その点明確な識別・分離が不可能なものについては、後行行為者は、先行行為者の行為ないしそれに基く傷害の結果等について全体として共同正犯としての刑責を負うとすることもやむを得ないというべきであり、またそうする以外に適当な処理方法がないと考えられる（これに対して、加担前の行為ないしこれによる結果等を明確に区別できる場合には、傷害事犯のように、先行行為の結果等が後行行為に影響するという関係が比較的乏しく、いわば個別の傷害行為が寄り集まっているに過ぎない罪においては、途中から加担した後行行為者が、先行行為者の行為ないし結果等を自己の犯罪遂行の手段として利用したと評価すべき特別の事情でもない限り、途中加担者に対して、加担前の行為やこれによって生じた結果等についての刑責を帰属させるべき実質的根拠に乏しいと考えられる。）。

本件被告人は、犯行現場において、YがVに対して制裁行為に出ていることやVがこれによって相当のダメージを負っていることを認識した上で共謀加担し、自らも敢えて暴行に及んだのであり、その際被告人が加えた暴行は、先行行為者が負わせた傷害とかなり広い範囲で競合していて、どの傷害を被告人が加えたか識別・分離が不可能なこと前述のとおりであり、また、分離評価に適さない状態にあるから、被告人としては自己が加えた傷害を中心としつつ、これと分離不能の原判示傷害についてその刑責を問われてやむを得ない場合であると考えられる。

以上の次第であって、被告人に対して、被告人が共謀加担する以前の、Yの暴行によって生じた傷害についても、共同正犯としての責任を認めた原判決に違法な点はなく、正当として肯認することができる」。

(7) 傷害罪の承継的共同正犯と同時傷害の特例

252 大阪地判平成９年８月20日判タ995号286頁

【事実の概要】

被告人XおよびY両名は、平成７年６月21日午前０時ころ、大阪市淀川区の路上において、友人であるZが、XやZを追いかけて来たVに対し、その顔面に頭突きをし膝蹴りを加える等の暴行を加え、Vを路上に転倒させたことから、Zの喧嘩に加勢しようと考え、ここにX、Yは暗黙のうちにZと共謀の上、そのころから同日午前０時15分ころまでの間、同所において、こもごもVの頭部等を多数回にわたり足蹴にするなどの暴行を加えた。さらに、Zは、引き続き、付近の路上においても、Vの頭部等を足蹴にする暴行を加えた。その結果、Vは、一連の暴行により、入院加療約32日間を要する鼻骨骨折、全身打撲等の傷害を受けたが、その傷害が、共謀成立前のZの暴行によるものか、共謀成立後の被告人ら３名の暴行によるものかは、不明である。X、Yは、傷害罪で起訴された。

【判　旨】有罪・傷害罪の共同正犯（確定）

「承継的共同正犯の成立範囲については諸説存するところではあるが、当裁判所は、『承継的共同正犯が成立するのは、後行者において、先行者の行為及びこれによって生じた結果を認識・認容するに止まらず、これを自己の犯罪遂行の手段として積極的に利用する意思のもとに、実体法上一罪を構成する先行者の犯罪に途中から共謀加担し、右行為等を現にそのような手段として利用した場合に限られると解する』立場（大阪高裁昭和62年７月10日判決・高刑集40巻３号720頁）に賛同するものである。

そこで、このような見地から本件につき検討すると、確かに、後行者たる被告人両名は、先行者たるＺが頭突き等の暴行を加えるのを認識・認容していたことが認められるが、それ以上に被告人両名がこれを『自己の犯罪遂行の手段として積極的に利用する意思』を有していたとか、現にそのような手段として利用したとかの事実は本件全証拠によっても認めることはできないから、結局、被告人両名には傷害の承継的共同正犯は成立しないというべきである」。

「しかし、以上から直ちに、被告人両名は共謀成立後の傷害の結果についてのみ傷害罪の共同正犯に問われると結論することはできない。

けだし、前記のとおり、本件傷害の結果は共謀成立の前後にわたるＺ及び被告人両名の一連の暴行によって生じたことは明らかであるが、それ以上に、これがＺの頭突き等の暴行にのみ起因するものであるのか、それともその後の被告人両名及びＺの暴行にのみ起因するものであるのか、はたまた両者合わさって初めて生じたものであるのかは、本件全証拠によってもこれを確定することはできないからである（なお、前掲関係証拠によれば、Ｖの鼻骨骨折はＺの最初の頭突きによって生じた可能性が濃厚であるが、被告人両名もその後Ｖの頭部等に多数回足蹴にしており、これらの暴行が右鼻骨骨折の形成に寄与した可能性も否定できないから、右傷害がＺの頭突きのみから生じたとは断定することはできない。）。

そして、一般に、傷害の結果が、全く意思の連絡がない２名以上の者の同一機会における各暴行によって生じたことは明らかであるが、いずれの暴行によって生じたものであるのかは確定することができないという場合には、同時犯の特例として刑法207条により傷害罪の共同正犯として処断されるが、このような事例との対比の上で考えると、本件のように共謀成立の前後にわたる一連の暴行により傷害の結果が発生したことは明らかであるが、共謀成立の前後いずれの暴行により生じたものであるか確定することができないという場合にも、右一連の暴行が同一機会において行われたものである限り、刑法207条が適用され、全体が傷害罪の共同正犯として処断されると解するのが相当である。けだし、右のような場合においても、単独犯の暴行によって傷害が生じたのか、共同正犯の暴行によって傷害が生じたのか不明であるという点で、やはり『その傷害を生じさせた者を知ることができないとき』に当たることにかわりはないと解されるからである」。

「よって以上により、当裁判所は、被告人両名には、本件傷害の結果につき同時傷害罪が成立し、全体につき傷害罪の共同正犯として処断すべきものと判断した次第である」。

4 片面的共同正犯

253 大判大正11年2月25日刑集1巻79頁

【事実の概要】

Yらは、Vの住宅を襲い、脅迫、住居侵入、建造物損壊、器物毀棄、傷害を行ったが、被告人Xは、その事実を聞知し、その襲撃に参加し、YらとともにV方住宅内に石煉瓦等を投げ込み、刀を振って屋内に侵入し、刀を畳に突き立てながら、Vらを脅迫した。

【裁判の経過】

1審：八代区判（年月日不明）

2審：熊本地判（年月日不明）

2審は、Yらの行った犯罪すべてについてXを共同正犯とした。これに対し、弁護人は、建造物損壊、器物毀棄、傷害についてXは刑責を負わないと主張した。

【判　旨】破棄

「刑法第60条に二人以上共同して犯罪を実行したる者は皆正犯とすと規定し行為者各自が犯罪要素の一部を実行するに拘らず其の実行部分に応じて責任を負担することなく各自犯罪全部の責任を負う所以は共同正犯が単独正犯と異り行為者相互間に意思の連絡即共同犯行の認識ありて互に他の一方の行為を利用し全員協力して犯罪事実を発現せしむるに由る。然るに若し行為者間に意思の連絡を欠かんか縦令其の一人が他の者と共同犯行の意思を以て其の犯罪に参加したりとするも全員の協力に因りて犯罪事実を実行したるものと謂うを得ざるが故に共同正犯の成立を認むるを得ざるものとす。故に共同正犯として問擬するには判文中行為者相互の間に意思の連絡ありたることを認むるに足るべき事実理由の明示なかるべからず。然るに原判示に依れば被告Xに対し刑法第60条を適用し脅迫住居侵入建造物損壊器物毀棄傷害罪の法条により同被告を処分したるに拘らず其の事実理由には単に『被告Xは被告Y等がV方へ押寄せたることを聞知し其の襲撃に参加し右被告等と共にV方住宅内に石煉瓦等を投込み且抜刀を振つて屋内に侵入し之を畳に突き立てながらV等に対し（以下中略）脅迫し前記被告等の犯行に加担したり』とあるのみにして被告Xと他の被告との間に叙上脅迫侵入建造物損壊器物毀棄及傷害の各犯行を共同実行すべき意思連絡ありたるや否詳かならず。従て被告Xの行為が共同正犯として前記各罪を構成するや否之を知るに由なきを以て原判決は此の点に於て理由不備の不法あり同判決中被告Xに関する部分は破棄を免れず」。

5 予備罪の共同正犯

254 最決昭和37年11月8日刑集16巻11号1522頁

【事実の概要】

被告人Xは、昭和35年3月上旬ごろ、従兄にあたるYから、Yがかねてから密通しているA女との関係を続けるため、同女の夫Vを殺害したいとの意図を打明けられたうえ、その殺害の方法等について相談をもちかけられた。Xは、当初は真剣にその相談に乗る気持はなく、むしろYの言動をからかい、嘲弄していたが、YのV殺害の決意は固く、しかも、度重ねてその殺害方法について相談をもちかけられるうち、これをあしらいかね、同年6月25日ころに至り、YからV殺害の用に供するための青酸カリの入手方の依頼を受けるや、Yにこれを手交すればYがこれを使用して殺人の用に供することのあることを認識しながら、その青酸カリの入手方を承諾した。Xは、知人Zから青酸ソーダを譲り受けたうえ、同月27日ころの午後９時ころ、Y方において、ビニールに包んだ青酸ソーダ約38グラムをYに手交した。Xは、殺人予備罪で起訴された。

【裁判の経過】

１審：名古屋地判昭和36年４月28日刑集16巻11号1531頁（殺人予備幇助罪）

「予備罪は、刑法においては、殺人罪のほか、内乱、外患、私戦、放火、強盗など特定の重大な犯罪について、これを罰する規定が設けられている。それは、この種の犯罪においては、国家的社会的な危険性が極めて大であることから、これを企図して、事前の準備行為をする者は、それ自体刑罰をもって処断するに足る反社会的性格を備えているものとも思はれ、更には、前記のような重大な犯罪を未然に防止しようとする刑事政策的な考慮もあると考えられる。かような予備罪は、教唆犯或いは従犯のように、正犯者のために加功するものと異なり、自己の犯罪の目的のため犯意を実現する行為であって、換言すれば、いわゆる基本的構成要件の実現を目的とする犯罪意思行為であると言いうるから、予備罪の成立には、行為者において、基本的犯罪類型の充足を目的とする意思が必要であって、これを殺人予備について言えば、行為者が、自ら殺人の意図をもって、その準備行為をすることが必要と考えられる。そこで、本件についてみると、前掲各証拠によれば、被告人は、Ｙから、同人がＶを殺害する意図を有することを打ち明けられて、Ｙに青酸ソーダを手渡しているが、被告人としては、Ｖを殺害する何らの動機原因もなく、同人を殺害する意図も毛頭なかったことが認められるから、被告人に対して、殺人予備罪をもって、処断することはできないと言わねばならない。しかして、判示のとおりＹが、Ｖを殺害するため、青酸ソーダを入手して、その準備をしたことは、まさに殺人予備行為であり、被告人において、右の情を知って、青酸ソーダをＹに手渡したことは、同人の殺人予備行為を容易ならしめたものであるから、被告人の行為は、殺人予備の幇助に該当すると解するのを相当とする」。

２審：名古屋高判昭和36年11月27日刑集16巻11号1534頁（破棄自判、殺人予備罪の共同正犯）

「思うに、犯罪の予備行為は、一般に基本的構成要件的結果を発生せしめる蓋然性は極めて少なく、従って法益侵害の危険性も少ないわけであるから、通常可罰性はなく、特に、法益が国家的、社会的にすぐれて高いものと評価される特殊の犯罪に限って、これが準備行為、すなわち、右の犯罪の実行を準備する行為までを、法益侵害の危険性が看過できないものとして、刑法は、例外的にこれを処罰の対象としているのである。本件の殺人の予備罪の如きもそうである。然し、犯罪の予備行為というものは、実行行為に着手する以前の、犯罪の準備行為を含めて、犯罪への発展段階にあるすべての行為を指称するものであり、基本的犯罪構成要件の場合の如く、特に、それが定型的行為として限定されていないところに特色がある。従って、予備罪の実行行為は無定型、無限定な行為であり、その態様も複雑、雑多であるから、たとえ、国家的、社会的にその危険性が極めて高い犯罪であっても、その予備罪を処罰することになれば、その処罰の範囲が著しく拡張され、社会的には殆んど無視しても差支えない行為、延いては又言論活動の多くのものまでが予備罪として処罰される虞れもないわけではない。そこで、刑法はこのように処罰の範囲が徒らに拡張されることを警戒して、広般な予備行為の範囲を限定して、予備罪を構成すべき行為を限定的に列挙する場合もあり（例えば、刑法153条、なお特別法として爆発物取締罰則３条の如きもそうである。)、更に又予備罪については、情状に因りその刑を免除することにもしているわけである。ところで、従犯の行為も又同様無限定、無定型である。従って、もし、予備罪の従犯（正犯が予備罪に終った場合の従犯）をも処罰するものとすれば、その従犯として処罰される場合が、前の予備罪の正犯の場合にもまして著しく拡張される危険のあることは極めて明らかである。かの助言従犯の場合の如きを考えれば、言論活動の多くの場合までが、直ちに予備罪の従犯として処罰される危険性が、高度である。従って、予備罪の従犯を処罰するかどうかについては、特に厳正な解釈態度が要求されるのである。しかも又、従犯の刑は正犯の刑に照して減軽されているわけであり（刑法63条)、従犯の違法性、可罰性は、正犯のそれに比し軽減されているものであることも又否定できない。してみると、予備罪が特に明文の規定をまって処罰される場合においても、その刑は、既遂、未遂のそれに比し極めて軽いのであるから

（殺人予備罪の場合も２年以下の懲役であり、情状に因りその刑が免除される。刑法201条）、これより違法性、可罰性の更に軽減されるその従犯までを処罰するについては、これを解釈に一任することなく、法の明文を以って特に明確にすべきである。予備を独立に処罰する旨の規定があるからといって、それを理由として、予備の背後関係にあって、予備罪の正犯に比べその違法性、可罰性のより減少したその従犯までを処罰しなければならない必要性、合理性は少しも正当化されるものではなく、予備罪の従犯を処罰するかどうかは、やはり刑法全体の精神から論定すべきことがらである」。

「わが刑法は、予備罪の従犯を処罰するのは、特に明文の規定がある場合にこれを制限し、その旨の明文の規定のない場合は、一般にこれを不処罰にしたものと解すべきである。すなわち、総則規定としての刑法62条の規定は、予備罪が独立に処罰される場合においても、当然にその適用があるものではない、ということになるわけである。してみれば、殺人罪の予備罪の幇助行為について、特にこれを処罰する法律の規定はないのであるから、被告人の原判示所為を殺人予備罪の幇助（予備幇助罪）として処罰した原判決は、既にこの点において法律の解釈を誤つた違法があるものというべきである。

【決定要旨】上告棄却

「被告人の判示所為を殺人予備罪の共同正犯に問擬した原判決の判断は正当と認める」。

【参考文献】

十河太朗・判例講義Ⅰ128頁、川口浩一・百選Ⅰ〔第６版〕166頁、西川潔・最判解刑事篇昭和37年度213頁

6　共謀共同正犯

(1)　強盗罪の共謀共同正犯

255 大連判昭和11年５月28日刑集15巻715頁

【事実の概要】

被告人Xは、昭和７年10月４日午前中に、Yから、A銀行B支店に侵入し行員を脅迫して行金を強奪する計画があるとの報告を聞き、さらに、Yは、同日午後にZらとその計画について協議し、同月６日午後４時ころ、Wら３名がB支店にけん銃を携帯して同銀行の裏口より入り、もって、Xらは同支店に侵入し、Wらが行員数名に銃口を向けて脅迫し、行金を強取した。

【裁判の経過】

１審：東京地判（年月日不明）

２審：東京控判（年月日不明）（有罪・強盗罪の共同正犯）

２審は、強盗罪の共同正犯の成立を認めた。これに対し、弁護人は、強盗罪について実行行為を分担していない者は正犯としての責任を負わないと主張した。

【判決要旨】

「仍て叙上論旨中窃盗罪又は強盗罪に付ては其の謀議に与るも実行行為を分担せざる者は正犯たるの責を負うべきものに非ずとする点に付て案ずるに凡そ共同正犯の本質は二人以上の者一心同体の如く互に相倚り相援けて各自の犯意を共同的に実現し以て特定の犯罪を実行するに在り共同者が皆既成の事実に対し全責任を負担せざるべからざる理由茲に存す。若し夫れ其の共同実現の手段に至りては必ずしも一律に非ず或は倶に手を下して犯意を遂行することあり或は又共に謀議を凝したる上其の一部の者に於て之が遂行の衝に当ることあり其の態様同じからずと雖二者均しく協心協力の作用たるに於て其の価値異なるところなし。従て其の孰れの場合に於ても共同正犯の関係を認むべきを以て原則なりとす。但し各本条の特別の規定に依り之と異なりたる解釈を下すべき場合の存するは言を須たざるところなり。而して窃盗罪並強盗罪の共同正犯関係は殺人傷害及放火等の罪に於けると同じく上叙原則に従うべきものにして之が例外を為すべき特質を存するものに非ず。即ち二人以上の者窃盗又は強盗の罪を犯さんことを謀議し其の中或者に於て之を実行したるときは爾余の者亦由て以て自己の犯意を実現したるものとして共同正犯たるの責を負うべきものと解せ

ざるべからず。本院従来の判例は初め所謂知能犯と実力犯とを区別し前者に付ては実行を分担せざる共謀者をも共同正犯とし後者に付ては実行を分担したる者に非ざれば共同正犯と為さざるの見解を採りたるも近来放火罪殺人罪等の如き所謂実力犯に付ても概ね上叙原則の趣旨を宣明せるに拘らず窃盗罪並強盗罪の共同正犯に付ては寧ろ例外的見地を採用し実行分担者に非ざれば之が共同正犯たるを得ざるものと為したること所論の如しと雖之を維持すべきに非ず。然れば則ち原判決が被告人に対し所論の如き事実を認定し窃盗罪の共同正犯及強盗罪の共同正犯として処断したるは寔に正当にして之を攻撃する論旨は理由なきものなりとす」。

(2) 傷害致死罪の共謀共同正犯(練馬事件)

256 最大判昭和33年5月28日刑集12巻8号1718頁、判時150号6頁

【事実の概要】

昭和26年11月30日頃、東京都練馬区のO製紙株式会社東京工場においては、同工場従業員で組織されたO製紙株式会社東京工場従業員組合(以下、第一組合という)が賃金値上及び労働協約締結を要求して争議に入り、同年12月26日頃、裁判上の和解成立によって妥結するに至るまで罷業状態を続けて会社側と抗争していた。その当時、被告人X、同Y、同Z及び同Wは、いずれもN党員で、Xは東京都北部地区軍事委員会委員長、Yは成増居住細胞責任者、Zは練馬区の「グランドハイツ」細胞責任者、Wは赤塚農村細胞に属していたものである。被告人U、同T、同Sらは、いずれも前記O製紙株式会社東京工場の工員で、第一組合に属し前記争議に参加していたものである。前記争議中、Zは、度々同工場に出入して第一組合を応援し、Y、Wらも、それぞれこれを応援していた。一方、第一組合が前記争議に入るに先立ち、これに対抗して前記東京工場に同工場従業員Aを委員長とするO製紙株式会社従業員組合東京支部(以下、第二組合という)が結成され、同組合が前記争議に反対の態度をとったため、ここに両組合は互いに反目対立し、同年12月7日頃、第一組合員が第二組合員に対し暴行し傷害を加えた嫌疑により同工場内で練馬警察署に検挙され、あるいは争議中会社側が数回にわたり第二組合員及び警察官等の協力のもとに工場で製品を出荷し、これを阻止しようとする第一組合員等との間に紛争を生じた。これらを通じて第一組合員の間では、会社側、第二組合及び警察が相結託して前記争議を抑圧しようとするものであるとして、前記Aに対する反感が高まるとともに、練馬警察署の巡査Vに対しても同人がその頃度々前記工場に出入し、殊に前記傷害被疑事件につき被害者とされる第二組合員の申告を受けてこれを取扱ったことから同巡査を誹謗するビラを同町内に貼布するなど強い反感を抱いていた。

X及びYは、同年12月24、5日頃、Y方等において、N党員1名と相謀り、前記A及びV巡査に対する第一組合員の反感を利用し、Aに暴行を加えて第二組合を抑圧すると共に、当時の情勢に乗じいわゆる権力闘争としてV巡査に暴行を加えようと企図し、その実行をYが指導連絡することと定めていたが、同月26日夜、U、Wら数名は、U方に集合し、Yもこれに加ってV巡査に暴行を加えること及びその方法等を協議し、一方、Sら数名は、S方に会合し、Aを殴打しようと打合せ中、Aの所在が不明であったので、被告人U方から来たYの連絡示唆によってSらもUらに合流してV巡査に暴行を加えることに決し、更にZは同じくYを通じ、TはSを介しこれに加担することとなり、かくしてX、Y、U、W、S、Z、Tらは、V巡査に暴行を加えようと順次共謀した。同夜11時頃、U、W、Z、Tは、ほか数名とともに現場に赴き、行倒れ人がある旨偽ってV巡査を巡査駐在所より練馬区の道路上に誘いだし、同所において古鉄管、丸棒(掃除用モップの柄)等を用い、同人の頭部、顔面、背部等を乱打して後頭部等に頭蓋骨骨折等の十数個の創傷を負わせ、よって同人をして脳損傷によりまもなくその現場で死亡するに到らしめた。

検察官は、被告人等は共謀の上、V巡査に対し暴行を加え同巡査所携のけん銃を強取し、暴行により同巡査を死に致したもので、被告人等全員に対し強盗致死罪に問擬すべ

きものと主張した。

【裁判の経過】

1審：東京地判昭和28年4月14日刑集12巻8号1797頁（有罪・傷害致死罪の共同正犯）

「被告人X等の拳銃奪取の提案は被告人Yによってその実行者たるべき被告人U等に伝達連絡されその同意によって具体化さるべきものであったと認められる本件においては被告人Y従って同Xの犯意もV巡査に対する暴行の点に限るべきものと認むるを相当とするので、被告人X、同Y、同U、同W、同R、同Z、同Tに対し傷害致死罪を以て問擬すべく、右被告人全員について拳銃奪取の点についても共謀の上判示暴行に出たとする検察官の主張は採用できない」。

2審：東京高判昭和28年12月26日刑集12巻8号1809頁（控訴棄却）

「凡そ数名の者が或る犯罪をすることを共謀しその全員又は一部の者が右謀議に基きその犯罪を実現したときは、その行為は共謀者が共同意思の下に一体となり相互に他人の行為を利用し又は他人に奉仕するの関係においてその意思を実現したものと認められるのであって、右共謀者は皆共同正犯として右行為の結果に対し各自責任を負担すべきものであることは判例の示すところである。（いわゆる共謀共同正犯の理論）。原審が認めた前示傷害致死の事実は叙上のように被告人Bを除くその余の本件被告人十名がV巡査に暴行を加えることにつき共謀即ち意思の連絡を遂げ、これに基きその一部のものが暴行を加え、これによって生じた傷害の結果同巡査が死亡したものと認めたものであって、被告人Y方における被告人Y、X等の謀議、被告人U方における被告人U、Q、R、W及びY等の謀議、並びに被告人S方における被告人S、Pの謀議、被告人Yと同Zとの連絡、被告人Sと同Tとの連絡の点はいずれも右被告人等の本件犯行に関する共謀即ち意思の連絡の成立した経緯として認定判示されたものに外ならない。

しかして共謀に基く犯罪行為において、その共謀自体に関する事実、即ち何時何処で如何なる内容の謀議がなされたかと言う点は本来の『罪となるべき事実』には属さないのであるから、共謀即ち犯行謀議者間における犯行についての意思の連絡ができたことが認定判示され、且つそれが挙示の証拠によって認められる以上、共謀についての具体的事実関係即ちその共謀が何時如何にしてなされ、その内容が如何なるものであったかと言う点については必ずしも逐一これを認定判示し、且つ証拠によってこれを認めた理由を説示することを要するものではなく、又この点に関する具体的事実の認定に多少の誤認があり又は証拠の説示に多少の瑕疵があってもこの一事を以て直ちに判決に影響を及ぼすべき事実誤認又は理由の不備となすに足りないものと解すべきであり、又犯行を共謀した共犯者の実行行為は、前示のように、共犯者全員が各自その全部につき責を負うべきものであるから、当該実行行為が共謀者の一人又は数人によって、右謀議に基きなされたことが証拠により認定判示されている以上、必ずしも右謀議者の何人が如何なる行為をしたかを具体的に一々認定判示し、その証拠を挙示しなくも、有罪判決の理由として不備であるとはいえず、又共謀共犯者の実行行為分担に関する具体的事実の認定に多少の誤認があり、又は証拠の説示に多少の瑕疵があっても、この一事を以て直ちに判決に影響を及ぼすこと明かな事実誤認又は理由不備の違法があると言えないことも前同様と解すべきものである」。

【判　旨】上告棄却

「共謀共同正犯が成立するには、二人以上の者が、特定の犯罪を行うため、共同意思の下に一体となって互に他人の行為を利用し、各自の意思を実行に移すことを内容とする謀議をなし、よって犯罪を実行した事実が認められなければならない。したがって右のような関係において共謀に参加した事実が認められる以上、直接実行行為に関与しない者でも、他人の行為をいわば自己の手段として犯罪を行ったという意味において、その間刑責の成立に差異を生ずると解すべき理由はない。さればこの関係において実行行為に直接関与したかどうか、その分担または役割のいかんは右共犯の刑責じたいの成立を左右するものではないと解するを相当とする。他面ここにいう『共謀』または『謀議』は、共謀共同正犯における『罪となるべき事実』にほかならないから、これを認めるためには厳格な証明によらなければならないこというまでもない。しかし『共謀』の事実が厳格な証明によって認められ、その証拠が判決に挙示されている以上、共謀の判示は、前示の趣旨において成立したことが明らかにされれば足り、さらに進んで、謀議の行われた日時、場所またはその内容の詳細、すなわち実行の方法、各人の行為の分担役割等についていちいち具体的に判示することを要するものではない。

以上説示する趣旨にかんがみ原判決のこの点に関する判文全体を精読するときは、原判決がたまたま冒頭に共謀は『本来の罪となるべき事実に属さないから……』と判示したのは、その後段の説示と対照し、ひっきょう前示の趣旨において、共謀はくわしい判示を必要とする事項かどうかを明らかにしたに止まるものと解すべく、原判決は結局において正当であって違法はない。また共謀共同正犯を以上のように解することはなんら憲法31条に反するものではなく、したがってこの見解に立つて本件被告人の罪科を認定した原判決になんら同条の違反はない」。

「数人の共謀共同正犯が成立するためには、その数人が同一場所に会し、かつその数人間に１個の共謀の成立することを必要とするものでなく、同一の犯罪について、甲と乙が共謀し、次で乙と丙が共謀するというようにして、数人の間に順次共謀が行われた場合は、これらの者のすべての間に当該犯行の共謀が行われたと解するを相当とする。本件について原判決によれば、被告人Ｘが昭和26年12月25日夕被告人Ｙ方を訪れ、同人に対し北部地区の党員らが協力して同月26日夜２班に分れＶ巡査およびＡを殴打すること、および参加人員、集合場所、実行方法等について指示し共謀したというのであり、その指示を受けた右Ｙが順次各被告人と共謀していつたというのであるから、各被告人について本件犯行の共謀共同正犯の成立することをなんら妨げるものではなく、また所論引用の判例に違反するものではない」。

【参考文献】

十河太朗・判例講義Ⅰ129頁、浅田和茂・百選Ⅰ〔第６版〕152頁、岩田誠・最判解刑事篇昭和33年度399頁

7 黙示の共謀

(1) 暗黙の共謀

257 最判昭和25年６月27日刑集４巻６号1096頁

【事実の概要】

Vから切りつけられ負傷したYが、そのことにつき話をつけるため、昭和22年５月22日、V方２階でVと強談中、Yの輩下である被告人X、Zら７、８名がV方に集まり、もしXとVの間で話がつかない場合には、当然喧嘩となる情勢であり、殺傷沙汰の起きることを予期し、その場合はYに加勢し、Vと争闘すべきことを暗に共謀してV方屋内で待機していたところ、突如２階で物音がしたので、Xらは、予期のとおり喧嘩が始まったものと速断して２階に押し寄せた。すると、Yが顔面等に出血していたため、Zは、これをVの傷害によるものと思惟し、所携の匕首をVの腹部に突き刺し、死亡させた。Xらは、傷害致死罪で起訴された。

【裁判の経過】

１審：広島地判（年月日不明）

２審：広島高判昭和24年12月21日刑集４巻６号1108頁（有罪・傷害致死罪の共同正犯）

２審は、被告人らに傷害致死罪の共同正犯の成立を認めた。これに対し、弁護人は、Ｚの傷害行為は単独の行為にすぎず、共謀に基づくものではないと主張した。

【判　旨】

「原判決挙示の証拠によれば被告人等が原判示のようにＶと争闘すべきことを暗に共謀した事実を認定することができるのであるから、共謀の点につき証拠がないとの論旨には理由がない」。

(2) 夫婦間における暗黙の共謀

258 大阪高判平成13年6月21日判タ1085号292頁

【事実の概要】

被告人Xは、出生を望まないまま産み落とした三女V（平成8年5月31日生）を、日ごろから夫Yとともに疎ましく感じ、同児がいない方がよいとの思いから、以前餓死させた長女Aと同じようにVを餓死させようなどと話合い、離乳食を与える時期になってもこれを与えず、ミルクだけを与えていたため、Vが日々やせ細っていたところ、平成9年7月21日ころ、Vのことを心配して自宅を訪れた母親から、「Vにちゃんと食べさせているの、Aみたいにしたら承知しないよ。私が連れて帰って育てる。」などと言われたことから、もう、Vを餓死させても、これを取り繕うことはできず、かといって、他にVを亡き者にするための適当な方法も見出せないまま、互いに追い詰められた心境に立ち至っていた。その折、同月27日午後11時すぎころ、XとYが就寝しようと布団に横になっていたところ、同人らの左横の布団に寝かせていたVが低い声で泣き出し、YがXに対し、「V、泣いているで。」などと言ったことから、口論となり、やむなく起き上がったXが、Vの傍らにしゃがみ込み、YとVに対する怒りから、仰向けに寝ていたVの顔面を手拳で数回殴打した後、Vの腹部を数回殴打し、右手でVの着衣の胸倉をつかみ、左手をその臀部に当てがって抱き上げて立ち上がり、自己の右肩辺りの高さまで同児を持ち上げて、足元の敷布団上に2、3回叩きつけたところ、Vは、その途中で声を出さなくなった。その後、Xは、さらに、Vを抱きかかえて、隣室三畳間に置かれていたこたつの前に移動して立ち、右手で同児の胸倉をつかんで左手をその臀部に当てがって、自分の右肩付近まで持ち上げ、その状態のまま上半身を右にねじって、Yの方を振り返り、「止めへんかったらどうなっても知らんから。」と言ってその様子を窺った。これに対し、Xに背中を向けて布団上に横臥していたYは、顔だけを左側に向けてXと目を合わせた後、すぐ、黙ったまま顔を反対側に背けたことから、Xは、右肩付近に持ち上げていたVをこたつの天板目がけて思い切り叩きつけ、約1メートル下方の天板（厚さ2センチメートル、表面はメラニン化粧板、裏面ネル加工）に後頭部から衝突させた。同年8月11日午後1時30分ころ、B市立中央市民病院において、Vは、頭部外傷に基づく急性硬膜下血腫による低酸素性脳障害により死亡した。Xは、殺人罪で起訴された。

【裁判の経過】

1審：大阪地判平成12年6月12日（有罪・殺人罪）

1審は、XとYとの間には、Vに対する殺人の共謀が認められないと判示し、その理由として、①XとYは、Vに対して愛情を感じていなかった上、餓死させることを容認したり、事故死を装って死亡させることを相談していたことはあるが、本件は、Xらが就寝しようとした際、Vが泣き出したため、Vの世話をめぐって口論となり、Xが自分勝手なYに対する腹立ちが高じてVに対する一連の暴行に及んだものであって、従前のYとの間におけるV殺害に関する話は直接関係しない、②Yは、そもそも自己の安眠の妨げとなるため、Xに対し、Vを泣きやませるように指示したにすぎず、その後はXのVに対する暴行を傍観しており、XのVをこたつの天板に直撃させる前に発した「止めへんかったら、どうなっても知らないからね。」という言葉に対しても顔を背けただけにすぎず、Xの一連の暴行に積極的に加担するような態度はみられない、③Yは、本件犯行直後Xが警察に捕まることを恐れ、救急車を呼ぼうとXに提案した際、言い訳が考えつかず躊躇するXに対し、本件犯行についてXの行動を責め、自分は関係ないとする態度をとり続けていた、④Xの方でも、Yに対する当てつけから、Vに対する暴行に及んだのに、Yがこれを制止しないことから、ますます暴行の態様が激しくなってしまったという経緯が認められる、⑤Yの検察官調書中には、「犯行前にマタニティブルーであったとしてXに手を下させようと考えていた。」

旨の、また、「犯行当時、Ｖが泣きやまないので、Ｘに対し『うるさいんじゃ。何でもいいから黙らせ。』と殺してでもＶを黙らせようという気持ちになって言った。Ｘがイライラしていたので、この時に、Ｖを殺してしまおうと思った。」旨の供述部分があるが、これらの内容自体、不自然不合理である上、マタニティブルーの件を否定するＹの原審公判供述や、犯行直後の状況事実に照らして信用できない、⑥Ｙとの実質的共謀を認めた内容のＸの捜査段階における供述も、Ｘが、自分勝手でＸのＶに対する暴行を制止しようとしないＹの態度に対する怒りが爆発し、Ｙへの当てつけから本件殺害行為に及んだという経過と符合しないから信用できない、などという諸点を指摘した。その上で、Ｘの単独犯であるとした。

これに対し、検察官は、ＸとＹの間には殺人の共謀が認められるとして、１審判決には事実誤認があると主張した。

【判　旨】破棄自判（殺人罪の共同正犯）

「被告人及びＹの捜査段階における供述及び、これに沿う両名の各原審公判供述を総合すると、被告人において、こたつの前に立って、Ｖを右肩付近に抱え上げた状態で、Ｙの方を振り向き、わざわざＹに対して『止めへんかったらどうなっても知らんから。』と警告的な言葉を発することによって、Ｙがいかなる態度に出るかを問いただした際、被告人と一旦は目を合わせたＹが、ベランダの方を向いて自分を制止しようとしない態度を示したことを確認したこと、その際、被告人自身に、Ｙに制止して欲しいという気持ちがあり、仮に、この時、Ｙが制止していれば、Ｖをこたつの天板に投げるのを止めた可能性が高かったこと、しかるに、Ｙが制止することなく、前記のような態度を示したことによって、Ｖをこたつの天板に投げつけることによって殺害することを容認したものと理解したということができるのであり、他方、Ｙにおいても、被告人と並んでＶの親権者でその保護者たる実父であり、本件犯行当時、その場には、乳幼児らを除くと、被告人の本件犯行を制止することができる立場にあったのは、自分ただ一人であったものであるところ、こたつの前に立ってＶを右肩付近にまで抱え上げて、自分の方を向いた被告人がＶをこたつの天板に叩きつけようとしているのを十分理解し、被告人の前記の発言の意味するところも知悉し、しかも、その際、被告人が自分に制止して欲しいという気持ちを有していることまでをも熟知しながら、自らもＶに死んで欲しいという気持ちから、被告人と一旦合った目を逸らし、あえて被告人を制止しないという行動に出ることによって、被告人がＶをこたつの天板に叩きつけて殺害することを容認したといえるのであって、以上によれば、Ｖをこたつの天板に叩きつけるという方法によって、同児を殺害することについて、この時点において、暗黙の共謀が成立したと認めるのが相当というべきである」。

(3)　黙示的な意思連絡に基づく共謀（スワット事件）

259 最決平成15年５月１日刑集57巻５号507頁、判時1832号174頁、判タ1131号111頁

【事実の概要】

被告人Xは、兵庫、大阪を本拠地とする３代目K組組長兼５代目G組若頭補佐の地位にあり、配下に総勢約3100名余りの組員を抱えていた。K組には、Xを専属で警護するボディガードが複数名おり、この者たちは、アメリカ合衆国の警察の特殊部隊に由来するスワットという名称で呼ばれていた。スワットは、襲撃してきた相手に対抗できるように、けん銃等の装備を持ち、Xが外出して帰宅するまで終始Xと行動を共にし、警護する役割を担っていた。Xとスワットらとの間には、スワットたる者は個々の任務の実行に際しては、親分であるXに指示されて動くのではなく、その気持ちを酌んで自分の器量で自分が責任をとれるやり方で警護の役を果たすものであるという共通の認識があった。

Xは、秘書やスワットらを伴って上京することも多く、警視庁が内偵して把握していただけでも、本件の摘発がなされた平成９年中に、既に７回上京していた。東京においてXの接待等をする責任者はK組S会会長のWであり、Wは、Xが上京する旨の連絡を受けると、配下の組員らとともに車５、６台で羽田空港にXを迎えに行き、Wの指示の下に、おおむね、先頭の車にXらの行く先での駐車スペース確保や不審者の有無の確認等を担当する者を乗せ（先乗り車）、２台目にはWが乗ってXの乗った車を誘導し（先導車）、３台目

にはXと秘書を乗せ（被告人車）、4台目にはスワットらが乗り（スワット車）、5台目以降には雑用係が乗る（雑用車）という隊列を組んで、Xを警護しつつ一団となって移動するのを常としていた。

同年12月下旬ころ、Xは、遊興等の目的で上京することを決め、これをK組組長秘書見習いZに伝えた。Zは、スワットのYに上京を命じ、Yと相談の上、これまで3名であったスワットを4名とし、Xには組長秘書ら2名とK組本部のスワット4名が随行することになった。この上京に際し、同スワットらは、同年8月28日にG組若頭兼T組組長が殺害される事件があったことから、Xに対する襲撃を懸念していたが、K組の地元である兵庫や大阪などでは、警察の警備も厳しく、けん銃を携行して上京するのは危険と考え、Xを防御するためのけん銃等は東京側で準備してもらうこととし、大阪からはX用の防弾盾を持参することにした。そこで、ZからXの上京について連絡を受けたWは、同人の実兄である二代目H組組長のUに電話をして、けん銃等の用意をも含む一切の準備をするようにという趣旨の依頼をし、また、Yも、前記S会の組員にけん銃等の用意を依頼し、同組員は、Uにその旨を伝えた。連絡を受けたUは、H組の組員であるEとともに、本件けん銃5丁を用意して実包を装てんするなどして、スワットらに渡すための準備を調えた。

同年12月25日夕方、XがZやYらとともに羽田空港に到着すると、これをWやH組関係者と、先に新幹線で上京していたスワット3名が5台の車を用意して出迎えた。その後は、前記のようなそれぞれの役割区分に従って分乗し、被告人車のすぐ後ろにスワット車が続くなどの隊列を組んで移動し始め、最初に立ち寄った店を出るころからは、次のような態勢となった。

①先乗り車には、K組本部のスワット1名と同組S会のスワット1名が、各自実包の装てんされたけん銃1丁を携帯して乗車した。

②先導車には、Wらが乗車した。

③被告人車には、XのほかZらが乗車し、Xは前記防弾盾が置かれた後部座席に座った。

④スワット車には、K組本部のスワット3名が、各自実包の装てんされたけん銃1丁を携帯して乗車した。

⑤雑用車は、当初1台で、途中から2台に増えたが、これらに東京側の組関係者が乗車した。

そして、Xらは、先乗り車が他の車より少し先に次の目的場所に向かうときのほかは、この車列を崩すことなく、一体となって都内を移動していた。また、遊興先の店付近に到着して、Xが車と店の間を行き来する際には、Xの直近を組長秘書らがガードし、その外側を本件けん銃等を携帯するスワットらが警戒しながら一団となって移動し、店内では、組長秘書らが不審な者がいないか確認するなどして警戒し、店外では、その出入口付近で、本件けん銃等を携帯するスワットらが警戒して待機していた。

Xらは、翌26日午前4時過ぎころ、最後の遊興先である港区六本木に所在する飲食店を出て宿泊先に向かうことになった。その際、先乗り車は、他車より先に、同区六本木所在のホテルに向かい、その後、残りの5台が出発した。そして、後続の5台が、同区六本木の路上に至ったところで、警察官らがその車列に停止を求め、各車両に対し、あらかじめ発付を得ていた捜索差押許可状による捜索差押えを実施し、被告人車のすぐ後方に続いていたスワット車の中から、けん銃3丁等を発見、押収し、Xらは現行犯逮捕された。また、そのころ、先乗り車でホテル前にその役割に従って一足先に到着していたK組本部のスワットと同組S会のスワットは、同所に警察官が来たことを察知して、所持していた各けん銃1丁等を、自ら、又は他の組員を介して、民家の敷地やビルディング植え込み付近に投棄したが、間もなく、これらが警察官に発見された。

スワットらは、いずれも、Xを警護する目的で実包の装てんされた本件各けん銃を所持していたものであり、Xも、スワットらによる警護態様、X自身の過去におけるボディガードとしての経験等から、スワットらがXを警護するためけん銃等を携行していることを概括的とはいえ確定的に認識していた。また、Xは、スワットらにけん銃を持たないように指示命令することもできる地位、立場にいながら、そのような警護をむしろ当然のこととして受入れ、これを認容し、スワットらも、Xのこのような意思を察していた。
　Xは、けん銃所持罪で起訴された。

【裁判の経過】

1審：東京地判平成12年3月6日刑集57巻5号575頁（有罪・けん銃等所持の共同正犯）

「被告人は、けん銃等を携帯所持して被告人と行動をともにし、専ら被告人の警護のみに専従している通称『スワット』と呼ばれるYらが、被告人の警護のために上京して被告人に同道し、被告人が都内を移動する際、被告人の警護のため被告人と一体となって行動していることを認識し、また、Yらスワットの本件けん銃等の携帯所持は被告人のためになされており、被告人が一々指示しなくてもYらスワットが被告人の警護をするにつきけん銃等を携帯所持するものとの認識を有し、それを認容していたものと認めるのが相当であるから、被告人が本件けん銃等の携帯所持に関し、具体的な言葉による指示をしていないことをもって、共謀がないとはいえず、被告人についても、スワットらに指示をしたZの外、……Y……らの計9名と共謀して本件けん銃等を携帯所持したものと認めることができるというべきである。」

2審：東京高判平成13年10月16日刑集57巻5号586頁（控訴棄却）

「被告人は、今回の上京に際し、被告人と行動を共にして、被告人を警護しているスワットと呼ばれる者らが、被告人を警護するために大阪から上京したり、東京側で準備されて、都内においてけん銃を携行して被告人の行く先に同行し、終始被告人の警護に当たっていることを当然に認識していたものと認められる。

　そして、被告人がこれらのスワットに対して直接けん銃を携行しての警護を指示していなかったとしても、スワットらのけん銃所持がまさに被告人の警護を目的としており、けん銃を所持しての警護を継続させるかどうかは被告人の意思にかかっているのであるから、被告人がけん銃を携行したスワットによる警護がなされていることを認識し、けん銃所持を認容して、スワットらと一体として行動している前記のような事実関係のもとにおいては、被告人がY……と共謀の上で、本件けん銃等を所持したものと認めることができる。

【決定要旨】上告棄却

「本件では、前記1（5）の捜索による差押えや投棄の直前の時点におけるスワットらのけん銃5丁とこれに適合する実包等の所持について、被告人に共謀共同正犯が成立するかどうかが問題となるところ、被告人は、スワットらに対してけん銃等を携行して警護するように直接指示を下さなくても、スワットらが自発的に被告人を警護するために本件けん銃等を所持していることを確定的に認識しながら、それを当然のこととして受け入れて認容していたものであり、そのことをスワットらも承知していたことは、前記1（6）で述べたとおりである。なお、弁護人らが主張するように、被告人が幹部組員に対してけん銃を持つなという指示をしていた事実が仮にあったとしても、前記認定事実に徴すれば、それは自らがけん銃等の不法所持の罪に問われることのないように、自分が乗っている車の中など至近距離の範囲内で持つことを禁じていたにすぎないものとしか認められない。また、前記の事実関係によれば、被告人とスワットらとの間にけん銃等の所持につき黙示的に意思の連絡があったといえる。そして、スワットらは被告人の警護のために本件けん銃等を所持しながら終始被告人の近辺にいて被告人と行動を共にしていたものであり、彼らを指揮命令する権限を有する被告人の地位と彼らによって警護を受けるという被告人の立場を併せ考えれば、実質的には、正に被告人がスワットらに本件けん銃等を所持させていたと評し得るのである。したがって、被告人には本件けん銃等の所持について、Z、W、U及びYらスワット5名等との間に共謀共同正犯が成立するとした第1審判決を維持した原判決の判断は、正当である。」

【参考文献】

十河太朗・判例講義Ⅰ追加判例集10頁、町野朔・百選Ⅰ〔第6版〕154頁、大久保隆志・平成15年度重判解159頁、芦澤政治・最判解刑事篇平成15年度295頁

(4)　黙示的な共謀の認定

260 最判平成21年10月19日判時2063号155頁、判タ1311号82頁

【事実の概要】

　暴力団A組若頭補佐兼B会総長である被告人Xは、暴力団組織総本部で開かれる幹部会に出席するため、配下組員らと共にDホテルに宿泊していた。その旨の情報を入手した警察署が、翌朝、XらがDホテル１階に降りてきてロビーを歩き始めた際、Xらを対象として一斉職務質問を実施したところ、配下組員２名がけん銃各１丁と適合実包と共に携帯所持していたことから現行犯逮捕し、Xも、この所持について共謀があるとして、後日、銃砲刀剣類所持等取締法違反の共同正犯として起訴された。公訴事実は、「被告人Xは、暴力団A組若頭補佐兼B会総長であるが、第１　同会幹部兼C会会長補佐Yと共謀の上、法定の除外事由がないのに、平成９年９月20日午前10時40分ころ、大阪市北区梅田所在のDホテル南側出入口前通路上において、口径0.38インチ回転弾倉式けん銃１丁を、これに適合する実包10発と共に携帯して所持し　第２　同会幹部兼C会会長補佐Zと共謀の上、法定の除外事由がないのに、上記日時場所において、口径0.38インチ回転弾倉式けん銃１丁を、これに適合する実包10発と共に携帯して所持した」というものである。

【裁判の経過】

１審：大阪地判平成16年３月23日（無罪）

　１審は、Ｙ及びＺが、Ｘを警護する役目のボディーガードであって、このようなＹらがＸを警護するために本件けん銃等を所持していることをＸとしても概括的にせよ確定的に認識しながら、それを当然のこととして受け入れて認容し、同人らもこれを承知していたと推認されるのであれば、ＸとＹ及びＺとの間にけん銃等の所持に関する黙示的な意思の連絡があったものと認められるが、本件では、全証拠を総合しても、Ｘにおいて、Ｙ及びＺがけん銃等を携行して警護しているものと概括的にせよ確定的に認識しながら、それを受け入れて容認していたとするにはいまだ合理的な疑いが残るとして無罪を言い渡した。

２審：大阪高判平成18年４月24日（控訴棄却）

　２審は、Ｙ及びＺは、暴力団Ｅ会関係者による襲撃からＸを警護するため、本件けん銃等を所持した上、Ａ組総本部における定例の幹部会に出席するため阪神地区に向かった被告人に、その秘書役のＹ及び総長付きのＺと共にJR浜松駅から同行し、同駅から新幹線を利用して新神戸駅に着くまでの間や、その後、同駅からＡ組総本部に向かうまでの間、Ｘの身近に随行し、あるいはＸの乗車した車を別の車に乗って追従し、Ｄホテルにおいては、Ｘと同じ階の部屋に宿泊して、本件当日もＤホテルロビーで逮捕されるまでの間、Ｘらと行動を共にしていたことは明らかであるとした。その上で、原判決は、ア　Ｘが、Ｅ会関係者からＢ会が攻撃を受ける可能性はさほどではなく、特段の警護をするまでのことはないと考えていたとしても不自然ではない状況にあった、イ　Ｂ会本部事務所付近における警戒態勢が平成９年９月１日以降特に厳重なものであったとは認められない、ウ　本件前日の同月19日のJR浜松駅からＤホテル到着までの警護状況につき、ＹやＺの立場はＸの警護役専門ではなく、荷物持ちとしての役割の方が大きいとみる余地が多分にある、エ　Ｄホテルにおいて、ＸらＢ会関係者の警護の程度は、同じ階に宿泊していた暴力団Ｆ会関係者の警護、警戒の状況と比べると格段に低かった、オ　本件直前、ホテルロビーにおいて、Ｘは集団の中心付近ではなく、その最前列を歩いており、警察官が職務質問のためにＸに接近しても、Ｙらは、これを制止するなどの行動に出た形跡がうかがわれない、カ　Ａ組若頭補佐のＤ及びＥについてけん銃等所持の共謀共同正犯が認定された同人らに係る各銃砲刀剣類所持等取締法違反被告事件と異なり、Ｂ会では、けん銃を所持するなどした組長の警護組織の存在がみられないなどとした。そして、原判決は、ＸがＹらのけん銃等所持についての共同正犯としての責任を負うには、Ｘにおいて、Ｙ及びＺが本件けん銃等を所持していたことについて概括的にせよ確定的に認識していたことを認めるに足りる証拠が必要であるところ、前記アないしカの諸点に照らすと、関係証拠によってもそのような認識がＸにあったことが認められるような事実は存せず、Ｘにおいて、Ｙ及びＺがけん銃等を携行して警護しているものと概括的にせよ確定的に認識しながら、これを受け入れて容認していたとするには合理的な疑いが残るとして、Ｘを無罪とした第１審判決に事実の誤認はないとした。

これに対し、検察官が、判例違反を理由に上告した。

【判　旨】破棄差戻

本判決は、(1) ＸがＥ会関係者からＢ会が攻撃を受ける危険を認識していたこと、(2) 平成９年９月１日以降、Ｂ会本部事務所やＸの自宅付近でＢ会関係者による警戒態勢が強化されていたこと、(3) JR浜松駅からＤホテルに至る移動に際してＸに対する厳重な警護が行われていたこと、(4) Ｄホテル宿泊中、Ｘに対する警護が継続的かつ厳重に行われていたといえるとともに、Ｘも、眼前におけるこのような配下組員の警護の状況を認識していたものと解されること、(5) 本件当日、Ｄホテルロビーにおいて厳重な警護態勢がとられていたこと、(6) Ｘに専従の警護組織はないが、それが認められないからといって、共謀の認定を直接左右するまでの事情になるものとは考え難いことを指摘した上で、次のように判示した。

「前記 (1) ないし (6) に述べた検察官主張の各間接事実に関する原判決の認定評価等及び第１審判決におけるこれと同旨の認定評価等に係る部分は、是認することができない。そして、前記 (1) ないし (6) で述べたところによれば、Ｂ会幹部であるＹとＺは、JR浜松駅から本件ホテルロビーに至るまでの間、Ｅ会からのけん銃による襲撃に備えてけん銃等を所持しＢ会総長である被告人の警護に当たっていたものであるところ、被告人もそのようなけん銃による襲撃の危険性を十分に認識し、これに対応するため配下のＹ、Ｚらを同行させて警護に当たらせていたものと認められるのであり、このような状況のもとにおいては、他に特段の事情がない限り、被告人においても、Ｙ、Ｚがけん銃を所持していることを認識した上で、それを当然のこととして受入れて認容していたものと推認するのが相当である。けん銃等の所持の共謀が認められないとした第１審判決及びこれを是認した原判決には、重大な事実誤認の疑いがある」。

【参考文献】

橋本正博・平成22年度重判解204頁

(5)　未必の故意による共謀共同正犯

261 最決平成19年11月14日刑集61巻８号757頁、判時1989号160頁、判タ1255号187頁

【事実の概要】

被告人のX株式会社は、神奈川県横須賀市に本店を置き、港湾運送事業、倉庫業及び産業廃棄物収集運搬業等を営む株式会社であり、被告人Yは、同社の代表取締役としてその業務全般を統括していたもの、被告人Z及び被告人Wは、同社の取締役として、被告人Uは、同社の執行役として、被告人Tは、同社の顧問として、いずれもYの業務執行を補佐する職務等に従事していたものであるが、Y、Z、W、U及びTは、X株式会社の業務に関し、Sらと共謀の上、平成15年９月13日から同月15日までの間、北海道浦河郡の土地において、みだりに、廃棄物である廃酸及び廃油等の混合物が入ったドラム缶合計167本（重量合計約５万2275キログラム）を埋め立てて捨て、さらに、Sらと共謀の上、同月16日、北海道中川郡ほか２筆の土地において、みだりに、廃棄物である廃酸及び廃油の混合物が入ったドラム缶合計194本（重量合計約５万9655キログラム）を放置して捨てた。Yらは、廃棄物不法投棄（平成16年法律第40号による改正前の廃棄物の処理及び清掃に関する法律25条１項８号、16条）の共同正犯として起訴された。

【裁判の経過】

１審：札幌地判平成18年３月15日刑集61巻８号775頁（有罪・廃棄物不法投棄の共同正犯）

「Ｓ以下の各関与者について、本件ドラム缶の不法投棄につき故意及び順次の共謀が認められるところ、Ｓは不法投棄の故意を有して、被告人らに対し処理の委託を要請し、被告人らも、Ｓが無許可業者に依頼するなどして最終的

に不法投棄されることになってもやむを得ないと考えて委託したのであるから、被告人らとSとの共謀が認められ、さらにSが委託したR以下の関与者との順次共謀も認められるから、結局、被告人らは本件不法投棄について共同正犯として責任を負うこととなる」。

2審：札幌高判平成19年1月18日刑集61巻8号802頁（控訴棄却）

「S以下の関与者について、本件ドラム缶の不法投棄についての認識及び認容並びに順次共謀が認められることは、原判決が『争点に対する判断』3（5）で認定・説示するとおりである。とりわけ、Sは、甲運輸、乙海運及びAが無資格であることを知り、かつ、適正な処理業者に対する委託のめどを付けることなく、口銭目的でときには暴力団が動く情報があるなどと述べて執ように被告会社に委託を迫り、同社から委託を受けるや無資格のAに丸投げしているのであって、Sが本件ドラム缶が最終的に不法投棄される蓋然性が高いとの認識を有し、かつ、そのことを認容していたのは明らかであり、Sも捜査段階でそれを認めている。そこで、被告人らとSとの共謀が認められるかについて検討するに、共謀共同正犯が成立するには、二人以上の者が、特定の犯罪を行うため、共同意思の下に一体となって互いに他人の行為を利用し、各自の意思を実行に移すことを内容とする謀議をなし、よって犯罪を実行した事実が認められなければならない。そこでいう共謀共同正犯の要件としての謀議は、実行共同正犯におけるような意思の連絡では足りないが、当該犯罪についての客観的・具体的な謀議がある場合に限らず、その犯罪を共同して遂行することの合意があることで足りる。そして、共同遂行の合意があったというには、被告人の地位、立場、共犯者との関係、犯罪遂行過程における役割、犯行の動機等を総合的に勘案し、他人の行為を利用して自己の犯罪を行ったといえるような場合であることを要すると解される。これを本件についてみるに、被告人らは、甲運輸、乙海運及びAが無資格であることを知っており、さらに、Sの申入れを受け入れて甲運輸に処理を任せた場合には不法投棄されるおそれがあるとして本件までその申入れを受け入れなかった経緯があり、しかも、これを受入れたのは、丙商事への土地明渡期限が迫り、これを厳守することが被告会社の利益のために必要であり、かつ、それが唯一の方法であると認識していたものである。このように、被告人らは、未必的なものだったとはいえ、本件ドラム缶の不法投棄という犯罪が実行されるおそれを強く認識しながら、被告会社の利益のためにこれを任せたものである。加えて、被告会社が本件ドラム缶の処理を甲運輸に委託しなければ、本件犯行は起こり得ず、その決定権は被告人らが握っていたものである。また、本件は、甲運輸以下の関与者が利得目的で関わっているところ、被告会社は、合計1億4000万円を拠出しており、他に費用を拠出したものはいない上、Oから廃棄物処理法違反に問われることを理由とする業務委託契約の解除通知を受け取った際も本件ドラム缶の搬出作業を続行させている。以上を総合すると、被告人らは、自らは実行行為者とはならないものの、甲運輸との間で同社以下の関与者を使い、その行為を利用して自己の犯罪を行ったものというべきである。結局、被告人らにはSらとの共謀が認められるのであって、未必の故意ないし順次共謀の点はこの結論を左右しない」。

これに対し、弁護人は、共謀の成立が認められないなどと主張して、上告した。

【決定要旨】上告棄却

「本件は、神奈川県横須賀市に本店を置き、港湾運送事業、倉庫業等を営む被告人X株式会社（以下「被告会社」という。）の代表取締役等であったその余の被告人ら（以下「被告人5名」という。）において、被告会社が千葉市内の借地に保管中の、いわゆる硫酸ピッチ入りのドラム缶の処理を、その下請会社の代表者であったSに委託したところ、同ドラム缶が北海道内の土地で捨てられたことにつき、被告会社の業務に関し、Sらと共謀の上、みだりに廃棄物を捨てたものとして、廃棄物の処理及び清掃に関する法律所定の不法投棄罪に問われた事案である。

原判決が是認する第1審判決の認定によれば、Sにおいて、被告会社が上記ドラム缶の処理に苦慮していることを聞知し、その処理を請け負った上、仲介料を取って他の業者に丸投げすることにより利益を得ようと考え、その処理を請け負う旨被告会社に対し執ように申入れたところ、被告人5名は、Sや実際に処理に当たる者らが、同ドラム缶を不法投棄することを確定的に認識していたわけではないものの、不法投棄に及ぶ可能性を強く認識しながら、それでもやむを得ないと考えてSに処理を委託したというのである。そうすると、被告人5名は、その後Sを介して共犯者により行われた同ドラム缶の不法投棄について、未必の故意による共謀共同正犯の責任を負うというべきである。これと同旨の原判断は正当である」。

【参考文献】
北村喜宣・平成20年度重判解50頁、松田俊哉・最判解刑事篇平成19年度453頁

8 共同正犯と幇助犯の区別

(1) 大麻の輸入(共同正犯)

262 最決昭和57年7月16日刑集36巻6号695頁、判時1052号152頁、判タ477号100頁

【事実の概要】

被告人Xは、昭和55年9月末ころ、かつて共にタイ国から大麻を持ち帰ったことのあるYから再び大麻密輸入の計画をもちかけられるや、大麻を入手したい欲求にかられ、同人に対し、自らは執行猶予中の身であるから、その実行を担当することはできない旨、その申出を断わるとともに、代わりの人物を紹介することを約したのち、同年10月上旬ころ、Xの知人のZに事情を明かして協力を求めたところ、同人もこれを承諾したので、同人をYに引きあわせ、さらに、そのころYに対し大麻密輸入の資金の一部として金20万円を提供するとともに、同人との間で大麻を入手したときにはその金額に見合う大麻をもらい受けることを約束した。一方、Yは知人のWを誘い、Zを交えて協議した末、Wがタイ国現地における大麻の買付け役、Zがその大麻をタイ国から本邦内に持ち込む運び役とそれぞれ決めたうえ、W、Zの両名が同月23日、タイ国へ渡航し、同月27日、Z及びWの両名において、タイ国で購入した乾燥大麻1414グラムをZの着衣内やショルダーバッグ内に隠匿携帯してバンコック空港からタイ国際航空TG620便に搭乗し、同日午後8時35分ころ、大阪国際空港に到着して、大麻を本邦内に持ち込み、もつてこれを輸入し、同日午後8時45分ころ、Zにおいて、大阪国際空港内伊丹空港税関支署旅具検査場で旅具検査を受けるにあたり、前記乾燥大麻1414グラムを隠匿携帯したまま同税関支署長の許可を受けないでこれを輸入しようとしたが、同支署係員に発見されてその目的を遂げなかった。

Xは、大麻輸入罪の共同正犯、禁制品輸入罪の共同正犯で起訴された。

【裁判の経過】

1審:大阪地判昭和56年4月15日刑集36巻6号705頁(有罪・大麻輸入罪の共同正犯、禁制品輸入罪の共同正犯)

「被告人の判示第1の所為は刑法60条、大麻取締法24条2号、4条1号に、判示第2の所為は刑法60条、関税法111条2項・1項にそれぞれ該当する」。

2審:大阪高判昭和56年9月17日刑集36巻6号707頁(破棄自判)

「被告人は本件犯行を計画したYからその実行担当者になって欲しい旨頼まれたのに対し、執行猶予中の身を理由にこれを断わったものの、他方Zに対しタイ国から大麻を持ち帰ることを承諾させたうえ、同人を自己の身代わりとしてYに引きあわせるとともに、密輸した大麻の一部を被告人がもらい受ける約束のもとにその資金の一部をYに提供したというのであって、このような被告人の所為は、本件犯行を助け、その実現を容易ならしめる幇助行為というにとどまらず、被告人を本件犯行の共謀者の一員と認めるに足りうるものというべきであって、これに対し正犯をもつて問擬した原判決に誤りはない」。これに対し、弁護人は、被告人は実行行為を担当していないから従犯として問擬されるべきであると主張した。

【決定要旨】上告棄却

「原判決の認定したところによれば、被告人は、タイ国からの大麻密輸入を計画したYからその実行担当者になって欲しい旨頼まれるや、大麻を入手したい欲求にかられ、執行猶予中の身であることを理由にこれを断ったものの、知人のZに対し事情を明かして協力を求め、同人を自己の身代りとしてYに引き合わせるとともに、密輸入した大麻の一部をもらい受ける約束のもとにその資金の一部(金20万円)をYに提供したというのであるから、これらの行為を通じ被告人が右Y及びZらと本件大麻密輸入の謀

議を遂げたと認めた原判断は、正当である」。
（団藤重光裁判官の意見）
「わたくしは、もともと共謀共同正犯の判例に対して強い否定的態度をとっていた（団藤・刑法綱要総論・初版・302頁以下）。しかし、社会事象の実態に即してみるときは、実務が共謀共同正犯の考え方に固執していることにも、すくなくとも一定の限度において、それなりの理由がある。一般的にいって、法の根底にあって法を動かす力として働いている社会的因子は刑法の領域においても度外視することはできないのであり（団藤・法学入門129—138頁、206頁参照）、共謀共同正犯の判例に固執する実務的感覚がこのような社会事象の中に深く根ざしたものであるからには、従来の判例を単純に否定するだけで済むものではないであろう。もちろん、罪刑法定主義の支配する刑法の領域においては、軽々に条文の解釈をゆるめることは許されるべくもないが、共同正犯についての刑法60条は、改めて考えてみると、一定の限度において共謀共同正犯をみとめる解釈上の余地が充分にあるようにおもわれる。そうだとすれば、むしろ、共謀共同正犯を正当な限度において是認するとともに、その適用が行きすぎにならないように引き締めて行くことこそが、われわれのとるべき途ではないかと考える。

おもうに、正犯とは、基本的構成要件該当事実を実現した者である。これは、単独正犯にも共同正犯にも同じように妥当する。ただ、単独正犯のばあいには、みずから実行行為（基本的構成要件に該当し当の構成要件的特徴を示す行為）そのものを行った者でなければ、この要件を満たすことはありえないが、共同正犯のばあいには、そうでなくても基本的構成要件該当事実を実現した者といえるばあいがある。すなわち、本人が共同者に実行行為をさせるについて自分の思うように行動させ本人自身がその犯罪実現の主体となったものといえるようなばあいには、利用された共同者が実行行為者として正犯となるのはもちろんであるが、実行行為をさせた本人も、基本的構成要件該当事実の共同実現者として、共同正犯となるものというべきである。わたくしが、『基本的構成要件該当事実について支配をもった者——つまり構成要件該当事実の実現についてみずから主となった者——が正犯である』としているのは（団藤・刑法綱要総論・改訂版・347—348頁参照）、この趣旨にほかならない。以上は、刑法の理論体系の見地から考えて到達する結論であるが、それは同時に、刑法60条の運用についての実務的要求の観点からみて、ほぼ必要にして充分な限界線を画することになるものといってよいのではないかとおもう。

これを本件についてみると、まず、被告人はかなりの大麻吸引歴をもっていたところから（記録によれば、1年ばかり前から80回くらい大麻を吸引していたというから、すでに大麻に対する依存性が生じていたのではないかと想像される。）、大麻の密輸入を計画したＹからその実行担当者になってほしい旨頼まれると、みずから大麻を入手したい欲求にかられて、本件犯行に及んだこと、また、大麻の一部をもらい受ける約束のもとにその代金に見合う資金を提供していることがみとめられる。これは被告人にとって本件犯罪が自分のための犯罪でもあったことを示すものというべく、それだけでただちに正犯性を基礎づけるには足りないとはいえ、本人がその犯罪実現の主体となったものとみとめるための重要な指標のひとつになるものというべきである。そこで、さらに進んで、被告人が本件において果たした役割について考察するのに、被告人はＹから本件大麻密輸入の計画について実行の担当を頼まれたが、自分は刑の執行猶予中の身であったので、これはことわり、自分の身代わりとしてＺを出したというのである。ところで、Ｚは被告人よりも５、６歳年少の青年で、被告人がかねてからサーフィンに連れて行くなどして面倒をみてやっていた者であるが、たまたま被告人とＺは一緒にグアム島に旅行する計画を立てていたところ台風のために中止になり、Ｚはせっかく旅券も入手していたことでもあり外国旅行を切望していた。被告人はそこに目をつけて、『旅費なしでバンコックへ行ける話がある』といってタイ国行きを二つ返事で応諾させたのであり、その際、大麻の密輸入のこともいって、自分の代わりに行くことを承知させたものと認められる。このような経過でＺは本件犯行計画に参加し大麻の密輸入を実行するにいたったのであって、被告人は、単に本件犯行の共謀者の一員であるというのにとどまらず、Ｙとともに、本件犯行計画においてＺを自分の思うように行動させてこれに実行をさせたものと認めることができる。以上のような本件の事実関係を総合して考えると、被告人は大麻密輸入罪の実現についてみずからもその主体になったものとみるべきであり、私見においても、被告人は共同正犯の責任を免れないというべきである」。

【参考文献】

十河太朗・判例講義Ⅰ132頁、岡上雅美・百選Ⅰ〔第６版〕158頁、木谷明・最判解刑事篇昭

和57年度211頁

(2) 実子に対する強盗の指示（共同正犯）

最決平成13年10月25日刑集55巻6号519頁、判時1768号157頁⇒第2章第3節(2)26事件

(3) けん銃の輸入（幇助犯）

263 大阪地判昭和58年11月30日判時1123号141頁

【事実の概要】

被告人Xは、暴力団C会内I組の組長であって、C会の幹事長補佐（若頭補佐に当る）の地位にあり、他方、Yは、C会内2代目N組々長であって、C会の理事をしており、C会内の序列ではXよりYの方が高い地位にあったものである。また、Zは、Xの古くからの友人で、I組の相談役的な立場にあったものであるが、Xの配下としてその指示・命令に従わなければならないような立場にあったものではない。なお、Xは、昭和54年11月30日神戸地方裁判所において犯人蔵匿罪により懲役1年、執行猶予3年の言渡を受け（同年12月15日確定）、本件当時その執行猶予期間中であった。

Y及びZは、共謀のうえ、けん銃については法定の除外事由がないのに営利の目的で、けん銃用実包については大阪府公安委員会の許可を受けないで、昭和57年6月30日、タイ国バンコク空港からタイ国際航空610便航空機に、回転弾倉式けん銃22丁及びけん銃用実包300発をパイナップル入り段ボール箱内に隠匿したうえ積み込んで搭乗し、同日午後7時15分ころ、大阪国際空港に着陸した同航空機からこれを取りおろし、もってけん銃及び実包を輸入するとともに、そのころ、同空港内の大阪税関伊丹空港税関支署旅具検査場において、前記けん銃22丁及び実包300発を前記段ボール箱内に隠匿所持したまま通過して不正の行為によってこれに対する関税合計8万9440円を免れようとしたが、同税関支署係官に発見されたため、その目的を遂げなかった。Xは、これらの各犯行に関し、これに先立って、同年5月下旬、タイ国バンコク市内において、Yからけん銃及び実包を同地で買い入れ、これを日本へ密輸入して売り捌く計画をもちかけられ、協力を求められるや、自己が執行猶予中の身であったことからその実行担当者になることはできないと考え、自己と懇意で、ともに観光のため同地に赴いていたZに対しYの話を聞いて相談に乗ってやってほしい旨申し向けて両名の間を取り持ち、両名間でけん銃密輸入の話合をする機会をもうけ、その結果Zにおいて日本への運び役を担当することなどを内容とする謀議が成立し、更に、帰国後の同年6月20日ころ、Yから融通手形の割引・換金方を依頼されるや、前記けん銃等の買付資金などにあてるためのものであることを知りながら、自己が懇意にしていた神戸市兵庫区所在の金融業者に前記手形を持ち込んでこれを割り引かせたうえ、その割引金の一部約240万円をZを介してYに交付し、更に、同人らがけん銃等密輸入のためバンコク市へ渡航するためのものであることを知りながら、同月23日及び25日の2度にわたり、同人らのため神戸市中央区所在の旅行業者に航空券を手配してやるなどし、もってYに利益を得させる目的で、同人及びZが共謀して行った前記各犯行を容易ならしめた。

検察官は、被告人はY及びZとの間でけん銃密輸入（銃砲刀剣類所持等取締法）違反、実包の密輸入（火薬類取締法違反）、関税ほ脱未遂（関税法違反）の各犯行につき共謀を遂げていたものであって、共謀共同正犯としての罪責を負うべきである旨主張した。

【判　旨】有罪・けん銃密輸入幇助罪、けん銃用実包密輸入幇助罪、関税逋脱未遂幇助罪

「以上認定の事実によると、被告人が本件けん銃等の密輸入に関して行った具体的行為のうち主なものは、(一) ＹとＺの間を取り持って両名がけん銃等密輸入の話合をする機会を作ったこと、(二) 帰国後ＹからＺへの連絡を取り次いだこと、(三) Ｙが入手した融通手形の割引を金融業者に依頼し、その割引金をＺを介してＹに届けたこと、(四) ＹとＺがバンコク市へ渡航するための航空券を手配したことであるところ、これらはＹ及びＺが行ったけん銃等の密輸入に対して少なからざる役割を果たしており、被告人のかかる協力によって右両名の犯行が円滑になされたことは明らかである。

しかしながら、本件けん銃等の密輸入を計画し、主導的な立場に立ってこれを積極的に推進したのはＹであること、被告人とＹ及びＺとの地位関係ないし間柄は前記認定のとおりであるところ、被告人の前記（一）ないし（四）の各行為はいずれもＹの依頼に基づくものであり、その動機は主として同人への義理を立てることにあったのであって、本件けん銃等の密輸入計画に対する被告人の意向ないし態度は、義理である程度の協力はするが、自ら進んで積極的に関与しようとはしないというものであったと見られること（密輸入するけん銃の数量、密輸入の具体的方法、密輸入したけん銃の処分方法等について、なんらＹに対して質問していないこと、前記のとおり融通手形の割引金の中からＹに対する立替金をいち早く差し引いたことなどは、右密輸入計画に対する被告人の非積極的態度の現われである。)、前記（三）の資金調達面での協力に際し、被告人が自己の資金を拠出することが予定されていたか否か、裏書による法律上の責任はともかくとして事実上どの程度の危険を負担する立場にあったかは必ずしも明らかでないことなどの諸点を併せ考えると、本件においては、被告人の前記各行為によってＹ及びＺが行ったけん銃等の密輸入が円滑かつ容易になったとは言いえても、いまだ被告人において右Ｙらと、右密輸入へ向けての共同意思の下に一体となって、同人らの行為を利用して自己の意思を実行に移すことを内容とする謀議を遂げたと認定することはできないものというべきである」。

(4)　強盗殺人への関与（幇助犯）

264 福岡地判昭和59年８月30日判時1152号182頁

【事実の概要】

被告人XはYの知人であった者、Zは佐賀市に本拠を持つ暴力団甲一家乙組の組長であった者、Wは同じく甲一家丙組の組長であった者、Uは丙組の組長であった者、YはZの知人であった者であるところ、Z、W、U及びYの４名は、かねてから甲一家と対立抗争の関係にあった丁会丁組の幹部Vを殺害するとともに丁会の資金源である覚せい剤を奪取しようと企て、Vと面識のあったYが、覚せい剤取引を口実にVをホテルにおびき出したうえ、Uがけん銃でVを殺害するとともに、YにおいてVの持参した覚せい剤を強取する旨の共謀を遂げ、昭和58年11月11日午前２時ころ、Yにおいて、Vを福岡市博多区のAホテル303号室におびき出すとともに、覚せい剤取引の仲介を装い、Vの持参した覚せい剤約1.4キログラムを買主に検分させると称して同人から受け取り同室から搬出した直後、Uにおいて、Yと入れ替わりに303号室に入り、至近距離からV目掛けて所携の自動装てん式けん銃で実包５発を発射し、いずれも同人の左上腕部・背部・腹部等に命中させて前記覚せい剤を強取したものの、同人が防弾チョッキを着用していたため、同人に対し全治２か月間を要する左上腕貫通銃創・左上腕骨々折等の重傷を負わせたに止まり、殺害するに至らなかった。

Xは、Yらの犯行に際し、前記共謀の内容を知悉しながら、いずれもYの指示・命令により、(1) 同日午前１時ころ、Uとともに、Vをおびき出すホテルを捜し、Aホテルにおいて303号室と309号室の２室を予約し、(2) 同日午前１時40分ころから午前２時ころまでの間、覚せい剤の買手と売手であるVとの取り次ぎ役を装って、YとVのいる303号室と売手がいると称する309号室を行き来したり、Vの面前において、Yが「まだ、向こうは品物を見せんといかん、言いよるんか」「やっぱりつまらん言いよるんか」と問うたのに対し、いずれも「はい」と答え、あたかも309号室には真実覚せい剤の買手がいるかの如く装い、(3) 同日午前２時ころ、Vが持参した覚せい剤を買手に検分させることを了承するや、303号室から309号室に覚せい剤を搬出・運搬するとともに、さらに309号室において所携のショルダーバックに前記覚せい剤を入れ、Yとともに、そのショルダーバックを持って直ちにAホテルを脱出した。
　検察官は、被告人Xが自ら財物である覚せい剤を303号室から搬出し奪取している以上、Xはまさに実行行為の重要な一部を分担したものであるから、共同正犯者としての刑責を免れないと主張して、Xを強盗殺人未遂罪の共同正犯で起訴した。

【判　旨】強盗殺人未遂罪の幇助犯（確定）

「なるほど、被告人は、判示のとおり、Ｖのいた303号室から309号室に前記覚せい剤を搬出し、さらに309号室においてショルダーバックに右覚せい剤を入れ、これを持ってＹとともにＡホテルを脱出しており、この点で、被告人が本件強盗殺人未遂の実行行為の一部を担当したことは明らかである。

　ところで、およそ共同正犯が成立するためには、各行為者にそれぞれ共同実行の意思が認められることも必要であることは多言を要しないが、行為者が実行行為の一部を分担する場合、一般にほとんど右共同実行の意思が問題にならないのは、右実行行為一部分担の事実のみから、通常極めて容易に共同実行の意思が推認されるからであろう。しかしながら、実行行為一部分担の事実も、結局は共同実行意思認定の一つの有力な判断材料にすぎないことに鑑みると、当該行為者が右実行行為に及んだ事情や当該犯罪全体に占める右行為者の行為の意義の如何を問わず、単に実行行為の一部を分担したとの一事のみで、常に共同実行の意思ありと解するのは相当でないと言うべきであって、前記推認を覆すに足りるような特段の事情の存する場合においては、たとえ当該行為者が形式上実行行為の一部に該当する行為を行なった場合であっても、共同実行の意思の存在を否定して、幇助犯の成立を認めるのが相当である」。

「①被告人は、Ｙから騙され、知らぬ間に本件犯行に巻き込まれたものであって、Ｙらの犯行計画を知った時……には、既に犯行から離脱することがかなり困難な状態にまで陥っていたものであること、②被告人自身、Ｙに対し恩義を被っていたとか、特に深い付き合いがあったとかの事実はなく、他の共犯者とも本件犯行前は全く面識がなく、さらに本件被害者たるＶに対しては何の恨みもなかったことはもとより、被害者が何者であるかさえ知らなかったのであり、また、覚せい剤自体を必要とする事情があったわけでもないのであるから、被告人には、Ｙらとともに V に対し強盗殺人を働かねばならぬ理由は全くなかったものといわざるをえないのであって、それにもかかわらず、被告人が本件犯行に加担したのは、そうしないと自己やその内妻にも危害が加えられるおそれを感じたからであること、③他方、他の共犯者にとっても、被告人はせいぜいＹの手下程度の者にすぎないのであって、謀議の際にも何等その役割が定められなかったし、被告人自身も行きがかり上仕方なくその場にいたにすぎず自ら進んで謀議に加わる意思があったとも思われないこと、④被告人に対しては、Ｙからも、他の共犯者からも、本件犯行への加担に対する報酬付与の約束は全くなされなかったし、現実に報酬が与えられた形跡もないこと、⑤本件犯行に際しても、被告人は、自己の意思に基づいて行動したのではなく、すべてＹのその場その場の命令に従って、Ｙから言われるままに、判示の加担行為を行なったこと、⑥覚せい剤を303号室から搬出した行為について見ても、それは、被告人がたまたまその時303号室に居合わせたから、Ｙが被告人に対し右搬出を命じたにすぎないのであって、仮に被告人が居合わせなければ、当然Ｙ自身が右搬出行為を行なったものと考えられ、Ｙが前記謀議の際及びＵへの実行方法変更の指示の際に、覚せい剤は自ら搬出する旨明言していたことをも考慮すると、右搬出行為が被告人によって行なわれること自体にさほど重要な意義があったとも認められず、本件犯行を全体として見れば、被告人は本件犯行において不可欠の存在であったとは考えられないこと、などの諸事情を窺うことができるのであって、これら諸事情を総合的に検討する限り、被告人自身、実行行為の一部を担当した事実があるにもかかわらず、Ｙら他の共犯者と共同して本件強盗殺人を遂行しようとするような正犯意思、すなわち共同実行の意思は到底認めることができない。

そうすると、結局、被告人には、前記推認を覆すに足りる特段の事情があったというべきであって、前記認定の諸事実を総合すると、被告人は幇助の意思で判示の幇助行為を行なったものと認められるから、被告人には、共同正犯の成立を否定して、幇助犯の成立を認めるのが相当である。

なお、弁護人は、被告人がVを殺害することを認容していたとは認められないから、被告人には強盗殺人未遂の幇助犯の成立は認めることができず、せいぜい強盗致傷の幇助犯の限度で刑責を問われるにすぎない旨主張する。しかし、幇助犯の成立に必要な幇助の意思が認められるためには、当該行為者が、正犯者の実行行為を表象したうえ、自己の行為が正犯の実行行為の遂行を促進することを認識している事実が認められれば足り、正犯の行為の構成要件的結果についてまで認容していることを要しないと解されるから、弁護人の右主張は採用することができない（そして、右に述べた意味での幇助の意思が被告人に認められることは、前記のとおりである。）」。

【参考文献】

甲斐克則・百選Ⅰ〔第6版〕160頁

(5) ナイフの貸与（無罪）

265 東京地判昭和42年1月12日判タ207号187頁

【事実の概要】

被告人Xは、昭和41年5月19日夜、旅館に同宿していたY及びZのうちZに対し、自らが所持していた切り出しナイフを貸した。翌20日、YとZは、事件を踏んでその日の旅館代位を稼ごうと相談し、Xに対し「これから金を作ってくる」と言ったところ、Xは、「池袋近くでやると、外に出られなくなるから遠くへ行ってやってこい。警察に捕まるなよ」などと言った。同日8時30分頃、YおよびZは、共謀の上、東京都豊島区の陸橋上において、Vに対し、所携の切り出しナイフを突きつけ、同人の両腕を両脇から押さえ付けて、「金を出せ」と脅迫し、もってその反抗を抑圧した上、同人から現金4100円等を奪った。Xは、強盗罪の共同正犯で起訴された。

【判　旨】無罪

「問題は、被告人について強盗の共謀共同正犯が成立するか否かにあるが、これが成立するには、被告人と右YおよびZとの間に強盗を行うため、共同意思のもとに一体となって互いに他人の行為を利用し、各自の意思を実行に移すことを内容とする謀議がなされたことを要するものというべき」である。

「YおよびZは、いずれも被告人がZにナイフを渡したので、金に困ったときはこれを使って強盗か、恐喝か、とも角他人から金を取るために使うということは被告人も判っていた筈である旨、供述しているが、その際とくに犯行を具体的に打合わせしたような事実は証拠上全く認められないから、この段階で被告人とYおよびZの三者間に強盗の謀議が成立したものとみることは、とうていできず、また被告人がYおよびZから『金を作ってくる』といわれ、『池袋から遠くでやってこい』とか『警察に捕まるなよ』などと申し向けていることから考えると被告人は右の両名が恐喝か強盗か、あるいは窃盗か、ともかく何か金を作るために悪事を働きに行くのだということは大体推察し認識していたものと断じてよいが、前日の朝に貸したナイフをその際も同人が所持しているかどうかということを確かめた形跡もなく、犯行の手段や方法などについてとくに相談にあずかったような事実は何等うかがえないのであるから被告人の右言動から直ちに同人がX、Yの両名と共同して強盗しようとする意思があったものと認めることはいささか無理である」。

「したがって、被告人に強盗の刑責を問うことは許されないが、以上に認定した諸事情のもとでは、被告人に強盗教唆または強盗幇助の責任を問うことも相当でない。すなわち、本件における被告人の言動は、たかだか漠然と、金を得るためには、場合によっては犯罪をなすべき旨Y、Zの両者に指示し、これを認容した程度に止まり両名をして強盗という一定の犯罪を実行する決意を具体的に生ぜしめる程度に至っていたものとは認め難く、また前記ナイフを貸与したのも、右両名が具体的にどのような犯罪を実行するかを表象し、これを幇助する意思をもって渡したものとはとうてい認められないからである」。

(6) 覚せい剤の所持(無罪)

266 大阪高判昭和62年4月2日判時1238号154頁、判タ652号262頁

【事実の概要】

被告人Xは、同居していたYが覚せい剤の密売を行っていた際、Yに対し密売する覚せい剤の数量が代価に比して多過ぎるので減量するように勧告したり、買受代金を借りにして支払わない不良買受人にその支払方を督促してやったり、時折買受客を探してYに引き合わせ又はYに頼まれて買受客のもとへ覚せい剤を持参ないしは交付するのを手伝ってやったりしていた。Xは、覚せい剤の共同所持で起訴された。

【裁判の経過】

1審:神戸地尼崎支判昭和61年7月11日(有罪・覚せい剤共同所持罪)

1審は、XがYと共謀のうえ営利の目的等で覚せい剤を共同所持したとの事実を認定した。これに対し、弁護人は、第1審判決は事実を誤認したものであって、覚せい剤はYが単独で所有し所持していたものであり、被告人Xは共謀による共同所持者という関係にはなかった(したがって営利目的もなかった)と主張した。

【判　旨】破棄自判(無罪)(確定)

「記録を調査し当審における事実取調の結果も勘案して検討するに、右事実に関する原判決(被告人Xに対するもの、以下同じ。)挙示の各証拠、並びに被告人Xの原審、被告人X及びYの当審各公判廷における供述を総合すると、Yは自己使用分を捻出する目的で昭和60年8月ころから単独で覚せい剤の密売を行っていたところ、かねてからYと親交のあった被告人Xが訪ねてきて、昭和61年1月ころからはY方に泊り込んで同居するような形になり、食事の世話なども受ける半面、Yの覚せい剤密売の手助けを行うようになったこと、しかし、密売の手助けとはいっても、その行為は、Yに対し密売する覚せい剤の数量が代価に比して多過ぎるので減量するように勧告したり、買受代金を借りにして支払わない不良買受人にその支払方を督促してやったり、時折買受客を探してYに引き合わせ又はYに頼まれて買受客のもとへ覚せい剤を持参ないしは交付するのを手伝ってやったりする程度で、あくまでも真の手助けの程度にすぎず、Yの覚せい剤密売を共同しその販売の役割を分担して実行する販売係というようなものではなかったこと、したがって、右覚せい剤の密売は、終始Yが全面的に単独で行っていたもので、覚せい剤の仕入れ、売り捌きのための小分け、保管、客への販売など原則的にはすべてYが単独で切り回し、被告人Xは現実には時にYに依頼されて客と接触をする使い走り程度のことをしていただけにすぎず、Yから覚せい剤の保管や密売を任されることは勿論、その留守中においても、同人の依頼で全体或いは密売用の小分け覚せい剤を託されて密売を代行するようなこともなく、外出に際してはY本人が覚せい剤を携行し、自己使用に当たっても、代金こそ徴収はされなかったもののすべてYから許しを受けて使用する状況であったこと、本件所持罪に問擬されている覚せい剤は、その一部は当日YがBから仕入れたもので、被告人XはYの希望でB方に同行して同席はしていたものの、仕入れについてとくに関与はしておらず、残部のものは被告人Xは仕入れ先も知らず、その入手に全く関知していないことが、それぞれ認められるのであって、右に徴すると、被告人XがYと共謀して本件覚せい剤を共同所持する立場にあったものとは到底理解することができない。

原判決は、被告人Xが昭和61年初めころからY方に同居し、覚せい剤の仕入れ、販売或いはその配達や不良取引先との交渉及び代金取立等の手伝いをするようになったこと、またYが密売用の覚せい剤を切らすことなく仕入れ、小分けし、原判示ショルダーバッグに入れて保管しているのを知っていたこと、原判示ショルダーバッグ内の覚せい剤はこのような事情のもとに同ショルダーバッグに保管中のところを捜査官に差し押えられたものであることを理由に、同覚せい剤が被告人XとYとの共謀共同所持と認めるに十分であるというのであるが、所論も疑

問を呈するごとく、そのように本犯者が所持し保管していることを知っていることと、共謀すなわち共同意思のもとに一体となって互いに他方の行為を利用し合って犯行を実現することとは全く別異のことであり、Yには、前示のように個々に持参交付させる分を除き、その所持所有する覚せい剤を被告人Xに保管を任せ、共同所持するという意思ないし行為は少しもなく、被告人Xにおいても、密売の手伝いをしていたとはいっても、それは単に個々の場合にYから渡されたものを買受客に持参交付する程度で、全体或いは相当量の密売用分の保管を任されるというような事実ないし意識はなく、ましてその仕入れ資金を共同出資するなどして共同で覚せい剤の入手をし、その現実の保管をYに対して分担実行させていたというような事情も認め得ないところであるから、右認定は到底是認できない。また、他の手提鞄内覚せい剤についても、原判決は、当日被告人XがYと共同して仕入れたものを二人の間の役割分担としてYにおいて保管していたものであるというが、前示のように被告人XはYの希望で仕入れ先に同行したにすぎず、他に共同仕入れと目すべき仕入れ資金の提供その他これを窺わせるに足りる何らの行為をも行ったことが認められず、したがって、その保管が所論のようなものとは解し難いことさきに示したところと同一であるから、この点についても同様証明がないことに帰し、原判断は是認できない。このことは被告人X及びYがその捜査官に対する各供述調書中で、両名が共同して覚せい剤の密売をし、本件覚せい剤も共同所持していた旨供述しているところではあっても、その表現が未だ単なる抽象的なものにとどまり、それを裏付けるに足りる何らの具体的な事実の供述がないことに照らし、右結論を左右できない。

そうすると、原判示第二の一、二の本件覚せい剤所持は、Yの単独行為と認めるべきものであって、被告人XがYと共謀してこれを共同所持したとの事実はないものというべきであり、当然営利目的もその証明を欠くから、被告人Xにつき、右覚せい剤所持の事実を肯認した原判決には事実誤認の違法があり、その誤認は判決に影響を及ぼすことが明らかであるから、破棄を免れない」。

9 見張りと共同正犯

(1) 強盗の見張り（共同正犯）

267 最判昭和23年3月16日刑集2巻3号220頁

【事実の概要】

被告人Xは、昭和22年5月23日午前1時頃、知合いのYら5名が、浦和市のA工業株式会社作業所内においてVの管理する綿糸3梱包（容量計36貫）を窃取する際、見張りをした。Xは、窃盗罪で起訴された。

【裁判の経過】

1審：浦和地判（年月日不明）

2審：東京高判（年月日不明）刑集2巻3号225頁（有罪・窃盗罪の共同正犯）

2審は、Xに窃盗罪の共同正犯の成立を認めた。これに対し、弁護人は、被告人は塀の外で見張りをしていたにすぎないのであるから、単に幇助犯をもって問擬すべきであると主張した。

【判　旨】上告棄却

「数人が強盗又は窃盗の実行を共謀した場合において、共謀者のある者が屋外の見張りをした場合でも、共同正犯は成立するということは、大審院数次の判例の示すところであって今これを改むべき理由は認められない、従って被告人が相被告人Y外5名と共謀して、A工業株式会社作業場内の綿糸3梱包を窃取した行為につき見張をした被告人を、窃盗罪の共同正犯と認めた原判決は正当であって、論旨の如き理由不備はない。」

【参考文献】

十河太朗・判例講義Ⅰ133頁、齊藤彰子・百選Ⅰ〔第6版〕156頁

(2)　殺人の見張り（幇助犯）

268 大阪地堺支判昭和46年３月15日判タ261号294頁

【事実の概要】

　被告人Xと同Y女は、同棲していたものであるが、知り合いのVから金銭的利益を得る目的で、腹違いの姉弟と偽り、３名で生活するに至ったところ、昭和44年９月４日、Vが被告人らの正体を見破り、口論となった。XとVは、文化住宅四畳半の部屋で掴み合いとなったが、Xは、正体を見破られた以上Vを殺害しようと決意し、Vの背後にまわり、後から右腕を同人の首にまわし、前頸部を扼し始めた。しかし、たまたまその日時頃に先に引越しを手伝ってくれた親友Bが忘れたサングラスを取りにくることになっていたので、Xは、台所にいたYに「いてまうぞ。Bが来るかわからんから見てこい」と言って見張りを頼み、Vを奥六畳の間に連れ込み、立ったままでVの首にまわした右腕を左手でささえるようにして力一杯締めつけ、そのままの状態で畳の上に倒れて更に強く締めるうち右手がしびれてきたので、右腕を首から離したが、そのときその部屋の北側のガラス窓に被告人Yの影が写ったので同被告人を室内に呼び入れ、「手ではあかん。とどめをさすから紐を持ってこい」と言い、Yから台所にあった電気釜のコード１本を受け取り、同コードを２つに折ってVの首に１回巻きつけ、その輪の方に右足をかけ、ソケットのついている方を両手に持って引っ張り、そのままVの首ががくんとなるまで締めつけ、よってすぐその場で同人をして窒息死するに至らしめた。検察官は、被告人両名を殺人罪の共同正犯で起訴した。

　これに対し、弁護人は、YがVの殺害に加担することをXと共謀し、またその際見張りをしたことを否認するなどして、Yは無罪であると主張した。

【判　旨】有罪・Xは殺人罪、Yは殺人罪の幇助犯（確定）

　「問題は被告人両名の関係がＶに見破られ、被告人ＸとＶとが争いとなったとき、被告人Ｘが被告人Ｙに『いてまうぞ、Ｂが来るかわからんから見てこい』と言い、被告人ＹがＢの見張りにいったことから共謀の事実が認められるか否かであるが、被告人Ｙが被告人Ｘの右言葉を聞いて、被告人ＸがＶを殺害しようとしていることを認識したことは明らかである。ところで共謀が成立したというためには、単に他人が犯罪を行うことを認識しているだけでは足らず、数人が互に他の行為を利用して各自の犯意を実行する意思が存することをを要し、被告人Ｙ自身にもＶを殺害しようとする意思の存することが認められなければならない。その点で前判示のとおり被告人Ｙが、被告人Ｘの言葉に従ってＢを見張る行為に出ていることが認められるが、そのことから被告人ＹがＶを殺害することを決意ないしは欲してＢの見張りを引き受けたとみるのは早計であり、その際における同被告人の心情、当事者間の関係および状況等を総合して判断すべきものであるところ、同被告人の前掲司法警察員に対する供述調書によれば、『私もおじいちゃんから金さえ貰ったらあとはどうせ放ろうと思っていた矢先でもあったので、おじいちゃんがにいちゃんに殺されても仕方がないが、おじいちゃんが殺される苦しそうな顔やうめき声など聞いたりするのは堪え切れなかったので家を出て……』となっており、また同被告人の検察官に対する供述調書では、『私はＸに対しおじいさんを殺すのをやめというようには言える立場でなく、私とＸとでおじいさんを騙していたのがばれ、その結果おじいさんが、怒り出したわけですからＸの考えておることに従うことになり、ＸをとめないでそういうようにＸがおじいさんを殺そうとしているところへＢが来たら具合が悪いのでこれをやめようと思って……』となっている。右両供述調書の記載からは被告人Ｙの心情としてはＶが被告人Ｘに殺されても仕方がないと考えたことが認められる程度であって、被告人Ｙ自身も積極的にＶの殺害を決意ないし欲したとまでは認めることができず、また見張りに出た際も、Ｂの来るのをとめるためであったが、Ｖが殺害される現場にいたたまれないという気持もあったわけで、両被告人間の判示のような関係に加えて、被告人ＸとＶの争いが突然に起った出来事であり、被告人Ｙとしては被告人Ｘの言うままにＢの来るのを見張ったことが認められ、その態度は消極的で、専ら被告人Ｘのために見張りをしたことが認められ、被告人Ｙが被告人Ｘの前記言葉を聞いて見張りをしたとしても、その際の被告人Ｙの右のような心情、両被告人間の関係、犯行前の前記被告人Ｘと被告人Ｙの対Ｖに対する感情の相異、本件犯行の突発性等の諸事情に徴すれば本件で被告人Ｙの共謀を認めるのは困難であるといわなければない。さらに被告人Ｙの判示電気釜のコードの授受行為から共謀が認められないかという点についても、前掲各証拠によれば判示のとおり『手ではあかん、とどめをさすから紐を持ってこい』という被告人Ｘの指示で被告人Ｙが右コードを手渡したことが認められるが、前記見張りの場合と同様に被告人Ｙの態度は消極的であり、その心情も変っておらず、被告人Ｘと一緒になってＶを殺害しようとして渡したというよりは専ら被告人ＸのＶ殺害行為に奉仕する形で渡したものであることが認められ、このことから被告人Ｙの共謀を認めることも困難である。されば被告人Ｙの判示見張行為および電気釜コードの授受行為はいずれも被告人ＸのＶ殺害行為を容易ならしめるためになされた行為であることが認められるから、被告人Ｙについては判示のとおり殺人幇助罪が成立するに過ぎないものと結論するのが相当である」。

10 共謀の射程

(1) 場所の移動

269 浦和地判平成３年３月22日判時1398号133頁

【事実の概要】

暴力団の組長である被告人Xは、かねてより行状が悪く苦々しく思っていた舎弟分のVが組の縄張り内にある店で暴れたと聞いて、面目をつぶされたと立腹し、Vをいためつけたうえ組事務所へ連行させて制裁を加える意図のもとに、平成元年11月15日午前２時45分少し前ころ、配下組員のYに対し、「Vをぶっちめて縛って連れて来い」などと指示し、組員のZやWに対しても、「一緒に行ってやれ」と指示した。同日午前３時ころ、Yは、ZとWのほかU ら総勢９名でV方に赴き、玄関前路上（第１現場）において、傷害の故意をもってVの頭部、背部、腹部等を多数回にわたり金属製特殊警棒および木刀で殴打したり足蹴にしたりするなどしているうち、Vが隣家の車庫のシャッターにぶつかって大きな音を立てたのを機に発覚を恐れて急きょ場所を変え、自動車にVを乗せて連行し、約700 メートル離れた駐車場内（第２現場）でVの頭部、背部、腹部等を多数回にわたり金属製特殊警棒および木刀で殴打したり足蹴にしたりするなどの暴行を加え、よって同人に対し、加療期間不明の頭部挫裂創・裂創、左耳翼挫裂創、左第３ないし第５肋骨骨折などの傷害を負わせた。暴行後、死亡したと思ったVが「死なねえよ」などと言ったことから、Yらは、Vのたくましい生命力に驚愕するとともに、Vによる後日の報復を恐れ、殺害の決意を固めて、同日午前３時30分ころ、Vを車のトランクに押し込んで、約４キロメートル離れた川岸土手（第３現場）に運んで、頭部等を足蹴りにして土手下に転落させ、川内に落とした上、さらに、その身体を数分間水中に沈めて、溺死させた。検察官は、Xを傷害致死罪の共同正犯で起訴した。

これに対し、弁護人は、Vの死はYらによる殺意に基づく暴行という、Xの意思とは無関係な行為によって惹起されたものであるから、Xに対し傷害致死罪の刑責を負わせることはできないと主張した。

【判　旨】有罪・傷害罪の共同正犯（確定）

「第１現場の行為と第２現場での行為は、単に、物音がしたため犯行の発覚を恐れて場所を変えたというにすぎず、犯意継続の上引き続いて行われた一連の同種暴行行為であって、これを包括して１個の暴行と解することに何らの妨げはないと認められる。しかし、第２現場での暴行終了後の行為は、その後発生した同人の殺害という新たな目的に向けて行われたものである上、その動機・目的は、同人の『報復を怖れて』というもので、それまでの『制裁ないし復讐のため』とは明らかに異質である。また、現実の殺害行為は、第２現場から場所的にも約４キロメートル離れた場所で、しかも、それまでの暴行とは全く異質な手段・方法により行われたものであって、これらの点からすると、右は、第１、第２現場での犯行（傷害罪）から発展して行われた、同一被害者に対する有形力行使を内容とするものではあっても、主観・客観の両面からみて、これとは異質な別個独立の犯罪（殺人罪）として、併合罪を構成すると解すべく、両者を包括一罪の関係に立つと解することはできない（なお、右は、第１、第２現場の暴行の際、Ｙらが未必の殺意すら有していなかったという事実認定を前提とした結論であるが、かりに、第２現場における暴行の終了間際の暴行の際、Ｙに未必の殺意が生じていたと仮定しても、その結論は変らないと考えられる。すなわち、この場合、第１、第２現場における犯行は、Ｙについては、包括して未必の殺意による殺人未遂罪を、その余の実行行為者については傷害罪を各構成し、傷害罪の限度で共同正犯が成立すると解されるが、その後、確定的殺意に基づいて実行された第３現場での犯行は、それとは別個の殺人罪を構成すると解すべきである。これと異なり、第２現場においてＢが未必の殺意を抱いたと仮定した場合に、この点を重視し、同人について、第１ないし第３現場での犯行を包括して１個の殺人罪と評価することは、他の共犯者との間で罪数判断の分裂を来たすという一事からみても、不合理であることが明らかである。)」。

「もっとも、当裁判所は、一連の暴行の中途において行為者に殺意を生じ、結局相手を殺害してしまった場合について、必ず、殺意発生の前後により２罪が成立すると考えるものではない。例えば、右設例において、暴行の継続中、行為者が咄嗟に殺意（特に未必の殺意）を生じて被害者を殺害した場合に、これを、殺意発生の前後で２罪に分断するのは、常識に反するであろう。しかし、本件の第３現場における犯行は、第２現場までの犯行とは別個の動機に基づくものである上、殺意ないし殺害目的の存否、時間的・場所的懸隔、手段・方法の異質性等重要な点で第２現場までの犯行とは質を異にするものというべきであり、右に指摘したような設例の場合とは、明らかに事案を異にしているのである」。

「２　ところで、第三者（乙）にある犯罪を指示して実行させた者（甲）に対する刑責は、原則として、(1) 右乙が甲の指示に基づいて実行した犯罪と一罪の関係に立つものに限られると解すべく、(2) これと一罪関係に立たない別個の犯罪につき甲の刑責を問い得るためには、当初の指示・命令の中に、既に実行された犯罪以外に、右別個の犯罪の実行をも指示・容認する趣旨が含まれており、従ってまた、右犯罪が、甲乙両名の合致した意思（共謀）に基づいて実行されたと認め得る特別な事情の存することが必要であると解すべきである。このことは、共同正犯の成立には、共犯者間に、一定の構成要件に該当する行為を行うことの意思の合致が不可欠であるとされていることからする当然の帰結であって、これと異なり、例えば、乙にある犯罪を指示した甲は、右乙の実行した犯罪のうち、甲の指示と因果関係を肯定し得る全てのものに対する刑責を免れないというような議論（検察官の議論は、これに近い。）は、共同正犯の成立に不可欠とされる共犯者間の意思の合致の要件を無視するもので理論上是認し得ないのみならず、その実際の適用においても、共同正犯の成立範囲を拡大しすぎて不当な結果を招来する。

３　そして、当裁判所は、前記第五記載のとおり、Ｙらが第３現場でＶを殺害した行為は、それ以前に実行された傷害罪とは別個独立の殺人罪（併合罪）を構成し、両者を一罪と評価することはできないと考えるものである。従って、本件は、右 (1) の場合にはあたらないことが明らかである（なお、検察官が論告要旨〈補充〉中で援用する最一判昭和54・4・13刑集33巻３号179頁は、共犯者の殺意発生前後の行為が一罪を構成すると認めてよい場合であると考えられるから、右判例は、本件の適切な先例たり得ないというべきである。)。

４　また、既にくり返し指摘したとおり、被告人のＹに対する指示は、Ｖに対するある程度の有形力の行使を容認しつつも、最終的には、同人をＡ組事務所へ連行させて、同所における制裁を目的とする趣旨のものであったのに対し、第３現場での犯行は、Ｙらが第１、第２現場において、被告人の右命令を越えて激しい暴行を行いＶに重傷を負わせてしまったことから、いっそのこと同人を殺害して将来の禍根を断とうとして、同人殺害をしたものである。従って、被告人のＹらに対する前記指示・命令が、第１、第２現場における暴行に加えて、第３現場におけるＹらの行為をも容認する趣旨のものでなかったこと、そしてまた、Ｙらの行為が、当初の共謀に基づくものと認め得ないことは、明らかなところである。そうであるとすると、本件が、前記（2）の場合にあたらないことは、当然のことである」。

「以上のとおりであって、本件公訴事実中、第３現場におけるＢらのＶ殺害行為について、被告人に対し共謀共同正犯の刑責を問うことはできないというべきである」。

(2) 予想外の強盗

270 東京地判平成７年10月９日判時1598号155頁

【事実の概要】

Y及びZ女は、本件犯行当時同棲しており、以前から２人でスナックの経営者に睡眠薬を飲ませて眠らせ、金品を盗取するという昏酔強盗を行っていたが、平成７年４月13日にも、遊興費欲しさから、同様の昏酔強盗を計画し、Zが睡眠薬を用意した。Zは、遊び友達である被告人Xを犯行に誘うことをYに提案し、電話でXを呼び出した。Xは、同日深夜、Yらと落ち合い、スナックで酒を飲んだが、その席上、Zから「薬飲ましてお金取っちゃおうよ。」などと昏酔強盗の計画を持ち掛けられて、これに同意した。なお、XとYとは、この時が初対面であった。

Xら３名は、その後、数軒のスナックを見て歩き、客が少なく容易に犯行を実行できそうな店を探し、翌14日午前５時35分ころ、Vの経営する本件スナックに入り、カウンターに並んで腰掛けた。Xらは、間もなく他の客が帰ったことから、Vにビールを飲むように勧め、Xの誕生祝いだなどと嘘を言っていわゆる一気飲みを何度もさせ、Vを酔わせるように仕向けた。そして、Zは、Vのすきをうかがってビールグラスに睡眠薬を入れ、これを同人に飲ませた。しかし、Vは、意識がもうろうとし始めたものの、眠り込むまでには至らなかった。そこで、Yは、Vが眠り込むのを待ち切れず、Vに暴行を加えて気絶させた上、金品を奪取しようと考え、カウンターの中に入り、「この野郎、くたばらないのか。」と言って、Vの顔面を手拳で数回殴打し、更に１回足蹴にしたため、同人は頭部顔面外傷の傷害を負い、気絶した。この間、ZもVに向かって「ふざけんじゃあない。」などと罵声を飛ばし、Xは傍らでこれを見ていた。その後、Y及びZは、Vのバッグの中から現金約10万円及びネックレスなどを奪い、Xも、Yが金品強取の意図で暴行を加えていることを認識しながら、Zに促されて、カウンターの上に置いてあったコンパクトディスク十数枚と、引出しの中にあった現金数千円を奪った。

Xは、強盗致死罪で起訴された。

【判　旨】有罪・強盗罪（確定）

「三　暴行脅迫を手段とする強盗の現場共謀の成否

１　以上のように、被告人とＹ男らとの間には昏酔強盗の共謀が事前に成立し、その実行行為にも着手していたと認められるものの、昏酔強盗とは手段方法が質的に異なっている暴行脅迫を手段とする強盗についての共謀が認められないのであれば、右暴行によって生じた致傷の結果について直ちに被告人に責任を負わせることはできない（なお、右傷害の結果を昏酔強盗の機会における傷害と解することもできない。）。そこで、まず、以上の事実関係を前提に、暴行脅迫を手段とする強盗の現場共謀の成否について検討する。

２　確かに、被告人は、前記のとおり、Ｙ男がＶに暴行を加えた際、それが財物奪取の手段であることを認識しながら、これを制止せず、同人が気絶した後、Ｙ男らと共にＶから財物を奪った事実が認められる。

しかし、被告人は、当初の段階では、飲食店経営者に睡眠薬を飲ませて眠らせた上で金品を取るという昏酔強盗の計画を持ち掛けられてそれに加わっただけであって、被害者が昏酔しない場合に暴行脅迫を加えてでも財物を強取するかどうかについての謀議まではなされておらず、また、その点を予測してもいなかった。しかも、Ｙ男は、被告人らに諮ることなく、いきなりＶに暴行を加えているほか、被告人自身は、Ｖに対して何ら暴行脅迫を加えていない。その当時の心境について、被告人は、『まさか相手に怪我をさせるとは思わなかった。Ｙ男が暴行を加えるのを見てびっくりした。』などと供述しているが、被告人がその日に初めてＹ男らから昏酔強盗の計画を持ち掛けられてそれに加わった経緯や、Ｙ男が被告人に謀ることなくいきなりＶに暴行を加えるに至った状況等に鑑みると、被告人の右供述もあながち虚偽とはいい切れない。

これらの事実からすれば、被告人は、Ｙ男がＶに対して暴行を加え始めるまでの時点において、昏酔強盗の計画が暴行脅迫を手段とする強盗へと発展する可能性を認識していたとは認められず、また、Ｙ男が暴行を加えている時点においても、右暴行を認容してそれを自己の強盗の手段として利用しようとしたとまでは認められないので、被告人とＹ男らとの間に暴行脅迫を手段とする強盗についての意思連絡があったと認定することはできない。

3　以上のように、被告人にはＹ男らとの間で暴行脅迫を手段とする強盗の共謀が成立したとは認められないので、右共謀の存在を前提として強盗致傷罪の責任を負わせることはできない。

四　いわゆる承継的共同正犯の成否

1　被告人は、前記のとおり、Ｙ男が強盗の犯意をもってＶに暴行を加えて傷害を負わせた後、Ｙ男の意図を認識しながら、同人らと共にＶから財物を奪取しているので、この場合に被告人の負うべき責任の範囲について更に検討する。

2　先行行為者の犯罪に途中から共謀加担した者（後行行為者）の負うべき責任の範囲については、種々の議論があるが、強盗致傷の事案において、本件のように、先行行為者が専ら暴行を加え、被害者の反抗を抑圧し、右暴行により傷害を与えた後に、財物奪取を共同して行った後行行為者については、強盗罪の共同正犯としての責任を負うものの、強盗致傷罪の共同正犯としての責任までは負わないものと解するのが相当である。何故なら、後行行為者は、財物奪取行為に関与した時点で、先行行為者によるそれまでの行為とその意図を認識しているのみでなく、その結果である反抗抑圧状態を自己の犯罪遂行の手段としても積極的に利用して財物奪取行為に加担しているのであるから、個人責任の原則を考慮に入れても、先行行為者の行為も含めた強盗罪の共同正犯としての責任を負わせるべきものと考えられるが、反抗抑圧状態の利用を超えて、被害者の傷害の結果についてまで積極的に利用したとはいえないのにその責任を負わせることは、個人責任の原則に反するものと考えられるからである。

本件においても、財物奪取行為のみに関与した被告人については、強盗罪の共同正犯の責任は負うものの、強盗致傷罪の共同正犯の責任までは負わないものと解される。

3　したがって、被告人には、強盗致傷罪ではなく、強盗罪の限度で共同正犯が成立するにとどまるものと判断した」。

11　共同正犯と違法性

(1)　共同正犯と過剰防衛

271　最決平成４年６月５日刑集46巻４号245頁、判時1428号144頁、判タ792号88頁

【事実の概要】

被告人Xは、昭和64年１月１日午前４時ころ、友人であるYの居室から飲食店「甲」に電話をかけて同店に勤務中の女友達と話していたところ、店長のVから長い話はだめだと言われて一方的に電話を切られた。立腹したXは、再三にわたり電話をかけ直して女友達への取次ぎを求めたが、Vに拒否された上侮辱的な言葉を浴びせられて憤激し、殺してやるなどと激しく怒号し、「甲」に押しかけようと決意して、同行を渋るYを強く説得し、包丁（刃体の長さ約14.5センチメートル）を持たせて一緒にタクシーで同店に向かった。Xは、タクシー内で、自分もVとは面識がないのに、Yに対し、「おれは顔が知られているからお前先に行ってくれ。けんかになったらお前をほうっておかない」などと言い、さらに、Vを殺害することもやむを得ないとの意思の下に、「やられたらナイフを使え」と指示するなどして説得し、同日午前5時ころ、「甲」付近に到着後、Yを同店出入口付近に行かせ、少し離れた場所で同店から出て来た女友達と話をしたりして待機していた。Yは、内心ではVに対し自分から進んで暴行を加えるまでの意思はなかったものの、Vとは面識がないからいきなり暴力を振るわれることもないだろうなどと考え、「甲」出入口付近でXの指示を待っていたところ、予想外にも、同店から出て来たVにXと取り違えられ、いきなりえり首をつかまれて引きずり回された上、手けん等で顔面を殴打されコンクリートの路上に転倒させられて足げりにされ、殴り返すなどしたが、頼みとするXの加勢も得られず、再び路上に殴り倒されたため、自己の生命身体を防衛する意思で、とっさに包丁を取出し、Xの前記指示どおり包丁を使用してVを殺害することになってもやむを得ないと決意し、Xとの共謀の下に、包丁でVの左胸部等を数回突き刺し、心臓刺傷及び肝刺傷による急性失血によりVを死亡させて殺害した。検察官は、XとYを殺人罪の共同正犯で起訴した。

被告人Xの弁護人は、殺害についての共謀も殺意もなく、また、過剰防衛が成立すると主張した。

【裁判の経過】

1審：東京地判平成元年7月13日刑集46巻4号256頁（有罪・殺人罪の共同正犯）

「被告人Xは、本件被害者との間で電話を介してののしり合いとなって極めて高度の興奮状態となったものであり、その際、大声で『馬鹿野郎。この野郎。殺してやる』などと怒鳴り散らした挙げ句、被害者の店に押し掛け、同人とけんかをすることを決意したこと、その際、被告人Yに強く一緒に行くことを求め、これに同意させ、同被告人に指示して豚などの解体用でその形状からしても殺傷能力が高いと認められる本件包丁を携帯させ、そのとき、被害者とのけんかに負けないとの意思を被告人Yに示し、しかも、その場にいた友人らの制止を振り切って被告人Yと共に『甲』に向かったこと、現場に向かう途中のタクシー内で、被告人Yに対し、先に同店に行くこと及びけんかをするに当たり包丁を使用することを明確に指示し、その際、同被告人が不安を表明すると、同被告人を激励したこと、現場に着くと、被告人Yは、タクシー内の話し合いどおり単身同店出入口付近へ向かって行ったこと、が挙げられる。……

以上の諸事実を総合すると、遅くともタクシー内で被告人両名の話し合いがなされた時点においては、先に認定した通り、被害者とけんかをするに当たり、所携の殺傷能力の高い包丁を用いて被害者を殺害することもやむなしとの意思を相通じて、被害者を殺害することの共謀を遂げ、かつ、その実行者を被告人Yと決定したものと認定するのが相当である」。

「関係証拠によると、被告人Yは、刺突行為の前に、被害者から、いきなり襟首を掴まれ引きずられた上で、数回殴打され、あるいは転倒させられて足蹴にされるなどしていることが認められる。しかしながら、既に認定したとおり、そもそも、被告人Yは、被告人Xとの間で、被害者と包丁を用いてけんかをすること、そしてその結果同人を殺害することになるもやむなしとの意思を相通じた上、前記包丁を携帯して現場に赴き、店の出入口付近で被害者の出て来るのを待っていたのであるところ、これに対し、被害者が被告人Yに対し先制的に加えた暴行は素手によるもので、通常のけんかの域を超えるものではなく、被告人Yも被害者の暴行に対し、逃げ出すわけでもなく、被害者に対し殴打等の抵抗を示した上、前記のような態様による刺突行為に及んでいるのである。以上の状況に鑑みると、被害者の右暴行は、被告人らにとり、当然に予期、予測されたものであるばかりでなく、被告人らは、その機会にむしろ積極的に被害者に対し攻撃を加える意思で本件現場に臨んだものであると認められるから、結局、被害者の右暴行は急迫の侵害には当たらないものと解される」。

2審：東京高判平成2年6月5日刑集46巻4号264頁（Yに関する部分を破棄、Xの控訴を棄却）

「被告人Yは、同Xの指示に従い、『甲』前付近路上に赴いたのであるが、自らはけんかの相手でないので、よもやVからいきなり暴力を振るわれるとは思わず、被告人Xからの指示を待ち、けんかになったら同被告人が助けに来てくれ、相手と対応してくれるものと期待していたのに、意外にも電話での口論相手と取り違えたVから有無を言わさず一方的な暴力を振るわれるという事態の展開となり、しかも、頼みとする被告人Xが助けに来てくれず、このままでは更にどのような危害が加えられるかも知れないとの恐れから、やむなくベルトに差していた包丁を取り出し、Ｖを殺害することもやむなしと決意して、同人の左胸部めがけて突き刺したものと認めるのが相当である。とすると、遅くとも『甲』へ向かうタクシー内において被告人Ｙに未必の殺意が生じたとする原判決の認定は、事実を誤認したものといわなければならない」。

「被告人Ｘ及び被告人Ｙについて、いずれもＶを殺害することもやむなしとの意思、すなわち未必の殺意のあったことは明らかであるが、その発生の時期が異なる上、互いにその動機にも違いがある。すなわち、被告人Ｘについては、前記のとおり、同被告人が『甲』に電話をかけた際、Ｖから恋人への電話の取り次ぎを拒絶されたばかりでなく、口を極めての激しい口論となった結果、極度に激昂し、同人に対して激しい憎悪の念を抱いたことが本件の直接の動機であり、また、被告人Ｙと『甲』に向かう途中のタクシー内で同被告人を説得して、同被告人をしてまずＶと対応させることを承諾させ、その際、けんかとなって同人からやられたら所携の包丁を使用することを明確に指示した際には、同人を殺害することもやむなしとの未必の殺意を抱いたものと認められる。そして、被告人Ｘにとっても、前記のとおり、Ｖが被告人Ｙに対しいきなり激しい暴力を振るうということは予想外のことであり、事態の展開に対応して迅速に同被告人の加勢に赴くのをしゅん巡しているうちに、被告人ＹがＶを包丁で突き刺してしまったのであるが、この間もとより被告人Ｘは、Ｖとけんかをし、その際、事態の成り行きによっては同人を殺害することもやむなしとする未必の殺意を放棄していたものとは認められず、かえって、Ｖが攻撃してくる機会を利用し、被告人Ｙが包丁を取り出してＶに反撃を加えることを期待していたものと認められ、従ってその結果としてのＶの殺害をむしろ積極的に認容していたものとも認められる。

これに対し、被告人Ｙについては、前記のとおり、もともとＶとの電話での口論は被告人Ｘに関わることであって、被告人ＹはＶに対して格別悪感情を持っていた訳でもなかったが、被告人Ｘの指示に従い、ひとり『甲』に赴いたところ、思いもよらず、けんか相手の被告人Ｘと間違えられて、いきなりＶから一方的に激しい暴力を振るわれ、２度にわたって殴り倒され、このままでは更にどのような危害が加えられるかも知れないとの恐れから、それ以上の危害を防ぐために包丁を取り出してＶの左胸部を目がけて突き刺したものであり、この反撃を決意した際に、被告人Ｙにおいてはじめて Ｖに対し殺害するもやむなしとの未必の殺意が生じたものと認められる。そして、この殺意は、Ｖからの一方的な暴力に対する報復の意思も含まれていたものの、主としては身の安全を守るためのものと認められるから、殺害の動機においても、被告人Ｘの動機と異なる面のあることは否定できない。

しかしながら、被告人Ｙは、同Ｘから『甲』に向かうタクシー内で、やられたら包丁を使えと指示され、その時点では、よもや自分がけんかの相手と取り違えられて暴力を受け、包丁を使用する事態が生ずるとは予期しなかったものの、『甲』店内から出て来た大柄の日本人からいきなり激しい暴力を加えられ、この男が先に電話で被告人Ｘと口論をした同店の店長であることを確信の上、同人から暴力を振るわれたことに対し、結局、被告人Ｘの指示どおり包丁の使用を決意し、その結果Ｖを殺害することもやむなしとの犯意を抱くに至ったものであるから、被告人Ｙがこの決意をした時点において、被告人両名の間に、意思相通じ同人を殺害するもやむなしとすることの共謀が成立したものと認めるのが相当である。

被告人両名の間において、前記のような殺害の動機及び殺意発生の時期が異なるとしても、共謀の成立を妨げるものではない。なお、後記第二において説示するように、被告人Ｙの右所為は、Ｖからの一方的な攻撃に対して、主として自己の生命、身体を防衛するために行われたものであるが、防衛のために必要な方法、程度を逸脱したもので、全体として違法な加害行為というべきであるから、被告人両名間に、Ｖに対する殺害の共謀を認定し、共同正犯の成立を肯認することについて何ら支障となるものではないと解される。

したがって、被告人両名の共謀の成立時期について、遅くとも『甲』に向かうタクシー内で被告人両名の話し合いがなされた時点において、被害者を殺害することもやむなしとの意思を相通じて、被害者を殺害することの共謀を遂げたとする原判決の認定、判断は、事実を誤認したものといわなければならない」。

「被告人両名の本件所為につき過剰防衛の成否について検討すると、被告人Ｙは、前記のとおり、Ｖに対し、面識がなく、口論の相手でもなく、格別の悪感情を持っていた訳でもなかったので、むしろけんかに巻き込まれるのを危惧して同行することを終始渋っていたぐらいであって、自ら進んでＶに暴力を加える意思があったものとは認められない。そして、行き掛かりからひとりで『甲』に出向くことになったが、けんかの相手でもないことから、Ｖとの間で直ちにけんかになることを予想することなく、いわんや被告人Ｘと間違えられて一方的に激しい暴力を加えられることは全く予期せずに同被告人からの指示を待っていたものであり、また、もしけんかになっても、当然、体力のある被告人Ｘがその相手となって対応してくれるものと考え、当面、自ら包丁を使用することを予測していなかったものと認められる。したがって、被告人Ｙが、居室から出掛ける際、隠し持っていた包丁をそのまま所持して『甲』に赴いたとしても、これをもって、Ｖとのけんか闘争を予期し、同人からの攻撃の機会を利用して、この包丁を使用し、Ｖに対し積極的に攻撃を加えようとするまでの意図があったとは到底認められず、同被告人が積極的加害意思をもって侵害に臨んだものとは認め難い。ところが、前記のとおり、『甲』から出て来たＶからいきなり一方的に、殴る、蹴るの暴力を振るわれて２度までもコンクリートの路上に転倒させられ、頼みとする被告人Ｘの加勢も得られないまま素手で防戦に努めたものの、体力差は歴然としていたのであるから、このままでは更にいかなる危害を加えられるかも知れないとの強い恐怖心と危機感を抱いたであろうことは容易に推察できるところである。しかも、Ｖの攻撃は、防戦一方の同被告人に対し引き続き加えられようとしていたこともまた明らかであるから、被告人Ｙは、かかるＶからの急迫不正の侵害に対し、反撃し、一矢を報いてやろうという報復の意思のあったことも否定できないものの、主としては自己の生命、身体を防衛するために本件所為に及んだものと認められる。

以上のように、被告人Ｙの本件所為は、Ｖの急迫不正の侵害に対し、自己の生命、身体を防衛するために出たものであったと認められるのであるが、右所為を全体的に観察すると、被告人Ｙは、前記のとおり、Ｖから一方的に殴る、蹴るの暴力を加えられて、コンクリートの路上に２度倒されたとはいえ、終始素手で攻撃されただけであり、その後においてもそれを上回る暴行が予想されないのに優に殺傷能力のある前記包丁を取り出してＶの枢要部である上半身を目がけて数回突き刺し、心臓及び肝臓に達する深さ10センチメートルを超える刺傷２個を含む４個の刺傷等を負わせ、ついに同人を殺害するに至らせたものであるから、同被告人の右所為は防衛に必要な方法、程度を逸脱しているものといわなければならない。したがって、同被告人の本件所為は、刑法36条２項の過剰防衛に当たるものである。もっとも、被告人Ｙの右所為は、前示のとおり、被告人Ｘとの共謀に基づいて行われたものであり、他方、共犯者である被告人Ｘは、後記のとおり、積極的加害の意思をもって侵害に臨んだものであって、侵害の急迫性を欠くものであるが、事前共謀の認められない本件においては、積極的加害の意思ないし侵害の急迫性の有無は、行為者にとって各個別的に判断されるべきものであると解されるから、被告人Ｘの過剰防衛が否定されたとしても、被告人Ｙに対し過剰防衛の成立を認めるのに妨げとならないものと解される。

しかるに、原判決は、前記のとおり、被告人Ｙの殺意発生と被告人Ｘとの共謀の成立の各時期について事実を誤認し、これに基づき、被告人Ｙが、積極的加害意思をもって本件現場に臨んだとの判断を前提として、同被告人について過剰防衛の成立を否定したものと認められるが、右は、証拠の取捨選択及び評価を誤り、ひいては事実を誤認したものというべく、しかもその誤りは判決に影響を及ぼすことが明らかであるから、同被告人についての本論旨は右の限度で理由があり、量刑不当の主張に対する判断をするまでもなく、破棄を免れない。

これに対し、被告人Ｘは、前記のとおり、被告人Ｙらの居室から『甲』に赴く際、既に同店の店長とけんか闘争となることを予期し、むしろそれを望んで出掛け、けんかに備えて殺傷能力のある前記包丁を被告人Ｙに携帯所持させたばかりでなく、同店に向かう途中のタクシー内で、同被告人に対し、やられたらこれを使えと右包丁を使用することを明確に指示して、同被告人がけんか闘争に際し同包丁を使用してＶを痛めつけることをむしろ期待していたものと認められる。とすると、被告人Ｘは、Ｖとのけんか闘争を予期して、被告人Ｙと共に『甲』近くまで出向き、Ｖが攻撃してくる機会を利用し、あるいは同人からけんかを売られるのを契機として、同被告人をして右包丁でＶに反撃を加えさせることを期待していたこと、すなわち積極的加害の意思で侵害に臨んだものと認められるから、Ｖの被告人Ｙに対する前記暴行は、被告人Ｘにとっては、急迫性を欠くものというべきである。とすれば、これと同旨の判断に基づき過剰防衛の成立を否定した原判決の認定、判断には事実の誤認がない（なお、共謀の成立時期について事実の誤認があることは前記説示のとおりであるが、被告人Ｘについては、原判決認定の時期に既に殺意が存在し、かつ殺害の共謀も結局成立したものと認められることは前記のとおりであるから、右の誤認が、過剰防衛の成立を否定した原判決の認定を妨げるものではなく、また、判決に影響を及ぼすことが明らかな事実誤認に当たるとも認められない。）。被告人Ｘに関する本論旨は理由がない」。

【決定要旨】上告棄却

「共同正犯が成立する場合における過剰防衛の成否は、共同正犯者の各人につきそれぞれその要件を満たすかどうかを検討して決するべきであって、共同正犯者の一人について過剰防衛が成立したとしても、その結果当然に他の共同正犯者についても過剰防衛が成立することになるものではない。

原判決の認定によると、被告人は、Ｖの攻撃を予期し、その機会を利用してＹをして包丁でＶに反撃を加えさせようとしていたもので、積極的な加害の意思で侵害に臨んだものであるから、ＶのＹに対する暴行は、積極的な加害の意思がなかったＹにとっては急迫不正の侵害であるとしても、被告人にとっては急迫性を欠くものであって……、Ｙについて過剰防衛の成立を認め、被告人についてこれを認めなかった原判断は、正当として是認することができる」。

【参考文献】

十河太朗・判例講義Ｉ134頁、今井猛嘉・百選Ｉ〔第６版〕180頁、橋本正博・平成４年度重判解167頁、小川正持・最判解刑事篇平成４年度29頁

(2)　共同正犯と量的過剰防衛

272 最判平成６年12月６日刑集48巻８号509頁、判時1534号135頁、判タ888号145頁

【事実の概要】

被告人Xは、昭和63年10月22日の夜、中学校時代の同級生であるY、Z、W及びAとともに、近く海外留学するAの友人Bを送別するために集まり、レストランで食事をし、翌23日午前１時30分ころ、歩道上で雑談をするなどしていたところ、酩酊して通りかかったVが、付近に駐車してあったYの乗用車のテレビ用アンテナに上着を引っかけ、これを無理に引っ張ってアンテナを曲げておきながら、何ら謝罪等をしないまま通り過ぎようとした。不快に思ったYは、Vに対し、「ちょっと待て」などと声をかけた。Vは、これを無視してI会館に入り、間もなく同会館から出て来たが、被告人らが雑談をしているのを見て、険しい表情で被告人らに近づき、「おれにガンをつけたのはだれだ」などと強い口調で言った上、「おれだ」と答えたYに対し、いきなりつかみかかろうとし、Yの前にいたAの長い髪をつかみ、付近を引き回すなどの乱暴を始めた。被告人X、Y、Z及びWは、これを制止し、Aの髪からVの手を放させようとして、こもごもVの腕、手等をつかんだり、その顔面や身体を殴る蹴るなどし、被告人Xも、Vの脇腹や肩付近を２度ほど足蹴にした。しかし、Vは、Aの髪を放そうとせず、Yの胃の辺りを蹴ったり、ワイシャツの胸元を破いたりした上、Aの髪をつかんだまま、不忍通り（車道幅員約16.5メートル）を横断して、向かい側にあるMビル１階駐車場入口の内側付近までAを引っ張って行った。被告人ら４名は、その後を追いかけて行き、Vの手をAの髪から放させようとしてVを殴る蹴るなどし、XにおいてもVの背中を１回足蹴にし、Vもこれに応戦した。その後、ようやく、Vは、Aの髪から手を放したものの、近くにいた被告人ら４名に向かって、「馬鹿野郎」などと悪態をつき、なおも応戦する気勢を示しながら、後ずさりするようにして同駐車場の奥の方に移動し、Xら４名もほぼ一団となって追って行った。

そして、その間、同駐車場中央付近で、Zが、応戦の態度を崩さないVに手拳で殴りかかり、顔をかすった程度で終わったため、再度殴りかかろうとしたが、Wがこれを制止し、同駐車場の奥で、今度はYがVに殴りかかろうとしたため、再びWが２人の間に割って入って制止した。しかし、その直後にYがVの顔面を手拳で殴打し、そのためVは転倒してコンクリート床に頭部を打ちつけ、入通院加療約７か月半を要する外傷性小脳内血腫、頭蓋骨骨折等の傷害を負うに至った。なお、VがAの髪から手を放した同駐車場入口の内側付近からYの殴打により転倒した地点までの距離は、20メートル足らずであり、この間の移動に要した時間も短時間であり、被告人ら４名のうちZやWは、VがいつAの髪

から手を放したか正確には認識していなかった。
Xは、傷害罪で起訴された。

【裁判の経過】

1審：東京地判平成元年9月12日刑集48巻8号567頁（有罪・傷害罪の共同正犯）

「一　被告人3名の共謀について

被告人3名及び各弁護人は、本件犯行当時被告人3名が互いに犯罪行為を共謀した事実はなく、また仮にあったとしても、VがAの頭髪を離した時点で共謀関係は崩壊しているから、それ以後の暴行については個別の責任である旨主張するので右の点につき判断する。

本件犯行に至る経緯及び本件犯行の態様は前記判示のとおりであって、さらに前掲各証拠によれば、(1) 判示Mビル1階駐車場の入り口付近でVがAの頭髪を離して駐車場奥へ後退しながら歩いていった後、被告人Yは直ちにVの後を追い、被告人Z及び同XはAの頭髪がいつ離されたかについて明確な認識を持たないまま同じくVの後を追っていること (2) VがAの頭髪を離した位置から最終的にVが転倒した位置まではせいぜい20メートル位しか離れておらず、この間は時間的にも接着していたこと (3) 被告人Yの最終の殴打行為の際、被告人Z及び同Xも右Yから約2、3メートル程度に近接した位置にいて右Yの行為を終始見ていたこと等の事実が認められる。

これらの事実に照らすと、被告人らの本件行為は、VがAの頭髪を掴んで引き回したことが発端ではあるが、Vへの制止行為から発展して被告人YのVに対する最終殴打行為に至るまで一連の行為として把握するのが相当であって、被告人3名は、VのAに対する加害行為に対応してそれぞれVに対し共同して立ち向っていたものであり、この間、VがAの頭髪を離したことを契機として、被告人Z及び同XがVに対する攻撃の意図を放棄し、その攻撃から離脱したものとは認められない。よって、弁護人の主張には理由がない。

二　正当防衛及び過剰防衛等の主張について

各弁護人は、被告人らの本件暴行は、VがAの頭髪を掴んで引き回す等してA及び被告人らに対し急迫不正の侵害を加えたため、被告人らはこれに対する防衛行為としてVに対し暴行を加えたものであって、正当防衛が成立し、仮にそうでなくとも過剰防衛が成立する旨主張するので、右の点につき判断する。

本件の発端において、Vが被告人らの中に突然割って入り、因縁をつけることがごとき行動に出た後、やにわにAの頭髪を掴んで引き回したことは急迫不正の侵害にあたると言わざるを得ない。また、被告人らの判示暴行は、前記のとおり、VがAの頭髪を掴んで引き回し、これを執拗に継続した行為に対応して、その制止行為から発展してなされた一連の暴行と認められる。そうだとすれば、本件暴行は、その過程で憤激の感情が伴っていたことは推認できるものの、少なくともVの右加害行為に対応する防衛の意思をもって行われたものであることは否定できない。

次に、右暴行の態様は、酩酊中でいささか常軌を逸した加害行為に出ている者が相手であるとはいえ、45歳のさほど体格も大きいとはいえない被害者Vに対し、若年の男性で体格も優れている被告人3名が、Wを含めて4人がかりでこもごも殴る蹴るの行為に及んでいるものである上、駐車場内でAの頭髪を離し立ち去ろうと後退してゆくVを、被告人3名が直ちに後を追い、Wの制止にもかかわらず被告人Yが殴打行為に及びVを転倒させたことが認められる。ところで、被告人Yが駐車場内でVを殴打して転倒させた暴行は、VがAの頭髪から手を離した直後になされているが、両者は時間的、場所的に接着していることは前述のとおりであり、本件被告人らの暴行の推移を全体的に見れば、被告人Yの最終殴打行為についても被告人らの各暴行の一連の行為の一つとして、結局、VのAに対する侵害行為に対応する暴行と評価するのが相当である。そこで、被告人らの各暴行を一連のものとして考えた場合、防衛のための行為としては必要な程度を逸脱しているものと言わざるを得ない。したがって、被告人らの本件犯行は正当防衛行為とは認め難く、過剰防衛にとどまるものと認められるので、弁護人の主張は、その限度で理由がある」。

2審：東京高判平成2年2月27日刑集48巻8号571頁（控訴棄却）

「VがI会館前でAの髪を掴んだ時点から、Yが駐車場奥でVを最終的に殴打するまでの間における被告人ら4名の行為は、駐車場中央付近でZを制止した後のWの関係を除き、相互の意思連絡のもとに行われた一体的なものとして評価でき、被告人ら4名がVに対して加えた一連の暴行は、右のWの関係を除き、その全体について共同正犯の成立を認めるのが相当である。所論は、ＶがＡの髪を離した時点を基準として、その前後の被告人ら４名の行為を別個のものと評価したうえ、右時点以前における被告人ら４名の行為については正当防衛が成立し、右時点後の被告人ら４名の行為は最終のＹの殴打行為を含めて各人の単独行為である旨を主張するが、右の限りで、その前提において失当であるといわざるをえない。

そして、ＶがＡの髪を掴んで引き回すなどしたことに始まり、これを制止しようとして被告人ら４名がした殴打や足蹴り等、そのような被告人ら４名に対するＶの攻撃、ＶがＡの髪を離した後の同人に対するＺの殴打、そして最終のＹの殴打に至るまでの一連の経過、各暴行の態様等は、前記のとおりであること、Ｖは45歳で、当時相当酩酊していたのに対し、被告人らはいずれも20歳代前半の若者であって、ＶがＡの髪を離した後は、形勢は圧倒的に被告人らの側が優位にあったこと、Ｖに負わせた傷害の内容、程度等を総合考慮すると、被告人らの本件行為に対し、過剰防衛の限度で有罪を認めた原判断は相当と認められる」。

これに対し、弁護人は、Ｘらに過剰防衛行為を行うことについての共同実行の意思や過剰防衛行為の共同実行があったことが原判決において認定されていないなどと主張して、上告した。

【判　旨】破棄自判（無罪）

「1　原判決の認定した前記事実関係のうち、本件駐車場の奥の方に移動した際、被告人ら４名が『Ｖを本件駐車場奥に追い詰める格好で追って行った』とする点については、後述のように、これを是認することはできない。

2　本件のように、相手方の侵害に対し、複数人が共同して防衛行為としての暴行に及び、相手方からの侵害が終了した後に、なおも一部の者が暴行を続けた場合において、後の暴行を加えていない者について正当防衛の成否を検討するに当たっては、侵害現在時と侵害終了後とに分けて考察するのが相当であり、侵害現在時における暴行が正当防衛と認められる場合には、侵害終了後の暴行については、侵害現在時における防衛行為としての暴行の共同意思から離脱したかどうかではなく、新たに共謀が成立したかどうかを検討すべきであって、共謀の成立が認められるときに初めて、侵害現在時及び侵害終了後の一連の行為を全体として考察し、防衛行為としての相当性を検討すべきである。

3　右のような観点から、被告人らの本件行為を、ＶがＡの髪を放すに至るまでの行為（以下、これを「反撃行為」という。）と、その後の行為（以下、これを「追撃行為」という。）とに分けて考察すれば、以下のとおりである。

（一）　まず、被告人らの反撃行為についてみるに、ＶのＡに対する行為は、女性の長い髪をつかんで幹線道路である不忍通りを横断するなどして、少なくとも20メートル以上も引き回すという、常軌を逸した、かつ、危険性の高いものであって、これが急迫不正の侵害に当たることは明らかであるが、これに対する被告人ら４名の反撃行為は、素手で殴打し又は足で蹴るというものであり、また、記録によれば、被告人ら４名は、終始、Ｖの周りを取り囲むようにしていたものではなく、Ｙ及びＺがほぼＶとともに移動しているのに対して、被告人は、一歩遅れ、Ｗについては、更に遅れて移動していることが認められ、その間、被告人は、ＶをＡから離そうとしてＶを数回蹴っているが、それは六分の力であったというのであり、これを否定すべき事情もない。その他、Ｖが被告人ら４名の反撃行為によって特段の傷害を負ったという形跡も認められない。以上のような諸事情からすれば、右反撃行為は、いまだ防衛手段としての相当性の範囲を超えたものということはできない。

（二）　次に、被告人らの追撃行為について検討するに、前示のとおり、Ｙ及びＺはＶに対して暴行を加えており、他方、Ｗは右両名の暴行を制止しているところ、この中にあって、被告人は、自ら暴行を加えてはいないが、他の者の暴行を制止しているわけでもない。

被告人は、検察官に対する供述調書において、『ＶさんがＡから手を放した後、私たち４人は横並びになってＶさんを本件駐車場の奥に追い詰めるように進んで行きました。このような態勢でしたから、他の３人も私と同じように、Ｖさんに対し、暴行を加える意思があったのだと思います。』と供述しているところ、原判決は、右供述の信用性を肯定し、この供述により、被告人ら４名がＶを駐車場奥に追い詰める格好で追って行ったものと認定するとともに、追撃行為に関して被告人の共謀を認めている。しかし、記録によれば、Ｖを追いかける際、被告人ら４名は、ほぼ一団となっていたということができるにとどまり、横並びになっていたわけではなく、また、本件駐車場は、ビルの不忍通り側と裏通り側とのいずれにも同じ６メートル余の幅の出入口があり、不忍通りから裏通りを見通すことができ、奥が行き詰まりになっているわけではない。そうすると、被告人ら４名が近付いて来たことによって、Ｖが逃げ場を失った状況に追い込まれたものとは認められないのであり、『被告人ら４名は、Ｖを駐車場奥に追い詰める格好で追って行った』旨の原判決の事実認定は是認することができない。したがって、また、被告人の右検察官に対する供述中、自分も他の３名もＶに暴行を加える意思があったとする部分も、その前提自体が右のとおり客観的な事実関係に沿わないものというべきである以上、その信用性をたやすく肯定することはできない。

そして、Ｖを追いかける際、被告人ら４名がほぼ一団となっていたからといって、被告人ら４名の間にＶを追撃して暴行を加える意思があり、相互にその旨の意思の連絡があったものと即断することができないことは、この４人の中には、Ｙ及びＺの暴行を２度にわたって制止したＷも含まれていることからしても明らかである。また、Ｙ及びＺは、第１審公判廷において、Ｖから『馬鹿野郎』と言われて腹が立った旨供述し、Ｖの右罵言がＹらの追撃行為の直接のきっかけとなったと認められるところ、被告人がＶの右罵言を聞いたものと認めるに足りる証拠はない。

被告人は、追撃行為に関し、第１審公判廷において、『謝罪を期待してＶに付いて行っただけであり、暴行を加えようとの気持ちはなかった。Ａの方を振り返ったりしていたので、ＺがＶに殴りかかったのは見ていない。ＷがＹとＶの間に入ってやめろというふうに制止し、一瞬間があいて、これで終わったな、これから話合いが始まるな、と思っていたところ、ＹがＶの右ほおを殴り、Ｖが倒れた。』旨供述しているのであって、右公判供述は、本件の一連の事実経過に照らして特に不自然なところはない。

以上によれば、被告人については、追撃行為に関し、Ｖに暴行を加える意思を有し、Ｙ及びＺとの共謀があったものと認定することはできないものというべきである。

４　以上に検討したところによれば、被告人に関しては、反撃行為については正当防衛が成立し、追撃行為については新たに暴行の共謀が成立したとは認められないのであるから、反撃行為と追撃行為とを一連一体のものとして総合評価する余地はなく、被告人に関して、これらを一連一体のものと認めて、共謀による傷害罪の成立を認め、これが過剰防衛に当たるとした第１審判決を維持した原判決には、判決に影響を及ぼすべき重大な事実誤認があり、これを破棄しなければ著しく正義に反するものと認められる」。

【参考文献】

十河太朗・判例講義Ⅰ137頁、嶋矢貴之・百選Ⅰ〔第６版〕196頁、小田直樹・平成６年度重判解42頁、川口政明・最判解刑事篇平成６年度212頁

(3)　共同正犯と過剰防衛、誤想防衛

273 東京地判平成14年11月21日判時1823号156頁

【事実の概要】

被告人Xの長男Vは、勤めていた飲食店での仕事を終えた後、平成14年４月27日の午前１時ころから午前４時ころまでの間、仕事仲間と一緒に、飲食店で、飲酒し、かなりの酩酊状態に陥った。Vは、午前６時過ぎころに帰宅するや、四畳半間に赴いて、眠っていたZ（Xの二男）に対し、「起きろ、起きろ。」と大声で呼びかけたものの、Zが起きようとしなかったことから、「この野郎」とか、「ゲームじゃ生きられねえんだ」などと怒鳴りつけながら、うつぶせに寝ていたZの体の上に馬乗りになって、一方的に、その後頭部や背中辺りを手拳で何度も殴りつけ始めた。その間、その横で寝ていた被告人Y（Xの長女）は、目を覚ましたものの、恐怖心もあって、Vを制止するような行動にまでは出なかった。

そのころ、Vの母親であるXは、騒ぎを聞きつけて起き出し、四畳半間をのぞいて、Vに対し、早く寝るように言ってたしなめるなどした。ところが、Vは、「うるせえ、ばばあ」などとXに罵声を浴びせかけるや、直ちに四畳半間を出て、六畳間に戻ったXに向かって行った。

一方、Zは、すぐに四畳半間を出てVを追いかけ、廊下辺りでVの背後から抱きつこうとして、逆にVに蹴られてその場に尻餅をついた。次いで、Zは、なおも六畳間に入って

Xに殴りかかろうとするVを、背後から羽交い締めにしたものの、Vが頭を後方に振ってZに頭突きをしようとしたため、その手を放したところ、そのころ、Vが体勢を崩し、六畳間のカーペット（電気カーペット）の上に並べて敷かれた２組の布団の隙間辺りに顔をつける形で、うつぶせに倒れ込んだ。

そこで、Xは、起き上がろうとするVの右腰付近から、Vの臀部辺りを両手で押さえつけ、後には右手でVの右腕をも押さえつけたりし、また、Zも、Vの左脇付近から、Vの左腕辺り（枕を乗せて）を左手で、首辺りを右手でそれぞれ押さえつけたほか、やや遅れて六畳間にやって来たYも、Vの下半身側から、その足首辺りを両手で押さえつけたりした。

これに対し、うつぶせに倒れた状態のVは、Xら３名に体を押さえつけられるなどしても、しばらくは、両足を激しくばたつかせたり、膝を立てて起き上がろうとするなどした。そのため、Xら３名は、そのままVを押さえ続け、５分から10分くらい経過して、Vがおとなしくなったと見定められるに及んで、ようやく、Vを押さえていた手を放した。なお、そのころ、Xら３名は、Vの両手を後ろ手にした上、YにおいてVの両手首や足にガムテープを巻きつけて緊縛したが、まもなく、Vが動かなくなったことが確かめられるに及んで、Vの両手首や足に巻かれたガムテープをはがした。その後、XとZは、動かなくなったVの左右の腕をなおも押さえながら、Vを挟んで両側に横臥する形で、そのまま六畳間において就寝し、Yは、四畳半間に戻って就寝した。もっとも、Xは、寝つかれずにいたところ、Vを起こそうとしても反応がなかったことなどから、本件当日の午前６時39分ころに、119番通報をし、同日午前６時54分ころ、駆けつけた救急隊員らが、Vを病院に搬送したものの、同日午前８時１分ころ、Vが死亡していることが確認された。

検察官は、X及びYを傷害致死罪の共同正犯で起訴した。

これに対し、弁護人は、X、Y及びZの行為はいずれも正当防衛行為に該当し、仮に客観的には防衛のための手段として過剰であったと評価されるとしても誤想防衛に該当し、X、Yともに傷害致死罪の刑責は負わないと主張した。

【判　旨】無罪

「(1) 急迫不正の侵害及び防衛の意思について

ア　本件当日の明け方ころ、Ｖは、本件居室の四畳半間において、動機は必ずしも明らかではないものの、いきなり、無抵抗のＺに対し、一方的に、その後頭部や背中辺りを手拳で何度も殴りつけるなどの暴行を加え、これをたしなめた被告人Ｘに対しても、罵声を浴びせかけたばかりか、六畳間に戻った同被告人を追いかけて行き、これを制止しようとするＺを足蹴にしたり後頭部で頭突きに及ぶなどしながら、その制止を振り切って六畳間にいた被告人Ｘに殴りかかろうとするという粗暴な行為に及んだものである。そうすると、本件におけるこのようなＶの一連の言動をみると、同人による被告人ＸやＺに対する侵害が現在し、又はこれが差し迫っている状況にあったこと、すなわち、急迫不正の侵害があったことは明らかであり、家族間といえどもこのような度を越した粗暴な振る舞いが許容される筋合いのものではないから、これが家族間の悪意のない行為としてそもそも急迫不正の侵害に該当しないという検察官の主張は、採用することができない。

さらに、その後、Ｖは、被告人Ｘら３名により、うつぶせの状態のままその体を押さえつけられても、しばらくは、両足を激しくばたつかせたり、膝を立てて起き上がろうとするなどしていたというのであるから、上記一の (2) で認定したＶの従前の粗暴な行状に加え、上記一の (3) で認定したとおり、本件当夜も、同人がかなり酩酊していて粗暴な行動傾向も現れていたとうかがわれることなどに照らしても、同人が、いったん被告人Ｘら３名により、うつぶせの状態のまま押さえつけられたことにより直ちに、Ｖによる急迫不正の侵害が止んだとみることはできない。そして、上記のとおり押さえつけられた同人の抵抗は、時間の経過とともに徐々に弱まっていったものとうかがえるにしても、その後被告人Ｘら３名がＶの体から手を放すまでのいずれかの時点で、同人が暴れたり起き上がろうとするのを完全に止めたと認定するに足りる的確な証拠もないのであるから、結局、５分か10分くらい後に、被告人Ｘら３名が、ようやくVがおとなしくなったと見定めて同人の体から手を放すに至ったときまで、上記急迫不正の侵害は継続していたものと認めるほかはない。

イ　そして、……被告人両名においては、主としてVの暴行から被告人XやZの身を守るために、Vの体を押さえつけるなどして同人が粗暴な行動に出るのを制止しようという意思があり、これを動機として、上記一の（4）オ、カで認定したような行為に及んだものと認めることができるのであり、他方、被告人両名について、Vに対する積極的な加害の意思があったことをうかがわせる状況はない。……

ウ　以上のとおり、本件では、Vによる上記の急迫不正の侵害に対する反撃行為として、まず、ZがVを背後から羽交い締めにし、次いで、同人が体勢を崩して六畳間にうつぶせに倒れ込むや、被告人Xら3名が、暗黙裡に意思を相通じ、共同して、こもごもVの体を押さえつけるなどといった、上記一の（4）エないしカで認定した同人に対する一連の有形力の行使に及んだものであり、その際被告人Xら3名に防衛の意思があったことも否定することはできないというべきである。したがって、その際、Vによる急迫不正の侵害が存在しなかったとか、被告人Xら3名には防衛の意思がなかったという検察官の主張は、いずれも採用することができない。

⑵　防衛行為の相当性について

ア　上記一の（4）オ、カで認定したZの反撃行為のうち、うつぶせに倒れた状態のVの後頸部を、上から右手で上記二で認定したほどに強く押さえつけるという行為は、それにより同人の顔面、とりわけその鼻口部が、その場に敷かれた布団やカーペットに強く押しつけられて、鼻口部閉塞による窒息死や重大な身体の傷害を惹起する危険性が高いものであったと認められる。これに対し、同人においては、もともとかなりの酩酊状態にあり、Zに対する暴行も、凶器を用いたものではなく、素手で殴打したり足蹴にするといった態様にとどまっており、被告人Xにも殴りかかろうとしたとはいえ、さしあたりは、同被告人やZの生命に危険を及ぼしたり、重篤な傷害を負わせるというようなことまで予想されるほどの状況でもなかったと考えられる上、その後被告人Xら3名に押さえつけられて、一応はその動きを封じられた状態にあったというのである。そうすると、こうした状況に照らせば、Vの後頸部を右手で強く押さえつけるというZの反撃行為は、短時間にとどまるものであればともかく、そのような体勢のまま5分か10分くらいもの間押さえ続けたという点で、防衛行為の相当性の範囲を逸脱したものといわざるを得ない。

しかしながら、その余のZの反撃行為はもとより、上記一の（4）オ、カで認定した被告人両名の反撃行為それ自体については、必ずしも、Vの生命を奪い、あるいは、その身体に重大な傷害を負わせる危険性の高い行為であるとはいえない（例えば、同人が、5分から10分くらいの間、うつぶせの状態のまま手で体を押さえつけられたとしても、その手の当てられた部位が、後頸部ではなく左肩辺りであったとすれば、同人において、あらがう過程で顔を左右に振るなどすることにより、呼吸し得る状態を維持して窒息死するのを避けるということが困難であるとはいえない。）。のみならず、3人がかりでVを押さえつけたりしたとはいえ、そのうちの被告人両名は女性であったことに加え、上記一の（2）で認定したVの従前の粗暴な行状とこれに対する被告人Xら3名の対応状況、とりわけ、Vの暴行により負傷した者もいたということや、これまで被告人Xら3名において、Vをかなり長時間うつぶせにして押さえ続けても、不測の事態なども生じないで、同人をおとなしくさせることができていたことなども総合して検討すると、上記一の（4）イないしエで認定したVのZに対する暴行や、Vを制止しなかった場合に予想される同人の被告人Xらに対する暴行の態様、その手荒さの度合いなどと対比し、上記のような反撃行為、すなわち、Vの後頸部を手で強く押さえつける行為以外の反撃行為そのものは、同人による急迫不正の侵害に対する防衛行為として、その相当性の範囲を逸脱するものであったとは認め難いというべきである。

イ　ところで、急迫不正の侵害に対して反撃行為を行った場合、客観的には、それが防衛行為の相当性の範囲を逸脱して過剰防衛とみられる場合であっても、その行為者において、相当性判断の基礎となる事実、すなわち、過剰性を基礎づける事実に関し錯誤があり、その認識に従えば相当性の範囲を逸脱していないときには、誤想防衛の一場合として、行為者に対し、生じた結果についての故意責任を問うことはできない。そして、複数の者が、そのような反撃行為を共同して行った場合、相当性判断の基礎となる事実の認識の有無は、各人について個別に判断すべきものと解されるから、そのうちの一人の反撃行為が、防衛行為の相当性の範囲を逸脱したものであり、そのような反撃行為により生じた結果につき、客観的には、共同して反撃行為を行った他の者の行為との間の因果関係を否定し得ない場合であっても、共同して反撃行為を行った者において、相当性判断の基礎となる事実に関し錯誤があり、その認識に従えば相当性の範囲を逸脱していないときには、誤想防衛の一場合として、その者に対し、生じた結果についての故意責任を問うことはできないものというべきである。……

そうすると、Zについては、その反撃行為が過剰防衛行為に当たると認められるにしても、被告人両名については、いずれも、ZがVの後頸部を右手で強く押さえつける行為に及んでいるという、本件における防衛行為の相当性判断の基礎となる事実、すなわち、過剰性を基礎づける事実についての認識に欠けていたとみるほかはないから……、被告人両名につき、防衛行為の相当性判断の前提事実に誤認はなかった旨の検察官の主張も、採用することはできない。……

ウ　以上のとおり、被告人両名については、防衛行為の相当性判断の基礎となる事実に関し錯誤があったのではないかという合理的な疑いを払拭することができず、したがって、被告人両名の本件行為がいずれも誤想防衛行為に当たることを否定し難いのであるから、被告人両名に対し、Vに対する傷害致死罪の故意責任を問うことはできないものというほかはない。」

第３節　教唆犯

1　教唆行為の意義——正犯者の決意の喚起

274 最判昭和26年12月６日刑集５巻13号2485頁

【事実の概要】

被告人XおよびYは、共謀の上、Zが農業会の業務に関し、肥料を価格統制に違反して売却することを予知しながら、これを処分するよう慫慂した。

【裁判の経過】

１審：奈良地判（年月日不明）

２審：大阪高判（年月日不明）（有罪・物価統制令違反の罪の教唆犯）

２審は、物価統制令違反の罪（33条、３条、４条）の教唆犯とした。

これに対し、弁護人は、Zが自己の発意により犯行を決意したのであり、Xらは本件譲渡行為につき何ら指示したことはなく、Zに実行の決意を生じさせたものではないから、犯罪を構成しないと主張した。

【判　旨】上告棄却

「教唆犯の成立には、ただ漠然と特定しない犯罪を惹起せしめるに過ぎないような行為だけでは足りないけれども、いやしくも一定の犯罪を実行する決意を相手方に生ぜしめるものであれば足りるものであって、これを生ぜしめる手段、方法が指示たると指揮たると、命令たると嘱託たると、誘導たると慫慂たるとその他の方法たるとを問うものではない。そして、原判決の判示は、判示農業会が保管していた判示蔵置肥料を配給及び価格統制に違反して売却することを予知しながらこれが処分を慫慂して違反販売することの決意を生ぜしめた旨を判示しているのであるから、特定した犯罪行為の実行を慫慂したものというべく、教唆犯の判示として欠くるところないものといわなければならない。所論の判例（注－大決大正13年３月31日刑集３巻257頁）は、一定の特定した犯罪行為を為すべきことを教唆することを要する趣旨であって、その手段方法を指示に限るの趣旨でないこと明らかであるから、本件には適切でない」。

2 過失犯に対する教唆

275 東京高判昭和26年11月７日判特25号31頁

【事実の概要】

被告人Xが、その製造した１立方センチメートル中メタノール２～3ミリグラムを含有する焼酎約３石４斗の売却方を、情を知らないY女に依頼したところ、Yは、その焼酎につきその規定量を超えるメタノールを含有する飲料水であるということを確めるに足る方法を講ずべき注意義務があるにかかわらず、これを怠り、その情を知らずして、そのうちの約１石４斗７升を他人に販売した。Xは、有毒飲食物等取締令違反の教唆として起訴された。

【裁判の経過】

１審：新潟地長岡支判（年月日不明）（有罪・有毒飲食物等取締令違反の教唆罪）

【判　旨】破棄自判（無罪）

「結局被告人は右Ｙの過失による有毒飲食物等取締令違反罪を教唆したという訳になる。然るに教唆とは他人をして犯意を起こさせることを要素とする行為であるから過失犯に対する教唆という観念はこれを認める余地がない。ところで起訴状の記載を見るに被告人が、右飲料水を製造し且つその売却方を右Ｙ女に依頼するにあたりまた同女がこれを販売するにあたり被告人及びＹはいずれもこれが、１立方センチメートル中２ミリグラム以上のメタノールを含有することを認識していたという趣旨にとれるように示されている。しかしながら右Ｙが同飲料水を販売するにあたり右のような認識のなかったことは前記のとおり原審において既に確定した事実であり記録に徴しても右認定が誤であると思われる点はない。そこで若し被告人が規定量を超えるメタノールを含有するものであることを認識しながら右飲料水を前記Ｘの過失を利用して販売するという犯意を有していたとしたら被告人にいわゆる間接正犯の責を問うて然るべきであるが被告人にかかる犯意があったことも記録上これを認定することができないから被告人の所為を間接正犯であるとする訳にも行かない。これを要するに被告人に対する有毒飲食物等取締令違反教唆の公訴事実はこれを認めるに足る犯罪の証明がないものといわざるを得ないからこれを有罪と認定処断した原判決は違法でありこの点においても破棄を免れない」。

3 結果的加重犯に対する教唆―傷害致死罪の教唆犯

276 大判大正13年４月29日刑集３巻387頁

【事実の概要】

被告人Xは、数名と共謀して、Yらに対し、V1及びV2に暴行を加えるよう教唆したところ、Yらは、棒様のステッキや下駄などでV1及びV2を殴打し、あるいは日本刀で切るなどし、V1の左顳顬部等数か所に創傷を負わせ、V2の頭部等数か所に創傷を負わせ、脳しんとうを引き起こし、即死させた。

【裁判の経過】

１審：神戸地判（年月日不明）

２審：大阪控判（年月日不明）（有罪・傷害致死罪の教唆犯）

２審は、傷害致死罪の教唆犯とした。

これに対し、弁護人は、教唆行為は致死には及ばず、傷害にすぎないと主張した。

【判　旨】上告棄却

「凡そ人の身体を不法に侵害する認識を以て為したる意思活動に因り人を死に致したるときは傷害致死罪を構成するものとす。故に傷害致死罪に在ては他人に対し唯暴行を加うるの意思ありを以て足れりとし人を死に致すの故意なきことを要するや論なし。若し夫れ人を死に致すの故意あるに於ては殺人罪を構成するに至るべければなり是を以て苟も人を教唆して他人に暴行を加えしめたる以上は其の暴行の結果他人の身体を傷害し因て死に致したるに於ては教唆者は傷害致死の罪責に任せさるべからざるや事理の当然と謂うべし」。

4 再間接教唆―脅迫の再間接教唆

277 大判大正11年３月１日刑集１巻99頁

【事実の概要】

被告人Xは、大正10年２月28日、市会議員Vほか３名の居宅に投石し、かつ、Vらに市会において宴席消費税案につき高率の課税の議決をさせるためVらに対して脅迫を加えるようYを教唆し、Yは、これに基づき脅迫を実行しようと決意し、同年３月１日、Zに脅迫行為を教唆したところ、Zは、これに応じた。Zは、さらに、Wら５名に脅迫行為を教唆し、Wらは、これを了承し、各自手分けしてVらに対し前記の内容の脅迫を実行した。

【裁判の経過】

１審：山形区判（年月日不明）

２審：山形地判（年月日不明）（有罪・公務執行妨害罪の教唆犯）

【判　旨】上告棄却

「刑法第61条第２項は教唆者を教唆したる者亦教唆者と等しく正犯に準じ処罰すべきを規定する雖其の適用範囲に付ては議論の岐るるところにして所論の如く右規定を以て教唆者を教唆したる者即ち間接教唆の処罰を明にしたるものにして更に其の教唆者を教唆したる者即ち再間接教唆の責任を否定するものと為す論者は主として刑法上の因果関係を基礎とし教唆は結果に対する原因に非ず。従て間接教唆と正犯の犯罪決意との因果関係は直接教唆の行為に因り中断せらるるが故に特に明文を以て間接教唆の処断を規定する要あり而して同条項以外の再間接教唆は之を処断する限に在らずと為すものの如し。然れども教唆者を教唆したる者亦一の教唆者に外ならざるを以て之を教唆したる者亦同条項に所謂教唆者を教唆したる者に該当するのみならず元来教唆者は正犯者に犯意を惹起せしめたるものにして事実上犯罪の根源と云うを得べく再間接教唆の場合と雖其の教唆行為無かりせば正犯の犯罪行為行われざりしものにして前者は後者に対する一の条件を成し事実上相当なる因果の連絡あるが故に之を不問に付するが如きは法の精神に適合せざるものと謂わざるべからず。要之同条項は教唆関係を間接教唆の限度に制限せんとする旨趣に非ずして再間接教唆以上の場合をも包含せしめて処罰すべきものと解するは毫も失当に非ず」。

第４節　幇助犯

1 幇助行為の意義

（1） 鳥打帽子の交付

278 大判大正４年８月25日刑録21輯1249頁

【事実の概要】

被告人Xは、Y、Zが強盗をするにあたり、短刀１本を返還し、また、Yに鳥打帽子１個、Zに足袋１足を与えた。

【裁判の経過】

1審：横浜地判（年月日不明）

2審：東京控判大正4年5月28日（有罪・強盗罪の幇助犯）

2審は、強盗罪の幇助犯の成立を認めた。

【判　旨】破棄

「短刀は強盗罪の用に供し得べき器具にして従て之れが交付は強盗罪を容易ならしむるものなること自ら明かなるを以て特に其理由を説示するの要なしと雖も鳥打帽子又は足袋の如きは然らず其性質上強盗罪を容易ならしむることは特殊の場合に属するが故に其理由を説示するにあらざれば之れが交付を以て直ちに強盗罪の幇助を為したるものと速断するを許さず。然るに原判決は単に被告が強盗犯人Yに鳥打帽子1箇を同Zに足袋1足を与え以て強盗罪を幇助したりと説示したるのみにして毫も該帽子又は足袋の交付が如何なる関係に於て強盗罪を容易ならしむるやの理由を説示せざるを以て原判決は所論の如く理由不備の不法あるものにして全部破棄を免れざるものとす」。

(2)　精神的幇助

279 大判昭和7年6月14日刑集11巻797頁

【事実の概要】

YがAから殴打されるなどしたことからVを殺害しようと決意し、昭和6年9月22日頃、その意思を被告人Xに告げたところ、Xは、Yに対して、「男というものはやるときはやらねばならぬ。Vを殺害することがあれば、自分が差し入れはしてやる。」と激励した。そのため、Yは、ますます殺意を強固にし、同月23日午後10時過ぎ頃、日本刀でVに切りつけ、重傷を負わせた。

【裁判の経過】

1審：長崎地判（年月日不明）（有罪・殺人未遂罪の幇助犯）

1審は、Xを殺人未遂罪の幇助犯とした。これに対し、弁護人は、いかなる程度の幇助かを明示する必要があるところ、原審においてはXの行為が「ますます殺意を強固にした」といえる程度の激励かが曖昧であると主張した。

【判　旨】上告棄却

「被告人が原判示の如く原審相被告人Yより殺人行為を為さんとするの決意を聴き所論原判示の如き言辞を以て同人を激励して其の決意を強固ならしめ同相被告人に於て右の決意を実行し殺人未遂罪を犯したる以上即被告人は精神的に同相被告人の犯行を幇助したるものなるを以て原判決が叙上事実を判示し被告人の行為を同罪の従犯を以て論じたるは相当にして所論の如く理由不備の違法あるものに非ず」。

2　過失犯に対する幇助―重過失致死罪に対する幇助犯

280 京都地舞鶴支判昭和54年1月24日判時958号137頁

【事実の概要】

被告人Xの暴力団仲間のYが、昭和48年2月23日午後11時ごろから翌24日午前5時ごろまでの間、3、4回にわたり、多量の覚せい剤粉末を水に溶かして身体に注射し、覚せい剤中毒性精神障害に陥り、幻覚妄想の圧倒的支配下にある心神喪失状態になり、同日午前5時ころ、同人方2階の四畳の間において、その内妻Vが北鮮の大物スパイであり、Vを殺害しなければ日本国が滅亡するとの妄想に支配され、Y方にあった刃渡り56.4センチメートルの白鞘造りの脇差及び刃渡り53.3センチメートルの黒鞘造りの脇差で、就寝中のVの腹部、背部、後頭部等を突き刺し、切りつけ、Yを失血死させた際、Xは、YがVを殺害に及ぶものとの認識の下にYに対し脇差し2本を手渡した。Xは、殺人幇助罪で起訴された。
京都地舞鶴支判昭和51年12月８日判時958号135頁は、Yが心神喪失の状態でVを殺害したことを理由にYにおける殺人罪や傷害致死罪の成立を否定し、覚せい剤使用に基づく中毒性精神障害による暴行・傷害等の危険の発生を未然に防止すべき注意義務があるのにこれを怠り、Vを死亡させたとして、重過失致死罪の成立を認めた。

【判　旨】有罪・重過失致死幇助罪
「被告人は、……昭和48年２月23日、京都府与謝郡……所在暴力団仲間のＹの居宅において、同人が同日午後11時ごろから翌24日午前５時ごろまでの間、３、４回にわたり、多量の覚せい剤粉末を水に溶かして身体に注射し、覚せい剤中毒性精神障害に陥り、幻覚妄想の圧倒的支配下にある心神喪失状態になり、同日午前５時ころ、同人方２階の四畳の間において、その内妻Ｖ（昭和14年12月25日生）が北鮮の大物スパイであり、同女を殺害しなければ日本国が滅亡するとの妄想に支配され、同人方にあった刃渡り56・4センチメートルの白鞘造りの脇差及び刃渡り53・3センチメートルの黒鞘造りの脇差で、就寝中の同女の腹部、背部、後頭部等を突き刺し、切りつけ、よって同女をして、間もなく同所において、失血死するに至らせた際、右Ｙが同女を殺害に及ぶものとの認識の下に右Ｙに対し右脇差し２本を手渡して同人の右犯行を容易ならしめ、もってその犯行を幇助し」た。

3　片面的幇助犯――けん銃密輸入の援助

281 東京地判昭和63年７月27日判時1300号153頁

【事実の概要】

Y、Z及びW（被告人Xの兄）は、法定の除外事由がないのに営利の目的でけん銃を日本に密輸入し、かつ、法定の許可を受けていないのにけん銃用実包を日本に密輸入しようと企て、共謀の上、自動装填式けん銃15丁及びけん銃用実包76発を大理石風木製テーブル内に隠匿して、横浜市のマンションの一室のWにあてた航空貨物でフィリピン共和国から発送し、昭和63年２月22日、同国アキノ国際空港から新東京国際空港に到着させ、情を知らない航空関係作業員をしてこれを取り降ろさせてけん銃及びけん銃用実包を日本国内に持ち込んで輸入するとともに、同月23日ころ、情を知らない航空関係運輸業者をしてA株式会社保税上屋に保税運送させて税関長の許可を受けることなくけん銃及びけん銃用実包を輸入しようとしたが、同月25日、これを東京税関職員に発見されたため、その目的を遂げなかった。Xは、これらの各犯行に関し、これに先立って、同月15日ころ、Wから頼まれて、Zと一緒に、上記テーブルをフィリピン共和国内にある国際航空貨物輸出入運送業者B社のマニラ支店に持ち込んだ上、同所において、けん銃及びけん銃用実包が隠匿されたテーブルにつき、妻名義の小切手で送料を支払うなどしてその発送手続を行った。Xは、Wらから、けん銃等の密輸入に関して事情を告げられていなかったが、テーブルの発送手続を行った際、テーブル内にけん銃及びけん銃用実包が隠されているかもしれず、Wらがこれを日本国に密輸人して売り捌くつもりかもしれないと考えていた。
検察官は、主位的訴因としてしてけん銃・実砲密輸入の共同正犯であると主張した。これに対し、弁護人は、Xは幇助犯にすぎないと主張した。

【判　旨】有罪・けん銃密輸入罪の幇助犯、けん銃用実包無許可輸入罪の幇助犯、貨物無許可輸入未遂罪の幇助犯
「被告人は本件テーブルの発送手続時点において、右テーブル内にけん銃及びその実包が隠されているかもしれず、Ｚらがこれを日本に密

輸して売り捌くつもりなのかもしれない旨の認識を、未必的に持つに至ったものと認められ、発送手続前においてかかる認識を持っていたものと認めるに足りる証拠はない。一方、被告人がけん銃等の隠匿を未必的に認識した後発送手続終了までの間、Z、Xの両名はその場におらず、またB社に同行したXが、この僅かな時間内に被告人の右未必的認識を察知して、けん銃等の密輸行為につき被告人と互いに意思を相通じたと認めるに足りる証拠はなく、被告人の片面的、未必的認識の限度に止まると言うべきである。そして、被告人が本件密輸入に果たした役割をみると、被告人は、本件において、最終的にはZ、Xから、WからVへの本件テーブルの受け継ぎと、けん銃等の代金回収という重要な役割を依頼されているが、これを初めて打診されたのは、本件テーブルの発送手続後であり、被告人の来日が最終的に決まり、被告人がけん銃等の隠匿のことをXらから初めて告げられたのは、証拠上は日本国で既に判示輸入行為を発覚した後であって、本件テーブルの発送手続時には、被告人は右のような重要な役割まで担うことについては認識がなかった。そして、右の来日後の役割を除くと、被告人がけん銃等の調達、隠匿等の実質的行為に関与したという証拠はなく、単に、貨物輸出入運送業者での本件テーブルの発送手続にかかわったのみであり、右発送手続自体もY名義で行われているのであって、被告人の本件への関与は、重要な一部分に関するものではあるが、特に被告人でなくともなし得る形式的・機械的行為を行ったにすぎない。加えて、被告人が、発送手続き、来日の報酬として告げられた額も500ドルで、けん銃等の代金総額375万円と比較するとごく一部にすぎないのであって、これからの諸点を併せ考えると、判示けん銃・実包の密輸人行為に際し、これにつき被告人がZらと共謀していたと認めるには未だ証明不十分とは言い難く、むしろ被告人は、ZやXらに利用され、本件テーブルの形式的な発送手続密輸入行為につき未必的な認識を持つに至ったものの、実兄からの依頼ということもあって、これを幇助する意思のもとに、そのまま右発送手続を完了させたものと認められる。したがって、被告人には、判示のとおり、検察官が予備的訴因として主張する幇助犯を認めるのが相当である」。

【参考文献】

十河太朗・判例講義Ⅰ139頁、安達光治・百選Ⅰ〔第6版〕176頁

4　予備罪の幇助——通貨偽造準備の幇助

282 大判昭和4年2月19日刑集8巻84頁

【事実の概要】

被告人Xは、Yらが兌換券を偽造しようとしているのを聞き、Yらに対して120円を提供した。

【裁判の経過】

1審：高知地判（年月日不明）

2審：大阪控判（年月日不明）（有罪・通貨偽造準備罪の幇助犯）

2審は、Xを通貨偽造準備罪の幇助犯とした。これに対し、弁護人は、被告人は通貨偽造に必要な機械類を提供したわけではなく、金員を提供したにすぎないので、犯罪行為を構成しないと主張した。

【判　旨】上告棄却

「犯罪の幇助は犯罪あることを知りて犯人に直接又は間接に犯罪遂行の便宜を与え之を容易ならしめたるのみを以て足り其の遂行に必要欠くべからざる行為なることを要せず。原判決の認定したる事実に依れば被告は犯人が兌換券偽造の情を知り之に対し偽造用に供する機具類買入れの為に金員を提供し以て犯人の通貨偽造準備の犯行を容易ならしめたりと云うに在るを以て被告の金員提供は右準備罪の幇助行為たること勿論なり加之刑法第153条は通貨偽造準備罪を独立罪として規定したるものなれば所論の如く被告が通貨偽造の完成に必要なる機械器具其の他の直接必要且欠くべからざる物件を提供したりとせんか却て前記準備罪を以て問擬すべきものにして準備罪の幇助行為を以て論ずべきものに非ず」。

5 幇助の因果関係

(1) 強盗の幇助（無罪）

283 神戸地姫路支判昭和33年4月19日一審刑集1巻4号615頁

【事実の概要】

Y、Z、W、Uらは、航行中の船を襲ってその積荷を奪取することを共謀し、昭和27年10月24日午前4時30分頃、播磨灘別府港沖合において、素銅336枚、49トン余を積載して大阪に向け航行中の機帆船第一合徳丸を漁船で追随してこれに乗り移り、同船乗組の船長V1、船員V2、同V3の3名に対し、所携の出刃包丁や短刀を突きつけて脅迫し、3名を同船々室内に押しこめ、さらに細引でそれぞれ後手に縛ってその反抗を抑圧した上、同日午前5時ころ、素銅をTらに売り渡すため前記木場港沖合に回航し、同港岸壁附近路上において、連絡により積荷受領のため出向いてきたTに対し、前記のような非常手段により素銅を持ってきたことを打ち明け、積荷の陸揚げについて協力を求めるとともに、もしV1らに騒がれると接岸荷揚げが困難であるからと告げて、V1らを眠らす薬品の入手を求めた。そこで、Tは、事情を直ちに付近で待っていたSに打ち明け、Sは、医師である被告人Xの家に赴き、Yらの強盗継続中の事実を告げて睡眠薬の交付を求めた。Xは、その要求を承諾し、すぐに1服約0.4グラムの睡眠剤ブロムワレリル尿素を含む粉薬6服、パーポン注射液1cc入アンプル7、8本、注射器1個をSに渡した。薬品等は、SからTおよびYを経てUに渡され、Uが前記船室内においてV1らに注射し、さらに粉薬を服用させた。Uらは、同日午後6時ころ同所において、情を知らない前記人夫らをして第一合徳丸より同船に積載していた前記素銅のうち21枚（価格114万円位）を陸揚げさせた。ただし、V1らは、最後まで眠らなかった。Xは、強盗幇助罪で起訴された。

【判 旨】無罪

「実行行為中になされる幇助において幇助犯が成立するためには、幇助の意思をもって幇助行為をなし、その行為が被幇助者（正犯）の実行行為を直接又は間接に容易ならしめたことを要し、単に容易ならしめる可能性があったというだけでは足りないと解する。これを本件についてみるに、被告人XがYらの強盗行為継続中これを幇助する意思をもって幇助行為（睡眠薬の交付）をしたことは前に認定したとおりであるから、さらに右幇助行為が強盗行為を容易ならしめたかどうかを以下に考察することにする。被告人Xの交付した薬品のうちブロバリン3服及び注射薬3本がUの手によって船員3名に施用されたことは既述のとおりであるが、Uの検察官に対する第3回供述調書によれば、粉薬を飲ませてから3人は眠りはしなかったが少しダラリとしたように見受けたと述べている。しかしYの司法警察員に対する第1回、Uの司法巡査に対する第1回、同人の検察官に対する第3回、V1の検察官に対する第1回各供述調書によると、その以前にYらが船員3名に睡眠剤カルモチン錠を相当量飲ませていた事実が認められるから、Uのいう状態が先に飲ませたカルモチンの時間的経過による効果であったかもしれないのみならず、かえってV1の検察官及び司法警察員に対する各第1回供述調書によると、船員3名のうちV1とV2は注射薬を射たれ粉薬を飲まされても最後まで眠らず、意識明瞭で前後の事情をよく記憶していたこと、船員のV3のみはすでにカルモチンを飲まされた時からグッタリして意識が明かでなかったこと、V1はその後自力で手を縛ってある紐を抜き船室から脱出しようと試みたことをそれぞれ認めることができる。（船員らに常用量のブロバリン各1服を服用せしめたにもかかわらず眠らなかった理由は、船員らが極度の興奮に陥っていたこと、及びブロバリンを水に溶かして湯呑茶碗で服用させたため薬効が十分でなかったこと等にあると思われる）又、Yの司法警察員に対する第1回、被告人Tの検察官に対する第4回、被告人Sの検察官に対する第4回各供述調書によると、Yは右の薬では船員が眠らないのでもっとよく効く薬を貰ってくるようにと被告人Tに頼み、被告人Sが被告人Tの依頼により再度被告人X方へ薬を貰いに行ったこと、その後Yらは、船員らが眠っていないことを承知の上接岸荷揚げを敢行したことを認定できる。以上の事実によれば、船員3名に対して被告人Xの交付した薬品は何ら睡眠の効果を生じなかったというほかなく、従って又すでにYらによって加えられていた反抗抑圧の程度を高めたとも、Yらの接岸荷揚げを容易ならしめたとも認め難い。その他に右認定を覆えずに足る証拠はない」。

(2) 目張り行為と追従行為（宝石商殺害事件）

284 東京高判平成2年2月21日東高刑時報41巻1～4号7頁、判タ733号232頁

【事実の概要】

Yは、Vに対し、宝石等を多量に購入するなどと言葉巧みに働きかけて、Vにできる限り高価な宝石類を持参させようと企て、Vから、数回にわたり、ダイヤモンド裸石8個ほか宝石類7点、ミンクの毛皮4着及びロレックス製腕時計12個（以上時価合計約7600万円相当）の引渡しを受けて預かり保管していた。Yは、偽造した一万円札を利用してVから宝石類を詐取しようと考え、あるいはそれが成就しない場合は、これまで受け取った宝石の返還を免れると同時に同日持参した宝石類を強取するため、事態のいかんによってはVをけん銃で殺害することもやむを得ないと考え、そのような場合の殺害場所として同ビルの地下室を漠然と想定した。被告人Xは、Yが地下室でけん銃により人を殺害するつもりであることを聞き、けん銃の発射音はすごいなどと説明し、けん銃の発射音が建物の外に漏れるのを防ぐため、地下室の入口戸の周囲の隙間にガムテープを貼り付けたり、持って来た毛布で2箇所の換気口を塞ぎ、ガムテープで留めるなどした。

しかし、その後、Yは、Vが容易に高級な宝石類を持ってこないので、あせりを強め、もはやVにこれ以上宝石類を持参させることは困難であると判断し、当初漠然と考えていたビル地下室においてVを殺害する旨の計画を変更し、Vを商品取引の名目下に誘い出し、V所有の普通乗用車に同乗し、Zに運転させて出発し、走行中、同車内において、けん銃でVの胸腹部及び頭部を狙って銃弾6発を発射し、Vを脳損傷により死亡させて殺害した。その際、Xは、WもしくはUの運転する普通乗用車（BMW）に同乗して、前記Zの運転する自動車に追従して、前記殺害現場に至った。

Xは、強盗殺人幇助罪で起訴された。

【裁判の経過】

1審：東京地判平成元年3月27日判タ708号270頁（有罪・強盗殺人幇助罪）

「まず地下室における目張り行為等は、Yが現実には地下室で犯行に及ばず、車中でこれを実行したのであるから、現実のYの強盗殺人の実行行為との関係では、役に立たなかったものであるが、前記のように、Yとしては、Zばかりでなく、Xにも地下室における準備を期待し、Xも、右地下室でのYとの会話などを踏まえ、その意図を理解し、目張り行為等をしたものと推認できるのであって、Yがその後たまたま地下室においての実行計画を発展的に変更し、車中でこれを実行したものではあるが、結局は、当初の意図どおり、Yが強盗目的によりけん銃で被害者を射殺するという、被侵害利益や侵害態様など、構成要件上重要な点を共通にする行為が、前の計画と同一性を保って、時間的にも連続する過程において遂行されたものであるから、Xの右目張り行為等は、Yの同日の一連の計画に基づく被害者の生命等の侵害を現実化する危険性を高めたものと評価できるのであって、幇助犯の成立に必要な因果関係において欠けるところはないというべきである。

さらに、Xらの追従行為についても、本件各証拠によれば、Yは甲ビル前を出発した後に、一度、後続するはずのBMWと離れてしまったため、わざわざ速度を緩めてこれを待ち、同車を発見して合流した後に、本件強盗殺人の実行行為に移ったというのであるから、Xらの乗った車が追従していること、すなわち、XらがYの思惑どおりYと行動を共にしたということは、Yの抱いていた強盗殺人の意図を強化したと評価できるのであって、その間に、幇助犯の成立に必要な因果関係を認めることができる」。

【判　旨】破棄自判（強盗殺人幇助罪〔因果関係を一部否定〕）

「思うに、Ｙは、現実には、当初の計画どおり地下室で本件被害者を射殺することをせず、同人を車で連れ出して、地下室から遠く離れた場所を走行中の車内で実行に及んだのであるから、被告人の地下室における目張り等の行為がＹの現実の強盗殺人の実行行為との関係では全く役に立たなかったことは、原判決も認めているとおりであるところ、このような場合、それにもかかわらず、被告人の地下室における目張り等の行為がＹの現実の強盗殺人の実行行為を幇助したといい得るには、被告人の目張り等の行為が、それ自体、Ｙを精神的に力づけ、その強盗殺人の意図を維持ないし強化することに役立ったことを要すると解さなければならない。しかしながら、原審の証拠及び当審の事実取調べの結果上、Ｙが被告人に対し地下室の目張り等の行為を指示し、被告人がこれを承諾し、被告人の協力ぶりがＹの意を強くさせたというような事実を認めるに足りる証拠はなく、また、被告人か、地下室の目張り等の行為をしたことを、自ら直接に、もしくはＺらを介して、Ｙに報告したこと、又は、Ｙがその報告を受けて、あるいは自ら地下室に赴いて被告人が目張り等をしてくれたのを現認したこと、すなわち、そもそも被告人の目張り等の行為がＹに認識された事実すらこれを認めるに足りる証拠もなく、したがって、被告人の目張り等の行為がそれ自体Ｙを精神的に力づけ、その強盗殺人の意図を維持ないし強化することに役立ったことを認めることはできないのである」。

「Ｙも、被告人が自己の後から追従して来ることを心強く感じていたことが認められ、この点をも考慮すれば、原判決が、『本件各証拠によれば、Ｙは、甲ビル前を出発した後に一度、後続するはずのBMWと離れてしまったため、わざわざ速度を緩めてこれを待ち、同車を発見して合流した後に本件強盗殺人の実行行為に移ったというのであるから、Ｘらが Ｙの思惑どおり同人と行動を共にしていたということは、Ｙの抱いていた強盗殺人の意図を強化した』と認めたのは正当というべきである。

このように、被告人がＹらの車に追従すること自体がＹの強盗殺人を幇助することになるとの故意をもって車に乗り込んで発進し、Ｙらの車に追従して殺害現場に至った以上、被告人の強盗殺人幇助罪は成立」する。

【参考文献】

十河太朗・判例講義Ⅰ140頁、橋本正博・百選Ⅰ〔第６版〕178頁、西田典之・平成２年度重判解152頁

6　中立的行為と幇助

(1)　売春の宣伝用ちらしの販売と広告の掲載

285 大阪高判昭和61年10月21日判タ630号230頁

【事実の概要】

売春クラブ３店の経営者Ｙらが、３か所の公衆電話ボックス内に売春の客寄せ宣伝用ちらしを合計27枚貼付して売春客を誘引した際に、被告人Ｘはこれに先立ちその情を知りながら、Ｙらに対し、３店の宣伝用ちらし合計１万5000枚を販売して引き渡し、あるいは、Ｙらが、約２か月間41回にわたり新聞紙上に売春クラブ２店の売春の客寄せ広告を掲載して売春客を誘引した際に、Ｘはこれに先立ちその情を知りながら、Ｙらから注文を受けて広告を新聞紙上に掲載させた。Ｘは、売春周旋目的誘引罪の幇助犯で起訴された。

【裁判の経過】

１審：大阪地判昭和60年12月27日（有罪・売春周旋目的誘引罪の幇助犯）

１審は、売春周旋目的誘引罪の幇助犯の成立を認めた。これに対し、弁護人は、予備罪の幇助犯については、特別にこれを処罰し得る旨の具体的な規定がない限り処罰の対象とならないものと解すべきであるから、１審は不当な拡張解釈であると主張した。

【判　旨】控訴棄却

「売春防止法６条２項３号は、『売春の周旋をする目的で……広告その他これに類似する方法

により人を売春の相手方となるように誘引すること。』と規定しているのであるから、同号が同条１項の売春の周旋の予備的段階の行為を処罰の対象とするものであることは、所論のとおりと考えられるが、他方、かかる予備的段階の行為であっても、それが売春を助長し、社会の善良の風俗をみだし、売春の防止にとって障害となる行為であることから、右同号はかかる行為を独立の犯罪として処罰することとしたものであり、したがって、右構成要件に該当する正犯の実行行為（誘引行為）が行われた場合に、その幇助犯の成立を否定する理由はないというべきである。すなわち、刑法８条は、他の法令に特別の規定のある場合を除いては、刑法総則が適用される旨規定するところ、売春防止法上には、同法６条２項３号の行為につき、刑法の総則規定である同法62条１項の適用除外を定める特別規定はなく、また、本件被告人の行為が同法64条の定める幇助犯不処罰の場合にも当たらないことはいうまでもないから、原判決が、被告人について前記誘引罪の幇助犯の成立を認めて、同法62条１項を適用したことは正当であり、原判決には所論のような法令の適用の誤りはない」。

(2)　売春の宣伝用ちらしの印刷

286 東京高判平成２年12月10日判タ752号246頁

【事実の概要】

被告人Xは、ホテトルを経営して売春の周旋をしていたZの注文を受け、その宣伝用ちらしを印刷していたが、同人からホテトル業者の宣伝用ちらしをまとめて本にしたいという依頼を受け、これを引き受けて、被告人Yに下請けに出し、小冊子の印刷、製本を行った。

検察官は、被告人を売春周旋罪の幇助犯で起訴したが、弁護人は、違法行為に用いられることが外観上明白でない印刷物につき、印刷業者が、日常の一般営業ベースで注文を受けて印刷することまで処罰するとすれば、印刷業者に印刷物の内容を検閲し、あるいは注文主の職業等にまで注意を払う義務を課することになるが、これは分業化が進んだ印刷業界の現状からすれば著しく困難であり、印刷業者の日常業務の円滑な遂行に多大な支障を及ぼし、その営業の自由を不当に制約する結果となるから、被告人らの本件行為は、正当業務行為として免責されるべきであると主張した。

【裁判の経過】

１審：東京地判昭和63年４月18日判タ663号269頁（有罪・売春周旋罪の幇助犯）

「違法な用途に供される印刷物の注文を引き受けてこれを印刷したからといって、印刷業者は、当然に刑事責任を問われるものではない。刑事責任を負うために満たすべき要件のひとつとして、それぞれの犯罪構成要件に応じて故意又は過失の存在が要求されることはいうまでもないことである。本件の場合、故意責任を問われているわけであるから、問題の印刷物が、違法な用途に供されることが一見して明らかなものであろうと、そうでなかろうと、被告人らに本件売春周旋幇助の故意が認められない限り、刑事責任を問うことはできない。しかし、被告人両名について、右故意の存在を認めうることは、既に述べたとおりである。そして、故意の点を含め、犯罪成立要件をその他の点ですべて満たしている行為について、その行為が、ただ、印刷業者が一般営業ベースで注文を受けて行った印刷行為であるというだけの理由で、違法性を阻却され、免責される理由はない。そのような行為を処罰したからといって、印刷業者に印刷物の検閲義務を負わせるものではないことはいうまでもないし、印刷業者の正当な営業活動を阻害し、営業の自由を不当に制約する結果となることはありえないというべきである」。

これに対し、弁護人は、印刷のような正当業務行為について特別刑法犯の幇助が認められるのは、正犯の犯行に深く関与し相当利益を得ている場合に限られるのであって、関与の度合いか低く正犯の営業による利得にもあずかっていないX、Yを売春の周旋の幇助罪に問擬することはできないなどと主張した。

【判　旨】控訴棄却

「売春防止法６条１項違反の罪について刑法

62条１項の適用を排除する特別の規定があるとは解されない。また、証拠を検討すると、原判決の認定は被告人Ｘの本件所為が売春の周旋を直接幇助するものであるとしている点を含め是認できるのであって、右認定と異なる事実を主張して法令適用の誤りをいう所論は前提を欠く。更に、幇助犯としての要件をすべて満たしている以上、印刷が一般的に正当業務行為であるからといって、売春の周旋に関して特別の利益を得ていないなど、所論指摘のような理由でその責任を問い得ないとは考えられない。原判決に所論のいうような法令適用の誤りは存しない」。

【参考文献】

葛原力三・平成３年度重判解151頁〔平成２年度補遺〕

(3)　ファイル共有ソフトの提供（ウィニー著作権法違反幇助事件）

287 最決平成23年12月19日判時2141号135頁、判タ1366号103頁

【事実の概要】

被告人Xは、ファイル共有ソフトWinnyを自己のホームページ上で公開し、改良を繰り返しながらインターネットを介して不特定多数の者に提供していたところ、WinnyをXのホームページ上からダウンロードしたYおよびZが、それぞれWinnyを使い、自己のパソコンから著作物であるゲームソフトや洋画のデータをインターネット利用者に対し自動公衆送信可能な状態にして、著作権者の有する公衆送信権を侵害し、もって著作権法119条１項の罪を犯した。Xは、著作権法違反の罪の幇助犯で起訴された。

【裁判の経過】

１審：京都地判平成18年12月13日判タ1229号105頁（有罪・著作権法違反の罪の幇助犯）

「Winnyは、……さまざまな分野に応用可能で有意義なものであって、……技術それ自体は価値中立的である……、さらに、価値中立的な技術を提供すること一般が犯罪行為となりかねないような、無限定な幇助犯の成立範囲の拡大も妥当でない……。……そのような技術を実際に外部へ提供する場合、外部への提供行為自体が幇助行為として違法性を有するかどうかは、その技術の社会における現実の利用状況やそれに対する認識、さらに提供する際の主観的態様如何による」。「本件では、……Winnyが社会においても著作権侵害をしても安全なソフトとして取りざたされ、効率もよく便利な機能が備わっていたこともあって広く利用されていたという現実の利用状況の下、被告人は、そのようなファイル共有ソフト、とりわけWinnyの現実の利用状況等を認識し、新しいビジネスモデルが生まれることも期待して、Winnyが上記のような態様で利用されることを認容しながら、Winny……を自己のホームページで公開し、不特定多数の者が入手できるようにした」。

「本件では、インターネット上においてWinny等のファイル共有ソフトを利用してやりとりがなされるファイルのうちかなりの部分が著作権の対象となるもので、Winnyを含むファイル共有ソフトが著作権を侵害する態様で広く利用されており、Winnyが社会においても著作権侵害をしても安全なソフトとして取りざたされ、効率もよく便利な機能が備わっていたこともあって広く利用されていたという現実の利用状況の下、被告人は、そのようなファイル共有ソフト、とりわけWinnyの現実の利用状況等を認識し、新しいビジネスモデルが生まれることも期待して、Winnyが上記のような態様で利用されることを認容しながら、Winny2.0 β 6.47及びWinny2.0 β 6.6を自己の開設したホームページ上に公開し、不特定多数の者が入手できるようにしたことが認められ、これによってWinny2.0 β 6.47を用いて甲が、Winny2.0 β 6.6を用いて乙が、それぞれWinnyが匿名性に優れたファイル共有ソフトであると認識したことを一つの契機としつつ、公衆送信権侵害の各実行行為に及んだことが認められるのであるから、被告人がそれらのソフトを公開して不特定多数の者が入手できるように提供した行為は、幇助犯を構成すると評価することができる」。

２審：大阪高判平成21年10月８日（破棄自判、無罪）

「Winnyは価値中立の技術であり、様々な用途がある以上、被告人のWinny提供行為も価値中立の行為である。被告人がWinnyを提供する対象は不特定多数の者であり、特定の者を対象としているのではない。また、Winnyをダウンロードした者の行為には独立性があり、被告人の提供したサービスを用いていかなるファイルについてもアップロードやダウンロードしてファイルを交換することができるのであり、いかなるファイルを交換するかは、Winnyをダウンロードした者の自由なのであって、被告人の提供した助力は、専ら犯罪のために行われるわけではない。そもそも被告人はWinnyをダウンロードした者を把握することはできず、また、その者のWinnyの使用方法、その者が著作権法違反の行為をしようとしているか否かを把握することもできない。一般に、中立行為による幇助犯の成立につき、正犯の行為について、客観的に、正犯が犯罪行為に従事しようとしていることが示され、助力提供者もそれを知っている場合に、助力提供の行為は刑法に規定される幇助行為であると評価することができるが、これとは逆に、助力提供者が、正犯がいかにその助力行為を運用するのかを知らない場合、又はその助力行為が犯罪に利用される可能性があると認識しているだけの場合には、その助力行為は、なお刑法に規定する幇助犯であると評価することはできないというべきである。しかも、開発したソフトをインターネット上で公開して提供するということは、不特定多数の者に提供することであり、提供者はソフトをダウンロードした者を把握することができず、その者がソフトを用いて違法行為をしようとしているか否かを把握することもできないのに、提供者は、インターネット上での不特定多数の者との共犯の責任を問われることになり、価値中立のソフトを提供した行為について、幇助犯の成立を認めることとなれば、幇助犯の公訴時効は正犯の行為が終わった時から進行することから、そのソフトが存在する限り、そのソフトを用いて違法行為をする正犯者が出てくる限り、ソフトの提供者は、刑事上の責任を時期を問わず無限に問われることとなる。これらの点にかんがみると、価値中立のソフトをインターネット上で提供する行為に対して幇助犯として刑事責任を問うことは慎重でなければならない。したがって、価値中立のソフトをインターネット上で提供することが、正犯の実行行為を容易ならしめたといえるためには、ソフトの提供者が不特定多数の者のうちには違法行為をする者が出る可能性・蓋然性があると認識し、認容しているだけでは足りず、それ以上に、ソフトを違法行為の用途のみに又はこれを主要な用途として使用させるようにインターネット上で勧めてソフトを提供する場合に幇助犯が成立すると解すべきである」。

「被告人は、価値中立のソフトである本件Winnyをインターネット上で公開、提供した際、著作権侵害をする者が出る可能性・蓋然性があることを認識し、それを認容していたことは認められるが、それ以上に、著作権侵害の用途のみに又はこれを主要な用途として使用させるようにインターネット上で勧めて本件Winnyを提供していたとは認められないから、被告人に幇助犯の成立を認めることはできないといわなければならない」。

これに対し、検察官は、幇助犯の成立要件は幇助行為、幇助意思及び因果性であるから、幇助犯の成立要件として「違法使用を勧める行為」まで必要とした２審は刑法62条の解釈を誤まるものであるなどと主張して、上告した。

【決定要旨】上告棄却

「(1)　刑法62条１項の従犯とは、他人の犯罪に加功する意思をもって、有形、無形の方法によりこれを幇助し、他人の犯罪を容易ならしむるものである……。すなわち、幇助犯は、他人の犯罪を容易ならしめる行為を、それと認識、認容しつつ行い、実際に正犯行為が行われることによって成立する。原判決は、インターネット上における不特定多数者に対する価値中立ソフトの提供という本件行為の特殊性に着目し、『ソフトを違法行為の用途のみに又はこれを主要な用途として使用させるようにインターネット上で勧めてソフトを提供する場合』に限って幇助犯が成立すると解するが、当該ソフトの性質（違法行為に使用される可能性の高さ）や客観的利用状況のいかんを問わず、提供者において外部的に違法使用を勧めて提供するという場合のみに限定することに十分な根拠があるとは認め難く、刑法62条の解釈を誤ったものであるといわざるを得ない。

(2)　もっとも、Winnyは、１、２審判決が価値中立ソフトと称するように、適法な用途にも、著作権侵害という違法な用途にも利用できるソフトであり、これを著作権侵害に利用するか、その他の用途に利用するかは、あくまで個々の利用者の判断に委ねられている。また、被告人がしたように、開発途上のソフトをインターネット上で不特定多数の者に対して無償で公開、提供し、利用者の意見を聴取しながら当該ソフトの開発を進めるという方法は、ソフトの開発方法として特異なものではなく、合理的なものと受け止められている。新たに開発されるソフトには社会的に幅広い評価があり得る一方で、その開発には迅速性が要求されることも考慮すれば、かかるソフトの開発行為に対する過度の萎縮効果を生じさせないためにも、単に他人の著作権侵害に利用される一般的可能性があり、それを提供者において認識、認容しつつ当該ソフトの公開、提供をし、それを用いて著作権侵害が行われたというだけで、直ちに著作権侵害の幇助行為に当たると解すべきではない。かかるソフトの提供行為について、幇助犯が成立するためには、一般的可能性を超える具体的な侵害利用状況が必要であり、また、そのことを提供者においても認識、認容していることを要するというべきである。すなわち、ソフトの提供者において、当該ソフトを利用して現に行われようとしている具体的な著作権侵害を認識、認容しながら、その公開、提供を行い、実際に当該著作権侵害が行われた場合や、当該ソフトの性質、その客観的利用状況、提供方法などに照らし、同ソフトを入手する者のうち例外的とはいえない範囲の者が同ソフトを著作権侵害に利用する蓋然性が高いと認められる場合で、提供者もそのことを認識、認容しながら同ソフトの公開、提供を行い、実際にそれを用いて著作権侵害（正犯行為）が行われたときに限り、当該ソフトの公開、提供行為がそれらの著作権侵害の幇助行為に当たると解するのが相当である。

(3)　これを本件についてみるに、まず、被告人が、現に行われようとしている具体的な著作権侵害を認識、認容しながら、本件Winnyの公開、提供を行ったものでないことは明らかである。

次に、入手する者のうち例外的とはいえない範囲の者が本件Winnyを著作権侵害に利用する蓋然性が高いと認められ、被告人もこれを認識、認容しながら本件Winnyの公開、提供を行ったといえるかどうかについて検討すると、Winnyは、それ自体、多様な情報の交換を通信の秘密を保持しつつ効率的に行うことを可能とするソフトであるとともに、本件正犯者のように著作権を侵害する態様で利用する場合にも、摘発されにくく、非常に使いやすいソフトである。そして、本件当時の客観的利用状況をみると、原判決が指摘するとおり、ファイル共有ソフトによる著作権侵害の状況については、時期や統計の取り方によって相当の幅があり、本件当時のWinnyの客観的利用状況を正確に示す証拠はないが、原判決が引用する関係証拠によっても、Winnyのネットワーク上を流通するファイルの4割程度が著作物で、かつ、著作権者の許諾が得られていないと推測されるものであったというのである。そして、被告人の本件Winnyの提供方法をみると、違法なファイルのやり取りをしないようにとの注意書きを付記するなどの措置を採りつつ、ダウンロードをすることができる者について何ら限定をかけることなく、無償で、継続的に、本件Winnyをウェブサイト上で公開するという方法によっている。これらの事情からすると、被告人による本件Winnyの公開、提供方法は、客観的に見て、例外的とはいえない範囲の者がそれを著作権侵害に利用する蓋然性が高い状況の下での公開、提供行為であったことは否定できない。

他方、この点に関する被告人の主観面をみると、被告人は、本件Winnyを公開、提供するに際し、本件Winnyを著作権侵害のために利用するであろう者がいることや、そのような者の人数が増えてきたことについては認識していたと認められるものの、いまだ、被告人において、Winnyを著作権侵害のために利用する者が例外的とはいえない範囲の者にまで広がっており、本件Winnyを公開、提供した場合に、例外的とはいえない範囲の者がそれを著作権侵害に利用する蓋然性が高いことを認識、認容していたとまで認めるに足りる証拠はない。

確かに、①被告人がWinnyの開発宣言をしたスレッド（以下、「開発スレッド」という。）には、Winnyを著作権侵害のために利用する蓋然性が高いといえる者が多数の書き込みをしており、被告人も、そのような者に伝わることを認識しながらWinnyの開発宣言をし、開発状況等に関する書き込みをしていたこと、②本件当時、Winnyに関しては、逮捕されるような刑事事件となるかどうかの観点からは摘発されにくく安全である旨の情報がインターネットや雑誌等において多数流されており、被告人自身も、これらの雑誌を購読していたこと、③被告人自身がWinnyのネットワーク上を流通している著作物と推定されるファイルを大量にダウンロードしていたことの各事実が認められる。これらの点からすれば、被告人は、本件当時、本件Winnyを公開、提供した場合に、その提供を受けた者の中には本件Winnyを著作権侵害のために利用する者がいることを認識していたことは明らかであり、そのような者の人数が増えてきたことも認識していたと認められる。

しかし、①の点については、被告人が開発スレッドにした開発宣言等の書き込みには、自己顕示的な側面も見て取れる上、同スレッドには、Winnyを著作権侵害のために利用する蓋然性が高いといえる者の書き込みばかりがされていたわけではなく、Winnyの違法利用に否定的な意見の書き込みもされており、被告人自身も、同スレッドに『もちろん、現状で人の著作物を勝手に流通させるのは違法ですので、βテスタの皆さんは、そこを踏み外さない範囲でβテスト参加をお願いします。これはFreenet系P2Pが実用になるのかどうかの実験だということをお忘れなきように。』などとWinnyの著作権侵害のために利用しないように求める書き込みをしていたと認められる。これによれば、被告人が著作権侵害のために利用する蓋然性の高い者に向けてWinnyを公開、提供していたとはいえない。被告人が、本件当時、自らのウェブサイト上などに、ファイル共有ソフトの利用拡大により既存のビジネスモデルとは異なる新しいビジネスモデルが生まれることを期待しているかのような書き込みをしていた事実も認められるが、この新しいビジネスモデルも、著作権者側の利益が適正に保護されることを前提としたものであるから、このような書き込みをしていたことをもって、被告人が著作物の違法コピーをインターネット上にまん延させて、現行の著作権制度を崩壊させる目的でWinny を開発、提供していたと認められないのはもとより、著作権侵害のための利用が主流となることを認識、認容していたとも認めることはできない。また、②の点については、インターネットや雑誌等で流されていた情報も、当時の客観的利用状況を正確に伝えるものとはいえず、本件当時、被告人が、これらの情報を通じてWinnyを著作権侵害のために利用する者が増えている事実を認識していたことは認められるとしても、Winnyは著作権侵害のみに特化して利用しやすいというわけではないのであるから、著作権侵害のために利用する者の割合が、前記関係証拠にあるような４割程度といった例外的とはいえない範囲の者に広がっていることを認識、認容していたとまでは認められない。③の被告人自身がWinnyのネットワーク上から著作物と推定されるファイルを大量にダウンロードしていた点についても、当時のWinnyの全体的な利用状況を被告人が把握できていたとする根拠としては薄弱である。むしろ、被告人が、P2P技術の検証を目的としてWinnyの開発に着手し、本件Winnyを含むWinny2については、ファイル共有ソフトというよりも、P2P型大規模BBSの実現を目的として開発に取り組んでいたことからすれば、被告人の関心の中心は、P2P技術を用いた新しいファイル共有ソフトや大規模BBSが実際に稼動するかどうかという技術的な面にあったと認められる。現に、Winny2においては、BBSのスレッド開設者のIPアドレスが容易に判明する仕様となっており、匿名性機能ばかりを重視した開発がされていたわけではない。そして、前記のとおり、被告人は、本件Winnyを含むWinnyを公開、提供するに当たり、ウェブサイト上に違法なファイルのやり取りをしないよう求める注意書を付記したり、開発スレッド上にもその旨の書き込みをしたりして、常時、利用者に対し、Winnyを著作権侵害のために利用することがないよう警告を発していたのである。

これらの点を考慮すると、いまだ、被告人において、本件Winnyを公開、提供した場合に、例外的とはいえない範囲の者がそれを著作権侵害に利用する蓋然性が高いことを認識、認容していたとまで認めることは困難である。

(4)　以上によれば、被告人は、著作権法違反罪の幇助犯の故意を欠くといわざるを得ず、被告人につき著作権法違反罪の幇助犯の成立を否定した原判決は、結論において正当である」。

なお、Xの行為は客観的に著作権侵害的利用の高度の蓋然性があり、Xはそのことを認識、認容していたとして、幇助犯の成立を肯定する大谷剛彦裁判官の反対意見がある。

【参考文献】
十河太朗・平成19年度重判解173頁

7　間接幇助―わいせつ物公然陳列の間接幇助

288 最決昭和44年７月17日刑集23巻８号1061頁、判時567号90頁、判タ238号198頁

【事実の概要】

被告人Xは、Yまたはその得意先の者において不特定の多数人に観覧せしめるであろうことを知りながら、わいせつ映画フィルムをYに貸与し、Yからその得意先であるZにフィルムが貸与され、Zにおいてこれを映写し十数名の者に観覧させた。Xは、わいせつ物公然陳列罪の幇助犯で起訴された。

【裁判の経過】

1審：彦根簡判昭和43年3月19日刑集23巻8号1064頁（有罪・わいせつ物公然陳列罪の幇助犯）

「本件フィルムがＹまたはその得意先の者において、不特定多数人に観覧せしめるであろうことを、当時被告人は知って貸与したことが認められる、そうすると被告人において右得意先の氏名を知らなかったとしても、その正犯が犯行をなすことを知ってその実行を容易ならしめたものというべきであり、従犯としての責を負うべきである」。

2審：大阪高判昭和43年8月6日刑集23巻8号1066頁（控訴棄却）

「本件はいわゆる間接従犯に当る事案であり、原判決がその事実認定並びに説示において、本件を被告人がＹを介してＺに本件フィルムを貸与し、直接Ｚの犯行を幇助した旨の表現をしているのは、妥当ではなく、仮りにこれを事実誤認であるとしても、この程度の誤認はもとより判決に影響を及ぼすものではない」。

【決定要旨】

「被告人は正犯たるＺの犯行を間接に幇助したものとして、従犯の成立を認めた原判決の判断は相当である」。

【参考文献】

十河太朗・判例講義Ｉ142頁、生田勝義・百選Ｉ174頁、千葉裕・最判解刑事篇昭和44年度277頁

8 教唆犯と幇助犯の区別

(1) 正犯者へ助言

289 大判大正6年5月25日刑録23輯519頁

【事実の概要】

A村村長のY及びZは、同村村会議員の補欠選挙に際して、自派の勢力維持の必要上、補欠議員を役場派から選出したいと考え、自派の得票を増加させるため、役場派中の選挙無資格者を有資格者と認定して選挙人名簿に登載し、これに基づき選挙を行おうといったん謀議したが、Yは、刑事問題を引き起こすのではないかと恐れ、躊躇していた。そこで、Yが弁護士である被告人Xに対し、独立生計を営まない選挙無資格者を独立生活者である選挙資格者と認定して選挙人名簿に登載し選挙を行っても刑事上の責任を生じないかと尋ねたところ、Xは、故意に曲解し、独立生計者かどうかの認定は村長の職権範囲に属するから刑事上の責任を生じないと助言した。Yは、この助言により意思を固め、Zと共謀の上、計画を実行した。

【裁判の経過】

1審：金沢地判（年月日不明）

2審：名古屋控判大正6年2月21日（有罪・公文書作成罪、同行使罪の幇助犯）

2審は、公文書偽造行使罪の幇助犯として処断した。これに対し、弁護人は、Ｙらは X に質疑する以前にすでに犯意を決定しており、Ｘの助言はＹらの犯意の決定に何ら影響を与えていないから、1審が幇助犯として処断したのは違法であると主張した。

【判　旨】破棄差戻

「助言を以て他人の犯罪に加功したる場合に於て該助言が他人をして犯行の故意を決定せしめたるものとすれば之を教唆罪に問擬す可く之に反して特に他人の犯意を決定せしむることなく単に他人の既発の犯意を強固ならしめたるに止まるものとすれば之を従犯に問擬す可きは亦明白なり」。「原判決事実認定の記載にして之を教唆犯に問擬す可きや又は従犯に問擬す可きやに付不明の廉ありとすれば原審の意向如何に関せず結局事実理由不備の違法あるものと謂わざるべからざるを以て原判決は破棄を免れざれば各論旨理由あるに帰す」。

(2)　正犯者からの証拠偽造の提案

290 最決平成18年11月21日刑集60巻9号770頁、判時1954号155頁、判タ1228号133頁

【事実の概要】

被告人Xは、スポーツイベントの企画及び興行等を目的とする株式会社Aの代表取締役として同社の業務全般を総括していたものであるが、同社の平成9年9月期から同12年9月期までの4事業年度にわたり、架空仕入れを計上するなどの方法により所得を秘匿し、虚偽過少申告を行って法人税をほ脱していたところ、同社に国税局の査察調査が入るに及び、これによる逮捕や処罰を免れるため、知人のYに対応を相談した。

Yは、Xに対し、脱税額を少なく見せかけるため、架空の簿外経費を作って国税局に認めてもらうしかないとして、Aが主宰するボクシング・ショーに著名な外国人プロボクサーを出場させるという計画に絡めて、同プロボクサーの招へいに関する架空経費を作出するため、契約不履行に基づく違約金が経費として認められることを利用して違約金条項を盛り込んだ契約書を作ればよい旨教示し、この方法でないと所得金額の大きい平成11年9月期と同12年9月期の利益を消すことができないなどと、この提案を受け入れることを強く勧めた。

Xは、Yの提案を受け入れることとし、Yに対し、その提案内容を架空経費作出工作の協力者の一人であるZに説明するように求め、X、Y及びZが一堂に会する場で、YがZに提案内容を説明し、その了解を得た上で、XがY及びZに対し、内容虚偽の契約書を作成することを依頼し、Y及びZは、これを承諾した。

かくして、Y及びZは、共謀の上、ZがAに対し上記プロボクサーを上記ボクシング・ショーに出場させること、AはZに対し、同プロボクサーのファイトマネー1000万ドルのうち500万ドルを前払すること、さらに、契約不履行をした当事者は違約金500万ドルを支払うことなどを合意した旨のAとZとの間の内容虚偽の契約書及び補足契約書を用意し、Zがこれら書面に署名した後、A代表者たるXにも署名させて、内容虚偽の各契約書を完成させ、Aの法人税法違反事件に関する証拠偽造を遂げた。

なお、Yは、Xから、上記証拠偽造その他の工作資金の名目で多額の資金を引き出し、その多くを自ら利得していることが記録上うかがわれるが、Yにおいて、上記法人税法違反事件の犯人であるXが証拠偽造に関する提案を受け入れなかったり、その実行を自分に依頼してこなかった場合にまで、なお本件証拠偽造を遂行しようとするような動機その他の事情があったことをうかがうことはできない。

Xは、証拠偽造罪の教唆犯で起訴された。

【裁判の経過】

1審：東京地判平成16年1月14日刑集60巻9号809頁（有罪・証拠偽造罪の教唆犯）

1審は、証拠偽造罪の教唆犯の成立を認めた。

2審：東京高判平成16年12月6日刑集60巻9号827頁（控訴棄却）

2審は、1審の結論を維持した。これに対し、弁護人は、甲はXの証拠偽造により新たに犯意を生じたものではないから甲に対する教唆は成立しないと主張した。

【決定要旨】上告棄却

「なるほど、Yは、被告人の相談相手というにとどまらず、自らも実行に深く関与することを前提に、Aの法人税法違反事件に関し、違約金条項を盛り込んだ虚偽の契約書を作出するという具体的な証拠偽造を考案し、これを被告人に積極的に提案していたものである。しかし、本件において、Yは、被告人の意向にかかわりなく本件犯罪を遂行するまでの意思を形成していたわけではないから、Yの本件証拠偽造の提案に対し、被告人がこれを承諾して提案に係る工作の実行を依頼したことによって、その提案どおりに犯罪を遂行しようというYの意思を確定させたものと認められるのであり、被告人の行為は、人に特定の犯罪を実行する決意を生じ

させたものとして、教唆に当たるというべきである。したがって、原判決が維持した第1審判決が、Zに対してだけでなく、Yに対しても、被告人が本件証拠偽造を教唆したものとして、公訴事実に係る証拠隠滅教唆罪の成立を認めたことは正当である」。

【参考文献】

小林憲太郎・平成19年度重判解171頁、前田巌・最判解刑事篇平成18年度446頁

第5節　共犯と身分

1　身分の意義――横領罪における占有者

291 最判昭和27年9月19日刑集6巻8号1083頁、判タ25号47頁

【事実の概要】

巡査である被告人Yは、昭和23年5月5日頃、質屋兼古物商のVが入質の事実を貸台帳に記入しなかった事犯を巡査Aに発見されたためその営業を停止させられるおそれがあることから、その揉消しをVから依頼されて、これを承諾し、揉消し料としてAに手渡すよう1000円をVから預かったが、知り合いのXと共謀の上、そのうちの600円をYらの料理代の支払いに充てた。Xは、横領罪で起訴された。

【裁判の経過】

1審：名古屋地判（年月日不明）

2審：名古屋高判昭和25年12月15日（有罪・横領罪の共同正犯）

2審は、刑法65条1項を適用し、Xについて横領罪の共同正犯の成立を認めた。これに対し、弁護人は、刑法252条1項に規定する単純横領罪は犯人の身分によって構成すべき犯罪行為ではないから、2審が刑法65条1項を適用したのは違法であると主張した。

【判　旨】上告棄却

「刑法65条にいわゆる身分は、男女の性別、内外国人の別、親族の関係、公務員たるの資格のような関係のみに限らず、総て一定の犯罪行為に関する犯人の人的関係である特殊の地位又は状態を指称するものであって、刑法252条においては、横領罪の目的物に対する犯人の関係が占有という特殊の状態にあること、即ち犯人が物の占有者である特殊の地位にあることが犯罪の条件をなすものであって、刑法65条にいわゆる身分に該るものと云わなければならない」。

2　主観的要素と身分

(1)　営利目的麻薬輸入罪における営利の目的

292 最判昭和42年3月7日刑集21巻2号417頁、判時474号5頁、判タ204号144頁

【事実の概要】

被告人Xらは、Yから頼まれ、Yが麻薬を本邦において売却しようとしているのを知りながら、法定の除外事由がないのに、本邦に麻薬の密輸入をしようと企て、共謀のうえ、昭和40年4月8日午後3時30分ごろ、神戸港に停泊中の船から、塩酸ジアセチルモルヒネを含有する麻薬2袋（356.5542グラム）を携帯陸揚げした。Xは、営利目的麻薬輸入罪で起訴された。

【裁判の経過】

1審：神戸地判昭和41年2月17日刑集21巻2号420頁（有罪・営利目的麻薬輸入罪の共同正犯）

1審は、Xについて営利目的麻薬輸入罪の共同正犯の成立を認めた。

「麻薬取締法64条2項にいわゆる営利の目的とは、自己または第三者のために財産上の利益を得又は得させる目的をいい、必ずしも継続的、反覆的に利益を図る目的を必要としないものと解するのが相当である。

これを本件についてみるに、……被告人らは、当然、Yの右売却の目的を知悉していたものと認めるのが相当である。そうだとすれば、本件麻薬を密輸入することによって、被告人ら自身がどれだけの利益に均霑し、あるいはいくらの報酬を取得するかは必ずしも具体的に明らかではないけれどもYが、本件麻薬を本邦において売却しようとする営利の目的をもっていることを知ったうえで密輸入をした以上、少くとも、第三者に財産上の利益を得させる目的はあったものというべく、麻薬取締法64条2項にいう営利の目的に欠けるところはないといわなければならない」。

2審：大阪高判昭和41年6月11日刑集21巻2号422頁（控訴棄却）

2審は、1審の結論を維持した。

【判　旨】破棄自判

「職権によって調査するに、麻薬取締法64条1項は、同法12条1項の規定に違反して麻薬を輸入した者は1年以上の有期懲役に処する旨規定し、同法65条2項は、営利の目的で前項の違反行為をした者は無期若しくは3年以上の懲役に処し、又は情状により無期若しくは3年以上の懲役及び500万円以下の罰金に処する旨規定している。これによってみると、同条は、同じように同法12条1項の規定に違反して麻薬を輸入した者に対しても、犯人が営利の目的をもっていたか否かという犯人の特殊な状態の差異によって、各犯人に科すべき刑に軽重の区別をしているものであって、刑法65条2項にいう『身分ニ因リ特ニ刑ノ軽重アルトキ』に当るものと解するのが相当である。そうすると、営利の目的をもつ者ともたない者とが、共同して麻薬取締法12条1項の規定に違反して麻薬を輸入した場合には、刑法65条2項により、営利の目的をもつ者に対しては麻薬取締法64条2項の刑を、営利の目的をもたない者に対しては同条1項の刑を科すべきものといわなければならない。

しかるに原判決およびその是認する第一審判決は、共犯者であるYが営利の目的をもっているものであることを知っていただけで、みずからは営利の目的をもっていなかった被告人に対して、同条2項の罪の成立を認め、同条項の刑を科しているのであるから、右判決には同条および刑法65条2項の解釈適用を誤った違法があり、右違法は判決に影響を及ぼすものであって、これを破棄しなければ著しく正義に反するものと認められる」。

【参考文献】

十河太朗・判例講義Ⅰ143頁、武藤眞朗・百選Ⅰ〔第6版〕186頁、坂本武志・最判解刑事篇昭和42年度48頁

(2)　営利目的大麻輸入罪における営利の目的

293 東京高判平成10年3月25日判タ984号287頁

【事実の概要】

被告人Xは、Y、Zらが、共謀の上、みだりに、営利の目的で、大麻を輸入しようと企て、2回にわたり、Z及び情を知らない運搬人らを通して144個のマカダミアナッツ缶内に隠匿した21キログラム以上の大麻をパラオ共和国から空路本邦に輸入した際、その情を知りながら、Z及び情を知らない運搬人らのパラオ共和国への旅行の手続をするとともに、Zに大麻を隠匿するための前記マカダミアナッツ缶を引き渡すなどした。Xは、営利目的大麻輸入罪の幇助犯で起訴された。

【裁判の経過】

1審：横浜地判平成9年10月14日（有罪・営利目的大麻輸入罪の幇助犯）

Xに営利目的大麻密輸入罪の幇助犯の成立を認めた。

【判　旨】破棄自判（確定）

「原判決は、本件大麻取締法違反幇助の罪となるべき事実として、被告人は、Y、Zらが、

共謀の上、みだりに、営利の目的で、大麻を輸入しようと企て、２回にわたり、右Ｚ及び情を知らない運搬人らを通してマカダミアナッツ缶内に隠匿した大麻をパラオ共和国から空路本邦に輸入した際、その情を知りながら、右Ｚ及び情を知らない運搬人らのパラオ共和国への旅行の手続をするとともに、右Ｙに大麻を隠匿するための前記マカダミアナッツ缶を引き渡すなどし、もって、右Ｙ、Ｚらの前記犯行を容易にしてこれを幇助したものである旨判示している。この判示は、公訴事実と同旨であって、被告人自身が営利の目的をもっていたことを含んでおらず、営利の目的をもつ者の大麻の密輸入を営利の目的をもたない者が幇助したことを判示したにとどまるから、営利の目的をもたない被告人に対しては、刑法65条２項により、刑法62条１項、大麻取締法24条１項を適用すべきであった。しかるに、原判決は、刑法62条１項、大麻取締法24条２項、１項を適用し、被告人に対し同条２項の罪の幇助罪の成立を認めているから、原判決には判決に影響を及ぼすことの明らかな法令の適用の誤りがあるというべきである」。

【参考文献】

酒井安行・平成10年度重判解147頁

3 刑法65条の１項と２項の関係

(1) 非常習者による常習賭博への加功

294 大判大正２年３月18日刑録19輯353頁

【事実の概要】

被告人Xらは、賭博の常習者であるYが米穀売買取引に名を借りた賭場を開いた際、これを援助した。

【裁判の経過】

１審：青森地判（年月日不明）

２審：宮城控判大正元年12月14日・17日（有罪・常習賭博罪の幇助犯）

２審は、刑法65条１項を適用し、被告人Ｘ、Ｙを常習賭博罪の幇助犯とした。これに対し、弁護人は、２審が65条１項を適用したのは擬律錯誤の裁判であると主張した。

【判　旨】破棄自判

「刑法第65条第１項は犯人の身分を以て構成要件とせる犯罪に加功したるものは其身分あらざるも身分あるものの共犯として処分する事を規定したるものにして犯人の身分を以て其構成要件とせず単に刑の軽重の原因とせる犯罪に付ては何等関係なき条項なれば本件被告Ｘ同Ｙの如く賭博の常習なき者が賭博常習者の犯罪を幇助したる場合に於ては同条項は之を適用すべき筋合のものに非ず。然るに原院が同被告等を処罰する為め該条項を適用したるは即ち擬律の錯誤にして賭博の常習を以て犯人の身分に非ずと論する所は採用し難きも本論旨は結局其理由あるに帰するを以て原判決は此点に於て破棄を免れざるものとす」。

(2) 卑属による尊属殺人への加功

295 最判昭和31年５月24日刑集10巻５号734頁

【事実の概要】

被告人Xは、実母V、妻Y、子ども４人と暮らしていたが、VとYとの折合いが悪かったことから、昭和27年12月５日、Vの殺害を決意し、Yにこれを打ち明けた。翌６日午後１時頃、XとYは、共謀の上、自宅において、Yの調理した汁粉の中に青酸カリを水に溶かして混入し、これをVに供し、青酸カリ中毒により死亡させた。Xは、尊属殺人罪（刑法200条、現在は削除）で起訴された。

【裁判の経過】

1審：東京地判昭和29年9月17日刑集10巻5号746頁（有罪・尊属殺人罪の共同正犯）

「被告人Xの所為は刑法第200条、第60条に該当するから……同被告人を懲役15年に処し、被告人Yの所為は刑法第200条、第65条第1項、第60条に該当し、同被告人は身分なき者であるから同法第65条第2項により同法第199条の所定刑期範囲内において同被告人を懲役4年に処」する。

2審：東京地判昭和30年9月17日刑集10巻5号748頁（控訴棄却）

2審は、1審の結論を維持した。これに対し、弁護人は、刑法200条の罪が犯人の身分により構成すべき犯罪行為ではなく、卑属親たるため特にその刑を加重するものであることは大審院判例であるから、1審が刑法65条1項を適用したのは判例違反であると主張した。

【判　旨】上告棄却

「刑法200条の罪は犯人の身分により特に構成すべき犯罪ではなく単に卑属親たる身分あるがため特にその刑を加重するに過ぎないものであるから直系卑属でない共犯者に対しては刑法65条2項によって処断すべきものと解するを相当とする。従って引用の判例はなお維持さるべきである。しかるに所論第1審判決は被告人Yの所為は刑法200条65条1項60条に該当する旨判示しているのであるからこの点においては違法の譏を免れ得ないけれども、同判決は結局被告人に対し刑法65条2項を適用しているのであって、いまだこれを破棄しなければ著しく正義に反するものとは認められない」。

【参考文献】

松本勝夫・最判解刑事篇昭和31年度140頁

(3)　女性による強姦への加功

296 最決昭和40年3月30日刑集19巻2号125頁、判時408号48頁、判タ175号152頁

【事実の概要】

被告人X女は、かねて夫AがV女と情を通じているのを知り、嫉妬のあまり、Vを呼び出してAとの関係を糾問してAの不貞を責める材料を得るとともに、自己の眼前で男にVを強姦させて恥辱を与え、日頃のうっ憤を晴らそうと考えた。そこで、Xは、Vを呼び出し、Y男に命じてVを捕まえさせて、知り合いの飲食店まで連行した。Xは、Y男及びたまたまそこに居合わせたZ男に対し、Vを姦淫することを慫慂し、Y及びZは、この機を利してVを姦淫しようと決意し、YにおいてVを姦淫した。Xは、強姦罪で起訴された。

【裁判の経過】

1審：東京地判昭和36年6月5日刑集19巻2号132頁（有罪・強姦罪の共同正犯）

1審は、Xに刑法177条前段、60条、65条1項を適用し、Xらを強姦罪の共同正犯とした。

2審：東京高判昭和37年8月22日刑集19巻2号136頁（破棄自判）

2審は、1審の判断を維持した。

【判　旨】上告棄却

「強姦罪は、その行為の主体が男性に限られるから、刑法65条1項にいわゆる犯人の身分に因り構成すべき犯罪に該当するものであるが、身分のない者も、身分のある者の行為を利用することによって、強姦罪の保護法益を侵害することができるから、身分のない者が、身分のある者と共謀して、その犯罪行為に加功すれば、同法65条1項により、強姦罪の共同正犯が成立すると解すべきである。従って、原判決が、被告人Xの原判示所為に対し、同法177条前段、60条、65条1項を適用したことは、正当である」。

【参考文献】

十河太朗・判例講義Ⅰ144頁、堀江一夫・最判解刑事篇昭和40年度21頁

4 複合的身分犯の共犯――業務上横領罪の共犯

297 最判昭和32年11月19日刑集11巻12号3073頁

【事実の概要】

被告人Xは、元A村村長及び同村新制中学校建設工事委員会の工事委員長、被告人Yは元同村助役及び同委員会の工事副委員長としてXを補佐していたものであるが、当時同村収入役として出納その他の会計事務を掌り傍ら前示中学校建設工事委員会の委託を受け同校建設資金の寄附金の受領、保管その他の会計事務を管掌していたZと共謀の上、Zが昭和24年4月10日頃から同年10月11日頃までの間、A村のBほか190余名から学校建設資金として前記工事委員会又はA村に対する寄附金として合計金23万1550円を受取り、これを業務上保管中、その金員中から合計金8万1647円を昭和24年7月23日頃から同年12月頃までの間、擅にA村C方ほか1個所においてCほか1名から酒食等を買入れ、その代金として支払った。Xは、業務上横領罪で起訴された。

【裁判の経過】

1審：水戸地土浦支判昭和29年9月30日刑集11巻12号3091頁（有罪・業務上横領罪）

1審は、X、Yを業務上横領罪とした。

2審：東京高判（年月日不明）

2審は、1審の判断を維持した。これに対し、弁護人は、X及びYは業務上の占有者でないのに、1審が刑法253条を適用処断したのは違法であると主張した。

【判　旨】破棄自判

「挙示の証拠によると、右Zのみが昭和24年4月10日頃より同年8月20日までの間右中学校建設委員会の委託を受け同委員会のため、昭和24年8月31日より同年12月頃までの間S村の収入役として同村のため右中学校建設資金の寄附金の受領、保管その他の会計事務に従事していたものであって、被告人両名はかかる業務に従事していたことは認められないから、刑法65条1項により同法253条に該当する業務上横領罪の共同正犯として論ずべきものである。しかし、同法253条は横領罪の犯人が業務上物を占有する場合において、とくに重い刑を科することを規定したものであるから、業務上物の占有者たる身分のない被告人両名に対しては同法65条2項により同法252条1項の通常の横領罪の刑を科すべきものである。しかるに、第1審判決は被告人両名の判示第一の所為を単に同法253条に問擬しただけで、何等同法60条、65条1項、2項、252条1項を適用しなかったのは違法であり、この違法は原判決を破棄しなければ著しく正義に反するものと認められる」。

【参考文献】

十河太朗・判例講義Ⅰ146頁、豊田兼彦・百選Ⅰ〔第6版〕188頁、吉川由己夫・最判解刑事篇昭和31年度579頁

5 事後強盗罪と共犯

(1) 窃盗犯人でない者による事後強盗への加功①

298 新潟地判昭和42年12月5日判時509号77頁

【事実の概要】

昭和42年5月13日夜、被告人X、同Y、Z、Wら6名がドライブをしていたところ、翌14日午前1時30分頃、タイヤがパンクしたため、車内で眠っていたXおよびYを除くZら4名は、共謀の上、付近に駐車中の有限会社V1所有の自動車のタイヤを取り外して窃取し、自分達の自動車に取りつけようとした。それをV1の社員V2が発見し、Zらを逮捕し

ようとしたため、Zらは、自己および他の窃盗共犯者らの逮捕を免れるため、自動車でWの運転により逃走を始めたが、間もなく、V2がXらを逮捕しようとして自動車の後部に飛び乗っているのに気づいた。そこで、Zは、窃盗共犯者とともに逮捕を免れる意図で、X、Yは、Zら窃盗犯人の逮捕を免れさせる意図のもとに、V2の転落を予想しながら、あえて自動車を疾走させるという暴行を加えることを共謀の上、口々に運転するWに加速等を指示し、時速約40キロメートルで自車を疾走させてV2を道路上に転落させ、加療約10日を要する傷害を負わせた。Xらは、強盗致傷罪で起訴された。

【判　旨】有罪・強盗致傷罪の共同正犯

「一、被告人Xおよび同Yについて

被告人らの判示第一の所為は各刑法第65条第1項、第240条前段、第60条に該当するが、被告人らには窃盗犯人の身分がないので、同法第65条２項により傷害罪の限度において科刑する」。

(2)　窃盗犯人でない者による事後強盗への加功②

299 東京地判昭和60年３月19日判時1172号155頁

【事実の概要】

昭和59年７月７日昼過ぎころから、被告人X及び同Yは相前後してA公園に赴き、同所において他の労務者風の男らとともに、その所持金をカンパし合い、付近の酒屋から酒を買い足すなどしながら飲酒し続けていたところ、同日午後４時すぎころ、酒に酔ったVが同公園に来合わせ、飲酒しているXらの付近にあるベンチに腰を掛け、Xらとともに飲酒していた労務者風の男Bと話を始めた。同日午後４時15分ころ、飲酒していた酒が残り少なくなったことから、酒を買う金を捻出するため、Vを認めたXは、Vから酒代を出してもらおうと考え、そばで飲酒していたYに対し、Vから酒代を出してもらおうという趣旨のことを誘いかけ、被告人Yもこれを了承して、被告人両名してベンチに腰を掛けていたVの前に赴き、XがVに対し、「酒を買うから金貸してくれ」と話しかけた。これに対し、Vが酒に酔った状態で所持していた財布（約4000円在中）を取出し、「これしか持っていない」などと言いながら、財布をXらに示したところ、Xは、Vの財布内から現金3000円（千円札３枚）を素早く抜き取ったが、その直後にVがXに対し「金を返してくれ」と言って金銭の返還を求めるや、その取還を防ぐ目的をもって被告人両名意思を相通じ、Xの現金抜き取りを傍で目撃していたYがVに対し、「てめえ、兄貴に何言ってるんだ」などと言いながら、Vの顔面を平手で１回殴打し、Xも、履いていたスニーカーでVの頭部を１回殴った。更に、Yは、Vの胸倉を掴んで同人をA公園の隅方向に約４、５メートル引きずって行き、XがVの腹部を蹴ろうとしてVに足を取られVとともに転倒した際、Vの顔面を１、２回手拳で殴打し、なおも金の返還を要求するVに対し、Xが同所にあった空の一升瓶でその頭部を１回殴打するなどの暴行を加え、その際、暴行によりVに対し全治１週間を要する頭部打撲、左右膝、左右肘擦過創の傷害を負わせたものである。Xらは、強盗致傷罪で起訴された。

【判　旨】強盗致傷罪の共同正犯（確定）

「被告人Xが被害者の財布から現金3000円を抜き取り窃取した以後の経過は、判示認定のとおりであり、被害者が金員を窃取した被告人Xに対し、その返還を求めるや、被告人Yにおいて右現金の移転が被害者の意思に反していることを目撃しながら、直ちに前認定のとおりの暴行に出ており、被告人Xもこれに呼応して被害者に暴行を加えているのであるから、被告人両名は、被害者から金員の返還を要求された段階でその取還を防ぐ目的をもって被害者に暴行を加えることにつき意思を相通し、暗黙のうちに共謀したと認めるに十分である。
従って、被告人Yは、被告人Xが事後強盗罪の構成要件の一部である窃盗を終了してから、被告人Xの行った窃盗の結果を十分認識して、窃盗にかかる金銭（飲み代）の取還を防ぐべく、被告人Xと意思相通じて被害者に暴行を加え、その結果傷害が生じているので、承継的共同正犯として強盗致傷の罪責を負うとの考え方もあり得ようが、事後強盗罪は、窃盗という身分を有する者が主体となる身分犯の一種であって、被告人Yはその身分がないのであるから、本件では承継的共同正犯の問題ではなく、共犯と身分の問題として把握すべきであり、この解決が本件事案の実態に即しているものと考える。それ故、身分のない被告人Yには、刑法65条1項により強盗致傷罪の共同正犯となるものと解するが、その刑は、同法65条2項によって傷害の限度にとどまると判断するのが相当である。」

(3) 窃盗犯人でない者による事後強盗への加功③

300 大阪高判昭和62年7月17日判時1253号141頁、判タ654号260頁

【事実の概要】

被告人Xがサイドリングマスコットを窃取したところ、警備員Vに逮捕されそうになったため、窃盗の事実を知ったYおよびZがXと共謀の上、逮捕を免れる目的でVに殴る蹴るの暴行を加え、加療約10日間を要する傷害を負わせた。Xは、強盗致傷罪で起訴された。

【裁判の経過】

1審：神戸地判昭和62年3月17日（有罪・強盗致傷罪の共同正犯）

Xらの所為は「刑法240条前段（238条）に該当（但し、傷害罪の限度で同法60条も適用）する」。

【判　旨】控訴棄却（確定）

「共犯者2名が被告人の犯行に関与するようになったのが、窃盗が既遂に達したのちであったとしても、同人らにおいて、被告人が原判示マスコットを窃取した事実を知った上で、被告人と共謀の上、逮捕を免れる目的で被害者に暴行を加えて同人を負傷させたときは、窃盗犯人たる身分を有しない同人らについても、刑法65条1項、60条の適用により（事後）強盗致傷罪の共同正犯が成立すると解すべきであるから（なお、この場合に、事後強盗罪を不真正身分犯と解し、身分のない共犯者に対し更に同条2項を適用すべきであるとの見解もあるが、事後強盗罪は、暴行罪、脅迫罪に窃盗犯人たる身分が加わって刑が加重される罪ではなく、窃盗犯人たる身分を有する者が、刑法238条所定の目的をもって、人の反抗を抑圧するに足りる暴行、脅迫を行うことによってはじめて成立するものであるから、真正身分犯であって、不真正身分犯と解すべきではない。従って、身分なき者に対しても、同条2項を適用すべきではない。）、傷害罪の限度でのみしか刑法60条を適用しなかった原判決は、法令の解釈適用を誤ったものといわなければならないが、原判決は、被告人自身に対しては刑法240条（238条）を適用しているのであるから、右法令の解釈適用の誤りが、判決に影響を及ぼすことの明らかなものであるとはいえない」。

【参考文献】

十河太朗・判例講義Ⅰ145頁、原田保・百選Ⅰ〔第6版〕190頁

6 刑法65条１項にいう「共犯」の意義

(1) 刑法65条と教唆犯

301 大判明治44年10月９日刑録17輯1652頁

【事実の概要】

被告人X、Yは、共謀して、Zを教唆し、Zに偽証させた。

【裁判の経過】

１審：広島地尾道支判（年月日不明）

２審：広島控判明治44年６月26日（偽証罪の教唆犯）

２審は、X、Yを偽証罪の教唆犯とした。

被告人は、１審が刑法169条と61条１項のみを適用し、65条１項を適用しなかったのは違法であると主張した。

【判　旨】上告棄却

「刑法第65条は共同正犯に関する例外規定にして之を教唆に適用す可きものにあらざることは同条文に『犯罪行為に加功したるとき』とあるに因て明瞭なるのみならず犯人の身分に依り構成すべき犯罪は其身分を有せざる者に於て之を実行するも犯罪の構成要件を欠如するを以て右例外規定の存するにあらざるよりは之を処罰する能はざるも教唆は正犯に従属し常に正犯と運命を共にすべきものなれば犯人の特別身分を有すると否とに拘わらず正犯にして其身分を有する以上は常に正犯に準じて処罰すべきものなるを以て特に例外規定を設くるの要なし。故に原院が刑法第169条同第61条第１項を適用し同第65条第１項を適用せざりしは正当にして本論旨は理由なし」。

(2) 刑法65条と共同正犯

302 大判昭和９年11月20日刑集13巻1514頁

【事実の概要】

Yは、債権者Aの申立てによりAに対する金900円の借用金の債務につき裁判所から支払命令の送達を受け、これに対して異議申立をしたものの、第１審判決ではYの敗訴となった。被告人Xは、控訴審において訴訟をYの有利に展開させるため、Y及びZと謀議の結果、控訴審においてZを証人として申請し、虚偽の陳述をさせた。Xは、偽証罪で起訴された。

【裁判の経過】

１審：長野地判（年月日不明）

２審：東京控判（年月日不明）（有罪・偽証罪の共同正犯）

２審は、Xを偽証罪の共同正犯とした。被告人は、１審は刑法65条１項及び60条を挙げたが、そのいずれを適用しようとしたのかが不明であり、理由不備であると主張した。

【判　旨】上告棄却

「犯人の身分に因り構成すべき犯罪行為に身分なき者が加功したるときは其の身分なき者と雖仍共犯を以て論ずべきものなることは刑法第65条第１項の明定する所にして其の加功行為の種類如何に依り或は共同正犯たる場合あるべく或は教唆若は従犯たる場合あるべきは当然なりとす。而して偽証罪は法律に依り宣誓したる者に非ざれば犯すことを得ざる犯罪なるを以て同条項に所謂身分に因り構成すべき犯罪行為に該当するものと謂うべく身分なき者が此の犯罪行為に加功し相共に偽証を為さむことを謀議し以て之を遂行したるときは前示第一点に於て説明したる如く右身分なき者も亦偽証罪の共同正犯を以て律すべきものなれば原判決が判示偽証の事実に付身分なき被告人の行為に対し刑法第65条第１項及同第60条を適用し以て第169条の罪責を負わしめたるは正当にして所論の如き違法あることなし」。

7 非身分者の身分者への加功―常習者による非常習者の賭博への加功

303 大連判大正３年５月18日刑録20輯932頁

【事実の概要】

賭博の常習者である被告人Xは、賭博の常習者でないYが賭博をすることを知りながら、房屋及び骨牌をYに貸与した。

【裁判の経過】

１審：福井区判（年月日不明）

２審：福井地判大正２年11月22日（有罪・常習賭博罪の幇助犯）

２審は、Xを刑法186条及び62条を適用処断した。これに対し、弁護人は、刑法186条１項は賭博罪の常習実行行為者の正犯にのみ適用すべきであるから、２審が幇助者であるXに刑法186条１項を適用したのは違法であると主張した。

【判　旨】上告棄却

「刑法第186条第１項は同法第185条通常賭博罪の加重規定にして其加重は賭博を反覆する習癖を有する者に限り其共同実行正犯たる他人に影響を及ぼさざる点より観察して之を犯人の一身に属する特殊状態に因るものと認むべく従て犯人の身分に因る加重なりと解すべきものとす。依て其加重は財物を賭して自ら輸贏を決したる本人即ち実行正犯者のみに限るべきものなるや否やの点に付き審究するに身分に因る加重減軽に関する同法第65条第２項規の定は止た実行正犯のみならず教唆者及ひ従犯に其適用あり、若し独り賭博罪に在ては財物を賭し自ら輸贏を決したる本人のみに対し常習に因る加重を為すべきものとせんか是れ刑法総則の法理に基くにあたるして賭博罪に対する特別規定の解釈に由るものならざるべからず。然るに刑法第186条は常習として博戯又は賭事を為したる者は３年以下の懲役に処する規定するに過ぎず。惟うに刑法に於て常習賭博罪の刑を加重する所以は財物を賭して自ら輸贏を決する本人即ち所謂博徒を厳罰して此種の犯罪を鎮圧するの趣旨なるべしと雖常習として賭博を教唆するが如きは之を自ら賭博を実行する者に比し毫も処罰を異にすべき所以を見ざるのみならず原来教唆犯及従犯に関する刑法総則の法理が同法に規定する他の各罪に其適用あるに拘わらず特に常習賭博に関して其適用なしとするには法の特別規定を竢て始めて之を断定するを得べきものにして如上の特別規定なき刑法に於て同法第186条第１項の解釈として前掲一般法理の変例を認むるに由なきものとす。故に賭博に関しては其実行正犯たると教唆犯若くは従犯たるとの別なく汎く是等の賭博行為に付き之を為すを常習とする者が其実行正犯たり教唆犯若くは従犯たる場合並に累次如上の賭博行為を為すに因り反覆して賭博を為す習癖が発現するに至りたる場合は皆同法第186条第１項の適用を免がれざるものとす。従て二人共に賭博を為し其一人に対しては常習賭博罪か成立し他の一人に対しては通常賭博罪が成立する場合に其従犯か犯罪の常時賭博の常習を有するに於ては（従来賭博の常習ありたると其従犯たる行為を為すに依りて初めて其習癖か成立したるとを問はず）其者に対しては刑法第65条第２項の趣旨に依り同法第186条第１項を適用したる上一般従犯に関する減軽を為すべきものとす」。

第６節　不作為と共犯

1　犯罪の不阻止と共同正犯

304 東京高判平成20年10月6日判タ1309号292頁

【事実の概要】

被告人X（女性）は、遊び仲間であるV（男性）に対して好意を寄せていたところ、V方で就寝中に性交渉を求められるというXにとってショッキングなことが起きた。Xの友人の被告人Y（女性）は、Xからそのことを打ち明けられ、詳しく事情を聞くため、遊び仲間であるZ、W、U、T、S、R、Q（Wのみ女性）がたむろするコンビニの駐車場に立ち寄った。なお、Zは、Xと以前交際しており、Vを快く思っていなかった。また、Uも、Xに対して好意を持っていた。

Xの話を聞いたY、Z、Wは、Vに腹を立て（殊にZは、Xが強姦されたと誤解した）、Wらに説得されたXは、Vを別のコンビニの駐車場に呼び出した。その場に移動したZらは、先輩のAの運転する軽自動車で現われたVを問い詰めたところ、Vは、Xの陰部に指を挿入したことを認めたが、強姦したとは認めず、他方、Uから事情を尋ねられたXは、Vから強姦されかけたなどと言った。Vは、突然逃げ出したが、Zら６名とYは、そのことで一層怒りを募らせ、QにVを探させて、指定した駐車場までVを連行させた。Xらも、自動車に分乗してその駐車場に赴き、Z、U、T、S、R、QがVに対して暴行を加え、同駐車場が人目に付きやすかったことなどから、全員が運動公園に移動した。そこで、Vは、Z、U、T、S、R、Qから凄惨な暴行を受けて、意識を失った。なお、その間、SがAに対してナイフを突きつけて詰め寄るということがあり、そのとき、Xは、「Aさんは関係ないからやめて」と言ったが、Zは、「お前がやられたって言ったから俺らが動いたんだよ」などと言った。

Zらは、Vを病院に連れて行くようAに言い、いったん解放したが、警察に通報されることを恐れて、Vを殺害することとし、AとVを呼び出して、Aに対して、Vを殺害するよう命じた。そして、Xら全員が殺害現場付近に移動した上で、AがVを池に落として殺害した。

X、Yは、殺人罪の共同正犯で起訴された。

【裁判の経過】

１審：千葉地判平成20年３月31日（有罪・殺人罪の共同正犯）

１審は、被告人両名は、Ｚら６名と同様のＶ殺害動機を有し、２か所での暴行の際の相互の意思連絡、協力関係が残った状態で、Ｖ殺害に関する謀議の現場に立ち会ってその内容を了解した上、Ｖを犯行現場まで運搬するという犯行の実現に向けた重要な前提行為を共同して行うなどしたのであるから、Ｚら６名同様、Ｖ殺害につき犯罪の主体として関わっていたものと認められるとし、被告人両名は、全員で犯行現場に向かうことに決まった時点までに、Ｖ殺害をやむを得ないものと考えて認容し、Ｚに６名及びＡと車に分乗してＶを運搬する行為を共同することにより、暗黙のうちに相互の犯意を認識し、殺害を共謀したものと認められるとして、被告人両名に殺人罪の共同正犯の成立を認めた。これに対し、被告人が、法令適用の誤り、事実誤認、量刑不当等を理由に、控訴した。

【判　旨】控訴棄却（確定）

「本件においては、被告人両名自身は、各犯行の実行行為を何ら行っておらず、その一部の分担すらしていない。そこで、被告人両名に刑事責任を負わせるには、共謀に加わっていたことが必要であり、原判決もその共謀の内容を具体的に判示したのであるが、故意の内容となる犯行への認識・認容に加えて主観的な要素としての共謀の認定は必ずしも内実のあるものにはなっていない。そこに、所論が種々論難しようとする手掛かりがあるといえる。本件のように、現場に同行し、実行行為を行わなかった者について共同正犯としての責任を追及するには、その者について不作為犯が成立するか否かを検討し、その成立が認められる場合には、他の作為犯との意思の連絡による共同正犯の成立を認めるほうが、事案にふさわしい場合があるというべきである。この場合の意思の連絡を現場共謀と呼ぶことは実務上一向に構わないが、その実質は、意思の連絡で足り、共謀者による支配型や対等関与型を根拠付けるようなある意味で内容の濃い共謀は必要でないというべきである。その代わり、不作為犯といえるためには、不作為によって犯行を実現したといえなければならず、その点で作為義務があったかどうかが重要となるし、不作為犯構成により犯罪の成立を限定するほうが、共謀内容をいわば薄める手法よりもより適切であるといえる。このような新たな観点から、本件を見直すと、原判決があまり重視しているとはいえない被告人Xの当初の言動、すなわち、被害者を呼び出した時の状況等が重要となる。すなわち、本件は、被告人Xが被害者に『やられはぐった』と被告人Yに話したことを端緒とし、嘘の口実を設けて被害者を呼び出したことに始まる。被告人Xは、上記の話を聞き付けたZやWが憤激し、実際には被告人Xは強姦などされていなかったのに、そう誤解したZが『1回ぶっとばされないと分からないのかな』などと言い、Wが執拗に被害者の呼び出しを迫るなどしている姿を見、また、被告人XとかつてZ交際していたZが被害者を快く思っていなかったことを知っており、被害者に会う相手のなかに、Zも入っていたことからすると、少なくともZにおいて、場合によっては被害者に暴力を振るう可能性があることを十分認識していたということができる。被告人Xは、かかる認識を有しながら呼び出し行為に及んでいるものであって、これは身体に危険の及ぶ可能性のある場所に被害者を誘い入れたものといえる。そして、被害者に会う相手であるZ、W、被告人Yのいずれもが、呼び出す前の段階で被害者に対して怒りを持っていたことを考えると、危険が生じた際に被害者を救うことのできる者は被告人Xのほかにはいなかったといえる。この点につき、所論（被告人X）は、呼び出しはWに逆らえずにやむなく承諾したものであるし、呼び出したのは話合いをするためであるなどというが、仮にそうだとしても、被害者が暴力を受ける危険性はやはり否定しきれないから、被害者の身体に対する危険を作り出したことに変わりはないといえる。また、所論（被告人X）がいうように、ZとUに、被告人Xに好意を抱いていたという事情があったとしても、被告人Xがやられたという話がなければ被害者への怒りを発しなかったことも確かなところであるから、被告人Xの言動が、Zらの暴行の犯意の発生に寄与した点は動かない。また、所論（被告人X）は、共犯者らは被害者が逃げたことで怒りに達し、もはや他人の説得による抑制の効かない状況にあった、暴行が自分に向けられる危険があったなどという。しかし、被告人Xが最年少であるという立場を考慮に入れても、『お前がやられたって言ったから俺ら動いたんだよ』というZの発言にみられるように、共犯者らは、仲間である被告人Xのために被害者に怒りを発していたといえるから、本当は強姦などされていないという事実を説明すべきであったのである。被害者の逃走によって、Zらの怒りがさらに増幅されたのであるから、なお一層、被告人Xは本当のところを言うべきであったといえる。Zらの怒りの理由は、被告人Xが強姦されたというからであって、だからこそ、被害者を呼びつけて被告人Xに謝らせるという大義名分があったのである。Zの前記発言は、このことを如実に示している。その事実がなければ、Zらですら、被害者に本件のような執拗・残虐な暴行を加えた上、殺害するまでの動機も理由もなく、そうはしなかったはずであろう。まして、被告人Xが本当は被害者が好きだったというなら、なおのことそのことを言うべきで、そう言われてしまえば、他の共犯者は被害者に手を出す理由はなくなってしまうのである。しかも、被告人Xが実はこうですと言えない理由は全くない。そういうことが恐ろしかったとしても、一番肝心なことなのだから、意を決して、本件一連の暴行等のいかなる段階でも言うべきであったのである。それを言わないといういい加減な態度は法の立場からすれば、到底許されないところなのである。

被告人Yについては、若干立場を異にする。被告人Yは、被告人Xの言葉が本当だと思っていたのであり、事実でないのにこれを述べなかった被告人Xとは異なる。しかしながら、被告人Yは、被害者の逃走後には、被害者が一度痛い目にあったほうがいいと積極的に思っていたものであって、他方で、被告人Xから話を聞いて、まず自らが被害者に怒りを感じたものであるし、被告人Xを大声で叱るなどしてZ、Wが聞き付ける素地を作り出した上、Aの怒る言動等を認識しながらも、被害者の呼び出しを求めるなどして、これを押し進めたことからすると、被告人Xと同様に、身体に危険の及ぶ可能性のある場所に被害者を積極的に誘い入れたものということができる。そうすると、被告人Yは、被害者が暴行を加えられている場面で、被害者への暴行を制止する行為をしていることが認められるものの、これは、被告人Yが予想した以上の暴行が加えられていたためと考えられ、身体に危険の及ぶ可能性のある場所に被害者を誘い入れた者としては、警察や知人等に通報するなどして犯行の阻止に努めるべきであったことに変わりはない。なお、Pは、Tの交際相手として、終始Tと行動を共にし、犯行現場にも立ち会うなどしているものの、本件各犯行について刑事責任を問われていないが、被害者の呼び出し等に関わっていない点で被告人両名とは異なっているといえる。

以上の次第で、被告人両名には、本件各犯行について不作為犯としての共同正犯が成立する」。

2 不作為の幇助

(1) 投票干渉の放置

305 大判昭和3年3月9日刑集7巻172頁

【事実の概要】

Yは、選挙権がないにもかかわらず、昭和2年8月14日に行われたK町町会議員総選挙に際して、選挙人Aに付添い、投票所である同町役場内同選挙会場に立ち入り、Aの依頼に応じ、正当な事由なく投票用紙に被選挙人の氏名を代書した上、投票箱に投入し、Aの投票に干渉した。同町町長であり、同選挙の選挙長であった被告人Xは、YのAの投票に干渉するのを目撃しながらこれを制止しなかった。

【裁判の経過】

1審：御嵩区判（年月日不明）

2審：岐阜地判（年月日不明）（有罪・投票干渉の幇助犯）

2審は、Xに投票干渉の幇助犯の成立を認めた。これに対し、弁護人は、Xの行為は法律不知による過失的犯行であり、また、共同の認識のない不作為犯であるから、共犯関係の成立は認められないと主張した。

【判　旨】上告棄却

「法律の不知は其の無識軽率に因ると否とを問わず犯意を阻却する事由とならず又不作為に因る幇助犯は他人の犯罪行為を認識しながら法律上の義務に違背し自己の不作為に因りて其実行を容易ならしむるにより成立し犯罪の実行に付相互間に意思の連絡又は共同の認識あることを必要とするものに非ず。而して原判示の事実に依れば被告人はYの判示投票干渉を現認しながら法律上の義務に違背し之を制止せず因て右Yの干渉行為の遂行を容易ならしめたるものなれば罪となるべき事実に付認識ありしは勿論其の不作為たるや過失に出でたるものと認むべからざること言うを俟たず。記録を査するも判示幇助罪を認定したる原判決に重大なる事実の誤認あることを疑うに足るべき顕著なる事由なきが故に論旨は理由なし」。

(2) ストリップの不阻止

306 最判昭和29年3月2日裁判集刑93号59頁

【事実の概要】

劇場責任者である被告人Xは、ストリッパーである被告人Yが劇場においてわいせつな演技をするのを目撃しながら、Y及び興業主たる被告人Zに対し微温的な警告を発するに止め、公演を継続させた。Xは、公然わいせつ罪の幇助犯で起訴された。

【判　旨】上告棄却

「なお原判決が控訴趣意第三点について判示するところは、劇場責任者又は興業主は、演技者の演技が猥褻その他公序良俗に反することを認識した場合、これが公開を防止するため有効な措置をとるべき条理上当然の義務があるという趣旨の判断をした上、第１審判決の認定した事実によって、劇場責任者たる被告人Ｘは、被告人Ｙの判示演技を目撃しながら、同被告人及び興業主たる被告人Ｚに対し微温的な警告を発するに止め、依然その公演を継続せしめ判示各犯行の遂行を容易ならしめたのであるから他の被告人両名の公然猥褻の行為を幇助したものであること明らかであると判断したのであって、その判断は相当でありまた所論のような条理上の矛盾は認められない」。

(3)　殺害現場からの離脱

307 大阪高判昭和62年10月２日判タ675号246頁

【事実の概要】

当時、暴力団の組長であった被告人Xは、破産した建設会社の経営者Vを追及して、隠し資産の所在を明らかにさせ、知人から取立を依頼された同社に対する債権を回収しようと企て、同じく債権回収の意図を有するYらと共謀の上、昭和56年８月７日午後４時ころ、VをAコープ（大阪市北区所在）１階大便所で捕捉して自動車内に監禁したのち、自動車内及び第２現場（兵庫県尼崎市の空地）、第３現場（同県西宮市の空地）、第４現場（同県尼崎市水堂町所在関西電子工業前付近）等において、こもごもVに暴行・脅迫を加えつつ隠し資産の所在を追及したが、Vは、従業員に預けてあるという800万円以外は、その所在を明らかにしなかった。

Xが第４現場から配下組員２名を帰したのち、Vの態度にいら立ったYが第３現場で言い出していたV殺害の件を再び言い出したため、被告人は、半信半疑ながらも、YがVを殺害するようなことがあっては、債権回収の目的が達成されないばかりでなく、殺人罪の前科を有する自分が不利益な立場に立たされるおそれがあることを恐れ、Yと行動を共にして、Yにかかる暴挙を思い止まらせ、もしV殺害の挙に出るときはYを制止しようとの意図のもとに、後部トランク内にVを乗せYの運転する車に同乗して、第４現場を出発した。

翌８月８日午前２時ころ、Yは、第５現場（兵庫県神崎郡所在の土砂採取場、第４現場から走行距離で約130キロメートル）付近の路上で車を停めて下車し、後部トランクの蓋を開けるや、車内から持ち出したつるはしの金具の部分（柄を外したもの）によりVの頭部を殴打し、更に、第５現場で再度車を停めた際にも、同様の暴行を加えた。

Xは、Yによる２回の殴打を制止する行動に出たが、いずれも一瞬遅く、これを阻止することができなかった。

Xは、２度目の殴打ののち、Yから、Vを更に山林内に連れ込んで脅すので協力してほしいと求められたため、これを了承の上、共同して、Vをトランク内から引き出し、約20メートル離れた付近の山林内へ運び込んだところ、その直後、Yから、Vを脅すための道具（スコップとつるはし）を車から取ってきてくれるよう依頼された。

ところで、Xは、それまで、YのV殺害を阻止しようとの意図のもとに、Yと行動を共にしていたが、YがXの不意を衝いてVを２度までつるはしの金具で殴打し、重傷を負わせてしまったため、この山林内においては、Xとしても、殺人の前科があって共犯と疑われ易い自己の立場にかんがみ、本件一連の犯行の発覚を阻止する必要があり、そのためにはYがVを殺害することがあっても、自分と直接共同してではなく、あるいは自分の目前で行うのでなければ、これを放置するのもやむを得ないとの考えに至っていた。

そこで、Xは、Yの依頼を奇貨とし、自己の不在中同人がV殺害の挙に出ることを予測・認容しながら、両名のそばを離れて約10分間前記土砂採取場付近で時を空費し、その間に、Yは、Vの頸部に布製ベルトを１回巻きつけて強く絞めつけ、Vを窒息死させて殺害した。

Xは、殺人罪で起訴された。

【裁判の経過】

１審：大阪地判昭和59年３月30日（有罪・殺人罪の共同正犯）

１審は、殺人罪の共同正犯とした。これに対し、弁護人は、Ｙと共同して殺人を実行したとするＹの供述は措信しがたいとして、事実誤認を主張した。

【判　旨】破棄自判（殺人罪の幇助犯）

「被告人がＹと共同してＶの殺害行為を実行した旨の原認定は、当審における事実取調べの結果等に照らしこれを維持し難いものであって、原判決には、右の点において、判決に影響を及ぼすことの明らかな事実誤認があるといわなければならない」。

「被告人が、山林内において、Ｙからスコップとつるはしの持参を依頼された際の状況として、次の諸点を指摘することができる。すなわち、

(1) 山林内には、つるはし等の兇器は存在しなかったが、被告人の制止さえなければ、Ｙにおいて、すでに抵抗の気力を失っているＶを殺害することは容易であったこと

(2) しかし、被告人が同席して殺害を阻止する構えを崩さない限り、体力的にもはるかに劣るＹにおいて（被告人が、優に180センチメートルはあろうと思われる長身であるのに比べ、Ｙは、はるかに小柄である。また、Ｙも、元暴力団甲組の組員であったが本件当時すでに離脱していて懲役刑の前科はなく、現役の暴力団組長で殺人罪の前科を有する被告人と比べると、格が下であるとみられる。）、Ｖ殺害の挙に出ることはまず考えられず（この点は被告人も自認するところである。）、また、万一Ｙが右殺害を図ったとしても、特段の兇器を有しないＹの行動を被告人は容易に阻止し得たと認められること

(3) 右山林内には、他に、ＹのＶ殺害を阻止し得る者はいなかったこと」

「指摘の事実関係のもとにおいては、被告人は、Ｙからスコップやつるはしの持参を依頼されても、これに応ずることなく同席を続け、ＹによるＶ殺害を阻止すべき義務を有していたと解すべきである。しかるに、被告人は、前記……の意図（予測・認容）のもとに、約10分間その場を離れることにより、ＹのＶ殺害を容易ならしめたものであるから、不作為による殺人幇助罪の刑責を免れないというべきである」。

「本件において、検察官の予備的訴因は、不作為による殺人罪（正犯）の成立を主張するが、被告人に課せられる前示のような作為義務の根拠及び性質、並びに被告人の意図が前示のようにＶの殺害を積極的に意欲したものではなく、単に、これを予測し容認していたに止まるものであること等諸般の事情を総合して考察すると、本件における被告人の行為を、作為によって人を殺害した場合と等価値なものとは評価し難く、これを不作為による殺人罪（正犯）に問擬するのは、相当ではないというべきである」。

【参考文献】

十河太朗・判例講義Ⅰ148頁

(4)　従業員による強盗の不阻止

308 東京高判平成11年１月29日東高刑時報50巻１～12号６頁、判時1683号153頁

【事実の概要】

被告人Xは、株式会社乙の経営する静岡県浜松市所在のビルAの２階ゲームセンター「甲」の店長として、同社の就業規程に従い誠実に職務に従事する義務を負っていたもの

であるが、Y、Z、W、Uほか３名が共謀の上、同社の経営するパチンコ店の売上金等の集金人Vから売上金を強取しようと企て、平成８年11月５日午前９時12分ころ、同ビル東側出入口付近において、Zが、同ビル１階の同社の経営するパチンコ店「丙」、同「丁」等の売上金を集金し終えて同ビルから出てきたVに対し、すれ違いざまに、その顔面を肘で強打してその場に昏倒させるなどの暴行を加えてその反抗を抑圧した上、同人が所持していた売上金合計約1965万3620円等が在中するジュラルミンケース一個（時価合計約１万円相当）を強取し、その際、暴行により、Vに対し、加療約10日間を要する顔面挫創、頭部打撲傷等の傷害を負わせた。これに先立ち、同年10月18日ころ、Xは、前記「甲」事務所内において、Yから前記強盗の計画を明かされたが、Yから暗に黙認して欲しいと依頼された上、強取金の一部を同人と共に被告人が使い込んだ前記「甲」の両替金等の穴埋めにすると明かされていたことから、これに応じ、前記犯行に至るまでの間、Yらの行為を容認して、同社の上司あるいは警察に通報するなどの措置をとらなかった。Xは、強盗致傷罪で起訴された。

【裁判の経過】

１審：静岡地浜松支判平成10年３月17日（有罪・強盗致傷罪の幇助犯）

「被告人Ｙは、平成８年10月18日ころと下旬ころ、甲の事務所内において、被告人Ｘに対し、Ｗらと共に丙の金庫から集金人を介して本社に納められる甲の売上金も含む現金を強奪しようと企てていることを敢えて打ち明けたものと、そのように打ち明けた意図は、その犯行後に被告人Ｘが少なくとも犯人のＷらを他に明らかにするおそれがあり、そのことを予め防止することにあったものと、被告人Ｙは、被告人Ｘに自らの犯行計画を明らかにしても、被告人Ｘも甲の保管金を使い込んでいたことから、その話を他言しないことを期待し、かつ、そのことを、暗に求め、被告人Ｘは、わざわざ自らに右の犯行計画を打ち明けた被告人Ｙの右意図や求めを了解しえたものと、被告人Ｘは、自らが述べるように、困惑し、当初は、被告人Ｙに犯行を止めるよう促す発言をしたものの、同被告人から『Ｘちゃんには関係ないから。』などと言われると、もし、同被告人らがその目的を遂げれば、その奪った金で二人が使い込んでいた甲の金の穴埋めができることも期待して、同被告人の右の求めに応ずることを決意し、『関係ないならいいです。』と答え、それ以上、やめさせようとする態度を示さずに過ごし、被告人Ｙらの犯行を防止したり、その被害を避けるための何らの措置も講ぜず、……に過ごしたものと、被告人Ｘは、自らも述べるように、当然、自らのそのような態度が被告人Ｙを安堵させ、その犯行を容易にさせることを認識していたものと、被告人Ｙは、被告人Ｘの右のような態度から、同被告人が右の自らの求めに応ずる決意をし、自らの企てを他に漏らしたりして妨げるようなことはしないものと認め、それ故、本件犯行を遂げえたものと認めるのが相当である。このように、本件犯行については、被告人Ｘは、これに先立ち、これに加担した被告人Ｙからその企てを知らされながら、同被告人の求めに応じてこれを黙認、放置して過ごし、そのことがその犯行を容易にさせた事実が認められる。」これに対し、弁護人は、Ｘに本件犯行を阻止すべき法律上の義務は認められず、不作為による幇助犯は成立しないと主張した。

【判　旨】破棄自判（無罪）

「原判決の右の判示からは、被告人Ｘの幇助行為としては、①『関係ないならいいです。』という発言などによって、被告人Ｙらの犯行に関知せず、犯行や犯人について事前にも事後にも他言しないとの意思を明示ないし黙示に示し、そうした意思表示行為が作為による心理的幇助行為に当たる、②犯行を阻止しあるいは被害を避ける措置を取らずに過ごしたという不作為が、作為義務違反としての幇助行為に当たる、ということが考えられる」。

「原判決は、被告人Ｘの幇助行為に当たるのは、前記①の作為ではなく、②の被告人Ｙ及びＷらの本件犯行を阻止しあるいはそれによる被害を避ける措置を取らずに過ごしたという不作為である、としているものと解される」。

「思うに、正犯者が一定の犯罪を行おうとしているのを知りながら、それを阻止しなかったという不作為が、幇助行為に当たり幇助犯を構成するというためには、正犯者の犯罪を防止すべき義務が存在することが必要であるといえるのである。そして、こうした犯罪を防止すべき義務は、正犯者の犯罪による被害法益を保護すべき義務（以下、「保護義務」という。）に基づく場合と、正犯者の犯罪実行を直接阻止すべき義務（以下、「阻止義務」という。）に基づく場合が考えられるが、この保護義務ないし阻止義務は、一般的には法令、契約あるいは当人のいわゆる先行行為にその根拠を求めるべきものと考えられるところ、本件に即してみると、被告人Xが各種遊技店を経営する株式会社乙に雇用された従業員であることから、その雇用契約に基づく義務として右の保護義務ないし阻止義務があるか否かが検討されるべきであるといえる。

そこでまず、被告人Xが乙の従業員として従事していた具体的な職務との関連において、右の保護義務ないし阻止義務が認められるか検討することとする。ところで、……原判決は、前記正犯者の犯罪を防止すべき義務に結びつく保護義務として、被告人Xには売上金が集金人によって確実に本社に搬送されるよう努めるべき義務があり、その義務懈怠の不作為が幇助行為に当たるとし、さらに、右の集金人によって確実に本社に搬送されるよう努めるべき義務は、同被告人が甲の売上金を本社に納入する義務に従事していたことに基づくものである、としているものと解される。

原判決の右の認定、判断を検討するに、まず被告人Xが従事していた職務内容をみると、同被告人は、甲の業務全般に関与する者として、同店舗内に置かれたゲーム機の売上金、メダル販売機の売上金、玩具機の売上金を、甲の金庫内に保管し、それを一定期間ごとに本社に納入する職務を負っていたが、その職務として行う各売上金の本社への納入の具体的な方法は、袋に納められた右の各売上金を甲の金庫内に保管し、10日に１回の割合で本社に納入するため、本社から集金に来る前日に、右売上金を甲の金庫から同じビルの階下にあるパチンコ店丙の金庫に運んで納めておき、その後は、毎日各遊技店を巡回して各店舗の売上金を集金する本社社員が、丙の金庫に納められている丙、丁の各売上金と共に、収集して本社に運ぶというものであって（原判決自身も「これ（甲の売上金）を本社からの集金人に託する業務に従事していた」と判示する。）、右丙の金庫からの収集と本社までの搬送は、経営する各遊技店の売上金を巡回して収集する本社側の担当社員によって行われており、被告人Xが、丙の金庫に移して納めた甲の売上金について、その後の本社社員による収集及び本社への搬送に関与することはなかったのである。そうすると、被告人Xの売上金を本社へ納入するその職務も、丙の金庫へ移して納めるまでであって、その後の同金庫からの収集と本社への搬送は、もっぱら本社社員によって行われていたのであるから、右金庫に既に納められ、その後本社社員によって収集され本社に搬送されようとした本件金銭については、被告人Xの職務の対象から離れているので、同被告人に、原判決のいう『（本社からの）集金人によって確実に本社に搬送されるよう努めるべき義務』、すなわち前記保護義務を認めることはできないといわねばならない。

さらに遡って考えると、原判決は、被告人Xが甲の売上金を本社に納入する業務に従事し、あるいは同売上金を本社に確実に納入されるよう努めるべき義務を負っていたというのであるが、被告人Yらが対象としたのは丙、丁のパチンコ店の売上金であり、かつ現実に奪取された売上金は、丙、丁その他の店舗の売上金であって、甲の売上金は含まれていないのであるが、そのような他店舗の売上金について、被告人Xが職務上どのように関係し、何故義務を負うのか説明がないのであり（原判決は、被告人Xの乙に対する従業員としての義務の内容に鑑みると、甲の売上金を本社に納入するのは、10日に１回の割合であり、本件犯行による被害金の中に甲の売上金が含まれていないことは、同被告人の刑事責任を左右するものではない旨判示する。）、むしろ、被告人Yらの本件強盗は、当初からパチンコ店の売上金を対象とし、被告人Xに対してもそのように説明されており、被告人Xにおいても、パチンコ店の売上金を対象とした犯行という認識であったのであるから、パチンコ店の売上金を対象とした犯行を前提として、被告人Xにおける職務上の関連や義務を検討すべきであり、そうすると、被告人Xはその職務としてパチンコ店の売上金に何ら関与することはなかったのであるから、そもそも同被告人の職場である甲での職務を前提に、本件犯行に関する前記保護義務の存否を検討すること自体、正鵠を得たものとはいえない、というべきである。

さらに、甲の主任（店長）としての立場から、被告人Xに被告人Yの犯行を阻止すべき義務が認められるかを検討すると、被告人Xは、同被告人及び被告人Yを含めた正従業員３名並びにその他アルバイト員らが働くゲームセンターである甲の主任の立場にあったとはいえ、その職務内容は、ゲーム機の管理・点検、店内の巡視・監視、売上金及び両替用現金の管理・保管等、ゲームセンターとしての店舗の現場業務に関するものであって、そうした職務とは別途に、他の従業員らを管理・監督するような人事管理上の職務を行っていたわけではなく、原判決も、『被告人Yと同Xは、当時、いずれも、乙経営の甲に勤め、同店の業務全般に携わっており、同店では、被告人Ｘが、主任の立場にあったものの、被告人Ｙも、同社第一営業部長Ｆの指示を受けて、被告人Ｘと同様の仕事を任され、同等の立場でその業務に従事し、その売上金等を管理、保管していた。』と判示しており、被告人Ｘが被告人Ｙの行状を監督する職務を特に負っていたものではないから、被告人Ｘに職務上被告人Ｙの本件のごとき犯行を阻止すべき義務があったということはできない。

したがって、被告人Ｘについては、その職務との関係から、いずれにしても本件犯行に関する前記保護義務及び阻止義務を認めることができないといわねばならない。

なお、職務内容とは関係なく、従業員としての一般的地位から、前記保護義務及び阻止義務が認められるか考えると、もしその従事する具体的な職務内容と関連なく、一般的に、例えば雇用会社の財産について保護義務あるいはそれに対する犯罪の阻止義務が認められるとなると、その保護義務及び阻止義務が無限定的に広がってその限界が不明となり、ひいてはそれら義務懈怠の責任を問われないため取るべき行動内容があいまいとなって、余りに広くその義務懈怠の刑事責任が問われたり、あるいは犯罪告発の危険を負うべきかその懈怠の責任を問われるか進退両難に陥らせるなど、酷な結果を導きかねないといえるのであって、職務とは関係なく従業員としての地位一般から、保護義務あるいは阻止義務を認めることはできないといわねばならない。ただ、もしそうした義務が是認されることがあるとすれば、犯罪が行われようとしていることが確実で明白な場合に限られるものと考えられる。そこで、本件における被告人Ｘの場合について検討すると、被告人Ｘが、10月18日ころ被告人Ｙから、Ｗ及び同被告人らが集金車を狙った強盗をやる計画があることを打ち明けられ、それを止めさせようとしたが、同被告人に拒否された上、やるしかないとの言葉を聞かされ、同月下旬ころ、出勤した朝方、ソファーに疲れた様子で座っていた同被告人から、『やろうとしたが、やれなかった』旨聞かされたことがあったというのであるから、被告人Ｘとしては、Ｗ及び被告人Ｙらによる強盗が近い時期に行われる可能性が高いとの推測がついたともいえるのである。しかし一方、被告人Ｘ自身は、Ｗら実際に強盗を実行しようとしている者からはそれについて全く話を聞いていないため、具体的な犯罪実行の時期、方法、さらには実行の決意の程度をはっきりと認識できず、また、被告人Ｙ自身、Ｗに集金車の到着を知らせることは承諾したものの、その後Ｗの度々の催促があっても、遅疑逡巡して決断が付かずに連絡を断る状態が続き、本件犯行当日の朝になってようやく決断をして、連絡をしたという状況であるから、被告人Ｘにおいて、その原審公判供述にあるように、被告人Ｙらが犯行を実行するのかどうか半信半疑のまま経過した、というのも一概に否定できず、被告人Ｘが本件犯行が実行される以前に、それが明白確実に実行されるとの認識を持ったものと、にわかに断定することはできないといわねばならない。そうすると、前記のように、従業員たる地位一般から保護義務ないし阻止義務が是認される場合があるとしても、被告人Ｘの場合それに該当するものと認めることはできない。

したがって、被告人Ｘについて、雇用契約による従業員たる地位一般から前記保護義務及び阻止義務を導くことはできないというべきである。

以上のとおりであって、被告人Ｘについて、いずれにしても不作為による幇助犯の成立を認める前提となる犯罪を防止すべき義務を認めることができないので、原判決の認定した被告人Ｙらの犯行を阻止しなかった不作為による幇助犯の成立を、認めることができず、結局、同被告人に対する前記予備的訴因の公訴事実については、その犯罪の証明がないことに帰着する」。

【参考文献】

十河太朗・判例講義Ｉ147頁、神山敏雄・平成11年度重判解152頁

(5)　内縁の夫による実子への暴行の不阻止

309 札幌高判平成12年３月16日判時1711号170頁、判タ1044号263頁

【事実の概要】

被告人Xは、平成９年６月ころ、先に協議離婚したYと再び同棲を開始するに際し、当時自己が親権者となっていた、元夫Aとの間にもうけた長男B及び二男Vを連れてYと内縁

関係に入った。しかし、その後、Yは、XやVらにせっかんを繰り返すようになった。Xは、以前は、Yから暴行を受けると実母方に逃げることもあったが、本件の５か月余り前からはそのようなこともなく、内縁関係を継続していた。また、本件直前には、X自らも、BやVに相当強度のせっかんを加えることもあった。なお、本件当時、Xは、妊娠約６か月であった。

平成9年11月20日午後２時ころ、XとYが、B（当時４歳８か月）とV（当時３歳）に留守番をさせて外出し、午後７時15分ころ、帰宅した際、子供部屋のおもちゃが少し移動していたため、Yは、Bに誰が散らかしたのかと尋ねたところ、Bが「Vちゃん」と答えたことから、Vが言い付けを守らずおもちゃで遊んでいたと思い込んで立腹し、隣の寝室で立っていたVの方に向かった。Xは、こうしたYとBのやりとりを聞き、YがVにいつものようなせっかんを加えるかも知れないと思ったが、これに対しては何もせず、数メートル離れた台所の流し台で夕食用の米をとぎ始め、Yの行動に対しては無関心を装っていた。

Yは、Vを自分の方に向き直らせ、「おもちゃ散らかしたのはお前か」などと強い口調で尋ねたものの、Vが何も答えなかったため、さらに大きな声で同じことを尋ねたが、Vがそれにも答えず、Yを睨み付けるような目つきをしたため、これに腹立ちを募らせ、「横目で睨むのはやめろ」などと怒鳴り、Vの左頬を右の平手で１回殴打し、続いて「お前がやったのか」などと怒鳴ったが、Vが同様の態度をとったため、Vの左頬から左耳にかけての部位を右の平手で１回殴打したところ、Vがよろけて右膝と右手を床についたので、Vの左腕を掴んで引き起こした上、また同様に怒鳴ったが、なおもVが同様の態度をとり続けたことから、腹立ちが収まらず、Vの左頬を右の平手で１回殴打した上、更に「お前がやったのか」などと怒鳴りながら、１発ずつ間隔を置いてVの頭部右側を手拳あるいは裏拳で５回にわたり殴打した。すると、Vは、突然短い悲鳴を上げ、身体の左から倒れて仰向けになり、意識を失った。

Xは、Yが寝室でVを大きな声で問い詰めるのを聞くとともに、頬を叩くような「ぱしっ」という音を２、３回聞いて、やはりいつものせっかんが始まったと思ったものの、これに対しても何もせず、依然として米をとぎ続け、Yの行動に無関心を装っていたが、これまでにないVの悲鳴を聞き、慌てて寝室に行ったところ、既にVはYに抱えられ、身動きしない状態になっていた。

YとXは、その後、Yの運転する自動車にVを乗せて病院に向かい、同日午後８時10分ころ、市立釧路総合病院に到着したが、Vは、直ちに開頭手術を受けたものの、翌21日午前１時55分ころ、Aの暴行による硬膜下出血、くも膜下出血等の傷害に伴う脳機能障害により死亡した。

検察官は、Xを傷害致死罪で起訴し、その後、傷害致死幇助罪に訴因を変更した。

【裁判の経過】

１審：釧路地判平成11年２月12日判時1675号148頁（無罪）

「不作為による幇助犯が成立するためには、他人による犯罪の実行を阻止すべき作為義務を有する者が、犯罪の実行をほぼ確実に阻止し得たにもかかわらず、これを放置しており、要求される作為義務の程度及び要求される行為を行うことの容易性等の観点からみて、その不作為を作為による幇助と同視し得ることが必要と解すべきである」。

「被告人は、わずか３歳６か月のＶの唯一の親権者であったこと、Ｖは栄養状態が悪く極度のるい痩状態にあったこと、Ｙが、甲野マンションに入居して以降、ＢやＶに対して毎日のように激しいせっかんを繰り返していたこと、被告人は、本件せっかんの直前、Ｙが、Ｂにおもちゃを散らかしたのは誰かと尋ね、Ｂが、Ｖが散らかした旨答えたのを聞き、Ｖに暴行を加えるかもしれないことを認識していたこと、Ｙが本件せっかんに及ぼうとした際、室内には、ＹとＶのほかには、４歳８か月のＢ、生後10か月のＣ子及び被告人しかおらず、ＶがＹから暴行を受けることを阻止しうる者は被告人以外存在しなかったことにかんがみると、Ｖの生命の安全の確保は、被告人のみに依存していた状態にあり、かつ、被告人は、Ｖの生命の安全が害される危険な状況を認識していたというべきであるから、被告人には、ＹがＶに対して暴行に及ぶことを阻止すべき作為義務があったと認められる。

そして、Ｖの年齢や身体状態、ＹがＶらに激しいせっかんを繰り返していたことからすると、被告人に認められる作為義務の程度は、一定程度強度なものであったというべきである。しかし、被告人は、甲野マンションで、Ｙから強度の暴行を受けるようになって以降、子供達を連れてＹの下から逃げ出したいと考えていたものの、逃げ出そうとしてＹに見付かり、酷い暴行を受けることを恐れ、逃げ出せずにいたことを併せ考えると、その作為義務の程度は極めて強度とまではいえない」。

「被告人が身を挺して制止すれば、Ｙの暴行をほぼ確実に阻止し得たはずであるから、被告人がＹの暴力を実力をもって阻止することは、不可能ではなかったというべきである。

しかし、Ｙは、激昂すると、前妻のＤ子や被告人に対して見境のない暴行を加えていたこと、被告人がＹのせっかん行為を見ていただけで、被告人に『何見てるのよ』と文句を言ったことがあったこと、甲野マンションに入居して以降、不満やいらだちを募らせ、そのうっぷん晴らしのため、ＢやＶに毎日のように激しいせっかんを繰り返していたこと、被告人は、本件せっかん当時、妊娠約６か月であり、Ｙも被告人が妊娠中であることを認識していたこと、Ｙと被告人には男女の体格差及び体力差があったことにかんがみると、被告人がＹの暴行を実力により阻止しようとした場合には、かえって、Ｙの反感を買い、被告人がＹから激しい暴行を受けて負傷していた相当の可能性のあったことを否定し難く、場合によっては胎児の健康にまで影響の及んだ可能性もあるというべきである」。

「そうすると、被告人がＹの暴行を実力により阻止することは、不可能ではなかったものの、被告人がＹから激しい暴行を受けて負傷していた相当の可能性のあったことを否定し難く、場合によっては胎児の健康にまで影響の及んだ可能性もあった上、被告人としては、Ｙの暴行を実力により阻止することが極めて困難な心理状態にあったのであるから、被告人がＹの暴行を実力により阻止することは著しく困難な状況にあったというべきである」。

「被告人は、ＹのＶへの暴行を阻止すべき作為義務を有しており、その作為義務を尽くすことは、不可能ではなかった。しかし、被告人が、ＹのＶへの暴行を実力により阻止しようとした場合には、負傷していた相当の可能性があったほか、胎児の健康にまで影響の及んだ可能性もあった上、被告人としては実力による阻止が極めて困難な心理状態にあり、被告人がＹの暴行を阻止することが著しく困難な状況にあったことにかんがみると、被告人に要求される作為義務の程度が一定程度強度のものであることを考慮しても、なお、被告人の不作為を、作為による傷害致死幇助罪と同視することはできないというべきである」。

【判　旨】破棄自判（傷害致死罪の幇助犯）（確定）

「後述する不作為による幇助犯の成立要件に徴すると、原判決が掲げる『犯罪の実行をほぼ確実に阻止し得たにもかかわらず、これを放置した』という要件は、不作為による幇助犯の成立には不必要というべきである」。

「１　不作為による幇助犯は、正犯者の犯罪を防止しなければならない作為義務のある者が、一定の作為によって正犯者の犯罪を防止することが可能であるのに、そのことを認識しながら、右一定の作為をせず、これによって正犯者の犯罪の実行を容易にした場合に成立し、以上が作為による幇助犯の場合と同視できることが必要と解される。

２　被告人は、平成８年３月下旬以降、約１年８か月にわたり、Ｙとの内縁ないし婚姻関係を継続し、Ｙの短気な性格や暴力的な行動傾向を熟知しながら、Ｙとの同棲期間中常にＶらを連れ、Ｙの下に置いていたことに加え、被告人は、わずか３歳６か月のＶの唯一の親権者であったこと、Ｖは栄養状態が悪く、極度のるい痩状態にあったこと、Ｙが、甲野マンションに入居して以降、ＢやＶに対して毎日のように激しいせっかんを繰り返し、被告人もこれを知っていたこと、被告人は、本件せっかんの直前、Ｙが、Ｂにおもちゃを散らかしたのは誰かと尋ね、Ｂが、Ｖが散らかした旨答えたのを聞き、更にＹが寝室でＶを大きな声で問い詰めるのを聞いて、ＹがＶにせっかんを加えようとしているのを認識したこと、Ｙが本件せっかんに及ぼうとした際、室内には、ＹとＶのほかには、４歳８か月のＢ、生後10か月のＣ子及び被告人しかおらず、ＶがＹから暴行を受けることを阻止し得る者は被告人以外存在しなかったことにかんがみると、Ｖの生命・身体の安全の確保は、被告人のみに依存していた状態にあり、かつ、被告人は、Ｖの生命・身体の安全が害される危険な状況を認識していたというべきであるから、被告人には、ＹがＶに対して暴行に及ぶことを阻止しなければならない作為義務があったというべきである。

ところで、原判決は、被告人は、甲野マンションで、Ｙから強度の暴行を受けるようになって以降、子供達を連れてＹの下から逃げ出したいと考えていたものの、逃げ出そうとしてＹに見付かり、酷い暴行を受けることを恐れ、逃げ出せずにいたことを考えると、その作為義務の程度は極めて強度とまではいえない旨判示しているが、原判決が依拠する前記第二の一の被告人の供述（1）及び（2）は、前記第三の一の１及び２で検討したとおり、いずれもたやすく信用することができないから、右判示はその前提を欠き、被告人の作為義務を基礎付ける前記諸事実にかんがみると、右作為義務の程度は極めて強度であったというべきである。

３　前記第四の二のとおり、被告人には、一定の作為によってＹのＶに対する暴行を阻止することが可能であったところ、関係証拠に照らすと、被告人は、本件せっかんの直前、ＹとＢとのやりとりを聞き、更にＹが寝室でＶを大きな声で問い詰めるのを聞いて、ＹがＶにせっかんを加えようとしているのを認識していた上、自分がＹを監視したり制止したりすれば、Ｙの暴行を阻止することができたことを認識しながら、前記第四の二のいずれの作為にも出なかったものと認められるから、被告人は、右可能性を認識しながら、前記一定の作為をしなかったものというべきである。

４　関係証拠に照らすと、被告人の右不作為の結果、被告人の制止ないし監視行為があった場合に比べて、ＹのＶに対する暴行が容易になったことは疑いがないところ、被告人は、そのことを認識しつつ、当時なおＹに愛情を抱いており、Ｙへの肉体的執着もあり、かつ、Ｙとの間の第二子を懐妊していることもあって、Ｖらの母親であるという立場よりもＹとの内縁関係を優先させ、ＹのＶに対する暴行に目をつぶり、あえてそのことを認容していたものと認められるから、被告人は、右不作為によってＹの暴行を容易にしたものというべきである。

５　以上によれば、被告人の行為は、不作為による幇助犯の成立要件に該当し、被告人の作為義務の程度が極めて強度であり、比較的容易なものを含む前記一定の作為によってＹのＶに対する暴行を阻止することが可能であったことにかんがみると、被告人の行為は、作為による幇助犯の場合と同視できるものというべきである」。

【参考文献】

大塚裕史・百選Ⅰ〔第６版〕172頁、橋本正博・平成12年度重判解148頁

第７節　共犯と錯誤

1　狭義の共犯と錯誤

（1）　虚偽公文書作成を教唆したところ正犯者が公文書偽造を行った事例

310 最判昭和23年10月23日刑集２巻11号1386頁

【事実の概要】

被告人Xは、A刑務所看守部長であって、昭和22年３月頃からA刑務所戒護課第三管区部長として受刑者に対する刑の執行の監督並びに未決既決の囚人に対する接見の立会等の職務を担当していたが、昭和22年10月７日頃、A刑務所に未決勾留中の詐欺事件の被告人Bの内妻Zから、Bの保釈申請手続に必要なA刑務所医務課長名義の診断書の取り寄せを依頼されて、これに応じ、A刑務所の囚人が組織している自正会委員長であつたYに相談した結果、Yと共謀して、同刑務所医務課長Cを買収してBのため勾留に堪えられない旨の虚偽の内容の診断書を作成させてこれを手に入れようと決め、Yがその任に当ることになった。そこで、Xは、その旨Zに告げ、Zより買収費として金１万円及びX等に対する買収その他の謝礼として金5,000円を受け取ったが、Yは、Cの買収が極めて困難なので寧

ろ医務課長C名義の診断書を偽造してZの依頼に応じようと決意し、A刑務所病舎医務室において同病舎看病夫として勤めていたWに対し、Bに対する真正の診断書を示し、この診断書を参考としてBが勾留に堪えられない状態にある旨の医務課長名義の診断書を偽造するよう申し向けた。Wは、その診断書が後日Bの保釈申請手続に使用されるものであろうことを認識しながら、同刑務所医務課長室で同課長Cの署名を冒署し、その名下に同人の認印を盗捺して、Bが鼠咬症蚊症炎で発熱衰弱して勾留に堪えぬ旨のC課長名義診断書1通を作成した。Xは、翌8日頃、A刑務所でWからYを通じて偽造の診断書を受け取った上、これをZに対して交付した。Xは、公文書偽造罪の教唆犯で起訴された。

【裁判の経過】

1審：岡山地判（年月日不明）

2審：広島高判（年月日不明）（有罪・公文書偽造罪の教唆犯）

「被告人の判示第一の所為のうち公文書偽造教唆の点は刑法第155条第61条第60条に……あたる」。

【判　旨】上告棄却

「被告人の故意は、前記認定の如く、Yと共謀して医務課長をして虚偽の公文書を作成する罪（刑法第156条の罪）を犯させることを教唆するに在る。しかるに現実には前記のような公文書偽造の結果となったのであるから、事実の錯誤の問題である。かかる場合にYのWに対する本件公文書偽造教唆について、被告人が故意の責任を負うべきであるか否やは一の問題であるが、本件故意の内容は刑法第156条の罪の教唆であり、結果は同法第155条の罪の教唆である。そしてこの両者は犯罪の構成要件を異にするも、その罪質を同じくするものであり、且法定刑も同じである。而して右両者の動機目的は全く同一である。いづれもBの保釈の為めに必要な虚偽の診断書を取得する為めである。即ち被告人等は最初その目的を達する手段として刑法第156条の公文書無形偽造の罪を教唆することを共謀したが、結局共謀者の1人たるYが公文書有形偽造教唆の手段を選び、これによって遂に目的を達したものである。それであるから、YのWに対する本件公文書偽造の教唆行為は、被告人とYとの公文書無形偽造教唆の共謀と全然無関係に行われたものと云うことはできないのであって、矢張り右共謀に基づいてたまたまその具体的手段を変更したに過ぎないから、両者の間には相当因果関係があるものと認められる。然らば被告人は事実上本件公文書偽造教唆に直接に関与しなかったとしてもなお、その結果に対する責任を負わなければならないのである。即ち被告人は法律上本件公文書偽造教唆につき故意を阻却しないのである。而して原判決は、以上説明の如き趣旨によって、被告人が本件診断書の偽造を教唆したものと判断したのであって何等違法の点はない」。

(2)　窃盗を教唆したところ正犯者が強盗を実行した事例

311 最判昭和25年7月11日刑集4巻7号1261頁、判タ4号47頁

【事実の概要】

被告人Xは、昭和22年5月13日午前9時頃、自宅において、親友のZから「何かよいことはないか。」と金銭の入手方について相談を持ちかけられた。Xは、V1方の様子を知っており、V1は30万円位の金を持っているものと見受けられるので、Zに対し、「V1方に這入ればよい」とか「襲えばよい」とか申向け、かつ、家の構造や付近の地形を図解して示し、同家に侵入して金品を盗取することを使嗾した。

Zは、Xの使嗾により強盗をなすことを決意し、同日、Xの弟である被告人Yに対し、強盗を実行するについての協力者の斡旋を依頼して、その同意を得、Wほか2名の協力者を得たので、他人から借り受けた日本刀1振、Wの所持する短刀1振、麻縄2本、バール1個等を携え、Wら3名と共に、同日午後11時頃、強盗をする目的でV1方奥手口から施錠を所携のバールで破壊して屋内に侵入したが、母屋に侵入する方法を発見し得なかったので、断念した。

しかし、Wら３名が、「われわれはゴットン師であるから、ただでは帰れない」と言い出し、Zらは、V1方の隣家であるV2電気商会に押し入ることを謀議した上、Zは、同家付近で見張りをなし、Wら３名は、屋内に侵入し、就寝中のV3を呼起し、所携の日本刀や短刀をV3に突きつけ、「騒ぐと刺すぞ、金を出せ」等申向け、同人をしてその生命身体に極度の不安を感じさせ、更に所携の麻縄及びその場にあった手拭、カッターシャツ等を使用してV3の手足を縛り、猿ぐつわをし、目隠しをした上、V3同人所有の腕巻時計１個ほか衣類数点及びV4所有の現金9353円在中の手提金庫１個、ラジオ機、蓄音機各１台、真空管20数本、自転車１台等を強取した。

Xは、住居侵入罪の教唆犯、窃盗罪の教唆犯で起訴された。

【裁判の経過】

１審：岡山地判（年月日不明）

２審：広島高岡山支判昭和24年10月27日刑集４巻７号1273頁（有罪・住居侵入罪の教唆犯、窃盗罪の教唆犯）

２審は、Ｘを住居侵入教唆罪と窃盗教唆罪とした。これに対し、弁護人は、ＺらはＸの使嗾したV1方への窃盗を実行していないのであるから教唆犯は成立しないと主張した。

【判　旨】破棄差戻

「原判決によれば、被告人ＸはＺに対して判示V1方に侵入して金品を盗取することを使嗾し、以て窃盗を教唆したものであって、判示V2電気商会に侵入して窃盗をすることを教唆したものでないことは正に所論の通りであり、しかも、右Ｚは、判示W等３名と共謀して判示V2電気商会に侵入して強盗をしたものである。しかし、犯罪の故意ありとなすには、必ずしも犯人が認識した事実と、現に発生した事実とが、具体的に一致（符合）することを要するものではなく、右両者が犯罪の類型（定型）として規定している範囲において一致（符合）することを以て足るものと解すべきものであるから、いやしくも右Ｚの判示住居侵入強盗の所為が、被告人Ｘの教唆に基いてなされたものと認められる限り、被告人Ｘは住居侵入窃盗の範囲において、右Ｚの強盗の所為について教唆犯としての責任を負うべきは当然であって、被告人Ｘの教唆行為において指示した犯罪の被害者と、本犯たるＺのなした犯罪の被害者とが異る一事を以て、直ちに被告人Ｘに判示Ｚの犯罪について何等の責任なきものと速断することを得ないものと言わなければならない。しかし、被告人Ｘの本件教唆に基いて、判示Ｚの犯行がなされたものと言い得るか否か、換言すれば右両者間に因果関係が認められるか否かという点について検討するに、原判決によれば、Ｚは被告人Ｘの教唆により強盗をなすことを決意し、昭和22年５月13日午後11時頃W外２名と共に日本刀、短刀各１振、バール１個等を携え、強盗の目的でV1方奥手口から施錠を所携のバールで破壊して屋内に侵入したが、母屋に侵入する方法を発見し得なかったので断念し、更に、同人等は犯意を継続し、其の隣家のV2電気商会に押入ることを謀議し、Ｚは同家附近で見張をなし、W等３名は屋内に侵入して強盗をしたというのであって、原判文中に『更に同人等は犯意を継続し』とあることに徴すれば、原判決は被告人Ｘの判示教唆行為と、Ｚ等の判示住居侵入強盗の行為との間に因果関係ある旨を判示する趣旨と解すべきが如くであるが、他面原判決引用の第一審公判調書中のＺの供述記載によれば、Ｚの本件犯行の共犯者たるW等３名は、V1方裏口から屋内に侵入したが、やがてW等３名は母屋に入ることができないといって出て来たので、諦めて帰りかけたが、右３名は、吾々はゴットン師であるからただでは帰れないと言い出し、隣のラヂヲ屋に這入って行ったので自分は外で待っておった旨の記載があり、これによればＺのV3方における犯行は、被告人Ｘの教唆に基いたものというよりむしろＺは一旦右教唆に基く犯意は障碍の為め放棄したが、たまたま、共犯者３名が強硬に判示V2電気商会に押入ろうと主張したことに動かされて決意を新たにして遂にこれを敢行したものであるとの事実を窺われないでもないのであって、彼是綜合するときは、原判決の趣旨が果して明確に被告人Ｘの判示教唆行為と、Ｚの判示所為との間に、因果関係があるものと認定したものであるか否かは頗る疑問であると言わなければならないから、原判決は結局罪となるべき事実を確定せずして法令の適用をなし、被告人Ｘの罪責を認めた理由不備の違法あることに帰し、論旨は理由がある」。

【参考文献】

十河太朗・判例講義Ⅰ149頁、松原久利・百選Ⅰ〔第６版〕182頁

2 共同正犯と錯誤

(1) 傷害を共謀したところ共謀者の1人が殺人を実行した事例

312 最決昭和54年4月13日刑集33巻3号179頁、判時923号21頁、判タ386号97頁

【事実の概要】

被告人XはA組系暴力団B組の組長、被告人Yは同組若者頭補佐、被告人Z、同Wは同組組員であるが、昭和45年9月24日午後9時ころ、神戸市兵庫区所在のスタンド「甲」(経営者W)前路上において、兵庫警察署保安課巡査Vが同店の裏口から風俗営業に関する強硬な立入り調査をしたとして、同巡査に対し「店をつぶす気やろ」などと毒づき、さらに兵庫警察署福原派出所前路上に押しかけ、途中から加わったA組若者頭U、同組組員Tともども同派出所に向かってV巡査の前記措置を大声でなじり、同9時30分ころ同町内のサウナセンター前路上に引き上げたが、気の治まらない被告人Xが組員Sに召集をかけるなどし、ここに、被告人X、同Y、同Z、同Wは、U、Y、Tとともに、順次、V巡査に対し暴行ないし傷害を加える旨共謀し、同午後10時ころ、前記派出所前において、被告人Xら7名がこもごもV巡査に対し挑戦的な罵声・怒声を浴びせ、これに応答したV巡査の言動に激昂したSが、未必の殺意をもって所携のくり小刀(刃体の長さ約12.7センチメートル)でV巡査の下腹部を1回突き刺し、よって同午後11時30分ころ、同巡査を下腹部刺創に基づく右総腸骨動脈等切損により失血死させて殺害した。

【裁判の経過】

1審:神戸地判昭和48年5月10日刑集33巻3号204頁(有罪・殺人罪の共同正犯)

「被告人X、同U、同Y、同Z、同T、同W、同Sの判示第一の所為は刑法60条、199条に該当するが、上記中被告人Sを除くその余の被告人らは傷害もしくは暴行の意思で共謀したものであるから、同法38条2項により同法60条、205条1項の罪の刑で処断す」る。

2審:大阪高判昭和52年9月26日刑集33巻3号215頁(控訴棄却)

2審は、1審の判断を維持した。これに対し、弁護人は、Xに殺意はなく、暴行または傷害の犯意しか有していないのに、Xに殺人既遂罪の成立を認めるのは疑問であると主張した。

【決定要旨】上告棄却

「殺人罪と傷害致死罪とは、殺意の有無という主観的な面に差異があるだけで、その余の犯罪構成要件要素はいずれも同一であるから、暴行・傷害を共謀した被告人Xら7名のうちのSが前記福原派出所前でV巡査に対し未必の故意をもって殺人罪を犯した本件において、殺意のなかった被告人Xら6名については、殺人罪の共同正犯と傷害致死罪の共同正犯の構成要件が重なり合う限度で軽い傷害致死罪の共同正犯が成立するものと解すべきである。すなわち、Sが殺人罪を犯したということは、被告人Xら6名にとっても暴行・傷害の共謀に起因して客観的には殺人罪の共同正犯にあたる事実が実現されたことにはなるが、そうであるからといって、被告人Xら6名には殺人罪という重い罪の共同正犯の意思はなかったのであるから、被告人Xら6名に殺人罪の共同正犯が成立するいわれはなく、もし犯罪としては重い殺人罪の共同正犯が成立し刑のみを暴行罪ないし傷害罪の結果的加重犯である傷害致死罪の共同正犯の刑で処断するにとどめるとするならば、それは誤りといわなければならない。

しかし、前記第一審判決の法令適用は、被告人Xら6名につき、刑法60条、199条に該当するとはいっているけれども、殺人罪の共同正犯の成立を認めているものではないから、第1審判決の法令適用を維持した原判決に誤りがあるということはできない」。

【参考文献】

十河太朗・判例講義Ⅰ150頁、荒川雅行・百選Ⅰ〔第6版〕184頁、墨谷葵・昭和54年度重判解186頁、松本光雄・最判解刑事篇昭和54年度67頁

(2)　殺意のある者と殺意のない者が被害者を放置した事例（シャクティパット治療事件）

最決平成17年7月4日刑集59巻6号403頁、判時1906号174頁、判タ1188号239頁
⇒第2章第2節 1 (4) 21 事件

3　関与形式間の錯誤―間接正犯と教唆犯の錯誤

313 仙台高判昭和27年2月29日判特22号106頁

【事実の概要】

Xは、Y及びZを唆して窃盗を実行させた。その際、Xは、Zを刑事責任年齢に達していると思っていたが、実際には、Zは、刑事責任年齢に達していなかった。Xは、窃盗罪の教唆犯として起訴された。

【裁判の経過】

1審：福島地郡山支判（年月日不明）（有罪・窃盗罪の教唆犯）

【判　旨】控訴棄却

「被告人は犯罪実行意思のなかった原判示Y及びZを唆して窃盗を決意、実行せしめたことを優に窺いえられるのであって被告人が自己のために実行々為をなすべく行動したものでないと認めるべきであるから原審が被告人の右事実を窃盗の教唆と認定したのは相当である。なお被告人は当時Zは刑事責任能力者と思惟していたが事実は刑事責任年令に達していなかったことが確認しえられるので此の点は窃盗の間接正犯の概念をもって律すべきであるが刑法第38条第2項により被告人は結局犯情の軽いと認める窃盗教唆罪の刑をもって処断さるべきが相当である」。

第8節　共犯関係からの離脱、共犯の中止犯

1　共犯関係からの離脱

(1)　首謀者の離脱

314 松江地判昭和51年11月2日刑月11＝12号495頁、判時845号127頁

【事実の概要】

X、Y、Z、W、U、Tは、暴力団甲組の組員であるが、甲組は、通称乙グループ（統括者A）と対立関係となり、昭和51年3月20日、甲組の若頭Bが乙グループのCから刺殺されたうえ、そこに居合せたY、W、Tらも受傷するという事件が発生した。

甲組組員らは、乙グループに対し、その頭であるAを殺害することにより報復を果そうと決意するに至り、組事務所などでその方法などについて再三協議したが、そのうちAが逮捕されたので、Aの配下の者を殺害しようということになり、新たに若頭の地位についたXが、明瞭な態度を打ち出さない組長にかわって、報復計画の指導者的立場に立ち、組

員らに対し、乙グループの者を見かけた際には直ちに連絡して統一的行動をとるよう指示するとともに、Uに殺害行為の担当を引き受けるよう慫慂するなどの準備をし、報復の機会を窺っていた。

昭和51年４月19日午後７時30分ころ、喫茶店「丙」前駐車場に乙グループのものと思われる普通乗用自動車が駐車しているとの通報をWより受けたXは、自ら現場に赴き車両運転席に乙グループの配下であるVがシートを倒して眠っていることを確認し、同人殺害を決意するに至った。そこで、同日午後８時30分ころ、X、Y、W、Uが参集し、甲組事務所へ向かう車中において、Xらの間に、Vの殺害の実行をUが担当することとし、その凶器をYが持参した回転式拳銃とする旨の謀議が成立した。そして、Uは前記拳銃を携え、組事務所から一人で「丙」に向け、出発したものの、V殺害行為を躊躇して組事務所に引き返し、別途に刺身包丁を持って「丙」付近に赴いていたTとともに、同日午後９時30分ころ、Wの妹アパートに行って待機していた。Uが殺害行為を実行できないでいることを知ったWは、兄であるZを「丙」東側の公園付近に呼び出し、ことの経過を聞いたZが組事務所へ電話してYを呼び出した。Yは、自己が現場に赴けば実行行為に至ることになるかも知れぬが、それも止むを得ないと決意し、出発前にXに出かける旨を告げたところ、Xは、UがV殺害の実行をしない以上「丙」付近に多数の組員が彷徨することはまずいと考え、Yに対し、皆をとにかく連れて帰るよう指示した。同日午後10時過ぎころ、「丙」南側のD方庭先付近において、Y、Z、Wの間で、V殺害の方法などにつき協議がなされ、一時は同人を生捕る案なども出たが、結局これを殺害することとし、その実行行為はY、Zの両名が担当することに決まり、間もなくWに伴われて同所に到着したU、Tから、Yが刺身包丁を受けとり、実行担当者の２名を除くその余の被告人らは、実行行為をその２名に委ねてその場を立ち去った。その後、Y、Zの両名は、Yにおいて所携の刺身包丁で乗用車運転席に腰掛けていたVの下胸部および上腹部各一回突き刺し、同人が乗用車を運転して逃走するや、Zとともに自動車でこれを追跡し、さらに右刺身包丁で同人の前頸右下部を１回突き刺し、よってそのころその場において右各刺創に基づく失血により、同人を死亡させてこれを殺害した。

Xらは、殺人罪で起訴された。弁護人は、被告人Xは本件殺人事件の実行着手前に当初の共謀より脱退し、本件殺人の実行行為は同被告人を除いたその余の被告人らの新たな共謀に基づきなされたものであるから、被告人は殺人予備の責任を負うに止まるべきであると主張した。

【判　旨】有罪・殺人罪の共同正犯

「ところで一般的には犯罪の実行を一旦共謀したものでも、その着手前に他の共謀者に対して自己が共謀関係から離脱する旨を表明し、他の共謀者もまたこれを了承して残余のものだけで犯罪を実行した場合、もはや離脱者に対しては他の共謀者の実行した犯罪について責任を問うことができないが、ここで留意すべきことは、共謀関係の離脱といいうるためには、自己と他の共謀者との共謀関係を完全に解消することが必要であって、殊に離脱しようとするものが共謀者団体の頭にして他の共謀者を統制支配しうる立場にあるものであれば、離脱者において共謀関係がなかった状態に復元させなければ、共謀関係の解消がなされたとはいえないというべきである。

本件においては、前述のとおり、被告人Ｘは甲組若頭の地位にあって組員を統制し、同被告人を中心としてＶ殺害の共謀がなされていたのであるから、仮りに同被告人がこの共謀関係から離脱することを欲するのであれば、既に右共謀に基づいて行動を開始していた他の被告人ら（実行担当者であった被告人Ｕが実行できないでいるため、他の被告人らがこれに代って実行する気配を示していたことは明らかである。）に対し、Ｖ殺害計画の取止めを周知徹底させ、共謀以前の状態に回復させることが必要であったというべきところ、前認定のとおり、同被告人は被告人Ｙが犯行現場に向う際一応皆を連れて帰るよう指示したのみで、当時右現場付近に他の被告人らが参集しＶ殺害の危険性が充分感ぜられたにも拘らず、自ら現場に赴いて同所にいる被告人らを説得して連れ戻すなどの積極的行動をとらず、むしろ内心被告人Ｙらの実行行為をひそかに期待していたとみられるふしもあるのである。

してみれば結局被告人Xにおいて共謀関係の離脱があったと認めることはできないから、右被告人を除いたその余の被告人らにおいて、本件犯行の実行担当者や実行方法につき新たな共謀がなされ、これに基づいて右犯行が実行されたものであるにしても同被告人はこれが刑事責任を免れることはできないというべきである」。

【参考文献】

十河太朗・判例講義Ⅰ153頁、西村秀二・百選Ⅰ〔第6版〕192頁

(2) 着手後における現場からの立去り

315 最決平成元年6月26日刑集43巻6号567頁、判時1315号145頁

【事実の概要】

被告人Xは、Yの舎弟分であるが、両名は、昭和61年1月23日深夜、スナックで一緒に飲んでいたVの酒癖が悪く、再三たしなめたのに、逆に反抗的な態度を示したことに憤慨し、同人に謝らせるべく、車でY方に連行した。Xは、Yとともに、1階八畳間において、Vの態度などを難詰し、謝ることを強く促したが、Vが頑としてこれに応じないで反抗的な態度をとり続けたことに激昂し、その身体に対して暴行を加える意思をYと相通じた上、翌24日午前3時30分ころから約1時間ないし1時間半にわたり、竹刀や木刀でこもごもVの顔面、背部等を多数回殴打するなどの暴行を加えた。

Xは、同日午前5時過ぎころ、Y方を立ち去つたが、その際「おれ帰る」と言っただけで、自分としてはVに対しこれ以上制裁を加えることを止めるという趣旨のことを告げず、Yに対しても、以後はVに暴行を加えることを止めるよう求めたり、あるいはVを寝かせてやってほしいとか、病院に連れていってほしいなどと頼んだりせずに、現場をそのままにして立ち去った。その後ほどなくして、Yは、Vの言動に再び激昂して、「まだシメ足りないか」と怒鳴って、前記八畳間においてその顔を木刀で突くなどの暴行を加えた。Vは、そのころから同日午後1時ころまでの間に、Y方において甲状軟骨左上角骨折に基づく頸部圧迫等により窒息死したが、その死の結果が、Xの帰る前にXとYがこもごも加えた暴行によって生じたものか、その後のYによる前記暴行により生じたものかは断定できない。

Xは、殺人罪で起訴された。

【裁判の経過】

1審:東京地判昭和62年7月27日刑集43巻6号575頁(有罪・傷害致死罪の共同正犯)

1審は、被告人XとYを傷害致死罪の共同正犯とした。

2審:東京高判昭和63年7月13日高刑集41巻2号259頁(控訴棄却)

「被告人とYとがY方1階八畳間においてVに対しこもごも暴行を加えたのは、被告人とYとの間の共謀に基づくものであることは、原判示第一に認定判示したとおりである。すなわち、被告人及びYは、当夜のVとともに赴いた飲食店内における同人の態度に腹を立て、同人をY方へ連れて来て、その反抗的な態度を難詰して謝ることを強く促したものの、Vがなおも反抗的な態度を取ったことから、激昂し、その場において被告人とYとの間で意思相通じて、いわゆる制裁としてVの身体に暴行を加えることの共謀を遂げたうえ、同人に対し、前示のような暴行を加えたことが明らかである。してみると、Vの死亡の結果が、被告人がY方を立ち去る前に被告人及びYがこもごも加えた暴行によって生じたものとすれば、その暴行が被告人及びYのいずれが加えたものであっても、被告人が共同正犯として傷害致死の責任を負うべきことは当然である。

これに対し、被告人がY方を立ち去った後にYが加えた暴行によってVの死亡の結果が生じたものとすると、所論は、Yが暴行を加えた際には被告人とYとの間の共犯関係が解消しているので、被告人にVの死の結果について共同正犯としての責任を負わせることはできないと主

張している。しかしながら、本件のように２人以上の者が他人に暴行を加えることを共謀し、かつ、共同してこもごも被害者に暴行を加えたようなときに、共犯者の１人あるいは一部の者の離脱ないし共犯関係の解消が認められるのは、離脱しようとした者がまず自己において被害者に暴行を加えることを止め、かつ、自分にはもはや共謀に基づいて暴行を加える意思がなくなったこと、すなわち共犯関係から離脱する意思のあることを他の共犯者らに知らせるとともに、他の共犯者らに対してもこれ以上暴行を加えないことを求めて、現に加えている暴行を止めさせたうえ、以後は自分を含め共犯者の誰もが当初の共謀に基づく暴行を継続することのない状態を作り出している場合に限られ、このような場合でなければ、仮に共犯者の１人が自分としては共犯関係から離脱する意思を抱いて自ら暴行を加えることを止めたとしても、その後に他の共犯者らのいずれかが引き続いて暴行を加え、その結果被害者が死亡するに至ったときには、離脱しようとした者を含め共犯者全員が傷害致死の共同正犯として責任を負わなければならないものと考えられる。そして、本件の場合、関係各証拠によれば、被告人は、Ｙ方を立ち去る少し前ころ、ＶとＡを並ばせてそれぞれの頭部を木刀で軽く叩き、謝罪する趣旨のことを言わせたことは窺えるものの、その際、Ｙを始めその場に居る者らに対し自分としてはＶに対しこれ以上制裁を加えることを止めるという趣旨のことを告げたりしてはおらず、また、Ｙ方を立ち去るにあたっても、玄関先で『おれ帰る』などと言っただけで、Ｙに対し、以後はＶに暴行を加えることを止めるよう求めたり、同人を寝かせてやって欲しい、あるいは病院に連れて行って欲しいなどと頼んだりしていないことが明らかである。更に、被告人が、それまでＶに暴行を加えていた場所すなわち１階八畳間から出て行った時、同室内の様子は、Ｖがその場に座ったままであり、Ｙも同室から立ち出ず、暴行を加えるのに用いた竹刀（但し、途中で壊れている。）や木刀も同室内に置かれているなど、それまでとほとんど変らない状況であったことが認められる。また一方、Ｙが被告人の立ち去った後にＶに暴行を加えたことが認められるものとすれば、Ｂの司法警察員に対する前記供述中で、Ｙが右暴行を加えるにあたり、Ｖに向かって『まだシメ足りないか』などと怒鳴っていたことが述べられており、したがって、Ｙがその際Ｖに加えた暴行は、それまで被告人とともにいわゆる制裁として同人に加えて来ていた暴行と一体をなすものと認められるべきものである。そうすると、被告人においては、Ｙ方を立ち去る際、自分の気持としてはこれでＹとともにＶに対し暴行を加えることは終わったつもりでいたとしても、本件の場合、前示のような共犯関係からの離脱ないし共犯関係の解消の認められる事情が存在せず、ないしは、離脱あるいは解消したといいうるような状態に達していなかったものというほかなく、したがって、被告人がＹ方を立ち去った後に、Ｙが、被告人とともにそれまでＶに加えていた制裁をなおも引き続いて加える意思で、同人に対し加えた暴行については、被告人も、Ｙと共犯関係にあるものというべきである。すなわち、Ｖの死亡の結果が被告人の立ち去った後にＹの加えた暴行によって生じたとしても、被告人は共同正犯として傷害致死の責任を負わなければならないと考えられるのである。

以上のとおりであるから、被告人がＹ方を立ち去った後にＹがＶに対し暴行を加えた事実が所論指摘のとおり認められるという前提に立っても、被告人がＹと共謀してＶに暴行を加え、その結果Ｖを死に至らせたものと認定判示した原判決は、結論において正当であり、判決に影響を及ぼすような事実認定の誤りはないというべきである」。

【決定要旨】上告棄却

「右事実関係に照らすと、被告人が帰った時点では、Ｙにおいてなお制裁を加えるおそれが消滅していなかったのに、被告人において格別これを防止する措置を講ずることなく、成り行きに任せて現場を去ったに過ぎないのであるから、Ｙとの間の当初の共犯関係が右の時点で解消したということはできず、その後のＹの暴行も右の共謀に基づくものと認めるのが相当である。そうすると、原判決がこれと同旨の判断に立ち、かりにＶの死の結果が被告人が帰った後にＹが加えた暴行によって生じていたとしても、被告人は傷害致死の責を負うとしたのは、正当である」。

【参考文献】

十河太朗・判例講義Ｉ154頁、島岡まな・百選Ｉ〔第６版〕194頁、振津隆行・平成元年度重判解153頁、原田國男・最判解刑事篇平成元年度175頁

(3) 警察への捜査協力

316 東京地判平成12年7月4日判時1769号158頁

【事実の概要】

少年である被告人Xは、Y、Zほか数名らと共謀の上、平成11年12月5日午前4時40分ころ、X方居室において、Y、Zらが略取してきたVに対し、Yらが、Vの目と口に粘着テープを巻き付け、両手両足をネクタイで縛った上、Vを殴るなどの暴行を加えるなどし、XらがVを監視するなどして、同人が同室から脱出するのを不能にし、さらに、同日午前11時ころ、Yらにおいて、Vを同室から連れ出し、Yが呼び出したWが運転する普通乗用自動車後部座席にVを乗車させ、両脇から同人を挟んで座りその脱出を不能にするとともに、同人の両眼に粘着テープを貼り付けた状態で同車を発進させ、同日午後6時30分ころ、路上において、同人を解放するまで、同人を同車内に閉じ込めて脱出することを不能にし、もって同人を不法に監禁した。また、Xは、Y、Zらと共謀の上、Vの安否を憂慮する近親者らからその憂慮に乗じて金員を交付させようと企て、Yらが、同日午前5時7分ころから同日午後5時半ころまでの間、多数回にわたり、前記X方居室等からVの弟Bが所持する携帯電話に電話をかけ、同人に対し、「1000万円を用意しろ。もし警察に通報したら、横浜のどこかの森の中に死体を取りに行ってもらうことになる」、「いくら準備できたか。急いで集めろ」、「じゃあ、30分時間をやる」、「午後2時に東武東上線の下板橋駅に行き、着いたらそこで連絡を待て」、「早く電車に乗って北池袋に来い」などと言って身の代金を要求し、もって略取された者の安否を憂慮する者の憂慮に乗じて財物を要求する行為をした。ただし、Xは、同日午後3時8分ころ、東京都豊島区の東武東上線北池袋駅構内において、身の代金要求の罪について現行犯逮捕され、その後、警察の捜査に協力し、また、Yらも、Xが逮捕されたことを察知していた。Xは、監禁罪、拐取者身代金要求罪で起訴された。

【判 旨】（有罪・監禁罪の共同正犯、拐取者身の代金要求罪の共同正犯）

「(一) 以上認定の事実関係に照らすと、被告人が犯行を中止したのは、警察官らに現行犯逮捕されたためであって、被告人の意思に基づくものではない。しかも、被告人らが逮捕された以降も、その共犯者であるＹらにおいて、引き続き被害者を監禁して被害者の近親者に対する身の代金要求を繰り返しており、Ｙらが被害者を解放したのは、被害者がＹらを説得し、自ら現金を支払う旨約束したことによるものであって、被告人がその犯行遂行を現実に阻止したことはなかったというべきである。

(二) (1) しかしながら、被告人は、逮捕後、警察官らに対し、直ちに犯行の概要を自供し、自らの氏名、住所等を明らかにしているほか、警察官らの指示に従って、Ｙからの電話に対し『金は受け取った。』、『池袋にいる。』、『マクドナルドにいる。』などと応答したり、警察官らに、Ｙらの所持する凶器の種類を教えるなどして、Ｙらによる被害者の解放や警察官らによるＹらの逮捕に資する行動をとっており、逮捕された者としてなし得る犯行防止措置は尽くしたということができる。

(2) しかも、被告人は、被害者を拐取した者ではなく、Ｙらが自室に被害者を連れ込むことにより本件各犯行に関与するに至った者であり、監禁の犯行については、Ｙと共に居住する本件居室を監禁場所として提供したほか、同室で被害者の見張りを担当しただけで、午前11時ころにＹらが被害者を同室から連れ出した後は、被害者を直接支配していない。

さらに、拐取者身の代金要求の犯行についても、被告人の役割は身の代金の受取りのみであるところ、被告人が、逮捕後、Ｙらに『金は受け取った。』旨述べ、Ｙらも、被告人が逮捕されたことを察知したことにより、右犯行において、被告人がその役割を果たす余地はなくなったものと認められる。加えて、被告人は、共犯者の間で格段に最年少の少年であり、本件各犯行への加担も、主犯格であるＹに対する恩義もあって同人の指示に従ったものであることを考慮すると、本件各犯行への被告人の加功は決して強いものとはいえないし、被告人らの逮捕後は、これを察知したＹらにおいて、被告人とは無関係に、被害者に対する監禁及び被害者の弟に対する身の代金要求を繰り返したものと認められるのである。

（三）以上からすると、本件各犯行において、被告人は、警察官らに逮捕された後、その説得に応じて捜査協力をしたことにより、自らの加功により本件各犯行に与えた影響を将来に向けて消去したものと評価できるから、その時点において、Ｙらとの間の当初の共犯関係から離脱したものと認めるのが相当である」。

(4) 共犯者の暴行による失神、放置

317 名古屋高判平成14年８月29日判時1831号158頁

【事実の概要】

被告人Xは、友人のY、Z、W女、U女が、W女の遊び仲間であるT女から、Vに無理やり陰毛や眉毛を剃られて山中に置き去りにされた旨の虚実の混じった話を聞き、これを真に受けてVに腹を立て、制裁を加えることになった際、Yらからその旨の事情を打ち明けられて協力を求められるや、これに同調した。そして、Xは、Vに制裁を加えることなどを意図して、Y、Z、W、U、Tと共謀の上、平成13年８月31日、W子が、電話でVに連絡を取り、言葉巧みに同人を愛知県常滑市公園駐車場までおびき寄せ、同日午後８時30分ころ、同所に駐車中の普通乗用自動車運転席にいたVに対し、Yが、Vの顔面を手拳で数回殴打し、同人を車外に引きずり出した上、X及びYが、こもごも、Vの顔面、頭部等を足蹴にし、その頭部を手拳で殴打するなどの暴行を加えた（第１暴行）ところ、これを見ていたZがやりすぎではないかと思って制止したことをきっかけとして同所における暴行が中止された。XがVをベンチに連れて行って「大丈夫か」などと問いかけたのに対し、勝手なことをしていると考えて腹を立てたYが、Xに文句を言って口論となり、いきなりXに殴りつけて失神させた。

Yは、VがTを姦淫した際、V以外にもう一人が関わっている旨聞いていたことから、Vを他の場所へ連れて行き、関与した者について更に問い質すなどの必要があると考え、XとW子をその場に放置したまま、Vを自動車に乗せてVを愛知県半田市川崎町先の衣浦港岸壁まで連行し、同日午後９時ころ、同所において、Yが、Vの顔面を手拳で殴打するなどの暴行を加えた（第２暴行）。

被害者の負傷は（1）通院加療約２週間を要する上顎左右中切歯亜脱臼、（2）通院加療約１週間を要する顔面挫傷、左頭頂部切傷、（3）安静加療約１週間を要した頸部、左大腿挫傷、右大腿挫傷挫創、（4）安静加療約１週間を要した両手関節、両足関節挫傷挫創であるが、（1）は第１の暴行によって生じ、（4）は第２の暴行後の逮捕監禁行為によって生じたものと認められるが、（2）及び（3）は第１、第２のいずれの暴行によって生じたか両者あいまって生じたかが明らかではない。

Xは、傷害罪で起訴された。

【裁判の経過】

１審：名古屋地判平成14年４月16日判時1831号160頁（有罪・傷害罪の共同正犯）

「第２暴行は、被告人との間の前記①の共謀内容と同一の動機、目的の下になされたものである上、Ｙが被告人に対し暴行を加えて気を失わせた段階において、被告人との共謀、その実行行為によりもたらされた心理的、物理的な効果は残存しており、Ｙがこれを利用してなお犯行を継続する危険性があったことは明らかである。

Ｙの暴行によって被告人が気を失ったことをもって、被告人が、Ｙとの間の共犯関係から離脱したとか、被告人とＹとの共犯関係が解消されたと解するのは相当ではなく、被告人は、第１暴行のみならず、第２暴行についても刑事責任を免れず、これら一連の暴行によって生じた傷害の結果につき、傷害罪の罪責を負うというべきである。」

これに対し、弁護人は、被告人はＹから殴打

されて気を失い、Yらと行動をともにすることができない状態になってしまったのであるから、共犯関係からの離脱を認めるべきであると主張した。

【判　旨】破棄自判

「このような事実関係を前提にすると、Yを中心とし被告人を含めて形成された共犯関係は、被告人に対する暴行とその結果失神した被告人の放置というY自身の行動によって一方的に解消され、その後の第2の暴行は被告人の意思・関与を排除してY、Zらのみによってなされたものと解するのが相当である。したがって、原判決が、被告人の失神という事態が生じた後も、被告人とYらとの間には心理的、物理的な相互利用補充関係が継続、残存しているなどとし、当初の共犯関係が解消されたり、共犯関係からの離脱があったと解することはできないとした上、(2) 及び (3) の傷害についても被告人の共同正犯者としての刑責を肯定したのは、事実を誤認したものというほかない」。

(5)　着手前における現場からの立去り

318 最決平成21年6月30日刑集63巻5号475頁、判時2072号152頁、判タ1318号108頁

【事実の概要】

被告人Xは、本件犯行以前にも数回にわたり、共犯者らと共に、民家に侵入して家人に暴行を加え、金品を強奪することを実行したことがあった。

本件犯行に誘われた被告人は、本件犯行の前夜遅く、自動車を運転して行って共犯者らと合流し、同人らと共に、被害者方及びその付近の下見をするなどした後、共犯者7名との間で、被害者方の明かりが消えたら、共犯者であるYら2名が屋内に侵入し、内部から入口のかぎを開けて侵入口を確保した上で、被告人を含む他の共犯者らも屋内に侵入して強盗に及ぶという住居侵入・強盗の共謀を遂げた。

本件当日午前2時ころ、共犯者2名は、被害者方の窓から地下1階資材置場に侵入したが、住居等につながるドアが施錠されていたため、いったん戸外に出て、別の共犯者に住居等に通じた窓の施錠を外させ、その窓から侵入し、内側から上記ドアの施錠を外して他の共犯者らのための侵入口を確保した。

見張り役の共犯者は、屋内にいる共犯者2名が強盗に着手する前の段階において、現場付近に人が集まってきたのを見て犯行の発覚をおそれ、屋内にいる共犯者らに電話をかけ、「人が集まっている。早くやめて出てきた方がいい」と言ったところ、「もう少し待って」などと言われたので、「危ないから待てない。先に帰る」と一方的に伝えただけで電話を切り、付近に止めてあった自動車に乗り込んだ。その車内では、被告人と他の共犯者1名が強盗の実行行為に及ぶべく待機していたが、被告人ら3名は話し合って一緒に逃げることとし、被告人が運転する自動車で現場付近から立ち去った。

屋内にいた共犯者2名は、いったん被害者方を出て、被告人ら3名が立ち去ったことを知ったが、本件当日午前2時55分ころ、現場付近に残っていた共犯者3名と共にそのまま強盗を実行し、その際に加えた暴行によって被害者2名を負傷させた。

【裁判の経過】

1審：東京地八王子支判平成19年2月21日刑集63巻5号493頁（有罪・住居侵入罪の共同正犯、強盗致傷罪の共同正犯）

「被告人は、共犯者らが犯行に着手した後、自らは犯行に及ぶことなく現場を離れているが、被告人が犯行をやめることについて、Yら共犯者が了承した事実はないし、共犯者らが犯行を実行するのを防止する措置を講じてもいないのであるから、被告人とYらとの共犯関係が解消されたとも認められない。」

2審：東京高判平成19年7月19日刑集63巻5号500頁（控訴棄却）

2審は、1審の結論を維持した。これに対し、弁護人は、当初の共謀と被告人の離脱前までの加担行為は後の強盗行為に何ら物理的ないし心理的因果的影響力を有していないから、被告人に強盗致傷罪は成立せず、住居侵入・窃盗の限度で共同正犯が成立すると主張した。

【決定要旨】上告棄却

「上記事実関係によれば、被告人は、共犯者数名と住居に侵入して強盗に及ぶことを共謀したところ、共犯者の一部が家人の在宅する住居に侵入した後、見張り役の共犯者が既に住居内に侵入していた共犯者に電話で『犯行をやめた方がよい、先に帰る』などと一方的に伝えただけで、被告人において格別それ以後の犯行を防止する措置を講ずることなく待機していた場所から見張り役らと共に離脱したにすぎず、残された共犯者らがそのまま強盗に及んだものと認められる。そうすると、被告人が離脱したのは強盗行為に着手する前であり、たとえ被告人も見張り役の上記電話内容を認識した上で離脱し、残された共犯者らが被告人の離脱をその後知るに至ったという事情があったとしても、当初の共謀関係が解消したということはできず、その後の共犯者らの強盗も当初の共謀に基づいて行われたものと認めるのが相当である。これと同旨の判断に立ち、被告人が住居侵入のみならず強盗致傷についても共同正犯の責任を負うとした原判断は正当である」。

【参考文献】

葛原力三・平成21年度重判解179頁

2 共犯と中止犯

(1) 共犯者各人における中止犯の成否

319 大判大正2年11月18日刑録19輯1212頁

【事実の概要】

> 被告人Xは、Yとともに、Vの背部に至り、脇差でVの頭部に切りつけ、重傷を負わせたが、Yは、良心の発現と罰責の自覚から翻意し犯罪を止めて現場を立ち去り、Xは、犯行発覚を恐れて犯行を止め、現場を逃走したため、殺害の目的を達しなかった。

【裁判の経過】

1審：高知地判（年月日不明）

2審：大阪控判大正2年7月21日（有罪・殺人未遂罪の共同正犯）

2審は、Xに刑法43条但書を適用しなかった。これに対し、弁護人は、悔悟したためか罪責に畏怖したかを問わずおよそ外界勢力の障害に基づかずに任意に犯罪の実行を止めた者には等しく刑法43条但書による刑の減軽または免除を適用すべきであると主張した。

【判　旨】上告棄却

「犯罪の実行に着手したる後之を継続するに付き外部的障碍の原因存在せざるに拘わらず内部的原因に由り即ち犯人の意思に拘わらざる事情に因り強制せらるることなく任意に実行を中止し若くは結果の発生を妨止したるときは刑法第43条後段に規定する中止犯成立すべきも所謂中止犯に該当せざる犯罪の未遂状態は其原因の如何を論ぜず総て之を同条前段に規定する未遂犯に属するものと解せざるべからず。所掲原判決の判示事実に拠れば被告は殺害の目的を以て人を斬り重傷を負わせたるも外部の障碍に因りて犯罪の発覚せんことを畏怖し殺害行為を遂行すること能わず現場を逃走するの止むなき至りたる者にして犯人の意思以外の事情に強制せらるることなく任意に殺害行為を中止したる事実に非ざること洵に明かなるを以て原判決に於て被告ＹＸの行為を殺人未遂罪を以て論じ中止犯として擬律せざりしは蓋し相当なるのみならず実行正犯の一人のみが単独の意思を以て実行を中止し若くは結果の発生を妨止したる場合に於ては右中止の効力は他の共犯人に及ぶべきに非ざれば被告の行為が中止犯に該当すべきものと為すも中止に付き何等干与せざる被告Ｘの行為に付ては刑法第43条末段の規定を適用すべきものに非ず」。

(2) 共謀者の実行の阻止

320 最判昭和24年12月17日刑集３巻12号2028頁

【事実の概要】

被告人Xは、Yと共謀の上、昭和23年12月２日午後10時半頃、V方に至り、同人及び妻子が寝ていた部屋において、Yは所携の刺身庖丁をVに突き付けて「あり金を皆出せ、1万や２万はあるだろう」と申し向け、Xは、ジャックナイフを手に持って「大きな声を出すな」と申し向けて脅迫した。Vの妻Bが「自分の家は教員だから金はない」と言って900円を差し出したところ、Xは、「俺も困って入ったのだからお前の家も金がないのならば、そのような金はとらん」等と言い、Yにも「子どもがあるからおいていってやれ」と言って、戸外に出た。Yは、手にした900円をいったんは布団の上においたものの、再びこれをとり、家を出た。Xは、Yから「900円は、俺がもらってきた」と言われたが、Yに誘われ、これを遊興に使った。Xは、強盗罪で起訴された。

【裁判の経過】

１審：名古屋地判（年月日不明）

２審：名古屋高判昭和24年３月31日刑集３巻12号2034頁（有罪・強盗罪の共同正犯）

「被告人は判示現金900円を見たとき、之を受取ることを差控えたが、共犯者Ｙが、之を強取することを阻止せずに放任し、右共犯者と共に右金900円を遊興費に費消したことが認められるから、本件犯行は中止未遂ではなく、強盗既遂と解すべきものであ」る。これに対し、弁護人は、強盗の中止未遂とすべきであると主張した。

【判　旨】上告棄却

「被告人がＶの妻の差出した現金900円を受取ることを断念して同人方を立ち去った事情が所論の通りであるとしても、被告人において、その共謀者たる１審相被告人Ｙが判示のごとく右金員を強取することを阻止せず放任した以上、所論のように、被告人のみを中止犯として論ずることはできないのであって、被告人としても右Ｙによって遂行せられた本件強盗既遂の罪責を免れることを得ないのである。してみればこれと同一の見解に立って、原審弁護人の中止犯の主張を排斥し被告人に対し本件強盗罪の責任を認めた原判決は相当であって所論の違法はない」。

【参考文献】

十河太朗・判例講義Ｉ152頁、清水一成・百選Ｉ〔第６版〕198頁

第７章　罪　数

第１節　包括一罪

1　集合犯

（1）　常習犯

321 最判昭和26年４月10日刑集５巻５号825頁

【事実の概要】

被告人Xは、昭和23年４月上旬頃及び同月中旬頃、被告人Y方外１箇所でZら数名とともに前後２回にわたり、花札を使用して金銭を賭し、俗に花合せ又はハンカンという博奕を常習として行った。Xは、常習賭博罪で起訴された。

【裁判の経過】

１審：名古屋地一宮支判（年月日不明）

２審：名古屋高判昭和25年５月22日刑集５巻５号827頁（有罪・常習賭博罪）

２審は、常習賭博罪の成立を認めた。これに対し、弁護人は、Xに対しては賭博４回として起訴されているのに、原判決は２回を有罪と認定しており、他２回について何らかの判断を試みるべきに拘らず、これをしていないのは違法であると主張した。

【判　旨】上告棄却

「常習賭博罪における数個の賭博行為は、包括して単純な一罪を構成するものであるから、所論原審の認定しなかった２回の賭博行為は、被告人Xに対する１個の公訴事実の一部をなすに過ぎない。従って原審がこの２回の賭博行為を認めない場合には、単に、犯罪事実としてこれを判示しないだけで足りるのであって、特にこれを認めない旨を判示しなくとも、所論のような違法あるものということはできない」。

（2）　営業犯

322 最判昭和53年７月７日刑集32巻５号1011頁、判時904号126頁、判タ371号73頁

【事実の概要】

被告人Xは、有限会社甲商事の名称で金融業を営むものであるが、昭和48年２月15日から同51年２月26日までの間465回にわたりA商事の事務所において、33名に対し100日の貸付期間で金銭を貸付するに当り、１日当り0.3％を超える１日当り約0.33％の割合による利息契約をしたうえ即時これを受領した。Xは、出資の受入、預り金及び金利等の取締等に関する法律（以下、「法」という。）５条１項違反の罪で起訴された。

【裁判の経過】

１審：鹿児島地判昭和52年１月14日刑集32巻５号1023頁（有罪）

１審は、上記の事実を認定し、これを刑法45条前段の併合罪とした。これに対し、検察官から、法５条１項違反の罪の公訴時効は３年であるところ、１審のいうように本件各事実の罪数関係を併合罪とみるならば、本件公訴事実の一部の訴因については起訴前あるいは訴因変更の請求前に公訴時効が完成したことが明らかであるから、この各訴因については刑訴法337条4号に該当する場合として免訴の判決をすべきであったのに、その言渡をしないで有罪の判決をした1審には法令の適用を誤った違法があるとの理由で、控訴の申立がされた。

2審：福岡高宮崎支判昭和52年6月24日刑集32巻5号1052頁（破棄自判）

「原判示の各所為は犯行の目的及び態様からみて所謂営業行為であり、包括して前記法条に該当する1個の犯罪と評価すべきものであるからこれを併合罪として刑法第45条前段、第48条第2項を適用処断した原判決には所論の公訴時効の点につき論ずるまでもなく、判決に影響を及ぼすことが明らかな法令適用の誤りがあるといわなければならない。更に職権により調査すると、原判示の事実中原判決添付別紙一覧表（一）の1および2、同じく別紙一覧表（二）の1ないし15の各事実は、昭和48年2月15日から同年4月5日までの間に行なわれた犯行であり、原判決の掲げる証拠のうちA（昭和51年4月26日付）、B（同年同月17日付）、C（同年同月28日付）、D、E、F、G、H、I、J、K、L、Mの各司法警察員に対する供述調書には右認定にそう部分があるけれども、他方原審で取調べられた被告人の前科調書によると、被告人は暴力行為等処罰ニ関スル法律違反の罪により昭和47年10月4日鹿児島地方裁判所において懲役8月に処せられ、同年10月19日から昭和48年4月14日まで服役していたことが認められ、右期間中に被告人が前記Aらに対し原判示のような利息契約をしたうえ即時その利息を受領することはありえないことであるから、右の事実に徴すると、前掲各供述調書中原判決の前記認定にそう部分は直ちに採用しがたく、他に右事実を認定できる適確な証拠はない。原判決には判決に影響を及ぼすことの明らかな事実の誤認があるといわなければならない」。これに対し、弁護人は、憲法違反等を理由に、上告した。

【判　旨】破棄差戻

「法5条1項は、金銭の貸付を行う者が所定の割合を超える利息の契約をし又はこれを超える利息を受領する行為を処罰する規定であるところ、その立法趣旨はいわゆる高金利を取り締まって健全な金融秩序の保持に資することにあり、業として行うことが要件とされていないなど右罰則がその性質上同種行為の無制約的な反覆累行を予定しているとは考えられない。したがって、法5条1項違反の罪が反覆累行された場合には、特段の事情のない限り、個々の契約又は受領ごとに一罪が成立し、併合罪として処断すべきである。原判決は本件各所為がいわゆる営業行為としてされたことを理由に包括して一罪と評価すべきものとしているのであるが、同項違反の罪におけるように営業行為として反覆累行されること自体が行為の悪質性を著しく増大させるものである場合には、営業行為としてされたことをもって包括的な評価をすべき事由とするのは相当でないと解される。記録を調べても、本件各所為を一罪と評価すべき特段の事情は認められない。

このように、本件各所為については個々の契約又は受領ごとに一罪が成立し、それらを併合罪として処断すべきであるとすると、右各所為は3年以下の懲役又は30万円以下の罰金にあたる罪であるから、その公訴時効は各犯罪行為の終わった日から3年の期間を経過することにより完成するものである。そして、記録によると、検察官の前示控訴趣意で主張されているとおり、検察官指摘の各所為については公訴時効が完成していると認められる。

そうすると、原判決が本件各所為を包括して一罪と認めたのは違法であり、その結果、本件公訴事実につき公訴時効が完成しているか否かを審査することなく、公訴時効が完成している訴因についても実体上の審理を遂げ、その一部を有罪その余を無罪としたことも違法であって、右の違法は原判決を破棄しなければ著しく正義に反するものと認められる」。

【参考文献】

佐藤文哉・最判解刑事篇昭和53年度289頁

2 狭義の包括一罪

(1) 同一場所・同一機会における窃盗

323 最判昭和24年7月23日刑集3巻8号1373頁

【事実の概要】

被告人Xは、Yと共謀の上、昭和22年12月14日午後10時頃から翌15日午前0時頃までの間3回にわたり、A農業会の倉庫において同農業会倉庫係V保管の水粳玄米4斗入3俵ずつ合計9俵を窃取した。Xは、窃盗罪で起訴された。

【裁判の経過】

1審：宇都宮地大田原支判（年月日不明）

2審：東京高判（年月日不明）刑集3巻8号1375頁（有罪・窃盗罪）

2審は、窃盗罪の併合罪とした。これに対し、弁護人は、本件は1個の行為と見るべきであり、併合罪として刑を加重すべきものではないと主張した。

【判　旨】**破棄差戻**

「右3回における窃盗行為は僅か2時間余の短時間のうちに同一場所で為されたもので同一機会を利用したものであることは挙示の証拠からも窺われるのであり、且ついずれも米俵の窃取という全く同種の動作であるから単一の犯意の発現たる一連の動作であると認めるのが相当であって原判決挙示の証拠によるもそれが別個独立の犯意に出でたものであると認むべき別段の事由を発見することはできないのである。然らば右のような事実関係においてはこれを一罪と認定するのが相当であって独立した3個の犯罪と認定すべきではない」。

【参考文献】

十河太朗・判例講義Ⅰ155頁、須之内克彦・百選Ⅰ〔第6版〕202頁

(2) 数か月間にわたる麻薬の施用

324 最判昭和31年8月3日刑集10巻8号1202頁、判タ63号48頁

【事実の概要】

被告人Xは、自宅において医業を営み麻薬施用者として免許を受けているものであるが、昭和23年6月15日より昭和26年10月16日頃までの間、89回にわたり自宅診療所において麻薬中毒患者であるAに対しその中毒症状緩和の目的をもって麻薬塩酸モルヒネ注射89本（0.629グラム）を施用した上、Aに麻薬である塩酸モルヒネを施用しながら施用の都度患者の住所氏名麻薬の施用量等を麻薬受払簿に記録しなかった。また、Xは、昭和23年6月頃、Aを麻薬中毒患者と診断しながらその住所氏名等を厚生大臣に届出なかった。Xは、麻薬取締法違反として起訴された。

【裁判の経過】

1審：熊本地判昭和28年7月8日刑集10巻8号1208頁（有罪・麻薬取締法違反）

1審は、麻薬使用の罪等を認めた。

2審：福岡高判昭和28年12月5日刑集10巻8号1214頁（破棄自判）

2審は、医師で麻薬施用者としての免許を受けているXが昭和23年7月10日頃から同年9月30日頃まで、及び昭和26年8月10日頃から同年10月16日頃までの間前後67回にわたり、自宅診療所において麻薬中毒患者であるAに対しその中毒症状を緩和するため麻薬塩酸モルヒネ注射76本（計58.9ミリグラム）を施用した旨の事実を認定し、Xの各所為は各旧麻薬取締法（昭和23年法律123号）39条、57条1項、2項、刑法45条前段、47条、10条、48条に該当するとした

上、訴因中の昭和23年6月15日頃から同年7月9日頃までの麻薬施用の事実については麻薬取締規則35条、56条1項1号にあたる罪であるから、本件の公訴提起前に公訴の時効が完成したものとして免訴の言渡をした。これに対し、検察官は、2審の判断は仙台高判昭和25年8月31日判特12号159頁に反すると主張した。

【判　旨】破棄差戻

「被告人は医師を開業し、麻薬施用者として免許を受けているものであるが、昭和23年6月15日頃より同年9月30日頃までの間54回（以下一の所為という）及び昭和26年8月10日頃より同年10月16日頃までの間35回（以下二の所為という）にわたり、自宅診療所において麻薬中毒患者であるAに対し、その中毒症状を緩和する目的をもつて麻薬である塩酸モルヒネ注射89本（0.692瓦）を施用したというのであって、右一、二の各所為は、それぞれ各行為の間に時間的連続と認められる関係が存し、同一の場所で1人の麻薬中毒患者に対しその中毒症状を緩和するため麻薬を施用するという同一事情の下において行われたものであること原判決が有罪の言渡をした右事実につき挙示している証拠からも窺われ、かつ、いずれも同一の犯罪構成要件に該当し、その向けられている被害法益も同一であるから、単一の犯意にもとづくものと認められるのであって右一、二の各所為は、それぞれ包括一罪であると解するのが相当であり、独立した各個の犯罪と認定すべきではない。

しかるに、原判決は前示のように免訴の言渡をした部分を除く、被告人の76回にわたる麻薬施用の所為を刑法45条前段所定の併合罪にあたるとしたのは、所論引用の原判決の言渡前になされた仙台高等裁判所の判決と相反する判断をしたものであるといわなければならない。そして、被告人の右一の所為が包括一罪であるとすると、該所為は旧麻薬取締法（昭和23年法律123号）39条、57条の5年以下の懲役又は5万円以下の罰金に該当する罪であるから、公訴の時効は犯罪行為の終つた日から5年の期間を経過することにより完成するものである。記録によると、被告人が右一の所為をなしてより5年の期間を経過していない昭和27年4月22日に検察官から公訴の提起があったことは起訴状により明らかであるから、公訴の時効は完成していないのであって、原判決が前示第一訴因中の昭和23年6月15日から同年7月9日頃までの麻薬施用の事実について、被告人を免訴するとの言渡をしたことも違法であり、右の違法は原判決を破棄しなければ著しく正義に反するものと認められる」。

【参考文献】

吉川由己夫・最判解刑事篇昭和31年度266頁

(3)　近接した場所における速度違反

325 最決平成5年10月29日刑集47巻8号98頁、判時1478号158頁、判タ833号157頁

【事実の概要】

被告人Xは、「平成元年9月24日午後1時22分ころ、道路標識によりその最高速度が80キロメートル毎時と指定されている大阪府吹田市岸部北4丁目名神上り517.9キロポスト付近道路において、その最高速度を65キロメートル越える145キロメートル毎時の速度で普通乗用自動車を運転して進行した。」という道路交通法違反の罪により、平成元年12月8日大阪池田簡易裁判所で被告人を罰金10万円に処する旨の略式命令による裁判を受け、この裁判は平成2年1月5日に確定した。

Xは、「平成元年9月24日午後1時32分ころ、道路標識によりその最高速度が70キロメートル毎時と指定されている大阪府三島郡島本町大字東大寺名神高速自動車国道本線上り498.5キロポスト付近道路において、その最高速度を90キロメートル超える160キロメートル毎時の速度で普通乗用自動車を運転して進行したものである。」という事実により、道路交通法の速度違反の罪で起訴された。

【裁判の経過】

1審：大阪地判平成2年5月8日刑集47巻8号107頁（免訴）

「2　そして、本件公訴提起にかかる速度違反と前記二記載の速度違反とは、前記のとおり、日時・場所を異にしており、また、進行速度および速度超過の程度も多少相違が見られ、さらに、被告人は途中約４キロメートルの急カーブでかなり減速して進行しており、指定最高速度まで減速したかどうかは明らかでないにしても、少なくとも甚だしい速度違反の状態は右急カーブの地点で一旦解消されたといえるから、右各速度違反は一応別個の行為であると認められる。

３　しかし、被告人の速度違反の動機は、公訴事実記載の地点と前記二記載の地点において全く同一であるのみならず、右各地点間の全行程を通じて一貫しており、また、右各地点における進行速度差は15キロメートル、速度超過の差も25キロメートル（公訴事実記載の場所における指定最高速度についての被告人の認識を基準にすれば15キロメートルの差。）に過ぎず、右各速度違反の日時・場所も、時間にして10分、距離にして約19.4キロメートルと比較的近接しており、さらに、被告人は、途中約４キロメートルの急カーブで前記認定の速度に減速して進行した以外は、終始時速約140ないし160キロメートルの高速度で進行し、しかも右減速進行した理由は急カーブという自然的・物理的障害によるもので、右急カーブの地点で客観的には甚だしい速度違反の状態が一旦解消されているとはいえ、右地点で速度違反の犯意の断絶があった、すなわち、当初の速度違反の犯意が右地点で一旦解消され、右地点を過ぎる直前あるいは右地点を過ぎてから、新たに甚だしい速度違反の犯意が発生したとみるのは困難であるから、右２個の速度違反は、時間的・場所的に比較的近接した地点において、包括的犯意の下になされたものとして、包括一罪と評価するのが相当である。

なお、近接する２個の速度違反を併合罪とした昭和49年11月28日の最高裁第２小法廷決定（刑集28巻８号385頁）は、本件と事案を異にしているから、右判断の妨げとなるものではない。

４　従って、本件公訴事実については、包括一罪の一部につき既に確定裁判があったことになるから、確定判決を経たものとして、刑訴法337条１号により、被告人に対し、免訴の言渡しをすることとする」。

２審：大阪高判平成３年４月16日高刑集44巻１号56頁（破棄自判）

「２　検察官は、原判決が速度違反罪を継続犯とみたのは誤りであると論難し、他方、弁護人は原判決の結論に賛同しつつも、原判決が速度違反罪を継続犯とみなかったのは誤りであると主張する。そこで、このような点を含めて、本件の罪数関係について考察する。

思うに、道路交通法が公安委員会によって車両の最高速度を規制することができるとした趣旨にかんがみると、道路において車両の高速走行がもたらす危険の防止は、道路の個々具体的な状況に即して図られるべきものであるから、指定最高速度を超えて走行すればその危険が生じたものといわざるを得ない（道路交通法１条、４条参照）。したがって、指定速度違反の所為は、その性質上、ある程度の時間的幅、ひいては場所的移動を伴うことを否定できないとしても、いわば一時的、局所的なものとして把握されるべきものであって、車両を運転中、その走行速度が指定最高速度を超えたときには、速度違反の罪が直ちに成立すると解するのが相当であり、このような運転が一定時間以上継続し、あるいはその場所的移動が一定距離以上にわたることは、右罪の成立のために必ずしも必要ではなく、また、他方、こうした速度違反の走行が継続する限り一罪が成立するにとどまると解するのも相当でない（なお、これらのことは、法定最高速度違反罪についても同じであると解される。）。

もっとも、こうした速度違反の走行が継続した場合に、事案によっては、これを包括して一罪として処罰する余地のあることまで否定できないにしても、道路の個々具体的な状況等に照らし、新たな危険を生ずるに至らしめたと認められる場合には、犯意を新たにしていることも明らかであって、当然別罪を構成し、そのような場合にまで包括的に一罪として処罰するのは相当でない。

３　これを本件についてみるに、前示認定のように、第１現場と第２現場は同じ名神高速自動車国道本線上り線上にあり、その間の距離も19.4キロメートルであって、これは、高速自動車道でも決して短いものとはいえず（時間差は10分であるが、高速になればなるほど短縮されるので、問題とする余地は少ない。）、その間には、インターチェンジ２個所、ジャンクション１個所、トンネル２個所のほか上り坂、下り坂、左右のカーブ、等があり、第１現場における速度規制の目的が主として吹田インターチェンジや吹田ジャンクション及びその前後における危険の防止にあるのに対し、第２現場における規制の目的が主として天王山トンネルに高速で進入することから生じる危険の防止にあることは見易いところであるから……、第２現場における本件速度違反により、新たな危険が生じたといわなければならない。

また、前示のように、当時運転のポルシェには高速警告装置がないうえ、被告人は第１現場にある速度違反自動取締装置の写真撮影時における発光を感じていないというのであるが、しかし、前示認定のように、第１現場と第２現場の間に前示のような道路状況に加え、多くの速度規制標識、その予告板、その他の警告標識、注意看板等のほか、速度違反自動取締りの警告予告板まで設置されているのであるから、第１現場通過後、被告人において、こうした道路状況や標識等を視野に入れ、その趣旨を理解しつつ、アクセル、ブレーキ、ハンドル等を操作することによって自車を規制超過の高速で進行させ第２現場を通過したであろうことは被告人の前示原審等供述に照らしても推認するに難くない。本件速度違反と別件速度違反が犯意の点でも単一であるとは到底認められず、犯意を包括して１個と評価するのも相当でない。なお、原判決が一罪評価の根拠の一つにしている動機の同一性は右認定判断を左右するものとはいえない。

以上の次第で、本件速度違反は、別件速度違反と包括して一罪と評価する余地は全くない。本件速度違反罪は、別個独立の罪として成立し、別件速度違反の罪とは併合罪の関係にあると解するのが相当である」。

「そうすると、本件速度違反につき別件速度違反に関する道路交通法違反罪の確定裁判を経たものとして被告人を免訴にした原判決には、所論のような法令の解釈適用に誤りがあり、これが判決に影響を及ぼすことは明らかであるから、原判決は破棄を免れない。論旨は理由がある」。

【決定要旨】上告棄却

「原判決の認定するところによれば、被告人は、平成元年９月24日、普通乗用自動車を運転して、名神高速自動車国道本線上りを大阪方面から名古屋方面に向かい、(1) 同日午後１時22分ころ、大阪府吹田市岸部北４丁目の同国道517.9キロポスト付近を、指定最高速度80キロメートル毎時を65キロメートル超える145キロメートル毎時の速度で進行通過した後、制限速度超過の状態で運転を続け、急カーブ、急坂、トンネル等の箇所を経て、(2) 同日午後１時32分ころ、大阪府三島郡島本町大字東大寺の同国道498.5キロポスト付近を、指定最高速度70キロメートル毎時を90キロメートル超える160キロメートル毎時の速度で進行し、本件違反行為に及んだというものである。このように本件においては制限速度を超過した状態で運転を継続した２地点間の距離が約19.4キロメートルも離れていたというのであり、前記のように道路状況等が変化していることにもかんがみると、その各地点における速度違反の行為は別罪を構成し、両者は併合罪の関係にあるものと解すべきである。したがって、右 (1) の違反行為について罰金10万円の略式命令が確定していたとしても、右 (2) の本件違反行為は、右 (1) の罪とは併合罪の関係にある別個独立の罪であるから、右確定裁判の存在を理由として免訴すべきでないとした原判断は、正当である」。

【参考文献】

土本武司・平成５年度重判解173頁、大渕敏和・最判解刑事篇平成５年度98頁

3 異質的包括一罪

(1) 通帳の窃取と預金の引出し

326 最判昭和25年２月24日刑集４巻２号255頁

【事実の概要】

被告人X、被告人Yの両名は、いずれも逓信事務官として山形貯金支局貯金課原簿係に勤務していたものであるが、両名共謀の上、昭和21年12月25日頃、前記山形貯金支局においてV名義の預金額２万4200円の郵便貯金通帳１冊を窃取した。両名は、通帳預入の金員の払戻しを受けようと企て、そのためには原簿保管庁を山形貯金支局にすることが便利なところから新たにV名義をもって新通帳を請求しこれに窃取した貯金通帳を転記せしめることとし、同月27日頃、Yが山形三島通郵便局においてV名義の貯金預入申込書１通を偽造して同局係員に提出し、金５円を預け入れ、情を知らない同係員をして転記の手続を執らしめてV名義の郵便貯金通帳１冊の交付を受けた。その上で、X、Yは、同月

27日より同月31日までの間、前後５回にわたり、山形郵便局又は山形三島通郵便局においてV名義の貯金払戻金受領証５通を順次偽造し、これをその都度、前記新通帳とともに山形郵便局又は山形三島通郵便局の係員に提出行使し、郵便貯金の払戻名義の下に合計金２万4200円の交付を受け、もって騙取した。

Xは、貯金通帳の滅失による再度発行の制度を利用して貯金通帳を騙取しようと企て、昭和22年４月10日頃、山形宮町郵便局において情を知らない妹AをしてB名義の再度貯金通帳請求書１通を偽造させ、さらに同所においてB名義の改印届１通を偽造させ、以上の文書を一括して同局係員に真正なものとして提出行使させ、係員をして預金者Bが真実預金通帳の再度交付及改印届をなすものと誤信せしめ、同年５月６日頃、B名義の郵便貯金通帳１通を発行せしめ、同月20日、これを山形宮町郵便局において係員より受け取り、もって騙取した。その上で、Xは、同月24日頃より同年６月16日頃までの間、前後４回にわたり、山形郵便局において情を知らないAをしてB名義の払戻金受領証４通を順次偽造し、これをその都度真正なものとして同局係員に提出行使せしめ、係員をして真実Bにおいて預金を払い戻すものと誤信せしめ、合計金１万7600円を交付せしめて受け取り、もって騙取した。

Xは、窃盗罪、詐欺罪で起訴された。

【裁判の経過】

１審：山形地判（年月日不明）

２審：仙台高判昭和24年４月30日刑集４巻２号260頁（有罪・窃盗罪、詐欺罪）

２審は、通帳の窃取について窃盗罪、預金の引出しについて詐欺罪の成立を認め、両罪を併合罪とした。これに対し、弁護人は、貯金通帳を窃取または騙取した後に貯金を引き出す行為は盗品の処分行為としてこれを詐欺罪に問擬すべからざるものであると主張した。

【判　旨】上告棄却

「論旨の後半は窃取しまたは騙取した郵便貯金通帳を利用して預金を引出す行為は贓物の処分行為として罪とならないと主張するのである。しかし贓物を処分することは財産罪に伴う事後処分に過ぎないから別罪を構成しないことは勿論であるが窃取または騙取した郵便貯金通帳を利用して郵便局係員を欺罔し真実名義人において貯金の払戻を請求するものと誤信せしめて貯金の払戻名義の下に金員を騙取することは更に新法益を侵害する行為であるからここに亦犯罪の成立を認むべきであってこれをもって贓物の単なる事後処分と同視することはできないのである。然らば原審が所論郵便貯金通帳を利用して預金を引出した行為に対し詐欺罪をもって問擬したことは正当であるから論旨は理由がない」。

(2)　窃盗・1 項詐欺と 2 項強盗

327 最判昭和61年11月18日刑集40巻７号523頁、判時1216号142頁

【事実の概要】

Yは、Zの知人であった者、被告人Xは後記B組の組員であった者、Zは佐賀市に本拠を持つ暴力団A一家B組の組長であった者、WはA一家B組の組長であった者であるが、Y、X、Z及びWの４名は、かねてからA一家と対立抗争の関係にあった暴力団C会D組の幹部Vを殺害するとともにC会の資金源である覚せい剤を奪取しようと企て、Vと面識のあったYが、覚せい剤取引を口実にVをホテルにおびき出したうえ、Xがけん銃でVを殺害するとともに、YにおいてVの持参した覚せい剤を強取する旨の共謀を遂げ、昭和58年11月11日午前２時ころ、Yにおいて、Vを福岡市博多区のEホテル303号室におびき出すとともに、覚せい剤取引の仲介を装い、Vの持参した覚せい剤約1.4キログラムを買主に見分させると称して同人から受け取り同室から搬出した後、Xが303号室に入り、至近距離から

V目掛けて所携の自動装てん式けん銃で実包５発を発射し、いずれもVの左上腕部・背部・腹部等に命中させて前記覚せい剤を強取したものの、Vが防弾チョッキを着用していたため、Vに対し全治２か月間を要する左上腕貫通銃創・左上腕骨々折等の重傷を負わせたに止まった。Xは、強盗殺人未遂罪で起訴された。

【裁判の経過】

１審：福岡地判昭和59年11月９日刑集40巻７号554頁（有罪・強盗殺人未遂罪の共同正犯）

１審は、強盗殺人未遂罪の共同正犯の成立を認めた。

２審：福岡高判昭和60年８月29日刑集40巻７号559頁（控訴棄却）

２審は、１審の判断を維持した。これに対し、弁護人は、事実誤認があるなどと主張した。

【決定要旨】上告棄却

「被告人による拳銃発射行為は、Ｖを殺害して同人に対する本件覚せい剤の返還ないし買主が支払うべきものとされていたその代金の支払を免れるという財産上不法の利益を得るためになされたことが明らかであるから、右行為はいわゆる２項強盗による強盗殺人未遂罪に当たるというべきであり……、先行する本件覚せい剤取得行為がそれ自体としては、窃盗罪又は詐欺罪のいずれに当たるにせよ、前記事実関係にかんがみ、本件は、その罪と（２項）強盗殺人未遂罪のいわゆる包括一罪として重い後者の刑で処断すべきものと解するのが相当である」。

【参考文献】

十河太朗・判例講義Ⅱ63頁、岩間康夫・百選Ⅱ〔第６版〕76頁、安廣文夫・最判解昭和61年度276頁

(3)　常習累犯窃盗と侵入具携帯

328 最決昭和62年２月23日刑集41巻１号１頁、判時1227号138頁

【事実の概要】

被告人Xは、「昭和50年７月８日堺簡易裁判所において窃盗罪により懲役１年４月に、同52年３月29日大阪地方裁判所において窃盗罪等により懲役２年に、同53年５月26日羽曳野簡易裁判所において窃盗罪等により懲役１年６月及び同10月に、同57年１月７日大阪地方裁判所において常習累犯窃盗罪により懲役３年６月に処せられ、いずれもそのころ右各刑の執行を受け終ったものであるが、更に常習として、同60年５月３日午前３時ころ、大阪市住吉区……所在のAすし店において、同店経営者V所有の現金約10万7000円を窃取したものである」として、常習累犯窃盗で起訴された。

他方、Xは、正当な理由がないのに、昭和60年５月30日午前２時20分ころ、大阪府阿倍野区松崎町３丁目２番常盤公園内において、他人の建物に侵入するのに使用されるような器具であるペンライト１本、金槌１本を上衣ジャンパーポケット内に隠して携帯していたという軽犯罪法１条３号違反罪（侵入具携帯罪）により、昭和60年７月18日に大阪簡易裁判所において拘留20日に処せられ、同裁判は控訴期間の経過により同年８月２日に既に確定している。なお、Xは、他人の住居等に侵入のうえ財物を窃取する目的で前記侵入具携帯行為をしたものである。

【裁判の経過】

１審：大阪地判昭和60年10月25日刑集41巻１号５頁（免訴）

「そこで、本件公訴事実に係る常習累犯窃盗行為（以下、単に窃盗行為という。）と右確定判決に係る軽犯罪法１条３号の侵入具携帯行為との罪数関係について考えるのに、盗犯等ノ防止及処分ニ関スル法律３条の常習累犯窃盗罪の立法趣旨に照らし、犯人が過去10年以内に３回以上窃盗罪等同種前科の刑執行を受け終っているにも拘らず、更に常習として、１個又は数個の窃盗（又は同未遂）罪と窃盗目的の住居侵入

罪を犯した場合、この住居侵入罪は右１個又は数個の窃盗（又は同未遂）罪とともに包括して１個の常習累犯窃盗罪のみを構成するのが相当というべく（最高裁判所第３小法廷昭和55年12月23日判決・刑集34巻７号767頁以下参照）、さらに、軽犯罪法１条３号の侵入具携帯罪の立法趣旨は、当該侵入具携帯の行為が住居侵入・窃盗罪等のより重い犯罪に至る危険ありとして、その危険が未だ潜在的状態である間に阻止することを専ら目的とするものであって、右侵入具携帯罪は住居侵入罪が成立するときはこれに吸収されるべき性質のものと考えられ、本件においては、被告人が本件公訴事実に係る窃盗行為とともに、住居侵入・窃盗の目的で前記確定判決に係る侵入具携帯行為をしたものであるところ、以上の点を考合すれば、前記確定判決に係る侵入具携帯行為は、本来、本件公訴事実に係る窃盗行為とともに包括して盗犯等ノ防止及処分ニ関スル法律３条（２条）該当の常習累犯窃盗一罪を構成し、別罪として軽犯罪法１条３号の侵入具携帯罪を構成しないものと解するのが筋合である……。

しかして、もともと右一罪の関係にある本件公訴事実に係る窃盗行為と前記確定判決に係る侵入具携帯行為のうち、後者につき、軽犯罪法１条３号違反罪（侵入具携帯罪）としてであれ、既に確定判決が存在するのであり、本件公訴事実に係る窃盗行為は右確定判決前の行為であるから、その確定判決の既判力は本件公訴事実にも及ぶものといわねばならない……。従って、本件公訴事実については確定判決を経たものとして刑事訴訟法337条１号により被告人に対し免訴の言渡をすべきものである」。

２審：大阪高判昭和61年９月５日刑集41巻１号８頁（破棄自判、侵入具携帯罪、常習累犯窃盗罪）

「思うに、原判決が掲記する最高裁判所の判決が、常習累犯窃盗の罪と窃盗の着手に至らない窃盗目的の住居侵入の罪とは、常習累犯窃盗の一罪の関係にあるとするのは、窃盗目的の住居侵入が窃盗の着手に至れば、結局、常習累犯窃盗の罪と一罪の関係になるのに、窃盗の着手に至らず、いわば予備的な段階にとどまるときは、常習累犯窃盗の罪とは別罪となって併合加重されるのは、刑の権衡を失し不合理であり、更にまた盗犯等の防止及び処分に関する法律の立法趣旨によると、同法３条は同法２条と同様に窃盗目的の住居侵入を構成要件に取り込んでいるものと解されることを理由とするものと考えられ、このような点を理由とする限り、当裁判所も右最高裁判所の見解に賛同するものであるが、原判決は右最高裁判所の見解を前提として、窃盗目的の住居侵入行為と住居侵入・窃盗目的の侵入具携帯行為とを同列に置き、住居侵入・窃盗目的の侵入具携帯罪と常習累犯窃盗罪とは包括して常習累犯窃盗一罪となる旨説示するので、まず、侵入具携帯罪と窃盗目的の住居侵入罪の罪数関係について検討することとする。軽犯罪法は、いまだ一般的な刑法犯にも至らない道徳律違反行為の色彩のある犯罪にして、社会的非難の度合も比較的軽度であるものの、公共の安寧の保護の見地から特に取締りの必要と認められる行為を処罰する趣旨の下に制定されたもので、同法１条３号の侵入具携帯罪は、住居に侵入するのに使用されるような器具を隠して携帯（以下、単に「携帯」という。）することが、住居侵入あるいは住居侵入の上での窃盗等の犯行に発展する危険性があるので、これらの犯罪の発生を未然に防止するため、このような器具の携帯行為を犯罪行為として処罰するものであって、携帯者が住居侵入の意思ないし目的を持っていたか否かを問わず、正当な理由のない侵入具の携帯行為自体を処罰の対象とする点において、抽象的危険犯であり、当該器具を現実に使用することを必要としないから、その意味においては単純な行為犯にすぎず、その保護法益も公共の安寧及び秩序という社会的法益である。これに対し、住居侵入罪は、単純行為犯の一種ではあるが、住居権者、管理権者の意思に反することが必要である点において具体的侵害犯であり、その保護法益は住居の平穏という個人法益である。したがって、侵入具を携帯する者が、住居侵入に及んだ場合でも、住居侵入後においても携帯行為が継続している限りは、携帯者が次の住居侵入の目的を持っていると否とにかかわらず、なお次の住居侵入を犯す抽象的危険が存続し、その行為が処罰されるべき筋合のものである。以上の軽犯罪法の立法趣旨、両罪の罪質、保護法益の相異などの諸点を考え合わせてみると、侵入具携帯行為と住居侵入行為とは別個の行為とみるべきであり、侵入具を携帯する者が窃盗目的で住居に侵入した場合でも侵入具携帯罪が窃盗目的の住居侵入罪に包括的に評価され吸収されるものではなく、両罪が別個の犯罪として成立し、併合罪の関係に立つと解するのが相当である。

すすんで、侵入具携帯罪と常習累犯窃盗罪の罪数について考えてみるに、盗犯等の防止及び処分に関する法律３条の常習累犯窃盗罪は、同条所定の要件を具備する常習累犯者に対し、行為前の一定の前科を参酌し、常習性の発現と認められるすべての窃盗（同未遂）罪を包括して処罰することとし、これに対する刑罰を加重するものであり、前記最高裁判所判決は、個々の窃盗目的の住居侵入罪をも、これを個々の窃盗罪とともに集合的に常習累犯窃盗の一罪を形成するとするものであって、常習累犯窃盗罪は、実質的な法益侵害の発生を必要とする侵害犯であり、その保護法益も個人の財産の保護にあること、並びに前記軽犯罪法の立法趣旨、侵入具携帯罪の罪質及び保護法益などに照らすと、右両罪は別異の性格を有する犯罪であることが明らかであり、その罪数関係についても、侵入具携帯罪と住居侵入罪の関係についてさきに説示したところがすべて当てはまるということができ、更にまた、常習累犯窃盗罪の常習性に関連して、窃盗目的の住居侵入と窃盗とは類型的な密着性を有するものであるから、窃盗目的の住居侵入を窃盗の常習性の発現として別の機会になされた窃盗行為と共に常習累犯窃盗の一罪を構成するということには、それなりに首肯し得るものがあるのであるが、侵入具携帯罪は、さきに説示したとおり住居侵入及び窃盗の目的の有無を問わず、すべての侵入具携帯行為自体を処罰の対象とする抽象的危険犯であって、侵入具携帯行為と住居侵入ないし窃盗とは必ずしも類型的な密着性を有するものではない以上、このような侵入具携帯行為をもって窃盗の常習性の発現とみることはできないものであり、結局、侵入具携帯罪と常習累犯窃盗罪とは併合罪の関係にあると解するのが相当である。

そうすると、侵入具携帯罪は住居侵入罪が成立するときはこれに吸収されるべき性質のものであるとの解釈を前提とし、これに窃盗目的の住居侵入罪が常習累犯窃盗罪と一罪の関係にあるとの前記最高裁判所判決の見解とを合わせ考えると、本件公訴事実に係る常習累犯窃盗行為と前記確定判決に係る侵入具携帯行為とは包括して常習累犯窃盗の一罪を構成するにとどまるとし、結局、被告人を免訴した原判決には、盗犯等の防止及び処分に関する法律３条の解釈、適用を誤り、ひいては刑事訴訟法337条１号の解釈、適用を誤った違法があり、その誤りが判決に影響を及ぼすことが明らかである。論旨は理由がある」。

これに対し、弁護人は、本件常習累犯窃盗が行われた当時、Xは金槌を携帯しておらず、本件常習累犯窃盗罪と侵入具携帯罪とは包括一罪とはなり得ないし、また、もし常習累犯窃盗当時、Xが金槌を携帯していたとすれば、２審判決が両罪を併合罪としたことについてはただちに承服しがたいと主張した。

【決定要旨】上告棄却

「原判決の認定するところによれば、本件起訴にかかる常習累犯窃盗罪は、被告人が常習として昭和60年５月３日午前３時ころ大阪市住吉区内の寿司店において金員を窃取したことを内容とするものであり、また、確定判決のあった侵入具携帯罪は、被告人が同月30日午前２時20分ころ同市阿倍野区内の公園において住居侵入・窃盗の目的で金槌等を隠して携帯していたというものであって、このように機会を異にして犯された常習累犯窃盗と侵入具携帯の両罪は、たとえ侵入具携帯が常習性の発現と認められる窃盗を目的とするものであったとしても、併合罪の関係にあると解するのが相当であるから、これと同旨の原判決の結論は正当である」。

【参考文献】

谷直之・判例講義Ⅰ163頁、城下裕二・百選Ⅰ204頁、高橋省吾・最判解刑事篇昭和62年度１頁

(4) 暴行と脅迫

329 東京高判平成７年９月26日判時1560号145頁

【事実の概要】

被告人Xは、平成６年８月18日午後８時40分過ぎ頃、横浜市中区のV方において、先に同人に貸与したビデオテープの件で同人と口論の挙句、やにわに平手で同人の顔面を殴打し、さらに、「お前テープをすり替えただろう。男のけじめをつけろ。」などと語気鋭く申し向けた。Xは、暴行罪、脅迫罪で起訴された。

【裁判の経緯】

１審：横浜簡易判平成７年４月28日（有罪・暴行罪、脅迫罪）

１審は、暴行罪と脅迫罪の成立を認め、両者を併合罪とした。

【判　旨】破棄自判（暴行罪）（確定）

「相手に暴行を加えた後に、引き続き、自己の要求に従わなければなお相手の身体等に同内容の危害を加える旨の気勢を示した場合には、その脅迫行為は、先の暴行罪によって包括的に評価されて、別個の罪を構成しないものと解するのが相当であるところ、右にみたとおり、Vに対する本件脅迫は、被告人が、Vに加えた本件暴行に引き続き、『男のけじめをつけろ。』と語気鋭く申し向けて、同内容の危害を同人に加える旨の気勢を示したものと認められるのであるから、本件脅迫は、別個の罪を構成しないものと解すべきである」。

【参考文献】

松原久利・判例講義Ⅰ157頁

第２節　科刑上一罪

1　観念的競合

(1)　酒酔い運転と業務上過失傷害

330　最大判昭和49年５月29日刑集28巻４号114頁、判時739号36頁、判タ309号234頁

【事実の概要】

被告人Xは、自動車運転の業務に従事していた者であるが、昭和45年８月６日午後８時30分頃から、Xの経営する食堂の調理場でウィスキー（ポケットびん）１本半位を飲み、同日午後10時頃から、旅館Aで清酒４合位を飲み、午後11時頃、X方に帰宅しようとして自動車を運転して旅館Aを出発し、午後11時５分頃、呼気１リツトルにつき1.00ミリグラム以上のアルコールを身体に保有しその影響により正常な運転ができないおそれがある状態で、普通乗用自動車を運転した。その後、Xは、道路を時速約70キロメートルで進行中、酒の酔いのため前方注視が困難な状態に陥ったが、このような場合、自動車運転者としてはただちに運転を中止し事故の発生を未然に防止しなければならない業務上の注意義務があるのに、これを怠り、そのまま運転を継続した過失により、自車を道路の右側に進入させた上、進路前方道路の車道右端を同方向に向って歩行中のVを約24メートルに接近してはじめて発見し、急制動したが、間に合わず、自車右前部を同人に衝突させて同人を路上に転倒させ、よって同人をして全身打撲傷、脳挫傷、肺損傷等により死亡するに至らせた。Xは、業務上過失致死罪と道路交通法の酒酔い運転罪で起訴された。

【裁判の経過】

１審：静岡地沼津支判昭和46年８月25日刑集28巻４号146頁（有罪・業務上過失傷害罪、酒酔い運転罪）

１審は、業務上過失致死罪、酒酔い運転罪の成立を認め、これらを併合罪の関係にあるとした。

２審：東京高判昭和47年８月15日刑集28巻４号148頁（破棄自判）

２審は、１審判決の量刑は著しく軽きに過ぎて不当であるとして、１審判決を破棄し、自判したものの、１審と同じく両罪は併合罪であるとした。これに対し、弁護人は、業務上過失致死罪と酒酔い運転の罪とは観念的競合の関係にあると主張した。

【判　旨】上告棄却

「刑法54条１項前段の規定は、１個の行為が同時に数個の犯罪構成要件に該当して数個の犯罪が競合する場合において、これを処断上の一罪として刑を科する趣旨のものであるところ、右規定にいう１個の行為とは、法的評価をはなれ構成要件的観点を捨象した自然的観察のもとで、行為者の動態が社会的見解上１個のものとの評価をうける場合をいうと解すべきである。

ところで、本件の事例のような、酒に酔った状態で自動車を運転中に過って人身事故を発生させた場合についてみるに、もともと自動車を運転する行為は、その形態が、通常、時間的継続と場所的移動とを伴うものであるのに対し、その過程において人身事故を発生させる行為は、運転継続中における一時点一場所における事象であって、前記の自然的観察からするならば、両者は、酒に酔った状態で運転したことが事故を惹起した過失の内容をなすものかどうかにかかわりなく、社会的見解上別個のものと評価すべきであって、これを1個のものとみることはできない。

したがって、本件における酒酔い運転の罪とその運転中に行なわれた業務上過失致死の罪とは併合罪の関係にあるものと解するのが相当であり、原判決のこの点に関する結論は正当というべきである。以上の理由により、当裁判所は、所論引用の最高裁判所の判例を変更して、原判決の判断を維持するのを相当と認めるので、結局、最高裁判所の判例違反をいう論旨は原判決破棄の理由とはなりえないものである。」

【参考文献】

川崎友巳・判例講義Ⅰ158頁、吉田敏雄・百選Ⅰ〔第6版〕208頁、内藤謙・昭和49年度重判解143頁、本吉邦夫・最判解刑事篇昭和49年度107頁

(2) 覚せい剤輸入と無許可輸入

331 最判昭和58年9月29日刑集37巻7号1110頁、判時1092号37頁、判タ509号88頁

【事実の概要】

被告人Xは、Y、Zらと共謀のうえ、韓国から覚せい剤を密輸入することを企て、営利の目的をもって、昭和56年8月21日、韓国釜山空港から航空機に、フェニルメチルアミノプロパン塩を含有する覚せい剤結晶993.4グラムをキャリーバッグの底に隠匿携帯して搭乗し、同日午後3時50分ころ、大阪国際空港に到着して覚せい剤を陸揚げし、もって本邦内に輸入し、さらに、同日午後4時20分ころ、大阪国際空港内大阪税関伊丹空港税関支署旅具検査場において、同支署係員から旅具検査を受けるにあたり、同係員に対し、覚せい剤を輸入する旨の申告をせず、もって税関支署長の許可を受けないで、これを輸入しようとしたが、同係員に発見されたためその目的を遂げなかった。Xは、覚せい剤取締法違反、関税法違反として起訴された。

【裁判の経過】

1審：大阪地判昭和56年12月15日刑集37巻7号1131頁（有罪・営利目的覚せい剤輸入罪の共同正犯、無許可輸入未遂罪の共同正犯）

1審は、営利目的覚せい剤輸入罪の共同正犯と、無許可輸入未遂罪の共同正犯の成立を認め、両者を併合罪とした。

2審：大阪高判昭和57年6月25日刑集37巻7号1133頁（破棄自判）

「当裁判所も、観念的競合か否かの判断は、所論指摘の大法廷判決（注－最大判昭和49年5月29日刑集28巻4号168頁）に掲げる基準によるべきものと考える。これを本件についてみるに、本件は、被告人らが、約993.4グラムの覚せい剤を隠匿携帯して韓国釜山空港から空路大阪国際空港に到着し、同空港内大阪税関伊丹空港支署旅具検査場を通過しようとして同係官に右覚せい剤を発見されたという事案であって、被告人らの右一連の動態を構成要件的にみれば、大阪国際空港に到着した時、覚せい剤取締法違反の輸入罪は既遂に達し、以後関税法違反の実行の着手があり未遂に終ったものと評価することができるのであるが、法的評価をはなれ、構成要件的観点を捨象した自然的観察のもとにおける社会的見解によれば、被告人らの右一連の動態は、明らかに事象を同じくし、税関を無事通過することにより終了する1個の覚せい剤輸入行為として評価することができる。

そうすると、本件の両罪は観念的競合となるべきものであるから、原判決は、これらを併合罪の関係にあると判断した点において、法令の解釈適用を誤った違法があることになる」。

これに対し、検察官は、2審判決は覚せい剤輸入罪と無許可輸入未遂罪との罪数に関し、最高裁判所ないしは高等裁判所の判例と相反する判断をしたものであって、それが判決に影響を及ぼすことが明らかであるから、破棄を免れないと主張した。

【判　旨】上告棄却

「所論引用のその余の高等裁判所の各判例……は、いずれも、保税地域、税関空港等外国貨物に対する税関の実力的管理支配が及んでいる地域に、外国から船舶又は航空機により覚せい剤を持ち込み、これを携帯していわゆる通関線を突破し又は突破しようとした場合につき、覚せい剤輸入罪と関税法111条１項の無許可輸入罪又は同条２項の無許可輸入未遂罪との関係を併合罪としたものであるところ、原判決は、右と同様の場合につき覚せい剤輸入罪と無許可輸入未遂罪とは観念的競合の関係にあるとしたものであるから、右各判例と相反する判断をしたものといわなければならない」。

「覚せい剤輸入罪と無許可輸入罪（未遂罪を含む。）との罪数関係について考えるに、右のように、保税地域、税関空港等税関の実力的管理支配が及んでいる地域を経由する場合、両罪はその既遂時期を異にするけれども、外国から船舶又は航空機によって覚せい剤を右地域に持ち込み、これを携帯して通関線を突破しようとする行為者の一連の動態は、法的評価をはなれ構成要件的観点を捨象した自然的観察のもとにおいては、社会的見解上１個の覚せい剤輸入行為と評価すべきものであり……、それが両罪に同時に該当するのであるから、両罪は刑法54条１項前段の観念的競合の関係にあると解するのが相当である。よって、刑訴法410条２項により、原判決と相反する所論引用の各高裁判例を変更し、原判決を維持することとする。したがつて、所論は、原判決破棄の理由にはならない」。

【参考文献】

小松進・昭和58年度重判解149頁、金築誠志・最判解刑事篇昭和58年度299頁

2　牽連犯

(1)　虚偽公文書行使と詐欺

332 大判明治43年12月16日刑録16輯2227頁

【事実の概要】

A村村会議員の被告人Xは、A村村長Yと共謀し、A村の村債として借り入れるように装い、村会の決議もないのに村長の署名及び職印を用いて借用証書を作成して被害者に交付し、金員を騙取しようと企て、明治42年11月８日、村長Yの署名及びその職印を使用して金800円の借用証書を作成し、Xは、村会議員としてこれに署名捺印した上、Vに交付して金800円を騙取した。さらに、同年12月７日、Xは、Vから金200円を受け取った後、同一の方法で借用証書を作成してVに交付した。Xは、虚偽公文書行使罪、詐欺罪で起訴された。

【裁判の経過】

１審：金沢地判（年月日不明）

２審：名古屋控判明治43年10月11日（有罪・虚偽公文書行使罪、詐欺罪）

２審は、虚偽公文書行使罪と詐欺罪の成立を認め、牽連犯とした。これに対し、弁護人は、借用証書の交付は犯罪の手段でも結果でもなく、単に詐欺の犯跡を隠す行為にすぎないので、１審判決が刑法54条１項を適用したのは不当であると主張した。

【判　旨】上告棄却

「本件金200円の虚偽の借用証書行使の点は１個の独立したる虚偽文書行使罪を構成するものにあらずして金800円の虚偽の借用証書行使の点と共に合して１個の連続犯罪を構成し而して此犯罪行為の一部が原判決第に事実理由に記載せる合計金1000円の騙取行為の一部に対する欺罔手段と為りたるものにして即ち刑法第54条第１項に所謂犯罪の手段たる行為に外ならざれば原判決が右全部の行為に対し同条項を適用したるは相当にして本論旨は理由なし」。

(2)　住居侵入と窃盗

333 大判大正６年２月26日刑録23輯134頁

【事実の概要】

被告人Xは、夜這いの目的をもってV方に侵入した後、財物を窃取した。Xは、住居侵入罪、窃盗罪で起訴された。

【裁判の経過】

１審：青森区判（年月日不明）

２審：青森地判大正５年11月20日（有罪・住居侵入罪、窃盗罪）

２審は、住居侵入罪と窃盗罪の成立を認め、両者を併合罪とした。これに対し、弁護人は、窃盗犯が住居侵入の所為を行った場合に併合罪の適用すべきではないと主張した。

【判　旨】破棄自判

「刑法第54条に所謂犯罪の手段とは或犯罪の性質上其手段として普通に用いらるべき行為を指称することは当院判例の示す所なり。故に或犯罪の性質上普通に其手段として用いらるべき行為なる以上は犯人が当初より之を手段と為すの意思ありたると否とを問わず該行為は犯罪の手段に該当するものとす。原審の認定する所に依れば被告は夜這の目的を以て擅にＶ方に侵入したる後同所に於て財物を盗取したるものにして右家宅侵入の所為は窃盗行為の手段として普通に用いらるべきものなれば前段説示の理由に依り被告の所為は牽連罪を組成し同法条第１項後段に依り処断すべきものとす。然るに原判決が之を併合罪に問擬し同法第47条を適用したるは擬律錯誤の違法あるものにして破棄を免れず」。

(3)　監禁と恐喝

334 最判平成17年４月14日刑集59巻３号283頁、判時1897号３頁

【事実の概要】

被告人Xは、Y、Z及びWらと共謀の上、Vを監禁して同人から同人が経営していた風俗店の登録名義料等名下に金品を喝取しようと企て、平成15年３月27日午後１時ころ、大阪府堺市の路上において、YがVを同所に停車させていた普通乗用自動車内の後部座席に連れ込み、YとWの間に座らせ、YがVに対し、「ヤクザなめとったらあかんぞ。いてまうぞ、こら」などと語気鋭く申し向けて脅迫し、Vの顔面等を手拳で多数回殴打する暴行を加えるなどした上、Xが運転して同車を発進させ、同日午後２時30分ころ、Vを京都市東山区のAビル305号室に連行して、同時刻ころから同日午後６時20分ころまでの間同室内に閉じ込めて監視し、さらに、同時刻ころ、同人を同車に乗車させて同市東山区の路上まで連行し、同日午後６時30分ころ、同所で同人を解放するまでの間、同人を同車及び同室内から脱出することを著しく困難にし、もって、同人を不法に監禁するとともに、その際上記暴行により、同人に加療約２週間を要する頭部顔面打撲、鼻部挫創、口腔内裂創等の傷害を負わせた。また、Xらは、同日午後２時30分ころから同日午後６時20分ころまでの間、上記Aビル305号室において、上記暴行脅迫により畏怖しているVに対し、Yが、「うちはB会や」「店の登録を抹消する気はない。月10万払え」「車を担保にさせてもらう。車は置いて帰れ」などと申し向けて金品の交付方を要求し、もしこの要求に応じなければVの身体等に危害を加えかねない気勢を示して、同人をその旨畏怖させ、同日午後６時30分ころ、同市東山区の路上において、同人から現金約５万9000円及び同人管理の普通乗用自動車１台（時価70万円相当）の交付を受けてこれらを喝取した。Xは、監禁致傷罪、恐喝罪で起訴された。

【裁判の経過】

1審：大阪地判平成16年4月16日刑集59巻3号285頁（有罪・監禁致傷罪の共同正犯、恐喝罪の共同正犯）

1審は、監禁致傷罪の共同正犯と恐喝罪の共同正犯の成立を認め、両者を併合罪とした。

2審：大阪高判平成16年9月1日刑集59巻3号297頁（控訴棄却）

2審は、1審判決の結論を維持した。

【判　旨】上告棄却

「所論引用の大審院大正15年（れ）第1362号同年10月14日判決・刑集5巻10号456頁は、人を恐喝して財物を交付させるため不法に監禁した場合において、監禁罪と恐喝未遂罪とが刑法54条1項後段所定の牽連犯の関係にあるとしたものと解される。ところが、原判決は、被告人が共犯者らと共謀の上、被害者から風俗店の登録名義貸し料名下に金品を喝取しようと企て、被害者を監禁し、その際に被害者に対して加えた暴行により傷害を負わせ、さらに、これら監禁のための暴行等により畏怖している被害者を更に脅迫して現金及び自動車1台を喝取したという監禁致傷、恐喝の各罪について、これらを併合罪として処断した第1審判決を是認している。してみると、原判決は、これら各罪が牽連犯となるとする上記大審院判例と相反する判断をしたものといわざるを得ない。

しかしながら、恐喝の手段として監禁が行われた場合であっても、両罪は、犯罪の通常の形態として手段又は結果の関係にあるものとは認められず、牽連犯の関係にはないと解するのが相当であるから、上記大審院判例はこれを変更し、原判決を維持すべきである」。

【参考文献】

前田巌・最判解刑事篇平成17年度117頁

3　科刑上一罪の諸問題

(1)　傷害・暴行の共同正犯

335 最決昭和53年2月16日刑集32巻1号47頁、判時881号155頁、判タ361号221頁

【事実の概要】

暴力団組長の被告人Xは、昭和50年2月2日午前1時40分頃、京都市東山区のスナック「A」において、飲酒中些細なことに立腹し、輩下のYらを呼び集め、Y、Z、W、Uと共謀して、V1、V2、V3、V4に対してこもごも同人らの身体各所を殴る蹴るなどの暴行を加え、よつてV1に対し加療約2週間を要する左胸部打撲傷等の傷害を、V2に対し加療約3日間を要する後頭部挫傷等の傷害を、V4に対し加療約2週間を要する頭部打撲症兼挫傷等の傷害をそれぞれ負わせた。Xは、傷害罪、暴行罪で起訴された。

【裁判の経過】

1審：京都地判昭和51年10月7日刑集32巻1号56頁（有罪・傷害罪の共同正犯）

1審は、傷害罪の共同正犯の成立を認めた。

2審：大阪高判昭和52年7月5日刑集32巻1号59頁（破棄自判）

2審は、公訴事実にはV3に対する暴力行為等処罰に関する法律1条（刑法208条）の罪の事実が含まれているから、1審判決がこれに沿う事実を認定した以上右の法令を適用すべきであり、これを遺脱したのは違法であるが、その違法は明らかに判決に影響を及ぼすものではないと判示しつつも、量刑不当を理由に1審判決を破棄し、自判にあたって同法律1条を適用するとともに、この場合には罰条の変更を要しないとの判断を付加した。

【決定要旨】上告棄却

「本件のように、数人共同して二人以上に対しそれぞれ暴行を加え、一部の者に傷害を負わせた場合には、傷害を受けた者の数だけの傷害罪と暴行を受けるにとどまった者の数だけの暴力行為等処罰に関する法律1条の罪が成立し、以上は併合罪として処断すべきであるから、原判決のこの点の判断は正当である」。

【参考文献】

香城敏麿・最判解刑事篇昭和53年度23頁

(2) 覚せい剤輸入の幇助

336 最決昭和57年２月17日刑集36巻２号206頁、判時1039号143頁、判タ468号106頁

【事実の概要】

Y、Z、Wらが、共謀のうえ営利の目的で韓国から覚せい剤を密輸入しようと企て、昭和49年９月13日ころ、Yにおいて韓国人Uから木彫置物２個内に分散して隠匿されたフェニルメチルアミノプロパン塩類を含有する覚せい剤粉末約2.5キログラムを仕入れたうえ、Zにおいてこれを携帯して韓国釜山空港から航空機に塔乗し、同日午後４時ころ、伊丹空港に到着してこれを本邦内に持ち込んで、右覚せい剤粉末約2.5キログラムを輸入し、同月14日ころ、YにおいてUから木彫置物１個内に隠匿された前同様の覚せい剤粉末約１キログラムを仕入れたうえ、YおよびWにおいてこれを携帯して釜山空港から航空機に塔乗し、同日午前10時42分ころ、伊丹空港に到着してこれを本邦内に持ち込んで、覚せい剤粉末約１キログラムを輸入し、もって同人らが覚せい剤取締法違反の各犯行を遂げた際、被告人Xは、予めその情を知りながら、同月２日、大阪市北区のAホテルにおいて、Yから、覚せい剤仕入れ資金の一部2400万円を渡されてこれを銀行保証小切手にすることの依頼を受け、同日、同市同区のB銀行大阪支店に現金を持参して赴き、かねて同店に開設していた普通預金口座中の100万円とあわせて額面500万円、同支店店長振出名義の銀行保証小切手の発行を依頼し、同小切手５通の発行を得たうえ、これをYに交付し、もって各犯行を容易ならしめた。Xは、覚せい剤取締法違反、関税法違反として起訴された。

【裁判の経過】

１審：大阪地判昭和53年４月28日刑集36巻２号213頁（有罪・覚せい剤輸入幇助罪）

１審は、２個の覚せい剤輸入幇助罪の成立を認め、これらを併合罪とした。

２審：大阪高判昭和54年12月５日刑集36巻２号237頁（控訴棄却）

「幇助犯の罪は正犯の罪に随伴して成立するものであるから、幇助犯の罪数は正犯の罪数に従うべきものであり、幇助行為が１回か数回かは幇助犯の罪数を左右するものではないと解するのが相当（大審院大正２年４月17日、昭和７年５月30日、昭和15年10月21日各判決参照）であって、このことは所論のように正犯が被告人の関知しない事情によって、たまたま２回にわけて覚せい剤を各別に密輸入したため、右正犯の各密輸入の行為が併合罪として処断される関係になった場合においても異なるところはないから、原判決が被告人の原判示第一の行為を２個の幇助犯と構成し、それらが併合罪の関係に立つものとして処断したのは正当であって、原判決には所論のような法令解釈適用の誤りは存しない」。

これに対し、弁護人は、幇助行為は１個であるから本来一罪として処断されるべきであり、２審判決は大審院昭和17年８月11日判決に違反すると主張した。

【決定要旨】上告棄却

「幇助罪は正犯の犯行を幇助することによって成立するものであるから、成立すべき幇助罪の個数については、正犯の罪のそれに従って決定されるものと解するのが相当である。原判決の是認する第１審判決によれば、被告人は、正犯らが２回にわたり覚せい剤を密輸入し、２個の覚せい剤取締法違反の罪を犯した際、覚せい剤の仕入資金にあてられることを知りながら、正犯の１人から渡された現金等を銀行保証小切手にかえて同人に交付し、もって正犯らの右各犯行を幇助したというのであるから、たとえ被告人の幇助行為が１個であっても、２個の覚せい剤取締法違反幇助の罪が成立すると解すべきである。この点に関する原審の判断は、結論において相当である。

ところで、右のように幇助罪が数個成立する場合において、それらが刑法54条１項にいう１個の行為によるものであるか否かについては、幇助犯における行為は幇助犯のした幇助行為そのものにほかならないと解するのが相当であるから、幇助行為それ自体についてこれをみるべきである。本件における前示の事実関係のもとにおいては、被告人の幇助行為は１個と認められるから、たとえ正犯の罪が併合罪の関係にあっても、被告人の２個の覚せい剤取締法違反幇助の罪は観念的競合の関係にあると解すべきで

ある。そうすると、原判決が右の2個の幇助罪を併合罪の関係にあるとしているのは、誤りであるといわなければならない。しかしながら、この違法は、いまだ刑訴法411条により原判決を破棄しなければ著しく正義に反するものとは認められない」。

【参考文献】

十河太朗・判例講義Ⅰ159頁、亀井源太郎・百選Ⅰ〔第6版〕214頁、大越義久・昭和57年度重判解167頁、佐藤文哉・最判解昭和57年度60頁

(3) 不作為犯の罪数

337 最大判昭和51年9月22日刑集30巻8号1640頁、判時825号3頁、判タ340号114頁

【事実の概要】

被告人Xは、自動車運転の業務に従事する者であるが、昭和48年12月1日午後9時40分頃、普通乗用自動車を運転し、山形市の道路を薬師町十字路方面から馬見ケ崎堤防方面に向かい時速約60キロメートルの速度で北進するにあたり、同所付近道路は山形県公安委員会が道路標識により最高速度を時速40キロメートルと制限した区間であり、かつ、北方へ緩やかな右曲がりになっているところであるから、被告人としてはこのような場所を進行するにあたっては、前方注視を確実にし、且つ、制限速度以下に減速し、不測の事故を防止すべき業務上の注意義務があるのに、これを怠り、ウィスキーに酔っていることもあって、前方注視不十分のまま前記速度で漫然進行した過失により、折柄左側を対面歩行してきたVに気づかず、前記速度では前記場所を右方に進路を変えることができないので、急制動を講じて後部を横ぶれさせたため、自車助手席扉を同人に激突はね飛ばし、よって、同人に対し左肋骨多発性骨折の傷害を与え、同月2日午前5時30分、脾臓破裂による失血により同人を死亡するに至らしめた。Xは、前記日時場所において、前記自動車を運転中、前記交通事故を起こし、Vに前記傷害を与えたのに、直ちに自車の運転を中止して同人を救護する等法律の定める必要な措置を講じないでそのまま逃走した。また、Xは、前記日時場所において、前記自動車を運転中、前記交通事故を起こし、Vに前記傷害を与えたのに、その事故発生の日時場所等法律の定める事項を、直ちに最寄りの警察署の警察官に報告しないで、そのまま逃走した。Xは、業務上過失致死罪、道路交通法違反として起訴された。

【裁判の経過】

1審：山形地判昭和49年7月30日刑集30巻8号1666頁（有罪・業務上過失致死罪、救護等義務違反の罪、報告義務違反の罪）

1審は、業務上過失致死罪、救護等義務違反の罪、報告義務違反の罪の成立を認め、後二者は1個の行為で2個の罪名に触れる場合であるから、刑法54条1項前段の観念的競合の関係にあるとした。

2審：仙台高判昭和49年11月15日刑集30巻8号1668頁（控訴棄却）

「刑法54条1項前段の規定は1個の行為が同時に数個の構成要件に該当し、数個の犯罪が競合して成立する場合に、これを科刑上の一罪とするもので、右にいう1個の行為とは、法的評価を離れ構成要件的観点を捨象した自然的観察のもとで、行為者の動態が社会的見解上一個のものとの評価を受ける場合をいうと解すべき……ところ、道路交通法72条1項前段に定める救護等義務違反の罪と、同条1項後段に定める報告義務違反の罪は、その義務の内容を異にし、それぞれ別個独立の作為義務を定めたものではあるが、本件においては、被告人が原判示第一の人身事故を発生せしめたのに、何らの措置を講ずることなく事故現場を立ち去った、という1個の行為が、救護等の義務を定めた道路交通法72条1項前段と報告義務を定めた同条1項後段の2個の作為義務規範に同時に触れるのであるから、その各義務の内容等の構成要件的観点および法的評価を離れた自然的観察によれば、本件被告人の所為は社会的見解上1個の行為と評価するのを相当とする。したがって、右両罪が刑法54条1項前段に定める観念的競合の関係にあるとした原判決に、所論のような法令

解釈適用の誤りはなく、論旨は理由がない。」

これに対し、検察官は、原判決は被告人が普通乗用自動車を運転して歩行者に傷害を負わせる交通事故を起こしながら負傷者の救護もせず、事故を警察官に報告することもせず現場から逃走したといういわゆるひき逃げの事実について、道路交通法72条１項前段、後段に違反する各罪が観念的競合の関係にあるとした第１審判決を是認したものであって、これは、最高裁判所昭和37年（あ）第502号同38年４月17日大法廷判決・刑集17巻３号229頁の判断に違反すると主張した。

【判　旨】上告棄却

「たしかに、所論引用の判例は、車両等の運転者がいわゆるひき逃げをした場合において不救護、不報告の各罪は併合罪となる旨判示したものであって、本件と事案を同じくすると認められるから、原判決は右判例と相反する判断をしたものといわなければならない。

二　ところで、刑法54条１項前段にいう１個の行為とは、法的評価をはなれ構成要件的観点を捨象した自然的観察のもとで行為者の動態が社会的見解上１個のものと評価される場合をいい……、不作為もここにいう動態に含まれる。

いま、道路交通法72条１項前段、後段の義務及びこれらの義務に違反する不作為についてみると、右の二つの義務は、いずれも交通事故の際『直ちに』履行されるべきものとされており、運転者等が右二つの義務に違反して逃げ去るなどした場合は、社会生活上、しばしば、ひき逃げというひとつの社会的出来事として認められている。前記大法廷判決のいわゆる自然的観察、社会的見解のもとでは、このような場合において右各義務違反の不作為を別個の行為であるとすることは、格別の事情がないかぎり、是認しがたい見方であるというべきである。

したがって、車両等の運転者等が、１個の交通事故から生じた道路交通法72条１項前段、後段の各義務を負う場合、これをいずれも履行する意思がなく、事故現場から立ち去るなどしたときは、他に特段の事情がないかぎり、右各義務違反の不作為は社会的見解上１個の動態と評価すべきものであり、右各義務違反の罪は刑法54条１項前段の観念的競合の関係にあるものと解するのが、相当である。

三　以上の判示によれば、第１審が適法に認定した事実関係には特段の事情も認められないから、第１審がこれにつき不救護、不報告の各罪の観念的競合を認め、原審がこれを是認したことは、結論において相当であって、原判決は維持されるべきであり、所論引用の判例は以上の判示に反する限度において変更を免れないのであって、所論は、結局、原判決破棄の理由とはならない」。

【参考文献】

川崎友巳・判例講義Ⅰ162頁、松澤伸・百選Ⅰ〔第６版〕210頁、三井誠・昭和51年度重判解156頁、高木典雄・最判解刑事篇昭和51年度272頁

(4)　牽連犯とかすがい現象

338 最決昭和29年５月27日刑集８巻５号741頁、判タ41号40頁

【事実の概要】

被告人Xは、離婚した元妻であるV1といつかは復縁できるものと信じていたのにV1が心変りしたと考え、V1を殺害しようと決意し、自宅の台所にあった鉈を持ち、昭和27年９月６日午後10時30分頃、V1の実家に侵入した。Xは、就寝していたV1の母であるV2の姿を認めるや、この際V2をも殺害して日頃の恨みをはらそうと考え、所携の鉈で熟睡中のV2の顔面を数回斬りつけた。その後、Xは、V1の寝室である同家納戸に至り、物音に眼を醒したV1と２、３言い争った挙句、Xのただならない剣幕に驚いたV1が「許してくれ」と哀願したにもかかわらず、即座に鉈を以てV1の後頭部を数回斬りつけるなどした。さらに、Xは、V2の傍に就寝していた子どものV3が眼を醒まし枕から頭を上げたのを認めるや突嗟にこれをも殺害しようと考え、鉈をもってその顔面等を数回斬りつけた上、苦しさの余り布団から這い出し、うつ伏せになっているV2を炉端で後頭部を２、３回鉈をもって斬りつけるなどした。V1　V2　V3は、頭蓋骨折並びに脳出血挫滅を伴う頭部外傷に基く脳障害のため死亡した。Xは、住居侵入罪、殺人罪で起訴された。

【裁判の経過】

1審：秋田地大館支判昭和28年4月13日刑集8巻5号769頁（有罪・住居侵入罪、殺人罪）

「判示住居侵入の点は刑法第130条、罰金等臨時措置法第2条、第3条に、判示殺人の点は刑法第百99条に各該当するが、以上は手段結果の関係にあるから刑法第54条第1項後段、第10条を適用して重い殺人の罪に従つて処断することとし、以上は同法第45条前段の併合罪である」。

2審：仙台高秋田支判昭和28年12月1日刑集8巻5号773頁（控訴棄却）

2審は、1審判決の結論を維持した。これに対し、弁護人は、各殺人罪がいずれも住居侵入罪とそれぞれ牽連犯として一括して刑法54条1項後段の適用を受け、一罪として量刑すべきであるから、1審及びこれを是認した2審各判決には誤りがあると主張した。

【決定要旨】上告棄却

「事実審の確定した事実によれば所論3個の殺人の所為は所論1個の住居侵入の所為とそれぞれ牽連犯の関係にあり刑法54条1項後段、10条を適用し一罪としてその最も重き罪の刑に従い処断すべきであり、従って第1審判決にはこの点に関し法条適用につき誤謬あること所論のとおりであるが、右判決は結局被害者V3に対する殺人罪につき所定刑中死刑を選択し同法46条1項に従い処断しているのであるから、該法令違背あるに拘わらず原判決を破棄しなければ著しく正義に反するものとはいい得ない。」

【参考文献】

谷直之・判例講義Ⅰ160頁、川出敏裕・百選Ⅰ212頁、伊達秋雄・最判解刑事篇昭和29年度118頁

第3節　併合罪

(1)　身の代金目的拐取・身の代金要求と監禁

339 最決昭和58年9月27日刑集37巻7号1078頁、判時1093号148頁

【事実の概要】

被告人Xは、昭和55年6月、沖縄県具志川市において精肉鮮魚等の販売店を開業したものの、まもなくその経営に行き詰り、翌56年2月末には倒産のやむなきに至り、負債整理の目途もたたなかった。Xは、同年6月末ころ思案に暮れたあげく、手取り早く資金を得るためには、子どもを誘拐し、その近親者の憂慮に乗じて身代金を要求しその交付をうける以外に途はないと思い立ち、同年7月20日午後7時45分ころ、伊佐浜海岸近くの道路を自動車で運転中、同所を通行中のV1（当7歳）を認めるや、同児に対し、「雨が降っているよ。乗らないか」などと言葉巧みに申し向けて同児を自動車後部座席に乗車させ、同所から沖縄市方向に自動車を走行させて同児を自己の支配下におき、もって、身代金を交付させる目的で同児を誘拐したうえ、同日午後9時15分ころ、公衆電話から同児の実母であるV2の勤務先である「クラブA」に電話をかけ、同女に対し、「あんたの子どもを預っている。命がほしかったら明日の8時までに500万円を準備しなさい。明日の8時にはまた電話するから500万円は必ず用意しなさい」などと告げたほか、更に同月21日午後8時ころから同月26日午後10時16分ころまでの間、前後10数回にわたり、10か所の公衆電話からV2方ほか8か所に電話をかけ、同女に対し直接または間接に、「国体通りのエッソガソリンスタンド近くに茶色の車で1411のカリーナが止っている、その側の溝にビニール袋があるからその中に金を入れなさい」「今日が最後の取引と思え」などと告げ、もって、同児の近親者の憂慮に乗じてその財物を要求した。また、同月20日午後9時15分ころ、公衆電話からV2に電話した際、付近の空地に駐車中の前記自動車内において、V1の両手及び両足を麻縄等で緊縛し、かつその口をタオルで猿ぐつわをするなどし

て同児を同車内から脱出することを不能にし、更に同児を自動車でXの愛人の方居室に連行し、同所において、その両手、両足を右麻縄等で緊縛し、かつその口にタオルでさるぐつわをするなどして同児を同月27日午前１時55分ころまでの間、同居室から脱出することを不能にし、もって、不法に監禁した。Xは、身の代金目的拐取罪、拐取者身の代金取得罪、監禁罪で起訴された。

【裁判の経過】

１審：那覇地判昭和56年12月22日刑集37巻７号1083頁（有罪・身の代金目的拐取罪、拐取者身の代金取得罪、監禁罪）

１審は、身の代金目的拐取罪、拐取者身の代金取得罪、監禁罪の成立を認め、前二者は牽連犯に当たり、これと監禁罪とは併合罪であるとした。

２審：福岡高那覇支判昭和57年６月25日刑集37巻７号1087頁（破棄自判）

２審は、１審判決の量刑はいささか酷に失し、刑期を若干短縮するのが相当であるとして、１審判決を破棄、自判したものの、罪数の点は１審の結論を維持した。これに対し、弁護人は、略取誘拐罪と監禁罪とは一罪として処罰されるべきものであると主張した。

【決定要旨】上告棄却

「みのしろ金取得の目的で人を拐取した者が、更に被拐取者を監禁し、その間にみのしろ金を要求した場合には、みのしろ金目的拐取罪とみのしろ金要求罪とは牽連犯の関係に、以上の各罪と監禁罪とは併合罪の関係にあると解するのが相当であり、これと同旨の原判断は、正当である」。

【参考文献】

谷直之・判例講義Ⅰ161頁、十河太朗・百選Ⅰ〔第６版〕206頁、濵野惺・最判解刑事篇昭和58年度281頁

(2) 刑法47条の法意

340 最判平成15年７月10日刑集57巻７号903頁、判時1836号40頁、判タ1134号102頁

【事実の概要】

被告人Xは、平成２年11月13日午後５時ころ、普通乗用自動車を運転し、新潟県三条市の農道上に至り、前方からランドセルを背負って独りで歩いて下校途中の女子小学生であったV（当時９歳）の姿を認めるや、その当時辺りが暗くなり、全く人通りもなく、容易に同女を連れ去ることができるものと思い、同女を無理矢理さらって連行しようと決意し、同車を停車させると、同車のダッシュボードに入れていた登山ナイフにその形状が類似したナイフ（以下、「本件ナイフ」という。）を手にして降車し、同女に近付き、前記農道上において、同女が未成年者であることを知りながら、同女に対し、刃体の長さが約13センチメートルの本件ナイフをその胸部に突き付け、「おとなしくしろ。声を出すな」などと申し向けて脅迫し、恐怖の余り足をすくませたまま、身動きできなくなっている同女のランドセルと同女の右肩付近を両手で掴み、同女を押して、同車の後部付近路上まで連れて行き、同車のトランクを開けて、同女に「入れ」と命じたものの、同女が自らこれに入ろうとしなかったので、同女の身体を抱きかかえてトランク内に押し込めてそのトランクパネルを閉めて同車を発進させ、その運転走行を継続して、同女を略取するとともに同トランク内に監禁し、自己の支配内に置いて走行中、同女を自宅に連行しようと決意し、同日午後６時30分から同日午後７時ころ、同県柏崎市の北陸自動車道の高架下の路上に同車を停め、上記トランクパネルを開け、トランク内にいる同女の様子を確認するなどした後、同女をトランク内に入れたままの状態で、同車から持ち出した粘着テープを使ってその両手両足を緊縛し、さらに同テープでその両眼を目隠しし、再度、同女を同トランク内に押し込めたままトランクパネルを閉めた上、再び同車

を自宅方向に運転走行させて、同日午後８時ころ、同市の自宅付近路上に到着後、同車トランク内に押し込まれた状態の同女を同車から出し、そのままその身体を抱きかかえて、前記増築部分の玄関から自宅２階の自室洋間に連れ込み、そのころから平成12年１月ころまでの間、同所において、同女に対し、「この部屋からは出られないぞ」「出ようとしたら怒るぞ」「ここでずっと暮らすんだぞ」「俺の言うことを絶対に守れ」「大声は絶対にここでは出すな」「守らなかったらお前なんかいらなくなる」「誘拐されて殺されちゃった女の子のようにお前もなってみたいか」「お前を山に捨ててやる」「山に埋めてやる」「海に浮かべてやる」などと繰り返し申し向けたり、本件ナイフとその形状が類似したナイフを同女の腹部に突き付けながら「お前の腹にこれを刺してみるか」などと申し向けて脅迫し、また、同女の腹部等にスタンガンを押し当てて放電したり、手拳で同女の顔面等を殴打するなどの暴行を加え、同女が上記被告人方から逃げ出すことを不能にし、もって、同女を略取するとともに、同年１月28日午後２時ころまで同女を同所に逮捕監禁し、よって、その監禁により、同女に治療期間不明の両下肢筋力低下、骨量減少等の傷害を負わせた。また、Xは、平成10年10月上旬ころ、同県北蒲原郡のA株式会社中条店において、同店店長V2管理に係るキャミソール４枚（時価合計2464円位）を窃取した。Xは、略取罪、逮捕監禁致傷罪、窃盗罪で起訴された。

【裁判の経過】

１審：新潟地判平成14年１月22日刑集57巻７号923頁（有罪・略取罪、逮捕監禁致傷罪、窃盗罪）

「被告人の判示第一の所為のうち、未成年者略取の点は平成７年法律第91号による改正前の刑法224条に、逮捕監禁致傷の点は包括して刑法221条（220条）に、判示第二の所為は同法235条にそれぞれ該当するが、判示第一の逮捕監禁致傷罪については同法10条により同法220条の刑と同法204条の刑とを比較し、重い傷害罪について定めた懲役刑（ただし、短期は逮捕監禁罪の刑のそれによる。）により処断し、なお判示第一の未成年者略取と逮捕監禁致傷は１個の行為が２個の罪名に触れる場合であるから、同法54条１項前段、10条により一罪として重い逮捕監禁致傷罪の刑で処断し、以上は同法45条前段の併合罪であるから同法47条本文、10条により重い判示第一の罪の刑に法定の加重をした刑期の範囲内で被告人を懲役14年に処」する。

「本件のうち、未成年者略取及び逮捕監禁致傷罪の犯情がまれにみる程極めて悪質なのに対して、窃盗の犯行は、その犯行態様が同種の事案と比べても、非常に悪質とまではいえず、またその被害額が比較的少額であり、しかもその犯行後被害弁償がなされ、その被害者の財産的な被害は回復されて実害がない等の事情があり、このような場合の量刑をどのように判断すべきかが問題になる。この点、刑法が併合罪を構成する数罪のうち、有期の懲役刑に処すべき罪が２個以上含まれる場合の量刑については、加重単一刑主義を採り、その情状が特に重いときは、その各罪の刑の長期の合計を超えることはできないとしつつ、その長期にその半数を加えた刑期の範囲内で最終的には１個の刑を科すとした趣旨を勘案すると、併合罪関係にある各罪ごとの犯情から導かれるその刑量を単に合算させて処断刑を決するのではなく、その各罪を総合した全体的な犯情を考慮してその量刑処断すべき刑を決定すべきものと解される。そこで、上記の被告人による本件各犯行、とりわけ、未成年者略取及び逮捕監禁致傷の犯行は、被告人が自らの欲望を満足させることだけを考えて敢行した極めて身勝手な動機に基づくものであり、その略取から逮捕監禁に至る犯行は、被害者に対する監禁が約９年２か月間という異常な長期間にわたって継続され、その間、同女の逃走を防止するべく、執拗な脅迫と暴行を加え、同女に対して、幾多の不合理、不条理な命令を加え、義務を課し、それに同女が違反すると、執拗・苛烈な暴行を繰り返し加えるなど様々な虐待行為を行い、同女に極限状態に近い生活を強いるなどその人格を完全に無視し、あたかも自己の愛玩物であるかのように扱うなどして、その結果、同女は、非常に重い傷害を被った上、同女から人生の重要な時期を奪い取っており、この点はもはや取り返しがつかないこと、その犯行後、同女に対し、みるべき慰謝措置が講じられていないことなどその動機、態様は極めて悪質であり、その発生した被害結果等は余りにも重大であり、刑法がその構成要件として想定する犯行の中でも最悪の所為ともいえること、また、本件窃盗の犯行は、監禁行為の継続中に成長した同女に着用させるための衣類を盗んだという点で監禁の犯行を継続し、その犯行に資するがために敢行されたもので、その動機及び態様等は相当に悪質であって、未成年者略取及び逮捕監禁致傷の犯情を一層悪化させているといわざるを得ず、このように本件の処断刑になる逮捕監禁致傷罪の犯情には特段に重いものがあるといわざるを得ず、その犯情に照らして罪刑の均衡を考慮すると、被告人に対しては、逮捕監禁致傷罪の法定刑の範囲内では到底その適正妥当な量刑を行うことができないものと思料し、同罪の刑に法定の併合罪加重をした刑期の範囲内で被告人を主文掲記の刑に処することにした」。

２審：東京高判平成14年12月10日高刑集55巻３号７頁（破棄自判）

被告人を懲役11年に処する。

「併合罪全体に対する刑を量定するに当たっては、併合罪中の最も重い罪につき定めた法定刑（再犯加重や法律上の減軽がなされた場合はその加重や減軽のなされた刑）の長期を1.5倍の限度で超えることはできるが、同法57条による再犯加重の場合とは異なり、併合罪を構成する個別の罪について、その法定刑（前同）を超える趣旨のものとすることは許されないというべきである。これを具体的に説明すると、逮捕監禁致傷罪と窃盗罪の併合罪全体に対する刑を量定するに当たっては、例えば、逮捕監禁致傷罪につき懲役９年、窃盗罪につき懲役７年と評価して全体について懲役15年に処することはできるが、逮捕監禁致傷罪につき懲役14年、窃盗罪につき懲役２年と評価して全体として懲役15年に処することは許されず、逮捕監禁致傷罪については最長でも懲役10年の限度で評価しなければならないというわけである。原判決は、併合罪全体に対する刑を量定するに当たり、再犯加重の場合のように、刑法47条によって重い逮捕監禁致傷罪の法定刑が加重されたとして、同罪につき法定刑を超える趣旨のものとしているが、これは明らかに同条の趣旨に反するといわざるを得ない」。

「以上のような被告人のために酌むべき諸事情を考慮しても、本件逮捕監禁致傷における被害の重大さと深刻さに照らせば、未成年者略取及び逮捕監禁致傷については、法の許す範囲内で最も重い刑をもって臨むほかない。他方、窃盗については、逮捕監禁致傷との関連性等を踏まえつつ、同種事犯における量刑との均衡も考慮しなければならない。

上記の諸事情を総合考慮して、被告人を懲役11年に処するのが相当と判断した次第である。」

これに対し、検察官は、次のように主張した。すなわち、刑法47条は、併合罪を構成する個別の罪について暫定的にせよ刑の量定を行うことなく、併合罪を構成する各罪全体について包括的に１個の処断刑の枠を決め、その処断刑によって併合罪を構成する各罪を一体として評価し、統一的な刑の量定を行うこととする趣旨の規定である。同条により併合罪を構成する各罪全体に対する処断刑が作出された後は、各罪の法定刑は、宣告刑を量定するに際して事実上の目安となることはあるとしても、それ自体としては独立の法的意味を失うに至ると解される。それにもかかわらず、２審判決が、同条の併合罪加重に関し、「併合罪を構成する個別の罪について、その法定刑を超える趣旨のものとすることは許されない。」旨の解釈を示し、これに基づいて裁判したのは、同条の解釈適用を誤ったものである。

【判　旨】破棄、第１審判決に対する控訴棄却

「刑法47条は、併合罪のうち２個以上の罪について有期の懲役又は禁錮に処するときは、同条が定めるところに従って併合罪を構成する各罪全体に対する統一刑を処断刑として形成し、修正された法定刑ともいうべきこの処断刑の範囲内で、併合罪を構成する各罪全体に対する具体的な刑を決することとした規定であり、処断刑の範囲内で具体的な刑を決するに当たり、併合罪の構成単位である各罪についてあらかじめ個別的な量刑判断を行った上これを合算するようなことは、法律上予定されていないものと解するのが相当である。また、同条がいわゆる併科主義による過酷な結果の回避という趣旨を内包した規定であることは明らかであるが、そうした観点から問題となるのは、法によって形成される制度としての刑の枠、特にその上限であると考えられる。同条が、更に不文の法規範として、併合罪を構成する各罪についてあらかじめ個別的に刑を量定することを前提に、その個別的な刑の量定に関して一定の制約を課していると解するのは、相当でないといわざるを得ない。

これを本件に即してみれば、刑法45条前段の併合罪の関係にある第１審判決の判示第１の罪（未成年者略取罪と逮捕監禁致傷罪が観念的競合の関係にあって後者の刑で処断されるもの）と同第２の罪（窃盗罪）について、同法47条に従って併合罪加重を行った場合には、同第１、第２の両罪全体に対する処断刑の範囲は、懲役３月以上15年以下となるのであって、量刑の当否という問題を別にすれば、上記の処断刑の範囲内で刑を決するについて、法律上特段の制約は存しないものというべきである。
　したがって、原判決には刑法47条の解釈適用を誤った法令違反があり、本件においては、これが判決に影響を及ぼし、原判決を破棄しなければ著しく正義に反することは明らかである」。

【参考文献】

只木誠・平成15年度重判解162頁、永井敏雄・最判解刑事篇平成15年度383頁

判例索引

＊□内の数字は判例番号を示す。

大判明43・12・16刑録16輯2227 [332] ……475
大判明44・10・9刑録17輯1652 [301] ……438
大判大2・11・18刑録19輯1212 [319] ……461
大判大2・3・18刑録19輯353 [294] ……433
大連判大3・5・18刑録20輯932 [303] ……439
大判大3・7・24刑録20輯1546 [226] ……352
大判大4・8・25刑録21輯1249 [278] ……417
大判大6・2・26刑録23輯134 [333] ……476
大判大6・5・25刑録23輯519 [289] ……429
大判大6・9・10刑録23輯999 [221] ……347
大判大7・11・16刑録24輯1352 [219] ……345
大判大10・5・7刑録27輯257 [27] ……40
大判大11・2・4刑集1・32 [38] ……53
大判大11・2・25刑集1・79 [253] ……380
大判大11・3・1刑集1・99 [277] ……417
大判大12・4・30刑集2・378 [39] ……54, 135
大判大13・4・25刑集3・364 [192] ……315
大判大13・4・29刑集3・387 [276] ……416
大判大14・6・9刑集4・378 [193] ……315
大判大15・2・22刑集5・97 [194] ……316
大判昭3・3・9刑集7・172 [305] ……442
大判昭4・2・19刑集8・84 [282] ……420
大判昭6・12・3刑集10・682 [164] ……276
大判昭7・6・14刑集11・797 [279] ……418
大判昭8・8・30刑集12・1445 [40] ……55
大判昭8・11・21刑集12・2072 [205] ……327
大判昭9・8・27刑集13・1086 [116] ……195
大判昭9・11・20刑集13・1514 [302] ……438
大判昭10・11・25刑集14・1217 [12] ……15
大連判昭11・5・28刑集15・715 [255] ……382
大判昭12・6・25刑集16・998 [233] ……358
大判昭12・9・21刑集16・1303 [228] ……354
大判昭12・11・6裁判例(11)刑87 [160] ……272
大判昭13・11・18刑集17・21・839 [246] ……372
大判昭15・8・22刑集19・540 [6] ……9
最判昭23・3・16刑集2・3・220 [267] ……400
最判昭23・3・16刑集2・3・227 [30] ……45
最判昭23・4・17刑集2・4・399 [208] ……331
最判昭23・6・22刑集2・7・694 [8] ……10
最判昭23・7・14刑集2・8・889 [195] ……317
最判昭23・10・23刑集2・11・1386 [310] ……450
最判昭24・2・22刑集3・2・206 [32] ……47
最判昭24・4・5刑集3・4・421 [146] ……247
最判昭24・7・23刑集3・8・1373 [323] ……465
最判昭24・8・18刑集3・9・1465 [123] ……211
最判昭24・10・13刑集3・10・1655 [154] ……262
東京高判昭24・12・10高刑集2・3・292 [209] ……331
最判昭24・12・17刑集3・12・2028 [320] ……462
最判昭25・2・24刑集4・2・255 [326] ……468
最判昭25・6・27刑集4・6・1096 [257] ……385
最判昭25・7・11刑集4・7・1261 [311] ……451
名古屋高判昭25・11・14高刑集3・4・748 [210] ……332
最判昭25・11・28刑集4・12・2463 [183] ……301
最大判昭26・1・17刑集5・1・20 [174] ……290
最判昭26・3・27刑集5・4・686 [245] ……371
最判昭26・4・10刑集5・5・825 [321] ……463
最判昭26・7・10刑集5・8・1411 [196] ……318
最判昭26・8・17刑集5・9・1789 [197] ……319
東京高判昭26・11・7判特25・31 [275] ……416
最判昭26・12・6刑集5・13・2485 [274] ……415
仙台高判昭27・2・29判特22・106 [313] ……454
最判昭27・9・19刑集6・8・1083 [291] ……431
東京高判昭27・12・26高刑集5・13・2645 [184] ……301
最判昭28・1・23刑集7・1・30 [240] ……366
福岡高判昭28・11・10判特26・58 [222] ……348
最大判昭29・1・20刑集8・1・41 [238] ……364
最判昭29・3・2裁判集刑93・59 [306] ……442
最決昭29・5・27刑集8・5・741 [338] ……480
東京高判昭30・4・18高刑集8・3・325 [198] ……320
東京高判昭30・4・19高刑集8・4・505 [41] ……55
福岡高判昭30・6・14刑集12・15・3496 [206] ……328
最判昭30・10・25刑集9・11・2295 [124] ……212
最判昭30・11・11刑集9・12・2438 [108] ……188
名古屋高判昭31・4・19高刑集9・5・411 [175] ……290
最判昭31・5・24刑集10・5・734 [295] ……433
最判昭31・8・3刑集10・8・1202 [324] ……465
最判昭32・1・22刑集11・1・31 [127] ……218
最判昭32・2・26刑集11・2・906 [53] ……67
最大判昭32・3・13刑集11・3・997 [199] ……320
最判昭32・3・28刑集11・3・1275 [95] ……163
最決昭32・9・10刑集11・9・2202 [229] ……354
最判昭32・10・3刑集11・10・2413 [200] ……321
最判昭32・10・18刑集11・10・2663 [185] ……302
最判昭32・11・19刑集11・12・3073 [297] ……435
最大判昭32・11・27刑集11・12・3113 [13] ……16
最決昭33・2・11刑集12・2・168 [165] ……277
最決昭33・2・24刑集12・2・297 [134] ……228
神戸地姫路支判昭33・4・19一審刑集1・4・615 [283] ……421
最大判昭33・5・28刑集12・8・1718 [256] ……383
最判昭33・7・10刑集12・11・2471 [207] ……329
最判昭33・9・9刑集12・13・2882 [18] ……23
福岡高宮崎支判昭33・9・9高裁特5・9・393 [54] ……68
最判昭34・2・5刑集13・1・1 [147] ……247
最判昭34・2・27刑集13・2・250 [201] ……323
最判昭35・2・4刑集14・1・61 [155] ……262
東京高判昭35・5・24高刑集13・4・335 [202] ……324

盛岡地一関支判昭36・3・15下刑集3・3＝4・252[151] ……254
広島高判昭36・7・10高刑集14・5・310[227] ……352
佐世保簡裁略式命令昭36・8・3下刑集3・7＝8・816[241] ……366
東京地判昭37・3・17下刑集4・3＝4・224[236] ……361
最判昭37・3・23刑集16・3・305[223] ……348
最大判昭37・5・30刑集16・5・577[2] ……2
大阪地判昭37・7・24下刑集4・7＝8・696[15] ……18
最決昭37・11・8刑集16・11・1522[254] ……380
名古屋高判昭37・12・22高刑集15・9・674[120] ……201
東京高判昭38・12・11高刑集16・9・787[203] ……324
東京高判昭39・8・5高刑集17・6・557[230] ……355
最決昭39・12・3刑集18・10・698[107] ……185
福岡地判昭40・2・24下刑集7・2・227[247] ……372
最判昭40・3・26刑集16・2・83[14] ……17
最決昭40・3・30刑集19・2・125[296] ……434
最決昭40・3・9刑集19・2・69[211] ……333
秋田地判昭40・3・31下刑集7・3・536[242] ……367
京都地判昭40・5・10下刑集7・5・855[243] ……368
東京高判昭40・6・14高刑集18・4・370[176] ……292
東京地判昭40・9・30下刑集7・9・1828[19] ……25
宇都宮地判昭40・12・9下刑集7・12・2189[220] ……345
高松高判昭41・3・31高刑集19・2・136[58] ……72
最決昭41・7・7刑集20・6・554[152] ……256
最判昭41・12・20刑集20・10・1212[69] ……97
東京地判昭42・1・12判タ207・187[265] ……398
最判昭42・3・7刑集21・2・417[292] ……431
最判昭42・10・13刑集21・8・1097[70] ……98
最決昭42・10・24刑集21・8・1116[89] ……148
新潟地判昭42・12・5判時509・77[298] ……435
最決昭43・2・27刑集22・2・67[177] ……292
最判昭43・12・24刑集22・13・1625[239] ……365
盛岡地判昭44・4・16刑月1・4・434[22] ……31
最決昭44・7・17刑集23・8・1061[288] ……428
東京高判昭44・9・17高刑集22・4・595[187] ……306
大阪高判昭44・10・17判タ244・290[237] ……362
岐阜地判昭44・11・26刑月1・11・1075[109] ……189
高松高判昭44・11・27高刑集22・6・901[178] ……293
最判昭44・12・4刑集23・12・1573[139] ……237
福岡高判昭45・2・14高刑集23・1・156[110] ……190
大阪高判昭45・5・1高刑集23・2・367[157] ……266
最決昭45・6・23刑集24・6・311[102] ……175
最決昭45・7・28刑集24・7・585[212] ……334
東京高判昭45・11・11高刑集23・4・759[103] ……177
大阪地堺支判昭46・3・15判タ261・294[268] ……401
東京高判昭46・5・24東高刑時報22・5・182[158] ……267
最判昭46・6・17刑集25・4・567[81] ……132
前橋地高崎支判昭46・9・17判時646・105[20] ……26
最判昭46・11・16刑集25・8・996[125] ……213
最大判昭48・4・25刑集27・3・418[96] ……164
最大判昭48・4・25刑集27・4・547[5] ……7
徳島地判昭48・11・28刑月5・11・1473[59] ……74
最大判昭49・5・29刑集28・4・114[330] ……473
最大判昭49・11・6刑集28・9・393[1] ……1
神戸簡判昭50・2・20刑月7・2・104[104] ……179
最大判昭50・9・10刑集29・8・489[3] ……3
最判昭50・11・25刑集29・10・928[97] ……166
最判昭50・11・28刑集29・10・983[135] ……229
大阪地判昭51・3・4判時822・109[179] ……295
最判昭51・3・16刑集30・2・146[224] ……349
札幌高判昭51・3・18高刑集29・1・78[60] ……77, 99
最決昭51・3・23刑集30・2・229[105] ……180
最大判昭51・5・21刑集30・5・1178[94] ……159
大阪高判昭51・5・25刑月8・4＝5・253[61] ……79
最大判昭51・9・22刑集30・8・1640[337] ……479
松江地判昭51・11・2刑月11＝12・495[314] ……454
最大判昭52・5・4刑集31・3・182[93] ……156
最判昭52・7・21刑集31・4・747[126] ……216
最決昭53・2・16刑集32・1・47[335] ……477
最決昭53・3・22刑集32・2・381[83] ……136
最判昭53・3・24刑集32・2・408[166] ……278
最決昭53・5・31刑集32・3・457[106] ……182
最判昭53・6・29刑集32・4・967[186] ……304
最判昭53・7・7刑集32・5・1011[322] ……463
最判昭53・7・28刑集32・5・1068[42] ……56
京都地舞鶴支判昭54・1・24判時958・137[280] ……418
大阪高判昭54・3・23判時934・135[118] ……199
最決昭54・3・27刑集33・2・140[45] ……58
最決昭54・4・13刑集33・3・179[312] ……453
東京高判昭54・5・15判時937・123[180] ……297
最決昭54・11・19刑集33・7・728[55] ……69
東京高判昭55・9・26高刑集33・5・359[188] ……307
最決昭55・11・13刑集34・6・396[111] ……191
札幌高判昭56・1・22刑月13・1＝2・12[73] ……106
横浜地判昭56・7・17判時1011・142[248] ……373
最決昭57・2・17刑集36・2・206[336] ……478
最決昭57・4・2刑集36・4・503[48] ……61
東京高判昭57・7・13判時1082・141[249] ……374
最決昭57・7・16刑集36・6・695[262] ……393
福岡高判昭57・9・6高刑集35・2・85[62] ……80
東京高判昭57・9・21判タ489・130[213] ……335
東京高判昭57・11・29刑月14・11＝12・804[161] ……273
大阪地判昭58・3・18判時1086・158[167] ……279
横浜地判昭58・7・20判時1108・138[44] ……58, 340
東京高判昭58・8・10判時1104・147[117] ……196
最決昭58・9・13判時1100・156[168] ……280
最決昭58・9・21刑集37・7・1070[25] ……38
最決昭58・9・27刑集37・7・1078[339] ……481
最判昭58・9・29刑集37・7・1110[331] ……474
大阪地判昭58・11・30判時1123・141[263] ……395
最判昭59・3・6刑集38・5・1961[31] ……45
最決昭59・7・3刑集38・8・2783[169] ……281
最決昭59・7・6刑集38・8・2793[84] ……137
福岡地判昭59・8・30判時1152・182[264] ……396
東京高判昭59・11・27判時1158・249[170] ……282
東京地判昭60・3・19判時1172・155[299] ……436
最決昭60・4・30刑集39・3・186[49] ……63

福岡高判昭60・7・8刑月17・7＝8・635[129] ……220
最決昭60・9・12刑集39・6・275[136] ……231
最決昭60・10・21刑集39・6・362[80] ……129
最大判昭60・10・23刑集39・6・413[4] ……6
大阪簡判昭60・12・11判時1204・161[163] ……274
福岡高那覇支判昭61・2・6判時1184・158[50] ……64
札幌地判昭61・2・13刑月18・1＝2・68[74] ……110
福岡高判昭61・3・6高刑集39・1・1[231] ……356
最決昭61・6・9刑集40・4・269[46] ……59
最決昭61・6・24刑集40・4・292[98] ……168
堺簡判昭61・8・27判タ618・181[162] ……273
大阪高判昭61・10・21判タ630・230[285] ……423
最判昭61・11・18刑集40・7・523[327] ……469
仙台地石巻支判昭62・2・18判時1249・145[112] ……192
最決昭62・2・23刑集41・1・1[328] ……470
最決昭62・3・26刑集41・2・182[153] ……257
大阪高判昭62・4・2判時1238・154[266] ……399
大阪地判昭62・4・21判時1238・160[113] ……193
大阪高判昭62・7・10高刑集40・3・720[250] ……375
最決昭62・7・16刑集41・5・237[189] ……308
東京高判昭62・7・16判時1247・140[234] ……359
大阪高判昭62・7・17判時1253・141[303] ……437
千葉地判昭62・9・17判時1256・3[142] ……240
東京地八王子支判昭62・9・18判時1256・120[140] ……238
大阪高判昭62・10・2判タ675・246[307] ……443
岐阜地判昭62・10・15判タ654・261[225] ……351
東京地判昭63・4・5判タ668・223[132] ……225
最決昭63・5・11刑集42・5・807[85] ……139
東京地判昭63・7・27判時1300・153[281] ……419
最決平元・3・14刑集43・3・262[56] ……70
最決平元・6・26刑集43・6・567[315] ……456
最判平元・7・18刑集43・7・752[204] ……325
最判平元・11・13刑集43・10・823[141] ……238
最決平元・12・15刑集43・13・879[23] ……32
最決平2・2・9裁判集刑254・99[33] ……48
東京高判平2・2・21東高刑時報41・1～4・7[284] ……422
最決平2・11・16刑集44・8・744[75] ……113
最決平2・11・20刑集44・8・837[90] ……149
最決平2・11・29刑集44・8・871[76] ……117
東京高判平2・12・10判タ752・246[286] ……424
浦和地判平3・3・22判時1398・133[269] ……402
最決平3・11・14刑集45・8・221[77] ……120
東京地判平3・12・19判タ795・269[34] ……49
長崎地判平4・1・14判時1415・142[184] ……298
最決平4・6・5刑集46・4・245[271] ……405
最判平4・7・10判時1430・145[51] ……65
最決平5・10・12刑集47・8・48[65] ……88
最決平5・10・29刑集47・8・98[325] ……466
最決平5・11・25刑集47・9・242[78] ……123
東京高判平6・5・31判時1534・141[148] ……249
東京高判平6・7・12判時1518・148[182] ……298
最判平6・12・6刑集48・8・509[272] ……409
最決平6・12・9刑集48・8・576[11] ……13
福岡高判平7・3・23判タ896・246[100] ……172
横浜地判平7・3・28判時1530・28[121] ……203
大阪高判平7・3・31判タ887・259[137] ……233
名古屋地判平7・6・6判時1541・144[47] ……60
東京高判平7・9・26判時1560・145[329] ……472
東京地判平7・10・9判時1598・155[270] ……404
千葉地判平7・12・13判時1565・144[119] ……199
東京高判平8・2・7判時1568・145[143] ……243
最判平8・2・8刑集50・2・221[7] ……9
東京地判平8・6・26判時1578・39[159] ……268
東京高判平8・8・7東高刑時報47・1～12・103[251] ……377
最判平8・11・18刑集50・10・745[10] ……12
最判平8・11・28刑集50・10・828[9] ……11
最判平9・6・16刑集51・5・435[130] ……222
東京高判平9・8・4判時1626・151[114] ……194
大阪地判平9・8・20判タ995・286[252] ……379
最決平9・10・30刑集51・9・816[28] ……40
東京高判平10・3・11判時1660・155[101] ……173
東京高判平10・3・25判タ984・287[293] ……432
東京高判平11・1・29東高刑時報50・1～12・6[308] ……444
大阪高判平11・3・31判時1681・159[128] ……219
福岡高判平11・9・7判時1691・156[235] ……360
最決平11・9・28刑集53・7・621[217] ……341
札幌地判平12・1・27判タ1058・283[82] ……134
札幌高判平12・3・16判時1711・170[309] ……447
大阪高判平12・6・22判タ1067・276[144] ……244
東京地判平12・7・4判時1769・158[316] ……458
最決平12・12・20刑集54・9・1095[57] ……71
最決平13・2・7刑集55・1・1[66] ……89
東京高判平13・2・20判時1756・162[16] ……18, 338
東京地判平13・3・28判時1763・17[67] ……92
大阪高判平13・6・21判タ1085・292[258] ……386
広島高松江支判平13・10・17判時1766・152[156] ……264
最決平13・10・25刑集55・6・519[26] ……39, 395
東京高判平14・6・4東高刑時報53・1～12・66[138] ……234
名古屋高判平14・8・29判時1831・158[317] ……459
大阪高判平14・9・4判タ1114・293[43] ……57
東京地判平14・10・30判時1816・164[190] ……311
東京地判平14・11・21判時1823・156[273] ……412
東京地判平14・12・16判時1841・158[35] ……50
最判平15・1・24判時1806・157[52] ……66
大阪地判平15・4・11判タ1126・284[214] ……336
最決平15・5・1刑集57・5・507[259] ……387
最判平15・7・10刑集57・7・903[340] ……482
最決平15・7・16刑集57・7・950[87] ……144
最判平15・11・21刑集57・10・1043[36] ……51
札幌地判平15・11・27判タ1159・292[24] ……36
最決平16・1・20刑集58・1・1[29] ……42
最決平16・2・17刑集58・2・169[88] ……147
最決平16・3・22刑集58・3・187[17] ……20, 58, 338
千葉地判平16・5・25判タ1188・347[216] ……341
最決平16・7・13刑集58・5・360[71] ……100
大阪高判平16・7・23高刑速平16・154[131] ……223
最決平16・10・19刑集58・7・645[91] ……151
最判平17・4・14刑集59・3・283[334] ……476

最決平17・7・4刑集59・6・403 [21] ……*28, 454*
最決平17・11・15刑集59・9・1558 [79] ……*126*
最決平18・2・20刑集60・2・216 [115] ……*194*
最決平18・2・27刑集60・2・53 [37] ……*52*
最決平18・3・27刑集60・3・382 [92] ……*154*
最決平18・11・21刑集60・9・770 [290] ……*430*
名古屋高判平19・2・16判タ1247・342 [215] ……*338*
最決平19・3・26刑集61・2・131 [72] ……*101*
最決平19・11・14刑集61・8・757 [261] ……*391*
最決平20・3・3刑集62・4・567 [68] ……*94*
最判平20・3・4刑集62・3・123 [218] ……*343*
最判平20・4・11刑集62・5・1217 [99] ……*170*
最判平20・4・25刑集62・5・1559 [171] ……*284*
最判平20・5・20刑集62・6・1786 [145] ……*246*
最決平20・6・25刑集62・6・1859 [149] ……*251*
東京高判平20・10・6判タ1309・292 [304] ……*440*
大阪高判平21・1・20判タ1300・302 [191] ……*312*
最決平21・2・24刑集63・2・1 [150] ……*253*
東京高判平21・5・25高刑集62・2・1 [172] ……*286*
最決平21・6・30刑集63・5・475 [318] ……*460*
最判平21・7・16刑集63・6・711 [133] ……*226*
最判平21・10・19判時2063・155 [260] ……*390*
最決平21・12・7刑集63・11・1894 [122] ……*205*
最決平21・12・7刑集63・11・2641 [63] ……*81*
最決平21・12・8刑集63・11・2829 [173] ……*287*
最決平22・5・31刑集64・4・447 [64] ……*83*
最決平23・12・19判時2141・135 [287] ……*425*

著者紹介
奥村　正雄（おくむら　まさお）　同志社大学大学院司法研究科教授
松原　久利（まつばら　ひさとし）　同志社大学法学部教授
十河　太朗（そごう　たろう）　同志社大学大学院司法研究科教授
川崎　友巳（かわさき　ともみ）　同志社大学法学部教授

判例教材刑法Ⅰ総論

2013年4月1日　初　版　第1刷発行

著　者　奥村正雄
　　　　松原久利
　　　　十河太朗
　　　　川崎友巳
発行者　阿部耕一

〒162-0041　東京都新宿区早稲田鶴巻町514
発行所　株式会社　成文堂
電話03(3203)9201(代)　Fax03(3203)9206
http://www.seibundoh.co.jp

印刷 製本：シナノ印刷

ISBN 978-4-7923-1971-7　C3032
定価（本体4500円＋税）